2019ANTIQUES
AUCTION RECORDS

拍卖年鉴 书画

2018.1.1～2018.12.31

欣 弘 主编

cns | 湖南美术出版社

图书在版编目(CIP)数据

2019古董拍卖年鉴. 书画 / 欣弘编. -- 长沙 : 湖南美术出版社, 2019.1
ISBN 978-7-5356-8552-0

Ⅰ. ①2… Ⅱ. ①欣… Ⅲ. ①历史文物－拍卖－价格－中国－2019－年鉴②中国画－拍卖－价格－中国－2019－年鉴③汉字－法书－拍卖－价格－中国－2019－年鉴
Ⅳ. ①F724.787-54

中国版本图书馆CIP数据核字(2018)第293843号

2019古董拍卖年鉴·书画

出 版 人：黄　啸
主　　编：欣　弘
策　　划：易兴宏、李志文
责任编辑：李　坚

湖南美术出版社出版发行(长沙市东二环一段622号)
湖南省新华书店经销
雅昌文化(集团)有限公司制版、印刷
(本书采用CTP工艺制版、印刷)
开本：787×1092　1/16　印张：35
版次：2019年1月第1版　印次：2019年1月第1次印刷
ISBN 978-7-5356-8552-0
定价：258.00元

邮购联系：0731-84787105　邮编：410016　网址：http://www.arts-press.com/
电子邮箱：market@arts-press.com
如有倒装、破损、少页等印装质量问题，请与印刷厂联系斢换。

目　　录

中国书画

南北朝作者

杨　忠……1

唐代作者

曹　霸……1
弘法大师……1
无　款……1
佚　名……1

五代作者

黄　荃……2

宋代作者

陈居中……2
方从义……2
管道升……2
关　仝……3
黄庭坚……3
徽　宗……3
季友直……3
李安忠……3
李　成……4
林　椿……4
毛　益……4
牧　溪……4
宋　人……5
苏汉臣……5
苏　轼……5
文　同……5
无　款……5
无准佛鉴禅师……6
吴　炳……6
夏　圭……6
燕文贵……6
佚　名……6
张月壶……7
赵　佶……7
浙翁如琰……7

元代作者

班惟志……7
边　定……7
边　武……8
陈　容……8
丁野夫……8
黄公望……8
了庵清欲……8
李　倜……9
马　琬……9
倪　瓒……9
任仁发……9
释时习……9
唐　棣……10
王　蒙……10
王振鹏……10
王　渊……11
吴　镇……11
无　款……11
元代诸家……11
月江正印……11
张　渥……11
张　雨……11
张　远……12
赵孟頫……12
赵　雍……12

明代作者

卞文瑜……13
蔡　远……13
曹　镤……13
曹　振……13
常　莹……13
陈　淳……13
陈　祼……14
陈洪绶……14
陈　焕……15
陈继儒……15
陈名夏……15
陈汝秩……15
陈元素……16
陈子和……16
程嘉燧……16
崇祯帝……16
戴　进……16
戴明说……16
担　当……17
丁云鹏……17
董　笔……17
董良史……17
董其昌……18
方拱乾……19
丰　坊……19
顾梦游……19
顾正谊……19
关　思……19
弘治帝……19
洪　升……19
侯懋功……19
黄道周……20
黄　辉……20
黄姬水……20
蒋德璟……20
焦　竑……21
金圣叹……21
居　节……21
蓝　瑛……21
冷　谦……22
李流芳……23
林　良……23
刘　铎……23
刘　珏……23
卢象升……24
鲁　治……24
陆　复……24
陆　治……24
吕　纪……25
吕　潜……25
马守真……25
茅　坤……25
米万钟……25
莫是龙……25
倪元璐……26
钱　贡……26
钱　谷……26
仇　英……27
璩之璞……27
邵　弥……28
沈　灏……28
沈士充……28
沈　藻……28
沈　周……28
盛茂烨……29
史可法……29
宋　曹……29
孙克弘……30
唐　寅……30
陶　成……31
汪　肇……31
王　鏊……31
王　宠……31
王　铎……32
王　绂……33
王谷祥……33
王　綦……33
王　声……34
王　问……34
王锡爵……34
文伯仁……34
文　嘉……34
文从昌……35
文　彭……35
文震孟……35
文徵明……35

闻人盖……36
吴　彬……37
吴拱宸……37
吴麟征……37
夏　昶……37
夏仲昭……37
萧云从……37
谢时臣……38
邢　侗……38
徐　渭……38
杨大临……38
杨廷麟……39
杨治卿……39
姚　绶……39
姚允在……39
俞允文……39
袁尚统……39
张　弼……40
张　翀……40
张凤仪……40
张　复……40
张　灵……40
张　路……40
张瑞图……41
丈雪上人……41
赵文俶……41
赵　珣……41
赵　左……42
郑文林……42
周　臣……43
周　鼎……43
周顺昌……43
周天球……43
周之冕……43
朱　邦……44
朱德润……44
朱国祚……44
诸　家……44
祝世禄……45
祝允明……45
左光斗……45

清代作者

八大山人……46
巴慰祖……48
包世臣……49
蔡　含……49
蔡　嘉……49
曹兰秀……49
陈鸿寿……49
陈　爔……50
陈　枚……50
陈廷敬……50
陈奕禧……50
慈禧太后……50
崔　湘……51
达　受……51
戴本孝……51
戴衢亨……51
戴　熙……51
邓石如……52
董邦达……52
董　讷……52
法若真　……53
樊　圻……53
范振绪……53
方大猷……53
方士庶……53
方　熏……54
费丹旭……54
傅　山……54
改　琦……55
高　岑……55
高凤翰……55
高　简……56
高其佩……56
高士奇……56
龚鼎孳……56
龚　贤……56
顾麟士……57
顾炎武……57
顾　沄……57
顾　澐……57
光绪帝……57
郝惟讷……58
何绍基……58
赫　奕……58
弘　仁……59
胡　震……59
华　冠……59
华　喦……59
黄　鼎……60
黄山寿……60
黄　慎……60
黄士陵……61
黄　易……61
纪晓岚……61
渐　江……61
姜宸英……62
姜　筠……62
姜实节……62
姜淑斋……62
蒋　敬……62
蒋　溥……62
蒋廷锡……63
今　释……63
金　昆……63
金　农……63
金心兰……64
居　廉……64
康　焘……64
康熙帝……64
髡　残……65
蓝　孟……65
郎世宁……65
李方膺……65
李含渼……65
李杭之……66
李鸿裔……66
李鸿章……66
李　鱓……66
李世倬……66
李　因……66
李　寅……66
李　渔……67
励廷仪……67
励宗万……67
梁佩兰……67
梁同书……67
梁　巘……67
梁章钜……68
林则徐……68
刘　琪……68
刘　度……68
刘梁嵩……68
刘彦冲……68
刘　愔……69
刘墉（古）……69
卢　焯……69
陆道书……70
陆润庠……70
陆　远……70
陆芝仙……70
罗　存……70
罗　牧……70
罗　聘……70
吕焕成……71
吕　学……71
马元驭……71
毛奇龄……71
茅　麐……71
冒　襄……71
梅　清……72
闵　贞……72
潘恭寿……72
潘思牧……72
祁寯藻……72
祁豸佳……73
钱　杜……73
钱　沣……73
钱维城……73
钱　泳……74
乾隆帝……75
任伯年……75
任　熊……77
容祖椿……77
茹　棻……77
沈　荃……77
沈　铨……77
沈云英……78
沈增植……78

慎郡王……78
石　涛……78
石　庄……79
史贻直……79
释超源……79
释明明……80
宋大业……80
苏仁山……80
孙一致……80
汤世澍……80
唐　岱……80
铁　保……81
万　经……81
万上遴……81
汪承霈……81
汪士慎……82
汪由敦……82
王　宸……82
王　翚……82
王　鉴……84
王闿运……84
王　霖……85
王时敏……85
王士祯……85
王　式……86
王式丹……86
王　澍……86
王孙裔……86
王文治……86
王学浩……86
王荫昌……86
王　堉……87
王原祁……87
王　撰……88
魏廷珍……88
魏裔介……88
魏　源……88
文　点……89
文　鼎……89
文　枬……89
翁方纲……89
翁同龢……89
吴大澂……89
吴大澄……90
吴定玉……90
吴　宏……90
吴　澴……90
吴　历……90
吴荣光……91
吴熙载……91
奚　冈……91
显亲王……91
项圣谟……91
萧　晨……92
虚　谷……92
徐干学……92
徐　琪……92
徐三庚……93
徐元文……93
宣　统……93
薛素素……93
闫德林……93
严　复……93
严绳孙……93
颜　岳……94
杨继盛……94
杨　晋……94
杨应琚……94
姚　鼐……94
叶　欣……94
伊秉绶……94
伊念曾……95
佚　名……96
雍正帝……97
永　瑢……97
于成龙……97
于敏中……97
余　集……97
禹之鼎……97
喻　兰……98
袁　江……98
袁　枚……98
袁　耀……98
允　礼……99
允　禧……99
恽寿平……99
曾国藩……100
查　昇……100
查士标……101
翟大坤……101
翟继昌……101
翟云昇……102
张　风……102
张　庚……102
张　謇……102
张　洽……102
张　深……102
张廷济……102
张问陶……103
张　熊……103
张学曾……103
张　崟……103
张　英……103
张　敔……103
张　照……104
张之洞……104
张宗苍……104
章　谷……104
丈雪和尚……105
赵　源……105
赵之琛……105
赵之谦……105
郑板桥……105
郑　簠……107
郑　旼……108
周亮工……108
朱　栋……108
朱伦瀚……108
朱　熊……108
诸　升……109
庄同生……109
庄有恭……109
邹一桂……109
邹　喆……109
左宗棠……109

近现代及当代作者

阿　海……110
艾　轩……110
爱新觉罗·毓峍……110
安　和……110
安奇帮……110
白启刚……110
白　蕉……111
白雪石……111
北　海……112
伯　揆……112
蔡国强……112
蔡元培……112
曹　俊……112
常　玉……113
陈白一……113
陈半丁……113
陈伯达……113
陈曾寿……114
陈大羽……114
陈桂舫……114
陈衡恪……115
陈金章……115
陈　年……115
陈佩秋……115
陈　平……115
陈其宽……115
陈少梅……116
陈树人……116
陈文希……116
陈湘波……117
陈永锵……117
陈玉圃……117
陈之佛……117
陈　治……117
陈忠洲……117
陈子庄……118
程十发……118
程砚秋……119
崔景哲……119
崔令杰……119
崔如琢……120
大　壶……122
邓　白……122
邓尔雅……122

邓　芬……123
邓福星……123
丁雄泉……123
丁衍庸……123
董必武……123
董寿平……123
董希文……124
董希源……125
董欣宾……125
杜浩平……125
杜滋龄……125
樊　枫……125
樊增祥……125
樊　洲……126
范　曾……126
范　扬……127
方楚雄……127
方济众……127
方金炉……128
方君璧……128
方　骏……128
方人定……128
方　向……128
费新我……128
丰子恺……129
封曙光……129
冯超然……129
冯大中……129
冯建吴……130
冯玉祥……130
冯　远……130
冯长江……130
冯钟睿……130
冯钟云……130
冯　谆……131
符罗飞……131
傅抱石……131
高二适……135
高剑父……135
高奇峰……135
郜宗远……136
龚文桢……136
辜鸿铭……136
古　元……136
关　良……136
关山月……136
管　峻……137
郭德昌……137
郭迪康……137
郭沫若……138
郭石夫……138
郭显中……138
郭秀仪……138
郭怡孮……139
韩必省……139
韩美林……139
韩天衡……139
韩　羽……139
郝鹤君……139
郝　量……140
何百里……140
何宝森……140
何海霞……140
何家英……141
何香凝……142
贺良朴……142
贺天健……142
弘　四……142
弘　一……143
胡　风……143
胡念祖……143
胡佩衡……143
胡　适……144
胡爽盦……144
胡小石……144
胡也佛……144
胡泽涛……144
华三川……144
黄宾虹……144
黄幻吾……149
黄建南……149
黄　均……149
黄君璧……149
黄　侃……150
黄努卫……150
黄秋园……150
黄廷海……150
黄　兴……150
黄永玉……151
黄正襄……151
黄　胄……152
纪映欣……153
家　昌……153
贾大年……153
贾广健……153
贾又福……154
江寒汀……154
江宏伟……154
姜宝林……154
姜云宗……154
蒋　悦……154
蒋兆和……154
金　城……155
金鸿钧……155
金威昕……155
金西厓……155
京华名家……156
井上有一……156
君　寿……156
康　宁……156
康　生……156
康有为……156
柯　良……157
寇月朋……157
赖少其……157
郎　森……157
乐　泉……157
雷正民……158
黎雄才……158
黎元洪……158
李爱国……159
李宝瑞……159
李鼎成……159
李福顺……159
李海剑……159
李行简……159
李　斛……159
李　津……159
李可染……160
李苦禅……163
李苦寒……163
李老十……163
李　强……164
李瑞清……164
李世南……164
李　唐……164
李　翔……165
李小可……165
李　毅……165
李长白……165
李蒸蒸……165
李仲宣……165
梁启超……165
梁树年……166
林柏良……166
林丰俗……166
林风眠……166
林海钟……167
林散之……167
林　纾……167
林　墉……168
林语堂……168
林长民……168
刘大为……168
刘　丹……168
刘旦宅……169
刘　广……169
刘国松……170
刘海粟……170
刘继卣……171
刘奎龄……171
刘庆和……172
刘泉义……172
刘桐笙……172
刘文西……172
刘曦林……172
刘　岩……173
刘彦水……173
刘振夏……173
刘正宗……173
刘知白……173

刘自棟……173
龙　瑞……173
娄师白……173
娄正纲……174
卢甫圣……174
卢坤峰……174
卢禹舜……174
鲁双喜……174
陆　恢……175
陆俨少……175
陆抑非……176
罗建武……176
吕凤子……177
吕清华……177
吕寿琨……177
马波生……177
马　晋……177
马世俊……178
马硕山……178
马欣乐……178
马一浮……178
梅兰芳……178
米南阳……178
苗再新……178
慕凌飞……179
南北诸家……179
南海岩……179
倪　耘……179
欧阳中石……179
潘伯鹰……179
潘絜兹……179
潘公凯……180
潘　素……180
潘天寿……180
潘玉良……182
庞熏琹……182
彭　薇……182
蒲　华……182
溥　儒……182
溥氏一门……184
溥　伟……184
溥　仪……184
齐白石……185
齐世军……188
祁　昆……188
启　功……188
钱松喦……189
钱玄同……190
秦　艾……190
丘逢甲……190
屈吟庵……190
饶宗颐……190
任玉良……191
任　重……191
沙孟海……191
单志华……191
邵　帆……192
沈曾植……192
沈　鹏……192
沈香吟……192
沈尹默……192
沈子琪……193
施大畏……193
施南池……193
石　开……193
石　鲁……193
石　齐……194
史国良……194
宋　陵……195
宋文治……195
宋彦军……196
宋雨桂……196
苏曼殊……196
苏州诸家……196
隋　牟……197
孙　浩……197
孙其峰……197
孙　文……197
孙震生……197
泰祥洲……197
汤哲明……198
唐勇力……198
唐　云……198
陶行知……198
陶冷月……198
陶一清……199
天风五子……199
田黎明……199
田世光……199
汪国真……200
汪洛年……200
王福厂……200
王国维……200
王赫赫……200
王宏月……201
王宏峥……201
王华明……201
王焕波……201
王劼音……201
王金明……201
王蘧常……201
王　迈……201
王濛莎……202
王明明……202
王蘧常……203
王　荣……203
王天德……203
王西京……203
王晓卉……203
王晓莉……203
王雪涛……203
王　镛……204
王余根……204
王　震……204
王志平……205
王子武……205
魏　碱……205
魏紫熙……205
文　蔚……206
闻一多……206
吴昌硕……206
吴冠中……208
吴光宇……210
吴　灏……210
吴湖帆……210
吴　历……212
吴琴木……212
吴青霞……212
吴师曾……212
吴一峰……212
吴佑曾……212
吴悦石……212
吴　征……213
吴作人……213
武中奇……213
夏天星……213
萧俊贤……213
萧　平……213
萧　勤……214
萧淑芳……214
谢无量……214
谢稚柳……214
熊红钢……215
熊　辉……216
徐邦达……216
徐悲鸿……216
徐　冰……219
徐　操……219
徐华翎……219
徐惠君……219
徐九龙……219
徐乐乐……220
徐　累……220
徐　里……220
徐生翁……220
徐世昌……220
徐庶之……220
许钦松……221
薛　亮……221
亚　明……221
阎锡山……222
阎义春……222
颜伯龙……222
杨佴旻……222
杨善深……222
杨延文……223
杨　彦……223
杨之光……223
叶鸿平……223
叶浅予……224
叶永青……224

夜山明……224
殷梓湘……224
应野平……224
于非闇……224
于希宁……226
于右任……227
余承尧……227
俞　明……227
俞致贞……227
郁达夫……227
喻继高……228
袁克文……228
袁　武……228
袁学君……228
袁　旃……228
圆　霖……228
圆　瑛……229
杂　家……229
曾　宓……229
曾小俊……229
曾来德……230
曾三凯……230
臧跃军……230
张安治……230
张伯驹……230
张伯英……230
张大千……231
张　仃……234
张　广……234
张　海……235
张灵甫……235
张若古……235
张善孖……235
张书旗……235
张　馨……235
章　青……235
赵　藩……235
赵建成……236
赵冷月……236
赵朴初……236
赵少昂……236
赵叔孺……236
赵望云……236
赵无极……237
赵一丁……237
郑登桥……237
郑慕康……237
郑乃珖……237
郑午昌……237
郑孝胥……238
钟泗滨……238
钟增亚……238
周恩来……238
周逢俊……238
周行通……238
周京新……238
周炼霞……238
周韶华……239
周世雄……239
周思聪……239
周晓东……239
周彦生……239
周元亮……239
周作人……240
朱德群……240
朱　零……240
朱梅邨……240
朱屺瞻……240
朱新建……240
朱曜奎……241
朱振庚……241
祝大年……241
宗其香……241

作者年代不详

无　款……242
佚　名……242

素　描

埃德加德加……243
安德烈 · 迈尔……243
巴布罗 · 毕加索……243
曹晓阳……243
常　玉……244
何家英……244
亨利 · 摩尔……244
奈良美智……244
吴冠中……244
徐悲鸿……245
曾梵志……245

版　画

KAWS……245
安迪 · 沃荷……245
草间弥生……246
常　玉……246
陈　琦……246
方力钧……246
歌川国芳……246
珂勒惠支……246
葛饰北斋……247
理查德德 · 普林斯……247
林寿宇……247
阮嘉智……247
王绍昌……248
吴冠中……248
佚　名……248
赵无极……248
赵延年……248

水粉水彩

艾格妮斯 · 马丁……248
埃贡 · 席勒……249
奥斯卡 · 希勒姆尔……249
巴布罗 · 毕加索……249
草间弥生……250
常　玉……250
费尔南 · 雷捷……250
关　良……251
金焕基……251
黎　谱……251
李铁夫……251
梁春尔……251
林风眠……251
刘　炜……252
卢齐欧 · 封塔纳……252
梅忠恕……252
奈良美智……252
欧诺雷 · 维克托杭 · 杜米埃……253
阮潘正……253
沈尧伊……253
寺冈政美……253
藤田嗣治……253
瓦西里 · 康丁斯基……254
文森 · 梵谷……254
吴冠中……254
武高谈……254
席德进……254
萧如松……254
严定宪……254
赵无极……255
钟泗滨……255
朱德群……255

油　画

KAWS……255
MR.……255
阿道夫 · 戈特列布……256
阿尔伯特 · 尔莱恩……256
阿尔弗雷德 · 西斯利……256
阿尔弗雷德 · 希斯里……257
阿尔曼德 · 塞甘……257
阿凡迪……257
阿莫索罗……257
阿尼奥洛 · 加迪……257
阿列克榭 · 冯 · 雅佛林斯基……258
埃贡 · 席勒……258
埃里希 · 赫克尔……259
埃米尔 · 诺尔德……259
艾格妮斯 · 马丁……259
艾伯特 · 布洛克……259
艾伯特 · 杜勒……259
艾民有……260
艾斯沃思 · 凯利……260
艾　轩……260
艾中信……261
爱德华 · 孟克……261
爱德华 · 马奈……261
爱德华 · 蒙克……262
爱德华 · 维亚尔……262
叆　呕……262

安德烈·德安……262
安德烈·德兰……263
安东尼·凡·戴克爵士……263
昂利·埃德蒙德·克洛斯……263
奥迪隆·雷东……263
奥斯卡·柯克西卡……264
巴布罗·毕加索……264
巴尔萨泽·凡·德·阿斯特……266
巴克利·L·亨德里克斯……266
巴奈特·纽曼……266
白发一雄……266
保罗·席涅克……267
保罗·高更……267
保罗·塞尚……268
保罗·希涅克……268
彼埃·奥古斯特·雷诺阿……269
彼得·保罗·鲁本斯爵士……269
彼得·多伊格……270
蔡 锦……270
草间弥生……270
柴姆·苏丁……270
常 青……271
常 玉……271
朝 戈……271
陈澄波……272
陈丹青……272
陈钧德……272
陈俊穆……272
陈树中……272
陈文骥……272
陈文希……272
陈衍宁……272
陈逸飞……273
陈逸鸣……273
陈荫罴……273
陈彧君……274
程亚杰……274
程 竹……274
仇德树……274
仇晓飞……275
崔小冬……275
村上隆……275
戴平均……275
戴维·霍克尼……275
蒂齐亚诺·韦切利奥……275
迭戈·罗迪盖斯·德·席尔瓦·维拉斯盖兹……276
丁雄泉……276
丁衍庸……276
丁 乙……277
段建伟……277
段正渠……277
恩斯特·路德维格·基尔希纳……277
恩斯特·路德维希·基希纳……278
法兰提锡克·库普卡……278
方君璧……278
方力钧……278
方世聪……278
费德·加利齐亚……279
费尔南·雷杰……279
费尔南·雷捷……279
冯钢百……280
弗朗西斯·毕卡比亚……280
弗朗兹·克莱恩……280
高 泉……280
格哈德·李希特……280
格伦·利根……281
耿建翌……281
古那弯……281
古斯塔夫·卡勒波特……282
关 良……282
关紫兰……283
郭润文……283
郭 伟……283
汉斯·巴尔东……283
何大桥……284
何多苓……284
何坚宁……284
贺慕群……284
赫尔文·安德森……284
亨利·马蒂斯……285
亨利克·坎彭东克……285
洪救国……285
洪 凌……286
胡安·格里斯……286
胡安·米罗……286
胡塞佩·德·里贝拉……286
胡善余……287
华西里·康定斯基……287
黄建南……287
黄铭昌……288
黄显之……288
黄宇兴……288
加藤泉……288
菅井汲……288
贾斯培·琼斯……289
姜亨九……289
杰克森·波拉克……289
今井俊满……289
金昌烈……289
靳尚谊……290
卡米耶·毕沙罗……290
卡密尔·毕沙罗……291
柯比意……291
克劳德·莫奈……291
克劳德·莫内……292
克里·詹姆斯·马歇尔……293
拉登·萨尔·谢里夫·布斯塔曼……293
老卢卡斯·克拉纳赫……293
勒迈耶……293
雷内·马格利特……294
冷 军……294
黎 谱……294
李贵君……295
李 斛……295
李绫瑄……295
李曼峰……295
李 青……295
李 山……296
李圣子……296
李松松……296
李铁夫……296
李晓刚……296
李禹焕……297
李元佳……297
李仲生……297
李宗津……297
理查德德·迪本康……297
利贝拉莱·达·韦罗讷……298
梁远苇……298
廖继春……298
林飞龙……299
林风眠……299
林 茂……299
林寿宇……299
林永康……300
刘安民……300
刘国松……300
刘海粟……300
刘玖通……300
刘 抗……300
刘 炜……301
刘 韡……301
刘小东……302
刘 野……303
刘 溢……304
六角彩子……304
龙力游……304
卢 恺……304
卢齐欧·封塔纳……304
鲁道夫·斯丁格尔……305
鲁菲诺·塔马约……305
路德维希·迈德纳……305
罗尔纯……306
罗中立……306
吕斯百……307
马丁·基本伯格……307
马克·坦西……308
马克·夏加尔……308
马克斯·佩希斯坦……308
玛丽·卡萨特……308
毛利斯·德·弗拉芒克……309
毛旭辉……309
毛 焰……309
梅忠恕……310
孟思特……310
米巧铭……311
莫大风……311
墨 客……311
奈良美智……311
尼古拉·郎克雷……312

倪贻德……312
帕斯塔……312
潘德海……313
潘玉良……313
庞　均……313
庞茂琨……313
庞熏琹……313
彭常安……314
皮埃・波纳尔……314
皮耶・奥古斯特・雷诺阿……314
皮耶・博纳尔……314
朴寿根……315
七户优……315
前川强……315
乔纳斯・伍德……315
乔瓦尼・安东尼奥・卡纳尔……315
乔治・康多……316
乔治・莫兰迪……316
乔治・万顿吉罗……316
乔治・秀拉……317
乔治亚・欧姬芙……317
秦　风……317
秦　琦……317
秦宣夫……317
琼・米切尔……318
丘亚才……318
全光荣……318
塞西丽・布朗……318
赛耶・海达・拉扎……318
沙　耆……319
上前智佑……319
尚．米榭．巴斯奇亚……319
尚・杜布菲……320
尚・米榭・巴斯基亚……320
尚　扬……320
邵增虎……320
沈敬东……321
石　冲……321
石立峰……321
舒　群……321
斯图尔特・戴维斯……321
松浦浩之……321
宋步云……322
宋永红……322
宋　宇……322
苏天赐……322
苏笑柏……322
苏新平……322
孙多慈……323
孙滋溪……323
孙宗慰……323
谭华牧……323
汤　垚……323
藤田嗣治……324
天明屋尚……324
童红生……324
童雁汝南……324
屠洪涛……324
瓦伦坦・德・博罗奈……325
瓦西里・康丁斯基……325
汪建伟……325
王功新……325
王光乐……326
王广义……326
王海力……326
王济远……326
王劼音……326
王怀庆……326
王克举……327
王　迈……327
王如玖……327
王兴伟……327
王衍成……328
王沂东……328
王易罡……328
王　音……329
王玉琦……329
韦　嘉……329
韦　蓉……329
卫天霖……329
魏　东……329
魏巨川……329
翁贝托・波丘尼……330
沃尔特・史毕斯……330
吴大羽……330
吴冠中……331
吴作人……332
伍步云……333
武高谈……333
席德进……333
夏小万……333
夏　星……334
萧　勤……334
谢楚余……334
忻东旺……334
徐悲鸿……334
徐　里……335
徐青峰……335
徐　震……335
雅各布布布・奥克特维尔特……335
亚力瑟・冯・亚尔伦斯基……335
亚美迪欧・莫迪瑞安尼……336
闫　平……336
颜　磊……336
颜文梁……336
杨立光……336
杨少斌……336
杨飞云……337
杨识宏……337
杨・韦南茨……337
叶永青……337
叶子奇……337
佚　名……338
尹朝阳……338
尹亨根……338
尤劲东……338
由　金……338
余　本……339
余友涵……339
喻　红……339
袁小楼……339
袁晓舫……339
袁　远……340
约瑟夫・马洛德・威廉・泰纳……340
岳敏君……340
曾梵志……341
张　慧……342
张　利……342
张荔英……342
张淑芬……342
张向明……342
张晓刚……342
张延昭……343
张　焰……343
赵半狄……344
赵春翔……344
赵无极……344
赵　赵……344
郑慕康……345
郑相和……345
郑野夫……345
郑英胄……345
钟泗宾……345
冢本智也……345
周铁海……345
周春芽……346
朱德群……347
朱莉・梅赫雷图……347
朱新建……347
朱曜奎……347
朱沅芷……348

雕　塑

KAWS……348
阿尔伯托・贾柯梅蒂……349
阿里斯蒂德・马约尔……349
安东尼・葛姆雷……349
安托万・佩夫斯纳……349
奥古斯特・罗丹……350
芭芭拉・赫普沃斯……350
白南准……350
板尾新次郎……350
草间弥生……350
亨利・摩尔……350
胡安・米罗……351
李　真……351
林布兰・布加迪……351
林恩・乍得维克……351
卢齐欧・封塔纳……351
罗伊・李奇登斯坦……351
刘开渠……352

奈良美智........................352
让·阿尔普......................352
任　哲..........................352
唐纳德·贾德....................353
托马斯·舒特....................353
向　京..........................353
熊秉明..........................353
雪莉·勒文......................353
雅各布·理普希茨................353
亚历山大·亚齐宾克..............353
展　望..........................353
朱　铭..........................354

装　置

谷文达..........................354
李绫瑄..........................354

摄　影

理查德德·普林斯................354
辛迪·雪曼......................354

综合媒材

KAWS............................355
阿美迪奥·莫迪里亚尼............355
白南准..........................355
彼得·哈雷......................355
蔡国强..........................355
草间弥生........................355
常　玉..........................355
陈　可..........................356
达米恩·赫斯特..................356
丁　乙..........................356
弗朗西斯·毕卡比亚..............356
黄冠余..........................356
黄积铸..........................357
季大纯..........................357
今井俊满........................357
乐氏琉..........................357
黎　谱..........................357
李绫瑄..........................357
李禹焕..........................357
理查德德·普林斯................357
梁　铨..........................358
林寿宇..........................358
刘国松..........................358
刘　炜..........................358
罗伯特·劳森伯格................358
马克·布拉福德..................358
麦克·凯利......................359
奈良美智........................359
秦　松..........................359
全光荣..........................359
沙　耆..........................359
尚　扬..........................359
苏笑柏..........................359
瓦西里·康丁斯基................360
魏乐唐..........................360
吴大羽..........................360
谢景兰..........................360
徐道获..........................360
薛　松..........................360
叶永青..........................361
郑　文..........................361
钟泗滨..........................361
KAWS............................361
阿希尔·戈尔基..................361
安迪·沃荷......................361
安东尼·葛姆雷..................362
安尼施·卡普尔..................362
班克斯..........................362
蔡国强..........................362
草间弥生........................362
曾梵志..........................362
常　玉..........................362
崔素荣..........................363
村上隆..........................363
达米恩·赫斯特..................363
戴维·海蒙......................363
戴维·霍克尼....................363
嶋本昭三........................363
佛兰兹·韦斯特..................364
傅　丹..........................364
高　瑀..........................364
格哈德·里希特..................364
汉迪威曼·苏普塔拉..............364
郝　量..........................364
河原温..........................365
赫苏斯·拉斐尔·索托............365
洪　易..........................365
胡安·米罗......................365
杰森·罗兹......................365
井上有一........................365
君特·于克......................365
克里斯托弗·坞尔................365
郎静山..........................366
李禹焕..........................366
卢齐欧·封塔纳..................366
卢西亚诺·法布罗................366
鲁菲诺·塔马约..................366
露易丝·布尔乔亚................366
罗讷德·温杜拿..................366
罗斯玛丽·特罗克尔..............366
米开朗基罗·皮斯特莱托..........367
奈良美智........................367
尼基卡·奥库尼里·克罗斯比......367
朴栖甫..........................367
乔纳斯·伍德....................367
尚·米榭·巴斯基亚..............367
苏笑柏..........................368
唐纳德·贾德....................368
田中敦子........................368
吴埜山..........................368
西格马·波尔克..................368
萧　勤..........................368
徐　冰..........................369
徐　累..........................369
亚力格鲁·伯尔提................369
亚历山大·考尔德................369
元永定正........................369
约翰·张伯伦....................369
约瑟夫·埃布尔斯................369

西画雕塑其他

Ichwan Noor.....................370
Ngo Manh Quynh..................370
阿尼什·卡普尔..................370
埃贡·席勒......................370
艾德加·德加....................370
爱德华·维亚尔..................371
安迪·沃荷......................371
奥迪隆·雷东....................371
巴尔蒂斯........................371
丁　乙..........................371
范光厚..........................371
弗兰克·史蒂拉..................372
何塞-玛丽亚·卡诺...............372
李超士..........................372
名和晃平........................372
奈良美智........................372
文森特·梵高....................372
徐　震..........................372
雅丽克丝·艾美..................372

2018书画拍卖成交汇总....373

凡　例

1.《2019古董拍卖年鉴》分瓷器卷、玉器卷、杂项卷、珠宝翡翠卷、书画卷共五册，收录了纽约、伦敦、巴黎、日内瓦、香港、澳门、台北、北京、上海、广州、昆明、天津、重庆、成都、合肥、南京、西安、沈阳、济南等城市或地区的几十家拍卖公司几百个专场的2018年度拍卖成交记录与拍品图片。

2.本书内文条目原则上保留了原拍卖记录，按拍品号、品名、估价、成交价、尺寸、拍卖公司名称、拍卖日期等排序，部分原内容缺或不详的不注明，书画卷内文条目还有作者姓名、作品形式、创作年代等内容。

3.因境外拍卖公司宿地不同，本书拍品中有多种币种：RMB人民币，USD美元，EUR欧元，GBP英磅，HKD港币，TWD台币。但本书所有拍品成交价均按汇率转换成RMB(人民币)币种。

4.多人合作的作品，目录中仅列出一位主要作者的名字。

5.查看书中图片大图及拍品详情，请登陆微信小程序“拍卖典藏”进入《拍卖年鉴》栏目查询。

中国书画

南北朝作者

3051 杨忠 山水通景十屏 立轴
估　价：RMB 600,000~800,000
成交价：RMB 1,035,000
180.5cm × 48.5cm × 10 中贸圣佳 2018-11-24

唐代作者

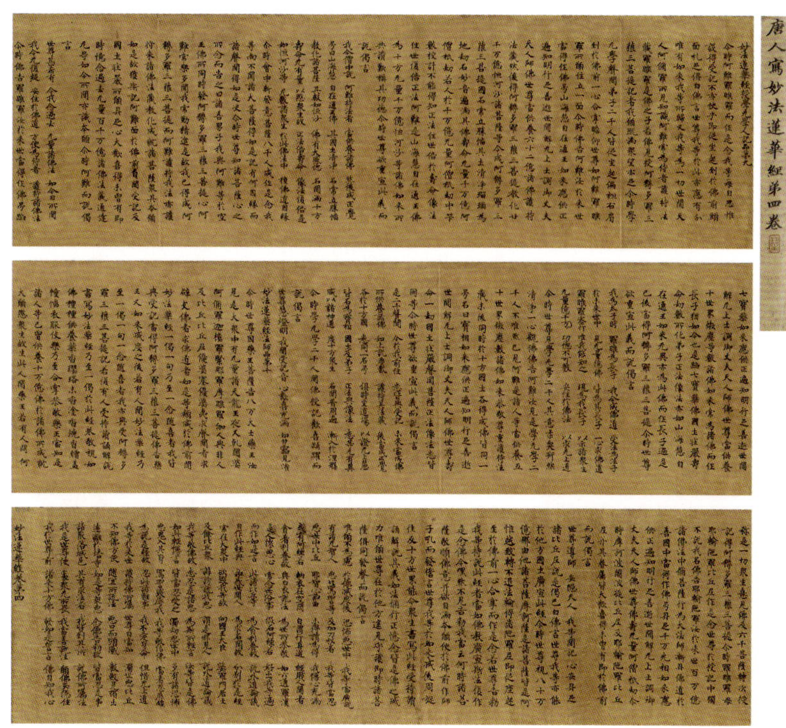

955 无款 唐 书法心经 手卷
估　价：HKD 600,000~800,000
成交价：RMB 1,725,500
26cm × 1008cm 佳士得 2018-05-28

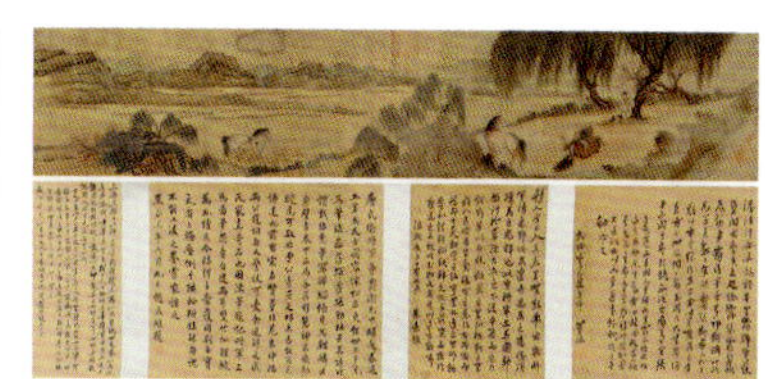

1598 曹霸 洗马图 手卷
估　价：RMB 45,000
成交价：RMB 51,750
36cm × 189cm 朵云轩 2018-04-23

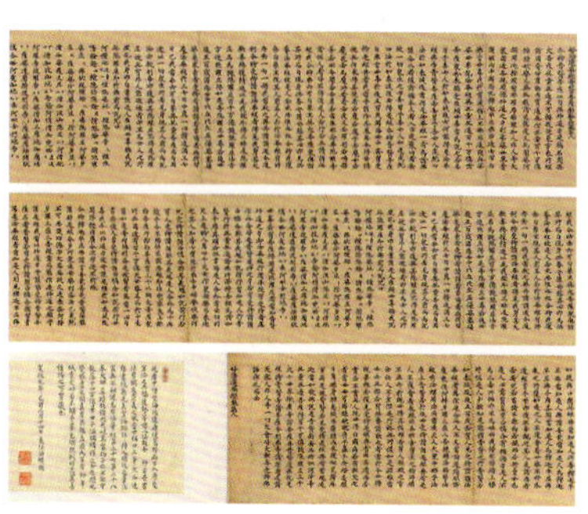

1259 弘法大师 妙法莲华经 手卷
估　价：RMB 50,000~80,000
成交价：RMB 414,000
中国嘉德 2018-01-14

1315 佚名 唐代 敦煌佛画 镜心
估　价：RMB 120,000~200,000
成交价：RMB 5,865,000
39cm × 31cm 北京荣宝 2018-06-14

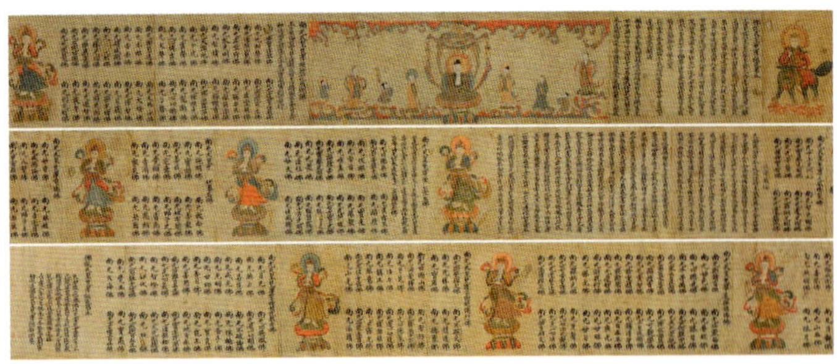

415 佚名 公元823年 唐敦煌写经 长庆三年佛说天皇梵摩经卷第五 手卷
估 价：RMB 800,000~1,200,000
成交价：RMB 5,635,000
29.5cm×650cm 中鸿信 2018-01-06

654 佚名 唐人写经 卷
估 价：RMB 100,000~150,000
成交价：RMB 2,300,000
25.5cm×833cm 北京翰海 2018-06-29

五代作者

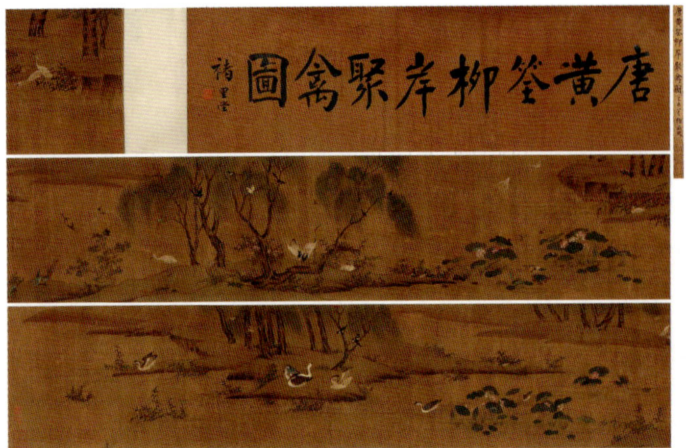

108 黄筌 柳岸聚禽图 手卷
估 价：RMB 2,500,000~3,500,000
成交价：RMB 2,932,500
31cm×310cm 保利厦门 2018-07-15

宋代作者

410 陈居中 饮马图 镜片
估 价：RMB 500,000~800,000
成交价：RMB 575,000
23cm×19.5cm 西泠拍卖 2018-07-07

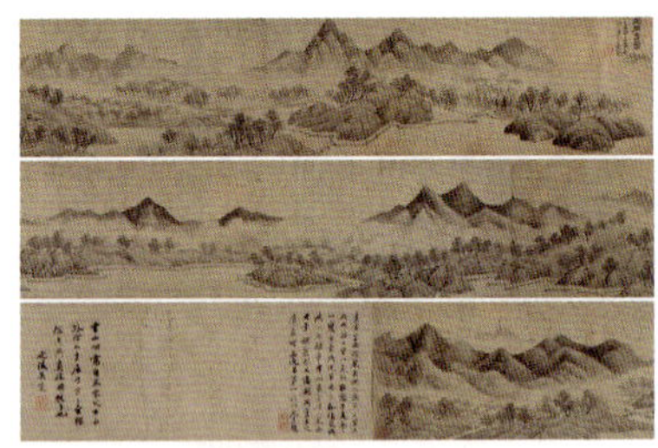

646 方从义 山居春霭 卷
估 价：RMB 50,000~80,000
成交价：RMB 3,565,000
19cm×221cm 北京翰海 2018-06-29

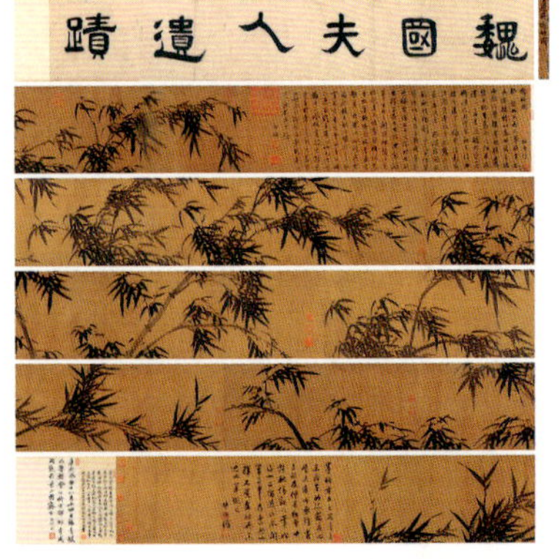

3561 管道升 （传） 修竹图卷 手卷
估 价：RMB 3,000,000~4,000,000
成交价：RMB 3,450,000
画心25cm×743cm 北京保利 2018-12-08

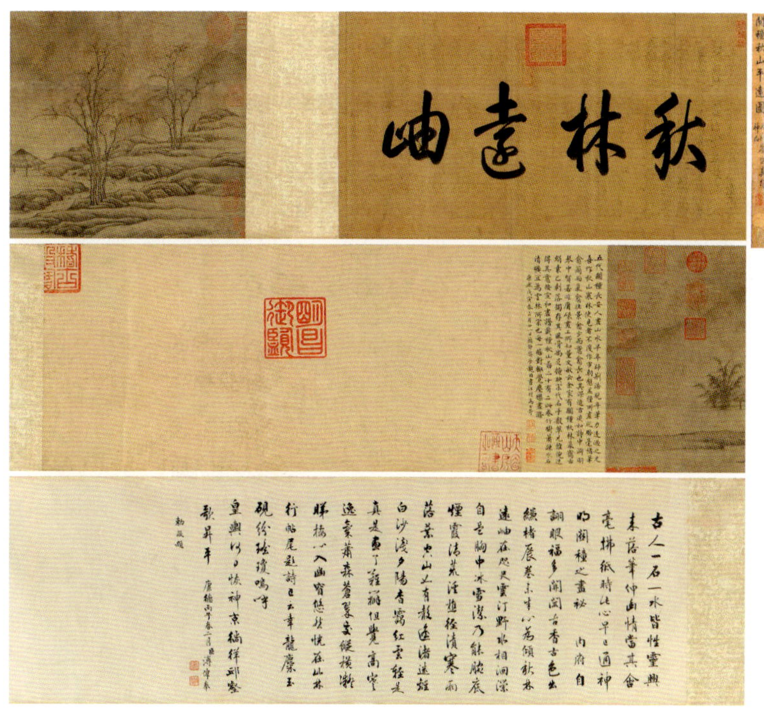

411 关仝 （传） 秋山平远图 手卷
估　价：RMB 8,000,000~10,000,000
成交价：RMB 12,075,000
画30cm×49.7cm 中国嘉德 2018-11-20

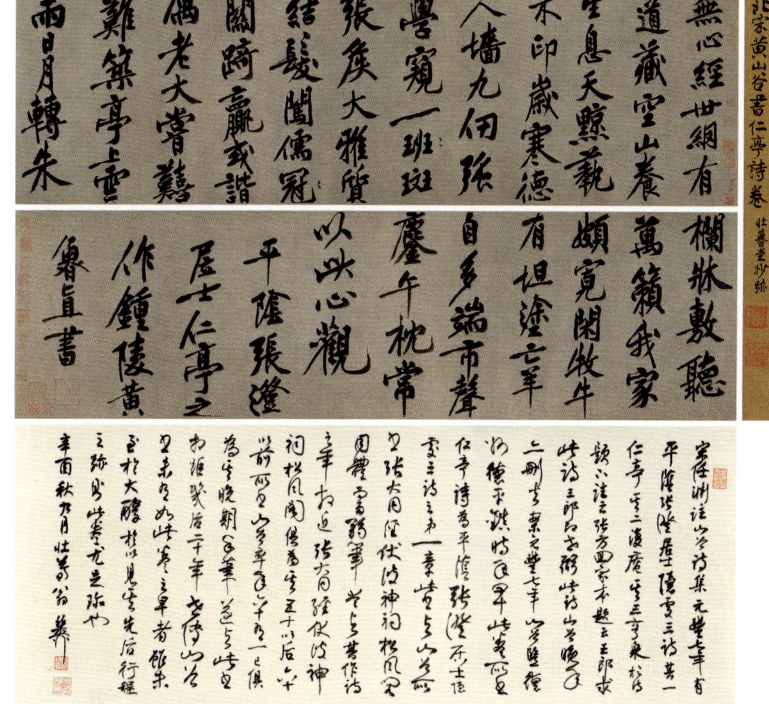

848 黄庭坚 仁亭诗卷 手卷
成交价：RMB 20,125,000
33cm×235cm 朵云轩 2018-06-24

929 徽宗 （传） 宋 幽花小禽 镜框
估　价：HKD 300,000~500,000
成交价：RMB 1,522,500
22.5cm×26.6cm 佳士得 2018-05-28

1181 季友直 （款） 荷塘纳凉图 镜心
估　价：RMB 3,000~6,000
成交价：RMB 2,875,000
26cm×29cm 中国嘉德 2018-05-19

3810 李安忠 （传） 眉寿图 镜心
成交价：RMB 575,000
30cm×37cm 北京保利 2018-12-08

406 李成 松坪书屋图 镜片
估 价：RMB 500,000~800,000
成交价：RMB 575,000
25cm×22cm 西泠拍卖 2018-07-07

405 毛益 雪霁珍禽图 镜片
估 价：RMB 500,000~800,000
成交价：RMB 1,725,000
23.5cm×23cm 西泠拍卖 2018-07-07

1108 毛益 （传） 猫戏图 镜心
估 价：RMB 20,000~50,000
成交价：RMB 690,000
25.2cm×22.3cm 中国嘉德 2018-11-22

935 林椿 南宋 白桃小禽 团扇面立轴
估 价：HKD 800,000~1,200,000
成交价：RMB 16,054,700
直径25cm 佳士得 2018-11-27

1304 牧溪 双猿图 镜心
估 价：RMB 800,000~1,000,000
成交价：RMB 1,265,000
99.5cm×46cm 北京匡时 2018-12-06

935 牧溪 （传） 枯槎鸜鹆图 立轴
估 价：RMB 3,000,000~3,500,000
成交价：RMB 4,600,000
131cm×57.5cm 中国嘉德 2018-06-20

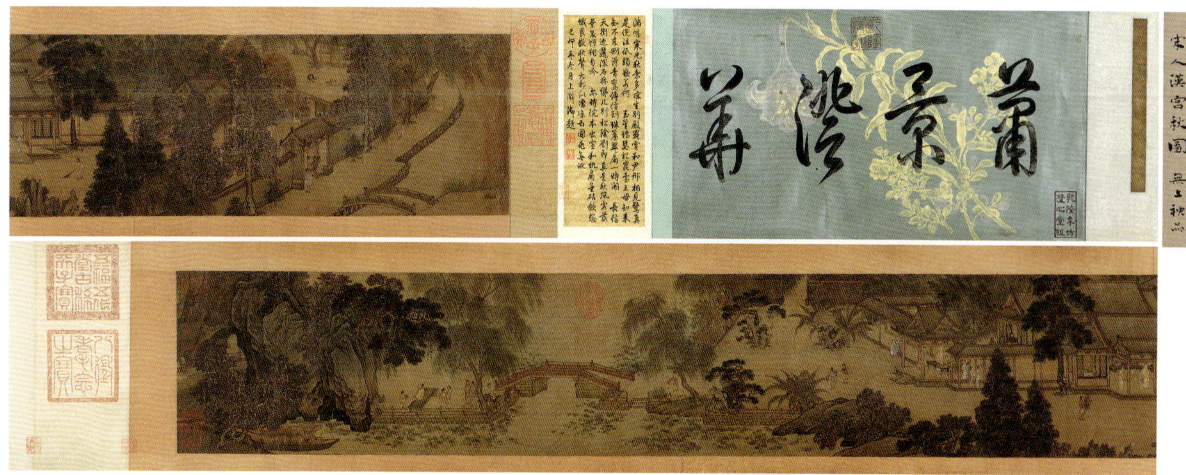

1709 宋人 汉宫秋图 手卷
成交价：RMB 124,200,000
20cm × 166cm 北京保利 2018-06-17

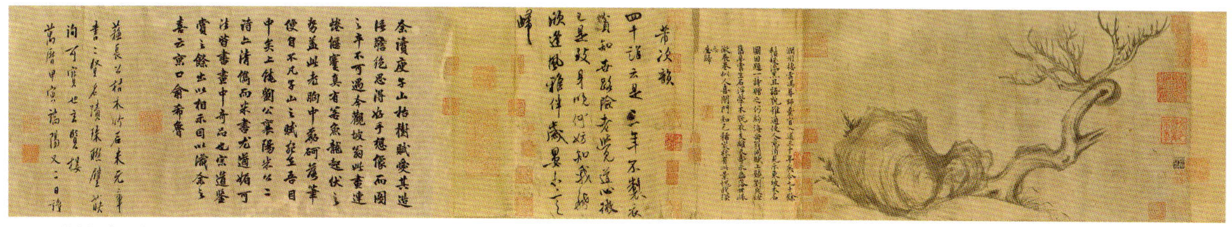

8008 苏轼 宋 木石图 手卷
成交价：RMB 411,213,200
画长26.3cm × 50cm；画连题跋长26.3cm × 185.5cm；
全卷连裱共长27.2cm × 543cm 佳士得 2018-11-26

1010 文同 （款） 明 竹石图 手卷
估 价：HKD 80,000~120,000
成交价：RMB 354,800
26.7cm × 120cm 佳士得 2018-11-27

30 无款 宋/元 十六应真图 手卷
估 价：USD 800,000~1,000,000
成交价：RMB 5,409,965
纽约佳士得 2018-03-20

981 苏汉臣 （款） 明 戏婴图 手卷
估 价：HKD 200,000~400,000
成交价：RMB 288,275
41cm × 344cm 佳士得 2018-11-27

939 无款 宋／元 桃猿戏蝶 镜框
估 价：HKD 400,000~600,000
成交价：RMB 4,133,420
23cm×24.4cm 佳士得 2018-11-27

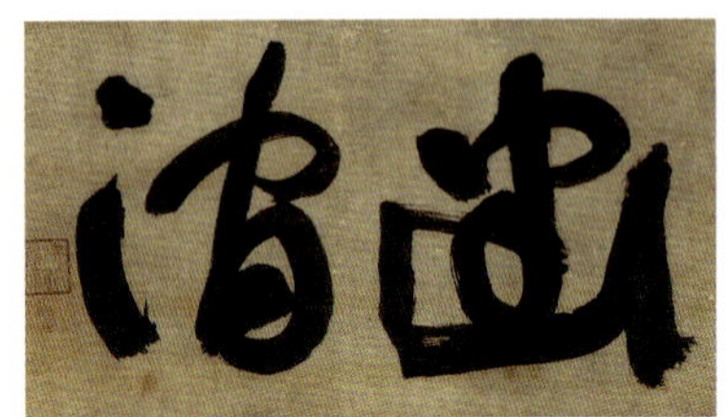

415 无准佛鉴禅师 草书 幽涧 立轴
估 价：RMB 180,000~250,000
成交价：RMB 276,000
47.5cm×27cm 西泠拍卖 2018-07-07

1755 吴炳 徐贲 朱国盛 （款）（传） 宋元画萃 册页 （七开）
估 价：HKD 100,000~200,000
成交价：RMB 576,218
尺寸不一 中国嘉德 2018-10-03

2520 夏圭 （款） 观梅图 立轴
估 价：HKD 5,000~8,000
成交价：RMB 1,362,500
143.5cm×81cm 香港苏富比 2018-10-01

409 夏圭 香林书屋图 镜片
估 价：RMB 500,000~800,000
成交价：RMB 575,000
23.5cm×20.5cm 西泠拍卖 2018-07-07

130 燕文贵 （款） 江干积雪图 立轴
估 价：RMB 400,000~500,000
成交价：RMB 575,000
205cm×120cm 北京荣宝 2018-12-03

8006 佚名 宋人扇集之四《坐听松风》 镜片
估 价：RMB 1,200,000~1,800,000
成交价：RMB 2,300,000
27cm×29cm 上海嘉禾 2018-06-25

8007 佚名 宋人扇集之五《泛舟听风》 镜片
估 价：RMB 1,200,000~1,800,000
成交价：RMB 2,300,000
23.5cm×22.5cm 上海嘉禾 2018-06-25

1367 佚名 宋元名贤宝绘 册页
估 价：HKD 280,000~380,000
成交价：RMB 2,100,164
尺寸不一×8 中国嘉德 2018-04-03

416 浙翁如琰 行书 雪 立轴
估 价：RMB 1,800,000~2,500,000
成交价：RMB 4,600,000
37.5cm×23cm 西泠拍卖 2018-07-07

元代作者

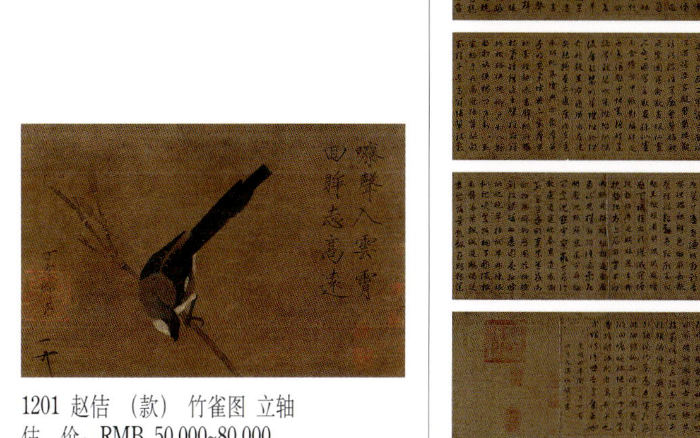

1201 赵佶 （款） 竹雀图 立轴
估 价：RMB 50,000~80,000
成交价：RMB 1,495,000
27cm×42cm 中国嘉德 2018-06-20

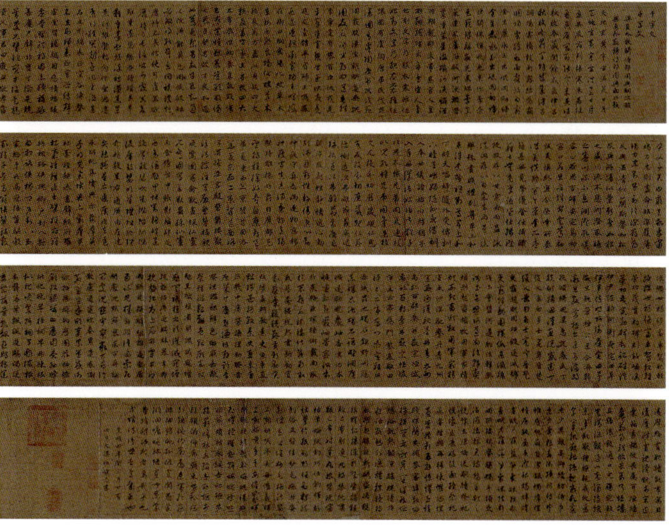

544 班惟志 二体千字文 手卷
估 价：RMB 1,000,000~1,500,000
成交价：RMB 1,552,500
24cm×788cm 荣宝斋（南京） 2018-07-15

255 张月壶 蕙崇 （旧传） 水月观音 溪凫图 （两幅） 立轴三幅
估 价：HKD 1,200,000~1,500,000
成交价：RMB 1,213,500
107.5cm×53.5cm×3 邦瀚斯 2018-04-03

83 边定 （传） 元/明 1788年作 屋舟图 立轴
估 价：USD 20,000~40,000
成交价：RMB 1,325,638
90.5cm×25.4cm 纽约佳士得 2018-09-11

3593 边武 行书曹孟德诗 立轴
估　价：RMB 800,000~1,200,000
成交价：RMB 920,000
130cm×62cm 北京保利 2018-12-08

1165 陈容 （款） 九龙图卷 手卷
估　价：RMB 300,000~400,000
成交价：RMB 2,645,000
22cm×523cm 中国嘉德 2018-05-19

513 黄公望 1347年作 虞山图 立轴
估　价：RMB 3,800,000~5,000,000
成交价：RMB 4,370,000
91cm×28cm 西泠拍卖 2018-07-07

3588 丁野夫 幽溪听泉图 立轴
估　价：RMB 12,000,000~20,000,000
成交价：RMB 19,320,000
22cm×24cm 北京保利 2018-12-08

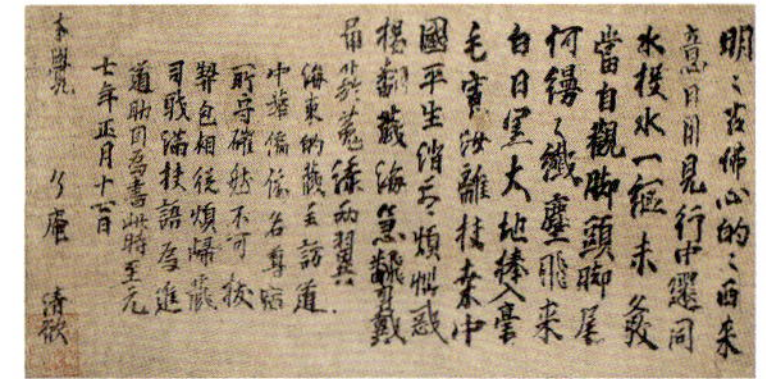

210 了庵清欲 书法 立轴
估　价：RMB 400,000~600,000
成交价：RMB 460,000
27cm×54.5cm 华艺国际 2018-05-23

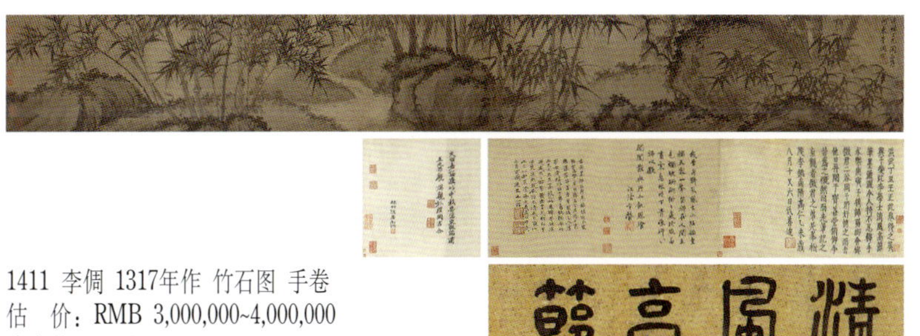

1411 李倜 1317年作 竹石图 手卷
估　价：RMB 3,000,000~4,000,000
成交价：RMB 4,025,000
本幅30cm×232cm 北京匡时 2018-06-16

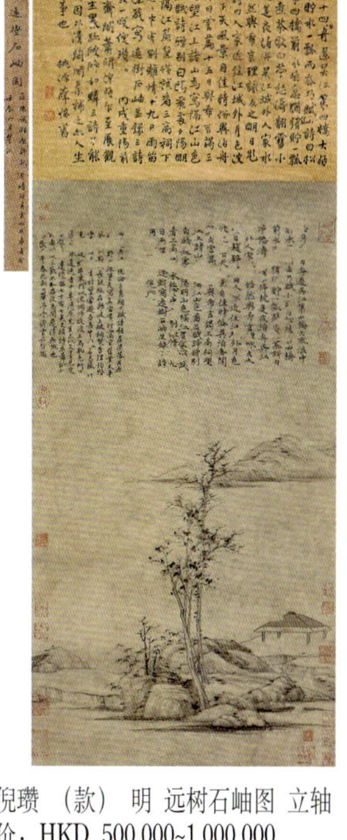

942 倪瓒（款）明 远树石岫图 立轴
估　价：HKD 500,000~1,000,000
成交价：RMB 997,875
67cm×36cm 佳士得 2018-11-27

84 马琬 1360年作 溪山清远 立轴
估　价：RMB 500,000~800,000
成交价：RMB 977,500
146cm×40cm 北京荣宝 2018-12-03

1359 倪瓒 远树石岫图 立轴
估　价：RMB 1,200,000~1,500,000
成交价：RMB 1,840,000
58.5cm×34cm 北京匡时 2018-06-16

945 任仁发（传）元
春园雅叙（两幅）立轴
估　价：HKD 700,000~900,000
成交价：RMB 776,125
178cm×105cm×2 佳士得 2018-11-27

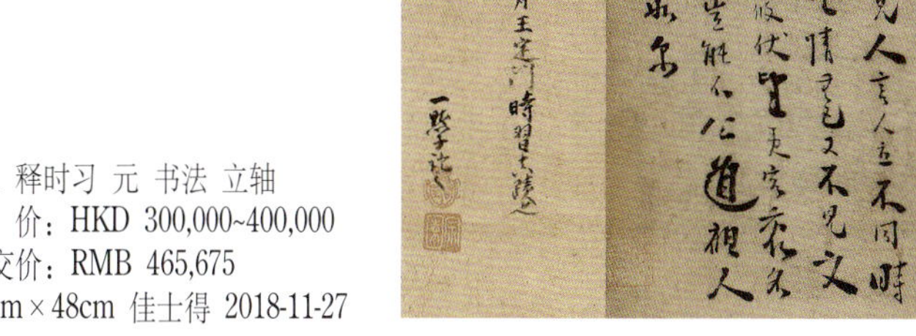

951 释时习 元 书法 立轴
估　价：HKD 300,000~400,000
成交价：RMB 465,675
29cm×48cm 佳士得 2018-11-27

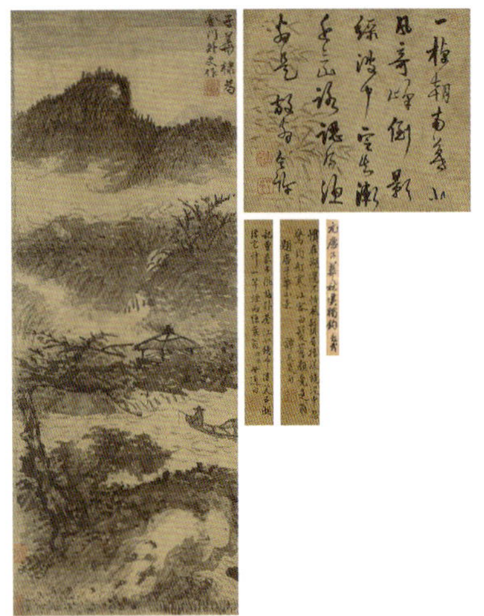

1358 唐棣 秋溪独钓 立轴
估　价：RMB 1,800,000~2,200,000
成交价：RMB 2,242,500
诗堂22.5cm×26cm；本幅69.5cm×26cm
北京匡时 2018-06-16

607 王蒙 （款） 天香深处堂 立轴
估　价：USD 300,000~500,000
成交价：RMB 2,565,750
纽约苏富比 2018-09-13

671 王蒙 清湥垂钓图 镜心
估　价：HKD 42,000,000~60,000,000
成交价：RMB 47,731,000
87.6cm×44.3cm 保利香港 2018-04-02

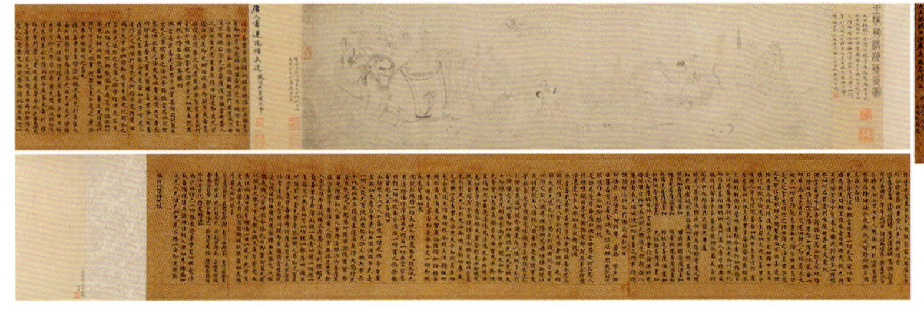

3038 王振鹏 渡海应真图 手卷
估　价：RMB 4,000,000~6,000,000
成交价：RMB 4,600,000
画心26cm×100cm 北京保利 2018-06-17

1060 王渊 （传） 牡丹白鹇图 立轴
估 价：RMB 400,000~600,000
成交价：RMB 1,242,000
110cm×70.5cm 北京匡时 2018-12-06

1 吴镇 （传） 元 山水 册页 （六开）
估 价：USD 40,000~80,000
成交价：RMB 342,100
27cm×30.2cm×6 纽约佳士得 2018-09-11

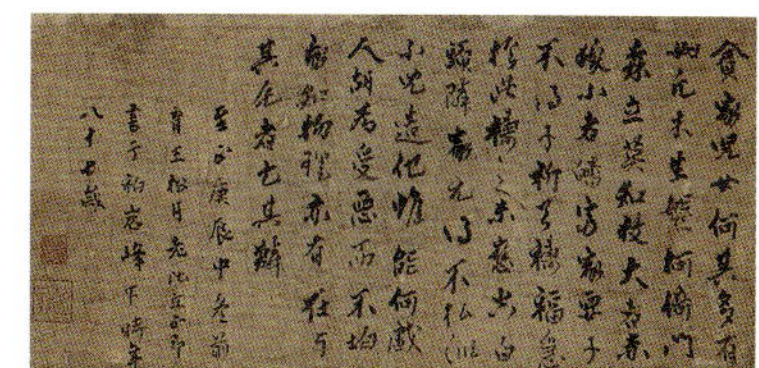

2580 月江正印 贫家帖 立轴
估 价：HKD 200,000~240,000
成交价：RMB 218,000
27cm×55cm 香港苏富比 2018-10-01

936 无款 元 云龙图 （两幅） 立轴
估 价：HKD 600,000~800,000
成交价：RMB 18,183,500
26.5cm×66.5cm×2 佳士得 2018-11-27

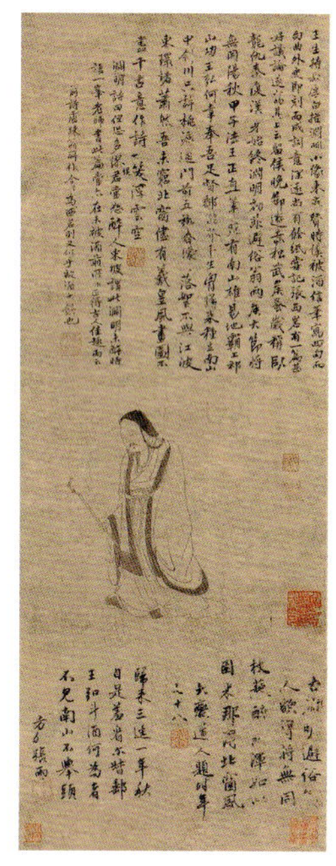

3706 张渥 （款） 白描人物 立轴
估 价：RMB 150,000~250,000
成交价：RMB 437,000
87cm×33cm 北京保利 2018-12-08

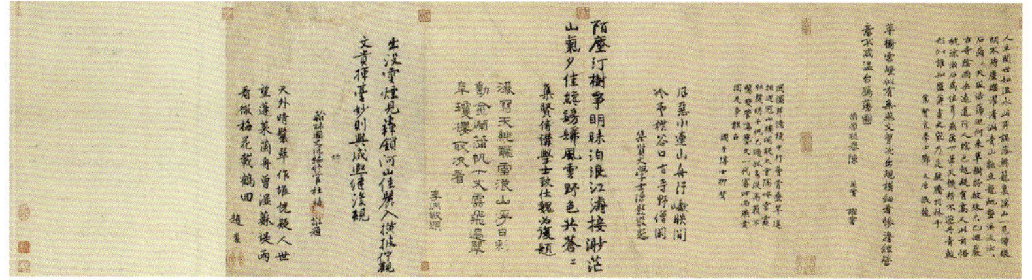

2560 元代诸家 燕文贵《溪风图》后之元人题跋八则 手卷
估 价：HKD 2,000,000~3,000,000
成交价：RMB 3,453,120
47.5cm×138.5cm 香港苏富比 2018-10-01

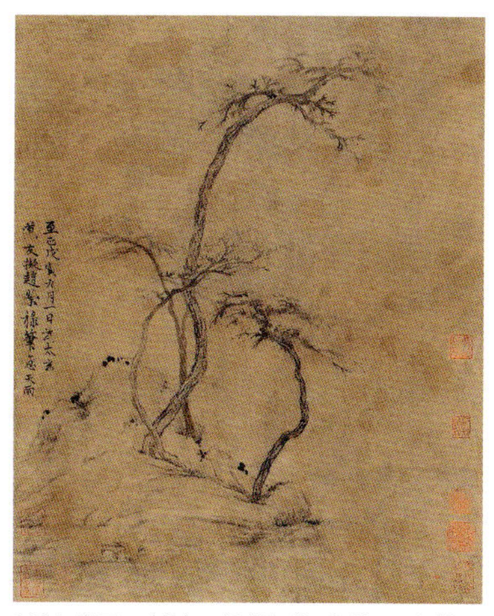

3661 张雨 （款） 1344年作 寒林图 立轴
成交价：RMB 2,392,000
45cm×38cm 北京保利 2018-12-08

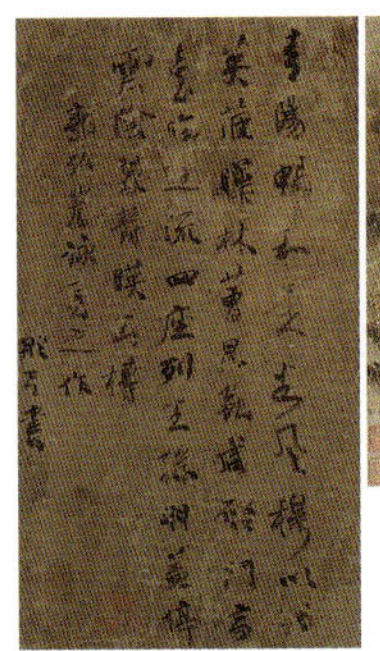

1104 张远 彤丐
觅春图 行书《咏春之作》 镜心
估　价：RMB 250,000~350,000
成交价：RMB 322,000
25cm×21cm；33cm×18cm 北京匡时 2018-12-06

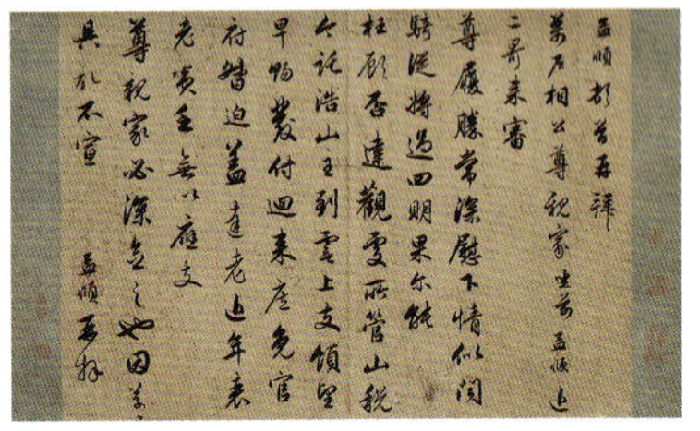

961 赵孟頫 （款） 明 书扎 册页镜框
估　价：HKD 80,000~120,000
成交价：RMB 1,522,500
26.8cm×38.2cm 佳士得 2018-05-28

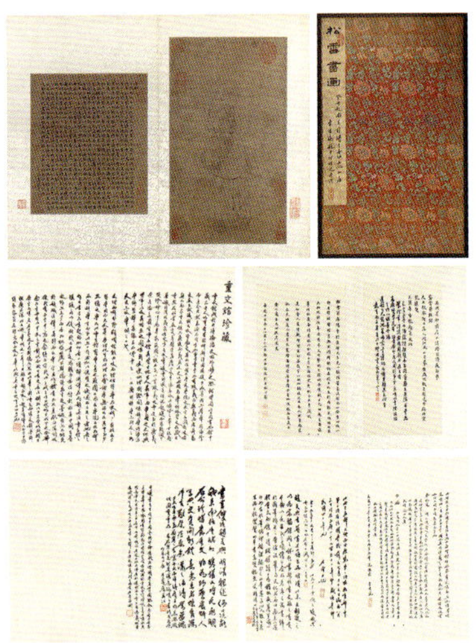

387 赵孟頫 （款） 高士图 册页
估　价：RMB 30,000~40,000
成交价：RMB 1,380,000
尺寸不一 中贸圣佳 2018-06-20

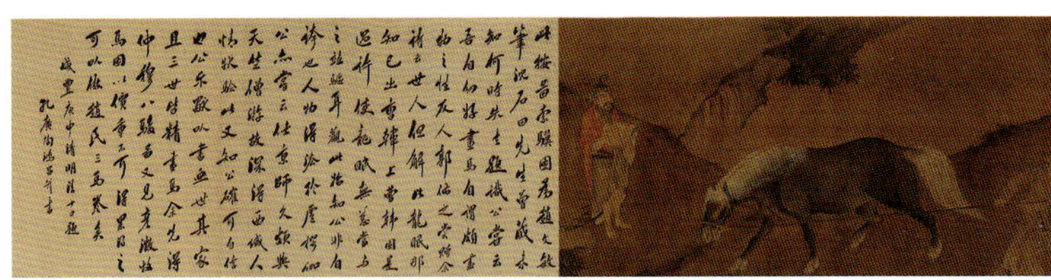

1217 赵孟頫 （传） 按图索骥 手卷
估　价：USD 20,000~40,000
成交价：RMB 650,465
42.6cm×89.1cm 纽约苏富比 2018-03-23

1181 赵孟頫 八骏四贤图 手卷
估　价：RMB 200,000
成交价：RMB 460,000
32cm×176cm 北京翰海 2018-09-16

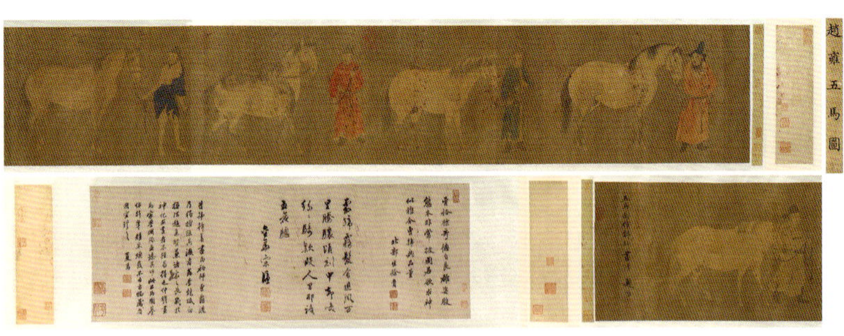

1796 赵雍 （款） 仿韩干五马图 手卷
估　价：HKD 1,200,000~2,200,000
成交价：RMB 5,395,500
画29cm×212cm 中国嘉德 2018-10-03

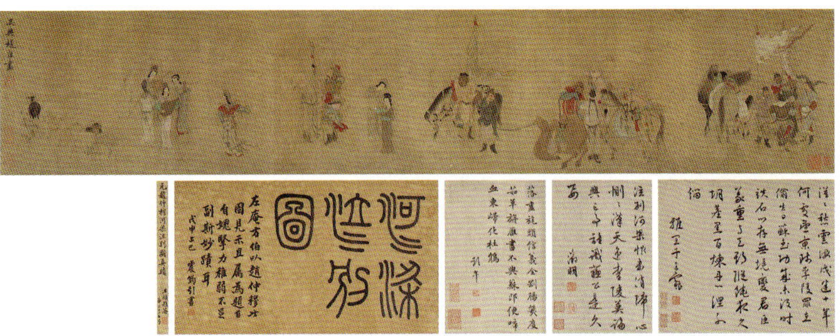

1410 赵雍 河梁泣别图 手卷
估　价：RMB 3,000,000~4,000,000
成交价：RMB 4,025,000
本幅28cm×148cm 北京匡时 2018-06-16

明代作者

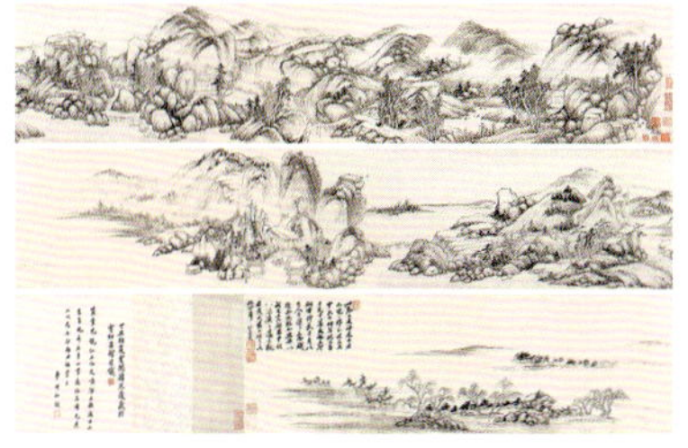

374 卞文瑜 笪重光 山水卷 手卷
估　价：RMB 1,200,000~1,800,000
成交价：RMB 1,840,000
画心27cm×345cm 中贸圣佳 2018-06-20

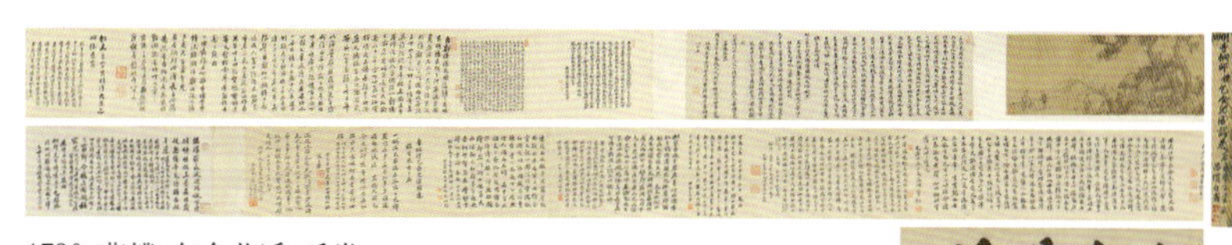

1730 曹镤 乞食儿谣 手卷
估　价：RMB 1,000,000~1,200,000
成交价：RMB 1,495,000
本幅24cm×61cm；27.5cm×87cm
北京匡时 2018-06-16

851 常莹 1626年作 春日山居图 扇面
估　价：RMB 280,000~480,000
成交价：RMB 322,000
17cm×54cm 中国嘉德 2018-06-20

378 蔡远 拟荆浩山水 立轴
估　价：RMB 300,000~400,000
成交价：RMB 483,000
184.5cm×94cm 中贸圣佳 2018-06-20

757 曹振 富贵长春 立轴
估　价：RMB 280,000~380,000
成交价：RMB 552,000
185cm×93cm 上海嘉禾 2018-06-25

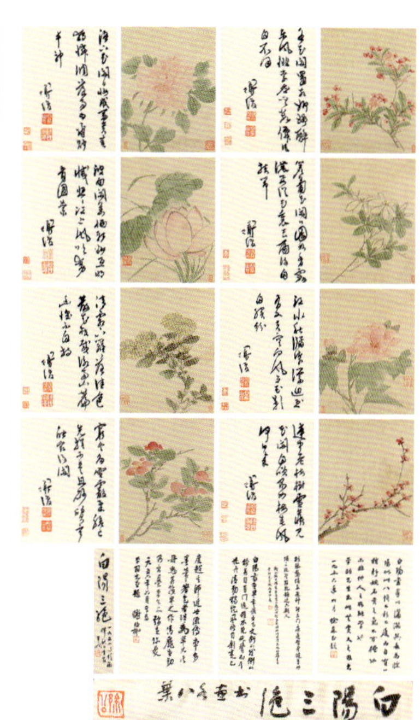

3037 陈淳 诗书画三绝 册页 （十六开）
估　价：RMB 6,000,000~8,000,000
成交价：RMB 9,200,000
21cm×16cm×16 北京保利 2018-06-17

974 陈淳 双锦呈祥图 立轴
估 价：RMB 2,000,000~3,000,000
成交价：RMB 2,300,000
178cm×83cm 保利厦门 2018-01-08

3 陈洪绶 （款） 人物图
估 价：HKD 5,000,000
成交价：RMB 4,015,000
105cm×50cm 香港皇室贵族 2018-04-28

2230 陈淳 秋艳图卷 手卷
估 价：HKD 500,000~700,000
成交价：RMB 505,625
33.2cm×530.5cm 香港苏富比 2018-04-01

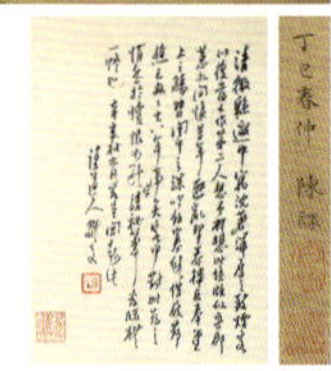

1412 陈祼 1617年作 山居图 手卷
估 价：RMB 200,000~300,000
成交价：RMB 460,000
本幅31cm×170cm 北京匡时 2018-06-16

3045 陈洪绶 花鸟草虫写生 册页 （十二开）
估 价：RMB 8,000,000~12,000,000
成交价：RMB 12,650,000
21.5cm×15.5cm×12 中贸圣佳 2018-11-24

3570 陈洪绶 文姬归汉图 立轴
估　价：RMB 8,000,000~12,000,000
成交价：RMB 9,200,000
121cm×48cm 北京保利 2018-12-08

2275 陈洪绶 炼丹图 立轴
估　价：HKD 800,000~1,200,000
成交价：RMB 2,621,160
125cm×48cm 香港苏富比 2018-04-01

1521 陈继儒 仿倪瓒山水 镜心
估　价：RMB 400,000~450,000
成交价：RMB 575,000
17cm×51cm 北京匡时 2018-06-16

859 陈继儒 行书东坡临皋闲题 扇面
估　价：RMB 350,000~550,000
成交价：RMB 368,000
17cm×50.5cm 中国嘉德 2018-06-20

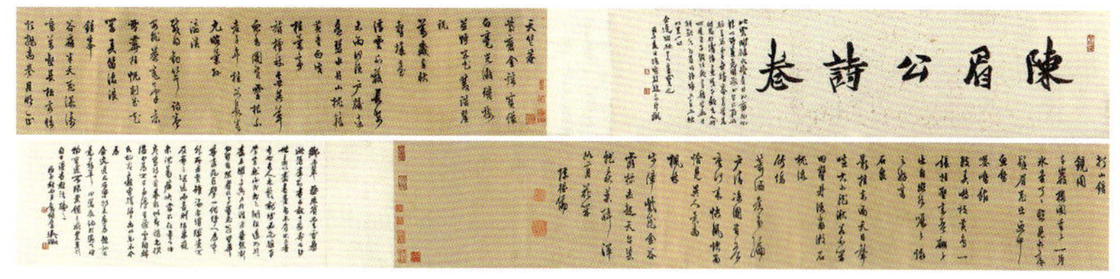

3037 陈继儒 书法手卷 手卷
估　价：RMB 2,000,000~3,000,000
成交价：RMB 3,220,000
画25.5cm×257.5cm 中贸圣佳 2018-11-24

927 陈焕 1604年作 雄关行旅 成扇
估　价：RMB 200,000~300,000
成交价：RMB 483,000
16cm×47cm 中国嘉德 2018-06-20

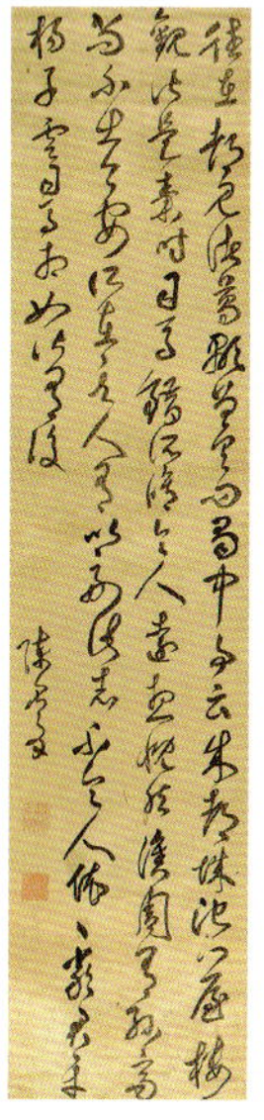

559 陈名夏 书法 立轴
估　价：RMB 300,000~400,000
成交价：RMB 345,000
218cm×49cm 南京经典 2018-01-06

1020 陈汝秩 清閟阁图 手卷
估　价：RMB 3,200,000~3,800,000
成交价：RMB 3,680,000
24.5cm×185.5cm 保利厦门 2018-07-15

665 陈元素 卞文瑜 清溪幽兰 立轴
估 价：USD 25,000~45,000
成交价：RMB 324,995
纽约苏富比 2018-09-13

459 程嘉燧 1643年作 晴山疏影图 立轴
估 价：RMB 400,000~500,000
成交价：RMB 460,000
93.5cm×32cm 西泠拍卖 2018-07-07

567 戴进 耄耋图 立轴
估 价：RMB 3,000,000~4,000,000
成交价：RMB 6,842,500
126cm×44cm 荣宝斋（南京） 2018-07-15

661 陈子和 松鹤延年 立轴
估 价：HKD 400,000~800,000
成交价：RMB 1,028,960
174cm×98.5cm 保利香港 2018-10-01

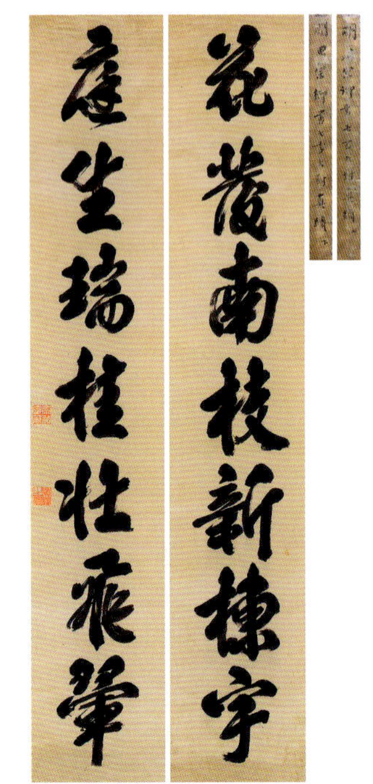

3019 崇祯帝 行书七言联 对联
估 价：RMB 500,000~800,000
成交价：RMB 920,000
199cm×36cm×2 北京保利 2018-06-17

994 戴明说 墨竹 立轴
估 价：RMB 300,000~500,000
成交价：RMB 575,000
170cm×46.5cm 中国嘉德 2018-11-22

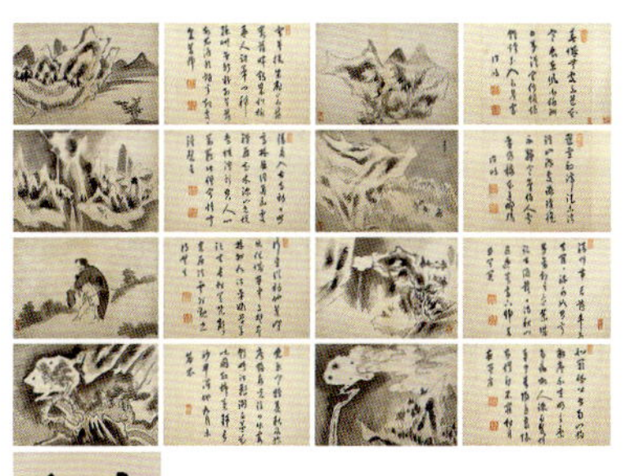

143 担当 寒色 册页 （八开）
估　价：RMB 700,000~900,000
成交价：RMB 805,000
26.5cm×38.5cm×8 华艺国际 2018-11-16

965 丁云鹏 洗象图 立轴
估　价：RMB 6,000,000~8,000,000
成交价：RMB 11,500,000
126cm×49cm 保利厦门 2018-01-08

973 丁云鹏 1608年作 仿米友仁云山图 立轴
估　价：HKD 800,000~1,000,000
成交价：RMB 812,000
73.5cm×29cm 佳士得 2018-05-28

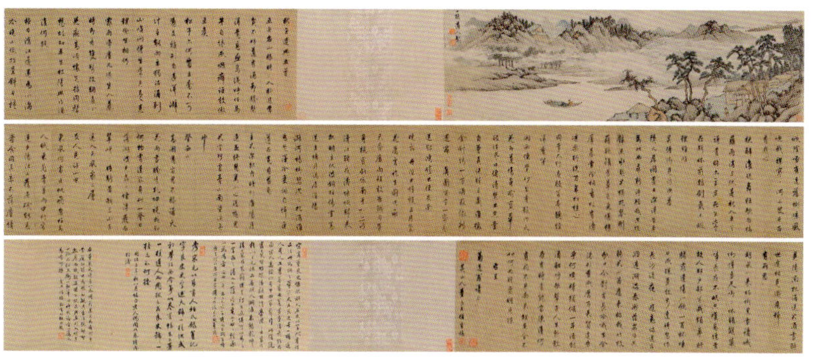

3240 董良史 溪山访友图 手卷
估　价：RMB 800,000~1,200,000
成交价：RMB 1,840,000
画26cm×88cm 北京保利 2018-06-18

3006 丁云鹏 白描佛像
成交价：RMB 1,343,100
93cm×46cm 奥斯汀 2018-06-18

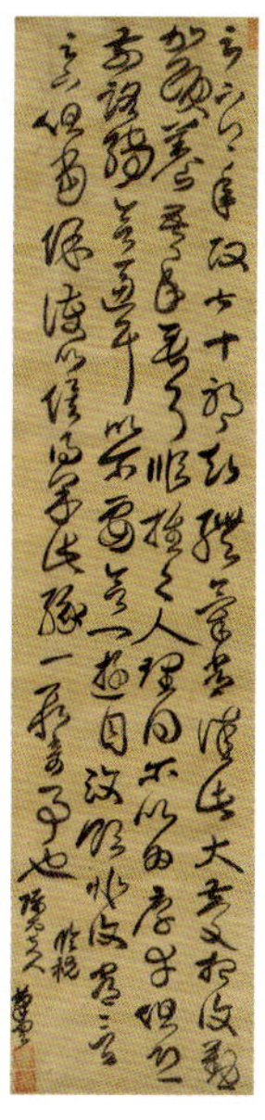

425 董笔 草书 临十七帖 立轴
估　价：RMB 180,000~250,000
成交价：RMB 345,000
198.5cm×47cm 西泠拍卖 2018-07-07

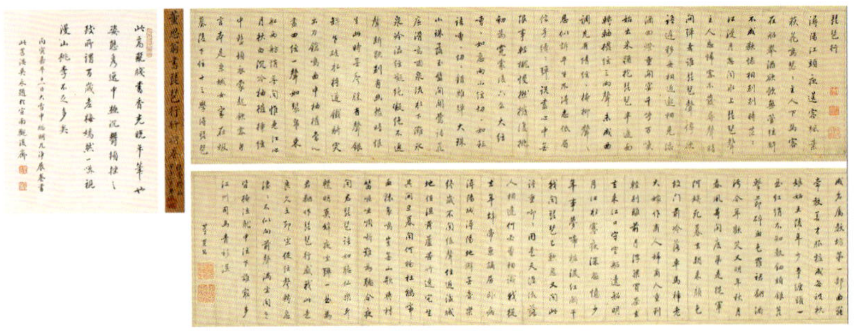

1749 董其昌 行书《琵琶行》 手卷
估 价：RMB 7,000,000~8,000,000
成交价：RMB 9,775,000
本幅22cm×196cm 北京匡时 2018-06-16

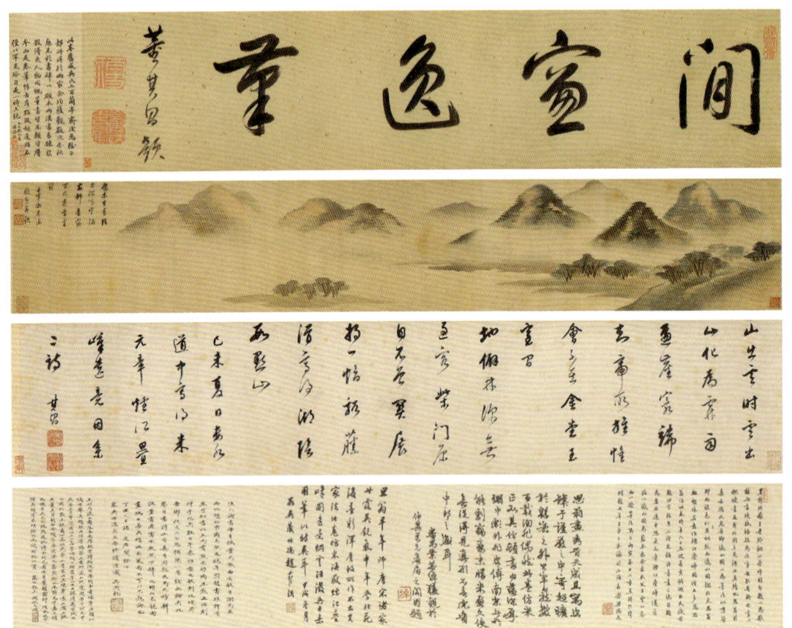

2273 董其昌 仿米芾《烟江迭嶂图书画卷》 手卷
估 价：HKD 800,000~1,200,000
成交价：RMB 6,989,760
画23.5cm×138.7cm；书法23.5cm×119.5cm
香港苏富比 2018-04-01

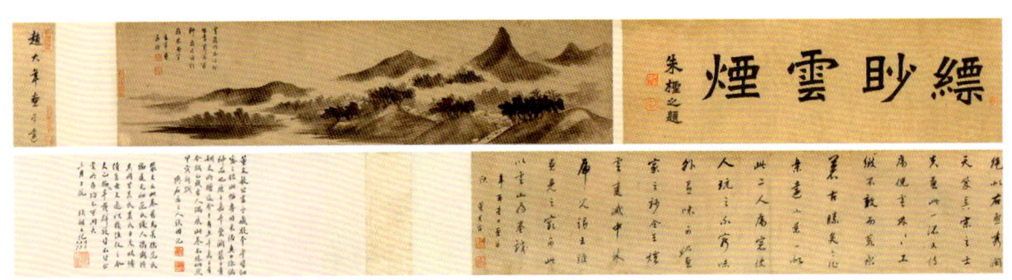

1018 董其昌 飘渺云烟图 手卷
估 价：RMB 1,200,000~1,800,000
成交价：RMB 1,380,000
画心27cm×110cm；书法27cm×127cm
保利厦门 2018-07-15

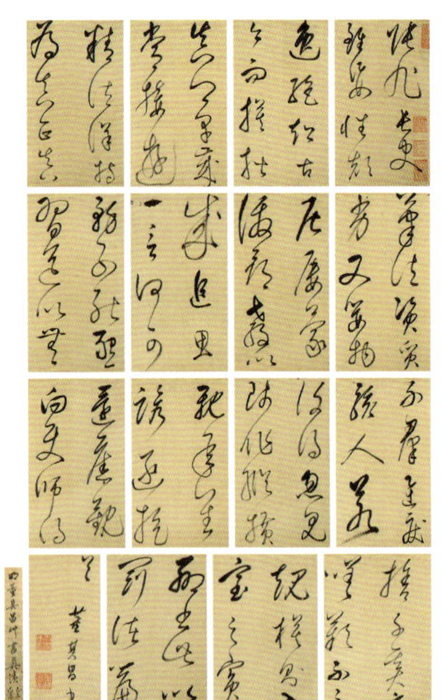

1316 董其昌 草书节临《自叙帖》 册页
估 价：RMB 1,500,000~1,800,000
成交价：RMB 2,185,000
25cm×16cm×16 北京匡时 2018-06-16

1 董其昌 山水
估 价：HKD 6,000,000
成交价：RMB 5,046,800
长86cm 宽35.5cm 香港皇室贵族 2018-06-27

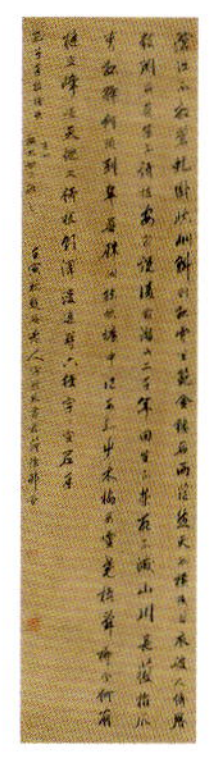

3532 方拱乾 1662年作
行书“孔子手植桧歌” 立轴
估 价：RMB 200,000~500,000
成交价：RMB 448,500
168.7cm×44.8cm 北京保利 2018-12-08

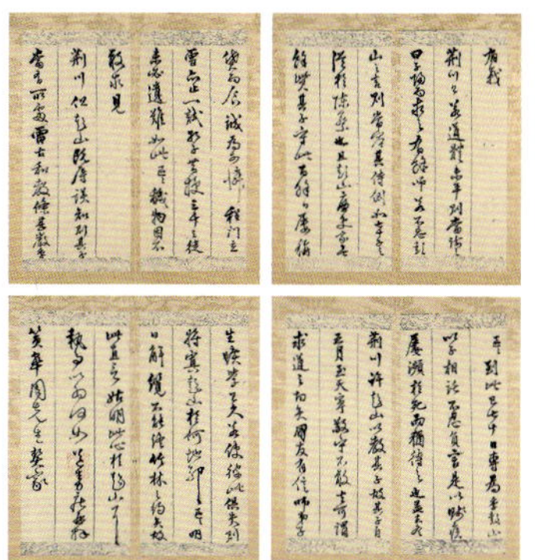

377 丰坊 致周筼皋书法 册页 （四开）
估 价：RMB 400,000~500,000
成交价：RMB 575,000
23cm×22cm×4 中贸圣佳 2018-06-20

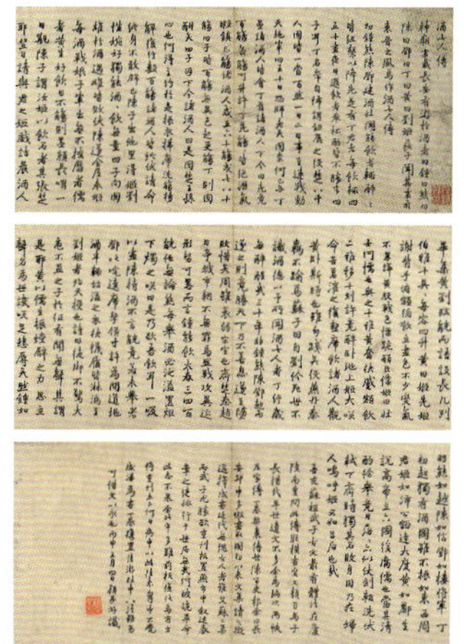

850 顾梦游 1656年作 行书
录酒七人传 （三帧） 镜片
估 价：RMB 300,000~400,000
成交价：RMB 368,000
20cm×44cm×3 西泠拍卖 2018-09-29

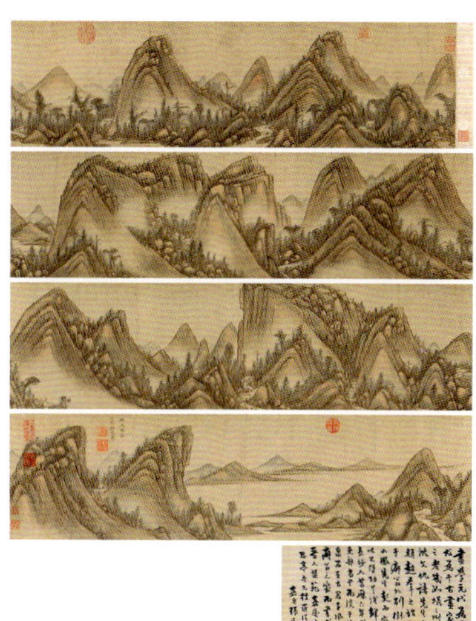

1085 顾正谊 仿黄公望笔意 手卷
估 价：RMB 800,000~2,000,000
成交价：RMB 920,000
画23cm×342cm 中国嘉德 2018-11-22

769 关思 1629年作 奇石图 卷
估 价：RMB 50,000~80,000
成交价：RMB 517,500
31cm×423cm 北京翰海 2018-06-29

3275 弘治帝 仿钱舜举笔意 立轴
成交价：RMB 322,000
175cm×70cm 北京保利 2018-06-18

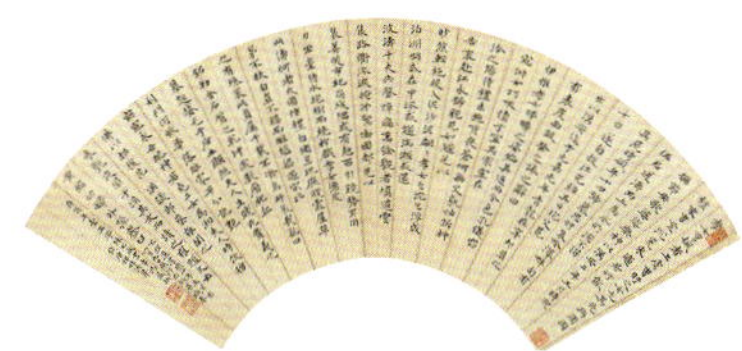

1545 洪升 1681年作 楷书《曹娥碑》 镜心
估 价：RMB 160,000~180,000
成交价：RMB 345,000
18cm×55cm 北京匡时 2018-06-16

914 侯懋功 1575年作 松涧闻瀑 镜心
估 价：RMB 50,000~80,000
成交价：RMB 460,000
139cm×18.5cm 中国嘉德 2018-06-20

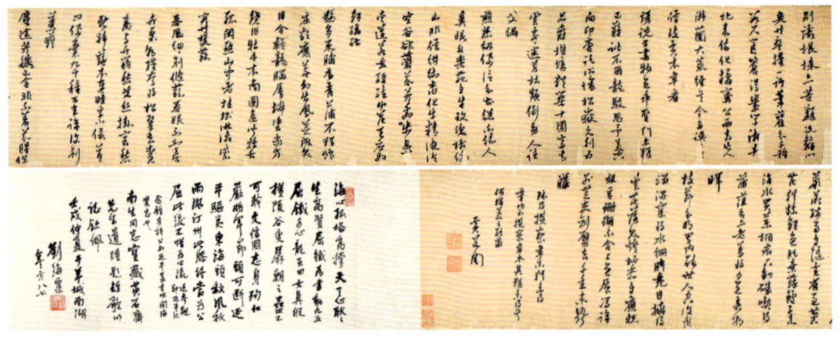

224 黄道周 行草七言诗 手卷
估 价：RMB 6,000,000~8,000,000
成交价：RMB 6,900,000
27.5cm×215cm 华艺国际 2018-05-23

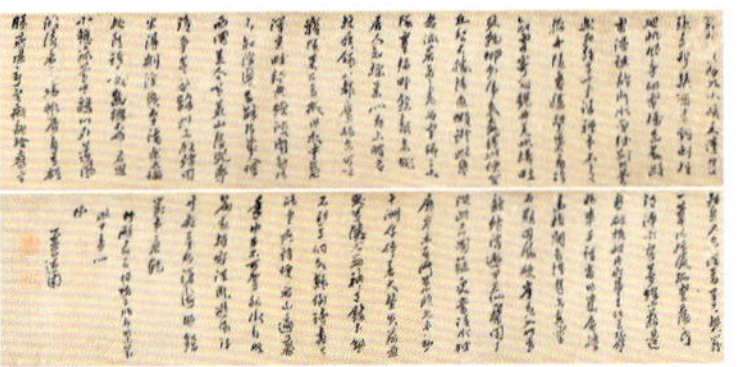

655 黄道周 草书 卷
估 价：RMB 50,000~80,000
成交价：RMB 747,500
24cm×210cm 北京翰海 2018-06-29

952 黄辉 明 1602年作 行书 手卷
估 价：HKD 300,000~600,000
成交价：RMB 887,000
29cm×350.5cm 佳士得 2018-11-27

1322 黄姬水 1574年作 临颜鲁公《争座位帖》 手卷
估 价：RMB 800,000~1,000,000
成交价：RMB 1,955,000
本幅18.5cm×253.5cm 北京匡时 2018-12-06

420 黄道周 初集明诚堂行书轴 立轴
估 价：RMB 500,000~800,000
成交价：RMB 3,737,500
87.5cm×26cm 中国嘉德 2018-06-18

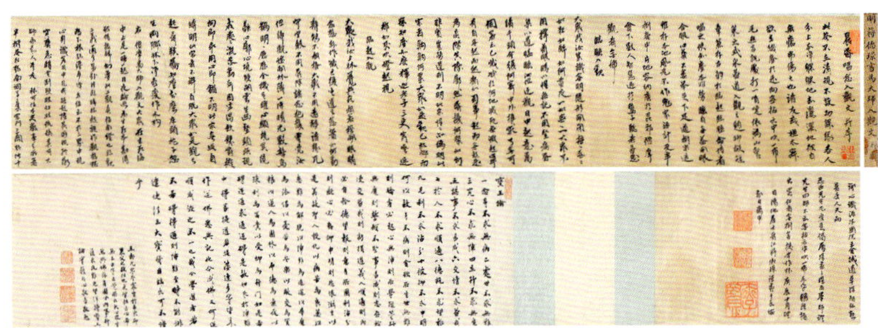

969 蒋德璟 书法手卷 手卷
估 价：RMB 1,000,000~2,000,000
成交价：RMB 1,495,000
195.5cm×26.5cm 保利厦门 2018-01-08

872 焦竑 行书七言诗 扇面
估 价：RMB 480,000~780,000
成交价：RMB 552,000
17.5cm×54cm 中国嘉德 2018-06-20

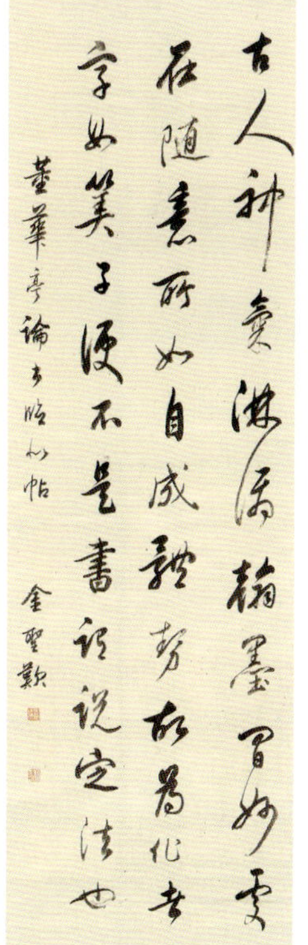

1324 金圣叹 行书董华亭论书 立轴
估 价：RMB 400,000~500,000
成交价：RMB 690,000
112cm×34.5cm 北京匡时 2018-12-06

1083 居节 千嶂万涧图 手卷
估 价：RMB 80,000~120,000
成交价：RMB 483,000
22cm×469.5cm 中国嘉德 2018-11-22

623 蓝瑛 1622年作 仿古山水 四屏立轴
估 价：HKD 2,200,000~2,800,000
成交价：RMB 6,491,416
46cm×30cm×4 保利香港 2018-04-02

1708 蓝瑛 祁豸佳 1652年作 仿古山水 册页 （十开）
估 价：RMB 800,000~1,200,000
成交价：RMB 2,875,000
35cm×26cm×10 北京保利 2018-06-17

7 蓝瑛 1650年作 秋林策杖 立轴
估 价：HKD 2,500,000~3,500,000
成交价：RMB 3,090,380
147.5cm×52cm 邦瀚斯 2018-04-03

455 蓝瑛 松溪高隐图 立轴
估 价：RMB 1,500,000~2,500,000
成交价：RMB 2,127,500
46cm×29.5cm 西泠拍卖 2018-07-07

920 蓝瑛 1658年作 法李咸熙山水 立轴
估 价：HKD 800,000~1,000,000
成交价：RMB 1,827,000
190cm×66cm 佳士得 2018-05-28

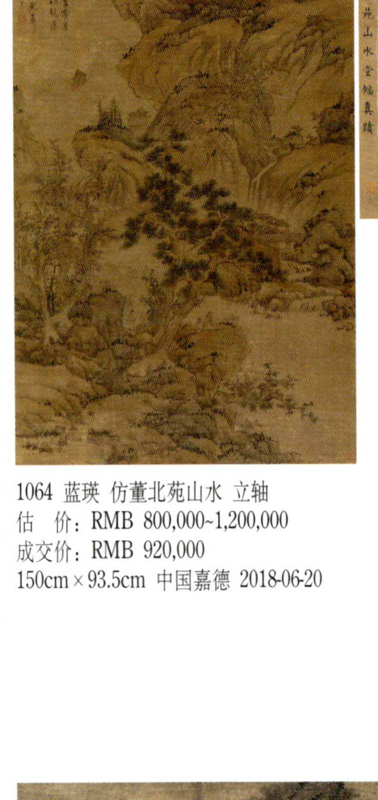

1064 蓝瑛 仿董北苑山水 立轴
估 价：RMB 800,000~1,200,000
成交价：RMB 920,000
150cm×93.5cm 中国嘉德 2018-06-20

1405 蓝瑛 花鸟杂画 册页
估 价：RMB 1,300,000~1,500,000
成交价：RMB 1,840,000
29cm×34cm×8 北京匡时 2018-06-16

514 蓝瑛 春山泛舟图 镜片
估 价：RMB 800,000~1,200,000
成交价：RMB 1,265,000
110cm×44.5cm 西泠拍卖 2018-07-07

565 冷谦 人物故事 立轴
估 价：RMB 200,000~300,000
成交价：RMB 230,000
102.5cm×91cm 荣宝斋（南京） 2018-07-15

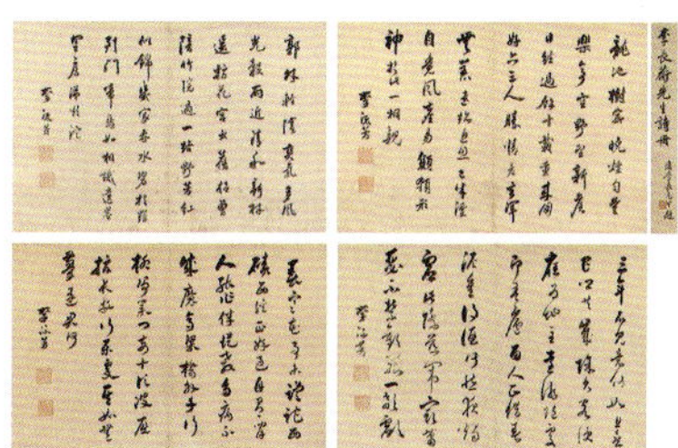

1015 李流芳 明 行草诗选 册页 （四开）
估 价：HKD 200,000~300,000
成交价：RMB 1,774,000
30.5cm×46.5cm×4 佳士得 2018-11-27

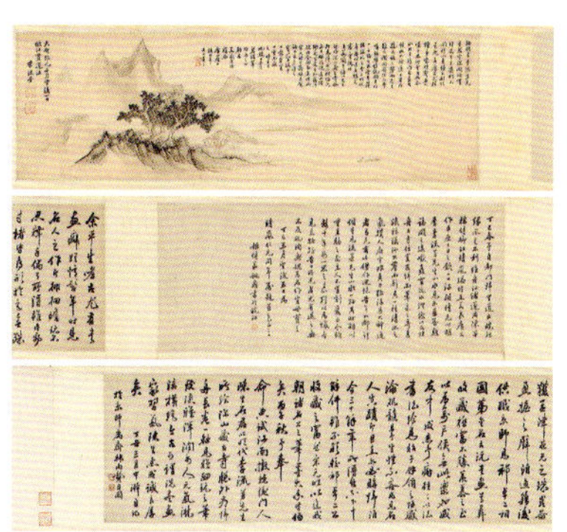

50 李流芳 拟江贯道山水卷 手卷
估 价：RMB 500,000~800,000
成交价：RMB 575,000
28cm×91cm 保利厦门 2018-01-08

133 林良 雄鹰傲视图 立轴
估 价：RMB 400,000~600,000
成交价：RMB 460,000
154.5cm×83cm 保利厦门 2018-01-08

1110 林良 寒雪山鸡 立轴
估 价：USD 120,000~160,000
成交价：RMB 2,455,902
138.6cm×78.4cm 纽约苏富比 2018-03-22

1109 林良 秋荷双凫 立轴
估 价：USD 120,000~160,000
成交价：RMB 1,269,200
137.5cm×78cm 纽约苏富比 2018-03-22

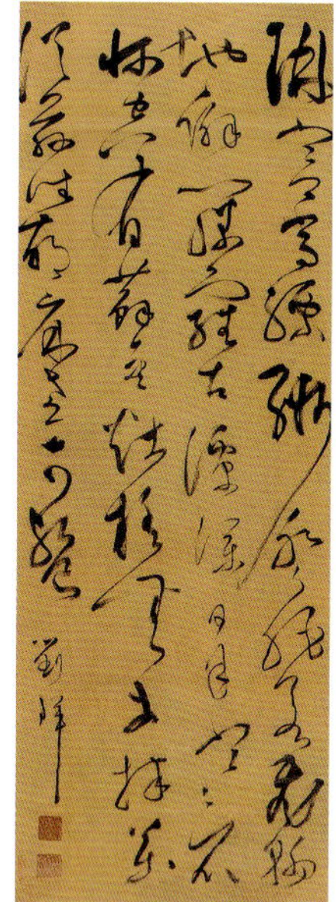

3518 刘铎 草书佘翔诗 立轴
估 价：RMB 300,000~600,000
成交价：RMB 345,000
157.6cm×58.8cm 北京保利 2018-12-08

3039 刘珏 为“抑之”作山水 镜心
估 价：RMB 3,000,000~6,000,000
成交价：RMB 5,405,000
118cm×45cm 北京保利 2018-06-17

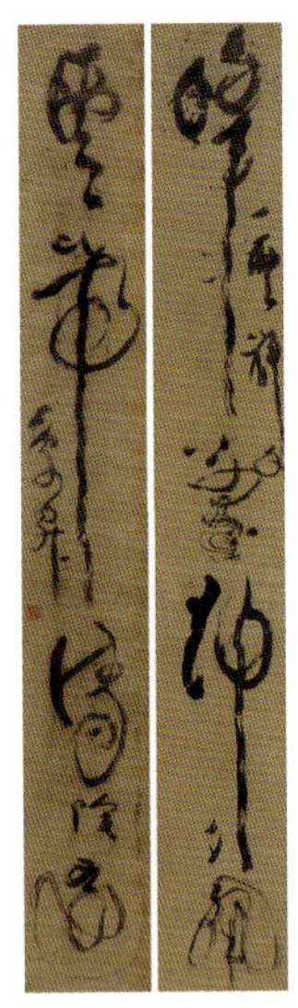

1789 卢象升 草书五言联 立轴
估 价：HKD 60,000~100,000
成交价：RMB 349,846
280cm×39cm×2 中国嘉德 2018-10-03

2293 鲁治（明） 草书自书诗 手卷
估 价：HKD 60,000~80,000
成交价：RMB 556,188
28.2cm×270cm 香港苏富比 2018-04-01

2546 陆治 水仙 镜框
估 价：HKD 260,000~350,000
成交价：RMB 817,500
59.5cm×27cm 香港苏富比 2018-10-01

1708A 陆复 顾禄 书画合璧 手卷
估 价：RMB 4,000,000~5,000,000
成交价：RMB 5,750,000
21.9cm×91.4cm 北京保利 2018-06-17

1302 陆治 1550年作 支硎山色 镜心
估 价：RMB 800,000~1,000,000
成交价：RMB 1,552,500
16.5cm×52cm 北京匡时 2018-12-06

921 陆复 1522年作 双清竞秀 手卷
估 价：HKD 200,000~300,000
成交价：RMB 1,624,000
32.3cm×533cm 佳士得 2018-05-28

929 吕纪 明 松鹤双寿 立轴
估　价：HKD 400,000~800,000
成交价：RMB 942,438
166cm×101cm 佳士得 2018-11-27

611 吕潜 1687年作 山水 立轴
估　价：RMB 800,000~1,200,000
成交价：RMB 1,725,000
124cm×50cm 南京经典 2018-07-22

1108 马守真 兰竹芝石 手卷
估　价：USD 100,000~150,000
成交价：RMB 3,141,270
34cm×369.4cm 纽约苏富比 2018-03-22

241 茅坤 书法 镜框
估　价：RMB 500,000~700,000
成交价：RMB 575,000
26cm×96cm 华艺国际 2018-05-23

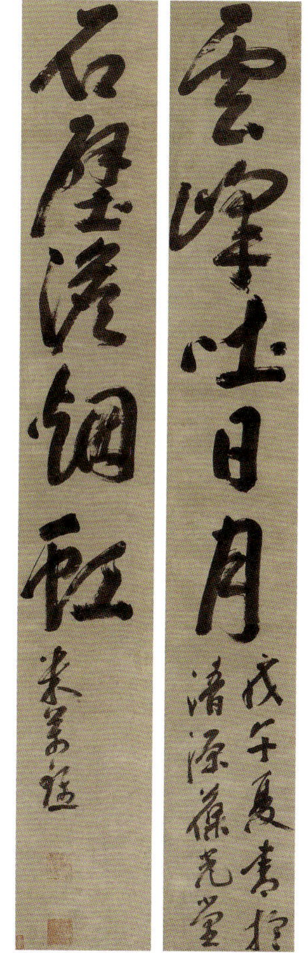

939 米万钟 1618年作 行书五言巨联 立轴
估　价：RMB 500,000~800,000
成交价：RMB 1,150,000
287cm×41cm×2 广东崇正 2018-07-05

877 米万钟 秋山归舟图 扇面
估　价：RMB 850,000~1,250,000
成交价：RMB 920,000
18.5cm×54.5cm 中国嘉德 2018-06-20

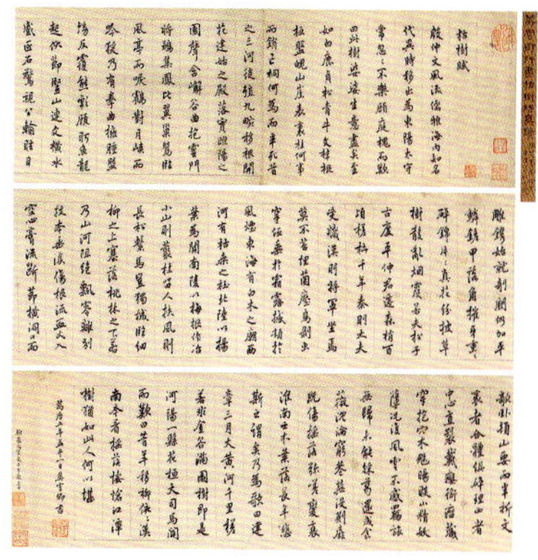

914 莫是龙 1577年 行楷枯树赋 手卷
估　价：RMB 800,000~1,200,000
成交价：RMB 920,000
23.5cm×210cm 中国嘉德 2018-11-22

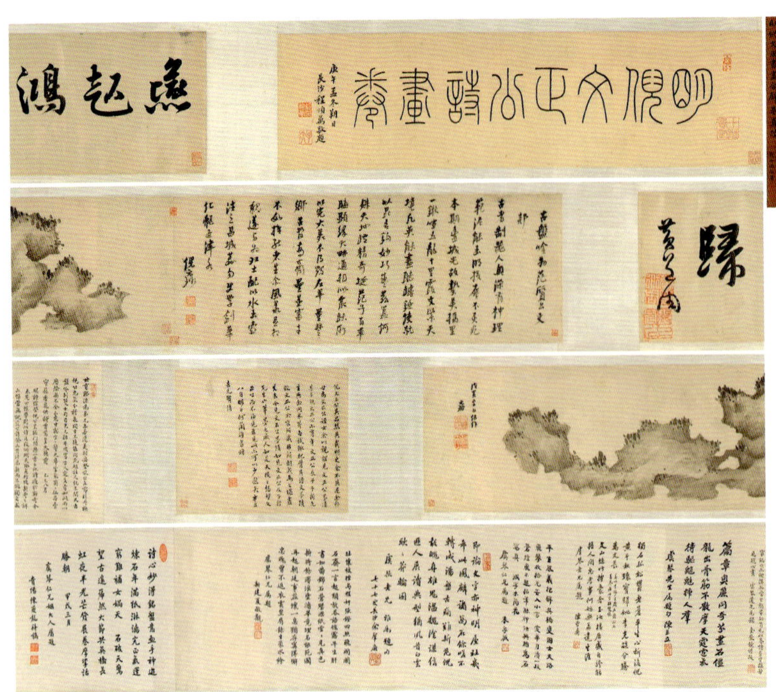

406 倪元璐 1638年作
为范景文作书画合璧卷 手卷
估　价：RMB 25,000,000~35,000,000
成交价：RMB 28,750,000
书画28cm×175.5cm 中国嘉德 2018-11-20

3576 钱贡 孙简肃公六子同胞雅会图 手卷
估　价：RMB 1,000,000~1,500,000
成交价：RMB 1,782,500
画心30cm×146cm 北京保利 2018-12-08

1194 钱谷 煮茶图 扇面
估　价：RMB 80,000~120,000
成交价：RMB 552,000
15.7cm×49.5cm 中国嘉德 2018-06-20

279 倪元璐 断山图 立轴
估　价：RMB 380,000~580,000
成交价：RMB 667,000
111cm×45.5cm 上海嘉禾 2018-06-25

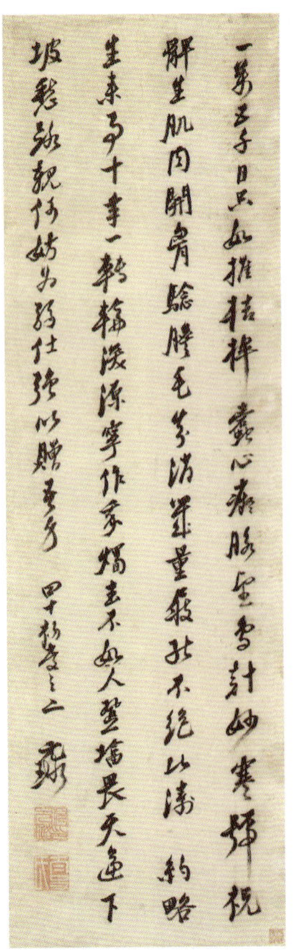

958 倪元璐 行书《四十初度诗》 立轴
估　价：HKD 4,000,000~6,000,000
成交价：RMB 4,346,300
125.5cm×38.5cm 佳士得 2018-11-27

846 钱谷 1551年作 花卉 册页 （八开）
估　价：RMB 1,000,000~1,500,000
成交价：RMB 1,610,000
22cm×24cm×8 广东崇正 2018-07-05

444 仇英 宫蚕图卷 手卷
估　价：RMB 1,600,000~1,800,000
成交价：RMB 2,990,000
34cm×501.5cm 中贸圣佳 2018-11-24

129 仇英 桃源山居图 手卷
估　价：RMB 2,600,000~3,000,000
成交价：RMB 2,990,000
画心25cm×103cm 北京荣宝 2018-12-03

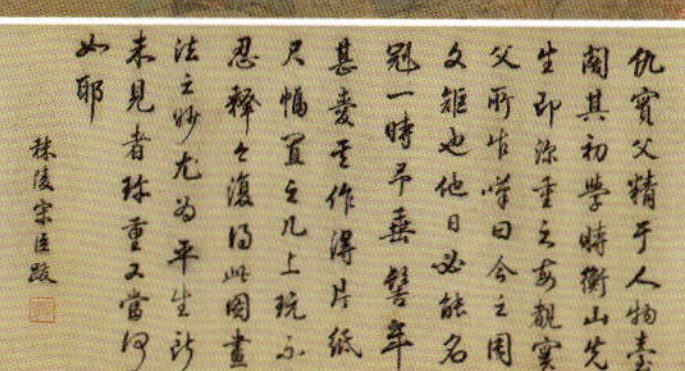

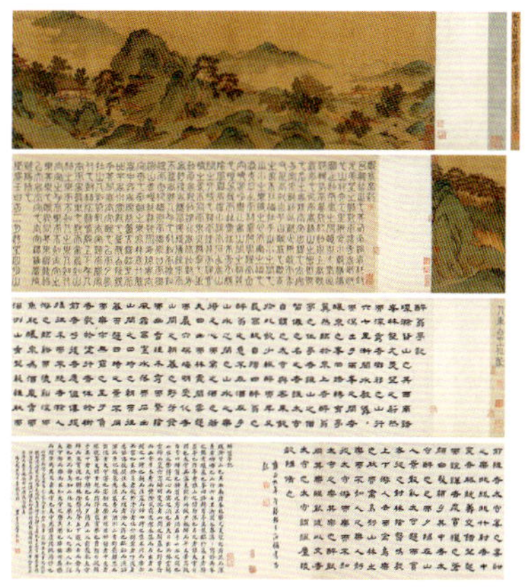

972 仇英 醉翁亭图卷 手卷
估　价：RMB 800,000~1,200,000
成交价：RMB 2,530,000
106.5cm×30cm 保利厦门 2018-01-08

160 仇英 （款） 山水人物 立轴
估　价：RMB 500,000~600,000
成交价：RMB 575,000
137cm×68cm 北京荣宝 2018-06-14

158 璩之璞 1607年作 雪满空山图 立轴
估　价：RMB 1,000,000~1,500,000
成交价：RMB 1,322,500
152cm×33cm 华艺国际 2018-11-16

3583 邵弥 1630年作 探泉图 立轴
估　价：RMB 2,800,000~4,000,000
成交价：RMB 3,220,000
80cm×33cm 北京保利 2018-12-08

944 沈士充 1633年作 山水清音 手卷
估　价：HKD 600,000~800,000
成交价：RMB 609,000
24cm×128.2cm 佳士得 2018-05-28

943 沈灏 1648年作 幽栖图 手卷
估　价：HKD 300,000~600,000
成交价：RMB 324,800
31.8cm×377.5cm 佳士得 2018-05-28

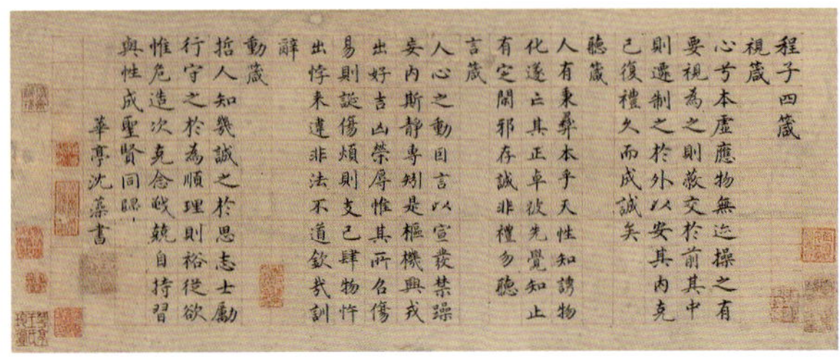

2241 沈藻 楷书祝箴 镜心
估　价：RMB 10,000~20,000
成交价：RMB 575,000
24cm×58cm 中国嘉德 2018-05-20

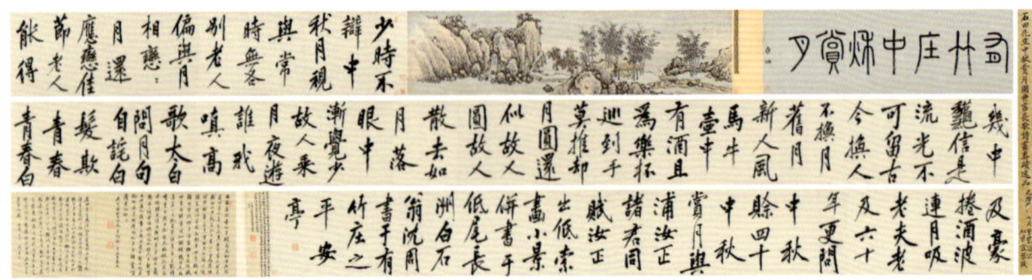

849 沈周 有竹庄中秋赏月卷 手卷
成交价：RMB 14,950,000
画心34cm×136cm 朵云轩 2018-06-24

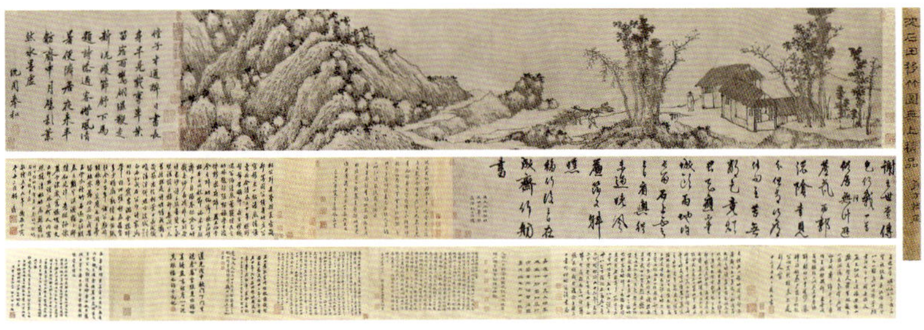

942 沈周 明 移竹图 手卷
估　价：HKD 3,000,000~5,000,000
成交价：RMB 13,722,800
24.5cm×98cm 佳士得 2018-05-28

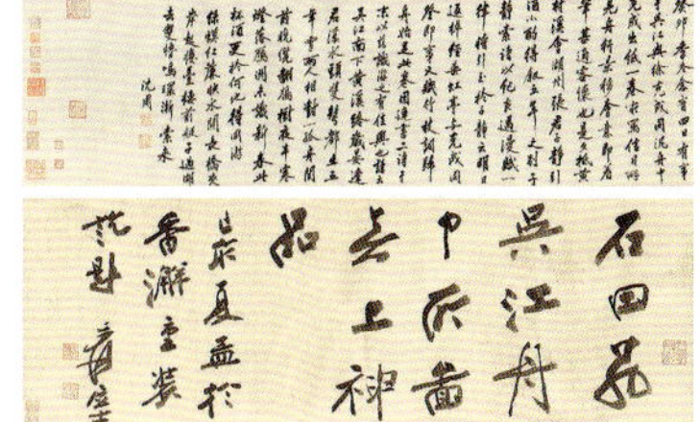

964 沈周 1483年作 吴江图 手卷
估　价：HKD 2,000,000~4,000,000
成交价：RMB 9,668,300
30.7cm×170cm；30.7cm×108cm
佳士得 2018-11-27

849 盛茂烨 1632年作 山水人物 立轴
估　价：RMB 180,000~220,000
成交价：RMB 207,000
149cm×39cm 广东崇正 2018-07-05

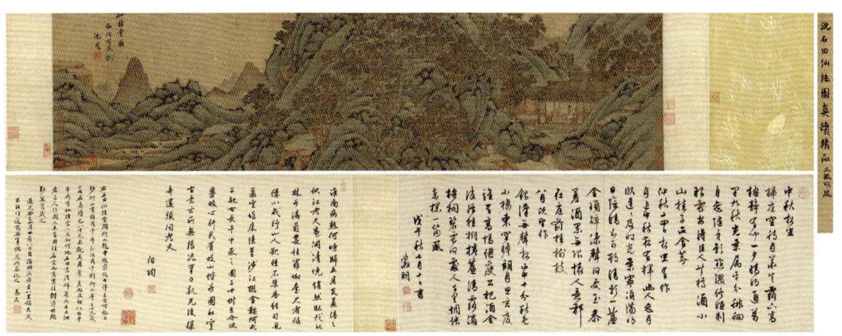

963 沈周 仙桂堂图 手卷
估　价：RMB 4,800,000~5,800,000
成交价：RMB 5,520,000
34cm×135cm 保利厦门 2018-01-08

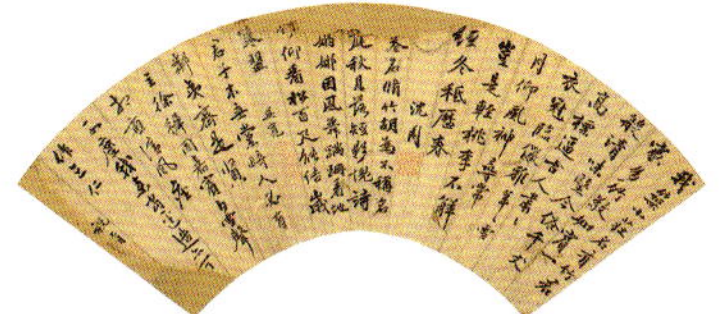

1505 沈周 吴宽 祝允明
行书自作诗三首 镜心
估　价：RMB 1,500,000~1,800,000
成交价：RMB 2,645,000
17cm×53cm 北京匡时 2018-06-16

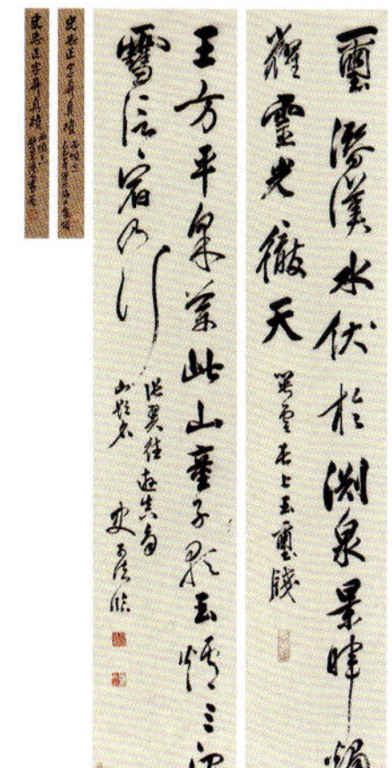

380 史可法 草书龙门对 对联
估　价：RMB 600,000~800,000
成交价：RMB 1,035,000
153cm×28cm×2 中贸圣佳 2018-06-20

109 沈周 山林归隐 手卷
估　价：RMB 1,500,000~2,000,000
成交价：RMB 1,725,000
24.5cm×222cm 保利厦门 2018-07-15

1754 宋曹 杜甫诗秋兴 手卷
成交价：RMB 3,220,000
本幅30.5cm×515cm 北京匡时 2018-06-16

3575 孙克弘 1594年作 墨竹图卷 手卷
估 价：RMB 600,000~800,000
成交价：RMB 782,000
画心26.5cm×568cm 北京保利 2018-12-08

508 唐寅 修竹茅亭图 立轴
估 价：RMB 3,000,000~5,000,000
成交价：RMB 4,715,000
94.5cm×34.5cm 西泠拍卖 2018-07-07

465 唐寅 临流试琴图 立轴
估 价：RMB 8,000,000~12,000,000
成交价：RMB 10,580,000
50cm×27cm 西泠拍卖 2018-07-07

8012 唐寅 山村诗兴图 立轴
估 价：RMB 1,800,000~2,800,000
成交价：RMB 3,220,000
诗堂25.5cm×31.5cm；
画心83.5cm×31.5cm 上海嘉禾 2018-06-25

1374 唐寅 春山结侣图 立轴
估　价：HKD 2,800,000~4,800,000
成交价：RMB 2,672,936
79.5cm×33cm 中国嘉德 2018-04-03

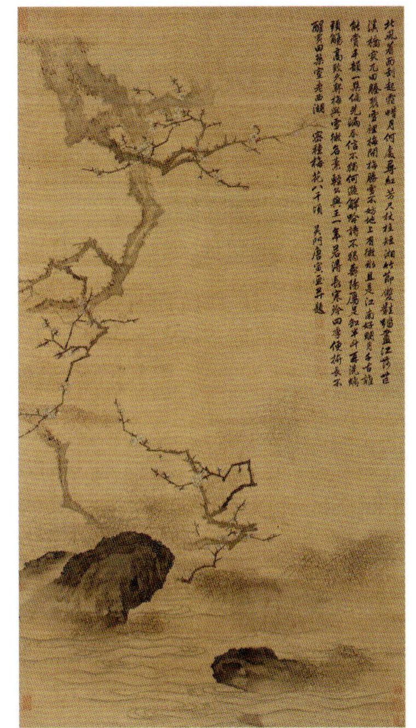

1211 唐寅 梅占一枝春 立轴
估　价：USD 160,000~260,000
成交价：RMB 1,269,200
143cm×77.5cm 纽约苏富比 2018-03-23

1103 陶成 竹菊野兔 立轴
估　价：USD 60,000~80,000
成交价：RMB 674,263
121.1cm×32.3cm 纽约苏富比 2018-03-22

77 唐寅 秋林高士图 手卷
估　价：RMB 2,000,000~3,000,000
成交价：RMB 3,220,000
29.5cm×120cm 北京荣宝 2018-12-03

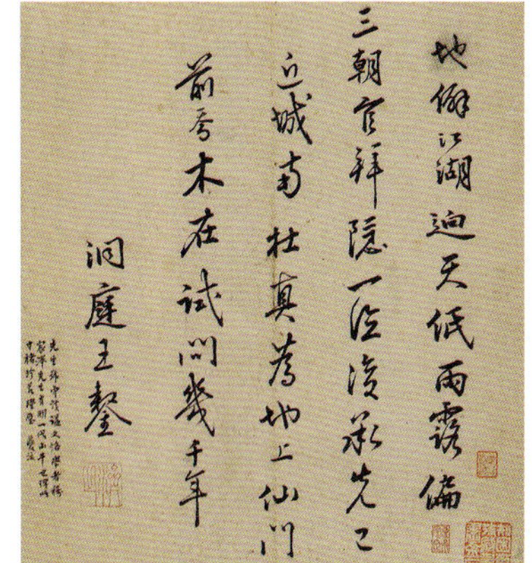

2543 王鏊 行书五言诗 镜框
估　价：HKD 80,000~120,000
成交价：RMB 283,400
31.2cm×28.5cm 香港苏富比 2018-10-01

3580 汪肇 花鸟对屏 镜心
估　价：RMB 1,500,000~2,000,000
成交价：RMB 2,070,000
142cm×77cm×2 北京保利 2018-12-08

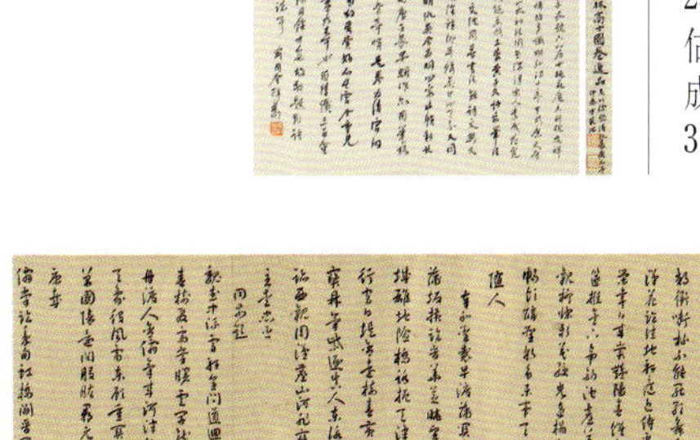

91 王宠 1527年作 草书唐诗十首 手卷
估　价：RMB 1,200,000~1,800,000
成交价：RMB 1,380,000
本幅27cm×238cm 北京荣宝 2018-12-03

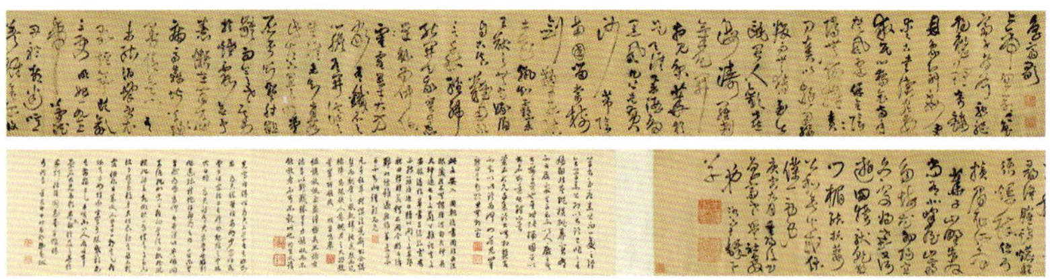

446 王铎 1650年作 草书 鲁斋歌卷 手卷
估　价：RMB 6,000,000~8,000,000
成交价：RMB 12,650,000
画心26cm×312cm 西泠拍卖 2018-07-07

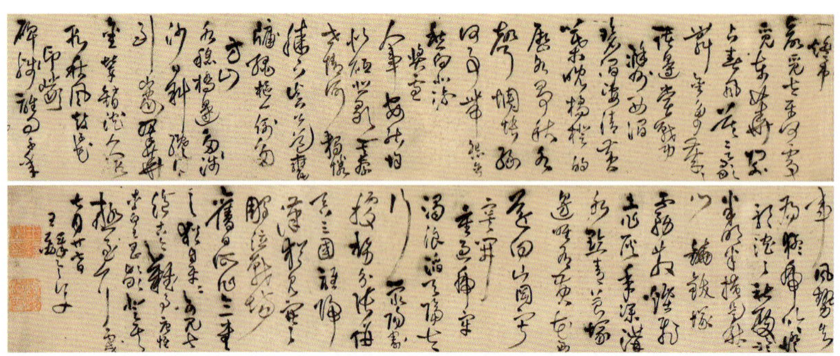

3597 王铎 1646年作 草书七绝七首 手卷
估　价：RMB 7,500,000~9,500,000
成交价：RMB 9,315,000
画心26.5cm×272cm 北京保利 2018-12-08

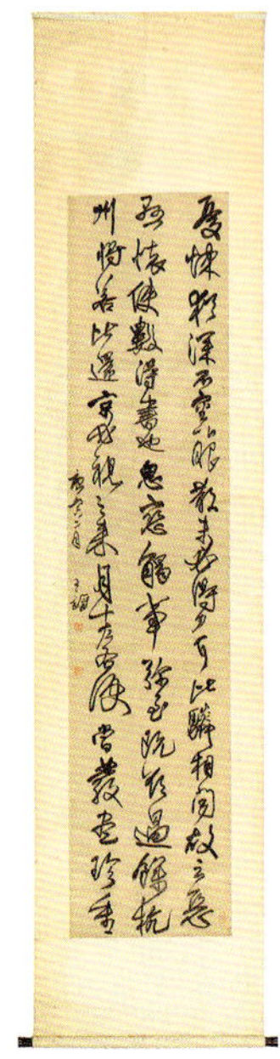

552 王铎 1650年作 临王献之帖 立轴
估　价：RMB 3,500,000~4,500,000
成交价：RMB 5,175,000
235cm×50cm 南京经典 2018-01-06

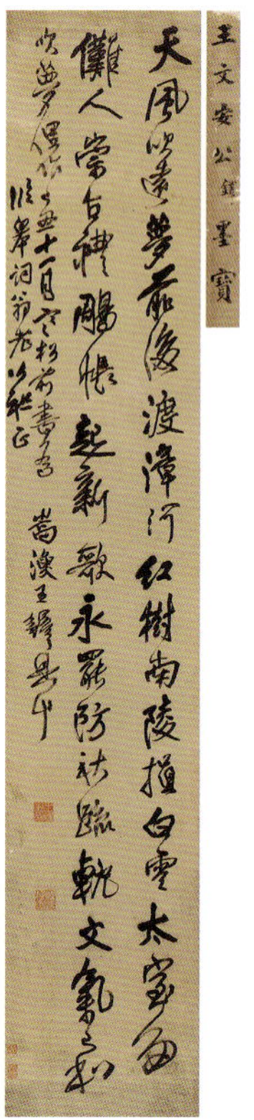

1703 王铎 草书五言诗 立轴
估　价：RMB 10,000,000~15,000,000
成交价：RMB 11,500,000
275cm×50cm 北京保利 2018-06-17

399 王铎 草书 立轴
估　价：RMB 8,000,000~12,000,000
成交价：RMB 17,307,500
201cm×55.5cm 荣宝斋（上海） 2018-01-21

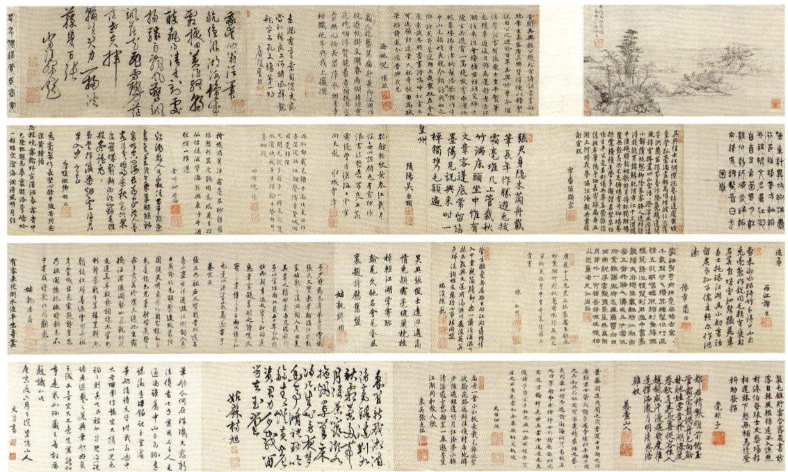

3044 王绂 1414年作 笔舫图卷 手卷
估　价：RMB 12,000,000~20,000,000
成交价：RMB 20,700,000
画心24cm×46cm 北京保利 2018-06-17

15 王绂 明 绝壁凝岚 立轴
估　价：USD 380,000~430,000
成交价：RMB 3,506,165
纽约佳士得 2018-03-20

76 王谷祥 乾隆帝 花鸟书法对题十八开册页 （三十六开）
估　价：RMB 18,000,000~20,000,000
成交价：RMB 29,555,000
28cm×32cm×36 北京荣宝 2018-12-03

914 王綦 1619年作 幽林闲坐 立轴
估　价：HKD 60,000~80,000
成交价：RMB 498,938
128.6cm×55cm 佳士得 2018-11-27

625 王声 仕女图 册页
估　价：RMB 180,000~220,000
成交价：RMB 241,500
30cm×19.5cm×8 南京经典 2018-07-22

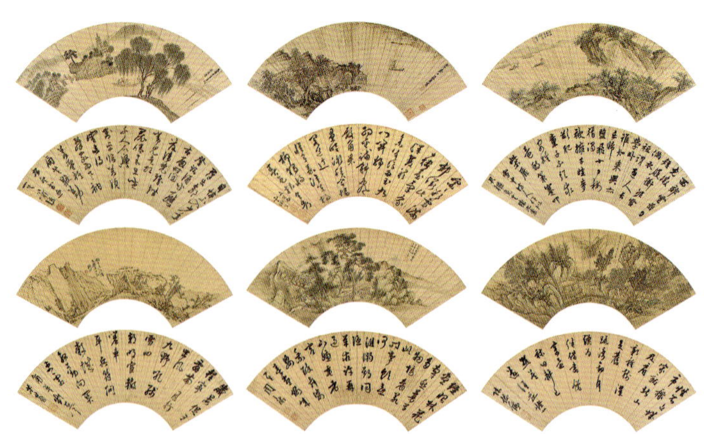

1012 文伯仁 沈士充 方亢宗 陈淳
张宏 陈元素 宋懋晋 董其昌 弘仁
明/清 山水、书法 扇面册页 （十二开）
估　价：HKD 2,000,000~3,000,000
成交价：RMB 9,668,300
16.5cm×50cm×12 佳士得 2018-11-27

467 文伯仁 溪山开霁图 立轴
估　价：RMB 300,000~400,000
成交价：RMB 368,000
132cm×35cm 西泠拍卖 2018-07-07

235 王问 1548年作 巽泉图 手卷
估　价：RMB 450,000~550,000
成交价：RMB 517,500
26cm×103.5cm 华艺国际 2018-05-23

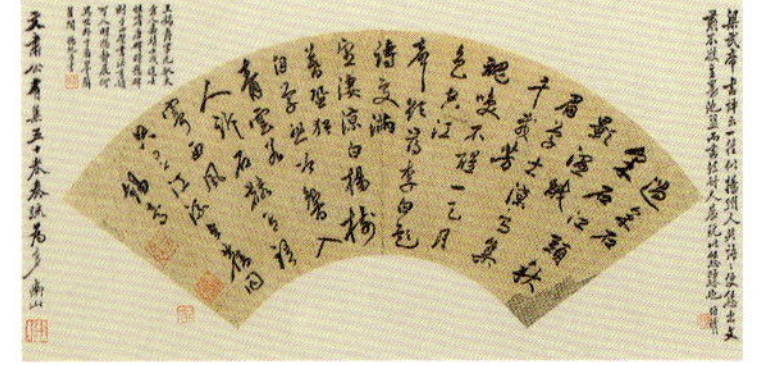

874 王锡爵 草书《过采石》 扇面
估　价：RMB 600,000~1,000,000
成交价：RMB 690,000
17.5cm×52cm 中国嘉德 2018-06-20

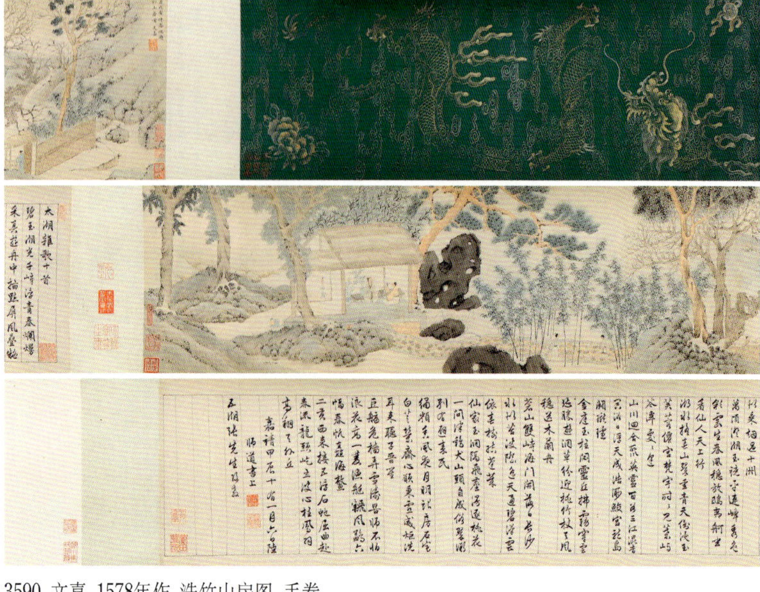

3590 文嘉 1578年作 洗竹山房图 手卷
估　价：RMB 6,000,000~8,000,000
成交价：RMB 12,420,000
画26cm×111cm 北京保利 2018-12-08

1056 文嘉 1580年作 春山幽居 立轴
估　价：RMB 4,200,000~4,800,000
成交价：RMB 4,830,000
137cm × 58.5cm 中国嘉德 2018-06-20

393 文从昌 文震亨 文从简 文谦光 文宠光
姑苏五景图并题咏 扇页
估　价：RMB 300,000~500,000
成交价：RMB 552,000
55cm × 17.5cm 西泠拍卖 2018-07-07

1709 文徵明 醉翁亭诗画合璧卷 手卷
估　价：RMB 2,000,000~3,000,000
成交价：RMB 2,990,000
本幅23.5cm × 129cm 北京匡时 2018-06-16

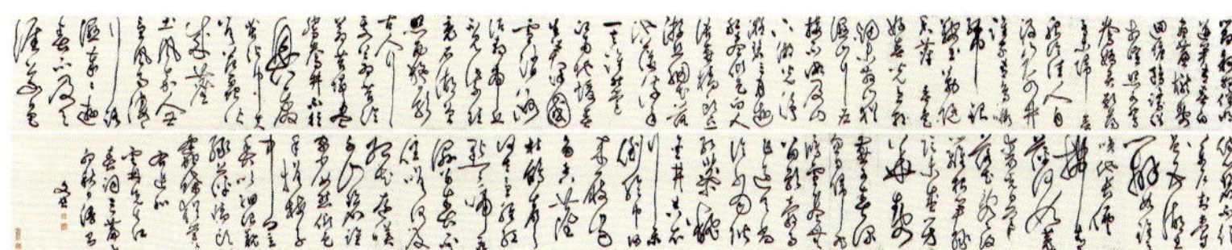

138 文彭 和云林先生江南春词三篇 手卷
估　价：RMB 4,800,000~6,800,000
成交价：RMB 6,325,000
33.5cm × 736cm 华艺国际 2018-11-16

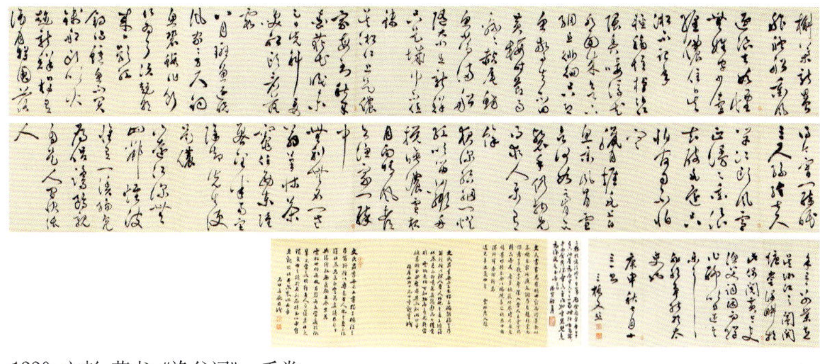

1220 文彭 草书《渔父词》 手卷
估　价：USD 120,000~180,000
成交价：RMB 3,217,422
30.9cm × 546.5cm 纽约苏富比 2018-03-23

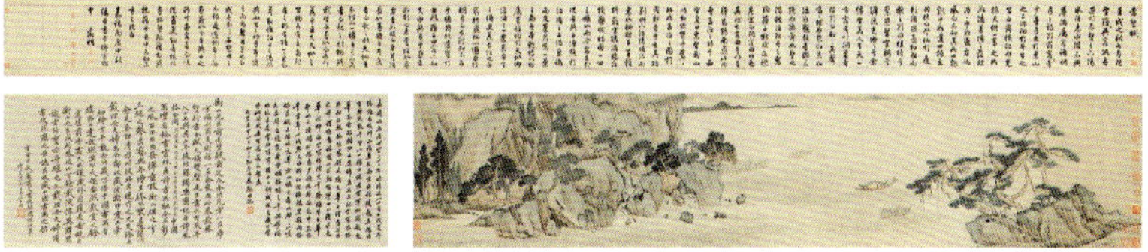

1013 文震孟 1622年作 行书诗四首 手卷
估　价：HKD 150,000~200,000
成交价：RMB 997,875
26cm × 256cm 佳士得 2018-11-27

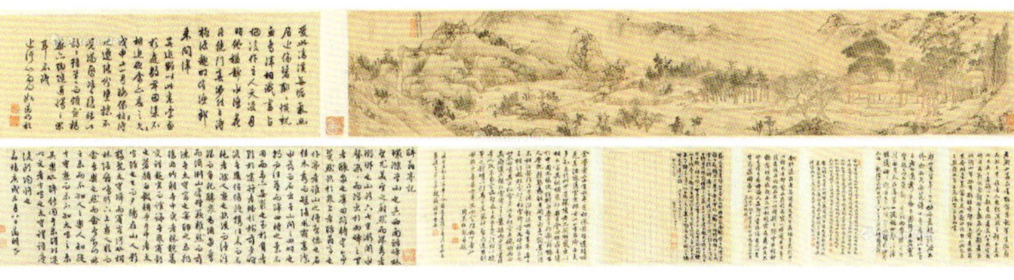

1259 文徵明 手卷
估　价：USD 380,000~580,000
成交价：RMB 6,948,870
画30.6cm × 150.4cm；书30.6cm × 435.1cm
纽约苏富比 2018-03-23

3591 文徵明 1541年作 溪堂谯别图 手卷
成交价：RMB 87,975,000
画心26cm×80cm 北京保利 2018-12-08

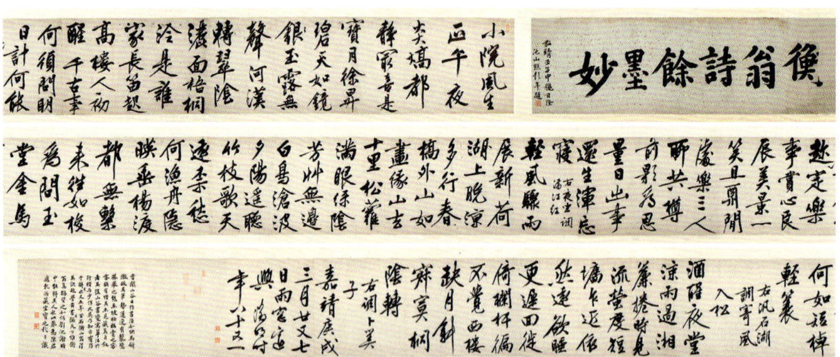

226 文徵明 1550年作 行书诗余墨妙 手卷
估 价：RMB 4,800,000~6,800,000
成交价：RMB 6,555,000
书心36cm×810cm 华艺国际 2018-05-23

959 文徵明 1512年作 草书 手卷
估 价：HKD 3,000,000~5,000,000
成交价：RMB 6,414,800
30cm×912cm 佳士得 2018-05-28

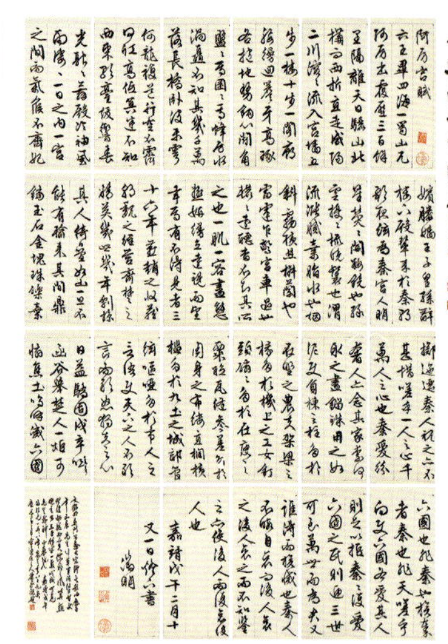

568 文徵明 1558年作 阿房宫赋 册页
估 价：RMB 2,600,000~3,600,000
成交价：RMB 4,370,000
26cm×11.5cm×23 南京经典 2018-01-06

22 闻人盖 1584年作 山水 册页 （十开）
估 价：USD 20,000~40,000
成交价：RMB 641,438
20.6cm×16.8cm×10 纽约佳士得 2018-09-11

932 吴彬 明 高山流水图 立轴
成交价：RMB 5,410,700
328cm×102cm 佳士得 2018-11-27

480 吴麟征 梁同书 伊秉绶 钱大昕 等
贞肃公遗翰及诸家题跋册 （四十九页） 册页
估 价：RMB 1,000,000~1,500,000
成交价：RMB 1,380,000
14cm×7cm×49 西泠拍卖 2018-07-07

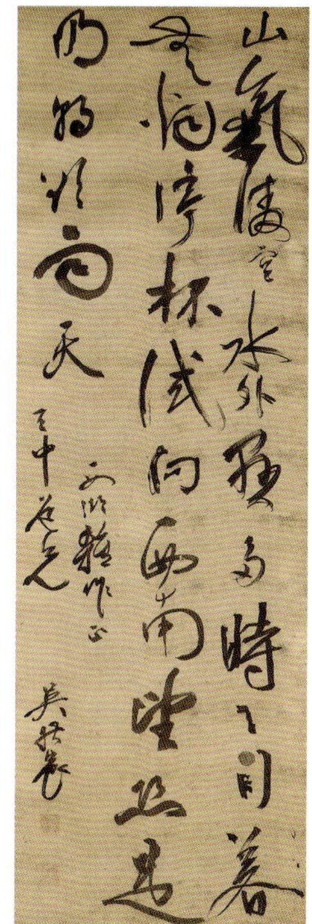

958 吴拱宸 明 行书西湖诗 立轴
估 价：HKD 120,000~200,000
成交价：RMB 558,250
180cm×57cm 佳士得 2018-05-28

565 夏昶 （款） 凌霄劲节 立轴
成交价：RMB 299,338
纽约苏富比 2018-09-13

1933 夏仲昭 楷书 欧阳修《醉翁亭记》 罗振玉旧藏
成交价：RMB 437,000
26cm×106.5cm 中国嘉德 2018-06-20

572 萧云从 溪山梅雪图 立轴
估 价：RMB 300,000~500,000
成交价：RMB 575,000
109cm×52cm 荣宝斋（南京） 2018-07-15

1707 谢时臣 1553年作 扶筇访友图 立轴
估 价：RMB 2,000,000~3,000,000
成交价：RMB 2,185,000
109.5cm×28.5cm 北京匡时 2018-06-16

1706 谢时臣 1558年作 秋林暮鸦图 立轴
估 价：RMB 450,000~550,000
成交价：RMB 805,000
145cm×56cm 北京匡时 2018-06-16

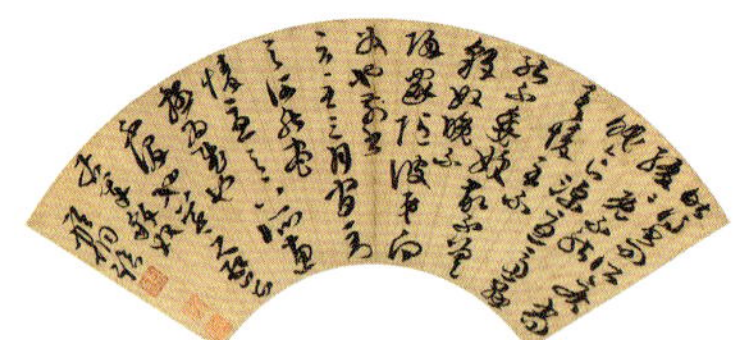

1534 邢侗 书法 镜心
估 价：RMB 600,000~800,000
成交价：RMB 828,000
16.5cm×50cm 北京匡时 2018-06-16

663 徐渭 清景泛舟图 镜片
估 价：RMB 50,000~70,000
成交价：RMB 598,000
36.5cm×19.5cm 西泠拍卖 2018-07-07

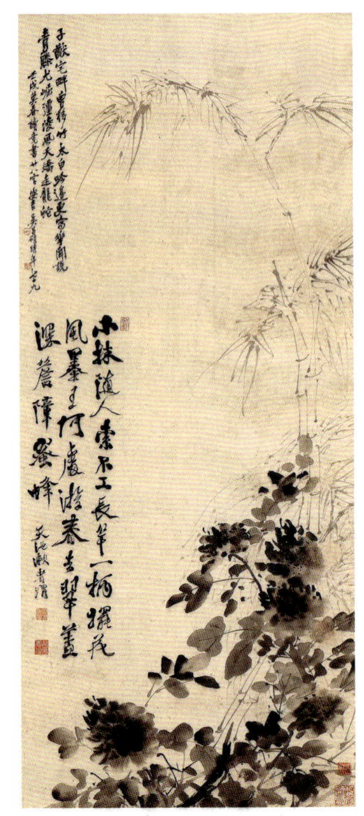

3587 徐渭 墨王翠盖图 立轴
估 价：RMB 6,800,000~8,800,000
成交价：RMB 19,550,000
148cm×65cm 北京保利 2018-12-08

402 徐渭 牡丹竹石图 镜心
估 价：RMB 10,000,000~15,000,000
成交价：RMB 11,500,000
122.5cm×30cm 中国嘉德 2018-11-20

604 杨大临 清溪幽禽图 立轴
估 价：RMB 250,000~350,000
成交价：RMB 287,500
183cm×86cm 西泠拍卖 2018-07-07

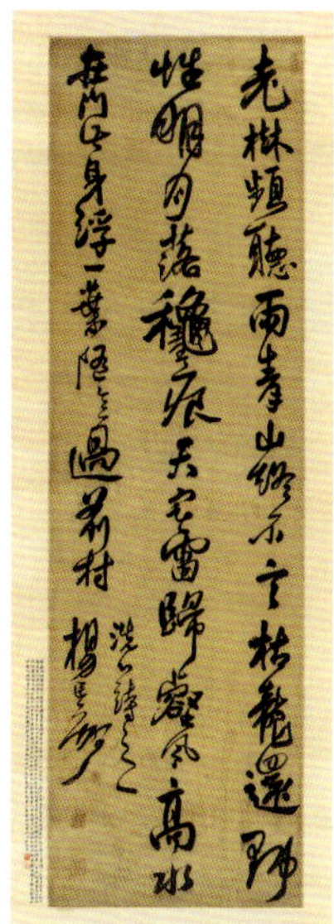

448 杨廷麟 行书 洗心诗 镜片
估 价：RMB 500,000~800,000
成交价：RMB 1,265,000
179cm×54cm 西泠拍卖 2018-07-07

5 姚绶 明 1484年作 国色天香 立轴
估 价：USD 15,000~25,000
成交价：RMB 951,900
纽约佳士得 2018-03-20

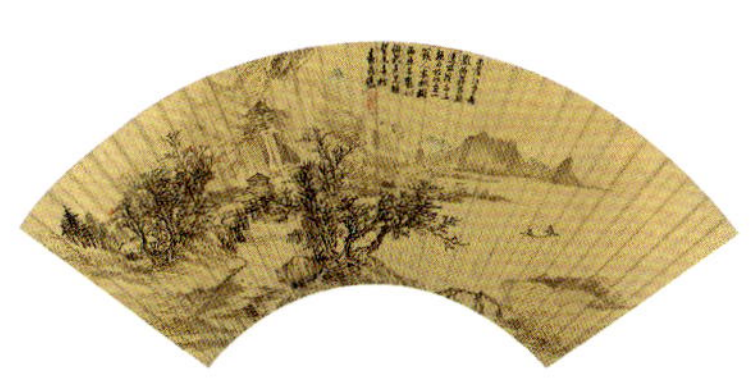

384 袁尚统 晚秋归舟图 扇页
估 价：RMB 180,000~250,000
成交价：RMB 299,000
51cm×16cm 西泠拍卖 2018-07-07

843 杨治卿 苍鹰 立轴
估 价：RMB 600,000~800,000
成交价：RMB 747,500
183cm×86cm 广东崇正 2018-07-05

1726 姚允在 桐江萧寺图 手卷
估 价：RMB 18,000,000~22,000,000
成交价：RMB 28,405,000
本幅47cm×978cm 北京匡时 2018-06-16

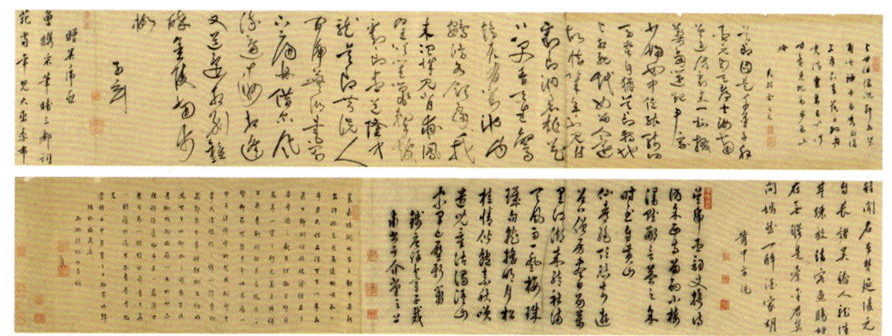

495 俞允文 方沆 等五家 和吴虎臣诗卷 手卷
估 价：RMB 30,000~50,000
成交价：RMB 2,127,500
345.5cm×30cm 西泠拍卖 2018-07-07

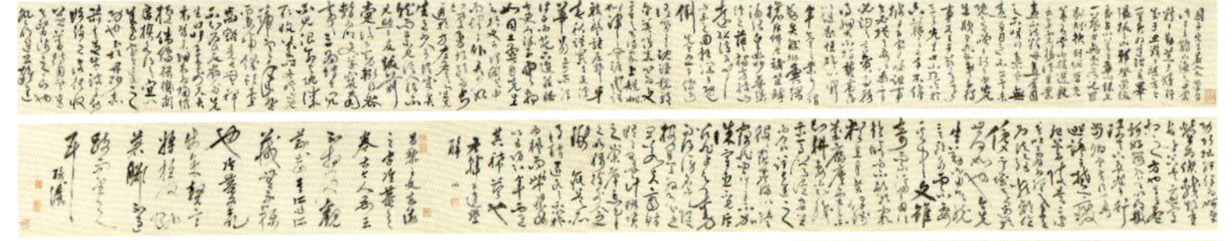

1751 张弼 草书韩愈《进学解》 手卷
估 价：RMB 10,000,000~12,000,000
成交价：RMB 15,525,000
本幅29cm × 487cm 北京匡时 2018-06-16

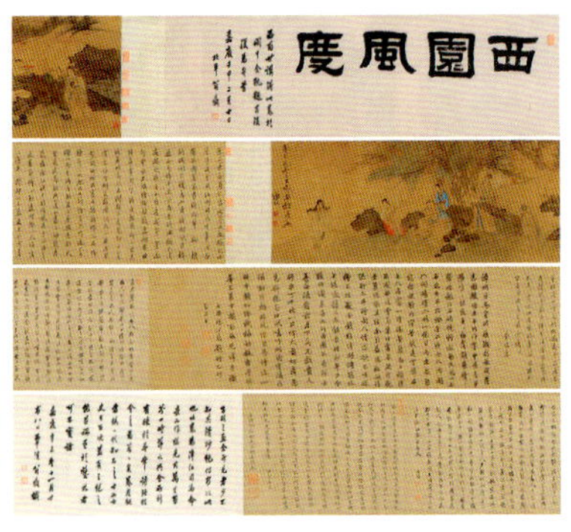

3868 张翀 1581年作 西园雅集图 立轴
估 价：RMB 200,000~300,000
成交价：RMB 690,000
画心28cm × 94cm 北京保利 2018-12-08

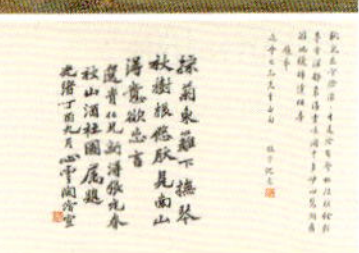

1321 张复 1623年作 渔樵耕读图卷 手卷
估 价：RMB 30,000~50,000
成交价：RMB 747,500
29cm × 340cm 中国嘉德 2018-05-19

1119 张灵 看耕图 立轴
估 价：USD 160,000~220,000
成交价：RMB 3,902,790
145.7cm × 70.4cm 纽约苏富比 2018-03-22

1234 张凤仪 1625年作 平沙落雁图 镜心
估 价：RMB 3,000~6,000
成交价：RMB 207,000
217cm × 98cm 中国嘉德 2018-09-20

1705 张路 潇湘待渡图 立轴
估 价：RMB 800,000~1,000,000
成交价：RMB 1,380,000
144.5cm × 80cm 北京匡时 2018-06-16

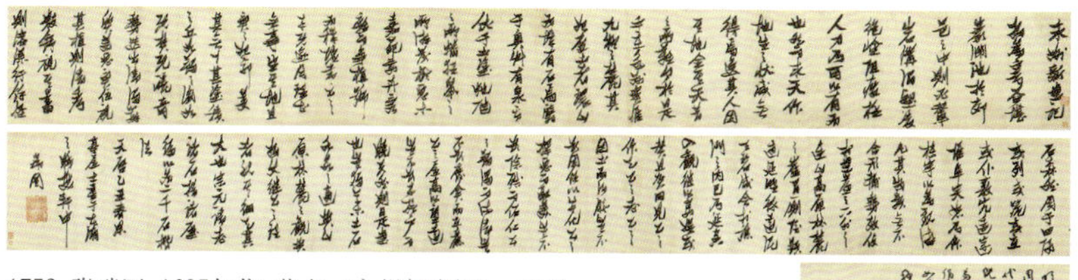

1752 张瑞图 1625年作 草书《永州新堂记》 手卷
估 价：RMB 4,000,000~5,000,000
成交价：RMB 6,325,000
本幅30.5cm×621cm 北京匡时 2018-06-16

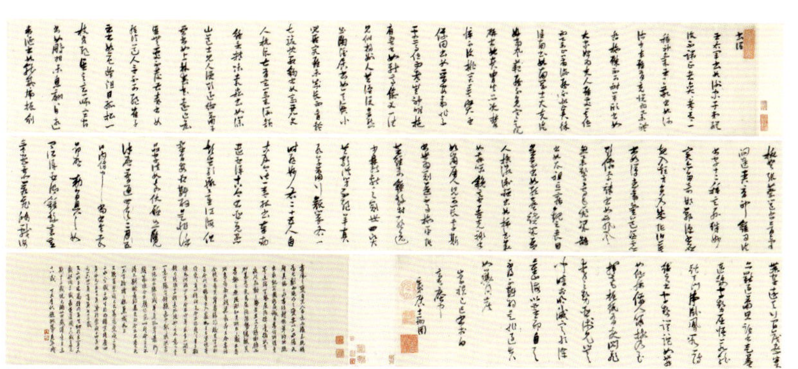

371 张瑞图 草书手卷 手卷
估 价：RMB 3,000,000~4,000,000
成交价：RMB 5,520,000
画28cm×469cm 中贸圣佳 2018-06-20

3865 赵文俶 榴花图 立轴
估 价：RMB 100,000~200,000
成交价：RMB 575,000
123cm×32cm 北京保利 2018-12-08

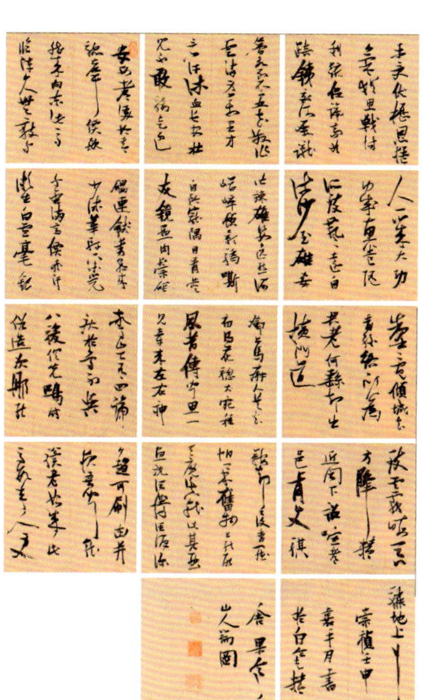

641 张瑞图 1632年作
草书杜甫诗二首 册页 （十四开）
估 价：RMB 2,200,000~3,000,000
成交价：RMB 2,645,000
29cm×27cm×14 上海匡时 2018-04-30

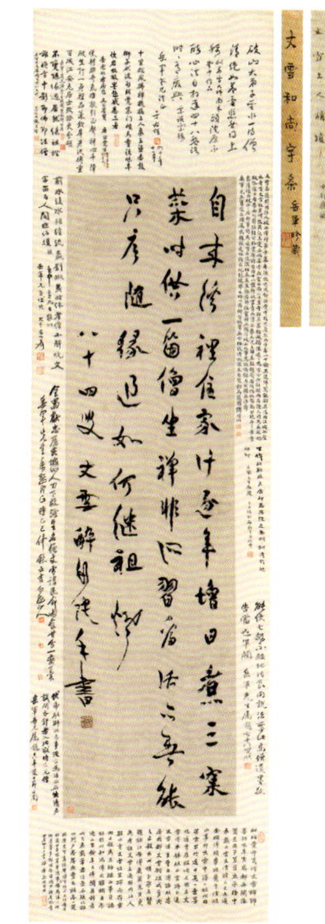

934 丈雪上人 草书七言诗 立轴
估 价：RMB 600,000~800,000
成交价：RMB 3,622,500
170cm×45.5cm 中国嘉德 2018-06-20

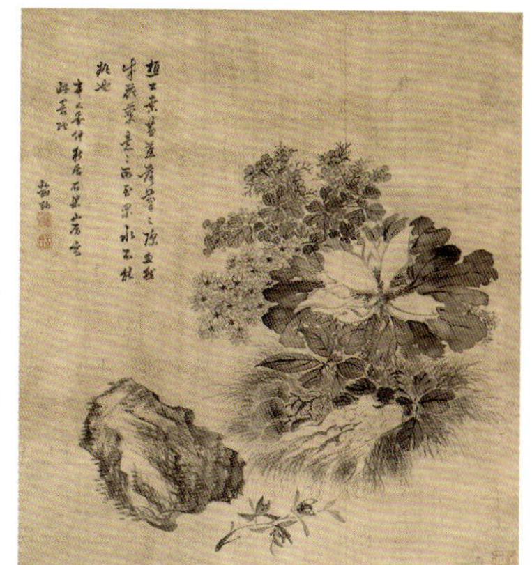

566 赵珣 花果图 立轴
估 价：RMB 120,000~180,000
成交价：RMB 230,000
63cm×58cm 荣宝斋（南京） 2018-07-15

3040 赵左 1612-1613年作 溪山无尽图卷 手卷
估 价：RMB 30,000,000~50,000,000
成交价：RMB 40,250,000
画28cm × 605cm 北京保利 2018-06-17

3589 赵左 1609~1610年作 溪山高隐图 手卷
估 价：RMB 20,000,000~25,000,000
成交价：RMB 30,130,000
31.2cm × 454.7cm 北京保利 2018-12-08

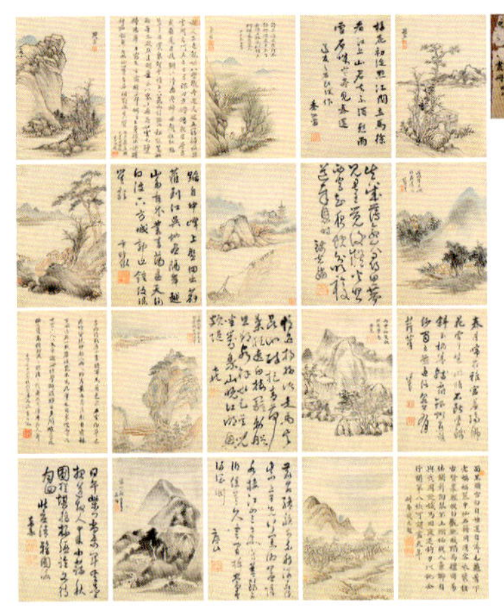

3014 赵左 章程 等 明季各家小品 册页 （二十开）
估 价：RMB 600,000~1,000,000
成交价：RMB 690,000
26cm × 17cm × 20 北京保利 2018-06-17

950 郑文林 明 群仙图 立轴
估 价：HKD 1,000,000~1,500,000
成交价：RMB 1,421,000
158.5cm × 103.5cm 佳士得 2018-05-28

3044 赵左 设色山水 册页 （十二开）
估 价：RMB 2,000,000~3,000,000
成交价：RMB 3,450,000
26.5cm × 17.5cm × 12 中贸圣佳 2018-11-24

1256 周臣 闲步柳畔 镜框
估　价：USD 100,000~150,000
成交价：RMB 12,127,206
140.5cm×73.4cm 纽约苏富比 2018-03-23

1306 周臣 山居访友图 立轴
估　价：RMB 6,000,000~8,000,000
成交价：RMB 7,590,000
75cm×95.5cm 北京匡时 2018-12-06

3046 周鼎 左良玉出师图卷 手卷
估　价：RMB 4,000,000~5,000,000
成交价：RMB 6,555,000
40cm×622.5cm 中贸圣佳 2018-11-24

3026 周天球 1580年作 行书卷 手卷
估　价：RMB 2,000,000~3,000,000
成交价：RMB 2,300,000
书心29cm×660cm 北京保利 2018-06-17

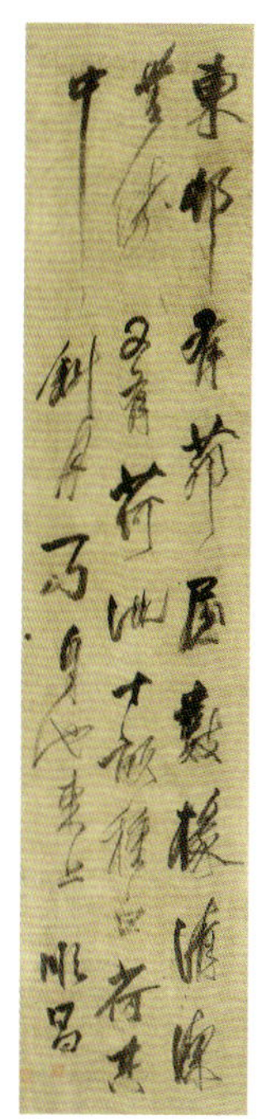

1756 周顺昌 行书文语 立轴
估　价：RMB 400,000~500,000
成交价：RMB 1,380,000
251cm×55cm 北京匡时 2018-06-16

507 周顺昌 山川出云图 立轴
估　价：RMB 500,000~600,000
成交价：RMB 575,000
115.5cm×28.5cm 西泠拍卖 2018-07-07

231 周之冕 梅花双禽 立轴
估　价：RMB 1,200,000~1,800,000
成交价：RMB 1,495,000
126cm×59cm 华艺国际 2018-05-23

3035 周之冕 耄耋图 立轴
估　价：RMB 400,000~600,000
成交价：RMB 828,000
102cm×46.5cm 中贸圣佳 2018-11-24

3579 朱邦 茅堂幽居图 立轴
估　价：RMB 2,600,000~3,800,000
成交价：RMB 3,565,000
184cm×102cm 北京保利 2018-12-08

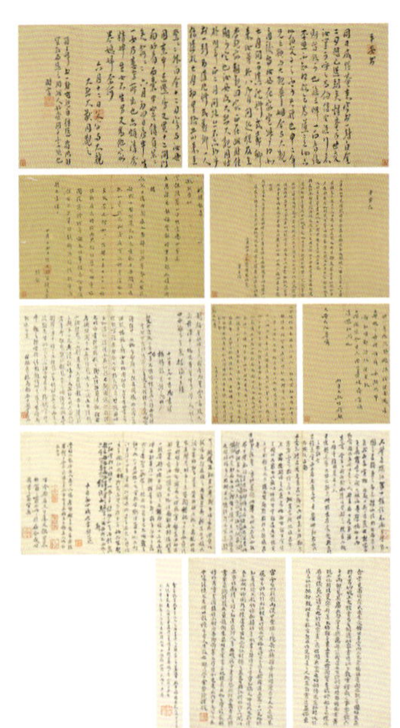

1333 朱国祚 朱大竞 朱彝尊 等
朱氏一门七人家书 册页
估　价：RMB 400,000~600,000
成交价：RMB 1,058,000
尺寸不一 北京匡时 2018-12-06

404 诸家 明清十二名家 品花图 手卷
估　价：RMB 350,000~500,000
成交价：RMB 713,000
21cm×310cm 荣宝斋（上海） 2018-01-21

3033 朱邦 献寿图 镜心
估　价：RMB 3,000,000~5,000,000
成交价：RMB 5,520,000
192cm×96cm 北京保利 2018-06-17

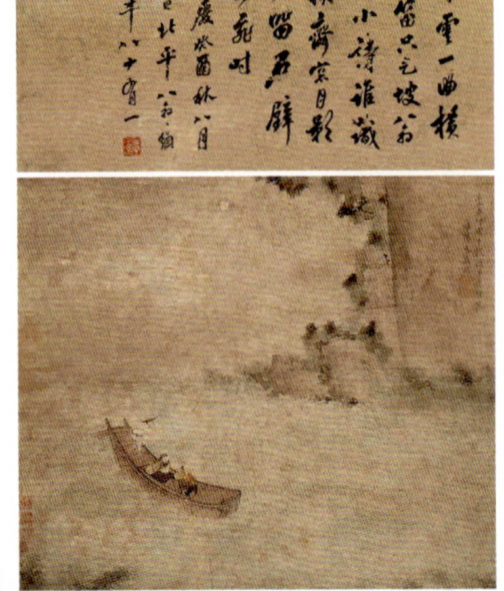

424 朱德润 赤壁夜游 镜心
估　价：RMB 1,200,000~1,800,000
成交价：RMB 3,404,000
51cm×42cm 荣宝斋（南京） 2018-01-05

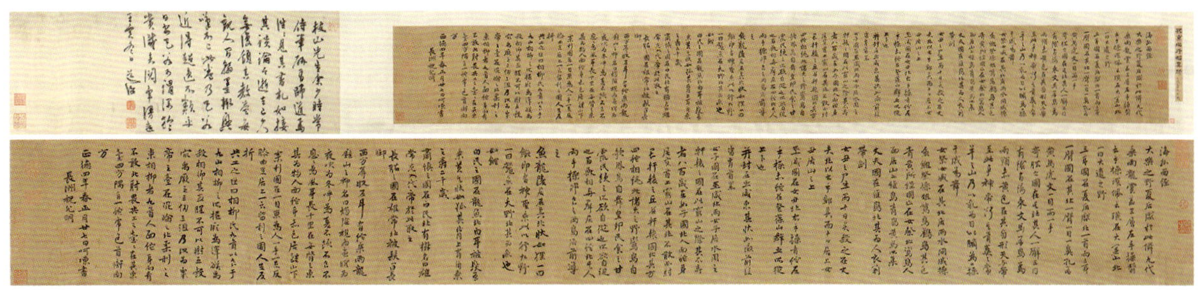

3042 祝允明 行楷《海外西经》卷 手卷
估　价：RMB 6,000,000~8,000,000
成交价：RMB 11,500,000
本幅19cm×152cm 中贸圣佳 2018-11-24

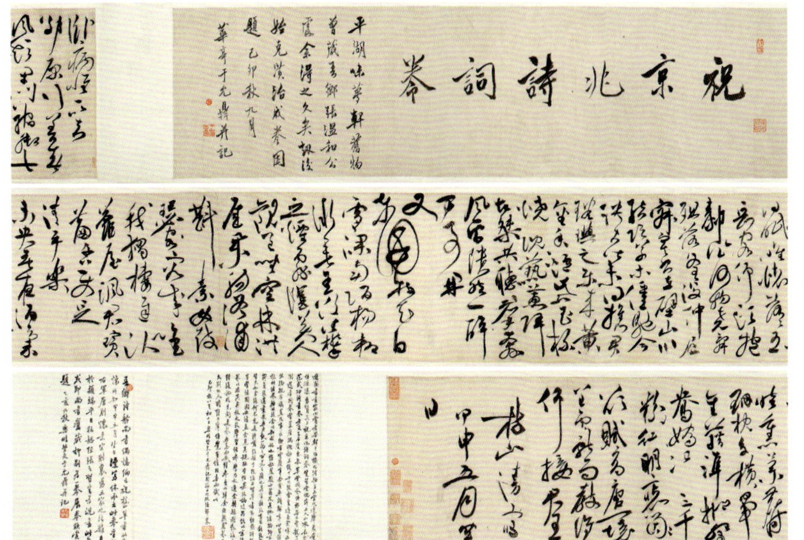

225 祝允明 行草诗词卷 手卷
估　价：RMB 12,000,000~18,000,000
成交价：RMB 41,975,000
25cm×197cm 华艺国际 2018-05-23

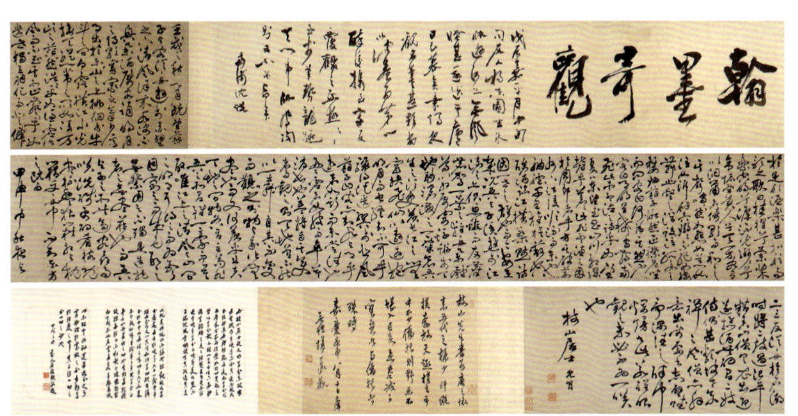

136 祝允明 1524年作 草书《前赤壁赋》 手卷
估　价：RMB 15,000,000~25,000,000
成交价：RMB 27,600,000
书法30cm×296.5cm 华艺国际 2018-11-16

603 祝世禄 明 书法 镜心
估　价：RMB 180,000~250,000
成交价：RMB 264,500
16cm×50cm 南京经典 2018-07-22

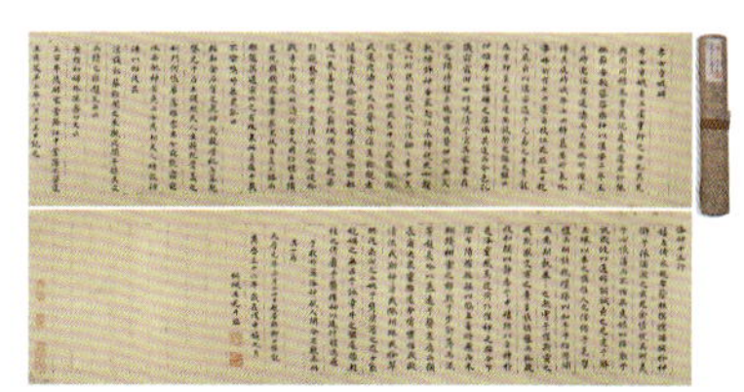

1363 左光斗 1608年作 书法 手卷
估　价：RMB 80,000~120,000
成交价：RMB 2,300,000
22cm×174cm 华艺国际 2018-05-23

清代作者

1721 八大山人 墨荷图 手卷
估 价：RMB 25,000,000~30,000,000
成交价：RMB 35,075,000
本幅23.5cm×258cm 北京匡时 2018-06-16

3586 八大山人 水墨花鸟 册页
估 价：RMB 8,000,000~15,000,000
成交价：RMB 10,925,000
31cm×23cm×8 北京保利 2018-12-08

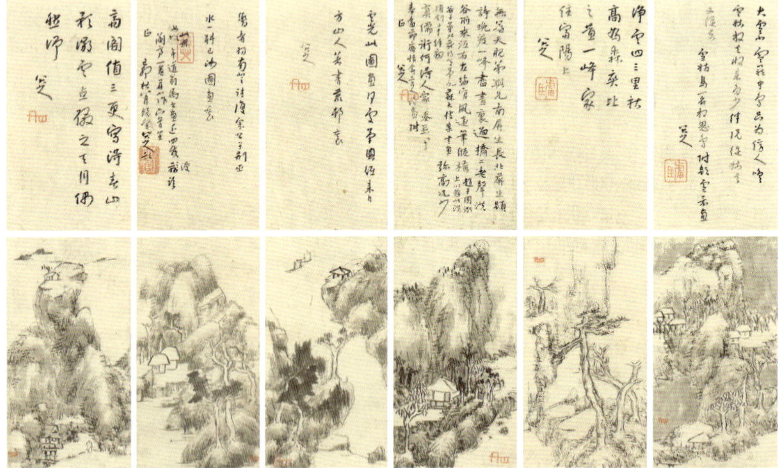

8003 八大山人 兰亭诗画册 立轴六条屏
估 价：HKD 6,000,000~10,000,000
成交价：RMB 21,376,700
24cm×13.5cm×12 佳士得 2018-11-26

3585A 八大山人
行草书李攀龙《送耿蠡县之官》诗 立轴
估 价：RMB 8,000,000~10,000,000
成交价：RMB 15,295,000
187.5cm×91cm 北京保利 2018-12-08

75 八大山人 墨荷图 立轴
估 价：RMB 6,000,000~8,000,000
成交价：RMB 9,430,000
139cm×36cm 北京荣宝 2018-12-03

639 八大山人 莲池翠鸟图 立轴
估　价：RMB 8,000,000~12,000,000
成交价：RMB 9,200,000
121cm×66cm 上海匡时 2018-04-30

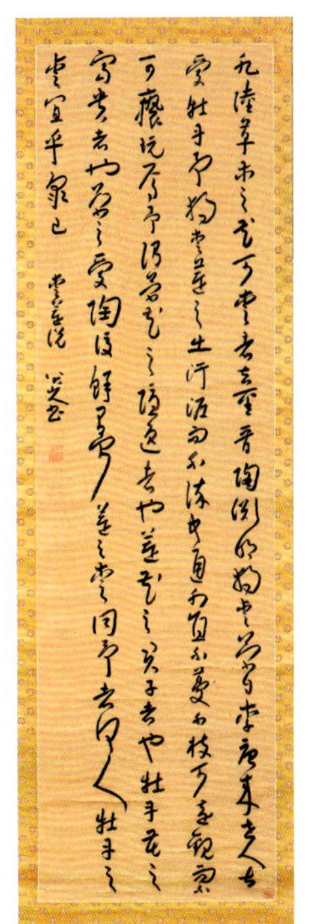

638 八大山人 草书《爱莲说》 立轴
估　价：RMB 6,000,000~8,000,000
成交价：RMB 9,200,000
177cm×50cm 上海匡时 2018-04-30

1723 八大山人 古松瑞鹿 立轴
估　价：RMB 5,000,000~6,000,000
成交价：RMB 6,900,000
175cm×84cm 北京匡时 2018-06-16

1722 八大山人 葡萄双鸟图 立轴
估　价：RMB 4,000,000~5,000,000
成交价：RMB 5,405,000
105cm×39cm 北京匡时 2018-06-16

409 八大山人 1690年作 墨梅图 立轴
估　价：RMB 7,000,000~10,000,000
成交价：RMB 34,500,000
125cm×34cm 中国嘉德 2018-06-18

403 八大山人 墨鸭图 镜心
估　价：RMB 8,000,000~12,000,000
成交价：RMB 15,640,000
32.5cm×26cm 中国嘉德 2018-11-20

1706 八大山人 枝上鸜鹆图 立轴
估　价：RMB 10,000,000~15,000,000
成交价：RMB 18,400,000
32.5cm×26cm 北京保利 2018-06-17

2558 八大山人 松石 立轴
估　价：HKD 8,000,000~10,000,000
成交价：RMB 11,615,040
116.1cm×45.7cm 香港苏富比 2018-10-01

3379 八大山人 鱼 镜心
估　价：RMB 800,000~1,200,000
成交价：RMB 920,000
33cm×30cm 北京保利 2018-06-18

1368 八大山人 墨鱼 立轴
估　价：RMB 2,000,000~3,000,000
成交价：RMB 2,415,000
88cm×48cm 北京匡时 2018-06-16

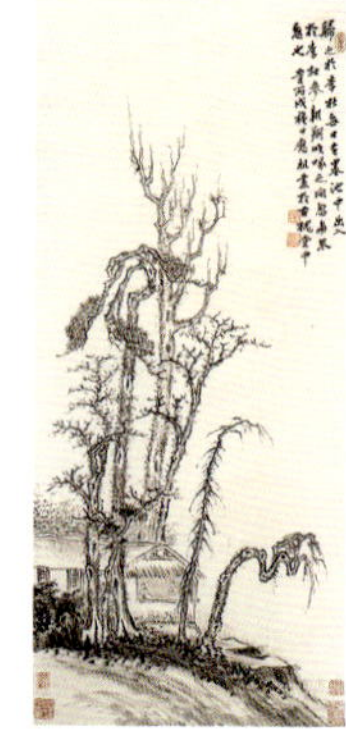

581 巴慰祖 幽居图 立轴
估　价：RMB 200,000~300,000
成交价：RMB 460,000
102cm×44.5cm 荣宝斋（南京） 2018-07-15

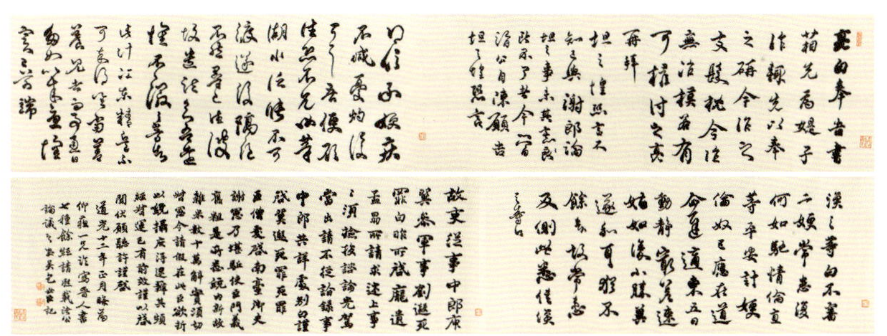

64 包世臣 为毛长龄行书临阁帖 手卷
估　价：RMB 500,000~800,000
成交价：RMB 1,035,000
画378cm×32cm 北京荣宝 2018-12-03

509 蔡嘉 1736年作 林屋冈峦图 立轴
估　价：RMB 450,000~600,000
成交价：RMB 690,000
125cm×47.5cm 西泠拍卖 2018-07-07

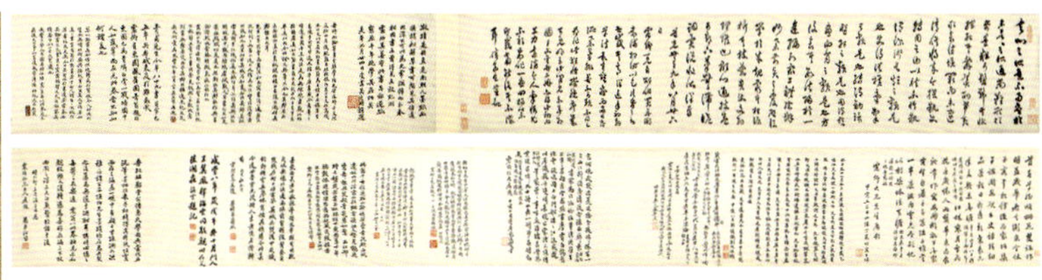

444 包世臣 1849年作 草书 节临书谱卷 手卷
估　价：RMB 150,000~250,000
成交价：RMB 287,500
画136cm×27.5cm 西泠拍卖 2018-07-07

615 蔡含 百蝶图 手卷
估　价：RMB 280,000~350,000
成交价：RMB 322,000
36.5cm×287cm 西泠拍卖 2018-07-07

3047 蔡含 密钥 冒襄 题
春色先来十二红 立轴
估　价：RMB 3,000,000~4,000,000
成交价：RMB 7,590,000
147cm×37.5cm 中贸圣佳 2018-11-24

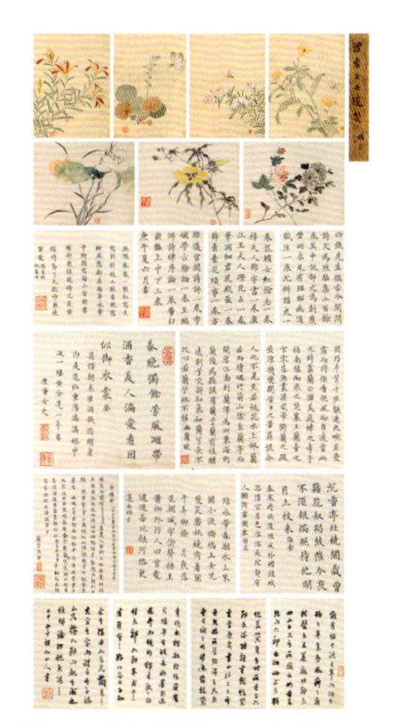

902 曹兰秀 花卉 册页 （十七开）
估　价：RMB 6,000~10,000
成交价：RMB 368,000
尺寸不一 中国嘉德 2018-11-22

1559 陈鸿寿 隶书七言联 立轴
估　价：RMB 150,000~250,000
成交价：RMB 828,000
173cm×37cm×2 上海匡时 2018-04-30

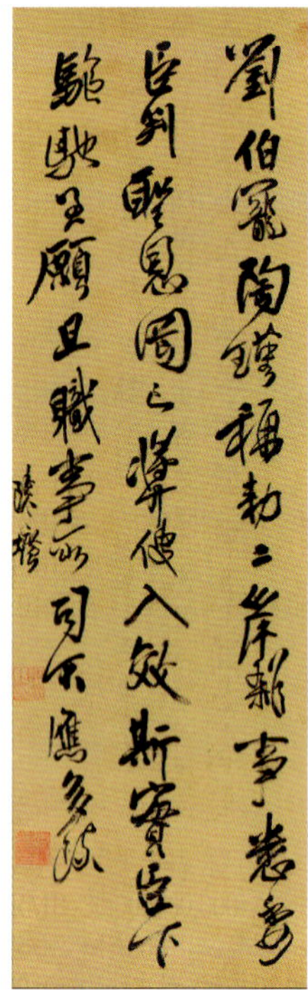

3505 陈爔
行书节录王僧虔《辞判二岸杂事启》 立轴
估 价：RMB 300,000~600,000
成交价：RMB 517,500
157.3cm×51cm 北京保利 2018-12-08

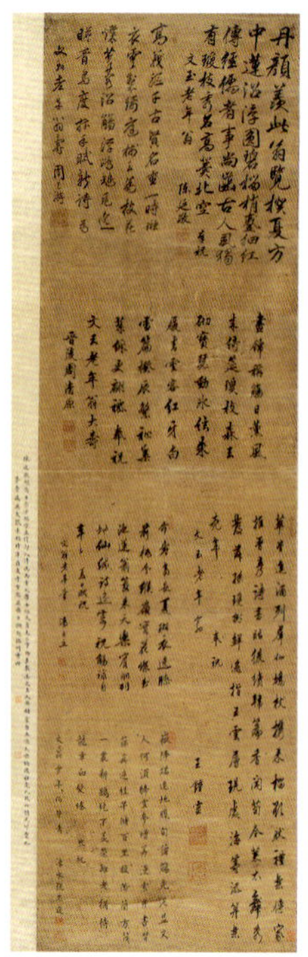

34 陈廷敬 周清原 等 行书贺寿诗 立轴
估 价：RMB 160,000~180,000
成交价：RMB 322,000
185.5cm×51.5cm 北京荣宝 2018-12-03

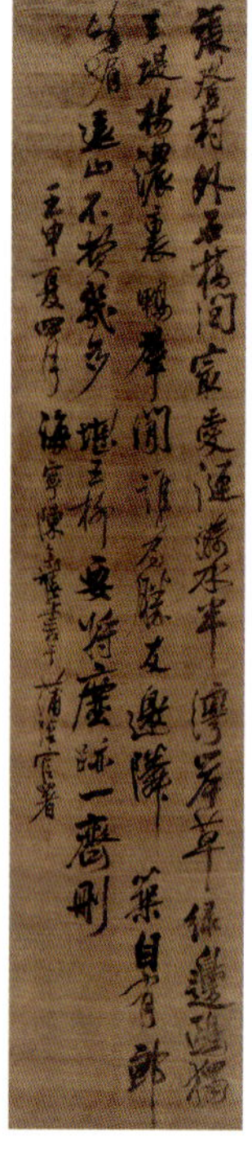

1059 陈奕禧 1692年作 行书七言诗 立轴
估 价：RMB 150,000~250,000
成交价：RMB 345,000
243.5cm×52.5cm 中国嘉德 2018-11-22

1031 陈枚 1737年作 秋山策杖 立轴
估 价：RMB 50,000~80,000
成交价：RMB 483,000
74cm×36.5cm 中国嘉德 2018-11-22

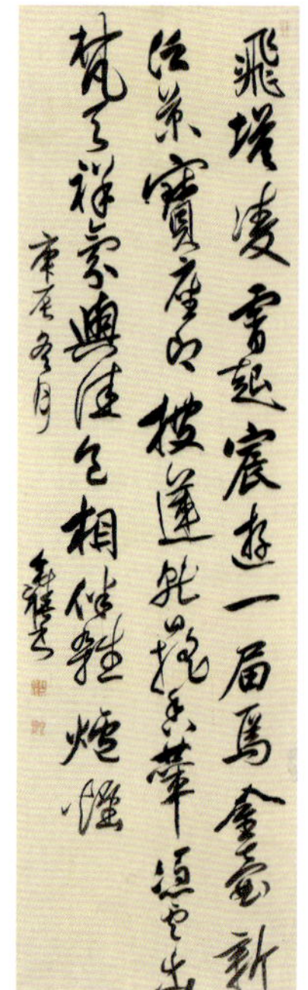

398 陈奕禧 草书书法 立轴
估 价：RMB 300,000~400,000
成交价：RMB 575,000
167cm×47.5cm 中贸圣佳 2018-06-20

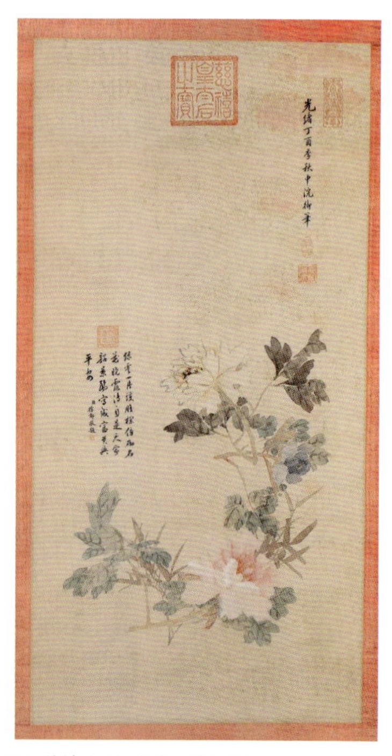

652 慈禧太后 富贵平安 立轴
估 价：HKD 200,000~400,000
成交价：RMB 442,453
125cm×63cm 保利香港 2018-10-01

1052 慈禧太后 1889年作 葡萄 镜框
估 价：HKD 500,000~700,000
成交价：RMB 507,500
132cm×63.5cm 佳士得 2018-05-28

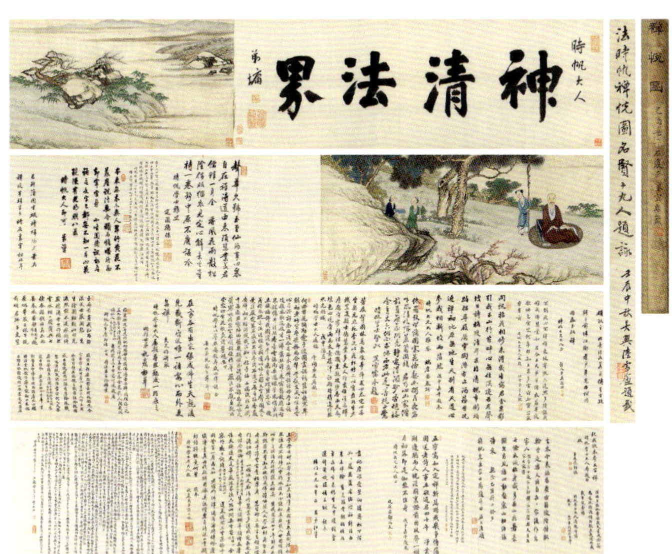

39 崔湘 禅悦图并诸家题咏 手卷
估 价：RMB 400,000~600,000
成交价：RMB 1,322,500
画32cm×130cm 北京荣宝 2018-12-03

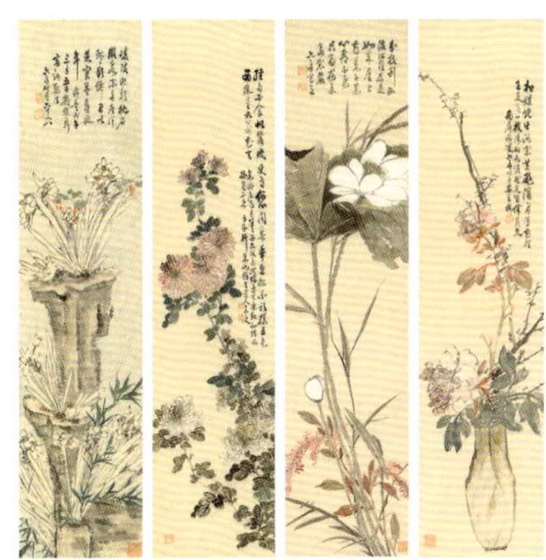

1396 达受 1858年作 花卉四屏 立轴
估 价：HKD 150,000~200,000
成交价：RMB 228,900
109.9cm×26cm×4 香港苏富比 2018-10-02

1272 戴熙 东晋苍官 手卷
估 价：HKD 300,000~400,000
成交价：RMB 1,820,250
画45cm×121.5cm 香港苏富比 2018-04-02

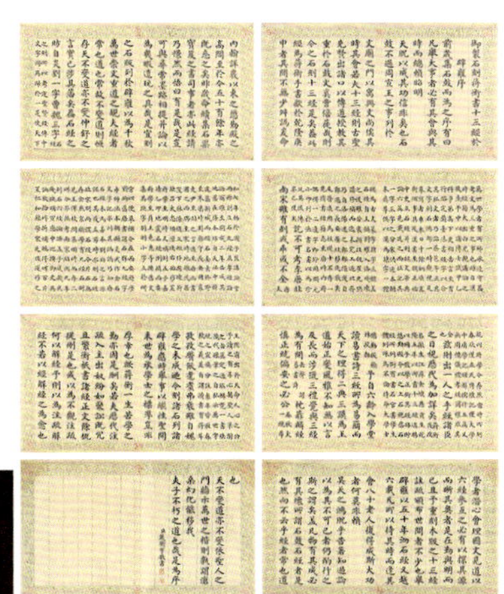

3048 戴衢亨
御制石刻蒋衡书十三经于辟雍序 册页
估 价：RMB 300,000~400,000
成交价：RMB 563,500
16cm×28cm×8 中贸圣佳 2018-11-24

1066 戴本孝 百步云梯图 立轴
估 价：RMB 800,000~1,000,000
成交价：RMB 1,725,000
95cm×40.5cm 北京匡时 2018-12-06

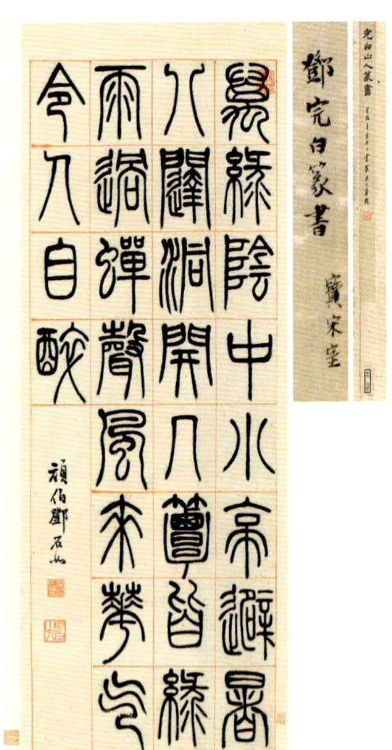

391 邓石如 篆书朱韩山座右铭 立轴
估　价：RMB 800,000~1,000,000
成交价：RMB 8,280,000
104cm×37cm 中国嘉德 2018-11-20

217 董邦达 夏山叠翠 镜框
估　价：RMB 2,000,000~3,000,000
成交价：RMB 2,875,000
15.5cm×69.5cm 华艺国际 2018-05-23

427 董邦达 湖山平远 手卷
估　价：RMB 2,000,000~3,000,000
成交价：RMB 2,300,000
60cm×447cm 广东崇正 2018-07-04

1353 董邦达 仿张贞居笔意 镜心
估　价：RMB 700,000~800,000
成交价：RMB 805,000
69cm×37cm 北京匡时 2018-06-16

3941 董邦达 溪山隐居图 立轴
估　价：RMB 800,000~1,200,000
成交价：RMB 920,000
183cm×90cm 北京保利 2018-12-08

3502 董讷 行书《雪舫斋对雪诗》二首 立轴
估　价：RMB 300,000~600,000
成交价：RMB 517,500
194.2cm×52.2cm 北京保利 2018-12-08

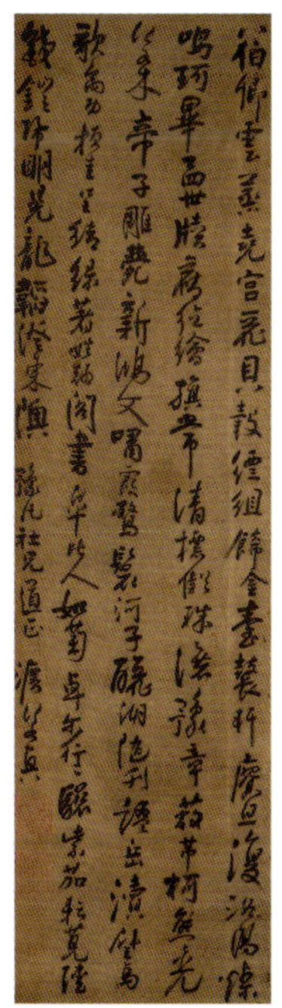

223 法若真 行书五言诗 立轴
估　价：HKD 200,000~280,000
成交价：RMB 404,500
173.5cm×46.5cm 邦瀚斯 2018-04-03

583 樊坤 仙阁倚栏图 立轴
估　价：RMB 800,000~1,200,000
成交价：RMB 1,265,000
190cm×102cm 荣宝斋（南京） 2018-07-15

2 范振绪 湖山烟雨 镜框
估　价：RMB 400,000~600,000
成交价：RMB 506,000
134cm×34cm 未来四方 2018-01-20

144 方大猷 1665年作 山水 镜框
估　价：RMB 250,000~350,000
成交价：RMB 402,500
155cm×49cm 华艺国际 2018-11-16

218 方士庶 1748年作 层山叠嶂 立轴
估　价：RMB 3,500,000~4,500,000
成交价：RMB 4,025,000
159cm×76cm 华艺国际 2018-05-23

809 方士庶 仿古山水 （四幅） 屏轴
估　价：RMB 2,000,000~2,600,000
成交价：RMB 2,300,000
208cm×57cm×4 朵云轩 2018-06-24

875 方熏 1774年作 牡丹 册页 （八开）
估 价：RMB 250,000~350,000
成交价：RMB 287,500
画28cm×40cm×8 广东崇正 2018-07-05

503 费丹旭 人物 六屏
估 价：RMB 180,000~250,000
成交价：RMB 299,000
195cm×49cm×6 西泠拍卖 2018-07-07

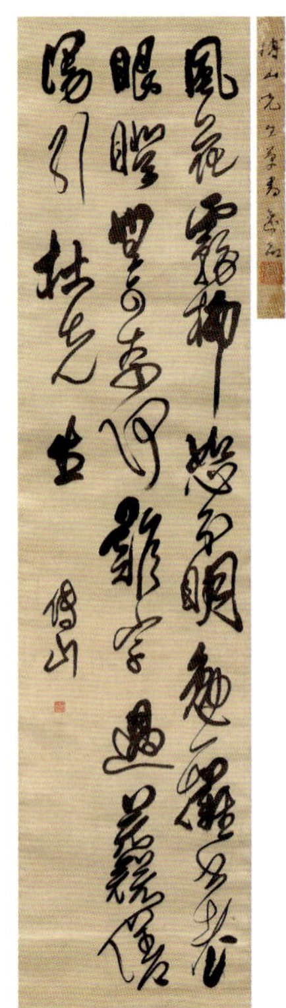

3041 傅山 草书七言诗 立轴
估 价：RMB 3,000,000~6,000,000
成交价：RMB 8,855,000
201cm×49.7cm 北京保利 2018-06-17

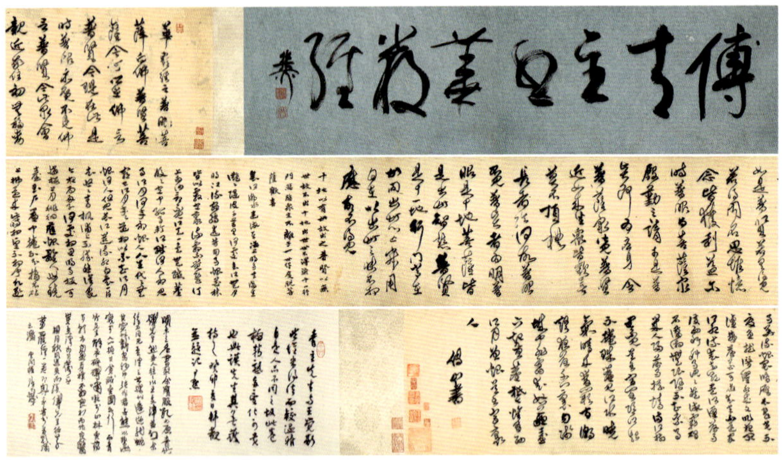

223 傅山 行草《华严经》 手卷
估 价：RMB 12,000,000~22,000,000
成交价：RMB 19,550,000
画23.5cm×213.5cm 华艺国际 2018-05-23

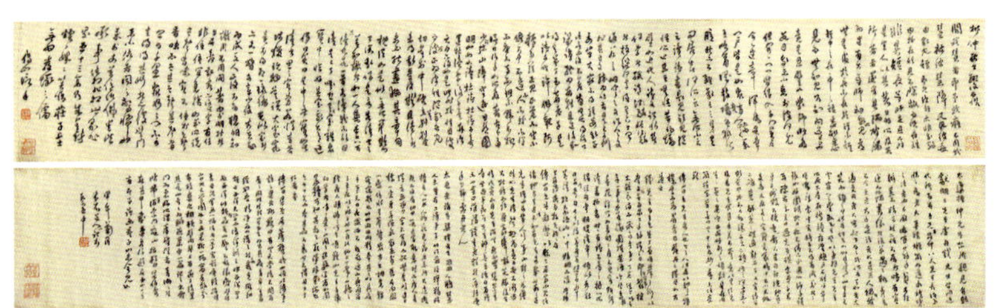

1753 傅山 1654年作 草书《开我慧者并太原三先生传》 手卷
估 价：RMB 18,000,000~22,000,000
成交价：RMB 25,185,000
24cm×185cm；24cm×179cm 北京匡时 2018-06-16

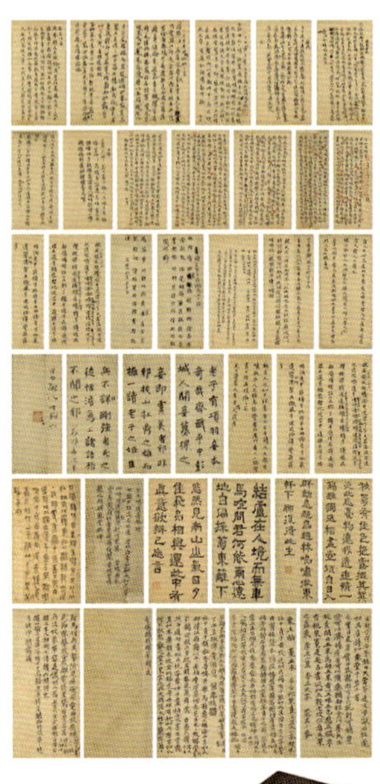

477 傅山 诗文书翰册 册页 （三十六页）
估 价：RMB 4,000,000~6,000,000
成交价：RMB 5,520,000
33cm×19cm 西泠拍卖 2018-07-07

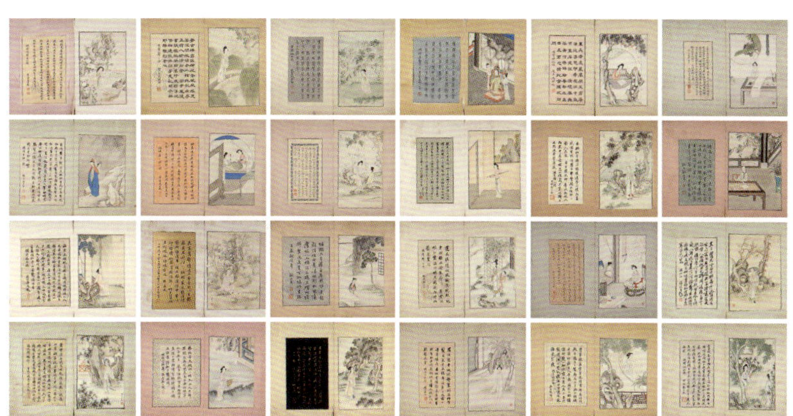

449 改琦 红楼人物 册页 （二十四开）
估　价：RMB 600,000~800,000
成交价：RMB 1,265,000
26cm × 18.5cm × 24 中贸圣佳 2018-11-24

618 高岑 清 溪山横艇图 立轴
估　价：RMB 3,800,000~4,800,000
成交价：RMB 10,120,000
215cm × 96cm 南京经典 2018-07-22

73 高凤翰 1739年作 富贵坚固 立轴
估　价：RMB 1,500,000~2,500,000
成交价：RMB 3,565,000
134cm × 45cm 北京荣宝 2018-06-14

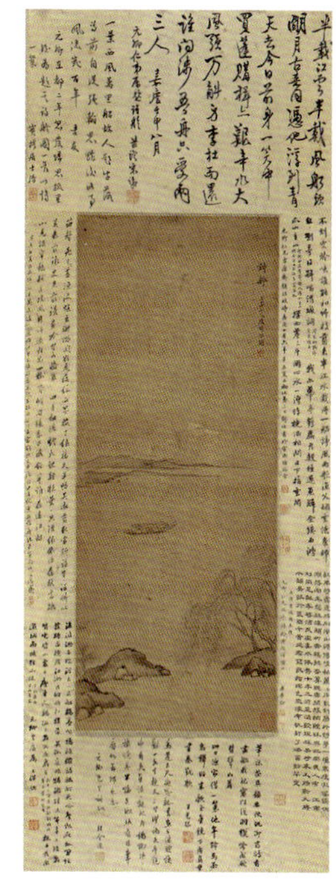

939 改琦 诗龄图 立轴
估　价：RMB 250,000~380,000
成交价：RMB 517,500
79.5cm × 32cm 西泠拍卖 2018-09-29

346 高凤翰 山水 镜片
估　价：RMB 120,000
成交价：RMB 690,000
106cm × 33cm 朵云轩 2018-04-22

3566 高简 溪山策杖图 立轴
估　价：RMB 1,100,000~1,800,000
成交价：RMB 1,265,000
157cm×94cm 北京保利 2018-12-08

912 高其佩 清 1703年作 钟馗
册页（十二开）
估　价：HKD 200,000~300,000
成交价：RMB 3,814,100
27.2cm×33.8cm×12 佳士得 2018-11-27

501 高其佩 仕女图 立轴
估　价：RMB 300,000~500,000
成交价：RMB 345,000
113cm×63cm 西泠拍卖 2018-07-07

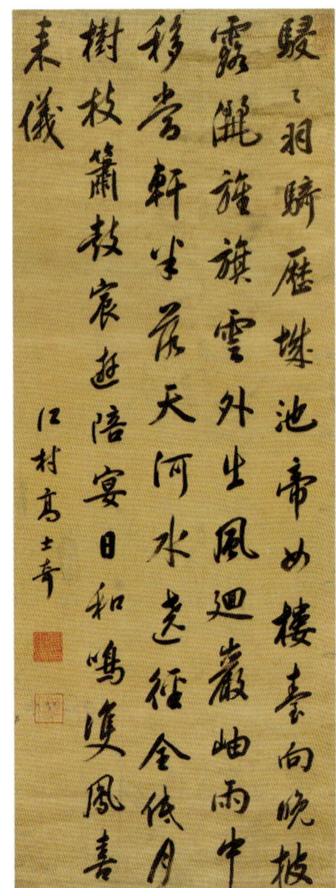

420 高士奇 行书七言诗 立轴
估　价：RMB 350,000~450,000
成交价：RMB 402,500
138.5cm×52cm 西泠拍卖 2018-07-07

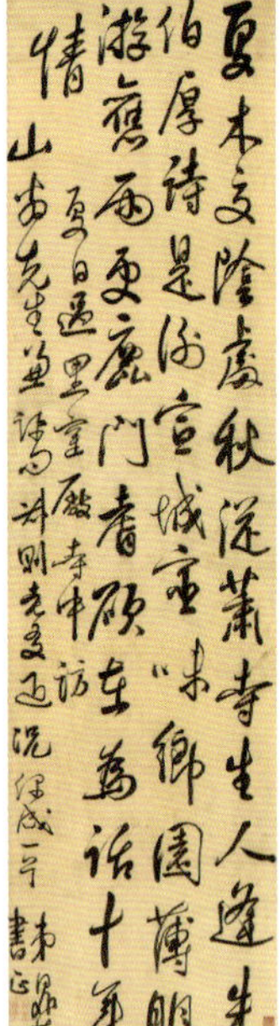

901 龚鼎孳 清 行书 立轴
估　价：HKD 80,000~100,000
成交价：RMB 643,075
194cm×50cm 佳士得 2018-11-27

964 龚贤 楼台湖滨明月新 立轴
估　价：RMB 4,000,000~6,000,000
成交价：RMB 4,600,000
280cm×82.5cm 保利厦门 2018-01-08

3006 龚贤 临溪清吟图 立轴
估　价：RMB 600,000~1,200,000
成交价：RMB 4,485,000
83cm×40cm 北京保利 2018-06-17

573 龚贤 翠嶂中天图 立轴
估　价：RMB 1,800,000~2,200,000
成交价：RMB 3,910,000
167cm×89cm 荣宝斋（南京） 2018-07-15

1273 顾麟士 1913年作 春风载酒图 立轴
估　价：HKD 260,000~360,000
成交价：RMB 556,188
画心112.5cm×50.5cm 香港苏富比 2018-04-02

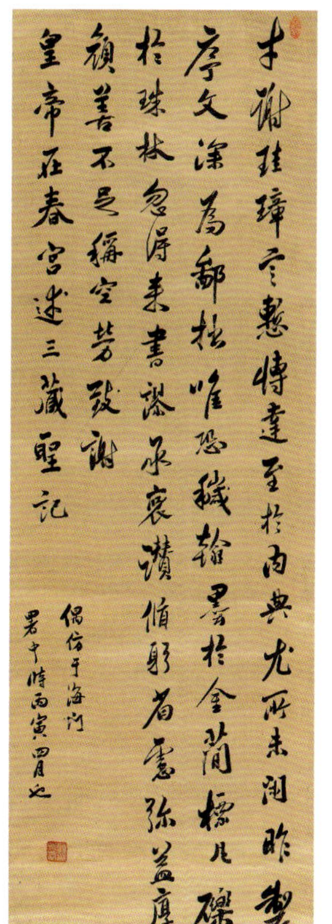

112 顾炎武 1656年作 行书临圣教序 立轴
估　价：RMB 2,000,000~3,000,000
成交价：RMB 2,990,000
146cm×46cm 北京荣宝 2018-06-14

1096 顾沄 拟古山水 册页 （五开）
估　价：RMB 80,000~120,000
成交价：RMB 770,500
30cm×45cm×5 中国嘉德 2018-11-22

1427 顾澐 1869年作 翠岭晴云图 立轴
估　价：HKD 100,000~150,000
成交价：RMB 218,000
133.8cm×47.5cm 香港苏富比 2018-10-02

3557 光绪帝 行书“庆霄云缦” 横批
估　价：RMB 100,000~200,000
成交价：RMB 391,000
46cm×104cm 北京保利 2018-12-08

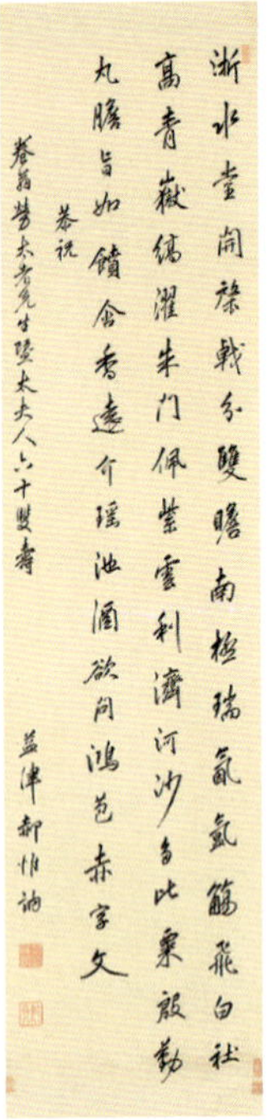

3503 郝惟讷 行书贺寿诗 立轴
估 价：RMB 300,000~600,000
成交价：RMB 368,000
202cm×50.8cm 北京保利 2018-12-08

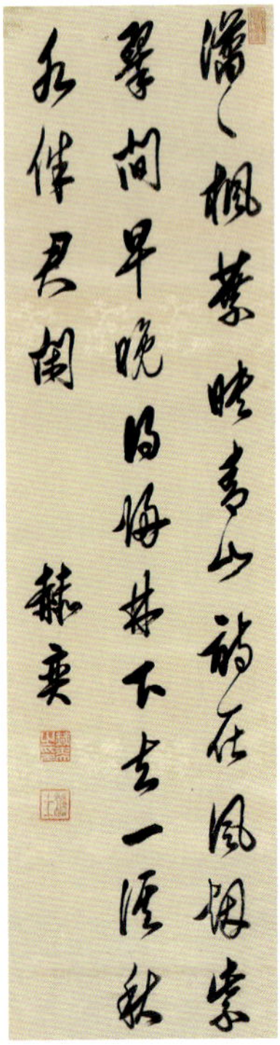

400 赫奕 行书书法 立轴
估 价：RMB 300,000~400,000
成交价：RMB 575,000
172cm×46.5cm 中贸圣佳 2018-06-20

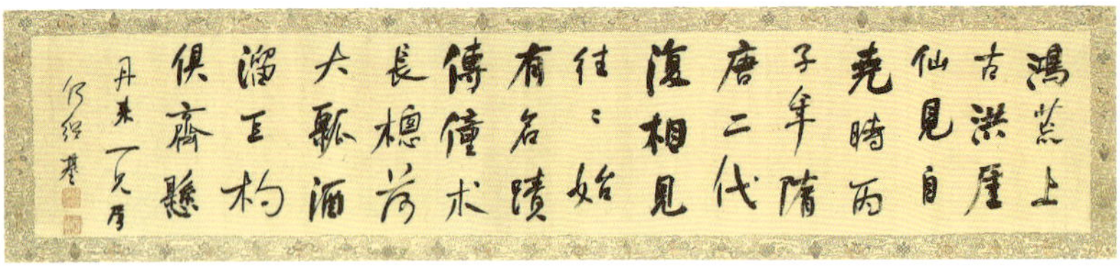

1022 何绍基 清 行书 手卷
估 价：HKD 200,000~300,000
成交价：RMB 2,430,380
33.5cm×150.5cm 佳士得 2018-11-27

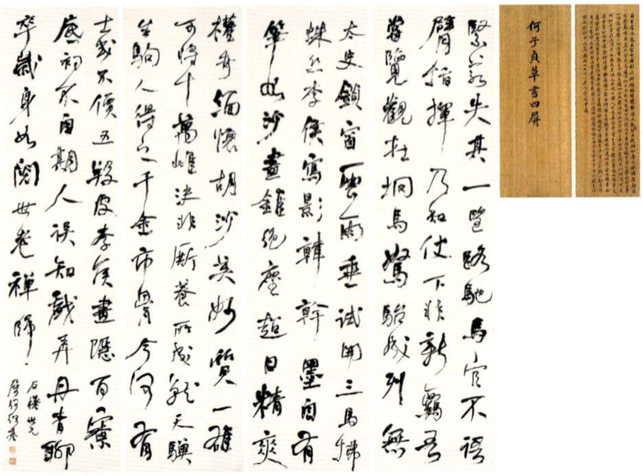

240 何绍基 行书 四屏立轴
估 价：RMB 1,500,000~2,500,000
成交价：RMB 2,300,000
175cm×47cm×4 华艺国际 2018-05-23

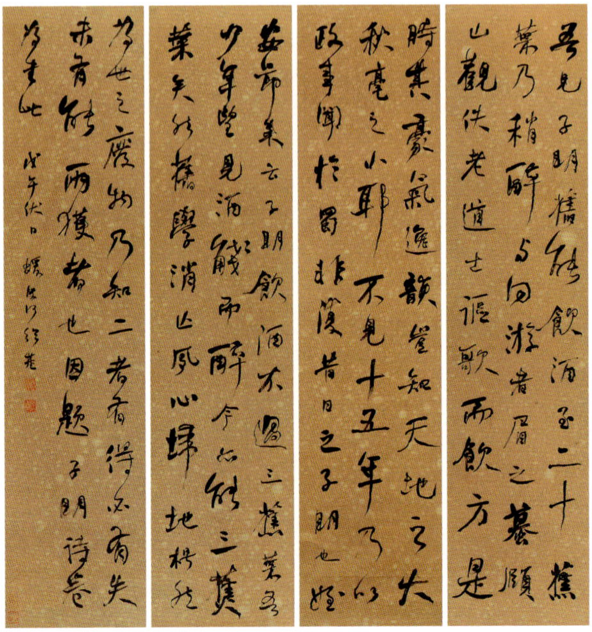

1149 何绍基 1858年作 行书节录东坡题跋 四屏立轴
估 价：RMB 800,000~1,500,000
成交价：RMB 1,725,000
131.5cm×31cm×4 中国嘉德 2018-06-20

3298 弘仁 1660年作 仿倪瓒山水 立轴
估 价：RMB 200,000~300,000
成交价：RMB 1,552,500
125cm×38cm 北京保利 2018-06-18

3027 弘仁 1659年作 墨笔山水卷 手卷
估 价：RMB 4,800,000~6,000,000
成交价：RMB 5,750,000
24cm×171cm 北京保利 2018-06-17

618 胡震 隶书 节临华山庙碑 镜片
估 价：RMB 80,000~120,000
成交价：RMB 230,000
134cm×25.5cm 西泠拍卖 2018-07-07

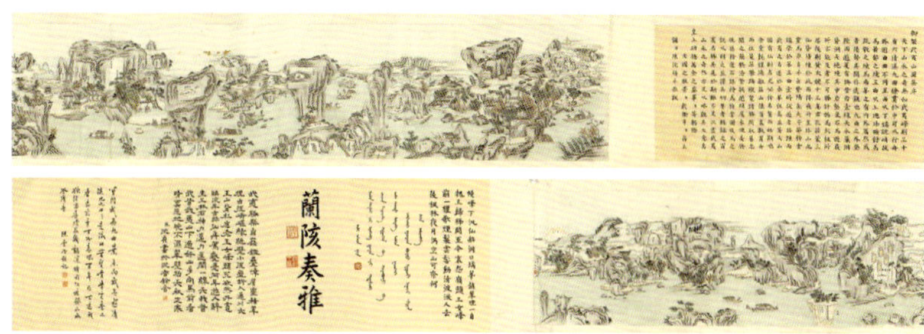

496 华冠 1806年作 御制武夷山图 手卷
估 价：RMB 800,000~1,500,000
成交价：RMB 1,265,000
画心311cm×41cm 西泠拍卖 2018-07-07

504 华嵒 观泉图 立轴
估 价：RMB 800,000~1,200,000
成交价：RMB 1,265,000
108cm×53cm 西泠拍卖 2018-07-07

548 华嵒 1748年作 踯躅小禽图 立轴
估 价：RMB 1,800,000~2,500,000
成交价：RMB 2,990,000
119cm×51cm 南京经典 2018-01-06

3569 华喦 1746年作 翠禽图 立轴
估　价：RMB 800,000~1,300,000
成交价：RMB 943,000
144cm×43cm 北京保利 2018-12-08

454 黄鼎 山阴丘壑图 立轴
估　价：RMB 500,000~750,000
成交价：RMB 575,000
96.5cm×45cm 西泠拍卖 2018-07-07

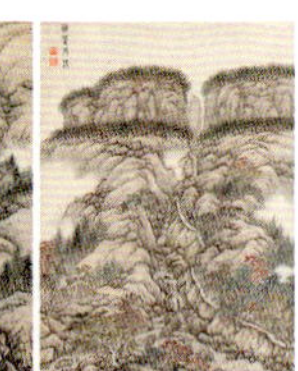

3565 黄鼎 仿古山水 六屏立轴
估　价：RMB 2,800,000~3,800,000
成交价：RMB 3,220,000
48cm×34cm×6 北京保利 2018-12-08

146 黄山寿 1900年作 海屋朝鹤 立轴
估　价：RMB 30,000~60,000
成交价：RMB 805,000
125cm×62cm 中国嘉德 2018-06-18

1729 黄慎 紫阳问道 立轴
估　价：RMB 4,500,000~5,500,000
成交价：RMB 6,325,000
211cm×100cm 北京匡时 2018-06-16

3050 黄慎 郦侯赏花图 立轴
估　价：RMB 3,000,000~4,000,000
成交价：RMB 4,140,000
166cm×94cm 中贸圣佳 2018-11-24

1371 黄慎 篱菊家鸡 立轴
估　价：RMB 1,000,000~1,200,000
成交价：RMB 1,265,000
125cm×43cm 北京匡时 2018-06-16

405 黄慎 仙女执梅图 立轴
估　价：RMB 800,000~900,000
成交价：RMB 1,092,500
180cm×86.5cm 中贸圣佳 2018-06-20

51 黄士陵 1892年作 篆书 四屏立轴
估　价：RMB 380,000~450,000
成交价：RMB 437,000
216cm×27cm×4 北京荣宝 2018-06-14

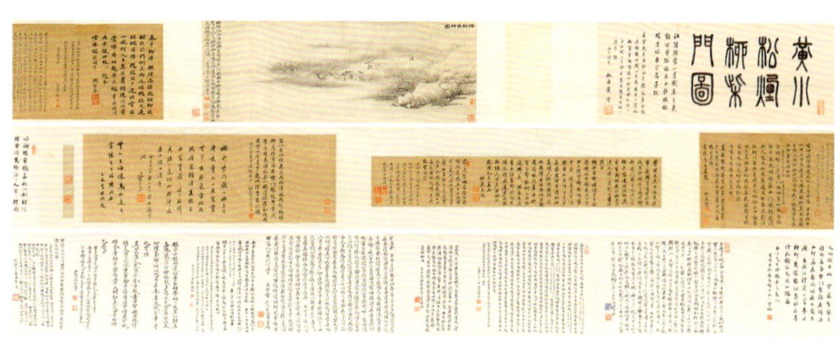

929 黄易 烟柳柴门图 手卷
估　价：RMB 600,000~800,000
成交价：RMB 690,000
画心27cm×75cm 中国嘉德 2018-06-20

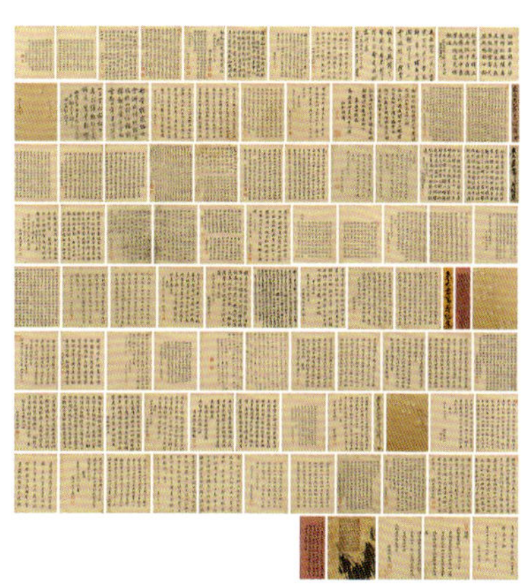

469 纪晓岚 梁同书 汪由敦 翁方纲 等五十余家 来太君节孝诗册
册页 （四册共九十二页）
估　价：RMB 600,000~800,000
成交价：RMB 805,000
42cm×28cm×4 西泠拍卖 2018-07-07

1317 渐江 秋山双瀑图 立轴
估　价：RMB 15,000,000~20,000,000
成交价：RMB 33,350,000
112cm×53.5cm 北京匡时 2018-12-06

1303 渐江 太白诗意图 镜心
估　价：RMB 1,800,000~2,000,000
成交价：RMB 3,162,500
16cm×51cm 北京匡时 2018-12-06

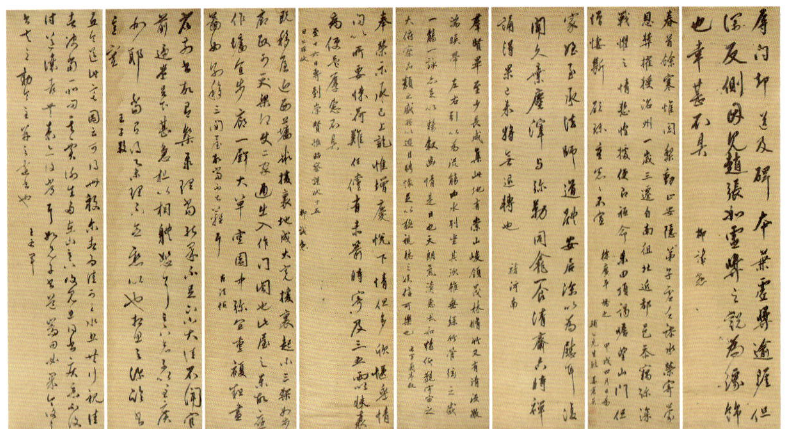

3043 姜宸英 仿古书法八屏 立轴
估 价：RMB 1,000,000~1,500,000
成交价：RMB 2,300,000
201.5cm×46cm×8 中贸圣佳 2018-11-24

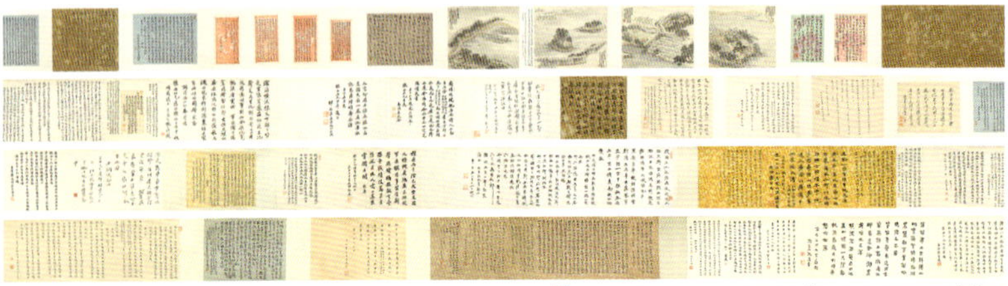

132 蒋敬 双鬟索句图 立轴
估 价：RMB 300,000~500,000
成交价：RMB 345,000
105cm×38.5cm 保利厦门 2018-07-15

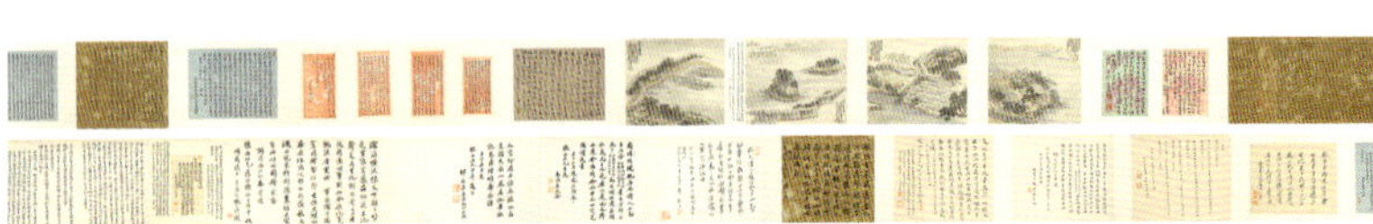

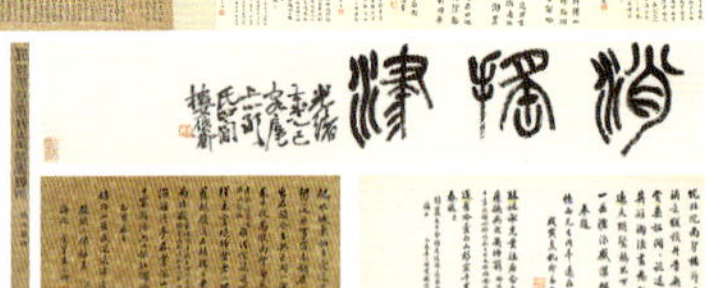

807 姜筠 绘 吴昌硕 康有为 等诸家题咏
蘧庄图卷 手卷
估 价：RMB 1,800,000~2,000,000
成交价：RMB 7,130,000
本幅30.5cm×35.5cm×4 北京匡时 2018-06-15

148 姜实节 访友图 镜框
估 价：RMB 200,000~300,000
成交价：RMB 345,000
31cm×57.5cm 华艺国际 2018-11-16

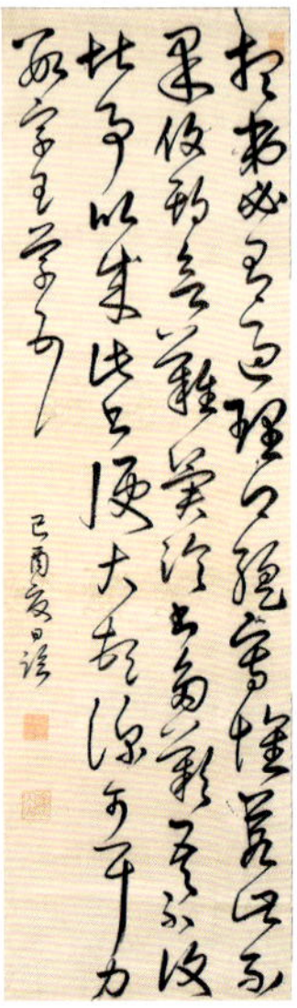

983 姜淑斋 草书 立轴
估 价：RMB 80,000~120,000
成交价：RMB 483,000
172cm×51cm 保利厦门 2018-01-08

473 蒋溥 李白诗意图册 册页 （十八页）
估 价：RMB 1,800,000~2,500,000
成交价：RMB 2,070,000
15.5cm×11.5cm×18 西泠拍卖 2018-07-07

1311 蒋廷锡 1731年作 墨牡丹 立轴
估 价：RMB 1,600,000~1,800,000
成交价：RMB 3,450,000
95.5cm×52cm 北京匡时 2018-12-06

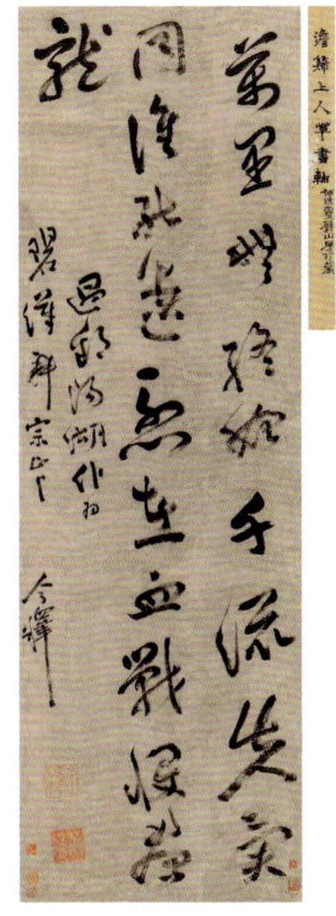

1764 今释 草书五言诗 立轴
估 价：HKD 100,000~150,000
成交价：RMB 411,584
131.5cm×42cm 中国嘉德 2018-10-03

1032 金昆 叶履丰 澄江雄关 镜心
估 价：RMB 30,000~50,000
成交价：RMB 299,000
153.5cm×37.5cm 中国嘉德 2018-11-22

405 蒋廷锡 花果禽鸟对题 册页 （十二开）
估 价：RMB 800,000~1,200,000
成交价：RMB 1,518,000
25.5cm×17.5cm×24 荣宝斋（上海） 2018-01-21

8015 金农 1761年作 默林觅句图 手卷
估 价：HKD 6,000,000~8,000,000
成交价：RMB 14,990,300
32.5cm×131.5cm 佳士得 2018-11-26

401 金农 隶书徐伯珍事迹 立轴
估 价：RMB 800,000~1,500,000
成交价：RMB 5,060,000
130.5cm×61cm 中国嘉德 2018-06-18

609 金农 清 墨竹 立轴
估　价：RMB 1,800,000~2,400,000
成交价：RMB 2,070,000
112.5cm×29.5cm 南京经典 2018-07-22

74 金农 1755年作 蕉林清暑图 镜心
估　价：RMB 800,000~1,000,000
成交价：RMB 1,380,000
104cm×36cm 北京荣宝 2018-06-14

1348 金心兰 山水梅花册 册页 （四开）
估　价：HKD 180,000~250,000
成交价：RMB 1,417,000
25cm×22cm×4 香港苏富比 2018-10-02

3756 康焘 古事迹 册页
成交价：RMB 322,000
26cm×20cm×16 北京保利 2018-12-08

128 居廉 曾望颜 花卉草虫小品八幅
书法对联 镜框
估　价：RMB 600,000~800,000
成交价：RMB 1,096,100
28cm×26cm×8；83cm×18cm×2
广东省拍 2018-09-20

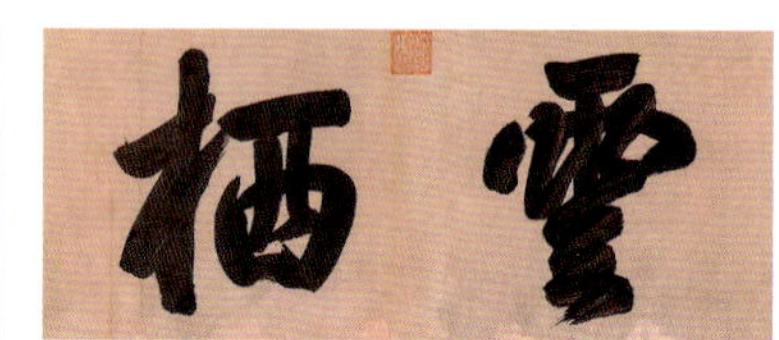

1736 康熙帝 行书“云栖”横披
估　价：HKD 300,000~500,000
成交价：RMB 2,675,296
48.5cm×117cm 中国嘉德 2018-10-03

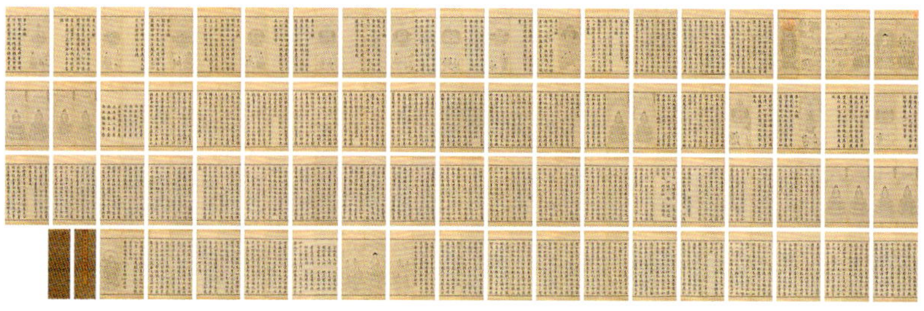

3560 康熙帝 1713年作 御书《药师瑠璃光如来本愿功德经》 （150页） 册页
估　价：RMB 32,000,000~35,000,000
成交价：RMB 36,800,000
北京保利 2018-12-08

1116 髡残 （款） 秋山偃源 立轴
估　价：USD 30,000~50,000
成交价：RMB 1,110,550
154.5cm×68.6cm 纽约苏富比 2018-03-22

1378 郎世宁 叫月鸣雷图 立轴
估　价：RMB 400,000~600,000
成交价：RMB 632,500
160cm×64.5cm 北京匡时 2018-06-16

128 李方膺 虬松奇石图 立轴
估　价：RMB 900,000~1,800,000
成交价：RMB 1,035,000
180cm×78.2cm 保利厦门 2018-07-15

1064 蓝孟 天池石壁图 立轴
估　价：RMB 400,000~600,000
成交价：RMB 632,500
178.5cm×51cm 北京匡时 2018-12-06

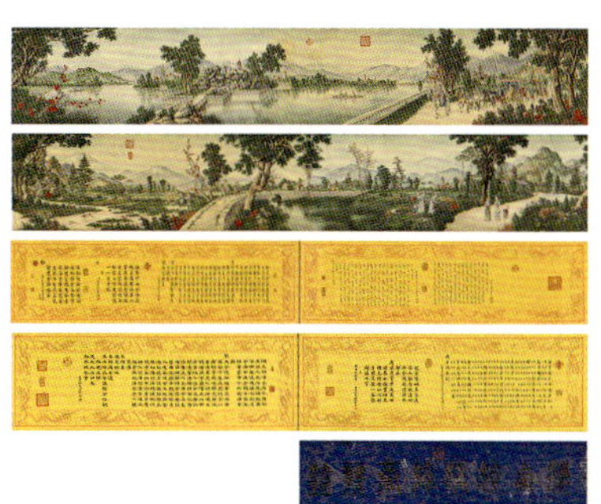

2528 郎世宁 （款） 海西妩媛 手卷
估　价：HKD 500,000~800,000
成交价：RMB 545,000
53.2cm×650.3cm 香港苏富比 2018-10-01

397 李含渼 1689年作 水村图 手卷
估　价：RMB 3,500,000~4,500,000
成交价：RMB 5,405,000
画21.3cm×145.3cm 中国嘉德 2018-11-20

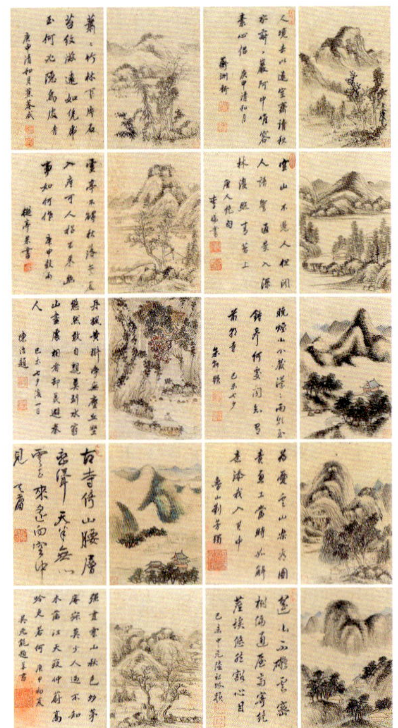

903 李杭之 云山苍翠 册页 （十开）
估　价：RMB 1,600,000~1,800,000
成交价：RMB 1,840,000
22.5cm×15cm×10 朵云轩 2018-06-24

408 李因 芦雁图 立轴
估　价：RMB 500,000~800,000
成交价：RMB 805,000
129.2cm×49.7cm 荣宝斋（上海） 2018-01-21

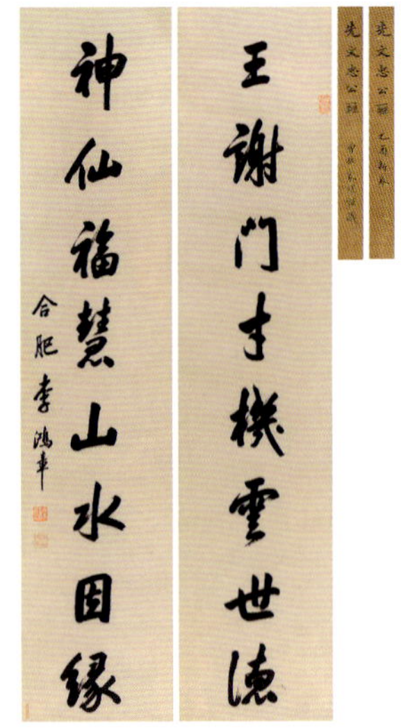

888 李鸿章 行书八言联 立轴
估　价：RMB 200,000~300,000
成交价：RMB 575,000
167cm×36.5cm×2 中国嘉德 2018-11-22

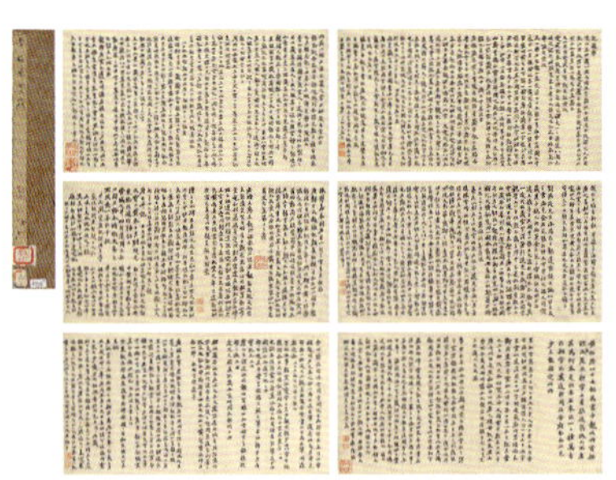

581 李鸿裔 行书 论法书文卷 手卷
估　价：RMB 150,000~180,000
成交价：RMB 207,000
46cm×24.5cm×6 西泠拍卖 2018-07-07

1384 李鳝 花鸟 四屏立轴
估　价：RMB 1,500,000~1,800,000
成交价：RMB 2,300,000
164cm×41cm×4 北京匡时 2018-06-16

82 李世倬 人物花卉山水 册页 （八开）
估　价：RMB 400,000~600,000
成交价：RMB 805,000
32cm×33cm×8 北京荣宝 2018-06-14

3007 李寅 亭台楼阁图 立轴
估　价：RMB 600,000~1,000,000
成交价：RMB 1,265,000
137cm×74cm 北京保利 2018-06-17

2567 李渔 沧浪濯缨图 立轴
估 价：HKD 60,000~80,000
成交价：RMB 305,200
162.5cm×61.8cm 香港苏富比 2018-10-01

419 励廷仪 1707年作 行书七言诗 立轴
估 价：RMB 180,000~250,000
成交价：RMB 287,500
191.5cm×47cm 西泠拍卖 2018-07-07

1091 励宗万 袖珍山水册 （二册）
册页 （二十开）
估 价：RMB 80,000~120,000
成交价：RMB 368,000
8.5cm×11.5cm×20 中国嘉德 2018-11-22

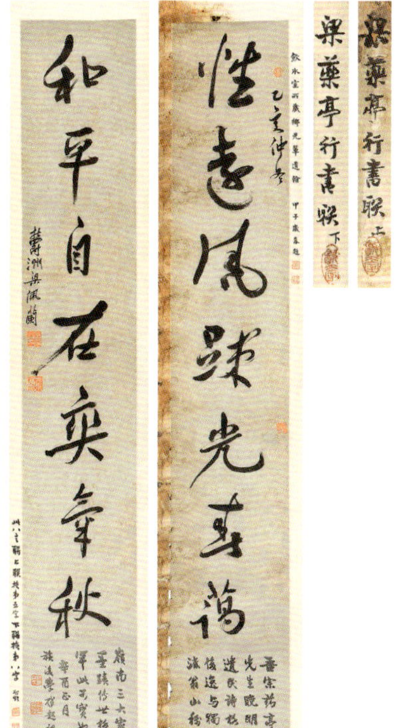

1967 梁佩兰 行书七言诗
估 价：RMB 30,000~50,000
成交价：RMB 1,173,000
158.5cm×26cm 中国嘉德 2018-06-20

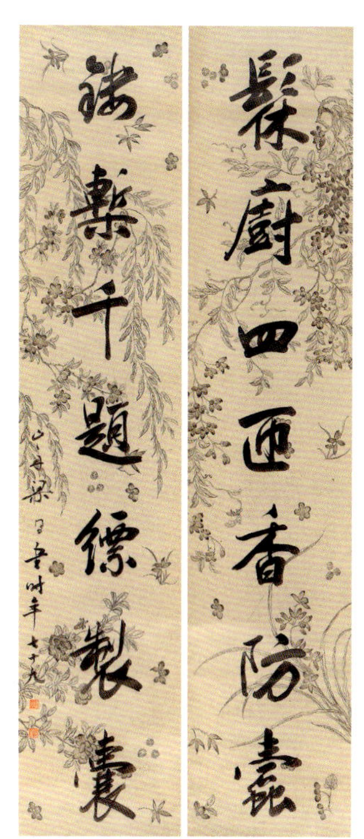

3345 梁同书 1801年作 行书七言联 对联
估 价：RMB 80,000~120,000
成交价：RMB 575,000
132cm×27cm×2 北京保利 2018-06-18

3875 梁巘 临《书谱》 册页
估 价：RMB 430,000~500,000
成交价：RMB 517,500
25cm×33cm 北京保利 2018-12-08

931 梁章钜 行书五言联 立轴
估 价：RMB 250,000~350,000
成交价：RMB 368,000
130cm×32cm×2 北京匡时 2018-12-06

13 林则徐 行书七言联 镜框
估 价：RMB 750,000~1,000,000
成交价：RMB 897,000
122cm×29cm×2 未来四方 2018-01-20

436 刘瑸 仙山楼阁图 立轴
估 价：RMB 300,000~400,000
成交价：RMB 667,000
264cm×128.5cm 中贸圣佳 2018-11-24

932 刘度 仿张僧繇没骨山水 立轴
估 价：RMB 1,500,000~2,000,000
成交价：RMB 4,370,000
121cm×54cm 中国嘉德 2018-06-20

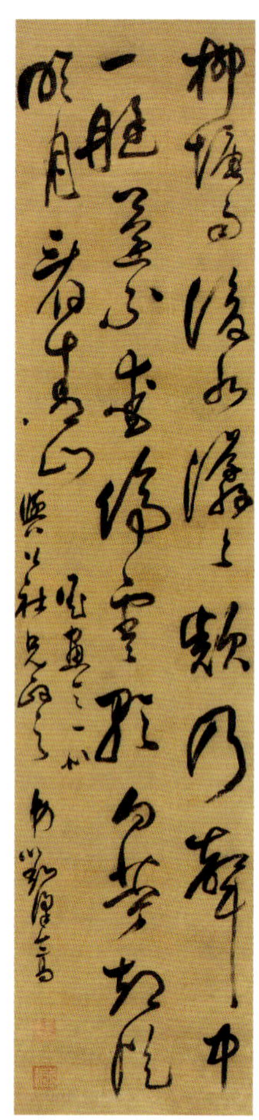

3522 刘梁嵩 草书题画诗 立轴
估 价：RMB 300,000~600,000
成交价：RMB 345,000
204cm×47cm 北京保利 2018-12-08

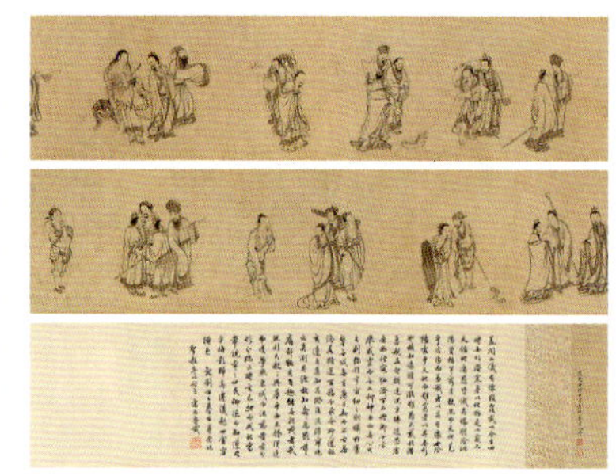

417 刘彦冲 1843年作 摹宋人人物图 手卷
估 价：RMB 300,000~500,000
成交价：RMB 1,437,500
画26.8cm×221cm 中国嘉德 2018-11-20

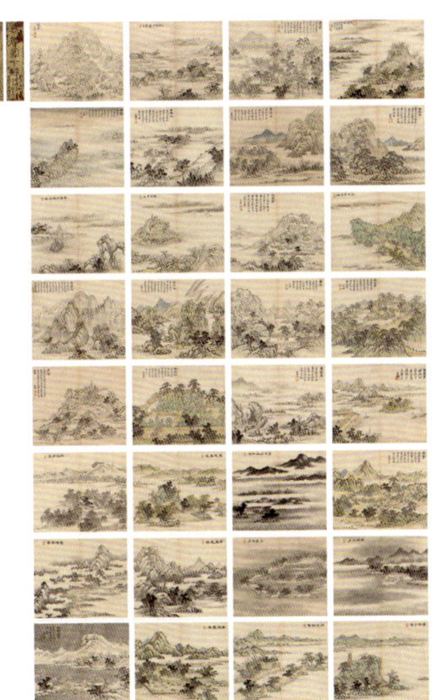

633 刘愔 1843年作 名胜图册
（二册三十二页） 册页
估 价：RMB 150,000~180,000
成交价：RMB 356,500
29cm×24cm×32 西泠拍卖 2018-07-07

1039 刘墉（古）1799年作 行书鲍靓传 立轴
估 价：HKD 200,000~300,000
成交价：RMB 1,441,375
195cm×77.7cm 佳士得 2018-11-27

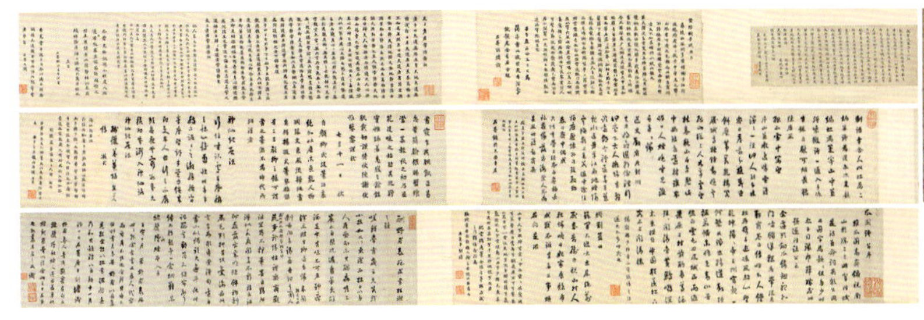

1135 刘墉（古） 行楷书卷 手卷
估 价：RMB 1,800,000~2,200,000
成交价：RMB 2,185,000
22cm×633cm 中国嘉德 2018-06-20

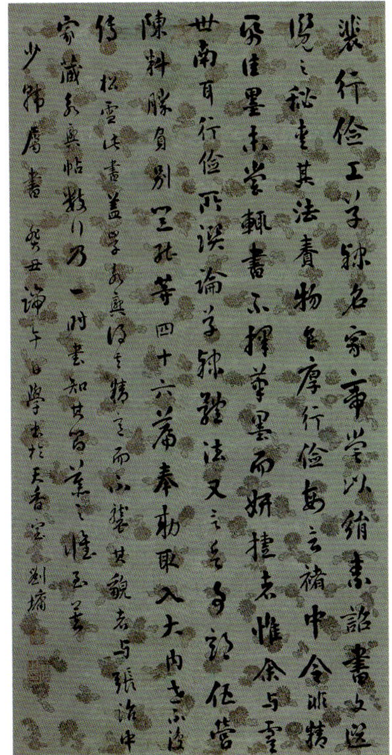

395 刘墉（古） 1793年作
为少韩临赵松雪 立轴
估 价：RMB 600,000~800,000
成交价：RMB 1,610,000
183.50cm×93cm 中国嘉德 2018-11-20

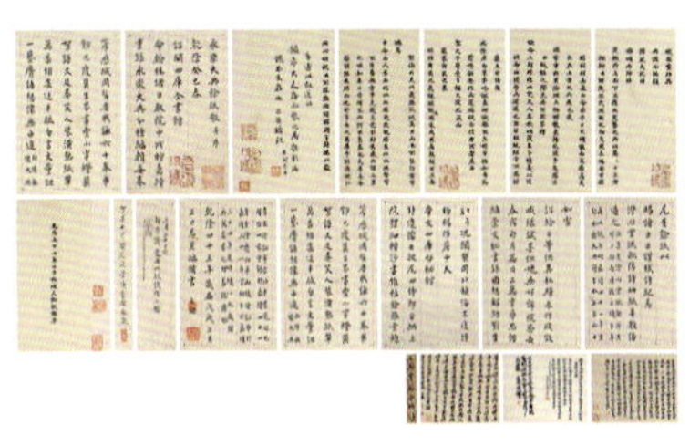

69 刘墉（古） 翁方纲 书法 册页
估 价：RMB 500,000~800,000
成交价：RMB 862,500
21cm×21.5cm×5；16cm×21.5cm×4
北京荣宝 2018-06-14

3508 卢焯 行书自作诗 立轴
估 价：RMB 400,000~800,000
成交价：RMB 690,000
208.1cm×42.4cm 北京保利 2018-12-08

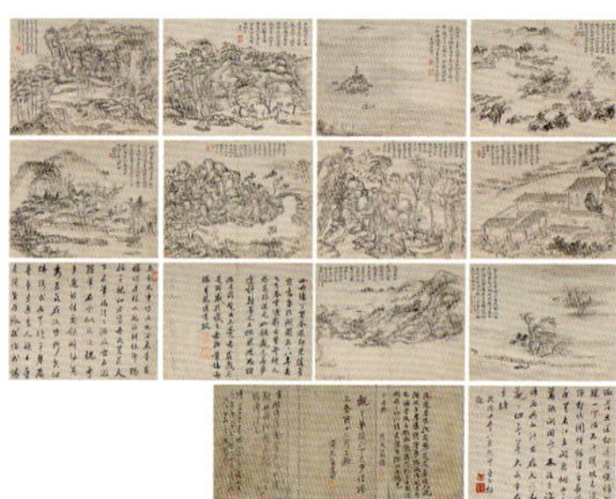

662 陆道书 春游即景 册页
估 价：HKD 180,000~300,000
成交价：RMB 236,661
画21.5cm×28cm×10 保利香港 2018-10-01

280 陆润庠 楷书十一言联 立轴
估 价：RMB 120,000~180,000
成交价：RMB 391,000
240cm×50.5cm×2 中贸圣佳 2018-11-24

1826 陆远 溪山雨遇 立轴
估 价：HKD 50,000~80,000
成交价：RMB 246,950
175cm×47.5cm 中国嘉德 2018-10-03

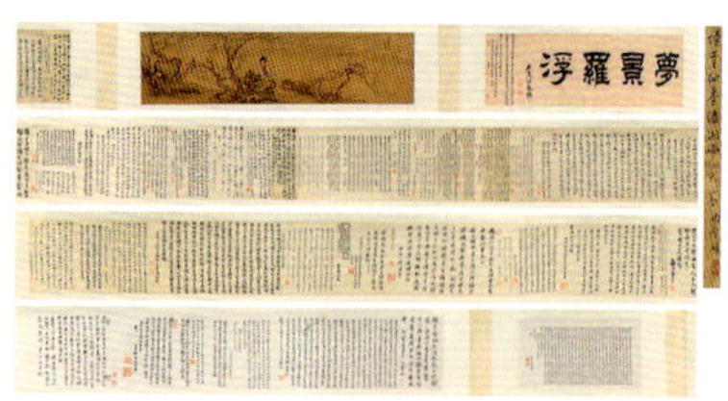

899 陆芝仙 潘湘云小影 手卷
估 价：RMB 400,000~600,000
成交价：RMB 897,000
画27cm×104cm 中国嘉德 2018-11-22

135 罗存 渔舟晚唱 立轴
估 价：RMB 800,000~1,200,000
成交价：RMB 920,000
84cm×39.5cm 保利厦门 2018-01-08

723 罗牧 1695年作 长林仙隐图 镜片
估 价：RMB 80,000~120,000
成交价：RMB 299,000
186cm×113.5cm 西泠拍卖 2018-07-07

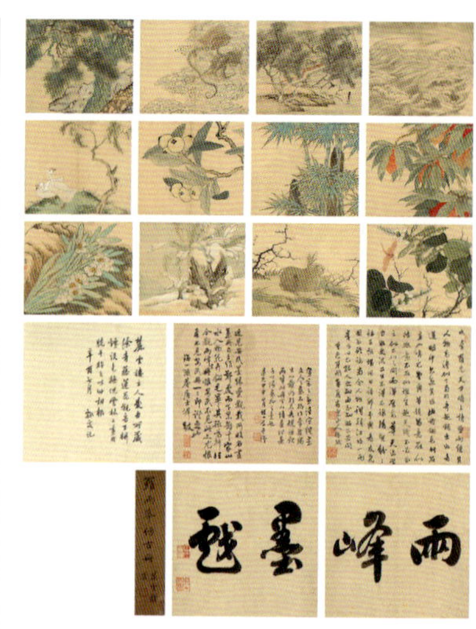

481 罗聘 两峯墨戏册 （共十七页） 册页
估 价：RMB 3,000,000~4,000,000
成交价：RMB 4,370,000
画心21cm×18.5cm×12 西泠拍卖 2018-07-07

956 罗聘 1781年作 柳燕图 立轴
估 价：RMB 200,000~300,000
成交价：RMB 920,000
104cm×42cm 中国嘉德 2018-06-20

1105 吕焕成 人物故事 立轴 十屏
估　价：RMB 630,000~800,000
成交价：RMB 724,500
177.5cm×43cm×10 中国嘉德 2018-11-22

993 吕学 1715年作 云屯射猎图 手卷
估　价：HKD 260,000~360,000
成交价：RMB 487,200
42cm×1022cm 佳士得 2018-05-28

3690 马元驭 花鸟册页 册页
估　价：RMB 120,000
成交价：RMB 437,000
38cm×33cm×16 中贸圣佳 2018-11-25

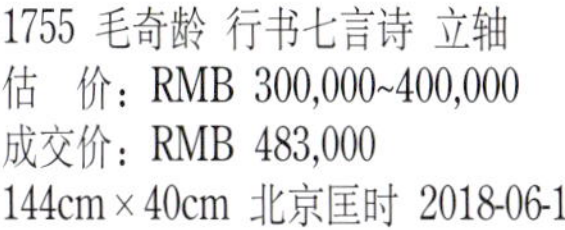

1755 毛奇龄 行书七言诗 立轴
估　价：RMB 300,000~400,000
成交价：RMB 483,000
144cm×40cm 北京匡时 2018-06-16

27 茅麐 1742年作 仙宫 （八开）
估　价：USD 40,000~80,000
成交价：RMB 359,205
219.7cm×59.1cm×8 纽约佳士得 2018-09-11

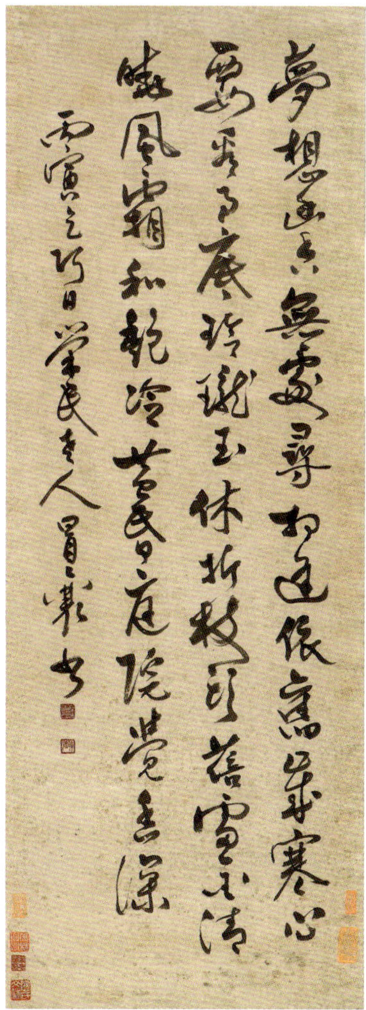

193 冒襄 书法 立轴
估　价：RMB 300,000~400,000
成交价：RMB 632,500
113cm×42cm 凤凰拍卖 2018-01-21

1339 梅清 炼丹台 立轴
估 价：RMB 600,000~800,000
成交价：RMB 920,000
105cm×42.5cm 北京匡时 2018-06-16

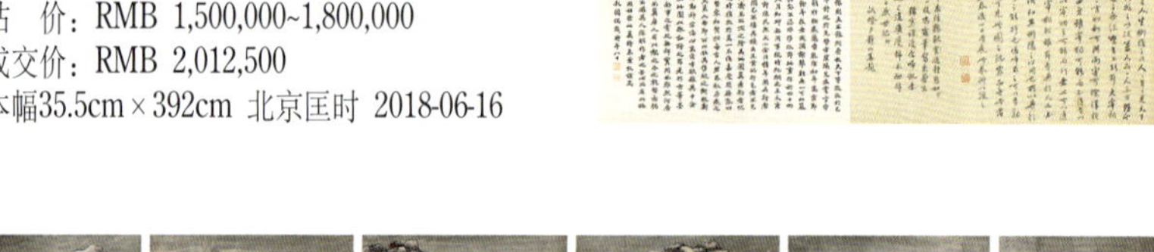

1731 闵贞 流民图 手卷
估 价：RMB 1,500,000~1,800,000
成交价：RMB 2,012,500
本幅35.5cm×392cm 北京匡时 2018-06-16

586 潘思牧 仿戴进关山积雪图通景 六屏立轴
估 价：RMB 600,000~800,000
成交价：RMB 977,500
139cm×49cm×6 荣宝斋（南京） 2018-07-15

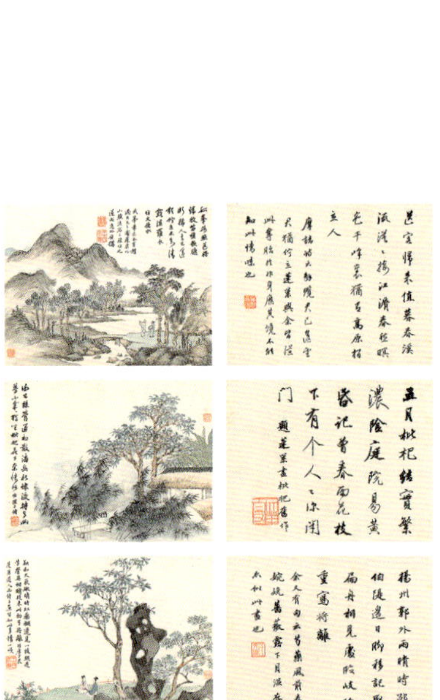

1426 潘恭寿 王文治 1786年作
诗画合璧册 册 （六开）
估 价：HKD 2,000,000~3,000,000
成交价：RMB 3,976,320
22.5cm×30.5cm×6 香港苏富比 2018-10-02

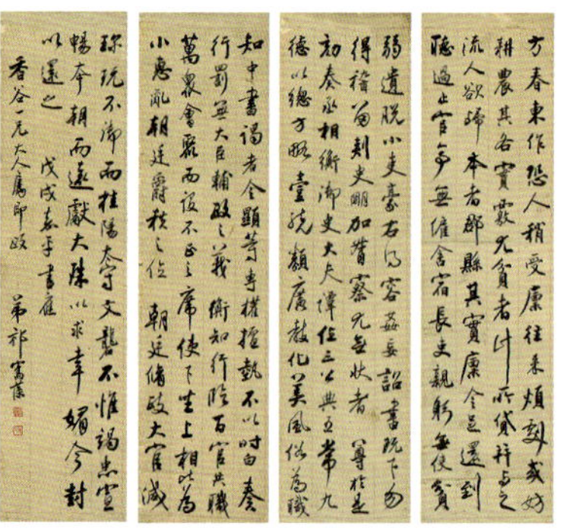

684 祁寯藻 1838年作
行书 节录古文 （四帧） 镜片
估 价：RMB 380,000~500,000
成交价：RMB 2,012,500
120.5cm×32cm×4 西泠拍卖 2018-07-07

232 祁寯藻 行书七言联 镜心
估 价：RMB 100,000~150,000
成交价：RMB 517,500
169cm×37cm×2 上海匡时 2018-04-30

1066 祁豸佳 1670年作 长松古岳图 立轴
估　价：RMB 180,000~280,000
成交价：RMB 1,058,000
222.5cm×96.3cm 中国嘉德 2018-06-20

506 钱杜 1841年作 雪溪诗思图 立轴
估　价：RMB 350,000~500,000
成交价：RMB 667,000
170cm×60cm 西泠拍卖 2018-07-07

918 钱沣 清 1784年作 骏骨图 立轴
估　价：HKD 30,000~50,000
成交价：RMB 443,500
97.5cm×52.6cm 佳士得 2018-11-27

3301 钱维城 台山瑞景 设色纸本 手卷
估　价：HKD 50,000,000~70,000,000
成交价：RMB 117,540,369
33.7cm×458cm 香港苏富比 2018-04-03

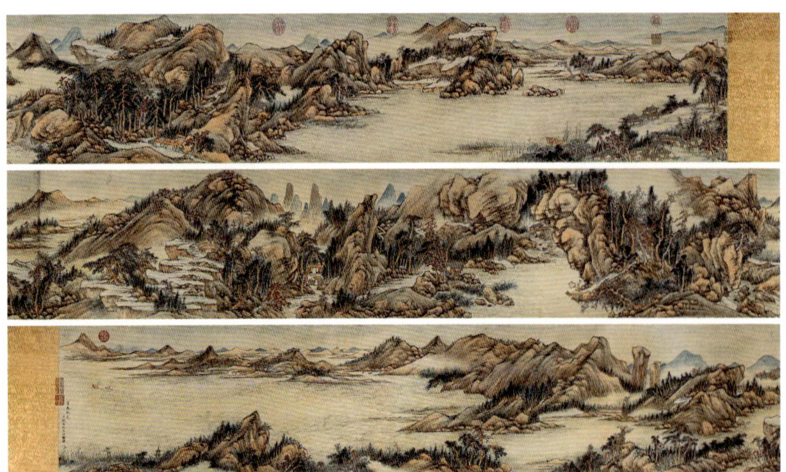

413 钱维城 富春秋色图 手卷
估 价：RMB 52,000,000~62,000,000
成交价：RMB 67,850,000
36.5cm×564cm 中国嘉德 2018-11-20

404 钱维城 花卉 册页 （十二开）
估 价：RMB 1,800,000~3,800,000
成交价：RMB 66,700,000
27.5cm×37cm×12 中国嘉德 2018-06-18

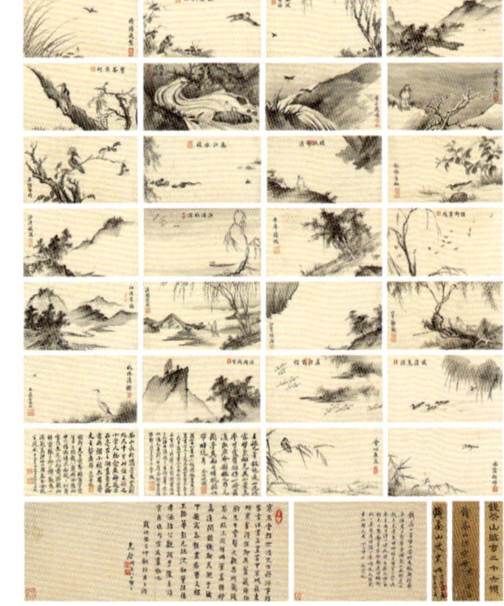

470 钱维城 于敏中 临古山水册（共三十页） 册页
估 价：RMB 1,200,000~1,600,000
成交价：RMB 1,725,000
画心23cm×13.5cm×30 西泠拍卖 2018-07-07

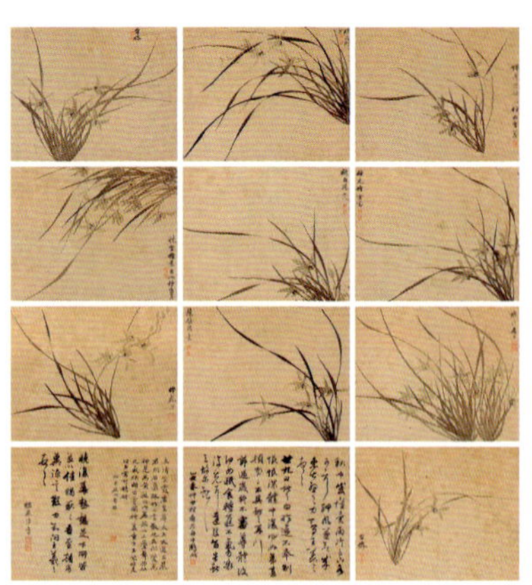

3876 钱泳 幽兰图 册页
估 价：RMB 550,000~650,000
成交价：RMB 690,000
20cm×14cm×12 北京保利 2018-12-08

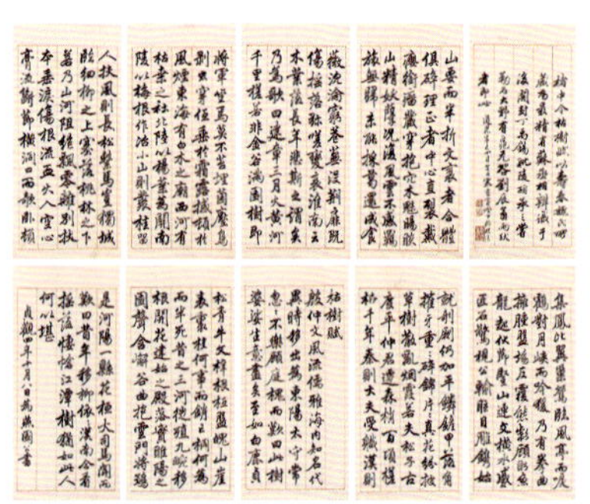

776 钱泳 1821年作 行书《枯树赋》册页 （十开）
估 价：RMB 90,000~120,000
成交价：RMB 322,000
27.5cm×13cm×10 北京翰海 2018-06-29

1336 乾隆帝 行书“近圣居” 镜心
估　价：RMB 2,500,000~3,000,000
成交价：RMB 4,600,000
59.5cm×166cm 北京匡时 2018-12-06

3559 乾隆帝 1776年作 荷菊清供图 立轴
估　价：RMB 8,000,000~12,000,000
成交价：RMB 12,880,000
62.5cm×35cm 北京保利 2018-12-08

110 任伯年 富贵灵猫 立轴
估　价：RMB 600,000~750,000
成交价：RMB 1,058,000
128.5cm×47cm 北京诚轩 2018-06-16

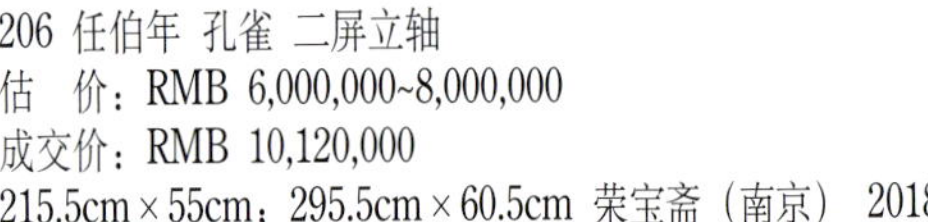

206 任伯年 孔雀 二屏立轴
估　价：RMB 6,000,000~8,000,000
成交价：RMB 10,120,000
215.5cm × 55cm；295.5cm × 60.5cm 荣宝斋（南京） 2018-07-15

501 任伯年 1877年作 牡丹大吉图 立轴
估　价：RMB 2,000,000~4,000,000
成交价：RMB 5,750,000
147cm × 78cm 北京荣宝 2018-06-14

806 任伯年 1872年作 献寿图 立轴
估　价：RMB 4,000,000~4,500,000
成交价：RMB 5,405,000
184cm × 94cm 北京匡时 2018-06-15

509 任伯年 1872年作 四时花鸟 四屏 镜片
估 价：RMB 2,800,000~3,500,000
成交价：RMB 3,220,000
149cm×38cm×4 上海嘉禾 2018-10-14

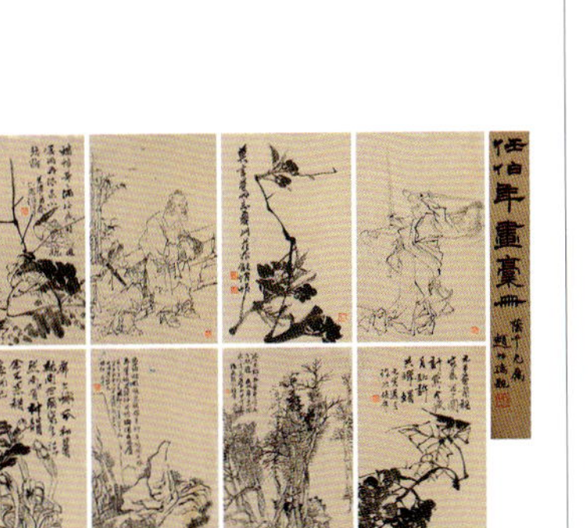

3012 任伯年 画稿 册页 （八开）
估 价：RMB 800,000~1,200,000
成交价：RMB 2,185,000
30cm×18cm×8 北京保利 2018-06-17

1394 任熊 1849年作 秋花四屏 立轴
估 价：HKD 700,000~900,000
成交价：RMB 1,744,000
130.2cm×30cm×4 香港苏富比 2018-10-02

683 茹棻 楷书《金刚经》 册 （三十七开）
估 价：USD 35,000~55,000
成交价：RMB 299,338
纽约苏富比 2018-09-13

592 容祖椿 百果图 手卷
估 价：RMB 300,000~400,000
成交价：RMB 437,000
26cm×558cm 华艺国际 2018-05-23

448 沈荃 鹿鹤同春 立轴
估 价：RMB 600,000~800,000
成交价：RMB 690,000
190cm×95cm 荣宝斋（南京） 2018-01-05

8013 沈铨 1736年作 双鹿图 立轴
估 价：RMB 1,000,000~1,800,000
成交价：RMB 2,990,000
196cm×97cm 上海嘉禾 2018-06-25

127 沈铨 1774年作 寒香幽禽图 立轴
估 价：RMB 1,800,000~2,000,000
成交价：RMB 2,070,000
189cm × 100cm 北京荣宝 2018-12-03

700 沈增植 书法 立轴
估 价：RMB 200,000~300,000
成交价：RMB 345,000
129cm × 51.5cm 荣宝斋（济南） 2018-07-01

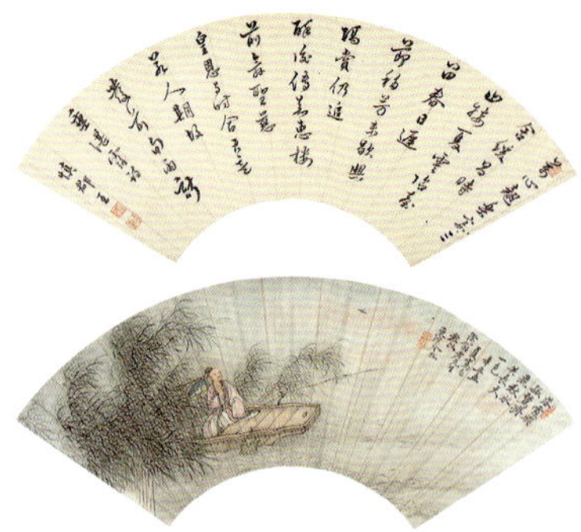

122 慎郡王 冷枚 书法 山水 扇面
估 价：RMB 30,000~50,000
成交价：RMB 379,500
17cm × 51cm 华艺国际 2018-11-16

1089 沈云英 荷花鹭鸶 立轴
估 价：RMB 200,000~300,000
成交价：RMB 345,000
102cm × 38cm 北京匡时 2018-12-06

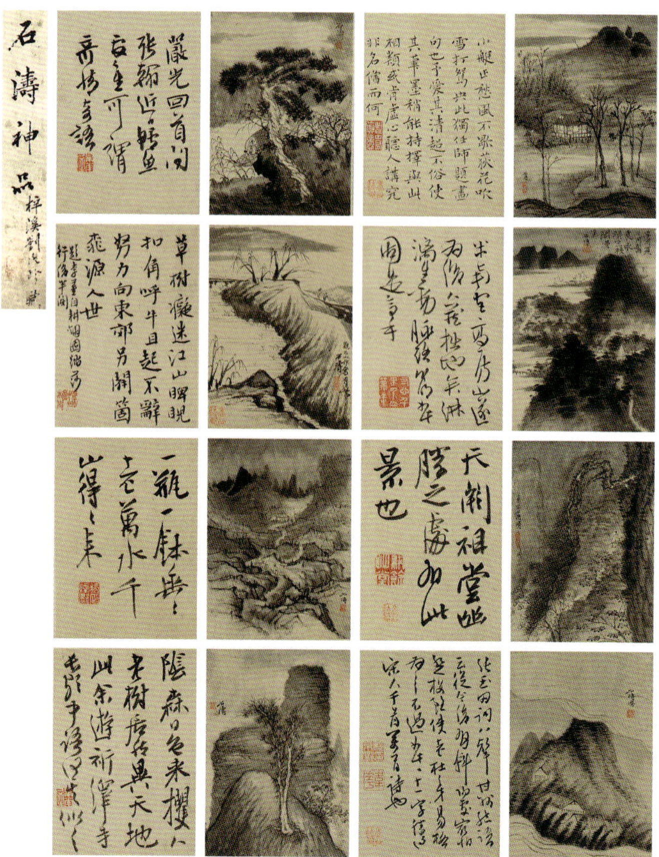

1315 石涛 1681年作 程京萼对题八开山水 册页
估 价：RMB 30,000,000~35,000,000
成交价：RMB 35,075,000
绘画17.5cm × 12.5cm × 8；书法17.5cm × 12.5cm × 8 北京匡时 2018-12-06

3042 石涛 1687年作 品茶图 镜心
估　价：RMB 6,000,000~12,000,000
成交价：RMB 11,500,000
122cm×55cm 北京保利 2018-06-17

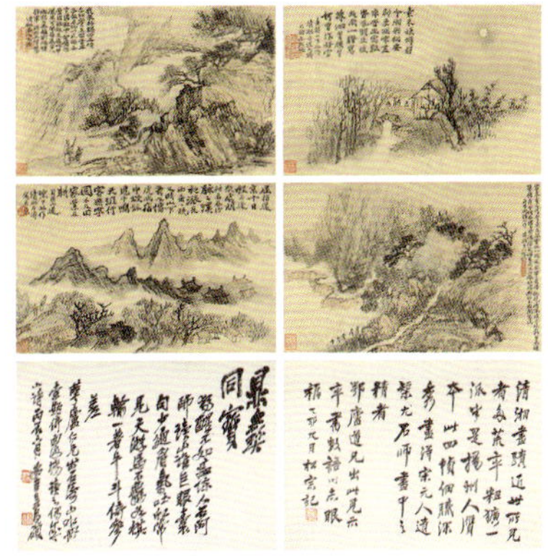

1718 石涛 宋人诗意图 册页（四帧）
估　价：RMB 4,500,000~5,000,000
成交价：RMB 5,980,000
本幅18cm×28cm×4 北京匡时 2018-06-16

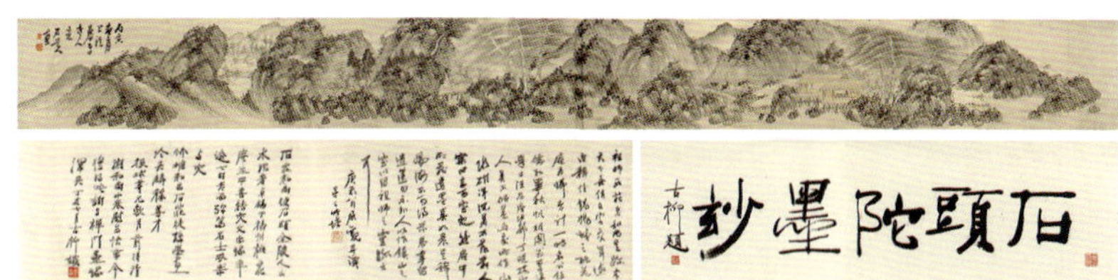

494 石庄 1686年作 松壑静居图卷 手卷
估　价：RMB 1,500,000~2,500,000
成交价：RMB 2,070,000
画心26cm×260cm 西泠拍卖 2018-07-07

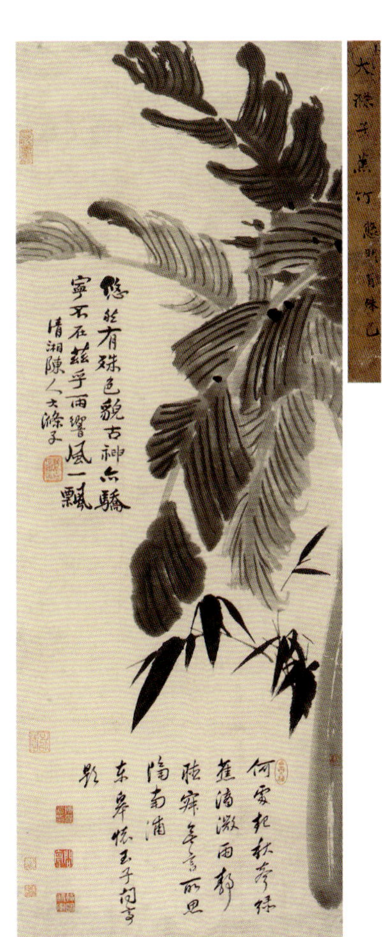

1707 石涛 蕉竹图 立轴
估　价：RMB 10,000,000~15,000,000
成交价：RMB 11,500,000
103cm×38cm 北京保利 2018-06-17

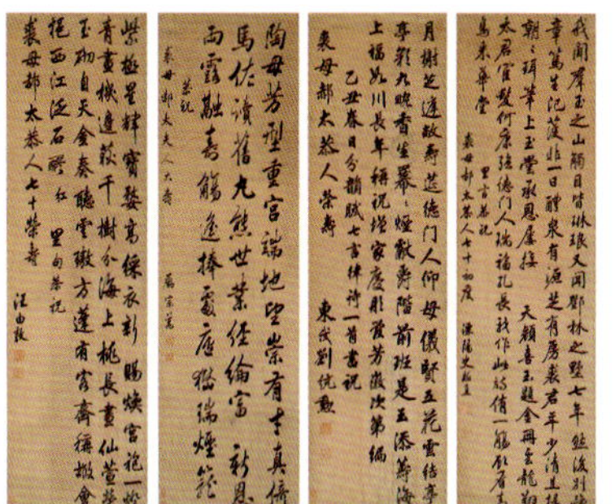

683 史贻直 刘统勋 励宗万 汪由敦 1745年作 行书 祝寿诗 （四轴） 立轴
估　价：RMB 600,000~900,000
成交价：RMB 862,500
168.5cm×49cm×4 西泠拍卖 2018-07-07

557 释超源 草书临王羲之《十七帖》 立轴
估　价：RMB 150,000~180,000
成交价：RMB 253,000
122cm×34cm 荣宝斋（南京） 2018-07-15

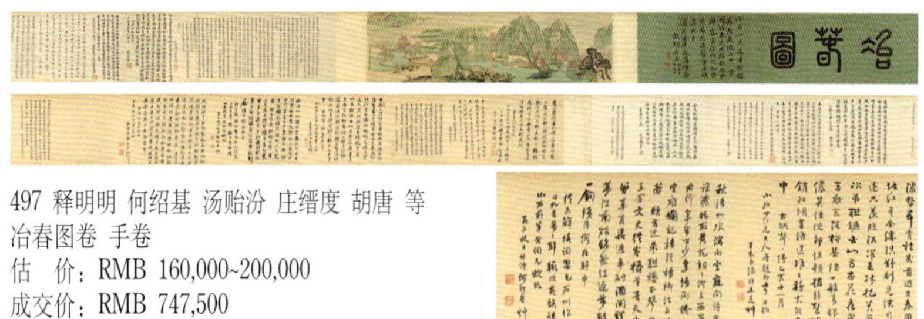

497 释明明 何绍基 汤贻汾 庄缙度 胡唐 等
冶春图卷 手卷
估　价：RMB 160,000~200,000
成交价：RMB 747,500
引首116.6cm×29cm；画心113cm×29cm；
题跋506cm×29cm；24cm×16cm
西泠拍卖 2018-07-07

866 汤世澍 1876年作 花卉 册页 （十二开）
估　价：RMB 100,000~150,000
成交价：RMB 391,000
28.5cm×29cm×12 中国嘉德 2018-11-22

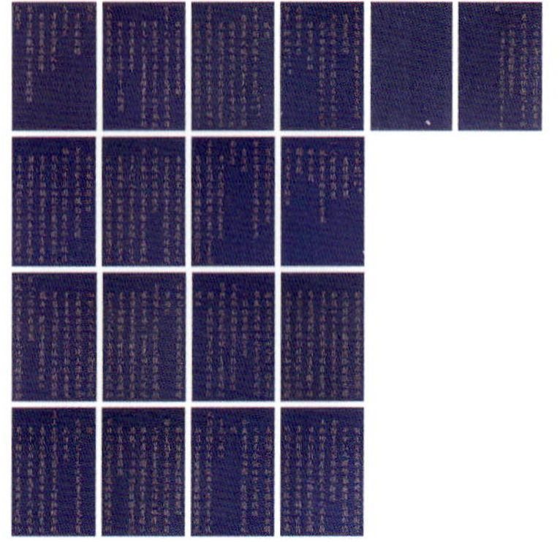

410 宋大业 楷书 册页 （十八开）
估　价：RMB 400,000~500,000
成交价：RMB 575,000
27.5cm×18cm×18 中贸圣佳 2018-06-20

1004 苏仁山 清 百岁长春不老图 立轴
估　价：HKD 300,000~600,000
成交价：RMB 406,000
235cm×120.5cm 佳士得 2018-05-28

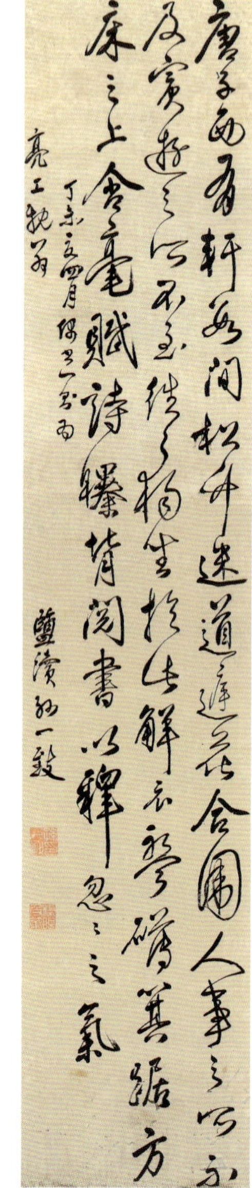

399 孙一致 草书书法 立轴
估　价：RMB 300,000~400,000
成交价：RMB 862,500
249cm×48.5cm 中贸圣佳 2018-06-20

510 唐岱 1736年作 湖山清逸图 立轴
估　价：RMB 300,000~400,000
成交价：RMB 345,000
西泠拍卖 2018-07-07

17 唐岱 1724年作 幽居听泉 立轴
估　价：RMB 400,000~500,000
成交价：RMB 460,000
104cm×57cm 北京荣宝 2018-12-03

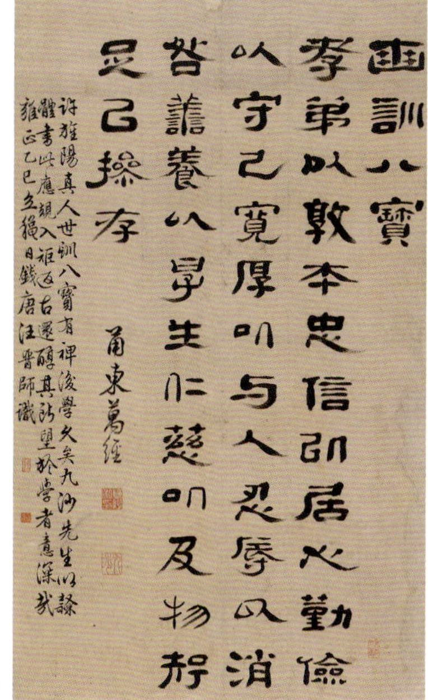

1114 万经 隶书《世训八宝》 立轴
估　价：RMB 100,000~150,000
成交价：RMB 414,000
82.5cm×48.5cm 中国嘉德 2018-06-20

434 万上遴 山水（二帧） 立轴
估　价：RMB 200,000~300,000
成交价：RMB 322,000
49cm×47cm×2 中贸圣佳 2018-11-24

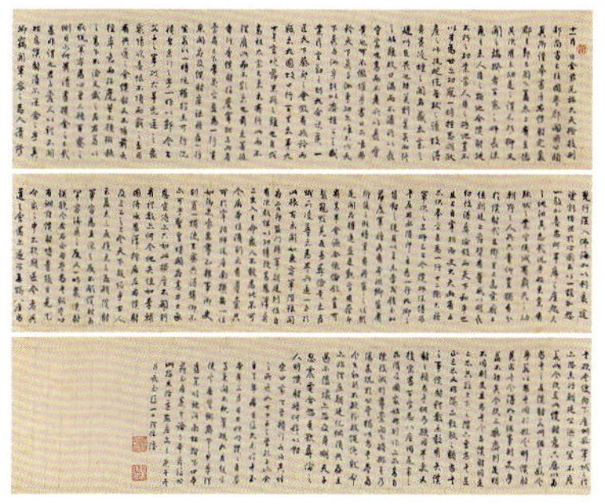

891 铁保 1810年作
行书录颜真卿《争座位帖》 手卷
估　价：RMB 80,000~120,000
成交价：RMB 598,000
30cm×314cm 中国嘉德 2018-11-22

141 汪承霈 四友图 手卷
估　价：RMB 1,200,000~2,200,000
成交价：RMB 2,185,000
28cm×170cm 华艺国际 2018-11-16

393 汪士慎 墨竹梅花书画卷 手卷
估　价：RMB 300,000~500,000
成交价：RMB 2,760,000
画16.5cm × 131cm；字21cm × 182.5cm
中国嘉德 2018-11-20

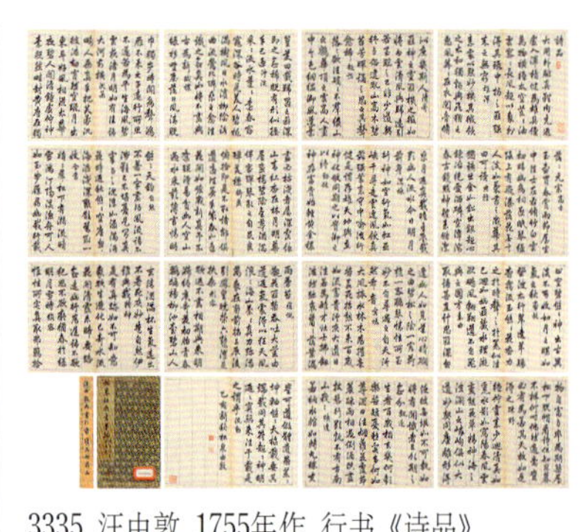

3335 汪由敦 1755年作 行书《诗品》册页 （十五开）
估　价：RMB 200,000~300,000
成交价：RMB 575,000
22cm × 27cm × 15 北京保利 2018-06-18

640 王宸 1797年作 水墨山水册（二十页） 册页
估　价：RMB 200,000~300,000
成交价：RMB 287,500
22cm × 15cm × 20 西泠拍卖 2018-07-07

1705 王翚 1710年作 溪桥峻岭图 立轴
估　价：RMB 28,000,000~38,000,000
成交价：RMB 32,200,000
214cm × 116.5cm 北京保利 2018-06-17

1260 王翚 山水 镜框 （八开）
估 价：USD 280,000~380,000
成交价：RMB 8,471,910
26.3cm × 41.3cm 纽约苏富比 2018-03-23

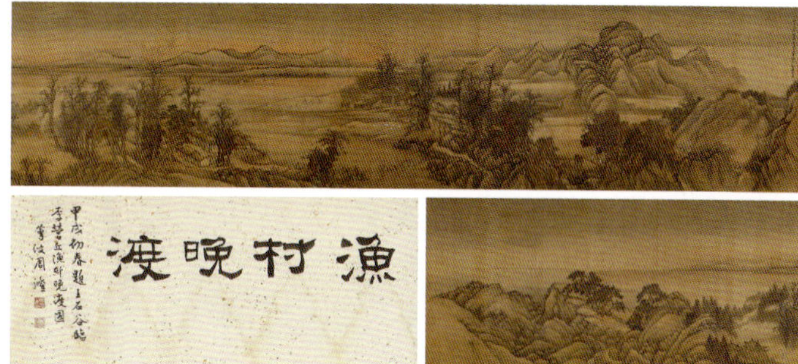

2284 王翚 临李成《渔邨晚渡图》 手卷
估 价：HKD 1,200,000~1,500,000
成交价：RMB 2,912,400
43.5cm × 283.3cm 香港苏富比 2018-04-01

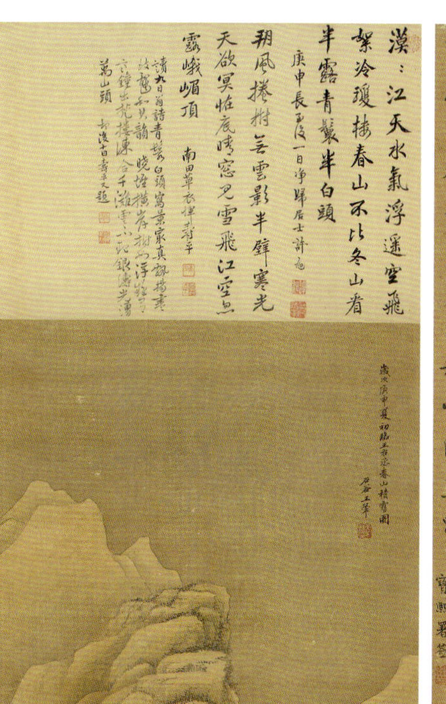

1713 王翚 春山积雪图 立轴
估 价：RMB 18,000,000~22,000,000
成交价：RMB 23,920,000
诗堂34cm × 49.5cm；本幅120cm × 49.5cm
北京匡时 2018-06-16

413 王翚 1716年作 仿惠崇水村图 立轴
估 价：RMB 8,000,000~10,000,000
成交价：RMB 9,200,000
101.5cm × 62cm 中国嘉德 2018-06-18

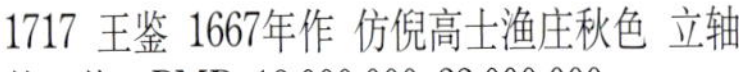

1717 王鉴 1667年作 仿倪高士渔庄秋色 立轴
估 价：RMB 18,000,000~22,000,000
成交价：RMB 20,700,000
113cm×47.5cm 北京匡时 2018-06-16

607 王鉴 1675年作 溪山幽居图 立轴
估 价：RMB 700,000~1,000,000
成交价：RMB 805,000
23cm×21cm 南京经典 2018-07-22

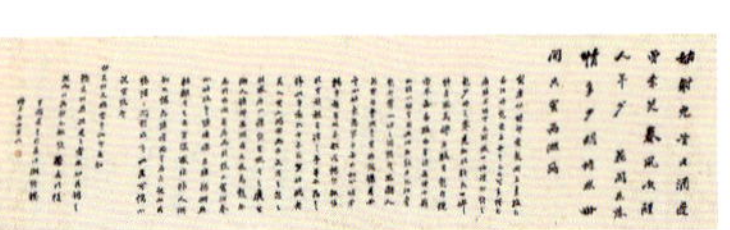

303 王闿运 行书词一首 横幅
估 价：RMB 3,000~6,000
成交价：RMB 379,500
40cm×151cm 中国嘉德 2018-05-18

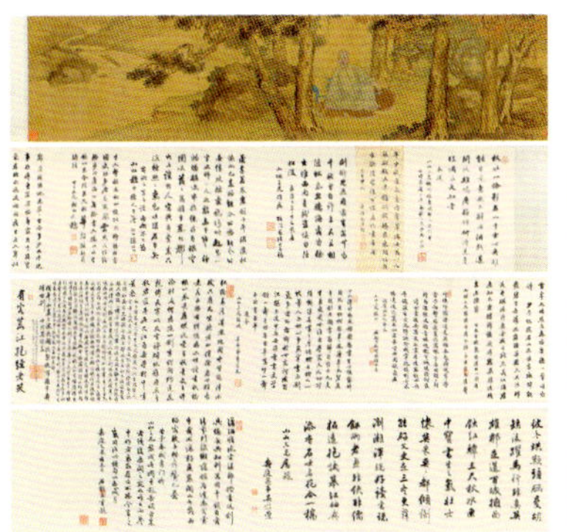

3573 王霖 仗剑拥书图 手卷
估 价：RMB 1,500,000~2,000,000
成交价：RMB 2,875,000
画心31cm×131cm 北京保利 2018-12-08

3010 王时敏 1647年作 山居论道图 立轴
估 价：RMB 5,000,000~8,000,000
成交价：RMB 5,750,000
154cm×74cm 北京保利 2018-06-17

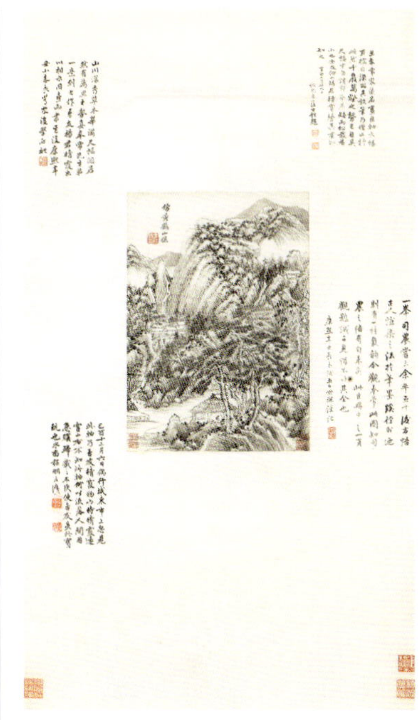

1716 王时敏 仿黄鹤山樵笔意 立轴
估 价：RMB 1,500,000~2,000,000
成交价：RMB 4,715,000
31.5cm×23cm 北京匡时 2018-06-16

3043 王时敏 仿古山水 册页 （八开）
估 价：RMB 15,000,000~25,000,000
成交价：RMB 26,450,000
44cm×28cm×8 北京保利 2018-06-17

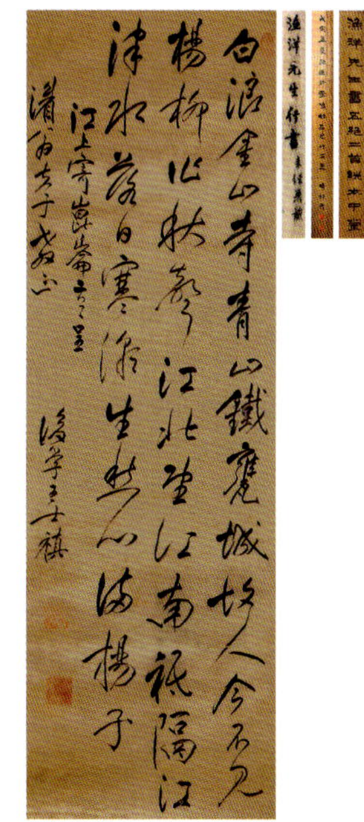

3021 王士祯 行书五言绝句 立轴
估 价：RMB 800,000~1,200,000
成交价：RMB 1,897,500
163cm×52cm 北京保利 2018-06-17

1113 王式 醉归图 手卷
估　价：RMB 300,000~500,000
成交价：RMB 552,000
28cm × 460cm 中国嘉德 2018-06-20

3527 王式丹 行书《西苑春柳诗》 立轴
估　价：RMB 300,000~600,000
成交价：RMB 529,000
175cm × 45.3cm 北京保利 2018-12-08

880 王澍 楷书公廨碑文 （三十七页）册页 （十九开）
估　价：RMB 350,000~550,000
成交价：RMB 402,500
26cm × 15cm × 37 中国嘉德 2018-11-22

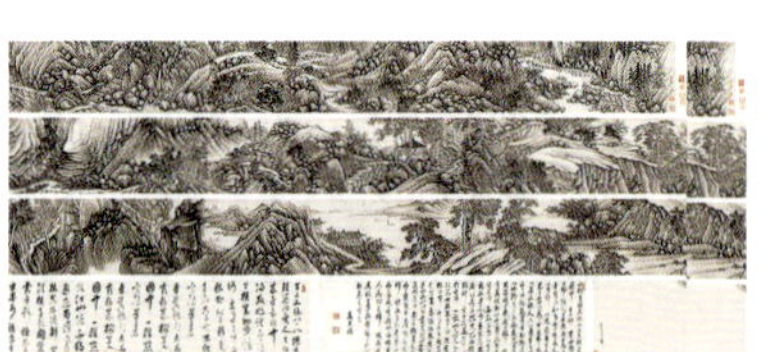

372 王孙裔 栈道图卷 手卷
估　价：RMB 300,000~400,000
成交价：RMB 575,000
画心30cm × 904.5cm 中贸圣佳 2018-06-20

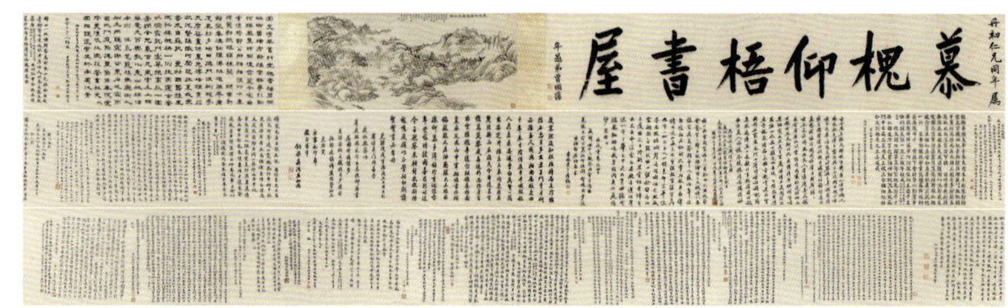

1737 王荫昌 《慕槐仰梧书屋第二图》并诸家题咏 手卷
估　价：HKD 200,000~300,000
成交价：RMB 7,150,400
画46.2cm × 101cm 中国嘉德 2018-10-03

1348 王学浩 1830年作 仿大痴笔意 立轴
估　价：RMB 320,000~400,000
成交价：RMB 402,500
180cm × 92.5cm 北京匡时 2018-06-16

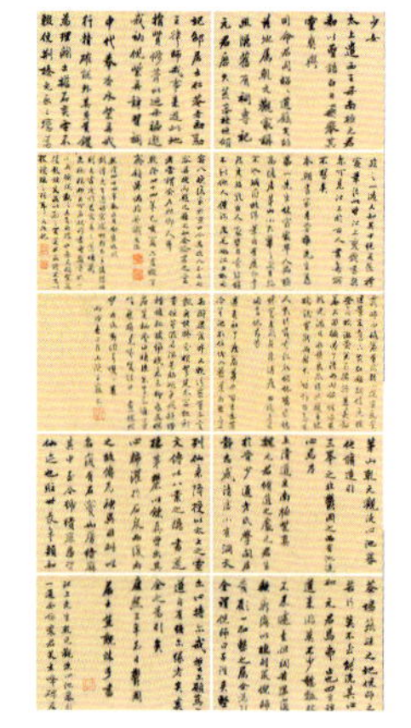

230 王文治 1779年作 行书临贤诗 册页
估　价：RMB 180,000~220,000
成交价：RMB 759,000
25cm × 31cm × 10 上海匡时 2018-04-30

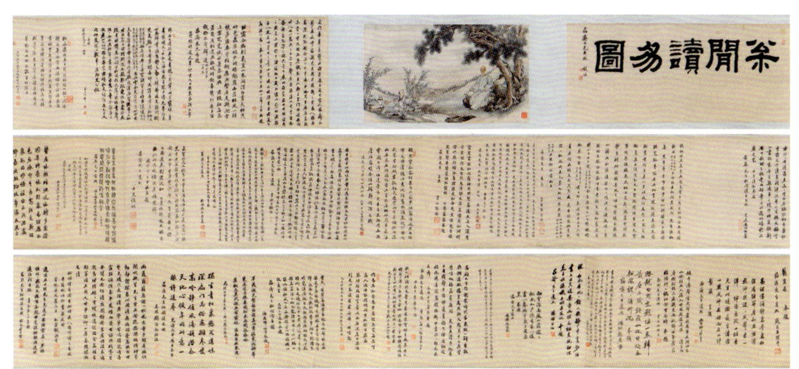

922 王堉 1829年作 松间读易图 手卷
估　价：RMB 450,000~650,000
成交价：RMB 713,000
画37cm×64.5cm 中国嘉德 2018-11-22

415 王原祁 山水扇面（十二帧）册页（十二开）
估　价：RMB 18,000,000~28,000,000
成交价：RMB 20,700,000
约18cm×55.5cm×12 中国嘉德 2018-11-20

681 王原祁 虞山胜景 立轴
估　价：USD 1,000,000~1,500,000
成交价：RMB 8,313,030
128.5cm×57cm 纽约苏富比 2018-09-13

3009 王原祁 万壑松风图 立轴
估　价：RMB 5,000,000~6,000,000
成交价：RMB 5,750,000
54cm×33cm 北京保利 2018-06-17

1258 王原祁 仿黄公望山水 镜框
估 价：USD 160,000~260,000
成交价：RMB 4,283,550
138.4cm×50.3cm 纽约苏富比 2018-03-23

962 王原祁 春岭松云图 手卷
估 价：RMB 2,800,000~3,800,000
成交价：RMB 3,680,000
42cm×255cm 保利厦门 2018-01-08

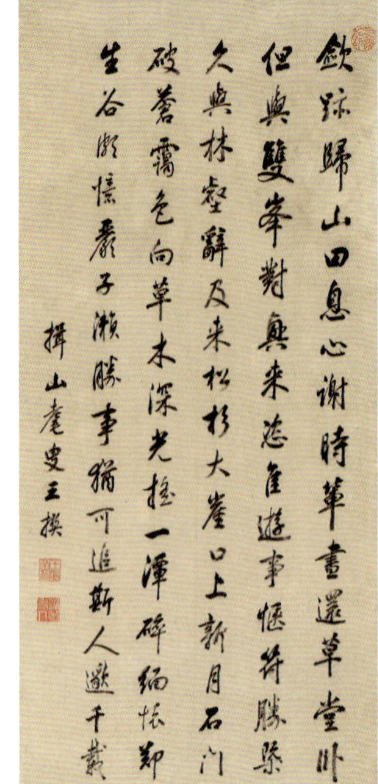

433 王撰 行书 五言诗 立轴
估 价：RMB 300,000~500,000
成交价：RMB 575,000
86cm×39cm 西泠拍卖 2018-07-07

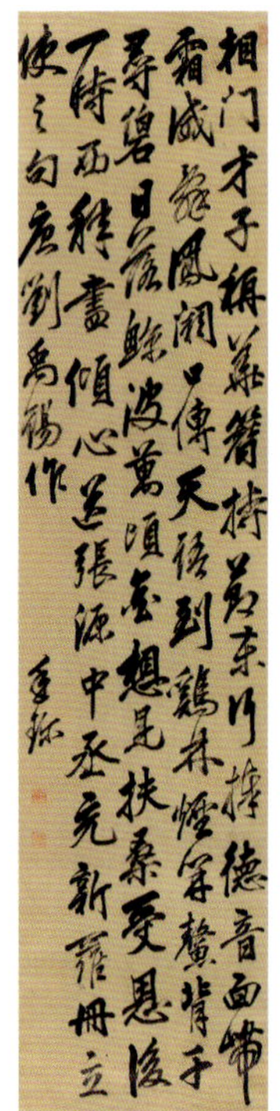

3514 魏廷珍 行书刘禹锡诗 立轴
估 价：RMB 300,000~500,000
成交价：RMB 460,000
165.1cm×39.4cm 北京保利 2018-12-08

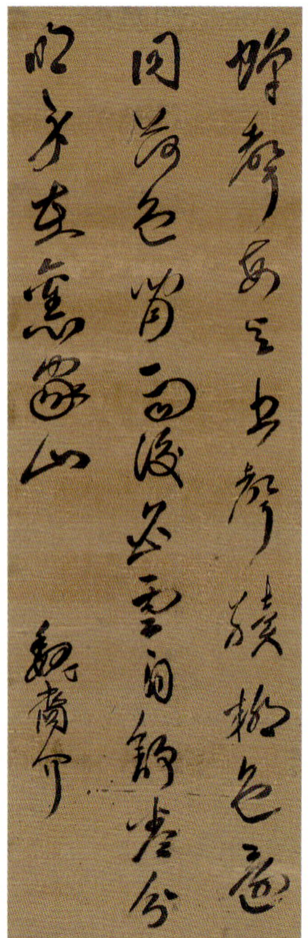

550 魏裔介 草书七言诗 立轴
估 价：RMB 180,000~250,000
成交价：RMB 368,000
158.5cm×51cm 荣宝斋（南京） 2018-07-15

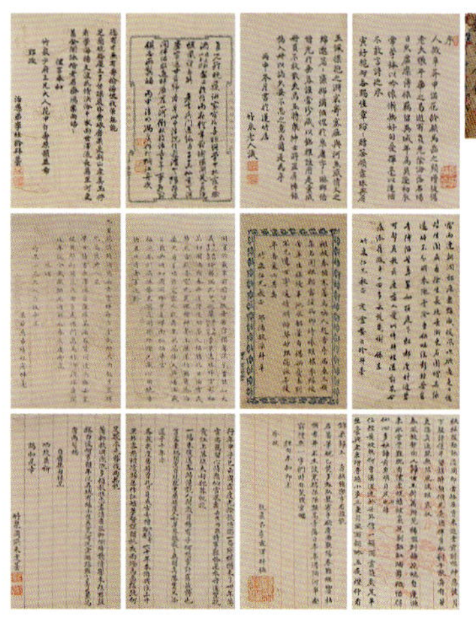

654 魏源 龚自珍 等 1836年作
寿章合锦 （四十选十二） 册页
估 价：HKD 250,000~450,000
成交价：RMB 463,032
24.5cm×12.5cm×40 保利香港 2018-10-01

20 文点 1679年作 山水 立轴
估　价：USD 15,000~25,000
成交价：RMB 410,520
99.4cm×39.7cm 纽约佳士得 2018-09-11

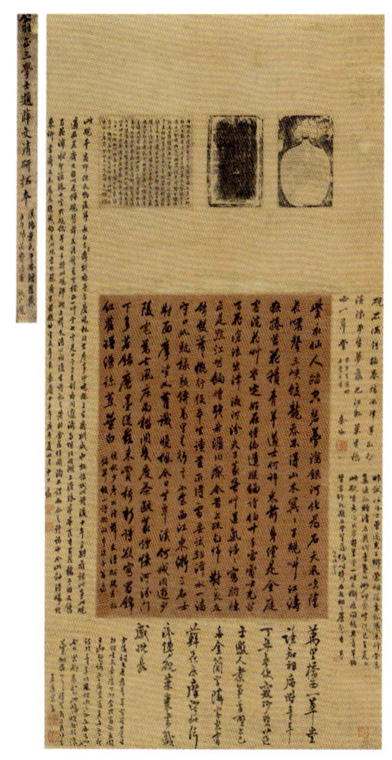

434 翁方纲 行书 题薛文清砚铭诗 立轴
估　价：RMB 160,000~200,000
成交价：RMB 345,000
131cm×61.5cm 西泠拍卖 2018-07-07

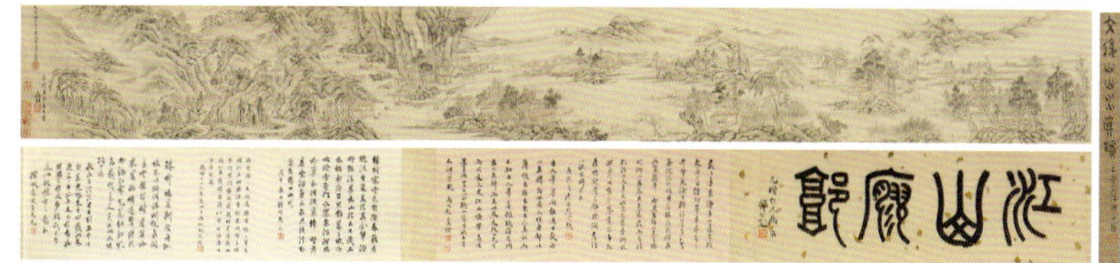

1708 文鼎 江山渔乐 手卷
估　价：RMB 400,000~500,000
成交价：RMB 632,500
本幅24cm×198cm 北京匡时 2018-06-16

3016 文枏 1637年作 赏梅图 手卷
估　价：RMB 400,000~500,000
成交价：RMB 1,035,000
22cm×207cm 北京保利 2018-06-17

205 吴大澂 1889年作 香山纪游图 手卷
估　价：RMB 300,000~500,000
成交价：RMB 552,000
20cm×216cm 华艺国际 2018-11-16

227 翁同龢 楷书十二言联 立轴
估　价：RMB 150,000~200,000
成交价：RMB 782,000
227cm×53cm×2 上海匡时 2018-04-30

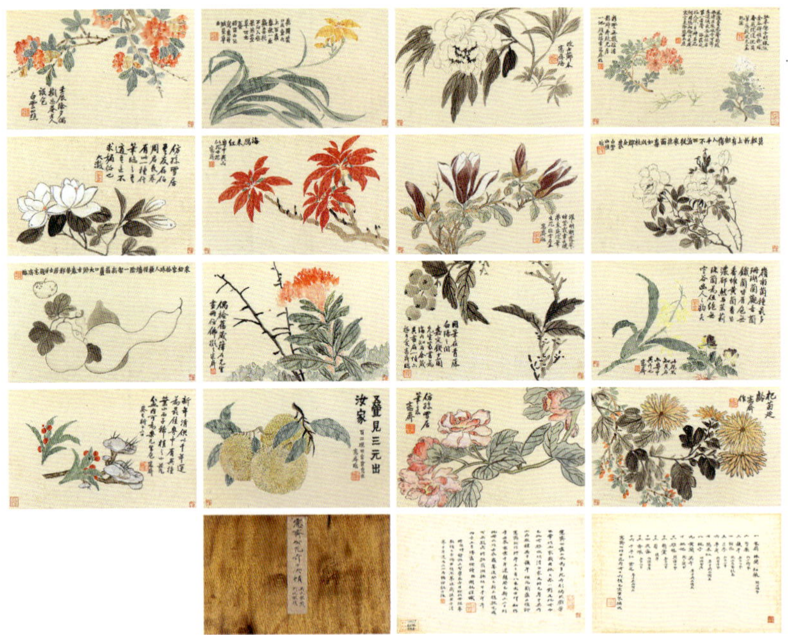

407 吴大澄 1893年作 仿古花卉十六帧 册页 （十六开）
估　价：RMB 3,500,000~4,500,000
成交价：RMB 5,175,000
画20.2cm×35.7cm×16；字26cm×39.5cm×2 中国嘉德 2018-06-18

594 吴澐 山水 册页 （十一开）
估　价：RMB 250,000~350,000
成交价：RMB 391,000
18cm×22cm×11 荣宝斋（南京） 2018-07-15

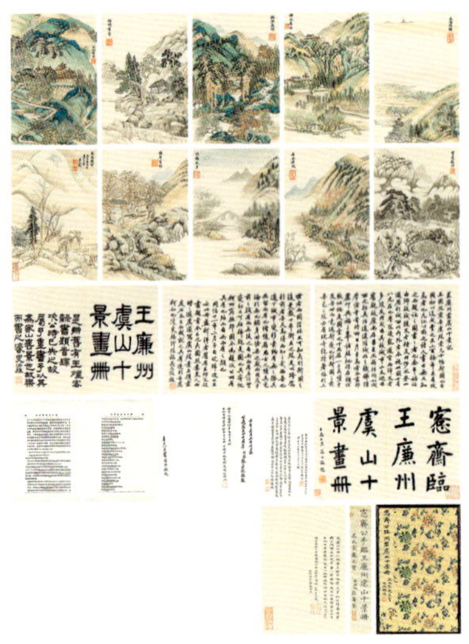

406 吴大澄 临王廉州虞山十景图
册页 （十三开）
估　价：RMB 3,000,000~4,000,000
成交价：RMB 4,715,000
画28cm×19cm×10；字28cm×39.5cm×3
中国嘉德 2018-06-18

118 吴定玉 写生《黄山松涛》 镜心
估　价：RMB 220,000~260,000
成交价：RMB 351,500
180cm×68cm 北京歌德 2018-08-25

1073 吴宏 仿元人山水 立轴
估　价：RMB 500,000~800,000
成交价：RMB 598,000
180cm×55cm 中国嘉德 2018-06-20

458 吴历 1674年作 山居图 立轴
估　价：RMB 1,200,000~1,500,000
成交价：RMB 2,070,000
50cm×28cm 西泠拍卖 2018-07-07

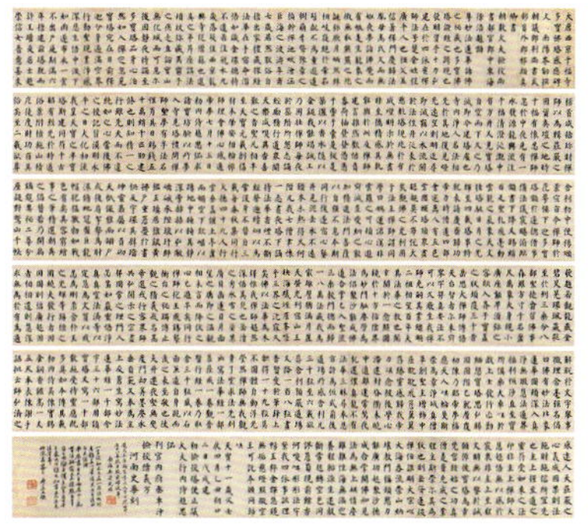

3873 吴荣光 临《多宝塔碑》 手卷
估　价：RMB 300,000~500,000
成交价：RMB 402,500
21cm×914cm 北京保利 2018-12-08

392 吴熙载 隶书欧阳修句 横披
估　价：RMB 80,000~150,000
成交价：RMB 943,000
30.5cm×132.5cm 中国嘉德 2018-11-20

591 吴熙载 九秋图 立轴
估　价：RMB 180,000~250,000
成交价：RMB 345,000
126cm×51.5cm 西泠拍卖 2018-07-07

466 奚冈 1796年作
山水四景 （四帧） 镜片
估　价：RMB 300,000~500,000
成交价：RMB 368,000
119.5cm×31.5cm×4 西泠拍卖 2018-07-07

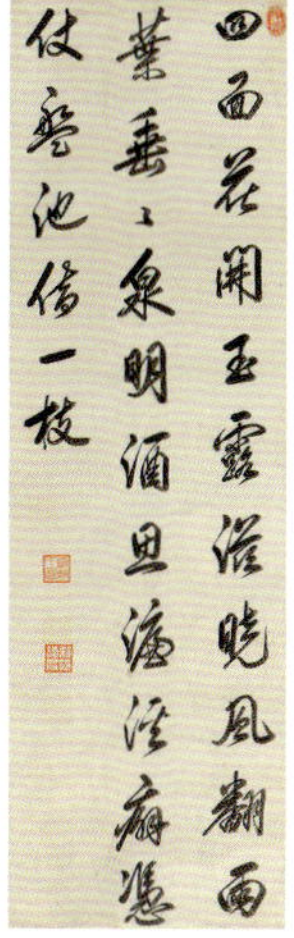

13 显亲王 行书七言诗 立轴
估　价：RMB 100,000~150,000
成交价：RMB 460,000
184cm×56cm 北京荣宝 2018-12-03

80 项圣谟 为杨补作云山图
并黄宾虹书法画论 手卷
估　价：RMB 600,000~800,000
成交价：RMB 1,437,500
画心23cm×265cm 北京荣宝 2018-12-03

456 项圣谟 1637年作 岘山同游图 立轴
估　价：RMB 1,200,000~1,800,000
成交价：RMB 1,840,000
71.5cm×35cm 西泠拍卖 2018-07-07

518 项圣谟 松峰翠岭图 立轴
估　价：RMB 800,000~1,200,000
成交价：RMB 1,495,000
176cm×52cm 西泠拍卖 2018-07-07

114 萧晨 三阳开泰 镜心
估 价：RMB 300,000~500,000
成交价：RMB 747,500
189cm×94cm 北京荣宝 2018-12-03

956 虚谷 杂画 册页 （十开）
估 价：RMB 2,200,000~3,000,000
成交价：RMB 2,530,000
32.5cm×42.5cm×10 朵云轩 2018-06-24

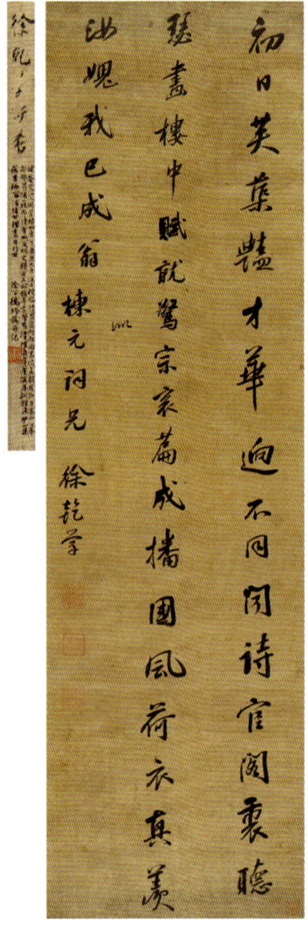

422 徐干学 行书 五言诗 立轴
估 价：RMB 200,000~300,000
成交价：RMB 345,000
173cm×50.5cm 西泠拍卖 2018-07-07

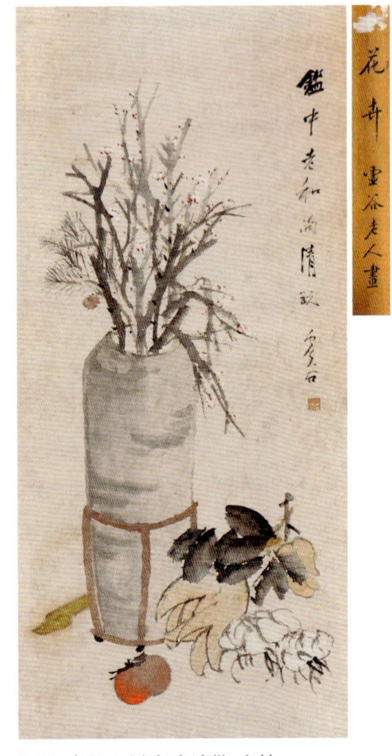

3564 虚谷 百事如意清供 立轴
估 价：RMB 3,800,000~5,800,000
成交价：RMB 4,830,000
130cm×61cm 北京保利 2018-12-08

268 虚谷 1890年作 蕉蕉双鼠图 立轴
估 价：HKD 1,200,000~1,500,000
成交价：RMB 1,852,128
151cm×67cm 北京匡时 2018-10-03

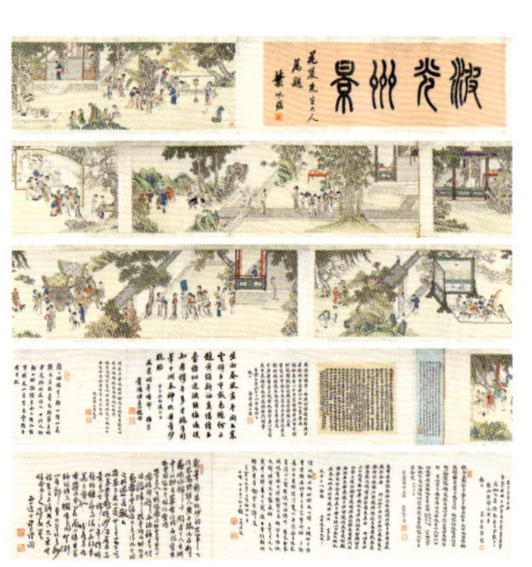

506 徐琪 仿仇英仕女人物 手卷
估 价：RMB 350,000~450,000
成交价：RMB 437,000
画30cm×437cm 华艺国际 2018-11-16

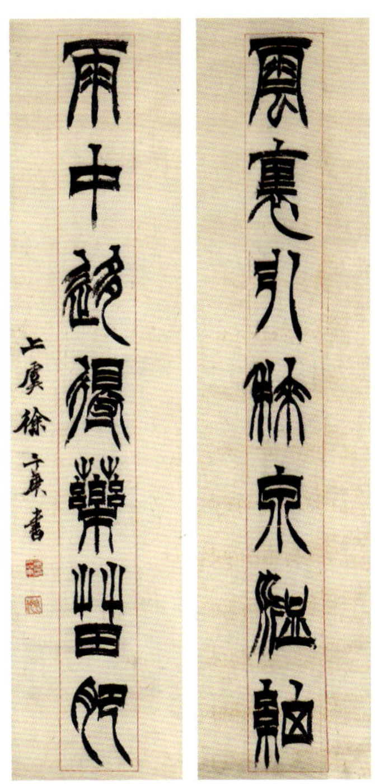

546 徐三庚 篆书 七言联 对联
估　价：RMB 60,000~90,000
成交价：RMB 253,000
134cm×31cm×2 西泠拍卖 2018-07-07

3501 徐元文 行书节录《王右丞集笺注》 立轴
估　价：RMB 300,000~600,000
成交价：RMB 632,500
173.8cm×51.5cm 北京保利 2018-12-08

395 宣统 御笔楷书“材茂行洁” 镜心
估　价：RMB 300,000~400,000
成交价：RMB 517,500
62cm×168cm 中贸圣佳 2018-11-24

356 薛素素 洛神赋 立轴
估　价：RMB 280,000~350,000
成交价：RMB 644,000
57cm×27cm 精诚所至 2018-05-12

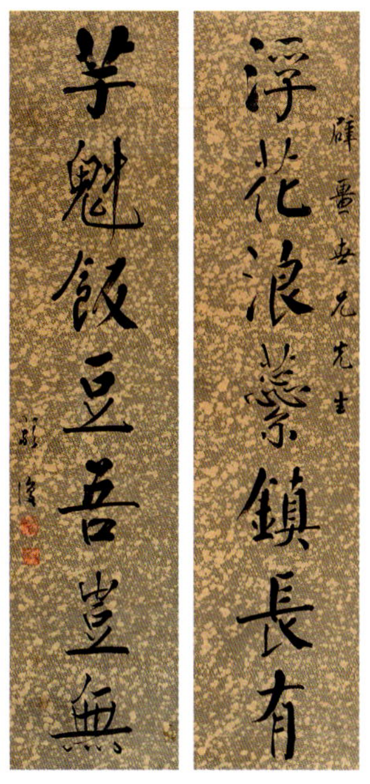

600 严复 行书七言联 立轴
估　价：RMB 250,000~350,000
成交价：RMB 379,500
132cm×30.5cm×2 中国嘉德 2018-11-21

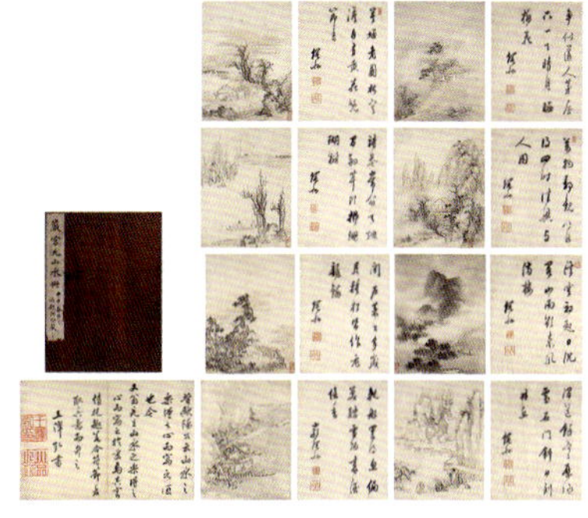

392 严绳孙 书画合璧 册页 （九开）
估　价：RMB 300,000~400,000
成交价：RMB 345,000
24cm×18.5cm×18 中贸圣佳 2018-11-24

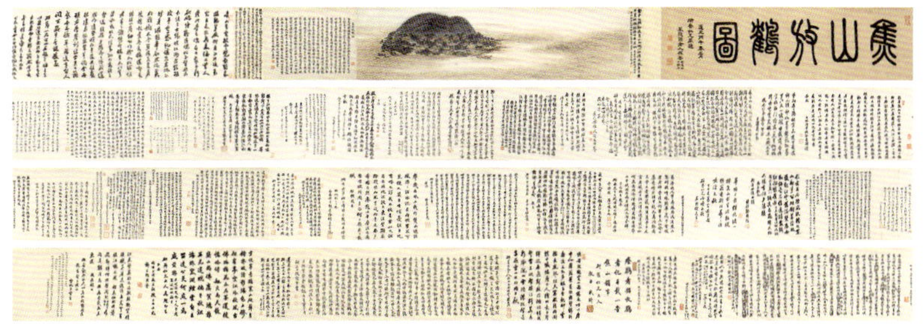

1414 闫德林 1846年作 焦山放鹤图 手卷
估　价：RMB 500,000~600,000
成交价：RMB 897,000
本幅36.5cm×188cm 北京匡时 2018-06-16

692 颜岳 丹桂玉兔 立轴
估　价：RMB 60,000~90,000
成交价：RMB 471,500
258cm×129cm 北京翰海 2018-06-29

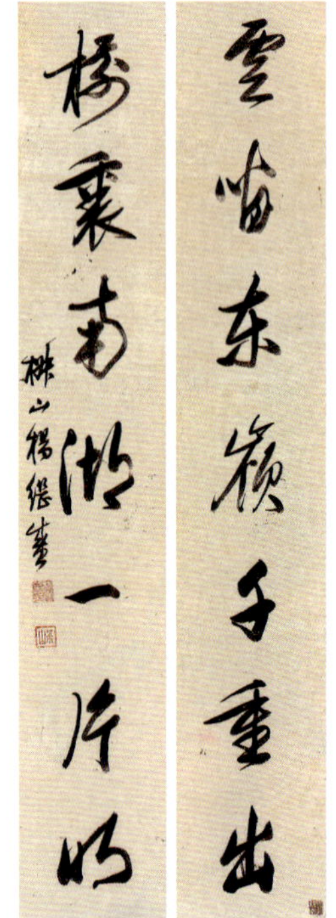

433 杨继盛 草书七言联 对联
估　价：RMB 600,000~800,000
成交价：RMB 1,035,000
166cm×27cm×2 中贸圣佳 2018-06-20

925 杨晋 1717年作 松泉吟记图
册页 （十二开）
估　价：HKD 200,000~300,000
成交价：RMB 609,813
21.2cm×27.8cm×12 佳士得 2018-11-27

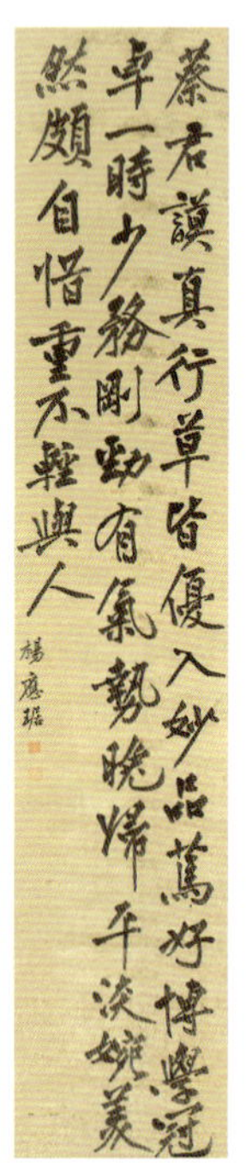

1234 杨应琚 行书书论 立轴
估　价：RMB 450,000~550,000
成交价：RMB 517,500
221cm×42cm 北京匡时 2018-06-16

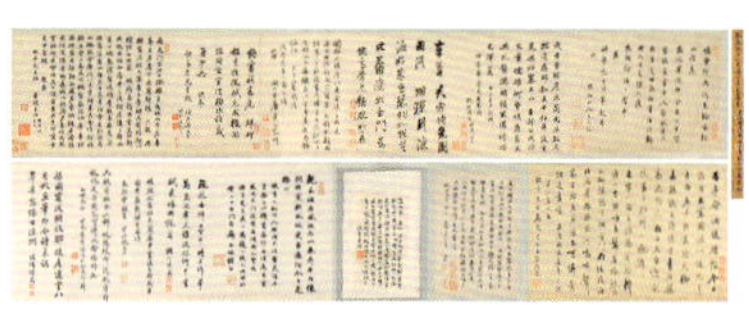

64 姚鼐 梁同书 陈鸿寿 等
行书题《出塞图》卷后 手卷
估　价：RMB 180,000~240,000
成交价：RMB 471,500
尺寸不一 北京荣宝 2018-06-14

1725 叶欣 唐人诗意图 册页
估　价：RMB 600,000~800,000
成交价：RMB 1,035,000
12.5cm×19cm×8 北京匡时 2018-06-16

1745 伊秉绶 隶书“咏春轩” 镜心
估　价：RMB 3,000,000~4,000,000
成交价：RMB 7,935,000
37cm×130cm 北京匡时 2018-06-16

1701 伊秉绶 1797年作 隶书“丈剑拥书” 横披
估 价：RMB 1,500,000~2,000,000
成交价：RMB 4,715,000
30.5cm×137cm 北京保利 2018-06-17

1022 伊秉绶 云泉山馆记 手卷
估 价：RMB 4,800,000~6,800,000
成交价：RMB 5,520,000
29cm×253.5cm 保利厦门 2018-07-15

957 伊秉绶 隶书 清爱之庭 镜框
估 价：RMB 1,000,000~2,000,000
成交价：RMB 4,600,000
31cm×124.5cm 保利厦门 2018-01-08

3017 伊秉绶 1815年作 隶书五言联 对联
估 价：RMB 4,000,000~4,500,000
成交价：RMB 5,750,000
178cm×33cm×2 北京保利 2018-06-17

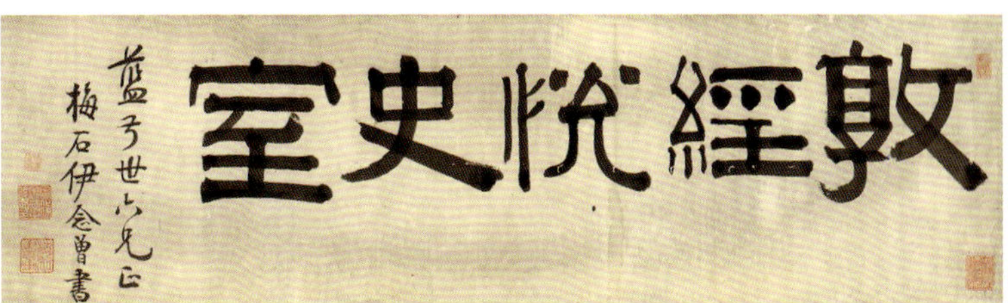

679 伊念曾 隶书 敦经悦史室 横披
估 价：RMB 50,000~70,000
成交价：RMB 391,000
159cm×45cm 西泠拍卖 2018-07-07

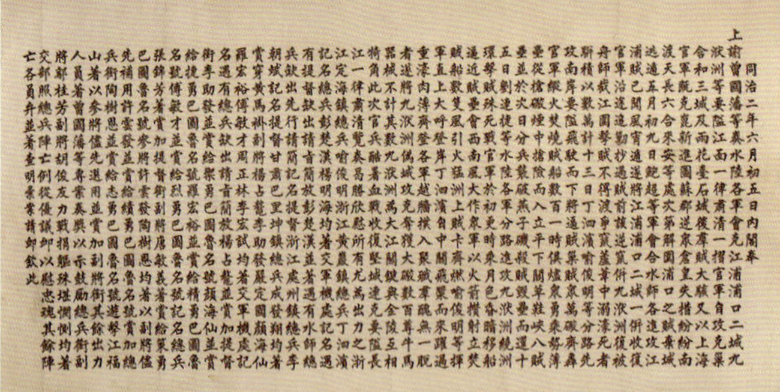

3041 佚名 清光绪 平定太平天国战役图 镜心
估　价：RMB 8,000,000~12,000,000
成交价：RMB 15,870,000
137cm×290cm；136cm×313cm；121cm×240cm 中贸圣佳 2018-11-24

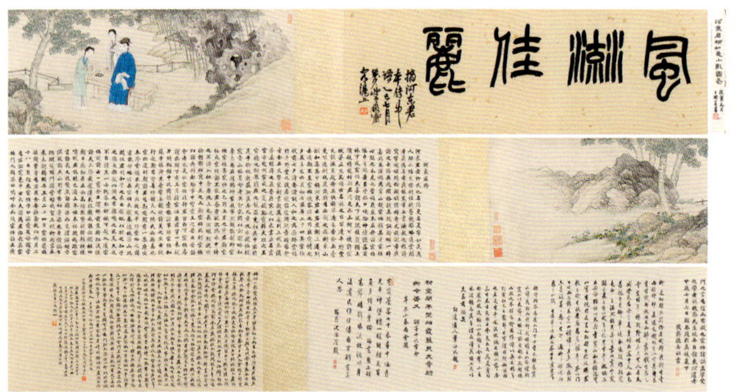

3015 佚名 河东君小像 手卷
估　价：RMB 1,800,000~2,800,000
成交价：RMB 3,220,000
引首32cm×95cm×37；画心32cm×133cm×52；题跋32cm×284cm×111
北京保利 2018-06-17

1235 佚名 清 宫廷千佛图（御奉） 卷轴
估　价：RMB 2,600,000~2,800,000
成交价：RMB 6,325,000
120cm×73cm 北京荣宝 2018-06-14

3040 佚名 清同治 平定太平天国陆战图 镜心
估　价：RMB 3,000,000~4,000,000
成交价：RMB 6,670,000
133cm×297cm 中贸圣佳 2018-11-24

1039 佚名 乾隆御制丁丑贯休画十六应真像赞一 册页 （十六开）
估　价：RMB 2,500,000~3,500,000
成交价：RMB 4,140,000
21cm×25cm×16 华艺国际 2018-11-16

3558 雍正帝 行书“九寅清赞化” 横披
估　价：RMB 1,000,000~1,500,000
成交价：RMB 4,600,000
75cm×234cm 北京保利 2018-12-08

790 永瑢 溪山渔隐图 手卷
估　价：RMB 500,000~700,000
成交价：RMB 805,000
画心34.5cm×364.5cm 上海嘉禾 2018-06-25

1321 于敏中 行书诗 册页 （十二开）
估　价：RMB 450,000~550,000
成交价：RMB 517,500
22cm×13cm×24 北京匡时 2018-06-16

601 余集 黄易小像 立轴
估　价：RMB 180,000~250,000
成交价：RMB 253,000
78cm×41cm 西泠拍卖 2018-07-07

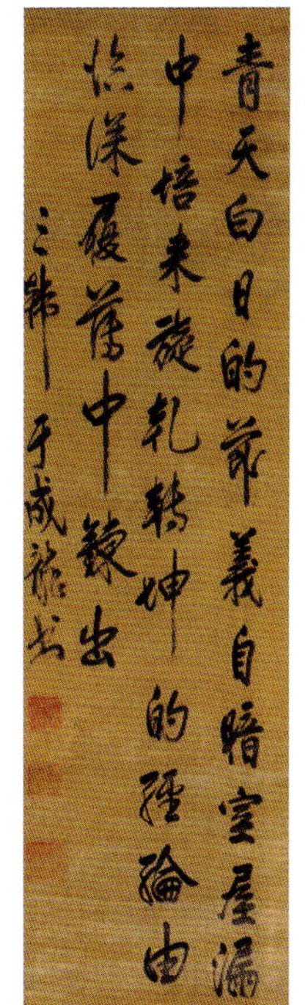

3507 于成龙 行书洪应明《菜根谭》警句 立轴
估　价：RMB 400,000~800,000
成交价：RMB 828,000
183.8cm×51.7cm 北京保利 2018-12-08

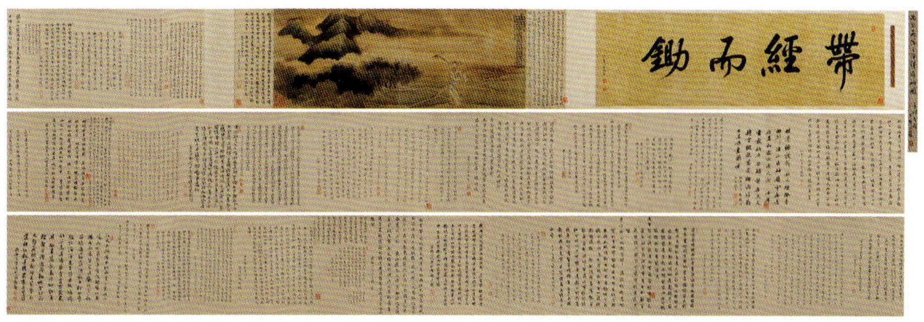

1021 禹之鼎 带经荷锄图 手卷
估　价：RMB 8,000,000~12,000,000
成交价：RMB 9,200,000
画心39cm×102cm 保利厦门 2018-07-15

1341 禹之鼎 1698年作 奉母图 手卷
估　价：RMB 300,000~500,000
成交价：RMB 1,380,000
36.5cm×154cm 华艺国际 2018-05-23

4311 喻兰 听琴图 立轴
估　价：RMB 180,000~280,000
成交价：RMB 632,500
88cm×41.7cm 中国嘉德 2018-11-20

1724 袁江 1723年作 视膳图 立轴
估　价：RMB 3,000,000~4,000,000
成交价：RMB 3,680,000
187.5cm×100cm 北京匡时 2018-06-16

1314 袁江 拟元人笔意 立轴
估　价：RMB 2,200,000~2,500,000
成交价：RMB 3,220,000
222cm×113.5cm 北京匡时 2018-12-06

659 袁江 雪栈行旅 立轴
估　价：HKD 600,000~1,200,000
成交价：RMB 1,389,096
162cm×50cm 保利香港 2018-10-01

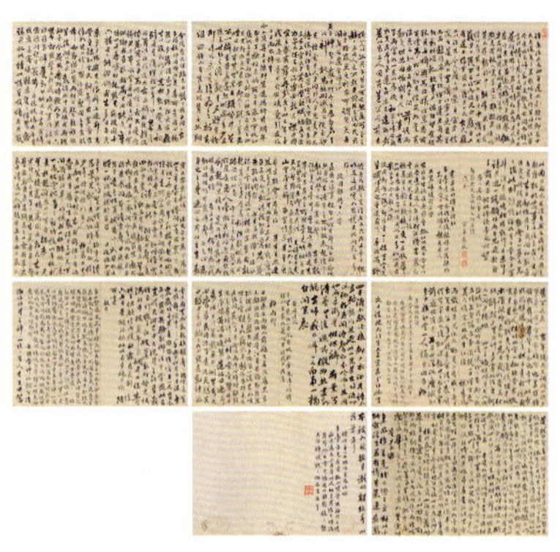

881 袁枚 行书诗 册页 （十一开）
估　价：RMB 150,000~250,000
成交价：RMB 920,000
27cm×39cm×11 中国嘉德 2018-11-22

1011 袁耀 江村访友图 立轴
估　价：RMB 2,600,000~3,200,000
成交价：RMB 3,507,500
184.5cm×67cm 保利厦门 2018-07-15

623 袁耀 1756年作 五柳归庄图 立轴
估　价：RMB 1,800,000~2,400,000
成交价：RMB 2,645,000
177cm×122cm 南京经典 2018-07-22

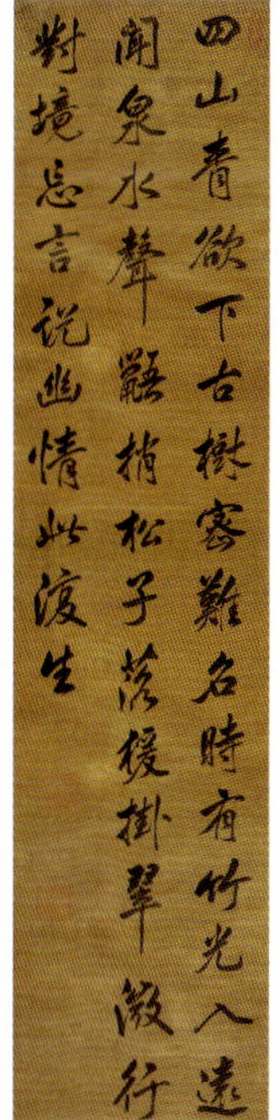

426 允礼 行书 五言诗 立轴
估　价：RMB 180,000~250,000
成交价：RMB 287,500
161.5cm×37.5cm 西泠拍卖 2018-07-07

1341 允禧 深林岩谷 立轴
估　价：RMB 700,000~800,000
成交价：RMB 805,000
127cm×61.5cm 北京匡时 2018-06-16

2274 袁耀 王无功《野望》诗意图 镜框
估　价：HKD 1,000,000~1,500,000
成交价：RMB 2,325,875
128.1cm×141cm 香港苏富比 2018-04-01

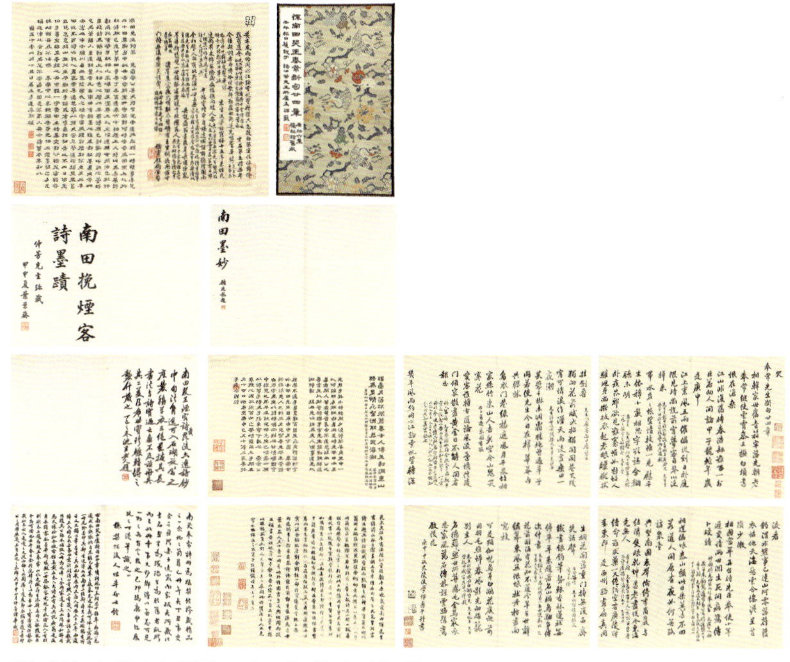

389 恽寿平 哭王奉常断句二十四章 册页 （九开）
估　价：RMB 600,000~800,000
成交价：RMB 10,810,000
26cm×35.5cm×9 中贸圣佳 2018-06-20

457 恽寿平 仿曹云西古树图 立轴
估　价：RMB 2,000,000~3,000,000
成交价：RMB 3,220,000
98.5cm × 34cm 西泠拍卖 2018-07-07

918 曾国藩 楷书七言联 立轴
估　价：RMB 250,000~350,000
成交价：RMB 1,322,500
173cm × 36cm × 2 北京匡时 2018-12-06

1121 恽寿平 拟宋元山水 册 （八开）
估　价：USD 240,000~280,000
成交价：RMB 2,760,510
27.2cm × 33.3cm × 8 纽约苏富比 2018-03-22

991 曾国藩 李鸿章 左宗棠 彭玉麟 行书 立轴 四条屏
估　价：RMB 750,000~950,000
成交价：RMB 6,555,000
178.5cm × 46.5cm × 4 中国嘉德 2018-11-22

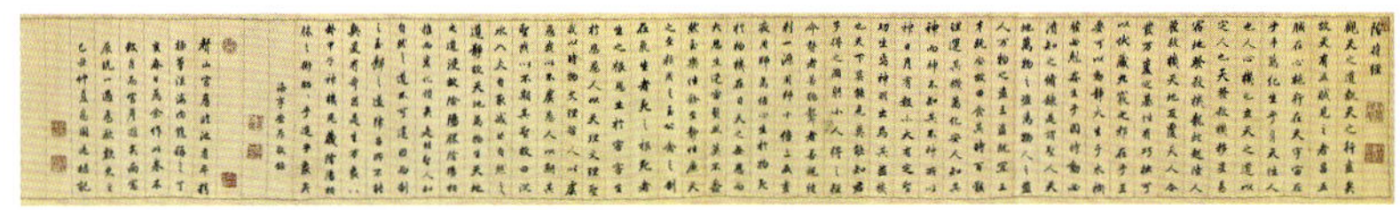

904 查昇 清 行书阴符经 手卷
估　价：HKD 100,000~150,000
成交价：RMB 558,250
24cm × 216cm 佳士得 2018-05-28

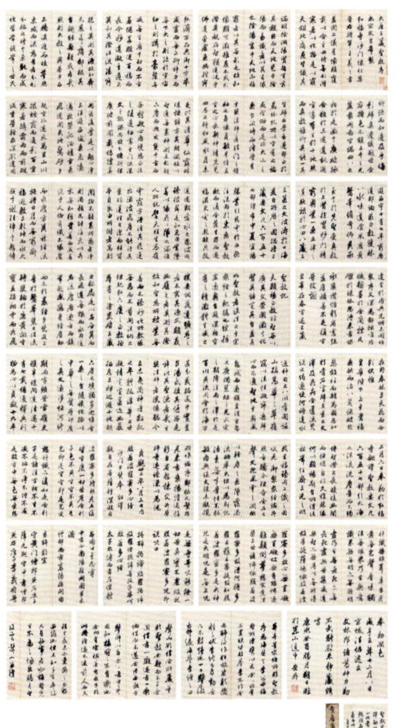

1073 查昇 1693年作 临《圣教序》
册页 （三十二开）
估 价：RMB 1,200,000~1,800,000
成交价：RMB 1,380,000
22.5cm×26cm×32 中国嘉德 2018-11-22

3577 查士标 林亭远岫图 立轴
估 价：RMB 1,000,000~1,800,000
成交价：RMB 1,495,000
179cm×51cm 北京保利 2018-12-08

1069 查士标 1670年作 策杖寻幽 立轴
估 价：RMB 80,000~120,000
成交价：RMB 943,000
137cm×54cm 中国嘉德 2018-06-20

193 查士标 深山访友图 立轴
估 价：RMB 700,000~900,000
成交价：RMB 920,000
122cm×55cm 上海驰翰 2018-06-25

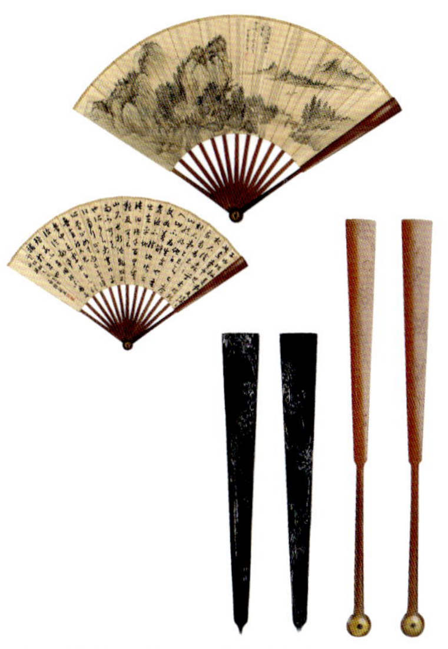

401 翟大坤 顾莼 明 濮仲谦刻扇骨
书画扇 成扇
估 价：RMB 300,000~500,000
成交价：RMB 943,000
50.5cm×17.5cm 西泠拍卖 2018-07-07

920 翟继昌 清 1807年作
摹明四家山水 （四幅） 镜框
估 价：HKD 60,000~80,000
成交价：RMB 332,625
125.5cm×30.2cm×4 佳士得 2018-11-27

897 翟云昇 隶书八言联 立轴
估 价：RMB 60,000~100,000
成交价：RMB 322,000
237cm × 40.5cm × 2 中国嘉德 2018-11-22

81 张风 天目山图 立轴
估 价：RMB 500,000~600,000
成交价：RMB 747,500
127cm × 47cm 北京荣宝 2018-06-14

68 张庚 1760年作 寒林策杖图 立轴
估 价：RMB 300,000~500,000
成交价：RMB 690,000
113.5cm × 48.5cm 北京荣宝 2018-12-03

190 张謇 黄兴 书法 （两幅） 立轴
估 价：RMB 200,000~300,000
成交价：RMB 414,000
128cm × 55cm × 2 凤凰拍卖 2018-01-21

967 张洽 1793年作 山水 册页 （四开）
估 价：HKD 80,000~120,000
成交价：RMB 831,563
17cm × 23cm × 4 佳士得 2018-11-27

374 张深 仙岛深春图 立轴
估 价：RMB 60,000~80,000
成交价：RMB 356,500
147cm × 42.5cm 中贸圣佳 2018-11-24

163 张廷济 1842年作 隶书七言联 对联
估 价：RMB 250,000~350,000
成交价：RMB 460,000
165.5cm × 37cm × 2 上海匡时 2018-04-30

935 张问陶 行书七言联 立轴
估 价：RMB 250,000~350,000
成交价：RMB 368,000
188cm×30cm×2 北京匡时 2018-12-06

474 张学曾 仿古山水册 （八页）
估 价：RMB 1,800,000~2,500,000
成交价：RMB 2,070,000
24cm×19cm×8 西泠拍卖 2018-07-07

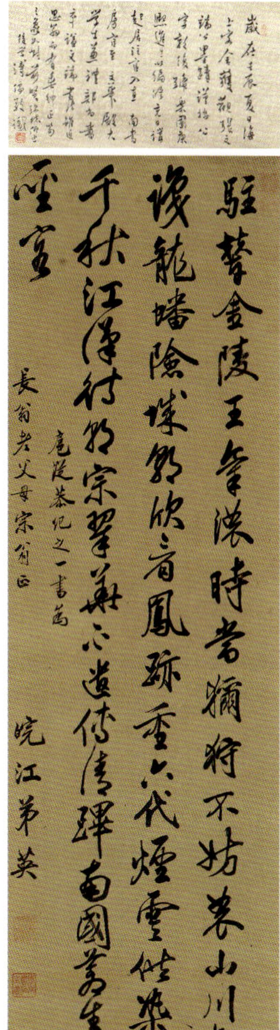

59 张英 行书扈从恭纪诗 立轴
估 价：RMB 650,000~850,000
成交价：RMB 977,500
162.5cm×49cm 北京荣宝 2018-12-03

511 张熊 四季花卉 十二开册
估 价：USD 8,000~12,000
成交价：RMB 299,338
纽约苏富比 2018-09-13

124 张鋆 南轩垂钓图 立轴
估 价：RMB 300,000~350,000
成交价：RMB 345,000
151.5cm×82.5cm 保利厦门 2018-07-15

629 张敔 清 花卉 四屏 立轴
估 价：RMB 120,000~150,000
成交价：RMB 402,500
194.5cm×54cm×4 南京经典 2018-07-22

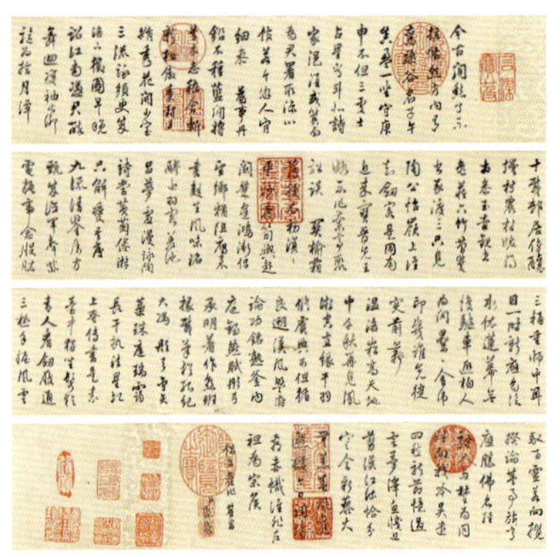
403 张照 临董其昌书杂诗 手卷
估 价：RMB 5,000,000~6,000,000
成交价：RMB 7,820,000
7.5cm × 113cm 中国嘉德 2018-06-18

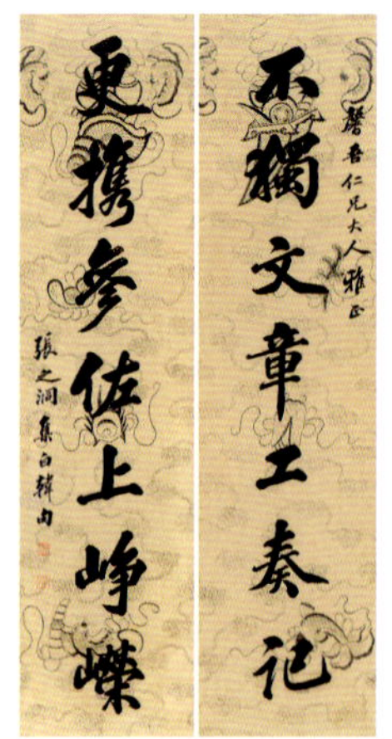
977 张之洞 行书七言 对联
估 价：RMB 250,000~300,000
成交价：RMB 471,500
158cm × 39cm × 2 朵云轩 2018-06-24

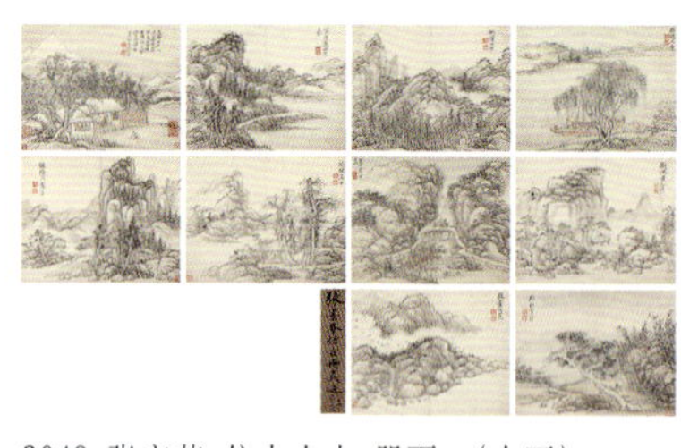
3049 张宗苍 仿古山水 册页 （十开）
估 价：RMB 800,000~1,200,000
成交价：RMB 1,288,000
24cm × 31cm × 10 中贸圣佳 2018-11-24

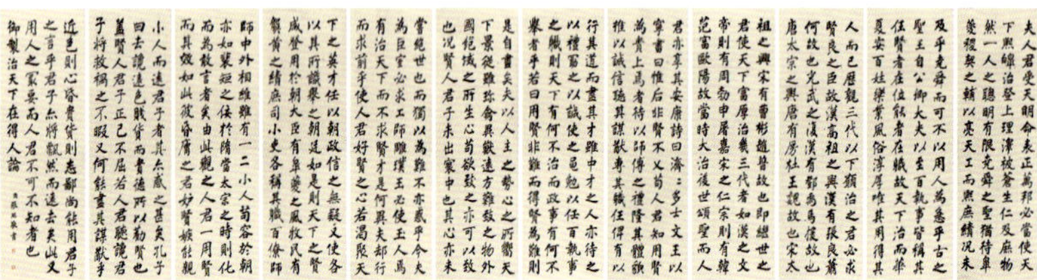
63 张照 楷书乾隆御制文 十二屏立轴
估 价：RMB 600,000~800,000
成交价：RMB 920,000
138.5cm × 44cm × 12 北京荣宝 2018-12-03

3045 张宗苍 云栖山寺 手卷
成交价：RMB 80,500,000
46cm × 230cm 北京保利 2018-06-17

617 章谷 1689年作 深山访友 立轴
估 价：HKD 250,000~450,000
成交价：RMB 429,579
178.5cm × 48cm 保利香港 2018-04-02

3025 丈雪和尚 1669年作
行书石屋清珙禅师诗 立轴
估　价：RMB 700,000~1,000,000
成交价：RMB 920,000
157cm × 50cm 北京保利 2018-06-17

37 赵之琛 四君子图 立轴
估　价：RMB 160,000~220,000
成交价：RMB 345,000
134.5cm × 32.4cm × 4 北京荣宝 2018-06-14

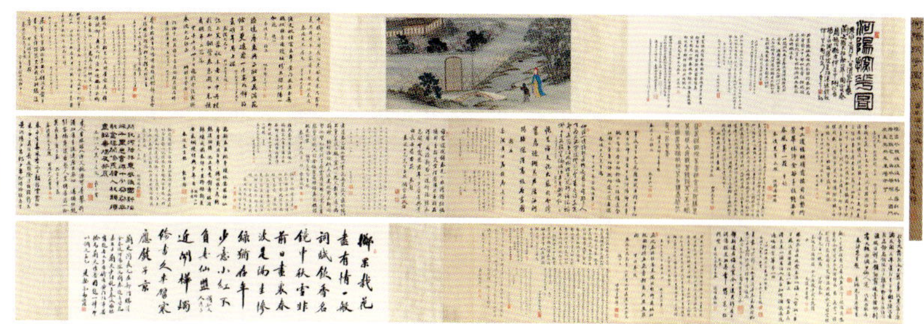

917 赵源 河阳探春图 手卷
估　价：RMB 300,000~500,000
成交价：RMB 483,000
画38cm × 78cm 中国嘉德 2018-06-20

1702 赵之谦 篆书“德善信斋” 横披
估　价：RMB 2,800,000~3,800,000
成交价：RMB 6,900,000
46cm × 166cm 北京保利 2018-06-17

1746 赵之谦 太华峰头玉井莲 立轴
估　价：RMB 4,000,000~4,500,000
成交价：RMB 5,290,000
175cm × 45cm 北京匡时 2018-06-16

784 郑板桥 1762年作 竹石图 立轴
估　价：RMB 2,800,000~3,500,000
成交价：RMB 3,220,000
132cm × 67cm 上海嘉禾 2018-06-25

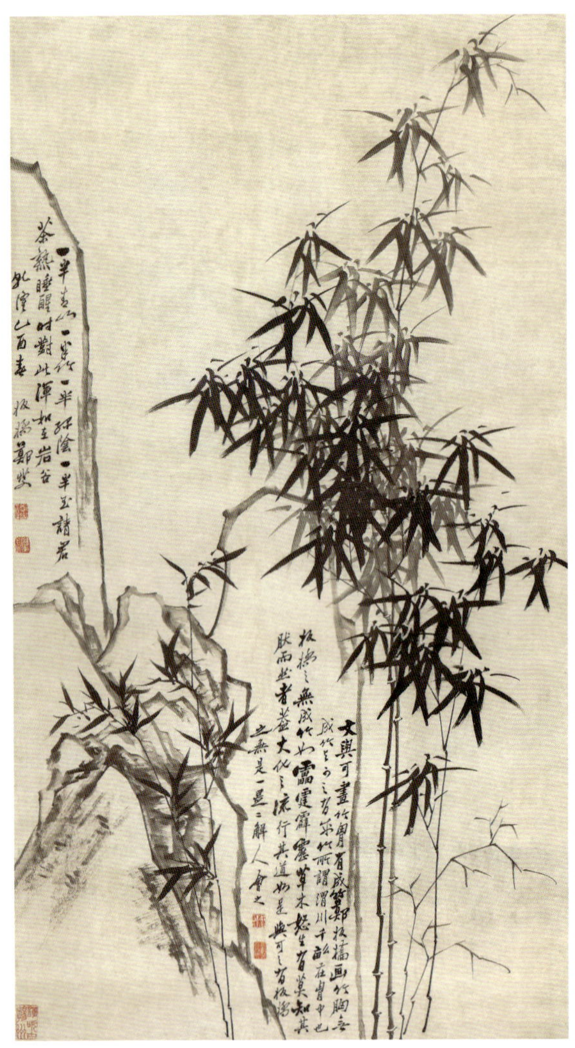

398 郑板桥 竹石图 立轴
估　价：RMB 11,000,000~17,000,000
成交价：RMB 18,515,000
179.5cm×101cm 荣宝斋（上海） 2018-01-21

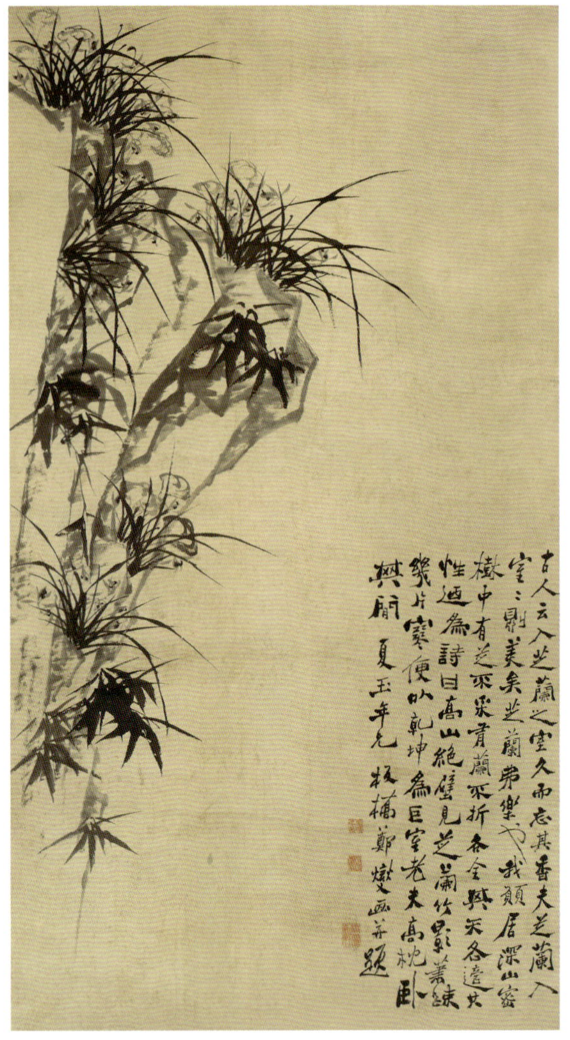

1319 郑板桥 峭壁芝兰 立轴
估　价：RMB 16,000,000~18,000,000
成交价：RMB 20,125,000
193.5cm×108cm 北京匡时 2018-12-06

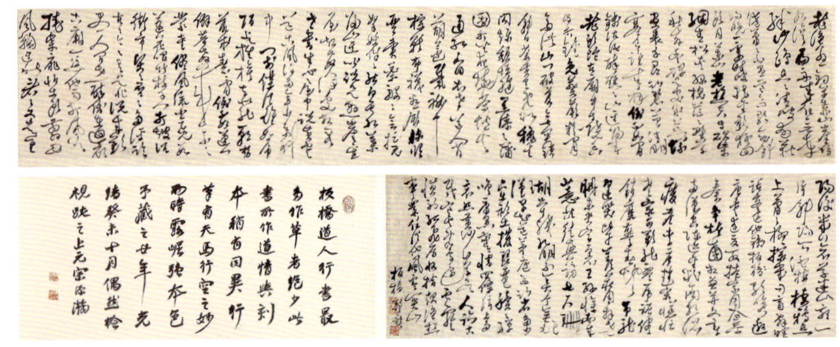

422 郑板桥 草书 手卷
估　价：RMB 1,200,000~1,800,000
成交价：RMB 1,150,000
28cm×227cm 荣宝斋（上海） 2018-01-21

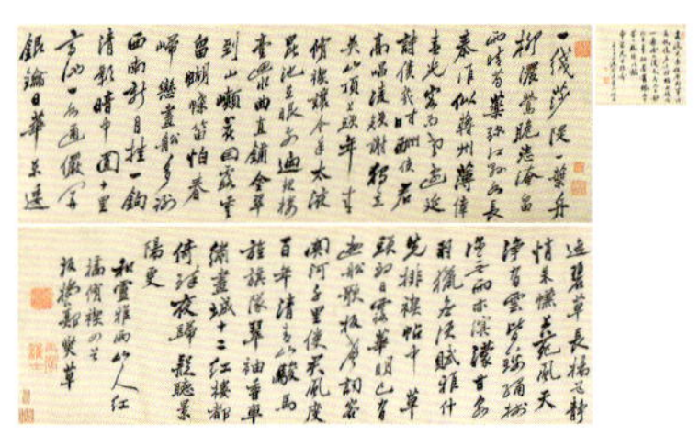

70 郑板桥 《红桥修禊》诗卷 手卷
估　价：RMB 4,000,000~5,500,000
成交价：RMB 5,865,000
书心28cm×166.5cm 北京荣宝 2018-06-14

952 郑板桥 1754年作 兰竹图 立轴
估　价：RMB 150,000~250,000
成交价：RMB 3,450,000
208.5cm×110cm 中国嘉德 2018-06-20

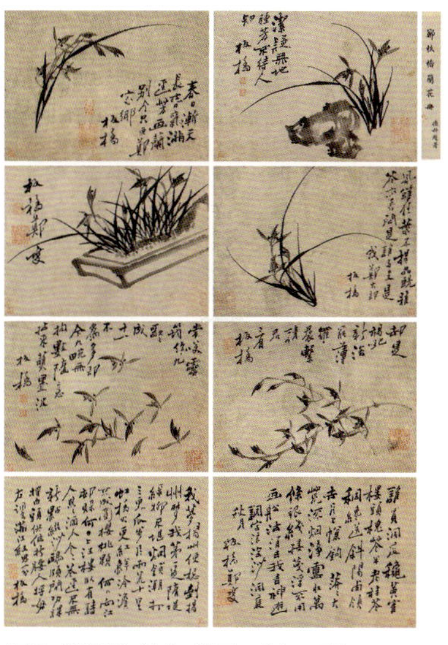

1791 郑板桥 兰花 册页 （十二开）
估　价：HKD 800,000~1,500,000
成交价：RMB 2,006,472
28cm×38.7cm×12 中国嘉德 2018-10-03

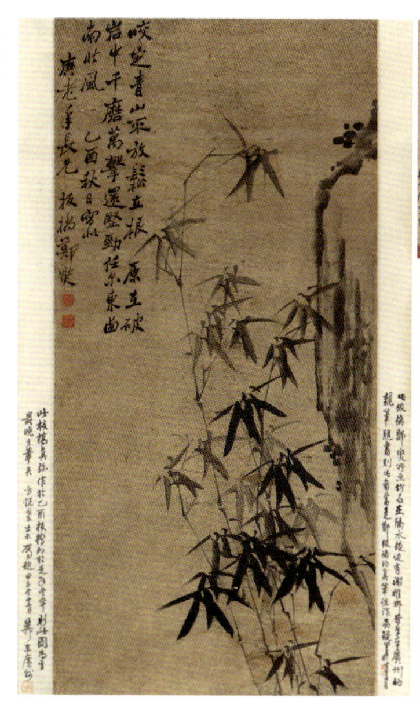

78 郑板桥 1765年作 竹石图 立轴
估　价：RMB 3,500,000~4,500,000
成交价：RMB 5,750,000
131cm×52.5cm 北京荣宝 2018-12-03

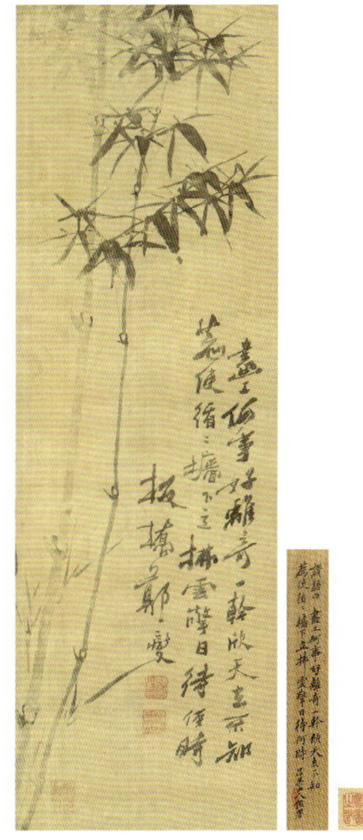

1369 郑板桥 墨竹 立轴
估　价：RMB 1,500,000~2,000,000
成交价：RMB 2,875,000
97cm×31.5cm 北京匡时 2018-06-16

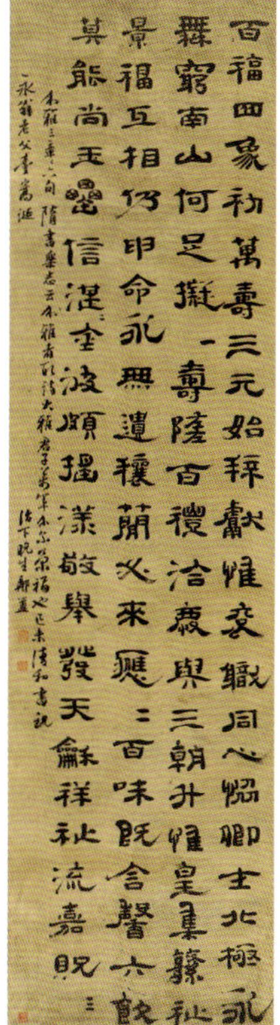

447 郑簠 1679年作 隶书 介雅三章 立轴
估　价：RMB 1,200,000~1,800,000
成交价：RMB 1,725,000
190cm×51cm 西泠拍卖 2018-07-07

1055 郑簠 清 隶书 立轴
估　价：HKD 300,000~600,000
成交价：RMB 406,000
152cm×54.5cm 佳士得 2018-05-28

550 郑旼 冬山图 立轴
估 价：RMB 400,000~600,000
成交价：RMB 851,000
110cm × 45cm 南京经典 2018-01-06

9 周亮工 明 书法 立轴
估 价：USD 20,000~30,000
成交价：RMB 2,363,885
纽约佳士得 2018-03-20

83 朱栋 李朝阳
晋、唐、宋、明先贤十二名文图轴 立轴
估 价：RMB 600,000~800,000
成交价：RMB 862,500
200cm × 51cm × 10；192cm × 32cm × 2
北京荣宝 2018-12-03

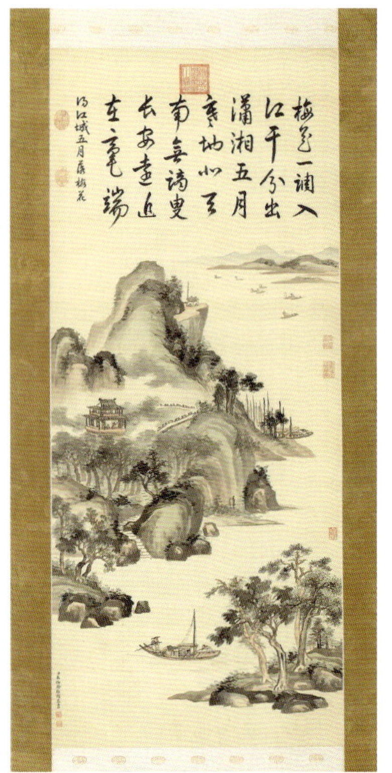

1712 朱伦瀚 潇湘烟霭图 立轴
估 价：RMB 18,000,000~20,000,000
成交价：RMB 22,425,000
148cm × 63cm 北京匡时 2018-06-16

1030 朱伦瀚 1741年作 寒山秋霁 立轴
估 价：RMB 180,000~280,000
成交价：RMB 529,000
121.5cm × 73cm 中国嘉德 2018-11-22

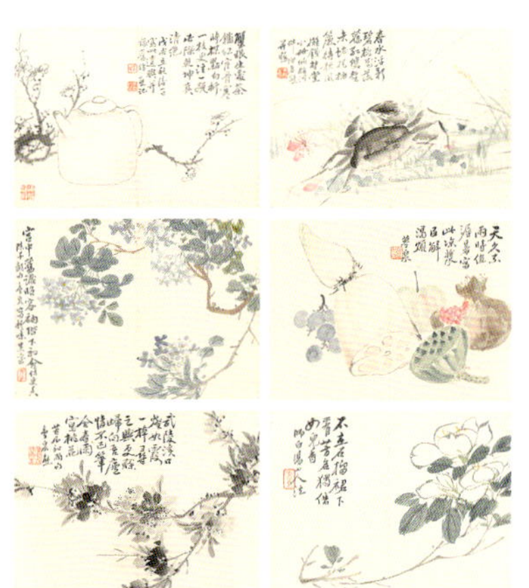

1404 朱熊 1838年作 花鸟 册页 （十二开）
估 价：HKD 200,000~300,000
成交价：RMB 436,000
各16.2cm × 22.2cm × 12
香港苏富比 2018-10-02

146 诸升 竹石 立轴
估 价：RMB 450,000~550,000
成交价：RMB 747,500
178cm×78cm 华艺国际 2018-11-16

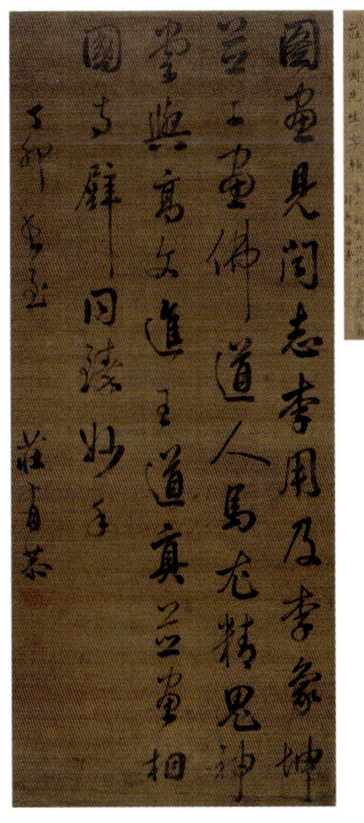

884 庄有恭 1747年作 行书 镜片
估 价：RMB 350,000~450,000
成交价：RMB 402,500
148cm×62cm 广东崇正 2018-07-05

556 邹喆 1677年作 溪桥策杖图 立轴
估 价：RMB 500,000~800,000
成交价：RMB 1,380,000
177cm×46cm 南京经典 2018-01-06

860 邹一桂 1725年作
大富贵亦寿考八屏通景 立轴
估 价：RMB 300,000~500,000
成交价：RMB 1,667,500
160cm×53.5cm×8 广东崇正 2018-07-05

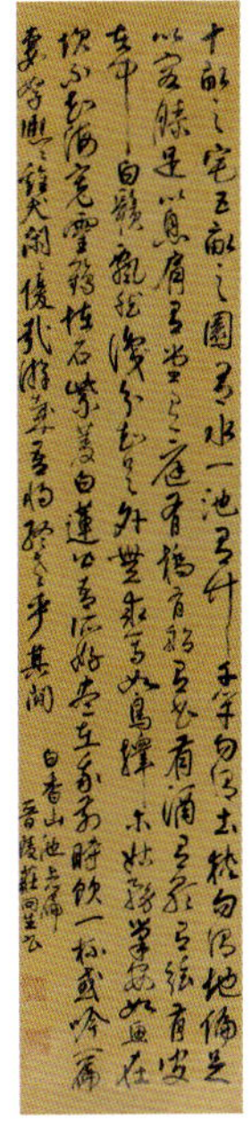

3506 庄同生 草书白居易《池上篇》 立轴
估 价：RMB 300,000~600,000
成交价：RMB 575,000
238.2cm×51.9cm 北京保利 2018-12-08

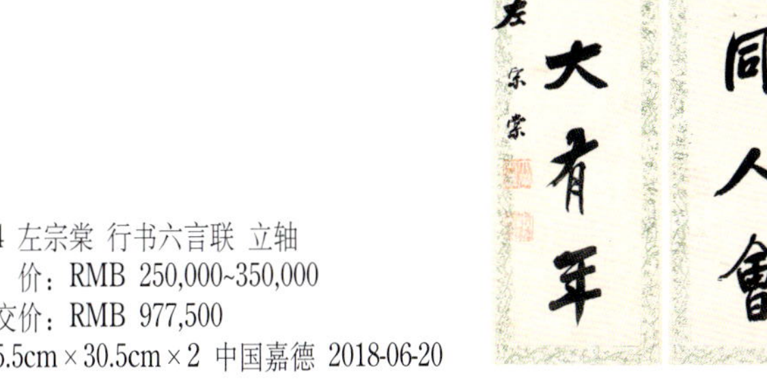

924 左宗棠 行书六言联 立轴
估 价：RMB 250,000~350,000
成交价：RMB 977,500
125.5cm×30.5cm×2 中国嘉德 2018-06-20

近现代及当代作者

1684 阿海 逝 镜心
估　价：RMB 250,000~280,000
成交价：RMB 345,000
65.5cm × 131.5cm 北京荣宝 2018-12-03

768 艾轩 2015年作 西藏女孩与狗
估　价：HKD 300,000~500,000
成交价：RMB 1,112,375
96cm × 90cm 香港苏富比 2018-04-01

833 艾轩 2015年作 静静的原野 镜框
估　价：HKD 450,000~650,000
成交价：RMB 558,250
96cm × 90cm 佳士得 2018-05-28

2708 爱新觉罗·毓峥 2017年作 凌云 镜心
估　价：RMB 380,000~480,000
成交价：RMB 437,000
134cm × 68cm 北京保利 2018-06-18

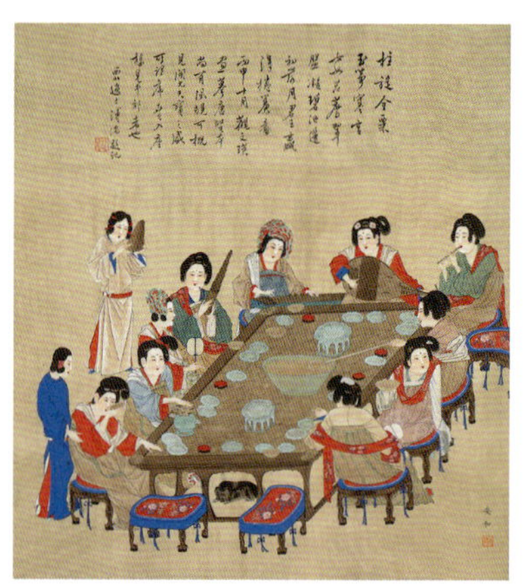

1222 安和 1956年作 临《唐人宫乐图》 立轴
估　价：HKD 80,000~120,000
成交价：RMB 424,725
77.2cm × 70.5cm 香港苏富比 2018-04-02

1219 安奇帮 2018年作 一川风月 镜心
估　价：RMB 800,000~1,000,000
成交价：RMB 920,000
74.5cm × 106cm 北京保利 2018-12-06

2621 安奇帮 2017年作 窗外花园 镜心
估　价：RMB 650,000~800,000
成交价：RMB 747,500
79cm × 100cm 北京保利 2018-06-18

422 白启刚 2003年作 青峰白云 镜心
估　价：RMB 400,000~600,000
成交价：RMB 460,000
136cm × 68cm 北京荣宝 2018-09-14

27 白雪石 1977年作 万山红遍 镜心
估 价：RMB 3,000,000~4,000,000
成交价：RMB 5,520,000
118cm×97cm 北京荣宝 2018-09-14

29 白雪石 1992年作 秋山红树 镜心
估 价：RMB 2,000,000~3,000,000
成交价：RMB 3,220,000
50cm×276cm 北京荣宝 2018-09-14

2004 白雪石 1993年作 层林尽染 镜框
估 价：RMB 800,000~1,000,000
成交价：RMB 1,702,000
98cm×60cm 北京荣宝 2018-06-14

628 白雪石 长城脚下幸福渠 镜心
估 价：RMB 2,500,000~3,000,000
成交价：RMB 2,875,000
66cm×235cm 上海匡时 2018-04-30

539 白蕉 毛主席诗词三十七首 手卷
估 价：RMB 700,000~900,000
成交价：RMB 1,207,500
31.5cm×703.5cm 华艺国际 2018-11-16

171 北海 2016年作 云海移山 镜心
成交价：RMB 552,000
138cm × 137cm 北京翰海 2018-09-16

191 蔡国强 1999年作 龙到维也纳旅行—为外星人做的计划第三十二号
估 价：HKD 4,000,000~6,000,000
成交价：RMB 3,341,170
303.5cm × 400cm；303.5cm × 800cm 保利香港 2018-03-29

2720 伯揆 五德图 镜心
估 价：RMB 400,000~500,000
成交价：RMB 460,000
136cm × 68cm 北京保利 2018-06-18

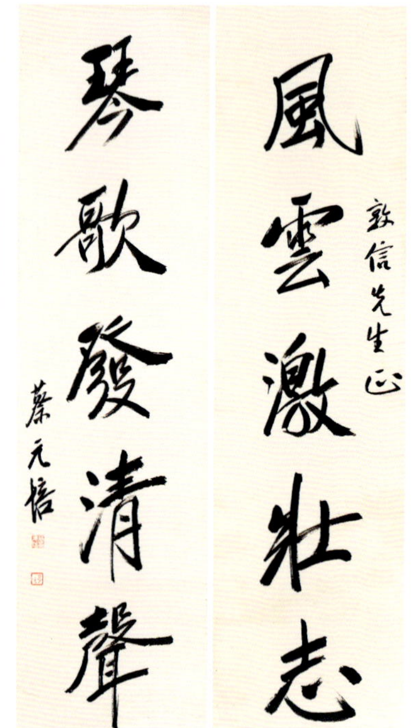

323 蔡元培 行书五言联 镜心
估 价：RMB 500,000~800,000
成交价：RMB 1,725,000
146cm × 39cm × 2 中国嘉德 2018-06-18

534 曹俊 天开紫境 镜心
估 价：HKD 2,200,000~2,800,000
成交价：RMB 3,086,880
108cm × 78cm 保利香港 2018-10-01

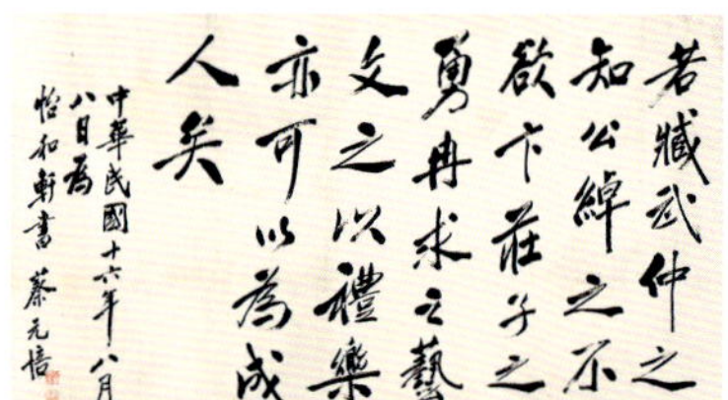

320 蔡元培 1927年作 行书节录《论语》 镜心
估 价：RMB 500,000~800,000
成交价：RMB 1,610,000
81cm × 149cm 中国嘉德 2018-06-18

1585 曹俊 2013年作 晚晴风歇
估 价：RMB 700,000~900,000
成交价：RMB 805,000
65cm × 39cm 北京翰海 2018-06-30

1001 常玉 20世纪20年代作 绿袍女士
估 价：HKD 400,000~600,000
成交价：RMB 1,618,000
43.0cm×26.9cm 香港苏富比 2018-03-31

1003 常玉 20世纪20年代作 阅读中的黄裙女士
估 价：HKD 400,000~600,000
成交价：RMB 1,112,375
50.0cm×31.6cm 香港苏富比 2018-03-31

1002 常玉 20世纪20年代作
紫洋装珍珠项链女士
估 价：HKD 400,000~600,000
成交价：RMB 2,022,500
41.5cm×25.4cm 香港苏富比 2018-03-31

259 陈白一 1989年作 竹喧戏鸭 镜片
估 价：RMB 300,000~500,000
成交价：RMB 459,200
89cm×78cm 湖南逸典 2018-06-09

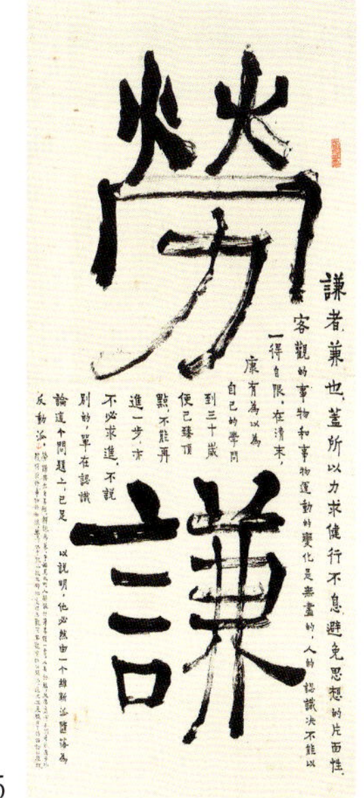

555 陈伯达 书法“劳谦” 立轴
估 价：RMB 250,000~350,000
成交价：RMB 517,500
91cm×39cm 北京匡时 2018-12-05

685 陈半丁 1960年作 洛阳春色 立轴
估 价：RMB 350,000~550,000
成交价：RMB 3,392,500
143cm×89cm 中鸿信 2018-01-07

682 陈半丁 1960年作 普天同庆 立轴
估 价：RMB 1,500,000~2,200,000
成交价：RMB 9,085,000
195cm×125cm 中鸿信 2018-01-07

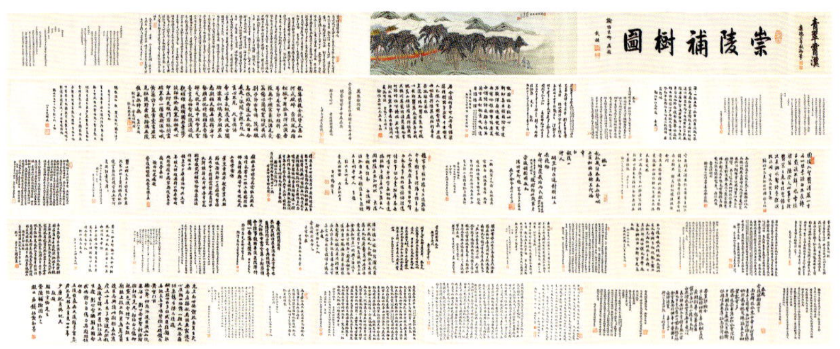

100 陈曾寿 1930年作 崇陵补树 手卷
估 价：RMB 220,000~320,000
成交价：RMB 966,000
画31cm×91.5cm 中国嘉德 2018-06-18

1074 陈大羽 1979年作 绿梅大吉图 立轴
估 价：RMB 600,000~800,000
成交价：RMB 1,150,000
137.5cm×69.5cm 广东崇正 2018-07-04

330 陈大羽 雄鸡红梅 镜心
估 价：RMB 600,000~800,000
成交价：RMB 1,380,000
100cm×67cm 中贸圣佳 2018-06-20

1076 陈大羽 1964年作 一唱雄鸡天下白 立轴
估 价：RMB 2,800,000~3,500,000
成交价：RMB 3,220,000
216cm×61cm 广东崇正 2018-07-04

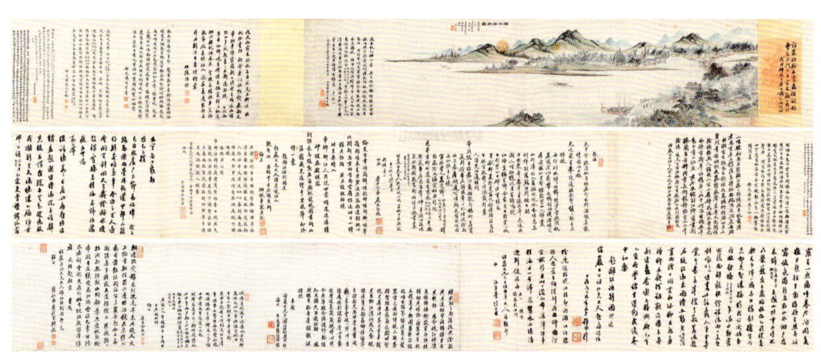

1501 陈桂舫 1837年作 漓江话别图卷 手卷
估 价：RMB 250,000~400,000
成交价：RMB 598,000
画心31cm×135cm 北京保利 2018-06-17

1402 陈衡恪 1923年作 芭蕉竹石雁来红 立轴
估　价：HKD 300,000~400,000
成交价：RMB 763,000
177.8cm×95.2cm 香港苏富比 2018-10-02

614 陈金章 云山初晓 镜框
估　价：RMB 480,000~680,000
成交价：RMB 552,000
69cm×136cm 华艺国际 2018-05-23

538 陈年 钟馗 立轴
估　价：USD 6,000~8,000
成交价：RMB 513,150
纽约苏富比 2018-09-13

585 陈佩秋 柳浪栖禽 立轴
估　价：RMB 1,400,000~1,600,000
成交价：RMB 1,725,000
136cm×68cm 上海匡时 2018-04-30

145 陈平 2000年作 逸林幽谷 镜心
估　价：RMB 400,000~600,000
成交价：RMB 552,000
132cm×66cm 北京荣宝 2018-05-18

826 陈其宽 1966年作 渔家 立轴
估　价：HKD 260,000~360,000
成交价：RMB 446,600
92.5cm×22.5cm 佳士得 2018-05-28

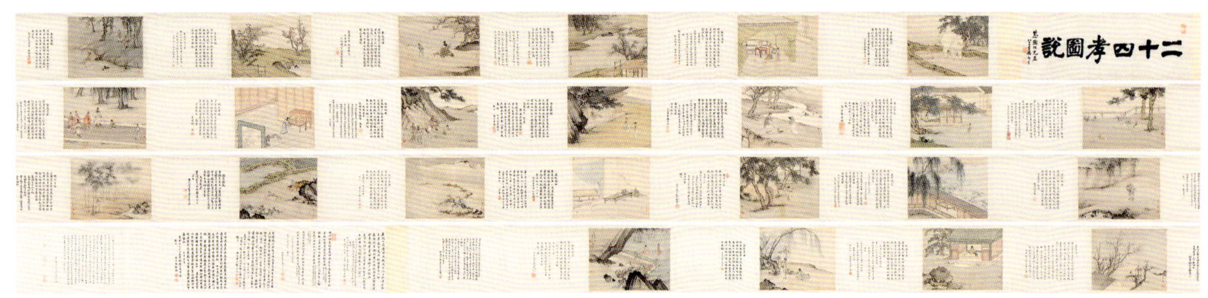

2517 陈少梅 二十四孝图卷 手卷
估　价：RMB 25,000,000~30,000,000
成交价：RMB 29,900,000
30cm × 2088cm 北京保利 2018-12-07

2518 陈少梅 1950年作 远浦归帆 立轴
估　价：RMB 3,000,000~4,000,000
成交价：RMB 4,025,000
135cm × 55cm 北京保利 2018-12-07

1302 陈少梅 丛林远岭 立轴
估　价：HKD 1,200,000~1,500,000
成交价：RMB 1,962,000
115cm × 56cm 香港苏富比 2018-10-02

1178 陈树人 1928年作 庐山黄龙潭 立轴
估　价：HKD 200,000~300,000
成交价：RMB 1,050,082
52.5cm × 38cm 中国嘉德 2018-04-03

954 陈少梅 净水生莲 镜心
估　价：RMB 1,000,000~2,000,000
成交价：RMB 1,840,000
88cm × 50cm 北京荣宝 2018-06-14

357 陈文希 芦苇中的鲤鱼
估　价：HKD 1,500,000~2,500,000
成交价：RMB 2,224,880
97.5cm × 182cm 佳士得 2018-05-27

1124 陈文希 鹤 立轴
估 价：HKD 80,000~120,000
成交价：RMB 649,142
137cm×68cm 中国嘉德 2018-04-03

1359 陈玉圃 仙山论道图 镜心
估 价：RMB 500,000~600,000
成交价：RMB 1,127,000
100cm×360cm 中国嘉德 2018-06-20

2607 陈湘波 相依幽树月 镜心
估 价：RMB 400,000~500,000
成交价：RMB 460,000
77cm×96cm 北京保利 2018-06-18

310 陈治 2010年作 民族风情 镜心
估 价：RMB 100,000
成交价：RMB 414,000
118cm×67cm 鼎天国际 2018-01-07

80 陈永锵 蔬果花卉 镜框 四屏
估 价：RMB 150,000
成交价：RMB 448,500
180cm×34cm×4 广东衡益 2018-07-01

302 陈之佛 1942年作 荷花鸳鸯 立轴
估 价：RMB 1,200,000~1,500,000
成交价：RMB 2,357,500
121.5cm×60.5cm 中国嘉德 2018-11-20

2705 陈忠洲 2018年作 秋清图 镜心
估 价：RMB 460,000~550,000
成交价：RMB 529,000
68cm×68cm 北京保利 2018-06-18

1215 陈子庄 1974年作 牡丹 镜框
估　价：HKD 80,000~100,000
成交价：RMB 665,250
131cm×68cm 佳士得 2018-11-26

564 程十发 1960年作 傣村之晨 镜心
估　价：RMB 1,200,000~1,800,000
成交价：RMB 2,300,000
152cm×83cm 北京荣宝 2018-12-03

304 程十发 1991年作 昆剧人物
册页 （八开）
估　价：RMB 1,800,000~2,800,000
成交价：RMB 2,070,000
32cm×48cm×8 中国嘉德 2018-06-18

8071 程十发 1985年作 可以卧游
册页 （九开）
估　价：RMB 380,000~580,000
成交价：RMB 1,035,000
33.1cm×33.1cm×9 上海嘉禾 2018-06-25

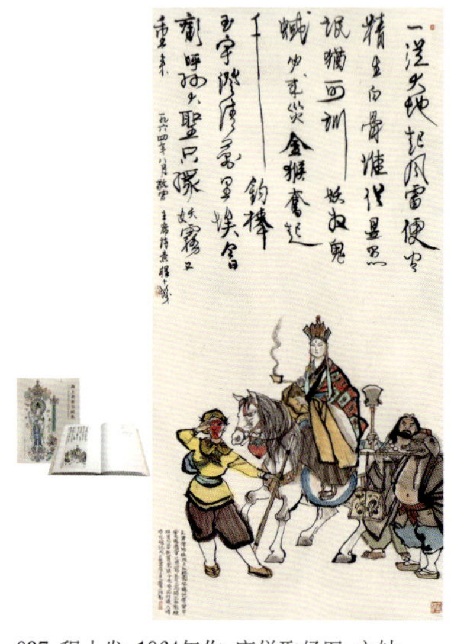

937 程十发 1964年作 唐僧取经图 立轴
估　价：RMB 1,500,000~2,500,000
成交价：RMB 2,817,500
137.5cm×68cm 西泠拍卖 2018-07-07

248 程十发 1984年作 长乐迎春 镜片
估　价：RMB 1,800,000~2,500,000
成交价：RMB 2,070,000
112cm×233cm 朵云轩 2018-06-24

832 程十发 少女与鹿 立轴
估　价：RMB 700,000~900,000
成交价：RMB 920,000
68cm×93cm 北京荣宝 2018-06-14

久別名山憑夢到
每思舊友取書看
瑤青太夫子教正
甲子四月
程艷秋學

290 程砚秋 1924年作 楷书七言联 立轴
估　价：RMB 5,000~10,000
成交价：RMB 293,250
131cm×16cm×2 广东崇正 2018-07-04

1887 崔景哲 2018年作 菩萨造像 镜心
估　价：RMB 800,000~1,200,000
成交价：RMB 1,380,000
191cm×97cm 北京荣宝 2018-12-03

2062 崔景哲 裸女 镜心
估　价：RMB 30,000~50,000
成交价：RMB 575,000
114cm×75.5cm 北京荣宝 2018-12-03

75 崔景哲 2017年作
中国红—镜花缘系列 镜心
估　价：RMB 1,200,000~1,500,000
成交价：RMB 1,380,000
116.5cm×53cm×4 北京荣宝 2018-05-18

175 崔令杰 2017年作 花样年华
估　价：HKD 250,000~350,000
成交价：RMB 426,300
117cm×219cm 佳士得 2018-05-27

1446 崔如琢 2017年作 醉雪千山 镜心
成交价：RMB 147,150,000
177.6cm × 470cm 中国嘉德 2018-10-03

850 崔如琢 春雨潇潇 手卷
成交价：RMB 103,500,000
引首41cm × 96cm；本幅47cm × 1964cm 北京匡时 2018-06-15

490 崔如琢 2017年作 寒江飞雪 镜心
估　价：HKD 48,000,000~60,000,000
成交价：RMB 66,823,400
142.5cm × 365.5cm 保利香港 2018-04-02

851 崔如琢 2015年作 出水荷风带露香 镜心
估 价：RMB 50,000,000~60,000,000
成交价：RMB 63,250,000
145cm×366cm 北京匡时 2018-06-15

1447 崔如琢 2017年作 李白将进酒 手卷
成交价：RMB 49,486,000
本幅47.5cm×270cm；书法47.5cm×1189cm 中国嘉德 2018-10-03

1349 崔如琢 八开山水团扇 镜心
估 价：RMB 12,000,000~15,000,000
成交价：RMB 14,950,000
44cm×44cm 中国嘉德 2018-06-20

335 崔如琢 2008年作 千山红树图 镜心
估　价：HKD 15,000,000~18,000,000
成交价：RMB 39,100,480
73.5cm × 70cm 北京匡时 2018-10-03

2642 崔如琢 2014年作 篆书七言句 镜心
估　价：RMB 6,000,000~8,000,000
成交价：RMB 6,900,000
147.5cm × 76.5cm 北京保利 2018-06-18

2617 大壶 高士图 镜心
估　价：RMB 400,000~500,000
成交价：RMB 460,000
70cm × 93cm 北京保利 2018-06-18

559 邓白 1979年作 一本万荔 立轴
估　价：RMB 20,000~30,000
成交价：RMB 471,500
96.5cm × 51.5cm 广东崇正 2018-07-05

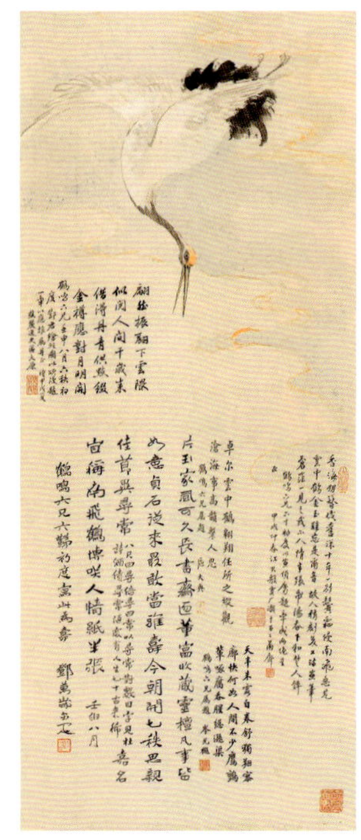

1666 邓尔雅 1932年作 鸣鹤图 立轴
估　价：HKD 50,000~80,000
成交价：RMB 246,950
82.5cm × 35cm 中国嘉德 2018-10-03

1109 邓福星 雪魂 镜心
估 价：RMB 200,000~300,000
成交价：RMB 402,500
138cm×34.5cm 北京保利 2018-04-29

528 丁衍庸 1978年作 八仙过海 镜心
估 价：HKD 600,000~800,000
成交价：RMB 691,461
68cm×137.5cm 保利香港 2018-10-01

1436 邓芬 1959年作 松涛琴韵 镜框
估 价：HKD 500,000~700,000
成交价：RMB 859,563
95cm×184cm 香港苏富比 2018-04-02

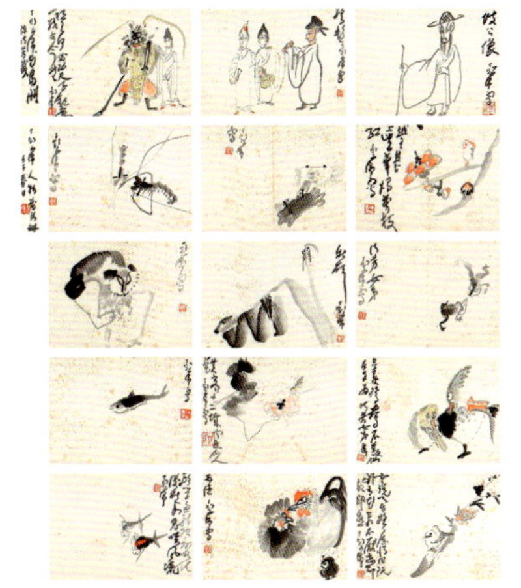

99 丁衍庸 人物花鸟 册页
估 价：RMB 300,000~400,000
成交价：RMB 471,500
33cm×46cm×15 北京匡时 2018-06-15

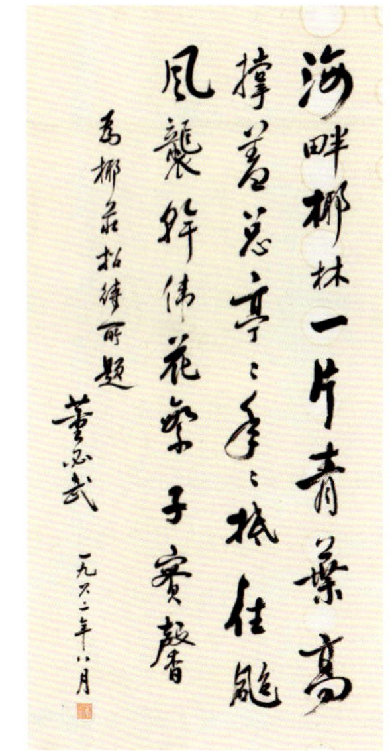

674 董必武 1962年作 行书自作诗 立轴
估 价：RMB 380,000~580,000
成交价：RMB 437,000
137cm×69cm 上海嘉禾 2018-06-25

66 丁雄泉 美女与鹦鹉
估 价：HKD 420,000~520,000
成交价：RMB 400,940
179.5cm×96.5cm 中国嘉德 2018-04-02

210 董寿平 红梅 镜心
估 价：RMB 1,200,000~1,500,000
成交价：RMB 3,450,000
122cm×243cm 荣宝斋（济南） 2018-07-01

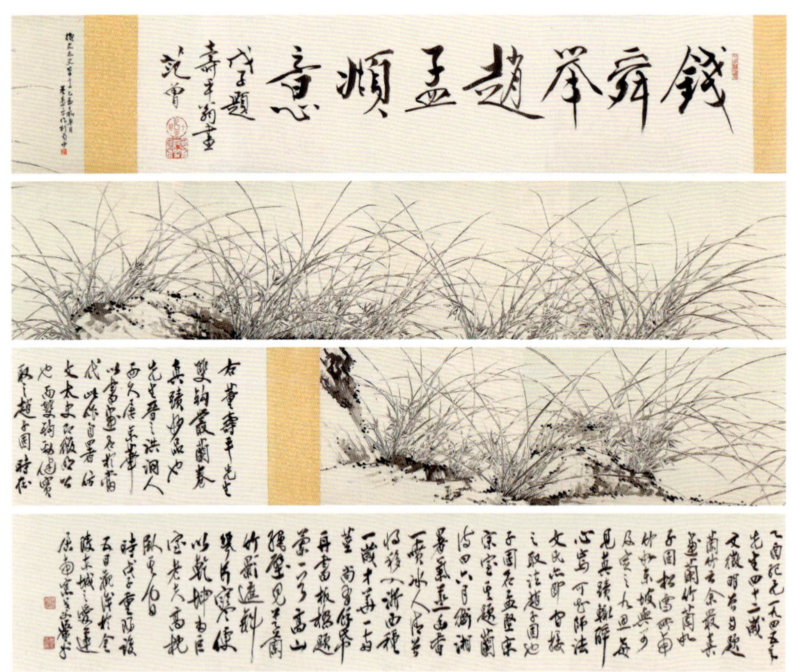

1947 董寿平 1945年作 滋兰九畹 手卷
估　价：RMB 2,200,000~2,600,000
成交价：RMB 2,530,000
33cm×284cm；引首33cm×132cm 北京保利 2018-12-08

745 董寿平 1986年作 黄山西海 立轴
估　价：RMB 600,000~800,000
成交价：RMB 977,500
133cm×66cm 北京荣宝 2018-06-14

1944 董寿平 林泉高致 立轴
估　价：RMB 1,800,000~2,200,000
成交价：RMB 2,070,000
137cm×73cm 北京保利 2018-12-08

409 董寿平 笔底明珠 立轴
估　价：RMB 800,000~1,000,000
成交价：RMB 1,150,000
170cm×92cm 广东崇正 2018-07-04

69 董希文 1945年作 敦煌菩萨像 立轴
估　价：RMB 28,000~35,000
成交价：RMB 805,000
138cm×59cm 北京翰海 2018-06-29

2 董希源 2018年作 山青水秀 镜心
估　价：RMB 380,000
成交价：RMB 483,000
90cm×97cm 北京翰海 2018-09-16

1334 董欣宾 月上枝头 镜心
估　价：RMB 120,000~150,000
成交价：RMB 437,000
136cm×68cm 中国嘉德 2018-06-20

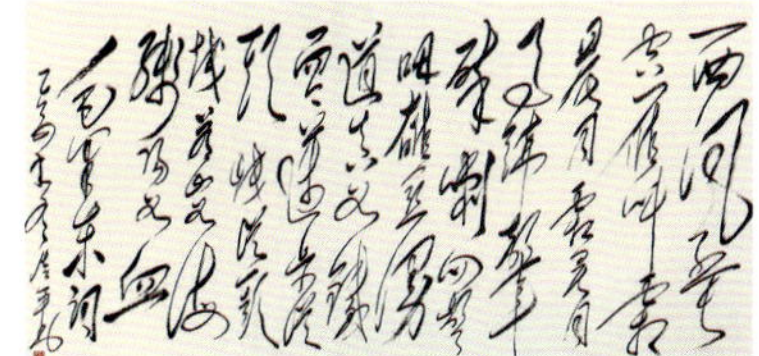

8 杜浩平 2005年作 草书《毛泽东词》 镜心
估　价：RMB 200,000
成交价：RMB 402,500
120cm×237cm 北京翰海 2018-09-16

420 董欣宾 四高士图 手卷
估　价：RMB 300,000~400,000
成交价：RMB 667,000
33cm×127cm 南京经典 2018-07-22

361 杜滋龄 2009年作 高原春晓 镜心
估　价：RMB 600,000~900,000
成交价：RMB 1,150,000
212cm×546cm 中国嘉德 2018-01-13

23 樊枫 2013年作 山水 四屏镜心
估　价：RMB 200,000~300,000
成交价：RMB 690,000
138cm×34cm×4 北京保利 2018-05-21

1213 樊增祥 楷书答问诗联 立轴
估　价：HKD 100,000~150,000
成交价：RMB 348,800
176.3cm×44cm×2 香港苏富比 2018-10-02

2462 樊洲 深水静流 镜框
估 价：RMB 1,000,000~1,200,000
成交价：RMB 1,380,000
370cm × 145cm 北京荣宝 2018-06-14

2018 范曾 1999年作 老子出关图 镜心
估 价：RMB 500,000~600,000
成交价：RMB 1,782,500
137.5cm × 69cm 北京荣宝 2018-06-14

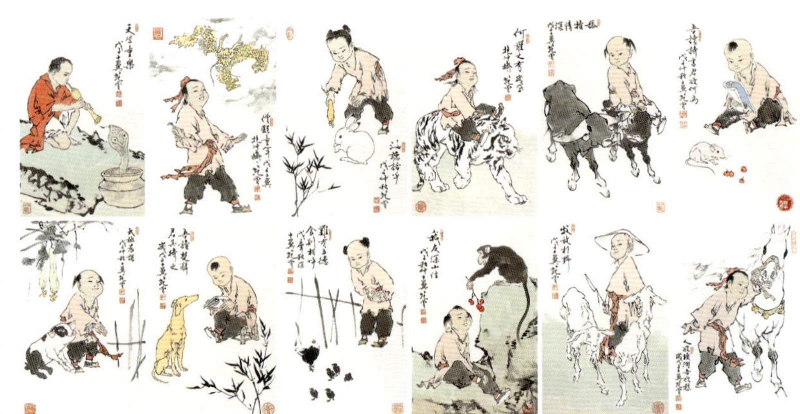

532 范曾 2008年作 十二生肖 镜心
估 价：HKD 1,200,000~1,500,000
成交价：RMB 7,202,720
69.5cm × 46cm × 12 保利香港 2018-10-01

1845 范曾 2000年作 清奇古怪雅集图 镜心
估 价：RMB 4,000,000~5,000,000
成交价：RMB 6,900,000
122cm × 232cm 北京保利 2018-06-17

394 范曾 松下问童子 镜心
估 价：RMB 800,000~1,200,000
成交价：RMB 1,380,000
178cm × 95.5cm 荣宝斋（上海） 2018-01-21

1352 范曾 1980年作 箫翼赚兰亭图 镜心
估 价：RMB 8,000~12,000
成交价：RMB 1,092,500
68cm×136cm 中国嘉德 2018-06-20

1404 范曾 1982年作 楚人踏歌图 镜框
估 价：HKD 100,000~150,000
成交价：RMB 606,750
95.8cm×61.5cm 香港苏富比 2018-04-02

1546 范扬 2004年作 罗汉一尊
估 价：RMB 350,000~450,000
成交价：RMB 517,500
136cm×68cm 北京翰海 2018-06-30

63 方楚雄 2013年作 密林集珍 镜心
估 价：RMB 1,000,000~1,500,000
成交价：RMB 2,530,000
101cm×300cm 北京荣宝 2018-09-14

64 方楚雄 2017年作 十二生肖 镜框
估 价：RMB 600,000~800,000
成交价：RMB 931,500
34.5cm×27.5cm×12 北京荣宝 2018-09-14

223 方楚雄 2016作 梅花孔雀 镜框
估 价：RMB 800,000
成交价：RMB 2,012,500
228cm×96cm 广东衡益 2018-07-01

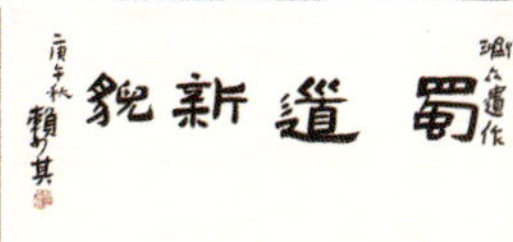

232 方济众 蜀道新歌 手卷
估 价：RMB 1,500,000~2,500,000
成交价：RMB 3,680,000
51cm×755cm 荣宝斋（南京） 2018-07-15

203 方济众 山庄秋兴 镜片
估 价：RMB 300,000~500,000
成交价：RMB 1,288,000
68cm×104cm 秦宝斋 2018-01-01

9 方金炉 2013年作 枝繁碧玉叶 镜心
估 价：RMB 200,000
成交价：RMB 345,000
137cm×68cm 北京翰海 2018-05-13

339 方骏 山水 四屏镜心
估 价：RMB 400,000~600,000
成交价：RMB 805,000
138.5cm×34cm×4 中贸圣佳 2018-06-20

185 方人定 花市灯如昼 立轴
估 价：RMB 1,600,000~1,800,000
成交价：RMB 1,380,000
162cm×95.5cm 精诚所至 2018-05-12

2024 方向 浮世 镜心
估 价：RMB 400,000~500,000
成交价：RMB 667,000
230cm×52cm 北京荣宝 2018-12-03

1610 方君璧 1954年作 挥毫一瞬
估 价：RMB 100,000~200,000
成交价：RMB 575,000
60cm×68.5cm 中国嘉德 2018-06-19

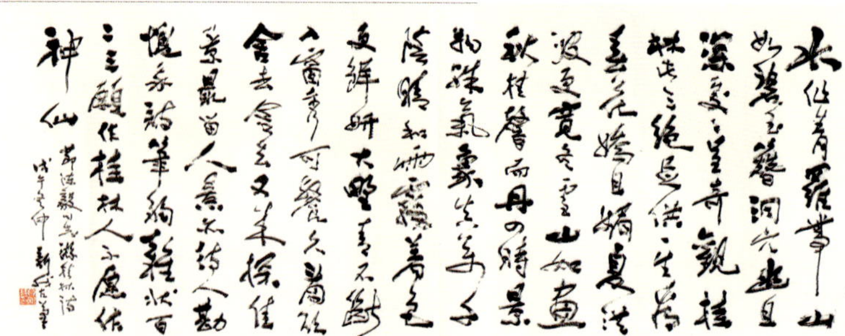

1033 费新我 1978年作 行书节录陈毅诗 镜心
估 价：RMB 800,000~1,000,000
成交价：RMB 1,587,000
193cm×503cm 北京荣宝 2018-06-14

2515 丰子恺 1962年作 高山仰止 立轴
估　价：RMB 800,000~1,200,000
成交价：RMB 3,737,500
108cm×48.5cm 北京保利 2018-12-07

1203 丰子恺 故园今夜 镜心
估　价：RMB 1,800,000~2,200,000
成交价：RMB 3,335,000
138.5cm×70cm 北京匡时 2018-12-06

2516 丰子恺 樱桃豌豆分儿女 立轴
估　价：RMB 300,000~500,000
成交价：RMB 1,150,000
38cm×32cm 北京保利 2018-12-07

1289 封曙光 2016年作 禅茶一味图 镜心
估　价：RMB 320,000~400,000
成交价：RMB 368,000
138cm×69cm 北京保利 2018-12-06

311 冯超然 1928年作 春风桃柳 立轴
估　价：RMB 100,000~120,000
成交价：RMB 828,000
113.5cm×41.5cm 上海匡时 2018-04-30

1443 冯大中 1991年作 晨妆 镜心
估　价：HKD 600,000~800,000
成交价：RMB 1,337,648
176.5cm×116cm 中国嘉德 2018-10-03

257 冯大中 2005年作 登高临远 镜框
估 价：RMB 300,000~400,000
成交价：RMB 460,000
136cm×67cm；136cm×33cm×2
北京荣宝 2018-05-18

1824 冯远 2004年作 四美图 镜心
估 价：RMB 400,000~600,000
成交价：RMB 1,127,000
137cm×35.5cm×4 北京荣宝 2018-12-03

864 冯钟睿 1973年作
1973-2-1 （三幅） 镜框
估 价：HKD 350,000~450,000
成交价：RMB 498,938
185cm×84.5cm×3 佳士得 2018-11-26

73 冯远 1998年作 唐人游春图 手卷
估 价：RMB 600,000~800,000
成交价：RMB 977,500
33cm×342cm 北京荣宝 2018-09-14

146 冯建吴 1977年作 凌云山水 镜心
估 价：RMB 300,000~500,000
成交价：RMB 977,500
181cm×96cm 八益拍卖 2018-04-28

831 冯长江 夏日 镜片
估 价：RMB 200,000~250,000
成交价：RMB 287,500
91cm×83cm 广东崇正 2018-07-05

1242 冯玉祥 1943年作
隶书岳飞《满江红》 册页 镜片 （十四开）
估 价：HKD 30,000~50,000
成交价：RMB 388,063
31cm×241cm 佳士得 2018-11-26

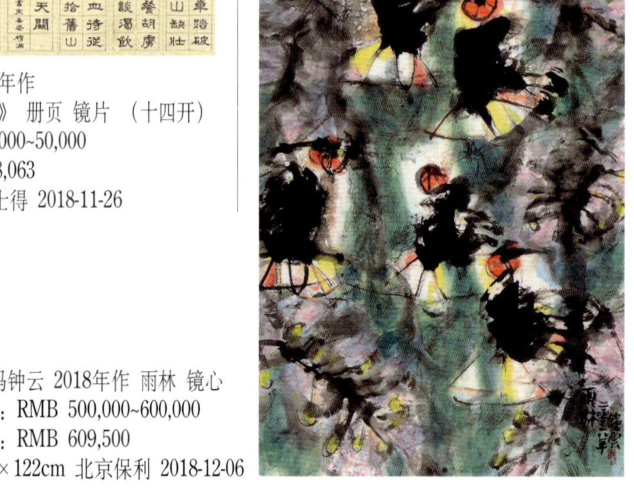

1221 冯钟云 2018年作 雨林 镜心
估 价：RMB 500,000~600,000
成交价：RMB 609,500
190cm×122cm 北京保利 2018-12-06

1403 冯淳 1934年作 苍松雪鹰 立轴
估　价：HKD 160,000~250,000
成交价：RMB 654,000
97cm×47.5cm 香港苏富比 2018-10-02

2047 符罗飞 1940年代 自画像
估　价：RMB 500,000~600,000
成交价：RMB 552,000
82cm×42cm 北京匡时 2018-06-16

333 傅抱石 1958年作 蝶恋花 立轴
成交价：RMB 133,400,000
167cm×84cm 中国嘉德 2018-11-20

1779 傅抱石 琵琶行诗意 立轴
成交价：RMB 103,500,000
178cm × 56cm 北京保利 2018-06-17

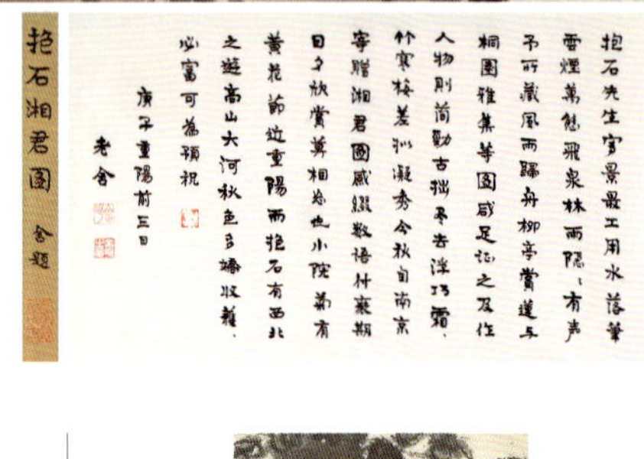

2506 傅抱石 1960年作 湘君 立轴
估 价：RMB 15,000,000~25,000,000
成交价：RMB 50,600,000
画51cm × 73cm；字35cm × 73cm
北京保利 2018-12-07

1431 傅抱石 1943年作 松下问童子 镜框
估 价：HKD 35,000,000~45,000,000
成交价：RMB 33,880,700
108.5cm × 31cm 佳士得 2018-05-29

1291 傅抱石 东山丝竹 镜框
估 价：HKD 26,000,000~35,000,000
成交价：RMB 25,415,600
103.3cm × 29cm 佳士得 2018-05-29

1432 傅抱石 1945年作 雪拥蓝关图 立轴
成交价：RMB 30,617,010
88.5cm × 56.3cm 香港苏富比 2018-04-02

333 傅抱石 1944年作 游春 镜心
估　价：RMB 15,000,000~25,000,000
成交价：RMB 25,300,000
114cm × 58cm 中国嘉德 2018-06-18

2540 傅抱石 1944年作 金刚坡秋色 镜心
估　价：RMB 15,000,000~20,000,000
成交价：RMB 22,080,000
61cm × 101cm 北京保利 2018-12-07

503 傅抱石 侧耳含情披月影 立轴
估 价：RMB 18,000,000~28,000,000
成交价：RMB 20,700,000
113.5cm×66cm 华艺国际 2018-11-16

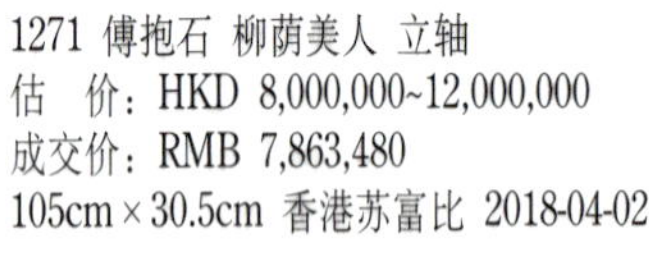

1271 傅抱石 柳荫美人 立轴
估 价：HKD 8,000,000~12,000,000
成交价：RMB 7,863,480
105cm×30.5cm 香港苏富比 2018-04-02

332 傅抱石 1947年作 柳荫仕女 镜心
估 价：RMB 6,800,000~8,800,000
成交价：RMB 17,825,000
105.5cm×42cm 中国嘉德 2018-06-18

412 傅抱石 关山月 1961年作 千山竞秀 镜片
估 价：RMB 12,000,000~16,000,000
成交价：RMB 17,020,000
103cm×143cm 广东崇正 2018-07-04

524 傅抱石 1964年作 千山云起 立轴
估 价：RMB 3,000,000~5,000,000
成交价：RMB 5,750,000
45.5cm×69cm 北京荣宝 2018-06-14

929 傅抱石 1946年作 竹荫仕女图 镜片
估　价：RMB 3,500,000~4,800,000
成交价：RMB 4,025,000
82.5cm × 36cm 西泠拍卖 2018-07-07

1258 傅抱石 1947年作 湘夫人 镜框
估　价：HKD 800,000~1,200,000
成交价：RMB 2,427,000
28cm × 39cm 香港苏富比 2018-04-02

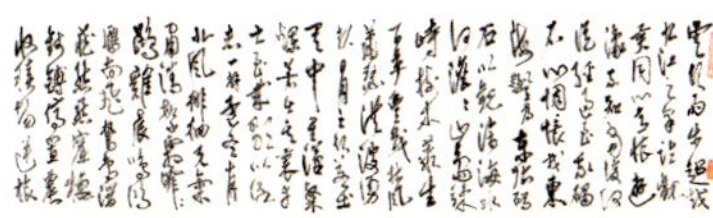

1785 高二适 1976年作
草书曹操《步出夏门行》 手卷
估　价：RMB 2,000,000~3,000,000
成交价：RMB 2,300,000
50cm × 366cm 北京保利 2018-06-17

179 高剑父 1945年作 恨海难填 立轴
估　价：RMB 400,000~500,000
成交价：RMB 598,000
99cm × 52cm 精诚所至 2018-05-12

1410 高剑父 耕罢 立轴
估　价：HKD 600,000~800,000
成交价：RMB 2,643,260
160.5cm × 99.5cm 佳士得 2018-11-26

519 高奇峰 1924年作 清猿图 立轴
估　价：RMB 3,500,000~4,500,000
成交价：RMB 4,600,000
137cm × 52cm 华艺国际 2018-05-23

1208 高奇峰 丹心 立轴
估　价：HKD 400,000~600,000
成交价：RMB 3,591,960
172.5cm × 59.1cm 香港苏富比 2018-04-02

1407 高奇峰 1932年作 雁鹅图 立轴
估　价：HKD 400,000~600,000
成交价：RMB 609,813
128.5cm×65.5cm 佳士得 2018-11-26

135 郜宗远 2017年作 江山如此多娇 镜心
成交价：RMB 368,000
97cm×183cm 北京翰海 2018-09-16

1801 龚文桢 梅竹报喜 镜心
估　价：RMB 150,000~200,000
成交价：RMB 310,500
68cm×135cm 北京荣宝 2018-12-03

1996 辜鸿铭 行书 “浚哲文明”
估　价：RMB 100,000~150,000
成交价：RMB 460,000
26.5cm×124.5cm 中国嘉德 2018-06-20

501 古元 江南初夏 镜心
成交价：RMB 299,000
38.5cm×53.5cm 中国嘉德 2018-11-21

583 关良 1982年作 贵妃醉酒图 镜心
估　价：RMB 1,000,000~1,500,000
成交价：RMB 1,725,000
137cm×67.5cm 上海匡时 2018-04-30

1251 关良 1978年作 太白醉写 立轴
估　价：HKD 480,000~600,000
成交价：RMB 809,000
122cm×69.4cm 香港苏富比 2018-04-02

1362 关山月 万山红遍 镜片
估　价：USD 30,000~50,000
成交价：RMB 594,938
95.4cm×178.5cm 纽约苏富比 2018-03-23

371 关山月 1998年作 俏也不争春 镜片
估　价：RMB 3,200,000~4,000,000
成交价：RMB 3,680,000
53cm×234cm 广东崇正 2018-07-04

523 关山月 黄洋界 镜框
估　价：RMB 2,800,000~3,800,000
成交价：RMB 3,507,500
49cm×67.5cm 华艺国际 2018-05-23

372 关山月 1987年作 早发白帝城 镜片
估　价：RMB 1,800,000~2,800,000
成交价：RMB 2,070,000
95cm×95cm 广东崇正 2018-07-04

522 关山月 梅花图 镜框
估　价：RMB 2,800,000~3,800,000
成交价：RMB 3,450,000
181cm×60cm 华艺国际 2018-05-23

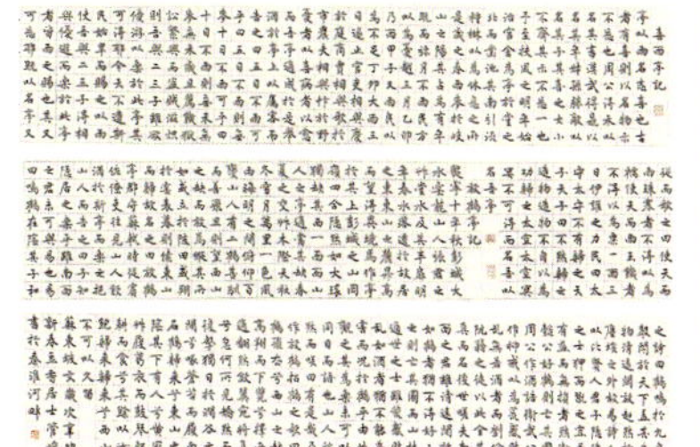

347 管峻 楷书苏轼文选 镜心
估　价：RMB 200,000~300,000
成交价：RMB 345,000
本幅26cm×344.5cm 中贸圣佳 2018-06-20

1703 郭德昌 吴山神韵
估　价：RMB 500,000~600,000
成交价：RMB 632,500
136cm×69cm 北京翰海 2018-06-30

503 郭迪康 大唐西市 镜心
估　价：HKD 500,000~700,000
成交价：RMB 477,310
228cm×174cm 保利香港 2018-04-02

538 郭沫若 毛主席诗三十七首 手卷
估 价：RMB 4,000,000~6,000,000
成交价：RMB 4,600,000
书法30cm×1029cm 华艺国际 2018-11-16

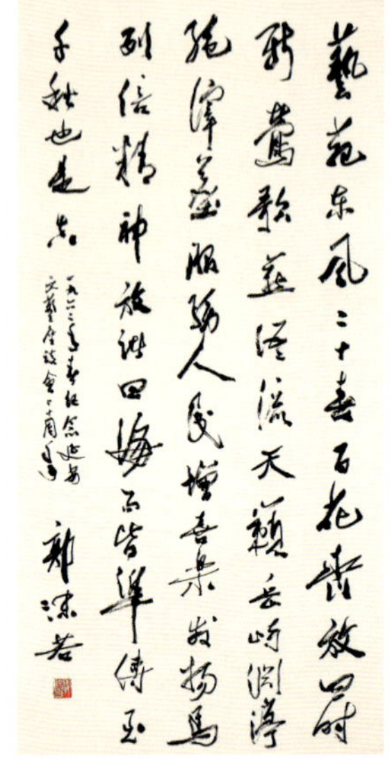

325 郭沫若 1962年作 行草书 立轴
估 价：RMB 300,000~400,000
成交价：RMB 805,000
134.5cm×66.5cm 北京翰海 2018-06-29

2077 郭石夫 2014年作 藤萝 镜心
估 价：RMB 300,000~400,000
成交价：RMB 460,000
138cm×35cm 北京荣宝 2018-06-14

1005 郭沫若 行书七言诗 立轴
估 价：RMB 600,000~800,000
成交价：RMB 1,322,500
130.5cm×25.5cm 北京荣宝 2018-06-14

2484 郭显中 2003年作 同醉 镜心
估 价：RMB 350,000~400,000
成交价：RMB 460,000
68cm×68cm 北京荣宝 2018-06-14

2315 郭秀仪 齐白石 耕牛图 镜框
估 价：RMB 150,000~300,000
成交价：RMB 632,500
70cm×53cm 北京保利 2018-12-07

1228 郭怡孮 彼泽之陂有荷与蒲 镜心
估 价：RMB 120,000~180,000
成交价：RMB 598,000
156.5cm×125.0cm 中国嘉德 2018-11-22

220 郭怡琮 幽兰出深谷 镜心
估 价：RMB 300,000
成交价：RMB 402,500
97cm×180cm 北京翰海 2018-09-16

2348 韩必省 2017年作 吉祥如意 镜心
估 价：RMB 1,200,000~1,600,000
成交价：RMB 1,840,000
68cm×134.5cm 北京荣宝 2018-06-14

2403 韩天衡 韩天衡书画合册 册页
估 价：RMB 800,000~1,000,000
成交价：RMB 920,000
34cm×34cm×24 北京荣宝 2018-06-14

98 韩美林 2011年作 双骏 镜心
估 价：RMB 800,000~1,200,000
成交价：RMB 1,265,000
68cm×249cm 北京荣宝 2018-09-14

1320 韩羽 戏剧人物 册页 （十开）
估 价：RMB 450,000~550,000
成交价：RMB 517,500
28cm×28cm×10 中国嘉德 2018-06-20

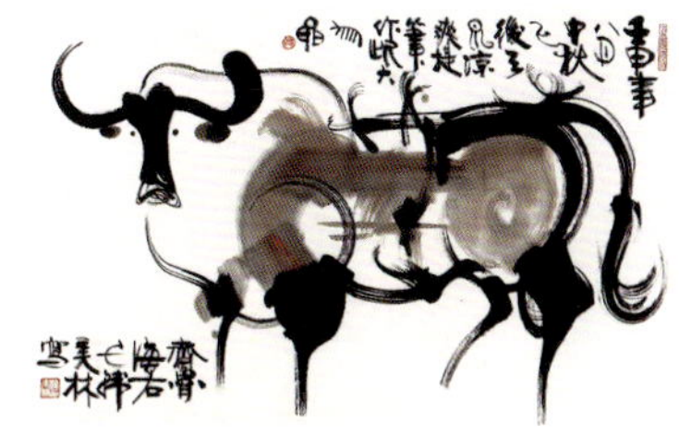

1006 韩美林 大牛图 镜心
估 价：RMB 380,000~580,000
成交价：RMB 632,500
89cm×145cm 保利厦门 2018-07-15

2347 韩必省 2017年作 不用扬鞭自奋蹄 镜心
估 价：RMB 2,800,000~3,000,000
成交价：RMB 4,600,000
95.5cm×176cm 北京荣宝 2018-06-14

49 郝鹤君 春夏秋冬 镜片
估 价：RMB 400,000~600,000
成交价：RMB 678,000
182cm×72cm×4 广东省拍 2018-09-20

36 郝量 2011年作 猎人与地狱变
估 价：HKD 1,800,000~2,600,000
成交价：RMB 9,455,420
230cm×147cm 佳士得 2018-11-24

1466 何百里 2000年作 朱壑丹枫泉影白 镜框
估 价：HKD 180,000~250,000
成交价：RMB 654,000
91.7cm×207.8cm 香港苏富比 2018-10-02

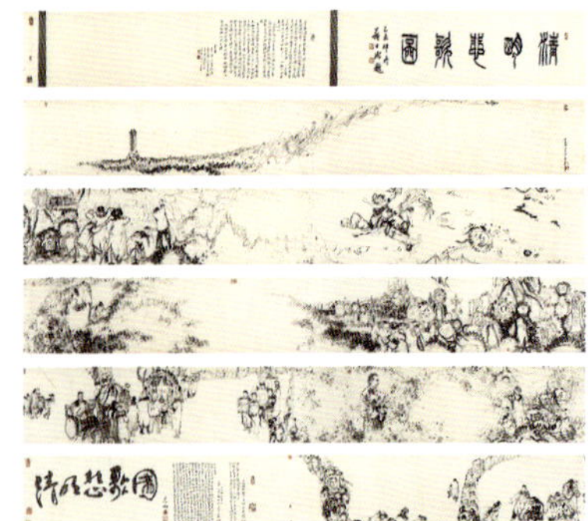

1611 何宝森 1977年作 清明悲歌图
估 价：RMB 600,000~800,000
成交价：RMB 667,000
画心34.5cm×1234cm 北京匡时 2018-12-06

549 何海霞 1987年作 天山南北 镜心
估 价：RMB 6,000,000~8,000,000
成交价：RMB 9,775,000
143cm×367cm 北京荣宝 2018-12-03

1825 何海霞 唐骊山避暑图 镜心
估 价：RMB 4,000,000~5,000,000
成交价：RMB 4,600,000
67cm×135.5cm 北京保利 2018-06-17

1332 何海霞 唐骊山避暑图 通景四屏 镜片
估 价：USD 12,000~18,000
成交价：RMB 594,938
99.4cm×34.1cm×4 纽约苏富比 2018-03-23

578 何海霞 1996年作 高峡出平湖 立轴
估 价：RMB 2,600,000~3,000,000
成交价：RMB 3,680,000
68.5cm×137cm 北京荣宝 2018-06-14

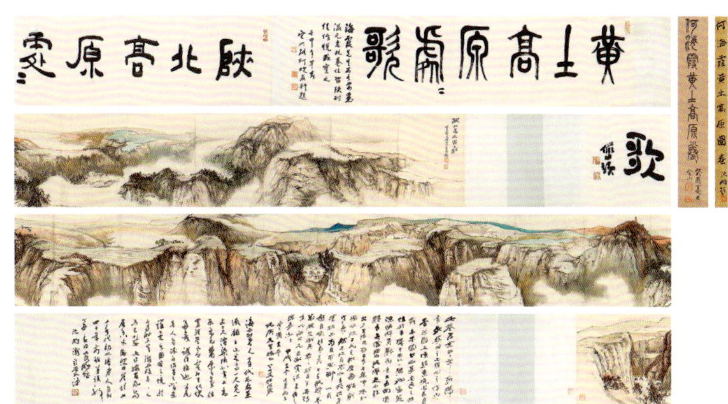

188 何海霞 陕北高原处处歌 手卷
估 价：RMB 1,800,000~2,200,000
成交价：RMB 3,360,000
绘画33cm×432cm 秦宝斋 2018-01-01

1040 何家英 2005年作 消夏图 镜心
估 价：RMB 1,000,000~1,200,000
成交价：RMB 2,760,000
139cm×70.5cm 北京荣宝 2018-09-14

824 何海霞 1989年作 华山绝顶 立轴
估 价：RMB 1,500,000~2,000,000
成交价：RMB 3,220,000
本幅96cm×72.5cm 北京匡时 2018-06-15

1576 何家英 2000年作 梅花娟影
估 价：RMB 1,500,000~1,800,000
成交价：RMB 2,760,000
94cm×68cm 北京翰海 2018-06-30

93 何家英 1999年作 裸女 镜心
估 价：RMB 1,500,000~2,000,000
成交价：RMB 2,070,000
69cm×83cm 北京荣宝 2018-09-14

46 何家英 闲日 镜心
估 价：RMB 1,200,000~1,800,000
成交价：RMB 2,070,000
74.5cm×78cm 荣宝斋（济南） 2018-06-30

48 何家英 1994年作 红衣少女 镜心
估 价：RMB 1,200,000~1,500,000
成交价：RMB 1,725,000
93cm×68cm 北京荣宝 2018-05-18

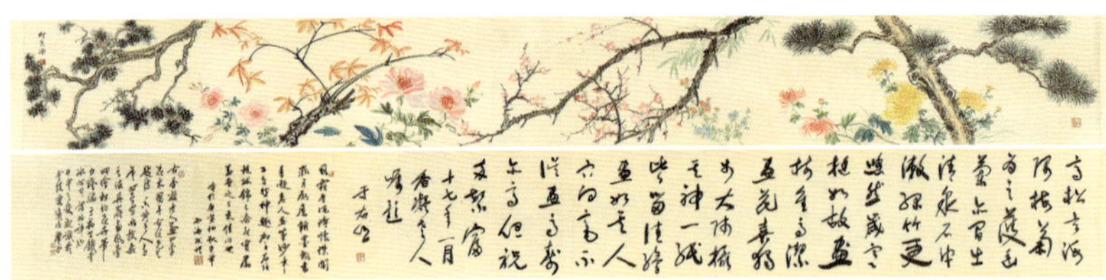

387 何香凝 四季花木图卷 手卷
估 价：RMB 400,000~500,000
成交价：RMB 598,000
画33cm×270cm 南京经典 2018-07-22

196 贺良朴 写经图卷 手卷
估 价：RMB 150,000~250,000
成交价：RMB 299,000
本幅33cm×124.5cm 中贸圣佳 2018-11-24

1218 弘四 真语者 镜心
估 价：RMB 700,000~800,000
成交价：RMB 805,000
96cm×101cm 北京保利 2018-12-06

186 贺天健 1937年作 玩月图 立轴
估 价：RMB 300,000~350,000
成交价：RMB 575,000
106cm×58.5cm 上海匡时 2018-04-30

203 贺天健 1959年作 天都采耳图 立轴
估 价：RMB 600,000~750,000
成交价：RMB 1,127,000
148cm×82cm 北京诚轩 2018-06-16

1241 弘一 1932年作 佛说五大施经 （四幅） 立轴 镜框
估 价：HKD 8,000,000~10,000,000
成交价：RMB 8,603,900
148cm×37.5cm×4 佳士得 2018-11-26

275 胡风 书法手卷 手卷
估 价：RMB 800,000~1,000,000
成交价：RMB 1,035,000
本幅21cm×254cm 中贸圣佳 2018-06-20

1620 弘一 1915年作 魏碑《道德经》 镜心
估 价：RMB 3,000,000~4,000,000
成交价：RMB 6,095,000
64cm×134cm 北京匡时 2018-06-16

320 胡念祖 神采山河 册页 （二十四开）
估 价：NTD 2,500,000~5,000,000
成交价：RMB 3,044,400
尺寸不一 台北艺流 2018-06-30

397 弘一 1930年作 行书“无去亦无来”横披
估 价：RMB 500,000~800,000
成交价：RMB 4,715,000
30cm×135.5cm 中国嘉德 2018-06-18

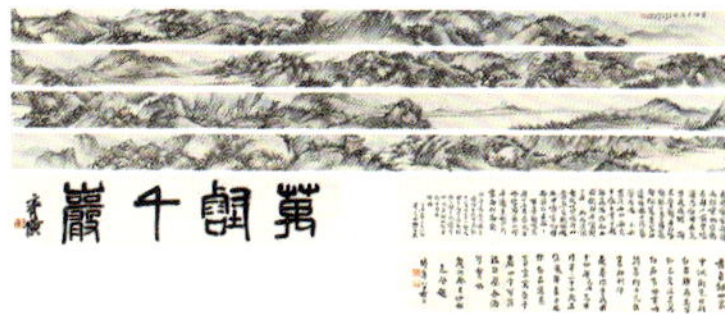

112 胡佩衡 1925年作 万壑千岩图 手卷
估 价：RMB 100,000~150,000
成交价：RMB 1,265,000
画心8.5cm×716.5cm 北京匡时 2018-12-05

644 胡泽涛 2014年作 大野秋声 镜心
估　价：RMB 250,000~350,000
成交价：RMB 322,000
213cm×180cm 保利山东 2018-11-22

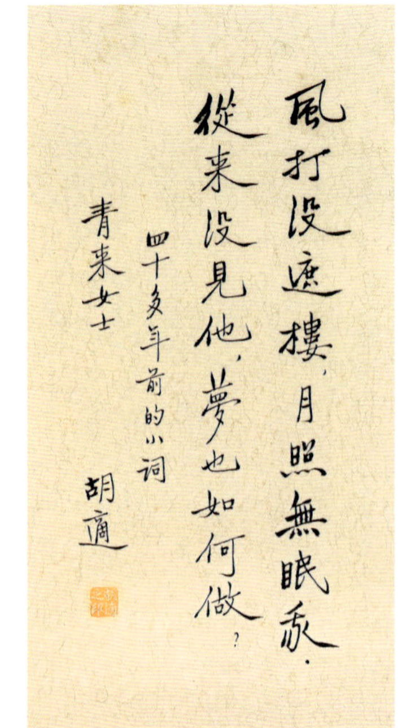

180 胡适 楷书自作小词 镜片
估　价：RMB 300,000~400,000
成交价：RMB 460,000
58cm×30cm 上海驰翰 2018-06-25

759 胡也佛 春游晚归 镜片
估　价：RMB 600,000~800,000
成交价：RMB 690,000
79.3cm×35cm 广东崇正 2018-07-05

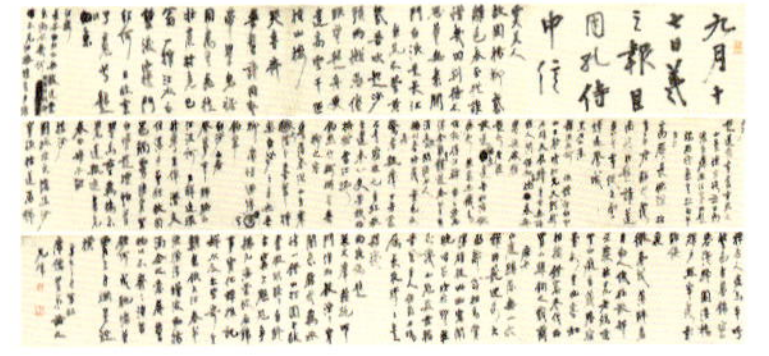

511 胡小石 书法 手卷
估　价：RMB 800,000~1,200,000
成交价：RMB 1,437,500
21cm×431cm 南京经典 2018-01-06

0815A 胡爽盦 虎 横披
估　价：RMB 600,000~800,000
成交价：RMB 690,000
175.5cm×380.5cm 北京荣宝 2018-06-14

344 黄宾虹 1949年作 山水四绝 镜心
估　价：RMB 68,000,000~88,000,000
成交价：RMB 78,200,000
143.5cm×47cm×4 中国嘉德 2018-11-20

3160 华三川 李双双 连环画原稿
估　价：RMB 300,000~330,000
成交价：RMB 460,000
15cm×20cm×60 西泠拍卖 2018-07-08

1140 黄宾虹 1952年作
挹翠阁落成志庆图 立轴
估 价：HKD 5,000,000~8,000,000
成交价：RMB 33,678,670
127cm×47.5cm 中国嘉德 2018-04-03

1712 黄宾虹 峨眉纪游 镜心
成交价：RMB 33,350,000
31cm×18cm×4 北京保利 2018-06-17

1277 黄宾虹 1947年作 青山晋寿图 立轴
估 价：HKD 15,000,000~20,000,000
成交价：RMB 26,050,205
128.5cm×61cm 香港苏富比 2018-04-02

343 黄宾虹 1952年作 挹翠阁 镜心
估 价：RMB 18,000,000~28,000,000
成交价：RMB 28,750,000
92.5cm×44.5cm 中国嘉德 2018-11-20

1141 黄宾虹 1952年作 北高峰图 立轴
估 价：HKD 12,000,000~22,000,000
成交价：RMB 19,634,430
画89.5cm×48cm
跋26.5cm×48cm 中国嘉德 2018-04-03

28 黄宾虹 山居图 立轴
估　价：RMB 18,000,000~28,000,000
成交价：RMB 31,050,000
137cm×75cm 华艺国际 2018-11-16

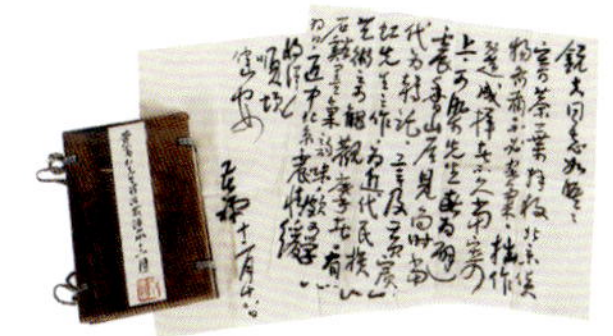

914 黄宾虹 蜀游峨眉山水十二图 （共十六页） 镜片
估　价：RMB 12,000,000~18,000,000
成交价：RMB 23,000,000
画心22cm×17cm×12；题跋22cm×17cm×4 西泠拍卖 2018-07-07

1428 黄宾虹 峨嵋伏虎寺 立轴
估　价：HKD 3,000,000~5,000,000
成交价：RMB 8,253,480
67cm×39.5cm 中国嘉德 2018-10-03

347 黄宾虹 秋江萧寺 立轴
估　价：RMB 5,000,000~8,000,000
成交价：RMB 9,890,000
128cm×42cm 中国嘉德 2018-06-18

2503A 黄宾虹 1949年作 新安江练溪图 立轴
估　价：RMB 1,800,000~2,200,000
成交价：RMB 12,880,000
100cm×34cm 北京保利 2018-12-07

348 黄宾虹 北高峰一角 立轴
估 价：RMB 8,000,000~12,000,000
成交价：RMB 18,400,000
100.5cm × 49cm 中国嘉德 2018-06-18

201 黄宾虹 山亭琴趣 立轴
估 价：RMB 3,000,000~4,000,000
成交价：RMB 7,475,000
117.5cm × 40cm 荣宝斋（南京） 2018-07-15

119 黄宾虹 1949年作 嘉陵纪游
估 价：HKD 1,000,000~2,000,000
成交价：RMB 3,187,460
103cm × 33cm 邦瀚斯 2018-04-03

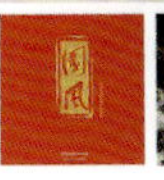

915 黄宾虹 沤波诗意图 镜片
估 价：RMB 2,800,000~3,500,000
成交价：RMB 4,600,000
115cm × 57cm 西泠拍卖 2018-07-07

1330 黄宾虹 1954年作 云梦楼图 立轴
估 价：HKD 1,200,000~1,800,000
成交价：RMB 2,427,000
80.5cm × 27.5cm 香港苏富比 2018-04-02

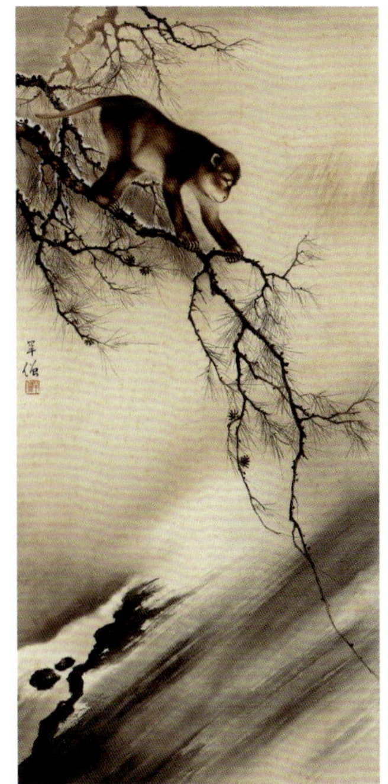

715 黄幻吾 松梢雪猿 立轴
估 价：USD 20,000~40,000
成交价：RMB 359,205
纽约苏富比 2018-09-13

1 黄建南 历程 镜心
估 价：RMB 1,000,000
成交价：RMB 1,725,000
47cm × 47cm 北京翰海 2018-09-16

32 黄均 红楼十二金钗图 镜心
成交价：RMB 943,000
152.5cm × 53.5cm 中国嘉德 2018-11-20

823 黄君璧 1951年作 玉兰双栖 镜心
估 价：RMB 1,500,000~1,800,000
成交价：RMB 1,725,000
94cm × 43cm 北京匡时 2018-06-15

614 黄君璧 云横翠黛 镜心
估 价：RMB 800,000~1,200,000
成交价：RMB 1,437,500
184.5cm×95cm 上海匡时 2018-04-30

381 黄秋园 1974年作 奚谷山草堂图 立轴
估 价：RMB 1,800,000~2,800,000
成交价：RMB 2,875,000
214cm×55cm 中国嘉德 2018-06-18

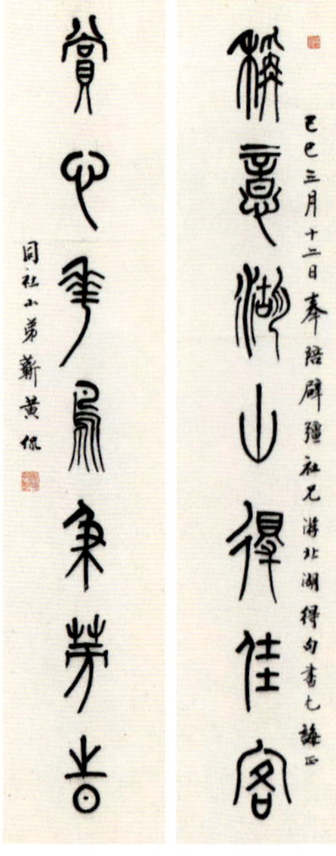

819 黄侃 1905年作 篆书七言联 镜心
估 价：RMB 150,000~250,000
成交价：RMB 310,500
135cm×26cm×2 中国嘉德 2018-11-21

2 黄努卫 黄山一角
估 价：RMB 3,000,000
成交价：RMB 3,200,000
68cm×132cm 北京贞观 2018-07-15

18 黄廷海 碧水丹崖武夷山 镜心
估 价：RMB 200,000~300,000
成交价：RMB 552,000
138cm×70cm 凤凰拍卖 2018-01-21

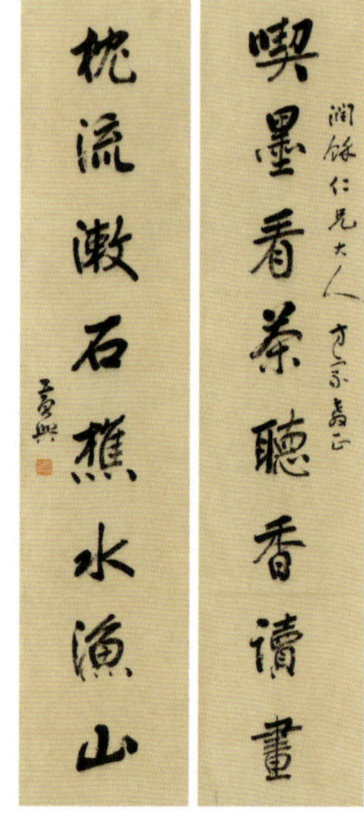

1249 黄兴 行书八言联 立轴
估 价：RMB 400,000~500,000
成交价：RMB 460,000
127cm×27cm×2 北京匡时 2018-12-06

1483 黄永玉 1988年作 长相思 镜框
估 价：HKD 2,800,000~4,000,000
成交价：RMB 3,589,040
52cm×223.5cm 佳士得 2018-05-29

93 黄永玉 1978年作 双鹊图 镜心
估 价：RMB 400,000~600,000
成交价：RMB 1,495,000
120cm×120cm 中国嘉德 2018-11-20

424 黄永玉 1977年作 红荷 镜心
估 价：RMB 300,000~500,000
成交价：RMB 1,495,000
107cm×104cm 中国嘉德 2018-11-21

1402 黄永玉 1996年作 老梅 镜框
估 价：HKD 1,600,000~2,600,000
成交价：RMB 1,624,000
137cm×67cm 佳士得 2018-05-29

362 黄永玉 1984年作 彩荷 镜框
估 价：RMB 800,000~1,200,000
成交价：RMB 1,092,500
170cm×48cm 华艺国际 2018-05-23

225 黄永玉 1980年作 荷花鹭鸶 镜框
估 价：RMB 800,000~1,000,000
成交价：RMB 977,500
121cm×68cm 北京荣宝 2018-09-14

1403 黄永玉 2000年作 故乡 镜框
估 价：HKD 800,000~1,500,000
成交价：RMB 812,000
69cm×139cm 佳士得 2018-05-29

296 黄正襄 玉楼春 镜心
估 价：RMB 200,000~300,000
成交价：RMB 402,500
68cm×35cm 北京荣宝 2018-05-18

573 黄胄 1988年作 天山放牧 镜心
估 价：RMB 3,500,000~5,500,000
成交价：RMB 4,370,000
137cm × 202cm 北京荣宝 2018-06-14

533 黄胄 1973年作 上学图 镜心
估 价：RMB 4,500,000~6,000,000
成交价：RMB 7,015,000
67.5cm × 136cm 北京荣宝 2018-12-03

322 黄胄 1976年作 库尔班大叔 立轴
估 价：RMB 6,000,000~8,000,000
成交价：RMB 8,740,000
153.5cm × 95.5cm 中国嘉德 2018-11-20

2550 黄胄 1977年作 草原颂歌图 镜心
估 价：RMB 8,000,000~10,000,000
成交价：RMB 40,825,000
123cm × 69cm 北京保利 2018-12-07

321 黄胄 1980年作 载歌行 立轴
估 价：RMB 2,800,000~3,800,000
成交价：RMB 4,830,000
本幅133cm×52cm；诗堂30cm×52cm
中国嘉德 2018-11-20

572 黄胄 1980年作 塔吉克民间舞 镜心
估 价：RMB 1,500,000~2,000,000
成交价：RMB 4,830,000
130cm×66cm 北京荣宝 2018-06-14

35 贾大年 2018年作 2017年作 花鸟 四屏 镜心
估 价：RMB 400,000
成交价：RMB 552,000
138cm×33cm×4 北京翰海 2018-09-16

99 纪映欣 牡丹仙子 镜心
估 价：RMB 400,000~600,000
成交价：RMB 872,100
136cm×68cm 北京歌德 2018-08-25

1516 家昌 太平有象 镜心
估 价：RMB 800,000~1,000,000
成交价：RMB 4,370,000
335cm×190cm 北京保利 2018-06-17

1362 贾广健 2015年作 春意初浓 镜心
估 价：RMB 480,000~580,000
成交价：RMB 1,012,000
132cm×67cm 中国嘉德 2018-06-20

285 贾又福 朝霞图 镜心
估 价：RMB 400,000~600,000
成交价：RMB 1,150,000
35cm×139cm 中国嘉德 2018-01-13

1860 贾又福 牧趣图 镜心
估 价：RMB 400,000~600,000
成交价：RMB 1,265,000
96cm×155cm 北京荣宝 2018-12-03

2020 贾又福 朝晖 镜心
估 价：RMB 800,000~1,000,000
成交价：RMB 1,725,000
66.5cm×37cm 北京荣宝 2018-06-14

1125 江宏伟 2000年作 四季花鸟 镜心
估 价：RMB 1,000,000~1,200,000
成交价：RMB 1,035,000
136cm×37cm×4 北京荣宝 2018-09-14

801 江寒汀 1944年作 田园春意 立轴
估 价：RMB 300,000~400,000
成交价：RMB 540,500
107cm×51cm 北京匡时 2018-06-15

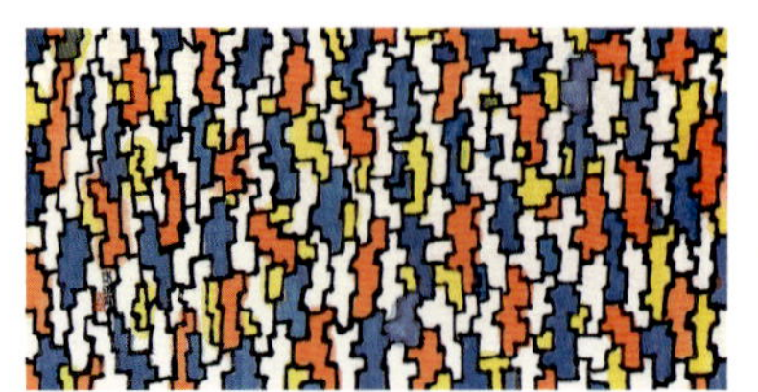

2357 姜宝林 意象墨彩 镜心
估 价：RMB 600,000~800,000
成交价：RMB 747,500
68.5cm×137cm 北京荣宝 2018-06-14

1706 姜云宗 碧海涛天
估 价：RMB 280,000~300,000
成交价：RMB 322,000
48cm×179cm 北京翰海 2018-06-30

328 蒋兆和 新年 立轴
估 价：RMB 2,000,000~3,000,000
成交价：RMB 4,082,500
97cm×54cm 华艺国际 2018-05-23

1434 蒋悦 2016年作 甘地：大道之上
估 价：RMB 350,000~400,000
成交价：RMB 437,000
144.5cm×353.5cm 广东崇正 2018-07-05

1290 蒋兆和 1948年作 老夫老妻 镜框
估　价：HKD 900,000~1,200,000
成交价：RMB 4,466,000
101cm×79cm 佳士得 2018-05-29

1238 蒋兆和 老妇 镜框
估　价：HKD 400,000~600,000
成交价：RMB 1,618,000
63cm×43.6cm 香港苏富比 2018-04-02

94 金城 1916年作 松竹梅藤 四屏立轴
估　价：RMB 800,000~1,200,000
成交价：RMB 2,300,000
361cm×70cm×4 中国嘉德 2018-11-20

1406 金城 1923年作 秋山白云图 立轴
估　价：HKD 600,000~800,000
成交价：RMB 1,035,500
140.3cm×60.5cm 香港苏富比 2018-10-02

255 金鸿钧 1991年作 雪霁 镜心
估　价：RMB 300,000~500,000
成交价：RMB 575,000
126cm×113cm 北京荣宝 2018-09-14

1727 金威昕 2016年作 四君子
估　价：RMB 500,000~600,000
成交价：RMB 575,000
194cm×182cm 北京翰海 2018-06-30

2155 金西厓 谢稚柳 刘旦宅 刻 书画
金西厓刻 牵牛金桂扇骨 谢稚柳 书法、
刘旦宅 花鸟成扇
估　价：RMB 200,000~300,000
成交价：RMB 690,000
长31.5cm 中贸圣佳 2018-11-24

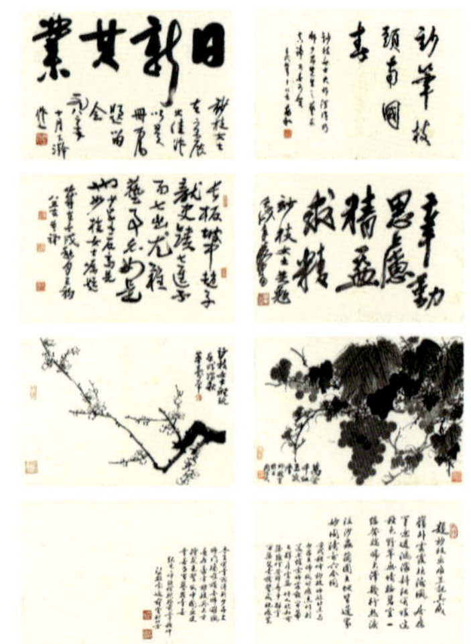

1403 京华名家 1982年作
绚丽篇 （八开） 册页
估 价：HKD 400,000~600,000
成交价：RMB 859,563
40.5cm×59cm×8 香港苏富比 2018-04-02

1238 井上有一 1966年作 泰 镜心
估 价：RMB 380,000~480,000
成交价：RMB 1,437,500
146cm×228cm 中国嘉德 2018-06-20

2486 君寿 鹰 镜框
估 价：RMB 300,000~400,000
成交价：RMB 460,000
41cm×41cm 北京荣宝 2018-06-14

107 康宁 2005年作 花鸟 十二条屏镜心
估 价：RMB 100,000~120,000
成交价：RMB 425,500
136cm×33cm×12 北京荣宝 2018-09-14

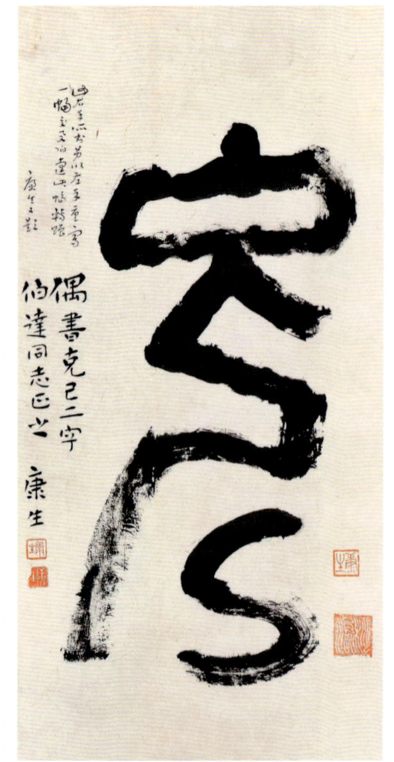

1989 康生 篆书 “克己”
估 价：RMB 600,000~1,000,000
成交价：RMB 977,500
112.5cm×55.5cm 中国嘉德 2018-11-21

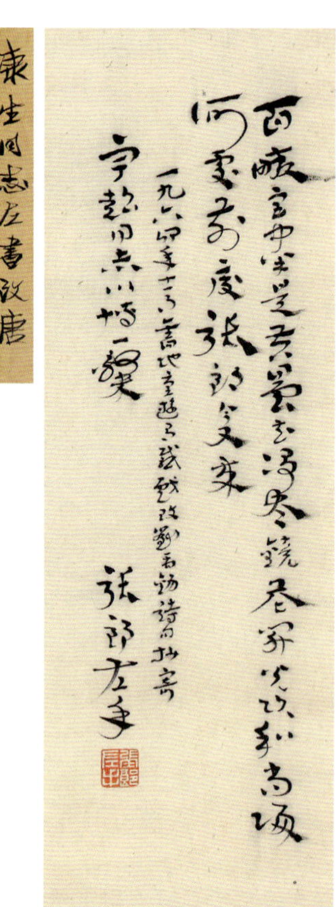

5 康生 1964年作 草书 七言诗 立轴
估 价：RMB 180,000~250,000
成交价：RMB 805,000
88cm×29.5cm 西泠拍卖 2018-07-07

1248 康有为 草书《西湖孤山仿李侍郎》四屏立轴
估 价：RMB 800,000~1,200,000
成交价：RMB 1,610,000
172.5cm×45cm×4 北京匡时 2018-12-06

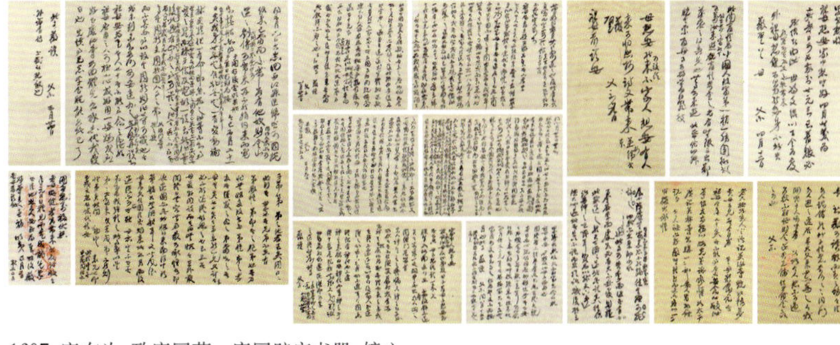

1607 康有为 致康同薇、康同璧家书册 镜心
估　价：RMB 1,000,000~1,200,000
成交价：RMB 1,840,000
尺寸不一 北京匡时 2018-06-16

2148 柯良 2018年作 清气留乾坤 镜心
估　价：RMB 800,000~1,200,000
成交价：RMB 1,955,000
95cm×355cm 北京荣宝 2018-12-03

1816 赖少其 1992年作 楚水吴山
估　价：RMB 550,000~700,000
成交价：RMB 1,150,000
83cm×75cm 北京保利 2018-12-08

604 赖少其 武夷山 镜框
估　价：RMB 800,000~1,000,000
成交价：RMB 1,069,500
49cm×94cm 华艺国际 2018-05-23

17 郎森 2017年作 红杏好时节
估　价：RMB 260,000
成交价：RMB 368,000
136cm×68cm 北京翰海 2018-09-16

257 寇月朋 2017年作 灵化
估　价：RMB 400,000
成交价：RMB 517,500
180cm×97cm 北京翰海 2018-09-16

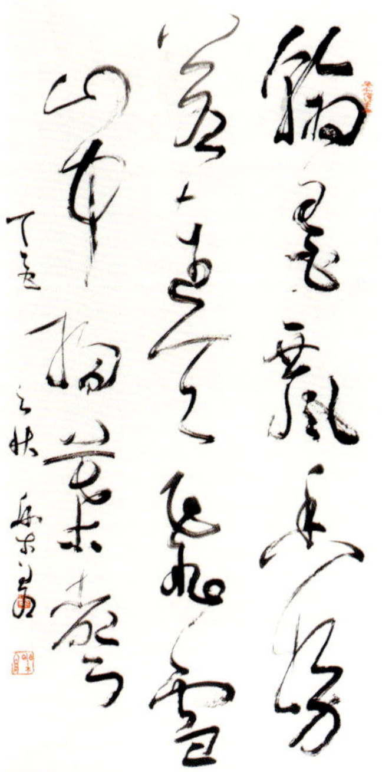

2748 乐泉 1997年作 草书 镜心
估　价：RMB 350,000~400,000
成交价：RMB 402,500
138cm×69cm 北京保利 2018-06-18

29 雷正民 2018年作 江湾幽趣 镜心
成交价：RMB 713,000
68cm × 138cm 北京翰海 2018-09-16

952 黎雄才 秋江放筏图 立轴
估　价：HKD 200,000~300,000
成交价：RMB 2,004,702
47cm × 71cm 中国嘉德 2018-04-03

382 黎雄才 守卫在南天门海岸线上 立轴
估　价：RMB 1,500,000~2,000,000
成交价：RMB 5,347,500
172cm × 92cm 广东崇正 2018-07-04

383 黎雄才 1981年作 长城之春 立轴
估　价：RMB 1,200,000~1,800,000
成交价：RMB 2,875,000
134cm × 68cm 广东崇正 2018-07-04

928 黎雄才 1960年作 百里漓江图 手卷
估　价：HKD 2,000,000~3,000,000
成交价：RMB 3,436,632
15cm × 1701.5cm 中国嘉德 2018-04-03

898 黎雄才 1956年作 长江大桥 镜心
估　价：HKD 5,000,000~6,000,000
成交价：RMB 4,959,170
48cm × 130cm 中国嘉德 2018-04-03

82 黎元洪 福寿 立轴
估　价：RMB 360,000~560,000
成交价：RMB 414,000
126cm × 61.5cm 保利厦门 2018-07-15

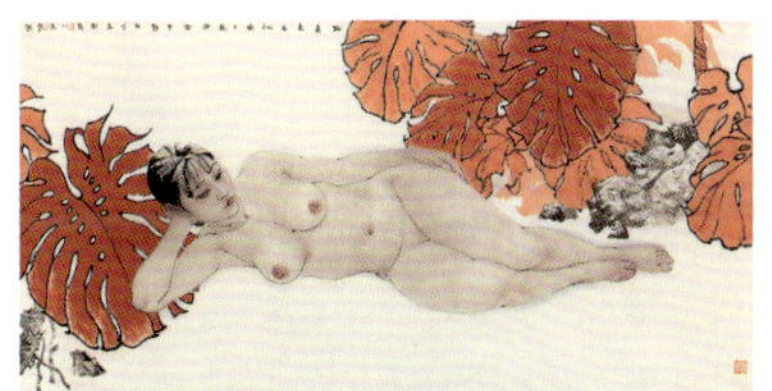

1341 李爱国 2017年作 日丽 镜心
估 价：RMB 450,000~550,000
成交价：RMB 517,500
68cm×137cm 中国嘉德 2018-06-20

1283 李福顺 楚军红 2015年作
阿尔山牧歌 镜心
估 价：RMB 180,000~250,000
成交价：RMB 345,000
68cm×136cm 北京保利 2018-12-06

2155 李鼎成 维吾尔族女演员 镜心
估 价：RMB 200,000~250,000
成交价：RMB 322,000
138cm×69cm 北京荣宝 2018-12-03

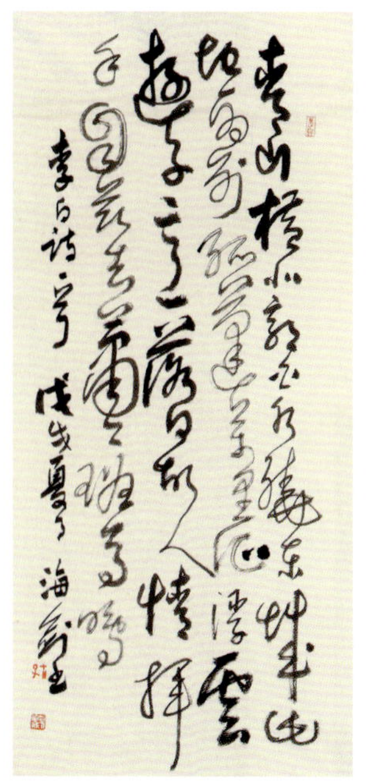

120 李海剑 2018年作 草书《李白诗》 镜心
估 价：RMB 320,000
成交价：RMB 460,000
131cm×62cm 北京翰海 2018-09-16

1406 李斛 1956年作 人物肖像
估 价：RMB 200,000~300,000
成交价：RMB 402,500
70.5cm×52cm 北京翰海 2018-06-30

3160 李津 饮食男女 镜心
估 价：RMB 600,000~800,000
成交价：RMB 1,035,000
52cm×235cm 北京保利 2018-11-19

2752B 李宝瑞 牛气冲天 镜心
估 价：RMB 700,000~900,000
成交价：RMB 828,000
113cm×124cm 北京保利 2018-12-09

578 李行简 1981年作 黄海烟霞图 镜片
估 价：RMB 30,000~50,000
成交价：RMB 414,000
152.5cm×285cm 广东崇正 2018-07-05

376 李可染 1978年作 千岩竞秀万壑争流图 立轴
成交价：RMB 126,500,000
180cm × 97cm 中国嘉德 2018-06-18

417 李可染 1963年作 秋山图 镜片
估　价：RMB 18,000,000~28,000,000
成交价：RMB 92,000,000
68cm × 45cm 广东崇正 2018-07-04

1336 李可染 1988年作 江山胜境图 镜框
估　价：HKD 9,000,000~12,000,000
成交价：RMB 9,319,680
91.1cm × 51.8cm 香港苏富比 2018-04-02

437 李可染 1986年作 雨过泉声急 镜心
估　价：RMB 6,800,000~8,000,000
成交价：RMB 18,400,000
102cm × 52.5cm 北京诚轩 2018-06-16

2512 李可染 1983年作 崇山烟岚图 立轴
成交价：RMB 55,200,000
画111cm×67.5cm；书法18cm×67.5cm
北京保利 2018-12-07

15 李可染 1986年作 雨后夕阳图 镜框
估　价：RMB 12,000,000~16,000,000
成交价：RMB 35,075,000
136cm×68.7cm 深圳至正国际 2018-08-25

416 李可染 1972年作 阳朔碧莲峰 镜片
估　价：RMB 8,000,000~12,000,000
成交价：RMB 14,950,000
66cm×43cm 广东崇正 2018-07-04

2546 李可染 1964年作 丹霞秋色 镜心
估　价：RMB 18,000,000~22,000,000
成交价：RMB 20,125,000
画67cm×46.5cm；诗堂26cm×46.5cm
北京保利 2018-12-07

520 李可染 1962年作 人在梅花万点中 立轴
估　价：RMB 6,000,000~8,000,000
成交价：RMB 13,800,000
69.8cm×47cm 北京荣宝 2018-12-03

374 李可染 1984年作 雨后渔村图 立轴
估　价：RMB 3,800,000~5,800,000
成交价：RMB 8,280,000
86.5cm×52cm 中国嘉德 2018-06-18

48 李苦禅 苍鹰图 立轴
估　价：RMB 1,500,000~2,200,000
成交价：RMB 3,565,000
142cm×69cm 南京经典 2018-01-06

55 李苦禅 鹰图 镜框
估　价：RMB 2,000,000~2,500,000
成交价：RMB 2,645,000
68cm×46cm 未来四方 2018-01-20

738 李苦禅 1940年作 竹鹰图 横披
估　价：RMB 1,000,000~1,500,000
成交价：RMB 1,725,000
80cm×145cm 北京荣宝 2018-06-14

28 李苦寒 2017年作 白猫与黑猫 镜心
估　价：RMB 600,000
成交价：RMB 690,000
105cm×70cm 北京翰海 2018-01-14

1847 李老十 1995年作 我愿家家好 立轴
估　价：RMB 1,200,000~1,500,000
成交价：RMB 2,760,000
142cm×68cm 北京荣宝 2018-12-03

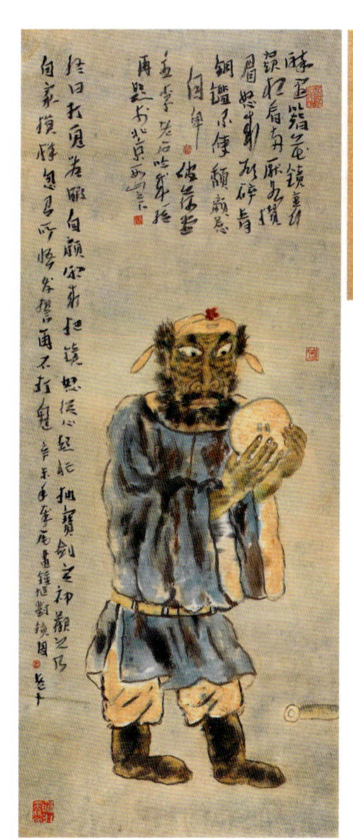

2010 李老十 1991年作 钟馗 镜心
估　价：RMB 300,000~500,000
成交价：RMB 2,185,000
179cm×74.5cm 北京荣宝 2018-06-14

1848 李老十 1994年作 可有秋意 手卷
估 价：RMB 450,000~650,000
成交价：RMB 1,035,000
33.5cm×255cm 北京荣宝 2018-12-03

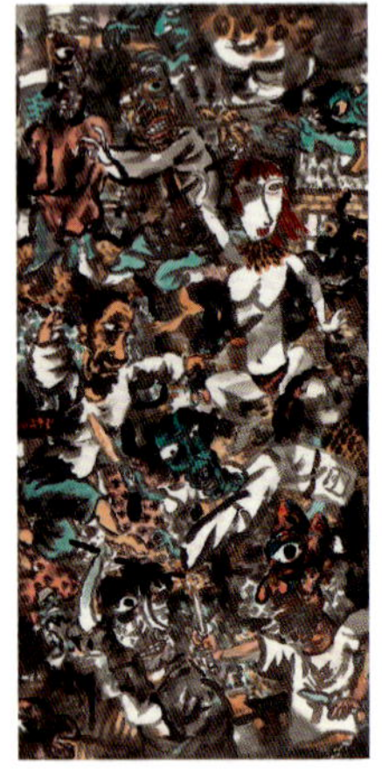

1262 李老十 梵高 镜心
估 价：RMB 780,000~850,000
成交价：RMB 920,000
134cm×65cm 中国嘉德 2018-06-20

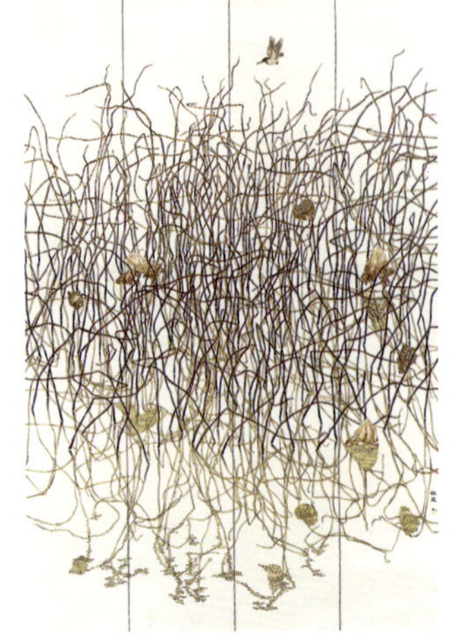

124 李强 掠过 镜心
估 价：RMB 500,000~800,000
成交价：RMB 1,196,000
170cm×240cm 凤凰拍卖 2018-01-21

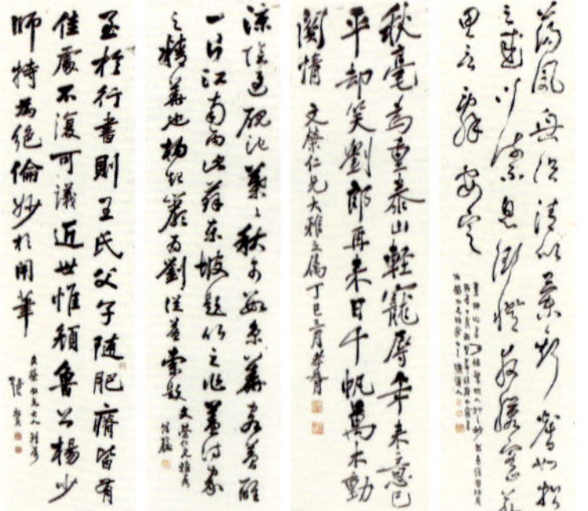

267 李瑞清 郑孝胥 陈修榆 张祖翼
书法 四屏 镜心
估 价：RMB 300,000~400,000
成交价：RMB 575,000
178cm×48cm×4 中贸圣佳 2018-06-20

342 李世南 血与火的洗礼 镜心
估 价：RMB 400,000~600,000
成交价：RMB 460,000
138cm×139cm 中贸圣佳 2018-11-24

2483 李唐 骑龙观音 镜心
估 价：RMB 300,000~400,000
成交价：RMB 770,500
128cm×38cm 北京荣宝 2018-06-14

2634 李唐 2018年作 楼阁云影图 镜心
估 价：RMB 800,000~1,000,000
成交价：RMB 1,472,000
60cm×153cm 北京保利 2018-06-18

2372 李翔 2018年作 山无尘 镜心
估　价：RMB 300,000~400,000
成交价：RMB 782,000
45.5cm × 177cm 北京荣宝 2018-06-14

185 李小可 春日、寺院的风、雨后、圣地雪 镜框
估　价：RMB 1,000,000~1,500,000
成交价：RMB 1,288,000
46cm × 52cm × 2；46cm × 50cm；
45cm × 50cm 北京荣宝 2018-09-14

2640 李小可 2017年作 正月的雪 镜心
估　价：RMB 800,000~1,000,000
成交价：RMB 920,000
138cm × 69cm 北京保利 2018-06-18

21 李毅 2017年作 菲斯陶女
估　价：RMB 420,000
成交价：RMB 529,000
94cm × 144cm 北京翰海 2018-09-16

382 李长白 玉堂富贵 镜心
估　价：RMB 180,000~200,000
成交价：RMB 287,500
66cm × 57cm 南京经典 2018-07-22

226 李燕燕 2015-2016年作 十二生肖 镜心
估　价：RMB 700,000~900,000
成交价：RMB 1,552,500
65cm × 38.5cm × 12 北京荣宝 2018-05-18

1059 李仲宣 双禽翠柳图 镜心
估　价：RMB 300,000~400,000
成交价：RMB 483,000
26cm × 22cm 北京匡时 2018-12-06

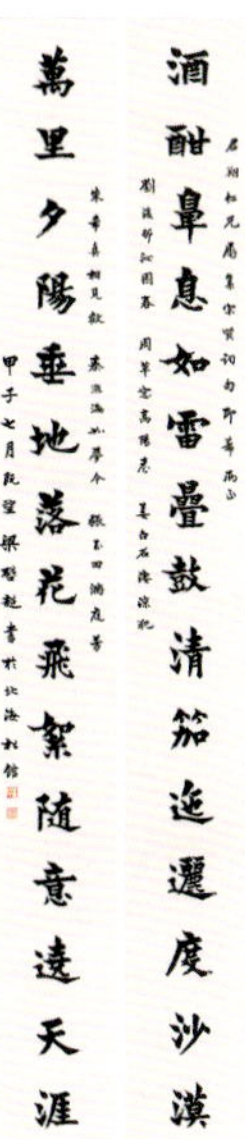

641 梁启超 1924年作 楷书十五言联 立轴
估　价：RMB 800,000~1,200,000
成交价：RMB 3,335,000
236cm × 27.5cm × 2 中国嘉德 2018-06-19

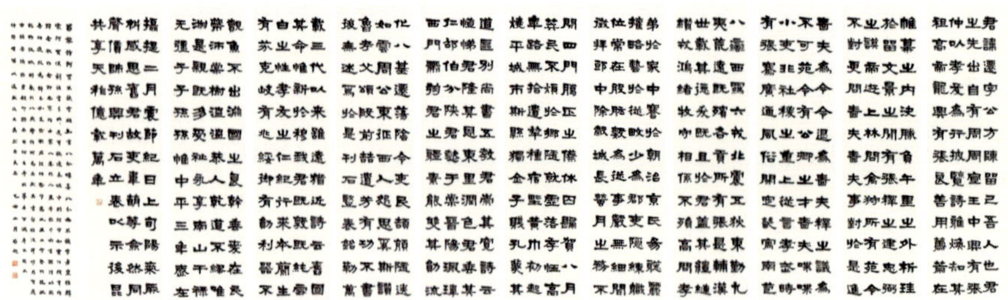

1977 梁启超 隶书 临张迁碑
估 价：RMB 800,000~1,200,000
成交价：RMB 13,455,000
176.5cm×47cm 中国嘉德 2018-11-21

307 梁树年 黄山旭日 镜心
估 价：RMB 300,000~400,000
成交价：RMB 345,000
95cm×173cm 中贸圣佳 2018-11-24

2713 林柏良 2017年作 国宝四季 镜心
估 价：RMB 600,000~700,000
成交价：RMB 690,000
136cm×69cm×4 北京保利 2018-06-18

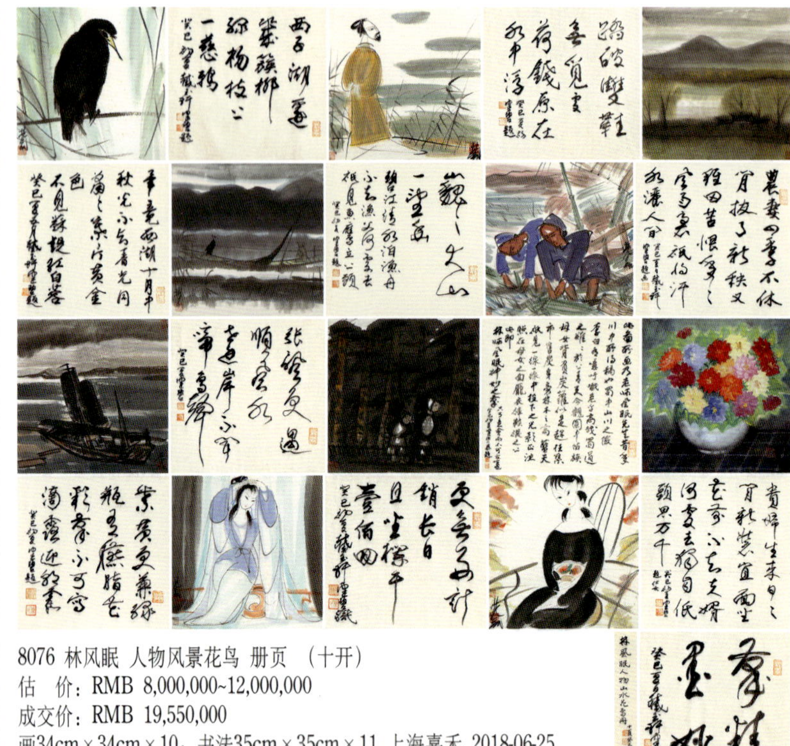

8076 林风眠 人物风景花鸟 册页 （十开）
估 价：RMB 8,000,000~12,000,000
成交价：RMB 19,550,000
画34cm×34cm×10；书法35cm×35cm×11 上海嘉禾 2018-06-25

1154 林丰俗 1990年作 粤山春晓 镜片
估 价：RMB 2,000,000~2,500,000
成交价：RMB 2,300,000
123cm×247cm 广东崇正 2018-07-04

18 林风眠 1965年作 照镜仕女
估 价：HKD 1,500,000~2,500,000
成交价：RMB 5,517,380
68.5cm×68.5cm 中国嘉德 2018-04-02

51 林风眠 京剧人物
估　价：HKD 6,000,000~8,000,000
成交价：RMB 8,603,900
68cm×68cm 佳士得 2018-11-24

1757 林风眠 夏 镜心
估　价：RMB 5,500,000~7,000,000
成交价：RMB 6,325,000
67.8cm×67.7cm 北京保利 2018-06-17

1468 林海钟 春风 夏雨 秋气 冬雪
估　价：RMB 600,000~800,000
成交价：RMB 690,000
44.5cm×19cm×4 广东崇正 2018-07-05

516 林风眠 戏剧人物 镜框
估　价：RMB 4,800,000~6,800,000
成交价：RMB 6,785,000
68cm×66cm 华艺国际 2018-05-23

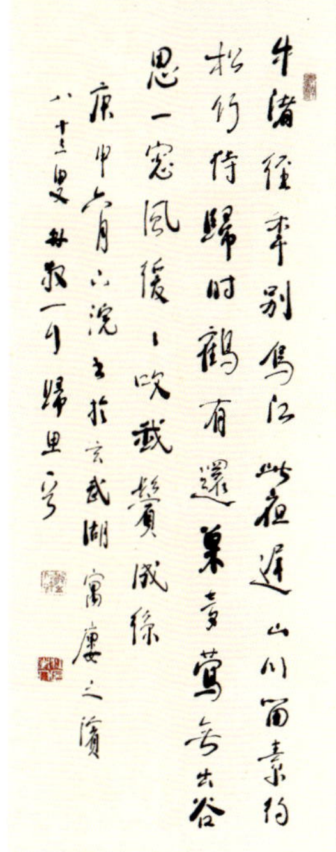

298 林散之 毛泽东 七律·答友人 立轴
估　价：RMB 500,000~700,000
成交价：RMB 943,000
153cm×58cm 南京经典 2018-01-06

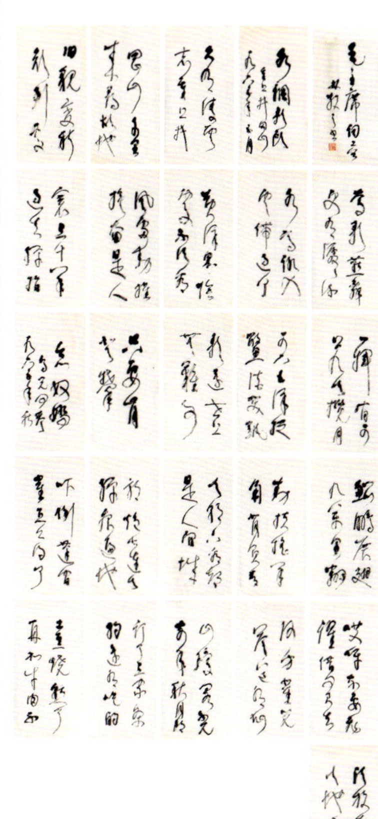

645 林散之 草书毛主席词二首 镜心
估　价：RMB 800,000~1,200,000
成交价：RMB 1,035,000
45cm×24cm×27 中国嘉德 2018-06-19

203 林纾 1913年作 洞庭寻诗图　　手卷
估　价：HKD 50,000~80,000
成交价：RMB 404,500
16cm×263cm 邦瀚斯 2018-04-03

725 林墉 1982年作 孔雀仕女 镜框
估　价：RMB 1,200,000~1,800,000
成交价：RMB 1,782,500
174cm×281.5cm 华艺国际 2018-11-17

560 林墉 1992年作 秀香图 册页 （十二开）
估　价：RMB 800,000~1,200,000
成交价：RMB 920,000
37cm×51.5cm×12 华艺国际 2018-05-23

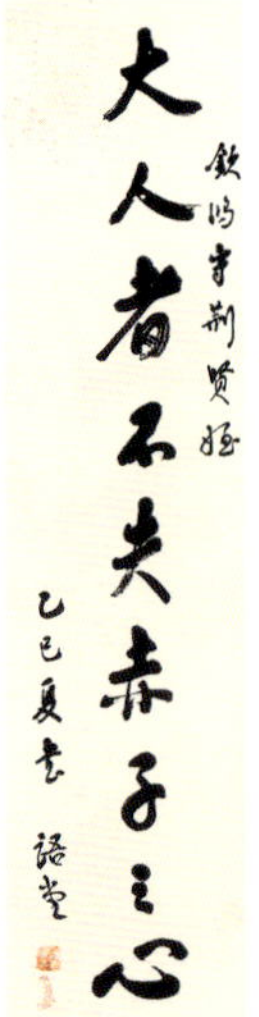

1395 林语堂 1965年作 行书《孟子》句 立轴
估　价：HKD 100,000~150,000
成交价：RMB 455,063
101.3cm×25.1cm 香港苏富比 2018-04-02

1574 林长民 1915年作 行书王安石诗 立轴
估　价：RMB 40,000~100,000
成交价：RMB 494,500
84cm×23cm×4 北京保利 2018-12-08

26 刘大为 1995年作 唐人诗意 四屏立轴
估　价：RMB 600,000~800,000
成交价：RMB 690,000
136cm×42.5cm×4 北京荣宝 2018-05-18

348 刘大为 刘国辉 杜滋龄 谢志高 李乃宙 胡永凯
2013年作 吉祥草原图 镜片
估　价：RMB 800,000~1,000,000
成交价：RMB 1,035,000
362cm×144.5cm 西泠拍卖 2018-07-07

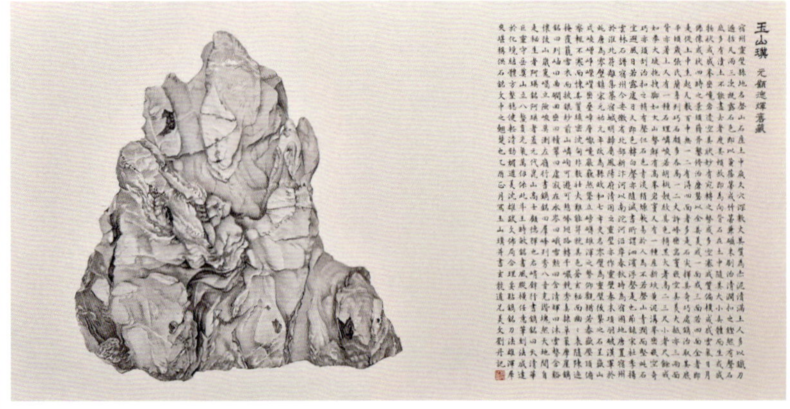

128 刘丹 2005年作 玉山璞
估　价：HKD 3,000,000~4,500,000
成交价：RMB 3,139,980
91.5cm×183.5cm 保利澳门 2018-11-29

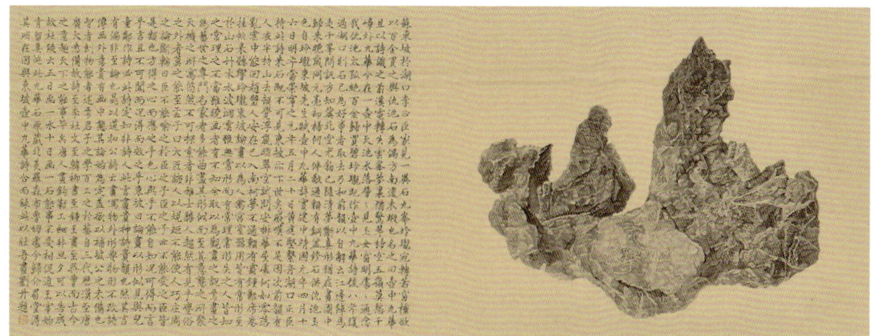

8018 刘丹 九华石 镜框
估 价：HKD 3,000,000~4,000,000
成交价：RMB 2,856,140
53cm×136cm 佳士得 2018-11-26

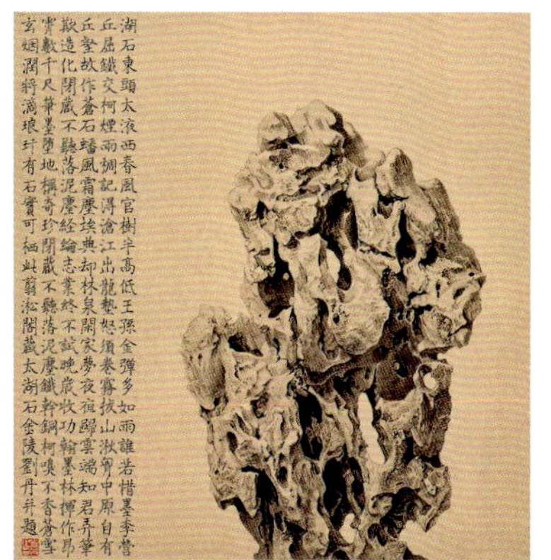

232 刘丹 2014年作 湖石东头
估 价：HKD 1,800,000~2,500,000
成交价：RMB 1,852,128
69.9cm×67.8cm 保利香港 2018-09-30

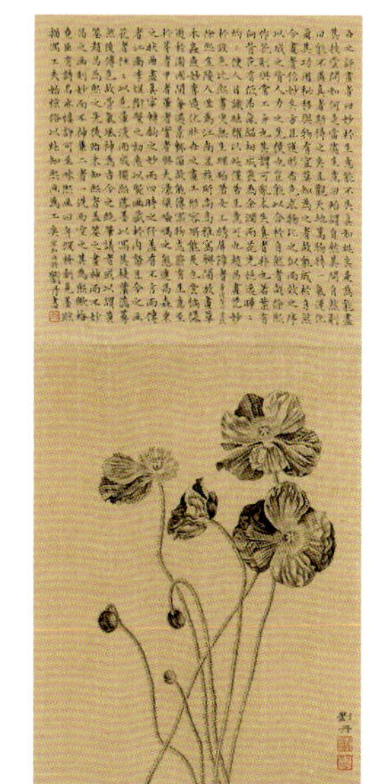

755 刘丹 罂粟画 楷书节录《宣和画谱》 镜框
估 价：USD 50,000~70,000
成交价：RMB 1,368,400
纽约苏富比 2018-09-13

382 刘旦宅 泼水节 手卷
估 价：RMB 2,200,000~3,200,000
成交价：RMB 5,750,000
画心30.5cm×178cm 中国嘉德 2018-06-18

2560 刘广 2011年作 松溪清韵 镜心
估 价：RMB 4,000,000~5,000,000
成交价：RMB 8,165,000
362cm×142cm 北京保利 2018-06-18

1020 刘广 2018年作 黄山云海 镜心
估 价：RMB 2,200,000~2,600,000
成交价：RMB 2,530,000
110cm×215cm 北京保利 2018-12-06

1016 刘广 2015年作 华山云海 镜心
估　价：RMB 8,180,000~9,500,000
成交价：RMB 9,407,000
139cm×352cm 北京保利 2018-12-06

2558 刘广 2012年作 江山春意 镜心
估　价：RMB 900,000~1,200,000
成交价：RMB 1,955,000
75.5cm×149.5cm 北京保利 2018-06-18

841 刘国松 2008年作 阿玛达布朗峰 镜框
估　价：HKD 1,800,000~2,800,000
成交价：RMB 2,323,940
183cm×90.5cm 佳士得 2018-11-26

216 刘国松 2013年作 绵绵无尽峰连白
估　价：NTD 7,500,000~8,500,000
成交价：RMB 2,300,400
94.3cm×186cm 罗芙奥 2018-06-03

1230 刘国松 1993年作 风与树的对话 镜心
估　价：RMB 1,000,000~1,200,000
成交价：RMB 2,300,000
92cm×185cm 北京保利 2018-12-06

154 刘国松 1969年作 寒江漫雪
估　价：HKD 500,000~700,000
成交价：RMB 1,145,544
77.6cm×111cm 保利香港 2018-03-29

828 刘国松 2002年作 云与山的游戏 镜框
估　价：HKD 3,200,000~4,200,000
成交价：RMB 4,368,560
120cm×150cm 佳士得 2018-05-28

748 刘海粟 1989年作 海天旭日 镜心（片）
估　价：RMB 3,800,000~6,800,000
成交价：RMB 31,050,000
158.5cm×570cm 中鸿信 2018-01-07

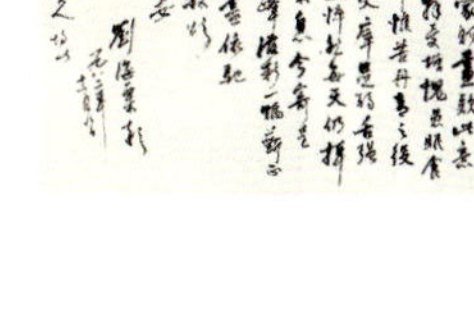

1844 刘海粟 1982年作 黄山奇峰 镜心
估　价：RMB 2,000,000~3,000,000
成交价：RMB 2,760,000
84cm×142cm 北京保利 2018-06-17

511 刘奎龄 花鸟 立轴 四屏
估　价：RMB 1,000,000~1,500,000
成交价：RMB 2,070,000
131.5cm×33cm×4 北京荣宝 2018-06-14

389 刘海粟 1956年作 富春江图 镜心
估　价：RMB 1,800,000~2,800,000
成交价：RMB 2,070,000
67cm×111cm 中国嘉德 2018-06-18

1295 刘海粟 1963年作 风荷 立轴
估　价：HKD 300,000~400,000
成交价：RMB 1,719,125
141cm×75cm 香港苏富比 2018-04-02

100 刘继卣 1979年作 无限春光 立轴
估　价：RMB 250,000~350,000
成交价：RMB 690,000
139cm×69cm 中国嘉德 2018-09-19

842 刘奎龄 1943年作 嬉鸽图 立轴
估　价：RMB 1,500,000~1,800,000
成交价：RMB 1,782,500
102cm×46cm 北京匡时 2018-06-15

650 刘奎龄 黑熊 镜心
估 价：RMB 1,200,000~1,800,000
成交价：RMB 1,380,000
101.5cm×34.5cm 中国嘉德 2018-06-19

575 刘奎龄 蕉荫犬戏 立轴
估 价：RMB 500,000~800,000
成交价：RMB 920,000
102cm×35cm 北京荣宝 2018-12-03

2337 刘庆和 春系列 镜心
估 价：RMB 60,000~80,000
成交价：RMB 299,000
55cm×55cm×4 北京荣宝 2018-06-14

23 刘泉义 2018年作 鹤望兰 镜心
估 价：RMB 350,000
成交价：RMB 575,000
45cm×97cm×3 北京翰海 2018-09-16

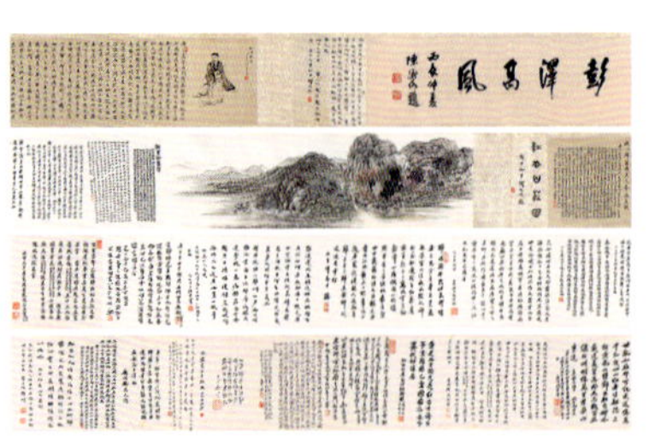

782 刘桐笙 姚华 1916年作 1917年作 彭泽高风卷并诸家题咏 手卷
估 价：RMB 80,000~120,000
成交价：RMB 667,000
画26cm×101cm；29.4cm×103.5cm
中国嘉德 2018-11-21

89 刘文西 陕北老农 镜心
估 价：RMB 450,000~500,000
成交价：RMB 840,000
137.5cm×69cm 秦宝斋 2018-01-01

36 刘曦林 2010年作 梅兰竹菊 四屏立轴
估 价：RMB 320,000
成交价：RMB 460,000
136cm×34cm×4 北京翰海 2018-09-16

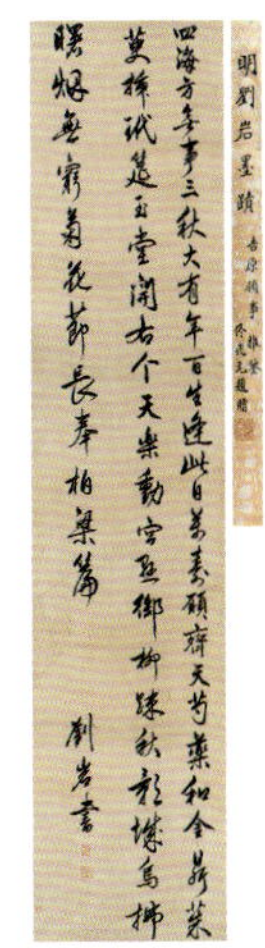

558 刘岩 行书王维《奉和圣制重阳节宰臣及群官上寿应制》诗 立轴
估　价：RMB 200,000~300,000
成交价：RMB 322,000
230cm × 50cm 荣宝斋（南京） 2018-07-15

2107 刘彦水 2017年作 拟宋人山水图卷 长卷
估　价：RMB 400,000~500,000
成交价：RMB 598,000
46.5cm × 494cm 北京荣宝 2018-12-03

1478 刘振夏 1977年作 喜上心头 镜框
估　价：HKD 500,000~700,000
成交价：RMB 809,000
144cm × 97cm 香港苏富比 2018-04-02

1339 刘振夏 小憩 镜心
估　价：RMB 350,000~450,000
成交价：RMB 460,000
118cm × 118cm 中国嘉德 2018-06-20

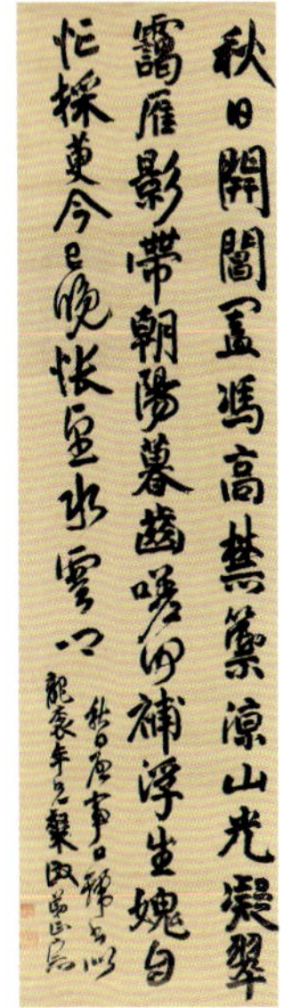

3521 刘正宗 行书《秋日启事口号》 立轴
估　价：RMB 300,000~600,000
成交价：RMB 552,000
190cm × 51cm 北京保利 2018-12-08

127 刘自椟 书法 镜心
估　价：RMB 80,000~120,000
成交价：RMB 526,400
131cm × 245cm 秦宝斋 2018-01-01

1277 刘知白 2000年作 空山新雨 镜心
估　价：HKD 300,000~500,000
成交价：RMB 620,503
135.5cm × 69.5cm 中国嘉德 2018-04-03

2059 龙瑞 2003年作 翠微峭拔图 镜心
估　价：RMB 400,000~500,000
成交价：RMB 897,000
128cm × 266cm 北京荣宝 2018-06-14

110 娄师白 紫藤小鸭
估　价：RMB 650,000
成交价：RMB 670,000
151cm × 83cm 北京贞观 2018-07-15

840 娄正纲 书法·道 镜框
估　价：HKD 260,000~400,000
成交价：RMB 507,500
140cm×70cm 佳士得 2018-05-28

2608 卢甫圣 2003年作 二三子 镜心
估　价：RMB 2,800,000~3,500,000
成交价：RMB 3,220,000
270cm×69cm 北京保利 2018-06-18

2609 卢甫圣 2014年作 东方图像志·霁 镜心
估　价：RMB 2,200,000~2,600,000
成交价：RMB 2,530,000
180cm×96cm 北京保利 2018-06-18

358 卢坤峰 1996年作 丛竹蝶舞图 手卷
估　价：RMB 160,000~190,000
成交价：RMB 322,000
画心65cm×297cm 西泠拍卖 2018-07-07

163 卢禹舜 2011年作
宿王昌龄隐居诗意图 镜心
估　价：RMB 600,000~800,000
成交价：RMB 690,000
69cm×138cm 北京荣宝 2018-05-18

37 鲁双喜 冰山下的精灵 四屏镜心
估　价：RMB 700,000
成交价：RMB 1,127,000
78cm×52cm×4 北京翰海 2018-09-16

162 卢禹舜 2009年作 佳人诗意图 镜心
估　价：RMB 400,000~600,000
成交价：RMB 460,000
34cm×137.5cm 北京荣宝 2018-05-18

2367 陆恢 山水 八屏
估 价：RMB 800,000~1,000,000
成交价：RMB 1,127,000
181cm × 48.5cm × 8 西泠拍卖 2018-07-08

8068 陆俨少 1977年作 罗浮新颜 镜片
成交价：RMB 71,300,000
141.5cm × 368cm 上海嘉禾 2018-06-25

932 陆俨少 岭南胜游册 （十页） 册页
估 价：RMB 4,000,000~6,000,000
成交价：RMB 21,850,000
33.5cm × 33cm × 10 西泠拍卖 2018-07-07

811 陆俨少 人物山水 册页
估 价：RMB 8,000,000~10,000,000
成交价：RMB 14,950,000
本幅25cm × 33cm × 10 北京匡时 2018-06-15

1381 陆俨少 唐宋诗意山水
册页 镜框 （八开）
估 价：HKD 3,500,000~4,000,000
成交价：RMB 10,200,500
34.3cm × 45.5cm × 8 佳士得 2018-11-26

2571 陆俨少 1975年作 雪 雨 雾 晨 四屏镜心
估　价：RMB 8,000,000~10,000,000
成交价：RMB 9,200,000
68cm×34cm×4 北京保利 2018-12-07

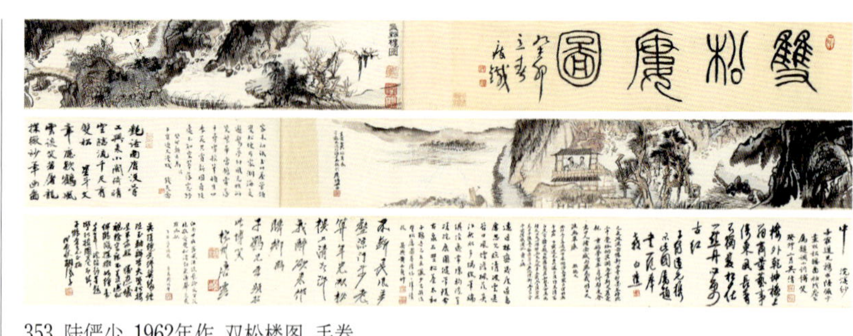

353 陆俨少 1962年作 双松楼图 手卷
估　价：RMB 5,800,000~6,800,000
成交价：RMB 6,670,000
画18.5cm×181cm 中国嘉德 2018-06-18

803 陆抑非 1943年作 瑞雪珍禽 四屏立轴
估　价：RMB 3,000,000~3,600,000
成交价：RMB 5,520,000
116cm×52cm×4 北京匡时 2018-06-15

1810 陆俨少 1978年作 雁荡雨霁 镜心
估　价：RMB 5,500,000~7,000,000
成交价：RMB 8,050,000
140cm×141cm 北京保利 2018-06-17

833 罗建武 2013年作 玉山圆柏 镜框
估　价：HKD 240,000~300,000
成交价：RMB 332,625
139cm×69.5cm 佳士得 2018-11-26

1451 陆抑非 1943年作 富贵呈祥 立轴
估　价：HKD 280,000~350,000
成交价：RMB 1,090,000
193.8cm×60.4cm 香港苏富比 2018-10-02

623 吕凤子 献粮图 镜心
估 价：RMB 3,000,000~4,500,000
成交价：RMB 3,450,000
67.5cm×137.5cm 上海匡时 2018-04-30

2691 马波生 2018年作 楼阁听泉图 镜心
估 价：RMB 600,000~700,000
成交价：RMB 690,000
68cm×136cm 北京保利 2018-06-18

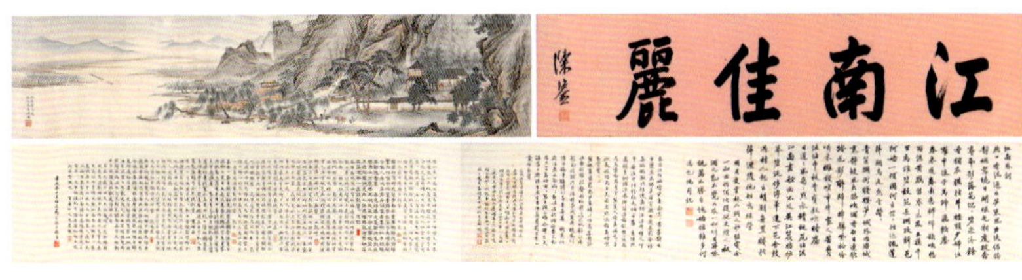

307 马晋 1922年作 临仇英江南春图 手卷
估 价：RMB 1,200,000~2,200,000
成交价：RMB 1,380,000
本幅28cm×120cm 中国嘉德 2018-11-20

230 吕清华 四大名著册页 （全套四十八幅）
估 价：RMB 1,000,000
成交价：RMB 1,166,000
33cm×33cm×48 上海均益 2018-01-16

294 马晋 临郎世宁本《八骏图》 镜心
估 价：RMB 600,000~800,000
成交价：RMB 920,000
135cm×81cm×4 北京华辰 2018-11-20

544 吕寿琨 渔家 镜心
估 价：HKD 90,000~150,000
成交价：RMB 617,376
94cm×176cm 保利香港 2018-10-01

82 马晋 1962年作 神骏图 立轴
估 价：RMB 200,000~300,000
成交价：RMB 1,138,500
131cm×135cm 北京翰海 2018-06-29

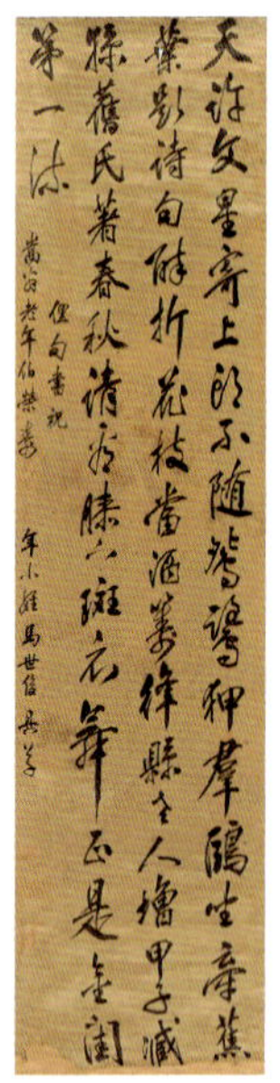

1041 马世俊 行书七言诗 镜心
估 价：RMB 30,000~60,000
成交价：RMB 517,500
189cm × 47cm 中国嘉德 2018-06-20

195 马硕山 2017年作 晴窗
估 价：RMB 260,000
成交价：RMB 322,000
136cm × 70cm 北京翰海 2018-09-16

1634 马一浮 行书对联 （两副） 立轴
估 价：RMB 2,000,000~2,600,000
成交价：RMB 5,232,500
202cm × 42cm × 2；166.5cm × 35.5cm × 2
北京匡时 2018-06-16

89 米南阳 行书《禅茶一味》 镜心
估 价：RMB 280,000
成交价：RMB 402,500
97cm × 161cm 北京翰海 2018-09-16

121 马欣乐 2012年作 风雪千里图 镜片
估 价：USD 250,000~350,000
成交价：RMB 2,138,125
141.6cm × 363.2cm 纽约佳士得 2018-09-11

30 梅兰芳 1922年作 观音 立轴
估 价：RMB 80,000~200,000
成交价：RMB 805,000
90.5cm × 32.5cm 华艺国际 2018-11-16

60 苗再新 乌兹别克风情 镜心
估 价：RMB 480,000
成交价：RMB 575,000
136cm × 68cm 北京翰海 2018-09-16

237 慕凌飞 番女挚宠图 镜心
估 价：RMB 700,000~900,000
成交价：RMB 920,000
96cm×47cm 荣宝斋（济南） 2018-07-01

1379 南北诸家 杂册 册页 （二十开）
估 价：HKD 400,000~600,000
成交价：RMB 1,090,000
各37.8cm×27cm×2；各37.7cm×54.3cm×18
香港苏富比 2018-10-02

1206 南海岩 2015年作 金色的丰收 镜心
估 价：RMB 1,200,000~1,800,000
成交价：RMB 1,610,000
68.5cm×137.5cm 中国嘉德 2018-11-22

77 南海岩 守望（2016） 镜心
估 价：RMB 800,000
成交价：RMB 1,840,000
69cm×138cm 北京翰海 2018-09-16

1342 南海岩 2018年作 融瑞吉祥图 镜心
估 价：RMB 600,000~700,000
成交价：RMB 828,000
68.5cm×68.5cm 中国嘉德 2018-06-20

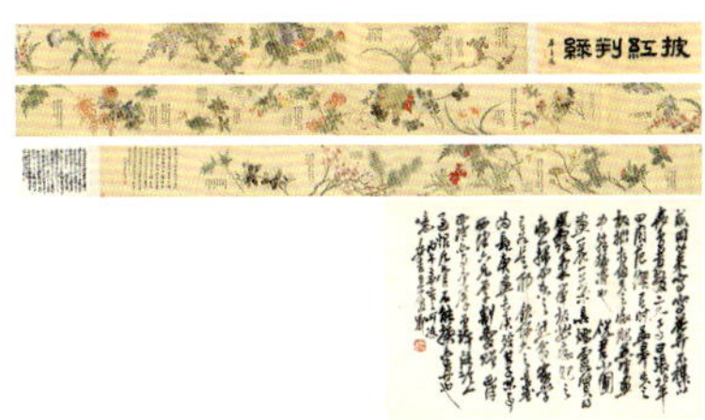

614 倪耘 1862年作 百花图卷 手卷
估 价：RMB 50,000~70,000
成交价：RMB 437,000
画心27cm×975cm 西泠拍卖 2018-07-07

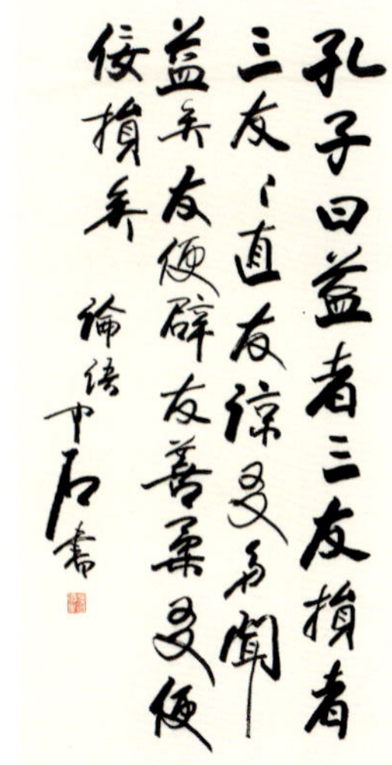

89 欧阳中石 书法 立轴
估 价：RMB 150,000~200,000
成交价：RMB 437,000
178.5cm×91.5cm 荣宝斋（济南） 2018-06-30

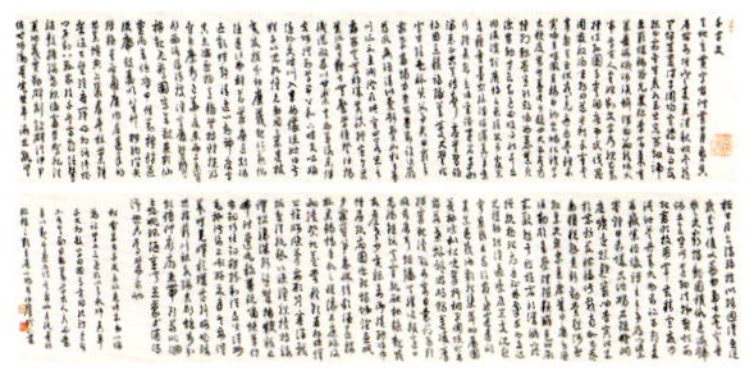

1368 潘伯鹰 1952年作 草书千字文 手卷
估 价：HKD 30,000~50,000
成交价：RMB 370,426
27.5cm×240cm 中国嘉德 2018-10-03

846 潘絜兹 1973年作 长白牧笛 立轴
估 价：RMB 1,000,000~1,200,000
成交价：RMB 1,322,500
182cm×110cm 北京匡时 2018-06-15

1227 潘公凯 2018年作 清香十里 镜心
估 价：RMB 1,800,000~2,200,000
成交价：RMB 3,795,000
136cm×136cm 北京保利 2018-12-06

84 潘素 1964年作 万山红遍 立轴
估 价：RMB 30,000~50,000
成交价：RMB 1,667,500
183cm×94cm 北京翰海 2018-06-29

355 潘天寿 1963年作 无限风光 立轴
成交价：RMB 287,500,000
358.5cm×150cm 中国嘉德 2018-11-20

601 潘天寿 1964年作 双雀危石图 立轴
估　价：RMB 4,000,000~5,000,000
成交价：RMB 6,440,000
96.5cm×45cm 上海匡时 2018-04-30

425 潘天寿 1953年作 翠羽明珰自不群 立轴
估　价：RMB 4,800,000~5,800,000
成交价：RMB 5,692,500
91cm×62.5cm 北京诚轩 2018-06-16

1529 潘天寿 1965年作 黄荷映日 立轴
估　价：HKD 2,500,000~3,500,000
成交价：RMB 4,733,216
75.5cm×44.5cm 中国嘉德 2018-10-03

2525 潘天寿 1962年作 雨后 镜心
估　价：RMB 4,000,000~5,000,000
成交价：RMB 4,600,000
76cm×42cm 北京保利 2018-12-07

518 潘天寿 1965年作 红荷 立轴
估　价：RMB 2,000,000~3,000,000
成交价：RMB 4,025,000
66cm×55cm 北京荣宝 2018-06-14

192 潘天寿 朝霞 镜心
估　价：RMB 800,000~1,200,000
成交价：RMB 3,220,000
37cm×48cm 荣宝斋（济南） 2018-07-01

1232 潘天寿 1963年作 新晴 立轴
估　价：HKD 700,000~900,000
成交价：RMB 3,203,640
52cm×60.5cm 香港苏富比 2018-04-02

1018 潘玉良 1952年作 裸女
估 价：HKD 5,000,000~8,000,000
成交价：RMB 11,746,680
91cm×65cm 香港苏富比 2018-03-31

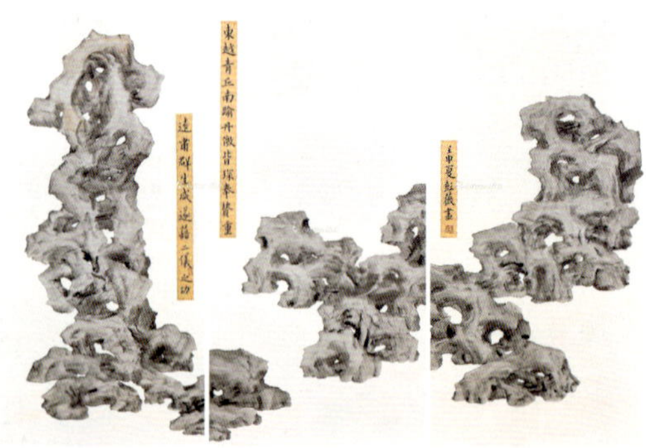

31 彭薇 2012年作 素园组画之二（三联作）
估 价：HKD 700,000~1,000,000
成交价：RMB 782,788
138.6cm×70.6cm×3 中国嘉德 2018-04-02

145 庞熏琹 洛神 立轴
估 价：RMB 30,000~60,000
成交价：RMB 552,000
67cm×37cm 中国嘉德 2018-06-18

591 蒲华 1904年作 岁朝清供图 立轴
估 价：RMB 80,000~150,000
成交价：RMB 506,000
136cm×69cm 上海匡时 2018-04-30

1260 溥儒 1958年作 秋岭苍松 镜框
估 价：HKD 1,000,000~1,500,000
成交价：RMB 4,951,080
185.5cm×95.5cm 香港苏富比 2018-04-02

1254 溥儒 鹤寿松龄 镜框
估　价：HKD 1,500,000~2,000,000
成交价：RMB 12,138,240
181.8cm×91.2cm 香港苏富比 2018-10-02

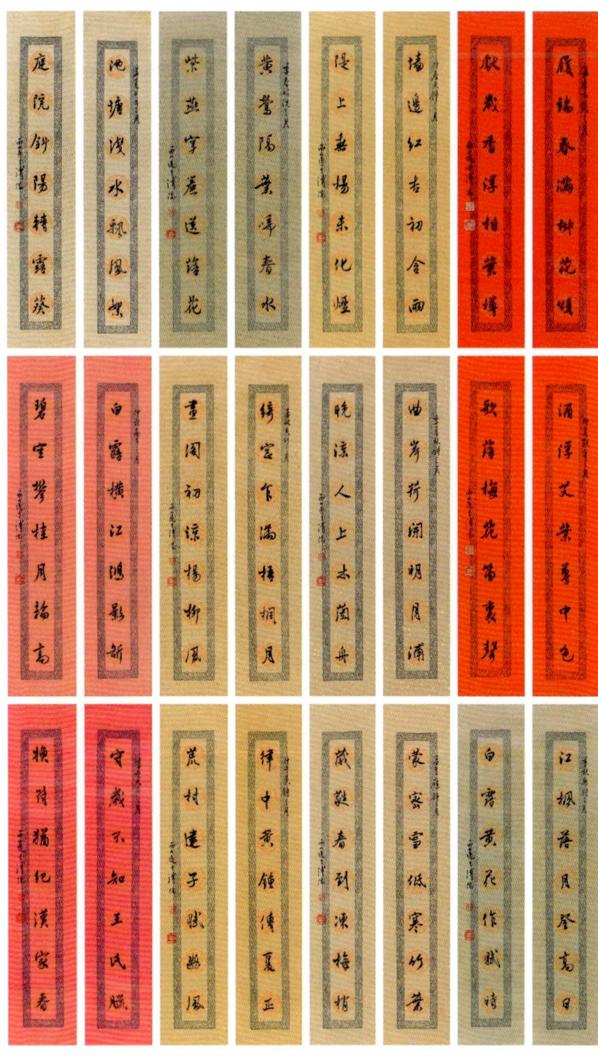

367 溥儒 行书十二月令 册页 （廿四开）
估　价：RMB 4,600,000~5,600,000
成交价：RMB 7,015,000
60cm×12.5cm×24 中国嘉德 2018-11-20

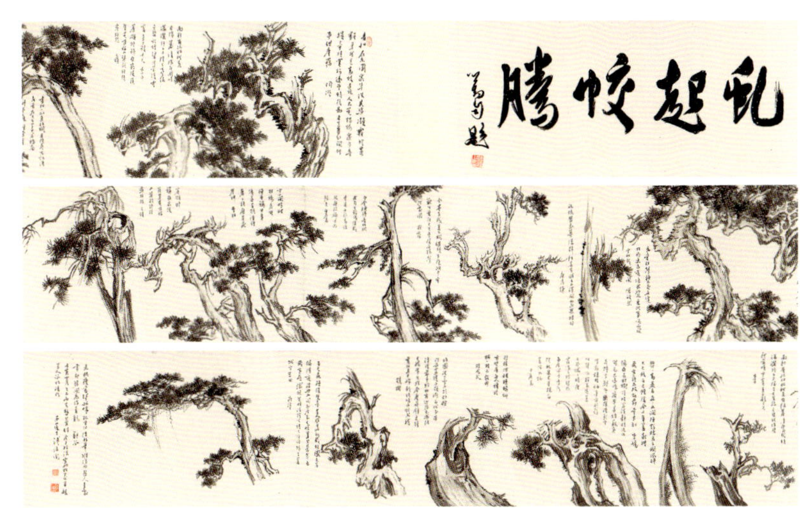

308 溥儒 1962年作 虬起蛟腾 手卷
估　价：RMB 1,800,000~2,800,000
成交价：RMB 4,945,000
画心34cm×431cm 中国嘉德 2018-06-18

1259 溥儒 1953年作 蝶舞 镜框
成交价：RMB 5,148,080
32cm × 162.5cm 佳士得 2018-05-29

814 溥儒 1936年作 观画图 手卷
估 价：RMB 3,500,000~4,500,000
成交价：RMB 6,325,000
本幅32cm × 83cm 北京匡时 2018-06-15

1253 溥儒 中山出游图 镜框
估 价：HKD 220,000~300,000
成交价：RMB 3,453,120
92.8cm × 45cm 香港苏富比 2018-10-02

1445 溥儒 1962年作 山光水色
镜框 （十二开）
估 价：HKD 1,500,000~2,000,000
成交价：RMB 5,436,480
21.3cm × 22.3cm × 12 香港苏富比 2018-04-02

1302 溥氏一门 八骏图 四屏 镜框
估 价：HKD 120,000~180,000
成交价：RMB 505,625
100cm × 32.9cm × 4 香港苏富比 2018-04-02

514 溥伟 小楷临帖三种 册页 （十七开）
估 价：USD 8,000~12,000
成交价：RMB 384,863
纽约苏富比 2018-09-13

83 溥仪 永绥吉劭 镜心
估 价：RMB 360,000~560,000
成交价：RMB 414,000
58cm × 165cm 保利厦门 2018-07-15

312 齐白石 1920年作 福祚繁华 立轴
估　价：RMB 80,000,000~120,000,000
成交价：RMB 92,000,000
178cm×49cm×4 中国嘉德 2018-11-20

1711 齐白石 1922年作 山水 册页 （十开）
成交价：RMB 56,350,000
33cm×23cm×10 北京保利 2018-06-17

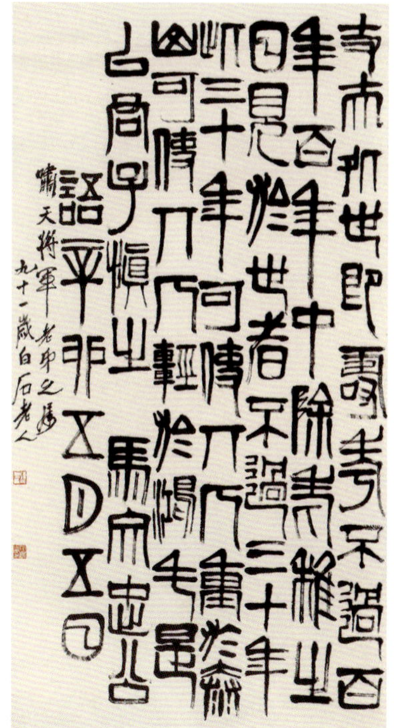

361 齐白石 辛卯（1951年作）
篆书《马文忠公语》 镜心
估　价：RMB 12,000,000~15,000,000
成交价：RMB 16,675,000
175.2cm×96.3cm 中国嘉德 2018-06-18

719 齐白石 福寿双余 镜心
估　价：RMB 8,000,000~10,000,000
成交价：RMB 14,950,000
138cm×35.5cm 北京匡时 2018-06-15

371 齐白石 1952年作 满堂吉庆图 镜心
估　价：RMB 35,000,000~45,000,000
成交价：RMB 40,250,000
67.5cm×132.5cm 中国嘉德 2018-06-18

314 齐白石 1944年作 千岁之鹤 立轴
估　价：RMB 12,000,000~22,000,000
成交价：RMB 10,925,000
136cm×34cm 中国嘉德 2018-11-20

1764 齐白石 云山深涧 立轴
成交价：RMB 37,950,000
162cm×92cm 北京保利 2018-06-17

258 齐白石 百卉争妍册 （十页） 册页
估　价：RMB 8,000,000~12,000,000
成交价：RMB 32,200,000
28cm×45cm×10 西泠拍卖 2018-07-07

7 齐白石 近现代 春山图 镜框
估 价：RMB 3,600,000~4,500,000
成交价：RMB 23,000,000
135.5cm×49cm 深圳至正国际 2018-08-25

715 齐白石 1946年作 蔬果花卉 册页
估 价：RMB 5,000,000~6,000,000
成交价：RMB 10,005,000
27cm×33cm×12 北京匡时 2018-06-15

334 齐白石 借山图 （二帧） 镜框
估 价：RMB 2,000,000~3,000,000
成交价：RMB 2,932,500
34cm×45cm×2 华艺国际 2018-05-23

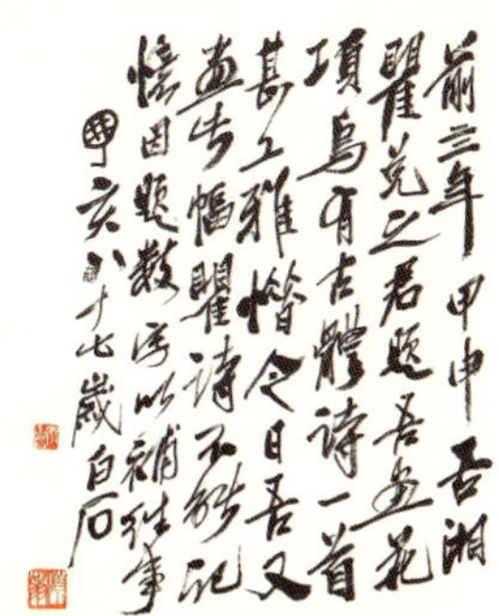

1347 齐白石 1947年作 白颈乌 立轴
估 价：HKD 2,400,000~3,000,000
成交价：RMB 3,591,960
106cm×34.5cm 香港苏富比 2018-04-02

1451 齐白石 四蔬图 立轴
估　价：HKD 600,000~800,000
成交价：RMB 1,314,625
93.5cm×35.5cm 香港苏富比 2018-04-02

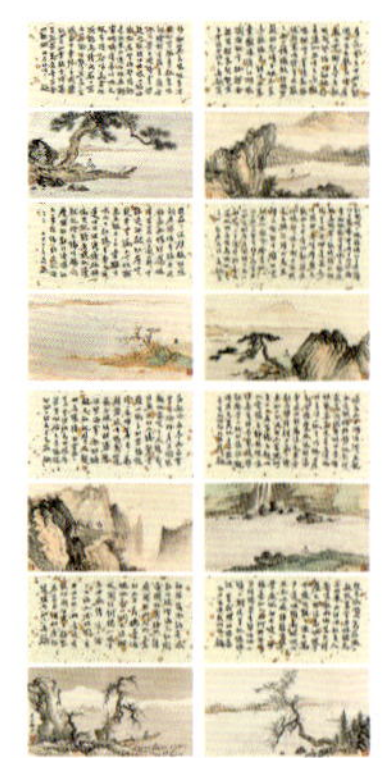

1282 祁昆 寿鉨 1944年作
山水书法 （八幅） 镜框
估　价：HKD 300,000~320,000
成交价：RMB 304,500
9cm×17.5cm×16 佳士得 2018-05-29

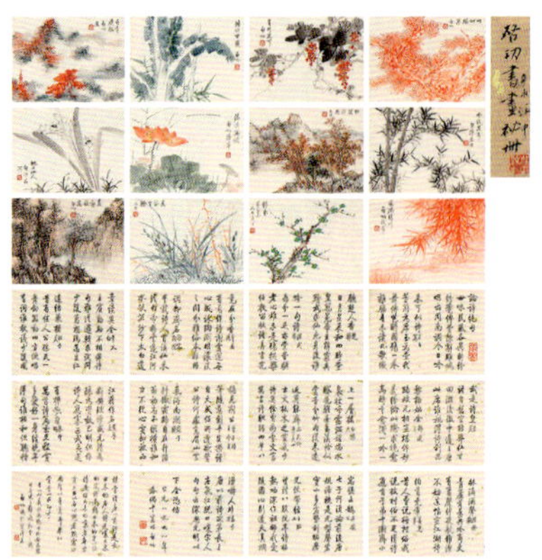

308 启功 1991年作 书画秘册
册页 （廿四开）
估　价：RMB 5,000,000~8,000,000
成交价：RMB 5,980,000
11cm×15cm×24 中国嘉德 2018-11-20

618 启功 1991年作 兰竹图 镜心
估　价：RMB 600,000~800,000
成交价：RMB 4,830,000
116cm×52cm 北京荣宝 2018-06-14

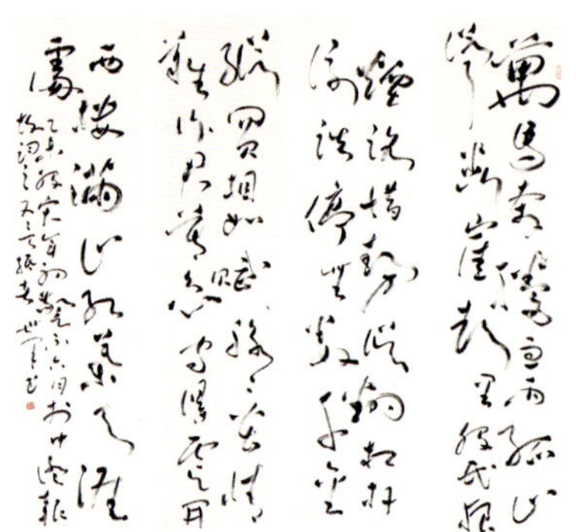

2751 齐世军 2015年作 书法 四屏立轴
估　价：RMB 600,000~700,000
成交价：RMB 690,000
175cm×47cm×4 北京保利 2018-06-18

1240 启功 1974年作 草书《琵琶行》 手卷
估　价：RMB 3,000,000~3,500,000
成交价：RMB 6,152,500
33cm×1907cm 北京匡时 2018-12-06

1730 启功 论书绝句百首简注足本
估 价：RMB 1,800,000~2,600,000
成交价：RMB 8,165,000
28cm × 40cm 中国嘉德 2018-11-21

281 钱松喦 水笑山欢图 镜片
估 价：RMB 1,500,000~1,800,000
成交价：RMB 2,587,500
66cm × 49.5cm 西泠拍卖 2018-07-07

619 启功 1946年作 拟大痴道人笔意 立轴
估 价：RMB 1,600,000~2,600,000
成交价：RMB 3,680,000
134cm × 68cm 北京荣宝 2018-06-14

560 钱松喦 万里长城 镜心
估 价：RMB 5,000,000~7,000,000
成交价：RMB 8,970,000
82cm × 134cm 北京荣宝 2018-12-03

509 钱松喦 1974年作 遵义 镜心
估 价：RMB 3,000,000~5,000,000
成交价：RMB 6,900,000
105.5cm × 68cm 北京荣宝 2018-06-14

388 钱松喦 鱼满千舟 立轴
估 价：RMB 2,600,000~3,600,000
成交价：RMB 5,750,000
139.5cm × 95cm 中国嘉德 2018-06-18

420 钱松喦 延安 镜片
估 价：RMB 2,800,000~3,800,000
成交价：RMB 4,600,000
133cm×93cm 广东崇正 2018-07-04

269 钱松喦 1976年作 古塞新湖 立轴
估 价：RMB 1,600,000~2,600,000
成交价：RMB 3,450,000
70cm×91.5cm 中国嘉德 2018-06-18

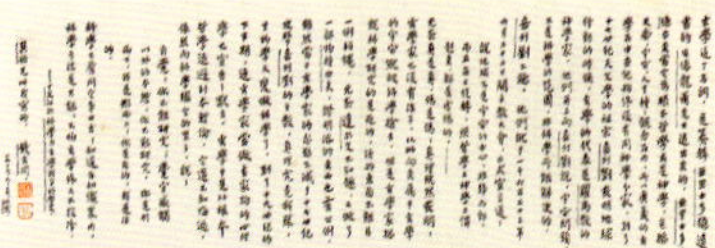

473 钱玄同 1923年作
行书《科学与玄学战争的历史》 横批
估 价：RMB 30,000~50,000
成交价：RMB 609,500
27.0cm×77.0cm 中国嘉德 2018-06-19

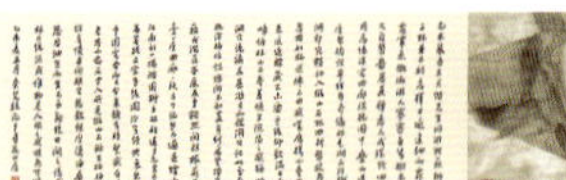

2818 秦艾 2015年作 探幽
估 价：RMB 300,000~500,000
成交价：RMB 552,000
38cm×318cm 中贸圣佳 2018-11-24

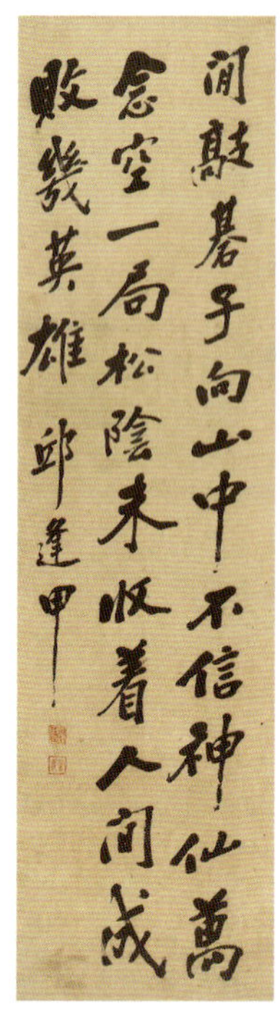

1055 丘逢甲 行书 立轴
估 价：RMB 300,000~500,000
成交价：RMB 632,500
172cm×46cm 广东崇正 2018-07-04

80 屈吟庵 2018年作 盛世之春 镜心
估 价：RMB 1,200,000~1,800,000
成交价：RMB 2,714,000
139cm×34cm×6 北京保利 2018-05-21

551 饶宗颐 钟馗醉酒图 镜框
估 价：RMB 1,000,000~1,500,000
成交价：RMB 1,150,000
44cm×120cm 华艺国际 2018-05-23

543 饶宗颐 山水对联一堂 立轴六屏
估 价：RMB 4,500,000~5,500,000
成交价：RMB 5,175,000
画心89cm×45cm×4；书法89cm×23cm×2 华艺国际 2018-05-23

2717 任玉良 2017年作 一览众山小 镜心
估　价：RMB 450,000~550,000
成交价：RMB 517,500
138cm×70cm 北京保利 2018-06-18

1272 任重 丹枫呦鹿 镜心
估　价：RMB 2,200,000~3,200,000
成交价：RMB 5,462,500
136cm×69cm 中国嘉德 2018-06-20

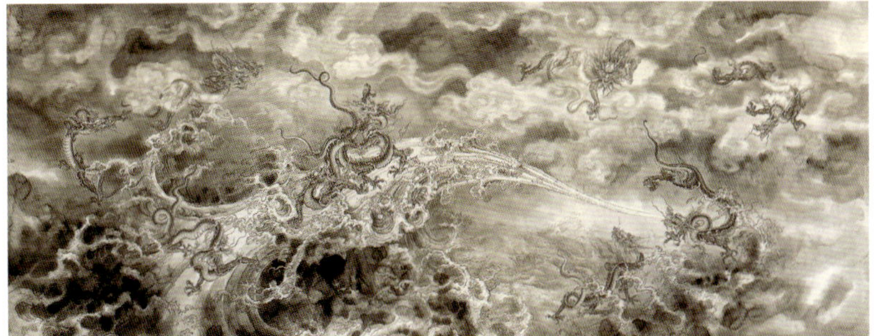

522 任重 2018年作 九龙闹海 镜片
成交价：RMB 17,480,000
138.5cm×357cm 上海匡时 2018-04-30

1575 任重 2018年作 十一面观自在菩萨
估　价：RMB 2,200,000~3,200,000
成交价：RMB 4,255,000
136cm×69cm 北京翰海 2018-06-30

961 沙孟海 行书曹孟德诗 对屏镜框
估　价：RMB 800,000~1,200,000
成交价：RMB 1,380,000
232cm×52.5cm×2 保利厦门 2018-01-08

2152 单志华 2017年作 钟馗 立轴
估　价：RMB 200,000~300,000
成交价：RMB 345,000
138cm×67.5cm 北京荣宝 2018-12-03

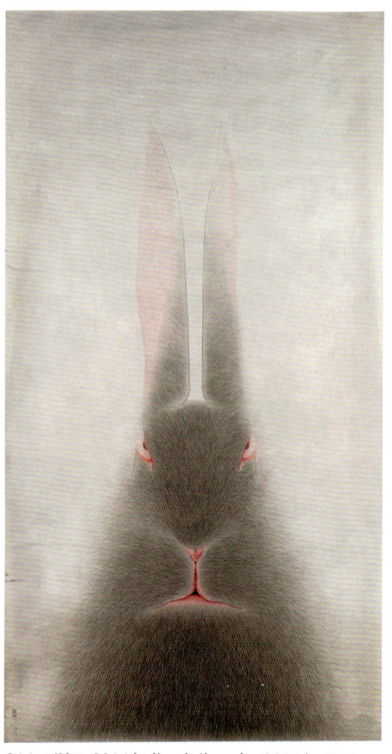

214 邵帆 2014年作 肖像：兔 2014年12月
估　价：HKD 650,000~850,000
成交价：RMB 859,158
249cm×133.7cm 保利香港 2018-03-29

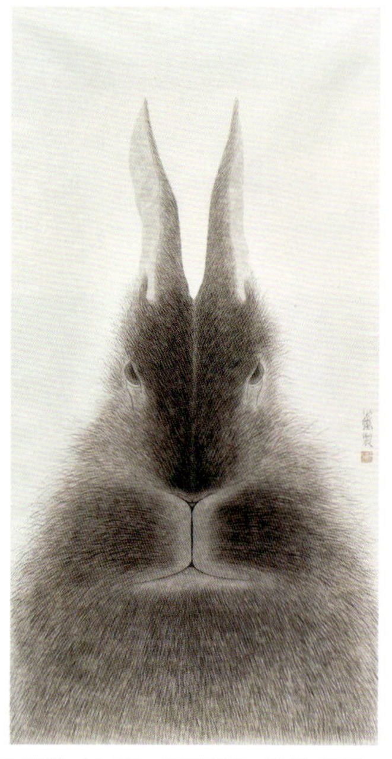

545 邵帆（少番） 2012年作 兔子 镜框
估　价：HKD 180,000~400,000
成交价：RMB 436,000
133cm×69.5cm 香港苏富比 2018-10-01

1219 沈曾植 书法对联 （两幅） 立轴
估　价：HKD 50,000~70,000
成交价：RMB 426,300
134cm×29.5cm×2 佳士得 2018-05-29

2179 沈鹏 2000年作 行草辛弃疾词一首 镜心
估　价：RMB 100,000~120,000
成交价：RMB 437,000
136cm×68cm 北京荣宝 2018-12-03

1226 沈香吟 2018年作
人类命运共同体—环境危机 镜心
估　价：RMB 1,200,000~1,600,000
成交价：RMB 2,070,000
248cm×128cm 北京保利 2018-12-06

1052 沈尹默 1941年作 书法中堂 立轴
估　价：RMB 650,000~800,000
成交价：RMB 1,552,500
127cm×58cm 北京保利 2018-06-17

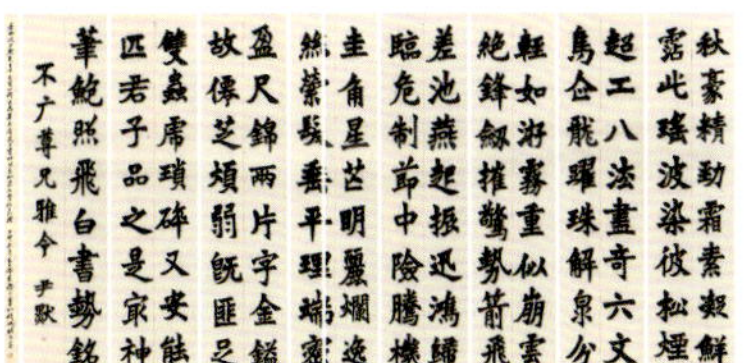

376 沈尹默 楷书鲍照《飞白书势铭》 立轴
成交价：RMB 5,865,000
133cm×32cm×8 中国嘉德 2018-11-20

1307 沈子琪 2018年作 寒壁清风 镜心
成交价：RMB 414,000
30cm×69cm 北京保利 2018-12-06

372 施大畏 2000年作 锻炼N0.7 镜心
成交价：RMB 977,500
123cm×123cm 上海匡时 2018-04-30

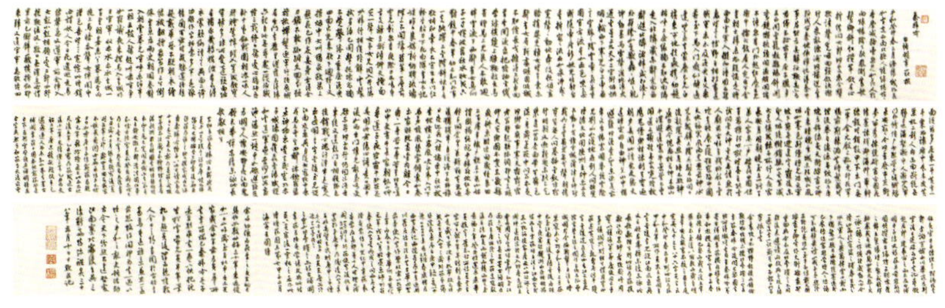

457 沈尹默 1949年作 行书《秦妇吟》 镜心
估　价：RMB 1,200,000~2,200,000
成交价：RMB 5,750,000
19.0cm×565.0cm 中国嘉德 2018-06-19

11 石开 2005年作 楷书《千字文》 手卷
成交价：RMB 345,000
35cm×780cm 北京翰海 2018-09-16

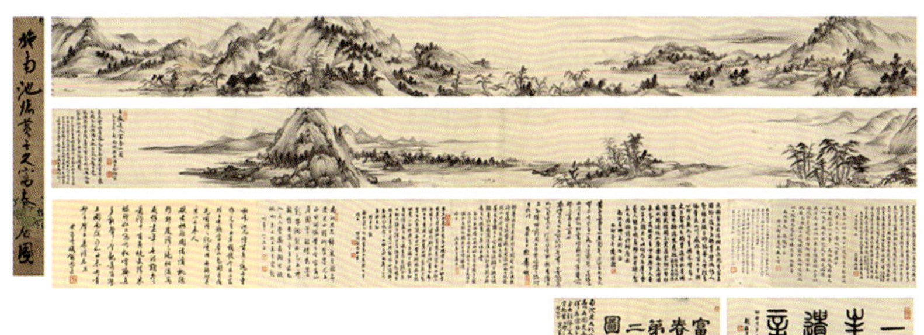

50 施南池 1955年作 临富春山居图 手卷
成交价：RMB 575,000
画心546cm×24.5cm 西泠拍卖 2018-07-07

379 石鲁 1954年作 开天辟地 立轴
估　价：RMB 15,000,000~18,000,000
成交价：RMB 17,250,000
115cm×82.5cm 中国嘉德 2018-06-18

1822 石鲁 陕北高原 立轴
估 价：RMB 8,000,000~10,000,000
成交价：RMB 9,430,000
135cm×67.5cm 北京保利 2018-06-17

552 石鲁 1975年作 白玉荷风 立轴
估 价：RMB 6,800,000~8,000,000
成交价：RMB 9,200,000
143cm×76cm 北京荣宝 2018-12-03

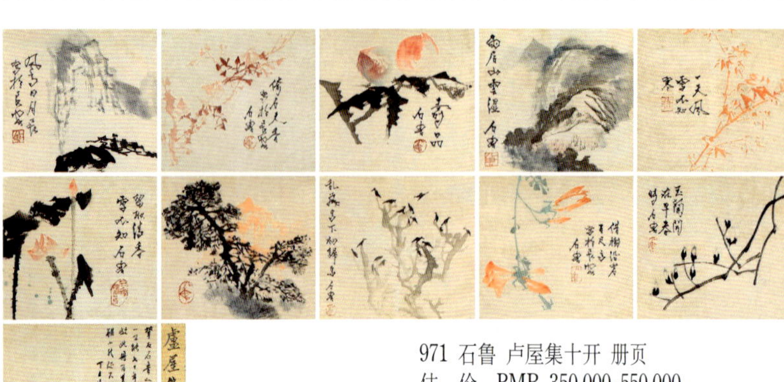

971 石鲁 卢屋集十开 册页
估 价：RMB 350,000~550,000
成交价：RMB 7,705,000
30cm×32.5cm×10 中鸿信 2018-01-07

1862 石齐 九歌图 镜心
估 价：RMB 500,000~800,000
成交价：RMB 977,500
137cm×69.5cm 北京荣宝 2018-12-03

49 石齐 乔木莺声 镜心
估 价：RMB 600,000
成交价：RMB 920,000
69cm×69cm 北京翰海 2018-09-16

1292 石鲁 泼墨荷花 镜框
估 价：HKD 8,000,000~10,000,000
成交价：RMB 7,876,400
88.9cm×46.5cm 佳士得 2018-05-29

1017 史国良 捡土豆 镜心
估 价：RMB 1,200,000~2,400,000
成交价：RMB 2,760,000
121.5cm×241.5cm 北京荣宝 2018-09-14

2048 史国良 2004年作 牧马图 镜心
估 价：RMB 300,000 ~ 400,000
成交价：RMB 540,500
34cm × 138cm 北京荣宝 2018-06-14

2050 史国良 2001年作 赶集图 立轴
估 价：RMB 450,000~600,000
成交价：RMB 1,207,500
135cm × 68cm 北京荣宝 2018-06-14

210 史国良 2000年作 赶集图 镜片
估 价：RMB 650,000~1,200,000
成交价：RMB 1,008,000
68cm × 137cm 湖南逸典 2018-06-09

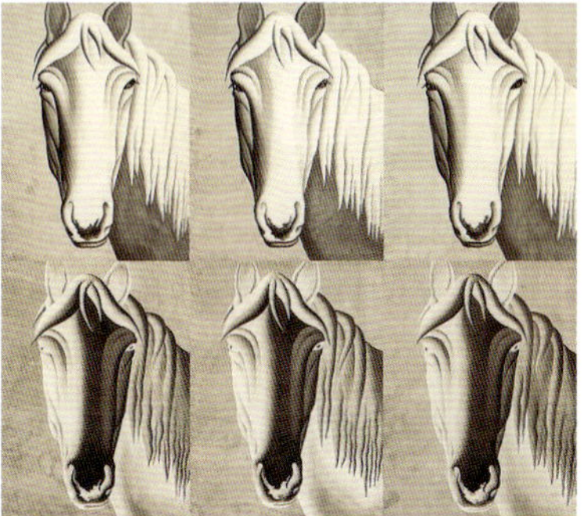

1631 宋陵 1993年作 无意义的选择？58号
估 价：RMB 850,000~1,000,000
成交价：RMB 977,500
90cm × 68cm × 6 北京匡时 2018-12-06

1841 宋文治 1987年作 运河两岸春意浓 立轴
估 价：RMB 4,000,000~4,800,000
成交价：RMB 8,050,000
180cm × 98.5cm 北京保利 2018-06-17

1440 宋文治 1983年作 峡江图 镜心
估 价：HKD 2,100,000~3,100,000
成交价：RMB 2,160,816
135cm × 370cm 中国嘉德 2018-10-03

828 宋文治 1980年作 黄山晴岚 镜心
估 价：RMB 1,500,000~2,000,000
成交价：RMB 1,955,000
96cm × 178cm 北京匡时 2018-06-15

1084 宋文治 山水 镜心（两帧 ）
估 价：HKD 200,000~300,000
成交价：RMB 668,234
37cm × 45cm × 2 中国嘉德 2018-04-03

47 宋彦军 山间小憩 镜心
估 价：RMB 2,000,000~2,500,000
成交价：RMB 2,530,000
160cm×80cm 北京荣宝 2018-05-18

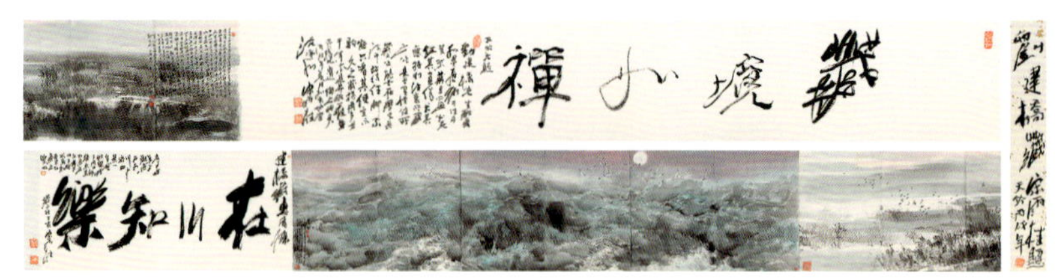

24 宋雨桂 2007年作 舞月图 册页
估 价：RMB 200,000~300,000
成交价：RMB 862,500
画心27cm×217cm 北京保利 2018-05-21

1276 苏州诸家 杂册 （十开）
估 价：HKD 400,000~600,000
成交价：RMB 687,650
26.8cm×38.8cm×8 香港苏富比 2018-04-02

1259 苏曼殊 曼殊上人墨纱 （十五开共廿二帧册）
估 价：HKD 180,000~250,000
成交价：RMB 23,310,122
尺寸不一 香港苏富比 2018-04-02

274 隋牟 说法图 镜心
估 价：RMB 420,000
成交价：RMB 517,500
177cm×97cm 北京翰海 2018-09-16

1175 孙浩 青春的纪念碑 镜心
估 价：RMB 580,000~680,000
成交价：RMB 2,070,000
280.0cm×227.0cm 中国嘉德 2018-11-22

185 孙其峰 雄鹰展翅 镜心
估 价：RMB 180,000
成交价：RMB 690,000
131cm×65cm 鼎天国际 2018-01-07

2202 孙文 行书“博爱” 立轴
估 价：RMB 600,000~1,000,000
成交价：RMB 690,000
129cm×38cm 北京保利 2018-12-07

2338 孙震生 那年花开系列 宫扇
估 价：RMB 300,000~500,000
成交价：RMB 977,500
尺寸不一 北京荣宝 2018-06-14

829 泰祥洲 2012年作 小中见大 镜框
估 价：HKD 400,000~500,000
成交价：RMB 761,250
35cm×249cm 佳士得 2018-05-28

360 孙文 天下为公 镜心
估 价：RMB 1,800,000~2,500,000
成交价：RMB 2,990,000
32cm×131cm 南京经典 2018-01-06

8078 汤哲明 2013年作 秋郊牧马 镜片
估　价：RMB 380,000~580,000
成交价：RMB 575,000
69cm×134cm 上海嘉禾 2018-06-25

3157 唐勇力 90年代作
不朽的篇章 插图原稿 （五帧）
估　价：RMB 300,000~600,000
成交价：RMB 862,500
尺寸不一 西泠拍卖 2018-07-08

3156 唐勇力 1993年作
中国传统文化故事荟萃 插图原稿 镜片
估　价：RMB 1,200,000~1,600,000
成交价：RMB 2,185,000
25.5cm×28cm×21；16cm×26cm
西泠拍卖 2018-07-08

586 唐云 松鹤延年 镜心
估　价：RMB 1,600,000~1,800,000
成交价：RMB 1,840,000
247.5cm×124cm 上海匡时 2018-04-30

87 唐云 1986年作 红叶雄姿 镜心
估　价：RMB 1,200,000~1,800,000
成交价：RMB 1,380,000
145cm×367cm 中国嘉德 2018-11-20

220 陶行知 行书新诗一首 横批
估　价：RMB 200,000~300,000
成交价：RMB 552,000
34.5cm×137cm 中贸圣佳 2018-06-20

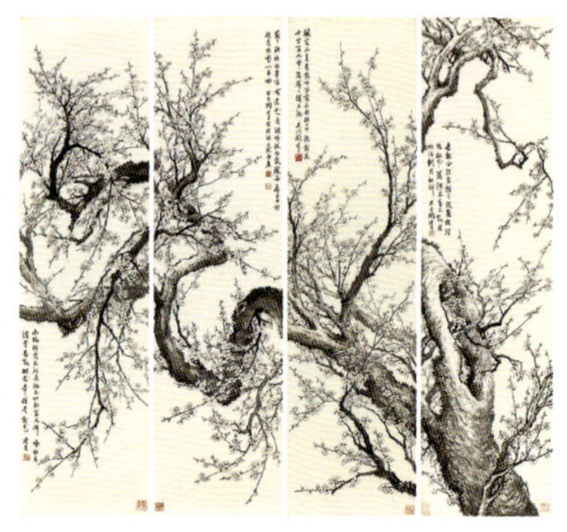

509 陶冷月 墨梅 四屏立轴
估　价：RMB 1,200,000~1,800,000
成交价：RMB 1,610,000
149cm×40cm×4 华艺国际 2018-11-16

25 陶冷月 近现代 王冕诗意墨梅图 镜框
估　价：RMB 500,000~700,000
成交价：RMB 575,000
81cm×41cm 深圳至正国际 2018-08-25

695 陶一清 1972年作 红日映延安 镜心
估　价：RMB 600,000~800,000
成交价：RMB 828,000
90.5cm×167cm 中国嘉德 2018-06-19

1456 天风五子 1951年作 虎啸秋风 立轴
估　价：HKD 280,000~350,000
成交价：RMB 353,938
132.5cm×57cm 香港苏富比 2018-04-02

1048 田黎明 村姑 镜框
估　价：RMB 200,000~300,000
成交价：RMB 575,000
140cm×68cm 北京荣宝 2018-09-14

2042 田黎明 都市人 镜心
估　价：RMB 300,000~400,000
成交价：RMB 460,000
70cm×48cm 北京荣宝 2018-06-14

710 田世光 1962年作 四喜报春图 立轴
估　价：RMB 800,000~1,200,000
成交价：RMB 1,840,000
131cm×66.5cm 北京荣宝 2018-12-03

1036 田世光 1937年作 九鹌图 手卷
估　价：RMB 600,000~800,000
成交价：RMB 1,207,500
46cm×241cm 北京保利 2018-06-17

1655 汪国真 2012年作 高洁何须多言语
估　价：RMB 300,000~500,000
成交价：RMB 1,012,000
68cm×138cm 北京翰海 2018-06-30

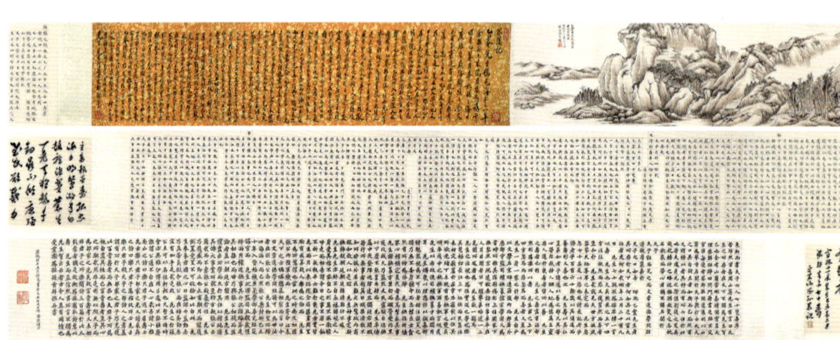

520 汪洛年 1919年作 井谷山房图 卷
估　价：RMB 30,000~50,000
成交价：RMB 483,000
29cm×96cm 北京翰海 2018-06-29

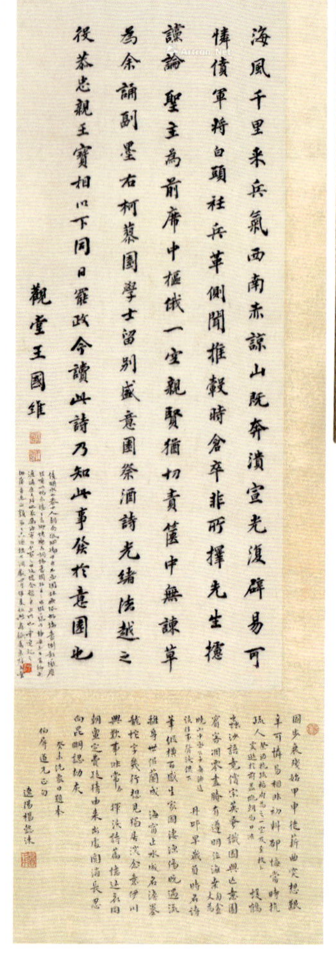

1333 王国维 书法 立轴
估　价：RMB 3,800,000~4,800,000
成交价：RMB 4,600,000
86cm×34cm 华艺国际 2018-05-23

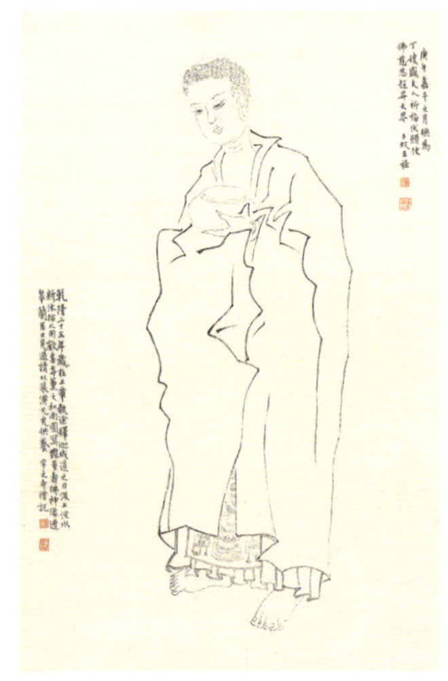

1389 王福厂 1930年作 无量寿佛 立轴
估　价：HKD 80,000~120,000
成交价：RMB 599,500
48.5cm×32cm 香港苏富比 2018-10-02

805 王福厂 1941年 1948年作 篆书 （四幅） 屏轴
估　价：RMB 180,000~250,000
成交价：RMB 517,500
131cm×21cm×4 朵云轩 2018-06-24

76 王赫赫 长相守 镜心
成交价：RMB 529,000
100cm×200cm 北京翰海 2018-09-16

1291 王宏月 2018年作 和谐 镜心
估　价：RMB 300,000~350,000
成交价：RMB 402,500
160cm×59cm 北京保利 2018-12-06

301 王宏峥 尘——猫
成交价：RMB 920,000
150cm×100cm 北京翰海 2018-09-16

304 王华明 流光溢彩
成交价：RMB 575,000
100cm×80cm 北京翰海 2018-09-16

119 王焕波 2014年作 山水 镜心
成交价：RMB 1,725,000
79cm×179cm×20 北京翰海 2018-09-16

46 王金明 2018年作 万里长城之老龙头 镜心
成交价：RMB 3,680,000
245cm×124cm×10 北京翰海 2018-09-16

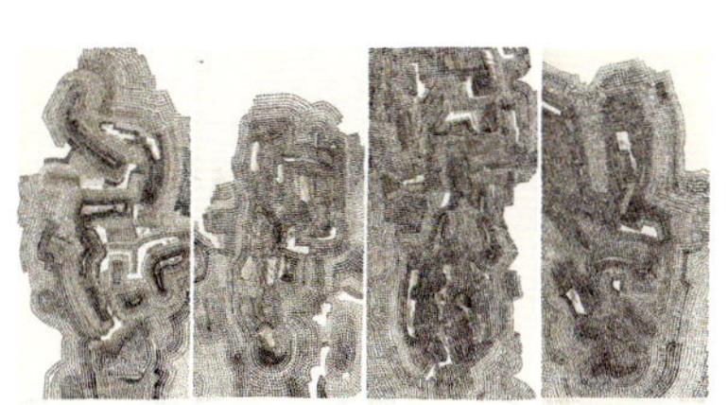

2901 王劼音 云石图录<1-4>
估　价：RMB 300,000~500,000
成交价：RMB 368,000
140cm×69cm×4 中贸圣佳 2018-11-24

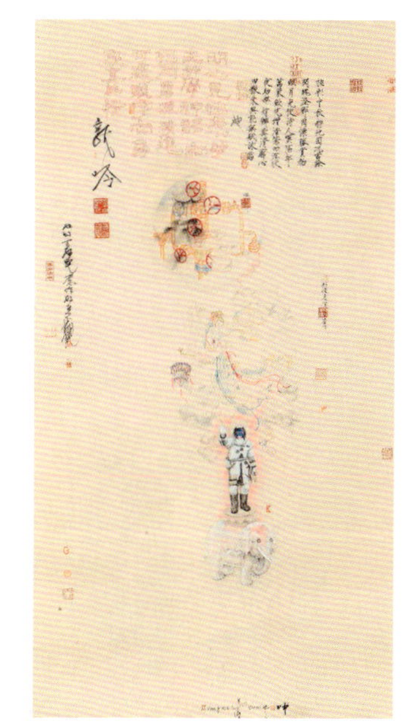

1223 王迈 2004年作 太空菩萨 镜心
估　价：RMB 350,000~450,000
成交价：RMB 667,000
180cm×97cm 北京保利 2018-12-06

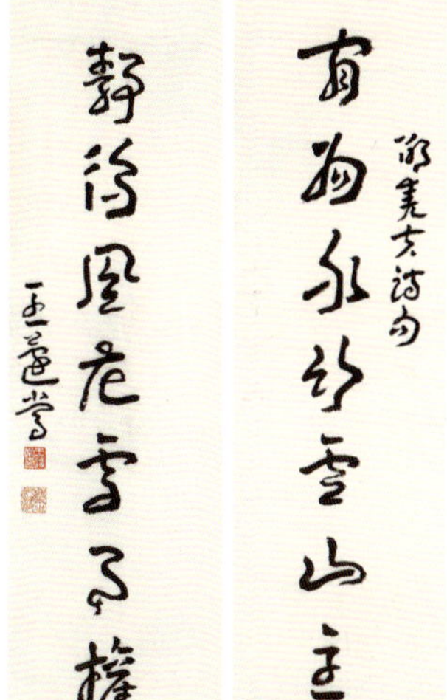

1658 王蘧常 行书七言联 立轴
估　价：RMB 50,000~80,000
成交价：RMB 460,000
107cm×31.5cm×2 北京匡时 2018-06-16

1655 王濛莎 五月寅日
估 价：RMB 900,000~1,100,000
成交价：RMB 1,380,000
173cm×950cm 北京荣宝 2018-12-03

48 王明明 春消息 镜心
估 价：RMB 800,000~1,200,000
成交价：RMB 2,461,000
177.5cm×96cm 荣宝斋（济南） 2018-06-30

90 王明明 2007年作 溪山文会图、行书五言联 镜心
估 价：RMB 2,000,000~3,000,000
成交价：RMB 4,370,000
画心123cm×243.5cm；对联125cm×34cm×2 北京荣宝 2018-09-14

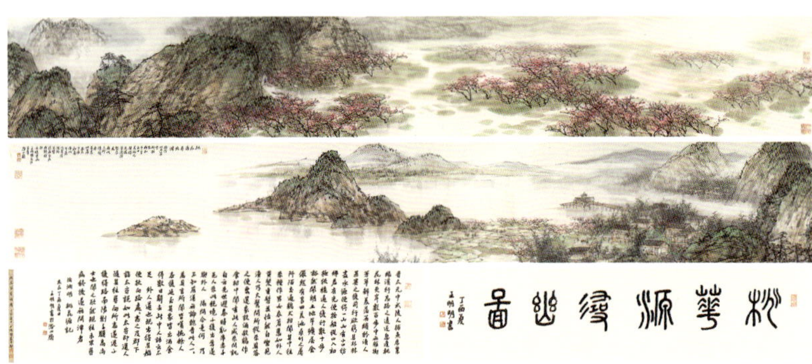

1442 王明明 2017年作 桃花源寻幽图 手卷
估 价：HKD 2,600,000~3,600,000
成交价：RMB 4,012,944
本幅34.5cm×463.5cm 中国嘉德 2018-10-03

397 王明明 溪山兴会图 镜心
估 价：RMB 1,000,000~1,500,000
成交价：RMB 2,875,000
97cm×179.5cm 荣宝斋（上海） 2018-01-21

135 王蘧常 1989年 草书七言联 立轴
估　价：RMB 200,000~250,000
成交价：RMB 943,000
172cm×45cm×2 上海匡时 2018-04-30

2823 王天德 2014年作 后山
估　价：RMB 280,000~350,000
成交价：RMB 368,000
177cm×101cm 中贸圣佳 2018-11-24

303 王荣 春回江南
成交价：RMB 1,380,000
42cm×120cm 北京翰海 2018-09-16

81 王西京 长恨歌诗意 镜心
估　价：RMB 180,000~200,000
成交价：RMB 448,000
90.5cm×180.5cm 秦宝斋 2018-01-01

185 王晓卉 2014年作 二月湖水清
成交价：RMB 598,000
177cm×95cm 北京翰海 2018-09-16

354 王晓莉 2017年作 墨系列（220）远方
成交价：RMB 322,000
200cm×80cm 北京翰海 2018-09-16

83 王雪涛 花鸟 四屏镜心
估　价：RMB 500,000~700,000
成交价：RMB 3,105,000
132cm×30cm×4 中国嘉德 2018-11-20

552 王雪涛 绶带双鹊 立轴
估　价：RMB 1,600,000~2,000,000
成交价：RMB 2,760,000
138cm×68cm 北京荣宝 2018-06-14

847 王雪涛 孔雀杜鹃 立轴
估　价：RMB 1,600,000~2,000,000
成交价：RMB 1,840,000
162cm×71cm 北京匡时 2018-06-15

951 王雪涛 雪涛写生 册页
估　价：RMB 1,200,000~1,800,000
成交价：RMB 2,300,000
33cm×34.5cm×22 保利厦门 2018-01-08

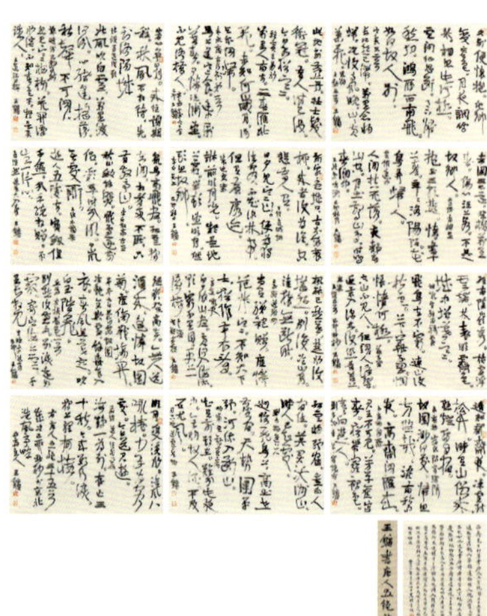

1009 王镛 1999年作 行草《唐人五绝诗册》 册页
估　价：RMB 100,000~200,000
成交价：RMB 1,058,000
61.5cm×83.5cm×12 北京荣宝 2018-09-14

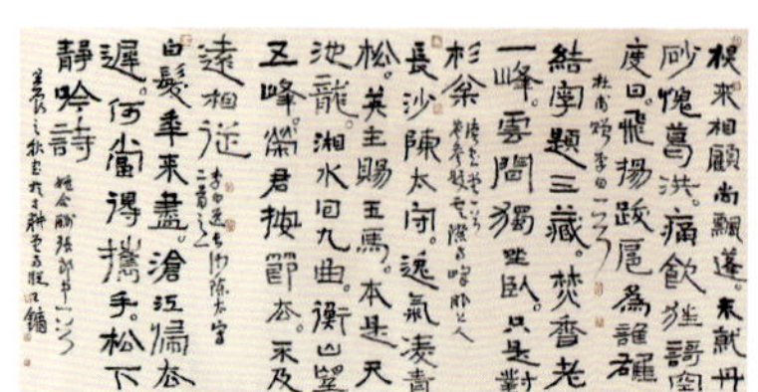

2026 王镛 2012年作 唐人诗四首 镜心
估　价：RMB 500,000~600,000
成交价：RMB 897,000
123cm×249cm 北京荣宝 2018-06-14

1018 王余根 幽居深山 镜心
估　价：RMB 300,000~500,000
成交价：RMB 425,500
136cm×69.5cm 荣宝斋（南京） 2018-07-15

111 王震 1922年作 无量寿佛 立轴
估　价：RMB 300,000~400,000
成交价：RMB 402,500
135.5cm×66.5cm 北京匡时 2018-12-05

100 王震画 吴昌硕 等题 1924年作 参禅图 立轴
估 价：RMB 80,000~100,000
成交价：RMB 483,000
68.3cm×42.1cm 北京诚轩 2018-06-16

622 王子武 写生少女 镜心
估 价：RMB 1,500,000~1,800,000
成交价：RMB 1,725,000
102.5cm×59cm 上海匡时 2018-04-30

176 魏戫 1912年作 赠梁启超斋号“饮冰室” 横批
估 价：RMB 200,000~300,000
成交价：RMB 621,000
32cm×101cm 中贸圣佳 2018-06-20

510 魏紫熙 1973年作 海韵图 立轴
估 价：RMB 1,800,000~2,500,000
成交价：RMB 2,645,000
123cm×69cm 北京荣宝 2018-06-14

2445 王志平 2014年作 毛主席去安源 镜心
估 价：RMB 1,000,000~1,100,000
成交价：RMB 1,150,000
180cm×97cm 北京荣宝 2018-06-14

1480 王子武 1988年作 张大千像 立轴
估 价：HKD 200,000~300,000
成交价：RMB 1,618,000
155.5cm×88.8cm 香港苏富比 2018-04-02

570 魏紫熙 1981年作 渡桥春色 立轴
估 价：RMB 800,000~1,200,000
成交价：RMB 1,725,000
135cm×68cm 北京荣宝 2018-12-03

1669 文蔚 2017年作 山水 （二帧）
估　价：RMB 280,000~380,000
成交价：RMB 483,000
40cm × 108cm × 2 北京翰海 2018-06-30

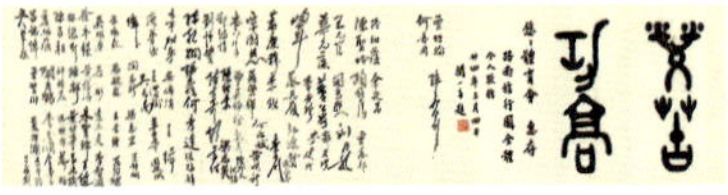

2906 闻一多 1945年作 致悠悠体育会匾额 劳苦功高 镜片
估　价：RMB 250,000~400,000
成交价：RMB 621,000
99cm × 24cm 西泠拍卖 2018-07-08

1789 吴昌硕 1917年作 富贵花开 立轴
估　价：RMB 8,500,000~12,000,000
成交价：RMB 12,075,000
152cm × 82cm 北京保利 2018-06-17

313 吴昌硕 1917年作 春风太平 立轴
估　价：RMB 12,000,000~15,000,000
成交价：RMB 16,675,000
168.6cm × 81.2cm 中国嘉德 2018-06-18

8029 吴昌硕 1915年作 绵绵图 立轴
估 价：RMB 2,200,000~3,200,000
成交价：RMB 10,465,000
151cm×81cm 上海嘉禾 2018-06-25

312 吴昌硕 1917年作 岁朝清供 立轴
估 价：RMB 3,800,000~5,800,000
成交价：RMB 9,430,000
178cm×93.5cm 中国嘉德 2018-06-18

654 吴昌硕 1920年作 花卉四屏 立轴
估 价：RMB 800,000~1,200,000
成交价：RMB 6,555,000
133cm×34.5cm.cm×4 中鸿信 2018-01-07

1423 吴昌硕 郑孝胥 1921年作 墨梅 行书 成扇
估 价：HKD 150,000~200,000
成交价：RMB 1,516,875
23cm×63.5cm 香港苏富比 2018-04-02

311 吴昌硕 1915年作 西泠印社图 立轴
估　价：RMB 5,000,000~6,000,000
成交价：RMB 8,050,000
189.5cm × 48.5cm 中国嘉德 2018-06-18

3202 吴冠中 1988年作 双燕
成交价：RMB 54,050,000
69cm × 137cm 北京保利 2018-12-06

2536 吴冠中 张家界马鬃岭 镜心
成交价：RMB 40,250,000
104cm × 200cm 北京保利 2018-12-07

835 吴冠中 1990年作 香港中环 镜心
估　价：RMB 12,000,000~15,000,000
成交价：RMB 17,250,000
68cm × 137.5cm 北京匡时 2018-06-15

1488 吴冠中 玉龙山镇 镜框
估　价：HKD 12,000,000~18,000,000
成交价：RMB 12,163,760
123.5cm×95.5cm 佳士得 2018-05-29

1487 吴冠中 1975／1976年作 自选集 册页 （十二开）
估　价：HKD 1,200,000~2,200,000
成交价：RMB 9,881,180
33cm×33cm；29.6cm×34.6cm
佳士得 2018-11-26

517 吴冠中 1982年作 漓江 镜心
估　价：HKD 4,000,000~6,000,000
成交价：RMB 10,804,080
70cm×140cm 保利香港 2018-10-01

20 吴冠中 1986年作 盆景海
估　价：HKD 10,000,000~20,000,000
成交价：RMB 10,312,400
97cm×180cm 佳士得 2018-05-26

595 吴光宇 王福厂 百子 百寿 成扇
估　价：RMB 180,000~280,000
成交价：RMB 391,000
19cm × 51cm 中国嘉德 2018-11-21

263 吴灏 山水 四屏立轴
估　价：RMB 50,000~80,000
成交价：RMB 402,500
100cm × 39cm × 4 广东崇正 2018-01-21

67 吴湖帆 1938年作 秋林观瀑 立轴
估　价：RMB 4,800,000~5,800,000
成交价：RMB 7,820,000
96.5cm × 52cm 北京诚轩 2018-06-16

426 吴湖帆 乙1935年 作 临富春山图卷 手卷
估　价：RMB 12,000,000~20,000,000
成交价：RMB 20,700,000
32.3cm × 592.5cm 广东崇正 2018-07-04

345 吴湖帆 1956年；1960年作 多景楼书画合璧卷 手卷
估　价：RMB 8,000,000~15,000,000
成交价：RMB 9,200,000
30.7cm × 831.6cm 中国嘉德 2018-06-18

1442 吴湖帆 1936年作 晓云碧嶂 立轴
估　价：HKD 8,000,000~12,000,000
成交价：RMB 13,707,840
112.5cm×47cm 香港苏富比 2018-10-02

167 吴湖帆 潘静淑 齐侯壶拓片补玉兰 立轴
估　价：RMB 5,000,000~6,000,000
成交价：RMB 11,500,000
111.5cm×49cm 中贸圣佳 2018-06-20

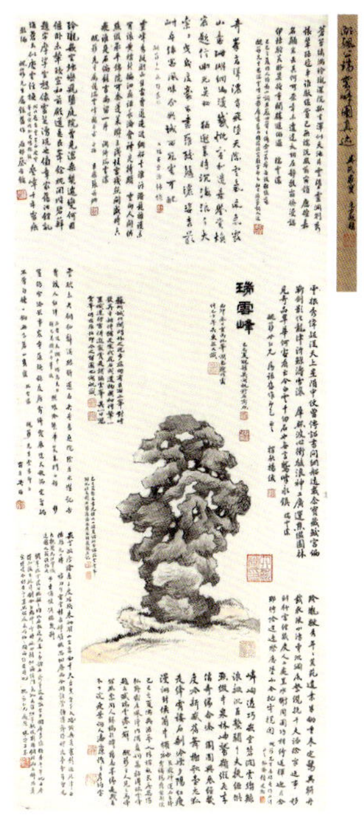

168 吴湖帆 瑞云峰 立轴
估　价：RMB 4,000,000~6,000,000
成交价：RMB 11,500,000
113cm×46cm 中贸圣佳 2018-06-20

1077 吴历 山居图 立轴
估　价：RMB 800,000~1,200,000
成交价：RMB 920,000
79.5cm×33cm 中国嘉德 2018-06-20

670 吴琴木 1925年作 拟古山水 镜心 四屏
估　价：RMB 100,000~200,000
成交价：RMB 736,000
52cm×33.5cm×4 中国嘉德 2018-06-19

1335 吴青霞 圣经故实 镜框
估　价：HKD 220,000~280,000
成交价：RMB 353,938
33cm×59.8cm 香港苏富比 2018-04-02

64 吴师曾 2018作 老头乐 镜片
成交价：RMB 368,000
68cm×70cm 广东衡益 2018-07-01

78 吴一峰 柳江铁索桥 轴
估　价：RMB 300,000~400,000
成交价：RMB 483,000
35.5cm×96.5cm 八益拍卖 2018-04-28

83 吴佑曾 江邨系舟图 山深林密图卷 手卷
估　价：RMB 300,000~350,000
成交价：RMB 494,500
画心14cm×126cm 上海匡时 2018-04-30

2047 吴悦石 母子鸡 立轴
估　价：RMB 700,000~800,000
成交价：RMB 1,092,500
133.5cm×67cm 北京荣宝 2018-12-03

2047 吴悦石 2018年作 雪竹 镜心
估　价：RMB 500,000~800,000
成交价：RMB 943,000
145cm×51cm 北京荣宝 2018-06-14

19 吴征 近现代 层峰白云图 镜框
估 价：RMB 300,000~400,000
成交价：RMB 2,530,000
107cm×38.5cm 深圳至正国际 2018-08-25

841 吴作人 1986年作 长空万里 镜心
估 价：RMB 1,600,000~2,000,000
成交价：RMB 1,840,000
139.5cm×69cm 北京匡时 2018-06-15

1563A 吴作人 1980年作 河西牧驼 镜心
估 价：RMB 1,000,000~1,500,000
成交价：RMB 1,265,000
63cm×97cm 北京保利 2018-12-08

1300 吴作人 1987年作 藏原犇牦 镜框
估 价：HKD 700,000~900,000
成交价：RMB 910,125
138cm×68cm 香港苏富比 2018-04-02

1012 武中奇 1989年作 行书“祖国万岁” 镜心
估 价：RMB 180,000~260,000
成交价：RMB 621,000
127cm×353cm 北京荣宝 2018-06-14

170 夏天星 2013年作 四时诗意图 镜心
估 价：RMB 200,000~300,000
成交价：RMB 460,000
73cm×34.5cm×4 北京匡时 2018-12-05

468 萧俊贤 萧谦中 胡佩衡 陈半丁 四景山水 立轴四屏
估 价：RMB 300,000~500,000
成交价：RMB 644,000
102cm×33cm×4 华艺国际 2018-11-16

390 萧平 方楚雄 朱松发 秦天柱 高云 等 共325幅作品 镜心
估 价：RMB 500,000~600,000
成交价：RMB 1,725,000
尺寸不一 南京经典 2018-01-06

715 萧勤 1962年作 绝对之分裂
估 价：HKD 180,000~280,000
成交价：RMB 353,938
70cm×100cm 香港苏富比 2018-04-01

689 萧淑芳 1960年作 街道之晨 立轴
估 价：RMB 300,000~400,000
成交价：RMB 1,265,000
130cm×71cm 中国嘉德 2018-11-21

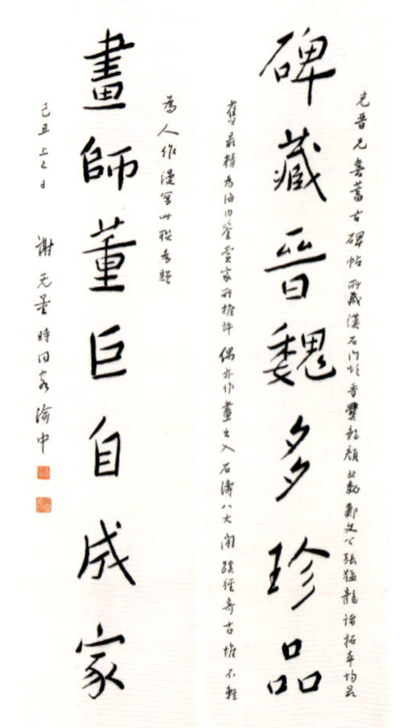

2213 谢无量 1949年作 行书七言联 立轴
估 价：RMB 300,000~500,000
成交价：RMB 552,000
134.5cm×32.5cm×2 北京保利 2018-12-07

317 谢稚柳 1947年作 山水 曲江泛舟图 轴
估 价：NTD 3,000,000~6,000,000
成交价：RMB 6,596,200
108cm×68.5cm 台北艺流 2018-06-30

451 谢稚柳 红叶小鸟 立轴
估 价：RMB 3,000,000~5,000,000
成交价：RMB 5,520,000
131.5cm×65cm 荣宝斋（上海） 2018-01-21

1308 谢稚柳 1945年作 峨嵋金顶 立轴
估 价：HKD 800,000~1,200,000
成交价：RMB 1,820,250
115.5cm×68cm 香港苏富比 2018-04-02

1211 谢稚柳 1962年作 李长吉诗意图 镜心
估 价：RMB 3,000,000~3,500,000
成交价：RMB 4,715,000
148cm×83cm 北京匡时 2018-12-06

76 谢稚柳 1944年作 春阴图 立轴
估 价：RMB 1,500,000~2,800,000
成交价：RMB 3,450,000
105cm×55cm 保利厦门 2018-01-08

1363 谢稚柳 柳荫观泉 立轴
估 价：RMB 1,200,000~1,800,000
成交价：RMB 1,840,000
87cm×49cm 北京保利 2018-06-17

1275 谢稚柳 赵少昂 等 年份不一 山水人物花鸟 镜片十五幅／镜框四幅
估 价：HKD 500,000~700,000
成交价：RMB 4,133,420
38cm×54.5cm×19 佳士得 2018-11-26

363 谢稚柳 溪山雨意 立轴
估 价：RMB 2,000,000~2,800,000
成交价：RMB 3,220,000
105cm×54cm 上海嘉禾 2018-06-25

2639 熊红钢 2015年作 松溪涧鸣 镜心
估 价：RMB 1,200,000~1,500,000
成交价：RMB 1,840,000
179cm×96cm 北京保利 2018-06-18

1358 熊红钢 2016年作 太行盛景 镜心
估 价：RMB 5,000,000~6,000,000
成交价：RMB 6,900,000
141cm×368cm 中国嘉德 2018-06-20

1240 熊红钢 2018年作 知鱼乐系列 镜心
估 价：RMB 3,000,000~4,000,000
成交价：RMB 5,405,000
245.5cm×61.5cm×4 中国嘉德 2018-11-22

853 熊辉 2013年作 淋漓之六 （三幅） 镜框
估 价：HKD 180,000~220,000
成交价：RMB 406,000
179.5cm×95.5cm×3 佳士得 2018-05-28

320 徐邦达 王季迁 朱梅邨 应野平 拟古 四屏立轴
估 价：RMB 500,000~600,000
成交价：RMB 690,000
105.2cm×52.4cm×4 上海匡时 2018-04-30

1368 徐悲鸿 1943年作 白梅 立轴
估 价：HKD 4,000,000~6,000,000
成交价：RMB 3,980,280
91.5cm×30cm 香港苏富比 2018-04-02

1714 徐悲鸿 1942年作 天马六骏 镜心
成交价：RMB 89,700,000
94cm × 177.5cm 北京保利 2018-06-17

500 徐悲鸿 1945年作 立马 对联一堂 立轴
估　价：RMB 10,000,000~15,000,000
成交价：RMB 18,170,000
画125cm × 64cm；对联130cm × 33cm × 2
华艺国际 2018-11-16

838 徐悲鸿 1940年作 三骏图 镜心
估　价：RMB 18,000,000~20,000,000
成交价：RMB 47,150,000
112cm × 110cm 北京匡时 2018-06-15

557 徐悲鸿 1935年作 二湘图 立轴
估　价：RMB 1,500,000~2,500,000
成交价：RMB 4,370,000
80.5cm × 37.5cm 北京荣宝 2018-06-14

317 徐悲鸿 1918年作 秋林三骏 横批
估　价：RMB 25,000,000~35,000,000
成交价：RMB 34,500,000
91cm×180.5cm 中国嘉德 2018-06-18

1783 徐悲鸿 1937年作 古柏双骏 镜心
估　价：RMB 18,000,000~22,000,000
成交价：RMB 20,700,000
128.5cm×76cm 北京保利 2018-06-17

341 徐悲鸿 1939年作 五花散作云满身 镜心
估　价：RMB 8,000,000~12,000,000
成交价：RMB 9,200,000
76cm×110cm 中国嘉德 2018-06-18

199 徐悲鸿 倘得悠游销岁月 镜心
估　价：RMB 4,000,000~6,000,000
成交价：RMB 7,705,000
68cm×97cm 荣宝斋（南京） 2018-07-15

559 徐悲鸿 1943年作 平安大吉 立轴
估　价：RMB 1,800,000~2,600,000
成交价：RMB 3,795,000
77cm×43cm 北京荣宝 2018-06-14

325 徐悲鸿 1932年作 英雄独立 立轴
估 价：RMB 5,500,000~7,500,000
成交价：RMB 6,325,000
107cm×106cm 华艺国际 2018-05-23

1303 徐悲鸿 驰骋千里 镜框
估 价：HKD 2,600,000~3,500,000
成交价：RMB 2,621,160
104.5cm×77.7cm 香港苏富比 2018-04-02

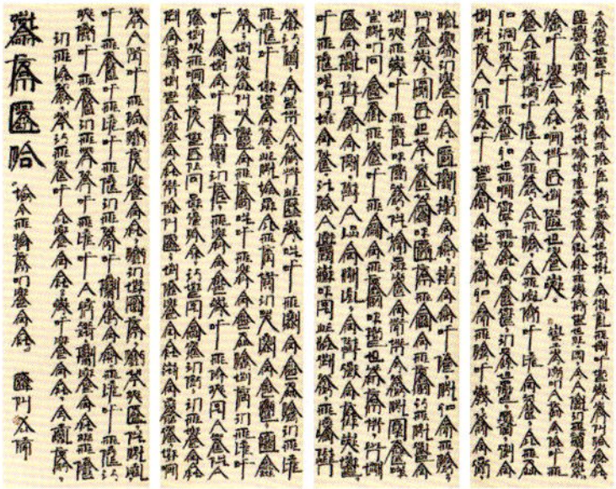

787 徐悲鸿 1943年作 红叶双喜 立轴
估 价：RMB 600,000~800,000
成交价：RMB 1,322,500
86cm×28.5cm 中国嘉德 2018-06-19

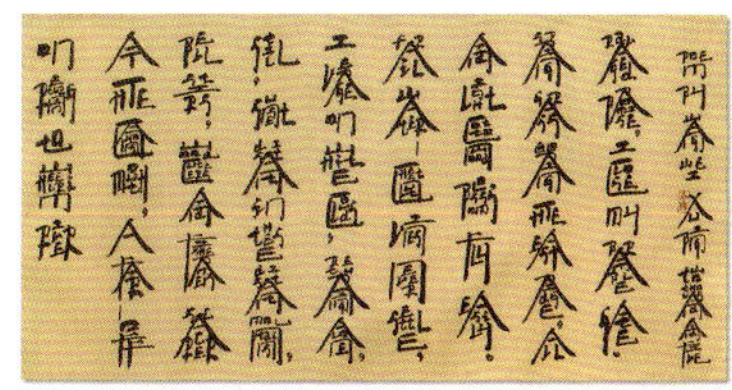

584 徐冰 2005年作 新英文书法：回到轮辋河边 镜框
估 价：HKD 600,000~800,000
成交价：RMB 545,000
69.5cm×136cm 香港苏富比 2018-10-01

862 徐华翎 2005年作 香
估 价：RMB 300,000~500,000
成交价：RMB 517,500
159cm×100cm 华艺国际 2018-11-16

734 徐操 1938年作 唐后行从图 立轴
估 价：RMB 600,000~800,000
成交价：RMB 920,000
131cm×51cm 北京荣宝 2018-06-14

2464 徐惠君 2011年作 梦回春波鹭影归 镜心
估 价：RMB 800,000~1,000,000
成交价：RMB 1,150,000
121cm×181cm 北京荣宝 2018-06-14

2712 徐九龙 2018年作 花卉 四屏镜心
估 价：RMB 300,000~400,000
成交价：RMB 345,000
136cm×34cm×4 北京保利 2018-06-18

1632 徐冰 2001年作 新英文书法（毛主席语录）
估 价：RMB 2,200,000~3,200,000
成交价：RMB 2,990,000
226cm×69.5cm×4 北京匡时 2018-12-06

1146 徐乐乐 1991年、1992年作 阆苑女仙图 立轴
估 价：RMB 5,600,000~7,000,000
成交价：RMB 6,440,000
113.5cm×32.5cm×12
中国嘉德 2018-11-22

1024 徐乐乐 敦煌仕女 镜心
估 价：RMB 600,000~800,000
成交价：RMB 1,380,000
63cm×110cm
南京经典 2018-07-22

1880 徐里 一山未了一山迎 镜心
估 价：RMB 300,000~400,000
成交价：RMB 575,000
141cm×69cm 北京荣宝 2018-12-03

1270 徐乐乐 2001年作 秋清古思 镜心
估 价：RMB 1,400,000~1,600,000
成交价：RMB 1,610,000
33cm×138cm 中国嘉德 2018-06-20

12 徐庶之 踏露行 镜心
估 价：RMB 300,000~800,000
成交价：RMB 1,667,500
95.5cm×267cm 凤凰拍卖 2018-01-21

836 徐累 1999年作 迷城 镜框
估 价：HKD 1,600,000~2,600,000
成交价：RMB 1,663,125
61.5cm×117.5cm
佳士得 2018-11-26

215 徐累 1996年作 羁
估 价：HKD 1,500,000~2,500,000
成交价：RMB 1,431,930
65cm×104cm
保利香港 2018-03-29

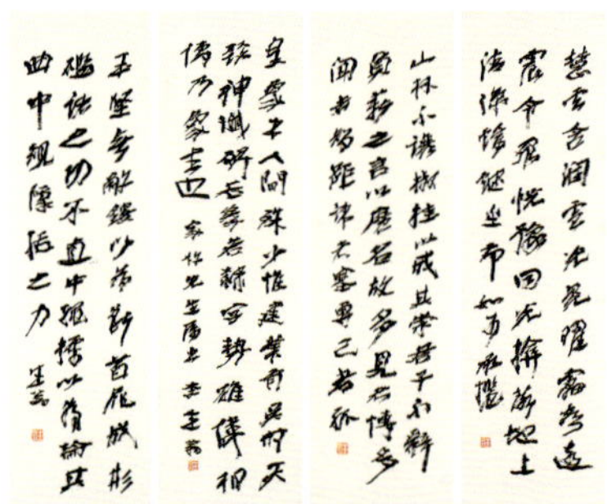

1253 徐生翁 行书 四屏立轴
估 价：RMB 200,000~300,000
成交价：RMB 402,500
105cm×31cm×4 北京匡时 2018-12-06

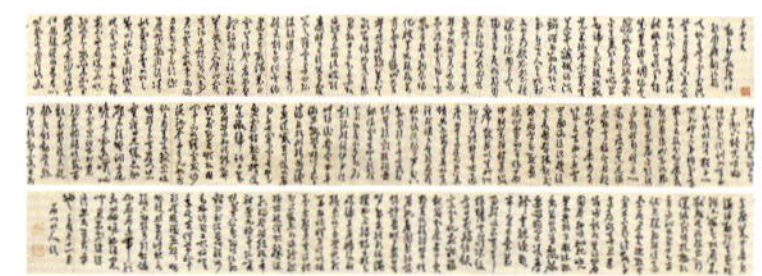

491 徐世昌 1922年作 草书 手卷
估 价：RMB 300,000~400,000
成交价：RMB 437,000
31cm×859cm 北京匡时 2018-12-05

190 许钦松 2017作 东边日出西边雨 镜框
成交价：RMB 4,025,000
124cm×244cm
广东衡益 2018-07-01

853 薛亮 2012年作 霞映云帆 镜心
估 价：RMB 3,000,000~4,000,000
成交价：RMB 13,800,000
144cm×368cm
北京匡时 2018-06-15

349 薛亮 2009年作 达摩面壁悟禅图 镜片
估 价：RMB 1,700,000~1,900,000
成交价：RMB 2,070,000
138cm×68.5cm
西泠拍卖 2018-07-07

2387 薛亮 2004年作 云幻峦影图 镜心
估 价：RMB 400,000~500,000
成交价：RMB 1,058,000
137cm×67.5cm 北京荣宝 2018-06-14

69 许钦松 2014年作 高原霞光 镜片
估 价：RMB 150,000~180,000
成交价：RMB 761,600
69cm×138cm 湖南逸典 2018-06-09

1879 薛亮 2004年作 山川墨意图 镜心
估 价：RMB 400,000~500,000
成交价：RMB 2,070,000
137cm×67.5cm
北京荣宝 2018-12-03

1842 亚明 1977年作 峡江烟云 镜心
估 价：RMB 600,000~800,000
成交价：RMB 1,092,500
134cm×225cm 北京保利 2018-06-17

94 亚明 1988年作 山高恨云低 横幅
估 价：RMB 300,000~500,000
成交价：RMB 4,600,000
140cm×358cm 北京翰海 2018-06-29

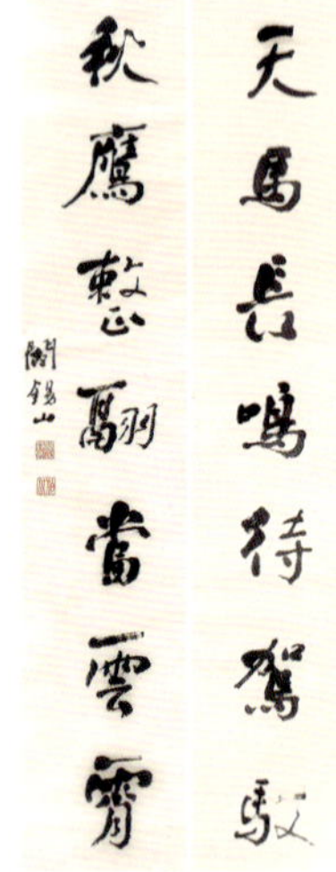

41 阎锡山 行书七言联 镜框
估 价：RMB 750,000~1,000,000
成交价：RMB 920,000
164cm×35cm×2 未来四方 2018-01-20

631 颜伯龙 花鸟 镜心 四屏
估 价：RMB 400,000~600,000
成交价：RMB 828,000
134cm×33.5cm×4 中国嘉德 2018-06-19

1705 阎义春 2014年作 青山霞烟新如染
估 价：RMB 390,000~450,000
成交价：RMB 575,000
68cm×136cm 北京翰海 2018-06-30

1547 杨佴旻 远方
估 价：RMB 500,000~600,000
成交价：RMB 1,092,500
96cm×90cm
北京翰海 2018-06-30

1548 杨佴旻 永定河畔
估 价：RMB 750,000~850,000
成交价：RMB 2,300,000
69cm×138cm 北京翰海 2018-06-30

1464 杨善深 1987年作 雄鹰图 立轴
估 价：HKD 300,000~400,000
成交价：RMB 910,125
144.5cm×76cm 香港苏富比 2018-04-02

531 杨善深 1987年作 丽人行 镜片
估 价：RMB 6,000,000~8,000,000
成交价：RMB 7,935,000
246cm×75cm 华艺国际 2018-05-23

688 杨善深 1988年作 夕阳无限好 对联一堂 立轴
估 价：RMB 3,000,000~4,000,000
成交价：RMB 3,450,000
绘画188cm×96cm；对联
179cm×47cm×2 华艺国际 2018-11-17

1535 杨善深 1990年作 苍鹰猎鱼 镜心
估 价：HKD 600,000~800,000
成交价：RMB 823,168
96.5cm×179.5cm 中国嘉德 2018-10-03

2091 杨延文 2013年作 马卡略岛风光 镜心
估 价：RMB 300,000~350,000
成交价：RMB 690,000
60cm×90cm 北京荣宝 2018-12-03

160 杨延文 1993年作 清奇古怪 镜心
估 价：RMB 250,000~300,000
成交价：RMB 391,000
95cm×179cm 北京荣宝 2018-09-14

526 杨彦 红荷 镜芯
估 价：RMB 10,000~20,000
成交价：RMB 317,800
68cm×138cm 印千山 2018-08-05

108 杨之光 雀之灵 镜片
估 价：RMB 800,000~1,000,000
成交价：RMB 1,062,200
68.5cm×137cm 广东省拍 2018-09-20

1096 杨之光 乙1995年作 新疆牧羊女 立轴
估 价：RMB 800,000~1,200,000
成交价：RMB 920,000
176cm×96cm 广东崇正 2018-07-04

2899 叶鸿平 2017年作 域界
估 价：RMB 300,000~500,000
成交价：RMB 517,500
210cm×145cm 中贸圣佳 2018-11-24

1901 叶浅予 1977年作 白蛇传 镜心
估 价：RMB 80,000~150,000
成交价：RMB 943,000
105cm×66cm 北京保利 2018-12-08

271 叶浅予 1964年作 延边鼓声图 立轴
估 价：RMB 250,000~400,000
成交价：RMB 322,000
135cm×67.5cm 西泠拍卖 2018-07-07

1726 叶永青 1994年作 红屋 困惑 无题
估 价：RMB 500,000~600,000
成交价：RMB 897,000
112.5cm×28cm×3 中国嘉德 2018-06-19

8073 殷梓湘 1959年作 少先队活动 镜片
估 价：RMB 120,000~180,000
成交价：RMB 402,500
64cm×127cm 上海嘉禾 2018-06-25

306 于非闇 1944年作 醉真图 手卷
估 价：RMB 8,000,000~10,000,000
成交价：RMB 9,200,000
本幅29cm×183cm 中国嘉德 2018-11-20

910 应野平 1974年作 黄山春色 镜芯
估 价：RMB 250,000~350,000
成交价：RMB 2,530,000
143.5cm×272cm 中鸿信 2018-01-07

2619 夜山明 2016年作 殉情 镜心
估 价：RMB 900,000~1,200,000
成交价：RMB 1,058,000
229cm×156cm 北京保利 2018-06-18

1274 于非闇 1957年作 玉兰绶带 镜框
估　价：HKD 7,000,000~9,000,000
成交价：RMB 13,707,840
132.2cm×68cm 香港苏富比 2018-10-02

305 于非闇 丁1947年作 花鸟画 册页 （八开）
估　价：RMB 3,800,000~5,800,000
成交价：RMB 14,950,000
30cm×37cm×8 中国嘉德 2018-06-18

1271 于非闇 1941年作 五色鹦鹉 镜框
估　价：HKD 2,000,000~3,000,000
成交价：RMB 4,563,440
93.5cm×45.5cm 佳士得 2018-05-29

1365 于非闇 1948年作 双鸽 镜框
估　价：HKD 1,000,000~1,500,000
成交价：RMB 2,427,000
40.4cm×60cm 香港苏富比 2018-04-02

89 于非闇 1958年作 双艳 立轴
估　价：RMB 500,000~600,000
成交价：RMB 1,552,500
43.7cm×61cm 北京诚轩 2018-06-16

1366 于非闇 1948年作 红叶双寿 立轴
估 价：HKD 1,600,000~2,200,000
成交价：RMB 3,786,120
134.2cm×40.5cm 香港苏富比 2018-04-02

1359 于非闇 牵牛花 镜框
估 价：HKD 2,200,000~3,000,000
成交价：RMB 3,662,400
67.5cm×44cm 香港苏富比 2018-10-02

1372 于非闇 1947年作 水仙蝴蝶 立轴
估 价：HKD 1,600,000~2,200,000
成交价：RMB 3,397,800
96.4cm×52cm 香港苏富比 2018-04-02

1362 于非闇 萃锦图 立轴
估 价：HKD 1,500,000~2,000,000
成交价：RMB 3,243,840
82.5cm×49.5cm 香港苏富比 2018-10-02

1776 于非闇 1943年作 双喜 立轴
估 价：RMB 2,000,000~3,000,000
成交价：RMB 2,300,000
97cm×45cm 北京保利 2018-06-17

118 于希宁 1977年作 海天香雪报春讯 镜心
估 价：RMB 650,000~850,000
成交价：RMB 747,500
87cm×180cm 保利山东 2018-11-22

640 于希宁 1978年作 花卉 横幅
估 价：RMB 150,000~200,000
成交价：RMB 690,000
34.5cm×137.5cm 北京荣宝 2018-06-14

184 于右任 草书《前后出师表》二十二屏 二十二条屏
估 价：RMB 2,800,000~3,800,000
成交价：RMB 4,600,000
60cm × 25cm × 22 中贸圣佳 2018-06-20

632 于右任 魏碑五言联 立轴
估 价：RMB 700,000~1,200,000
成交价：RMB 2,070,000
169.5cm × 44.5cm × 2 上海匡时 2018-04-30

798 余承尧 华山忆写
估 价：HKD 500,000~700,000
成交价：RMB 545,000
118cm × 40cm 香港苏富比 2018-10-01

8014 余承尧 1984年作 大江忆写图
估 价：HKD 9,000,000~12,000,000
成交价：RMB 8,603,900
58cm × 1241cm 佳士得 2018-11-26

572 俞明 1925年作 面壁 成扇
估 价：RMB 160,000~200,000
成交价：RMB 460,000
19cm × 50.5cm 朵云轩 2018-06-24

848 俞致贞 四季花鸟 镜心
估 价：RMB 450,000~550,000
成交价：RMB 575,000
131cm × 60cm × 4 北京匡时 2018-06-15

274 郁达夫 行书七言联 对联
估 价：RMB 280,000~380,000
成交价：RMB 460,000
160cm × 34cm × 2 中贸圣佳 2018-06-20

71 喻继高 芳园春晖 镜心
估　价：RMB 200,000~300,000
成交价：RMB 402,500
68cm×136cm 南京经典 2018-01-06

2087 袁学君 2018年作 开门见山 镜心
估　价：RMB 150,000~250,000
成交价：RMB 368,000
138.5cm×69cm 北京荣宝 2018-12-03

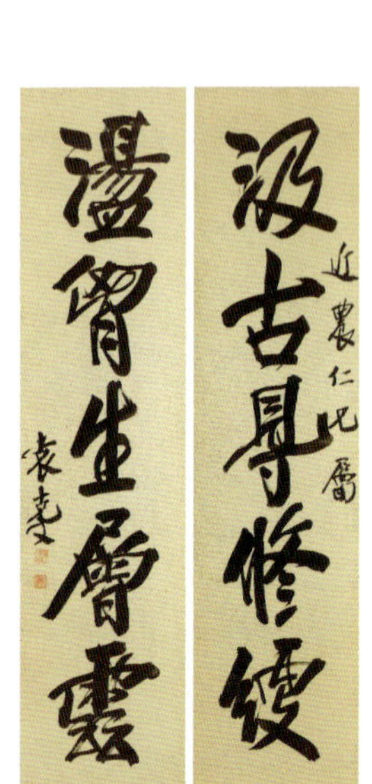

1610 袁克文 行书五言联 立轴
估　价：RMB 400,000~600,000
成交价：RMB 667,000
130cm×33cm×2 北京匡时 2018-06-16

400 袁克文 书联 立轴
估　价：RMB 600,000~800,000
成交价：RMB 1,702,000
170cm×36.5cm×2 南京经典 2018-07-22

360 袁武 人物 镜片
估　价：RMB 450,000~680,000
成交价：RMB 616,000
121cm×260cm 湖南逸典 2018-06-09

1494 袁旃 2009年 加官跳
估　价：RMB 150,000~200,000
成交价：RMB 402,500
118.5cm×72.5cm 中国嘉德 2018-11-21

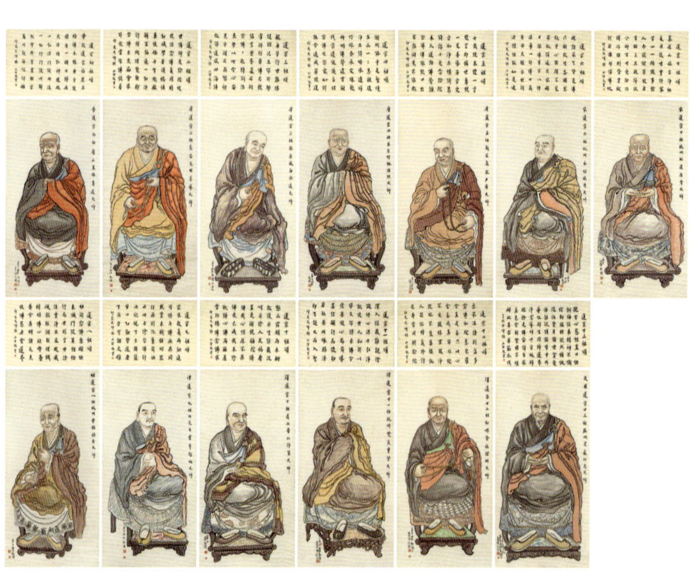

260 圆霖 十三祖师 立轴
估　价：RMB 3,000,000~4,000,000
成交价：RMB 7,015,000
91cm×45cm×13 南京经典 2018-01-06

221 圆霖法师 仿石涛山水 镜心
估 价：RMB 400,000~600,000
成交价：RMB 977,500
120cm×40cm 南京经典 2018-07-22

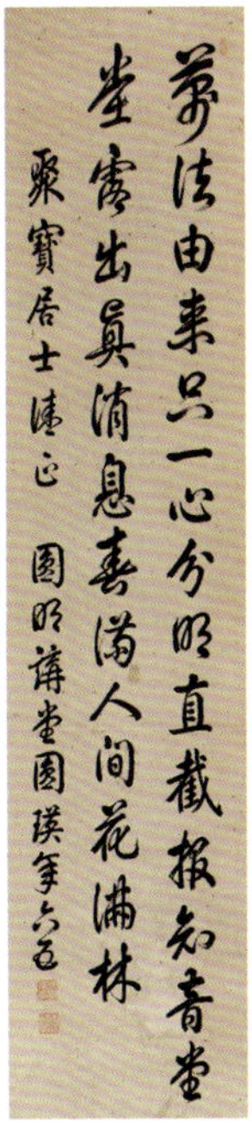

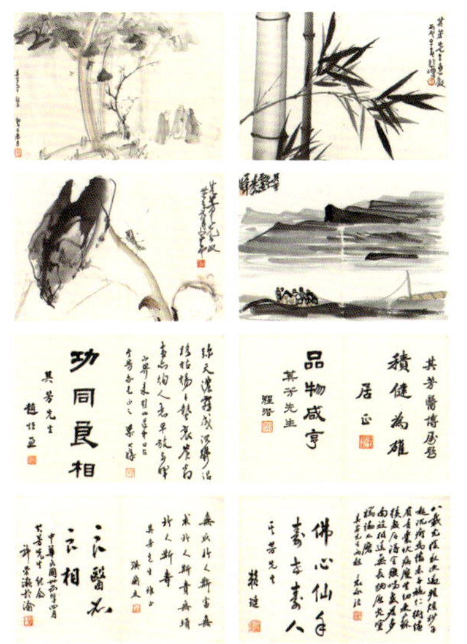
1288 杂家 书画纪念册 册 （二十开）
估 价：HKD 600,000~800,000
成交价：RMB 1,526,000
各28cm×39.7cm×20
香港苏富比 2018-10-02

1234 曾宓 雁荡山灵峰图 立轴
估 价：RMB 600,000~800,000
成交价：RMB 2,530,000
178.0cm×96.0cm 中国嘉德 2018-11-22

858 曾小俊 2013年作 野逸天屏二号 镜片
估 价：HKD 1,600,000~2,200,000
成交价：RMB 1,015,000
216cm×318cm 佳士得 2018-05-28

3117 曾宓 1983年作 如来佛祖 对联 镜框
估 价：RMB 220,000~280,000
成交价：RMB 287,500
66cm×42cm；71cm×15cm×2
西泠拍卖 2018-07-08

35 圆瑛 行书七言诗 立轴
估 价：RMB 200,000~280,000
成交价：RMB 322,000
127.5cm×30cm 保利厦门 2018-07-15

2015 曾宓 2001年作 三石楼主山水 册页
估 价：RMB 400,000~500,000
成交价：RMB 1,380,000
35cm×35cm×13 北京荣宝 2018-06-14

2354 曾来德 2016年作 黄河石林 镜心
估 价：RMB 2,600,000~3,000,000
成交价：RMB 2,932,500
165cm×360cm 北京荣宝 2018-06-14

172 曾三凯 2017年作 黄山四季 四屏镜心
估 价：RMB 450,000
成交价：RMB 575,000
180cm×34cm×4 北京翰海 2018-09-16

688 张安治 1941年作 万众一心 镜心
估 价：RMB 800,000~1,200,000
成交价：RMB 1,150,000
107.5cm×429cm 中国嘉德 2018-11-21

2686 臧跃军 2016年作 心灵佛光五 镜心
估 价：RMB 350,000~550,000
成交价：RMB 460,000
158cm×91cm 北京保利 2018-06-18

903 张伯英 1938年作 楷书八言联 立轴
估 价：RMB 30,000~50,000
成交价：RMB 460,000
229cm×38cm×2 北京翰海 2018-06-29

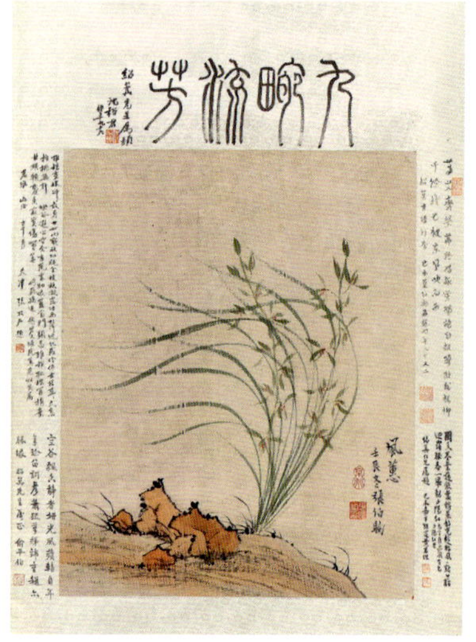

1373 张伯驹 1952年作 风蕙 立轴
估 价：HKD 500,000~700,000
成交价：RMB 1,646,336
55cm×45cm 中国嘉德 2018-10-03

308 张大千 1948年作 山水 江堤晚景 长卷
估　价：NTD 6,000,000~12,000,000
成交价：RMB 71,036,000
82cm × 405cm 台北艺流 2018-06-30

1376 张大千 1943年作 佳藕图 镜框
估　价：HKD 30,000,000~50,000,000
成交价：RMB 51,978,200
165cm × 82cm 佳士得 2018-11-26

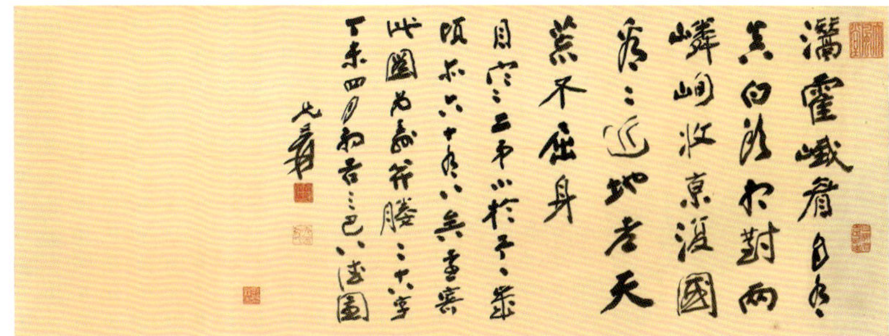

1257 张大千 1967年作 春山瑞雪 行书七绝 （一对） 镜框
估　价：HKD 28,000,000~40,000,000
成交价：RMB 67,151,450
书67.5cm × 185.5cm；画67.2cm × 186.8cm
香港苏富比 2018-04-02

321 张大千 1970年作 溪桥晚色 镜框
估　价：RMB 40,000,000~60,000,000
成交价：RMB 59,340,000
66cm × 165cm 华艺国际 2018-05-23

1710 张大千 1935年作 天女散花 立轴
成交价：RMB 84,525,000
167cm×72cm 北京保利 2018-06-17

818 张大千 宋人山寺图 镜心
估　价：RMB 35,000,000~40,000,000
成交价：RMB 43,700,000
136cm×75cm 北京匡时 2018-06-15

1773 张大千 1980年作 泼彩钩金朱荷 镜心
估　价：RMB 28,000,000~35,000,000
成交价：RMB 33,925,000
58cm×116cm 北京保利 2018-06-17

1366 张大千 自画像与黑虎 镜框
成交价：RMB 43,372,408
176cm×96cm 香港苏富比 2018-10-02

1420 张大千 1940年作 四川山色 镜框
估 价：HKD 15,000,000~18,000,000
成交价：RMB 14,659,080
146cm×81cm 香港苏富比 2018-04-02

1255 张大千 1943年作 临敦煌观音像 镜框
估 价：HKD 12,000,000~18,000,000
成交价：RMB 41,895,676
189cm×86cm 香港苏富比 2018-10-02

1363 张大千 1969年作 湖山景色 镜框
估 价：HKD 5,000,000~7,000,000
成交价：RMB 8,057,640
53.9cm×106.6cm 香港苏富比 2018-04-02

1521 张大千 丁1947年作 韩干双骥图 立轴
估 价：HKD 12,000,000~18,000,000
成交价：RMB 12,164,400
130cm×63.5cm 中国嘉德 2018-10-03

10 张大千 1946年作 近代 唐人壁画观音
估 价：RMB 6,000,000~8,000,000
成交价：RMB 34,500,000
131cm×67cm 深圳至正国际 2018-08-25

1416 张大千 1953年作 东丹王人马图 立轴
估 价：HKD 12,800,000~16,000,000
成交价：RMB 13,707,840
60cm × 73.5cm 香港苏富比 2018-10-02

729 张仃 1992年作 吐鲁番古道 镜心
估 价：RMB 500,000~600,000
成交价：RMB 1,610,000
68cm × 137cm 北京荣宝 2018-12-03

846 张仃 1996年作 今年雨水多 镜心
估 价：RMB 800,000~1,200,000
成交价：RMB 1,495,000
68cm × 138cm 北京荣宝 2018-06-14

1447 张大千 1949年作 凝思 镜框
估 价：HKD 2,600,000~3,500,000
成交价：RMB 5,921,880
55cm × 35.5cm 香港苏富比 2018-04-02

1252 张大千 1963年作 风展素裳 立轴
估 价：HKD 1,800,000~2,600,000
成交价：RMB 4,465,680
136.9cm × 69.9cm 香港苏富比 2018-04-02

75 张广 丰乐图 镜心
估 价：RMB 300,000~500,000
成交价：RMB 517,500
137cm × 69cm 北京荣宝 2018-09-14

162 张海 2011年作 隶书苏轼词 镜心
估　价：RMB 500,000~800,000
成交价：RMB 575,000
96cm × 178.5cm 北京匡时 2018-12-05

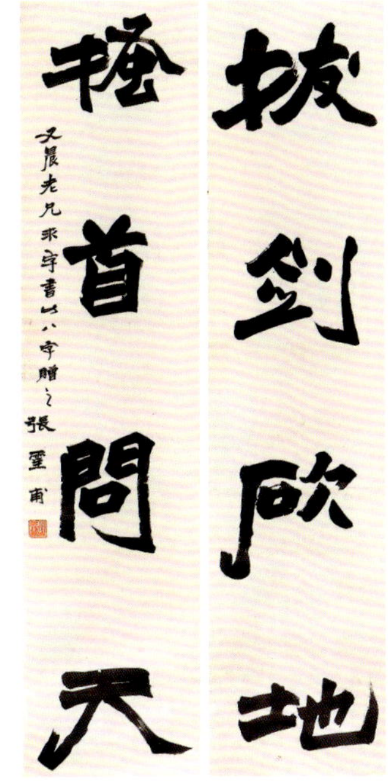

275 张灵甫 行书四言联 立轴
估　价：RMB 30,000~50,000
成交价：RMB 632,500
165cm × 39cm × 2 中国嘉德 2018-11-20

122 张若古 大千四绝 镜心
估　价：RMB 600,000~800,000
成交价：RMB 1,280,000
99cm × 50cm × 4 北京歌德 2018-08-25

1544 张善孖 1928年作 草泽英雄 立轴
估　价：HKD 100,000~200,000
成交价：RMB 913,500
137cm × 55cm 佳士得 2018-05-29

624 张书旗 1942年作 富贵文章 镜心
估　价：RMB 500,000~800,000
成交价：RMB 897,000
70cm × 110cm 上海匡时 2018-04-30

126 张馨 万事大吉
估　价：RMB 250,000~280,000
成交价：RMB 350,000
68cm × 138cm 北京歌德 2018-09-29

14 章青 2004年作 陈毅诗意图 镜心
成交价：RMB 327,750
99cm × 53cm 北京翰海 2018-01-14

293 赵藩 邓尔雅 粤游诗册 赵藩款“石禅老人”印章 册页 （十四开）
估　价：RMB 300,000~400,000
成交价：RMB 345,000
25cm × 16.5cm × 28；印章高6cm
中贸圣佳 2018-11-24

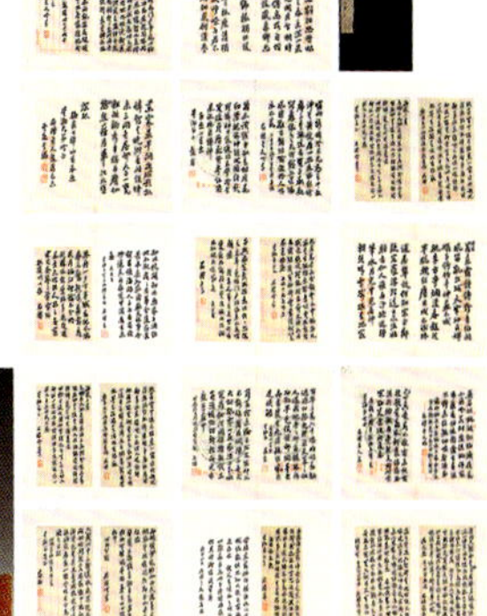

360 赵建成 2009年作 情系圣域 镜心
估 价：RMB 80,000~150,000
成交价：RMB 598,000
144cm×176cm 中国嘉德 2018-01-13

126 赵冷月 隶书白居易诗 镜心
估 价：RMB 1,000,000~1,300,000
成交价：RMB 1,380,000
121cm×243.5cm 北京匡时 2018-06-15

2000 赵朴初 行书 七言联
成交价：RMB 920,000
76.5cm×26.5cm 中国嘉德 2018-11-21

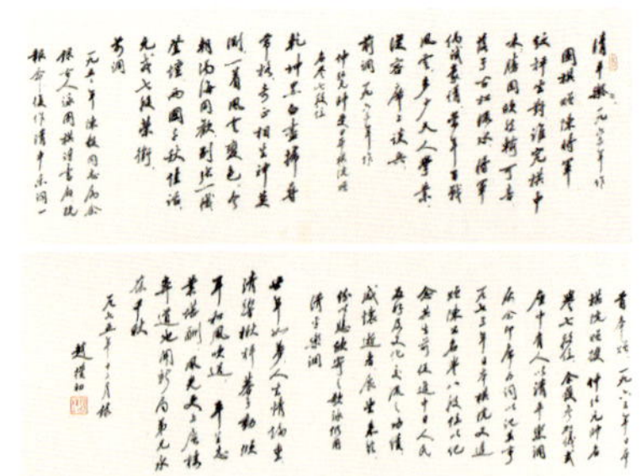

820 赵朴初 1975年作 行书清平乐 横披
估 价：RMB 350,000~550,000
成交价：RMB 793,500
34.5cm×183.5cm 中国嘉德 2018-06-19

536 赵少昂 1936年作 日落归飞急 立轴
估 价：RMB 3,000,000~4,000,000
成交价：RMB 3,910,000
144cm×244cm 华艺国际 2018-05-23

1418 赵少昂 水牛 镜片
估 价：USD 30,000~50,000
成交价：RMB 1,824,475
93.1cm×173.2cm 纽约苏富比 2018-03-23

1239 赵少昂 1961年作 屋仑湖畔 镜框
估 价：HKD 1,200,000~1,500,000
成交价：RMB 1,744,000
60.8cm×105.3cm 香港苏富比 2018-10-02

1341 赵叔孺 1933年作 海天旭日 镜框
估 价：HKD 180,000~250,000
成交价：RMB 414,200
133.3cm×65cm 香港苏富比 2018-10-02

352 赵望云 大地回春 立轴
估 价：RMB 180,000~250,000
成交价：RMB 345,000
69cm×46cm 南京经典 2018-07-22

745 赵无极 2003年作 无题
估 价：HKD 240,000~350,000
成交价：RMB 809,000
40cm×44cm 香港苏富比 2018-04-01

2909 赵一丁 2018年作 黄土地·如荼
估 价：RMB 150,000~200,000
成交价：RMB 437,000
123.5cm×244cm 中贸圣佳 2018-11-24

2145 郑登桥 2016年作 高山流水 立轴
估 价：RMB 60,000~80,000
成交价：RMB 862,500
144cm×79cm 北京荣宝 2018-12-03

19 郑慕康 汤义方 化蝶 立轴
估 价：RMB 200,000~300,000
成交价：RMB 437,000
110cm×57cm 上海嘉禾 2018-03-26

876 郑乃珖 1958年作 孔雀 镜心
估 价：RMB 600,000~800,000
成交价：RMB 747,500
172cm×90.5cm 北京荣宝 2018-06-14

1420 郑午昌 1930年作 品茗图 手卷
估 价：HKD 180,000~250,000
成交价：RMB 926,500
画心34cm×99cm 香港苏富比 2018-10-02

1333 郑午昌 1936年作 灵岩忆游 镜框
估 价：HKD 180,000~250,000
成交价：RMB 586,525
21.5cm×133.5cm 香港苏富比 2018-04-02

1356 郑午昌 1928年作 层峦叠嶂 立轴
估 价：HKD 80,000~120,000
成交价：RMB 654,000
132cm×31.8cm 香港苏富比 2018-10-02

1572 郑孝胥 对联 立轴
估　价：RMB 500,000~700,000
成交价：RMB 575,000
248cm×30cm×2 华艺国际 2018-11-16

373 钟泗滨 渔村
估　价：HKD 300,000~500,000
成交价：RMB 327,000
90.5cm×55cm 香港苏富比 2018-10-01

6055 周恩来 行书 “百花齐放”
估　价：RMB 300,000~500,000
成交价：RMB 632,500
25.3cm×46.7cm 中国嘉德 2018-11-22

10 钟增亚 1998年作 钟馗嫁妹图 镜心
估　价：RMB 280,000~360,000
成交价：RMB 459,200
178cm×95cm 湖南逸典 2018-06-09

190 周逢俊 黄山松图 镜心
估　价：RMB 300,000
成交价：RMB 552,000
96cm×178cm 北京翰海 2018-09-16

404 周行通 坡石双羊图 镜片
估　价：RMB 500,000~800,000
成交价：RMB 1,725,000
22.5cm×21cm 西泠拍卖 2018-07-07

1463 周京新 2005年作 水浒 四屏
估　价：RMB 280,000~350,000
成交价：RMB 322,000
68cm×34cm×4 广东崇正 2018-07-05

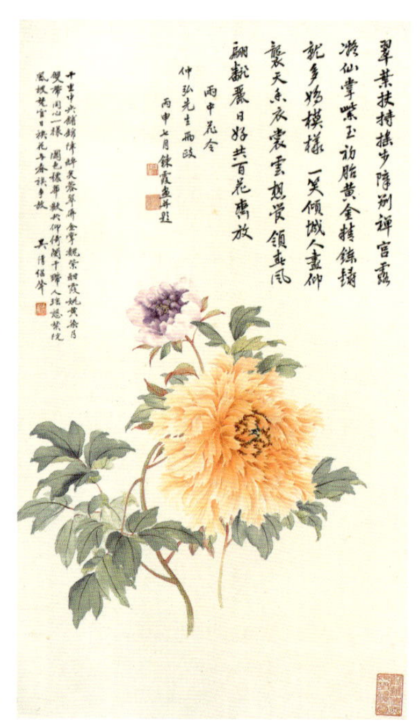

246 周炼霞 1956年作 国色秾华 立轴
估　价：RMB 800,000~1,200,000
成交价：RMB 2,070,000
88cm×51cm 华艺国际 2018-11-16

3157 周韶华 初雪阿尔泰 镜心
估 价：RMB 80,000~200,000
成交价：RMB 402,500
51cm×56cm 北京保利 2018-11-19

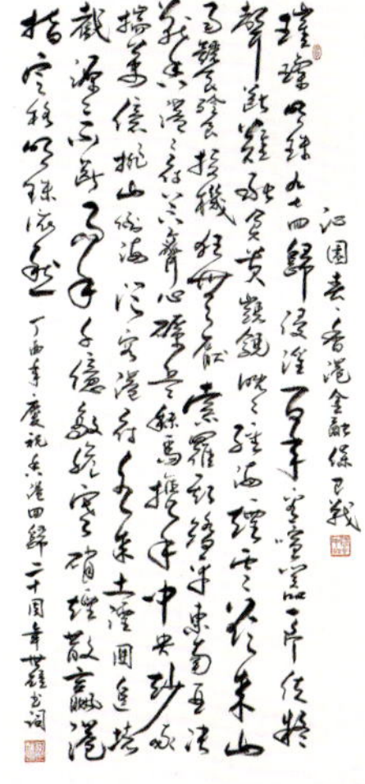

543 周世雄 2017年作 草书“沁园春·香港金融保卫战”立轴
估 价：HKD 380,000~420,000
成交价：RMB 463,032
133cm×64.5cm 保利香港 2018-10-01

307 周晓东 楷书《金刚般若波罗密经》 手卷
估 价：RMB 400,000~600,000
成交价：RMB 748,000
33cm×761cm 未来四方 2018-12-09

1298 周思聪 观音 立轴
估 价：RMB 1,000,000~1,500,000
成交价：RMB 1,782,500
116.5cm×68.7cm 中国嘉德 2018-06-20

613 周彦生 2005年作 牡丹 镜框
估 价：RMB 1,500,000~2,500,000
成交价：RMB 2,070,000
96cm×179cm 华艺国际 2018-05-23

331 周彦生 花鸟 镜片
估 价：RMB 1,500,000~2,500,000
成交价：RMB 1,897,500
180cm×97cm 华艺国际 2018-03-30

746 周彦生 2008年作 天香富贵 镜片
估 价：RMB 3,000,000~4,000,000
成交价：RMB 4,370,000
96cm×180cm 华艺国际 2018-11-17

237 周元亮 太湖渔场 立轴
估 价：RMB 400,000~600,000
成交价：RMB 897,000
156cm×133cm 荣宝斋（南京） 2018-07-15

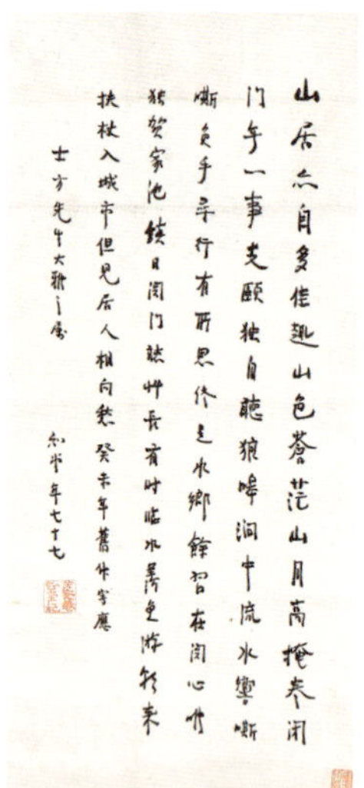

1250 周作人 苦茶庵自作诗三首 立轴
估 价：HKD 60,000~80,000
成交价：RMB 456,750
65.8cm×30.4cm 佳士得 2018-05-29

96 朱梅邨 1938年作 晚凉新浴 立轴
估 价：RMB 220,000~320,000
成交价：RMB 414,000
95.5cm×42.5cm 中国嘉德 2018-06-18

26 朱零 2018年作 飞流直下三千尺 镜心
估 价：RMB 450,000~450,000
成交价：RMB 552,000
83cm×177cm 北京翰海 2018-09-16

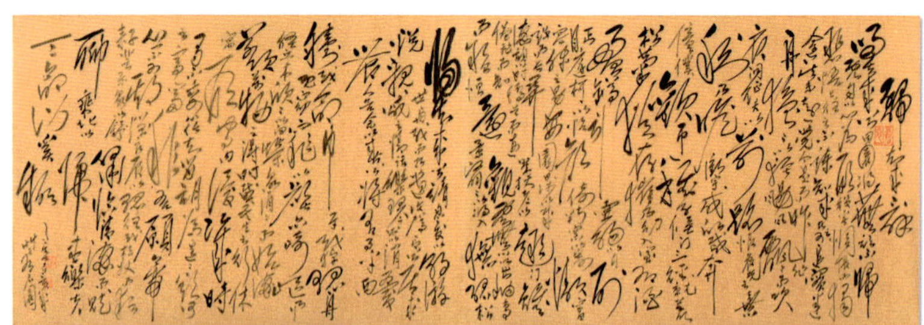

1037 朱德群 1995年作 归去来兮辞
估 价：HKD 1,200,000~2,500,000
成交价：RMB 1,719,125
80cm×240cm 香港苏富比 2018-03-31

341 朱屺瞻 1980年作 浮天云水 镜心
估 价：RMB 600,000~800,000
成交价：RMB 3,450,000
139cm×314cm 中国嘉德 2018-11-20

390 朱屺瞻 1958年作 旱桥 立轴
估 价：RMB 600,000~800,000
成交价：RMB 977,500
148.5cm×68.5cm 中国嘉德 2018-06-18

1139 朱新建 1987年作 虚空大地（三联画） 镜心
估 价：RMB 3,200,000~5,000,000
成交价：RMB 3,680,000
128cm×61.5cm×3 中国嘉德 2018-11-22

1018 朱新建 明轩读画图 手卷
估 价：RMB 120,000~160,000
成交价：RMB 345,000
34.5cm×138cm；34.5cm×69cm
南京经典 2018-07-22

3 朱曜奎 天高任鸟飞
估　价：RMB 3,200,000~3,200,000
成交价：RMB 3,580,000
60cm×60cm 北京贞观 2018-07-15

312 朱曜奎 山色
估　价：RMB 1,000,000
成交价：RMB 1,725,000
60cm×80cm 北京翰海 2018-09-16

314 朱曜奎 风吹芦苇鸣
估　价：RMB 1,000,000~1,000,000
成交价：RMB 1,610,000
60cm×80cm 北京翰海 2018-09-16

4214 祝大年 1976年作 玉兰花开
估　价：RMB 10,000,000~15,000,000
成交价：RMB 10,350,000
112cm×234cm 北京保利 2018-06-20

1303 朱振庚 2012年作 欢乐颂 镜心
估　价：RMB 2,800,000~3,200,000
成交价：RMB 3,220,000
144cm×360cm 中国嘉德 2018-06-20

326 宗其香 1961年作 边寨清晨 镜心
估　价：RMB 1,000,000~1,500,000
成交价：RMB 1,265,000
69cm×138cm 中国嘉德 2018-11-20

1482 宗其香 三峡夜景 镜心
估 价：RMB 380,000~500,000
成交价：RMB 437,000
68cm×137cm 北京保利 2018-06-17

作者年代不详

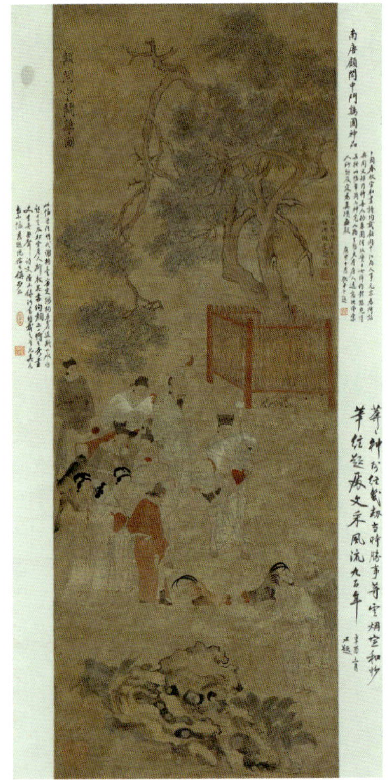

1 无款 斗鸡图 立轴
估 价：USD 70,000~130,000
成交价：RMB 4,343,837
纽约佳士得 2018-03-20

208 无款 佛像 立轴
估 价：RMB 2,200,000~3,200,000
成交价：RMB 2,530,000
105cm×39cm 华艺国际 2018-05-23

403 佚名 高士对弈图 镜片
估 价：RMB 500,000~800,000
成交价：RMB 2,242,500
21.5cm×19cm 西泠拍卖 2018-07-07

1198 佚名 仙苑名媛图 镜心
估 价：RMB 450,000~650,000
成交价：RMB 1,897,500
177cm×130cm 中国嘉德 2018-06-20

975 佚名 寒禽图 镜心
估 价：RMB 2,000,000~3,000,000
成交价：RMB 2,300,000
117.5cm×66cm 保利厦门 2018-01-08

素 描

3021 埃德加德加 仿佩鲁吉诺素描童贞女头像
估 价：HKD 450,000~550,000
成交价：RMB 485,400
28cm×20.7cm 香港苏富比 2018-04-02

96 安德烈·迈尔 1955年作 怡然
估 价：RMB 550,000~650,000
成交价：RMB 575,000
65cm×50cm 北京华辰 2018-11-19

7 巴布罗·毕加索 1973年7月5日作 《头像》
估 价：USD 1,200,000~1,800,000
成交价：RMB 12,712,140
65.8cm×50.4cm 纽约苏富比 2018-05-14

845 曹晓阳 二十四节气之谷雨
估 价：RMB 620,000~800,000
成交价：RMB 713,000
150cm×100cm 华艺国际 2018-05-23

619 常玉 1928年作 哈蒙尼耶小姐半身像 炭笔 铅笔
估 价：RMB 80,000~100,000
成交价：RMB 1,092,500
49cm×31.5cm 北京诚轩 2018-06-18

771 常玉 棕大衣女士
估 价：HKD 300,000~500,000
成交价：RMB 1,744,000
47.5cm×30cm 香港苏富比 2018-10-01

2055 何家英 速写精品 册页
估 价：RMB 500,000~600,000
成交价：RMB 575,000
25cm×17.5cm×72 北京荣宝 2018-06-14

2 亨利·摩尔 1942年作 《三女子坐像》
估 价：USD 400,000~600,000
成交价：RMB 1,911,600
44.6cm×55.2cm 纽约苏富比 2018-05-14

102 奈良美智 2008年作 Untitled
估 价：HKD 600,000~800,000
成交价：RMB 942,438
65cm×50cm 佳士得 2018-11-25

109 奈良美智 1997年作 Hyper Enough
估 价：HKD 300,000~400,000
成交价：RMB 426,300
30cm×21cm 佳士得 2018-05-27

1505 吴冠中 1984年作 乌江岸上人家
估 价：RMB 200,000~250,000
成交价：RMB 448,500
48cm×29cm 北京匡时 2018-12-06

793 徐悲鸿 1925年作 素描人体 镜心
估 价：RMB 150,000~200,000
成交价：RMB 460,000
61cm×46cm 北京荣宝 2018-06-14

1801 曾梵志 1999年作 无题
估 价：RMB 200,000~300,000
成交价：RMB 747,500
15cm×11cm 中国嘉德 2018-06-19

版 画

503 KAWS 2014年作 责备游戏（一套十幅） 镜框
估 价：HKD 320,000~450,000
成交价：RMB 817,500
88.8cm×58.4cm×10 香港苏富比 2018-10-01

50 安迪·沃荷 非洲大象
估 价：GBP 1,400,000~1,800,000
成交价：RMB 13,791,510
152.4cm×152.4cm 伦敦苏富比 2018-03-07

48 安迪·沃荷 1976年作 锤子与镰刀
估　价：GBP 2,500,000~3,500,000
成交价：RMB 31,099,020
183.2cm×218.5cm 伦敦苏富比 2018-03-07

251 草间弥生 2000年作 版画集"永远的爱"（一组共十件）
估　价：HKD 800,000~1,200,000
成交价：RMB 1,241,006
1-2. 45.5cm×38cm；
3-10. 38cm×45.5cm 保利香港 2018-03-29

810 常玉 1930年作 陶潜诗集
估　价：HKD 35,000~50,000
成交价：RMB 556,188
书33cm×25.5cm×1.2cm；
版画19cm×14.5cm 香港苏富比 2018-04-01

226 方力钧 1999年作 1999.5.1
估　价：HKD 800,000~1,200,000
成交价：RMB 763,696
488cm×122cm×6；488cm×732cm×6
保利香港 2018-03-29

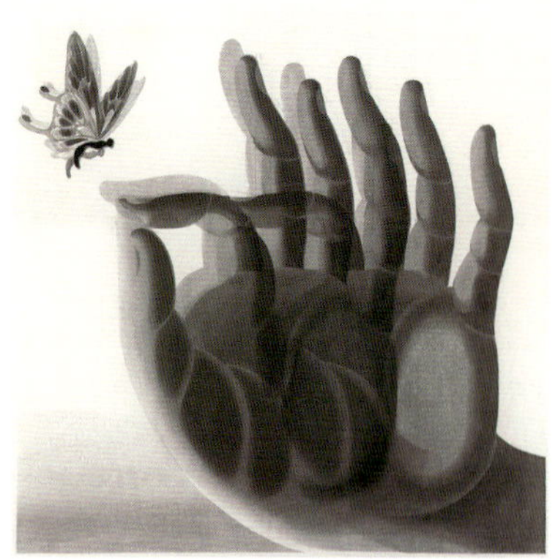

818 陈琦 2017年作 觉 No.1
估　价：RMB 300,000~400,000
成交价：RMB 402,500
180cm×180cm 华艺国际 2018-05-23

508 歌川国芳 1847-1850年作 宫本武藏之鲸退治
估　价：HKD 500,000~800,000
成交价：RMB 1,663,125
sheet36cm×24.5cm 佳士得 2018-11-25

1535 珂勒惠支 织工的反抗六件一组：贫穷、死亡、商议、织工队、突击、收场
估　价：RMB 500,000~1,000,000
成交价：RMB 575,000
15.5cm×15.5cm；30cm×24cm；27cm×17cm；22cm×30cm；28cm×30cm；23cm×30cm 北京匡时 2018-12-06

490 葛饰北斋 1831年末 凯风快晴
估　价：HKD 650,000~850,000
成交价：RMB 1,552,250
25.2cm×36.5cm 佳士得 2018-11-25

491 葛饰北斋 1831年末 神奈川冲浪里
估　价：HKD 750,000~1,000,000
成交价：RMB 1,552,250
25.4cm×37.2cm 佳士得 2018-11-25

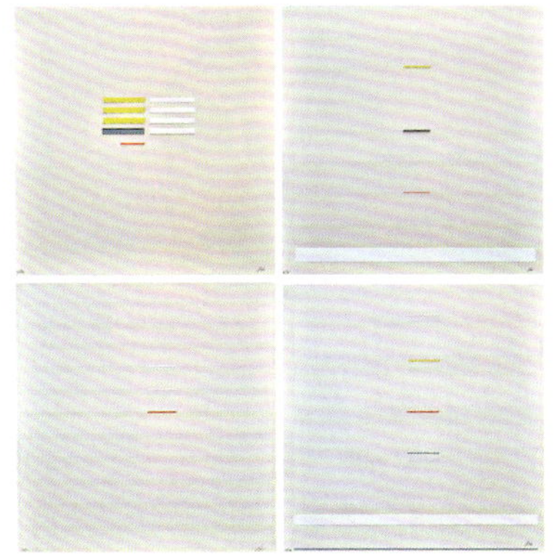

119 林寿宇 1971年作 五月一日；五月二日；五月三日；及五月四日 （一组共四件）
估　价：HKD 120,000~160,000
成交价：RMB 463,032
51cm×51cm×4 保利香港 2018-09-30

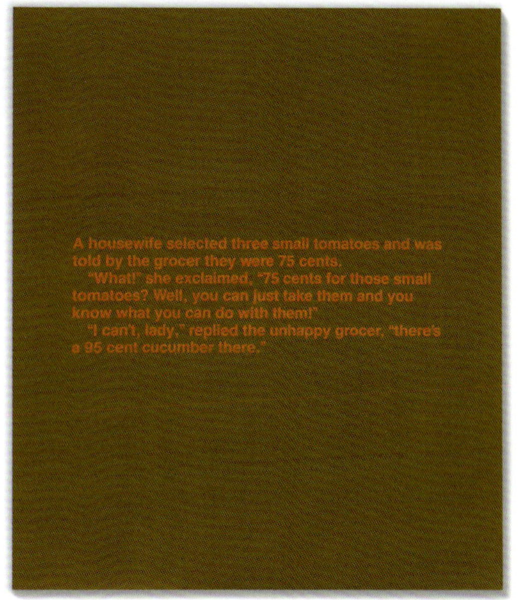

40 理查德德·普林斯 1988年作 主妇与杂货店
估　价：GBP 1,200,000~1,800,000
成交价：RMB 11,154,510
142.2cm×119.4cm 伦敦苏富比 2018-03-07

1043 阮嘉智 村民
估　价：HKD 1,000,000~1,500,000
成交价：RMB 5,336,640
99cm×33cm×6 香港苏富比 2018-09-30

545 王绍昌 阳光港口
估 价：RMB 30,000~40,000
成交价：RMB 920,000
80cm×241cm 荣宝斋（济南） 2018-07-01

423 赵无极 1950年作 一幅水彩纸上作品；二幅黑白石版画；及一套亨利·米修对赵无极八幅石版画解读 （一套共八件）
估 价：HKD 450,000~550,000
成交价：RMB 659,750
42.2cm×32cm；书45cm×34cm×3cm；43.2cm×32.5cm 佳士得 2018-05-27

56 佚名 清十八世纪末 《乾隆平定西域得胜图》版画 （十五幅）
估 价：GBP 20,000~30,000
成交价：RMB 539,000
51cm×89.5cm 伦敦苏富比 2018-05-16

883 吴冠中 紫 藤
估 价：RMB 300,000~500,000
成交价：RMB 408,250
133cm×262cm 华艺国际 2018-11-16

2974 赵延年 1985年作 《狂人日记》全套木刻版画（50版之第40）
估 价：RMB 500,000~600,000
成交价：RMB 667,000
29.5cm×19.5cm×38 西泠拍卖 2018-07-08

水粉水彩

19 艾格妮斯·马丁 1963年作 星
估 价：USD 600,000~800,000
成交价：RMB 10,800,540
30.5cm×30.5cm 纽约苏富比 2018-05-16

5 埃贡·席勒 1911年作 《穿衬衫 黑丝袜 戴红围巾的女子立像》
估　价：USD 1,200,000~1,800,000
成交价：RMB 13,094,460
55.3cm×38.1cm 纽约苏富比 2018-05-14

20 埃贡·席勒 1910年作 《头部微侧、双臂举起的裸女坐像》
估　价：USD 1,000,000~1,500,000
成交价：RMB 10,523,190
44.8cm×31.1cm 纽约苏富比 2018-11-12

43 奥斯卡·希勒姆尔 1928年作 学校
估　价：GBP 400,000~600,000
成交价：RMB 4,296,113
56cm×43.2cm 伦敦佳士得 2018-02-27

16 巴布罗·毕加索 1907年作 《头像（帷幔前的裸女习作）》
估　价：USD 1,000,000~1,500,000
成交价：RMB 38,139,200
31.3cm×24.2cm 纽约佳士得 2018-05-08

20 巴布罗·毕加索 1905年作 《丑角之家》
估 价：USD 12,000,000~18,000,000
成交价：RMB 73,392,696
29.5cm×21.5cm 纽约苏富比 2018-05-14

786 常玉 约1920至1930年代作 坐姿裸女
估 价：HKD 400,000~600,000
成交价：RMB 2,427,000
28cm×48cm 香港苏富比 2018-04-01

4205 常玉 1928年作 小学生
估 价：RMB 800,000~1,500,000
成交价：RMB 1,610,000
48cm×31.45cm 北京保利 2018-06-20

203 草间弥生 1980年作 鸟
估 价：HKD 200,000~300,000
成交价：RMB 554,375
65.7cm×51.1cm 佳士得 2018-11-25

38 费尔南·雷捷 1913-14年作 《形之对比2号素描》
估 价：USD 2,700,000~5,000,000
成交价：RMB 19,976,220
49cm×64.9cm 纽约苏富比 2018-05-14

785 关良 1944年作 高山云清
估　价：HKD 80,000~120,000
成交价：RMB 457,800
35.5cm×27cm 香港苏富比 2018-10-01

406 金焕基 1968年作 无题 - 28 - I - 68 I；及无题 - 7 - II -68 III （共二幅）
估　价：HKD 750,000~1,000,000
成交价：RMB 710,500
55cm×38cm×2 佳士得 2018-05-27

44 黎谱 1938年作 怀人
估　价：HKD 1,400,000~2,200,000
成交价：RMB 4,984,940
60cm×45cm 佳士得 2018-11-24

1026 黎谱 约1935-40年作 家庭
估　价：HKD 1,500,000~2,500,000
成交价：RMB 5,127,360
72cm×59.5cm 香港苏富比 2018-09-30

1015 黎谱 约1940年作 母爱
估　价：HKD 1,500,000~2,500,000
成交价：RMB 4,174,440
57cm×43cm 香港苏富比 2018-03-31

1557 李铁夫 巫峡
估　价：RMB 500,000~580,000
成交价：RMB 575,000
32cm×64cm 广东崇正 2018-07-05

317 梁春尔 三位年轻女子
估　价：HKD 450,000~550,000
成交价：RMB 507,500
38cm×31cm 佳士得 2018-05-27

212 林风眠 约1977-1979年作 莲花图
估　价：NTD 3,800,000~4,600,000
成交价：RMB 817,920
33cm×33cm 罗芙奥 2018-06-03

565 刘炜 一位好父亲与毛主席海报 镜框
估　价：HKD 200,000~300,000
成交价：RMB 872,000
31.5cm×24cm 香港苏富比 2018-10-01

302 梅忠恕 1941年作 学习
估　价：HKD 400,000~500,000
成交价：RMB 1,116,500
51cm×37.5cm 佳士得 2018-05-27

292 梅忠恕 母与子
估　价：HKD 320,000~550,000
成交价：RMB 910,125
70cm×34cm 香港苏富比 2018-04-01

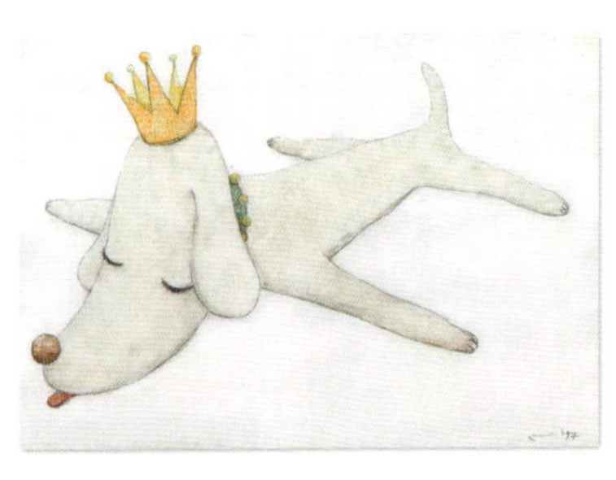

513 奈良美智 1997年作 无题 镜框
估　价：HKD 2,400,000~3,500,000
成交价：RMB 3,348,480
70cm×100cm 香港苏富比 2018-10-01

59 卢齐欧·封塔纳 1966年作 空间概念，等待
估　价：GBP 800,000~1,200,000
成交价：RMB 11,681,910
65.1cm×54.2cm 伦敦苏富比 2018-03-07

23 欧诺雷·维克托杭·杜米埃 1860年代末作 《律师间的交谈（两位律师）》
估 价：USD 1,000,000~1,500,000
成交价：RMB 13,695,440
27.3cm×21.8cm 纽约佳士得 2018-05-08

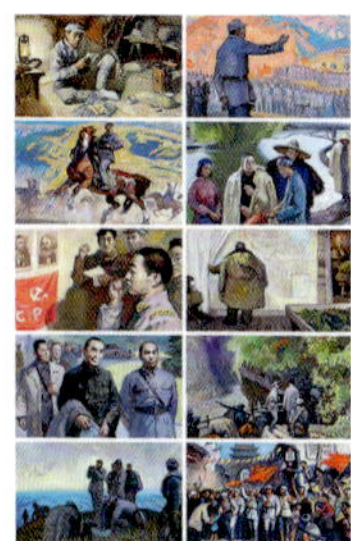

3155 沈尧伊 80年代作 彭大将军 连环画原稿
估 价：RMB 500,000~600,000
成交价：RMB 770,500
30cm×50cm×29 西泠拍卖 2018-07-08

461 寺冈政美 1984年作 恐龙湾系列 鲶鱼与禅僧
估 价：HKD 600,000~1,000,000
成交价：RMB 1,015,000
33cm×140cm 佳士得 2018-05-27

315 阮潘正 1931年作 孩童与鸟
估 价：HKD 1,000,000~1,600,000
成交价：RMB 5,440,400
65cm×50cm 佳士得 2018-05-27

1028 阮潘正 1931年作 洗衣女
估 价：HKD 1,500,000~1,800,000
成交价：RMB 3,034,560
64cm×43cm 香港苏富比 2018-09-30

148 藤田嗣治 1917年作 圣母与三女子
估 价：HKD 1,200,000~2,200,000
成交价：RMB 1,234,752
31cm×43.2cm 保利香港 2018-09-30

41 瓦西里·康丁斯基 1922年作 《黑色线条》
估 价：USD 700,000~1,000,000
成交价：RMB 7,359,660
32.4cm×47.6cm 纽约苏富比 2018-05-14

24 文森·梵谷 1882-83年作于海牙 文森工作室窗外的冬日风景
估 价：GBP 400,000~600,000
成交价：RMB 4,087,350
40cm×59.5cm 伦敦苏富比 2018-02-28

2877 吴冠中 1985年作 周庄
估 价：RMB 400,000~600,000
成交价：RMB 460,000
23cm×27.5cm 中贸圣佳 2018-11-24

1016 武高谈 1938至39年作 浴后小憩
估 价：HKD 1,600,000~2,500,000
成交价：RMB 3,980,280
115cm×75cm 香港苏富比 2018-03-31

1044 武高谈 约1935-1940年作 女子坐像
估 价：HKD 500,000~700,000
成交价：RMB 2,071,000
74cm×55cm 香港苏富比 2018-09-30

250 席德进 1977年作 水田
估 价：NTD 550,000~650,000
成交价：RMB 639,000
54cm×75.5cm 罗芙奥 2018-06-03

431 萧如松 窗前静物
估 价：HKD 550,000~650,000
成交价：RMB 1,116,500
72cm×99cm 佳士得 2018-05-27

3016 严定宪 等 70至80年代作 上海美术电影制片厂供稿 《哪吒闹海》连环画原稿 （十帧）
估 价：RMB 350,000~500,000
成交价：RMB 552,000
18cm×25cm×2；11cm×25.5cm×8
西泠拍卖 2018-07-08

822 赵无极 1956年作 无题
估　价：HKD 900,000~1,500,000
成交价：RMB 2,398,000
44cm×37cm 香港苏富比 2018-10-01

393 朱德群 1981年作 红色构图
估　价：HKD 500,000~800,000
成交价：RMB 761,250
49.5cm×64cm 佳士得 2018-05-27

318 钟泗滨 1980年代作 乡村生活
估　价：HKD 300,000~400,000
成交价：RMB 606,750
89.5cm×56cm 香港苏富比 2018-04-01

1002 赵无极 1956年作 庆典
估　价：HKD 2,000,000~3,000,000
成交价：RMB 2,180,000
16cm×31cm 香港苏富比 2018-09-30

油 画

1066 KAWS 2014年作 无题 MBFJ8
估　价：HKD 3,600,000~5,500,000
成交价：RMB 4,394,880
91.4cm×134.6cm 香港苏富比 2018-09-30

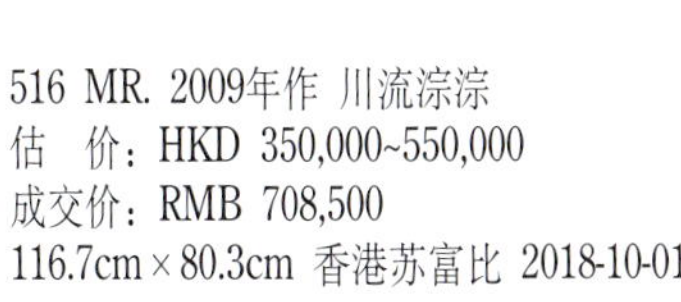

516 MR. 2009年作 川流淙淙
估　价：HKD 350,000~550,000
成交价：RMB 708,500
116.7cm×80.3cm 香港苏富比 2018-10-01

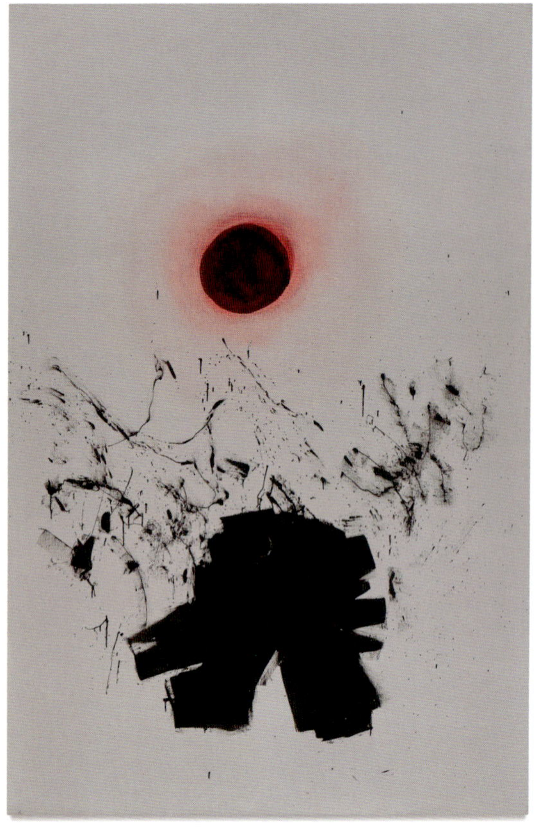

46 阿道夫·戈特列布 1972年作 迸发II
估　价：USD 1,200,000~1,800,000
成交价：RMB 12,712,140
228.6cm × 152.4cm 纽约苏富比 2018-05-16

3 阿尔伯特·尔莱恩 无题
估　价：GBP 1,000,000~1,500,000
成交价：RMB 16,955,910
240.3cm × 200.1cm 伦敦苏富比 2018-03-07

29 阿尔弗雷德·西斯利 1888年作 《（八月下午）莫雷卢安河畔的白杨》
估　价：USD 2,000,000~3,000,000
成交价：RMB 26,555,600
60.2cm × 73.2cm 纽约佳士得 2018-05-08

37 阿尔弗雷德·西斯利 1888年10月作于莫雷 十月，日落在莫雷
估　价：GBP 2,500,000~3,500,000
成交价：RMB 26,446,913
73.4cm × 92.6cm 伦敦佳士得 2018-02-27

14 阿尔弗雷德·希斯里 1885年作 《塞纳-马恩省河与鲁应河汇流》
估 价：USD 1,800,000~2,500,000
成交价：RMB 17,608,110
54cm×73cm 纽约苏富比 2018-11-12

5 阿尔曼德·塞甘 约1892年至1893年作 生活之乐
估 价：USD 1,000,000~1,500,000
成交价：RMB 48,777,200
159.8cm×64.1cm×4 纽约佳士得 2018-05-08

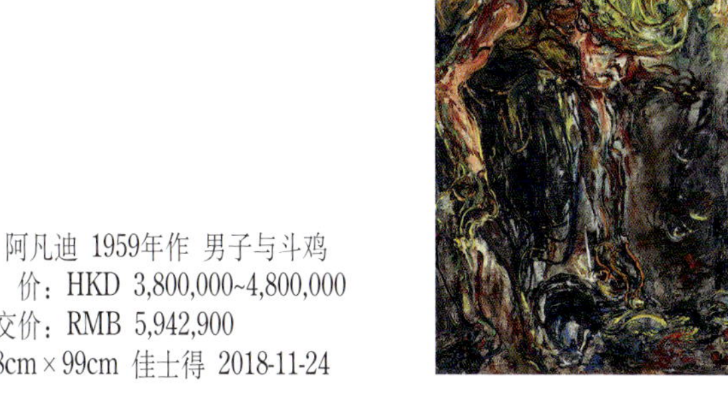

12 阿凡迪 1959年作 男子与斗鸡
估 价：HKD 3,800,000~4,800,000
成交价：RMB 5,942,900
128cm×99cm 佳士得 2018-11-24

1054 阿凡迪 榕树下的市集
估 价：HKD 1,000,000~1,500,000
成交价：RMB 3,203,640
115cm×154cm 香港苏富比 2018-03-31

529 阿莫索罗 1951年作 在稻田旁
估 价：HKD 480,000~580,000
成交价：RMB 4,346,300
88cm×121.5cm 佳士得 2018-11-25

3 阿尼奥洛·加迪 圣母圣婴登位，旁为奏乐天使
估 价：USD 400,000~600,000
成交价：RMB 9,463,320
132.1 cm×81.3cm 纽约苏富比 2018-02-01

32 阿列克榭·冯·雅佛林斯基 约1910年作 圆桌
估　价：USD 3,000,000~4,000,000
成交价：RMB 24,286,160
55.8cm×50.8cm 纽约佳士得 2018-05-08

14 阿列克榭·冯·雅佛林斯基 1926年作 抽象头像：快乐的内心幻象
估　价：GBP 400,000~600,000
成交价：RMB 9,042,713
42.3cm×32.3cm 伦敦佳士得 2018-02-27

19 埃贡·席勒 1913年作 《暮色之城（小城之二）》
估　价：USD 12,000,000~18,000,000
成交价：RMB 170,680,585
90.5cm×90.1cm 纽约苏富比 2018-11-12

59 埃里希·赫克尔 1907年作 盛开的苹果树
估　价：GBP 750,000~1,000,000
成交价：RMB 13,261,913
64.5cm×76.8cm 伦敦佳士得 2018-02-27

32 艾格妮斯·马丁 无题#3
估　价：USD 2,500,000~3,500,000
成交价：RMB 24,473,578
182.9cm×182.9cm 纽约苏富比 2018-05-16

17 埃米尔·诺尔德 1906年作 《小桌旁的女子》
估　价：USD 700,000~1,000,000
成交价：RMB 8,856,150
55cm×55.5cm 纽约苏富比 2018-11-12

27 艾伯特·布洛克 1912年作 《决斗》
估　价：USD 1,000,000~1,500,000
成交价：RMB 7,605,870
100cm×127.6cm 纽约苏富比 2018-11-12

11 (传)艾伯特·杜勒 绿色背景前的男子肖像
估　价：GBP 300,000~400,000
成交价：RMB 9,839,400
25.7cm×20.5cm 伦敦苏富比 2018-07-04

1850 艾民有 吕恩谊 1974年作 西沙自卫反击战
估　价：RMB 4,800,000~6,800,000
成交价：RMB 5,520,000
180cm × 419cm 中国嘉德 2018-06-19

825 艾轩 2007年作 荒原的黎明
估　价：RMB 4,500,000~5,500,000
成交价：RMB 5,520,000
110cm × 110cm 华艺国际 2018-05-23

33 艾斯沃思·凯利 蓝色面板
估　价：USD 3,500,000~4,500,000
成交价：RMB 32,697,281
252.7cm × 238.8cm 纽约苏富比 2018-05-16

2106 艾轩 1990年作 雪山上的孩子
估　价：RMB 2,500,000~3,000,000
成交价：RMB 3,220,000
99.5cm × 80.5cm 北京匡时 2018-06-16

1851 艾轩 1980年作 有志者
估　价：RMB 7,800,000~9,800,000
成交价：RMB 24,380,000
94.5cm × 74.5cm 中国嘉德 2018-06-19

1894 艾中信 1940年作 侧影
估 价：RMB 1,200,000~1,800,000
成交价：RMB 1,495,000
直径45cm 中国嘉德 2018-06-19

36 爱德华·孟克 1902年作 《夏夜》
估 价：USD 10,000,000~15,000,000
成交价：RMB 71,953,898
115.5cm×101.5cm 纽约苏富比 2018-05-14

7 爱德华·马奈 1882年作 丁香与玫瑰
估 价：USD 7,000,000~10,000,000
成交价：RMB 81,755,000
32.4cm×24.7cm 纽约佳士得 2018-05-08

31 爱德华·马奈 约1880年作 《少女侧像》
估 价：USD 1,800,000~2,500,000
成交价：RMB 27,351,173
32.7cm×24.7cm 纽约苏富比 2018-05-14

57 爱德华·蒙克 1904至1936年作 奥斯高特兰的海滩风景
估 价：GBP 800,000~1,200,000
成交价：RMB 13,789,313
69.5cm×100.3cm 伦敦佳士得 2018-02-27

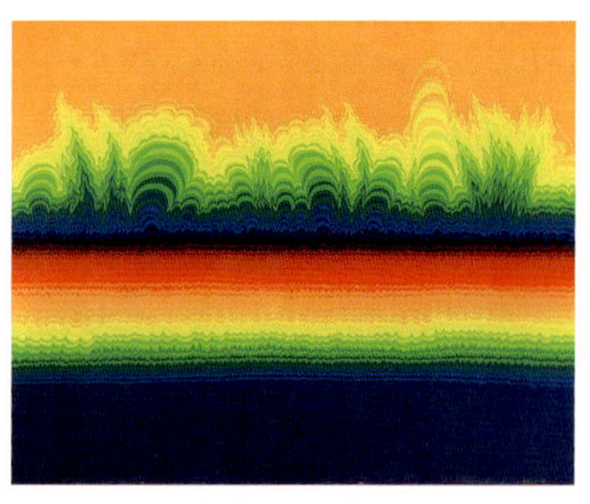

525 瑷呕 1998年作 彩虹精灵的住所 A
估 价：HKD 220,000~420,000
成交价：RMB 443,500
130.3cm×162.1cm 佳士得 2018-11-25

25 爱德华·维亚尔 约1891年至1892年作 道路上的清洁工
估 价：USD 2,000,000~3,000,000
成交价：RMB 9,156,560
40.9cm×32.5cm 纽约佳士得 2018-05-08

11 安德烈·德安 1905年作 科利乌尔的船只
估 价：GBP 7,500,000~10,000,000
成交价：RMB 95,604,435
38.4cm×46cm 伦敦苏富比 2018-02-28

41 安德烈·德兰 约1908年作 普罗旺斯马尔提格的风景
估　价：USD 2,000,000~3,000,000
成交价：RMB 15,208,400
92.2cm×73.5cm 纽约佳士得 2018-05-08

42 安东尼·凡·戴克爵士 少年奥兰治亲王威廉二世肖像，旁为一只狗
估　价：USD 2,000,000~3,000,000
成交价：RMB 15,707,160
128.3 cm×100.4cm 纽约苏富比 2018-02-01

31 昂利·埃德蒙德·克洛斯 1894年作 圣克莱尔的小房子
估　价：USD 1,000,000~1,500,000
成交价：RMB 11,426,000
54.4cm×61.1cm 纽约佳士得 2018-05-08

42 奥迪隆·雷东 花卉
估　价：USD 1,000,000~1,500,000
成交价：RMB 25,799,120
61.3cm×46.9cm 纽约佳士得 2018-05-08

21 奥斯卡·柯克西卡 1910年作 《约瑟夫·德·孟德斯鸠-费藏萨克》
估 价：USD 15,000,000~20,000,000
成交价：RMB 141,665,059
79.5cm×63.3cm 纽约苏富比 2018-11-12

5 巴布罗·毕加索 《黄色鸢尾》
估 价：USD 2,000,000~3,000,000
成交价：RMB 45,208,041
50cm×41.5cm 纽约苏富比 2018-11-12

7 巴布罗·毕加索 1937年12月4日作 戴贝雷帽、穿格子裙的女子（玛莉·德雷莎·沃特）
成交价：RMB 437,979,330
55cm×46cm 伦敦苏富比 2018-02-28

8 巴布罗·毕加索 1932年作 《休憩》
估　价：USD 25,000,000~35,000,000
成交价：RMB 235,257,426
46cm×46cm 纽约苏富比 2018-05-14

16 巴布罗·毕加索 1970年10月23日作 斗牛士
估　价：GBP 14,000,000~18,000,000
成交价：RMB 145,223,985
146cm×114.3cm 伦敦苏富比 2018-02-28

15 巴布罗·毕加索 1905年作 拿着花篮的女孩
成交价：RMB 724,960,000
154.8cm×66.1cm 纽约佳士得 2018-05-08

14 巴尔萨泽 · 凡 · 德 · 阿斯特 静物：篮子内的贝壳与碟子上的果实及昆虫
估　价：USD 800,000~1,200,000
成交价：RMB 11,804,760
39.5 cm × 60cm 纽约苏富比 2018-02-01

8 巴克利 · L · 亨德里克斯 1974年作 布伦达 · P
估　价：USD 700,000~1,000,000
成交价：RMB 13,859,100
182.9cm × 127cm 纽约苏富比 2018-05-16

35 巴奈特 · 纽曼 银河
估　价：USD 9,000,000~12,000,000
成交价：RMB 63,485,510
61.3cm × 51.1cm 纽约苏富比 2018-05-16

1076 白发一雄 1962年作 地暗星锦豹子
估　价：HKD 11,000,000~15,000,000
成交价：RMB 22,396,761
195cm × 130cm 香港苏富比 2018-03-31

1078 白发一雄 1961年作 兼光
估 价：HKD 8,000,000~12,000,000
成交价：RMB 8,999,040
89cm × 116cm 香港苏富比 2018-09-30

6 保罗·高更 1888年8月至10月作 海浪
成交价：RMB 221,822,000
60.2cm × 72.6cm 纽约佳士得 2018-05-08

38 保罗·席涅克 1910-11年作 《马赛航道》
估 价：USD 3,000,000~5,000,000
成交价：RMB 45,992,244
81.5cm × 65.4cm 纽约苏富比 2018-11-12

14 保罗·高更 1886年至1887年作，1893至1895年又作 花瓶里的花
估 价：USD 5,000,000~7,000,000
成交价：RMB 122,534,000
60.7cm × 73.9cm 纽约佳士得 2018-05-08

46 保罗·塞尚 约1892-93年作 《水边的树木与房屋》
估　价：USD 5,000,000~7,000,000
成交价：RMB 77,360,380
51.2cm×61cm 纽约苏富比 2018-11-12

27 保罗·希涅克 1917年12月作 《昂蒂布（松树林）》
估　价：USD 4,000,000~6,000,000
成交价：RMB 51,614,000
92.3cm×73.5cm 纽约佳士得 2018-05-08

21 保罗·希涅克 1888年夏作 《波尔垂克伯爵夫人岛 （作品编号191）》
成交价：RMB 87,074,000
60.3cm×92.1cm 纽约佳士得 2018-05-08

38 保罗·希涅克 1927年作 拉罗歇尔的四中士塔
估　价：GBP 800,000~1,200,000
成交价：RMB 14,316,713
46cm×55.2cm 伦敦佳士得 2018-02-27

22 彼埃·奥古斯特·雷诺阿 约1910年作 镜中的加布里埃
估　价：USD 7,000,000~10,000,000
成交价：RMB 57,287,600
81.1cm×64.7cm 纽约佳士得 2018-05-08

41 彼埃·奥古斯特·雷诺阿 1901年9月作于枫丹白露贝卢诺馆 若斯·贝尔内姆·多贝维尔（原名马蒂尔德·阿德勒）肖像
估　价：GBP 600,000~900,000
成交价：RMB 8,726,273
92.2cm×73cm 伦敦佳士得 2018-02-27

29 彼得·保罗·鲁本斯爵士 十字架上的基督
估　价：GBP 600,000~800,000
成交价：RMB 9,326,040
21.2cm×15.9cm 伦敦苏富比 2018-07-04

17 彼得·保罗·鲁本斯爵士 威尼斯贵族肖像
估　价：GBP 3,000,000~4,000,000
成交价：RMB 46,342,718
59cm×48cm 伦敦苏富比 2018-07-04

12 彼得·多伊格 山谷的建筑师之家
估 价：GBP 14,000,000~18,000,000
成交价：RMB 126,368,556
200cm×250cm 伦敦苏富比 2018-03-07

1075 草间弥生 1960年作 红色无限网 NO. 2.A.3
估 价：HKD 24,000,000~32,000,000
成交价：RMB 28,790,288
71.1cm×55.9cm 香港苏富比 2018-03-31

1614 蔡锦 1991年作 红灯记
估 价：RMB 1,500,000~1,800,000
成交价：RMB 1,725,000
170cm×170cm 北京匡时 2018-12-06

194 草间弥生 1995年作 无限星网
估 价：HKD 26,000,000~36,000,000
成交价：RMB 24,820,120
290cm×523cm 保利香港 2018-03-29

1055 草间弥生 2013年作 南瓜（PLOE）
估 价：HKD 10,000,000~20,000,000
成交价：RMB 29,403,840
130.3cm×162cm 香港苏富比 2018-09-30

33 柴姆·苏丁 1923-1924 年作 女人与娃娃
估 价：GBP 800,000~1,200,000
成交价：RMB 9,042,713
80.8cm×65.1cm 伦敦佳士得 2018-02-27

465 常青 1994年 乔妈妈的手中光
估 价：RMB 700,000~900,000
成交价：RMB 713,000
98.5cm × 80cm 上海匡时 2018-04-30

3211 常玉 1930年代作 草原上的马群
估 价：RMB 30,000,000~50,000,000
成交价：RMB 36,800,000
44cm × 80cm 北京保利 2018-12-06

1032 常玉 1940、1950年作 盆中牡丹
估 价：HKD 45,000,000~55,000,000
成交价：RMB 60,108,704
79.5cm × 65cm 香港苏富比 2018-09-30

1012 常玉 1940年代作 仰躺的豹
估 价：HKD 30,000,000~40,000,000
成交价：RMB 39,750,620
65cm × 80cm 香港苏富比 2018-03-31

1859 朝戈 1996年作 吉玛
估 价：RMB 2,200,000~3,200,000
成交价：RMB 2,415,000
170cm × 88cm 中国嘉德 2018-06-19

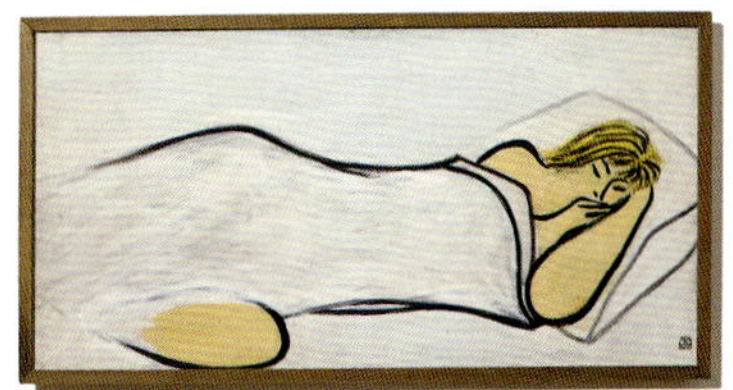

1011 常玉 1950年代作 睡美人
估 价：HKD 20,000,000~30,000,000
成交价：RMB 37,923,898
50cm × 100cm 香港苏富比 2018-03-31

1559 朝戈 2005年 蒙古史诗（三联画）
估 价：RMB 5,500,000~6,500,000
成交价：RMB 6,440,000
62.5cm × 200.5cm × 3 中国嘉德 2018-11-21

447 陈澄波 约1932-1933年作 上海码头
估　价：HKD 1,500,000~2,500,000
成交价：RMB 1,108,750
38.3cm×45.7cm 佳士得 2018-11-25

4217 陈丹青 1986年作 母与子
估　价：RMB 3,500,000~4,500,000
成交价：RMB 4,025,000
74.5cm×100.4cm 北京保利 2018-06-20

1778 陈俊穆 2012年作 非洲舞蹈系列之二十四号
估　价：RMB 150,000~200,000
成交价：RMB 575,000
165.5cm×186.5cm 中国嘉德 2018-06-19

848 陈钧德 2004年作 上海南京路步行街
估　价：RMB 500,000~600,000
成交价：RMB 667,000
100cm×72.5cm 西泠拍卖 2018-07-07

1531 陈钧德 2004年作 教堂
估　价：RMB 550,000~750,000
成交价：RMB 678,500
90cm×70cm 北京匡时 2018-12-06

1551 陈文骥 1988年 椅背上的黄外套
估　价：RMB 600,000~800,000
成交价：RMB 747,500
100cm×80cm 中国嘉德 2018-11-21

1045 陈文希 1960年作 轰炸
估　价：HKD 800,000~1,500,000
成交价：RMB 809,000
79cm×99cm 香港苏富比 2018-03-31

1437 陈树中 2014年 野草滩，梦幻之旅
估　价：RMB 300,000~400,000
成交价：RMB 575,000
150cm×200cm 中国嘉德 2018-11-21

115 陈衍宁 1988年 故乡梦
估　价：HKD 600,000~800,000
成交价：RMB 617,376
75.5cm×101cm 北京匡时 2018-10-03

3240 陈逸飞 1996年作 横卧的裸体
估 价：RMB 18,000,000~28,000,000
成交价：RMB 20,700,000
200cm×200cm 北京保利 2018-12-06

2103 陈逸飞 1984年作 童年嬉戏过的地方
估 价：RMB 8,800,000~12,000,000
成交价：RMB 21,275,000
89cm×151cm 北京匡时 2018-06-16

114 陈逸鸣 咏
估 价：HKD 500,000~600,000
成交价：RMB 514,480
126cm×74cm 北京匡时 2018-10-03

30 陈逸飞 1997年作 丽人行
成交价：RMB 67,680,200
190cm×208cm 佳士得 2018-05-26

1854 陈逸飞 1984年作 预言者
估 价：RMB 9,500,000~12,500,000
成交价：RMB 14,720,000
117cm×137.5cm 中国嘉德 2018-06-19

433 陈荫罴 1960年代作 书体变奏
估 价：HKD 450,000~550,000
成交价：RMB 665,250
91cm×71cm 佳士得 2018-11-25

1855 陈逸飞 1980年代作 夜莺之声
估 价：RMB 18,000,000~28,000,000
成交价：RMB 20,700,000
130cm×202cm 中国嘉德 2018-06-19

144 陈彧君 2009年作 亚洲地境5.2平方米NO.16
估 价：HKD 250,000~450,000
成交价：RMB 665,250
200cm×260cm 佳士得 2018-11-25

1681 程竹 2016年作 公共偶像—80后计划生育
估 价：RMB 600,000~800,000
成交价：RMB 931,500
135cm×120cm 北京匡时 2018-12-06

2124 程竹 玩偶
估 价：RMB 500,000~800,000
成交价：RMB 586,500
直径100cm 北京匡时 2018-06-16

296 程亚杰 春雪
估 价：RMB 2,450,000
成交价：RMB 2,817,500
直径20cm 鼎天国际 2018-07-01

207 仇德树 裂变
估 价：HKD 250,000~350,000
成交价：RMB 720,272
230.5cm×93cm 保利香港 2018-09-30

2074 仇晓飞 2012年作 界河
估　价：RMB 700,000~1,000,000
成交价：RMB 1,725,000
144cm×166cm 北京匡时 2018-06-16

484 崔小冬 2011年 正月
估　价：RMB 600,000~700,000
成交价：RMB 575,000
160cm×135cm 上海匡时 2018-04-30

111 村上隆 2018年作 然后（红DOB）
估　价：HKD 5,800,000~7,000,000
成交价：RMB 6,070,628
100cm×100cm 保利澳门 2018-11-29

523 村上隆 云龙图-红色突变
成交价：RMB 55,890,000
1800cm×363cm 上海匡时 2018-04-30

21 戴维·霍克尼 太平洋海岸公路与圣塔莫尼卡
估　价：USD 20,000,000~30,000,000
成交价：RMB 181,302,516
198.1cm×304.8cm 纽约苏富比 2018-05-16

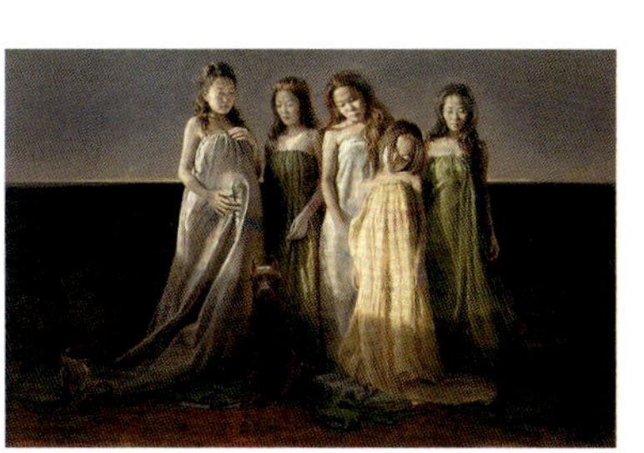

106 戴平均 2009-2011年作 他们从哪里来 画框
估　价：RMB 400,000~600,000
成交价：RMB 694,400
190cm×300cm 湖南逸典 2018-06-09

27 蒂齐亚诺·韦切利奥 圣玛加利大
估　价：USD 2,000,000~3,000,000
成交价：RMB 14,146,200
198 cm×167.5cm 纽约苏富比 2018-02-01

48 迭戈·罗迪盖斯·德·席尔瓦·维拉斯盖兹 教宗英诺森十世侍臣克里斯托福罗·塞尼蒙席（1661年卒）肖像
估 价：USD 3,000,000~4,000,000
成交价：RMB 26,449,166
114 cm×92cm 纽约苏富比 2018-02-01

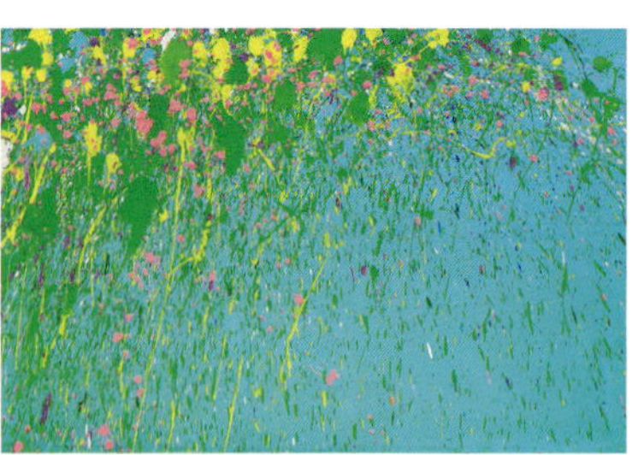

11 丁雄泉 1972年作 春天漫步
估 价：HKD 1,000,000~2,000,000
成交价：RMB 3,086,880
150cm×226cm 中国嘉德 2018-10-02

22 丁衍庸 1965年作 交脚菩萨（双面画）
估 价：HKD 4,000,000~6,000,000
成交价：RMB 3,818,480
61cm×45.5cm 中国嘉德 2018-04-02

72 丁雄泉 1994年作 我爱悠长夏日
估 价：HKD 3,000,000~5,000,000
成交价：RMB 5,537,840
210cm×475cm 佳士得 2018-05-26

1030 丁雄泉 1971年作 红艳似火
估 价：HKD 900,000~1,400,000
成交价：RMB 4,174,440
177.8cm×228.6cm 香港苏富比 2018-03-31

173 丁衍庸 1967年作 仕女画像
估 价：HKD 1,000,000~1,500,000
成交价：RMB 2,100,164
58.8cm×44.5cm 保利香港 2018-03-29

69 丁衍庸 1965年作 金鱼与青蛙
估　价：HKD 1,000,000~1,500,000
成交价：RMB 1,852,128
45.5cm × 30.5cm 中国嘉德 2018-10-02

469 段建伟 1991年 抱玉米
估　价：RMB 380,000~480,000
成交价：RMB 437,000
109cm × 123cm 上海匡时 2018-04-30

1697 段正渠 2003年作 黄河船夫
估　价：RMB 250,000~350,000
成交价：RMB 713,000
130cm × 100.5cm 中国嘉德 2018-06-19

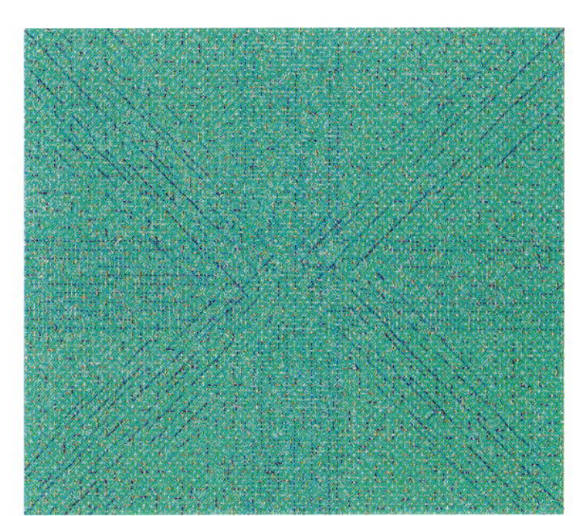

1579 丁乙 1992年 十示92-2
估　价：RMB 2,000,000~3,000,000
成交价：RMB 2,300,000
140cm × 160cm 中国嘉德 2018-11-21

34 恩斯特 · 路德维格 · 基尔希纳 1918年至1919年作 盆花与糖罐
估　价：USD 700,000~900,000
成交价：RMB 12,938,960
70.8cm × 60.5cm 纽约佳士得 2018-05-08

22 恩斯特·路德维希·基希纳 1915年作 《炮兵》
估　价：USD 15,000,000~20,000,000
成交价：RMB 152,643,907
140cm × 150cm 纽约苏富比 2018-11-12

1611 方君璧 1942年作 娉婷
估　价：RMB 400,000~600,000
成交价：RMB 862,500
46cm × 38.5cm 中国嘉德 2018-06-19

2091 方力钧 2006年作 眺望
估　价：RMB 500,000~600,000
成交价：RMB 690,000
80cm × 100cm 北京匡时 2018-06-16

17 法兰提锡克·库普卡 1935至1938年作 C系列，三，立面图
估　价：GBP 500,000~700,000
成交价：RMB 15,898,913
95cm × 102cm 伦敦佳士得 2018-02-27

1522 方君璧 1955年 白色康乃馨
估　价：RMB 400,000~600,000
成交价：RMB 460,000
53cm × 46cm 中国嘉德 2018-11-21

464 方世聪 1997年 专注的安妮
估　价：RMB 350,000~450,000
成交价：RMB 437,000
92cm × 65cm 上海匡时 2018-04-30

20 费德·加利齐亚 静物：石架上瓷碗内的葡萄与枸杞、榅桲、石榴及黄蜂 静物：石架上瓷篮内的李子与葡萄及梨子
估　价：USD 2,000,000~3,000,000
成交价：RMB 13,365,720
27.3 cm×38.7cm 纽约苏富比 2018-02-01

3 费尔南·雷杰 1918年作 工厂或引擎图案
估　价：GBP 900,000~1,200,000
成交价：RMB 16,953,713
35.7cm×25.8cm 伦敦佳士得 2018-02-27

16 费尔南·雷捷 1918年11月作 《黄色棋盘》
估　价：USD 6,000,000~8,000,000
成交价：RMB 37,422,756
65cm×54cm 纽约苏富比 2018-05-14

3 费尔南·雷捷 1920年作 三位女子
估　价：GBP 1,600,000~2,400,000
成交价：RMB 23,159,892
46cm×65cm 伦敦苏富比 2018-02-28

6350 冯钢百 1928年作 山麓中的村庄
估　价：RMB 500,000~800,000
成交价：RMB 667,000
50.9cm × 61cm 上海泓盛 2018-01-20

27 弗朗西斯·毕卡比亚 约1924-27年作 《橄榄树下（风情万种）》
估　价：USD 2,000,000~3,000,000
成交价：RMB 16,153,020
74.5cm × 104.5cm 纽约苏富比 2018-05-14

15 弗朗兹·克莱恩 1956年作 绿色十字架
估　价：USD 6,500,000~7,500,000
成交价：RMB 33,106,363
177.2cm × 269.2cm 纽约苏富比 2018-05-16

1659 高泉 1993年作 黄河魂
估　价：RMB 350,000~550,000
成交价：RMB 402,500
114cm × 148cm 中国嘉德 2018-06-19

56 格哈德·李希特 1994年作 抽象画作
估　价：HKD 11,000,000~16,500,000
成交价：RMB 10,799,600
71cm × 61cm 佳士得 2018-05-26

16 格哈德·里希特 抽象画
估　价：USD 15,000,000~20,000,000
成交价：RMB 105,539,436
200cm × 200cm 纽约苏富比 2018-05-16

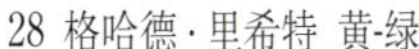

28 格哈德·里希特 黄-绿
估 价：GBP 7,000,000~10,000,000
成交价：RMB 95,604,435
260.5cm×200.5cm×2 伦敦苏富比 2018-03-07

4 格伦·利根 陌生人#86
估 价：USD 1,000,000~1,500,000
成交价：RMB 14,623,740
243.8cm×182.9cm 纽约苏富比 2018-05-16

6 格哈德·里希特 风
估 价：GBP 2,500,000~3,500,000
成交价：RMB 27,129,456
150cm×120cm 伦敦苏富比 2018-03-07

2100 耿建翌 1985年作 洗头
估 价：RMB 4,500,000~6,500,000
成交价：RMB 4,715,000
173.5cm×103.5cm 北京匡时 2018-06-16

15 古那弯 1976年作 稻米收成
估 价：HKD 2,000,000~3,000,000
成交价：RMB 4,559,180
148cm×203cm 佳士得 2018-11-24

32 古那弯 1976年作 爪哇舞蹈
估 价：HKD 3,500,000~5,500,000
成交价：RMB 5,440,400
147cm×202cm 佳士得 2018-05-26

385 古那弯 俯瞰大海悬崖的女性
估　价：HKD 1,600,000~2,200,000
成交价：RMB 2,224,880
75cm×135cm 佳士得 2018-05-27

1038 关良 1978年作 唐僧与悟空
估　价：HKD 800,000~1,200,000
成交价：RMB 8,685,120
47.5cm×54cm 香港苏富比 2018-09-30

1034 关良 1965年作 牧牛
估　价：HKD 1,000,000~2,000,000
成交价：RMB 4,918,080
55cm×67cm 香港苏富比 2018-09-30

39 古斯塔夫·卡勒波特 1883年作 《特鲁维勒花园小径》
估　价：USD 2,000,000~3,000,000
成交价：RMB 35,013,397
60cm×73cm 纽约苏富比 2018-11-12

1014 关良 1950年代作 关良戏装自画像（四郎探母）
估　价：HKD 2,000,000~4,000,000
成交价：RMB 4,465,680
73cm×61cm 香港苏富比 2018-03-31

794 关良 北京故宫
估　价：HKD 200,000~300,000
成交价：RMB 1,308,000
26.5cm×32cm 香港苏富比 2018-10-01

1887 关紫兰 1941年作 花样年华
估 价：RMB 800,000~1,200,000
成交价：RMB 1,265,000
60cm×50cm 中国嘉德 2018-06-19

828 郭润文 1997年作 梳妆
估 价：RMB 1,200,000~1,800,000
成交价：RMB 1,495,000
109cm×77cm 华艺国际 2018-05-23

4124 郭伟 2008年作 无题 No.12
估 价：RMB 600,000~800,000
成交价：RMB 690,000
300cm×150cm 北京保利 2018-06-20

2844 郭润文 聆听
估 价：RMB 4,500,000~6,500,000
成交价：RMB 7,130,000
150cm×75cm 中贸圣佳 2018-11-24

10 汉斯·巴尔东 - 或称格里恩 圣家与五名天使
估 价：GBP 2,500,000~3,500,000
成交价：RMB 25,753,560
72cm×60cm 伦敦苏富比 2018-07-04

4064 何大桥 1987年作 人体
估　价：RMB 300,000~400,000
成交价：RMB 402,500
60cm×80cm 北京保利 2018-06-20

223 何多苓 2017年作 俄罗斯森林（黄金时代）契珂夫·夜莺
估　价：HKD 5,800,000~7,800,000
成交价：RMB 6,070,864
200cm×150cm 保利香港 2018-09-30

224 何多苓 1990-1991年作 红色天气的马
估　价：HKD 4,500,000~6,500,000
成交价：RMB 4,939,008
76.1cm×105.8cm 保利香港 2018-09-30

850 何坚宁 2016年作 阳光No.172
估　价：RMB 380,000~450,000
成交价：RMB 437,000
80cm×100cm 华艺国际 2018-05-23

1888 贺慕群 2000年作 花木系列之三十
估　价：RMB 800,000~1,200,000
成交价：RMB 920,000
116.5cm×89cm 中国嘉德 2018-06-19

11 赫尔文·安德森 2004年作 有些人（欢迎系列）
估　价：GBP 600,000~800,000
成交价：RMB 9,044,910
150cm×232cm 伦敦苏富比 2018-03-07

8 亨利·马蒂斯 1923年作于尼斯 侧卧的宫娥与玉兰花
成交价：RMB 509,048,000
60.5cm×81.1cm 纽约佳士得 2018-05-08

20 亨利·马蒂斯 1906年至1907年作 科利乌尔的风景
估 价：USD 6,000,000~9,000,000
成交价：RMB 40,976,000
46.1cm×55.1cm 纽约佳士得 2018-05-08

2 亨利克·坎彭东克 1914年作 《梦》
估 价：USD 1,200,000~1,800,000
成交价：RMB 10,939,950
60.2cm×74.5cm 纽约苏富比 2018-11-12

533 洪救国 1979年作 十字架上
估 价：HKD 1,000,000~1,500,000
成交价：RMB 1,884,875
142cm×89cm 佳士得 2018-11-25

363 洪救国 桌上盆栽
估 价：HKD 350,000~450,000
成交价：RMB 490,500
61cm×61cm 香港苏富比 2018-10-01

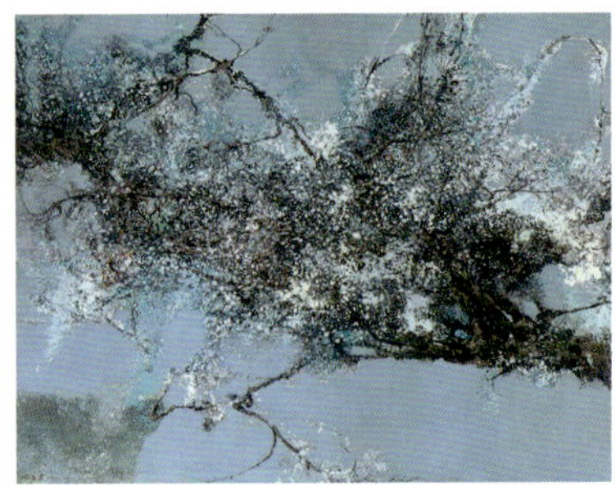

1496 洪凌 2014年 天放
估 价：RMB 3,000,000~4,000,000
成交价：RMB 3,450,000
190cm×250.5cm 中国嘉德 2018-11-21

56 （传）胡塞佩·德·里贝拉 - 或称小西班牙人 圣杰罗姆与最后审判天使
估 价：GBP 100,000~150,000
成交价：RMB 3,781,752
206.4cm×145.8cm 伦敦苏富比 2018-07-04

38 胡安·格里斯 1925年4月至6月作 绿桌布
估 价：USD 2,000,000~3,000,000
成交价：RMB 25,042,640
73.1cm×92.1cm 纽约佳士得 2018-05-08

39 胡安·米罗 1933年12月作 壁画 I-II-III
成交价：RMB 126,080,000
55.2cm×249.8cm 纽约佳士得 2018-05-08

44 华西里·康定斯基 1910年作 风景习作（Dünaberg）
估　价：GBP 3,000,000~5,000,000
成交价：RMB 59,409,413
33.3cm × 44.5cm 伦敦佳士得 2018-02-27

33 华西里·康定斯基 1908年作 冬日习作：山
估　价：USD 3,000,000~5,000,000
成交价：RMB 40,976,000
33cm × 44.5cm 纽约佳士得 2018-05-08

456 胡善余 1950年中期 辛夷花
估　价：RMB 350,000~450,000
成交价：RMB 437,000
49cm × 41cm 上海匡时 2018-04-30

1683 黄建南 2017年作 明月丽色
估　价：RMB 2,400,000~2,800,000
成交价：RMB 2,760,000
70cm × 70cm 北京匡时 2018-12-06

2125 黄建南 田野
估　价：RMB 1,800,000~2,000,000
成交价：RMB 2,185,000
100cm × 91cm 北京匡时 2018-06-16

KX255
255 黄建南 缠绵之花（1）
成交价：RMB 4,600,000
89cm×73cm 开禧国际 2018/10/18

247 黄铭昌 1999年作 稻田系列—白鹭之歌
估　价：NTD 1,900,000~2,800,000
成交价：RMB 461,040
112cm×162cm 罗芙奥 2018-12-02

1510 黄显之 1943年作 嘉陵江畔
估　价：RMB 850,000~1,200,000
成交价：RMB 1,782,500
45.5cm×73cm 北京匡时 2018-12-06

2026 黄显之 1963年作 白地樱桃
估　价：RMB 1,500,000~2,000,000
成交价：RMB 1,897,500
61cm×46.5cm 北京匡时 2018-06-16

2075 黄宇兴 2015年作 宝藏
估　价：RMB 600,000~800,000
成交价：RMB 920,000
145cm×230cm 北京匡时 2018-06-16

4239 黄宇兴 2016年作 没有人是一座孤岛
估　价：RMB 350,000~550,000
成交价：RMB 1,092,500
150cm×200cm 北京保利 2018-06-20

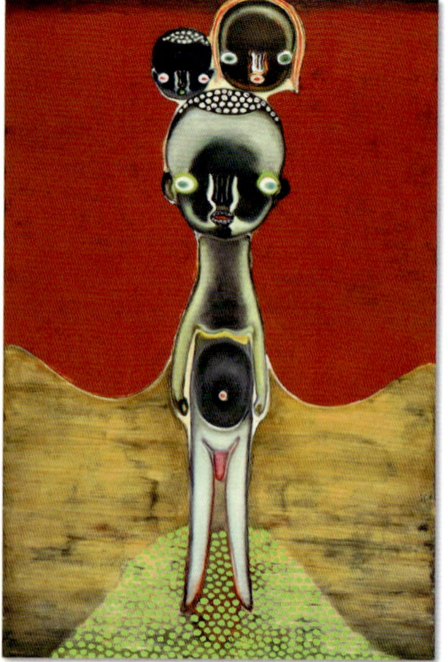

562 加藤泉 2006年作 无题
估　价：HKD 260,000~450,000
成交价：RMB 523,200
190cm×130cm 香港苏富比 2018-10-01

512 菅井汲 1959年作 喧嚣
估　价：HKD 800,000~1,200,000
成交价：RMB 809,000
146cm×114cm 香港苏富比 2018-04-01

28 贾斯培·琼斯 1980-81年作 平面上的舞者
估　价：USD 6,000,000~8,000,000
成交价：RMB 55,407,726
75.9cm × 60.3cm 纽约苏富比 2018-05-16

14 杰克森·波拉克 第32号，1949年
估　价：USD 30,000,000~40,000,000
成交价：RMB 217,272,456
78.7cm × 57.1cm 纽约苏富比 2018-05-16

168 姜亨九 2007年作 林肯
估　价：HKD 500,000~700,000
成交价：RMB 443,500
194cm × 259cm 佳士得 2018-11-25

531 今井俊满 1963年作 旭日 画框
估　价：HKD 600,000~800,000
成交价：RMB 654,000
195cm × 130cm 香港苏富比 2018-10-01

439 金昌烈 1974年作 无题（水珠）
估　价：HKD 800,000~1,200,000
成交价：RMB 1,116,500
100.5cm × 100.1cm 佳士得 2018-05-27

1853 靳尚谊 1999年作 画僧髡残
估　价：RMB 25,000,000~35,000,000
成交价：RMB 28,750,000
150.5cm × 114cm 中国嘉德 2018-06-19

1852 靳尚谊 1988年作 女人体
估　价：RMB 16,000,000~26,000,000
成交价：RMB 18,400,000
64cm × 52cm 中国嘉德 2018-06-19

1566 靳尚谊 1977年 女青年肖像
估　价：RMB 3,000,000~4,000,000
成交价：RMB 3,450,000
50.5cm × 42cm 中国嘉德 2018-11-21

13 卡米耶·毕沙罗 1891年作 《埃拉尼黄昏薄雾中的草地与牛群》
估　价：USD 2,000,000~3,000,000
成交价：RMB 25,943,310
54cm × 65.1cm 纽约苏富比 2018-11-12

13 卡密尔·毕沙罗 1899年作 《有白杨树的风景（埃拉尼的阴天）》
估　价：USD 3,000,000~5,000,000
成交价：RMB 30,338,000
81.2cm×65cm 纽约佳士得 2018-05-08

31 柯比意（或译柯布西耶） 1946年作 《持烛女子I》
估　价：USD 1,000,000~1,500,000
成交价：RMB 11,773,470
106.7cm×85.7cm 纽约苏富比 2018-11-12

10 克劳德·莫奈 约1914至1917年作 绽放的睡莲
成交价：RMB 533,870,000
160.9cm×180.8cm 纽约佳士得 2018-05-08

26 克劳德·莫奈 1877年作于巴黎 阳光下的圣拉扎尔火车站
成交价：RMB 207,638,000
61.3cm × 80.7cm 纽约佳士得 2018-05-08

15 克劳德·莫奈 1896年作 《塞纳-马恩省河清晨》
估　价：USD 18,000,000~25,000,000
成交价：RMB 130,944,600
89.2cm × 92.4cm 纽约苏富比 2018-05-14

11 克劳德·莫奈 1879年作 拉瓦古的塞纳-马恩省河风景
估　价：USD 8,000,000~12,000,000
成交价：RMB 99,839,600
60.2cm × 81.5cm 纽约佳士得 2018-05-08

41 克劳德·莫内 1885年作 《阿蒙断崖》
估　价：USD 3,500,000~4,500,000
成交价：RMB 25,109,790
61cm × 73.4cm 纽约苏富比 2018-11-12

44 克劳德·莫内 1878年作 《唐菖蒲、百合花与玛格丽特菊花束》
估　价：USD 7,000,000~10,000,000
成交价：RMB 66,381,533
83cm × 62.3cm 纽约苏富比 2018-11-12

14 拉登·萨尔·谢里夫·布斯塔曼 1871年作 梅加文登山下的邮站
估　价：HKD 14,000,000~20,000,000
成交价：RMB 14,990,300
72cm×106.5cm 佳士得 2018-11-24

7 老卢卡斯·克拉纳赫 男子身穿斑点毛领肖像
估　价：GBP 1,500,000~2,000,000
成交价：RMB 20,619,960
48.3cm×36.5cm 伦敦苏富比 2018-07-04

10 老卢卡斯·克拉纳赫 卢克雷蒂娅
估　价：USD 2,000,000~3,000,000
成交价：RMB 18,829,080
60 cm×47cm 纽约苏富比 2018-02-01

0005A 克里·詹姆斯·马歇尔 昔日
估　价：USD 8,000,000~12,000,000
成交价：RMB 134,541,594
275cm×398.8cm 纽约苏富比 2018-05-16

1012A 勒迈耶 莲花池畔
成交价：RMB 17,893,440
101cm×120.5cm 香港苏富比 2018-09-30

1022 勒迈耶 热娜与帕洛
估　价：HKD 1,500,000~2,500,000
成交价：RMB 1,921,375
73cm×90cm 香港苏富比 2018-03-31

1641 冷军 2013年作 画室中的提琴手
估　价：RMB 2,800,000~3,500,000
成交价：RMB 3,335,000
39cm×78cm 北京匡时 2018-12-06

1560 冷军 水龙头II
估　价：RMB 1,000,000~1,500,000
成交价：RMB 1,150,000
30.5cm×23.5cm 中国嘉德 2018-11-21

35 雷内·马格利特 1937年作 《快乐原则》
估　价：USD 15,000,000~20,000,000
成交价：RMB 186,364,653
73cm×54.5cm 纽约苏富比 2018-11-12

263 黎谱 女子与小孩
估　价：HKD 300,000~500,000
成交价：RMB 1,853,000
130cm×195cm 香港苏富比 2018-10-01

304 黎谱 采花
估 价：HKD 300,000~500,000
成交价：RMB 1,526,000
96.5cm×129.5cm 香港苏富比 2018-10-01

819 李贵君 2006年作 温情
估 价：RMB 1,500,000~2,200,000
成交价：RMB 1,725,000
140cm×100cm 华艺国际 2018-11-16

156 李绫瑄 2010年作 紫色忧郁 II
估 价：HKD 250,000~350,000
成交价：RMB 527,800
146cm×135cm×5cm 佳士得 2018-05-27

2023 李斛 1940年代 舞蹈演员
估 价：RMB 800,000~1,000,000
成交价：RMB 966,000
127cm×75cm 北京匡时 2018-06-16

2928 李青 2011年作 互毁而同一得像·芳子与香兰
估 价：RMB 300,000~400,000
成交价：RMB 402,500
150cm×100cm×4 中贸圣佳 2018-11-24

11 李曼峰 鸽子
估 价：HKD 2,800,000~3,800,000
成交价：RMB 14,458,100
117.5cm×218cm 佳士得 2018-11-24

1045 李曼峰 约1960年代作 牧牛童子
估 价：HKD 800,000~1,500,000
成交价：RMB 763,000
122cm×60cm 香港苏富比 2018-09-30

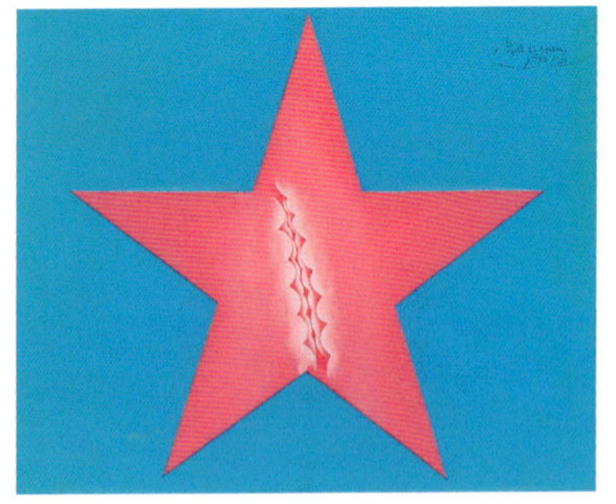

1831 李山 1993年作 胭脂系列：双星之一
估 价：RMB 1,000,000~1,500,000
成交价：RMB 1,265,000
84cm×103cm 中国嘉德 2018-06-19

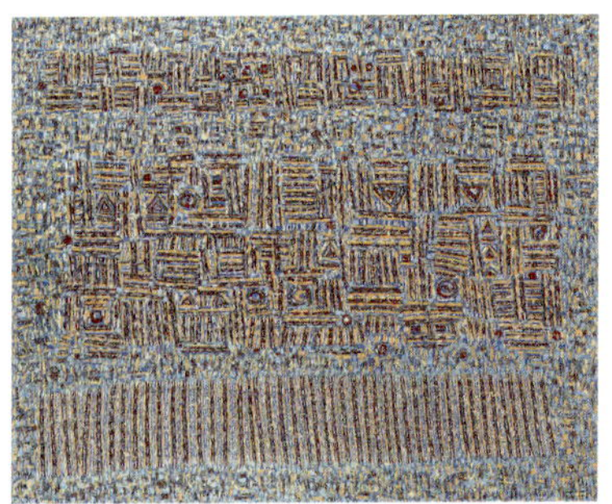

26 李圣子 1962年作 小孩的晚上
估 价：HKD 2,800,000~3,800,000
成交价：RMB 3,494,780
129.7cm×161.7cm 佳士得 2018-11-24

184 李山 1989年作 前胭脂帝国（一）
估 价：HKD 1,000,000~1,500,000
成交价：RMB 1,015,000
147.3cm×109cm 佳士得 2018-05-27

42 李圣子 1963年作 金星I
估 价：HKD 2,500,000~3,500,000
成交价：RMB 2,614,640
114cm×80.2cm 佳士得 2018-05-26

167 李松松 2009年作 氧气面罩
估 价：HKD 450,000~750,000
成交价：RMB 887,000
210cm×210cm；210cm×420cm
佳士得 2018-11-25

1508 李铁夫 白菜和胖头鱼
估 价：RMB 400,000~500,000
成交价：RMB 2,622,000
62cm×77.5cm 北京匡时 2018-12-06

15 李晓刚 2004年作 浮云
估 价：RMB 450,000~550,000
成交价：RMB 517,500
130cm×90cm 北京华辰 2018-11-19

510 李晓刚 躺着的女人体
估　价：RMB 550,000~680,000
成交价：RMB 700,000
68cm×98cm 中贸圣佳 2018-06-20

1026 李元佳 1963年作 无题
估　价：HKD 350,000~550,000
成交价：RMB 485,400
130cm×40cm 香港苏富比 2018-03-31

1006 李仲生 1973年作 作品040
估　价：HKD 1,500,000~2,500,000
成交价：RMB 4,918,080
90cm×64.5cm 香港苏富比 2018-09-30

41 李禹焕 2010年作 对话
估　价：HKD 1,800,000~2,500,000
成交价：RMB 2,419,760
227cm×182cm 佳士得 2018-05-26

18 理查德德·迪本康 海洋公园#55
估　价：USD 7,000,000~10,000,000
成交价：RMB 69,795,702
198.1cm×198.4cm 纽约苏富比 2018-05-16

1543 李宗津 1972年 毛主席像
估　价：RMB 600,000~800,000
成交价：RMB 690,000
38.5cm×36cm 中国嘉德 2018-11-21

40 利贝拉莱·达·韦罗讷 贞洁之胜利
估　价：GBP 400,000~600,000
成交价：RMB 11,379,480
41.2cm × 124.5cm 伦敦苏富比 2018-07-04

502 梁远苇 2008年作 生活的片断
估　价：HKD 500,000~800,000
成交价：RMB 1,719,125
100.5cm × 80.3cm 香港苏富比 2018-04-01

34 廖继春 1968年作 窗前静物
估　价：HKD 10,000,000~15,000,000
成交价：RMB 10,732,700
100cm × 81cm 佳士得 2018-11-24

1052 廖继春 1960年作 淡江风景
估　价：HKD 8,000,000~12,000,000
成交价：RMB 7,863,480
65.5cm × 80.5cm 香港苏富比 2018-03-31

1014 林飞龙 1966年作 无题
估 价：HKD 8,000,000~10,000,000
成交价：RMB 8,475,840
114.5cm×147.5cm 香港苏富比 2018-09-30

4075 林茂 2018年作 微风
估 价：RMB 250,000~300,000
成交价：RMB 402,500
50cm×70cm 北京保利 2018-06-20

125 林寿宇 1967年作 24473
估 价：HKD 5,500,000~6,500,000
成交价：RMB 6,688,240
127.7cm×127.7cm 保利香港 2018-09-30

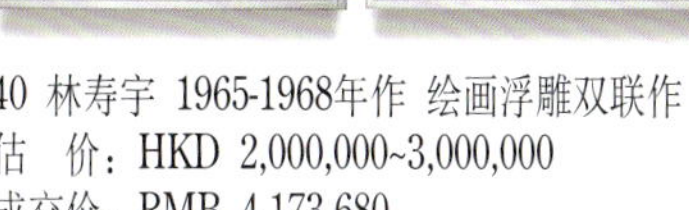

40 林寿宇 1965-1968年作 绘画浮雕双联作
估 价：HKD 2,000,000~3,000,000
成交价：RMB 4,173,680
127cm×76.2cm×2 佳士得 2018-05-26

4208 林风眠 1920年代 思
估 价：RMB 15,000,000~25,000,000
成交价：RMB 18,975,000
109cm×78cm 北京保利 2018-06-20

55 林寿宇 1961年作；艺术家修改于1964-1966年 二月五日
估　价：HKD 1,000,000~2,000,000
成交价：RMB 3,978,800
100cm×100cm 佳士得 2018-05-26

312 林永康 壬辰2012 人物
估　价：RMB 250,000~450,000
成交价：RMB 437,000
80cm×80cm 广东衡益 2018-07-01

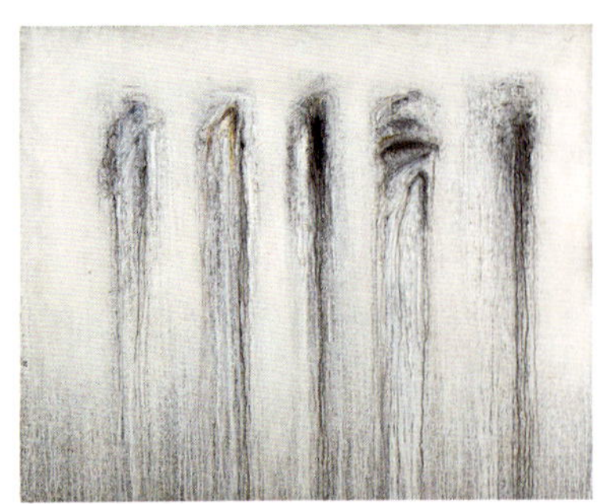

537 刘安民 1996年作 物质
估　价：HKD 100,000~160,000
成交价：RMB 554,375
122cm×152.5cm 佳士得 2018-11-25

211 刘国松 2010年作 静静的屹立：西藏组曲127
估　价：NTD 2,400,000~3,200,000
成交价：RMB 596,640
95.3cm×61cm 罗芙奥 2018-12-02

2008 刘海粟 1934年作 圣扬乔而夫飞瀑
估　价：RMB 5,000,000~6,000,000
成交价：RMB 5,520,000
79.5cm×59.5cm 北京匡时 2018-06-16

176 刘海粟 1954年作 黄山桃花峰
估　价：HKD 4,000,000~8,000,000
成交价：RMB 4,115,840
89.5cm×69.7cm 保利香港 2018-09-30

847 刘玖通 2011年作 千里烟波（三联画）
估　价：RMB 450,000~550,000
成交价：RMB 517,500
208cm×100cm×3 华艺国际 2018-05-23

313 刘抗 法国村庄
估　价：HKD 250,000~350,000
成交价：RMB 505,625
44cm×54cm 香港苏富比 2018-04-01

3224 刘炜 2010年作 苹果·沙发
估 价：RMB 5,500,000~8,500,000
成交价：RMB 6,785,000
143cm×158cm 北京保利 2018-12-06

1060 刘炜 1993年作 革命家庭系列：云游时光（双联作）
估 价：HKD 15,000,000~20,000,000
成交价：RMB 28,790,288
150cm×100cm；150cm×200cm 香港苏富比 2018-03-31

1843 刘炜 2004年作 风景4号
估 价：RMB 2,800,000~3,800,000
成交价：RMB 3,795,000
300cm×150cm 中国嘉德 2018-06-19

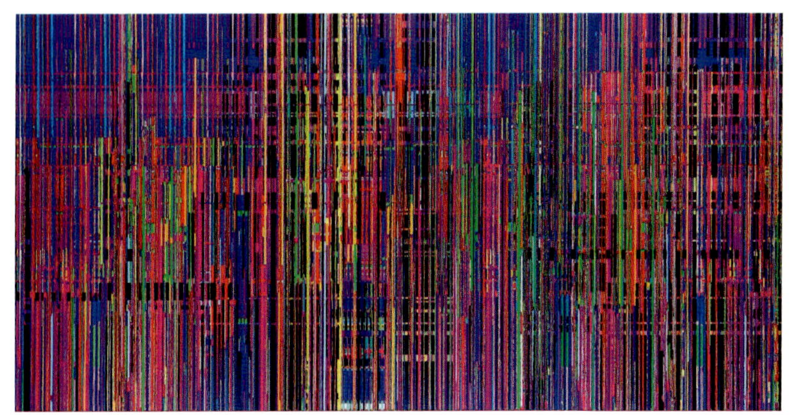

3239 刘韡 2015年作 无题
估 价：RMB 2,000,000~4,000,000
成交价：RMB 3,795,000
300cm×200cm×3 北京保利 2018-12-06

1053 刘韡 2013年作 真实维度之十
估 价：HKD 2,400,000~3,500,000
成交价：RMB 2,616,000
300cm×180cm 香港苏富比 2018-09-30

207 刘小东 1999年作 车
估 价：HKD 4,000,000~6,000,000
成交价：RMB 3,818,480
200cm×200cm 保利香港 2018-03-29

1088 刘韡 2012年作 紫气
估 价：HKD 2,000,000~3,000,000
成交价：RMB 3,494,880
180cm×300cm 香港苏富比 2018-03-31

1571 刘小东 1990年 求婚
估 价：RMB 8,000,000~12,000,000
成交价：RMB 12,650,000
130cm×97cm 中国嘉德 2018-11-21

1572 刘小东 2002年 小豪 佩怡 小姚
估 价：RMB 4,000,000~6,000,000
成交价：RMB 4,600,000
162cm×130cm 中国嘉德 2018-11-21

1073 刘小东 2002年作 票车
估 价：HKD 4,500,000~6,500,000
成交价：RMB 4,813,440
180cm×239cm 香港苏富比 2018-09-30

1581 刘野 1999年 喵呜
估 价：RMB 6,000,000~8,000,000
成交价：RMB 6,900,000
160cm×160cm 中国嘉德 2018-11-21

1845 刘野 2002年作 红黄蓝 （一组三件）
估 价：RMB 5,000,000~7,000,000
成交价：RMB 11,500,000
45cm×60cm×3 中国嘉德 2018-06-19

1070 刘野 2003年作 红三号
估 价：HKD 7,000,000~9,000,000
成交价：RMB 18,939,840
195cm×195cm 香港苏富比 2018-09-30

1846 刘野 2007-2008年作 竹草图
估　价：RMB 9,000,000~12,000,000
成交价：RMB 10,350,000
300cm×220cm 中国嘉德 2018-06-19

123 六角彩子 2007年作 红洋装女孩
估　价：NTD 850,000~1,600,000
成交价：RMB 596,640
162cm×130.5cm 罗芙奥 2018-12-02

4221 刘溢 2013年作 我下飞机抽根烟
估　价：RMB 800,000~1,200,000
成交价：RMB 920,000
100cm×200cm 北京保利 2018-06-20

2887 龙力游 1983年作 捣奶
估　价：RMB 400,000~600,000
成交价：RMB 632,500
118cm×134cm 中贸圣佳 2018-11-24

144 龙力游 放牧归来
估　价：RMB 700,000~900,000
成交价：RMB 920,000
100cm×120cm 北京匡时 2018-05-21

1682 卢恺 赛龙舟
估　价：RMB 300,000~400,000
成交价：RMB 690,000
149cm×149cm 北京匡时 2018-12-06

27 卢齐欧·封塔纳 1963年作 空间概念，等待
估　价：GBP 2,000,000~3,000,000
成交价：RMB 44,000,103
73.2cm×60.2cm 伦敦苏富比 2018-03-07

25 路德维希·迈德纳 1912年作 《末世》（正面），《戴草帽的年轻男子》（反面）
估　价：USD 12,000,000~18,000,000
成交价：RMB 97,749,669
94cm × 109cm 纽约苏富比 2018-11-12

19 鲁道夫·斯丁格尔 无题
估　价：GBP 4,000,000~6,000,000
成交价：RMB 41,022,930
335.2cm × 459.7cm 伦敦苏富比 2018-03-07

25 鲁菲诺·塔马约 1942年作 《月下吠犬》
估　价：USD 5,000,000~7,000,000
成交价：RMB 37,422,756
112.4cm × 85.7cm 纽约苏富比 2018-05-14

9 鲁道夫·斯丁格尔 无题（博莱戈）
估　价：USD 1,800,000~2,500,000
成交价：RMB 28,789,970
38.1cm×52.1cm 纽约苏富比 2018-05-16

1542 罗尔纯 2007年 沙发上
估　价：RMB 800,000~1,200,000
成交价：RMB 1,265,000
135cm×125cm 中国嘉德 2018-11-21

2017 罗尔纯 1980年作 架起四海友谊桥
估　价：RMB 600,000~800,000
成交价：RMB 782,000
51cm×60cm 北京匡时 2018-06-16

1879 罗尔纯 1987年作 侧面坐着的女孩
估　价：RMB 800,000~1,200,000
成交价：RMB 1,012,000
99.5cm×119.5cm 中国嘉德 2018-06-19

225 罗中立 2007年作 过河
估　价：HKD 5,000,000~7,000,000
成交价：RMB 5,144,800
160cm×199.5cm 保利香港 2018-09-30

1543 罗中立 2001年作 起夜
估　价：RMB 3,000,000~5,000,000
成交价：RMB 4,830,000
138cm×110cm 广东崇正 2018-07-05

5043 罗中立 浴女
估　价：RMB 2,500,000~3,500,000
成交价：RMB 4,025,000
100cm×80cm 北京荣宝 2018-06-14

40 罗中立 1991年作 劝和
估 价：HKD 7,000,000~9,000,000
成交价：RMB 6,900,860
160cm×200cm 佳士得 2018-11-24

173 吕斯百 雪地军人
估 价：HKD 700,000~1,000,000
成交价：RMB 926,064
54cm×71.2cm 保利香港 2018-09-30

1889 吕斯百 1961年作 天竹
估 价：RMB 1,600,000~2,600,000
成交价：RMB 2,185,000
70cm×53.5cm 中国嘉德 2018-06-19

14 马丁·基本伯格 无法塞进信箱的蛋女士
估 价：GBP 2,000,000~3,000,000
成交价：RMB 19,065,510
180cm×150cm 伦敦苏富比 2018-03-07

39 马克·坦西 卢河之源
估　价：USD 2,500,000~3,500,000
成交价：RMB 47,494,339
165.1cm × 205.7cm 纽约苏富比 2018-05-16

1 马克斯·佩希斯坦 约1912年作 《男子肖像：布鲁诺·斯内德瑞特》
估　价：USD 600,000~800,000
成交价：RMB 5,105,310
60cm × 40cm 纽约苏富比 2018-11-12

1 马克·夏加尔 蓝色村庄
估　价：GBP 1,500,000~2,500,000
成交价：RMB 32,091,411
78cm × 71cm 伦敦苏富比 2018-02-28

11 玛丽·卡萨特 1880年作 《晚安拥抱》
估　价：USD 700,000~1,000,000
成交价：RMB 28,789,970
42cm × 62.8cm 纽约苏富比 2018-05-14

7 毛利斯·德·弗拉芒克 1906年作 《枯木景致（拾枯木者）》
估 价：USD 12,000,000~18,000,000
成交价：RMB 115,786,347
64.5cm×80.5cm 纽约苏富比 2018-11-12

10 毛利斯·德·弗拉芒克 1906年作 《沙图的渔夫》
估 价：USD 9,000,000~14,000,000
成交价：RMB 53,050,075
46cm×55cm 纽约苏富比 2018-11-12

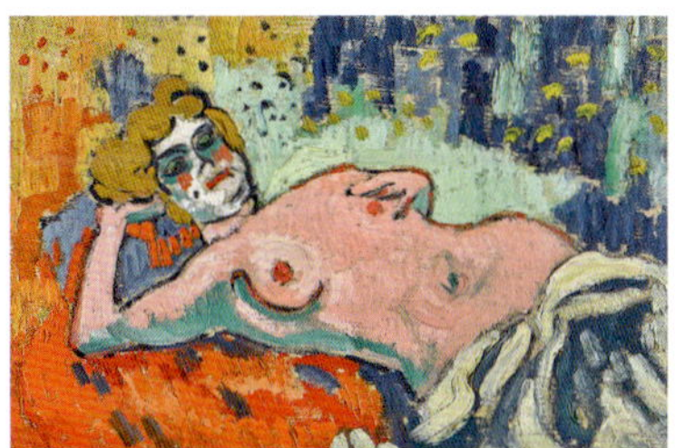

11 毛利斯·德·弗拉芒克 1905年作 《躺卧的裸女》
估 价：USD 2,000,000~3,000,000
成交价：RMB 20,108,670
28cm×42cm 纽约苏富比 2018-11-12

5027 毛旭辉 2008年作 剪刀·圭山之梦
估 价：RMB 500,000~800,000
成交价：RMB 690,000
140cm×180cm 北京荣宝 2018-06-14

1622 毛焰 1990年作 女人体
估 价：RMB 2,000,000~2,600,000
成交价：RMB 2,415,000
90.5cm×72.5cm 北京匡时 2018-12-06

4224 毛焰 1990年作 毛焰和捷尔任斯基之孙
估　价：RMB 6,000,000~8,000,000
成交价：RMB 8,625,000
184cm×120cm 北京保利 2018-06-20

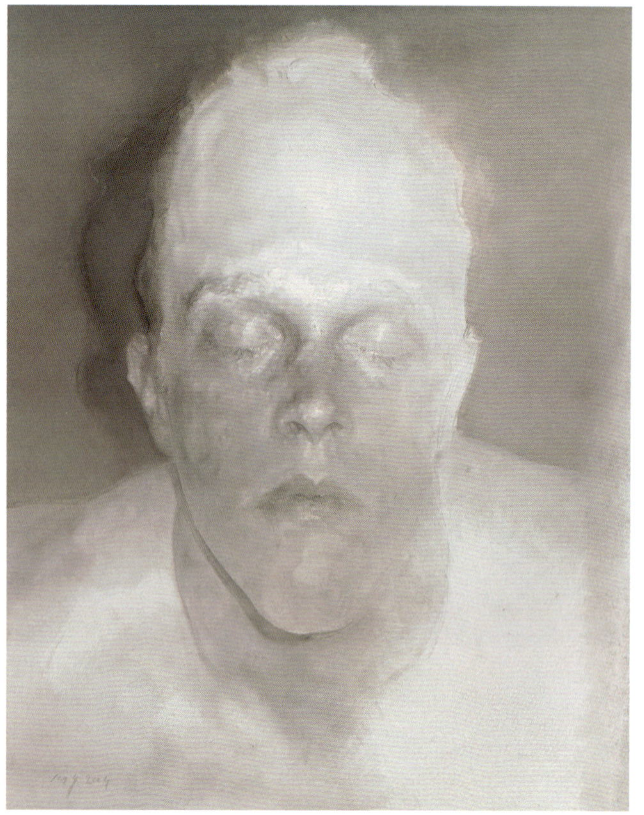

2090 毛焰 2004年作 托马斯
估　价：RMB 2,200,000~2,800,000
成交价：RMB 4,025,000
75cm×60cm 北京匡时 2018-06-16

306 梅忠恕 1946年作 母亲和孩子
估　价：HKD 600,000~800,000
成交价：RMB 3,281,900
78cm×62.5cm 佳士得 2018-11-25

1654 孟思特 星光博物馆
估　价：RMB 600,000~700,000
成交价：RMB 977,500
230cm×450cm 北京荣宝 2018-12-03

46 米巧铭 禅定法印 镜框
估　价：RMB 1,500,000~1,800,000
成交价：RMB 1,840,000
117cm×86cm 北京荣宝 2018-05-18

4073 米巧铭 2018年作 鹿门禅话
估　价：RMB 1,800,000~2,200,000
成交价：RMB 2,070,000
90cm×67cm 北京保利 2018-06-20

4074 莫大风 2017年作 干河床
估　价：RMB 380,000~580,000
成交价：RMB 747,500
85cm×150cm 北京保利 2018-06-20

1485 墨客 2012年作 荣誉
估　价：RMB 750,000~850,000
成交价：RMB 1,150,000
30cm×43cm 北京翰海 2018-06-30

1069 奈良美智 2009年作 艾美莉亚·艾尔哈特肖像
估　价：HKD 15,000,000~20,000,000
成交价：RMB 23,125,440
80cm×65cm 香港苏富比 2018-09-30

1068 奈良美智 2001年作 准备去探索
估　价：HKD 15,000,000~20,000,000
成交价：RMB 16,847,040
直径177.8cm 香港苏富比 2018-09-30

69 尼古拉·郎克雷 冬
估　价：USD 1,500,000~2,000,000
成交价：RMB 17,268,120
115 cm×94cm 纽约苏富比 2018-02-01

1531 倪贻德 1964年 橘乡
估　价：RMB 600,000~800,000
成交价：RMB 3,220,000
71cm×92cm 中国嘉德 2018-11-21

1884 倪贻德 1960年代作 暗香
估　价：RMB 500,000~700,000
成交价：RMB 5,750,000
45.5cm×44cm 中国嘉德 2018-06-19

369 帕斯塔 2003年作 橙汁
估　价：HKD 140,000~200,000
成交价：RMB 558,250
243cm×180cm 佳士得 2018-05-27

553 潘德海 2005年作 劳动者
估　价：HKD 20,000~40,000
成交价：RMB 505,625
200cm×170cm 香港苏富比 2018-04-01

1019 潘玉良 约1958年作 海边五裸女
估　价：HKD 6,000,000~10,000,000
成交价：RMB 22,396,761
50cm×65cm 香港苏富比 2018-03-31

60 潘玉良 约1940年代作 裸女
估　价：HKD 6,000,000~8,000,000
成交价：RMB 6,147,600
91cm×64.2cm 中国嘉德 2018-10-02

427 庞均 2018年作 春满江岸千帆过
估　价：HKD 1,200,000~2,200,000
成交价：RMB 2,419,760
200cm×200cm 佳士得 2018-05-27

829 庞均 2014年作 宫墙春早
估　价：HKD 1,200,000~2,200,000
成交价：RMB 1,635,000
180cm×180cm 香港苏富比 2018-10-01

5028 庞茂琨 2003年作 虚拟时光之二
估　价：RMB 600,000~900,000
成交价：RMB 920,000
140cm×180cm 北京荣宝 2018-06-14

1885 庞熏琹 1979年作 文峰塔
估　价：RMB 4,500,000~6,500,000
成交价：RMB 17,825,000
80cm×80cm 中国嘉德 2018-06-19

36 皮埃·波纳尔 1914年作 《室内（波纳尔巴黎的公寓）》
成交价：RMB 41,685,200
126cm×114cm 纽约佳士得 2018-05-08

40 皮埃·波纳尔 约1939年作于勒卡内 《陶罐里的花或室内（野花）》
估 价：USD 3,000,000~5,000,000
成交价：RMB 24,286,160
80.6cm×41.3cm 纽约佳士得 2018-05-08

3298 彭常安 2017年作 父亲的果园
估 价：RMB 1,500,000~2,000,000
成交价：RMB 2,127,500
120cm×90cm 北京保利 2018-12-06

43 皮耶·奥古斯特·雷诺阿 约1888年作 《博尔迪盖拉的海》
估 价：USD 1,200,000~1,800,000
成交价：RMB 8,439,390
28.1cm×43.4cm 纽约苏富比 2018-11-12

43 皮耶·博纳尔 约1916年作 《裸女背影》
估 价：USD 1,500,000~2,000,000
成交价：RMB 10,035,900
116cm×88.9cm 纽约苏富比 2018-05-14

22 朴寿根 无题
估 价：HKD 3,000,000~5,000,000
成交价：RMB 3,783,920
36.7cm×24.5cm 佳士得 2018-05-26

517 七户优 2008年作 片刻 画框
估 价：HKD 80,000~120,000
成交价：RMB 566,800
41cm×31.8cm 香港苏富比 2018-10-01

1089 前川强 1965及2013年作 无题
估 价：HKD 800,000~1,200,000
成交价：RMB 719,400
162.5cm×132cm 香港苏富比 2018-09-30

44 乔纳斯·伍德 黑色静物画与黄色兰花
估 价：USD 500,000~700,000
成交价：RMB 13,094,460
156.2cm×127cm 纽约苏富比 2018-05-16

54 乔瓦尼·安东尼奥·卡纳尔 威尼斯救主堂与圣雅各布布伯教堂 威尼斯，从露台朝西北方之监狱与叹息桥
估 价：USD 3,000,000~4,000,000
成交价：RMB 27,183,468
46.7 cm×76.8cm 纽约苏富比 2018-02-01

25 乔治·康多 偶像日
估 价：USD 1,500,000~2,000,000
成交价：RMB 17,682,300
172.7cm × 167.6cm 纽约苏富比 2018-05-16

1050 乔治·康多 2009年作 阿兹特克宇宙学家
估 价：HKD 5,000,000~7,000,000
成交价：RMB 16,847,040
127cm × 127cm 香港苏富比 2018-09-30

37 乔治·莫兰迪 1940年作 静物
估 价：USD 2,000,000~3,000,000
成交价：RMB 27,312,080
椭圆37.5cm × 50cm 纽约佳士得 2018-05-08

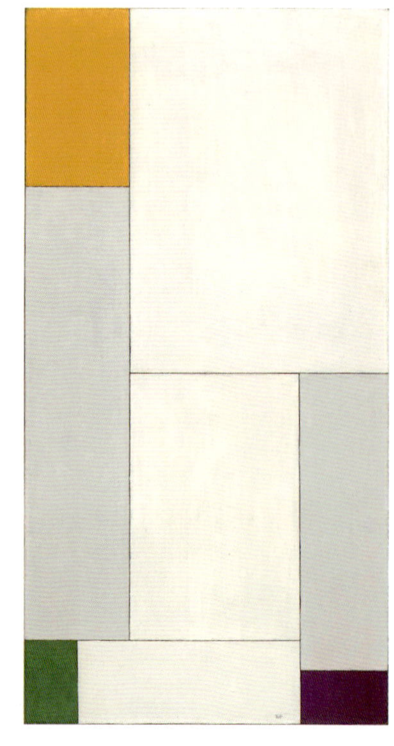

16 乔治·万顿吉罗 1930年作于巴黎 与橙色、绿色和紫色和谐并由方程式组合y=-ax-2+bx+18生成的构图
估 价：GBP 800,000~1,200,000
成交价：RMB 10,624,913
119.1cm × 62.5cm 伦敦佳士得 2018-02-27

18 乔治·秀拉 1885年夏作 格朗康海港
成交价：RMB 214,730,000

65.4cm×81.2cm 纽约佳士得 2018-05-08

9 乔治亚·欧姬芙 1921年作 《乔治湖与白桦树》
估 价：USD 4,000,000~6,000,000
成交价：RMB 71,953,898
64.7cm×54cm 纽约苏富比 2018-05-14

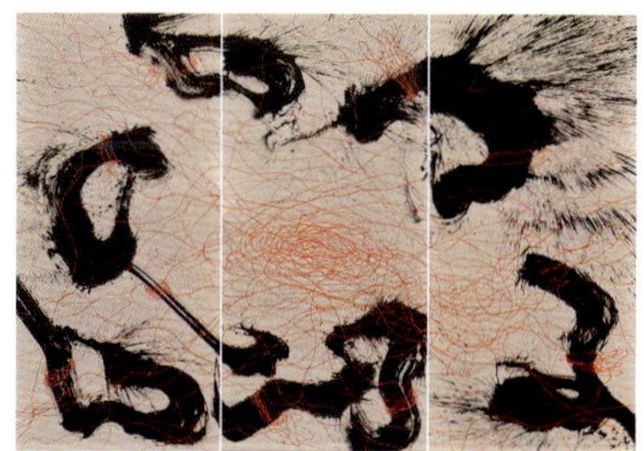

838 秦风 2014年作 欲望风景系列
5141 （三幅） 立轴
估 价：HKD 1,800,000~2,800,000
成交价：RMB 1,827,000
330cm×160cm×3 佳士得 2018-05-28

166 秦琦 2008年作 蓝色雨衣
估 价：HKD 500,000~800,000
成交价：RMB 1,663,125
300cm×190cm；300cm×380cm
佳士得 2018-11-25

791 秦宣夫 1963年作 灵隐消夏图（灵隐二）
估 价：RMB 800,000~1,000,000
成交价：RMB 920,000
54.5cm×74.5cm 西泠拍卖 2018-07-07

1080 琼·米切尔 1961年作 赛耳底
估　价：HKD 50,000,000~70,000,000
成交价：RMB 49,279,336
130cm×162cm 香港苏富比 2018-09-30

125 丘亚才 1993年作 模特儿
估　价：HKD 800,000~1,200,000
成交价：RMB 906,889
194cm×130cm 保利香港 2018-03-29

263 邱亚才 1994年作 斗牛士
估　价：NTD 4,000,000~5,000,000
成交价：RMB 1,073,520
194cm×130cm 罗芙奥 2018-06-03

136 全光荣 1969年作 ONT-075
估　价：HKD 1,200,000~1,500,000
成交价：RMB 1,330,500
162cm×130cm 佳士得 2018-11-25

7 赛耶·海达·拉扎 怀胎
估　价：HKD 10,000,000~15,000,000
成交价：RMB 9,136,100
101cm×200cm 佳士得 2018-11-24

13 塞西丽·布朗 安慰蛇的天鹅
估　价：GBP 1,000,000~1,500,000
成交价：RMB 10,627,110
246.4cm×261.6cm 伦敦苏富比 2018-03-07

43 塞西丽·布朗 忽然最后一个夏日
估 价：USD 1,800,000~2,500,000
成交价：RMB 43,177,946
254cm×280cm 纽约苏富比 2018-05-16

1069 上前智佑 1964年作 作品（双联作）
估 价：HKD 3,000,000~5,000,000
成交价：RMB 7,378,080
216cm×182cm 香港苏富比 2018-03-31

1516 沙耆 1995年作 树林中的马群
估 价：RMB 2,600,000~3,000,000
成交价：RMB 3,220,000
52.5cm×80.5cm 北京匡时 2018-12-06

2036 沙耆 1990年作 春郊十七骏马图
估 价：RMB 1,800,000~2,800,000
成交价：RMB 2,012,500
84cm×156cm 北京匡时 2018-06-16

60 尚．米榭．巴斯奇亚 1982年作 无题 （橘色运动人像）
估 价：HKD 62,000,000~94,000,000
成交价：RMB 59,458,700
152.4cm×122.5cm 佳士得 2018-05-26

1085 尚·杜布菲 1974年作 乡村散步
估　价：HKD 11,000,000~18,000,000
成交价：RMB 10,775,880
195.6cm×100.3cm 香港苏富比 2018-03-31

24 尚·米榭·巴斯基亚 1982~83年作 肉体与精神
成交价：RMB 195,690,492
184.2cm×368.3cm；368.3cm×368.3cm 纽约苏富比 2018-05-16

818 尚扬 1998年作 E地风景之十
估　价：RMB 1,200,000~1,800,000
成交价：RMB 1,725,000
81cm×99.5cm 西泠拍卖 2018-07-07

3218 尚扬 1998-1999年作 许多年的大风景-2
估　价：RMB 1,200,000~2,200,000
成交价：RMB 4,600,000
148.5cm×197.5cm 北京保利 2018-12-06

4236 尚扬 1999年作 E地风景-15
估　价：RMB 2,200,000~3,800,000
成交价：RMB 2,530,000
130cm×162cm 北京保利 2018-06-20

1529 邵增虎 2015年作 雪山飘云
估　价：RMB 600,000~680,000
成交价：RMB 770,500
60cm×80cm 广东崇正 2018-07-05

554 沈敬东 2010年作 力量
估　价：HKD 20,000~40,000
成交价：RMB 505,625
140cm×160cm 香港苏富比 2018-04-01

1628 舒群 1993年作 同一性语态系列·一种后先锋主义 3号A
估　价：RMB 1,300,000~1,800,000
成交价：RMB 1,610,000
200cm×160cm 北京匡时 2018-12-06

134 石立峰 渡
估　价：RMB 800,000~1,200,000
成交价：RMB 920,000
150cm×200cm 北京歌德 2018-09-29

14 石冲 2003年作 物语5
估　价：RMB 2,800,000~3,500,000
成交价：RMB 3,220,000
138cm×98cm 北京华辰 2018-11-19

185 松浦浩之 2009年作 橙色牙痛
估　价：HKD 200,000~300,000
成交价：RMB 498,938
162cm×162cm 佳士得 2018-11-25

52 斯图尔特·戴维斯 1928年作 《立普大街》
估　价：USD 6,000,000~8,000,000
成交价：RMB 47,560,651
80.6cm×99.6cm 纽约苏富比 2018-11-12

1890 宋步云 1950年代作 月季花开
估　价：RMB 350,000~550,000
成交价：RMB 2,070,000
66cm×54cm 中国嘉德 2018-06-19

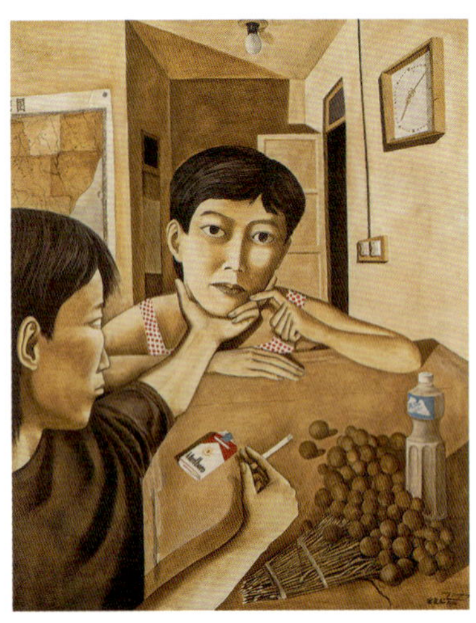

1625 宋永红 1992年作 情人
估　价：RMB 500,000~800,000
成交价：RMB 943,000
100cm×80cm 北京匡时 2018-12-06

1529 苏天赐 1996年 夏日的瓶花
估　价：RMB 800,000~1,200,000
成交价：RMB 3,852,500
72.5cm×49.5cm 中国嘉德 2018-11-21

1876 苏天赐 1962年作 自有春晖满槐
估　价：RMB 800,000~1,200,000
成交价：RMB 5,290,000
66.5cm×55.5cm 中国嘉德 2018-06-19

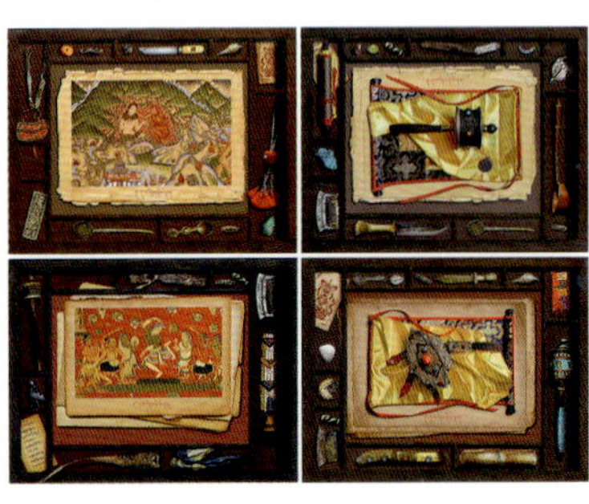

1423 宋宇 2015年作 藏地秘码
估　价：RMB 800,000~1,200,000
成交价：RMB 1,150,000
60cm×80cm 北京翰海 2018-06-30

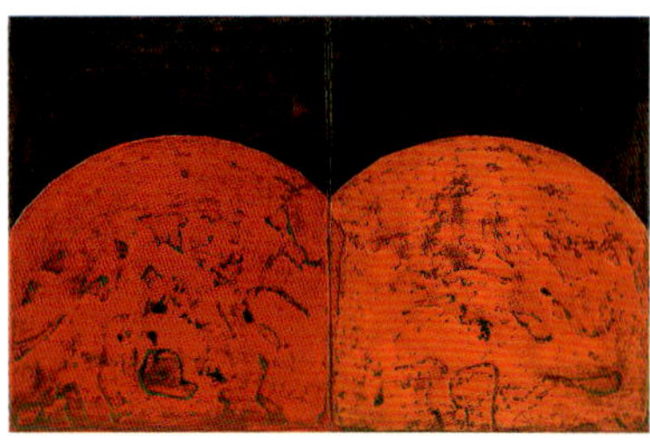

3272 苏笑柏 2008年作 初嫁
估　价：RMB 1,250,000~1,600,000
成交价：RMB 1,437,500
140cm×220cm×5cm 北京保利 2018-12-06

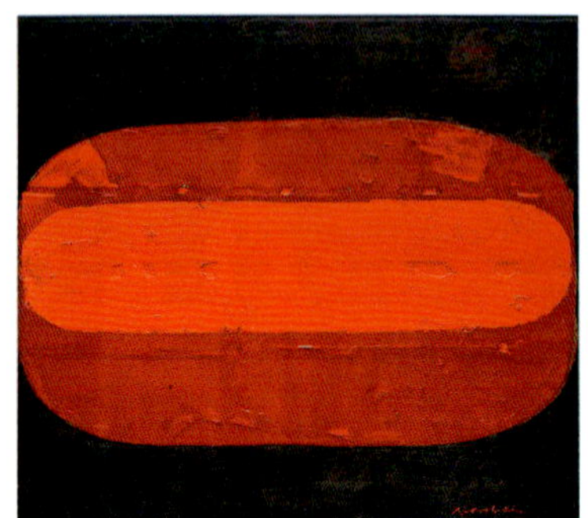

124 苏笑柏 2009年作 胭脂
估　价：HKD 800,000~1,000,000
成交价：RMB 763,696
160cm×180cm 保利香港 2018-03-29

1657 苏新平 2010年作 奔波的人
估　价：RMB 1,200,000~1,300,000
成交价：RMB 1,725,000
150cm×150cm 北京荣宝 2018-12-03

1512 孙多慈 蝶恋花情
估　价：RMB 1,200,000~1,500,000
成交价：RMB 1,380,000
54.5cm×70cm 北京匡时 2018-12-06

842 孙滋溪 孙路 2001年作 天安门前七十年代 天安门前七十年代草图
估　价：RMB 5,000,000~8,000,000
成交价：RMB 5,980,000
155cm×285cm；19cm×59cm 华艺国际 2018-05-23

2022 孙宗慰 1945年作 画室里
估　价：RMB 1,800,000~2,200,000
成交价：RMB 2,070,000
66cm×52cm 北京匡时 2018-06-16

1410 孙宗慰 1941年作 书写
估　价：RMB 800,000~1,200,000
成交价：RMB 977,500
80cm×60cm 北京翰海 2018-06-30

1532 谭华牧 1950年代 木棉
估　价：RMB 250,000~350,000
成交价：RMB 483,000
39cm×49.5cm 中国嘉德 2018-11-21

316 汤垚 秋菊
估　价：RMB 8,000,000~14,000,000
成交价：RMB 17,250,000
190cm×160cm 广东衡益 2018-07-01

1037 藤田嗣治 1935年作 春
估 价：HKD 5,500,000~7,500,000
成交价：RMB 7,429,440
151.5cm×136.5cm 香港苏富比 2018-09-30

1009 藤田嗣治 约1918年作 静物与秋牡丹
估 价：HKD 600,000~1,000,000
成交价：RMB 3,980,280
33cm×24cm 香港苏富比 2018-03-31

1570 童红生 1987年 青年朋友
估 价：RMB 3,800,000~5,800,000
成交价：RMB 11,270,000
120cm×120cm 中国嘉德 2018-11-21

4072 童雁汝南 2013年作 乔代
估 价：RMB 380,000~480,000
成交价：RMB 483,000
41cm×33cm×2 北京保利 2018-06-20

1660 屠洪涛 2010年作 幽深
估 价：RMB 850,000~1,000,000
成交价：RMB 977,500
210cm×270cm 北京匡时 2018-12-06

200 天明屋尚 2005年作 RX-78-2 倾奇者 2005版本
估 价：HKD 500,000~1,000,000
成交价：RMB 761,250
200cm×100cm；200cm×200cm 佳士得 2018-05-27

4 瓦西里·康丁斯基 1939年4月作 《红色的圆》
估 价：USD 18,000,000~25,000,000
成交价：RMB 143,233,466
89cm×116cm 纽约苏富比 2018-11-12

6 瓦西里·康丁斯基 1910年作 《桃花心木上的即兴创作》
估 价：USD 15,000,000~20,000,000
成交价：RMB 168,327,975
63.5cm×100.2cm 纽约苏富比 2018-11-12

21 瓦伦坦·德·博罗奈 算命师、流亡者、鲁特琴师、酒客与小偷
估 价：USD 1,000,000~1,500,000
成交价：RMB 12,585,240
145.7cm×187.6cm 纽约苏富比 2018-02-01

589 汪建伟 1992年作 无题 画框
估 价：HKD 400,000~600,000
成交价：RMB 436,000
163cm×112cm 香港苏富比 2018-10-01

1610 王功新 1985年作 七九河开
估 价：RMB 2,500,000~3,500,000
成交价：RMB 2,875,000
119cm×119cm 北京匡时 2018-12-06

3236 王光乐 2009年作 寿漆091223
估　价：RMB 800,000~1,200,000
成交价：RMB 920,000
116cm×114cm 北京保利 2018-12-06

1629 王广义 1982年作 肖像 No.1，北方艺术群体印章一方
估　价：RMB 3,500,000~4,000,000
成交价：RMB 5,175,000
56.5cm×47cm 北京匡时 2018-12-06

1630 王广义 1986年作 后古典系列—马太福音
估　价：RMB 3,500,000~4,500,000
成交价：RMB 4,600,000
96cm×116cm 北京匡时 2018-12-06

189 王海力 女演员
估　价：RMB 900,000~900,000
成交价：RMB 1,380,000
130cm×90cm 北京翰海 2018-05-13

1664 王劼音 2006年作 花朵
估　价：RMB 150,000~200,000
成交价：RMB 552,000
134cm×99cm 中国嘉德 2018-06-19

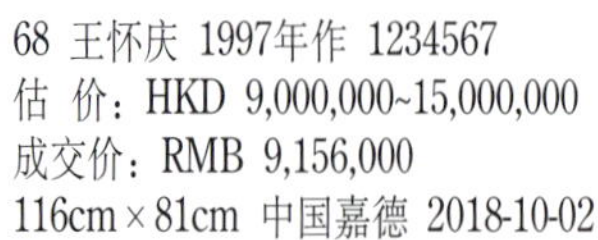

68 王怀庆 1997年作 1234567
估　价：HKD 9,000,000~15,000,000
成交价：RMB 9,156,000
116cm×81cm 中国嘉德 2018-10-02

188 王海力 白玉雪山
估　价：RMB 850,000
成交价：RMB 1,265,000
120cm×90cm 北京翰海 2018-05-13

451 王济远 巴黎蒙马特
估　价：RMB 550,000~650,000
成交价：RMB 632,500
49cm×63cm 上海匡时 2018-04-30

1049 王怀庆 1999年作 玉壶春瓶
估 价：HKD 12,000,000~24,000,000
成交价：RMB 11,746,680
213cm×122cm 香港苏富比 2018-03-31

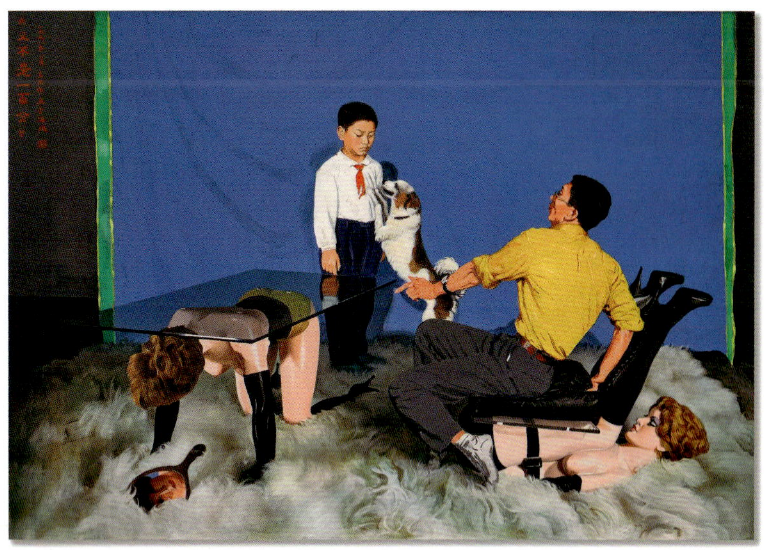

1051 王兴伟 1998年作 又不是一百分
估 价：HKD 2,000,000~3,000,000
成交价：RMB 8,685,120
165cm×240cm 香港苏富比 2018-09-30

1627 王兴伟 2001年作 黄油—漆黑的夜
估 价：RMB 3,500,000~4,500,000
成交价：RMB 4,715,000
200cm×420cm 北京匡时 2018-12-06

1847 王兴伟 2002年作 吃蛋糕
估 价：RMB 1,500,000~2,000,000
成交价：RMB 1,725,000
107.5cm×154cm 中国嘉德 2018-06-19

2021 王如玖 1916年作 肖像
估 价：RMB 800,000~1,200,000
成交价：RMB 897,000
99cm×63.5cm 北京匡时 2018-06-16

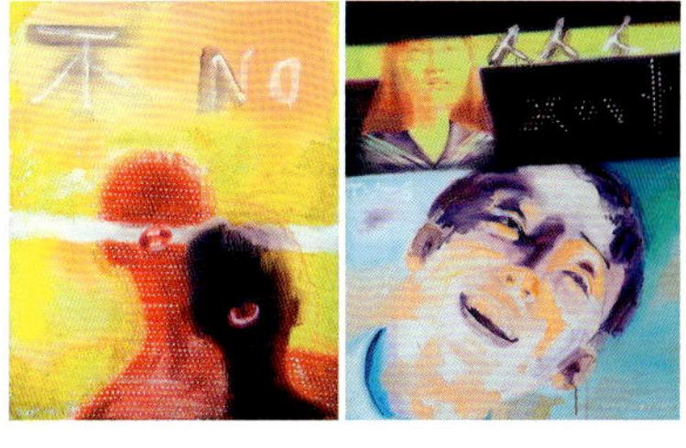

3294 王迈 1999年作 观众橱窗
估 价：RMB 1,600,000~1,800,000
成交价：RMB 2,300,000
160cm×100cm×2 北京保利 2018-12-06

20 王克举 2008年作 秋天的峨庄
估 价：RMB 360,000~460,000
成交价：RMB 437,000
180cm×200cm 北京华辰 2018-11-19

3278 王衍成 2015年作 无题
估 价：RMB 12,000,000~15,000,000
成交价：RMB 21,850,000
190cm×190cm 北京保利 2018-12-06

479 王沂东 1995年作 早春
估 价：HKD 1,500,000~2,500,000
成交价：RMB 4,665,620
98cm×78cm 佳士得 2018-11-25

429 王衍成 2011年作 无题
估 价：HKD 1,500,000~2,500,000
成交价：RMB 1,663,125
150cm×180cm 佳士得 2018-11-25

1694 王易罡 2015抽象作品31号
估 价：RMB 800,000~900,000
成交价：RMB 1,265,000
300cm×240cm 北京荣宝 2018-12-03

4225 王沂东 2004年作 纯真年代
估 价：RMB 8,000,000~12,000,000
成交价：RMB 8,280,000
180cm×180cm 北京保利 2018-06-20

778 王沂东 2018年作 碧桃图
估 价：HKD 800,000~1,600,000
成交价：RMB 2,398,000
60cm×50cm 香港苏富比 2018-10-01

1738 王音 2011年作 加油站No.2
估　价：RMB 550,000~750,000
成交价：RMB 632,500
130cm×162cm 中国嘉德 2018-06-19

1637 王玉琦 2006年作 狗年
估　价：RMB 8,000,000~15,000,000
成交价：RMB 19,550,000
188cm×189cm 北京匡时 2018-12-06

3243 王玉琦 1990-1996年作 悲怆
估　价：RMB 8,000,000~12,000,000
成交价：RMB 8,280,000
114cm×147cm 北京保利 2018-12-06

255 韦嘉 2009年作 你我各留痕Ⅲ
估　价：HKD 450,000~600,000
成交价：RMB 432,163
170cm×229.3cm 保利香港 2018-09-30

1742 韦蓉 1990年作 独自伫立北京街头（双联作）
估　价：RMB 400,000~600,000
成交价：RMB 1,265,000
131cm×97.5cm×2 中国嘉德 2018-06-19

1638 卫天霖 1965年作 荔枝
估　价：RMB 400,000~600,000
成交价：RMB 460,000
46cm×53cm 中国嘉德 2018-06-19

1624 魏东 2004年作 我的艳阳天
估　价：RMB 650,000~850,000
成交价：RMB 1,035,000
157cm×97cm 北京匡时 2018-12-06

1536 魏巨川 中国制造·工业2.0Ⅵ
估　价：RMB 350,000~380,000
成交价：RMB 402,500
120cm×100cm 广东崇正 2018-07-05

14 翁贝托·波丘尼 1912年作 头部、光线与气氛
估　价：GBP 5,500,000~7,500,000
成交价：RMB 79,726,179
60cm×60cm 伦敦苏富比 2018-02-28

1021 沃尔特·史毕斯 1938年作 山脉与池塘
成交价：RMB 20,483,880
$71\,^{1}/_{2}$cm×$59\,^{1}/_{2}$cm 香港苏富比 2018-03-31

1870 吴大羽 1980年代作 采韵-20
估　价：RMB 5,800,000~6,800,000
成交价：RMB 6,670,000
54.5cm×39cm 中国嘉德 2018-06-19

1526 吴大羽 1980年代 黄色谱韵
估　价：RMB 8,500,000~12,000,000
成交价：RMB 12,880,000
54.5cm×39.5cm 中国嘉德 2018-11-21

1029 吴大羽 无题28
估 价：HKD 6,000,000~10,000,000
成交价：RMB 9,805,080
53cm×37.8cm 香港苏富比 2018-03-31

4202 吴冠中 1960年作 花卉
估 价：RMB 8,000,000~12,000,000
成交价：RMB 9,200,000
61cm×46cm 北京保利 2018-06-20

3203 吴冠中 1994年作 双燕
成交价：RMB 112,700,000
69cm×140cm 北京保利 2018-12-06

821 吴冠中 1978年作 西双版纳榕树
估 价：RMB 22,000,000~32,000,000
成交价：RMB 29,900,000
65.5cm×75cm 华艺国际 2018-11-16

1878 吴冠中 1975年作 紫竹院风景
估 价：RMB 6,800,000~8,800,000
成交价：RMB 9,200,000
61cm×54.5cm 中国嘉德 2018-06-19

4203 吴冠中 1975年作 漓江新篁
估　价：RMB 25,000,000~35,000,000
成交价：RMB 74,175,000
77cm × 96cm 北京保利 2018-06-20

4200 吴冠中 1994年作 老家北渠村
估　价：RMB 4,800,000~6,800,000
成交价：RMB 15,525,000
45cm × 60cm 北京保利 2018-06-20

4201 吴冠中 1973年作 紫竹院儿童游乐园
估　价：RMB 7,000,000~9,000,000
成交价：RMB 16,675,000
58cm × 50cm 北京保利 2018-06-20

1030 吴冠中 1964年作 山村晴雪 I
估　价：HKD 7,000,000~15,000,000
成交价：RMB 19,986,240
61.2cm × 46cm 香港苏富比 2018-09-30

1501 吴冠中 1975年 故宫白皮松
成交价：RMB 28,750,000
72.5cm × 54cm 中国嘉德 2018-11-21

1538 吴作人 1934年 比利时画室
估　价：RMB 1,800,000~2,800,000
成交价：RMB 2,070,000
66cm × 77cm 中国嘉德 2018-11-21

2024 吴作人 1933年作 女人体
估 价：RMB 1,800,000~2,800,000
成交价：RMB 2,185,000
47.5cm×38cm 北京匡时 2018-06-16

812 吴作人 20世纪30年代作 坐女人体
估 价：RMB 5,800,000~7,800,000
成交价：RMB 8,625,000
130cm×90cm 西泠拍卖 2018-07-07

459 伍步云 1950年 看连环画
估 价：RMB 580,000~680,000
成交价：RMB 667,000
50cm×90cm 上海匡时 2018-04-30

314 武高谈 1966年作 母爱
估 价：HKD 240,000~320,000
成交价：RMB 1,053,313
80.5cm×65.5cm 佳士得 2018-11-25

306 武高谈 1961年作 白马
估 价：HKD 160,000~260,000
成交价：RMB 558,250
52cm×63.5cm 佳士得 2018-05-27

28 席德进 1961年作 珍妮特肖像
估 价：HKD 1,500,000~2,000,000
成交价：RMB 3,686,480
99.5cm×72.5cm 佳士得 2018-05-26

409 席德进 1957年作 秋林群鹿
估 价：HKD 1,000,000~1,500,000
成交价：RMB 3,199,280
51cm×63cm 佳士得 2018-05-27

1792 夏小万 1997年作 基督
估 价：RMB 300,000~500,000
成交价：RMB 667,000
125.5cm×160.5cm 中国嘉德 2018-06-19

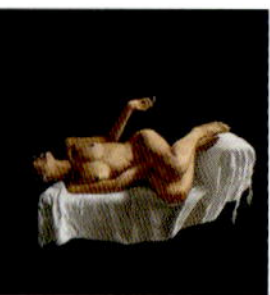

1791 夏星 1994年作 入月同喜（三联作）
估　价：RMB 200,000~300,000
成交价：RMB 632,500
136.5cm × 136.5cm × 2；152cm × 86cm 中国嘉德 2018-06-19

1027 萧勤 1964年作 冥想的能量
估　价：HKD 800,000~1,200,000
成交价：RMB 6,116,040
160cm × 130cm 香港苏富比 2018-03-31

1023 萧勤 1965年作 宇宙之放射3
估　价：HKD 700,000~1,500,000
成交价：RMB 4,499,520
100cm × 140cm 香港苏富比 2018-09-30

313 谢楚余 人物
估　价：RMB 600,000~1,000,000
成交价：RMB 1,380,000
100cm × 80cm 广东衡益 2018-07-01

1693 忻东旺 2006年作 安逸者
估　价：RMB 200,000~300,000
成交价：RMB 402,500
100cm × 80.5cm 中国嘉德 2018-06-19

811 徐悲鸿 1928年作 杨仲子全家福
估　价：RMB 3,500,000~5,500,000
成交价：RMB 19,320,000
59.5cm × 79.5cm 西泠拍卖 2018-07-07

4212 徐悲鸿 1940年作 喜马拉雅山全景
估　价：RMB 18,000,000~28,000,000
成交价：RMB 20,700,000
37cm × 93.5cm 北京保利 2018-06-20

1665 徐里 2011年作 碧水家园
估 价：RMB 800,000~900,000
成交价：RMB 2,070,000
80cm×120cm 北京荣宝 2018-12-03

1861 徐青峰 2012年作 吐鲁番的葡萄熟了
估 价：RMB 1,800,000~2,500,000
成交价：RMB 2,070,000
120cm×120cm 中国嘉德 2018-06-19

520 徐震 2014年作 天下－2232MT3151
估 价：HKD 600,000~800,000
成交价：RMB 606,750
180cm×15cm×130cm 香港苏富比 2018-04-01

1705 徐里 2015年作 曲涧
估 价：RMB 900,000~1,200,000
成交价：RMB 1,610,000
90cm×120cm 中国嘉德 2018-06-19

48 雅各布布布·奥克特维尔特 牡蛎餐
估 价：GBP 1,500,000~2,500,000
成交价：RMB 16,513,080
53.5cm×44.5cm 伦敦苏富比 2018-07-04

12 亚力瑟·冯·亚尔伦斯基 约1912年作 《蓝帽子》
估 价：USD 6,000,000~8,000,000
成交价：RMB 41,676,000
65cm×53.5cm 纽约苏富比 2018-11-12

18 亚美迪欧·莫迪瑞安尼 1917年作 《向左侧卧的裸女》
成交价：RMB 1,001,417,148
89.5cm×146.7cm 纽约苏富比 2018-05-14

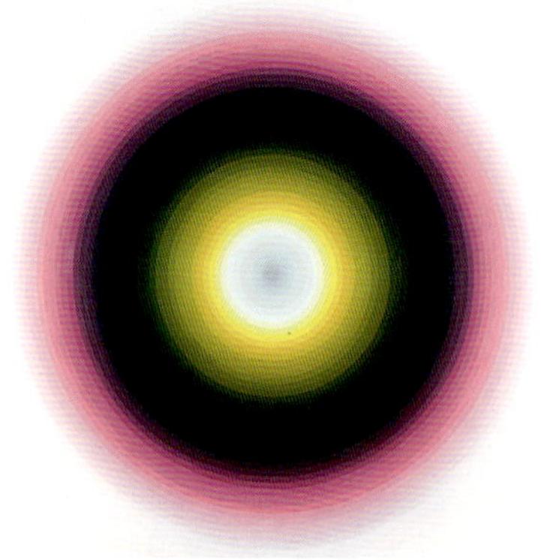

3287 颜磊 2006年作 彩轮
估 价：RMB 450,000~650,000
成交价：RMB 517,500
180cm×180cm 北京保利 2018-12-06

2117 闫平 2008年作 春天来了
估 价：RMB 1,000,000~1,200,000
成交价：RMB 1,265,000
160cm×180cm 北京匡时 2018-06-16

2005 颜文梁 1940年代 秋诗篇篇
估 价：RMB 1,500,000~2,000,000
成交价：RMB 1,840,000
23.5cm×32.5cm 北京匡时 2018-06-16

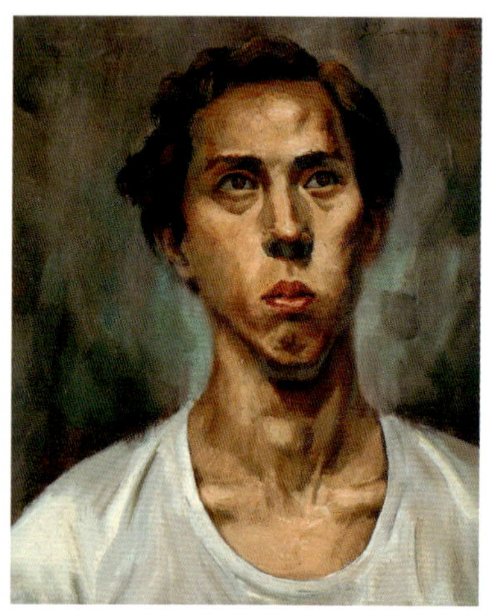

1892 杨立光 1939年作 穿圆领衫的青年
估 价：RMB 500,000~700,000
成交价：RMB 575,000
47cm×38.5cm 中国嘉德 2018-06-19

1017 颜文梁 1947年作 夕阳艳雪图
估 价：HKD 4,000,000~6,000,000
成交价：RMB 3,883,200
68cm×105cm 香港苏富比 2018-03-31

4052 闫平 2008年作 秋天
估 价：RMB 600,000~800,000
成交价：RMB 851,000
140cm×160cm 北京保利 2018-06-20

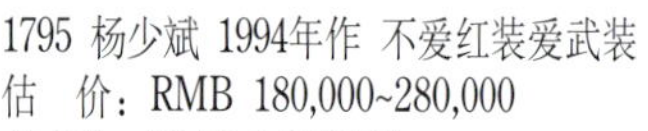

1795 杨少斌 1994年作 不爱红装爱武装
估 价：RMB 180,000~280,000
成交价：RMB 1,035,000
150cm×130cm 中国嘉德 2018-06-19

4061 杨飞云 2007～2008年作 青春
估　价：RMB 2,500,000~3,500,000
成交价：RMB 2,875,000
185cm×115cm 北京保利 2018-06-20

428 杨识宏 1986-1987年作 陷阱
估　价：HKD 250,000~450,000
成交价：RMB 498,938
249cm×197.8cm 佳士得 2018-11-25

211 杨识宏 2012年作 倏忽
估　价：HKD 350,000~550,000
成交价：RMB 411,584
111.7cm×160.8cm 保利香港 2018-09-30

220 叶永青 2007年作 画鸟
估　价：HKD 800,000~1,000,000
成交价：RMB 823,168
150.3cm×200cm 保利香港 2018-09-30

45 杨·韦南茨 亚德里安·凡·德·维尔德 树林暮景，见猎人与狗，另一位骑在马上的猎人和农民交谈，路上见渔民及手持猎鹰的养猎鹰者，远眺马车与湖边的人
估　价：USD 2,000,000~3,000,000
成交价：RMB 11,804,760
152 cm×191.1cm 纽约苏富比 2018-02-01

264 叶子奇 2017-2018年作 乌来瀑布
估　价：NTD 4,400,000~6,000,000
成交价：RMB 971,280
102cm×152.5cm 罗芙奥 2018-06-03

4 佚名 勃艮第的玛丽（1458-1482）年侧面像
估 价：GBP 1,000,000~1,500,000
成交价：RMB 17,539,800
47.5cm×35cm 伦敦苏富比 2018-07-04

2904 尹朝阳 2013年作 石崖
估 价：RMB 1,000,000~1,500,000
成交价：RMB 1,265,000
150cm×260cm 中贸圣佳 2018-11-24

143 由金 2015年作 悄悄话
估 价：HKD 280,000~480,000
成交价：RMB 558,250
150cm×200cm 佳士得 2018-05-27

1064 尹亨根 1979～1986年作 UMBER-BLUE
估 价：HKD 800,000~1,200,000
成交价：RMB 1,112,375
130.5cm×80cm 香港苏富比 2018-03-31

1567 尤劲东 1981年 人到中年 （一组七十三幅）
估 价：RMB 4,800,000~6,800,000
成交价：RMB 5,520,000
尺寸不一 中国嘉德 2018-11-21

1881 余本 1957年作 田间归来
估 价：RMB 2,200,000~3,200,000
成交价：RMB 2,875,000
76.5cm×64cm 中国嘉德 2018-06-19

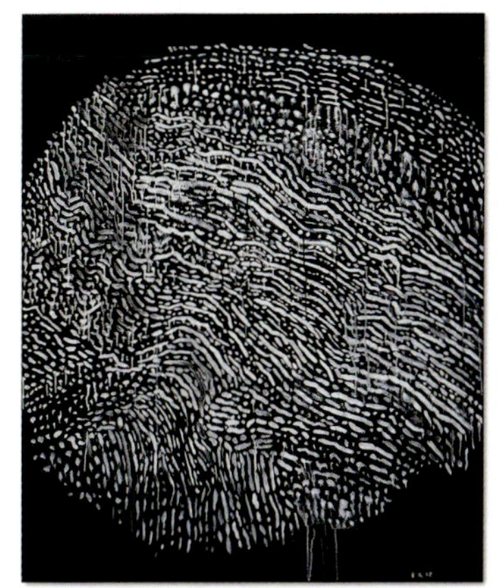

1087 余友涵 1988年作 无题
估 价：HKD 4,500,000~6,500,000
成交价：RMB 8,685,120
156cm×129cm 香港苏富比 2018-09-30

1448 喻红 2002年 日常生活——我在脱衣
估 价：RMB 1,000,000~1,500,000
成交价：RMB 1,150,000
177.5cm×151cm 中国嘉德 2018-11-21

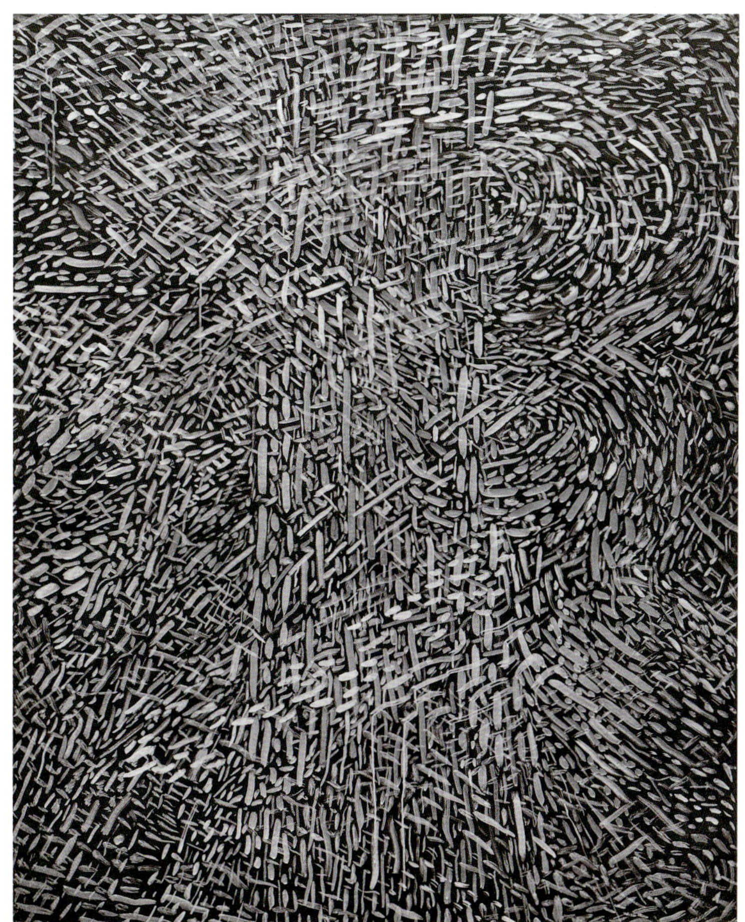

1074 余友涵 1988年作 抽象1988-1
估 价：HKD 3,000,000~5,000,000
成交价：RMB 12,717,480
160.6cm×132cm 香港苏富比 2018-03-31

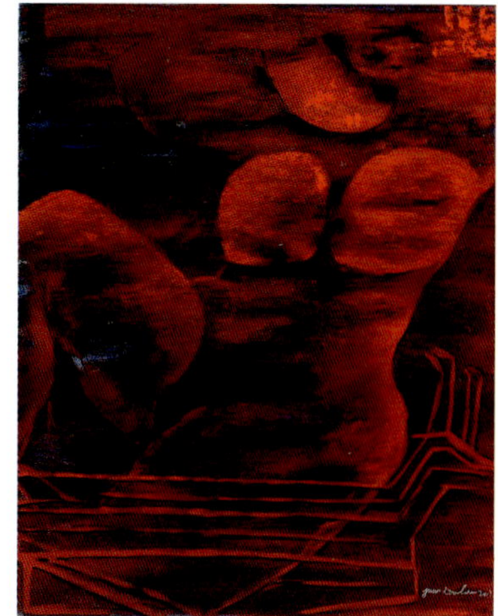

1776 袁小楼 2017年作 奔月系列之三
估 价：RMB 120,000~180,000
成交价：RMB 632,500
100.5cm×80cm 中国嘉德 2018-06-19

1616 袁晓舫 1995年作 战隼—飞行计划
估 价：RMB 600,000~900,000
成交价：RMB 828,000
153cm×228cm 北京匡时 2018-12-06

37 袁远 2015年作 黄金时代
估　价：HKD 900,000~1,200,000
成交价：RMB 1,663,125
170cm×200cm 佳士得 2018-11-24

51 袁远 2015年作 彼岸 3
估　价：HKD 900,000~1,200,000
成交价：RMB 1,827,000
230cm×180cm 佳士得 2018-05-26

4232 岳敏君 1995年作 音乐
估　价：RMB 6,500,000~10,000,000
成交价：RMB 11,270,000
140cm×140cm 北京保利 2018-06-20

21 约瑟夫·马洛德·威廉·泰纳 沃尔顿桥
估　价：GBP 3,000,000~5,000,000
成交价：RMB 28,833,720
92.7cm×123.8cm 伦敦苏富比 2018-07-04

1802 岳敏君 1992年作 时代戏剧
估　价：RMB 4,000,000~6,000,000
成交价：RMB 16,100,000
191cm×200cm 中国嘉德 2018-06-19

1578 曾梵志 1992年 肉系列之三：献血过量
估　价：RMB 25,000,000~35,000,000
成交价：RMB 35,650,000
179.5cm × 167cm 中国嘉德 2018-11-21

1841 曾梵志 1994年作 面具系列第十七号
估　价：RMB 12,000,000~18,000,000
成交价：RMB 13,800,000
178.5cm × 149.5cm 中国嘉德 2018-06-19

3226 曾梵志 1999年作 面具
估　价：RMB 25,000,000~35,000,000
成交价：RMB 28,750,000
222cm × 330cm 北京保利 2018-12-06

1072 曾梵志 1992年作 肉
估　价：HKD 10,000,000~15,000,000
成交价：RMB 10,045,440
130cm × 95cm 香港苏富比 2018-09-30

2086 曾梵志 2008年作 无题
估 价：RMB 8,500,000~12,000,000
成交价：RMB 12,650,000
180cm×280cm 北京匡时 2018-06-16

1020 张淑芬 A. 秋梦 B. 烟帛澄心 C. 墨毫婆娑
估 价：HKD 350,000~550,000
成交价：RMB 1,853,000
a.72.8cm×60.5cm；b.98cm×185.5cm；c.146.5cm×107cm 香港苏富比 2018-09-30

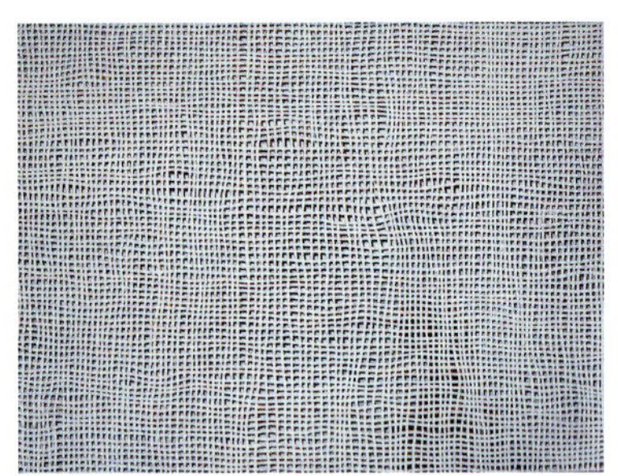

164 张慧 2012年作 霓虹灯（无题2）
估 价：HKD 150,000~250,000
成交价：RMB 421,325
191cm×259.5cm 佳士得 2018-11-25

532 张利 摇经纶的信徒
估 价：RMB 1,200,000~1,500,000
成交价：RMB 1,380,000
115cm×100cm 中贸圣佳 2018-06-20

133 张向明 北京女孩-小青
估 价：RMB 300,000~400,000
成交价：RMB 420,000
180cm×150cm 北京歌德 2018-09-29

35 张荔英 约1960年代作 静物与红毛丹，山竹果和菠萝
估 价：HKD 2,000,000~3,000,000
成交价：RMB 3,491,600
54cm×65cm 佳士得 2018-05-26

1576 张晓刚 1989年 山丘与生灵
估 价：RMB 5,200,000~6,200,000
成交价：RMB 5,980,000
91cm×73cm 中国嘉德 2018-11-21

1839 张晓刚 1996年作 血缘：大家庭1号
估　价：RMB 30,000,000~50,000,000
成交价：RMB 40,250,000
149cm × 189.5cm 中国嘉德 2018-06-19

3276 张焰 1995年作 神舞
估　价：RMB 8,000,000~15,000,000
成交价：RMB 20,700,000
170cm × 195cm 北京保利 2018-12-06

1075 张晓刚 1997年作 血缘：大家庭1号 1997
估　价：HKD 9,000,000~12,000,000
成交价：RMB 11,091,840
100cm × 130cm 香港苏富比 2018-09-30

1577 张晓刚 1995年 血缘——大家庭：全家福
估　价：RMB 16,000,000~26,000,000
成交价：RMB 23,000,000
100cm × 130cm 中国嘉德 2018-11-21

322 张延昭 西行漫记之三
估　价：RMB 250,000~500,000
成交价：RMB 437,000
60cm × 60cm 广东衡益 2018-07-01

1004 赵无极 1985年作 1985年6月至10月
成交价：RMB 445,043,512
280cm×1000cm 香港苏富比 2018-09-30

164 赵无极 1956-1957年作 大地无形
估　价：HKD 90,000,000~150,000,000
成交价：RMB 147,966,100
200.4cm×162.3cm 保利香港 2018-03-29

1569 赵半狄 1989年 削苹果的女孩
估　价：RMB 7,000,000~9,000,000
成交价：RMB 11,040,000
200cm×115cm 中国嘉德 2018-11-21

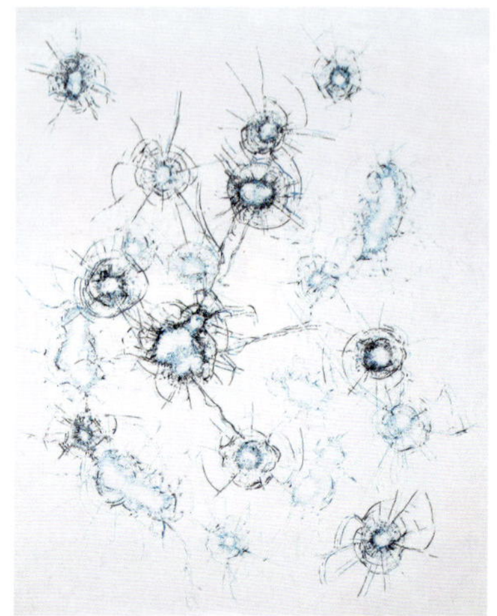

77 赵赵 2017年作 星空
估　价：HKD 250,000~450,000
成交价：RMB 637,955
200cm×160cm 中国嘉德 2018-10-02

400 赵春翔 1962年作 抽象
估　价：HKD 780,000~900,000
成交价：RMB 812,000
142.5cm×177.8cm 佳士得 2018-05-27

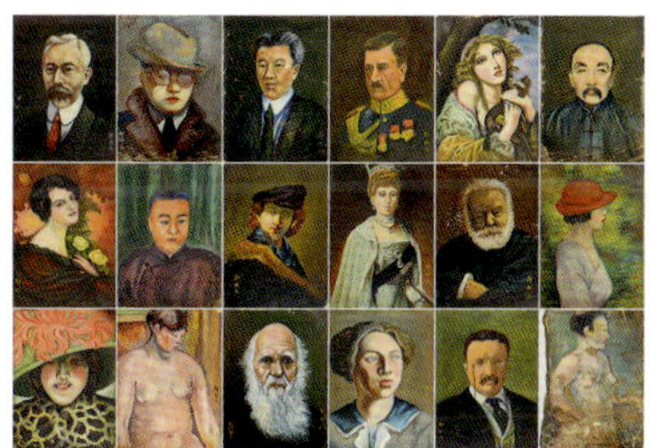

351 郑慕康 人物习作 （十八幅） 镜片
估 价：RMB 580,000~580,000
成交价：RMB 667,000
朵云轩 2018-04-22

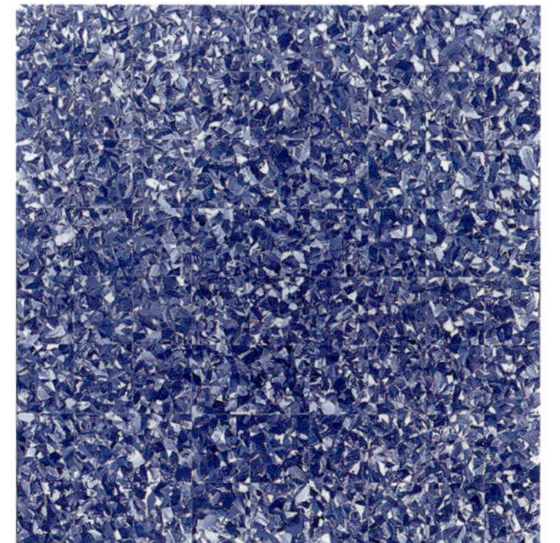

1071 郑相和 1987年作 无题 87-12-17
估 价：HKD 2,000,000~3,000,000
成交价：RMB 2,022,500
130cm×130cm 香港苏富比 2018-03-31

1534 郑野夫 1950年作 鲁迅与青年木刻家
估 价：RMB 550,000~750,000
成交价：RMB 690,000
105cm×144.5cm 北京匡时 2018-12-06

177 郑英胄 2018年作 消失的风景 305
估 价：HKD 60,000~100,000
成交价：RMB 558,250
130.3cm×162cm 佳士得 2018-05-27

349 钟泗宾 1981年作 榴莲卖者
估 价：HKD 1,200,000~1,800,000
成交价：RMB 4,173,680
107cm×85cm 佳士得 2018-05-27

118 冢本智也 2018年作 不期而遇
估 价：HKD 350,000~550,000
成交价：RMB 831,563
130cm×162cm 佳士得 2018-11-25

36 钟泗宾 1981年作 峇里岛女士
估 价：HKD 1,000,000~1,800,000
成交价：RMB 1,218,000
91.5cm×61.5cm 佳士得 2018-05-26

513 周铁海 2009年作 花果图
估 价：RMB 500,000~650,000
成交价：RMB 575,000
200cm×120cm 中贸圣佳 2018-06-20

1573 周春芽 1993年 中国风景
估　价：RMB 15,000,000~20,000,000
成交价：RMB 42,550,000
194cm×130.5cm 中国嘉德 2018-11-21

1836 周春芽 1992年作 山石图
估　价：RMB 9,000,000~12,000,000
成交价：RMB 43,700,000
149.5cm×129cm 中国嘉德 2018-06-19

4227 周春芽 2015年作 晚樱与桃花
估　价：RMB 7,500,000~9,500,000
成交价：RMB 13,800,000
200cm×400cm 北京保利 2018-06-20

2082 周春芽 2001年作 绿狗2001A
估　价：RMB 8,000,000~12,000,000
成交价：RMB 16,100,000
250cm×200cm 北京匡时 2018-06-16

1009 朱德群 1967-1968年作 第268号构图
估 价：HKD 50,000,000~70,000,000
成交价：RMB 66,015,632
150.2cm×300.5cm 香港苏富比 2018-09-30

2 朱莉·梅赫雷图 2017年作 召唤的部分（德累斯顿）
估 价：USD 1,000,000~1,500,000
成交价：RMB 21,505,500
213.4cm×243.8cm 纽约苏富比 2018-05-16

1035 朱德群 1959年作 红肥绿瘦
估 价：HKD 50,000,000~60,000,000
成交价：RMB 49,797,591
87cm×116cm 香港苏富比 2018-03-31

1021 朱新建 花开花落
估 价：RMB 400,000~500,000
成交价：RMB 621,000
99cm×79cm 南京经典 2018-07-22

27 朱德群 1961年作 第81号
估 价：HKD 35,000,000~45,000,000
成交价：RMB 31,140,200
162cm×130cm 佳士得 2018-05-26

303 朱曜奎 沧浪山水 镜框
估 价：RMB 6,000,000~8,000,000
成交价：RMB 11,220,000
100cm×220cm 未来四方 2018-12-09

175 朱沅芷 1932年作 旋转木马；日光浴者；及现代公寓
估　价：HKD 25,000,000~35,000,000
成交价：RMB 23,865,500
49.5cm×35.9cm；52.5cm×45.3cm；49.9cm×35.7cm 保利香港 2018-03-29

29 朱沅芷 约1930-1940年代作 欢乐节庆的百老汇
估　价：HKD 30,000,000~40,000,000
成交价：RMB 47,583,200
121cm×101cm 佳士得 2018-05-26

1499 朱沅芷 1939年 马上舞旋 （一组两件）
估　价：RMB 12,000,000~18,000,000
成交价：RMB 26,680,000
120cm×100cm；28cm×21cm
中国嘉德 2018-11-21

雕 塑

592 KAWS 2011~2016年作 同伴（穿越）
估　价：HKD 2,000,000~3,000,000
成交价：RMB 3,494,880
122cm×48cm×76cm 香港苏富比 2018-04-01

1061 KAWS 2013年作 同伴（安息之地）
估 价：HKD 2,000,000~3,000,000
成交价：RMB 5,859,840
160cm×203cm×153.6cm
香港苏富比 2018-09-30

44 阿里斯蒂德·马约尔 克劳德·德彪西纪念碑
估 价：USD 1,000,000~1,500,000
成交价：RMB 16,721,360
高91.3cm；长74.5cm；宽38.6cm 纽约佳士得 2018-05-08

10 安东尼·葛姆雷 1997年作 北方天使
估 价：GBP 1,500,000~2,000,000
成交价：RMB 25,144,674
96.5cm×262.9cm×20.3cm
伦敦苏富比 2018-03-07

1077 安东尼·葛姆雷 2015年作 横筑 6-10
估 价：HKD 12,400,000~18,400,000
成交价：RMB 15,800,640
香港苏富比 2018-09-30

4 阿尔伯托·贾柯梅蒂 女子、男子及小鸟吊灯
估 价：GBP 6,000,000~8,000,000
成交价：RMB 66,825,096
直径 125cm；高（分支）60.4cm 伦敦苏富比 2018-02-28

53 安托万·佩夫斯纳 约1939年作孤品 平面上的两个圆锥体
估 价：GBP 400,000~700,000
成交价：RMB 6,933,113
39.9cm×63.5cm×37.5cm
伦敦佳士得 2018-02-27

61 奥古斯特·罗丹 《吻，第一缩小版》
估　价：USD 1,000,000~1,500,000
成交价：RMB 13,440,510
71.4cm 纽约苏富比 2018-11-12

13 芭芭拉·赫普沃斯 《人类家庭：青春》
估　价：USD 2,500,000~3,500,000
成交价：RMB 16,917,660
高203.8cm 纽约苏富比 2018-05-14

32 芭芭拉·赫普沃斯 《庭园雕塑（子午线模型）》
估　价：USD 1,000,000~1,500,000
成交价：RMB 19,275,150
高162.6cm 纽约苏富比 2018-11-12

70 白南准 1993年作 亚历山大大帝
估　价：HKD 4,000,000~6,000,000
成交价：RMB 3,686,480
280cm×135cm×230cm
佳士得 2018-05-26

3825 板尾新次郎 明治时代 铁自在鹰连座屏
估　价：HKD 5,500,000~7,000,000
成交价：RMB 5,942,900
长49.2cm 佳士得 2018-11-27

1062 草间弥生 2009年作 午夜盛放的花朵
估　价：HKD 6,000,000~8,000,000
成交价：RMB 7,952,640
190cm×310cm×175cm
香港苏富比 2018-09-30

48 亨利·摩尔 《躺卧人像连底座》
估　价：USD 1,200,000~1,800,000
成交价：RMB 9,689,670
高127.9cm 纽约苏富比 2018-11-12

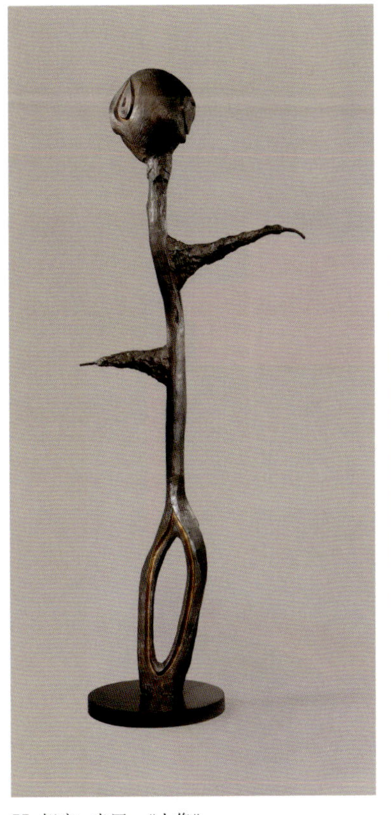

55 胡安·米罗 《人像》
估　价：USD 800,000~1,200,000
成交价：RMB 5,938,830
206.3cm 纽约苏富比 2018-11-12

46 李真 2005年作 黄金雨
估　价：HKD 2,200,000~2,800,000
成交价：RMB 8,071,280
157cm×84cm×87cm 佳士得 2018-05-26

170 李真 2000-2007年作 经典套组作品：雪峰仙踪、乘云气、黄金雨、天界山水、烟云供养 （一组共六件）
估　价：HKD 1,400,000~2,600,000
成交价：RMB 2,434,281
158.5cm×40cm×57cm 保利香港 2018-03-29

40 林布兰·布加迪 《两只长颈鹿》
估　价：USD 1,500,000~2,000,000
成交价：RMB 12,606,990
高60cm 纽约苏富比 2018-11-12

15 林恩·乍得维克 行走人像一对-欢庆日 1977
估　价：GBP 600,000~800,000
成交价：RMB 22,167,501
女子人像高200cm；男子人像高198cm
伦敦苏富比 2018-02-28

22 卢齐欧·封塔纳 1948年作 持花女子像
估　价：GBP 1,500,000~2,000,000
成交价：RMB 15,901,110
242cm×116.5cm×90cm
伦敦苏富比 2018-03-07

1086 罗伊·李奇登斯坦 1984年作 对话
估　价：HKD 16,000,000~24,000,000
成交价：RMB 13,202,880
123.2cm×104.1cm×29.8cm
香港苏富比 2018-03-31

4216 刘开渠 1958年作 人民英雄纪念碑浮雕 （一组八件）
估　价：RMB 25,000,000~35,000,000
成交价：RMB 31,050,000
尺寸不一 北京保利 2018-06-20

113 奈良美智 2003年作 I Think, Therefore I Am... A Dog
估　价：HKD 700,000~900,000
成交价：RMB 1,218,000
狗52cm×38cm×64cm；楼梯平台38cm×131cm×93cm；钢杆66cm；链长170cm；骨头5.5cm×17cm×8.5cm
佳士得 2018-05-27

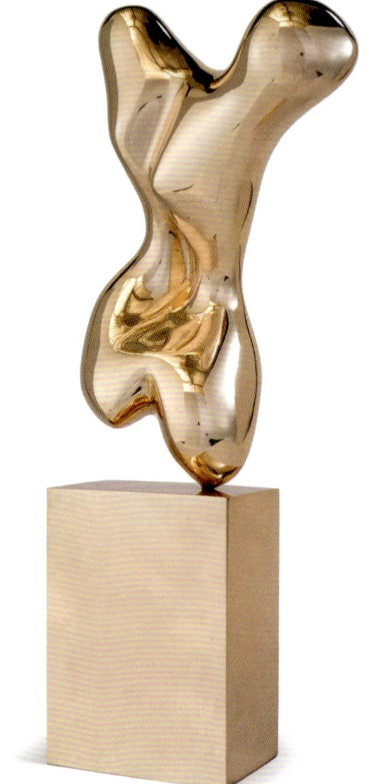

34 让·阿尔普 《躯干》
估　价：USD 2,000,000~3,000,000
成交价：RMB 15,941,070
高97.1cm（连底座） 纽约苏富比 2018-11-12

12 让·阿尔普 《托勒密二世》
估　价：USD 1,500,000~2,000,000
成交价：RMB 14,241,420
高101cm 纽约苏富比 2018-05-14

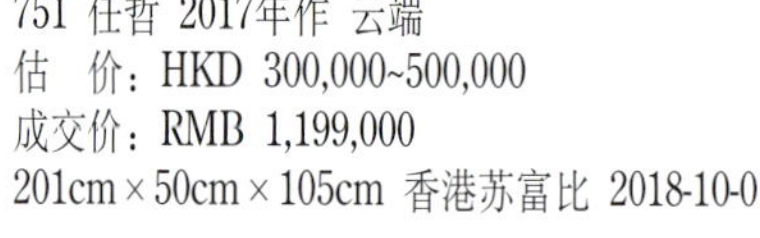

751 任哲 2017年作 云端
估　价：HKD 300,000~500,000
成交价：RMB 1,199,000
201cm×50cm×105cm 香港苏富比 2018-10-01

30 唐纳德·贾德 1973年作 无题（DSS 319）
估　价：USD 1,000,000~1,500,000
成交价：RMB 11,326,230
25.7cm×183.2cm×67.3cm
纽约苏富比 2018-05-16

30 托马斯·舒特 1995年作 小鬼魂
估　价：GBP 350,000~450,000
成交价：RMB 3,559,950
左方雕塑44.2cm×19.7cm×25.4cm；
中央雕塑48.2cm×22.2cm×13.5cm；
右方雕塑45.7cm×22.2cm×23.4cm
伦敦苏富比 2018-03-07

2094 向京 2007年作 彩虹I
估　价：RMB 550,000~650,000
成交价：RMB 690,000
58cm×46cm×80cm 北京匡时 2018-06-16

160 熊秉明 2001年作 小归途
估　价：HKD 250,000~350,000
成交价：RMB 572,772
50cm×9.5cm×42cm 保利香港 2018-03-29

39 雪莉·勒文 2006年作 驯鹿头骨
估　价：GBP 400,000~600,000
成交价：RMB 4,298,310
160cm×88.9cm×59.8cm
伦敦苏富比 2018-03-07

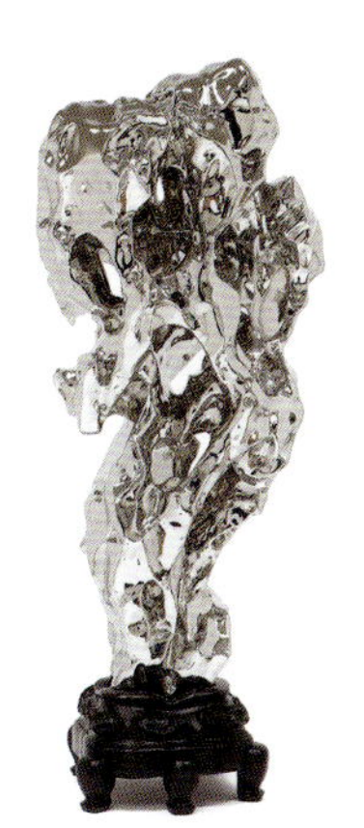

8011 展望 2006年作 假山石 第94号
估　价：HKD 1,000,000~1,800,000
成交价：RMB 1,552,250
sculpture105cm×51cm×33cm；
stand16cm×29cm×28cm 佳士得 2018-11-26

29 雅各布·理普希茨 《小丑与手风琴》
估　价：USD 600,000~800,000
成交价：RMB 4,688,550
高65.4cm 纽约苏富比 2018-11-12

3 亚历山大·亚齐宾克 《行走》
估　价：USD 200,000~300,000
成交价：RMB 5,105,310
高71.5cm 纽约苏富比 2018-11-12

198 展望 2008年作 假山石 第四十三号
估　价：HKD 1,200,000~2,000,000
成交价：RMB 1,956,971
237cm × 140.5cm × 396cm
保利香港 2018-03-29

1051 朱铭 1999年作 太极系列：单鞭下势
估　价：HKD 12,000,000~18,000,000
成交价：RMB 11,746,680
185.5cm × 94cm × 123cm 香港苏富比 2018-03-31

装 置

1753 谷文达 2017年作 天象·芒种
估　价：RMB 400,000~600,000
成交价：RMB 1,058,000
80cm × 50cm × 70cm；重0.5吨
中国嘉德 2018-06-19

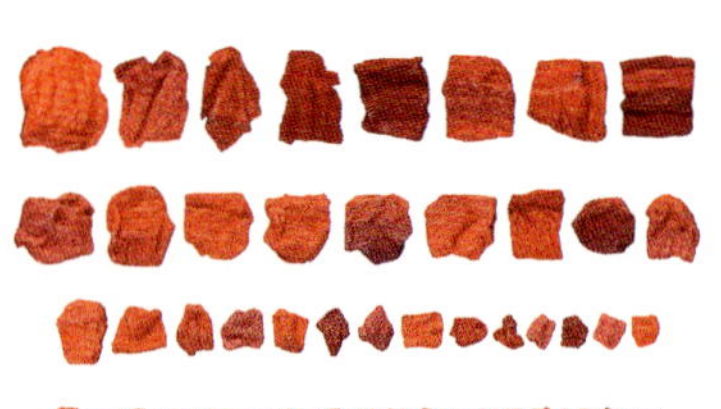

121 李绫瑄 2011年作 归属系列1–A部分 （共五十二件）
估　价：HKD 200,000~300,000
成交价：RMB 421,325
尺寸不一；33cm × 652cm 佳士得 2018-11-25

摄 影

61 辛迪·雪曼 1980年作 无题，电影剧照#57
估　价：GBP 200,000~300,000
成交价：RMB 1,977,750
69.2cm × 102.2cm 伦敦苏富比 2018-03-07

46 理查德德·普林斯 1999年作 无题（牛仔）
估　价：GBP 700,000~900,000
成交价：RMB 9,044,910
图像 125.1cm × 202cm
伦敦苏富比 2018-03-07

综合媒材

115 KAWS 2007年作 同伴（灰色）
估 价：HKD 450,000~650,000
成交价：RMB 463,032
128cm×58cm×37cm 中国嘉德 2018-10-02

29 白南准 2001年作 Baby Buddha
估 价：HKD 3,000,000~4,000,000
成交价：RMB 2,962,580
192cm×146.5cm×50.2cm 佳士得 2018-11-24

28 阿美迪奥·莫迪里亚尼 1916-1917年作 女人画像—芮妮
估 价：NTD 18,000,000~24,000,000
成交价：RMB 5,495,400
51cm×30cm 罗芙奥 2018-06-02

16 彼得·哈雷 黄色区域与三条信道
估 价：GBP 250,000~350,000
成交价：RMB 4,509,270
195.6cm×195.6cm 伦敦苏富比 2018-03-07

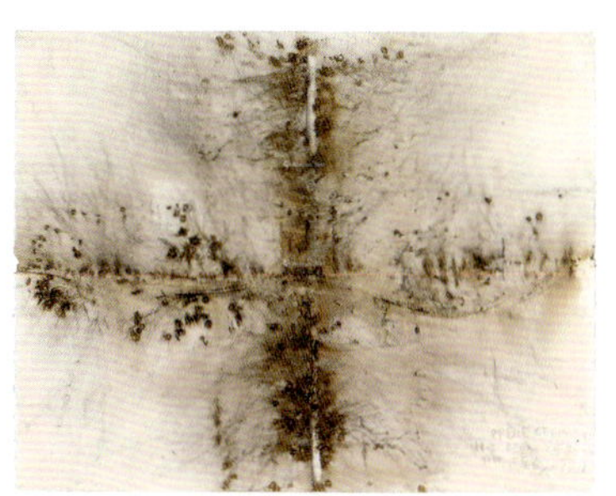

533 蔡国强 1990年作 胎动：为外星人做的计划第五号
估 价：HKD 120,000~220,000
成交价：RMB 424,725
50cm×60cm 香港苏富比 2018-04-01

617 草间弥生 1998年作 南瓜
估 价：HKD 900,000~1,500,000
成交价：RMB 4,756,920
30.5（高）cm×27cm×20.5cm
香港苏富比 2018-04-01

1005 常玉 1930代作 小鹿
估 价：HKD 2,500,000~3,500,000
成交价：RMB 4,951,080
纸板25cm×25cm；框30.5cm×29.2cm
香港苏富比 2018-03-31

1004 常玉 1930代作 椅子上的北京犬
估 价：HKD 2,500,000~3,500,000
成交价：RMB 4,756,920
纸板30cm×20cm；框35cm×24.6cm
香港苏富比 2018-03-31

112 陈可 2007年作 和你在一起，永远不孤单 （一组两件）
估 价：HKD 500,000~800,000
成交价：RMB 514,480
（A） 204.5cm×97.5cm×10cm；
（B） 26cm×65cm×45cm
中国嘉德 2018-10-02

1061 达米恩·赫斯特 2008年作 爱、钱、墨西哥（三张一组）
估 价：HKD 3,800,000~4,500,000
成交价：RMB 3,494,880
91.4cm×91.4cm；91.4cm×274.3cm 香港苏富比 2018-03-31

2089 丁乙 2008年作 十示2008-25
估 价：RMB 900,000~1,200,000
成交价：RMB 1,265,000
140cm×120cm 北京匡时 2018-06-16

817 黄冠余 2007年作 私语
估 价：HKD 300,000~500,000
成交价：RMB 545,000
138cm×200.5cm 香港苏富比 2018-10-01

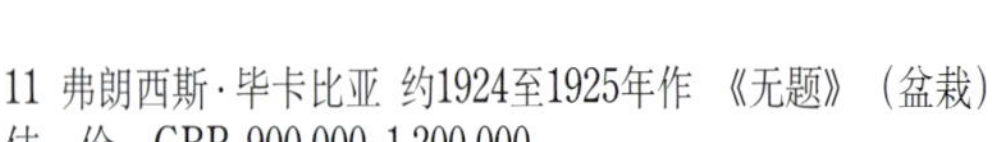

11 弗朗西斯·毕卡比亚 约1924至1925年作 《无题》（盆栽）
估 价：GBP 900,000~1,200,000
成交价：RMB 26,446,913
65.2cm×54cm 伦敦佳士得 2018-02-27

355 黄积铸 1959年作 越南北圻的风景
估 价：HKD 180,000~280,000
成交价：RMB 776,125
65cm×80cm；19cm×28cm
佳士得 2018-11-25

1745 季大纯 1999年作 偶像（双联作）
估 价：RMB 550,000~750,000
成交价：RMB 667,000
111cm×111cm×2 中国嘉德 2018-06-19

279 乐氏琉 采花小童
估 价：HKD 150,000~250,000
成交价：RMB 1,314,625
64.5cm×54.5cm 香港苏富比 2018-04-01

1056 今井俊满 1961年作 升之太阳（五联作）
估 价：HKD 1,800,000~2,800,000
成交价：RMB 2,621,160
162cm×130cm；162cm×650cm
香港苏富比 2018-03-31

316 黎谱 约1956年作 书香之中
估 价：HKD 180,000~280,000
成交价：RMB 421,325
64cm×49cm
佳士得 2018-11-25

1057 李绫瑄 2015年作 在你，在我
估 价：HKD 780,000~1,300,000
成交价：RMB 1,011,250
220cm×326.5cm×23cm
香港苏富比 2018-03-31

28 李禹焕 1999年作 对应
估 价：HKD 1,000,000~2,000,000
成交价：RMB 2,323,940
146cm×112cm
佳士得 2018-11-24

17 理查德德·普林斯 1989-90年作 无题
估 价：GBP 1,000,000~1,500,000
成交价：RMB 18,010,710
151.1cm×132.1cm 伦敦苏富比 2018-03-07

5023 梁铨 2013年作 祖先的海
估　价：RMB 350,000~500,000
成交价：RMB 460,000
160cm×121cm 北京荣宝 2018-06-14

9 林寿宇 1966-1968年作 66 - 68
估　价：HKD 2,200,000~3,800,000
成交价：RMB 5,091,380
101.5cm×101.5cm 佳士得 2018-11-24

1042 林寿宇 1963年作 绘画浮雕 12.12.63
估　价：HKD 3,800,000~5,800,000
成交价：RMB 7,952,640
116.8cm×137.2cm 香港苏富比 2018-09-30

727 刘国松 1970年作 地球何许？之八十
估　价：HKD 400,000~700,000
成交价：RMB 654,000
86cm×55.5cm 香港苏富比 2018-10-01

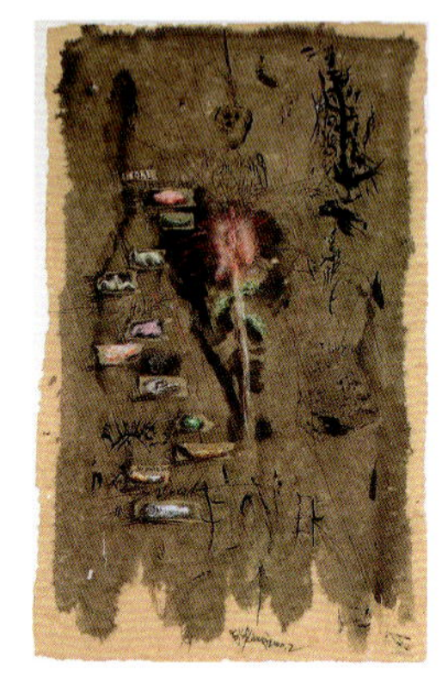

1720 刘炜 2000年作 禁止吸烟
估　价：RMB 300,000~500,000
成交价：RMB 437,000
80cm×49cm 中国嘉德 2018-06-19

27 马克·布拉福德 看得见的巨人
估　价：USD 4,000,000~6,000,000
成交价：RMB 29,509,369
214cm×275cm 纽约苏富比 2018-05-16

1089 罗伯特·劳森伯格 1962年作 卡通
估　价：HKD 32,000,000~40,000,000
成交价：RMB 31,530,371
182.9cm×91.4cm×14cm
香港苏富比 2018-03-31

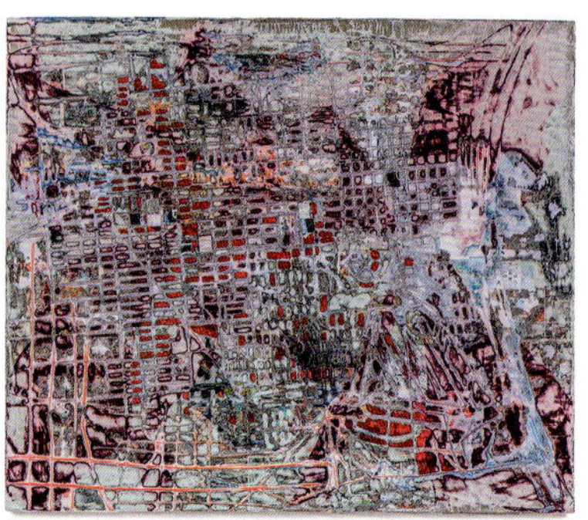

1 马克·布拉福德 2018年作 开口吧，鸟人
估　价：USD 2,000,000~3,000,000
成交价：RMB 43,177,946
151.1cm×179.1cm×6.4cm
纽约苏富比 2018-05-16

15 麦克·凯利 记忆器皿墙#29
估 价：GBP 1,500,000~2,000,000
成交价：RMB 14,846,310
178.4cm×118.1cm×10.2cm
伦敦苏富比 2018-03-07

105 奈良美智 2001年作 旋转
估 价：HKD 5,000,000~8,000,000
成交价：RMB 5,144,800
54.6cm×54.6cm×9.5cm 中国嘉德 2018-10-02

1659 尚扬 2008年作 册页 08-2
估 价：RMB 1,800,000~2,800,000
成交价：RMB 2,185,000
100cm×150cm 北京匡时 2018-12-06

2 秦松 女体 画心
估 价：NTD 1,200,000~2,400,000
成交价：RMB 558,140
180cm×94cm 台北艺流 2018-06-30

137 全光荣 2011年作 集合 11-FE010
估 价：HKD 450,000~650,000
成交价：RMB 720,688
163cm×131cm 佳士得 2018-11-25

1891 沙耆 1930年代作 鹿
估 价：RMB 300,000~500,000
成交价：RMB 1,380,000
64cm×49cm 中国嘉德 2018-06-19

430 苏笑柏 2005年作 山脉II
估 价：HKD 500,000~700,000
成交价：RMB 554,375
95cm×113cm 佳士得 2018-11-25

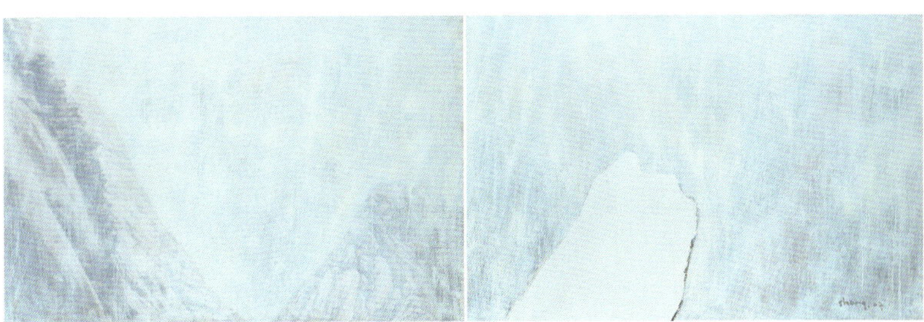

4235 尚扬 2007年作 董其昌计划-9
估 价：RMB 4,600,000~8,000,000
成交价：RMB 5,290,000
130cm×400cm 北京保利 2018-06-20

402 魏乐唐 2001年作 抽象
估　价：HKD 500,000~700,000
成交价：RMB 507,500
162cm × 112cm × 2 佳士得 2018-05-27

1015 吴大羽 无题
估　价：HKD 6,000,000~10,000,000
成交价：RMB 11,615,040
64cm × 45cm 香港苏富比 2018-09-30

4113 薛松 2005年作 有符号的山水
估　价：RMB 600,000~1,000,000
成交价：RMB 690,000
150cm × 120cm × 3 北京保利 2018-06-20

8 瓦西里·康丁斯基 1913年作 《最后审判论题》
估　价：USD 22,000,000~35,000,000
成交价：RMB 158,917,534
47cm × 52cm 纽约苏富比 2018-11-12

1007 谢景兰 1970年作 无题
估　价：HKD 1,600,000~2,800,000
成交价：RMB 2,825,280
245.5cm × 152.5cm 香港苏富比 2018-09-30

55 徐道获 2007年作 因果效应
估　价：HKD 1,800,000~2,400,000
成交价：RMB 1,884,875
高285cm；直径200cm 佳士得 2018-11-24

1727 叶永青 1994年作 无题
估　价：RMB 500,000~600,000
成交价：RMB 828,000
160cm×140cm 中国嘉德 2018-06-19

501 KAWS 2009年作 ORIGINALFAKE同伴（黑色）
估　价：HKD 180,000~280,000
成交价：RMB 872,000
127cm×55.9cm×35.6cm 香港苏富比 2018-10-01

42 阿希尔·戈尔基 1947年作 “订婚」习作
估　价：USD 1,500,000~2,000,000
成交价：RMB 10,800,540
126.4cm×102cm 纽约苏富比 2018-05-16

354 郑文 1943年作 北越中部地区的狩猎场景
估　价：HKD 450,000~650,000
成交价：RMB 720,688
115.5cm×159.5cm 佳士得 2018-11-25

53 安迪·沃荷 1967年作 玛莉莲·梦露（玛莉莲）
估　价：GBP 1,000,000~1,500,000
成交价：RMB 20,647,710
各91.4cm×91.4cm
伦敦苏富比 2018-03-07

(i)

(ii)

1024 钟泗滨 （I）无题（华裔女子）（II）无题
估　价：HKD 1,000,000~1,800,000
成交价：RMB 1,921,375
（i）81 1/2cm×101 1/2cm；
（ii）96cm×76 1/2cm
香港苏富比 2018-03-31

49 安迪·沃荷 二元美金（背面）（40张绿色二元美金）
估　价：USD 2,500,000~3,500,000
成交价：RMB 19,211,580
210.8cm×48.3cm
纽约苏富比 2018-05-16

591 安东尼·葛姆雷 2014年作 小规格 III
估 价：HKD 1,200,000~2,200,000
成交价：RMB 2,616,000
109(高)cm×24cm×16cm
香港苏富比 2018-10-01

68 安尼施·卡普尔 2016年作 镜子（有机绿到东方蓝）
估 价：HKD 3,500,000~4,500,000
成交价：RMB 4,758,320
99.1cm×99.1cm×16.2cm
佳士得 2018-05-26

54 班克斯 2009年作 海边酒神
估 价：GBP 250,000~350,000
成交价：RMB 5,880,510
230.5cm×206cm 伦敦苏富比 2018-03-07

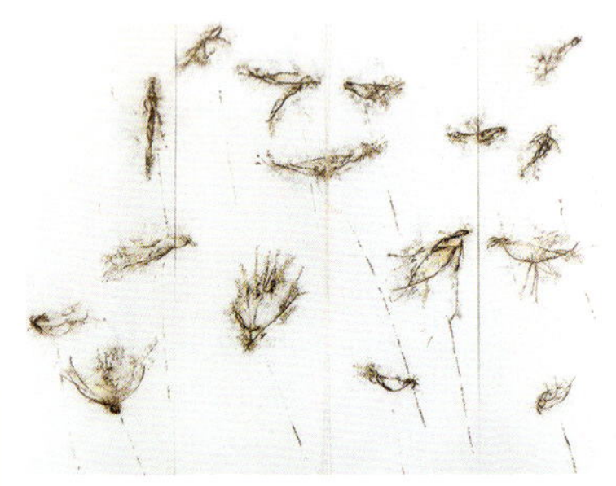

1633 蔡国强 2003年作 人类、老鹰与天空之眼：老鹰
估 价：RMB 2,800,000~3,800,000
成交价：RMB 2,990,000
230cm×310cm 北京匡时 2018-12-06

63 草间弥生 2006年作 南瓜
估 价：HKD 6,400,000~9,500,000
成交价：RMB 8,655,920
115.6cm×115.6cm×115.6cm
佳士得 2018-05-26

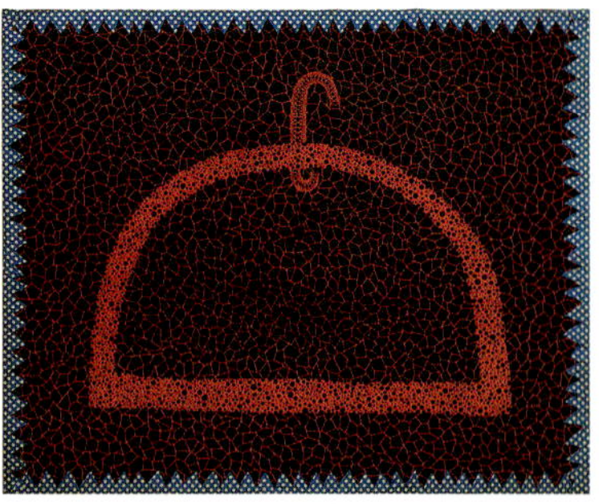

1056 草间弥生 1981年作 衣架
估 价：HKD 5,000,000~8,000,000
成交价：RMB 7,952,640
130.3cm×162cm 香港苏富比 2018-09-30

563 曾梵志 约1998年作 无题
估 价：HKD 380,000~450,000
成交价：RMB 809,000
16cm×20cm 香港苏富比 2018-04-01

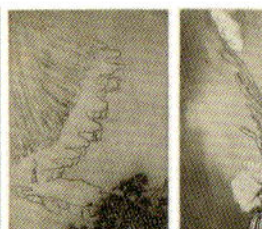

201 常玉 1930年作 陶潜诗集
估 价：NTD 240,000~340,000
成交价：RMB 511,200
15cm×9.2cm（版画）；
33cm×25.5cm×1cm（诗集）
罗芙奥 2018-06-03

168 崔素荣 2012年作 横道
估 价：HKD 450,000~650,000
成交价：RMB 456,750
91cm×91cm 佳士得 2018-05-27

9 达米恩·赫斯特 1994-95年作 爱你
估 价：GBP 800,000~1,200,000
成交价：RMB 8,728,470
213.4cm×213.4cm 伦敦苏富比 2018-03-07

26 戴维·海蒙 1994年作 母爱
估 价：USD 1,400,000~1,800,000
成交价：RMB 6,212,700
104.1cm×41.9cm 纽约苏富比 2018-05-16

52 村上隆 粉红马戏团：拥抱你心中的平静与黑暗
估 价：GBP 600,000~800,000
成交价：RMB 7,462,710
199.4cm×153cm
伦敦苏富比 2018-03-07

11 戴维·霍克尼 纸泳池30
估 价：USD 5,000,000~7,000,000
成交价：RMB 74,831,494
182.9cm×217.2cm 纽约苏富比 2018-05-16

1067 嶋本昭三 1962年作 无题 - 爆瓶
估 价：HKD 8,000,000~10,000,000
成交价：RMB 7,863,480
162cm×130cm 香港苏富比 2018-03-31

7 佛兰兹·韦斯特 2002年作 西西弗斯
估 价：USD 400,000~600,000
成交价：RMB 5,448,060
170.2cm × 152.4cm × 106.7cm
纽约苏富比 2018-05-16

1090 傅丹 2011年作 字母（A）
估 价：HKD 1,200,000~1,500,000
成交价：RMB 1,921,375
102cm × 165cm 香港苏富比 2018-03-31

1648 高瑀 2011年作 最坚强的泡沫，惯看秋月春风（三联作）
估 价：RMB 650,000~850,000
成交价：RMB 782,000
172.5cm × 92.8cm × 3 北京匡时 2018-12-06

8 格哈德·里希特 1025色
估 价：GBP 5,000,000~7,000,000
成交价：RMB 64,840,314
120.7cm × 123.8cm 伦敦苏富比 2018-03-07

1091 汉迪威曼·苏普塔拉 无根，无芽9号
估 价：HKD 2,000,000~3,000,000
成交价：RMB 2,022,500
香港苏富比 2018-03-31

1060 郝量 2010-2011年作 壳
估 价：HKD 3,200,000~4,800,000
成交价：RMB 12,661,440
145.5cm × 92cm 香港苏富比 2018-09-30

18 河原温 32820
估　价：GBP 600,000~800,000
成交价：RMB 6,935,310
画布66.2cm×91.4cm；纸盒
67.5cm×93.3cm×5cm
伦敦苏富比 2018-03-07

48 赫苏斯·拉斐尔·索托 1959年作 白色振动
估　价：USD 600,000~800,000
成交价：RMB 6,595,020
100cm×100cm 纽约苏富比 2018-05-16

269 洪易 2013年作 旺狗
估　价：NTD 1,500,000~1,900,000
成交价：RMB 511,200
150cm×50cm×120cm 罗芙奥 2018-06-03

33 胡安·米罗 1934年10月作 《人像》
估　价：USD 7,000,000~10,000,000
成交价：RMB 50,697,465
107.9cm×72.7cm 纽约苏富比 2018-11-12

42 杰森·罗兹 2003年作 DOWN UNDER
估　价：GBP 350,000~550,000
成交价：RMB 3,032,550
220cm×133cm×55cm 伦敦苏富比 2018-03-07

1658 井上有一 1963年作 虎
估　价：RMB 380,000~550,000
成交价：RMB 563,500
121.3cm×187.2cm 北京匡时 2018-12-06

35 君特·于克 沙洲
估　价：GBP 600,000~800,000
成交价：RMB 6,618,870
150cm×150cm 伦敦苏富比 2018-03-07

10 克里斯托弗·坞尔 无题
估　价：USD 7,000,000~10,000,000
成交价：RMB 50,371,934
109.2cm×76.2cm 纽约苏富比 2018-05-16

1025 郎静山 郎静山摄像 书法 海报 （一组五十一件）
估　价：HKD 2,000,000~4,000,000
成交价：RMB 2,022,500
尺寸不一（依比例）
香港苏富比 2018-03-31

1072 李禹焕 1988年作 与风
估　价：HKD 6,800,000~9,800,000
成交价：RMB 7,378,080
218cm×291cm 香港苏富比 2018-03-31

49 鲁菲诺·塔马约 1947年作 《帕里库廷火山风景（火山喷发）》
估　价：USD 1,300,000~1,800,000
成交价：RMB 28,443,870
76.5cm×102cm 纽约苏富比 2018-11-12

1078 卢齐欧·封塔纳 1965年作 空间概念，等待
估　价：HKD 15,000,000~24,000,000
成交价：RMB 23,310,122
72cm×60cm 香港苏富比 2018-03-31

34 卢西亚诺·法布罗 1969年作 常春藤
估　价：GBP 500,000~700,000
成交价：RMB 5,353,110
153cm×87cm×8.9cm
伦敦苏富比 2018-03-07

40 露易丝·布尔乔亚 紧握的手
估　价：USD 900,000~1,200,000
成交价：RMB 6,977,340
70.5cm×59.7cm×54.6cm
纽约苏富比 2018-05-16

1076 罗讷德·温杜拿 2005年作 人体习作
估　价：HKD 2,000,000~3,000,000
成交价：RMB 5,127,360
245cm×365cm 香港苏富比 2018-09-30

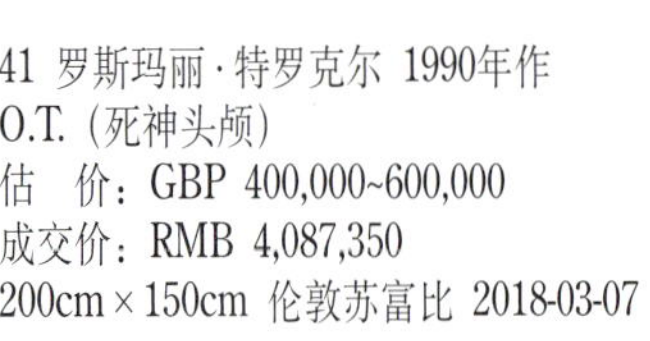

41 罗斯玛丽·特罗克尔 1990年作 O.T.（死神头颅）
估　价：GBP 400,000~600,000
成交价：RMB 4,087,350
200cm×150cm 伦敦苏富比 2018-03-07

20 米开朗基罗·皮斯特莱托 1962-66年作 恋人
估 价：GBP 2,300,000~3,000,000
成交价：RMB 23,159,892
230.5cm×120cm 伦敦苏富比 2018-03-07

21 米开朗基罗·皮斯特莱托 蓝色布帘
估 价：GBP 400,000~600,000
成交价：RMB 5,458,590
120.3cm×150.5cm 伦敦苏富比 2018-03-07

588 奈良美智 2002年作 去你的烂世界！
估 价：HKD 1,000,000~1,500,000
成交价：RMB 3,494,880
14.9cm×10.5cm 香港苏富比 2018-04-01

5 尼基卡·奥库尼里·克罗斯比 2017年作 叶丛宝宝
估 价：USD 600,000~800,000
成交价：RMB 21,505,500
182.9cm×152.4cm 纽约苏富比 2018-05-16

1052 乔纳斯·伍德 2014年作 粉色植物及阴影二号
估 价：HKD 4,500,000~7,500,000
成交价：RMB 6,906,240
218.4cm×177.8cm 香港苏富比 2018-09-30

1058 尚·米榭·巴斯基亚 1984年作 LOGO
估 价：HKD 24,000,000~38,000,000
成交价：RMB 25,741,440
153cm×122cm 香港苏富比 2018-09-30

1066 朴栖甫 1975~1976年作 描法 NO. 37-75-76
估 价：HKD 14,000,000~22,000,000
成交价：RMB 13,202,880
195cm×300cm 香港苏富比 2018-03-31

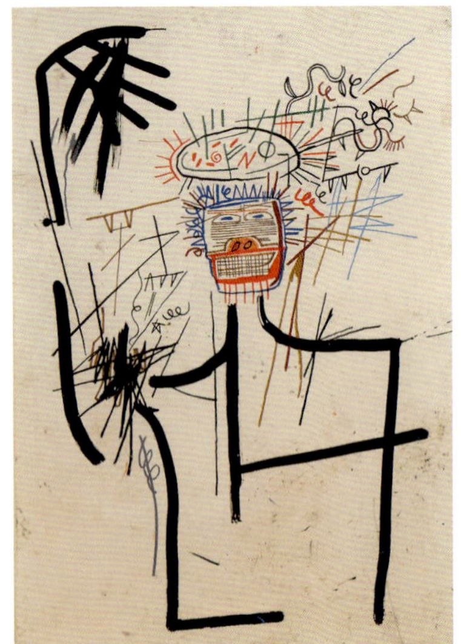

5 尚·米榭·巴斯基亚 1982年作 无题（人像JMB #1）
估 价：GBP 2,400,000~2,800,000
成交价：RMB 23,159,892
100cm×70.7cm 伦敦苏富比 2018-03-07

51 尚·米榭·巴斯基亚 1984年作 我曾经
估 价：GBP 1,500,000~2,000,000
成交价：RMB 21,175,110
218.5cm×249cm 伦敦苏富比 2018-03-07

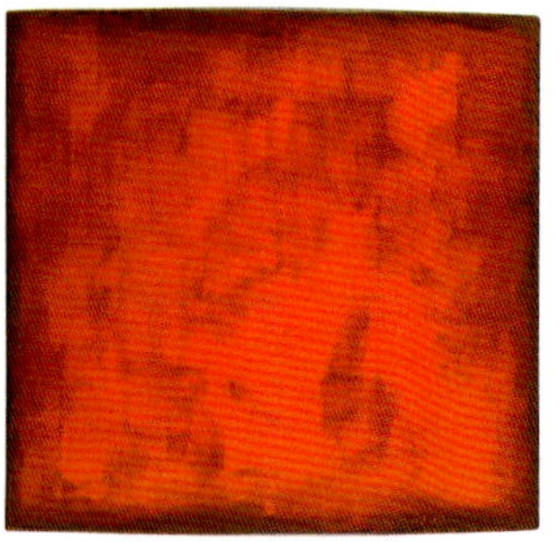

4116 苏笑柏 2011年作 大瓦·红色
估 价：RMB 700,000~1,200,000
成交价：RMB 805,000
148cm×160cm 北京保利 2018-06-20

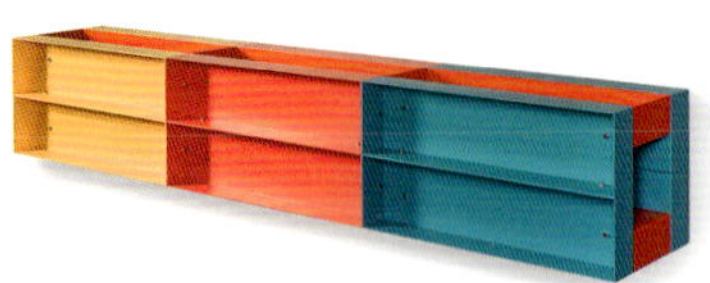

38 唐纳德·贾德 1989年作 无题
估 价：USD 800,000~1,200,000
成交价：RMB 8,506,620
30.5cm×30.5cm×180.3cm
纽约苏富比 2018-05-16

1081 田中敦子 1964年作 三圆构造
估 价：HKD 4,000,000~6,000,000
成交价：RMB 4,499,520
130cm×97cm 香港苏富比 2018-09-30

2878 吴埜山 1929年作 象耕图
估 价：RMB 400,000~800,000
成交价：RMB 667,000
77.5cm×101.5cm 中贸圣佳 2018-11-24

7 西格马·波尔克 1967年作 车祸或三姊妹
估 价：GBP 1,500,000~2,000,000
成交价：RMB 19,065,510
49cm×58cm 伦敦苏富比 2018-03-07

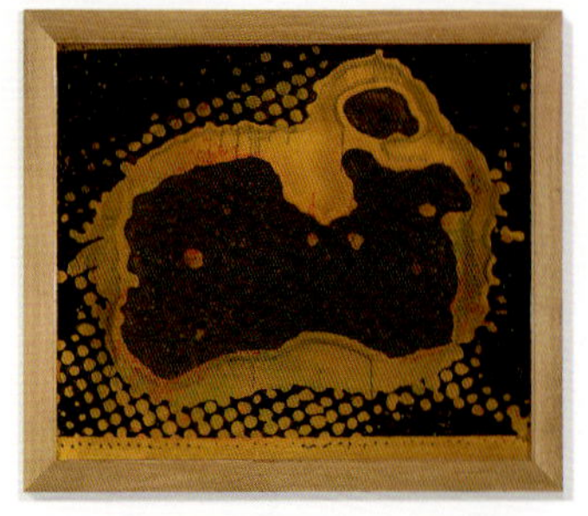

44 西格马·波尔克 事事不同
估 价：GBP 400,000~600,000
成交价：RMB 6,618,870
130.2cm×149.8cm 伦敦苏富比 2018-03-07

713 萧勤 1992-2015年作 往永久的花园 - 15
估 价：HKD 300,000~600,000
成交价：RMB 817,500
120cm×80cm×3cm 香港苏富比 2018-10-01

574 徐冰 2017年作 陆游：鹧鸪天
估 价：HKD 900,000~1,500,000
成交价：RMB 1,011,250
60cm × 180cm 香港苏富比 2018-04-01

582 徐累 1998年作 《游离的青花》 镜框
估 价：HKD 400,000~600,000
成交价：RMB 654,000
63cm × 53.5cm 香港苏富比 2018-10-01

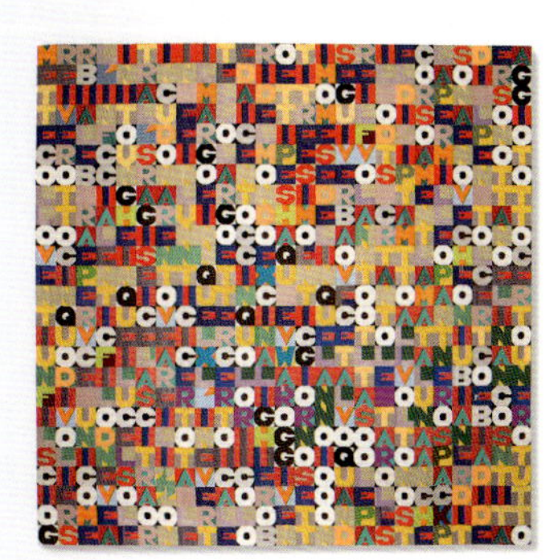

57 亚力格鲁·伯尔提 1988年作 无题（1988年7月23日）
估 价：GBP 250,000~350,000
成交价：RMB 3,348,990
112.3cm × 115.8cm 伦敦苏富比 2018-03-07

29 亚历山大·考尔德 1951年作 各种形状、颜色、平面
估 价：USD 1,800,000~2,500,000
成交价：RMB 14,623,740
89.5cm × 141.6cm × 26.7cm
纽约苏富比 2018-05-16

13 约翰·张伯伦 1958年作 胡桃夹子
估 价：USD 4,000,000~6,000,000
成交价：RMB 35,264,560
115.6cm × 110.5cm × 81.3cm
纽约苏富比 2018-05-16

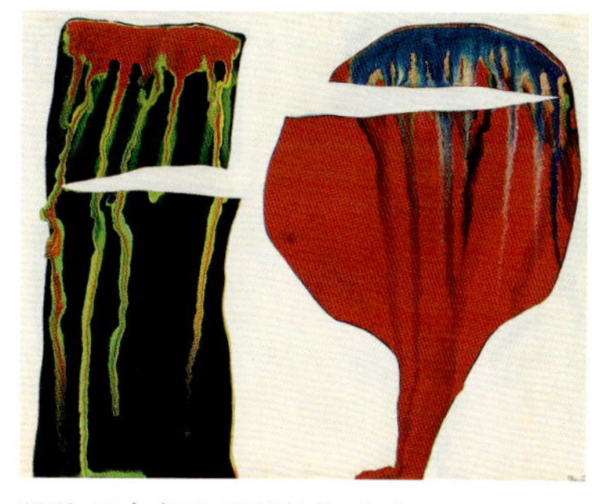

1079 元永定正 1965年作 作品
估 价：HKD 3,000,000~5,000,000
成交价：RMB 3,009,480
91.5cm × 116.8cm 香港苏富比 2018-03-31

56 约瑟夫·埃布尔斯 向方形致敬习作：证据
估 价：GBP 450,000~650,000
成交价：RMB 3,770,910
76.3cm × 76.3cm 伦敦苏富比 2018-03-07

西画雕塑其他

235 Ichwan Noor 甲壳虫球体
估　价：HKD 480,000~680,000
成交价：RMB 872,000
180cm×180cm×180cm
香港苏富比 2018-10-01

284 Ngo Manh Quynh 林中鹿群
估　价：HKD 350,000~550,000
成交价：RMB 654,000
99.5cm×200cm
香港苏富比 2018-10-01

1064 阿尼什·卡普尔 2013年作 无题
估　价：HKD 4,800,000~6,800,000
成交价：RMB 6,906,240
直径158cm 香港苏富比 2018-09-30

20 艾德加·德加 约1882至1885年作 幕后
估　价：GBP 8,000,000~12,000,000
成交价：RMB 79,055,063
66.7cm×37.5cm 伦敦佳士得 2018-02-27

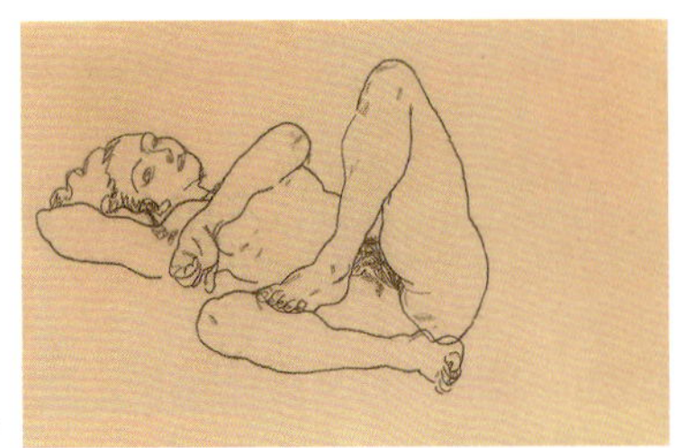

55 埃贡·席勒 1918年作 仰卧裸像
估　价：GBP 450,000~650,000
成交价：RMB 4,823,513
28.6cm×45cm 伦敦佳士得 2018-02-27

24 爱德华·维亚尔 1909至1910年作 《巴黎街道（为亨利·伯恩斯坦而作的挂屏：第二组，文蒂米利亚广场）》 《文蒂米利亚广场（VII-516.3）》 《文蒂米利亚广场（VII-516.4）》
估 价：USD 2,000,000~3,000,000
成交价：RMB 24,286,160
200cm×49.9cm；200cm×49.6cm
纽约佳士得 2018-05-08

35 爱德华·维亚尔 1908年5月至7月作 《巴黎街道（为亨利·伯恩斯坦而作的挂屏：第一组，帕西区）》
估 价：USD 5,000,000~7,000,000
成交价：RMB 22,773,200
198.4cm×68.4cm；200cm×47.4cm×2；198.2cm×68cm 纽约佳士得 2018-05-08

22 安迪·沃荷 1978年作 氧化画
估 价：USD 2,500,000~3,500,000
成交价：RMB 21,505,500
193cm×132.1cm 纽约苏富比 2018-05-16

19 奥迪隆·雷东 花卉
估 价：USD 1,500,000~2,000,000
成交价：RMB 18,234,320
62cm×47.7cm 纽约佳士得 2018-05-08

291 范光厚 1940-1950年作 风景
估 价：HKD 200,000~300,000
成交价：RMB 1,199,000
59.5cm×46cm 香港苏富比 2018-10-01

50 巴尔蒂斯 1975至1978年作于罗马及罗西尼耶尔 日出
估 价：GBP 1,500,000~2,500,000
成交价：RMB 20,118,113
170.2cm×160cm 伦敦佳士得 2018-02-27

209 丁乙 2008年作 十示 2008-13
估 价：HKD 900,000~1,300,000
成交价：RMB 859,158
120cm×100cm 保利香港 2018-03-29

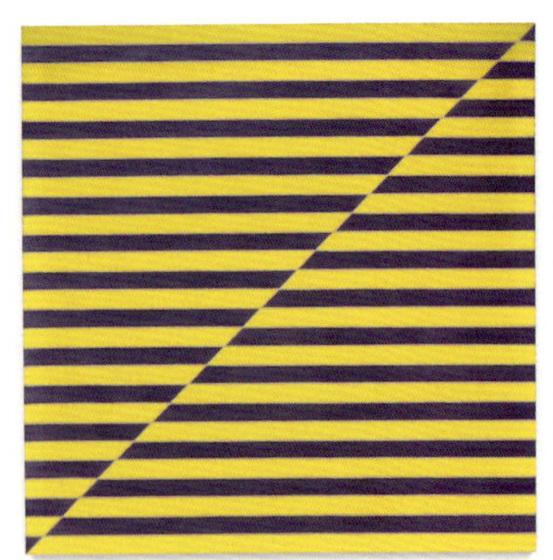

20 弗兰克·史蒂拉 阿加迪尔I
估　价：USD 2,000,000~3,000,000
成交价：RMB 22,270,140
195.6cm × 195.6cm
纽约苏富比 2018-05-16

1092 何塞-玛丽亚·卡诺 2016年作 WS100-史蒂夫·乔布斯 II
估　价：HKD 1,500,000~2,500,000
成交价：RMB 2,621,160
211.5cm × 150cm
香港苏富比 2018-03-31

1525 李超士 1964年 大明湖风景（七曲亭）
估　价：RMB 800,000~1,200,000
成交价：RMB 920,000
43.5cm × 66cm
中国嘉德 2018-11-21

1063 名和晃平 2012年作 PIXCELL系列 - 鹿27号
估　价：HKD 2,000,000~3,000,000
成交价：RMB 3,767,040
171.7cm × 142cm × 162cm
香港苏富比 2018-09-30

106 奈良美智 2006年作 Live for Moment
估　价：HKD 600,000~800,000
成交价：RMB 2,030,000
41.9cm × 29.5cm 佳士得 2018-05-27

17 文森特·梵高 1885年6月作于纽南 种红菜头的农妇
估　价：USD 1,800,000~2,500,000
成交价：RMB 22,773,200
46.2cm × 52.8cm
纽约佳士得 2018-05-08

1065 徐震 徐震超市
估　价：HKD 900,000~1,500,000
成交价：RMB 1,744,000
香港苏富比 2018-09-30

290 雅丽克丝·艾美 1935-1940年作 园中个人
估　价：HKD 80,000~120,000
成交价：RMB 763,000
63cm × 48cm 香港苏富比 2018-10-01

2018书画拍卖成交汇总

(成交价RMB：10万元以上)

拍品名称	物品尺寸	成交价RMB	拍卖公司	拍卖日期
中国书画				
南北朝作者				
杨忠 山水通景十屏 立轴	180.5×48.5cm×10	1,035,000	中贸圣佳	2018-11-24
唐代作者				
弘法大师 妙法莲华经 手卷		414,000	中国嘉德	2018-01-14
空海禅师 草书卷 手卷	168.5×32.5cm	287,500	西泠拍卖	2018-07-07
李昭道（款）海天旭日图卷 手卷	45×210cm	230,000	中国嘉德	2018-01-14
无款 唐 书法心经 手卷	26×1008cm	1,725,500	佳士得	2018-05-28
佚名 公元823年 唐敦煌写经 长庆三年佛说天皇梵摩经卷第五 手卷	29.5×650cm	5,635,000	中鸿信	2018-01-06
佚名 唐 敦煌佛画 镜心	39×31cm	5,865,000	北京荣宝	2018-06-14
佚名 唐人写经 册页	25×17cm×46	181,378	保利香港	2018-04-02
佚名 唐人写经 卷	25.5×833cm	2,300,000	北京翰海	2018-06-29
五代作者				
黄荃 柳岸聚禽图 手卷	31×310cm	2,932,500	保利厦门	2018-07-15
徐熙（传）花鸟 镜心	直径23cm	105,800	中国嘉德	2018-05-19
徐熙（款）鹌鹑翠竹图 镜心	111×50cm	138,000	中国嘉德	2018-01-14
宋代作者				
陈居中（款）韩熙载夜宴图 镜心	30×79cm	345,000	中国嘉德	2018-05-19
陈居中 饮马图 镜片	23×19.5cm	575,000	西泠拍卖	2018-07-07
戴琬（传）海棠春晓图 镜心	22×23cm	172,500	北京保利	2018-06-18
方从义 山居春霭 卷	19×221cm	3,565,000	北京翰海	2018-06-29
关仝（传）秋山平远图 手卷	画30×49.7cm	12,075,000	中国嘉德	2018-11-20
管道升（传）修竹图卷 手卷	画心25×743cm	3,450,000	北京保利	2018-12-08
管道升 仇英（款）明 书画 手卷	29.8×770cm	203,000	佳士得	2018-05-28
黄庭坚 仁亭诗卷 手卷	33×235cm	20,125,000	朵云轩	2018-06-24
徽宗（传）宋 幽果佳禽 镜框	22.6×26.5cm	720,688	佳士得	2018-11-27
徽宗（传）宋 幽花小禽 镜框	22.5×26.6cm	1,522,500	佳士得	2018-05-28
季友直（款）荷塘纳凉图 镜心	26×29cm	2,875,000	中国嘉德	2018-05-19
李安忠（传）眉寿图 镜心	30×37cm	575,000	北京保利	2018-12-08
李成（款）钱江观潮图 镜心	27×33cm	126,500	中国嘉德	2018-05-19
李成 松坪书屋图 镜片	25×22cm	575,000	西泠拍卖	2018-07-07
李公麟（款）切钵图 手卷	28.5×474.5cm	196,200	香港苏富比	2018-10-01
李公麟 二十四功臣图 手卷	画29×160cm	115,000	广东小雅斋	2018-05-24
李嵩 琼楼仙会图 镜片	260.5×35cm	172,500	西泠拍卖	2018-07-07
林椿 南宋 白桃小禽 团扇面立轴	直径25cm	16,054,700	佳士得	2018-11-27
刘松年（款）求贤图 手卷	30×428cm	161,000	北京保利	2018-12-08
刘松年（款）群贤必至图 手卷	31×440cm	322,000	中国嘉德	2018-01-14
刘永年 山水 立轴	224×114cm	138,000	广东小雅斋	2018-05-24
马和之（款）人物集锦册 册页	尺寸不一	138,000	中国嘉德	2018-05-19
马和之（款）墉风图卷 手卷	尺寸不一	115,000	中国嘉德	2018-05-19
马远（款）1206年作 云山初霁图 立轴	164×85cm	115,000	中国嘉德	2018-01-14
毛益（传）猫戏图 镜心	25.2×22.3cm	690,000	中国嘉德	2018-11-22
毛益 鸂鶒图 镜心	22×30cm	690,000	北京匡时	2018-12-06
毛益 雪霁珍禽图 镜片	23.5×23cm	1,725,000	西泠拍卖	2018-07-07
米芾（款）1083年作 行书杜甫诗 镜心	33×26cm×20	103,500	中国嘉德	2018-01-14
米芾（款）山水 镜框		136,840	纽约苏富比	2018-09-15
牧溪（传）枯槎鸜鹆图 立轴	131×57.5cm	4,600,000	中国嘉德	2018-06-20
牧溪 双猿图 镜心	99.5×46cm	1,265,000	北京匡时	2018-12-06
牧溪 猪头禅师图 立轴	76×34cm	212,750	北京荣宝	2018-06-14
牧溪 竹雀图 立轴	51×30.5cm	138,000	荣宝斋（南京）	2018-01-05
钱光甫（传）游鱼图 镜心	25×30.5cm	483,000	北京匡时	2018-06-16
宋徽宗（款）草书 圆光	直径22cm	149,500	中国嘉德	2018-01-14
宋徽宗（款）蛱蝶图 镜心	直径29cm	161,000	中国嘉德	2018-05-19
宋人 汉宫秋图 手卷	20×166cm	124,200,000	北京保利	2018-06-17
苏汉臣（款）戏婴图 手卷	41×344cm	288,275	佳士得	2018-11-27
苏汉臣 婴戏图 手卷	30×148cm	172,500	上海敬华	2018-09-11
苏轼 宋 木石图 手卷	画长26.3×50cm	411,213,200	佳士得	2018-11-26
文同（款）竹石图 手卷	26.7×120cm	354,800	佳士得	2018-11-27
文同（款）竹石图 立轴	182×110cm	222,475	香港苏富比	2018-04-01
无款 南宋 牧牛图 团扇面镜框	24.5×23.3cm	887,000	佳士得	2018-11-27
无款 南宋 / 元 寿桃 册页镜框	22.5×23cm	554,375	佳士得	2018-11-27
无款 宋 行书 立轴	79×23cm	558,250	佳士得	2018-05-28
无款 宋 书《佛说观无量寿佛经》镜框	32.3×20cm	1,663,125	佳士得	2018-11-27
无款 宋 / 元 高士图 团扇面镜框	直径24.2cm	288,275	佳士得	2018-11-27
无款 宋/元 十六应真图 手卷		5,409,965	纽约佳士得	2018-03-20
无款 宋 / 元 桃猿戏蝶 镜框	23×24.4cm	4,133,420	佳士得	2018-11-27
无款（传张即之）宋 临宇山人收藏书画精品 立轴	46×76.2cm	887,000	佳士得	2018-11-26
无准佛鉴禅师 草书 幽涧 立轴	47.5×27cm	276,000	西泠拍卖	2018-07-07
吴炳 徐赍 朱国盛（款）（传）宋元画萃 册页（七开）	尺寸不一	576,218	中国嘉德	2018-10-03
夏圭（款）观梅图 立轴	143.5×81cm	1,362,500	香港苏富比	2018-10-01
夏圭（款）千岩竞秀图 手卷	38×508cm	368,000	中国嘉德	2018-01-14
夏圭（款）雨树归人 镜框		136,840	纽约苏富比	2018-09-13
夏圭 香林书屋图 镜片	23.5×20.5cm	575,000	西泠拍卖	2018-07-07
燕文贵（款）江干积雪图 立轴	205×120cm	575,000	北京荣宝	2018-12-03
佚名 10世纪 南无月光菩萨经幡画 镜心	132×30cm	322,000	北京荣宝	2018-12-03
佚名 宋 泛舟图卷	32×143cm	2,569,600	香港皇室贵族	2018-04-28
佚名 宋 写经《大般若波罗蜜多经卷·三百廿八》手卷	24.8×806.7cm	202,250	香港苏富比	2018-04-01
佚名 宋人扇集之八《林溪放牧》镜片	25.5×25.5cm	322,000	上海嘉禾	2018-06-25
佚名 宋人扇集之二《深堂抚琴》镜片	23.5×25.5cm	1,955,000	上海嘉禾	2018-06-25
佚名 宋人扇集之六《秋林雅集》镜片	22×23.5cm	345,000	上海嘉禾	2018-06-25
佚名 宋人扇集之七《蓑翁摆渡》镜片	25.5×24.8cm	322,000	上海嘉禾	2018-06-25
佚名 宋人扇集之三《长桥卧波》镜片	21×23.5cm	2,070,000	上海嘉禾	2018-06-25
佚名 宋人扇集之四《坐听松风》镜片	27×29cm	2,300,000	上海嘉禾	2018-06-25
佚名 宋人扇集之五《泛舟听风》镜片	23.5×22.5cm	2,300,000	上海嘉禾	2018-06-25
佚名 宋人扇集之一《楼台望云》镜片	24.5×26cm	2,070,000	上海嘉禾	2018-06-25
佚名 宋元名贤宝绘 册页	尺寸不一	2,100,164	中国嘉德	2018-04-03
易元吉（传）寒梅雀兔图 立轴	161×83cm	123,475	保利香港	2018-10-01
岳飞（款）1128年作 前后出师表 手卷	尺寸不一	126,500	中国嘉德	2018-05-19

*查看图片请参照凡例4方法

拍品名称	物品尺寸	成交价RMB	拍卖公司	拍卖日期
张即之 许棐 赵孟坚 赵孟頫 等 宋元明诸家书册（四十开册选六开）	尺寸不一	303,375	香港苏富比	2018-04-01
张训礼（传）江亭览胜 镜心	23×25cm	172,500	北京匡时	2018-06-16
张训礼（款）群贤雅集 立轴	222.5×96.7cm	253,840	纽约苏富比	2018-03-23
张月壶 蕙崇（旧传）水月观音 溪凫图（两幅）立轴三幅	107.5×53.5cm	1,213,500	邦瀚斯	2018-04-03
张择端（款）清明上河图 镜心	28×31cm	161,000	中国嘉德	2018-05-19
赵佶（款）竹雀图 立轴	27×42cm	1,495,000	中国嘉德	2018-06-20
浙翁如琰 行书 雪 立轴	37.5×23cm	4,600,000	西泠拍卖	2018-07-07
朱熹（传）元／明 书法 镜框	29.8×30cm	310,450	佳士得	2018-11-27
元代作者				
班惟志 二体千字文 手卷	24×788cm	1,552,500	荣宝斋（南京）	2018-07-15
边定（传）元/明；1788年作 屋舟图 立轴	90.5×25.4cm	1,325,638	纽约佳士得	2018-09-11
边武 行书曹孟德诗 立轴	130×62cm	920,000	北京保利	2018-12-08
陈容（款）九龙图卷 手卷	22×523cm	2,645,000	中国嘉德	2018-05-19
丁野夫 幽溪听泉图 立轴	22×24cm	19,320,000	北京保利	2018-12-08
黄公望（款）深山柯霞 立轴		684,200	纽约苏富比	2018-09-13
黄公望 1347年作 虞山图 立轴	91×28cm	4,370,000	西泠拍卖	2018-07-07
了庵清欲 书法 立轴	27×54.5cm	460,000	华艺国际	2018-05-23
李衎 1317年作 竹石图 手卷	本幅30×232cm	4,025,000	北京匡时	2018-06-16
倪瓒（款）远树石岫图 立轴	67×36cm	997,875	佳士得	2018-11-27
倪瓒（款）溪山胜槩图 立轴	92.2×23.7cm	163,500	香港苏富比	2018-10-01
倪瓒 青山幽居 立轴	142.9×52.9cm	142,785	纽约佳士得	2018-03-20
倪瓒 幽居秋冥 立轴	106×52cm	345,000	上海敬华	2018-09-11
倪瓒 远树石岫图 立轴	58.5×34cm	1,840,000	北京匡时	2018-06-16
钱选（款）西园雅集图 手卷	尺寸不一	120,750	北京保利	2018-12-08
清拙正澄 元 书法 立轴	26×34.5cm	152,250	佳士得	2018-05-28
任仁发（传）元 春园雅叙（两幅）立轴	178×105cm×2	776,125	佳士得	2018-11-27
释时习 元 书法 立轴	29×48cm	465,675	佳士得	2018-11-27
唐棣（传）元 孤山消夏图 立轴	139.7×57.5cm	222,365	纽约佳士得	2018-09-11
唐棣 秋溪独钓 立轴	本幅69.5×26cm	2,242,500	北京匡时	2018-06-16
王立本（传）牡丹 立轴	74×39cm	230,000	中国嘉德	2018-05-19
王蒙（款）天香深处堂 立轴		2,565,750	纽约苏富比	2018-09-13
王蒙 清溪垂钓图 镜心	87.6×44.3cm	47,731,000	保利香港	2018-04-02
王冕（传）墨梅图 立轴	106×58.5cm	230,000	北京匡时	2018-06-16
王渊（传）牡丹白鹂图 立轴	110×70.5cm	1,242,000	北京匡时	2018-12-06
王振鹏 渡海应真图 手卷	画心26×100cm	4,600,000	北京保利	2018-06-17
无款 元 青绿山水 团扇面镜框	直径24cm	221,750	佳士得	2018-11-27
无款 元 云龙图（两幅）立轴	26.5×66.5cm×2	18,183,500	佳士得	2018-11-27
无款 元／明 鸟语花香 团扇立轴	23×25cm	110,875	佳士得	2018-11-27
鲜于枢（款）六札卷 手卷	尺寸不一	253,000	中国嘉德	2018-06-20
一山一宁 元代 行书“法窟”立轴	27×40cm	230,000	北京荣宝	2018-06-14
佚名元/明 灰泥彩绘菩萨图壁画残部		301,435	纽约苏富比	2018-03-21
佚名 元代 水月观音 轴	95×39.5cm	207,000	古天一	2018-12-08
俞和（款）1360年作 行书 临兰亭序 手卷	画心 71.5×24.5cm	218,500	西泠拍卖	2018-05-04
元代诸家 燕文贵《溪风图》后之元人题跋八则 手卷	47.5×138.5cm	3,453,120	香港苏富比	2018-10-01
月江正印 贫家帖 立轴	27×55cm	218,000	香港苏富比	2018-10-01
张渥（款）白描人物 立轴	87×33cm	437,000	北京保利	2018-12-08
张喜成 甲骨文道德经	180×40cm×4	583,000	中华艺术品	2018-05-10
张喜成 甲骨文书法	138×68cm	352,000	中华艺术品	2018-05-10
张雨（款）1344年作 寒林图 立轴	45×38cm	2,392,000	北京保利	2018-12-08
张远 说法图 手卷	30×396cm	287,500	广东小雅斋	2018-05-24
张远 彤弓 觅春图 行书《咏春之作》镜心	25×21cm；33×18cm	322,000	北京匡时	2018-12-06
赵孟頫（传）按图索骥 手卷	42.6×89.1cm	650,465	纽约苏富比	2018-03-23
赵孟頫（款）高士图册 册页	尺寸不一	1,380,000	中贸圣佳	2018-06-20
赵孟頫（款）行书题幽风图 册页	27×14cm×22	218,500	北京保利	2018-12-08
赵孟頫（款）九歌图 镜心	尺寸不一	105,800	中国嘉德	2018-09-20
赵孟頫（款）楷书 僧堂记 立轴	60.5×27cm	161,000	西泠拍卖	2018-09-29
赵孟頫（款）行书《兰亭序》册页（四开）	28×17.5cm×4	355,250	佳士得	2018-05-28
赵孟頫（款）书札 册页镜框	26.8×38.2cm	1,522,500	佳士得	2018-05-28
赵孟頫（款）人马图 立轴	41×51cm	414,000	北京保利	2018-12-08
赵孟頫（款）饲马图 镜心	26×30cm	195,500	中国嘉德	2018-01-14
赵孟頫（款）天闲五马图	30.7×290cm	134,853	纽约苏富比	2018-03-24
赵孟頫 八骏四贤图 手卷	32×176cm	460,000	北京翰海	2018-09-16
赵希远（款）1348年作 云山仙踪图 立轴	114.5×27.5cm	120,750	西泠拍卖	2018-05-04
赵雍（款）仿韩干五马图 手卷	画29×212cm	5,395,500	中国嘉德	2018-10-03
赵雍 河梁泣别图 手卷	本幅28×148cm	4,025,000	北京匡时	2018-06-16
明代作者				
卞文瑜 1672年作 山居图 扇面	15×45cm	184,000	北京保利	2018-06-18
卞文瑜 笪重光 山水卷 手卷	画心27×345cm	1,840,000	中贸圣佳	2018-06-20
卞文瑜 桃源图 手卷	25×67.3cm	277,638	纽约苏富比	2018-03-23
蔡羽 临各家书法册 册页	26.5×23cm×16	138,000	北京保利	2018-12-08
蔡远 拟荆浩山水 立轴	184.5×94cm	483,000	中贸圣佳	2018-06-20
曹镤 乞食儿谣 手卷	本幅24×61cm	1,495,000	北京匡时	2018-06-16
曹振 富贵长春 立轴	185×93cm	552,000	上海嘉禾	2018-06-25
常莹 1626年作 春日山居图 扇面	17×54cm	322,000	中国嘉德	2018-06-20
常莹 鹿鸣图 立轴	28×46.5cm	138,000	中贸圣佳	2018-11-24
陈淳 1542年作 烟云记游图 卷	26.5×270cm	126,500	北京翰海	2018-06-29
陈淳 1542年作 杂画 册（十二开）	26×36cm×12	115,000	北京翰海	2018-06-29
陈淳 秋艳图卷 手卷	33.2×530.5cm	505,625	香港苏富比	2018-04-01
陈淳 诗书画三绝册 册页（十六开）	21×16cm×16	9,200,000	北京保利	2018-06-17
陈淳 双锦呈祥图 立轴	178×83cm	2,300,000	保利厦门	2018-01-08
陈淳 雪山访友图 立轴	121×62cm	2,300,000	北京荣宝	2018-06-14
陈祼（款）1626年作 山静日长 扇面	19×56cm	190,924	中国嘉德	2018-04-03
陈祼 1617年作 山居图 手卷	本幅31×170cm	460,000	北京匡时	2018-06-16
陈祼 1626年作 白云山径图 立轴	203×46.5cm	230,000	北京荣宝	2018-12-03
陈洪绶（款）《人物图》	105×50cm	4,015,000	香港皇室贵族	2018-04-28
陈洪绶（款）梅花 立轴	92.3×30.6cm	303,375	香港苏富比	2018-04-01
陈洪绶（款）祝寿图 手卷	25×209cm	253,000	北京荣宝	2018-06-14
陈洪绶 草书五言联 立轴	175×36.5cm×2	172,500	荣宝斋（南京）	2018-07-15
陈洪绶 春梅 镜心	20×55cm	138,000	北京匡时	2018-06-16
陈洪绶 高士图 立轴	145.5×49cm	143,750	北京翰海	2018-06-29
陈洪绶 花鸟草虫写生册 册页（十二开）	21.5×15.5cm×12	12,650,000	中贸圣佳	2018-11-24
陈洪绶 炼丹图 立轴	125×48cm	2,621,160	香港苏富比	2018-04-01
陈洪绶 梅石图 立轴	101×49cm	575,000	荣宝斋（济南）	2018-07-01

拍品名称	物品尺寸	成交价RMB	拍卖公司	拍卖日期
陈洪绶 清供图 立轴	137×55cm	207,000	北京保利	2018-05-21
陈洪绶 听松涛 立轴	127×49.5cm	1,955,024	保利香港	2018-10-01
陈洪绶 文姬归汉图 立轴	121×48cm	9,200,000	北京保利	2018-12-08
陈洪绶 献寿图 立轴	59.5×23.5cm	207,000	北京匡时	2018-06-16
陈焕 1604年作 雄关行旅 成扇	16×47cm	483,000	中国嘉德	2018-06-20
陈继儒（款）扫梅煮茶图 立轴	222×65cm	195,500	中国嘉德	2018-05-19
陈继儒 仿倪瓒山水 镜心	17×51cm	575,000	北京匡时	2018-06-16
陈继儒 行书 七言诗 扇页	54.5×16.5cm	172,500	西泠拍卖	2018-07-07
陈继儒 行书东坡临皋闲题 扇面	17×50.5cm	368,000	中国嘉德	2018-06-20
陈继儒 梅花 立轴	124.5×39.5cm	287,500	中贸圣佳	2018-11-24
陈继儒 书法 镜片	17.5×54cm	276,000	广东小雅斋	2018-05-24
陈继儒 书法手卷 手卷	画心 25.5×257.5cm	3,220,000	中贸圣佳	2018-11-24
陈继儒 行书七言诗册 册页（四开）	21×28.5cm×4	437,000	北京荣宝	2018-12-03
陈继儒 行书苏轼《节饮食说》手卷	48×172cm	747,500	北京荣宝	2018-12-03
陈嘉言 1656年作 果花翎毛 手卷	27×291.5cm	230,000	中国嘉德	2018-11-22
陈嘉言 1665年作 紫芝仙兔 立轴	28.5×35cm	172,500	中国嘉德	2018-11-22
陈鎏 行书七言诗 镜心	16.5×51cm	161,000	北京匡时	2018-06-16
陈名夏 书法 立轴	218×49cm	345,000	南京经典	2018-01-06
陈汝秩 清閟阁图 手卷	185.5×24.5cm	3,680,000	保利厦门	2018-07-15
陈献章 草书五言诗 立轴	128.5×29.5cm	138,000	北京匡时	2018-06-16
陈献章 明 草书七言诗 镜框	135×49.5cm	263,900	佳士得	2018-05-28
陈元素 卞文瑜 清溪幽兰 立轴		324,995	纽约苏富比	2018-09-13
陈子和 松鹤延年 立轴	174×98.5cm	1,028,960	保利香港	2018-10-01
陈子和 松涛鸣鹤 立轴	174×98.5cm	1,322,500	朵云轩	2018-06-24
陈组绶 行书五言诗 立轴	147×44cm	207,000	北京荣宝	2018-06-14
陈遵 花卉草虫 镜心	17.5×54cm	276,000	北京匡时	2018-06-16
程嘉燧 1619年作 高士幽栖图 镜心	16.5×45.5cm	207,000	北京匡时	2018-12-06
程嘉燧 1643年作 晴山疏影图 立轴	93.5×32cm	460,000	西泠拍卖	2018-07-07
程嘉燧 行书律诗三首 镜心	18.5×55cm	230,000	北京匡时	2018-06-16
程嘉燧 1628年作 归帆图 扇面	14×47.5cm	195,500	中国嘉德	2018-06-20
崇祯帝 行书七言联 对联	199×36cm×2	920,000	北京保利	2018-06-17
仇仁 论道图 镜心	15×44cm	132,250	北京匡时	2018-06-16
仇英（款）百美图长卷	30.5×450cm	1,662,000	香港皇室贵族	2018-01-15
仇英（款）宝绘堂记 立轴	188×98cm	460,000	北京荣宝	2018-06-14
仇英（款）春宫 册页（十二开选六）	30.5×34cm×12	144,054	中国嘉德	2018-10-03
仇英（款）兰亭修禊图 手卷	15×227cm	172,500	北京荣宝	2018-06-14
仇英（款）临刘松年《竹林七贤图》手卷	27.5×142.5cm	396,625	纽约苏富比	2018-03-22
仇英（款）梅花公主图 立轴	132×46cm	115,000	北京保利	2018-12-08
仇英（款）梅花书屋图 手卷	33.5×197cm	575,000	中国嘉德	2018-11-22
仇英（款）秘戏图 四屏立轴	137.7×32.7cm×4	872,000	香港苏富比	2018-10-01
仇英（款）明/清 清明上河图 手卷	35×821cm	310,450	佳士得	2018-11-27
仇英（款）清 桃花源记 手卷	30×460cm	152,250	佳士得	2018-05-28
仇英（款）清明上河图 手卷	28×549cm	207,000	中国嘉德	2018-05-19
仇英（款）秋山曳杖图 镜心	29×183cm	101,200	中国嘉德	2018-05-19
仇英（款）桑蚕图卷 手卷	31×425cm	138,000	中国嘉德	2018-09-20
仇英（款）山水人物 立轴	137×68cm	575,000	北京荣宝	2018-06-14
仇英（款）问道图 镜心	180×96cm	120,750	北京保利	2018-06-18
仇英（款）仙山楼阁图 立轴	165×77cm	218,500	北京荣宝	2018-06-14
仇英 八美图 立轴	163×48cm	207,000	北京翰海	2018-05-13
仇英 拜佛图 立轴	147×88cm	115,000	北京翰海	2018-09-16
仇英 采莲图 镜心	27×112cm	402,500	北京匡时	2018-06-16
仇英 采芝图 镜心	18.5×55cm	529,000	北京匡时	2018-06-16
仇英 宫蚕图卷 手卷	34×501.5cm	2,990,000	中贸圣佳	2018-11-24
仇英 兰亭修楔图 卷	31.5×266cm	356,500	北京翰海	2018-06-29
仇英 十八学士登瀛洲图卷	46×1245.5cm	3,450,000	北京东正	2018-06-17
仇英 松溪高逸图 镜心	19×52cm	460,000	北京匡时	2018-06-16
仇英 桃源山居图 手卷	画心25×103cm	2,990,000	北京荣宝	2018-12-03
仇英 竹院品古 手卷	29.5×311cm	126,500	北京匡时	2018-12-06
仇英 醉翁亭图卷 手卷	106.5×30cm	2,530,000	保利厦门	2018-01-08
褚廷管 销夏图 立轴	178×44.5cm	253,000	中国嘉德	2018-06-20
崔子忠 鹰兔图 立轴	131×81cm	126,500	北京翰海	2018-09-16
戴进 耄耋图 立轴	126×44cm	6,842,500	荣宝斋（南京）	2018-07-15
戴明说 明 竹石图 立轴	150×60.8cm	110,875	佳士得	2018-11-27
戴明说 墨竹 立轴	170×46.5cm	575,000	中国嘉德	2018-11-22
担当 寒色 册页（八开）	26.5×38.5cm×8	805,000	华艺国际	2018-11-16
担当 山水 扇片	14×45cm	172,500	荣宝斋（上海）	2018-01-21
担当 坐听山鸟 立轴	80×57.5cm	207,000	北京匡时	2018-12-06
丁云鹏 白描佛像	93×46cm	1,343,100	奥斯汀	2018-06-18
丁云鹏 1608年作 仿米友仁云山图 立轴	73.5×29cm	812,000	佳士得	2018-05-28
丁云鹏 洗象图 立轴	126×49cm	11,500,000	保利厦门	2018-01-08
董笔 草书 临十七帖 立轴	198.5×47cm	345,000	西泠拍卖	2018-07-07
董良史 溪山访友图 手卷	画心26×88cm	1,840,000	北京保利	2018-06-18
董其昌（款）草书 立轴	133×48cm	218,500	中国嘉德	2018-05-20
董其昌（款）草书七言诗 立轴	124×56cm	517,500	中国嘉德	2018-05-20
董其昌（款）行书册册页（十开）	41.5×28cm×10	322,000	朵云轩	2018-06-24
董其昌（款）行书自书七律二首七绝一首 手卷	25×253.3cm	475,950	纽约苏富比	2018-03-22
董其昌（款）山水 镜心	154×47cm	115,000	中贸圣佳	2018-11-25
董其昌 1611年作 行书临怀素自叙帖 手卷	25×322.5cm	1,495,000	北京匡时	2018-06-16
董其昌 1630年作 行书诗册 册页	24×11cm×27	190,924	保利香港	2018-04-02
董其昌 1634年作 行书杜甫《饮中八仙歌》手卷	234×22cm	310,500	上海泓盛	2018-06-27
董其昌 草书（八开册）	21×27cm×8	1,314,625	香港苏富比	2018-04-01
董其昌 草书 镜心	116×27cm	368,000	保利厦门	2018-01-08
董其昌 草书 唐人诗 立轴	94×26cm	207,000	西泠拍卖	2018-07-07
董其昌 草书《春日醉起言志》（十七帧）册页	25×13.5cm×17	1,150,000	北京匡时	2018-06-16
董其昌 草书节临《自叙帖》册页	25×16cm×16	2,185,000	北京匡时	2018-06-16
董其昌 草书书法 镜心	25.5×84cm	690,000	中贸圣佳	2018-06-20
董其昌 草书王昌龄诗 立轴	121×53cm	322,000	上海匡时	2018-04-30
董其昌 峒关蒲雪 立轴	111.8×49.5cm	771,720	中国嘉德	2018-10-03
董其昌 仿黄公望青山图 立轴	39.5×37.5cm	252,813	邦瀚斯	2018-04-03
董其昌 仿米芾《烟江叠嶂图书画卷》手卷	画23.5×138.7cm	6,989,760	香港苏富比	2018-04-01
董其昌 行书册（十九开）	13.7×21.3cm×19	708,500	香港苏富比	2018-10-01
董其昌 行书 挂轴	134×53cm	241,891	香港普艺	2018-04-07
董其昌 行书 扇面	15.5×48cm	112,700	上海嘉禾	2018-06-25

(成交价RMB：10万元以上)

拍品名称	物品尺寸	成交价RMB	拍卖公司	拍卖日期
董其昌 行书《陈少保端毅公夫妻诰身》手卷	27×361.8cm	809,000	香港苏富比	2018-04-01
董其昌 行书《连环歌》手卷	31×358.5cm	4,715,000	华艺国际	2018-11-16
董其昌 行书《陋室铭》手卷	31×240cm	402,500	保利厦门	2018-07-15
董其昌 行书《琵琶行》手卷	本幅22×196cm	9,775,000	北京匡时	2018-06-16
董其昌 行书《月赋》手卷	本幅27.5×503cm	4,025,000	北京匡时	2018-12-06
董其昌 行书《赠尹惺麓参知阅兵海上四首》手卷	26×272cm	109,250	北京保利	2018-12-08
董其昌 行书册页 册页	17.5×34.5cm×24	460,000	保利厦门	2018-01-08
董其昌 行书节录《九辩》手卷	24.6×396.7cm	1,365,188	香港苏富比	2018-04-01
董其昌 行书节录《献封大夫破播仙凯歌》立轴	191×52cm	1,380,000	北京保利	2018-06-17
董其昌 行书卷 手卷	24×216cm	1,035,000	广东崇正	2018-07-05
董其昌 行书临古册 册页（十开）	张33×38cm×3	575,000	广东崇正	2018-07-05
董其昌 行书临米帖 手卷	30×234.5cm	2,645,000	北京匡时	2018-12-06
董其昌 行书临颜鲁公《送刘太冲叙》立轴	145×51cm×8	1,495,000	中国嘉德	2018-11-22
董其昌 行书录宋人词节录宋人文手卷		855,250	纽约苏富比	2018-09-13
董其昌 行书论画 立轴	34×24cm	113,186	中国嘉德	2018-10-03
董其昌 行书七言诗 镜心	190×52cm	276,000	北京保利	2018-06-18
董其昌 行书七言诗 扇面	16.5×51.5cm	101,200	中国嘉德	2018-11-22
董其昌 行书唐人九日应制诗二首 扇面	16×50cm	575,000	中国嘉德	2018-06-20
董其昌 行书唐人诗 立轴	136×49cm	288,109	中国嘉德	2018-10-03
董其昌 行书唐诗二首 册页	25.5×16.5cm×13	230,000	北京匡时	2018-12-06
董其昌 行书王维《奉和圣制天长节赐宰臣歌》手卷	书心26×410cm	1,035,000	北京保利	2018-12-08
董其昌 行书王维诗句 镜心	16.5×51cm	460,000	保利厦门	2018-01-08
董其昌 行书五言诗 手卷	字23×151cm	322,000	中国嘉德	2018-11-22
董其昌 行书长卷 手卷	27.5×376cm	1,380,000	保利厦门	2018-01-08
董其昌 行书自作五言诗 手卷	31.8×234.9cm	182,025	香港苏富比	2018-04-01
董其昌 湖村山色卷 手卷	本幅30×121cm	310,500	中贸圣佳	2018-11-25
董其昌 楷书 轴	93×39cm	908,500	北京东正	2018-06-17
董其昌 临《兰亭序》及《韭花帖》手卷	画心21×84cm	667,000	上海嘉禾	2018-06-25
董其昌 临颜真卿《裴将军帖》册页	21×15cm×16	747,500	北京匡时	2018-06-16
董其昌 落花诗册 册页（十二开）	16×29.5cm×12	1,380,000	北京荣宝	2018-06-14
董其昌 行草书法 立轴	124×53cm	385,700	佳士得	2018-05-28
董其昌 行书《池上篇》立轴	97×30cm	162,400	佳士得	2018-05-28
董其昌 行书鹤林玉露 册页（十八开）	47.3×24.5cm×18	144,138	佳士得	2018-11-27
董其昌 秋景 立轴	117.2×40.2cm	304,500	佳士得	2018-05-28
董其昌 书法 手卷	24.5×240cm	920,000	南京经典	2018-07-22
董其昌 飘渺云烟图 手卷	画心27×110cm	1,380,000	保利厦门	2018-07-15
董其昌 山水	长86cm 宽35.5cm	5,046,800	香港皇室贵族	2018-06-27
董其昌 书法 册页（九开）	23.5×9.5cm×9	230,000	中贸圣佳	2018-11-25
董其昌 书法 立轴	150×54cm	575,000	上海嘉禾	2018-06-25
董其昌 书法 立轴	150×52cm	540,500	广东小雅斋	2018-05-24
董其昌 书法 手卷	26×252cm	690,000	广东小雅斋	2018-05-24
董其昌 书法 手卷	28.5×302cm	172,500	中贸圣佳	2018-11-25
董其昌 铜官山色图 立轴	118.5×49cm	667,000	保利厦门	2018-01-08
董其昌 王维诗意图 镜片	112×52cm	920,000	泰和嘉成	2018-06-16
董其昌 小楷拟古十九首 册页	78.5×13.4cm×10	460,000	荣宝斋（南京）	2018-07-15

拍品名称	物品尺寸	成交价RMB	拍卖公司	拍卖日期
董其昌 杨汝成 徐日隆 田文渊 铁牛 魏学濂 宋学颢 钱士升 蔡元宸 赵玉森 陈继儒 长尾甲 明／清 行书-封股纯孝赞颂册 册页（二十开）	39×35cm×10；32×30.5cm×10	3,281,900	佳士得	2018-11-27
董其昌 瀛洲图诗 手卷	24.5×227cm	632,500	北京荣宝	2018-06-14
董其昌 山水书法对题册 册页（十六开）	22×15cm×16	1,380,000	北京荣宝	2018-12-03
杜堇 桃园夜宴图 横幅	50×198cm	149,500	北京翰海	2018-05-13
杜堇 作于1495年 兰亭修禊图 立轴	160×68cm	161,000	北京翰海	2018-09-16
杜琼（款）1436年作 松山幽壑图 立轴	画心127×40cm	132,250	西泠拍卖	2018-05-04
方拱乾 1662年作 行书“孔子手植桧歌”立轴	168.7×44.8cm	448,500	北京保利	2018-12-08
方以智 行书七言诗 镜心	125.5×29cm	126,500	中国嘉德	2018-11-22
丰坊 致周箕皋书法册 册页（四开）	23×22cm×4	575,000	中贸圣佳	2018-06-20
冯可宾 寿石图 立轴	26×26cm	221,750	佳士得	2018-11-27
高阳 山水图 立轴	168×83.5cm	138,000	中贸圣佳	2018-11-24
顾梦游 1656年作 行书 录酒七人传（三帧）镜片	44×20cm×3	368,000	西泠拍卖	2018-09-29
顾正谊 仿黄公望笔意 手卷	画23×342cm	920,000	中国嘉德	2018-11-22
顾正谊 太玄书屋图 手卷	画31.5×120cm	575,000	中国嘉德	2018-11-22
关思 1629年作 奇石图 卷	31×423cm	517,500	北京翰海	2018-06-29
关思 枯木竹石图 立轴	79.5×32cm	437,000	西泠拍卖	2018-07-07
归昌世 墨竹 扇面	17×49cm	120,750	广东小雅斋	2018-05-24
韩范 秋江放罾图 镜心	165×46cm	184,000	中国嘉德	2018-01-14
韩范 仕女图 镜心	165×46cm	161,000	中贸圣佳	2018-11-24
韩范 停辙枫林眺晚霞 镜心	165×46cm	126,500	中国嘉德	2018-05-19
弘治帝 仿钱舜举笔意 立轴	175×70cm	322,000	北京保利	2018-06-18
洪升 1681年作 楷书《曹娥碑》镜心	18×55cm	345,000	北京匡时	2018-06-16
侯方域 洪升 金圣叹 书法 扇面（三开）	尺寸不一	101,125	香港苏富比	2018-04-01
侯懋功 1575年作 松涧闻瀑 镜心	139×18.5cm	460,000	中国嘉德	2018-06-20
胡宗信 1600年作 松石图 扇面	16.5×48cm	138,000	中国嘉德	2018-11-22
黄道周（款）行书诗册 册页（八开）	27×29.5cm×8	171,832	中国嘉德	2018-04-03
黄道周 草书 卷	24×210cm	747,500	北京翰海	2018-06-29
黄道周 草书《拳阿》立轴	151×49cm	4,140,000	北京匡时	2018-12-06
黄道周 草书五言诗 立轴	177×50cm	138,000	北京保利	2018-06-18
黄道周 初集明诚堂行书轴 立轴	87.5×26cm	3,737,500	中国嘉德	2018-06-18
黄道周 古木泉石图 立轴	107×47cm	155,250	北京保利	2018-06-18
黄道周 行草七言诗 手卷	27.5×215cm	6,900,000	华艺国际	2018-05-23
黄道周 行书格言 立轴	81×26cm	253,000	北京匡时	2018-06-16
黄辉 1602年作 行书 手卷	29×350.5cm	887,000	佳士得	2018-11-27
黄姬水 1574年作 临颜鲁公《争座位帖》手卷	18.5×253.5cm	1,955,000	北京匡时	2018-12-06
即非如一 花卉道释（三帧）立轴	99×39cm×3	103,500	上海匡时	2018-04-30
蒋德璟 书法手卷 手卷	195.5×26.5cm	1,495,000	保利厦门	2018-01-08
蒋嵩 灵猿献寿图 立轴	93×36.5cm	109,250	北京匡时	2018-06-16
焦竑 行书七言诗 扇面	17.5×54cm	552,000	中国嘉德	2018-06-20
解缙 草书 立轴	145×52cm	115,000	北京翰海	2018-05-13
金圣叹 行书董华亭论书 立轴	112×34.5cm	690,000	北京匡时	2018-12-06
居节 山水 扇面镜框	15.5×49.2cm	152,250	佳士得	2018-05-28
居节 千嶂万涧图 手卷	22×469.5cm	483,000	中国嘉德	2018-11-22

拍品名称	物品尺寸	成交价RMB	拍卖公司	拍卖日期
孔福禧 山水 立轴	55×25cm	138,000	朵云轩	2018-04-22
蓝瑛（款）关山积雪图 立轴	169×50.5cm	138,000	西泠拍卖	2018-05-04
蓝瑛 1622年作 仿古山水 四屏立轴	46×30cm×4	6,491,416	保利香港	2018-04-02
蓝瑛 1650年作 秋林策杖 立轴	147.5×52cm	3,090,380	邦瀚斯	2018-04-03
蓝瑛 1659年作 仿董北苑山水 立轴	195×77cm	2,990,000	北京保利	2018-12-08
蓝瑛 春山泛舟图 镜片	110×44.5cm	1,265,000	西泠拍卖	2018-07-07
蓝瑛 仿董北苑山水 立轴	150×93.5cm	920,000	中国嘉德	2018-06-20
蓝瑛 仿梅华道人笔意 镜心	31×30cm	218,500	北京匡时	2018-06-16
蓝瑛 红树秋山图 立轴	171×50cm	2,300,000	中国嘉德	2018-11-20
蓝瑛 花鸟杂画册 册页	29×34cm×8	1,840,000	北京匡时	2018-06-16
蓝瑛 1641年作 松下静思 立轴	127×61.2cm	199,575	佳士得	2018-11-27
蓝瑛 万山飞雪 立轴	176.5×45.7cm	427,625	纽约佳士得	2018-09-11
蓝瑛 祁豸佳 1652年作 仿古山水册 册页（十开）	35×26cm×10	2,875,000	北京保利	2018-06-17
蓝瑛 1658年作 法李咸熙山水 立轴	190×66cm	1,827,000	佳士得	2018-05-28
蓝瑛 松溪高隐图 立轴	46×29.5cm	2,127,500	西泠拍卖	2018-07-07
蓝瑛 1648年作 秋崖清话图 立轴	169.50×47cm	1,380,000	中国嘉德	2018-11-20
蓝瑛 醉卧图 扇面	16×51cm	368,000	中贸圣佳	2018-06-20
冷谦 人物故事 立轴	102.5×91cm	230,000	荣宝斋（南京）	2018-07-15
李辰 1639年作 竹雀图 镜心	16×51cm	207,000	北京匡时	2018-06-16
李孔修 1476年作 鸜鹆戏水图 立轴	119.2×64cm	110,875	佳士得	2018-11-27
李麟（款）白描人物 手卷	心24.5×230cm	207,000	中贸圣佳	2018-11-25
李流芳 1627年作 秋花晚景图 扇轴	52.5×17cm	172,500	西泠拍卖	2018-07-07
李流芳 仿巨然山水 手卷	28×294.2cm	545,000	香港苏富比	2018-10-01
李流芳 行书五言诗 扇面	16×49.5cm	230,000	中国嘉德	2018-06-20
李流芳 行草诗选 册页（八开）	30.5×46.5cm×8	1,774,000	佳士得	2018-11-27
李流芳 拟江贯道山水卷 手卷	28×91cm	575,000	保利厦门	2018-01-08
李流芳 疎林平远 立轴	106.7×39.5cm	118,988	纽约苏富比	2018-03-23
李流芳 1621年作 林间问道 扇面	16.5×50cm	138,000	中国嘉德	2018-06-20
李三才 书法 扇面	15.5×48cm	138,000	华艺国际	2018-05-23
李士达 1610年作 孔子过蒲适卫图 扇面	16.5×49.5cm	138,000	中国嘉德	2018-11-22
梁元柱 清溪夜泊图	126.5×60.5cm	391,000	中国嘉德	2018-06-20
林良（款）芦雁 立轴	143×97cm	149,500	北京翰海	2018-06-29
林良 寒雪山鸡 立轴	138.6×78.4cm	2,455,902	纽约苏富比	2018-03-22
林良 秋荷双凫 立轴	137.5×78cm	1,269,200	纽约苏富比	2018-03-22
林良 雄鹰傲视图 立轴	154.5×83cm	460,000	保利厦门	2018-01-08
林钟 草书王建《宫词》镜心	18×55cm	103,500	北京匡时	2018-06-16
刘铎 草书佘翔诗 立轴	157.6×58.8cm	345,000	北京保利	2018-12-08
刘珏 为"抑之"作山水 镜心	118×45cm	5,405,000	北京保利	2018-06-17
刘俊 仙山渡海 立轴	58×40cm	184,000	中国嘉德	2018-11-22
刘理顺 1640年作 行书七言诗 镜心	16×50cm	138,000	北京保利	2018-06-18
刘理顺 草书自作诗 扇面	16.5×52cm	207,000	中国嘉德	2018-06-20
刘钰 待渡图 立轴	103×29cm	207,000	北京荣宝	2018-12-03
刘原起 1629年作 松鹤延年 立轴	126.6×64.6cm	199,575	佳士得	2018-11-27
刘重庆 行草兰亭序 册页（二十开）	29×18cm×20	172,500	北京保利	2018-06-18
柳如是 1652年作 渡江图 扇面	16×46cm	149,500	中国嘉德	2018-11-22
龙待 行书七言诗 立轴	154×49.5cm	149,500	中国嘉德	2018-11-22
娄坚 行书七言诗 扇面	17×45cm	230,000	中国嘉德	2018-06-20
卢象升 草书五言联 立轴	280×39cm×2	349,846	中国嘉德	2018-10-03
鲁治 草书自书诗 手卷	28.2×270cm	556,188	香港苏富比	2018-04-01
陆复 顾禄 书画合璧 手卷	21.9×91.4cm	5,750,000	北京保利	2018-06-17
陆复 1522年作 双清竞秀 手卷	32.3×533cm	1,624,000	佳士得	2018-05-28
陆可教 行书七言诗 立轴	120×31cm	133,765	保利香港	2018-10-01
陆治 1550年作 支硎山色 镜心	16.5×52cm	1,552,500	北京匡时	2018-12-06
陆治 春和众芳 立轴	97×34cm	103,500	广东小雅斋	2018-05-24
陆治 春山图 镜心	17×52cm	138,000	北京匡时	2018-06-16
陆治 水仙 镜框	59.5×27cm	817,500	香港苏富比	2018-10-01
陆治 种玉图 立轴	98×40cm	402,500	北京荣宝	2018-06-14
罗洪先 行书自作诗（十八开册选十七开）	26×16.8cm×18	262,925	香港苏富比	2018-04-01
吕纪（款）芙蓉锦鸡 镜心	152×94cm	138,000	中国嘉德	2018-01-14
吕纪（款）花鸟 手卷	23×162cm	178,250	北京荣宝	2018-12-03
吕纪 松鹤双寿 立轴	166×101cm	942,438	佳士得	2018-11-27
吕纪 桃塘嘉禽 立轴	177×106cm	284,200	佳士得	2018-05-28
吕纪 武陵春色 立轴	67×143cm	1,127,000	中贸圣佳	2018-06-20
吕潜 1687年作 山水 立轴	124×50cm	1,725,000	南京经典	2018-07-22
马守真 1595年作 兰竹石图 扇面	18×53cm	460,000	南京经典	2018-07-22
马守真 1603年作 幽兰竹石图 立轴	113×37cm	402,500	北京保利	2018-12-08
马守真 兰竹芝石 手卷	34×369.4cm	3,141,270	纽约苏富比	2018-03-22
马琬 1360年作 溪山清远 立轴	146×40cm	977,500	北京荣宝	2018-12-03
茅坤 书法 镜框	26×96cm	575,000	华艺国际	2018-05-23
米万钟 草书七言诗 立轴	178×52cm	345,000	北京荣宝	2018-06-14
米万钟 仿吴仲圭法 扇面	16.5×48.5cm	128,620	保利香港	2018-10-01
米万钟 行书七言诗 立轴	185×52cm	747,500	北京保利	2018-12-08
米万钟 临草书 镜心	17×51cm	138,000	北京荣宝	2018-06-14
米万钟 秋山归舟图 扇面	18.5×54.5cm	920,000	中国嘉德	2018-06-20
米万钟 书法 扇面	15×48cm	230,000	华艺国际	2018-05-23
米万钟 1618年作 行书五言巨联 立轴	287×41cm×2	1,150,000	广东崇正	2018-07-05
明 释迦说法图 立轴	144.5×76cm	264,500	西泠拍卖	2018-07-08
莫是龙 草书《咏怀诗》卷 手卷	28×828cm	690,000	北京华辰	2018-11-20
莫是龙 1577年作 行楷枯树赋 手卷	23.5×210cm	920,000	中国嘉德	2018-11-22
倪元璐 1640年作 行书《体秋》卷	28.5×136cm	425,500	北京翰海	2018-06-29
倪元璐 草书 五言诗 立轴	179×48cm	1,437,500	西泠拍卖	2018-07-07
倪元璐 草书七言诗 立轴	99.5×27cm	586,500	保利厦门	2018-07-15
倪元璐 草书五言句 立轴	64×27cm	322,000	北京匡时	2018-06-16
倪元璐 草书洗儿辞 立轴	160×47cm	4,140,000	中国嘉德	2018-11-20
倪元璐 断山图 立轴	111×45.5cm	667,000	上海嘉禾	2018-06-25
倪元璐 高士图 镜心	16.5×47cm	218,500	北京匡时	2018-06-16
倪元璐 行书诗句 立轴		410,520	纽约苏富比	2018-09-13
倪元璐 行书五言诗 立轴	83×34cm	402,500	北京匡时	2018-06-16
倪元璐 行书自作诗 立轴	35×35cm	333,500	北京匡时	2018-06-16
倪元璐行书《四十初度诗》立轴	125.5×38.5cm	4,346,300	佳士得	2018-11-27
倪元璐 秋江垂钓 立轴	124×53cm	345,000	北京匡时	2018-12-06
倪元璐 1638年作 为范景文作书画合璧卷 手卷	书画28×175.5cm	28,750,000	中国嘉德	2018-11-20
彭年1536年作 小楷《琵琶行》镜心	20×35cm	103,500	北京荣宝	2018-06-14
钱贡 孙筒肃公六子同胞雅会图 手卷	画心30×146cm	1,782,500	北京保利	2018-12-08

拍品名称	物品尺寸	成交价RMB	拍卖公司	拍卖日期
钱谷 春元吉庆 镜框	86×30.3cm	190,380	纽约苏富比	2018-03-23
钱谷 拟文徵明山水 立轴	97.5×27.5cm	287,500	中贸圣佳	2018-06-20
钱谷 钱叔宝花卉 册页（八开）	22×24cm×8	2,300,000	保利厦门	2018-01-08
钱谷 行书兰亭序 手卷	本幅33×100cm	253,000	北京匡时	2018-06-16
钱谷 乔荫竹石图 立轴	117×32cm	345,000	西泠拍卖	2018-07-07
钱谷 1572年作 松溪畅怀 立轴	108.5×30cm	207,000	上海嘉禾	2018-06-25
钱谷 1551年作 花卉册 册页（八开）	22×24cm×8	1,610,000	广东崇正	2018-07-05
钱谷 煮茶图 扇面	15.7×49.5cm	552,000	中国嘉德	2018-06-20
钱谦益 行书五言诗 镜心	17.5×53cm	230,000	北京匡时	2018-06-16
秦镛 致秦松岱手书卷 手卷	画心317.5×27.5cm	2,300,000	荣宝斋（南京）	2018-01-05
璩之璞 1607年作 雪满空山图 立轴	152×33cm	1,322,500	华艺国际	2018-11-16
商梅 1635年作 湖山清远图 手卷	165×25cm	109,250	西泠拍卖	2018-05-04
邵弥 1630年作 探泉图 立轴	80×33cm	3,220,000	北京保利	2018-12-08
沈焯 仿徐渭《杂花图》卷 手卷	28.2×741.5cm	174,400	香港苏富比	2018-10-01
沈灏 1648年作 幽栖图 手卷	31.8×377.5cm	324,800	佳士得	2018-05-28
沈灏 山水 册页（十开）	19.5×26cm×12	230,000	华艺国际	2018-05-23
沈士充 1606年作 山居图 扇面	15×45cm	253,000	中国嘉德	2018-06-20
沈士充 1633年作 山水清音 手卷	24×128.2cm	609,000	佳士得	2018-05-28
沈守正 1606年作 雪霁图 立轴	142×39.5cm	108,041	保利香港	2018-10-01
沈藻 楷书祝箴 镜心	24×58cm	575,000	中国嘉德	2018-05-20
沈周（款）春水船图 立轴	86×52cm	172,500	北京保利	2018-12-08
沈周（款）秋林高士图 镜心	88×29cm	230,000	中国嘉德	2018-05-19
沈周（款）书法册页 册页（十六开）	25×15cm×16	943,000	中贸圣佳	2018-06-20
沈周 1473年作 山水 卷	28.5×312cm	172,500	北京翰海	2018-06-29
沈周 风雪夜归 立轴	324.5×132cm	115,000	保利厦门	2018-07-15
沈周 江村远眺图 立轴	73×49.5cm	575,000	西泠拍卖	2018-07-07
沈周 1483年作 吴江图 手卷	30.7×170cm; 30.7×108cm	9,668,300	佳士得	2018-11-27
沈周 移竹图 手卷	24.5×98cm	13,722,800	佳士得	2018-05-28
沈周 倪云林画意 扇面	18×51cm	621,000	广东小雅斋	2018-05-24
沈周 秋山放棹 扇面	18.8×55cm	912,238	纽约苏富比	2018-03-23
沈周 山林归隐 手卷	24.5×222cm	1,725,000	保利厦门	2018-07-15
沈周 吴宽 祝允明 行书自作诗三首 镜心	17×53cm	2,645,000	北京匡时	2018-06-16
沈周 仙桂堂图 手卷	34×135cm	5,520,000	保利厦门	2018-01-08
沈周 徐枋 邢侗 等 明人手札册 册页（十二开）	尺寸不一	920,000	中贸圣佳	2018-06-20
沈周 萱寿图 立轴	137.5×54.5cm	517,500	中国嘉德	2018-11-22
沈周 有竹庄中秋赏月卷 手卷	画心34×136cm	14,950,000	朵云轩	2018-06-24
沈周 林隐图卷 手卷	31×447cm	7,820,000	北京荣宝	2018-12-03
盛茂烨 密林陡嶂图 立轴	76×37.5cm	126,500	西泠拍卖	2018-07-07
盛茂烨 1632年作 山水人物 立轴	149×39cm	207,000	广东崇正	2018-07-05
盛茂烨 烟寺晚钟图 扇轴	49×16cm	115,000	西泠拍卖	2018-07-07
盛时泰 草书七言诗 立轴	168.5×49cm	264,500	北京荣宝	2018-12-03
施静 渔樵耕读 立轴	172×91cm	345,000	上海嘉禾	2018-06-25
史可法 草书龙门对 对联	153×28cm×2	1,035,000	中贸圣佳	2018-06-20
史忠 方夜读书图 手卷	画心29×251cm	345,000	北京荣宝	2018-12-03
释深度 罗浮八景 镜片	22×31cm×8	172,500	广东崇正	2018-07-05
宋曹 杜甫诗秋兴 手卷	本幅30.5×515cm	3,220,000	北京匡时	2018-06-16
宋曹 1693年作 草书歌行 手卷	31.5×468cm	554,375	佳士得	2018-11-27

拍品名称	物品尺寸	成交价RMB	拍卖公司	拍卖日期
宋曹 行书《千字文》册页（三十八开）	36.8×28cm×38	133,050	佳士得	2018-11-27
宋懋晋 小孤山 镜心	15×47cm	115,000	北京荣宝	2018-12-03
孙克弘 1594年作 墨竹图卷 手卷	画心26.5×568cm	782,000	北京保利	2018-12-08
孙克弘 花卉 扇面	16.5×51cm	230,000	华艺国际	2018-05-23
孙克弘 花卉册 册页（十二开）	27×24cm×12	356,500	中贸圣佳	2018-06-20
孙克弘 行草五言诗 立轴	139.5×44cm	223,300	佳士得	2018-05-28
唐寅（款）东坡戴笠图 立轴	112×30.5cm	1,380,000	北京荣宝	2018-12-03
唐寅（款）溪山月景 手卷	50.2×541cm	304,500	佳士得	2018-05-28
唐寅（款）1518年作 桃源观瀑图 立轴	112×45cm	126,500	中国嘉德	2018-09-20
唐寅（款）溪桥访友图 立轴	87×40cm	109,250	北京保利	2018-06-18
唐寅（款）溪亭山色册 册页（九开）	23×31cm×9	126,500	北京保利	2018-06-18
唐寅（款）宴客图 立轴	184.5×100.5cm	253,000	北京翰海	2018-06-29
唐寅（款）移舟就饮图 立轴	139×65cm	115,000	中国嘉德	2018-05-19
唐寅（款）云峦高隐 立轴	163×78cm	368,000	保利厦门	2018-01-08
唐寅 1517年作 桃花坞 镜心	18×55.5cm	1,667,500	北京匡时	2018-06-16
唐寅 春山结侣图 立轴	79.5×33cm	2,672,936	中国嘉德	2018-04-03
唐寅 斗茶图 立轴	54.5×78cm	575,000	保利厦门	2018-01-08
唐寅 临流试琴图 立轴	50×27cm	10,580,000	西泠拍卖	2018-07-07
唐寅 梅占一枝春 立轴	143×77.5cm	1,269,200	纽约苏富比	2018-03-23
唐寅 秋林高士图 手卷	29.5×120cm	3,220,000	北京荣宝	2018-12-03
唐寅 山村诗兴图 立轴	画心83.5×31.5cm	3,220,000	上海嘉禾	2018-06-25
唐寅 仕女图 立轴		4,180,000	新加坡伯明翰	2018-05-20
唐寅 修竹茅亭图 立轴	94.5×34.5cm	4,715,000	西泠拍卖	2018-07-07
唐寅 1521年作 枫林霜叶图 成扇		322,000	中国嘉德	2018-06-20
唐寅 竹石图 立轴	91×33cm	3,680,000	北京匡时	2018-12-06
唐志契 江帆带月图 立轴	173×57cm	345,000	北京保利	2018-06-18
陶成 竹菊野兔 立轴	121.1×32.3cm	674,263	纽约苏富比	2018-03-22
汪肇 花鸟对屏 镜心	142×77cm×2	2,070,000	北京保利	2018-12-08
王鏊 行书七言诗 镜框	178.5×48.4cm	130,800	香港苏富比	2018-10-01
王鏊 行书五言诗 镜框	31.2×28.5cm	283,400	香港苏富比	2018-10-01
王宠（款）1520年作 小楷文赋 册页	23×28cm×16	172,500	中国嘉德	2018-05-20
王宠 1527年作 草书唐诗十首 手卷	本幅27×238cm	1,380,000	北京荣宝	2018-12-03
王宠 草书《登吴山作》扇面	17.5×55.5cm	267,530	中国嘉德	2018-10-03
王宠 草书五言诗 立轴	69×32cm	184,000	北京匡时	2018-06-16
王宠 草书自作诗 扇面 镜框	17×52.5cm	283,400	香港苏富比	2018-10-01
王宠 行书 泥金扇面 镜片	18×48cm	713,000	保利厦门	2018-01-08
王宠 书法 扇面	17×47cm	178,250	华艺国际	2018-05-23
王宠 咏竹诗 扇面	18×47cm	172,500	中国嘉德	2018-11-22
王铎 1635年作 行书五律《宿江边阁》诗轴 立轴	180×53cm	920,000	北京保利	2018-12-08
王铎 1639年作 行书郗愔《至庆帖》立轴	17×50cm	874,000	北京匡时	2018-06-16
王铎 1640年作 书法 扇面	17×52cm	345,000	华艺国际	2018-05-23
王铎 1641年作 草书临阁帖 立轴	276×52cm	2,530,000	北京保利	2018-12-08
王铎 1641年作 行书自作诗 立轴	186×51cm	4,830,000	北京匡时	2018-12-06
王铎 1642年作 伏审帖 册页（三十九开）	31×14.5cm×39	437,000	北京保利	2018-06-18
王铎 1642年作 行书节临《法书要录》镜心	16.5×52cm	322,000	北京匡时	2018-06-16

拍品名称	物品尺寸	成交价RMB	拍卖公司	拍卖日期
王铎 1645年作 草书 临张芝帖 立轴	198.5×51cm	920,000	西泠拍卖	2018-07-07
王铎 1646年作 草书七绝七首 手卷	画心26.5×272cm	9,315,000	北京保利	2018-12-08
王铎 1650年作 草书 鲁斋歌卷 手卷	画心312×26cm	12,650,000	西泠拍卖	2018-07-07
王铎 1650年作 草书临王献之《承姑帖》《余杭帖》立轴	233×50cm	4,255,000	北京荣宝	2018-12-03
王铎 1650年作 临王献之帖 立轴	235×50cm	5,175,000	南京经典	2018-01-06
王铎 1646年作 草书临二王帖 立轴	167.5×51.5cm	3,220,000	中国嘉德	2018-06-20
王铎 草书 立轴	201×55.5cm	17,307,500	荣宝斋（上海）	2018-01-21
王铎 草书 立轴	187×51cm	5,175,000	荣宝斋（上海）	2018-01-21
王铎 草书《求书帖》《欢呼帖》手卷	26.5×182.5cm	1,234,752	中国嘉德	2018-10-03
王铎 草书五言诗 立轴	275×50cm	11,500,000	北京保利	2018-06-17
王铎 1647年作 草书临张旭帖 立轴	163×50cm	1,127,000	广东崇正	2018-07-04
王铎 各体杂书卷 手卷	25.1×262.6cm	3,128,000	北京保利	2018-12-08
王铎 1650年作 行书五言诗 立轴	204×49.5cm	3,910,000	中国嘉德	2018-06-20
王铎 1650年作 远山石径 扇面	18.5×53.5cm	126,500	中国嘉德	2018-06-20
王铎 行书 册页（四开）	20.5×13cm×4	207,000	华艺国际	2018-11-16
王铎 行书 立轴	165×50cm	1,725,000	朵云轩	2018-06-24
王铎 行书 立轴	139×26cm	172,500	上海敬华	2018-09-11
王铎 行书 手卷	37×277cm	172,500	上海敬华	2018-09-11
王铎 行书七言诗 立轴	170×51cm	3,795,000	华艺国际	2018-05-23
王铎 行书五言诗 立轴	210.5×53cm	6,900,000	华艺国际	2018-11-16
王铎 临虞世南《贤兄帖》立轴	246×54cm	3,450,000	中国嘉德	2018-11-20
王铎 1640年作 草书 立轴	227×49.5cm	913,500	佳士得	2018-05-28
王铎 书法（二帧）扇面	16.5×54cm；17×53cm	977,500	中国嘉德	2018-11-22
王铎 书法 镜框	16×55cm	230,000	广东小雅斋	2018-05-24
王铎 书法 镜心	16×52cm	1,725,000	北京匡时	2018-06-16
王铎 1649年作 书法 立轴	113.3×35.3cm	185,136	万昌斯	2018-05-30
王铎 自书诗稿（八页）册页（四开）	28.5×23cm×8	805,000	中国嘉德	2018-11-22
王绂 1414年作 笔舫图卷 手卷	画心24×46cm	20,700,000	北京保利	2018-06-17
王绂 绝壁凝岚 立轴		3,506,165	纽约佳士得	2018-03-20
王谷祥 乾隆帝 花鸟书法对题十八开册 册页（三十六开）	28×32cm×36	29,555,000	北京荣宝	2018-12-03
王行冲 草书 立轴	179×47.5cm	207,000	荣宝斋（上海）	2018-01-21
王衡 行书五言诗 镜心	15×47.5cm	195,500	北京匡时	2018-12-06
王綦 1619年作 幽林闲坐 立轴	128.6×55cm	498,938	佳士得	2018-11-27
王声 仕女图册 册页	30×19.5cm×8	241,500	南京经典	2018-07-22
王守 汲水图 立轴	163.5×96cm	632,500	北京匡时	2018-06-16
王思任 山中垂钓图 扇页	48×15.5cm	126,500	西泠拍卖	2018-07-07
王维烈 兰石双禽 立轴	110.5×43.7cm	174,400	香港苏富比	2018-10-01
王问 1548年作 巽泉图 手卷	26×103.5cm	517,500	华艺国际	2018-05-23
王锡爵 草书《过采石》扇面	17.5×52cm	690,000	中国嘉德	2018-06-20
王锡绶 1634年作 夏山图 立轴	118×48cm	171,913	邦瀚斯	2018-04-03
王象云 书法 扇面	16.5×52cm	115,000	华艺国际	2018-05-23
王义 二十四诸天图 镜心	158×94cm	299,000	中国嘉德	2018-01-14
王穉登 草书七言诗 立轴	130×35.5cm	149,500	荣宝斋（南京）	2018-07-15

拍品名称	物品尺寸	成交价RMB	拍卖公司	拍卖日期
魏之璜 高士图 镜心	63×35.5cm	230,000	南京经典	2018-01-06
魏之克 1630年作 拟古山水册 册页（十二开）	23.5×16cm×12	138,000	中国嘉德	2018-11-22
文伯仁（款）仿王蒙山水	宽30 长190cm	2,077,500	香港皇室贵族	2018-01-15
文伯仁 秋荫开霁图 立轴	131×34.5cm	207,000	荣宝斋（上海）	2018-01-21
文伯仁 山水 扇面	17.5×51cm	230,000	广东崇正	2018-07-05
文伯仁 沈士充 方亢宗 陈淳 张宏 陈元素 宋懋晋 董其昌 弘仁 明/清 山水、书法 扇面册页（十二开）	16.5×50cm×12	9,668,300	佳士得	2018-11-27
文伯仁 溪山开霁图 立轴	132×35cm	368,000	西泠拍卖	2018-07-07
文俶（款）蝶恋花长卷 手卷	画心290×23cm	207,000	西泠拍卖	2018-05-04
文从昌 文震亨 文从简 文谦光 文宠光 姑苏五景图并题咏 扇页	55×17.5cm	552,000	西泠拍卖	2018-07-07
文嘉 1544年作 青山云烟 镜心	18×50cm	230,000	北京匡时	2018-06-16
文嘉 1553年作 望山图 镜心	17.5×51cm	345,000	北京匡时	2018-06-16
文嘉 1578年作 洗竹山房图 手卷	画26×111cm	12,420,000	北京保利	2018-12-08
文嘉 山水 扇面镜框	16.5×46.5cm	121,800	佳士得	2018-05-28
文嘉 万历1580年作 春山幽居 立轴	137×58.5cm	4,830,000	中国嘉德	2018-06-20
文嘉 夏景花卉 立轴	103.5×29.5cm	460,000	中贸圣佳	2018-11-24
文彭 草书《渔父词》手卷	30.9×546.5cm	3,217,422	纽约苏富比	2018-03-23
文彭 草书杜甫诗 镜心	15.5×47cm	195,500	北京匡时	2018-12-06
文彭 草书五言诗 立轴	69.5×31cm	149,500	北京匡时	2018-06-16
文彭 草屋江深 镜心	18×50cm	253,000	北京匡时	2018-12-06
文彭 和云林先生江南春词三篇 手卷	33.5×736cm	6,325,000	华艺国际	2018-11-16
文震孟 草书六言诗 立轴	125×51.5cm	115,000	荣宝斋（南京）	2018-07-15
文震孟 行书五言诗 立轴	137.5×51.6cm	517,500	北京保利	2018-12-08
文震孟 1622年作 行书诗四首 手卷	26×256cm	997,875	佳士得	2018-11-27
文徵明 山泉流水图轴	长150cm 宽69cm	2,604,800	香港皇室贵族	2018-06-27
文徵明（款）碧峰古寺 立轴		118,988	纽约佳士得	2018-03-20
文徵明（款）吉祥庵图 立轴	99×39.6cm	190,380	纽约苏富比	2018-03-23
文徵明（款）西塞扁舟 立轴	75×28cm	241,500	北京翰海	2018-06-29
文徵明 1525年作 行书《西苑诗》册页	27×14.5cm×19	207,000	北京匡时	2018-12-06
文徵明 1536年作 五月江深图 立轴	113×65cm	2,990,000	北京保利	2018-12-08
文徵明 1541年作 溪堂谯别图 手卷	画心26×80cm	87,975,000	北京保利	2018-12-08
文徵明 1543年作 高台对酒 立轴	99×50cm	287,500	北京保利	2018-12-08
文徵明 1545年作 小楷《千字文》手卷	本幅25×59cm	1,840,000	北京匡时	2018-12-06
文徵明 1550年作 行书诗余墨妙 手卷	书心36×810cm	6,555,000	华艺国际	2018-05-23
文徵明 1552年作 楷书 临黄庭经（十三页）册页	24×10cm×13	402,500	西泠拍卖	2018-07-07
文徵明 1558年作 阿房宫赋 册页	26×11.5cm×23	4,370,000	南京经典	2018-01-06
文徵明 1558年作 行书 游西山诗册 册页（三十页）	22×13.5cm×30	322,000	西泠拍卖	2018-09-29
文徵明 草书 镜心	22.5×21cm	103,500	荣宝斋（上海）	2018-01-21
文徵明 草书七言诗 镜心	16.5×48cm	172,500	北京匡时	2018-06-16
文徵明 草书七言诗 镜心	17.5×51cm	161,000	北京匡时	2018-06-16
文徵明 草书诗卷 手卷	书心36×719cm	2,415,000	北京保利	2018-06-17

拍品名称	物品尺寸	成交价RMB	拍卖公司	拍卖日期
文徵明 草书自作诗 扇面 镜框	18×51cm	414,200	香港苏富比	2018-10-01
文徵明 策杖观泉图・行书五言诗成扇	18.5×52.5cm	575,000	中国嘉德	2018-06-20
文徵明 仇英 青绿山水 书法 镜心	33×27.5cm×4	230,000	中贸圣佳	2018-11-25
文徵明 丹崖古松图 扇页	50×17.5cm	253,000	西泠拍卖	2018-07-07
文徵明 仿梅道人笔意 立轴	90.5×20.5cm	690,000	上海嘉禾	2018-06-25
文徵明 行草五律三首 手卷	26×356cm	345,000	上海泓盛	2018-06-27
文徵明 行书 手卷	长260cm 宽28cm	6,186,400	香港皇室贵族	2018-06-27
文徵明 行书 诗稿册（十四页）册页	20×14cm×14	1,955,000	西泠拍卖	2018-07-07
文徵明 行书 十五夜诗 扇页	50.5×18cm	575,000	西泠拍卖	2018-07-07
文徵明 行书《滕王阁序》手卷	29×266.4cm	384,275	香港苏富比	2018-04-01
文徵明 行书饯别诗 立轴	130.5×65cm	897,000	保利厦门	2018-01-08
文徵明 行书七言诗 镜心	29×40cm	138,000	中国嘉德	2018-11-22
文徵明 行书七言诗 立轴	121×32cm	345,000	广东崇正	2018-07-05
文徵明 行书前赤壁赋 手卷	30×182cm	920,000	北京匡时	2018-06-16
文徵明 行书咏中秋 立轴	128.5×53cm	897,000	中贸圣佳	2018-11-24
文徵明 行书自作诗 立轴	350×98cm	2,185,000	荣宝斋（南京）	2018-07-15
文徵明 行书自作诗 立轴	139×65.5cm	310,500	北京匡时	2018-06-16
文徵明 行书自作诗 扇面	19×55.5cm	345,000	中贸圣佳	2018-06-20
文徵明 湖楼夜笛 立轴	52.2×15.8cm	674,263	纽约苏富比	2018-03-22
文徵明 金山图卷 手卷	画31.8×129.3cm	1,516,875	香港苏富比	2018-04-01
文徵明 空山古木图 立轴	78×28.5cm	1,725,000	西泠拍卖	2018-07-07
文徵明 兰石图 立轴	124×47.5cm	736,000	北京匡时	2018-12-06
文徵明 1556年作 西山图 手卷	26.4×105cm	665,250	佳士得	2018-11-27
文徵明 1512年作 草书 手卷	30×912cm	6,414,800	佳士得	2018-05-28
文徵明 南湖放棹 镜心	18.5×54cm	897,000	北京匡时	2018-12-06
文徵明山水（二帧）册页（二开）	45.4×31.5cm×2	460,000	北京荣宝	2018-12-03
文徵明 山水并行书《太湖》卷	画30×124cm	1,058,000	北京翰海	2018-06-29
文徵明 石壁飞瀑图 立轴	85×25.5cm	2,300,000	北京匡时	2018-12-06
文徵明 手卷	画30.6×150.4cm	6,948,870	纽约苏富比	2018-03-23
文徵明 书法 立轴	169×94cm	575,000	广东小雅斋	2018-05-24
文徵明 溪亭闲坐图 镜心	77×27.5cm	115,000	中国嘉德	2018-11-22
文徵明 小楷司空图《诗品》扇面	17.2×52cm	118,988	纽约苏富比	2018-03-22
文徵明 旭日初晴 立轴	101×50cm	172,500	上海敬华	2018-09-11
文徵明 赵孟頫（款）（款）山居秋意 风尘三侠 立轴	26×62cm	126,500	中国嘉德	2018-01-14
文徵明 重岩绝壑通景 立轴	尺寸不一	379,500	泰和嘉成	2018-06-16
文徵明 醉翁亭诗画合璧卷 手卷	本幅23.5×129cm	2,990,000	北京匡时	2018-06-16
闻人盖 1584年作 山水 册页（十开）	20.6×16.8cm×10	641,438	纽约佳士得	2018-09-11
无款 明汉钟离 立轴	140×100cm	554,375	佳士得	2018-11-27
无款 明 花香蜂来 立轴	40×25.8cm	101,500	佳士得	2018-05-28
无款 明 牡丹图 团扇面立轴	23.5×22.5cm	152,250	佳士得	2018-05-28
无款 明 南极降灵图 手卷	27.3×190cm	554,375	佳士得	2018-11-27
无款 明 晴雪归骑图 立轴	212.1×96.8cm	171,050	纽约佳士得	2018-09-11
无款 明 说剑图 立轴	143.5×72cm	121,800	佳士得	2018-05-28
无款 明 羲之爱鹅 立轴	145×82.5cm	465,675	佳士得	2018-11-27
无款 明 悬崖墨梅 立轴	108×28cm	243,600	佳士得	2018-05-28
无款 明 长江万里图 手卷	27×1036cm	304,500	佳士得	2018-05-28
吴彬 高山流水图 立轴	328×102cm	5,410,700	佳士得	2018-11-27
吴拱宸 行书西湖诗 立轴	180×57cm	558,250	佳士得	2018-05-28
吴宽 行书题跋 镜心	25×55cm	149,500	北京匡时	2018-06-16

拍品名称	物品尺寸	成交价RMB	拍卖公司	拍卖日期
吴麟征 梁同书 伊秉绶 钱大昕等 贞肃公遗翰及诸家题跋册（四十九页）册页	14×7cm×49	1,380,000	西泠拍卖	2018-07-07
吴泰和 草书《获麟解》手卷	43.8×377.7cm	303,375	香港苏富比	2018-04-01
吴伟（款）渔樵耕读图 手卷	31.5×453cm	332,625	佳士得	2018-11-27
吴伟（款）渔夫图 镜框	33.5×24cm	182,025	邦瀚斯	2018-04-03
吴振 山水集锦 册页（十开）	37×25cm×10	575,000	华艺国际	2018-05-23
吴振 云山萧寺 扇面	19×54.5cm	103,500	中国嘉德	2018-06-20
吴镇（款）墨竹图卷 手卷	30×454cm	172,500	中国嘉德	2018-05-19
兀颜子 顾禄 祝允明 题山水图 镜心	28×95cm	207,000	北京匡时	2018-12-06
夏昶（款）凌霄劲节 立轴		299,338	纽约苏富比	2018-09-13
夏仲昭 楷书 欧阳修《醉翁亭记》罗振玉旧藏	26×106.5cm	437,000	中国嘉德	2018-06-20
萧云从 溪山梅雪图 立轴	109×52cm	575,000	荣宝斋（南京）	2018-07-15
谢时臣（款）鹤鸣九皋 立轴	123×60cm	218,500	中国嘉德	2018-01-14
谢时臣 1553年作 扶筇访友图 立轴	109.5×28.5cm	2,185,000	北京匡时	2018-06-16
谢时臣 1558年作 秋林暮鸦图 立轴	145×56cm	805,000	北京匡时	2018-06-16
邢侗 书法 镜心	16.5×50cm	828,000	北京匡时	2018-06-16
徐霖 蕉荫寻诗图 扇面	19×49cm	322,000	中国嘉德	2018-06-20
徐渭（款）竹石 立轴		150,718	纽约佳士得	2018-03-20
徐渭 行书五言诗 立轴	138×60cm	402,500	北京匡时	2018-06-16
徐渭 墨王翠盖图 立轴	148×65cm	19,550,000	北京保利	2018-12-08
徐渭 牡丹竹石图 镜心	122.5×30cm	11,500,000	中国嘉德	2018-11-20
徐渭 清景泛舟图 镜片	36.5×19.5cm	598,000	西泠拍卖	2018-07-07
徐渭 书法 立轴	102×35cm	115,000	广东小雅斋	2018-05-24
许豸 草书七言诗 立轴	153×43cm	149,500	中国嘉德	2018-11-22
杨大临 清溪幽禽图 立轴	183×86cm	287,500	西泠拍卖	2018-07-07
杨慎 草书七言诗 立轴	194×39.5cm	172,500	荣宝斋（南京）	2018-01-05
杨世愈 幽居图 手卷	画心21×107cm	230,000	北京保利	2018-12-08
杨廷麟 行书 洗心诗 镜片	179×54cm	1,265,000	西泠拍卖	2018-07-07
杨一清 1514年作 草书滕王阁诗扇面	16.5×46.5cm	138,000	中国嘉德	2018-06-20
杨治卿 苍鹰 立轴	183×86cm	747,500	广东崇正	2018-07-05
姚绶 1484年作 国色天香 立轴		951,900	纽约佳士得	2018-03-20
姚允在 桐江萧寺图 手卷	本幅47×978cm	28,405,000	北京匡时	2018-06-16
佚名 佛像 立轴	173×95cm	3,254,240	中正拍卖	2018-06-28
佚名 明 佛像 镜框	124×70cm	379,500	广东小雅斋	2018-05-24
佚名 明 高仕对弈图 立轴	116×76cm	219,563	香港诚昌	2018-04-02
佚名 明 关公画像	115.5×66cm	402,500	华艺国际	2018-11-16
佚名 明 灰泥彩绘天女图壁画残部		475,950	纽约苏富比	2018-03-21
佚名明十六尊者册页（三十二开）	22.8×15cm×32	101,500	佳士得	2018-05-28
佚名 明 水陆画（两幅）立轴	157×90cm×2	172,480	伦敦佳士得	2018-05-15
佚名 明人山水图轴 立轴	142×45cm	230,000	保利厦门	2018-01-08
佚名 明以前 西方三圣图轴 立轴	88×36cm	402,500	西泠拍卖	2018-07-08
尤求 出猎图 手卷	30.5×265.6cm	119,900	香港苏富比	2018-10-01
俞铎 草书七言诗 立轴	206×48.5cm	230,000	北京荣宝	2018-12-03
俞允文 方沆 等五家 和吴虎臣诗卷手卷	345.5×30cm	2,127,500	西泠拍卖	2018-07-07
袁尚统 红叶秋山图 立轴	61.5×37cm	172,500	中贸圣佳	2018-11-24
袁尚统 晚秋归舟图 扇页	51×16cm	299,000	西泠拍卖	2018-07-07
恽向 草书 杜甫诗册（八页）册页	24.5×14cm×8	149,500	西泠拍卖	2018-05-04
恽向 山静居 立轴	125.5×39.5cm	368,000	南京经典	2018-01-06

拍品名称	物品尺寸	成交价RMB	拍卖公司	拍卖日期
恽向 幽涧茅阁 立轴	126×39.5cm	241,500	中国嘉德	2018-06-20
詹景凤 草书唐诗四首 立轴	150×41.5cm	368,000	北京荣宝	2018-06-14
詹仲和 1512年作 行书《归去来辞》立轴	36×80cm	304,500	佳士得	2018-05-28
湛若水 草书 五言诗 手卷	78.5×25.5cm	126,500	西泠拍卖	2018-05-04
张弼 草书韩愈《进学解》手卷	本幅29×487cm	15,525,000	北京匡时	2018-06-16
张弼 草书自书诗卷 手卷	22.6×229.9cm	606,750	香港苏富比	2018-04-01
张弼 行书七言诗 镜心	16.5×50cm	143,193	保利香港	2018-04-02
张翀 1581年作 西园雅集图 立轴	画心28×94cm	690,000	北京保利	2018-12-08
张翀 丰登图 镜心	16×50cm	575,000	中贸圣佳	2018-11-24
张翀 1644年作 钟馗吉庆图 立轴	60×33cm	162,400	佳士得	2018-05-28
张凤仪 1625年作 平沙落雁图 镜心	217×98cm	207,000	中国嘉德	2018-09-20
张辅禹 1618年作 行书《孝经》句 立轴	202×43cm	115,000	广东崇正	2018-07-05
张复 1623年作 渔樵耕读图卷 手卷	29×340cm	747,500	中国嘉德	2018-05-19
张复 听泉图 立轴	146×62cm	471,500	荣宝斋（南京）	2018-07-15
张宏 1640年作 水榭山居图 立轴	116×47cm	368,000	西泠拍卖	2018-05-04
张灵 看耕图 立轴	145.7×70.4cm	3,902,790	纽约苏富比	2018-03-22
张灵 罗浮古雪 立轴		1,026,300	纽约苏富比	2018-09-13
张路 潇湘待渡图 立轴	144.5×80cm	1,380,000	北京匡时	2018-06-16
张瑞图 1625年作 草书《永州新堂记》手卷	本幅30.5×621cm	6,325,000	北京匡时	2018-06-16
张瑞图 1632年作 草书杜甫诗二首 册页（十四开）	29×27cm×14	2,645,000	上海匡时	2018-04-30
张瑞图 别后忆思七言诗 立轴	165×45cm	920,000	保利厦门	2018-07-15
张瑞图 草书 立轴	194×52.5cm	2,070,000	保利厦门	2018-01-08
张瑞图 草书 立轴	199×46cm	2,070,000	保利厦门	2018-01-08
张瑞图 草书手卷 手卷	画心28×469cm	5,520,000	中贸圣佳	2018-06-20
张瑞图 草书王维《黄磁斗蕙兰附石》立轴	115×30cm	345,000	荣宝斋（南京）	2018-07-15
张瑞图 草书王维诗 立轴	116×49cm	920,000	北京匡时	2018-06-16
张瑞图 草书五言诗 立轴	170×45cm	2,530,000	北京保利	2018-06-17
张瑞图 草书五言诗 立轴	169×45cm	690,000	北京保利	2018-12-08
张瑞图 行书杜甫诗 立轴	137.5×40cm	1,725,000	北京匡时	2018-06-16
张瑞图 行书杜甫诗 立轴	137.5×40cm	966,000	北京匡时	2018-12-06
张瑞图 行书杜甫诗 立轴	307×39cm	299,000	北京保利	2018-06-18
张瑞图 行书七言诗 立轴	150×50cm	2,185,000	北京匡时	2018-12-06
张瑞图 行书王维诗句 立轴	208×54.5cm	575,000	荣宝斋（南京）	2018-07-15
张瑞图 行书五言诗 立轴	182.3×52.3cm	713,000	北京保利	2018-12-08
张瑞图 行书五言诗 立轴	138×31cm	460,000	上海匡时	2018-04-30
张瑞图 行书五言诗 立轴	136×37cm	345,000	北京匡时	2018-06-16
张瑞图 行书五言诗轴 立轴	182.3×52.3cm	1,380,000	保利厦门	2018-07-15
张瑞图 1625年作 行书 手卷	25.9×343.5cm	1,995,750	佳士得	2018-11-27
张瑞图 行草书法 立轴	180×40cm	406,000	佳士得	2018-05-28
张瑞图 书法 立轴	189.2×68.6cm	684,200	纽约佳士得	2018-09-11
张瑞图 山水 立轴	133×47cm	483,000	华艺国际	2018-05-23
张瑞图 书法 对屏立轴	158×83cm×2	747,500	北京荣宝	2018-06-14
张瑞图 书法 立轴	167×57cm	943,000	南京经典	2018-01-06
张瑞图 疏林空亭 扇面	16.5×52.7cm	158,650	纽约苏富比	2018-03-23
张瑞图 1626年作 行书诗册 册页（十三开）	27×29.5cm×13	2,875,000	中国嘉德	2018-06-20
张瑞图 五律唐诗 立轴	167×47cm	575,000	北京荣宝	2018-06-14
张瑞图 1624年作 行书五言诗 镜心	157×60cm	1,150,000	北京荣宝	2018-12-03
张尧恩 舟中论道 镜心	18×53.5cm	172,500	北京匡时	2018-06-16
张元举 山水 扇面	17.5×52cm	126,500	华艺国际	2018-05-23
张元举 竹柏双清 镜心	17×52.5cm	172,500	北京匡时	2018-06-16
丈雪上人 草书七言诗 立轴	170×45.5cm	3,622,500	中国嘉德	2018-06-20
赵伯驹（款）春山游春图卷 手卷	36×305cm	115,000	中国嘉德	2018-05-19
赵伯驹（款）龙池竞标图 手卷	32×467cm	207,000	中国嘉德	2018-01-14
赵均 篆书皎然《秋居法华寺下院望高峰赠如献上人》诗 立轴	130.8×32.4cm	196,200	香港苏富比	2018-10-01
赵文俶 花石蝴蝶 手卷		342,100	纽约苏富比	2018-09-13
赵文俶 榴花图 立轴	123×32cm	575,000	北京保利	2018-12-08
赵珣 花果图 立轴	63×58cm	230,000	荣宝斋（南京）	2018-07-15
赵左 1609-1610年作 溪山高隐图 手卷	31.2×454.7cm	30,130,000	北京保利	2018-12-08
赵左 1612-1613年作 溪山无尽图卷 手卷	画心28×605cm	40,250,000	北京保利	2018-06-17
赵左 1620年作 梅花书屋图 立轴	120×36cm	184,000	南京经典	2018-01-06
赵左 璜溪松径图 扇轴	49×16.5cm	402,500	西泠拍卖	2018-07-07
赵左 1609年作 夏日山居图 扇面	15×46cm	138,000	中国嘉德	2018-06-20
赵左 1620年作 溪山秋霁 立轴	108×48.6cm	223,300	佳士得	2018-05-28
赵左 山庄读书图 立轴	121×65cm	690,000	中贸圣佳	2018-06-20
赵左 设色山水册 册页（十二开）	26.5×17.5cm×12	3,450,000	中贸圣佳	2018-11-24
赵左 溪山平远 镜心	59×19cm	230,000	北京荣宝	2018-06-14
赵左 章程 等 明季各家小品册 册页（二十开）	26×17cm×20	690,000	北京保利	2018-06-17
郑文林 群仙图 立轴	158.5×103.5cm	1,421,000	佳士得	2018-05-28
郑重宾 2014年作 线性放大 镜框	75×71.5cm	144,138	佳士得	2018-11-26
周臣 高士观泉 镜心	17.5×52cm	102,896	中国嘉德	2018-10-03
周臣 山居访友图 立轴	75×95.5cm	7,590,000	北京匡时	2018-12-06
周臣 闲步柳畔 镜框	140.5×73.4cm	12,127,206	纽约苏富比	2018-03-23
周鼎 左良玉出师图卷 手卷	40×622.5cm	6,555,000	中贸圣佳	2018-11-24
周顺昌 行书文语 立轴	251×55cm	1,380,000	北京匡时	2018-06-16
周顺昌 山川出云图 立轴	115.5×28.5cm	575,000	西泠拍卖	2018-07-07
周天球 1580年作 行书卷 手卷	书心29×660cm	2,300,000	北京保利	2018-06-17
周天球 草书《题王师升太史园》扇面 镜框	18×65cm	163,500	香港苏富比	2018-10-01
周天球 云峡行舟 手卷	27×133cm	221,750	佳士得	2018-11-27
周天球 竹石图 扇页	53×18cm	460,000	西泠拍卖	2018-07-07
周天球 草书自作诗 手卷	26×170.5cm	460,000	北京荣宝	2018-12-03
周延儒 行书何大复诗 镜心	18×48cm	207,000	北京保利	2018-06-18
周用 文会图 立轴	162×74cm	747,500	北京匡时	2018-06-16
周用 俨然苍翠山水册 册页（十二开选六）	24×28cm×12	345,000	上海嘉禾	2018-06-25
周之冕 耄耋图 立轴	102×46.5cm	828,000	中贸圣佳	2018-11-24
周之冕 梅花双禽 立轴	126×59cm	1,495,000	华艺国际	2018-05-23
周之冕 杞兔图 立轴	90×31cm	517,500	中贸圣佳	2018-06-20
周之冕 周天球 花鸟 行书 成扇	19×55cm	207,000	广东崇正	2018-07-05
朱邦 茅堂幽居图 立轴	184×102cm	3,565,000	北京保利	2018-12-08
朱邦 献寿图 镜心	192×96cm	5,520,000	北京保利	2018-06-17
朱瓒 江亭观瀑 镜心	166×51cm	126,500	中国嘉德	2018-01-14

拍品名称	物品尺寸	成交价RMB	拍卖公司	拍卖日期
朱德润 赤壁夜游 镜心	51×42cm	3,404,000	荣宝斋（南京）	2018-01-05
朱国祯 明贤赠墨 册页	32.4×126cm	172,500	北京荣宝	2018-12-03
朱国祚 朱大竞 朱彝尊 等 朱氏一门七人家书 册页	尺寸不一	1,058,000	北京匡时	2018-12-06
朱之蕃 行楷七言诗 镜框	32×28.7cm	109,000	香港苏富比	2018-10-01
朱之蕃 行书七言诗 镜心	16×50cm	115,000	北京保利	2018-06-18
诸家 明清十二名家 品花图 手卷	21×310cm	713,000	荣宝斋（上海）	2018-01-21
诸家 明清杂家 书画联珠 扇面（十二开册）	尺寸不一	384,275	香港苏富比	2018-04-01
祝世禄 书法 镜心	16×50cm	264,500	南京经典	2018-07-22
祝允明（款）1507年作 草书诗卷 手卷	32×524cm	460,000	中国嘉德	2018-05-20
祝允明 1506年作 草书 卷	46×1660cm	437,000	北京翰海	2018-06-29
祝允明 1524年作 草书《前赤壁赋》手卷	书法30×296.5cm	27,600,000	华艺国际	2018-11-16
祝允明 草书 杜甫诗 立轴	119.5×34cm	402,500	西泠拍卖	2018-07-07
祝允明 草书诗 立轴	128×32cm	230,000	北京保利	2018-06-18
祝允明 草书自作《江城子》立轴	158×40cm	404,500	香港苏富比	2018-04-01
祝允明 行草诗词卷 手卷	25×197cm	41,975,000	华艺国际	2018-05-23
祝允明 行楷《海外西经》卷 手卷	本幅19×152cm	11,500,000	中贸圣佳	2018-11-24
祝允明 行书《朝元引》镜心	21×150cm	368,000	北京匡时	2018-06-16
祝允明 1509年作 草书节临孙过庭《书谱》手卷	28×570cm	2,430,380	佳士得	2018-11-27
左光斗 1608年作 书法 手卷	22×174cm	2,300,000	华艺国际	2018-05-23
吴镇（传）元 山水 册页（六开）	27×30.2cm×6	342,100	纽约佳士得	2018-09-11
清代作者				
爱新觉罗·恒锦 2018年作 饮水思源 镜心	118×41cm	172,500	北京保利	2018-12-06
爱新觉罗·毓峘 竹 镜心	79×109cm	115,000	北京保利	2018-12-06
八大山人（款）罗浮山色图 镜心	87×38cm	1,265,000	中国嘉德	2018-09-20
八大山人 1699年作 行书临兰亭集序 镜心	26×21.5cm	954,500	北京匡时	2018-12-06
八大山人 百禄图 立轴	186×66cm	2,070,000	北京匡时	2018-12-06
八大山人 草书《爱莲说》立轴	177×50cm	9,200,000	上海匡时	2018-04-30
八大山人 1690年作 墨梅图 立轴	125×34cm	34,500,000	中国嘉德	2018-06-18
八大山人 古松瑞鹿 立轴	175×84cm	6,900,000	北京匡时	2018-06-16
八大山人 行草书李攀龙《送耿蠡县之官》诗 立轴	187.5×91cm	15,295,000	北京保利	2018-12-08
八大山人 行书律诗三首 立轴	177×47.8cm	2,300,000	广东崇正	2018-07-04
八大山人 花鸟 立轴	111×59cm	5,898,310	中正拍卖	2018-06-28
八大山人 菊花 立轴	126×33cm	1,380,000	北京华辰	2018-11-20
八大山人 枯木小鸟 立轴	30×33cm	115,000	北京保利	2018-05-21
八大山人 兰亭诗画册 立轴六条屏	24×13.5cm×12	21,376,700	佳士得	2018-11-26
八大山人 莲池翠鸟图 立轴	121×66cm	9,200,000	上海匡时	2018-04-30
八大山人 鹿 立轴	107×27cm	172,500	上海敬华	2018-09-11
八大山人 墨笔山水 立轴	187×48cm	4,600,000	北京保利	2018-12-08
八大山人 墨荷图 立轴	139×36cm	9,430,000	北京荣宝	2018-12-03
八大山人 墨荷图 手卷	本幅23.5×258cm	35,075,000	北京匡时	2018-06-16
八大山人 墨鸭图 镜心	32.5×26cm	15,640,000	中国嘉德	2018-11-20
八大山人 墨鱼 立轴	88×48cm	2,415,000	北京匡时	2018-06-16
八大山人 葡萄双鸟图 立轴	105×39cm	5,405,000	北京匡时	2018-06-16
八大山人 水墨花鸟册 册页	31×23cm×8	10,925,000	北京保利	2018-12-08

拍品名称	物品尺寸	成交价RMB	拍卖公司	拍卖日期
八大山人 松鹤图	153×65.5cm	713,000	北京东正	2018-06-17
八大山人 松鹿图 镜框	175.8×43.2cm	1,308,000	香港苏富比	2018-10-01
八大山人 松石 立轴	116.1×45.7cm	11,615,040	香港苏富比	2018-10-01
八大山人 鱼 镜心	33×30cm	920,000	北京保利	2018-06-18
八大山人 枝上鸜鹆图 立轴	32.5×26cm	18,400,000	北京保利	2018-06-17
巴慰祖 幽居图 立轴	102×44.5cm	460,000	荣宝斋（南京）	2018-07-15
巴慰祖 古槐幽居图 立轴	102×44cm	230,000	北京荣宝	2018-12-03
包栋 忽然见喜图 立轴	158.5×84cm	109,250	西泠拍卖	2018-07-07
包世臣 1849年作 草书 节临书谱卷 手卷	画心136×27.5cm	287,500	西泠拍卖	2018-07-07
包世臣 临颜真卿《争座位帖》镜心	206×112cm	149,500	北京匡时	2018-06-16
包世臣 1849年作 行楷书法（六幅）立轴	62.6×21.8cm×6	210,663	佳士得	2018-11-27
包世臣 为毛长龄行书临阁帖 手卷	画心378×32cm	1,035,000	北京荣宝	2018-12-03
毕弘述 隶书十三言联 对联	178×25cm×2	253,000	北京保利	2018-06-18
毕沅 楷书七言诗 扇面	23.5×70cm	103,500	中国嘉德	2018-06-20
边寿民 芦雁 立轴	118.5×60.5cm	161,800	香港苏富比	2018-04-01
边寿民 芦雁图 立轴	145.5×50.5cm	138,000	西泠拍卖	2018-07-07
边寿民 墨荷图 立轴	55×27cm	149,500	北京保利	2018-06-18
边寿民 1734年作 菊酒图 立轴	60×58cm	138,000	中国嘉德	2018-06-20
卞思忠 蒋衡 溪边读书图 手卷	画心20×55cm	190,924	保利香港	2018-04-02
蔡含 百蝶图 手卷	287×36.5cm	322,000	西泠拍卖	2018-07-07
蔡含 密钥 冒襄 题 春色先来十二红 立轴	147×37.5cm	7,590,000	中贸圣佳	2018-11-24
蔡嘉 1736年作 林屋冈峦图 立轴	125×47.5cm	690,000	西泠拍卖	2018-07-07
蔡嘉 湖庄春晓 镜心	179×43cm	195,500	荣宝斋（南京）	2018-07-15
蔡嘉 1754年作 梅花册 册页（八开）	12.3×16.8cm×8	207,000	中国嘉德	2018-06-20
蔡嘉 1725年作 松山书屋图 立轴	129×68.5cm	402,500	中国嘉德	2018-11-22
蔡懋德 1642年作 行书节临《争座位帖》立轴	223×67cm	241,500	中国嘉德	2018-06-20
曹鸿勋 行书 七言联 镜片	133×31.5cm×2	109,250	西泠拍卖	2018-05-04
曹鸿勋 翁方纲 王杰 姚元之 等 书法扇面册 册页	尺寸不一	115,000	中国嘉德	2018-01-14
曹兰秀 花卉册 册页（十七开）	尺寸不一	368,000	中国嘉德	2018-11-22
曹秀先 1755年作 行书 古文 手卷	138×30cm	103,500	西泠拍卖	2018-07-07
曾国藩 行书七言联 对联	166×34cm×2	287,500	北京保利	2018-06-18
曾国藩 行书七言联 镜心	131×20.5cm×2	195,500	北京匡时	2018-12-06
曾国藩 行书七言联 立轴	124×25cm×2	1,002,351	保利香港	2018-04-02
曾国藩 行书苏轼七古三章（六幅）六屏镜框	89.5×30cm	1,269,200	纽约苏富比	2018-03-23
曾国藩 行书五言联 立轴	165.2×40.4cm×2	439,125	中国嘉德	2018-04-03
曾国藩 楷书《伯夷颂》立轴 四屏	171.5×47.5cm×4	414,000	中国嘉德	2018-11-22
曾国藩 楷书《伯夷颂》四屏立轴	171.5×47cm×4	690,000	保利厦门	2018-07-15
曾国藩 楷书七言联 立轴	173×36cm×2	1,322,500	北京匡时	2018-12-06
曾国藩 楷书七言联 立轴	162×31cm×2	632,500	北京匡时	2018-06-16
曾国藩 李鸿章 左宗棠 彭玉麟 行书立轴 四条屏	178.5×46.5cm×4	6,555,000	中国嘉德	2018-11-22
曾国藩 行书对联（两幅）立轴	167.5×32.4cm×2	720,688	佳士得	2018-11-27
曾国藩 1862年作 行草书法（六幅）立轴	89.5×44.5cm×6	862,750	佳士得	2018-05-28
查继佐 行书 立轴	44.5×45.5cm	138,000	上海嘉禾	2018-06-25

拍品名称	物品尺寸	成交价RMB	拍卖公司	拍卖日期
查继佐 山庄春色图 手卷	54×259cm	115,000	中国嘉德	2018-09-20
查礼 梅花图 立轴	94×35.5cm	126,500	中贸圣佳	2018-06-20
查培继 草书 立轴	186×44cm	207,000	中国嘉德	2018-01-14
查昇 1702年作 行书《释迦如来成道记》手卷	本幅23×341cm	460,000	北京荣宝	2018-06-14
查昇 仿鲁公帖 立轴	164×48cm	345,000	北京荣宝	2018-06-14
查昇 行书倪瓒七绝一首 立轴	157.5×46.8cm	190,380	纽约苏富比	2018-03-23
查昇 行书七言句 立轴	91×44cm	115,000	荣宝斋（南京）	2018-07-15
查昇 行书七言联 立轴	141.5×26cm×2	184,000	北京匡时	2018-12-06
查昇 行书与循翁书座右铭 立轴	83.5×21.5cm	149,500	北京荣宝	2018-06-14
查昇 1693年作 临《圣教序》册页（三十二开）	22.5×26cm×32	1,380,000	中国嘉德	2018-11-22
查昇 行书阴符经 手卷	24×216cm	558,250	佳士得	2018-05-28
查士标 草书七言诗 立轴	154×70.5cm	172,500	荣宝斋（南京）	2018-01-05
查士标 春山图 立轴	183×49.5cm	322,000	中国嘉德	2018-06-20
查士标 仿高房山云山烟景 手卷	27×89.5cm	164,634	保利香港	2018-10-01
查士标 1670年作 策杖寻幽 立轴	137×54cm	943,000	中国嘉德	2018-06-20
查士标 行书 陈眉公句 镜片	85.5×46cm	138,000	西泠拍卖	2018-07-07
查士标 行书 立轴	135×49cm	287,500	朵云轩	2018-06-24
查士标 行书 五言诗 镜片	142×48cm	115,000	西泠拍卖	2018-07-07
查士标 行书七言诗 手卷	21×383cm	414,000	北京匡时	2018-06-16
查士标 行书题画诗 手卷	29×174cm	184,000	中国嘉德	2018-11-22
查士标 行书五言诗 立轴	219×75cm	655,500	中国嘉德	2018-01-14
查士标 行书五言诗 立轴	148×67cm	172,500	北京保利	2018-06-18
查士标 林亭远岫图 立轴	179×51cm	1,495,000	北京保利	2018-12-08
查士标 行书 立轴	226.8×63cm	166,313	佳士得	2018-11-27
查士标 深山访友图 立轴	122×55cm	920,000	上海驰翰	2018-06-25
查士标 溪山亭子 镜心	18.5×53cm	552,000	北京匡时	2018-06-16
查士标 斜阳秋林图 立轴	134×46.5cm	184,000	北京荣宝	2018-06-14
查士标 烟水孤亭图 立轴	181×54cm	483,000	中国嘉德	2018-06-20
查士标 行书七言诗 立轴	156×50cm	345,000	北京荣宝	2018-12-03
查嗣韩 行书 立轴	130×46.5cm	195,500	朵云轩	2018-06-24
查士标 行书临王献之帖 立轴	175×47cm	248,201	保利香港	2018-04-02
查士标 书法 镜心	163×57cm	207,000	南京经典	2018-01-06
查士标 长林邃壑图 立轴	156×51.5cm	782,000	南京经典	2018-01-06
陈邦彦 行书思翁诗 立轴	164×76.5cm	149,500	中国嘉德	2018-11-22
陈宝琛 1923年作 楷书八言联 立轴	127.5×26cm×2	115,000	广东崇正	2018-07-04
陈宝琛 楷书自作五古七首 立轴	73×41.4cm	182,448	纽约苏富比	2018-03-23
陈孚恩 书法 手卷	24×290cm	143,750	南京经典	2018-07-22
陈鸿寿 1810年作 花鸟 册页（六开）	25×35cm×6	368,000	南京经典	2018-07-22
陈鸿寿 1817年作 清供图 立轴	106×41cm	149,500	华艺国际	2018-11-16
陈鸿寿 博古花卉 立轴	125×49cm	287,500	荣宝斋（南京）	2018-07-15
陈鸿寿 程庭鹭 改琦 戴熙 杂画小品册（共十一页）册页	尺寸不一	184,000	西泠拍卖	2018-07-07
陈鸿寿 对联 镜框	131×33cm×2	115,000	华艺国际	2018-11-16
陈鸿寿 行书 立轴	170.5×66cm	207,000	荣宝斋（上海）	2018-01-21
陈鸿寿 行书 七言联 对联	127×28.5cm×2	276,000	西泠拍卖	2018-07-07
陈鸿寿 行书八言联 立轴	167×30cm×2	230,000	上海匡时	2018-04-30
陈鸿寿 行书七言联 立轴	155.5×29.5cm×2	368,000	中国嘉德	2018-06-20
陈鸿寿 行书七言联 立轴	119×27cm×2	161,000	北京匡时	2018-06-15
陈鸿寿 行书七言联 立轴	164×30cm×2	138,000	中国嘉德	2018-06-20
陈鸿寿 行书七言诗 立轴	118.5×40cm	276,000	中国嘉德	2018-06-20
陈鸿寿 1814年作 群仙介寿 立轴	98.5×33cm	345,000	中国嘉德	2018-06-20
陈鸿寿 隶书七言联 立轴	173×37cm×2	828,000	上海匡时	2018-04-30
陈鸿寿 隶书七言联 立轴	127.5×28cm×2	126,500	中国嘉德	2018-11-22
陈鸿寿 1815年作 行书 立轴	134.5×29cm	121,963	佳士得	2018-11-27
陈嘉乐 仿董巨山水 手卷	画心33×168.5cm	172,500	北京荣宝	2018-12-03
陈介祺 行书六言联 对联	84×40cm×2	224,250	中国嘉德	2018-01-14
陈介祺 楷书八言联 立轴	168×36cm	138,000	北京保利	2018-11-19
陈爔 行书节录王僧虔《辞判二岸杂事启》立轴	157.3×51cm	517,500	北京保利	2018-12-08
陈澧 篆书九言联 立轴	250×36cm×2	115,000	北京匡时	2018-06-16
陈曼生 1812年作 三清图 手卷	24×131cm	138,000	北京保利	2018-06-18
陈枚（款）1740年作 暖玉温香图 镜心	48×42cm	218,500	中国嘉德	2018-05-19
陈枚 乾隆二年（1737年作 秋山策杖 立轴	74×36.5cm	483,000	中国嘉德	2018-11-22
陈冕 书画 团扇	直径27cm	112,700	荣宝斋（济南）	2018-07-01
陈权 岁朝清供 立轴	120×50cm	161,000	荣宝斋（南京）	2018-01-05
陈书 仿管仲姬小影 镜心	96×66.5cm	286,386	保利香港	2018-04-02
陈书 梅花册 册页（十开）	30.5×21cm×10	379,500	中贸圣佳	2018-06-20
陈书 四季平安图卷 手卷	画心28×270.5cm	161,000	中贸圣佳	2018-11-25
陈廷敬 周清原 等 行书贺寿诗 立轴	185.5×51.5cm	322,000	北京荣宝	2018-12-03
陈星 1688年作 栖息图 立轴	149.5×66.5cm	184,000	中国嘉德	2018-11-22
陈奕禧 草书书法 立轴	167×47.5cm	575,000	中贸圣佳	2018-06-20
陈奕禧 1692年作 行书七言诗 立轴	243.5×52.5cm	345,000	中国嘉德	2018-11-22
陈奕禧 三体书法 手卷	23×160cm	115,000	中国嘉德	2018-11-22
陈元龙 楷书 五言诗 立轴	99×52cm	126,500	西泠拍卖	2018-07-07
成亲王 行书节录《书势约指》镜心	66×34cm	115,000	北京保利	2018-06-18
成亲王 潘祥灏 祥溥 行书临淳化贴·万竿烟雨·行书 成扇	19×48cm×2	112,700	北京保利	2018-05-21
成亲王 书法 立轴	58×28cm	109,250	荣宝斋（济南）	2018-07-01
程庭鹭 1833年作 墨花册 册页（十二开）	22.5×26cm×12	138,000	朵云轩	2018-06-24
程序璲 笼鹅图 立轴	260×116cm	207,000	北京翰海	2018-05-13
程瑶田 1805年作 行书 琬圭图考书后（三帧）镜片	27×22.5cm×3	218,500	西泠拍卖	2018-09-29
程瑶田 草书 李白诗（三帧）镜片	30×26cm×3	161,000	西泠拍卖	2018-09-29
程正揆（款）1661年作 草堂春色 立轴	79×23cm	101,200	中国嘉德	2018-05-20
程正揆 1659年作 柳荫草亭 立轴	52.3×38cm	355,250	佳士得	2018-05-28
程正揆 野水横山图 立轴	68.5×42cm	4,573,800	中正拍卖	2018-01-26
慈禧（款）1898年作 岁朝清供 镜心	107×43cm	109,250	中国嘉德	2018-05-19
慈禧 1905年作 富贵花开送好香 镜心	122×61cm	115,000	北京匡时	2018-06-16
慈禧 富贵平安 立轴	125×63cm	442,453	保利香港	2018-10-01
慈禧 富贵长寿 立轴	131×63cm	345,000	中贸圣佳	2018-06-20

拍品名称	物品尺寸	成交价RMB	拍卖公司	拍卖日期
慈禧 吉祥富贵图 立轴	167×47cm	149,500	北京匡时	2018-06-16
慈禧 楷书“观化垂文”镜心	68×206cm	230,000	中国嘉德	2018-06-20
慈禧 陆润庠 1900年作 一囊紫艳·书法 成扇	16×50cm	230,000	北京保利	2018-06-17
慈禧 陆润庠 花卉 楷书七言诗 成扇	18.2×51cm	144,054	中国嘉德	2018-10-03
慈禧 双清图 镜心	100×49cm	126,500	北京匡时	2018-06-16
慈禧 玉堂金粉满天香 镜心	121×61cm	115,000	北京匡时	2018-06-16
慈禧 御笔“喜至庆来”	60×19cm	287,500	北京保利	2018-12-09
慈禧 行书“福”立轴	120×62cm	345,000	北京荣宝	2018-12-03
慈禧皇太后 楷书 立轴	180×92.5cm	115,000	北京翰海	2018-06-29
慈禧太后 喜至庆来 镜框		126,920	纽约佳士得	2018-03-20
慈禧太后 1889年作 葡萄 镜框	132×63.5cm	507,500	佳士得	2018-05-28
崔湘 禅悦图并诸家题咏 手卷	画心32×130cm	1,322,500	北京荣宝	2018-12-03
达六舟自题画像 立轴	115×72cm	207,000	北京保利	2018-06-18
达受 1858年作 花卉四屏 立轴	109.9×26cm×4	228,900	香港苏富比	2018-10-02
达受 隶书 听琴馆 横披	118×41.5cm	143,750	西泠拍卖	2018-09-29
达受 无量寿佛图·停琴听松图（双挖）立轴	27×25cm；32.5×21cm	172,500	西泠拍卖	2018-07-07
笪重光 草书杜甫诗 扇面	16.5×51.5cm	184,000	中国嘉德	2018-06-20
笪重光 行书沈周《水竹亭》诗 立轴	132.5×54.2cm	130,800	香港苏富比	2018-10-01
笪重光 斜阳古渡 镜心	17×51cm	115,000	北京匡时	2018-06-16
戴本孝（款）1680年作 溪山高隐图 立轴	180×45cm	202,250	邦瀚斯	2018-04-03
戴本孝 百步云梯图 立轴	95×40.5cm	1,725,000	北京匡时	2018-12-06
戴本孝 崇山幽居图 立轴	99×45cm	345,000	北京保利	2018-12-08
戴本孝 山水（四帧）镜心	20×28.5cm×4	322,000	荣宝斋（上海）	2018-01-21
戴本孝 载鹤图 立轴	144.5×41cm	747,500	北京匡时	2018-12-06
戴礼 1753年作 花卉 册页八开	21×27.5cm	101,125	邦瀚斯	2018-04-03
戴衢亨 御制石刻蒋衡书十三经于辟雍序 册页	16×28cm×8	563,500	中贸圣佳	2018-11-24
戴熙 1831年作 墨笔山水册（十六页）册页	18.5×11.5cm×16	437,000	西泠拍卖	2018-07-07
戴熙 1853年作 秋窗读易图 立轴	131.5×45cm	348,800	香港苏富比	2018-10-02
戴熙 1857年作 仿古山水册 册页（八页）	32×20.5cm×8	115,000	西泠拍卖	2018-09-29
戴熙 1858年作 山水 立轴 四屏	174×46.5cm×4	356,500	北京翰海	2018-06-29
戴熙 等 萱寿图册 册（十二开）	27.2×36.7cm×12	185,300	香港苏富比	2018-10-01
戴熙 东晋苍官 手卷	画心45×121.5cm	1,820,250	香港苏富比	2018-04-02
戴熙 仿古山水册 册（八开）	24×26.3cm×8	152,600	香港苏富比	2018-10-01
戴熙 仿古山水册 册页	34×24cm×8	115,000	中国嘉德	2018-05-20
戴熙 临古彩笔山水册 册（八开）	25.2×25.7cm×8	163,500	香港苏富比	2018-10-01
道光帝 行书五言联 立轴	100×23.5cm×2	230,000	荣宝斋（南京）	2018-01-05
道光皇帝 小楷 扇面	19×55cm	138,000	保利厦门	2018-01-08
邓石如 篆书《玉台镜铭》立轴	90×54.5cm	1,092,500	北京匡时	2018-12-06
邓石如 篆书朱韩山座右铭 立轴	104×37cm	8,280,000	中国嘉德	2018-11-20
定亲王 书法 册页（十六开）	尺寸不一	126,500	华艺国际	2018-05-23
董邦达（款）山水 镜框	宽30cm	172,480	伦敦佳士得	2018-05-15
董邦达 1760年作 书法（四帧）扇面	16×47cm×4	103,500	北京保利	2018-12-08
董邦达 仿张贞居笔意 镜心	69×37cm	805,000	北京匡时	2018-06-16
董邦达 湖山平远 手卷	60×447cm	2,300,000	广东崇正	2018-07-04
董邦达 江山重峦 手卷	60.5×447cm	1,380,000	北京匡时	2018-12-06
董邦达 1732年作 摹元人山水 册页（十二开）	12.3×16.2cm×12	554,375	佳士得	2018-11-27
董邦达 秋山读书 立轴	68.5×30.5cm	161,000	上海嘉禾	2018-06-25
董邦达 水渼茅亭 扇面	18×55.5cm	101,200	中国嘉德	2018-06-20
董邦达 溪山隐居图 立轴	183×90cm	920,000	北京保利	2018-12-08
董邦达 夏山叠翠 镜框	15.5×69.5cm	2,875,000	华艺国际	2018-05-23
董诰 1786年作 磵筑松涛 立轴	80×32.5cm	210,016	保利香港	2018-04-02
董诰 春风燕喜 立轴	114×45.5cm	205,792	保利香港	2018-10-01
董诰 行书 节录古文 镜片	76.5×63.5cm	138,000	西泠拍卖	2018-07-07
董诰 花卉双禽 扇面	23.5×70cm	276,000	中国嘉德	2018-06-20
董诰 1815年作 行书《水经注》册页（十二开）	23×11.5cm×24	391,000	中国嘉德	2018-06-20
董诰 竹石图 立轴	画心91×36cm	149,500	中贸圣佳	2018-11-24
董讷 行书《雪舫斋对雪诗》二首 立轴	194.2×52.2cm	517,500	北京保利	2018-12-08
董棨 仿古山水 八开册		119,735	纽约苏富比	2018-09-13
杜涣 行书 自作诗 镜片	29×18cm	138,000	西泠拍卖	2018-05-04
法若真 行书五言联 立轴	173.5×46.5cm	404,500	邦瀚斯	2018-04-03
法若真 1690年作 泛舟 镜心	18×53.5cm	345,000	北京匡时	2018-06-16
法若真 1680年作 行书诗轴 立轴	185×49cm	138,000	上海嘉禾	2018-06-25
藩祖荫 行书杨万里诗一首 立轴	136.5×64cm	138,000	北京荣宝	2018-12-03
樊坤 仙阁倚栏图 立轴	190×102cm	1,265,000	荣宝斋（南京）	2018-07-15
樊圻1663年作 江岸幽居 扇面	15.8×49.5cm	195,500	中国嘉德	2018-06-20
樊圻 1676年作 仿黄鹤山樵笔意 立轴	160×52cm	230,000	北京荣宝	2018-12-03
范廷镇 桃花双燕 立轴	80×39cm	184,000	南京经典	2018-07-22
范振绪 行书六言联 立轴	173×45cm×2	103,500	未来四方	2018-01-20
范振绪 湖山烟雨 镜框	134×34cm	506,000	未来四方	2018-01-20
范振绪 茂树清泉图 立轴	96×44cm	322,000	未来四方	2018-01-20
方冰壶（款）嗅花仕女图 立轴	126×58cm	115,000	北京保利	2018-12-08
方大猷 1665年作 山水 镜框	155×49cm	402,500	华艺国际	2018-11-16
方士庶 1748年作 层山叠嶂 立轴	159×76cm	4,025,000	华艺国际	2018-05-23
方士庶 仿古山水（四幅）屏轴	208×57cm×4	2,300,000	朵云轩	2018-06-24
方士庶 层峦积雪 立轴	65×38cm	149,500	南京经典	2018-07-22
方士庶 幽居清流 立轴	124.5×62cm	322,000	北京荣宝	2018-12-03
方薰 1774年作 牡丹册 册页（八开）	画28×40cm×8	287,500	广东崇正	2018-07-05
方薰 各体书法自作诗 册页	14×35.5cm×8	138,000	北京匡时	2018-12-06
方贞观 行书 临古帖 立轴	104.5×45cm	103,500	西泠拍卖	2018-07-07
方中德 行书 祝寿诗 镜片	30×22cm	115,000	西泠拍卖	2018-05-04
费丹旭 1838年作 洛神图 立轴	15×54cm	103,500	南京经典	2018-01-06
费丹旭 1843年作 葆卿先生玉照并诸家题咏 手卷	画32×39cm	299,000	中国嘉德	2018-11-22
费丹旭 人物 六屏	195×49cm×6	299,000	西泠拍卖	2018-07-07
傅山 1654年作 草书《开我慧者并太原三先生传》手卷	24×185cm；24×179cm	25,185,000	北京匡时	2018-06-16
傅山（传）草书《左传》手卷	17.5×226cm	102,896	中国嘉德	2018-10-03
傅山（款）书法 册页（十开）	17×26cm×10	207,000	北京保利	2018-06-18
傅山 草书 立轴	176×51cm	10,292,500	荣宝斋（上海）	2018-01-21
傅山 草书“卖药诗”立轴	164×42.5cm	126,500	荣宝斋（南京）	2018-01-05

拍品名称	物品尺寸	成交价RMB	拍卖公司	拍卖日期
傅山 草书李商隐诗 立轴	176×51cm	7,360,000	北京匡时	2018-12-06
傅山 草书七言诗 立轴	201×49.7cm	8,855,000	北京保利	2018-06-17
傅山 草书王维诗 立轴	29×41cm	287,500	中国嘉德	2018-11-22
傅山 草书轴 立轴	224×63cm	402,500	北京保利	2018-12-08
傅山 等 行书 册页片（五开）	27×13cm×5	736,000	朵云轩	2018-06-24
傅山 行草《华严经》手卷	画心23.5×213.5cm	19,550,000	华艺国际	2018-05-23
傅山 行草韦应物诗 立轴	203×47cm	1,495,000	北京保利	2018-06-18
傅山诗文书翰册（三十六页）册页	尺寸不一	5,520,000	西泠拍卖	2018-07-07
傅山 书法 立轴	206×45cm	2,645,000	华艺国际	2018-05-23
改琦 1819年作 文章四友图 立轴	129.5×53cm	1,265,000	北京荣宝	2018-12-03
改琦 1821年作 禅定图 立轴	111.5×31cm	109,250	西泠拍卖	2018-05-04
改琦 1827年作 花卉册 册页（十二开）	24×29cm×12	138,000	广东崇正	2018-07-05
改琦 仿倪瓒笔意图 立轴	32×47.5cm；84.5×47.5cm	299,000	上海匡时	2018-04-30
改琦 红楼人物册 册页（二十四开）	26×18.5cm×24	1,265,000	中贸圣佳	2018-11-24
改琦 诗龄图 立轴	79.5×32cm	517,500	西泠拍卖	2018-09-29
改琦 仕女 四条屏	128×32cm×4	253,000	中国嘉德	2018-01-14
改琦 仕女图 镜框	110×36cm	230,000	广东衡益	2018-07-01
干旌 观雪图 立轴	166.5×44.5cm	218,500	中国嘉德	2018-06-20
高岑 溪山横艇图 立轴	215×96cm	10,120,000	南京经典	2018-07-22
高岑 疏林曳杖图 扇面	17×51cm	172,500	荣宝斋（南京）	2018-07-15
高凤翰 1728年作 湖上竹枝四首 立轴	140×45.5cm×5	448,500	北京匡时	2018-06-16
高凤翰 1739年作 富贵坚固 立轴	134×45cm	3,565,000	北京荣宝	2018-06-14
高凤翰 1745年作 隶书五言联 立轴	87×49cm	437,000	北京荣宝	2018-12-03
高凤翰 1748年作 书法 立轴	90×47cm	109,250	南京经典	2018-07-22
高凤翰 1728年作 灵芝水仙图 立轴	150×47.5cm	102,896	中国嘉德	2018-10-03
高凤翰 绿天书荫 立轴	141×51cm	345,000	北京翰海	2018-06-29
高凤翰 1743年作 纪梦诗 立轴	144×58cm	659,750	佳士得	2018-05-28
高凤翰 1722年作 芭蕉图 立轴	93×37cm	218,500	广东崇正	2018-07-05
高凤翰 山水 镜片	106×33cm	690,000	朵云轩	2018-04-22
高凤翰 雍正1734年作 小五岳图 横披	57×101cm	771,720	中国嘉德	2018-10-03
高凤翰 醉墨砚铭册 草书	34.1×25.7×3cm	598,000	北京保利	2018-06-19
高凤翰 梅石图 立轴	28.5×265cm	437,000	北京荣宝	2018-12-03
高简 溪山策杖图 立轴	157×94cm	1,265,000	北京保利	2018-12-08
高其佩 仿石涛山水 立轴	161×53cm	379,500	北京匡时	2018-12-06
高其佩 封侯图 立轴	192×47cm	138,000	广东衡益	2018-07-01
高其佩 1703年作 钟馗 册页（十二开）	27.2×33.8cm×12	3,814,100	佳士得	2018-11-27
高其佩 秋色秋声 立轴	107×58cm	109,250	南京经典	2018-01-06
高其佩 仕女图 立轴	113×63cm	345,000	西泠拍卖	2018-07-07
高其佩 野牧 立轴	174×51.5cm	138,000	北京匡时	2018-12-06
高其佩 御马图 立轴	128×59.5cm	195,500	荣宝斋（上海）	2018-01-21
高其佩 钟馗 立轴	114×58cm	920,000	华艺国际	2018-05-23
高士奇 行书 七言诗 立轴	138.5×52cm	402,500	西泠拍卖	2018-07-07
高士奇 行书 七言诗 立轴	138.5×52cm	287,500	西泠拍卖	2018-09-29
龚鼎孳 行书 立轴	194×50cm	643,075	佳士得	2018-11-27
龚凝祚 行书 五言联 对联	64.5×16cm×2	138,000	西泠拍卖	2018-07-07
龚贤（传）山水 立轴	173×89.5cm	273,680	纽约佳士得	2018-09-11

拍品名称	物品尺寸	成交价RMB	拍卖公司	拍卖日期
龚贤 翠嶂中天图 立轴	167×89cm	3,910,000	荣宝斋（南京）	2018-07-15
龚贤 行书 自作诗文稿（一帧二页）镜片	25.5×13.5cm×2	460,000	西泠拍卖	2018-09-29
龚贤 行书题画诗 立轴	80×42cm	2,185,000	北京保利	2018-06-17
龚贤 湖中独钓图 立轴	137.5×42.5cm	690,000	荣宝斋（南京）	2018-07-15
龚贤 临溪清吟图 立轴	83×40cm	4,485,000	北京保利	2018-06-17
龚贤 楼台湖滨明月新 立轴	280×82.5cm	4,600,000	保利厦门	2018-01-08
龚贤 墨笔山水 镜心	18.5×55.5cm	2,817,500	北京匡时	2018-06-16
龚贤 晴峦水村图 手卷	28×268cm	859,158	中国嘉德	2018-04-03
龚贤 文徵明 边寿民 张宗苍 等名家扇画（七件三件）扇片 镜片	19×56cm	299,000	朵云轩	2018-09-10
顾大申 山水 立轴	219×99cm	1,725,000	上海嘉禾	2018-06-25
顾昉 1721年作 云山佳兴 册页	23×14cm×8	322,000	北京匡时	2018-06-16
顾昉 秋风放棹图 立轴	156×49cm	126,500	中国嘉德	2018-11-22
顾昉 幽居饲鹤图 立轴	169.5×55.5cm	161,000	中国嘉德	2018-11-22
顾符稹 1716年作 斗鹌鹑图 立轴	131.5×58cm	138,000	西泠拍卖	2018-07-07
顾符稹 山水 镜框	34.1×32.7cm	262,925	香港苏富比	2018-04-01
顾符稹 松下高士图 扇页	60×20cm	138,000	西泠拍卖	2018-07-07
顾蕙生 1835年作 江山卧游图卷 手卷	31×341cm	115,000	中国嘉德	2018-05-20
顾麟士 1913年作 春风载酒图 立轴	画心112.5×50.5cm	556,188	香港苏富比	2018-04-02
顾麟士 1921年作 高梧轩 手卷	画心27×132cm	172,500	上海嘉禾	2018-06-25
顾麟士 1921年作 春晖课读图 手卷	画29.6×123.2cm	362,756	中国嘉德	2018-04-03
顾洛 竹林七贤图 立轴	90×34cm	8,712,000	中正拍卖	2018-01-26
顾炎武 1656年作 行书临圣教序 立轴	146×46cm	2,990,000	北京荣宝	2018-06-14
顾炎武 魏裔介 汤斌（款）书翰册（七页）册页	尺寸不一	1,610,000	西泠拍卖	2018-05-04
顾沄 拟古山水册 册页（五开）	30×45cm×5	770,500	中国嘉德	2018-11-22
顾澐 1869年作 翠岭晴云图 立轴	133.8×47.5cm	218,000	香港苏富比	2018-10-02
顾澐 1877年作 晴峰溪艇图 立轴	123.5×49cm	126,500	西泠拍卖	2018-07-08
顾澐 1895年作 烟柳江村图 手卷	13.5×64.2cm	185,300	香港苏富比	2018-10-02
光绪帝 海屋添筹图 立轴	128×61cm	287,500	保利厦门	2018-01-08
光绪帝 行书“庆霄云缦” 横批	46×104cm	391,000	北京保利	2018-12-08
归庄 书法 立轴	127×52cm	138,000	中贸圣佳	2018-11-25
桂馥 书法 镜框	44.3×158cm	284,200	佳士得	2018-05-28
郭麐 楷书七言联 立轴	154.5×39cm×2	287,500	北京翰海	2018-06-29
郭麐 行书五言联（两幅）立轴	83×16.5cm×2	142,100	佳士得	2018-05-28
郭麐 新篁古木图 立轴	99×54.5cm	103,500	西泠拍卖	2018-07-07
郭麟 行书七言联 立轴	128.5×31cm×2	195,500	上海匡时	2018-04-30
郭尚先 行书苏轼诗 镜心	131×64cm	230,000	中国嘉德	2018-11-22
郭琇 行书七言诗 立轴	84×45cm	115,000	北京保利	2018-06-18
果亲王胤礼 1732年作 行书临米芾《狱空行》手卷	24×438cm	161,000	中国嘉德	2018-06-20
韩旷 1665年作 仿吴镇山水 立轴	209×46.5cm	192,138	邦瀚斯	2018-04-03
韩菼 书法	27.5×30cm	762,713	中正拍卖	2018-06-28
郝惟讷 行书贺寿诗 立轴	202×50.8cm	368,000	北京保利	2018-12-08
何绍基 1852年作 楷书八言联 立轴	205×38cm×2	655,500	北京匡时	2018-12-06
何绍基 1856年作 行书文语 立轴	189×50cm	299,000	北京匡时	2018-12-06
何绍基 1863年作 书法对联 立轴	170×39cm×2	161,000	鼎天国际	2018-01-07

拍品名称	物品尺寸	成交价RMB	拍卖公司	拍卖日期
何绍基 1864年作 行书 卷	30.5×233cm	138,000	北京翰海	2018-06-29
何绍基 草书 立轴	124.5×29cm	230,000	朵云轩	2018-06-24
何绍基 对联 立轴	125×29cm×2	115,000	华艺国际	2018-11-16
何绍基 1870年作 楷书《后赤壁赋》立轴	132×64cm	308,688	中国嘉德	2018-10-03
何绍基 行草 四屏立轴	93.5×20.5cm×4	230,000	北京荣宝	2018-12-03
何绍基 行草《奉和语聆海市、湖亭观荷》诗札 手卷	25×36×2cm；20×25×6cm	920,000	北京保利	2018-06-17
何绍基 行书 八言联 对联	165×32.5cm×2	109,250	西泠拍卖	2018-07-07
何绍基 行书 八言联 镜片	157×27cm×2	161,000	西泠拍卖	2018-07-07
何绍基 行书 册页（二十三开）	33×18cm×23	460,000	华艺国际	2018-11-16
何绍基 行书 古诗文册（十九页）册页	30×24.5cm×19	920,000	西泠拍卖	2018-07-07
何绍基 行书 横幅	41×116.5cm	230,000	北京翰海	2018-06-29
何绍基 行书 立轴	219×59cm	322,000	上海嘉禾	2018-06-25
何绍基 行书 立轴	176×83.5cm	172,500	朵云轩	2018-06-24
何绍基 行书 立轴 四屏	134.5×31.2cm×4	1,265,000	中国嘉德	2018-11-22
何绍基 行书 七言联 对联	125×31cm×2	230,000	西泠拍卖	2018-07-07
何绍基 行草 七言联 对联	118.5×26.5cm×2	109,250	西泠拍卖	2018-07-07
何绍基 行书 书论 横披	34×32cm	207,000	西泠拍卖	2018-07-07
何绍基 行书 四屏立轴	175×47cm×4	2,300,000	华艺国际	2018-05-23
何绍基 行书 四条屏	174×46cm×4	138,000	中国嘉德	2018-05-20
何绍基 行书“读书堂”镜框	29.5×74cm	713,000	上海匡时	2018-04-30
何绍基 行书“勉益斋”镜心	42×125cm	713,000	北京匡时	2018-12-06
何绍基 行书《东坡和陶》四屏立轴	125×28.5cm×4	460,000	北京匡时	2018-06-16
何绍基 行书《横湖绝句》立轴	130×30cm	345,000	北京匡时	2018-12-06
何绍基 行书《录山谷与东坡二牍语》立轴	144×27cm×6	1,150,000	北京匡时	2018-06-16
何绍基 行书《山谷题跋》六屏立轴	130×30cm×6	1,380,000	北京匡时	2018-12-06
何绍基 行书《幽芳亭记》立轴	130×30cm	161,000	北京匡时	2018-12-06
何绍基 行书《元修菜并序》立轴	84×43.5cm	483,000	北京匡时	2018-12-06
何绍基 行书八言联 对联	167×30cm×2	195,500	北京保利	2018-12-08
何绍基 行书八言联 立轴	213.5×35cm×2	977,500	中国嘉德	2018-11-22
何绍基 行书八言联 立轴	216×41cm×2	816,500	北京匡时	2018-06-16
何绍基 行书八言联 立轴	212×41cm×2	529,000	北京匡时	2018-06-16
何绍基 行书八言联 立轴	159.5×39.5cm×2	184,000	北京匡时	2018-12-06
何绍基 行书八言联 立轴	159×33cm×2	138,000	北京匡时	2018-12-06
何绍基 行书八言联 立轴	156×29cm×2	138,000	北京匡时	2018-12-06
何绍基 行书东坡尺牍 立轴	171.5×42cm	115,000	北京匡时	2018-12-06
何绍基 行书东坡诗卷 手卷	32.5×360cm	287,500	北京匡时	2018-06-16
何绍基 行书杜诗 六屏镜心	169×42cm×6	1,380,000	北京匡时	2018-12-06
何绍基 行书黄庭坚跋文 镜心	90×164cm	1,150,000	北京匡时	2018-12-06
何绍基 行书黄庭坚诗 立轴	131×32cm	126,500	北京匡时	2018-12-06
何绍基 行书节录《画禅室随笔》立轴	155×75.5cm	667,000	北京匡时	2018-06-16
何绍基 行书节录《历代名画记》立轴	135×32cm×4	368,000	北京匡时	2018-06-16
何绍基 行书节录《梁武帝书评》横披	40.5×163cm	977,500	中国嘉德	2018-11-22
何绍基 行书节录《水经注》成扇	17.5×51cm	862,500	北京匡时	2018-12-06
何绍基 行书七言联 对联	160×30cm×2	115,000	中国嘉德	2018-09-20
何绍基 行书七言联 对联	125.8×30cm×2	109,000	香港苏富比	2018-10-01
何绍基 行书七言联 立轴	133×29.5cm×2	345,000	北京匡时	2018-12-06

拍品名称	物品尺寸	成交价RMB	拍卖公司	拍卖日期
何绍基 行书七言联 立轴	162×38.5cm×2	253,000	北京匡时	2018-12-06
何绍基 行书七言联 立轴	128×29cm×2	207,000	北京匡时	2018-12-06
何绍基 行书七言联 立轴	104×20cm×2	172,500	北京匡时	2018-12-06
何绍基 行书七言联 立轴	117×27cm×2	172,500	北京匡时	2018-12-06
何绍基 行书七言联 立轴	125×28.5cm×2	161,000	北京匡时	2018-06-16
何绍基 行书七言联 立轴	124.5×28.5cm×2	138,000	北京匡时	2018-12-06
何绍基 行书七言联 立轴	122×28cm×2	138,000	北京匡时	2018-12-06
何绍基 行书七言联 立轴	147×34cm×2	126,500	北京匡时	2018-06-16
何绍基 行书七言联 立轴	152×33cm×2	124,101	中国嘉德	2018-04-03
何绍基 行书七言联 立轴	129×29.5cm×2	123,475	中国嘉德	2018-10-03
何绍基 行书七言联 立轴	123×29.5cm×2	115,000	北京匡时	2018-12-06
何绍基 行书七言联 立轴	127.5×31.5cm×2	115,000	北京匡时	2018-12-06
何绍基 行书七言联 立轴	122×28cm×2	101,200	北京匡时	2018-06-16
何绍基 行书七言诗 立轴	176×67cm	483,000	北京匡时	2018-06-16
何绍基 行书山谷书跋 立轴	130×62cm	368,000	北京匡时	2018-12-06
何绍基 行书四言诗 立轴	128×61cm	253,000	北京匡时	2018-06-16
何绍基 行书苏子句 立轴	164.8×30cm×4	637,955	中国嘉德	2018-10-03
何绍基 行书陶诗 立轴	176×84cm	414,000	北京匡时	2018-12-06
何绍基 行书陶渊明《饮酒诗》镜心	17.5×51cm	207,000	北京匡时	2018-12-06
何绍基 行书文语 立轴	130.5×30cm×4	632,500	北京匡时	2018-06-16
何绍基 节临《孔林碑》立轴	183×48cm×4	1,028,960	中国嘉德	2018-10-03
何绍基 楷书“根深实遂”横批	59×166.5cm	1,150,000	北京保利	2018-12-07
何绍基 楷书《贺熙龄墓志》册页	本幅 24×16.5cm×17	1,725,000	北京匡时	2018-12-06
何绍基 隶书 兰生有芬 镜心	46×156.5cm	1,610,000	保利厦门	2018-01-08
何绍基 隶书 七言联 对联	133×31cm×2	161,000	西泠拍卖	2018-07-07
何绍基 隶书七言联 镜心	143.5×38.5cm×2	126,500	北京匡时	2018-12-06
何绍基 隶书七言联 立轴	141.5×37cm×2	483,000	中国嘉德	2018-11-22
何绍基 隶书七言联 立轴	185×40cm×2	460,000	北京匡时	2018-06-16
何绍基 隶书七言联 立轴	133×31cm×2	138,000	上海匡时	2018-04-30
何绍基 隶书七言联 立轴	127×29cm×2	126,500	北京匡时	2018-12-06
何绍基 隶书五言联 立轴	125×31cm×2	368,000	中国嘉德	2018-06-20
何绍基 隶书西狭颂铭 四屏立轴	130×34cm×4	1,437,500	北京匡时	2018-12-06
何绍基 隶书西狭颂铭 四条屏	130×34cm×4	379,500	中国嘉德	2018-05-20
何绍基 行书 手卷	33.5×150.5cm	2,430,380	佳士得	2018-11-27
何绍基 行书八言联（两幅）立轴	176×45cm×2	355,250	佳士得	2018-05-28
何绍基 隶书对联（两幅）立轴	148.6×35.2cm×2	177,400	佳士得	2018-11-27
何绍基 1862年作 隶书临《张迁碑》册页（二十五开五十页）	35.5×21.5cm×50	402,500	中国嘉德	2018-06-20
何绍基 书法 平轴四条屏	136×31cm×4	299,000	天津同方	2018-06-13
何绍基 书法 手卷	38×1120cm	1,380,000	荣宝斋（济南）	2018-07-01
何绍基 1858年作 行书节录东坡题跋 四屏立轴	131.5×31cm×4	1,725,000	中国嘉德	2018-06-20
何绍基 张檗 书画双挖 立轴	26×27cm；直径26cm	161,000	北京匡时	2018-12-06
何绍基 真草行书册 册页（十二开）	18×23.5cm×12	920,000	中国嘉德	2018-11-20
何绍基 篆书八言联 立轴	174×44cm×2	1,035,000	中国嘉德	2018-11-22
何绍基 篆书匾额 横幅	36×145.5cm	218,500	北京翰海	2018-06-29
何士祁 1851年作*1852年作 胥江饯别图 手卷	29×46.5cm	141,575	邦瀚斯	2018-04-03

拍品名称	物品尺寸	成交价RMB	拍卖公司	拍卖日期
贺瑞麟 书法 八屏立轴	180×48cm×8	537,600	秦宝斋	2018-01-01
赫奕 行书书法 立轴	172×46.5cm	575,000	中贸圣佳	2018-06-20
弘历 行书五言联（一对）镜框	143.3×33.7cm×2	545,000	香港苏富比	2018-10-01
弘仁（款）山水 立轴	81.5×41.5cm	126,500	中贸圣佳	2018-11-25
弘仁 1659年作 墨笔山水卷 手卷	24×171cm	5,750,000	北京保利	2018-06-17
弘仁 1660年作 仿倪瓒山水 立轴	125×38cm	1,552,500	北京保利	2018-06-18
洪钧 等 书法团扇 册页（十五开）	尺寸不一	161,000	北京东正	2018-06-17
洪钧 行书八言联 立轴	204×40cm×2	115,000	中国嘉德	2018-11-22
胡铁梅 1872年作 山水 四屏立轴	171.4×46.4cm×4	230,000	中国嘉德	2018-06-20
胡震 行书七言联 立轴	113.5×24cm×2	178,250	北京匡时	2018-12-06
胡震 隶书 节临华山庙碑 镜片	134×25.5cm	230,000	西泠拍卖	2018-07-07
华冠 1806年作 御制武夷山图 手卷	画心311×41cm	1,265,000	西泠拍卖	2018-07-07
华世奎 楷书六言联 立轴	212×48.5cm×2	161,000	北京翰海	2018-06-29
华世奎 书法 立轴	124×37cm	115,000	鼎天国际	2018-01-07
华喦 1746年作 翠禽图 立轴	144×43cm	943,000	北京保利	2018-12-08
华喦 1748年作 踯躅小禽图 立轴	119×51cm	2,990,000	南京经典	2018-01-06
华喦 富贵平安图 立轴	125×57cm	575,000	西泠拍卖	2018-07-07
华喦 观泉图 立轴	108×53cm	1,265,000	西泠拍卖	2018-07-07
华喦 听琴图 立轴	97×35cm	517,500	北京荣宝	2018-12-03
皇六子 秉烛 横批	42×116cm	391,000	华艺国际	2018-05-23
皇六子 楷书七言联 立轴	162×36.5cm×2	230,000	荣宝斋（南京）	2018-07-15
黄淡如 多福多寿多男子 轴	115×75cm	2,033,900	中正拍卖	2018-06-28
黄鼎 仿古山水 六屏立轴	48×34cm×6	3,220,000	北京保利	2018-12-08
黄鼎 山阴丘壑图 立轴	96.5×45cm	575,000	西泠拍卖	2018-07-07
黄鞠 焦山修志图 手卷	画31.5×136cm	103,500	中国嘉德	2018-06-20
黄均 1836年作 山水手卷 手卷	19×120cm	138,000	北京荣宝	2018-12-03
黄均 1837年作 摹古山水册 册页（十二开选九）	32×23cm×12	138,000	上海嘉禾	2018-06-25
黄均 1848年作 山林清幽 镜片	101.5×41.5cm	161,000	朵云轩	2018-06-24
黄溱 1772年作 溪山秋晓图 立轴	188×91cm	253,000	北京荣宝	2018-12-03
黄山寿 1916年作　近代 菊石图 四屏镜框	132×32.5cm×4	920,000	深圳至正国际	2018-08-25
黄山寿 1918年作 唐皇游月宫 立轴	174×95cm	149,500	北京保利	2018-06-17
黄山寿 百美献寿 手卷	画心40×483.5cm	908,500	中贸圣佳	2018-06-20
黄山寿 1900年作 海屋朝鹤 立轴	125×62cm	805,000	中国嘉德	2018-06-18
黄山寿 胡也佛（款）1910年作 1944年作 麻姑献寿 思春图 轴	67×31cm；22.5×44cm	126,850	台北艺流	2018-06-30
黄山寿 人物 四屏立轴	170×45cm×4	109,250	北京保利	2018-06-17
黄山寿 双寿 立轴	148×81.5cm	115,000	荣宝斋（南京）	2018-01-05
黄山寿 袁天祥 施桢 等 人物扇面集锦（二十六帧选登九）圆光、扇面	尺寸不一×26	124,101	中国嘉德	2018-04-03
黄慎 1747年作 踏雪寻梅 立轴	168×79cm	172,500	中国嘉德	2018-05-20
黄慎 1754年作 春江泛舟图 镜片	28.5×23.5cm	529,000	西泠拍卖	2018-07-07
黄慎 1757年作 斜阳古松图 立轴	97×45cm	322,000	南京经典	2018-01-06
黄慎 1767年作 啖斋高僧图 立轴	160×86cm	161,000	西泠拍卖	2018-09-29
黄慎 八仙图 镜框	104.6×163cm	654,000	香港苏富比	2018-10-01
黄慎 草书七言诗 立轴	187×48cm	356,500	中国嘉德	2018-11-22
黄慎 叱石成羊 立轴	90×121cm	138,000	北京保利	2018-11-19

拍品名称	物品尺寸	成交价RMB	拍卖公司	拍卖日期
黄慎 行书 立轴	135×61.5cm	517,500	华艺国际	2018-11-16
黄慎 花卉册 册页（十开）	30.5×15.3cm×10	402,500	中国嘉德	2018-11-22
黄慎 江天帆影 手卷	28.5×88cm	310,500	朵云轩	2018-06-24
黄慎 篱菊家鸡 立轴	125×43cm	1,265,000	北京匡时	2018-06-16
黄慎 柳塘翠鹭 立轴	129.5×35.2cm	161,800	香港苏富比	2018-04-01
黄慎 芦雁图 立轴	154×67cm	345,000	北京保利	2018-06-18
黄慎 麻姑献寿 立轴	159×69cm	161,000	中国嘉德	2018-01-14
黄慎 墨牡丹 立轴	25×35cm	101,200	北京保利	2018-05-21
黄慎 裴度故实 立轴	200×106cm	805,000	中贸圣佳	2018-06-20
黄慎 1749年作 铁拐李 立轴	174×94.2cm	887,000	佳士得	2018-11-27
黄慎 芦雁图 立轴	124×164.7cm	776,125	佳士得	2018-11-27
黄慎 人物（九开册选八开）	28.8×19cm×9	121,350	香港苏富比	2018-04-01
黄慎 山水（二帧）立轴	32.5×43cm×2	437,000	中贸圣佳	2018-11-25
黄慎 山水人物（两开）	29×36cm×2	207,000	北京东正	2018-06-17
黄慎 双兔 立轴	126×55cm	115,000	华艺国际	2018-11-16
黄慎 苏武牧羊图 立轴	108×47cm	333,500	南京经典	2018-01-06
黄慎 仙女执梅图 立轴	180×86.5cm	1,092,500	中贸圣佳	2018-06-20
黄慎 小鸟枯枝 镜片	34×29cm	150,718	纽约苏富比	2018-03-23
黄慎 雪山行旅图 镜心	122×71.5cm	230,000	保利厦门	2018-01-08
黄慎 邺侯赏花图 立轴	166×94cm	4,140,000	中贸圣佳	2018-11-24
黄慎 杂画册 册页（十开）	22.5×33cm×10	368,000	中国嘉德	2018-11-22
黄慎 钟馗图 立轴	204×120cm	483,000	北京荣宝	2018-06-14
黄慎 祝寿图 立轴	163.5×86.5cm	632,500	中国嘉德	2018-11-22
黄慎 紫阳问道 立轴	211×100cm	6,325,000	北京匡时	2018-06-16
黄士陵 1892年作 篆书 四屏立轴	216×27cm×4	437,000	北京荣宝	2018-06-14
黄士陵 1897年作 篆书七言联 镜心	119.5×23.5cm×2	103,500	北京匡时	2018-12-06
黄士陵 1898年作 天竺 立轴	92.5×36.5cm	303,375	香港苏富比	2018-04-02
黄士陵 行书《白发赋》（四幅）立轴	105.2×28.2cm×4	144,138	佳士得	2018-11-27
黄士陵 篆书节录《北山移文》手卷	23.1×159.1cm	206,245	纽约苏富比	2018-03-23
黄士陵 篆书七言联 立轴	138×32.5cm×2	172,500	北京匡时	2018-06-15
黄易 隶书八言联 立轴	131×31cm×2	109,250	北京匡时	2018-12-06
黄易 临《魏元丕碑》手卷	31.6×339.8cm	412,490	纽约苏富比	2018-03-23
黄易 临汉碑 手卷	32×263cm	138,000	华艺国际	2018-11-16
黄易 临浙江山水册 册页（十二开）	26×21cm×12	402,500	中贸圣佳	2018-11-24
黄易 山居图 立轴	92×29cm	112,700	南京经典	2018-01-06
黄易 山水册 册页（五开）	19.5×13.5cm×5	172,500	荣宝斋（南京）	2018-07-15
黄易 烟柳柴门图 手卷	画心27×75cm	690,000	中国嘉德	2018-06-20
黄易 虬松图 立轴	141.5×55.5cm	109,250	北京荣宝	2018-12-03
黄钺 书法 横披	73.5×165.5cm	323,600	香港苏富比	2018-04-01
黄钺 书画一堂 立轴	画94×41cm；书136×30cm×2	172,500	北京荣宝	2018-12-03
黄钺 佚名 1821年作 山水花卉 四屏立轴	43×28cm×4；59×38cm×4	149,500	北京匡时	2018-12-06
黄宗炎 江山卧游图卷 手卷	344×20.5cm	126,500	西泠拍卖	2018-05-04
黄宗炎 山水画	112×53cm	3,050,850	中正拍卖	2018-06-28
慧林性机 大眉性善 南源性派 等 1671年作 为千呆禅师作书 手卷	446×27cm	143,750	西泠拍卖	2018-05-05
纪晓岚 梁同书 汪由敦 翁方纲 等 五十余家 来太君节孝诗册（四册共九十二页）册页	册页尺寸 42×28cm×4	805,000	西泠拍卖	2018-07-07

(成交价RMB：10万元以上)

拍品名称	物品尺寸	成交价RMB	拍卖公司	拍卖日期
嘉庆帝 1796年作 行书七言诗 立轴	63×29cm	149,500	北京保利	2018-12-08
嘉庆帝 1820年作 幽兰 立轴	89×32cm	207,000	上海嘉禾	2018-06-25
渐江 秋山双瀑图 立轴	112×53.5cm	33,350,000	北京匡时	2018-12-06
渐江 太白诗意图 镜心	16×51cm	3,162,500	北京匡时	2018-12-06
姜宸英 1699年作 行书 古文册（十页）册页	42×28cm×10	138,000	西泠拍卖	2018-07-07
姜宸英 仿古书法八屏 立轴	201.5×46cm×8	2,300,000	中贸圣佳	2018-11-24
姜宸英 行书 节录朱子语类 立轴	133.5×44cm	230,000	西泠拍卖	2018-07-07
姜宸英 行书七言联 立轴	125.5×26.5cm×2	195,500	北京翰海	2018-06-29
姜宸英 书法 立轴	132×59cm	149,500	华艺国际	2018-05-23
姜筠 1906年作 仿古山水 四屏立轴	181×46cm×4	149,500	中国嘉德	2018-06-20
姜筠 吴昌硕 康有为 绘 等诸家题咏蓬庄图卷 手卷	本幅 30.5×35.5cm×4	7,130,000	北京匡时	2018-06-15
姜坤 1993年作 早春夜宴 镜片	80×280cm	123,200	湖南逸典	2018-06-09
姜坤 1998年作 裸女 镜框	83×74cm	100,800	湖南逸典	2018-06-09
姜实节 访友图 镜框	31×57.5cm	345,000	华艺国际	2018-11-16
姜淑斋 草书 立轴	172×51cm	483,000	保利厦门	2018-01-08
姜淑斋 临王羲之草书帖 立轴	172.5×51.5cm	287,500	中国嘉德	2018-11-22
姜文载 1747年作 空桐仙馆图 立轴	127×38cm	138,000	南京经典	2018-01-06
蒋敬 双鬟索句图 立轴	105×38.5cm	345,000	保利厦门	2018-07-15
蒋溥 1759年作 双牛图 立轴	95×43cm	345,000	西泠拍卖	2018-07-07
蒋溥 李白诗意图册（十八页）册页	15.5×11.5cm×18	2,070,000	西泠拍卖	2018-07-07
蒋溥 瑞雪三友图 立轴	125.5×65cm	199,575	佳士得	2018-11-27
蒋廷锡（款）十全富贵图册 册页（十开）	44×44.5cm×10	230,000	中国嘉德	2018-11-22
蒋廷锡 1731年作 墨牡丹 立轴	95.5×52cm	3,450,000	北京匡时	2018-12-06
蒋廷锡 1726年作 花卉册 册页（十二开）	28×22cm×12	184,000	广东崇正	2018-07-05
蒋廷锡 花蝶 立轴	115.5×55.5cm	287,500	保利厦门	2018-01-08
蒋廷锡 花果禽鸟对题册 册页（十二开）	25.5×17.5cm×24	1,518,000	荣宝斋（上海）	2018-01-21
蒋廷锡 花鸟册 册页（八开）	32×45.5cm×8	667,000	中贸圣佳	2018-11-24
蒋廷锡 双吉富贵 立轴	173.2×83cm	223,300	佳士得	2018-05-28
蒋祥墀 行书七言联 立轴	121×28cm×2	126,500	北京翰海	2018-06-29
今释 草书五言诗 立轴	131.5×42cm	411,584	中国嘉德	2018-10-03
金昆 叶履丰 澄江雄关 镜心	153.5×37.5cm	299,000	中国嘉德	2018-11-22
金农（款）1744年作 隶书自作诗 手卷	书心28×178cm	138,000	北京保利	2018-12-08
金农 1755年作 蕉林清暑图 镜心	104×36cm	1,380,000	北京荣宝	2018-06-14
金农 1756年作 书联 立轴	125×25cm×2	747,500	南京经典	2018-07-22
金农 1757年作 楷书《兴国六祖书赞》立轴	133×47.5cm	805,000	北京匡时	2018-06-16
金农 1761年作 默林觅句图 手卷	32.5×131.5cm	14,990,300	佳士得	2018-11-26
金农 冬心先生随笔 手卷	28×379cm	1,265,000	北京匡时	2018-12-06
金农 1743年作 漆书节录斛斯征传 立轴	51.5×32cm	667,000	中国嘉德	2018-11-22
金农 行书诗稿 镜心	26×29cm	126,500	北京匡时	2018-06-16
金农 隶书徐伯珍事迹 立轴	130.5×61cm	5,060,000	中国嘉德	2018-06-18
金农 梅花 镜心	103×45cm	345,000	荣宝斋（南京）	2018-07-15
金农 梅花 立轴	63.9×35.7cm	323,600	香港苏富比	2018-04-01
金农 墨竹 立轴	23.3×31.2cm	893,800	香港苏富比	2018-10-01
金农 漆书五言联 立轴	99×20cm×2	575,000	北京匡时	2018-06-16
金农 墨竹 立轴	112.5×29.5cm	2,070,000	南京经典	2018-07-22

拍品名称	物品尺寸	成交价RMB	拍卖公司	拍卖日期
金农 事事如意 立轴	19.5×37.5cm	354,800	佳士得	2018-11-27
金农 1761年作 红衣罗汉 立轴	126×40cm	920,000	广东崇正	2018-07-05
金心兰 山水梅花册 册（十六开）	各25×22cm×16	1,417,000	香港苏富比	2018-10-02
金玥 1662年作 蝶恋花 立轴	57×28cm	190,924	保利香港	2018-04-02
居巢 1865年作 玉堂富贵 立轴	130.3×55cm	230,000	中国嘉德	2018-06-20
居廉 1876年作 柳雀秋虫 镜心	27×27cm×2	102,896	中国嘉德	2018-10-03
居廉 曾望颜 花卉草虫小品八幅 书法对联 镜框	尺寸不一	1,096,100	广东省拍	2018-09-20
居廉 蜂花图 镜框	96×26cm	345,000	华艺国际	2018-05-23
居廉 花虫集锦 镜心	直径27cm×8	210,016	中国嘉德	2018-04-03
居廉 花卉草虫 镜心	31×25cm×4	123,475	中国嘉德	2018-10-03
居廉 花卉草虫册 册页（八开）	21×30cm×8	517,500	广东崇正	2018-07-05
居廉 牡丹蜜蜂 立轴	128.5×33cm	230,000	华艺国际	2018-03-30
居廉 1938年作 富贵白头 立轴	101×45cm	115,000	广东崇正	2018-07-05
康涛 折花仕女 立轴	116.7×47cm	207,000	中国嘉德	2018-06-20
康焘 古事迹册 册页	26×20cm×16	322,000	北京保利	2018-12-08
康熙 御笔心经 立轴	28×26cm×6	690,000	中贸圣佳	2018-11-24
康熙帝 1713年作 御书《药师瑠璃光如来本愿功德经》（150页）册页		36,800,000	北京保利	2018-12-08
康熙帝 行草七言联 对联	124×25cm×2	1,955,000	北京保利	2018-12-08
康熙帝 行书《林环太液晴波》立轴	160.8×61cm	3,680,000	北京保利	2018-12-08
康熙帝 行书“云栖” 横披	48.5×117cm	2,675,296	中国嘉德	2018-10-03
康熙帝 行书五言联 对联	126×27cm×2	805,000	北京保利	2018-06-17
康熙皇帝 梅雪争春七绝 扇面	16.5×47cm	345,000	中国嘉德	2018-06-20
髡残（款）秋山偃源 立轴	154.5×68.6cm	1,110,550	纽约苏富比	2018-03-22
蓝孟（款）秋山论道图 立轴	155×47cm	115,000	中国嘉德	2018-01-14
蓝孟 仿倪元林笔意 镜心	31×30cm	172,500	北京匡时	2018-06-16
蓝孟 晴峦山居 立轴	180.2×46.2cm	532,200	佳士得	2018-11-27
蓝孟 山水 四屏立轴	157×41cm×4	391,000	荣宝斋（南京）	2018-07-15
蓝孟 桃源高逸图 立轴	173×53.5cm	161,000	中贸圣佳	2018-11-24
蓝孟 天池石壁图 立轴	178.5×51cm	632,500	北京匡时	2018-12-06
蓝涛 仿李营邱山水 立轴	109×41cm	149,500	荣宝斋（南京）	2018-07-15
懒云 蒲塘禽乐图 立轴	219.5×112.5cm	1,035,000	中贸圣佳	2018-06-20
郎世宁（款）百骏图卷 手卷	51×486cm	195,500	中国嘉德	2018-01-14
郎世宁（款）海西妩媛 手卷	53.2×650.3cm	545,000	香港苏富比	2018-10-01
郎世宁 叫月鸣雷图 立轴	160×64.5cm	632,500	北京匡时	2018-06-16
劳澄 西洞庭消夏湾图 手卷	32.5×350cm	242,700	邦瀚斯	2018-04-03
劳肇光 行书八言联 镜框	169×40cm×2	391,000	未来四方	2018-01-20
冷枚 1708年作 调美图 立轴	93.5×36.5cm	286,386	保利香港	2018-04-02
黎简 草书五言诗 立轴	134×34cm	149,500	荣宝斋（南京）	2018-07-15
黎简 1788年作 行书苏轼文 立轴	108×39cm	103,500	广东崇正	2018-07-04
李方膺 1744年作 寿萱图 立轴	161×101cm	172,500	朵云轩	2018-06-24
李方膺 虬松奇石图 立轴	180×78.2cm	1,035,000	保利厦门	2018-07-15
李公年（款）山水册 册页	28×25cm×8	172,500	中国嘉德	2018-05-19
李诂 山水图 立轴	187×45.5cm	115,000	中贸圣佳	2018-11-25
李光地 行书饮中八仙歌 手卷	38.5×126cm	253,000	北京匡时	2018-06-16
李含渼 1689年作 水村图 手卷	画21.3×145.3cm	5,405,000	中国嘉德	2018-11-20
李杭之 云山苍翠 册页（十开）	22.5×15cm×10	1,840,000	朵云轩	2018-06-24
李鸿裔 行书 论法书文卷 手卷	46×24.5cm×6	207,000	西泠拍卖	2018-07-07
李鸿藻 山水手卷 手卷	画心42×53cm	414,000	中贸圣佳	2018-06-20

拍品名称	物品尺寸	成交价RMB	拍卖公司	拍卖日期
李鸿藻 张之万 扇面集册 册页（十九开）	尺寸不一	1,265,000	中贸圣佳	2018-06-20
李鸿章 1865年作 行书节临《圣教》立轴	130×61.5cm	115,000	北京匡时	2018-12-06
李鸿章 行书 八言联 对联	170.5×38.5cm×2	506,000	西泠拍卖	2018-07-07
李鸿章 行书八言联 立轴	167×36.5cm×2	575,000	中国嘉德	2018-11-22
李鸿章 行书八言联 立轴	168.5×35cm×2	414,000	中国嘉德	2018-06-20
李鸿章 行书八言联 立轴	172×35cm×2	287,500	北京匡时	2018-06-16
李鸿章 行书七言联 镜片	128×31cm×2	287,500	广东崇正	2018-07-05
李鸿章 天地一指 镜心	29.5×108cm	322,000	保利厦门	2018-07-15
李敬思 花卉 册页（八开）	23×27cm×8	172,500	华艺国际	2018-05-23
李锴 书法 册页	17.5×12.5cm×16	155,250	中贸圣佳	2018-11-25
李鱓 1730年作 平分秋色图 立轴	121.5×52cm	1,495,000	西泠拍卖	2018-07-07
李鱓 1740年作 长年富贵图 立轴	140×74.5cm	1,782,500	北京荣宝	2018-06-14
李鱓 1750年作 百事大吉 立轴	139×72cm	345,000	北京翰海	2018-06-29
李鱓 1756年作 兰芝松石图 镜心	169×45cm	920,000	南京经典	2018-07-22
李鱓 册页 册页（三开）	26.5×40cm×3	161,000	中贸圣佳	2018-11-25
李鱓 高梧闲禽图 立轴	177×47cm	138,000	西泠拍卖	2018-07-07
李鱓 河鱼一束 立轴	104.5×32.5cm	276,000	上海嘉禾	2018-06-25
李鱓 花鸟 四屏立轴	164×41cm×4	2,300,000	北京匡时	2018-06-16
李鱓 瓶花 立轴	76×43.5cm	345,000	北京荣宝	2018-06-14
李鱓 水墨牡丹 立轴	130×70cm	230,000	保利厦门	2018-01-08
李鱓 1753年作 寿桃 镜框	34×33cm	115,000	北京荣宝	2018-12-03
李世倬 行书杂典一则 立轴	139×58cm	103,500	中国嘉德	2018-11-22
李世倬 临陆瞻山水 扇面	18×53.5cm	126,500	中国嘉德	2018-11-22
李世倬 寒江渔舟 镜框	105.5×47.5cm	304,500	佳士得	2018-05-28
李世倬 人物花卉山水册 册页（八开）	32×33cm×8	805,000	北京荣宝	2018-06-14
李因 1650年作 花鸟 扇面	16×49cm	207,000	南京经典	2018-01-06
李因 1660年作 梅花图 镜心	15.5×47.5cm	287,500	南京经典	2018-07-22
李因 芦雁图 立轴	129.2×49.7cm	805,000	荣宝斋（上海）	2018-01-21
李寅 关山行旅图 立轴	181.5×97.5cm	1,955,000	北京匡时	2018-06-16
李寅 亭台楼阁图 立轴	137×74cm	1,265,000	北京保利	2018-06-17
李渔 沧浪濯缨图 立轴	162.5×61.8cm	305,200	香港苏富比	2018-10-01
李赞元 楷书 五言诗 镜片	21.5×19cm	103,500	西泠拍卖	2018-05-04
励杜讷 行书节录《兰亭序》立轴	186.7×45.8cm	287,500	北京保利	2018-12-08
励杜讷 行草书法 立轴	171×56.5cm	203,000	佳士得	2018-05-28
励杜讷 1696年作 行书天马赋 手卷	26×350cm	172,500	北京荣宝	2018-12-03
励廷仪 1707年作 行书 七言诗 立轴	191.5×47cm	287,500	西泠拍卖	2018-07-07
励宗万 1751年作 行书册 册页（十六开）	30×40cm×16	230,000	朵云轩	2018-06-24
励宗万 袖珍山水册（二册）册页（二十开）	8.5×11.5cm×20	368,000	中国嘉德	2018-11-22
梁德润 长清图 立轴	183×68.5cm	230,000	北京翰海	2018-06-29
梁鼎芬 自作诗（八帧）镜心	尺寸不一	109,250	北京诚轩	2018-06-16
梁佩兰 行书 七言联	158.5×26cm	1,173,000	中国嘉德	2018-06-20
梁诗正 1729年作 楷书 朱子治家格言 立轴	220×120.5cm	161,000	西泠拍卖	2018-07-07
梁同书 1790年作 行书 古文 手卷	画心511×17.5cm	402,500	西泠拍卖	2018-07-07
梁同书 1794年作 行书 四屏立轴	122×32cm×4	126,500	北京匡时	2018-12-06
梁同书 1801年作 行书七言联 对联	132×27cm×2	575,000	北京保利	2018-06-18
梁同书 行书 古贤诗文二则 镜片	139×67.5cm	184,000	西泠拍卖	2018-07-07
梁同书 行书汪士铨传（十页）册页	28.5×12.5cm×10	575,000	西泠拍卖	2018-07-07
梁同书 行书七言联 立轴	126.5×29.5cm×2	207,000	中国嘉德	2018-11-22
梁同书 行书七言联 立轴	135×31cm×2	109,250	北京匡时	2018-12-06
梁同书 行书七言联 立轴	130×28cm×2	109,250	荣宝斋（济南）	2018-07-01
梁同书 书联 镜心	130×29cm×2	189,750	南京经典	2018-07-22
梁同书 书法 手卷	20.5×325cm	460,000	荣宝斋（济南）	2018-07-01
梁同书 小楷《天问》册页（三十二开选二十四）	28.5×12.8cm×32	747,500	北京荣宝	2018-12-03
梁巘 行书崔子玉箴概 立轴	154×51.5cm	253,000	中国嘉德	2018-06-20
梁巘 行书临《云麾碑》册页（十开）	26×31cm×10	172,500	中国嘉德	2018-06-20
梁巘 临《书谱》册页	25×33cm	517,500	北京保利	2018-12-08
梁耀枢 1883年作 楷书十一言联 立轴	290×39.5cm×2	103,500	北京匡时	2018-06-16
梁章钜 行书五言联 立轴	130×32cm×2	368,000	北京匡时	2018-12-06
廖青 仿垢道人笔 立轴	99×40cm	171,832	保利香港	2018-04-02
林鸿年 张奎绍 等 楷书册 册页（十开）	18×26cm×10	322,000	北京保利	2018-06-18
林则徐 行书横幅 画心	27×101cm	253,700	台北艺流	2018-06-30
林则徐 行书节录《问学》立轴	144×36.5cm	690,000	中国嘉德	2018-11-22
林则徐 行书卷 手卷	30×180cm	126,500	北京保利	2018-12-08
林则徐 行书录明人诗四屏 立轴	134.7×32.8cm	242,820	罗芙奥	2018-06-02
林则徐 行书论书一则 立轴	152×41cm	218,500	北京匡时	2018-12-06
林则徐 行书七言联 镜框	122×29cm×2	897,000	未来四方	2018-01-20
林则徐 行书七言联 镜心	124.5×29cm×2	690,000	保利厦门	2018-07-15
林则徐 行书七言联 立轴	125.5×29.5cm×2	218,500	中贸圣佳	2018-11-25
林则徐 行书七言联 立轴	134×31cm×2	138,000	北京翰海	2018-09-16
林则徐 行书钱氏家训 镜心	167.5×36.5cm×4	345,000	荣宝斋（南京）	2018-07-15
林则徐 行书扇面 镜心	17×54cm	598,000	中贸圣佳	2018-11-24
林则徐 行书诗句 立轴	132×60cm	149,500	北京保利	2018-06-18
林则徐 行书 立轴	94.5×28cm	142,100	佳士得	2018-05-28
林则徐 书法 散册页（六开）	27.3×15.7cm×6	263,900	佳士得	2018-05-28
林则徐 书法 立轴	188×52cm	207,000	荣宝斋（济南）	2018-07-01
刘璜 仙山楼阁图 立轴	264×128.5cm	667,000	中贸圣佳	2018-11-24
刘璜 仙山楼阁图 立轴	264×129cm	575,000	荣宝斋（上海）	2018-01-21
刘璜 仙山楼阁图 立轴	263×129cm	345,000	中国嘉德	2018-05-20
刘春霖 楷书 七言律诗三种	132×32.5cm	109,250	中国嘉德	2018-11-21
刘春霖 楷书八言联 镜心	202.5×40cm×2	115,000	中贸圣佳	2018-11-24
刘度 1642年作 秋林图 立轴	106×30cm	411,584	保利香港	2018-10-01
刘度 仿张僧繇没骨山水 立轴	121×54cm	4,370,000	中国嘉德	2018-06-20
刘度 关山暮雪图 立轴	135×52cm	517,500	中国嘉德	2018-09-20
刘梁嵩 草书题画诗 立轴	204×47cm	345,000	北京保利	2018-12-08
刘彦冲 1843年作 仿南田山水 立轴	111.5×31cm	174,400	香港苏富比	2018-10-02
刘彦冲1843年作 摹宋人人物图 手卷	画26.8×221cm	1,437,500	中国嘉德	2018-11-20
刘彦冲 溪山逸兴册 册（六开）	31.2×22.2cm×6	457,800	香港苏富比	2018-10-02
刘愔 1843年作 名胜图册（二册三十二页）册页	29×24cm×32	356,500	西泠拍卖	2018-07-07
刘墉 1798年作 行书宋词两首 手卷	12×29.5cm；12.5×111cm	172,500	北京匡时	2018-06-16

拍品名称	物品尺寸	成交价RMB	拍卖公司	拍卖日期
刘墉 草书节临《十七帖》立轴	112.5×61cm	207,000	北京匡时	2018-06-16
刘墉 1793年作 为少韩临赵松雪 立轴	183.50×93cm	1,610,000	中国嘉德	2018-11-20
刘墉 行楷书卷 手卷	22×633cm	2,185,000	中国嘉德	2018-06-20
刘墉 行书七言联 对联	124×29cm×2	184,000	中国嘉德	2018-05-20
刘墉 行书七言联 立轴	119×28.5cm×2	184,000	中国嘉德	2018-06-20
刘墉 行书七言诗 横幅	32×162cm	241,500	中国嘉德	2018-01-14
刘墉 1796年作 行书横幅 横披	31.5×123.5cm	230,000	中国嘉德	2018-06-20
刘墉 1802年作 世说二则 手卷	27×220cm	345,000	南京经典	2018-01-06
刘墉 1797年作 行书孙樵句 镜片	17×53cm	138,000	广东崇正	2018-07-04
刘墉 1803年作 行书醉翁操·琅然 镜片	136×49cm	110,000	上海驰翰	2018-06-25
刘墉 行书（两幅）镜片	122.5×33cm×2	115,000	朵云轩	2018-06-24
刘墉 行书 蔡襄诗 立轴	157.5×66cm	517,500	西泠拍卖	2018-07-07
刘墉 行书 节录古文十二帧（十二帧）镜片	23.5×18.5cm×12	747,500	西泠拍卖	2018-07-07
刘墉 行书七言联 立轴	146×33cm×2	575,000	保利厦门	2018-07-15
刘墉 1799年作 诸体书法册 册页	24×14cm×32	230,000	上海嘉禾	2018-06-25
刘墉 楷书"鹤寿"（二帧）册页 镜框	27×35.5cm×4	182,025	香港苏富比	2018-04-02
刘墉 钱泳 黄钺 黄裳 吴鼒 等 书画扇十四帧（十四帧）扇页	尺寸不一	138,000	西泠拍卖	2018-07-07
刘墉 1799年作 行书鲍靓传 立轴	195×77.7cm	1,441,375	佳士得	2018-11-27
刘墉 1799年作 临海岳论草书帖 镜框	36.3×134cm	210,663	佳士得	2018-11-27
刘墉 法书 册页（六开）	23×11.5cm×6	243,600	佳士得	2018-05-28
刘墉 诗文杂录 手卷	23.5×270cm	221,750	佳士得	2018-11-27
刘墉 1792年作 行书《黄庭内景经》（四幅）镜框	187×23.5cm×4	812,000	佳士得	2018-05-28
刘墉 1803年作 行书《山书》镜框	45×112cm	304,500	佳士得	2018-05-28
刘墉 翁方纲 书法 册页	21×21.5cm×5；16×21.5cm×4	862,500	北京荣宝	2018-06-14
刘墉 行书古文句 立轴	142×55cm	218,500	北京荣宝	2018-12-03
六舟上人 清咸丰三年（1853年作 行书尺牍	尺寸不一	126,500	北京保利	2018-06-19
楼辛壶 碧岫白云 立轴	136×68cm	230,000	上海嘉禾	2018-03-26
楼辛壶 1943年作 对山读画图卷 手卷	28.5×104.5cm；28.5×133cm	126,500	中国嘉德	2018-06-19
楼辛壶 1944年作 枯木竹石 四屏 镜片	67×31.5cm×4	126,500	上海嘉禾	2018-03-26
楼辛壶 1945年作 青山绿水 四屏 镜框	68×34cm×4	224,250	上海嘉禾	2018-03-26
卢焯 行书自作诗 立轴	208.1×42.4cm	690,000	北京保利	2018-12-08
陆宝忠 行书十八言联 立轴	258.5×23cm×2	161,000	中贸圣佳	2018-11-24
陆璨 1791年作 献寿图 立轴	131×81.5cm	195,502	保利香港	2018-10-01
陆道书 春游即景册 册页	画21.5×28cm×11	236,661	保利香港	2018-10-01
陆箕永 草书《前赤壁赋》卷 手卷	27×780cm	218,500	中贸圣佳	2018-06-20
陆肯堂 行书贺寿诗 立轴	178×48.5cm	287,500	北京保利	2018-12-08
陆逵 爱犬图 立轴	181×92cm	161,000	中国嘉德	2018-01-14
陆润庠 1914年作 行书 艺概一则（四帧）镜片	132×64cm×4	189,750	西泠拍卖	2018-07-07
陆润庠 行书 八言联 对联	168×36cm×2	103,500	西泠拍卖	2018-07-07
陆润庠 行书七言联 立轴	127×30cm×2	184,000	北京翰海	2018-06-29
陆润庠 楷书八言联 立轴	170.5×33.5cm×2	103,500	北京翰海	2018-06-29
陆润庠 楷书十一言联 立轴	240×50.5cm×2	391,000	中贸圣佳	2018-11-24
陆沅 司马湘 1878年作 近天多喜图卷 手卷	画心14×450cm	126,500	北京荣宝	2018-12-03
陆远 溪山雨遇 立轴	175×47.5cm	246,950	中国嘉德	2018-10-03
陆芝仙 潘湘云小影 手卷	画27×104cm	897,000	中国嘉德	2018-11-22
陆遵书 山水花卉册 册页（八开）	21.5×12.5cm×8	184,000	中国嘉德	2018-06-20
罗存 渔舟晚唱 立轴	84×39.5cm	920,000	保利厦门	2018-01-08
罗牧 1695年作 长林仙隐图 镜片	186×113.5cm	299,000	西泠拍卖	2018-07-07
罗聘 达摩 立轴	91.5×45.5cm	161,000	北京翰海	2018-06-29
罗聘 方婉仪 山水花卉册 册页（十二开）	20.7×27.5cm×12	690,000	中国嘉德	2018-06-20
罗聘 花卉双挖 镜片	23×30×2cm	460,000	中贸圣佳	2018-06-20
罗聘 两峯墨戏册（共十七页）册页	画心 21×18.5cm×12	4,370,000	西泠拍卖	2018-07-07
罗聘 墨梅 立轴	162×26cm	368,000	荣宝斋（南京）	2018-07-15
罗聘 1781年作 柳燕图 立轴	104×42cm	920,000	中国嘉德	2018-06-20
罗天池 1646年作 山水 镜心	81×49cm	1,220,340	中正拍卖	2018-06-28
骆秉章 何凌汉 等 李氏刘氏节孝题词册 册页（六十五开）	尺寸不一	241,500	北京诚轩	2018-06-16
吕琮 凤鸟图 立轴	159.5×67.5cm	207,000	中国嘉德	2018-06-20
吕焕成 人物故事 立轴 十屏	177.5×43cm×10	724,500	中国嘉德	2018-11-22
吕焕成 双雁图 立轴	204.5×49cm	345,000	中国嘉德	2018-06-20
吕声闻 1694年作 诗文卷 手卷	26.5×649cm	115,000	中国嘉德	2018-11-22
吕显祖 草书雨中探梅 立轴	187×49.5cm	172,500	广东崇正	2018-07-05
吕学 1715年作 云屯射猎图 手卷	42×1022cm	487,200	佳士得	2018-05-28
吕学 寒鸦作阵图 立轴	134.5×69.5cm	345,000	西泠拍卖	2018-07-07
马昂 春山行骑 立轴	178×50cm	103,500	中国嘉德	2018-11-22
马光学 行书唐人句 立轴	165×44cm	207,000	北京荣宝	2018-12-03
马家桐 繁花似锦六屏图 镜框	154×40cm×6	287,500	鼎天国际	2018-01-07
马元钦 青绿山水 立轴	148×79cm	184,000	华艺国际	2018-11-16
马元驭 花鸟册页 册页	38×33cm×16	437,000	中贸圣佳	2018-11-25
马元驭 枇杷 立轴	92×44.3cm	109,000	香港苏富比	2018-10-01
毛奇龄 行书七言诗 立轴	144×40cm	483,000	北京匡时	2018-06-16
茅麐 1742年作 仙宫（八开）	219.7×59.1cm×8	359,205	纽约佳士得	2018-09-11
冒襄 草书 立轴	120×27cm	241,500	朵云轩	2018-06-24
冒襄 行书古文 立轴	73×23cm	218,500	北京荣宝	2018-06-14
冒襄 书法 立轴	113×42cm	632,500	凤凰拍卖	2018-01-21
梅庚 水墨山水图 立轴	83.2×36.8cm	188,155	纽约佳士得	2018-09-11
梅清（传）仿古山水 册页（十三开）	27.9×34cm×13	940,775	纽约佳士得	2018-09-11
梅清 炼丹台 立轴	105×42.5cm	920,000	北京匡时	2018-06-16
梅清 山居图 立轴	215×51cm	115,000	北京保利	2018-05-21
梅文鼎 叶藩 1676年作 楷书五言诗·行书七言诗（一帧两页）镜片	20.5×10cm；23×11cm	138,000	西泠拍卖	2018-05-04
米汉雯 行书 四言联 对联	163×46cm×2	172,500	西泠拍卖	2018-07-07
米汉雯 奇石 手卷	384.5×17cm	230,000	中贸圣佳	2018-11-24
闵贞 仿八大山人笔意 立轴	131×92cm	414,000	北京匡时	2018-06-16
闵贞 兰竹图 立轴	54×125cm	172,500	北京荣宝	2018-06-14
闵贞 流民图 手卷	本幅35.5×392cm	2,012,500	北京匡时	2018-06-16

拍品名称	物品尺寸	成交价RMB	拍卖公司	拍卖日期
明福 柏鹿图 立轴	247×137cm	149,500	北京翰海	2018-06-29
明俭 华溪渔隐图 立轴	141×38cm	115,000	荣宝斋（南京）	2018-07-15
明中 仿倪云林山水 立轴	111×48cm	267,530	中国嘉德	2018-10-03
莫友芝 1865年作 楷书 四屏立轴	85×21.5cm×4	172,500	北京匡时	2018-12-06
莫友芝 隶书七言联 镜心	148×39.5cm×2	115,000	北京匡时	2018-06-16
莫友芝 篆书 镜片	60×176cm	172,500	朵云轩	2018-06-24
倪田 1910年作 相马图 立轴	144×78cm	115,000	北京保利	2018-06-17
倪田 1918年作 钟馗出巡图 立轴	135×66cm	138,000	北京保利	2018-06-17
潘曾莹 1877年作 冷梅奇石 立轴	124×30.5cm	196,200	香港苏富比	2018-10-02
潘曾莹 张士保 王荫昌 等 为“质斋”作山水 册页（十开）	尺寸不一	109,250	中国嘉德	2018-11-22
潘恭寿 仿米氏云山图 立轴	126×43cm	172,500	北京荣宝	2018-06-14
潘恭寿 王文治 1786年作 诗画合璧册 册（十四开）	22.5×30.5cm×14	3,976,320	香港苏富比	2018-10-02
潘思牧 1811年作 松溪高逸图 立轴	118×28.5cm	207,000	南京经典	2018-01-06
潘思牧 仿戴进关山积雪图通景 六屏立轴	139×49cm×6	977,500	荣宝斋（南京）	2018-07-15
潘祖荫 行草书《归去来兮辞》（八幅）立轴	125.5×30.5cm×8	121,963	佳士得	2018-11-27
裴谦 行书 立轴	175×70cm	322,000	保利厦门	2018-01-08
彭旸 1920年作 仿古山水 四屏立轴	129×32cm×4	185,213	保利香港	2018-10-01
彭旸 1924年作 大富贵亦寿考 立轴	171.5×83.5cm	161,000	北京翰海	2018-06-29
彭旸 夏孙桐 1936年作 送酒图 行书成扇	18.5×51cm	207,000	中国嘉德	2018-11-21
彭玉麟 1873年作 墨梅 立轴	133×67cm	115,000	北京翰海	2018-06-29
彭元瑞 书法 扇面	16×50cm	109,250	华艺国际	2018-05-23
蒲松龄 行书八言联 立轴	129×28.5cm×2	172,500	北京翰海	2018-06-29
祁寯藻 1824年作 楷书贺寿诗立轴	199.4×36.3cm	460,000	北京保利	2018-12-08
祁寯藻 1838年作 行书 节录古文（四帧）镜片	120.5×32cm×4	2,012,500	西泠拍卖	2018-07-07
祁寯藻 行书八言联 立轴	162×40cm×2	218,500	北京翰海	2018-06-29
祁寯藻 行书七言联 对联	125×30cm×2	115,000	上海嘉禾	2018-03-26
祁寯藻 行书七言联 镜心	169×37cm×2	517,500	上海匡时	2018-04-30
祁寯藻 楷书十二言联 立轴	199×44.5cm×2	506,000	中国嘉德	2018-11-22
祁豸佳 1677年作 山水 镜框	129×56cm	575,000	华艺国际	2018-05-23
祁豸佳 1670年作 长松古岳图 立轴	222.5×96.3cm	1,058,000	中国嘉德	2018-06-20
祁豸佳 1664年作 鸣禽 立轴	95.5×39.3cm	218,500	中国嘉德	2018-06-20
祁豸佳 草书 手卷	30.2×258.5cm	776,125	佳士得	2018-11-27
钱杜 1815年作 墨梅图 立轴	78×46cm	138,000	北京保利	2018-12-08
钱杜 1841年作 雪溪诗思图 立轴	170×60cm	667,000	西泠拍卖	2018-07-07
钱杜 1843年作 香林禅诵 镜框	85.5×28.2cm	218,000	香港苏富比	2018-10-02
钱沣 行书七言联 立轴	167×36cm×2	161,000	荣宝斋（济南）	2018-07-01
钱沣 行书五言诗 立轴	117×56cm	195,500	中国嘉德	2018-01-14
钱沣 1784年作 骏骨图 立轴	97.5×52.6cm	443,500	佳士得	2018-11-27
钱沣 守株图 立轴	43.5×48cm；43.5×48cm	368,000	西泠拍卖	2018-07-07
钱慧安 吴滏 湖上骑驴 节录《马射赋》成扇	19×52cm	195,500	北京诚轩	2018-06-16
钱维城 1763年作 舟帆遣兴 镜心	28×34cm	133,647	保利香港	2018-04-02
钱维城 富春秋色图 手卷	36.5×564cm	67,850,000	中国嘉德	2018-11-20
钱维城 花卉册 册页（十二开）	27.5×37cm×12	66,700,000	中国嘉德	2018-06-18
钱维城 台山瑞景 设色纸本 手卷	33.7cm×458cm	117,540,369	香港苏富比	4/3/2018
钱维城 于敏中 临古山水册（共三十页）册页	画心 23×13.5cm×23	1,725,000	西泠拍卖	2018-07-07
钱维城 俞榕 推窗赏月图 立轴	97×41cm	126,500	上海嘉禾	2018-06-25
钱维城 渔父图 立轴	115×40cm	115,000	北京翰海	2018-06-29
钱维城 1768年作 墨牡丹图 镜心	27×92cm	437,000	北京荣宝	2018-12-03
钱维城 山水 并未书手绘库绢八帧册页（八开）	20×31cm×8	920,000	北京荣宝	2018-12-03
钱泳 1821年作 行书《枯树赋》册（十开）	27.5×13cm×10	322,000	北京翰海	2018-06-29
钱泳 姚元之 会稽郡王墓图卷 手卷	画心329×35cm	184,000	西泠拍卖	2018-09-29
钱泳 幽兰图册 册页	20×14cm×20	690,000	北京保利	2018-12-08
钱载 兰竹石 立轴	159×39.8cm	222,475	香港苏富比	2018-04-01
乾隆（款）书法 扇面	16×51cm	437,000	华艺国际	2018-05-23
乾隆 1771年作 御笔七言诗 镜心	70×172cm	517,500	北京匡时	2018-06-16
乾隆 1781年作 御笔《篇留洞》立轴	72×27.5cm	805,000	北京匡时	2018-12-06
乾隆帝 1771年作 行书御制诗立轴	151×97cm	1,955,000	北京匡时	2018-06-16
乾隆帝 1773年作 行书癸巳《道宁斋》诗 册页（九开）	38×12cm×18	345,000	北京保利	2018-12-08
乾隆帝 1776年作 荷菊清供图 立轴	62.5×35cm	12,880,000	北京保利	2018-12-08
乾隆帝 行书“近圣居”镜心	59.5×166cm	4,600,000	北京匡时	2018-12-06
乾隆帝 行书过玉蝀桥旧作 扇面	16×47cm	230,000	北京保利	2018-12-08
乾隆帝 行书五言联 立轴	146×28.5cm×2	230,000	荣宝斋（南京）	2018-01-05
乾隆帝 钱维城 争艳图 行书 镜片	17×50cm×2	172,500	上海嘉禾	2018-06-25
乾隆帝 书联 立轴	161×29cm×2	1,552,500	南京经典	2018-01-06
乾隆皇帝 行书对联（两幅）立轴	146×30cm×2	284,200	佳士得	2018-05-28
秦炳文 1863年作 观瀑眠古松 立轴	画心66×48cm	109,250	北京荣宝	2018-06-14
秦炳文 山水 手卷	40×209cm	101,200	朵云轩	2018-04-23
清初 山峦叠嶂 立轴	165.7×106cm	119,900	香港苏富比	2018-10-01
屈兆麟 1923年作 受天百禄 立轴	194.5×96cm	172,500	北京翰海	2018-06-29
屈兆麟 福海应祥 立轴	128×59cm	178,250	北京翰海	2018-06-29
屈兆麟 群雀喧出好春光 镜心	189×63cm	224,250	北京诚轩	2018-06-16
瞿鸿机 行书录庄子《山木》句立轴	165×45cm	368,000	北京保利	2018-06-18
任伯年 1889年作 花鸟 扇面	18×51.5cm	161,800	邦瀚斯	2018-04-03
任伯年 1871年作 花鸟 四屏镜心	149×39cm×4	2,185,000	北京匡时	2018-12-06
任伯年 1872年作 献寿图 立轴	184×94cm	5,405,000	北京匡时	2018-06-15
任伯年 1875年作 富贵大吉图 立轴	100×40cm	920,000	上海匡时	2018-04-30
任伯年 1876年作 人物 立轴	148×39.5cm	782,000	北京翰海	2018-06-29
任伯年 1877年作 牡丹大吉图 立轴	147×78cm	5,750,000	北京荣宝	2018-06-14
任伯年 1877年作 竹石图 立轴	114×63cm	276,000	南京经典	2018-01-06
任伯年 1882年作 牧羊图 立轴	145×81.5cm	287,500	北京翰海	2018-06-29
任伯年 1883年作 风尘三侠图 立轴	131×63cm	1,495,000	上海匡时	2018-04-30
任伯年 1883年作 无量寿佛 立轴	103.3×29.8cm	323,600	香港苏富比	2018-04-02
任伯年 1883年作 幽亭深涧图 立轴	132×28cm	690,000	西泠拍卖	2018-09-28
任伯年 1886年作 松下听琴图 立轴	137.5×67cm	805,000	北京匡时	2018-06-15
任伯年 1887年作 钟进士图 立轴	149×74cm	1,725,000	北京荣宝	2018-06-14
任伯年 1891年作 羲之爱鹅 立轴	26×55cm；105.5×55cm	575,000	北京匡时	2018-12-05
任伯年 1891年作 玉兰双禽 立轴	205×120cm	1,610,000	北京匡时	2018-06-15
任伯年 1893年作 牧牛图 镜片	134×67cm	575,000	西泠拍卖	2018-07-08
任伯年 1893年作 溪亭饮犊图 立轴	120×64.5cm	667,000	西泠拍卖	2018-05-05
任伯年 1894年作 秋岩高士图 立轴	123×68cm	437,000	西泠拍卖	2018-07-08

拍品名称	物品尺寸	成交价RMB	拍卖公司	拍卖日期
任伯年 1894年作 紫藤鸽子图 立轴	148.5×40.5cm	103,500	西泠拍卖	2018-09-28
任伯年 1895年作 山水 立轴	95×44cm	632,500	北京保利	2018-06-17
任伯年 1895年作 竹荫牧牛图 镜框	84×41cm	218,500	华艺国际	2018-05-23
任伯年 大吉图 立轴	116×48cm	322,000	北京荣宝	2018-12-03
任伯年 富贵灵猫 立轴	128.5×47cm	1,058,000	北京诚轩	2018-06-16
任伯年 富贵寿考 镜心	181×93cm	172,500	北京翰海	2018-09-16
任伯年 高士图 扇页	51.5×18cm	310,500	西泠拍卖	2018-05-05
任伯年1887年作 菊花图 镜心	34×131cm	713,000	中国嘉德	2018-11-22
任伯年 何振宇 1893年作 洗砚图 书法 成扇	18×45.5cm	121,800	佳士得	2018-05-29
任伯年 花间禽趣图 成扇	52×18cm	115,000	西泠拍卖	2018-07-07
任伯年 花鸟（三件）镜片	每开29×48.8cm	356,963	纽约苏富比	2018-03-22
任伯年 画稿册 册页（八开）	30×18cm×8	2,185,000	北京保利	2018-06-17
任伯年 1879年作 秋林对吟图 立轴	144×77.5cm	1,800,680	中国嘉德	2018-10-03
任伯年 孔雀 二屏立轴	215.5×55cm；295.5×60.5cm	10,120,000	荣宝斋（南京）	2018-07-15
任伯年 梁鼎芬 陈启泰 郭庆藩 何燮 花鸟书法册（五页）册页	直径24cm×3；24.5×22cm×2	149,500	西泠拍卖	2018-07-07
任伯年 柳月寒禽 镜框	49.5×71.5cm	202,250	香港苏富比	2018-04-02
任伯年 1886年作 观鱼图 立轴	120×53.5cm	203,000	佳士得	2018-05-28
任伯年 1872年作 四时花鸟 四屏镜片	149×38cm×4	3,220,000	上海嘉禾	2018-10-14
任伯年 松涛觅句 立轴	本幅41×57cm	287,500	北京匡时	2018-12-05
任伯年 送子观音 立轴	92×41.5cm	632,500	北京荣宝	2018-06-14
任伯年 送子观音 立轴	92×41.5cm	575,000	北京荣宝	2018-12-03
任伯年 探梅图 立轴	120.5×71cm	460,000	中国嘉德	2018-06-20
任伯年 汤径常 花鸟 草书 成扇	18.5×52cm	103,500	荣宝斋（上海）	2018-01-21
任伯年 羲之爱鹅 立轴	本幅105.5×55cm	506,000	北京匡时	2018-06-15
任伯年 1881年作 玉堂山禽图 立轴	127×31.5cm	1,150,000	上海嘉禾	2018-06-25
任伯年 1881年作 高士 立轴	179×47cm	411,584	中国嘉德	2018-10-03
任伯年 岩内送子观音 立轴	103×54cm	115,000	荣宝斋（南京）	2018-07-15
任伯年 醉八仙 立轴	133×52cm	138,000	上海敬华	2018-09-11
任伯年及诸家 1884年作 芭蕉·花猫·花鸟 立轴	140×84cm	284,200	佳士得	2018-05-28
任熊 1849年作 秋花四屏 立轴	130.2×30cm×4	1,744,000	香港苏富比	2018-10-02
任熊 百花齐放 立轴	102×31cm	109,250	荣宝斋（南京）	2018-07-15
任熊 任薰 任伯年 任预 1850／1881／1884年作 花鸟 山水 人物 团扇册页 镜框（七开）	26cm×7	1,108,750	佳士得	2018-11-26
任熊 山水人物册 册页（十开）	26.5×32cm×10	138,000	荣宝斋（南京）	2018-07-15
任薰 1870年作 钟馗进士图 立轴	137×61cm	264,500	西泠拍卖	2018-07-08
任薰 1870年作 钟馗图 立轴	137×61cm	149,500	西泠拍卖	2018-09-28
任薰 1878年作 鹤寿图 立轴	147×80cm	138,000	北京翰海	2018-06-29
任薰 1883年作 花鸟四景（四帧）镜片	176×47cm×4	126,500	西泠拍卖	2018-05-05
任薰 花卉 立轴 四屏	128.5×31.5cm×4	149,500	北京翰海	2018-06-29
任薰 花鸟 四屏轴	180×42cm×4	517,500	浙江佳宝	2018-07-01
任薰 人物册（十二页）册页	28×24cm×12	132,250	西泠拍卖	2018-05-05
任薰 竹柏群鸽 立轴	182×48.6cm	230,000	北京诚轩	2018-06-16

拍品名称	物品尺寸	成交价RMB	拍卖公司	拍卖日期
任薰 1884年作 花鸟 册页	28×39cm；26×34cm	207,000	北京保利	2018-12-08
任预 山水册页 册页（十二开）	20.5×28.5cm×12	138,000	荣宝斋（南京）	2018-07-15
荣郡王 行书杜甫诗 手卷	38×382cm	207,000	上海嘉禾	2018-06-25
容祖椿 百果图 手卷	26×558cm	437,000	华艺国际	2018-05-23
容祖椿 写生杂记 镜心（五十三开选八）	29×37cm×53	124,101	中国嘉德	2018-04-03
茹棻 楷书《金刚经》册（三十七开）		299,338	纽约苏富比	2018-09-13
阮元 行书七言诗 立轴	128×32cm	230,000	上海嘉禾	2018-06-25
阮元 隶书临《五凤刻石》立轴	80×51cm	368,000	上海匡时	2018-04-30
阮元 寿 立轴	111×40cm	218,500	中贸圣佳	2018-06-20
阮元 书联 立轴	162×35cm×2	230,000	南京经典	2018-01-06
沙馥 1876年作 春风富贵图 立轴	175.5×95cm	115,000	中国嘉德	2018-06-20
上官周 春夜宴桃李园图 镜片	157.5×94.5cm	126,500	西泠拍卖	2018-09-29
上官周 乔迁图卷 手卷	26×390cm	138,000	北京保利	2018-12-08
上官周 钟馗嫁妹 手卷	33.2×195.8cm	101,125	香港苏富比	2018-04-01
上睿 清供图 立轴	72×37cm	253,000	北京保利	2018-12-08
上睿 四时景色（四幅）镜框	38.5×36.1cm×4	242,700	香港苏富比	2018-04-01
沈苍 徐光鼎 傅廷彝 等 山水、书法散册页（十开）	25.7×21.6cm×10	145,393	纽约佳士得	2018-09-11
沈闳 杂树写生卷 手卷	24.3×148.5cm	138,000	中国嘉德	2018-06-20
沈铭彝 行书 诗稿册（二十八页）册页	22.5×18.5cm×28	184,000	西泠拍卖	2018-07-07
沈青来 蔬果长卷 手卷	画心583×38cm	207,000	西泠拍卖	2018-07-07
沈球 蒋季和行乐图卷 手卷	37.5×131.5cm	149,500	上海匡时	2018-04-30
沈荃（款）1662年作 溪山清远 立轴	180×45cm	138,000	中国嘉德	2018-01-14
沈荃 1681年作 行书七言诗 立轴	193.4×51.2cm	483,000	北京保利	2018-12-08
沈荃 1677年作 行书《苕溪诗》横披	24×95cm	230,000	广东崇正	2018-07-05
沈荃 鹿鹤同春 立轴	190×95cm	690,000	荣宝斋（南京）	2018-01-05
沈荃 行书 立轴	158×45.5cm	203,000	佳士得	2018-05-28
沈荃 1675年作 枯树赋 册页（九开）	24.5×17.5cm×9	210,016	中国嘉德	2018-04-03
沈铨 1744年作 苍龙教子 立轴	110×46cm	287,500	华艺国际	2018-05-23
沈铨 1750年作 古柏群鹿图 立轴	146×70cm	977,500	北京匡时	2018-12-06
沈铨 1736年作 双鹿图 立轴	196×97cm	2,990,000	上海嘉禾	2018-06-25
沈铨 鸾凤呈祥图 立轴	192.5×87cm	805,000	保利厦门	2018-01-08
沈铨 1751年作 松鹤图 立轴	82×78.5cm	333,500	中国嘉德	2018-06-20
沈铨 1750年作 鹿鹤双寿 镜框	184×101cm	443,500	佳士得	2018-11-27
沈铨 1746年作 桂花双雉 立轴	139×83cm	812,000	佳士得	2018-05-28
沈铨 石榴小鸟 立轴	79×33cm	102,896	保利香港	2018-10-01
沈铨 徐干学 金造士 徐秉义 宋德宜 侯炳 为开宇翁祝寿册 镜心	31×36cm×6	402,500	北京荣宝	2018-06-14
沈铨 竹林禽戏图 立轴	144×50cm	368,000	广东崇正	2018-07-05
沈铨 1755年作 五子同荣图 立轴	131×70cm	207,000	北京荣宝	2018-12-03
沈铨 1774年作 寒香幽禽图 立轴	189×100cm	2,070,000	北京荣宝	2018-12-03
沈映晖 山水人物 四屏	149×41cm×4	115,000	北京保利	2018-12-08
沈云英 荷花鹭鸶 立轴	102×38cm	345,000	北京匡时	2018-12-06
沈增植 书法 立轴	129×51.5cm	345,000	荣宝斋（济南）	2018-07-01

拍品名称	物品尺寸	成交价RMB	拍卖公司	拍卖日期
沈振麟 满堂和气四通屏 挂轴	251×228cm×4	112,056	香港普艺	2018-06-02
沈振麟 玉澜堂十五老臣像 册页（十五开）	29×21cm×14	230,000	北京保利	2018-06-18
沈竹宾 仿文徵明观莲图 立轴	128.5×40.5cm	103,500	中国嘉德	2018-06-20
沈宗骞 携琴仕女 立轴	97×42cm	334,950	佳士得	2018-05-28
慎郡王 冷枚 书法 山水 扇面	17×51cm	379,500	华艺国际	2018-11-16
石涛（传）1691年作 山居图 手卷	28.5×283cm	354,800	佳士得	2018-11-27
石涛（传）乾坤清气 立轴		634,600	纽约佳士得	2018-03-20
石涛（传）深山访友 立轴		301,435	纽约佳士得	2018-03-20
石涛（款）巢湖图 立轴	153×65.8cm	793,250	纽约苏富比	2018-03-22
石涛 1681年作 程京萼对题八开山水册 册页	尺寸不一	35,075,000	北京匡时	2018-12-06
石涛 1687年作 品茶图 镜心	122×55cm	11,500,000	北京保利	2018-06-17
石涛 1697年作 过凌敲台 镜心	110×39.5cm	920,000	北京匡时	2018-06-16
石涛 1702年作 松涧听泉 立轴	105×38cm	4,600,000	华艺国际	2018-05-23
石涛 扁舟一棹 手卷	37×200cm	172,500	上海敬华	2018-09-11
石涛 1697年作 墨梅 立轴	50×31cm	1,380,000	中国嘉德	2018-06-20
石涛 荷花　立轴	129×43cm	707,875	邦瀚斯	2018-04-03
石涛 蕉竹图 立轴	103×38cm	11,500,000	北京保利	2018-06-17
石涛 1682年作 墨梅 立轴	18×13.5cm	1,774,000	佳士得	2018-11-27
石涛 细笔山水 立轴	19.3×26.5cm	456,750	佳士得	2018-05-28
石涛 1702年作 策杖寻幽图 扇面	18×52cm	1,725,000	中国嘉德	2018-06-20
石涛 山水册 册（八开）	26.7×17.5cm×8	1,068,200	香港苏富比	2018-10-01
石涛 宋人诗意图 册页（四帧）	本幅18×28cm×4	5,980,000	北京匡时	2018-06-16
石涛 溪上茆亭 立轴	87×51cm	5,520,000	北京匡时	2018-06-16
石溪 1636年作 松竹草堂 立轴	145.5×40cm	120,750	北京翰海	2018-06-29
石庄 1686年作 松壑静居图卷 手卷	画心260×26cm	2,070,000	西泠拍卖	2018-07-07
史颜节 竹石图 立轴	210×93.5cm	243,600	佳士得	2018-05-28
史贻直 刘统勋 励宗万 汪由敦 1745年作 行书 祝寿诗（四轴）立轴	168.5×49cm×4	862,500	西泠拍卖	2018-07-07
释超源 草书临王羲之《十七帖》立轴	122×34cm	253,000	荣宝斋（南京）	2018-07-15
释达受 花卉 手卷	178×23.8cm	230,000	中贸圣佳	2018-11-24
释独立 1656年作 雪窗三十韵 手卷	30.5×630cm	152,739	保利香港	2018-04-02
释明明 何绍基 汤贻汾 庄缙度 胡唐等 冶春图卷 手卷	画心113×29cm	747,500	西泠拍卖	2018-07-07
松年 清供 六屏轴	184×47cm×6	1,830,510	中正拍卖	2018-06-28
嵩岳山人周璕画人物	186×101cm	120,750	北京保利	2018-12-07
宋葆淳 孤蓬夜话图 手卷	26.7×114.4cm	202,250	香港苏富比	2018-04-01
宋大业 楷书册 册页（九开）	27.5×18cm×9	575,000	中贸圣佳	2018-06-20
宋湘 行书李白诗 立轴	235.5×51.5cm	230,000	北京匡时	2018-06-16
宋湘 1812年作 行书七言联 立轴	206×36cm×2	172,500	广东崇正	2018-07-05
苏六朋 采薇图 立轴	119.4×40cm	172,500	中国嘉德	2018-06-20
苏六朋 人物 四条屏	162×44cm×4	299,000	中国嘉德	2018-01-14
苏仁山 百岁长春不老图 立轴	235×120.5cm	406,000	佳士得	2018-05-28
孙星衍 篆书七言联 立轴	129×28cm×2	163,300	荣宝斋（济南）	2018-07-01
孙一致 草书书法 立轴	249×48.5cm	862,500	中贸圣佳	2018-06-20
孙岳颁 行书 临米芾帖 立轴	202×50cm	126,500	西泠拍卖	2018-07-07
孙岳颁 行书王维诗 立轴	196×87cm	230,000	中国嘉德	2018-11-22
汤世澍1876年作 花卉册 册页（十二开）	28.5×29cm×12	391,000	中国嘉德	2018-11-22
汤贻汾 戴熙 1845年作 竹石水仙 镜心	110×36cm	115,000	中国嘉德	2018-05-20
汤贻汾 山水花卉三段 手卷	尺寸不一	172,500	中国嘉德	2018-11-22
汤贻汾 山水花卉图卷 手卷	尺寸不一	310,500	南京经典	2018-01-06
汤贻汾 吴山尊 戴熙 伍长华 等 金拓博古花卉 立轴	125×65cm	172,500	中国嘉德	2018-05-20
唐岱 1715年作 烟浮远岫图 立轴	60.5×39.5cm	230,000	北京荣宝	2018-06-14
唐岱 1736年作 湖山清逸图 立轴		345,000	西泠拍卖	2018-07-07
唐岱 1724年作 幽居听泉 立轴	104×57cm	460,000	北京荣宝	2018-12-03
唐琏 行书七言联 立轴	136×22cm×2	241,500	未来四方	2018-01-20
唐耀卿 王文治 花石图 立轴	124×27cm	143,750	北京荣宝	2018-12-03
陶澍 楷书御选苏轼诗 册页（二十七开）	13×25.5cm×27	172,500	中国嘉德	2018-11-22
铁保 1783年 临王羲之书 手卷	28×261.5cm	230,000	北京荣宝	2018-06-14
铁保 1785年作 行书七言诗 册页	本幅25×13.5cm×24	310,500	北京匡时	2018-12-06
铁保 1797年作 行书 节录画禅室随笔 立轴	128×56cm	149,500	西泠拍卖	2018-07-07
铁保 1810年作 行书录颜真卿《争座位帖》手卷	30×314cm	598,000	中国嘉德	2018-11-22
铁保 行书七言联 立轴	169×35cm×2	253,000	北京匡时	2018-06-16
铁保 书法 四屏镜框	98×24cm×4	158,200	广东省拍	2018-09-20
铁保 1815年作 行书 四屏	120×26cm×4	115,000	中国嘉德	2018-05-19
同治帝 书法 镜片	37×72cm	115,000	浙江佳宝	2018-07-01
同治皇帝 楷书对联（两幅）立轴	135.5×63.2cm×2	243,600	佳士得	2018-05-28
屠隆 草书自作诗二首 扇面	19×57cm	230,000	中国嘉德	2018-06-20
屠倬 百药山房图 册页	24×35.5cm	172,500	中国嘉德	2018-06-20
万代尚 行书 立轴	170×50cm	345,000	保利厦门	2018-01-08
万经 隶书《世训八宝》立轴	82.5×48.5cm	414,000	中国嘉德	2018-06-20
万上遴 1800年作 十八罗汉 册页（十八开）	28×19.5cm×18	241,500	朵云轩	2018-06-24
万上遴 青碧山水 立轴	149×83cm	1,035,000	北京匡时	2018-06-16
万上遴 山水（二帧）立轴	49×47cm×2	322,000	中贸圣佳	2018-11-24
汪承霈 行书 立轴	123×56cm	195,500	北京荣宝	2018-06-14
汪承霈 梅花书法 成扇	16×44cm	230,000	华艺国际	2018-11-16
汪承霈 群仙祝寿 立轴	188×158cm	368,000	北京翰海	2018-06-29
汪承霈 四友图 手卷	28×170cm	2,185,000	华艺国际	2018-11-16
汪楫 行书梅花诗十首 手卷	26×153cm	195,500	中国嘉德	2018-06-20
汪士鋐 1713年作 行书诗册 册页	19.5×14cm×8	103,500	北京匡时	2018-06-16
汪士鋐 行书杜甫诗 立轴	132×58cm	161,000	北京荣宝	2018-06-14
汪士鋐 为飏园作行书 立轴	146×49cm	161,000	北京荣宝	2018-12-03
汪士慎 仿南田山水 水仙 斗方二帧 镜框	20×25cm	353,938	邦瀚斯	2018-04-03
汪士慎 1760年作 隶书五言联 立轴	103×26cm×2	598,000	中国嘉德	2018-11-22
汪士慎 墨竹梅花书画卷 手卷	画16.5×131cm	2,760,000	中国嘉德	2018-11-20
汪洵 楷书《朱子家训》	138×34cm×4	2,722,500	中正拍卖	2018-01-26
汪洵 篆书 立轴 四屏	169.5×44cm×4	149,500	荣宝斋（济南）	2018-07-01
汪由敦 1755年作 行书《诗品》册 册页（十五开）	22×27cm×15	575,000	北京保利	2018-06-18
汪由敦 彭启丰 等 书法册 册页（二十二开）	20×12cm×22	184,000	荣宝斋（南京）	2018-07-15
汪由敦 1755年作 临鲁公三帖 手卷	25.5×152cm	138,000	广东崇正	2018-07-05
汪宗哲 雪竹 立轴	151×53.5cm	133,765	保利香港	2018-10-01
王宸（款）1783年作 山水书法册 册页	25×30cm×13	138,000	中国嘉德	2018-01-14

(成交价RMB：10万元以上)

拍品名称	物品尺寸	成交价RMB	拍卖公司	拍卖日期
王宸 1794年作 南山积翠图 立轴	159×77cm	575,000	上海匡时	2018-04-30
王宸 1797年作 水墨山水册（二十页）册页	22×15cm×20	287,500	西泠拍卖	2018-07-07
王宸 南山秋翠图 立轴	159×77cm	943,000	荣宝斋（南京）	2018-01-05
王宸 山水书法册（十三页）1783年作 册页	30×25cm×13	230,000	西泠拍卖	2018-07-07
王宸 潇湘览胜图 手卷	29×261cm	276,000	荣宝斋（上海）	2018-01-21
王崇节 王武 1657年作 王鉴肖像 手卷	46.5×190cm	303,375	邦瀚斯	2018-04-03
王崇节 云山楼阁图 立轴	127.5×44cm	195,500	西泠拍卖	2018-05-04
王玳梁 1782年作 幽香图 手卷	画心30×132cm	287,500	南京经典	2018-01-06
王鼎 行书八言联 立轴	165×36cm×2	126,500	北京翰海	2018-05-13
王笃 行书宋徽宗《大观茶论》镜框	165×64cm	230,000	未来四方	2018-01-20
王二水 1934年作 群山幽居 镜框	137.2×67cm	144,138	佳士得	2018-11-27
王珲 行书《清明过洞庭湖诗》立轴	172.1×48.9cm	230,000	北京保利	2018-12-08
王翰 西湖十二景（12件）镜心	125×53cm×12	287,500	北京翰海	2018-05-13
王鸿绪 行书崔兴宗《和王维敕赐百官樱桃》立轴	132.6×44.4cm	230,000	北京保利	2018-12-08
王翚 1660年作 竹趣图 手卷	本幅14×146cm	828,000	北京匡时	2018-06-16
王翚 1674年作 秋山萧寺图 立轴	117×44cm	1,150,000	北京保利	2018-12-08
王翚 1695年作 平林散牧 立轴	160.5×70.5cm	345,000	北京翰海	2018-06-29
王翚 1704年作 山园佳趣 镜心	132×72cm	2,817,500	北京匡时	2018-06-16
王翚 1705年作 秋林落照图 扇面	17×52cm	517,500	南京经典	2018-01-06
王翚 1710年作 溪桥峻岭图 立轴	214×116.5cm	32,200,000	北京保利	2018-06-17
王翚 1713年作 仿大痴夏山图 立轴	85.5×44cm	906,889	保利香港	2018-04-02
王翚 1713年作 高山流水图 立轴	108×56cm	977,500	北京保利	2018-06-17
王翚 春山积雪图 立轴	本幅120×49.5cm	23,920,000	北京匡时	2018-06-16
王翚 仿曹知白山水 镜框	30.5×26.5cm	353,938	邦瀚斯	2018-04-03
王翚 仿董其昌笔意山水 扇面	17.4×52.1cm	109,000	香港苏富比	2018-10-01
王翚 仿宋元山水册（共十二页）册页	18×9.5cm×8	747,500	北京保利	2018-06-17
王翚 1703年作 溪山早春图 扇面	17×50cm	345,000	中国嘉德	2018-06-20
王翚 行旅图 手卷	本幅34×590cm	862,500	中贸圣佳	2018-11-24
王翚 红叶白云 立轴	83.5×45.5cm	1,667,500	北京匡时	2018-06-16
王翚 1716年作 仿惠崇水村图 立轴	101.5×62cm	9,200,000	中国嘉德	2018-06-18
王翚 1705年作 仿大痴山水 立轴	162×57cm	514,480	中国嘉德	2018-10-03
王翚 临李成《渔村晚渡图》手卷	43.5×283.3cm	2,912,400	香港苏富比	2018-04-01
王翚 山林深处 立轴	155×78cm	172,500	上海敬华	2018-09-11
王翚 山水 镜框（八开）	26.3×41.3cm	8,471,910	纽约苏富比	2018-03-23
王翚 松风涧响图 立轴	101×54cm	4,945,000	西泠拍卖	2018-07-07
王翚 天池石壁图	163×45cm	13,220,350	中正拍卖	2018-06-28
王翚 王概 朱彝尊 严绳孙 等 溪亭话旧图并各家题诗册 册页（八开）	29.50×42.50cm×8	4,255,000	中国嘉德	2018-11-20
王鉴 1666年作 泉声琴韵图 立轴	56×29cm	1,150,000	北京保利	2018-12-08
王鉴 1667年作 仿倪高士渔庄秋色 立轴	113×47.5cm	20,700,000	北京匡时	2018-06-16
王鉴 1671年作 仿王蒙山水 立轴	98×50cm	2,875,000	北京匡时	2018-12-06
王鉴 1675年作 溪山幽居图 立轴	23×21cm	805,000	南京经典	2018-07-22

拍品名称	物品尺寸	成交价RMB	拍卖公司	拍卖日期
王鉴 芙蓉野凫图 立轴	150×80cm	149,500	北京荣宝	2018-12-03
王鉴 高松春涧 镜心	16×47.5cm	437,000	北京匡时	2018-06-16
王鉴 秋山林屋图 镜心	110×60cm	690,000	北京荣宝	2018-06-14
王鉴 雨余春山图 镜心	62×54cm	345,000	北京荣宝	2018-06-14
王杰 临薛绍彭《昨日帖》立轴	127×58cm	172,500	北京保利	2018-06-18
王玖 1773年作 仿古山水 册页（十二开）	17.6×10.2cm×12	368,000	北京匡时	2018-06-16
王闿运 1916年作 行书 七言联 对联	164.5×36.5cm×2	241,500	西泠拍卖	2018-07-08
王闿运 行书词一首 横幅	40×151cm	379,500	中国嘉德	2018-05-18
王礼 1877年作 松鹤菊石 立轴	149×81cm	130,800	香港苏富比	2018-10-02
王霖 仗剑拥书图 手卷	画心31×131cm	2,875,000	北京保利	2018-12-08
王鸣盛 行书题句 立轴	33×65cm	162,285	保利香港	2018-04-02
王仁堪 行书八言联 镜心	166×39cm×2	103,500	北京保利	2018-06-18
王时敏 1647年作 山居论道图 立轴	154×74cm	5,750,000	北京保利	2018-06-17
王时敏 1655年作 山水 立轴	61.5×42cm	149,500	北京翰海	2018-06-29
王时敏 陈希祖 吴熙载 汤贻汾 顾洛 等 书画 扇页册（二十一页）	尺寸不一	425,500	西泠拍卖	2018-09-29
王时敏 陈希祖 吴熙载 汤贻汾 顾洛 等 书画扇册（二十一页）扇页册	尺寸不一	552,000	西泠拍卖	2018-07-07
王时敏 仿古山水册 册页（八开）	44×28cm×8	26,450,000	北京保利	2018-06-17
王时敏 仿黄公望笔意山水 手卷	26.7×267.8cm	2,022,500	香港苏富比	2018-04-01
王时敏 仿黄鹤山樵笔意 立轴	31.5×23cm	4,715,000	北京匡时	2018-06-16
王时敏 1643年作 层峦飞瀑 立轴	125.2×59.6cm	4,559,180	佳士得	2018-11-27
王时敏 王鉴 王翚 王原祁 山水四帧（四帧）扇页	尺寸不一	3,450,000	西泠拍卖	2018-07-07
王士禄 行书 雅集赋词 镜片	27×19.5cm	287,500	西泠拍卖	2018-05-04
王士祯 行书五言绝句 立轴	163×52cm	1,897,500	北京保利	2018-06-17
王式 醉归图 手卷	28×460cm	552,000	中国嘉德	2018-06-20
王式丹 行书《西苑春柳诗》立轴	175×45.3cm	529,000	北京保利	2018-12-08
王澍 行书 七言诗 立轴	140×49cm	207,000	西泠拍卖	2018-07-07
王澍 楷书公解碑文（三十七页）册页（十九开）	26×15cm×37	402,500	中国嘉德	2018-11-22
王澍 篆书 七言联 对联	136×26.5cm×2	109,250	西泠拍卖	2018-05-04
王孙裔 栈道图卷 手卷	画心30×904.5cm	575,000	中贸圣佳	2018-06-20
王图炳 行书贺寿诗 立轴	179×47cm	253,000	北京保利	2018-12-08
王文治（款）行书 立轴	202×47cm	126,500	中国嘉德	2018-01-14
王文治（款）行书八言联 对联	189×42cm×2	178,250	中国嘉德	2018-01-14
王文治 1779年作 行书临贤诗册 册页	25×31cm×10	759,000	上海匡时	2018-04-30
王文治 1781年作 唯识阁诗草 册页（十二开选八）	29×28.5cm×12	494,500	上海泓盛	2018-06-27
王文治 1788年作 行书五言诗 立轴	151×60cm	253,000	北京匡时	2018-06-16
王文治 1789年作 行书七言联 镜心	160×37cm×2	126,500	北京匡时	2018-06-16
王文治 1796年作 行书杂诗 四屏 立轴	160×35cm×4	161,000	上海匡时	2018-04-30
王文治 行书 七言诗 立轴	128×43cm	425,500	西泠拍卖	2018-07-07
王文治 行书 "读画轩" 镜心	30×103cm	172,500	中国嘉德	2018-05-19
王文治 行书八言联 立轴	189×42cm×2	414,000	北京翰海	2018-06-29
王文治 行书八言联 立轴	176×31cm×2	115,000	北京匡时	2018-06-16
王文治 行书节录《容台文集》立轴	108.5×61cm	222,475	香港苏富比	2018-04-01
王文治 行书七言联 镜心	134×29cm×2	184,000	北京匡时	2018-06-16
王文治 行书七言联 镜心	127×29cm×2	172,500	北京翰海	2018-06-29

拍品名称	物品尺寸	成交价RMB	拍卖公司	拍卖日期
王文治 行书七言联 立轴	126.5×28.5cm×2	184,000	北京翰海	2018-06-29
王文治 行书七言联 立轴	128×28cm×2	161,000	北京荣宝	2018-06-14
王文治 行书七言联 立轴	166×30.5cm×2	103,500	北京匡时	2018-06-16
王文治 行书七言诗 立轴	129.5×57.5cm	172,500	中国嘉德	2018-06-20
王文治 行书自作诗三首 镜框	30×131cm	121,350	香港苏富比	2018-04-01
王文治 楷书自作诗文 手卷	14.9×215cm	174,515	纽约苏富比	2018-03-23
王文治 临古 六屏立轴	123.5×33.5cm×6	632,500	中贸圣佳	2018-11-24
王文治 书法 手卷	30×230cm	264,500	南京经典	2018-01-06
王文治 书法 手卷	26×152cm	138,000	荣宝斋（济南）	2018-07-01
王文治 1788年作 行书诗册 册页	25×15cm×34	161,000	中国嘉德	2018-05-19
王武 1683年作 花卉 立轴	94.5×38cm	126,500	北京翰海	2018-06-29
王武 1690年作 花卉卷 手卷	26.5×39cm×6	207,000	中国嘉德	2018-11-22
王武 兰石图 扇面	18×50cm	178,250	荣宝斋（南京）	2018-07-15
王学浩 1830年作 仿大痴笔意 立轴	180×92.5cm	402,500	北京匡时	2018-06-16
王学浩 1831年作 仿王晋卿笔意 立轴	173×95cm	184,000	北京匡时	2018-06-16
王学浩 拟古山水 立轴 六屏	133×32cm×6	230,000	保利厦门	2018-01-08
王学浩 山居图 镜心	104×47cm	115,000	北京荣宝	2018-06-14
王学浩 写意山水	94×45.2cm	8,237,295	中正拍卖	2018-06-28
王掞 楷书七言诗 立轴	184.5×43cm	126,500	中国嘉德	2018-11-22
王冶梅 山水通景 六屏立轴	156×56cm×6	161,000	荣宝斋（南京）	2018-07-15
王懿荣 1865年作 郭璞《山海经图赞》立轴	150×40cm×4	230,000	北京荣宝	2018-06-14
王荫昌《慕槐仰梧书屋第二图》并诸家题咏 手卷	画46.2×101cm	7,150,400	中国嘉德	2018-10-03
王堉 1829年作 松间读易图 手卷	画37×64.5cm	713,000	中国嘉德	2018-11-22
王原祁（款）仿黄公望山水 立轴	61×33.8cm	109,000	香港苏富比	2018-10-01
王原祁（款）1708年作 江山无尽图卷 手卷	55×207cm	105,800	中国嘉德	2018-05-19
王原祁（款）1708年作 雪景寒林 立轴	106×49cm	1,782,500	中国嘉德	2018-09-20
王原祁 1686年作 云峦幽隐图 扇轴	53×17.5cm	747,500	西泠拍卖	2018-07-07
王原祁 1714年作 仿黄公望山水 立轴	102.5×47cm	2,875,000	西泠拍卖	2018-07-07
王原祁 苍山茅舍 镜心	17×51cm	402,500	北京荣宝	2018-06-14
王原祁 春岭松云图 手卷	255×42cm	3,680,000	保利厦门	2018-01-08
王原祁 春山白云图 立轴	91.5×33cm	3,450,000	北京匡时	2018-12-06
王原祁 仿黄公望山水 镜框	138.4×50.3cm	4,283,550	纽约苏富比	2018-03-23
王原祁 山水扇面（十二帧）册页（十二开）	尺寸不一	20,700,000	中国嘉德	2018-11-20
王原祁 万壑松风图 立轴	54×33cm	5,750,000	北京保利	2018-06-17
王原祁 1701年作 仿大痴笔意 立轴	93.5×49cm	3,565,000	广东崇正	2018-07-04
王原祁 1701年作 仿黄公望山水 立轴	47.5×33cm	1,725,000	中国嘉德	2018-06-20
王原祁 虞山胜景 立轴	128.5×57cm	8,313,030	纽约苏富比	2018-09-13
王原祁 春山图 镜心	17×49.5cm	207,000	北京荣宝	2018-12-03
王云 1693年作 溪山苍翠图 立轴	36×51cm	115,000	南京经典	2018-01-06
王云 1695年作 江深草阁 立轴	112×49cm	115,000	北京荣宝	2018-06-14
王云 1715年作 山水图 扇面	18×50cm	138,000	南京经典	2018-07-22
王云 1731年作 僊人引福图 镜片	102×60.5cm	138,000	西泠拍卖	2018-07-07
王云 2005年作 大山的女儿	65×90cm	115,000	北京翰海	2018-09-16
王云 飞瀑幽居 镜心	105×46cm	210,016	保利香港	2018-04-02

拍品名称	物品尺寸	成交价RMB	拍卖公司	拍卖日期
王云 1929年作 动物 立轴 四屏	135×32.5cm×4	287,500	中国嘉德	2018-06-19
王云舒 2015年作 云龙山写生 立轴	179×97cm	184,000	北京保利	2018-11-19
王莒 幽思图 扇面	17×53cm	126,500	荣宝斋（南京）	2018-07-15
王撰 行书 五言诗 立轴	86×39cm	575,000	西泠拍卖	2018-07-07
魏廷珍 行书刘禹锡诗 立轴	165.1×39.4cm	460,000	北京保利	2018-12-08
魏裔介 草书七言诗 立轴	158.5×51cm	368,000	荣宝斋（南京）	2018-07-15
魏源 龚自珍 等 1836年作 寿章合锦（四十选十二）册页	24.5×12.5cm×40	463,032	保利香港	2018-10-01
温晓舟 山水 四屏立轴	135×32cm×4	172,500	未来四方	2018-01-20
文点 1679年作 山水 立轴	99.4×39.7cm	410,520	纽约佳士得	2018-09-11
文点 仿郭熙笔意 镜心	19×55cm	103,500	北京匡时	2018-06-16
文鼎 1830年作 读书图 立轴	51×30cm	138,000	华艺国际	2018-05-23
文鼎 1839年作 赤壁图 手卷	画心11.6×101cm	479,600	香港苏富比	2018-10-02
文鼎 1846年作 小桥渡雪 立轴	113.5×37cm	149,500	中国嘉德	2018-11-22
文鼎 江山渔乐 手卷	本幅24×198cm	632,500	北京匡时	2018-06-16
文柟 1637年作 赏梅图 手卷	22×207cm	1,035,000	北京保利	2018-06-17
翁方纲 1802年作 行书 四屏立轴	194×47cm×4	287,500	北京匡时	2018-06-16
翁方纲 等 苏斋奉像并跋 立轴	尺寸不一	163,500	香港苏富比	2018-10-01
翁方纲 桂馥 等"山谷诗孙"印歌 立轴	112.5×29.5cm	333,500	中国嘉德	2018-11-22
翁方纲 行书 镜心 六屏	137.5×31cm×6	132,250	北京翰海	2018-06-29
翁方纲 行书 题薛文清砚铭诗 立轴	131×61.5cm	345,000	西泠拍卖	2018-07-07
翁方纲 行书《因钱云寿孝廉南归属其访拓停云铭帖原石》诗 横批	43×80.5cm	103,550	香港苏富比	2018-10-01
翁方纲 楷书"安心室"镜框	44×98.5cm	119,900	香港苏富比	2018-10-02
翁方纲 行书 册页（六开）	21.5×31cm×6	263,900	佳士得	2018-05-28
翁方纲 行书对联（两幅）立轴	120.5×29cm×2	121,963	佳士得	2018-11-27
翁方纲 行书七言联（两幅）立轴	131.5×30cm×2	166,313	佳士得	2018-11-27
翁同和 对联 立轴	242×58cm×2	230,000	华艺国际	2018-11-16
翁同龢 1889年作 行书 杂文 镜片	120.5×57cm	207,000	西泠拍卖	2018-09-29
翁同龢 1889年作 行书七言联 对联	126×31cm×2	287,500	北京保利	2018-12-08
翁同龢 1901年作 书法 临古人书册（二十四页）册页	33.5×25cm×24	322,000	西泠拍卖	2018-07-07
翁同龢 1903年作 楷书六言联 镜心	197×37cm×2	201,250	上海匡时	2018-04-30
翁同龢 等 翁氏一门三代书扇（三柄）成扇	尺寸不一	483,000	北京荣宝	2018-06-14
翁同龢 行书 八言联 对联	173×41cm×2	264,500	西泠拍卖	2018-07-07
翁同龢 行书 临米芾帖 横披	154×49cm	172,500	西泠拍卖	2018-07-07
翁同龢 行书 诗札卷 手卷	画心314×25cm	862,500	西泠拍卖	2018-07-07
翁同龢 行书 四屏	82×37cm×4	172,500	北京保利	2018-12-08
翁同龢 行书节临苏轼《魏嵇康养生论》（四条）立轴	133.8×31.7cm×4	101,125	香港苏富比	2018-04-01
翁同龢 行书七言联 镜心	126.5×31cm×2	126,500	中国嘉德	2018-06-20
翁同龢 行书七言联 立轴	171×42cm×2	322,000	中国嘉德	2018-11-22
翁同龢 行书七言联 立轴	167×43.5cm×2	276,000	中国嘉德	2018-06-20
翁同龢 行书书法 立轴	166×80cm	517,500	中贸圣佳	2018-06-20
翁同龢 行书苏轼《送鲁元翰少卿知卫洲》四屏 立轴	138×33cm×4	195,500	上海嘉禾	2018-06-25
翁同龢 行书五言 对联	126.5×31cm	218,500	朵云轩	2018-06-24
翁同龢 行书五言联 立轴	168×45cm×2	149,500	北京翰海	2018-06-29
翁同龢 行书五言联 立轴	168.4×45cm×2	103,550	香港苏富比	2018-10-02

拍品名称	物品尺寸	成交价RMB	拍卖公司	拍卖日期
翁同龢 1889年作 鸽峰墓庐图 立轴	63.8×31.7cm	115,000	中国嘉德	2018-06-20
翁同龢 楷书 四屏	165×39cm×4	575,000	北京保利	2018-06-18
翁同龢 楷书八言联 立轴	171×31.5cm×2	172,500	北京匡时	2018-12-06
翁同龢 楷书七言联 立轴	126.2×31cm×2	267,530	中国嘉德	2018-10-03
翁同龢 楷书七言联 立轴	175×36cm×2	115,000	北京匡时	2018-12-06
翁同龢 楷书十二言联 立轴	227×53cm×2	782,000	上海匡时	2018-04-30
翁同龢 隶书五言联 立轴	39.5×155cm×2	109,250	中国嘉德	2018-06-20
翁同龢 书法对联（两幅）立轴	156.5×35.5cm×2	144,138	佳士得	2018-11-27
无款 清 苗蛮图 册页（十二开）	26×19cm×12	144,138	佳士得	2018-11-27
无款 清 清明上河图 手卷	29.2×529.6cm	102,630	纽约佳士得	2018-09-11
无款 清 群贤毕至（六幅）镜框	165.4×57.5cm×6	111,183	纽约佳士得	2018-09-11
吴焯 1662年作 瑶池瑞霭图 立轴	80.5×43cm	103,500	中国嘉德	2018-11-22
吴大澂 1889年作 香山纪游图 手卷	20×216cm	552,000	华艺国际	2018-11-16
吴大澂 仿廉州山水 立轴	132×40cm	172,500	华艺国际	2018-11-16
吴大澂 仿王石谷山水 立轴	77×32cm	218,500	华艺国际	2018-11-16
吴大澂 何维朴 陈师曾 等 山水册 册页（十一开）	27×34cm×11	218,500	中贸圣佳	2018-11-24
吴大澂 张檠 缪嘉惠 等 书画合璧 镜心 四条屏	25.5×26cm×16	345,000	中国嘉德	2018-11-22
吴大澂 篆书八言联 镜片	199×41.5cm×2	230,000	华艺国际	2018-11-16
吴大澂 1889年作 说文叙 四屏	104×20cm×4	276,000	北京保利	2018-06-18
吴大澂 1866年作 篆书四言联 立轴	133×29.5cm×2	308,688	中国嘉德	2018-10-03
吴大澂 1893年作 仿古花卉十六帧 册 册页（十六开）	20.2×35.7cm×16	5,175,000	中国嘉德	2018-06-18
吴大澂 临《散氏盘》六屏立轴	166×42cm×6	322,000	北京匡时	2018-06-15
吴大澂 临清三家山水合册 册（十开）	25.5×28.6cm×10	2,071,000	香港苏富比	2018-10-02
吴大澂 临王廉州虞山十景图册 册页（十三开）	画28×19cm×10	4,715,000	中国嘉德	2018-06-18
吴大澂 篆书八言联（两幅）立轴	171.5×33cm×2	131,950	佳士得	2018-05-28
吴大澂 人物杂画册 册页（八开）	27.5×35.5cm×8	123,475	中国嘉德	2018-10-03
吴大澂 山水 立轴	99×32cm	115,000	荣宝斋（济南）	2018-07-01
吴大澂 山水册（共七页）册页	26.5×16.5cm×7	345,000	西泠拍卖	2018-07-07
吴大澂 篆书八言联 立轴	204.5×42.5cm×2	253,000	北京翰海	2018-06-29
吴大澂 篆书八言联 立轴	103×21.5cm×2	230,000	北京匡时	2018-06-15
吴大澂 篆书七言联 镜心	124×19cm×2	115,000	上海匡时	2018-04-30
吴大澂 篆书说文句 立轴	133×32cm×4	103,500	荣宝斋（南京）	2018-07-15
吴定玉 荣成渔港 镜心	68×68cm	117,800	北京歌德	2018-08-25
吴定玉 写生《飞瀑引溪长》镜心	136×68cm	297,700	北京歌德	2018-08-25
吴定玉 写生《古镇西河》镜心	136×68cm	280,000	北京歌德	2018-08-25
吴定玉 写生《黄山松涛》镜心	180×68cm	351,500	北京歌德	2018-08-25
吴定玉 弋江春水 镜心	68×68cm	122,100	北京歌德	2018-08-25
吴谷祥 秋山访友图 立轴	131×59cm	115,000	荣宝斋（济南）	2018-07-01
吴宏 方巢 等 山水 四屏立轴	194×47.5cm×4	460,000	中贸圣佳	2018-06-20
吴宏 仿元人山水 立轴	180×55cm	598,000	中国嘉德	2018-06-20
吴濖 山水册 册页（十一开）	18×22cm×11	391,000	荣宝斋（南京）	2018-07-15
吴濖 山水书法对题册 册页（二十二开选十六）	18×11cm×22	149,500	北京荣宝	2018-12-03
吴焕 苔石双鹤 立轴	183×47.5cm	152,250	佳士得	2018-05-28
吴历 1674年作 山居图 立轴	50×28cm	2,070,000	西泠拍卖	2018-07-07
吴让之 古诗五首 手卷	124×18cm	115,000	北京保利	2018-12-08
吴让之 书法	172×33cm×2	166,750	北京东正	2018-06-17
吴让之 书法对联 立轴	190×46cm×2	172,500	广东衡益	2018-07-01
吴荣光 临《多宝塔碑》手卷	21×914cm	402,500	北京保利	2018-12-08
吴廷康 隶书七言联 立轴	128×29cm×2	115,000	北京匡时	2018-06-16
吴伟业 1656年作 千峰幽谷图 立轴	131×47cm	172,500	北京荣宝	2018-06-14
吴伟业 1631年作 松荫归舟 立轴		237,975	纽约佳士得	2018-03-20
吴伟业 尤侗深柳读书行书自书七绝二首	（画）31.1×34cm	126,920	纽约苏富比	2018-03-23
吴熙载 1852年作 篆书 四屏立轴	119×35cm×4	460,000	北京匡时	2018-12-06
吴熙载 1870年作 篆书 节录水经注 四屏	128×30.5cm×4	184,000	西泠拍卖	2018-07-07
吴熙载 1850年作 篆书"古柏轩"镜心	29×125cm	115,000	中国嘉德	2018-11-22
吴熙载 九秋图 立轴	126×51.5cm	345,000	西泠拍卖	2018-07-07
吴熙载 隶书 七言联 对联	99×16cm×2	138,000	西泠拍卖	2018-07-07
吴熙载 隶书"牧心轩"镜心	38.5×176cm	184,000	北京匡时	2018-06-15
吴熙载 隶书杜甫诗 立轴	57.5×45.5cm	126,500	北京匡时	2018-12-06
吴熙载 隶书欧阳修句 横披	30.5×132.5cm	943,000	中国嘉德	2018-11-20
吴熙载 名砚图 卷	38×134cm	138,000	北京翰海	2018-06-29
吴熙载 篆书"毋行所悔斋"横披	29.5×114cm	276,000	中国嘉德	2018-06-20
吴熙载 篆书八言联 立轴	136×29.5cm×2	207,000	北京匡时	2018-06-15
吴云 1874年作 拟古山水 手卷	32×108cm	162,400	佳士得	2018-05-28
奚冈 1796年作 山水四景（四帧）镜片	119.5×31.5cm×4	368,000	西泠拍卖	2018-07-07
奚冈 行书 五言诗 镜片	38×24.5cm	126,500	西泠拍卖	2018-05-04
奚冈 行书董文敏语（十一页）册页（六开）	29×42cm×6	138,000	中国嘉德	2018-11-22
奚冈 山水 册（十二开）	每开 14.8×17.5cm	158,650	纽约苏富比	2018-03-22
咸丰帝 楷书"棣""华""轩"立轴	64.5×50cm×3	310,500	上海匡时	2018-04-30
显亲王 草书七言诗 立轴	168.9×52.8cm	345,000	北京保利	2018-12-08
显亲王 行书七言诗 立轴	184×56cm	460,000	北京荣宝	2018-12-03
项悰 访友图 立轴	113.5×58cm	115,000	北京荣宝	2018-12-03
项圣谟（款）林亭独钓 镜片		598,675	纽约苏富比	2018-09-13
项圣谟 1637年作 岘山同游图 立轴	71.5×35cm	1,840,000	西泠拍卖	2018-07-07
项圣谟 秋江 镜心	16.5×51cm	517,500	北京匡时	2018-06-16
项圣谟 秋江远近 镜心	16.5×51cm	402,500	北京匡时	2018-12-06
项圣谟 松风扶杖图 镜心	16×50cm	483,000	中贸圣佳	2018-11-24
项圣谟 松峰翠岭图 立轴	176×52cm	1,495,000	西泠拍卖	2018-07-07
项圣谟 松下待归图 立轴	72×40cm	862,500	北京荣宝	2018-06-14
项圣谟 为杨补作云山图 并黄宾虹书法画论 手卷	画心23×265cm	1,437,500	北京荣宝	2018-12-03
萧晨 三阳开泰 镜心	189×94cm	747,500	北京荣宝	2018-12-03
谢丹 1736年作 山水 立轴	71×93cm	115,000	南京经典	2018-01-06
谢兰生 1830年作 仿古山水 册页 十二开	31.5×23cm	333,713	邦瀚斯	2018-04-03
邢慈静 墨芙蓉 镜心	15×46cm	132,250	北京匡时	2018-06-16
虚谷 1890年作 蕨蕉双鼠图 立轴	151×67cm	1,852,128	北京匡时	2018-10-03
虚谷 百事如意清供 立轴	130×61cm	4,830,000	北京保利	2018-12-08
虚谷 菊石图 扇面	18.5×58cm	230,000	中国嘉德	2018-11-22
虚谷 冷香馆读书图 立轴	24.5×27cm	654,000	香港苏富比	2018-10-02
虚谷 落花时鱼 立轴	94×46cm	226,371	中国嘉德	2018-10-03

拍品名称	物品尺寸	成交价RMB	拍卖公司	拍卖日期
虚谷 秋山雨霁 立轴	68×41.5cm	487,200	佳士得	2018-05-28
虚谷 松鼠图	126×67.5cm	667,000	北京东正	2018-06-17
虚谷 杂画册 册页（十开）	32.5×42.5cm×10	2,530,000	朵云轩	2018-06-24
徐葆光 隶书自作七律诗 立轴	106.2×45cm	202,250	香港苏富比	2018-04-01
徐本润 杉泉书屋图 手卷	31×101.7cm	161,800	香港苏富比	2018-04-01
徐枋 春山霁霭图 立轴	123×44cm	253,000	中国嘉德	2018-01-14
徐干学 行书 五言诗 立轴	173×50.5cm	345,000	西泠拍卖	2018-07-07
徐坚 1740年作 临汉碑六卷（六卷）手卷	尺寸不一	172,500	西泠拍卖	2018-07-07
徐琪 仿仇英仕女人物 手卷	画30×437cm	437,000	华艺国际	2018-11-16
徐三庚 篆书 七言联 对联	134×31cm×2	253,000	西泠拍卖	2018-07-07
徐三庚 篆书 七言联 镜片	133×33cm×2	184,000	西泠拍卖	2018-07-07
徐元文 行书节录《王右丞集笺注》立轴	173.8×51.5cm	632,500	北京保利	2018-12-08
许瑶 草书七言诗 镜心	16×48cm	126,500	北京匡时	2018-12-06
许友 草书自作文四章 立轴		188,155	纽约苏富比	2018-09-13
宣统 楷书“千鹤万龟”镜心	39.5×84cm	322,000	北京匡时	2018-06-16
宣统 御笔楷书“材茂行洁”镜心	62×168cm	517,500	中贸圣佳	2018-11-24
宣统皇帝 楷书七言联 镜心	153×36cm×2	126,500	中国嘉德	2018-06-20
薛素素 洛神赋 立轴	57×27cm	644,000	精诚所至	2018-05-12
薛宣林 2017年作 春 镜心	69×45cm	149,500	北京匡时	2018-06-15
薛宣林 听海 镜心	34×137.5cm	253,000	北京匡时	2018-06-15
闫德林 1846年作 焦山放鹤图 手卷	本幅36.5×188cm	897,000	北京匡时	2018-06-16
严复 行书七言联 立轴	132×30.5cm×2	379,500	中国嘉德	2018-11-21
严荣 楷书 立轴	127×61.5cm	115,000	北京翰海	2018-06-29
严绳孙 1688年作 山水 册页（八开）	21×13cm×8	161,000	华艺国际	2018-05-23
严绳孙 书画合璧册 册页（九开）	24×18.5cm×18	345,000	中贸圣佳	2018-11-24
阎敬铭 行书 四屏立轴	165×42cm×4	172,500	中贸圣佳	2018-11-25
颜岳 丹桂玉兔 立轴	258×129cm	471,500	北京翰海	2018-06-29
杨法 正书《登楼》立轴	103×26.5cm	299,000	上海嘉禾	2018-06-25
杨继盛 草书七言联 对联	166×27cm×2	1,035,000	中贸圣佳	2018-06-20
杨晋 1721年作 夏日山居图 立轴	154.5×78.5cm	322,000	西泠拍卖	2018-07-07
杨晋 1717年作 松泉吟记图 册页（十二开）	21.2×27.8cm×12	609,813	佳士得	2018-11-27
杨晋 1728年作 岁寒三友 立轴	129×43.5cm	253,000	北京荣宝	2018-12-03
杨守敬 行书“龙吟虎啸满山松”镜心	41×306cm	149,500	北京匡时	2018-06-15
杨守敬 隶书“沉毅有智略”横批	129.5×32cm	126,500	中国嘉德	2018-11-22
杨守敬 书法 立轴 四屏	170×46cm×4	195,500	荣宝斋（济南）	2018-07-01
杨文骢 1635年作 松壑听泉图 立轴	187×55cmcm	345,000	北京保利	2018-06-18
杨岘 隶书立轴 6屏	177×45cm×6	184,000	北京翰海	2018-05-13
杨岘 隶书“还读我书斋”镜心	25×115cm	287,500	中国嘉德	2018-11-22
杨澥 隶书 七言联 对联	125×30cm×2	149,500	西泠拍卖	2018-07-07
杨沂孙 1878年作 篆书《书论》立轴	136×33cm×4	264,500	北京匡时	2018-06-15
杨沂孙 1873年作 樵金文册 册页（九开，十八页）	31.5×43cm×18	277,819	中国嘉德	2018-10-03
杨沂孙 陆润庠 梁鼎芬 姚孟起 刘春霖 傅增湘 书法诗文 扇面（六开）	尺寸不一	126,920	纽约苏富比	2018-03-23
杨应琚 行书书论 立轴	221×42cm	517,500	北京匡时	2018-06-16
姚埅 王志沂 赵秉冲 等 题刘朴君先生传后诗文册 册页（十六页）	27.5×17.5cm×16	103,500	西泠拍卖	2018-09-29
姚鼐 行书 十言格言联 对联	130×29cm×2	126,500	西泠拍卖	2018-05-04
姚鼐 梁同书 陈鸿寿 等 行书题《出塞图》卷后 手卷	尺寸不一	471,500	北京荣宝	2018-06-14
姚燮 梅龙图 立轴	177.5×70.2cm	239,800	香港苏富比	2018-10-02
姚燮 仕女花卉册（八页）册页	32×21cm×8	138,000	西泠拍卖	2018-07-07
叶欣 唐人诗意图册 册页	12.5×19cm×8	1,035,000	北京匡时	2018-06-16
伊秉绶 1797年作 隶书“丈剑拥书”横披	30.5×137cm	4,715,000	北京保利	2018-06-17
伊秉绶 1798年作 隶书五言联 对联	106×21cm×2	1,150,000	北京保利	2018-12-08
伊秉绶 1803年作 隶书八言联 立轴	174×33cm×2	828,000	北京匡时	2018-12-06
伊秉绶 1803年作 山水 立轴	138.5×47.5cm	230,000	北京翰海	2018-06-29
伊秉绶 1806年作 行书 节录古文 立轴	73.5×36cm	402,500	西泠拍卖	2018-07-07
伊秉绶 1813年作 行书 自作文稿（三帧）镜片	25.5×22cm×3	322,000	西泠拍卖	2018-09-29
伊秉绶 1815年作 隶书五言联 对联	178×33cm×2	5,750,000	北京保利	2018-06-17
伊秉绶 高凤翰 刘墉王撰 戴熙 徐冈 奚冈 书画扇册（九页）扇册	尺寸不一	483,000	西泠拍卖	2018-07-07
伊秉绶 1813年作 行书七言联 立轴	171×32cm×2	920,000	中国嘉德	2018-06-20
伊秉绶 行书 七言联 对联	123×26cm×2	287,500	西泠拍卖	2018-07-07
伊秉绶 行书 咏鹤语 立轴	182×29cm	172,500	西泠拍卖	2018-07-07
伊秉绶 行书书法 立轴	106×38cm	552,000	中贸圣佳	2018-11-24
伊秉绶 隶书 清爱之庭 镜框	31×124.5cm	4,600,000	保利厦门	2018-01-08
伊秉绶 隶书“道古草堂”横批	44×130cm	299,000	上海嘉禾	2018-06-25
伊秉绶 隶书“咏春轩”镜心	37×130cm	7,935,000	北京匡时	2018-06-16
伊秉绶 隶书《敦厚持默》镜片	69×258.6cm	1,348,525	纽约苏富比	2018-03-23
伊秉绶 隶书《鹤迹》镜框	42×116.4cm	606,750	香港苏富比	2018-04-01
伊秉绶 隶书四言对联 立轴	94×30.5cm×2	322,000	荣宝斋（上海）	2018-01-21
伊秉绶 隶书五言联 镜框	98×23.5cm×2	920,000	华艺国际	2018-11-16
伊秉绶 行书 手卷	23.2×109cm	243,925	佳士得	2018-11-27
伊秉绶 1811年作 行草书法 立轴	121×54cm	101,500	佳士得	2018-05-28
伊秉绶 云泉山馆记 手卷	29×253.5cm	5,520,000	保利厦门	2018-07-15
伊秉绶 自作诗 四屏立轴	105×38cm×4	3,795,000	保利厦门	2018-01-08
伊兰泰 山谷猿鸣 立轴	67.3×40.3cm	152,250	佳士得	2018-05-28
伊立勋 王震 隶书节录古文·接福图 画心·立轴	143×38cm；113.5×25.5cm	184,000	西泠拍卖	2018-07-08
伊立勋 1928年作 节临《多宝塔碑》右军帖《陈太丘碑》《秦绎山碑》立轴	145×39.5cm×4	102,896	中国嘉德	2018-10-03
伊立勋 郑午昌 王福厂 王伟 1941年作 书画合璧格景扇 成扇	18×52cm	184,000	中国嘉德	2018-11-21
伊念曾 隶书 敦经悦史室 横披	159×45cm	391,000	西泠拍卖	2018-07-07
佚名 霭园图（一轴）	画45×160cm	126,500	北京保利	2018-12-07
佚名 澄怀园四咏 册（三开）	17.6×24cm×3	103,550	香港苏富比	2018-10-01
佚名 河东君小像 手卷	画心 32×133cm×52	3,220,000	北京保利	2018-06-17
佚名 历代名贤像一百图	31×25.8cm	149,500	中贸圣佳	2018-11-25
佚名 乾隆御制丁丑贯休画十六应真像赞一册 册页（十六开）	21×25cm×16	4,140,000	华艺国际	2018-11-16
佚名 清 宫廷千佛图（御奉）卷轴	120×73cm	6,325,000	北京荣宝	2018-06-14
佚名 清 宫廷千佛图（御奉）卷轴	120×73cm	5,175,000	北京荣宝	2018-06-14
佚名 清 勾陈天皇大帝 镜框	205.1×102.6cm	153,945	纽约佳士得	2018-09-11
佚名 清 山水（三幅）扇面镜框	16×49.5cm×3	121,800	佳士得	2018-05-28
佚名 清 紫花腊地湘妃竹扇骨成扇	长37.2cm	253,000	中贸圣佳	2018-11-24

2018书画拍卖成交汇总

(成交价RMB：10万元以上)

拍品名称	物品尺寸	成交价RMB	拍卖公司	拍卖日期
佚名 清代 皇帝像 立轴	143×80cm	6,915,260	中正拍卖	2018-06-28
佚名 清光绪 平定太平天国战役图 镜心	尺寸不一	15,870,000	中贸圣佳	2018-11-24
佚名 清人 碧泉小照并诸家题诗 册页（十二开）	31.5×69cm×12	126,500	中国嘉德	2018-11-22
佚名 清同治 平定太平天国陆战图 镜心	133×297cm	6,670,000	中贸圣佳	2018-11-24
佚名 清早期 关公画像	174×79cm	115,000	华艺国际	2018-11-16
英和 行书八言联 立轴	257×38cm×2	184,000	中国嘉德	2018-11-22
英和介文 书画合璧册 册页（八开）	17.5×13cm×8	460,000	中国嘉德	2018-11-22
雍正帝 1771年作 宴月 立轴	130×61cm	2,300,000	北京匡时	2018-06-16
雍正帝 行书“九寅清赞化” 横披	75×234cm	4,600,000	北京保利	2018-12-08
雍正帝 御题 立轴	245×46cm	2,990,000	北京匡时	2018-12-06
永瑢 登高望远 手卷	15×128.5cm	218,000	香港苏富比	2018-10-01
永瑢 吉庆有余	139×60cm	575,000	北京东正	2018-06-17
永瑢 仿大痴淡墨山水 立轴	101.5×50.5cm	121,800	佳士得	2018-05-28
永瑢 山水 横批	63×117cm	218,500	华艺国际	2018-05-23
永瑢 山水册（十二页）册页	17.5×21cm×12	138,000	西泠拍卖	2018-07-07
永瑢 溪山渔隐图 手卷	画心 34.5×364.5cm	805,000	上海嘉禾	2018-06-25
永瑢 袁江（款）三仙转篆图 立轴	161.5×53cm	207,000	北京翰海	2018-06-29
永瑆 楷书“有余庆” 镜心	50.5×123.5cm	207,000	中国嘉德	2018-06-20
于成龙 行书 立轴	176×39cm	105,800	中国嘉德	2018-01-14
于成龙 行书洪应明《菜根谭》警句 立轴	183.8×51.7cm	828,000	北京保利	2018-12-08
于成龙 行书中堂 立轴	154×49cm	632,500	保利厦门	2018-01-08
于敏中 行书诗册 册页（十二开）	22×13cm×24	517,500	北京匡时	2018-06-16
于敏中 行书唐人诗 立轴	169.8×41.3cm	552,000	北京保利	2018-12-08
于硕 制 清代 微雕；山水折扇及牌饰（两件）	长32cm； 2×1.6cm	184,000	古天一	2018-06-17
余集 黄易小像 立轴	78×41cm	253,000	西泠拍卖	2018-07-07
余集 梅花仕女 镜心	61×29cm	184,000	中国嘉德	2018-01-14
余崧 1792年作 秋色双鸽 立轴	161×56cm	310,500	南京经典	2018-01-06
俞樾 李文田 吴大澂 张之洞 何维朴 张祖翼 书法 六帧团扇	尺寸不一	134,853	纽约苏富比	2018-03-24
俞樾 隶书 集千字文诗 四屏	158×42cm×4	105,800	西泠拍卖	2018-09-29
俞樾 隶书八言联 立轴	106×19.5cm×2	166,750	北京匡时	2018-06-16
俞樾 陶浚宣 黄国瑾 杨葆光等 名家诗草	24.5×14.5cm	138,000	中国嘉德	2018-06-20
虞沅 花卉册（十二开册选九开）	26.7×32.7cm×12	303,375	香港苏富比	2018-04-01
禹之鼎 1698年作 奉母图 手卷	36.5×154cm	1,380,000	华艺国际	2018-05-23
禹之鼎 带经荷锄图 手卷	画心39×102cm	9,200,000	保利厦门	2018-07-15
禹之鼎 仿王维笔意 立轴	89.5×48.5cm	1,035,000	北京匡时	2018-06-16
喻兰 听琴图 立轴	88×41.7cm	632,500	中国嘉德	2018-11-20
袁杲 咸丰1857年作 澄清池馆课读图 手卷	30×298cm	138,000	中国嘉德	2018-11-22
袁江 1700年作 山水 立轴	122×50cm	782,000	南京经典	2018-07-22
袁江 1723年作 视膳图 立轴	187.5×100cm	3,680,000	北京匡时	2018-06-16
袁江 春山楼阁图 立轴	159×93.5cm	552,000	北京翰海	2018-06-29
袁江 仿王右丞笔意 立轴	123.5×46.5cm	138,000	北京翰海	2018-06-29
袁江 拟元人笔意 立轴	222×113.5cm	3,220,000	北京匡时	2018-12-06
袁江 雪栈行旅 立轴	162×50cm	1,389,096	保利香港	2018-10-01
袁江 1711年作 仙山楼阁图 立轴	240×154cm	575,000	北京荣宝	2018-12-03
袁枚 行书诗册 册页（十一开）	27×39cm×11	920,000	中国嘉德	2018-11-22
袁耀 1764年作 河边宫室图 立轴	190.5×75cm	404,500	邦瀚斯	2018-04-03

拍品名称	物品尺寸	成交价RMB	拍卖公司	拍卖日期
袁耀 1719年作 海屋添筹 立轴	153×105cm	368,000	北京翰海	2018-06-29
袁耀 1756年作 五柳归庄图 立轴	177×122cm	2,645,000	南京经典	2018-07-22
袁耀 等 梅花人物 镜心	74×106cm	552,000	中贸圣佳	2018-06-20
袁耀 高士图 镜心	74×106cm	112,700	中国嘉德	2018-09-20
袁耀 鸡声茅店 成扇	17×50cm	230,000	北京保利	2018-06-18
袁耀 江村访友图 立轴	184.5×67cm	3,507,500	保利厦门	2018-07-15
袁耀 楼阁山水册（九页）册页	30×22.5cm×9	391,000	西泠拍卖	2018-07-07
袁耀 王无功《野望》诗意图 镜框	128.1×141cm	2,325,875	香港苏富比	2018-04-01
允礼 行书 五言诗 立轴	161.5×37.5cm	287,500	西泠拍卖	2018-07-07
允禧 深林岩谷 立轴	127×61.5cm	805,000	北京匡时	2018-06-16
恽冰 花卉草虫 镜片	37×228cm	218,500	华艺国际	2018-11-16
恽冰 花卉草虫 镜片	37.1×228.5cm	111,055	纽约苏富比	2018-03-23
恽寿平（款）仿古（十二帧）册页	26×34cm×12	414,000	北京匡时	2018-12-06
恽寿平 1666年作 秋江渔隐图 立轴	171×86cm	172,500	北京翰海	2018-06-29
恽寿平 1689年作 姚魏丰神 镜心	19×56.5cm	109,250	北京匡时	2018-06-16
恽寿平 仿曹云西古树图 立轴	98.5×34cm	3,220,000	西泠拍卖	2018-07-07
恽寿平 粉艳金英 立轴		1,240,113	纽约苏富比	2018-09-13
恽寿平 古松溪山图 镜片	34×27cm	161,000	西泠拍卖	2018-09-29
恽寿平 1673年作 桃柳图 扇面	17×49.5cm	138,000	中国嘉德	2018-06-20
恽寿平 哭王奉常断句二十四章册 册页（九开）	26×35.5cm×9	10,810,000	中贸圣佳	2018-06-20
恽寿平 柳荫玩月 镜心	17.5×50.5cm	253,000	北京匡时	2018-12-06
恽寿平 拟宋元山水 册（八开）	每开27.2×33.3cm	2,760,510	纽约苏富比	2018-03-22
恽寿平 拟古山水 册页（十开）	27×35.2cm×10	1,663,125	佳士得	2018-11-27
恽寿平 秋林晓寒 镜心	18×54.5cm	172,500	北京匡时	2018-12-06
恽寿平 水墨花卉册 册页（六开）	27×25cm×6	172,500	北京荣宝	2018-06-14
恽寿平 题画诗稿册 册页（十五开）	16×6.5cm×15	1,610,000	中贸圣佳	2018-11-24
恽寿平 赠王时敏书法 立轴	112×55cm	920,000	中贸圣佳	2018-06-20
翟大坤 1797年作 仿古诗画册（十六开册）	16.6×21.3cm×6	353,938	香港苏富比	2018-04-02
翟大坤 1797年作 幻园八景册 册（八开）	各30×26cm×8	872,000	香港苏富比	2018-10-02
翟大坤 顾莼 明・濮仲谦刻扇骨 书画扇 成扇	50.5×17.5cm	943,000	西泠拍卖	2018-07-07
翟继昌 1807年作 摹明四家山水（四幅）镜框	125.5×30.2cm×4	332,625	佳士得	2018-11-27
翟云昇 隶书八言联 立轴	237×40.5cm×2	322,000	中国嘉德	2018-11-22
翟云昇 隶书对联（两幅）立轴	231.5×39.4cm×2	221,750	佳士得	2018-11-27
张灿 1882年作 仿高公元十石图 卷	41.5×662cm	155,250	北京翰海	2018-06-29
张赐宁 1780年作 湖山深秀图 手卷	本幅26×128cm	126,500	北京匡时	2018-06-16
张栋 1773年作 秋壑鸣泉图 立轴	92.5×53cm	172,500	西泠拍卖	2018-07-07
张端亮 行书七言诗 立轴	162×45cm	161,000	北京荣宝	2018-06-14
张风 天目山图 立轴	127×47cm	747,500	北京荣宝	2018-06-14
张庚 仿古山水册 册页（十二开）	29×21.5cm×12	345,000	中贸圣佳	2018-11-24
张庚 1760年作 寒林策杖图 立轴	113.5×48.5cm	690,000	北京荣宝	2018-12-03
张鸿珂 1734年作 小楷辍锻录 手卷	30×297cm	138,000	中国嘉德	2018-09-20
张謇 行书 节録古文 立轴	177×94.5cm	218,500	西泠拍卖	2018-07-07
张謇 行书八言联 立轴	204.5×44cm×2	253,000	北京翰海	2018-06-29
张謇 行书八言联 立轴	200×41.5cm×2	138,000	中国嘉德	2018-06-19
张謇 行书八言联 立轴	199×42.5cm	120,750	上海匡时	2018-04-30
张謇 行书对联 立轴	208×43.5cm×2	115,000	北京匡时	2018-12-05

拍品名称	物品尺寸	成交价RMB	拍卖公司	拍卖日期
张謇 黄兴 书法（二幅）立轴	128×55cm×2	414,000	凤凰拍卖	2018-01-21
张謇 楷书 书法四屏 四屏	117×30.5cm×4	253,000	西泠拍卖	2018-07-07
张经 人物 册页	22×15.5cm×16	805,000	南京经典	2018-01-06
张恺 竹林访友 立轴	110×34cm	111,238	邦瀚斯	2018-04-03
张乃耆 花鸟 四屏立轴	219.5×57.5cm×4	253,000	北京匡时	2018-06-16
张培敦 1834年作 高士听泉图 扇面	18.5×53.5cm	115,000	中国嘉德	2018-11-22
张洽 1791年作 秋山幽居 立轴	104.5×32cm	310,500	中国嘉德	2018-11-22
张洽 1793年作 山水册 册页（十开）	17×23cm×10	831,563	佳士得	2018-11-27
张汧 行书 临褚遂良帖 立轴	207×50cm	287,500	西泠拍卖	2018-07-07
张榕端 1698年作 行书 临黄庭坚书 手卷	344×30.5cm	126,500	西泠拍卖	2018-07-07
张深 道光1833年作 匡庐记梦图 立轴	画97.5×31cm	257,747	中国嘉德	2018-04-03
张深 仙岛深春图 立轴	147×42.5cm	356,500	中贸圣佳	2018-11-24
张廷济 1825年作 隶书“纫兰草堂”横披	31×113cm	149,500	北京匡时	2018-06-15
张廷济 1829年作 山水六开册 册页（六开）	21×28cm×6	115,000	北京保利	2018-06-18
张廷济 1830年作 书法 立轴	124×31cm	218,500	华艺国际	2018-05-23
张廷济 1842年作 隶书七言联 对联	165.5×37cm×2	460,000	上海匡时	2018-04-30
张廷济 1845年作 行书 临古四屏 四屏	135×30cm×4	138,000	西泠拍卖	2018-07-07
张廷济 道光二年（1822年作 隶书“君子于是道古”镜心	19×112cm	149,500	中国嘉德	2018-11-22
张问陶 1801年作 疎林石上生 立轴	60.5×35.5cm	172,500	北京荣宝	2018-06-14
张问陶 行书八言联 立轴	186×42cm×2	126,500	北京翰海	2018-06-29
张问陶 行书七言联 立轴	188×30cm×2	368,000	北京匡时	2018-12-06
张问陶 行书五言联 立轴	100×24cm×2	241,500	北京匡时	2018-06-16
张问陶 1804年作 行书七言诗 立轴	136×68.5cm	161,000	中国嘉德	2018-06-20
张问陶 姚鼐 等 为雪香作诗文 横披	38.5×121cm	161,000	中国嘉德	2018-06-20
张熊 郭宗仪 屈懋 等 花卉合景（十二挖）四屏	直径25cm×4；33×26cm×8	195,500	西泠拍卖	2018-09-28
张熊 胡公寿 费以耕 王秋言 山水花鸟人物 四屏立轴	34.5×42.5cm×8	184,000	北京匡时	2018-06-15
张熊 花卉 八开册		102,630	纽约苏富比	2018-09-13
张熊 花鸟、动物 立轴4屏（4屏）	180×45cm×4	115,000	北京翰海	2018-05-13
张熊 1849年作 仿居廉花卉 横披	32×130cm	195,502	中国嘉德	2018-10-03
张熊 四季花卉 十二开册		299,338	纽约苏富比	2018-09-13
张熊 1881年作 松壑幽居图 立轴	130×40.5cm	172,500	上海嘉禾	2018-06-25
张熊 1865年作 花鸟 立轴 四屏	125×30.5cm×4	172,500	中国嘉德	2018-11-22
张学曾 仿古山水册（八页）册页	24×19cm×8	2,070,000	西泠拍卖	2018-07-07
张学曾 山水 镜框	67×31.7cm	305,200	香港苏富比	2018-10-01
张宜尊 仿卢鸿嵩山图 册页（十开）	33.5×29.2cm×10	195,500	中国嘉德	2018-11-22
张崟 1825年作 南村图 立轴	159×79.5cm	368,000	北京翰海	2018-06-29
张崟 1827年作 南村图 立轴	141.5×67cm	345,000	中国嘉德	2018-06-20
张崟 南轩垂钓图 立轴	151.5×82.5cm	345,000	保利厦门	2018-07-15
张崟 山水 十六开册		128,288	纽约苏富比	2018-09-13
张崟 松下论道图 立轴	132×32cm	230,000	保利厦门	2018-01-08
张英 行书扈从恭纪诗 立轴	162.5×49cm	977,500	北京荣宝	2018-12-03
张敔 花卉 立轴 六屏	155×49cm×6	299,000	中国嘉德	2018-11-22
张敔 花卉 四屏 立轴	194.5×54cm×4	402,500	南京经典	2018-07-22
张玉书 行书五言诗 立轴	194×52.5cm	322,000	北京匡时	2018-06-16
张裕钊 行书五言联 立轴	134×32.5cm×2	103,500	北京匡时	2018-06-16
张照 草书书法 立轴	186×91cm	138,000	中贸圣佳	2018-11-24
张照 行书 临董其昌书（三十二页）册页	24×12cm×32	207,000	西泠拍卖	2018-07-07
张照 行书 临米芾帖 立轴	138×63.5cm	218,500	西泠拍卖	2018-07-07
张照 行书 唐人诗 立轴	126×55.5cm	115,000	西泠拍卖	2018-07-07
张照 楷书临《蜀丞相诸葛武侯祠堂碑》立轴	106.5×59cm	184,000	荣宝斋（南京）	2018-07-15
张照 临董其昌书杂诗 手卷	7.5×113cm	7,820,000	中国嘉德	2018-06-18
张照 行书 立轴	175×69.5cm	131,950	佳士得	2018-05-28
张照 行书《颜真卿争坐位帖》手卷	24.8×130cm	152,250	佳士得	2018-05-28
张照 楷书乾隆御制文 十二屏 立轴	138.5×44cm×12	920,000	北京荣宝	2018-12-03
张之洞 行书七言 对联	158×39cm×2	471,500	朵云轩	2018-06-24
张之洞 行书七言联 镜心	152×37.5cm×2	138,000	荣宝斋（南京）	2018-07-15
张之万 翁同龢 仿倪山水 行书节录《石格画维摩颂》成扇	17×51.5cm	123,475	中国嘉德	2018-10-03
张致中 山水长卷 立轴	32×302cm	195,500	未来四方	2018-01-20
张宗苍 1748年作 蓬莱仙岛 立轴	162×94cm	2,415,000	北京翰海	2018-06-29
张宗苍 仿古山水册 册页（十开）	24×31cm×10	1,288,000	中贸圣佳	2018-11-24
张宗苍 富春山 立轴	131.5×61.5cm	598,000	中贸圣佳	2018-06-20
张宗苍 云栖山寺 手卷	46×230cm	80,500,000	北京保利	2018-06-17
章谷 1689年作 深山访友 立轴	178.5×48cm	429,579	保利香港	2018-04-02
丈雪和尚 1669年作 行书石屋清珙禅师诗 立轴	157×50cm	920,000	北京保利	2018-06-17
赵秉冲 1801年作 对联 立轴	117×19.5cm×2	149,500	华艺国际	2018-11-16
赵秉冲 1802年作 为张廷济所书匾额 横批	32×74cm	143,750	北京荣宝	2018-06-14
赵秉冲 楷书《南郊记》卷 手卷	35×184.5cm	322,000	中贸圣佳	2018-06-20
赵熙 行书 立轴	93×42cm	101,200	中国嘉德	2018-01-13
赵熙 楷书七言诗 镜心	92×173cm	172,500	中国嘉德	2018-01-13
赵熙 林思进 书法 立轴二屏	赵熙66×31cm；林思进77×28cm	109,250	华艺国际	2018-05-23
赵熙 书法对联 轴	34.5×141cm×2	172,500	八益拍卖	2018-04-28
赵源 河阳探春图 手卷	画38×78cm	483,000	中国嘉德	2018-06-20
赵之琛 四君子图 立轴	134.5×32.4cm×4	345,000	北京荣宝	2018-06-14
赵之谦 1872年作 行书 七言联 镜片	117×25.5cm×2	621,000	西泠拍卖	2018-07-07
赵之谦 1875年作 行书《项王蔬食文》立轴	132×81cm	690,000	北京匡时	2018-06-16
赵之谦 尺牍集册 册页（十一开）	22.5×12cm×11	437,000	中贸圣佳	2018-11-24
赵之谦 行书 节录《抱朴子》	51×74.5cm	2,415,000	中国嘉德	2018-06-20
赵之谦 行书八言联 对联	167×33cm×2	1,955,000	北京保利	2018-12-08
赵之谦 行书七言联 立轴	130×30.5cm×2	690,000	北京匡时	2018-12-06
赵之谦 行书七言诗 扇面	18×52.5cm	287,500	中国嘉德	2018-11-22
赵之谦 花卉 四屏立轴	177.5×47cm×4	2,395,800	中正拍卖	2018-01-26
赵之谦 1869年作 篆书 横批	38×112cm	460,000	上海嘉禾	2018-06-25
赵之谦 节书古训 册页（十开）	31×32.5cm×10	1,035,000	保利厦门	2018-01-08
赵之谦 楷书节录《乾坤凿度》横披	46×172cm	2,300,000	北京匡时	2018-12-06
赵之谦 楷书七言联 立轴	128×30.5cm×2	862,500	北京匡时	2018-12-06
赵之谦 隶书“读未见书斋”镜框	28.5×124cm	728,100	香港苏富比	2018-04-02
赵之谦 隶书节录《古今刀剑录》手卷	30.4×244.2cm	396,625	纽约苏富比	2018-03-23

拍品名称	物品尺寸	成交价RMB	拍卖公司	拍卖日期
赵之谦 瓶花双菓 立轴	32.6×43.2cm	545,000	香港苏富比	2018-10-02
赵之谦 石榴花 镜框	21×33cm	223,300	佳士得	2018-05-28
赵之谦 魏书七言联（两幅）立轴	171×43.8cm×2	812,000	佳士得	2018-05-28
赵之谦 寿桃牡丹图·行书诗（二帧）扇页	25×24cm×2	828,000	西泠拍卖	2018-07-07
赵之谦 太华峰头玉井莲 立轴	175×45cm	5,290,000	北京匡时	2018-06-16
赵之谦 同治四年（1865年作 楷书八言联 立轴	163×40cm×2	402,500	中国嘉德	2018-06-20
赵之谦 同治1868年作 花卉 立轴	18.5×52.5cm	759,000	中国嘉德	2018-06-20
赵之谦 赵瞳 隶书七言联 镜心、立轴	尺寸不一	460,000	北京翰海	2018-06-29
赵之谦 篆书 镜心	36×71cm	287,500	北京翰海	2018-05-13
赵之谦 篆书“德善信斋”横披	46×166cm	6,900,000	北京保利	2018-06-17
赵之谦 篆书七言联 立轴	175×37.5cm×2	2,990,000	北京保利	2018-06-17
郑板桥（款）1763年作 清风高节图 立轴	134×63cm	299,000	中国嘉德	2018-09-20
郑板桥《红桥修禊》诗卷 手卷	画心28×166.5cm	5,865,000	北京荣宝	2018-06-14
郑板桥 1741年作 行书 节录古文 立轴	79×46cm	977,500	西泠拍卖	2018-07-07
郑板桥 1757年作 竹石图 镜心	95×126cm	2,242,500	北京匡时	2018-06-16
郑板桥 草书 手卷	28×227cm	1,150,000	荣宝斋（上海）	2018-01-21
郑板桥 行书 七言诗三首 立轴	47×22.5cm	230,000	西泠拍卖	2018-07-07
郑板桥 行书 自作诗五首（二帧）镜片	39.5×28cm×2	598,000	西泠拍卖	2018-09-29
郑板桥 行书《观沧海》立轴	168×45.5cm	368,000	上海嘉禾	2018-06-25
郑板桥 行书《菩萨蛮·留秋》立轴	163×43.5cm	184,000	北京匡时	2018-06-16
郑板桥 行书苏轼文 镜心	34.5×27cm	460,000	北京匡时	2018-06-16
郑板桥 行书苏轼文 镜心	34.5×27cm	402,500	北京匡时	2018-12-06
郑板桥 兰花 镜片	45.5×85.5cm	851,000	上海嘉禾	2018-06-25
郑板桥 兰花册 册页（十二开）	28×38.7cm×12	2,006,472	中国嘉德	2018-10-03
郑板桥 兰石	176×94cm	18,305,100	中正拍卖	2018-06-28
郑板桥 兰竹 立轴	174×45.5cm	897,000	广东崇正	2018-07-05
郑板桥 隶书七言诗 立轴	144×84.5cm	1,437,500	中国嘉德	2018-11-22
郑板桥 墨竹 镜心	77.5×30cm	115,000	荣宝斋（上海）	2018-01-21
郑板桥 墨竹 立轴	97×31.5cm	2,875,000	北京匡时	2018-06-16
郑板桥 墨竹 立轴	125×61cm	1,725,000	广东崇正	2018-07-05
郑板桥 墨竹图 镜心	106×46cm	690,000	南京经典	2018-07-22
郑板桥 盆兰 立轴	91.3×51cm	1,610,000	中国嘉德	2018-06-20
郑板桥 1754年作 兰竹图 立轴	208.5×110cm	3,450,000	中国嘉德	2018-06-20
郑板桥 1758年作 墨竹 立轴	120.5×58cm	1,840,000	中国嘉德	2018-11-22
郑板桥 峭壁芝兰 立轴	193.5×108cm	20,125,000	北京匡时	2018-12-06
郑板桥 1762年作 竹石图 立轴	132×67cm	3,220,000	上海嘉禾	2018-06-25
郑板桥 书法（两幅）立轴	132.7×40.6cm	234,168	万昌斯	2018-11-29
郑板桥 竹石图 立轴	179.5×101cm	18,515,000	荣宝斋（上海）	2018-01-21
郑板桥 竹石图 立轴	94×43cm	345,000	荣宝斋（南京）	2018-07-15
郑板桥 作于1757年 墨竹图 立轴	239×115cm	115,000	北京翰海	2018-09-16
郑板桥 1758年作 书法论书文 立轴	169×93cm	690,000	北京荣宝	2018-12-03
郑板桥 1765年作 竹石图 立轴	131×52.5cm	5,750,000	北京荣宝	2018-12-03
郑板桥 竹石图 立轴	134×34cm	575,000	北京荣宝	2018-12-03
郑簠 1679年作 隶书 介雅三章 立轴	190×51cm	1,725,000	西泠拍卖	2018-07-07
郑簠 1684年作 隶书新月绝句 立轴	131.5×44cm	126,500	北京匡时	2018-12-06
郑簠 1688年作 隶书 郑谷诗句 立轴	98×47cm	253,000	西泠拍卖	2018-07-07
郑簠 对联 立轴	219×38cm×2	115,000	华艺国际	2018-11-16
郑簠 1690年作 隶书白居易诗 立轴	147×79cm	1,667,500	中国嘉德	2018-11-22
郑簠 隶书 立轴	178×90cm	172,500	北京翰海	2018-06-29
郑簠 隶书 立轴	152×54.5cm	406,000	佳士得	2018-05-28
郑旼 冬山图 立轴	110×45cm	851,000	南京经典	2018-01-06
郑士格 竹石图 立轴	195×96cm	131,463	邦瀚斯	2018-04-03
周金然 行书节录枇杷帖 立轴	187×47cm	391,000	保利厦门	2018-01-08
周金然 临唐太宗《枇杷帖》立轴	187×47cm	172,500	中国嘉德	2018-11-22
周恺 山水人物册 册页（十开）	21×16.5cm×10	138,000	中国嘉德	2018-11-22
周亮工 书法 立轴		2,363,885	纽约佳士得	2018-03-20
周荃 蔬果图 手卷	24×476cm	253,000	中国嘉德	2018-11-22
周璕 麻姑 立轴	141.5×74.5cm	230,000	中国嘉德	2018-11-22
周璕 云龙出水图 立轴	196×104cm	299,000	中国嘉德	2018-05-19
周彝 行书 立轴	186×57cm	368,000	保利厦门	2018-01-08
周彝 行书节录《拾遗记》立轴	186×58cm	161,000	中国嘉德	2018-11-22
朱昂之 梅花 册页（十开）	22×30.8cm×10	155,225	佳士得	2018-11-27
朱栋 李朝阳 晋、唐、宋、明先贤十二名文图轴 立轴	200×51cm×10；192×32cm×2	862,500	北京荣宝	2018-12-03
朱克简 行书七言诗 镜心	192×42cm	184,000	中国嘉德	2018-05-20
朱克敏 淡泊 镜框	34×97cm	172,500	未来四方	2018-01-20
朱伦瀚 潇湘烟霭图 立轴	148×63cm	22,425,000	北京匡时	2018-06-16
朱伦瀚 1741年作 寒山秋霁 立轴	121.5×73cm	529,000	中国嘉德	2018-11-22
朱熊 1838年作 花鸟 册页（十二开）	16.2×22.2cm×12	436,000	香港苏富比	2018-10-02
朱之瑜 行书五言诗 立轴	130.5×37.5cm	101,200	中国嘉德	2018-06-20
诸家 清 来蝶仙堂诗册 册页（三十八开）	26.5×38cm×38	437,000	荣宝斋（上海）	2018-01-21
诸家 清 四时佳兴图 手卷	31×57cm；31×943cm	710,500	佳士得	2018-05-28
诸家 清 1803年至1826年作 种纸山房书画册 册页（七十开）	19×29cm×70	426,300	佳士得	2018-05-28
诸家 清 1892年作；1891年作；1875年作；1943年作；1945年作 集锦 成扇（七把）	19×50cm×7	162,400	佳士得	2018-05-28
诸升 1657年作 墨竹四条通景屏 四屏	195×46cm×2；195×51cm×2	368,000	中国嘉德	2018-05-19
诸升 墨竹 立轴	181×78.5cm	426,300	佳士得	2018-05-28
诸升 竹石 立轴	178×78cm	747,500	华艺国际	2018-11-16
竹禅法师 寿喜富贵 四屏	130.5×31cm×4	126,500	西泠拍卖	2018-05-05
庄同生 草书白居易《池上篇》立轴	238.2×51.9cm	575,000	北京保利	2018-12-08
庄同生 秋日斋居四首 扇面	16×50.5cm	126,500	中国嘉德	2018-06-20
庄有恭 1747年作 行书 镜片	148×62cm	402,500	广东崇正	2018-07-05
邹一桂 1725年作 大富贵亦寿考八屏通景 立轴	160×53.5cm×8	1,667,500	广东崇正	2018-07-05
邹一桂 春暖莺啼图 立轴	118.5×57cm	207,000	西泠拍卖	2018-07-07
邹一桂 春暖莺啼图 立轴	118.5×57cm	161,000	西泠拍卖	2018-09-29
邹一桂 花卉 镜框	106×54cm	736,000	华艺国际	2018-11-16
邹一桂 作于1754年 清供图 立轴	125×54cm	138,000	北京翰海	2018-09-16
邹喆 1677年作 溪桥策杖图 立轴	177×46cm	1,380,000	南京经典	2018-01-06
左锡惠 1880年作 花卉草虫 立轴	92.5×38.5cm	138,000	北京翰海	2018-06-29

拍品名称	物品尺寸	成交价RMB	拍卖公司	拍卖日期
左宗棠 1877年作 行书节录朱子《近思录》镜心	50×217cm	690,000	北京保利	2018-12-08
左宗棠 行书 七言联 对联	159.5×40cm×2	414,000	西泠拍卖	2018-07-07
左宗棠 行书八言联 立轴	173×41cm×2	575,000	北京匡时	2018-06-16
左宗棠 行书八言联 立轴	156×32.5cm×2	253,000	上海匡时	2018-04-30
左宗棠 行书节录《张子全书》镜心	42×133cm	333,500	北京匡时	2018-06-16
左宗棠 行书节录张载《语录钞》镜框	42×131cm	333,500	北京保利	2018-12-08
左宗棠 行书六言联 立轴	125.5×30.5cm×2	977,500	中国嘉德	2018-06-20
左宗棠 行书六言联 立轴	120×33cm×2	391,000	北京保利	2018-06-18
左宗棠 行书七言 对联片连框	162×30cm×2	402,500	朵云轩	2018-06-24
左宗棠 行书七言联 对联	159×38cm×2	253,000	北京保利	2018-06-18
左宗棠 行书七言联 对联	124×31.5cm×2	195,500	上海嘉禾	2018-06-25
左宗棠 行书七言联 镜心	149×38cm×2	299,000	中国嘉德	2018-06-20
左宗棠 行书七言联 镜心	149.5×38cm×2	230,000	北京匡时	2018-12-06
左宗棠 行书七言联 镜心	132.5×32cm×2	230,000	保利厦门	2018-01-08
左宗棠 行书七言联 立轴	133×30cm×2	322,000	上海匡时	2018-04-30
左宗棠 行书七言联 立轴	178×40cm×2	322,000	中国嘉德	2018-06-20
左宗棠 行书七言联 立轴	147.5×36cm×2	133,765	中国嘉德	2018-10-03
左宗棠 行书七言联 立轴	150×34cm×2	109,250	未来四方	2018-01-20
左宗棠 行书五言联 镜框	133×33cm×2	920,000	未来四方	2018-01-20
左宗棠 书法对联 镜心	123×29cm×2	287,500	鼎天国际	2018-01-07
左宗棠 篆书七言联 立轴	216×54cm×2	977,500	北京匡时	2018-12-06
左宗棠 篆书七言联 立轴	179×30.5cm×2	368,000	北京匡时	2018-12-06
近现代及当代作者				
阿海 逝 镜心	65.5×131.5cm	345,000	北京荣宝	2018-12-03
阿海 书生	32×133cm	115,000	广东崇正	2018-07-05
艾轩 2012年作 明眸随风盼	69.5×69cm	411,584	中国嘉德	2018-10-02
艾轩 2015年作 静静的原野 镜框	96×90cm	558,250	佳士得	2018-05-28
艾轩 2015年作 牧歌 镜心	96.5×90cm	322,000	上海匡时	2018-04-30
艾轩 2015年作 微风 镜心	109×98cm	402,500	中国嘉德	2018-05-18
艾轩 2015年作 西藏女孩与狗	96×90cm	1,112,375	香港苏富比	2018-04-01
艾轩 2017年作 若尔盖的少女	88×96cm	402,500	北京荣宝	2018-06-14
艾轩 藏族女孩 镜心	68.5×68.5cm	195,500	中贸圣佳	2018-11-24
爱新觉罗·恒锦 2018年作 行舟图 镜心	55×144cm	184,000	北京保利	2018-06-18
爱新觉罗·毓峙 2017年作 凌云 镜心	134×68cm	437,000	北京保利	2018-06-18
安和 1956年作 临〈唐人宫乐图〉立轴	77.2×70.5cm	424,725	香港苏富比	2018-04-02
安奇帮 2017年作 窗外花园 镜心	79×100cm	747,500	北京保利	2018-06-18
安奇帮 2018年作 一川风月 镜心	74.5×106cm	920,000	北京保利	2018-12-06
安汝杠 人物 镜心	180×93cm	198,000	未来四方	2018-12-09
白伯骅 2007年作 观音造像 镜心	136×33cm	138,000	北京荣宝	2018-12-03
白伯骅 关帝圣君神威图 立轴	125×61cm	230,000	荣宝斋（上海）	2018-01-21
白伯骅 花卉扇面（二帧）镜心	30×27cm×2	230,000	北京保利	2018-06-18
白伯骅 金陵十二钗 册页	58×43cm×12	109,250	荣宝斋（济南）	2018-06-30
白伯骅 释迦牟尼造像 镜框	99×67cm	396,750	北京荣宝	2018-06-14
白光 2018年作 湖里荷花 镜心	190×190cm	230,000	北京翰海	2018-09-16
白蕉 1963年作 湖石盆兰图 立轴	93×25cm	115,000	西泠拍卖	2018-07-07
白蕉 行书 立轴	82×44cm	230,000	朵云轩	2018-06-24
白蕉 行书八言联 对联	122×16cm×2	103,500	上海嘉禾	2018-06-25
白蕉 行书六言联 对联	165×35cm×2	115,000	上海嘉禾	2018-06-25

拍品名称	物品尺寸	成交价RMB	拍卖公司	拍卖日期
白蕉 毛主席诗词《七律·冬云》镜心	148×27.5cm×2	126,500	荣宝斋（南京）	2018-01-05
白蕉 毛主席诗词三十七首 手卷	31.5×703.5cm	1,207,500	华艺国际	2018-11-16
白蕉 1942年作 草书七言联 对联	135×29.5cm×2	115,000	上海嘉禾	2018-06-25
白蕉 书法 手卷	28×173cm	345,000	荣宝斋（济南）	2018-07-01
白蕉 书法对联 镜心	136×24cm×2	132,250	鼎天国际	2018-01-07
白敬周 晨读	45×50cm	172,500	北京翰海	2018-06-30
白启刚 2003年作 青峰白云 镜心	136×68cm	460,000	北京荣宝	2018-09-14
白启刚 2018年作 秋山红叶 镜心	97×97cm	460,000	北京荣宝	2018-09-14
白树安 2018年作 舍得 镜心	178×96cm	115,000	北京翰海	2018-09-16
白雪石 1954年作 双鸽图 立轴	125×56cm	598,000	中国嘉德	2018-06-18
白雪石 1963年作 江南菜花香 镜心	31×55cm	414,000	北京荣宝	2018-09-14
白雪石 1975年作 漓江春晓 横批	66.5×179cm	1,035,000	上海嘉禾	2018-06-25
白雪石 1977年作 万山红遍 镜心	118×97cm	5,520,000	北京荣宝	2018-09-14
白雪石 1978年作 秋林 镜框	51×42cm	218,500	北京荣宝	2018-09-14
白雪石 1979年作 漓江 立轴	69×30cm	230,000	北京荣宝	2018-09-14
白雪石 1979年作 漓江新绿 镜心	96×179cm	1,667,500	北京荣宝	2018-09-14
白雪石 1982年作 秋山图 立轴	69×55cm	287,500	北京保利	2018-12-08
白雪石 1982年作 秋山图 立轴	69×55cm	230,000	北京荣宝	2018-09-14
白雪石 1983年作 桂林山水天下奇 镜框	39.5×50cm	115,000	北京荣宝	2018-09-14
白雪石 1983年作 漓江春早 立轴	90×65cm	299,000	北京荣宝	2018-09-14
白雪石 1984年作 幽谷鸣禽 立轴	60×47.5cm	253,000	北京荣宝	2018-09-14
白雪石 1984年作 云山图 镜心	65×66cm	402,500	北京保利	2018-12-08
白雪石 1985年作 烟雨漓江 镜心	68×46cm	103,500	北京荣宝	2018-09-14
白雪石 1986年作 奇峰耸翠 镜框	68×45cm	172,500	北京荣宝	2018-09-14
白雪石 1987年作 漓江归渔 镜心	138×68.5cm	241,500	北京荣宝	2018-12-03
白雪石 1987年作 漓江奇峰半入云 立轴	66×67cm	299,000	北京荣宝	2018-09-14
白雪石 1987年作 山在虚无飘眇间 镜心	68×68cm	253,000	北京荣宝	2018-09-14
白雪石 1987年作 溪水清浅 立轴	59×48cm	230,000	北京荣宝	2018-09-14
白雪石 1987年作 云生谷口 镜心	68×68cm	224,250	北京荣宝	2018-06-14
白雪石 1989年作 忆写小桂林一角 立轴	51.5×83cm	241,500	北京荣宝	2018-12-03
白雪石 1990年作 白云红树山庄 镜心	136×68cm	1,035,000	北京荣宝	2018-09-14
白雪石 1990年作 漓江渔归 立轴	68×68cm	368,000	北京荣宝	2018-09-14
白雪石 1990年作 雨后漓江万树春 镜片	68.5×136cm	517,500	北京荣宝	2018-09-14
白雪石 1992年作 柏树图 立轴	83×90cm	253,000	北京荣宝	2018-09-14
白雪石 1992年作 秋山红树 镜心	50×276cm	3,220,000	北京荣宝	2018-09-14
白雪石 1993年作 层林尽染 镜框	98×60cm	1,702,000	北京荣宝	2018-06-14
白雪石 1993年作 奇峰秀水住人家 立轴	67.5×68.5cm	287,500	北京荣宝	2018-09-14
白雪石 1993年作 群峰竞秀 镜心	50×90cm	379,500	北京荣宝	2018-09-14
白雪石 1994年作 桂楫轻舟下粤关 镜心	69.5×136cm	540,500	北京荣宝	2018-09-14
白雪石 1994年作 漓江山水 镜心	88×228cm	2,012,500	北京荣宝	2018-09-14
白雪石 1994年作 亭高以纳凉 镜框	68×45cm	230,000	北京荣宝	2018-09-14
白雪石 1995年作 云涌桂山青 立轴	69.5×68.5cm	345,000	北京荣宝	2018-09-14
白雪石 1998年作 青风山下渔家 立轴	69×47cm	230,000	北京荣宝	2018-09-14
白雪石 2004年作 漓江春早 镜框	68×68cm	195,500	北京荣宝	2018-09-14

拍品名称	物品尺寸	成交价RMB	拍卖公司	拍卖日期
白雪石 2007年作 青松飞瀑 镜心	138×69cm	586,500	北京荣宝	2018-09-14
白雪石 碧玉青峰 镜心	67×67cm	195,500	北京保利	2018-05-21
白雪石 风景道 镜心	51.5×40cm	230,000	北京荣宝	2018-09-14
白雪石 1989年作 象山春晓 镜心	66×68cm	172,500	中国嘉德	2018-05-18
白雪石 1979年作 源远流长 立轴	87×75cm	368,000	广东崇正	2018-07-05
白雪石 家住青峰碧水间 镜框	68.5×138cm	1,000,500	北京荣宝	2018-09-14
白雪石 漓江春 立轴	68×44cm	138,000	荣宝斋（济南）	2018-07-01
白雪石 漓江山水 镜心	28.5×138cm	402,500	荣宝斋（济南）	2018-07-01
白雪石 漓江山水 镜心	68×42cm	138,000	中贸圣佳	2018-11-24
白雪石 连理柏 镜心	67×63cm	322,000	中国嘉德	2018-06-19
白雪石 1988年作 奇峰耸翠 镜片	68×68cm	115,000	广东崇正	2018-07-04
白雪石 1988年作 云锁青峰 镜心	98.5×200cm	823,168	中国嘉德	2018-10-03
白雪石 1941年作 洗马图 立轴	114.5×48cm	471,500	上海嘉禾	2018-06-25
白雪石 1991年作 山泉 镜心	47×68cm	241,500	中国嘉德	2018-06-19
白雪石 长城脚下幸福渠 镜心	66×235cm	2,875,000	上海匡时	2018-04-30
白雪石 长城脚下幸福渠 镜心	66×235cm	2,300,000	北京荣宝	2018-09-14
白宗魏 张伯英 孟宪钰 吴宪权 等人物扇（五把）成扇	18×51cm×5	138,000	中国嘉德	2018-11-21
佰揆 2016年作 和睦一家 镜片	68×46cm	161,000	北京荣宝	2018-12-03
佰揆 瞥见鱼儿眼顿开 镜片	68×46cm	161,000	北京荣宝	2018-12-03
宝熙 1931年作 行书“待月锄梅之室”镜心	31×129cm	109,250	中国嘉德	2018-11-22
北海 2016年作 云海移山 镜心	138×137cm	552,000	北京翰海	2018-09-16
本焕 2008年作 行书“福慧具足”镜心	34×135cm	253,000	北京荣宝	2018-09-14
伯揆 2015年作 丹实累累 镜心	68×45cm	138,000	北京保利	2018-06-18
伯揆 满树金 镜心	136×68cm	460,000	北京荣宝	2018-05-18
伯揆 五德图 镜心	136×68cm	460,000	北京保利	2018-06-18
蔡楚夫 2012年作 哈萨克族小姑娘 镜框	137×69cm	221,750	佳士得	2018-11-26
蔡锷 隶书“虎帐谈兵”镜片	35.5×115.5cm	270,000	上海联合	2018-07-01
蔡国强 1999年作 龙到维也纳旅行一为外星人做的计划第三十二号	303.5×400cm；303.5×800cm	3,341,170	保利香港	2018-03-29
蔡鹤汀 春夏秋冬 镜心	69×23.5cm×4	115,000	中贸圣佳	2018-11-25
蔡鹤汀 松豹图 立轴	167×91.5cm	120,750	中贸圣佳	2018-06-20
蔡鹤汀 松风 镜片	137×102.5cm	347,200	秦宝斋	2018-01-01
蔡俊章 2017 丰收	136.4×69.5cm	100,320	金仕发	2018-01-28
蔡俊章 2018年作 漓江风情	96×183cm	345,000	北京翰海	2018-06-30
蔡铣 陈摩 1943年作 松鼠 花鸟 成扇		121,440	金仕发	2018-01-28
蔡逸溪 莲池风日	89×96cm	192,138	香港苏富比	2018-04-01
蔡逸溪 莲花 反思系列	69×68cm	161,800	香港苏富比	2018-04-01
蔡元培 1918年作 行书陶渊明诗 立轴	94×43.5cm	230,000	北京匡时	2018-06-16
蔡元培 1927年作 行书节录《论语》镜心	81×149cm	1,610,000	中国嘉德	2018-06-18
蔡元培 1930年作 行书“南华女校”镜心	67×133cm	115,000	中国嘉德	2018-06-18
蔡元培 行书八言联 立轴	170×36cm×2	517,500	北京匡时	2018-06-16
蔡元培 行书节录《书海南风土》立轴	131×31cm	172,500	中国嘉德	2018-06-19
蔡元培 行书陆游《感秋》诗 成扇	18.5×46cm	632,500	中国嘉德	2018-06-18
蔡元培 行书陆游《怡斋》诗 镜心	127×31.5cm	690,000	中国嘉德	2018-06-18

拍品名称	物品尺寸	成交价RMB	拍卖公司	拍卖日期
蔡元培 行书七言联（两幅）立轴	132×31.5cm×2	776,125	佳士得	2018-11-26
蔡元培 行书七言联 镜心	147×38.5cm×2	943,000	中国嘉德	2018-06-18
蔡元培 行书七言联 镜心	147×38cm×2	920,000	中国嘉德	2018-06-18
蔡元培 行书七言联 镜心	142×39cm×2	149,500	北京匡时	2018-06-16
蔡元培 行书七言联 立轴	138×34cm×2	103,500	北京翰海	2018-06-29
蔡元培 行书七言诗 镜心	135×34cm	1,380,000	中国嘉德	2018-06-18
蔡元培 行书五言联 镜心	146×39cm×2	1,725,000	中国嘉德	2018-06-18
蔡云飞 2017年作 华岳朝晖 镜心	170×85cm	138,000	北京保利	2018-11-19
蔡云飞 2018年作 林芝金秋 镜心	180×90cm	138,000	北京保利	2018-11-19
蔡云飞 2018年作 雲是鹤家乡 镜心	170×85cm	138,000	北京保利	2018-11-19
曹俊 2013年作 晚晴风歇	65×39cm	805,000	北京翰海	2018-06-30
曹俊 天开紫境 镜心	108×78cm	3,086,880	保利香港	2018-10-01
曹克家 陈半丁 1948年作 富贵耄耋 四条屏	100×32cm×4	253,000	中国嘉德	2018-09-19
曹锟 1928年作 寿石图 立轴	130×46.5cm	178,250	鼎天国际	2018-01-07
曹锟 行书 七言联	171.5×28cm×2	264,500	中国嘉德	2018-06-20
曹锟 楷书 五言联	142.5×34.7cm×2	138,000	中国嘉德	2018-06-20
曹锟 梅石图 立轴	144×53cm	189,750	鼎天国际	2018-01-07
曹锟 墨梅 立轴	129×55cm	149,500	中国嘉德	2018-09-19
曹锟 墨梅图	129.7×59.2cm	172,500	中国嘉德	2018-06-20
曹瑞华 2018年作 春华秋实	137×63cm	172,500	北京翰海	2018-06-30
曹志明 2018年作 大学	33×145cm	172,500	北京翰海	2018-06-30
曹志明 2018年作 列子汤问	177×96cm	345,000	北京翰海	2018-06-30
岑学恭 1947年作 夕阳山村 轴	39×111cm	172,500	八益拍卖	2018-04-28
曾健勇 2011年作 头号人物——天使	144×77cm	115,000	华艺国际	2018-11-16
曾健勇 2013年作 童年 镜心	144×72cm	230,000	北京荣宝	2018-06-14
曾健勇 2017年作 幽谷 镜心	130×80cm	287,500	中国嘉德	2018-06-20
曾来德 2016年作 黄河石林 镜心	165×360cm	2,932,500	北京荣宝	2018-06-14
曾宓 1983年作 如来佛祖 对联 镜框	66×42cm；71×15cm×2	287,500	西泠拍卖	2018-07-08
曾宓 1994年作 春山小游图 立轴	69.5×45cm	103,500	西泠拍卖	2018-07-07
曾宓 2001年作 三石楼主山水册 册页	35×35cm×13	1,380,000	北京荣宝	2018-06-14
曾宓 2008年作 天沐 立轴	画心 46.5×43.5cm	218,500	北京荣宝	2018-12-03
曾宓 雁荡山灵峰图 立轴	178.0×96.0cm	2,530,000	中国嘉德	2018-11-22
曾三凯 2017年作 黄山四季 四屏 镜心	180×34cm×4	575,000	北京翰海	2018-09-16
曾熙 1922年作 楷书六言联 立轴	196×41.5cm×2	120,750	上海匡时	2018-04-30
曾熙 1923年作 仿石涛山水 立轴	104×62.5cm	115,000	北京翰海	2018-06-29
曾熙 行书八言联 立轴	247×42.5cm×2	109,250	北京匡时	2018-06-16
曾熙 行书六言联 对联	198×41cm×2	103,500	北京保利	2018-06-18
曾熙 行书七言联 立轴	205.5×43.5cm×2	120,750	上海匡时	2018-04-30
曾熙 行书十二言联 对联	241×59cm×2	195,500	中贸圣佳	2018-11-24
曾熙 1924年作 篆书十言联 立轴	231×29cm×2	126,500	中国嘉德	2018-11-21
曾熙 临古 四屏 立轴	136×40cm×4	103,500	上海匡时	2018-04-30
曾熙 1925年作 行书六言联（两幅）镜框	195×42.8cm×2	121,963	佳士得	2018-11-27
曾小俊 2013年作 野逸天屏二号 镜片	216×318cm	1,015,000	佳士得	2018-05-28
曾晓浒 1995年作 塞上风云接地阴 镜片	93×108cm	313,600	湖南逸典	2018-06-09
曾晓浒 2011年作 黄山记游 镜片	68×136cm	224,000	湖南逸典	2018-06-09

拍品名称	物品尺寸	成交价RMB	拍卖公司	拍卖日期
曾晓浒 2011年作 山水 镜片	68×136cm	246,400	湖南逸典	2018-06-09
曾灶财 2003年作 书法	56.4×49.7cm	161,800	香港苏富比	2018-04-01
曾灶财 行书墨宝 镜框	77.5×108cm	185,300	香港苏富比	2018-10-01
曾灶财 约1990年作 行书墨宝	42.5×54.7cm	151,688	香港苏富比	2018-04-01
常进 1999年作 千岛湖秋色 手卷	画32.5×262.5cm	184,000	中国嘉德	2018-11-22
常玉 1920-1930年代作 抽烟的仕女	45×28cm	345,000	保利厦门	2018-07-15
常玉 1920-1930年代作 裸女	45×28cm	379,500	保利厦门	2018-07-15
常玉 1920-1930年代作 仕女	45×27.8cm	391,000	保利厦门	2018-07-15
常玉 1920年代作 屈膝裸女	34.5×17cm	185,213	保利香港	2018-09-30
常玉 1961年作 抱腿的裸女	30×28cm	402,500	西泠拍卖	2018-07-07
常玉 1961年作 侧卧的裸女	23×28cm	322,000	西泠拍卖	2018-07-07
常玉 20世纪20年代作 绿袍女士	43.0×26.9cm	1,618,000	香港苏富比	2018-03-31
常玉 20世纪20年代作 阅读中的黄裙女士	50.0×31.6cm	1,112,375	香港苏富比	2018-03-31
常玉 20世纪20年代作 紫洋装珍珠项链女士	41.5×25.4cm	2,022,500	香港苏富比	2018-03-31
常玉 背影	44.5×27.6cm	164,634	中国嘉德	2018-10-02
常玉 侧目少女	44.5×27.5cm	202,250	香港苏富比	2018-04-01
常玉 花豹	20.6×26.7cm	740,851	中国嘉德	2018-10-02
常玉 拉胡琴的男子 水墨	43×28.8cm	483,000	北京诚轩	2018-06-18
常玉 露背裸女	48×32.3cm	119,900	香港苏富比	2018-10-01
常玉 裸女	43.2×26.2cm	381,848	保利香港	2018-03-29
常玉 裸女	43×27cm	218,000	香港苏富比	2018-10-01
常玉 裸女侧影	31.3×23.7cm	455,063	香港苏富比	2018-04-01
常玉 速写中的仕女	28×22cm	190,924	保利香港	2018-03-29
常玉 约1930年作 侧坐女子	28×45cm	238,655	中国嘉德	2018-04-02
常玉 站姿裸女	44×26.5cm	154,344	保利香港	2018-09-30
常玉 作画男子	45×28.2cm	123,475	中国嘉德	2018-10-02
常玉 坐姿裸女	26×43cm	133,765	保利香港	2018-09-30
常玉 坐姿裸女	27.5×21cm	124,101	保利香港	2018-03-29
晁谷 花鸟（两件）镜心	153×18cm×2	115,000	北京翰海	2018-09-16
晁海 母子图 镜片	68.5×68.5cm	123,200	秦宝斋	2018-01-01
沉浮 2014年作 山水扇面（两幅）镜框	22.8×67.5cm；21.5×63cm	121,963	佳士得	2018-11-26
陈白一 1989年作 竹喧戏鸭 镜片	89×78cm	459,200	湖南逸典	2018-06-09
陈半丁 1920年作 钟馗 立轴	108×50cm	575,000	北京荣宝	2018-06-14
陈半丁 1921年作 献寿图 立轴	98×54cm	230,000	北京保利	2018-12-09
陈半丁 1941年作 菊石幽禽图 立轴	100.5×46cm	201,250	上海匡时	2018-04-30
陈半丁 1943年作 红衣罗汉 立轴	56×42.5cm	155,250	北京匡时	2018-06-15
陈半丁 1943年作 紫藤 立轴	102.5×34.5cm	138,000	北京荣宝	2018-12-03
陈半丁 1944年作 孟母三迁 镜心	131×50cm	184,000	北京保利	2018-06-17
陈半丁 1944年作 秋风思隐图 立轴	103.5×52cm	448,500	中鸿信	2018-01-07
陈半丁 1948年作 菊花海棠 立轴	66.5×33cm	138,000	北京荣宝	2018-06-14
陈半丁 1948年作 林峦积翠图 镜片	100.5×34cm	368,000	西泠拍卖	2018-07-07
陈半丁 1949年作 喜报荣贵 立轴	112×32cm×4	747,500	北京荣宝	2018-12-03
陈半丁 1955年作 富贵神仙 立轴	155.5×43.5cm	241,500	北京翰海	2018-06-29
陈半丁 1960年作 洛阳春色 立轴	143×89cm	3,392,500	中鸿信	2018-01-07
陈半丁 1960年作 普天同庆 立轴	195×125cm	9,085,000	中鸿信	2018-01-07
陈半丁 1961年作 双秋图 立轴	116×45cm	207,000	北京翰海	2018-06-29
陈半丁 独立见江船 立轴	100.5×50cm	230,000	北京翰海	2018-06-29
陈半丁 纷纷红紫（四屏）镜心	103×34cm×4	632,500	北京荣宝	2018-06-14
陈半丁 风花又一春 镜心	56×100cm	207,000	北京匡时	2018-06-15
陈半丁 1910年作 禹庙银杏 立轴	180.5×48cm	172,500	中国嘉德	2018-11-21
陈半丁 1923年作 双清图 镜心	92×28.5cm	152,739	中国嘉德	2018-04-03
陈半丁 1943年作 不知春色 镜心	101×32.5cm	126,500	中国嘉德	2018-11-21
陈半丁 花卉 立轴 四屏	100×34cm×4	575,000	荣宝斋（济南）	2018-07-01
陈半丁 花香满园 立轴	141×39cm	189,750	北京保利	2018-05-21
陈半丁 菊石图 立轴	102×33cm	111,650	佳士得	2018-05-29
陈半丁 那舍牟尼佛 立轴	181×47.5cm	379,500	中国嘉德	2018-11-21
陈半丁 壬申(1932年作 紫藤 立轴	133×32cm	149,500	中国嘉德	2018-09-19
陈半丁 诗意图 镜心	99×48cm	195,500	北京翰海	2018-05-13
陈半丁 双清图 立轴	90×42cm	253,000	中国嘉德	2018-11-21
陈半丁 松下问道 镜心	131×49cm	109,250	北京保利	2018-05-21
陈半丁 岁寒 立轴	149×37cm	126,500	荣宝斋（济南）	2018-07-01
陈半丁 王雪涛 1943年作 雁来红菊花 紫金碗中红玉珠 成扇	19.6×54cm	241,500	北京诚轩	2018-06-16
陈半丁 文会图 镜心	131×49cm	178,250	北京保利	2018-05-21
陈半丁 吴湖帆 花卉 行书 成扇	18.5×49cm	230,000	荣宝斋（南京）	2018-07-15
陈半丁 1948年作 富贵牡丹 立轴	91.7×26.9cm	106,440	万昌斯	2018-11-29
陈伯达 1989年作 行书"满招损谦受益"镜心	105×37cm	184,000	北京匡时	2018-06-16
陈伯达 行书唐人绝句 立轴	30×20cm	149,500	北京匡时	2018-12-05
陈伯达 释"劳谦"立轴	91×39cm	517,500	北京匡时	2018-12-05
陈伯达 书法中堂（一幅）	107×77cm	184,000	北京保利	2018-12-07
陈曾寿 1926年作 临钱杜山水册 册页（八开）	19×26cm×8	185,213	中国嘉德	2018-10-03
陈曾寿 1930年作 崇陵补树 手卷	画31×91.5cm	966,000	中国嘉德	2018-06-18
陈大羽 1945年作 百寿图 立轴	100×34cm	172,500	西泠拍卖	2018-07-07
陈大羽 1964年作 一唱雄鸡天下白 立轴	216×61cm	3,220,000	广东崇正	2018-07-04
陈大羽 1976年作 大吉图 镜片	111×40cm	414,000	西泠拍卖	2018-07-07
陈大羽 1977年作 荷花 立轴	139×69cm	230,000	华艺国际	2018-05-23
陈大羽 1979年作 大福寿 镜框	37.5×53cm	120,750	华艺国际	2018-11-16
陈大羽 1981年作 独占枝头 立轴	62×47.5cm	172,500	北京匡时	2018-12-05
陈大羽 1981年作 荷花 立轴	96×60cm	172,500	华艺国际	2018-11-17
陈大羽 1982年作 雄鸡 立轴	68×45cm	115,000	北京保利	2018-12-09
陈大羽 大福寿 镜心	94×55cm	138,000	荣宝斋（南京）	2018-01-05
陈大羽 大福寿 镜心	69×69cm	103,500	荣宝斋（南京）	2018-01-05
陈大羽 大吉图	长92cm；宽45cm	308,000	中正拍卖	2018-05-31
陈大羽 大吉图 镜心	86×50cm	230,000	荣宝斋（南京）	2018-07-15
陈大羽 大吉图 镜心	89.5×47.5cm	218,500	荣宝斋（济南）	2018-07-01
陈大羽 大吉图 镜心	70×45cm	149,500	北京翰海	2018-01-14
陈大羽 大吉图 镜心	68×58cm	115,000	中国嘉德	2018-09-19
陈大羽 大吉图 镜心	67×44cm	115,000	凤凰拍卖	2018-01-21
陈大羽 大吉图 立轴	95.5×44cm	276,000	广东崇正	2018-07-04
陈大羽 福寿酒 镜片	68×68cm	287,500	上海嘉禾	2018-06-25
陈大羽 酣歌黎明大地春 镜心	100×60cm	368,000	南京经典	2018-01-06
陈大羽 红梅雄鸡 立轴	100×45.5cm	322,000	南京经典	2018-01-06
陈大羽 1979年作 大吉图 镜片	68×45.5cm	161,000	上海嘉禾	2018-06-25
陈大羽 1979年作 绿梅大吉图 立轴	137.5×69.5cm	1,150,000	广东崇正	2018-07-04
陈大羽 露气 立轴	69×69cm	115,000	南京经典	2018-07-22

拍品名称	物品尺寸	成交价RMB	拍卖公司	拍卖日期
陈大羽 墨梅公鸡 镜心	90×49cm	120,750	荣宝斋（南京）	2018-01-05
陈大羽 秋菊青松图 镜心	69×70cm	218,500	荣宝斋（南京）	2018-07-15
陈大羽 1982年作 寿而康 镜片	67×52cm	172,500	上海嘉禾	2018-06-25
陈大羽 1962年作 棕榈大吉图 立轴	87.5×47cm	143,750	上海嘉禾	2018-03-26
陈大羽 寿酒图 镜心	68×52cm	115,000	南京经典	2018-01-06
陈大羽 寿桃 镜心	67×45cm	166,750	凤凰拍卖	2018-01-21
陈大羽 松鹰图 镜心	91×176cm	391,000	南京经典	2018-01-06
陈大羽 1978年作 东风劲吹大地春 镜片	93.5×48.5cm	316,250	上海嘉禾	2018-10-14
陈大羽 1978年作 官上加官 镜片	83.5×51cm	184,000	上海嘉禾	2018-06-25
陈大羽 1981年作 雄鸡 镜片	69×46cm	103,500	广东崇正	2018-07-04
陈大羽 幸福万年 镜心	82×51cm	120,750	南京经典	2018-01-06
陈大羽 雄鸡 镜框	95×60cm	425,500	华艺国际	2018-11-16
陈大羽 雄鸡 镜心	71×41cm	126,500	南京经典	2018-01-06
陈大羽 雄鸡 立轴	83.5×50cm	172,500	南京经典	2018-01-06
陈大羽 雄鸡红梅 镜心	100×67cm	1,380,000	中贸圣佳	2018-06-20
陈大羽 雄鸡图 镜心	88×47cm	207,000	南京经典	2018-01-06
陈大羽 雄鸡迎春 镜心	137.5×69cm	920,000	中贸圣佳	2018-06-20
陈大羽 迎春 镜心	84×50cm	345,000	南京经典	2018-01-06
陈大羽 迎春 立轴	76×49cm	166,750	南京经典	2018-01-06
陈大羽 迎春双吉 镜心	95×59cm	299,000	荣宝斋（南京）	2018-01-05
陈大羽 迎春图 立轴	96×44cm	368,000	南京经典	2018-01-06
陈大羽 映日荷花别样红 立轴	99×58cm	132,250	荣宝斋（南京）	2018-07-15
陈大羽 篆书五言联 镜心	133×34cm×2	138,000	中贸圣佳	2018-06-20
陈大羽 篆书五言联 镜心	136×34cm×2	138,000	中贸圣佳	2018-06-20
陈大羽 紫藤八哥 镜心	96×59cm	241,500	凤凰拍卖	2018-01-21
陈大羽 紫藤腊嘴 立轴	96×44cm	184,000	广东崇正	2018-07-04
陈大羽 紫藤蜜蜂 镜框	96.5×46.5cm	126,500	华艺国际	2018-11-16
陈定山 吴湖帆 1939年作 蛙鸣春暮 立轴	131×32cm	132,250	上海泓盛	2018-06-27
陈福善 1974年作 潭水映月	77.3×43.5cm	123,475	中国嘉德	2018-10-02
陈福善 1980年作 绿野仙踪 立轴	134×69cm	162,400	佳士得	2018-05-28
陈光哲 草书自题诗三首 手卷	27.7×273.7cm	353,938	香港苏富比	2018-04-01
陈桂舫 1837年作 漓江话别图卷 手卷	画心31×135cm	598,000	北京保利	2018-06-17
陈国勇 巴山郁秀 立轴	260×122cm	257,600	秦宝斋	2018-01-01
陈国勇 山清水秀 镜片	95.5×180cm	162,400	秦宝斋	2018-01-01
陈国勇 山水 册页	49×65cm×13	218,400	秦宝斋	2018-01-01
陈汉第 章钰 汉柏 书法 成扇	19×51cm	161,000	华艺国际	2018-11-16
陈衡恪 1911年作 花卉草虫 书法（六帧）团扇面 镜框	24.6×24.5cm；23.9×24.1cm；23.2×23.3cm	171,913	香港苏富比	2018-04-02
陈衡恪 1921年作 篆书十六言联 立轴	244×26cm×2	575,000	北京匡时	2018-12-06
陈衡恪 1923年作 芭蕉竹石雁来红 立轴	177.8×95.2cm	763,000	香港苏富比	2018-10-02
陈衡恪 荷塘清趣	142.5×39cm	121,350	邦瀚斯	2018-04-03
陈辉 扇面	33×68cm	161,000	北京翰海	2018-06-30
陈家泠 1989年作 山光无限图 立轴	176.5×95cm	109,250	西泠拍卖	2018-07-07
陈家泠 成双 镜框	95.5×177cm	110,875	佳士得	2018-11-26
陈家泠 东方（三联屏）镜心	138.0×68.0cm×3	161,000	中国嘉德	2018-11-22
陈家义 1972年作 太平清醮 镜框	113.7×225cm	199,575	佳士得	2018-11-26
陈家义 2017年作 百年香江 不忘初心 镜框	96×181cm	243,600	佳士得	2018-05-29
陈建国 仁山智水 镜心	直径42cm	115,000	北京匡时	2018-12-05
陈金章 春江水暖 镜片	85.5×100cm	287,500	广东崇正	2018-07-04
陈金章 秋晴 镜片	46.5×68.5cm	138,000	广东衡益	2018-07-01
陈金章 松石图 立轴	52×75.5cm	113,000	广东省拍	2018-09-20
陈金章 晓发图 镜框	69×137cm	385,250	华艺国际	2018-11-17
陈金章 2011年作 江村晓色 镜片	63×69cm	126,500	广东衡益	2018-07-01
陈金章 云山初晓 镜框	69×136cm	552,000	华艺国际	2018-05-23
陈巨来 隶书七言联（一对）立轴	119.5×20.1cm	118,988	纽约苏富比	2018-03-23
陈巨来 篆书杜甫《饮中八仙》立轴	125.3×36.6cm	206,245	纽约苏富比	2018-03-23
陈夔龙 陆润庠 戴鸿慈 龚心钊 等 1904年作 泎闸鸿雪集册 册页	18.5×11.5cm×29	103,500	上海匡时	2018-04-30
陈立夫 楷书治家格言 立轴	138×71cm	138,000	中国嘉德	2018-06-18
陈茂叶 南方佳果 镜心	68×136cm	138,000	北京保利	2018-05-21
陈梦家对联	134×22cm	207,000	中贸圣佳	2018-11-24
陈年 钟馗 立轴		513,150	纽约苏富比	2018-09-13
陈佩秋 2009年作 行书十四言长联 立轴	272×34cm×2	172,500	广东崇正	2018-07-05
陈佩秋 蝶恋花 镜片	51×103cm	402,500	上海嘉禾	2018-06-25
陈佩秋 1977年作 兰石图 镜心	33.5×113.5cm	149,500	中国嘉德	2018-06-18
陈佩秋 1993年作 山居图 草书 成扇	18.5×50cm	218,500	朵云轩	2018-06-24
陈佩秋 荷花小鸟 立轴	47×38.5cm	437,000	朵云轩	2018-06-24
陈佩秋 黄山小景 草书 成扇	19×51cm	207,000	朵云轩	2018-06-24
陈佩秋 2009年作 青山白云卷 手卷	28×72.5cm	690,000	朵云轩	2018-06-24
陈佩秋 柳浪栖禽 立轴	136×68cm	1,725,000	上海匡时	2018-04-30
陈佩秋 闹春 镜片	82×47cm	115,000	上海嘉禾	2018-10-14
陈佩秋 千岛湖 成扇	13.5×42cm	207,000	上海匡时	2018-04-30
陈佩秋 2012年作 暗香疏影 手卷	画28.2×85.5cm	391,000	中国嘉德	2018-06-18
陈佩秋 三友图 镜心	92.5×34.5cm	172,500	北京荣宝	2018-06-14
陈佩秋 1985年作 竹林飞禽 立轴	83.2×27.5cm	218,500	中国嘉德	2018-06-18
陈佩秋 幽兰	50×76cm	424,000	上海均益	2018-01-16
陈佩秋 玉犬平安 镜心	画心39.5×69cm	195,500	中贸圣佳	2018-06-20
陈佩秋 竹林鸣雀图 镜片	67.5×44cm	224,000	上海联合	2018-11-25
陈佩秋 竹石小鸟 立轴	95×57cm	184,000	北京保利	2018-12-08
陈平 1990年作 伴山农舍 镜心	118×118cm	425,500	保利山东	2018-11-22
陈平 1990年作 伴山农舍 镜心	118×118cm	230,000	北京荣宝	2018-09-14
陈平 1990年作 费洼山庄 镜心	134.5×67.5cm	230,000	北京荣宝	2018-09-14
陈平 1990年作 费洼云起图 镜心	118×118cm	184,000	保利山东	2018-11-22
陈平 1990年作 关中即景 镜心	118×118cm	109,250	保利山东	2018-11-22
陈平 1990年作 关中人家 镜心	135.5×68cm	115,000	保利山东	2018-11-22
陈平 1990年作 山居图 镜心	118×118cm	230,000	保利山东	2018-11-22
陈平 1990年作 疏雨乍收 镜心	118.5×118cm	368,000	保利山东	2018-11-22
陈平 1990年作 疏雨乍收 镜心	118.5×118.5cm	207,000	北京荣宝	2018-09-14
陈平 1990年作 听得天畔几声雷 镜心	136×67.5cm	230,000	北京荣宝	2018-09-14
陈平 1990年作 云锁溪山一片青 镜心	118×118cm	322,000	保利山东	2018-11-22
陈平 1990年作 云锁溪山一片青 镜心	118×118cm	207,000	北京荣宝	2018-09-14
陈平 1990年作 云致秋行 镜心	135.5×68cm	230,000	北京荣宝	2018-09-14
陈平 1997年作 晴初景霭新 手卷	20×138cm	414,000	北京荣宝	2018-05-18
陈平 1998年作 农耕图 镜心	136×66cm	322,000	北京荣宝	2018-05-18

拍品名称	物品尺寸	成交价RMB	拍卖公司	拍卖日期
陈平 2000年作 逸林幽谷 镜心	132×66cm	552,000	北京荣宝	2018-05-18
陈平 2002年作 四壁云山 镜心	94.5×177cm	448,500	北京荣宝	2018-09-14
陈平 2006年作 山居 镜心	138×35cm	138,000	北京荣宝	2018-09-14
陈平 2006年作 渭川十亩 镜心	97×181cm	276,000	北京荣宝	2018-09-14
陈平 2012年作 雾霭人家、行书五言联 镜心	136×68cm；134×33cm×2	483,000	北京荣宝	2018-05-18
陈平 春色图 镜心	69×69cm	172,500	中国嘉德	2018-06-20
陈平 2000年作 云凝山碧党天低 镜心	68×136cm	322,000	中国嘉德	2018-11-22
陈平 1999年作 春夏秋冬 四屏镜心	134×66.5cm×4	2,300,000	中国嘉德	2018-11-22
陈平 2004年作 山居图 镜心	136.3×68.5cm	299,000	中国嘉德	2018-06-20
陈平 留听溪声入夜潮 镜心	67×66.5cm	172,500	保利山东	2018-11-22
陈平 山居图 镜心	83×76.5cm	138,000	荣宝斋（济南）	2018-06-30
陈平 山水 手卷	22×136cm	132,250	荣宝斋（南京）	2018-07-15
陈平 2005年作 秋日山居 镜心	68×68cm	115,000	中国嘉德	2018-11-22
陈平 2005年作 山居图 镜心	69×69cm	172,500	中国嘉德	2018-06-20
陈其和 2000年作 长春花似锦 镜心	65×65cm	115,000	北京保利	2018-12-06
陈其和 2017年作 红冠踏雪图 镜心	138×69cm	230,000	北京保利	2018-12-06
陈其宽 转 立轴	185×36cm	131,463	邦瀚斯	2018-04-03
陈其宽《暮色》立轴	60.5×62.5cm	226,380	伦敦苏富比	2018-05-16
陈其宽《日出》立轴	179.1×22.3cm	183,260	伦敦苏富比	2018-05-16
陈其宽《余辉》手卷	22.8×148cm	150,920	伦敦苏富比	2018-05-16
陈其宽 1961年作 江村渔雪 镜框	23×92.5cm	324,800	佳士得	2018-05-28
陈其宽 1966年作 渔家 立轴	92.5×22.5cm	446,600	佳士得	2018-05-28
陈其宽 1990年作 觅	31×62.5cm	163,500	香港苏富比	2018-10-01
陈其宽 虎符	135.8×67.4cm	184,800	金仕发	2018-01-28
陈其宽 约1960-1964年作 桃源何处 立轴	92.5×22.5cm	221,750	佳士得	2018-11-26
陈其宽 月清江澈 立轴	121.2×23cm	310,450	佳士得	2018-11-26
陈少梅 1936年作 倚栏望梅图 立轴	116×30.5cm	172,500	鼎天国际	2018-01-07
陈少梅 1937年作 蕉林高士图 立轴	81×40cm	920,000	上海匡时	2018-04-30
陈少梅 1940年作 桂花仕女 成扇	17×49cm	920,000	上海匡时	2018-04-30
陈少梅 1942年作 观瀑图 镜片	130×32cm	115,000	华艺国际	2018-11-16
陈少梅 1943年作 松溪放棹 镜心	104×50.5cm	4,025,000	北京匡时	2018-06-15
陈少梅 1943年作 纨扇仕女 立轴	85.1×35.3cm	348,800	香港苏富比	2018-10-02
陈少梅 1944年作 仕女图 轴	89×34cm	101,480	台北艺流	2018-06-30
陈少梅 1950年作 远浦归帆 立轴	135×55cm	4,025,000	北京保利	2018-12-07
陈少梅 1936年作 梅花仕女 立轴	116×31cm	126,500	中国嘉德	2018-09-19
陈少梅 丛林远岭 立轴	115×56cm	1,962,000	香港苏富比	2018-10-02
陈少梅 二十四孝图卷 手卷	30×2088cm	29,900,000	北京保利	2018-12-07
陈少梅 冯忠莲 松石双鹤 立轴	66×30.2cm	675,800	香港苏富比	2018-10-02
陈少梅 傅增湘 松下高士 楷书 成扇	18×49cm	201,250	荣宝斋（南京）	2018-01-05
陈少梅 高振霄 1942年作 山水书法册页（十二对开）	21.9×17.8cm×12	273,680	纽约佳士得	2018-09-11
陈少梅 1940年作 松下高士图 立轴	91×31cm	483,000	中国嘉德	2018-05-18
陈少梅 1943年作 鹤寿图 立轴	63×26cm	287,500	中国嘉德	2018-01-13
陈少梅 1944年作 四季山水 立轴	30.6×6cm×4	230,000	中国嘉德	2018-06-18
陈少梅 净水生莲 镜心	88×50cm	1,840,000	北京荣宝	2018-06-14
陈少梅 梅花书屋两帧 镜框	27×33.5cm×2	575,000	鼎天国际	2018-01-07
陈少梅 墨梅图 镜心	115×28cm	172,500	鼎天国际	2018-01-07
陈少梅 欧阳修像 立轴	133×31cm	575,000	中国嘉德	2018-09-19
陈少梅 秋林高士图立轴	105×46.5cm	460,000	鼎天国际	2018-01-07

拍品名称	物品尺寸	成交价RMB	拍卖公司	拍卖日期
陈少梅 人行秋色		273,680	纽约苏富比	2018-09-13
陈少梅 山中论道 立轴	103×34cm	920,000	上海匡时	2018-04-30
陈少梅 深山行旅图 立轴	107×34cm	690,000	华艺国际	2018-11-16
陈少梅 仕女 镜心	84×30cm	207,000	中国嘉德	2018-09-19
陈少梅 寿星 立轴	67×29cm	253,000	荣宝斋（南京）	2018-01-05
陈少梅 松下高士 立轴	102.5×33.5cm	920,000	鼎天国际	2018-01-07
陈少梅 松下高仕 镜心	101.5×26cm	517,500	荣宝斋（济南）	2018-07-01
陈少梅 松萱益寿 立轴	85.5×20.5cm	747,500	上海匡时	2018-04-30
陈少梅 纨扇仕女 立轴	画心55×31cm	121,350	香港苏富比	2018-04-02
陈少梅 望山图 镜心	78×27.5cm	224,250	鼎天国际	2018-01-07
陈少梅 向迪琮 秋思图·行书自作词 扇面	14.5×45.0cm	172,500	中国嘉德	2018-06-19
陈少梅 新篁高士 立轴	27×39cm	115,000	北京保利	2018-05-21
陈少梅 赵松声 1939年作 书法 山间隐士 团扇	直径23cm	184,000	鼎天国际	2018-01-07
陈师曾 1919年作 兰石图（四屏）立轴	116×26cm×4	207,000	北京荣宝	2018-06-14
陈师曾 1922年作 双秋图 立轴	135.5×33cm	126,500	北京翰海	2018-06-29
陈师曾 1920年作 花卉 四条屏镜心	142×35cm×4	322,000	中国嘉德	2018-01-13
陈师曾 清供图 立轴	107×47cm	161,000	北京翰海	2018-06-29
陈师曾 1921年作 篆书十一言联 立轴	260×43cm×2	391,000	广东崇正	2018-07-05
陈师曾 姚华 王云 1921年作 天中瑞应 立轴	133×30.5cm	115,000	北京翰海	2018-06-29
陈树人 1928年作 庐山黄龙潭 立轴	52.5×38cm	1,050,082	中国嘉德	2018-04-03
陈树人 1929年作 兰亭 立轴	53×38.1cm	558,250	佳士得	2018-05-29
陈树人 1931年作 春鹂烟柳 立轴	114×41cm	345,000	精诚所至	2018-05-12
陈树人 1935年作 花鸟 立轴	121×39.5cm	506,000	华艺国际	2018-05-23
陈树人 1947年作 江南春色 立轴	134×31.5cm	261,600	香港苏富比	2018-10-02
陈树人 1948年作 红叶八哥 立轴	74×40.5cm	143,193	中国嘉德	2018-04-03
陈树人 1948年作 苏堤春晓 镜片	33×61cm	172,500	广东崇正	2018-07-04
陈树人 1926年作 林和靖诗意图 镜心	112.5×39cm	241,500	中国嘉德	2018-06-19
陈树人 翠竹蝉鸣图 立轴	39.5×38cm	218,500	西泠拍卖	2018-07-08
陈万年 云涌黄山 镜片	90×247cm	135,600	广东省拍	2018-09-20
陈文希 苍鹭	137×34cm	199,575	佳士得	2018-11-25
陈文希 苍鹭	67.4×44cm	152,600	香港苏富比	2018-10-01
陈文希 鹤 立轴	137×68cm	649,142	中国嘉德	2018-04-03
陈文希 金鲤鱼	90.5×97cm	221,750	佳士得	2018-11-25
陈文希 金鱼与荷叶	98×46cm	151,688	香港苏富比	2018-04-01
陈文希 芦苇中的鲤鱼	97.5×182cm	2,224,880	佳士得	2018-05-27
陈文希 鹭	93×61.5cm	348,800	香港苏富比	2018-10-01
陈文希 麻雀	45×67cm	110,875	佳士得	2018-11-25
陈文希 鸟与红毛丹	70×70cm	171,913	香港苏富比	2018-04-01
陈文希 七猿图	136×66.5cm	404,500	香港苏富比	2018-04-01
陈文希 群鹅 镜心	137×68cm	190,924	保利香港	2018-04-02
陈文希 群鸡图 镜心	55.5×176.5cm	114,554	中国嘉德	2018-04-03
陈文希 双猿 镜心	34×43cm	105,008	中国嘉德	2018-04-03
陈文希 双猿图 立轴	62×75.5cm	143,193	中国嘉德	2018-04-03
陈文希 五猿图	136×62.5cm	242,700	香港苏富比	2018-04-01
陈文希 一对松鼠	70×46cm	101,125	香港苏富比	2018-04-01
陈文希 渔村	96×34.5cm	109,000	香港苏富比	2018-10-01
陈文希 猿 镜片	33.7×44.5cm	273,680	纽约佳士得	2018-09-11

拍品名称	物品尺寸	成交价RMB	拍卖公司	拍卖日期
陈文希 长臂猿	138.5×68cm	421,325	佳士得	2018-11-25
陈文希 紫藤	140×75cm	384,275	香港苏富比	2018-04-01
陈湘波 2017年作 雀栖秋林静 镜心	38.5×65cm	138,000	北京匡时	2018-06-15
陈湘波 相依幽树月 镜心	77×96cm	460,000	北京保利	2018-06-18
陈湘波 玉羽暎荷风 镜框	66×122cm	358,400	湖南逸典	2018-06-09
陈阳春 1996年作 大漠风光 镜心	28×74.5cm	113,186	保利香港	2018-10-01
陈毅 题鲁迅故居	28.5×19.7cm	316,250	中国嘉德	2018-06-20
陈永锵 2012年作 悠悠荷韵款款银鳞 镜片	69×138cm	201,600	湖南逸典	2018-06-09
陈永锵 蔬果花卉 镜框 四屏	180×34cm×4	448,500	广东衡益	2018-07-01
陈幼华 2014年作 诗意图 镜心	68×138cm	287,500	北京翰海	2018-01-14
陈幼华 2015年作 江中帆影 镜心	70×137cm	287,500	北京翰海	2018-09-16
陈幼华 2015年作 山水	68×136cm	287,500	北京翰海	2018-06-30
陈幼华 2015年作 山水 镜心	69×137cm	287,500	北京翰海	2018-05-13
陈玉圃 2016年作 山静居图 手卷	31×380cm	304,750	北京荣宝	2018-06-14
陈玉圃 阿罗汉图 镜心	69×45cm	126,500	中国嘉德	2018-09-19
陈玉圃 2016年作 春枝 镜心	34×138cm	138,000	中国嘉德	2018-05-18
陈玉圃 2016年作 大鱼在后 镜心	34×138cm	126,500	中国嘉德	2018-05-18
陈玉圃 禅韵诗风山水册 镜心	53×45.5cm×10	598,000	北京荣宝	2018-12-03
陈玉圃 2007年作 山水清幽 镜心	69×137cm	161,000	中国嘉德	2018-09-19
陈玉圃 2010年作 兰菊双清 镜心	43×117cm	126,500	中国嘉德	2018-05-18
陈玉圃 2010年作 仙寿之图 镜心	43×117cm	138,000	中国嘉德	2018-05-18
陈玉圃 清江对弈图 镜心	尺寸不一	161,000	北京荣宝	2018-06-14
陈玉圃 晴峦耸翠图 镜心	137×68.5cm	149,500	北京荣宝	2018-12-03
陈玉圃 听泉图 镜心	136×68cm	126,500	荣宝斋（济南）	2018-07-01
陈玉圃 溪山高隐图 镜心	136×68cm	149,500	荣宝斋（济南）	2018-07-01
陈玉圃 溪山渔隐图 镜心	49×180cm	402,500	北京保利	2018-12-06
陈玉圃 仙山论道图 镜心	100×360cm	1,127,000	中国嘉德	2018-06-20
陈玉圃 闲坐看春云 镜心	69×45cm	115,000	中国嘉德	2018-09-19
陈玉圃 2015年作 桃花鹦鹉 镜心	90×48cm	126,500	中国嘉德	2018-01-13
陈玉圃 2005年作 夜雨读书 镜心	90×48cm	115,000	中国嘉德	2018-01-13
陈玉圃 珍禽图 镜心	70×46cm	109,250	中国嘉德	2018-05-18
陈钰铭 2014年作 暖风 镜心	140×60cm	126,500	北京荣宝	2018-12-03
陈钰铭 陕北老汉 镜心	95.5×60cm	115,000	北京荣宝	2018-12-03
陈缘督 畅怡图 立轴	122×54.5cm	184,000	广东崇正	2018-07-04
陈缘督 卧犬 镜框	131×64cm	115,000	华艺国际	2018-05-23
陈缘督 鸳鸯双栖图 镜心	136×42cm	172,500	中国嘉德	2018-05-18
陈振新 2018年作 荷塘 镜心	136×68cm	207,000	北京保利	2018-06-18
陈之佛 1946年作 安居乐业 镜心	103×39cm	1,058,000	北京匡时	2018-06-15
陈之佛 1946年作 荷花鸳鸯 立轴	105.5×60.5cm	1,610,000	中国嘉德	2018-06-18
陈之佛 花鸟 镜框	28.5×32.5cm	207,000	华艺国际	2018-11-16
陈之佛 眉寿无疆 立轴	107.5×44.5cm	715,965	中国嘉德	2018-04-03
陈之佛 梅茶孤禽 镜心	81×39cm	161,000	北京匡时	2018-06-15
陈之佛 溥儒 1948年作 寒枝双栖 行书自写诗 成扇	17.8×46.5cm	708,500	香港苏富比	2018-10-02
陈之佛 1942年作 荷花鸳鸯 立轴	121.5×60.5cm	2,357,500	中国嘉德	2018-11-20
陈之佛 1942年作 山茶螳螂 立轴	111.5×32cm	575,000	中国嘉德	2018-06-18
陈之佛 沈尹默 山茶红梅共白头 王安石《登中茅山》成扇	18.4×50cm	598,000	北京诚轩	2018-06-16
陈之佛 霜雪栖禽 立轴	56.8×32cm	161,800	香港苏富比	2018-04-02
陈之佛 枝头对语 镜心	59×31cm	460,000	荣宝斋（南京）	2018-07-15
陈之佛 枝头小景 立轴	113×32cm	322,000	北京保利	2018-12-08

拍品名称	物品尺寸	成交价RMB	拍卖公司	拍卖日期
陈之佛 竹菊图 立轴	127×32cm	264,500	南京经典	2018-07-22
陈之佛 竹雀 立轴	102.2×30.2cm	381,500	香港苏富比	2018-10-02
陈治 2010年作 民族风情 镜心	118×67cm	414,000	鼎天国际	2018-01-07
陈治 人物 镜框	96×46cm	287,500	鼎天国际	2018-01-07
陈忠洲 2017年作 清香图 镜心	直径45cm	287,500	北京保利	2018-05-21
陈忠洲 2018年作 崂山秋色	68×68cm	345,000	北京翰海	2018-06-30
陈忠洲 2018年作 崂山秋色 镜心	68×67cm	460,000	北京翰海	2018-05-13
陈忠洲 2018年作 秋清图 镜心	68×68cm	529,000	北京保利	2018-06-18
陈忠洲 秋清图 镜心	68×68cm	552,000	荣宝斋（南京）	2018-07-15
陈子庄 1959年作 墨荷图 镜心	134×68cm	102,896	保利香港	2018-10-01
陈子庄 1964年作 蕉林山舍 镜心扇面		218,500	八益拍卖	2018-04-28
陈子庄 1964年作 钟馗 镜片	24.5×18.5cm	195,500	西泠拍卖	2018-07-08
陈子庄 1971年作 指墨竹石图 立轴	134×35cm	586,500	北京匡时	2018-12-05
陈子庄 1974年作 牡丹 镜框	131×68cm	665,250	佳士得	2018-11-26
陈子庄 春江泛舟 镜心	18×27.5cm	230,000	北京匡时	2018-06-15
陈子庄 待渡图 镜心	17×26cm	402,500	八益拍卖	2018-04-28
陈子庄 飞雀 镜心	14.5×34cm	402,500	八益拍卖	2018-04-28
陈子庄 荷花小鸟 镜心	22.5×33cm	195,500	北京匡时	2018-12-05
陈子庄 花鸟 立轴	175.5×46.5cm	299,000	西泠拍卖	2018-07-08
陈子庄 花鸟 轴	36×45cm	864,408	中正拍卖	2018-06-28
陈子庄 山居图 镜心	30.5×22.5cm	149,500	八益拍卖	2018-04-28
陈子庄 山居图 立轴	42×34cm	115,000	中国嘉德	2018-01-13
陈子庄 蜀中山水 镜心	34.5×27cm	322,000	八益拍卖	2018-04-28
陈子庄 1975年作 梅花栖鸟 立轴	136×33cm	161,000	中国嘉德	2018-01-13
陈子庄 1965年作 墨梅 镜片	17×53cm	115,000	广东崇正	2018-07-05
成慧居士 南无观世音菩萨 立轴	177×95cm	105,800	南京经典	2018-07-22
程大利 2002年作 祁连山脚下伴夕阳 镜心	61.5×247.5cm	172,500	北京荣宝	2018-05-18
程大利 放笔青山寄怀抱 镜心	180×98cm	149,500	北京荣宝	2018-12-03
程十发 1960年作 傣村之晨 镜心	152×83cm	2,300,000	北京荣宝	2018-12-03
程十发 1961年作 少女放牧 立轴	66.5×44cm	230,000	上海匡时	2018-04-30
程十发 1961年作 少女牧羊 书法（二帧）扇面	尺寸不一	172,500	西泠拍卖	2018-07-08
程十发 1961年作 挑水少女图 镜片	67.5×45cm	299,000	西泠拍卖	2018-07-07
程十发 1961年作 万象更新 镜心	36.5×20cm	190,924	保利香港	2018-04-02
程十发 1962年作 杏花春雨江南 立轴	76×41cm	207,000	上海匡时	2018-04-30
程十发 1963年作 秋 镜心	111×82.5cm	1,265,000	上海匡时	2018-04-30
程十发 1964年作 唐僧取经图 立轴	137.5×68cm	2,817,500	西泠拍卖	2018-07-07
程十发 1965年作 竹里桃花 镜框	21.9×68.5cm	353,938	香港苏富比	2018-04-02
程十发 1972年作 骑马少女 立轴	104×67cm	230,000	朵云轩	2018-06-24
程十发 1972年作 少女牧牛图 立轴	56×40cm	161,000	西泠拍卖	2018-05-05
程十发 1977年作 归牧 立轴	67.5×44.5cm	575,000	北京荣宝	2018-06-14
程十发 1977年作 平安快乐图 立轴	69×53.5cm	402,500	西泠拍卖	2018-07-08
程十发 1978年作 屈原像 立轴	98.5×49cm	345,000	北京匡时	2018-12-05
程十发 1978年作 易安词意 镜心	132.5×68cm	2,070,000	北京荣宝	2018-12-03
程十发 1978年作 泽畔行吟图 立轴	135.5×68cm	805,000	西泠拍卖	2018-07-07
程十发 1978年作 钟馗震妖图 立轴	70.5×46.5cm	253,000	中国嘉德	2018-06-19
程十发 1979年作 行书“春夏秋冬”镜心	67×68cm×4	103,500	北京匡时	2018-12-05
程十发 1979年作 潇湘图 立轴	98×45cm	402,500	北京保利	2018-12-08
程十发 1980年作 报春回 立轴	65×48cm	115,000	上海嘉禾	2018-06-25

拍品名称	物品尺寸	成交价RMB	拍卖公司	拍卖日期
程十发 1980年作 春牧图 镜心	132×68cm	287,500	上海匡时	2018-04-30
程十发 1980年作 牧羊少女 镜框	82×48cm	203,000	佳士得	2018-05-29
程十发 1980年作 遥山小景 立轴	138×67cm	471,500	北京翰海	2018-06-29
程十发 1981年作 少女饲鹿图 立轴	137×77cm	230,000	西泠拍卖	2018-09-28
程十发 1981年作 少女饲鹿图 立轴	137×77cm	207,000	西泠拍卖	2018-07-08
程十发 1982年作 访戴图 立轴	136×66.5cm	1,380,000	北京荣宝	2018-12-03
程十发 1982年作 少女与鹿 立轴	68.5×45.8cm	152,250	佳士得	2018-05-29
程十发 1983年作 采菊图 立轴	82×56cm	205,792	保利香港	2018-10-01
程十发 1983年作 大吉羊 镜片	66×66cm	322,000	西泠拍卖	2018-07-08
程十发 1983年作 南中新秀图 立轴	81.5×32.5cm	184,000	西泠拍卖	2018-09-28
程十发 1984年作 大有余 镜心	70×47cm	230,000	北京保利	2018-06-17
程十发 1984年作 奉橘图 立轴	84×33.5cm	230,000	上海匡时	2018-04-30
程十发 1984年作 三清图 镜心	92×44cm	138,000	北京保利	2018-12-08
程十发 1984年作 长乐迎春 镜片	112×233cm	2,070,000	朵云轩	2018-06-24
程十发 1985年作 少女与公鸡 镜片		158,650	纽约佳士得	2018-03-20
程十发 1986年作 采芝图 镜心	135.5×66.5cm	575,000	北京翰海	2018-06-29
程十发 1987年作 杨升庵簪花图 镜框	83×50cm	1,150,000	华艺国际	2018-11-16
程十发 1989年作 大有余 立轴	84.5×47cm	276,000	中鸿信	2018-01-07
程十发 1989年作 南山高逸图 立轴	画心91×66.5cm	460,000	西泠拍卖	2018-07-08
程十发 1990年作 雨山翠亭 镜框	27×92cm	115,000	华艺国际	2018-11-16
程十发 1991年作 有余 立轴	67×43cm	109,250	北京荣宝	2018-09-14
程十发 1992年作 橘颂图 立轴	130×81cm	747,500	上海匡时	2018-04-30
程十发 1992年作 申年大吉 镜心	50×50cm	126,500	北京保利	2018-06-17
程十发 1993年作 报春图 立轴	69×46cm	230,000	北京保利	2018-06-17
程十发 1993年作 少女倚鹿图 立轴	69×68cm	333,500	上海匡时	2018-04-30
程十发 1994年作 仁者寿 镜心	96×39cm	230,000	上海匡时	2018-04-30
程十发 1995年作 渊明爱菊 镜心	124×245cm	931,500	北京保利	2018-12-08
程十发 1996年作 三羊启泰 镜心	46×36cm	207,000	北京保利	2018-12-08
程十发 1996年作 书法 立轴	134×68cm	115,000	华艺国际	2018-05-23
程十发 1997年作 苍鹰 立轴	92.5×45cm	149,500	北京荣宝	2018-12-03
程十发 1999年作 瓶花 镜心	69×47cm	172,500	北京匡时	2018-12-05
程十发 阿Q正传画	15×10cm×19	207,000	北京东正	2018-06-17
程十发 1986年作 荷花平安图 立轴	68×48cm	632,500	上海嘉禾	2018-06-25
程十发 1986年作 秋庭抚琴 立轴	95.5×59cm	402,500	中国嘉德	2018-06-18
程十发 春山瑞霭 镜框	93×69cm	322,000	华艺国际	2018-05-23
程十发 大吉祥 镜心	43.5×69cm	207,000	荣宝斋（南京）	2018-01-05
程十发 大江东去 镜框	45×34cm	345,100	佳士得	2018-05-29
程十发 傣村节日图 立轴	画43×71cm	1,955,000	北京保利	2018-12-07
程十发 傣寨小景 立轴	91×48cm	115,000	华艺国际	2018-03-30
程十发 滇西小景 立轴	49×40cm	287,500	北京荣宝	2018-06-14
程十发 1987年作 纨扇仕女 镜心	115×53.6cm	178,250	北京诚轩	2018-06-16
程十发 1980年作 赏梅图 立轴	67.5×45cm	132,250	广东崇正	2018-07-05
程十发 1980年作 少女与鹿 镜片	89×47.5cm	276,000	广东崇正	2018-07-05
程十发 1960年作 傣家小景 镜框	70×48.5cm	782,000	上海嘉禾	2018-06-25
程十发 观沧海 立轴	74.5×48.5cm	207,000	广东崇正	2018-07-05
程十发 1983年作 傣族少女 立轴	103×70cm	920,000	上海嘉禾	2018-06-25
程十发 1983年作 少女牧歌图 镜片	105×69cm	220,000	上海驰翰	2018-06-25
程十发 行书"二我轩"镜心	20×66cm	103,500	北京匡时	2018-06-15
程十发 黄胄 牧驴图 镜框	63×36cm	437,000	华艺国际	2018-11-16
程十发 1989年作 大吉图 镜片	67×45cm	172,500	朵云轩	2018-06-24
程十发 1979年作 鹿与少女 镜片	94×48cm	310,500	朵云轩	2018-06-24

拍品名称	物品尺寸	成交价RMB	拍卖公司	拍卖日期
程十发 1979年作 富贵平安 镜心	80×52cm	126,500	中国嘉德	2018-05-18
程十发 1979年作 牧羊图 立轴	68×44.5cm	143,193	中国嘉德	2018-04-03
程十发 1984年作 行书"开门见喜"镜片	34×101cm	103,500	上海嘉禾	2018-06-25
程十发 橘颂图 立轴	95×60.5cm	345,000	南京经典	2018-07-22
程十发 鲲鹏万里 镜框	46×33.5cm	223,300	佳士得	2018-05-29
程十发 李时珍问药图 立轴	88×57cm	333,500	中贸圣佳	2018-06-20
程十发 牧羊图 镜框	31.5×46cm	155,250	华艺国际	2018-11-16
程十发 平安长乐图 立轴	137×68cm	920,000	荣宝斋（济南）	2018-07-01
程十发 瓶花图 屏轴	42.5×33cm	115,000	朵云轩	2018-06-24
程十发 骑鹿仙人图 立轴	91×48.5cm	368,000	广东崇正	2018-07-05
程十发 钱行健 吹笛图 梅花 成扇	19×50cm	126,500	荣宝斋（上海）	2018-01-21
程十发 饶宗颐 等 百寿图 立轴	98.5×65cm	103,500	荣宝斋（南京）	2018-01-05
程十发 1992年作 博古 镜片	67×32cm	230,000	上海嘉禾	2018-06-25
程十发 山中论古 立轴	95×58.5cm	747,500	凤凰拍卖	2018-01-21
程十发 少女戏雉图 镜片	71×47cm	322,000	西泠拍卖	2018-07-08
程十发 少女与鹿 立轴	68×93cm	920,000	北京荣宝	2018-06-14
程十发 少女与鹿 立轴	69×46cm	172,500	中国嘉德	2018-11-21
程十发 漱玉填词 镜框	96×60cm	586,500	华艺国际	2018-11-16
程十发 听箫图 镜心	79×70cm	552,000	中贸圣佳	2018-06-20
程十发 喂羊图 立轴	79.5×51cm	230,000	上海嘉禾	2018-06-25
程十发 1988年作 得鹿图 镜片	84×60cm	230,000	广东崇正	2018-07-05
程十发 1988年作 九如图 镜片	98×67cm	322,000	广东崇正	2018-07-05
程十发 1961年作 喜羊图 镜片	94×40cm	782,000	上海嘉禾	2018-06-25
程十发 1991年作 昆剧人物册 册页（八开）	32×48cm×8	2,070,000	中国嘉德	2018-06-18
程十发 1985年作 安乐图 镜片	65.5×45cm	322,000	上海嘉禾	2018-06-25
程十发 1985年作 静听天籁 立轴	137×67cm	1,150,000	朵云轩	2018-06-24
程十发 1985年作 可以卧游册 册页（九开）	33.1×33.1cm×9	1,035,000	上海嘉禾	2018-06-25
程十发 1985年作 鱼乐图 立轴	58.5×51.5cm	207,000	上海嘉禾	2018-06-25
程十发 迎新图 镜心	69×45.5cm	115,000	荣宝斋（济南）	2018-07-01
程十发 长乐 镜框	68.5×54cm	224,250	华艺国际	2018-11-16
程砚秋 1924年作 楷书七言联 立轴	131×16cm×2	293,250	广东崇正	2018-07-04
程璋 1921年作 孔雀 立轴	149×80cm	207,000	北京保利	2018-12-08
程璋 1927年作 柳荫三马 扇面 镜框	18.4×53.2cm	121,350	香港苏富比	2018-04-02
程璋 柏鹿图 立轴	147×80cm	149,500	北京翰海	2018-06-29
程璋 1926年作 岁朝清供 立轴	135×66cm	112,700	上海嘉禾	2018-06-25
程璋 夏山幽居 立轴	136×67cm	161,000	上海嘉禾	2018-06-25
程振铎 2017年作 乐斯居 镜心	69×138cm	287,500	北京保利	2018-05-21
程振铎 2017年作 山居图 镜心	69×69cm	138,000	北京保利	2018-05-21
程振铎 2017年作 幽谷深处 镜心	68×136.5cm	322,000	北京匡时	2018-12-05
仇德树 1980年作 裂变 镜框	71×76cm	105,331	佳士得	2018-11-26
褚保权 苕上清秋・行书七言诗 成扇	17×47cm	172,500	北京保利	2018-06-18
褚德彝 刘承干 姜殿扬 李泰来 书法（四帧）画心	145×31cm×4	126,500	西泠拍卖	2018-07-08
崔景哲 2017年作 中国红—镜花缘系列 镜心	116.5×53cm×4	1,380,000	北京荣宝	2018-05-18

拍品名称	物品尺寸	成交价RMB	拍卖公司	拍卖日期
崔景哲 2018年作 家居青山碧水间 镜心	103×245cm	1,150,000	北京荣宝	2018-12-03
崔景哲 2018年作 菩萨造像 镜心	191×97cm	1,380,000	北京荣宝	2018-12-03
崔景哲 读书仕女 镜心	133×75cm	632,500	北京荣宝	2018-12-03
崔景哲 裸女 镜心	114×75.5cm	575,000	北京荣宝	2018-12-03
崔令杰 2017年作 花样年华	117×219cm	426,300	佳士得	2018-05-27
崔令杰 2017年作 桥上乐队	68×98cm	121,800	佳士得	2018-05-27
崔如琢 2007年作 指墨篆书 朗笑明月	95×58.5cm	3,450,000	北京翰海	2018-05-10
崔如琢 2008年作 春从醉里回 镜心	74×71.5cm	20,579,200	北京匡时	2018-10-03
崔如琢 2008年作 春风动春心 镜心	74×71.5cm	20,579,200	北京匡时	2018-10-03
崔如琢 2008年作 千山红树图 镜心	73.5×70cm	39,100,480	北京匡时	2018-10-03
崔如琢 2008年作 指墨篆书 柳外凉风满袖	135×46cm	4,830,000	北京翰海	2018-05-10
崔如琢 2011年作 山明雪夜晴 镜心	76×288cm	23,000,000	北京荣宝	2018-05-18
崔如琢 2011年作 听风 镜心	69.5×69.5cm	22,637,120	北京匡时	2018-10-03
崔如琢 2011年作 雨气熏熏远近峰 镜心	76×288cm	18,400,000	北京保利	2018-06-18
崔如琢 2012年作 春花秋月入诗篇 白日清宵是散仙 镜心	72×72cm	20,579,200	保利香港	2018-10-01
崔如琢 2012年作 酒入银河波底月 笛吹玉桂树梢风 镜心	102×65.5cm	20,579,200	保利香港	2018-10-01
崔如琢 2012年作 老树悬崖叶半秋 镜心	143.5×73cm	25,724,000	保利香港	2018-10-01
崔如琢 2012年作 鱼似镜中悬	95×59cm	5,750,000	北京翰海	2018-05-10
崔如琢 2013年作 春江小景图 镜心	92.5×57.5cm	36,013,600	北京匡时	2018-10-03
崔如琢 2013年作 春雨欲晴时 镜心	71.5×74cm	25,724,000	北京匡时	2018-10-03
崔如琢 2013年作 茂林坐终日	75.5×48cm	2,875,000	北京翰海	2018-05-10
崔如琢 2013年作 莫嫌台榭无花卉	96×90cm	6,900,000	北京翰海	2018-05-10
崔如琢 2013年作 暮春三月江南草长	47.5×37.5cm	1,495,000	北京翰海	2018-05-10
崔如琢 2013年作 清风卷地收残暑	47.5×37.5cm	1,610,000	北京翰海	2018-05-10
崔如琢 2013年作 清霜红碧树	47.5×37.5cm	1,725,000	北京翰海	2018-05-10
崔如琢 2013年作 秋声不尽萧萧叶	47.5×37.5cm	1,725,000	北京翰海	2018-05-10
崔如琢 2013年作 人疑天上坐	75.5×48cm	3,450,000	北京翰海	2018-05-10
崔如琢 2013年作 日暮北风吹雨去 镜心	94×59cm	12,347,520	保利香港	2018-10-01
崔如琢 2013年作 山列千重静	75.5×48cm	3,220,000	北京翰海	2018-05-10
崔如琢 2013年作 试登绝顶望乡国	95×90cm	7,475,000	北京翰海	2018-05-10
崔如琢 2013年作 天若有情天也老	47.5×37.5cm	1,725,000	北京翰海	2018-05-10
崔如琢 2013年作 晓雨春湖	75.5×48cm	2,875,000	北京翰海	2018-05-10
崔如琢 2013年作 雪残晚照 镜心	71×76cm	33,955,680	北京匡时	2018-10-03
崔如琢 2013年作 有田皆种玉 无树不开花 镜心	143.5×73cm	26,752,960	保利香港	2018-10-01
崔如琢 2014年作 苍苍楚色水云间 镜框	直径44cm	1,725,000	北京荣宝	2018-05-18
崔如琢 2014年作 寒溪竹影 镜框	直径44cm	1,725,000	北京荣宝	2018-05-18
崔如琢 2014年作 湖清水潺湲 镜框	直径44cm	1,725,000	北京荣宝	2018-05-18
崔如琢 2014年作 一雨洗残暑 镜框	直径44cm	1,725,000	北京荣宝	2018-05-18
崔如琢 2014年作 指墨篆书 国安民丰	94.5×59cm	3,450,000	北京翰海	2018-05-10
崔如琢 2014年作 篆书七言句 镜心	147.5×76.5cm	6,900,000	北京保利	2018-06-18
崔如琢 2015年作 出水荷风带露香 镜心	145×366cm	63,250,000	北京匡时	2018-06-15
崔如琢 2017年作 寒江飞雪 镜心	142.5×365.5cm	66,823,400	保利香港	2018-04-02

拍品名称	物品尺寸	成交价RMB	拍卖公司	拍卖日期
崔如琢 八开山水团扇 镜心	44×44cm	14,950,000	中国嘉德	2018-06-20
崔如琢 春雨潇潇 手卷	本幅47×1964cm	103,500,000	北京匡时	2018-06-15
崔如琢 2017年作 李白将进酒 手卷	本幅47.5×270cm	49,486,000	中国嘉德	2018-10-03
崔如琢 2017年作 醉雪千山 镜心	177.6×470cm	147,150,000	中国嘉德	2018-10-03
崔如琢 1980年作 书画（三帧）镜片	尺寸不一	112,700	广东崇正	2018-07-04
崔如琢 野趣 镜心	69×69.5cm	20,579,200	北京匡时	2018-10-03
崔如琢 篆书“山留残雪待人看”镜心	104×64cm	3,565,000	北京匡时	2018-06-15
崔晓东 2007年作 江上层楼翠霭间 镜心	136×68cm	195,500	北京荣宝	2018-12-03
崔振宽 挂毯 镜片	69×69cm	156,800	秦宝斋	2018-01-01
崔振宽 华岳雄姿 镜心	177×95.5cm	369,600	秦宝斋	2018-01-01
崔振宽 麻秆 镜片	68.5×68.5cm	112,000	秦宝斋	2018-01-01
崔振宽 司马太史祠 立轴	120×41cm	179,200	秦宝斋	2018-01-01
崔志强 2017年作 书法 镜心	138×66cm	115,000	北京荣宝	2018-12-03
崔子范 1985年作 荷塘 立轴	132×66cm	264,500	保利山东	2018-11-22
崔子范 1992年作 迎春图 镜心	68×136cm	126,500	保利山东	2018-11-22
崔子范 1999年作 春满乾坤 镜心	136×68cm	287,500	保利山东	2018-11-22
崔子范 春到人间 镜心	95.5×178.5cm	184,000	荣宝斋（南京）	2018-01-05
崔子范 春到人间 立轴	124×48cm	112,700	荣宝斋（济南）	2018-07-01
崔子范 春满乾坤 镜心	136.5×69cm	110,400	荣宝斋（南京）	2018-01-05
崔子范 荷花 立轴	87×47cm	115,000	保利山东	2018-11-22
崔子范 艰苦岁月忆往昔 镜心	82.5×152cm	149,500	荣宝斋（济南）	2018-07-01
崔子范 松鹤延年 镜心	159×80cm	109,250	荣宝斋（济南）	2018-07-01
崔子范 艺苑集锦册 册页（二十六开选六）	44.5×31cm×52	218,500	上海嘉禾	2018-10-14
崔自默 华境	10.5×16cm	172,500	北京翰海	2018-06-30
大方 行书五言联	139.5×36cm×2	172,500	中国嘉德	2018-05-20
大壶 高士图 镜心	70×93cm	460,000	北京保利	2018-06-18
大壶 品春图 镜心	62×50cm	207,000	北京保利	2018-06-18
戴传贤 1941年作 楷书十四言联 立轴	240×44cm×2	253,000	北京保利	2018-12-08
戴传贤 行书 四屏立轴	127×29cm×4	172,500	广东崇正	2018-07-05
戴敦邦 1994年作 钟馗引福驱邪图 镜片	136×67cm	115,000	西泠拍卖	2018-07-08
戴敦邦 60年代作 红色街垒 连环画原稿（全）（九十一选十九）	14×19cm×91	115,000	西泠拍卖	2018-07-08
单国栋 2014年作 高原情 镜心	190×179cm	115,000	北京翰海	2018-09-16
单志华 2017年作 江汉云山图 立轴	133×74.5cm	270,250	北京荣宝	2018-09-14
单志华 2017年作 钟馗 立轴	138×67.5cm	345,000	北京荣宝	2018-12-03
邓白 1976年作 水仙蜜蜂 横披	40×94cm	437,000	广东崇正	2018-07-04
邓白 1979年作 一本万荔 立轴	96.5×51.5cm	471,500	广东崇正	2018-07-05
邓尔疋 1932年作 篆书七言联 立轴	129×30cm×2	230,000	北京翰海	2018-06-29
邓尔疋 1932年作 鸣鹤图 立轴	82.5×35cm	246,950	中国嘉德	2018-10-03
邓芬 1941年作 执扇仕女 镜框	77.5×27cm	230,000	华艺国际	2018-11-17
邓芬 1943年作 荷塘仕女 镜框	107×31cm	149,500	华艺国际	2018-11-17
邓芬 1943年作 柳下浴马 镜框	98×49.5cm	287,500	华艺国际	2018-11-17

拍品名称	物品尺寸	成交价RMB	拍卖公司	拍卖日期
邓芬 1946年作 维摩经语意图 立轴	81.5×39.3cm	166,313	佳士得	2018-11-26
邓芬 1947年作 春江水暖 镜框	33.7×124.4cm	388,063	佳士得	2018-11-26
邓芬 1947年作 柳燕图 镜框	36.2×106.5cm	266,100	佳士得	2018-11-26
邓芬 1950年作 东方朔偷桃 立轴	106.3×35.8cm	109,000	香港苏富比	2018-10-02
邓芬 1959年作 松涛琴韵 镜框	95×184cm	859,563	香港苏富比	2018-04-02
邓芬 1962年作 无量功德无量寿 立轴	93.5×35cm	152,250	佳士得	2018-05-29
邓芬 1963年作 洗马图 镜框	99×50cm	182,700	佳士得	2018-05-29
邓芬 翠荷小鸟 镜心	41×21.5cm	113,186	中国嘉德	2018-10-03
邓芬 1937年作 柳烟竹影图 镜心	33×133.5cm	152,739	中国嘉德	2018-04-03
邓芬 1947年作 执扇仕女 立轴	94×32.5cm	207,000	广东崇正	2018-07-04
邓芬 1960年作 柳荫仕女 立轴	78×36cm	253,000	广东崇正	2018-07-04
邓芬 1960年作 闻香 立轴	114×43cm	115,000	中国嘉德	2018-11-21
邓芬 1959年作 采莲图 镜心	50×100cm	525,041	中国嘉德	2018-04-03
邓芬 1959年作 纨扇仕女 镜心	91.5×32cm	181,378	中国嘉德	2018-04-03
邓芬 1939年作 倚桐望月 镜心	77×28cm	105,008	中国嘉德	2018-04-03
邓芬 1964年作 红荷 镜片	30×94cm	115,000	广东崇正	2018-07-04
邓芬 罗汉 扇面镜框	18×52cm	311,808	香港诚昌	2018-05-30
邓芬 仕女图 立轴	92×32cm	138,000	广东衡益	2018-07-01
邓芬 仕女图 立轴	79×31cm	138,000	广东衡益	2018-07-01
邓芬 1958年作 麻姑献寿 立轴	90×31.8cm	248,201	中国嘉德	2018-04-03
邓芬 1961年作 关公夜读 立轴	92×43cm	496,402	中国嘉德	2018-04-03
邓福星 雪魂 镜心	138×34.5cm	402,500	北京保利	2018-04-29
邓国源 2004年作 在花园 No.54	120×120cm	287,500	华艺国际	2018-11-16
邓国源 2006年作 在花园 No.61	120×120cm	368,000	华艺国际	2018-05-23
邓拓 行书《满江红》立轴	137×68cm	207,000	北京匡时	2018-06-15
邓维东 布达拉宫 镜心	42×55cm	207,000	中国嘉德	2018-05-18
狄平子 1932年作 书法 成扇	25×63cm	126,500	华艺国际	2018-05-23
狄平子 拟荆关山水 立轴	画心135×64cm	172,500	中贸圣佳	2018-11-24
丁佛言 书法 立轴	128.5×60cm	172,500	荣宝斋（济南）	2018-07-01
丁辅之 1928年作 葡萄图·书法 成扇	51×15.5cm	132,250	西泠拍卖	2018-07-07
丁辅之 1941年作 寒梅图 立轴	92×42cm	253,000	西泠拍卖	2018-07-07
丁辅之 1926年作 松菊图 立轴	103×44.5cm	149,500	中国嘉德	2018-06-18
丁辅之 萧退闇 花卉 书法 成扇	18×45cm	166,750	华艺国际	2018-11-16
丁观加 2005年作 一峰顶上只通云 镜心	131.5×65cm	184,000	中国嘉德	2018-06-20
丁嘉耕 2017年作 草书孟浩然诗一首 镜心	45×170cm	115,000	北京保利	2018-05-21
丁谦 2018年作 厚德载物	134×66cm	172,500	北京翰海	2018-06-30
丁雄泉 1990年作 两女与马及鹦鹉	125×247cm	144,138	佳士得	2018-11-25
丁雄泉 美女与鹦鹉	179.5×96.5cm	400,940	中国嘉德	2018-04-02
丁衍庸 1965年作 芭蕉小鸟 镜框	112.8×40.2cm	121,963	佳士得	2018-11-26
丁衍庸 1966年作 松鹤遐龄 镜框	141.5×35.2cm	182,700	佳士得	2018-05-29
丁衍庸 1974年作 八仙祝寿 镜心	36×69cm	230,000	上海匡时	2018-04-30
丁衍庸 1974年作 荷花鸳鸯 镜框	70×138cm	223,300	佳士得	2018-05-28
丁衍庸 1974年作 人物 册页（十二开）	24×32cm×12	332,625	佳士得	2018-11-26
丁衍庸 1976年作 池荷鸳鸯 镜框	44×94.5cm	105,331	佳士得	2018-11-26
丁衍庸 1976年作 一笔人物 镜框	79.9×33.8cm	171,913	香港苏富比	2018-04-02
丁衍庸 1976年作 捉妖图 镜框	139×69.4cm	161,800	香港苏富比	2018-04-02
丁衍庸 1978年作 八仙过海 镜心	68×137.5cm	691,461	保利香港	2018-10-01
丁衍庸 1978年作 荷蛙鸳鸯 镜框	103.6×54cm	283,150	香港苏富比	2018-04-02

拍品名称	物品尺寸	成交价RMB	拍卖公司	拍卖日期
丁衍庸 1978年作 竹禽小品 册页	33×46.5cm×10	133,765	北京匡时	2018-10-03
丁衍庸 1978年作 竹禽小品册 册页	33×46.5cm×10	253,000	北京匡时	2018-06-15
丁衍庸 芭蕉仕女 立轴	69.5×46cm	143,193	中国嘉德	2018-04-03
丁衍庸 芭蕉小鸟 镜框	140×34.6cm	131,950	佳士得	2018-05-29
丁衍庸 1977年作 松鹤延年 立轴	122.5×46.5cm	218,500	北京诚轩	2018-06-16
丁衍庸 富贵白头 立轴	69.5×45.5cm	133,765	北京匡时	2018-10-03
丁衍庸 1970年作 戏剧人物 镜心	138×61cm	154,344	中国嘉德	2018-10-03
丁衍庸 鬼王 立轴	111×30.5cm	171,832	中国嘉德	2018-04-03
丁衍庸 荷花水鸟 立轴	69×34.5cm	102,896	北京匡时	2018-10-03
丁衍庸 1969年作 花鸟 四屏镜心	138×35cm×4	172,500	中国嘉德	2018-06-18
丁衍庸 兰竹双清 手卷	38.5×539cm	368,000	北京匡时	2018-06-15
丁衍庸 墨荷 镜框	140.3×70cm	243,600	佳士得	2018-05-29
丁衍庸 人物花鸟册 册页	33×46cm×16	471,500	北京匡时	2018-06-15
丁衍庸 人物四帧 立轴	69×34.5cm×4	322,000	北京匡时	2018-06-15
丁衍庸 三顾茅庐 立轴	95.5×35cm	210,016	中国嘉德	2018-04-03
丁衍庸 三清图 镜心	38×455cm	310,500	北京匡时	2018-06-15
丁衍庸 三清图 镜心	38×455cm	164,634	北京匡时	2018-10-03
丁衍庸 1978年作 贵妃浴罢 镜心	81.8×54.5cm	189,750	北京诚轩	2018-06-16
丁衍庸 戏剧人物 立轴	69×34.5cm×4	308,688	北京匡时	2018-10-03
丁衍庸 小鸟与秋蝉（双面）	31.5×40.7cm	131,463	香港苏富比	2018-04-01
丁衍庸 1971年作 花鸟 四屏镜心	138×35cm×4	218,500	中国嘉德	2018-11-20
丁衍庸 1971年作 玉兰绶带 镜心	272×126cm	514,480	中国嘉德	2018-10-03
丁衍庸 杂画册 册页	33×46cm×16	205,792	北京匡时	2018-10-03
丁衍庸 杂画册 册页	34.5×34cm 35×34.5cm×9	195,502	北京匡时	2018-10-03
丁元智 吉祥如意大鸡图	135×60cm	891,000	中正拍卖	2018-01-26
丁元智 满燕飞来山水图	135×70cm	1,335,400	中正拍卖	2018-01-26
丁元智 雄风吉祥群鸡图	135×60cm	1,038,400	中正拍卖	2018-01-26
董必武 1962年作 行书自作诗 立轴	137×69cm	437,000	上海嘉禾	2018-06-25
董必武 1965年作 行书"毛泽东诗"立轴	135.5×68.5cm	246,950	保利香港	2018-10-01
董康 汉镜拓片并题跋	45×68cm	109,250	中国嘉德	2018-06-20
董克诚 夏河散记 镜框	12×12cm×24	136,200	天津同方	2018-06-13
董立宝 2018年作 京郊秋韵 镜心	138×70cm	172,500	北京保利	2018-12-06
董立宝 2018年作 泰山秀天下 镜心	96×178cm	230,000	北京保利	2018-06-18
董立宝 2018年作 黄山西海大峡谷 镜心	149×85cm	172,500	中国嘉德	2018-09-19
董寿平 1944年作 松岩江畔 立轴	110×42cm	322,000	北京荣宝	2018-12-03
董寿平 1945年作 滋兰九畹 手卷	33×284cm 首33×132cm	2,530,000	北京保利	2018-12-08
董寿平 1947年作 腊梅月亮 立轴	125×55cm	690,000	北京荣宝	2018-06-14
董寿平 1948年作 红梅 立轴	102×32.5cm	414,000	北京翰海	2018-06-29
董寿平 1982年作 红梅图 镜心	90×48cm	138,000	北京荣宝	2018-06-14
董寿平 1983年作 墨竹图 镜心	70×136cm	115,000	北京保利	2018-06-17
董寿平 1983年作 疏影临风 立轴	129×52cm	322,000	北京荣宝	2018-06-14
董寿平 1986年作 黄山西海 立轴	133×66cm	977,500	北京荣宝	2018-06-14
董寿平 1986年作 意足不求颜色似 立轴	65.5×65.5cm	172,500	北京荣宝	2018-06-14
董寿平 1987年作 黄山 立轴	91×91cm	115,000	保利山东	2018-11-22
董寿平 1987年作 墨松 镜框	101×222cm	487,200	佳士得	2018-05-29
董寿平 1987年作 墨竹 立轴	138×68cm	483,000	北京荣宝	2018-06-14
董寿平 1988年作 黄山松云 镜心	140×67cm	287,500	北京保利	2018-12-08

拍品名称	物品尺寸	成交价RMB	拍卖公司	拍卖日期
董寿平 1989年作 墨竹 镜心	68.5×68cm	172,500	北京匡时	2018-12-05
董寿平 1990年作 松石图 镜框	37.5×53cm	115,000	华艺国际	2018-11-16
董寿平 笔底明珠 立轴	170×92cm	1,150,000	广东崇正	2018-07-04
董寿平 粉梅 镜心	45.5×76cm	299,000	北京荣宝	2018-12-03
董寿平 1980年作 风竹 镜心	122×48cm	115,000	中国嘉德	2018-06-19
董寿平 红梅 镜框	88×163cm	406,780	中正拍卖	2018-06-28
董寿平 红梅 镜心	122×243cm	3,450,000	荣宝斋（济南）	2018-07-01
董寿平 黄山松云 立轴	94.5×43cm	126,500	北京翰海	2018-06-29
董寿平 黄山西海 立轴	91×60cm	345,000	北京诚轩	2018-06-16
董寿平 黄山雨后 镜心	178×97cm	828,000	北京匡时	2018-12-06
董寿平 林泉高致 立轴	137×73cm	2,070,000	北京保利	2018-12-08
董寿平 梅花 立轴	70×33.5cm	287,500	中贸圣佳	2018-06-20
董寿平 墨兰 立轴	89×31cm	115,000	北京保利	2018-11-19
董寿平 墨梅图 镜心	46×62cm	115,000	北京荣宝	2018-06-14
董寿平 墨竹 镜片	181×48cm	345,000	广东崇正	2018-07-05
董寿平 墨竹 镜片	110×45cm	184,000	广东崇正	2018-07-05
董寿平 墨竹 镜心	68×136.5cm	207,000	中国嘉德	2018-06-18
董寿平 墨竹 镜心	42×68cm	112,700	中国嘉德	2018-01-13
董寿平 墨竹 立轴	67×34cm	149,500	中贸圣佳	2018-06-20
董寿平 墨竹 立轴	99.5×42cm	103,500	中贸圣佳	2018-06-20
董寿平 牡丹 镜心	35×47.5cm	322,000	北京荣宝	2018-06-14
董寿平 水仙白梅 镜心	33.5×70cm	207,000	中贸圣佳	2018-06-20
董寿平 松树 立轴	179×94.5cm	862,500	北京荣宝	2018-06-14
董寿平 王雪涛 三友图 立轴	151×83cm	460,000	北京匡时	2018-12-05
董寿平 1988年作 墨竹图 立轴	43×67cm	115,000	广东崇正	2018-07-04
董寿平 乙酉(1945年作 岷江风雨 立轴	110×48cm	149,500	中国嘉德	2018-05-19
董希文 1945年作 敦煌菩萨像 立轴	138×59cm	805,000	北京翰海	2018-06-29
董希源 2018年作 山青水秀 镜心	90×97cm	483,000	北京翰海	2018-09-16
董欣宾 1997年作 虎溪夜月	72×69cm	103,500	北京翰海	2018-06-30
董欣宾 春炊图 对屏 屏风	41.5×67cm×2	287,500	南京经典	2018-07-22
董欣宾 观瀑图	130×70cm	402,500	北京翰海	2018-06-30
董欣宾 归舟图 手卷	34×206cm	138,000	南京经典	2018-01-06
董欣宾 1983年作、1985年作 暮归图 隶书六言联 立轴、对联	135×67cm 137×35cm×2	195,500	中国嘉德	2018-01-13
董欣宾 江宏伟 孤号图 镜心	124×94cm	345,000	南京经典	2018-01-06
董欣宾 江南春 镜心	69×49cm	103,500	中国嘉德	2018-05-18
董欣宾 农家春色	69×50cm	103,500	北京翰海	2018-06-30
董欣宾 四高士图 手卷	33×127cm	667,000	南京经典	2018-07-22
董欣宾 松萝草竹图 立轴	137×67cm	218,500	南京经典	2018-01-06
董欣宾 松月清泉图 立轴	151×87cm	172,500	南京经典	2018-07-22
董欣宾 1988年作 山气氤氲 镜心	69×50cm	115,000	中国嘉德	2018-05-18
董欣宾 月上枝头 镜心	136×68cm	437,000	中国嘉德	2018-06-20
董学程 行书"道法自然"镜心	36×137cm	115,000	北京荣宝	2018-12-03
董阳孜 2012年作 学以聚之 问以辨之 宽以居之 仁以行之	69×138cm	119,328	羅芙奥	2018-12-02
董作宾 1953年作 甲骨文《江南好》镜框	56×22cm	213,150	佳士得	2018-05-29
董作宾 甲骨文对联中堂 镜心	中堂59.5×29.5cm	103,500	荣宝斋（济南）	2018-07-01
窦世魁 2017年作 赏鸟图 镜心	89×62cm	115,000	北京翰海	2018-01-14
杜浩平 2005年作 草书《毛泽东词》镜心	120×237cm	402,500	北京翰海	2018-09-16

拍品名称	物品尺寸	成交价RMB	拍卖公司	拍卖日期
杜浩平 草书诗词 横批	68×199cm	341,000	未来四方	2018-12-09
杜华 倒影 镜心	137×69cm	368,000	北京保利	2018-06-18
杜华 水云间 镜心	69×69cm	230,000	北京匡时	2018-06-15
杜镛 书法	16cm×10.5cm	235,750	北京保利	2018-06-19
杜滋龄 1980年作 少女 立轴	96×73cm	126,500	北京荣宝	2018-05-18
杜滋龄 1989年作 高原路上 镜心	124×75cm	138,000	北京荣宝	2018-09-14
杜滋龄 1989年作 陆游赏梅图 镜心	96×90cm	109,250	北京荣宝	2018-09-14
杜滋龄 2006年作 努尔阿米娜姑娘 镜心	90×69cm	138,000	北京荣宝	2018-05-18
杜滋龄 2009年作 伏虎罗汉图 镜心	96×90cm	184,000	北京荣宝	2018-05-18
杜滋龄 2009年作 银白世界 镜心	139×139cm	218,500	北京荣宝	2018-06-14
杜滋龄 2009年作 高原春晓 镜心	212×546cm	1,150,000	中国嘉德	2018-01-13
杜滋龄 2002年作 乡音 镜心	68×135cm	109,250	中国嘉德	2018-01-13
杜滋龄 2005年作 松荫雅趣图 镜心	97×179cm	230,000	中国嘉德	2018-05-18
段俊平 草书沈周诗 镜心	106×30cm	184,000	北京保利	2018-06-18
段俊平 福田花雨	34×138cm	207,000	北京翰海	2018-06-30
段俊平 行书"心经"镜心	34×68cm	184,000	北京保利	2018-12-06
段俊平 行书对联 镜心	137×34cm×2	138,000	北京保利	2018-12-06
段俊平 送杜少府	68×68cm	138,000	北京翰海	2018-06-30
段祺瑞 楷书 袖中东海 镜片	124×31cm	253,000	西泠拍卖	2018-07-08
段伟君《马兰花》连环画稿 镜心（118开）	尺寸不一	103,500	北京荣宝	2018-09-14
樊枫 2013年作 山水 四屏镜心	138×34cm×4	690,000	北京保利	2018-05-21
樊枫 2018年作 好山当户碧云晚 镜心	60×180cm	230,000	北京保利	2018-11-19
樊浩霖 1938年作 千岩万壑 立轴	145×78.5cm	101,200	北京翰海	2018-06-29
樊虚 寿石工 1930年作 李纨倚门 李纨关系诗文三则 成扇	19.5×54cm	132,250	北京诚轩	2018-06-16
樊虚 寿石工 1930年作 探春远嫁 贾探春关系诗文三则 成扇	19.5×54cm	120,750	北京诚轩	2018-06-16
樊虚 张伯英 拟玉壶外史笔意 成扇	17×46cm	189,750	北京荣宝	2018-12-03
樊增祥 行书八言联 立轴	128×29cm×2	112,700	中国嘉德	2018-06-18
樊增祥 楷书答问诗联 立轴	176.3×44cm×2	348,800	香港苏富比	2018-10-02
樊洲 深水静流 镜框	370×145cm	1,380,000	北京荣宝	2018-06-14
范曾 1979年作 达摩得悟图 立轴	96.5×67cm	456,750	佳士得	2018-05-29
范曾 1979年作 戏蟾图 立轴	90×60cm	517,500	北京荣宝	2018-06-14
范曾 1980年作 采菊东篱下 镜心	67×68.5cm	345,000	北京荣宝	2018-09-14
范曾 1980年作 陶潜卧石 立轴	45×67cm	437,000	北京荣宝	2018-05-18
范曾 1980年作 庄周梦蝶 镜框	45.9×68.5cm	283,400	香港苏富比	2018-10-02
范曾 1982年作 楚人踏歌图 镜框	95.8×61.5cm	606,750	香港苏富比	2018-04-02
范曾 1982年作 望岳 镜心	91.5×67cm	747,500	北京荣宝	2018-05-18
范曾 1982年作 张衡候风图	88×102cm	1,220,340	中正拍卖	2018-06-28
范曾 1982年作 张衡候风图 镜心	88×102cm	1,322,500	北京荣宝	2018-06-14
范曾 1982年作 张衡候风图 镜心	88×102cm	1,035,000	北京保利	2018-11-19
范曾 1983年作 鲁达蒸眉图 镜框	113×65cm	862,500	北京荣宝	2018-12-03
范曾 1985年作 庄生梦蝶图 立轴	画心67×67cm	517,500	西泠拍卖	2018-07-08
范曾 1987年作 怀素上人像 立轴	本幅95×55cm	1,265,000	北京匡时	2018-06-15
范曾 1990年作 行书李杜诗 立轴	136.5×34cm×2	161,000	北京匡时	2018-12-05
范曾 1991年作 墨竹 镜心	49×41cm	138,000	北京荣宝	2018-09-14
范曾 1991年作 仁者寿 镜心	34.5×29.5cm	161,000	北京保利	2018-06-18
范曾 1993年作 行书五言联 镜心	130×32cm×2	230,000	北京保利	2018-12-06
范曾 1994年作 怀素学书 镜心	136.5×67.5cm	1,265,000	北京荣宝	2018-09-14
范曾 1995年作 行书绝句 镜心	96×52cm	115,000	北京荣宝	2018-05-18
范曾 1995年作 林和靖寻梅图 镜心	44×64cm	345,000	北京荣宝	2018-12-03

拍品名称	物品尺寸	成交价RMB	拍卖公司	拍卖日期
范曾 1995年作 钟馗神威图 镜心	47×69cm	494,500	北京荣宝	2018-12-03
范曾 1999年作 老子出关图 镜心	137.5×69cm	1,782,500	北京荣宝	2018-06-14
范曾 2000年作 清奇古怪雅集图 镜心	122×232cm	6,900,000	北京保利	2018-06-17
范曾 2001年作 书圣临池 镜片	68×68cm	3,864,410	中正拍卖	2018-06-28
范曾 2003年作 书圣临池 镜心	68×68cm	276,000	北京保利	2018-12-06
范曾 2004年作 行书“烟霞深处” 镜心	35×137cm	253,000	北京荣宝	2018-12-03
范曾 2006年作 行书“言契幽兰” 镜心	33×137cm	345,000	北京荣宝	2018-12-03
范曾 2006年作 吾家有义犬 立轴	68×68cm	782,000	北京荣宝	2018-12-03
范曾 2007年作 善辩 镜心	29×29cm	2,178,000	中正拍卖	2018-01-26
范曾 2008年作 行书“到处溪山” 镜框	35×138cm	276,000	北京荣宝	2018-05-18
范曾 2008年作 十二生肖 镜心	69.5×46cm×12	7,202,720	保利香港	2018-10-01
范曾 2009年作 老子出关 镜心	135×67cm	851,000	北京保利	2018-06-18
范曾 2009年作 钟馗神威 镜心	136×70cm	1,207,500	北京荣宝	2018-09-14
范曾 2010年作 亦有所思 镜心	68×46cm	690,000	北京荣宝	2018-09-14
范曾 2010年作 钟馗神威 镜心	67×45cm	655,500	北京荣宝	2018-09-14
范曾 2013年作 行书“兰桨” 镜心	34×67cm	115,000	北京荣宝	2018-05-18
范曾 2015年作 戏猿图 立轴	130×68cm	943,000	北京荣宝	2018-06-14
范曾 1976年作 行书刘禹锡诗 立轴	131.5×68.5cm	126,500	中国嘉德	2018-06-18
范曾 楚人 镜心	67×63.5cm	230,000	荣宝斋（济南）	2018-06-30
范曾 1997年作 我醉欲眠卿且去 镜心	60×96.7cm	477,310	中国嘉德	2018-04-03
范曾 1987年作 田家乐 镜心	47×59cm	414,000	中国嘉德	2018-06-18
范曾 董寿平 行书句 草书联句（二帧）画心	136×35cm；99.5×53cm	115,000	西泠拍卖	2018-07-07
范曾 1980年作 箫翼赚兰亭图 镜心	68×136cm	1,092,500	中国嘉德	2018-06-20
范曾 行书书法 镜心	138×68.5cm	115,000	中贸圣佳	2018-11-24
范曾 胡爽盦 东坡临风图 立轴	133×68cm	356,500	中贸圣佳	2018-11-24
范曾 怀素狂草 立轴	135×68.3cm	665,250	佳士得	2018-11-26
范曾 1989年作 行书“春归”爷孙乐 圆光	直径51cm×2	632,500	中国嘉德	2018-01-13
范曾 1989年作 行书“淡以默” 镜心	42×94cm	105,800	中国嘉德	2018-05-18
范曾 1989年作 吾亦能高咏 镜心	68×44cm	230,000	中国嘉德	2018-09-19
范曾 1979年作 达摩得悟图 镜片	68×45cm	218,500	上海嘉禾	2018-10-14
范曾 1979年作 苏东坡 镜片	88.5×64cm	253,000	广东崇正	2018-07-05
范曾 1979年作 贾岛诗意图 立轴	82×53cm	149,500	中国嘉德	2018-05-18
范曾 2004年作 有事于西畴 镜心	96.5×45.0cm	632,500	中国嘉德	2018-11-22
范曾 1984年作 古趣图 立轴	136.5×68.5cm	1,012,000	中国嘉德	2018-06-18
范曾 精骛八极，心游万仞 立轴	147×76cm	920,000	荣宝斋（南京）	2018-07-15
范曾 灵运歌啸图 镜心	96×49cm	575,000	荣宝斋（济南）	2018-06-30
范曾 灵运歌啸图 镜心	68×44cm	333,500	北京保利	2018-11-19
范曾 漫笔 册页（十二开）	22×16cm×12	575,000	北京荣宝	2018-05-18
范曾 人物 轴	67×43cm	115,000	浙江佳宝	2018-07-01
范曾 1982年作 村童牧牛 立轴	137.5×33cm	334,117	中国嘉德	2018-04-03
范曾 松下问童子 镜心	178×95.5cm	1,380,000	荣宝斋（上海）	2018-01-21

拍品名称	物品尺寸	成交价RMB	拍卖公司	拍卖日期
范曾 唐人诗意 立轴	136.5×68cm	713,000	荣宝斋（上海）	2018-01-21
范曾 陶潜卧石 立轴	46×67cm	299,000	凤凰拍卖	2018-01-21
范曾 天乐图 镜心	62.5×32.5cm	322,000	中贸圣佳	2018-06-20
范曾 万年无疆 镜心	68×45cm	299,000	北京保利	2018-11-19
范曾 1981年作 松下问童子 立轴	134×67cm	977,500	广东崇正	2018-07-04
范曾 1981年作 钟馗搜妖图 镜心	134.5×67cm	1,035,000	中国嘉德	2018-06-20
范曾 雄鸡 立轴	68.5×46cm	149,500	凤凰拍卖	2018-01-21
范曾 1985年作 诸葛教诲图 镜心	68×69.5cm	713,000	中国嘉德	2018-06-20
范曾 易元吉戏猴图 镜片	138×67cm	1,150,000	北京荣宝	2018-12-03
范曾 易元吉戏猴图 镜心	138.5×67cm	747,500	荣宝斋（上海）	2018-01-21
范曾 钟馗搜神图 立轴	107×46cm	632,500	荣宝斋（上海）	2018-01-21
范凤清 2017年作 观音像 镜心	128×122cm	184,000	北京保利	2018-05-21
范文通 1992年作 行书 手卷	32×356cm	218,500	朵云轩	2018-06-24
范扬 2003年作 南无观世音菩萨 镜心	59×83cm	138,000	保利山东	2018-11-22
范扬 2004年作 罗汉 镜心	142×69cm	224,250	北京荣宝	2018-09-14
范扬 2004年作 罗汉一尊	136×68cm	517,500	北京翰海	2018-06-30
范扬 2004年作 孺子牛 镜心	41×73cm	103,500	北京荣宝	2018-06-14
范扬 2004年作 松荫罗汉 镜心	70×141.5cm	264,500	北京荣宝	2018-06-14
范扬 2008年作 红衣罗汉 镜心	66.5×52cm	115,000	上海匡时	2018-04-30
范扬 2008年作 罗汉图	130×66cm	345,000	北京翰海	2018-06-30
范扬 2010年作 柳荫高士图 镜心	71×191cm	368,000	北京翰海	2018-09-16
范扬 2010年作 诗意图 镜心	48×180cm	149,500	北京翰海	2018-09-16
范扬 2010年作 随行随止 镜心	48×180cm	172,500	北京荣宝	2018-09-14
范扬 2017年作 阿罗汉图 镜心	48×75cm	109,250	北京荣宝	2018-05-18
范扬 2018年作 翠屏青峰图 镜心	49.5×200cm	333,500	北京荣宝	2018-05-18
范扬 2018年作 青云山青云湖 镜心	37.5×47.5cm	494,500	北京荣宝	2018-06-14
范扬 2018年作 题古人诗意四屏 镜心	尺寸不一	172,500	北京荣宝	2018-12-03
范扬 阿罗汉图	39×65cm	172,500	北京荣宝	2018-06-14
范扬 阿罗汉图 镜心	51×142.5cm	276,000	荣宝斋（南京）	2018-01-05
范扬 禅悟图 镜心	50×118cm	241,500	南京经典	2018-01-06
范扬 禅悟图 镜心	142×40cm	230,000	南京经典	2018-07-22
范扬 禅悟图 镜心	69×82cm	105,800	南京经典	2018-07-22
范扬 2007年作 闲坐山中听流泉 镜心	143×75cm	126,500	中国嘉德	2018-06-20
范扬 伏虎罗汉 镜心	50×133cm	310,500	南京经典	2018-01-06
范扬 观世音菩萨像 镜心	82×48cm	103,500	北京保利	2018-05-21
范扬 红衣罗汉 卡板	39×65cm	112,000	湖南逸典	2018-06-09
范扬 红衣罗汉图 镜心	69×138cm	310,500	荣宝斋（南京）	2018-01-05
范扬 骑马骑驴看樵夫 镜心	70×34.5cm	368,000	北京荣宝	2018-12-03
范扬 秋山高士图 立轴	136.5×68cm	115,000	中贸圣佳	2018-06-20
范扬 2002年作 秋山高士图 立轴	136.5×68.2cm	115,000	中国嘉德	2018-11-22
范扬 山水人物 册页（十开）	28×40cm×10	287,500	荣宝斋（南京）	2018-07-15
范扬 松荫罗汉 镜心	69×138cm	109,250	南京经典	2018-07-22
方楚雄 1986年作 农舍一隅 镜框	67.5×86.5cm	149,500	华艺国际	2018-11-17
方楚雄 1993年作 墨松双鼠 镜片	67×68cm	190,400	湖南逸典	2018-06-09
方楚雄 1993年作 朋友 镜片	68×50cm	138,000	广东衡益	2018-07-01

(成交价RMB：10万元以上)

拍品名称	物品尺寸	成交价RMB	拍卖公司	拍卖日期
方楚雄 1993年作 双猫戏蝶 镜心	87×59cm	218,500	北京荣宝	2018-09-14
方楚雄 1993年作 月下浓情 镜心	96×55cm	218,500	北京荣宝	2018-09-14
方楚雄 1995年作 无情未必真豪杰 镜片	68×68cm	246,400	湖南逸典	2018-06-09
方楚雄 1995年作 野趣 镜片	68×68cm	268,800	湖南逸典	2018-06-09
方楚雄 1996年作 空山无人松子落 镜心	96×59cm	230,000	北京荣宝	2018-09-14
方楚雄 1996年作 三骏图 镜框	66×128cm	138,000	华艺国际	2018-11-17
方楚雄 1997年作 三犬图 镜框	68×69cm	161,000	华艺国际	2018-05-23
方楚雄 1997年作 松间觅食 镜心	68×68cm	184,000	北京荣宝	2018-09-14
方楚雄 1998年作 观世音菩萨 镜心	137×69cm	460,000	北京荣宝	2018-09-14
方楚雄 1999年作 黑天鹅 镜框	55.5×85cm	207,000	华艺国际	2018-05-23
方楚雄 2001年作 神骏飘飘得自闲 镜片	70×68cm	224,000	湖南逸典	2018-06-09
方楚雄 2003年作 三猴图 镜框	45×67cm	115,000	华艺国际	2018-11-17
方楚雄 2003年作 三猴图 镜框	99×35cm	109,250	华艺国际	2018-05-23
方楚雄 2012年作 和乐 镜心	138×70cm	437,000	北京荣宝	2018-09-14
方楚雄 2013年作 密林集珍 镜心	101×300cm	2,530,000	北京荣宝	2018-09-14
方楚雄 2014年作 报春 扇面	33×66cm	112,000	湖南逸典	2018-06-09
方楚雄 2014年作 花开富贵 扇面	33×66cm	103,040	湖南逸典	2018-06-09
方楚雄 2014年作 吉祥献瑞 扇面	33×66cm	109,760	湖南逸典	2018-06-09
方楚雄 2015年作 三羊开泰 镜心	137×69cm	402,500	北京荣宝	2018-09-14
方楚雄 2015年作 天地情 镜心	69×137cm	460,000	北京荣宝	2018-09-14
方楚雄 2017年作 十二生肖 镜框	34.5×27.5cm×12	931,500	北京荣宝	2018-09-14
方楚雄 昂昂气象	46×34cm	184,000	广东崇正	2018-07-03
方楚雄 芭蕉双兔 镜片	137.5×68.5cm	230,000	华艺国际	2018-11-17
方楚雄 2016年作 梅花孔雀 镜框	228×96cm	2,012,500	广东衡益	2018-07-01
方楚雄 1996年作 三骏图 镜片	68×130cm	138,000	广东崇正	2018-07-04
方楚雄 1996年作 玉兔图 镜片	68×68cm	138,000	广东崇正	2018-07-04
方楚雄 达摩祖师像	97×55.5cm	138,000	北京东正	2018-06-17
方楚雄 大吉 镜片	68.5×45.5cm	101,700	广东省拍	2018-09-20
方楚雄 大吉图 镜片	59×100cm	168,000	湖南逸典	2018-06-09
方楚雄 等 秋实图	122×244cm	184,000	广东崇正	2018-07-03
方楚雄 1985年作 双犬图 镜片	69×68cm	172,500	广东崇正	2018-07-04
方楚雄 芳草兔语	35×45cm	103,500	广东崇正	2018-07-03
方楚雄 1993年作 憩 镜片	94×167cm	322,000	广东崇正	2018-07-04
方楚雄 和谐一家 镜片	137.5×69.5cm	429,400	广东省拍	2018-09-20
方楚雄 荷花双禽 镜框	99×68cm	172,500	华艺国际	2018-05-23
方楚雄 荷塘雏声	46×20cm	172,500	广东崇正	2018-07-03
方楚雄 花季年华	直径34cm	232,300	广东崇正	2018-07-03
方楚雄 花荫群鸭 镜心	69×69cm	207,000	北京荣宝	2018-09-14
方楚雄 觅春图 镜框	69×137cm	270,250	华艺国际	2018-11-17
方楚雄 母子情	20×53cm	101,200	广东崇正	2018-07-03
方楚雄 农家五福	69×47cm	299,000	广东崇正	2018-07-03
方楚雄 人间大丈夫 镜片	46×70cm	169,500	广东省拍	2018-09-20
方楚雄 2012年作 蕉荫犬憩 镜片	145.5×83.5cm	460,000	广东崇正	2018-07-04
方楚雄 2102年作 耄耋富贵 镜片	97×59cm	184,000	广东崇正	2018-07-04
方楚雄 三虎图 镜片	69×137cm	264,500	华艺国际	2018-05-23
方楚雄 三羊开泰	69×46cm	230,000	广东崇正	2018-07-03
方楚雄 双狗 镜片	69×68cm	172,500	华艺国际	2018-11-17
方楚雄 双虎 镜框	68×135.5cm	494,500	华艺国际	2018-11-17
方楚雄 天真 镜框	69×69cm	184,000	华艺国际	2018-05-23
方楚雄 田园秀色 立轴	67×62cm	115,000	华艺国际	2018-05-23
方楚雄 威震山河 镜心	143.5×367.5cm	2,875,000	荣宝斋（南京）	2018-01-05

拍品名称	物品尺寸	成交价RMB	拍卖公司	拍卖日期
方楚雄 1988年作 大吉 镜心	64×135cm	114,554	中国嘉德	2018-04-03
方楚雄 1998年作 亲密无间 镜片	56×49.5cm	109,250	广东衡益	2018-07-01
方楚雄 2011年作 守护 镜片	69×68cm	184,000	广东衡益	2018-07-01
方楚雄 萱花瑞兔 镜框	70×46cm	158,200	广东省拍	2018-09-20
方楚雄 1995年作 家家都在花丛中 镜框	136×68cm	218,500	广东衡益	2018-07-01
方楚雄 英格兰牧场 镜框	70×68cm	172,500	华艺国际	2018-11-17
方楚雄 英雄初醒	22.5×65cm	138,000	广东崇正	2018-07-03
方济众 1980年作 致余白墅 册页（八开）	17×23cm×8	149,500	中国嘉德	2018-11-21
方济众 1981年作 山水花鸟书法 手卷		1,219,625	佳士得	2018-11-26
方济众 册页 册页（十开）	17×16cm×10	190,400	秦宝斋	2018-01-01
方济众 龙江书院旧址 镜片	70×70cm	425,600	秦宝斋	2018-01-01
方济众 南国风光 镜心	68×133cm	324,921	香港普艺	2018-01-13
方济众 秋林麋鹿 镜心	画心31×135cm	138,000	中贸圣佳	2018-06-20
方济众 山水 镜心	67×44cm	138,000	中贸圣佳	2018-06-20
方济众 山庄秋兴 镜片	68×104cm	1,288,000	秦宝斋	2018-01-01
方济众 蜀道新歌 手卷	51×755cm	3,680,000	荣宝斋（南京）	2018-07-15
方济众 长空雁过 镜片	69×68cm	392,000	秦宝斋	2018-01-01
方金炉 2013年作 枝繁碧玉叶 镜心	137×68cm	345,000	北京翰海	2018-05-13
方君璧 1954年 何弢女儿像	38.5×33cm	115,000	中国嘉德	2018-11-21
方君璧 1954年作 挥毫一瞬	60×68.5cm	575,000	中国嘉德	2018-06-19
方君璧 1960年代 争艳	85×60cm	368,000	中国嘉德	2018-11-21
方君璧 1966年作 竹溪寺	66.5×51.5cm	149,500	中国嘉德	2018-06-19
方君璧 1973年作 苏州江枫桥	52×57cm	115,000	中国嘉德	2018-06-19
方君璧 1982年作 紫藤花 彩墨	61×41.8cm	103,500	北京诚轩	2018-06-18
方君璧 港口	43×62cm	195,500	中国嘉德	2018-11-21
方骏 2000年作 东川十景 镜心	46×36cm×11	253,000	北京荣宝	2018-12-03
方骏 2009年作 秋江雁初飞 手卷	画34.5×263.5cm	253,000	中国嘉德	2018-06-20
方骏 山水 四屏镜心	138.5×34cm×4	805,000	中贸圣佳	2018-06-20
方骏 山水四季图 镜心	136×34cm×4	322,000	北京荣宝	2018-12-03
方骏 山水有灵 镜心	68.5×68.5cm	115,000	北京荣宝	2018-12-03
方骏 溪山无尽图 手卷	画20×138cm	161,000	中国嘉德	2018-11-22
方人定 1963年作 泛舟图 立轴	111×49cm	149,500	华艺国际	2018-11-17
方人定 趁墟归来 立轴	163×74cm	287,500	华艺国际	2018-05-23
方人定 花市灯如昼 立轴	162×95.5cm	1,380,000	精诚所至	2018-05-12
方人定 花市前夕 立轴	186×94.5cm	811,427	中国嘉德	2018-04-03
方向 2003年作 秋声 镜心	95×500cm	494,500	北京荣宝	2018-05-18
方向 2007年作 丽江玉龙山下 镜心	180×97cm	224,250	北京保利	2018-12-06
方向 2009年作 花间 镜片	69×69cm	162,400	湖南逸典	2018-06-09
方向 2014年作 巴勒莫海滨 扇面	28×58cm	156,800	湖南逸典	2018-06-09
方向 2014年作 江南庭院 镜心	35×69cm×4	230,000	北京荣宝	2018-06-14
方向 2014年作 意大利街头 扇面	28×58cm	145,600	湖南逸典	2018-06-09
方向 都市 镜框	34×136cm	368,000	广东衡益	2018-07-01
方向 浮世 镜心	230×52cm	667,000	北京荣宝	2018-12-03
方向 2004年作 水乡行 镜框	96×88cm	172,500	广东衡益	2018-07-01
方向 尖沙咀海滨 镜心	138×68.5cm	552,000	北京荣宝	2018-06-14
方向 丽江老磨坊 镜片	96×178cm	345,000	广东崇正	2018-07-04
方向 丽江庭院 镜心	96×145cm	172,500	北京保利	2018-06-18
方向 2012年作 新都市 镜框	137×69cm	471,500	广东衡益	2018-07-01
方向 水乡晴日 镜框	68×137cm	161,000	华艺国际	2018-11-17
方严 2015年作 飞雪连天 镜心	42×132cm	253,000	北京荣宝	2018-06-14

拍品名称	物品尺寸	成交价RMB	拍卖公司	拍卖日期
方增先 1986年作 晴湖扁舟图 立轴	95.5×44.5cm	109,250	西泠拍卖	2018-07-08
方增先 2000年作 达摩图 画心	84×51cm	276,000	西泠拍卖	2018-07-07
方增先 2000年作 秋山人静图 画心	83×50cm	276,000	西泠拍卖	2018-07-07
方增先 2000年作 秋山问道图 画心	83×50.5cm	212,750	西泠拍卖	2018-07-07
方增先 人物一字一画 轴	45×46cm	103,500	浙江佳宝	2018-07-01
方召麐 1989年作 山水 镜框	95×88cm	166,313	佳士得	2018-11-26
方召麐 1998年作 红梅 镜框	59×52cm	199,575	佳士得	2018-11-26
方召麐 静听松声似涛 三扇屏风		188,155	纽约苏富比	2018-09-15
方召麟 1980年作 秋收（梯田）立轴	73.5×63cm	111,650	佳士得	2018-05-28
方召麟 1994年作 行书五言联 镜片	129×31cm×2	126,500	广东崇正	2018-07-04
方召麟 1998年作 观沧海 镜心	68.5×102.5cm	190,924	中国嘉德	2018-04-03
费新我 1978年作 行书节录陈毅诗 镜心	193×503cm	1,587,000	北京荣宝	2018-06-14
费新我 1981年作 行书苏轼赤壁怀古 立轴	137×33cm×4	105,800	广东崇正	2018-07-05
费新我 太华 镜心	159×126.5cm	230,000	凤凰拍卖	2018-01-21
丰子恺 1937年作 妙笔生花漫画册 册页	30.5×22cm×4	402,500	北京保利	2018-12-08
丰子恺 1937年作 人物册（五页）册页	30×20.5cm×5	575,000	西泠拍卖	2018-05-05
丰子恺 1938、1939年作 抗战众生相（六帧）镜框	29×19.2cm 33×22.3cm	1,820,250	香港苏富比	2018-04-02
丰子恺 1938年作 凯旋之夜 立轴	36×27cm	349,846	北京匡时	2018-10-03
丰子恺 1941年作 一览众山小 立轴	79×53cm	473,322	保利香港	2018-10-01
丰子恺 1942年作 行书五言联 镜心	68×16.5cm×2	102,896	北京匡时	2018-10-03
丰子恺 1944年作 松岩观瀑 立轴	画31.8×21.3cm	545,000	香港苏富比	2018-10-02
丰子恺 1945年作 化作春泥更护花 镜框	26×31cm	368,000	华艺国际	2018-11-16
丰子恺 1945年作 振衣千仞岗 立轴	71.5×38.5cm	720,272	保利香港	2018-10-01
丰子恺 1947年作 故园相忆·行书曼殊诗 立轴	画心68.5×34cm 书法56×22.5cm	805,000	西泠拍卖	2018-07-08
丰子恺 1947年作 行书 崔子玉座右铭 镜片	32.5×24.5cm	230,000	西泠拍卖	2018-07-08
丰子恺 1947年作 行书七言句 手卷	14.3×198.3cm	926,500	香港苏富比	2018-10-02
丰子恺 1948年作 覆车峡瓜图·行书七言诗（二帧）镜片	40×30.5cm×2	517,500	西泠拍卖	2018-07-07
丰子恺 1948年作 落红不是无情物 镜心	136.5×70cm	2,817,500	北京匡时	2018-12-06
丰子恺 1949年作 无量寿佛 立轴	94×32.5cm	2,875,000	北京保利	2018-12-07
丰子恺 1959年作 小小少年 镜心	32×26cm	207,000	北京匡时	2018-06-15
丰子恺 1960年作 参天百丈树 镜框	33×26cm	659,750	佳士得	2018-05-29
丰子恺 1960年作 恭贺新禧 镜框	33.6×26cm	166,313	佳士得	2018-11-26
丰子恺 1960年作 恭贺新禧 镜心	41.5×26cm	368,000	上海匡时	2018-04-30
丰子恺 1960年作 杨柳青青 镜片	46×34cm	943,000	朵云轩	2018-06-24
丰子恺 1962年作 高山仰止 立轴	108×48.5cm	3,737,500	北京保利	2018-12-07
丰子恺 奔马 镜框	35.5×28.5cm	507,500	佳士得	2018-05-29
丰子恺 车站即景 镜片	34.5×23.5cm	103,500	西泠拍卖	2018-07-08
丰子恺 除夜美景 镜心	43×31cm	632,500	保利厦门	2018-07-15
丰子恺 春风欲劝座中人 镜心	35×28.5cm	575,000	中国嘉德	2018-11-20
丰子恺 春耕图 成扇	18×46cm	287,500	北京保利	2018-06-17
丰子恺 春光先到野人家 镜心	32×25.5cm	345,000	中国嘉德	2018-06-19
丰子恺 此去人间不知几里 立轴	58×31cm	184,000	中国嘉德	2018-06-18
丰子恺 登高图 立轴	79.5×39cm	460,000	北京翰海	2018-06-29
丰子恺 蝶恋花 镜心	34.5×27.5cm	226,371	中国嘉德	2018-10-03

拍品名称	物品尺寸	成交价RMB	拍卖公司	拍卖日期
丰子恺 东风浩荡 镜心	53×37.5cm	288,109	北京匡时	2018-10-03
丰子恺 东风浩荡 立轴	53×33cm	230,000	上海匡时	2018-04-30
丰子恺 佛像 镜框	43×28cm	182,700	佳士得	2018-05-29
丰子恺 赶学图 镜框	31×21cm	171,050	纽约佳士得	2018-09-11
丰子恺 根深叶茂 镜片	45×34cm	143,750	广东崇正	2018-07-04
丰子恺 故园今夜 镜心	138.5×70cm	3,335,000	北京匡时	2018-12-06
丰子恺 行书 七言诗 镜片	68×34cm	276,000	西泠拍卖	2018-07-07
丰子恺 行书"慈良清直" 镜心	27×66cm	308,688	北京匡时	2018-10-03
丰子恺 行书龚定盦诗 镜心	34×17cm	115,000	中国嘉德	2018-11-20
丰子恺 行书毛主席诗 镜片	33.5×76cm	168,000	上海联合	2018-11-25
丰子恺 行书七言联 镜心	97.5×19.5cm×2	126,500	中国嘉德	2018-11-21
丰子恺 行书七言诗 镜心	32.5×22.2cm	138,000	中国嘉德	2018-11-20
丰子恺 行书陶靖节诗 镜心	33.5×27.5cm	207,000	中国嘉德	2018-11-20
丰子恺 好酒好音 立轴	画34×27.5cm 字20.2×27.5cm	402,500	中国嘉德	2018-11-20
丰子恺 黄山蒲团松 镜心	40×33cm	230,000	上海匡时	2018-04-30
丰子恺 几人相忆在江楼 镜心	32×64cm	713,000	北京保利	2018-06-17
丰子恺 1949年作 谁家寒食归宁女·行书七言联 立轴 对联	对联 130×31cm×2	1,955,000	上海嘉禾	2018-06-25
丰子恺 家家扶得醉人归 立轴	49×33cm	552,000	西泠拍卖	2018-07-08
丰子恺 家家扶得醉人归 立轴	34×30.5cm	203,000	佳士得	2018-05-29
丰子恺 惊异 镜框	29×23cm	263,900	佳士得	2018-05-29
丰子恺 柳浪闻莺 立轴	67.5×34cm	184,000	中国嘉德	2018-06-18
丰子恺 绿杨芳草 立轴	25.5×17cm	126,500	西泠拍卖	2018-07-08
丰子恺 马一浮 可叹无知己·行书五言诗 成扇	18.5×45.5cm	668,234	中国嘉德	2018-04-03
丰子恺 满山红叶女郎樵 镜心	35×26.5cm	115,000	保利山东	2018-11-22
丰子恺 漫画（四帧）镜心	15.3×23cm×4	345,000	中国嘉德	2018-11-21
丰子恺 漫画 册页	18.5×12.5cm×16	456,660	台北艺流	2018-06-30
丰子恺 漫画册 册页（十开）	25.9×35.8cm×10	997,875	佳士得	2018-11-26
丰子恺 南无本师释迦牟尼佛 立轴	56×34cm 跋10×34cm	920,000	南京经典	2018-01-06
丰子恺 努力惜春华 镜心	画34×26cm 诗堂 19.5×26.5cm	149,500	中国嘉德	2018-06-19
丰子恺 贫女如花 立轴	34×26cm	172,500	中国嘉德	2018-06-18
丰子恺 贫女如花只镜知 镜框	34.5×26cm	507,500	佳士得	2018-05-29
丰子恺 前人种树后人凉 镜框	47.5×34.5cm	507,500	佳士得	2018-05-29
丰子恺 前人种树后人凉 镜心	46×34cm	437,000	中国嘉德	2018-11-20
丰子恺 青云直上 立轴	83×34cm	143,193	保利香港	2018-04-02
丰子恺 秋千慵困解罗衣 镜心	画34×27cm 字8×27.5cm	236,661	中国嘉德	2018-10-03
丰子恺 取之无禁用之不竭 立轴	63.5×41cm	381,848	中国嘉德	2018-04-03
丰子恺 人散后，一钩新月天如水 镜心	39×33cm	954,500	北京匡时	2018-12-06
丰子恺 人物（二帧）镜心	32.5×25.5cm×2	400,940	中国嘉德	2018-04-03
丰子恺 任重道远 镜心	45.5×27.5cm	230,000	中贸圣佳	2018-11-24
丰子恺 食一石行千里 镜框	33×26.5cm	385,700	佳士得	2018-05-29
丰子恺 释迦佛祖图 立轴	53.5×33cm	207,000	西泠拍卖	2018-05-05
丰子恺 书联 立轴	97×19cm×2	322,000	南京经典	2018-01-06
丰子恺 松柏长寿 立轴	画44×34.5cm 字26.5×34.5cm	598,000	中国嘉德	2018-11-20
丰子恺 童趣 立轴	43×33cm	391,005	北京匡时	2018-10-03
丰子恺 罔极盦图 镜框	40.5×26.3cm	758,438	香港苏富比	2018-04-02
丰子恺 无言独上西楼 镜心	41.5×26cm	207,000	上海匡时	2018-04-30
丰子恺 无言独上西楼月如钩 镜心	39×33cm	782,000	北京匡时	2018-12-06

拍品名称	物品尺寸	成交价RMB	拍卖公司	拍卖日期
丰子恺 1958年作 行书七言诗 镜心	34×24.5cm	138,000	中国嘉德	2018-11-20
丰子恺 1948年作 满园春色 立轴	69×34cm	161,000	中国嘉德	2018-06-18
丰子恺 小楼虹影 立轴	画心 painting: 31.8×21.3cm	1,199,000	香港苏富比	2018-10-02
丰子恺 1961年作 迎春乐 屏轴	44.5×29cm	379,500	朵云轩	2018-06-24
丰子恺 仰之弥高 立轴	92×53.2cm	3,335,000	北京保利	2018-12-07
丰子恺 夜阑更秉烛 镜心	35×27.5cm	517,500	中国嘉德	2018-11-20
丰子恺 一片孤城万仞山 立轴	80×31cm	690,000	西泠拍卖	2018-07-08
丰子恺 1945年作 家住夕阳 立轴	79.5×34.5cm	195,500	中国嘉德	2018-06-18
丰子恺 樱桃豌豆分儿女 立轴	38×32cm	1,150,000	北京保利	2018-12-07
丰子恺 月上柳梢头 镜框	35×28cm	487,200	佳士得	2018-05-29
丰子恺 云山远眺 立轴	78×44cm	627,666	北京匡时	2018-10-03
丰子恺 长亭树老阅人多 立轴	58×36.5cm	152,739	中国嘉德	2018-04-03
丰子恺 置酒庆岁丰 立轴	43×33cm	267,530	北京匡时	2018-10-03
丰子恺 种瓜得瓜 成扇	19.2×47.7cm	460,000	北京保利	2018-12-08
丰子恺 种瓜得瓜 镜心	69×40.5cm	322,000	北京匡时	2018-12-05
丰子恺 种瓜得瓜 镜心	34×28cm	299,000	北京保利	2018-12-08
丰子恺 众望所归 镜心	25×17.5cm	172,500	中贸圣佳	2018-11-24
丰子恺 重逢图 立轴	63×36cm	172,500	北京翰海	2018-06-29
丰子恺 朱屺瞻 行书白居易诗·山水 成扇	48×18cm	138,000	西泠拍卖	2018-07-07
丰子恺 醉倒松树下 镜框	38.6×28cm	166,313	佳士得	2018-11-26
丰子恺 昨夜剪刀寻不着 镜心	34.5×27.5cm	575,000	中国嘉德	2018-11-20
封曙光 2016年作 禅茶一味图 镜心	138×69cm	368,000	北京保利	2018-12-06
封曙光 2017年作 秋水 镜心	138×34cm	172,500	北京保利	2018-12-06
冯超然 1937年 武夷迭嶂图	109.5×46cm	202,250	邦瀚斯	2018-04-03
冯超然 1911年作 携琴访友图 立轴	31.5×123cm	184,000	北京荣宝	2018-06-14
冯超然 1926年作 竹庭戏鹦图 立轴	115×44cm	207,000	上海匡时	2018-04-30
冯超然 1928年作 春风桃柳 立轴	113.5×41.5cm	828,000	上海匡时	2018-04-30
冯超然 1934年作 松壑鸣泉 立轴	94.2×44.3cm	182,700	佳士得	2018-05-29
冯超然 1939年作 湖天春色图 立轴	107×53cm	494,500	北京保利	2018-12-08
冯超然 1940年作 仿范宽山水 立轴	136×65.5cm	149,500	北京匡时	2018-12-05
冯超然 1940年作 秋心在襟 立轴	131.5×66cm	138,000	北京翰海	2018-06-29
冯超然 1943年作 秋径扫叶图 立轴	109.5×51.5cm	138,000	北京翰海	2018-06-29
冯超然 1948年作 秋山萧寺 成扇	19×48cm	402,500	北京翰海	2018-06-29
冯超然 1949年作 松阴观瀑图 立轴	103×51cm	391,000	北京荣宝	2018-06-14
冯超然 草堂对弈图 立轴	141×38cm	146,160	万昌斯	2018-05-30
冯超然 独坐深苑 成扇	18.5×45cm	109,250	上海匡时	2018-04-30
冯超然 1910年作 桐阴煮茗 镜心	148×40cm	184,000	北京诚轩	2018-06-16
冯超然 观音 立轴	122×52cm	322,000	华艺国际	2018-03-30
冯超然1902年作 调鹦图 镜心	84.5×40.5cm	460,000	中国嘉德	2018-06-18
冯超然 1930年作 荷花蜻蜓 立轴	52×101.5cm	161,000	北京诚轩	2018-06-16
冯超然 1934年作 松壑鸣泉 立轴	94×44.5cm	172,500	中国嘉德	2018-11-20
冯超然 四季山水 四屏立轴	133.5×33cm×4	283,400	香港苏富比	2018-10-02
冯超然 松山仙居 镜框	32.7×63.8cm	253,840	纽约苏富比	2018-03-23
冯超然 松崖涧流图 立轴	104×50cm	138,880	上海联合	2018-07-01
冯超然 孙琼华 1933年作、1977年作 寒香觅句图 临寒香觅句图 立轴	冯超然107×44cm 孙琼华116×42cm	218,500	精诚所至	2018-05-12
冯超然 斜阳渠梦 立轴	90×40cm	103,500	荣宝斋（南京）	2018-07-15
冯大中 1997年作 晨妆 镜心	68×68cm	218,500	北京荣宝	2018-06-14
冯大中 1997年作 君临山野 镜心	133.5×67cm	230,000	北京荣宝	2018-09-14
冯大中 1997年作 君临山野 镜心	133.5×67cm	201,250	保利山东	2018-11-22
冯大中 1999年作 黄山高秋 镜心	96×178cm	230,000	上海匡时	2018-04-30
冯大中 2000年作 晨风 镜心	69×77.5cm	109,250	北京荣宝	2018-12-03
冯大中 2005年作 登高临远 镜框	136×67cm 136×33cm×2	460,000	北京荣宝	2018-05-18
冯大中 2013年作 云泉觅胜图 行书五言联 镜心	105×41.5cm 115×35cm×2	172,500	北京荣宝	2018-12-03
冯大中 晨风	63×87cm	230,000	北京翰海	2018-06-30
冯大中 伏击 镜心	96×179cm	2,300,000	中贸圣佳	2018-11-24
冯大中 踏雪觅青 镜片	66×79cm	198,000	天津同方	2018-06-13
冯大中 1991年作 晨妆 镜心	176.5×116cm	1,337,648	中国嘉德	2018-10-03
冯大中 1991年作 一蓑烟雨任平生 镜心	143.5×84cm	205,792	中国嘉德	2018-10-03
冯建吴 1977年作 凌云山水 镜心	181×96cm	977,500	八益拍卖	2018-04-28
冯建吴 1979年作 漓江山水 轴	46×68cm	172,500	八益拍卖	2018-04-28
冯建吴 峨眉清音阁 镜心	60×97cm	115,000	八益拍卖	2018-04-28
冯建吴 可以横绝峨眉巅 镜心	95×179cm	132,250	北京保利	2018-05-21
冯建吴 1981年作 峨嵋胜境 镜心	53×139cm	115,000	中国嘉德	2018-09-19
冯其庸 1988年作 行书花卉手卷 手卷	34×657cm	126,500	北京荣宝	2018-12-03
冯永基 2016年作 俏江山系列（四）镜框	140×23cm	101,500	佳士得	2018-05-28
冯友兰 1981年作 行书节录《次荆公韵四绝》立轴	96×29cm	138,000	上海匡时	2018-04-30
冯玉祥 1935年作 隶书七言联（两幅）立轴	135.5×33cm×2	288,275	佳士得	2018-11-26
冯玉祥 1943年作 隶书岳飞《满江红》册页 镜片（十四开）	31×241cm	388,063	佳士得	2018-11-26
冯玉祥 二七（1938年作 收复失地 横披	34×132cm	184,000	北京诚轩	2018-06-16
冯玉祥 书联 镜心	131×33cm×2	207,000	南京经典	2018-07-22
冯玉祥 书联 镜心	134×33cm×2	207,000	南京经典	2018-01-06
冯远 1992年作 短笛声声 镜心	69×69cm	172,500	北京荣宝	2018-09-14
冯远 1998年作 唐人游春图 手卷	33×342cm	977,500	北京荣宝	2018-09-14
冯远 2001年作 清明 镜心	66×66cm	138,000	北京翰海	2018-09-16
冯远 2002年作 留声传情 立轴	69×68cm	218,500	北京荣宝	2018-06-14
冯远 2002年作 柳宗元诗意图 镜心	69×136cm	402,500	北京荣宝	2018-05-18
冯远 2003年作 清江垂钓图 镜心	68×68cm	172,500	北京荣宝	2018-09-14
冯远 2003年作 拾菌图 镜心	69×68.5cm	241,500	北京荣宝	2018-12-03
冯远 2003年作 藤梦 镜心	70×69cm	138,000	北京荣宝	2018-09-14
冯远 2004年作 四季 镜心	69.5×69cm	218,500	北京荣宝	2018-06-14
冯远 2004年作 四美图 镜心	137×35.5cm×4	1,127,000	北京荣宝	2018-12-03
冯远 2005年作 农家少闲月 镜心	69.5×69.5cm	218,500	北京荣宝	2018-06-14
冯远 2005年作 水乡三月 镜心	69.5×70cm	218,500	北京荣宝	2018-05-18
冯远 2005年作 钟馗嫁妹 立轴	69.5×68.5cm	230,000	北京荣宝	2018-05-18
冯远 2012年作 渔隐图 镜心	45×69cm	103,500	北京翰海	2018-09-16
冯远 唐人抚琴图 镜心	68×67.5cm	207,000	北京荣宝	2018-12-03
冯远 1991年作 听松图 镜心	68×66cm	115,000	中国嘉德	2018-01-13
冯越 游山图 立轴	158.5×69cm	115,000	中国嘉德	2018-06-20
冯长江 夏日 镜片	91×83cm	287,500	广东崇正	2018-07-05
冯忠莲 观音 立轴	64.5×31cm	138,000	中国嘉德	2018-11-20
冯钟睿 1973年作 1973-2-1（三幅）镜框	185×84.5cm×3	498,938	佳士得	2018-11-26
冯钟云 2017年作 春山 镜心	96×88cm	322,000	北京保利	2018-06-18
冯钟云 2017年作 松风 镜心	69.5×91.5cm	172,500	北京匡时	2018-06-15
冯钟云 2018年作 雨林 镜心	190×122cm	609,500	北京保利	2018-12-06
冯淳 1934年作 苍松雪鹰 立轴	97×47.5cm	654,000	香港苏富比	2018-10-02

拍品名称	物品尺寸	成交价RMB	拍卖公司	拍卖日期
符罗飞 1940年代 出工	68×35cm	414,000	北京匡时	2018-06-16
符罗飞 1940年代 自画像	82×42cm	552,000	北京匡时	2018-06-16
符罗飞 40年代 夕阳归牧 立轴	106×41cm	149,500	精诚所至	2018-05-12
符罗飞 40年代作 窗前 镜片	102.5×40.5cm	184,000	精诚所至	2018-05-12
符罗飞 40年代作 田头午饭 立轴	103×40cm	115,000	精诚所至	2018-05-12
符罗飞 40年代作 晚归 立轴	83×43cm	149,500	精诚所至	2018-05-12
符罗飞 风雨行军 立轴	100×34cm	161,000	精诚所至	2018-05-12
付元东 2010年作 双寿图 镜心	138×70cm	230,000	北京匡时	2018-12-05
傅抱石 1941年作 洗砚图 镜心	56×47cm	17,250,000	北京保利	2018-06-17
傅抱石 1942年作 倪云林出游图 立轴	37×30.5cm	1,322,500	北京匡时	2018-06-15
傅抱石 1942年作 幽谷话旧 立轴	89.5×57cm	13,800,000	北京匡时	2018-12-06
傅抱石 1943年作 观瀑图 立轴	104.5×59.5cm	5,942,900	佳士得	2018-11-26
傅抱石 1943年作 松下问童子 镜框	108.5×31cm	33,880,700	佳士得	2018-05-29
傅抱石 1944年作 赤壁夜游	168×70.5cm	1,112,375	邦瀚斯	2018-04-03
傅抱石 1944年作 高士清谈 轴	72.5×36cm	186,676	台北艺流	2018-12-01
傅抱石 1944年作 观瀑图 镜心	62.5×36cm	1,495,000	北京匡时	2018-12-06
傅抱石 1944年作 金刚坡秋色 镜心	61×101cm	22,080,000	北京保利	2018-12-07
傅抱石 1945年作 今古输赢一笑间 镜心	88×58cm	11,270,000	北京保利	2018-12-07
傅抱石 1945年作 人物仕女图 轴	72×32cm	3,805,500	台北艺流	2018-06-30
傅抱石 1945年作 松菊思予 立轴	137×34cm	15,525,000	北京荣宝	2018-06-14
傅抱石 1945年作 松石流泉 轴	114×52cm	139,535	台北艺流	2018-06-30
傅抱石 1945年作 雪拥蓝关图 立轴	88.5×56.3cm	30,617,010	香港苏富比	2018-04-02
傅抱石 1946年作 渊明沽酒 立轴	91.6×33.8cm	3,277,500	华艺国际	2018-05-23
傅抱石 1946年作 竹荫仕女图 镜片	82.5×36cm	4,025,000	西泠拍卖	2018-07-07
傅抱石 1947年作 听泉图 镜心	27.5×40cm	3,220,000	北京保利	2018-12-07
傅抱石 1947年作 湘夫人 镜框	28×39cm	2,427,000	香港苏富比	2018-04-02
傅抱石 1952年作 秋江泛舟 扇面镜框	18×51cm	1,053,313	佳士得	2018-11-26
傅抱石 1953年作 湘夫人 镜框	25×25cm	1,955,000	华艺国际	2018-05-23
傅抱石 1957年作 近现代 布拉格教堂 镜框	45×40cm	2,875,000	深圳至正国际	2018-08-25
傅抱石 1958年作 蝶恋花 立轴	167×84cm	133,400,000	中国嘉德	2018-11-20
傅抱石 1960年作 江岸会友图 镜片	55.5×48.5cm	1,265,000	西泠拍卖	2018-07-07
傅抱石 1960年作 贤士图 轴	67×42cm	2,537,000	台北艺流	2018-06-30
傅抱石 1960年作 湘君 立轴	画51×73cm 字35×73cm	50,600,000	北京保利	2018-12-07
傅抱石 1961年作 二湘图 立轴	89×46.5cm	13,225,000	华艺国际	2018-05-23
傅抱石 1961年作 飞瀑山居 轴	120×44cm	126,850	台北艺流	2018-06-30
傅抱石 1961年作 华岳千寻 立轴	69×50cm	2,778,192	中国嘉德	2018-10-03
傅抱石 1961年作 镜泊消夏 镜心	28×41cm	3,507,500	北京保利	2018-12-07
傅抱石 1961年作 太华山色 镜心	44.5×57.5cm	2,572,400	保利香港	2018-10-01
傅抱石 1961年作 天池瀑布 立轴	124×63.5cm	8,280,000	上海匡时	2018-04-30
傅抱石 1962年作 罢阮图 镜片	79×33.7cm	730,800	万昌斯	2018-05-30
傅抱石 1962年作 碧溪游舟图 镜心	124×66cm	8,050,000	北京保利	2018-06-17
傅抱石 1962年作 观瀑高仕 立轴	95×38cm	5,865,000	北京荣宝	2018-12-03
傅抱石 1962年作 观瀑图 镜片	86×44.5cm	1,610,000	西泠拍卖	2018-07-07
傅抱石 1962年作 溪山听瀑 镜心	32×37cm	1,725,000	北京匡时	2018-06-15
傅抱石 1962年作 近现代 芙蓉国里 镜框	34×51cm	1,955,000	深圳至正国际	2018-08-25
傅抱石 1963年作 春风杨柳万千条·行书“毛主席词《六盘山》”成扇	14×38cm	1,092,500	北京保利	2018-06-17
傅抱石 1963年作 归樵图 立轴	92×45cm	3,680,000	北京保利	2018-12-07

拍品名称	物品尺寸	成交价RMB	拍卖公司	拍卖日期
傅抱石 1963年作 仕女 画心	130×58cm	146,674	台北艺流	2018-12-01
傅抱石 1963年作 天池飞瀑 镜框	96.5×37cm	2,825,280	香港苏富比	2018-10-02
傅抱石 1963年作 听泉观瀑图 镜框	66×27cm	1,150,000	华艺国际	2018-05-23
傅抱石 1963年作 湘夫人 轴	125×59cm	4,059,200	台北艺流	2018-06-30
傅抱石 1964年作 高士观瀑 镜心	69×42.5cm	2,415,000	北京保利	2018-12-07
傅抱石 1964年作 镜泊飞泉 立轴	81.5×106cm	10,925,000	北京保利	2018-12-07
傅抱石 1964年作 娄山关诗意图 镜心	36×35.5cm	3,162,500	北京保利	2018-06-17
傅抱石 1964年作 毛主席词意图 立轴	诗堂21×45cm 画心32.5×45cm	1,322,500	上海嘉禾	2018-06-25
傅抱石 1964年作 千山云起 立轴	45.5×69cm	5,750,000	北京荣宝	2018-06-14
傅抱石 1964年作 韶山 立轴	34×46cm	5,405,000	中国嘉德	2018-06-18
傅抱石 1964年作 西陵峡	68×44.5cm	2,119,580	邦瀚斯	2018-04-03
傅抱石 侧耳含情披月影 立轴	113.5×66cm	20,700,000	华艺国际	2018-11-16
傅抱石 赤壁泛舟 立轴	28.5×31cm	460,000	北京匡时	2018-06-15
傅抱石 春风杨柳万千条 立轴	53×61cm	3,335,000	上海嘉禾	2018-06-25
傅抱石 1947年作 柳荫仕女 镜心	105.5×42cm	17,825,000	中国嘉德	2018-06-18
傅抱石 东山丝竹 镜框	103.3×29cm	25,415,600	佳士得	2018-05-29
傅抱石 读书图 镜框	36.5×14cm	690,000	北京荣宝	2018-12-03
傅抱石 杜甫诗意 立轴	43×68.5cm	1,269,200	纽约苏富比	2018-03-22
傅抱石 对酒当歌 镜框	88×34cm	1,053,313	佳士得	2018-11-26
傅抱石 泛舟图 成扇	18×50cm	3,220,000	荣宝斋（南京）	2018-07-15
傅抱石 风展红旗如画 立轴	46.5×70cm	4,600,000	华艺国际	2018-11-16
傅抱石 高山仰止 镜框	103×65.5cm	1,441,375	佳士得	2018-11-26
傅抱石 高士观瀑 镜框	28.5×33.5cm	776,125	佳士得	2018-11-26
傅抱石 孤茅观瀑 立轴		1,197,350	纽约苏富比	2018-09-13
傅抱石 古木栖禽图 立轴	64×37cm	460,000	南京经典	2018-01-06
傅抱石 关山月 1961年作 红梅迎春图 立轴	136.5×69cm	3,450,000	西泠拍卖	2018-07-07
傅抱石 关山月 1961年作 千山竞秀 镜片	103×143cm	17,020,000	广东崇正	2018-07-04
傅抱石 观瀑图 镜心	68×46cm	1,725,000	荣宝斋（南京）	2018-01-05
傅抱石 观瀑图 镜心	49×60cm	1,380,000	北京保利	2018-06-17
傅抱石 胡小石 行书七言诗 松山云霭 成扇	18×59.5cm	805,000	中国嘉德	2018-11-21
傅抱石 1964年作 浪淘沙 立轴	34×45.5cm	6,325,000	中国嘉德	2018-06-18
傅抱石 1944年作 游春 镜心	114×58cm	25,300,000	中国嘉德	2018-06-18
傅抱石 江帆远影 成扇	18×50cm	920,000	北京荣宝	2018-06-14
傅抱石 劲松 立轴	69×42cm	1,035,000	南京经典	2018-07-22
傅抱石 老虎滩渔港 立轴	78.3×36.4cm	1,189,875	纽约苏富比	2018-03-23
傅抱石 柳荫禅思图 镜框	137.5×34cm	515,280	羅芙奥	2018-12-01
傅抱石 柳荫美人 立轴	105×30.5cm	7,863,480	香港苏富比	2018-04-02
傅抱石 毛泽东《念奴娇·昆仑》诗意 镜片	34.4×50cm	1,903,800	纽约苏富比	2018-03-22
傅抱石 琵琶行诗意 立轴	178×56cm	103,500,000	北京保利	2018-06-17
傅抱石 清晨过歌乐山 镜心	27.5×39.5cm	1,035,000	北京保利	2018-12-07
傅抱石 人物 镜片	130.5×65.4cm	779,520	万昌斯	2018-05-30
傅抱石 1962年作 清凉台诗意图 扇面	18.5×53.5cm	575,000	中国嘉德	2018-11-21
傅抱石 山居读书图 立轴	92×61cm	4,485,000	北京保利	2018-12-07
傅抱石 听泉观瀑图 镜心	68×45cm	1,472,000	荣宝斋（南京）	2018-01-05

拍品名称	物品尺寸	成交价RMB	拍卖公司	拍卖日期
傅抱石 听松图 镜心	66×36cm	2,185,000	荣宝斋（南京）	2018-07-15
傅抱石 西陵峡 立轴	67.5×51.5cm	3,220,000	中国嘉德	2018-06-19
傅抱石 西那亚又一景 镜框	48.5×56.5cm	8,603,900	佳士得	2018-11-26
傅抱石 溪山风雪 立轴	104×30cm	3,450,000	中贸圣佳	2018-11-24
傅抱石 溪亭访友 镜心	18×50cm	1,127,000	荣宝斋（南京）	2018-07-15
傅抱石 闲趣图 扇面	18×50cm	1,150,000	荣宝斋（济南）	2018-07-01
傅抱石 徐悲鸿 1942年作 洗马图 立轴	175×57cm	14,375,000	北京保利	2018-12-07
傅抱石 1945年作 天削危峰万仞青 立轴	143×46cm	6,440,000	中国嘉德	2018-06-18
傅抱石 渊明载酒图 镜心	83×56cm	14,319,300	保利香港	2018-04-02
傅抱石 执扇仕女图 立轴	100×52cm	598,000	南京经典	2018-07-22
傅抱石 重岩赏泉 镜心	48×56cm	3,818,480	中国嘉德	2018-04-03
傅抱石 醉僧图 立轴	36.5×45.5cm	5,750,000	中国嘉德	2018-06-18
傅斯年 1947年作 行书四言联 立轴	105.5×16cm×2	207,000	中国嘉德	2018-06-18
傅小石 人物（六帧）镜心	尺寸不一	172,500	荣宝斋（南京）	2018-01-05
傅增湘 1938年作 书法《结古缘》镜框	48×125.3cm	142,100	佳士得	2018-05-29
傅增湘 梵经纸书十言联	50.5×9cm×2	299,000	中国嘉德	2018-06-20
高二适 1972年作 草书 立轴	116×42cm	460,000	朵云轩	2018-06-24
高二适 1975年作 草书 倚楼望钟阜诗 立轴	140×69cm	828,000	西泠拍卖	2018-07-07
高二适 1975年作 行书 书告来客 立轴	55.5×18cm	184,000	西泠拍卖	2018-07-07
高二适 1976年作 草书曹操《步出夏门行》手卷	50×366cm	2,300,000	北京保利	2018-06-17
高二适 草书卷 手卷	26×219cm	713,000	朵云轩	2018-06-24
高二适 草书毛主席诗意 立轴	136×67cm	253,000	中国嘉德	2018-01-13
高二适 1973年作 草书 镜框	16×74cm	276,000	朵云轩	2018-06-24
高二适 行书 自作诗 镜片	138×34.5cm	253,000	西泠拍卖	2018-07-07
高二适 黄鹤楼 镜心	97×45cm	218,500	凤凰拍卖	2018-01-21
高二适 毛泽东 七绝 镜心	93.5×25cm	126,500	南京经典	2018-01-06
高二适 沁园春 雪 镜心	95.5×170cm	713,000	凤凰拍卖	2018-01-21
高二适 书法 手卷	画心24×111cm 引首24×76cm 尾跋24×67cm	575,000	南京经典	2018-01-06
高菲 书法 六屏立轴	143×44cm×6	115,000	北京翰海	2018-09-16
高冠华 1993年作 富贵荣华 镜心	137×68cm	115,000	中国嘉德	2018-05-18
高行健 冬日	90×124cm	100,320	金仕发	2018-01-28
高鸿 梅菊竹石图 立轴	157.5×53cm	172,500	中国嘉德	2018-11-22
高剑父 1919年作 花鸟 团扇扇面 镜框	39.5cm	110,875	佳士得	2018-11-26
高剑父 1928年作 玉米蜻蜓 立轴	136.8×67cm	517,500	精诚所至	2018-05-12
高剑父 1933年作 独秀峯 立轴		100,320	金仕发	2018-01-28
高剑父 1935年作 秋菊 立轴	99.3×23.2cm	262,925	香港苏富比	2018-04-02
高剑父 1939年作 椰子 立轴	80×50cm	345,000	北京荣宝	2018-06-14
高剑父 1940年作 书法对联（两幅）立轴	134×28.7cm×2	133,050	佳士得	2018-11-26
高剑父 1942年作 月季 镜框	50.8×45.3cm	101,125	香港苏富比	2018-04-02
高剑父 1944年作 虞美人 立轴	106.6×29.1cm	111,238	香港苏富比	2018-04-02
高剑父 1945年作 恨海难填 立轴	99×52cm	598,000	精诚所至	2018-05-12
高剑父 1945年作 耄耋图 立轴	109.5×49.6cm	207,100	香港苏富比	2018-10-02
高剑父 1916年作 荷塘小鸟 镜片	19×54cm	115,000	广东崇正	2018-07-04
高剑父 草书七言联 立轴	131.5×28cm×2	174,923	中国嘉德	2018-10-03
高剑父 1927年作 鸳鸯海 立轴	94×47.5cm	381,848	中国嘉德	2018-04-03
高剑父 1930年作 山石花卉 立轴	76×39.5cm	205,792	中国嘉德	2018-10-03
高剑父 耕罢 立轴	160.5×99.5cm	2,643,260	佳士得	2018-11-26
高剑父 虎 立轴	122×45cm	172,500	上海敬华	2018-09-11
高剑父 1919年作 渔汀暮雪 立轴	95×41cm	205,792	中国嘉德	2018-10-03
高剑父 尼泊尔世尊像 立轴	48.9×36.2cm	345,000	中国嘉德	2018-06-18
高剑父 宁皆平 等 飞鱼 立轴	34.6×47.625cm	273,680	纽约佳士得	2018-09-11
高剑父 蔷薇 镜框	诗堂17×45cm 题跋24×45cm 50×45cm	218,500	华艺国际	2018-11-17
高剑父 1922年作 草书五言联 对联	137×34cm×2	149,500	中国嘉德	2018-01-13
高剑父 荣棣辉 吴慈堪 谭声鉅 靳巩 古树垂阴 书法 立轴	高画92×43cm 书法67×33cm×4	126,500	广东崇正	2018-07-04
高剑父 徐锜 忽雷图 冲雪仿碑图 立轴	画心109×14.5cm 画心89.5×29cm	402,500	西泠拍卖	2018-07-07
高磊 2018年作 硕果累累 镜心	138×68cm	119,600	北京保利	2018-11-19
高磊 2018年作 万事如意 镜心	138×68cm	119,600	北京保利	2018-11-19
高马得 人物 镜心	68×139cm	105,800	南京经典	2018-07-22
高马得 钟馗嫁妹 手卷	22×92cm	112,700	北京荣宝	2018-06-14
高奇峰 1911年作 荷塘小憩 立轴	134.6×45.7cm	239,800	香港苏富比	2018-10-02
高奇峰 1917年作 白鹭 镜片	120×47cm	690,000	精诚所至	2018-05-12
高奇峰 1917年作 三秋图 镜框	114×33cm	546,250	华艺国际	2018-11-17
高奇峰 1924年作 清猿图 立轴	137×52cm	4,600,000	华艺国际	2018-05-23
高奇峰 1932年作 雁鹅图 立轴	128.5×65.5cm	609,813	佳士得	2018-11-26
高奇峰 陈树人 柳梢翠鸟 立轴	130×32.6cm	163,500	香港苏富比	2018-10-02
高奇峰 丹心 立轴	172.5×59.1cm	3,591,960	香港苏富比	2018-04-02
高奇峰 1917年作 三秋图 立轴	112×33cm	334,117	中国嘉德	2018-04-03
高奇峰 行书五言联 立轴	136×33cm×2	115,000	广东崇正	2018-07-04
高奇峰 花鸟 镜心	124×40cm	207,000	荣宝斋（济南）	2018-07-01
高奇峰 花鸟图	53×56cm	813,560	中正拍卖	2018-06-28
高奇峰 芦中人 立轴	125.2×47.2cm	523,200	香港苏富比	2018-10-02
高奇峰 猫头鹰 立轴	87×32cm	519,800	广东省拍	2018-09-20
高奇峰 忘筌 镜片	27×35cm	322,000	广东崇正	2018-07-04
高奇峰 温其球 寿石海棠 立轴	94×40cm	109,250	华艺国际	2018-11-17
高奇峰 雾峰 立轴	137.8×34.3cm	555,913	纽约佳士得	2018-09-11
高舆 行书五言诗 立轴	174.2×44.8cm	230,000	北京保利	2018-12-08
高云 泛舟图 镜心	35×137cm	207,000	南京经典	2018-07-22
高云 临风抒怀 镜心	68×137cm	207,000	南京经典	2018-01-06
高云 秋色宜人 镜心	67.5×135cm	276,000	凤凰拍卖	2018-01-21
高云 日出观山 镜框	34×104cm	111,650	佳士得	2018-05-29
高云 坐观如画江山 镜心	69×137cm	218,500	中贸圣佳	2018-06-20
郜宗远 2017年作 江山如此多娇 镜心	97×183cm	368,000	北京翰海	2018-09-16
戈湘岚 等 书画 立轴 四屏	64.5×31.5cm×4	172,500	荣宝斋（济南）	2018-07-01
戈湘岚 林雪岩 张托 吴研耕 书画四屏立轴	65×32cm×4	149,500	南京经典	2018-01-06
戈湘岚 猿啼 立轴	84×31cm	103,500	上海嘉禾	2018-06-25
龚建新 2017年作 古琴 镜心	113×68cm	115,000	北京荣宝	2018-06-14

拍品名称	物品尺寸	成交价RMB	拍卖公司	拍卖日期
龚文桢 1988年作 喜鹊登枝 镜片	64.5×130.5cm	103,500	北京荣宝	2018-09-14
龚文桢 1998年作 相依 镜心	96×179cm	368,000	北京荣宝	2018-05-18
龚文桢 2003年作 双喜 镜心	100×80cm	115,000	北京荣宝	2018-05-18
龚文桢 梅竹报喜 镜心	68×135cm	310,500	北京荣宝	2018-12-03
龚文桢 桃花山鸟 镜心	68×68cm	184,000	北京荣宝	2018-09-14
辜鸿铭 行书 "浚哲文明"	26.5×124.5cm	460,000	中国嘉德	2018-06-20
古龙 行书 松虬如龙 镜片	67×35cm	115,000	西泠拍卖	2018-07-08
古元 白洋淀之秋 镜心	33.2×42.7cm	109,250	中国嘉德	2018-11-21
古元 池边 镜心	37.3×53.0cm	115,000	中国嘉德	2018-11-21
古元 春花 镜心	27.5×37.0cm	126,500	中国嘉德	2018-11-21
古元 江南初夏 镜心	38.5×53.5cm	299,000	中国嘉德	2018-11-21
古元 井冈云海 镜心	33.0×48.0cm	138,000	中国嘉德	2018-11-21
古元 静静的松花湖 镜心	35.5×45.7cm	103,500	中国嘉德	2018-11-21
古元 漓江风光 镜心	34.5×53.5cm	218,500	中国嘉德	2018-11-21
古元 满湖春水 镜心	36.5×55.8cm	195,500	中国嘉德	2018-11-21
古元 山环水绕 镜心	37.5×53.0cm	103,500	中国嘉德	2018-11-21
古元 松江渔乐 镜心	37.0×51.0cm	103,500	中国嘉德	2018-11-21
古元 太行之秋 镜心	34.5×45.5cm	218,500	中国嘉德	2018-11-21
古元 太湖之春 镜心	35.3×46.3cm	103,500	中国嘉德	2018-11-21
古元 溪水淙淙 镜心	37.8×51.5cm	115,000	中国嘉德	2018-11-21
古元 乡村小景 镜心	38.5×53.2cm	126,500	中国嘉德	2018-11-21
古元 雪后的傍晚 镜心	35.5×53.0cm	253,000	中国嘉德	2018-11-21
古元 雪后斜阳 镜心	37.0×51.2cm	264,500	中国嘉德	2018-11-21
古元 扬帆 镜心	39.0×54.0cm	126,500	中国嘉德	2018-11-21
古元 雨后天晴 镜心	42.3×53.5cm	103,500	中国嘉德	2018-11-21
古元 阵阵秋风 镜心	38.2×55.5cm	230,000	中国嘉德	2018-11-21
古元 昨夜大雪 镜心	37.7×49.7cm	115,000	中国嘉德	2018-11-21
谷文达 2006年作 遗失的王朝	96×60cm	138,000	中贸圣佳	2018-11-24
顾坤伯 1941年作 松云山居图 立轴	133×32cm	115,000	西泠拍卖	2018-07-08
关良 1940年作 坐宫	68×34cm	101,125	邦瀚斯	2018-04-03
关良 1945年作 乌龙院 立轴	53.5×32cm	283,150	香港苏富比	2018-04-02
关良 1946年作 审头刺汤图 镜片	66×33.5cm	241,500	西泠拍卖	2018-07-08
关良 1959年作 游湖 镜心	33×42cm	477,310	中国嘉德	2018-04-03
关良 1965年作 红灯记 立轴	34×32.5cm	379,500	北京诚轩	2018-06-16
关良 1969年作 太白醉写图 镜框	42×32cm	218,000	香港苏富比	2018-10-02
关良 1972年作 打虎图 画心	48.5×34cm	149,500	西泠拍卖	2018-07-08
关良 1973年作 戏曲人物 镜片	49.5×43.5cm	161,000	西泠拍卖	2018-07-08
关良 1977年作 三打白骨精 镜框	57.5×42cm	287,500	华艺国际	2018-05-23
关良 1977年作 三打白骨精图 画心	87×66.5cm	517,500	西泠拍卖	2018-07-08
关良 1977年作 沙家浜 立轴	33.5×44.5cm	690,000	华艺国际	2018-11-16
关良 1977年作 孙悟空三打白骨精	72.5×57cm	437,000	西泠拍卖	2018-07-07
关良 1978年作 贵妃醉酒 镜心	69.5×44.5cm	161,000	北京匡时	2018-06-15
关良 1978年作 红楼梦 镜框	65.5×44cm	287,500	华艺国际	2018-05-23
关良 1978年作 三打白骨精 画心	35×33.5cm	201,250	西泠拍卖	2018-07-07
关良 1978年作 孙悟空 立轴	69×42cm	172,500	华艺国际	2018-11-16
关良 1978年作 孙悟空三打白骨精 立轴	66×44cm	220,800	上海嘉禾	2018-06-25
关良 1978年作 太白醉写 立轴	122×69.4cm	809,000	香港苏富比	2018-04-02
关良 1979年作 宝黛初见 镜心	46×34cm	322,000	上海匡时	2018-04-30
关良 1979年作 东郭先生受教图 镜心	66×43cm	230,000	北京荣宝	2018-06-14
关良 1979年作 拾玉镯 镜框	70×69cm	230,000	华艺国际	2018-05-23
关良 1979年作 拾玉镯图 镜心	68×45cm	195,500	保利山东	2018-11-22
关良 1979年作 西游人物图 立轴	67×45.5cm	483,000	上海匡时	2018-04-30
关良 1979年作 钟馗图 立轴	68×45cm	299,000	西泠拍卖	2018-07-08
关良 1980年作 百花赠剑	68×48cm	483,000	北京保利	2018-06-20
关良 1980年作 瓶花	66×44.5cm	782,000	西泠拍卖	2018-07-07
关良 1980年作 铁弓缘 立轴	68×46cm	138,000	北京保利	2018-06-17
关良 1981年作 瓶花 镜心	69×45.5cm	161,000	北京匡时	2018-06-15
关良 1982年作 贵妃醉酒图 镜心	137×67.5cm	1,725,000	上海匡时	2018-04-30
关良 1983年作 十八罗汉斗悟空图 画心	136.5×67.5cm	690,000	西泠拍卖	2018-07-08
关良 1983年作 十八罗汉斗悟空图 画心	136.5×67.5cm	598,000	西泠拍卖	2018-09-28
关良 1984年作 悟空戏虎图 镜片	42.5×32cm	172,500	西泠拍卖	2018-07-08
关良 1986年作 孙大圣 镜框	46×34cm	172,500	华艺国际	2018-05-23
关良 1986年作 戏曲人物 手卷	字30×90cm 人物30×177cm	1,058,000	华艺国际	2018-05-23
关良 白蛇传人物图 镜片	33.5×33.5cm	253,000	西泠拍卖	2018-07-08
关良 棒打薄情郎 立轴	68×45cm	368,000	中贸圣佳	2018-06-20
关良 1976年作 东郭先生受教图 立轴	43×34cm	113,186	中国嘉德	2018-10-03
关良 1976年作 晴雯补裘 立轴	53×34.5cm	102,896	中国嘉德	2018-10-03
关良 1986年作 风雪山神庙 立轴	43×28.5cm	124,101	中国嘉德	2018-04-03
关良 彩楼配 镜心	34×27cm	190,924	中国嘉德	2018-04-03
关良 打虎图	32×37cm	253,000	北京保利	2018-06-20
关良 打渔杀家 镜心	43×33cm	305,478	中国嘉德	2018-04-03
关良 1977年作 林冲夜奔 镜片	46×33cm	149,500	广东崇正	2018-07-05
关良 1977年作 奋起千钧棒 镜心	44×33cm	190,924	中国嘉德	2018-04-03
关良 1977年作 金猴奋起金箍棒 立轴	47×32cm	264,500	中国嘉德	2018-05-18
关良 1977年作 戏曲人物 立轴	70.5×52.5cm	154,344	中国嘉德	2018-10-03
关良 贩马记人物图 画心	75×69cm	149,500	西泠拍卖	2018-07-08
关良 贵妃醉酒 镜框	68.5×46cm	177,400	佳士得	2018-11-26
关良 贵妃醉酒 镜心	32.5×44.5cm	144,054	中国嘉德	2018-10-03
关良 花鼓图 立轴	33×34cm	138,000	华艺国际	2018-03-30
关良 1979年作 贵妃醉酒 镜框	67×45cm	172,500	上海嘉禾	2018-06-25
关良 1979年作 贵妃醉酒 镜片	116.5×66cm	230,000	广东崇正	2018-07-04
关良 1979年作 孙悟空与铁扇公主 镜片	45×34cm	115,000	广东崇正	2018-07-04
关良 1979年作 鸿鸾禧 立轴	65×45.5cm	238,655	中国嘉德	2018-04-03
关良 1979年作 举鼎观图 镜心	37×24.5cm	195,502	中国嘉德	2018-10-03
关良 1979年作 武剧图 立轴	67.5×46cm	115,000	中国嘉德	2018-11-20
关良 1979年作 戏剧人物 立轴	67×46cm	345,000	中国嘉德	2018-01-13
关良 蒋干盗书 镜框	32×38cm	230,000	华艺国际	2018-05-23
关良 今日欢呼孙大圣 镜片	124×67cm	690,000	广东崇正	2018-07-04
关良 金猴 立轴	46×34cm	144,054	中国嘉德	2018-10-03
关良 金猴奋起千钧棒 镜心	73×32cm	138,000	北京翰海	2018-01-14
关良 京剧人物 镜框	27×33cm	115,000	北京华辰	2018-11-20
关良 楷书五言联 画心	108×34cm×2	368,000	西泠拍卖	2018-07-08
关良 李逵 镜框	46×35cm	138,000	华艺国际	2018-11-16
关良 李逵扯诏 镜框	68×46cm	230,000	华艺国际	2018-05-23
关良 李逵扯诏 镜框	59×34.5cm	230,000	华艺国际	2018-05-23
关良 林冲造反 立轴	57×41cm	172,500	保利厦门	2018-01-08
关良 鲁智深大闹五台山图 画心	68×46cm	195,500	西泠拍卖	2018-07-08
关良 闹桃图 镜片	33.5×32cm	103,500	西泠拍卖	2018-07-07
关良 瓶花静物	83.5×59.5cm	334,117	保利香港	2018-03-29

拍品名称	物品尺寸	成交价RMB	拍卖公司	拍卖日期
关良 人物画稿（五帧）画心	68×44cm 30.5×25.5cm 46×34cm×3	126,500	西泠拍卖	2018-07-08
关良 人物舞剑图 镜心	58×40cm	161,000	南京经典	2018-07-22
关良 三打白骨精	31×41cm	218,500	中贸圣佳	2018-11-24
关良 三打白骨精	21×28cm	207,000	北京保利	2018-06-20
关良 三打白骨精 画心	68.5×50cm	172,500	西泠拍卖	2018-07-08
关良 三打白骨精 立轴	120×57cm	529,000	广东崇正	2018-07-04
关良 石秀智杀裴如海图 镜框	70×45cm	287,500	华艺国际	2018-05-23
关良 水浒人物图 画心	33.5×34.5cm	149,500	西泠拍卖	2018-07-08
关良 孙悟空	21×30.3cm	305,200	香港苏富比	2018-10-01
关良 乌龙苑 立轴	35×35cm	149,500	北京荣宝	2018-12-03
关良 武剧人物 镜心	44.5×33.5cm	164,634	中国嘉德	2018-10-03
关良 武剧人物 立轴	69.5×48cm	143,193	中国嘉德	2018-04-03
关良 武剧人物图 镜片	40×39cm	172,500	西泠拍卖	2018-07-08
关良 武剧人物图 镜片	34×32.5cm	161,000	西泠拍卖	2018-07-08
关良 武剧人物图 镜片	31×28.5cm	149,500	西泠拍卖	2018-07-08
关良 武剧人物图 镜心	44×36.5cm	143,750	荣宝斋（济南）	2018-07-01
关良 武剧图 立轴	132×66cm	897,000	华艺国际	2018-05-23
关良 武剧图 立轴	30.5×28cm	143,193	中国嘉德	2018-04-03
关良 武松打虎 镜片	45.5×23cm	109,250	广东崇正	2018-01-21
关良 武松打虎图 画心	90×67cm	161,000	西泠拍卖	2018-07-08
关良 武松打虎图 画心	90×67cm	126,500	西泠拍卖	2018-09-28
关良 武松醉打蒋门神图 画心	34.5×33.5cm	322,000	西泠拍卖	2018-07-08
关良 1978年作 戏曲人物 立轴	67.5×45cm	115,000	中国嘉德	2018-06-19
关良 1978年作 金猴奋起千钧棒 立轴	73×40cm	115,000	北京华辰	2018-11-20
关良 1978年作 瓶花 立轴	67×45cm	391,005	中国嘉德	2018-10-03
关良 西游记 立轴	66.5×45.5cm	379,500	荣宝斋（南京）	2018-07-15
关良 戏剧人物 镜心	36×34.5cm	181,378	中国嘉德	2018-04-03
关良 戏剧人物 立轴	23.5×30cm	226,371	中国嘉德	2018-10-03
关良 戏剧人物 立轴	34×45.1cm	162,285	中国嘉德	2018-04-03
关良 戏剧人物 立轴	44.8×34.1cm	162,285	中国嘉德	2018-04-03
关良 戏剧人物图 镜片	33×33cm	105,800	西泠拍卖	2018-09-28
关良 戏曲人物 镜心	33.5×34cm	172,500	荣宝斋（济南）	2018-07-01
关良 献寿图 镜心	69×34cm	264,500	荣宝斋（济南）	2018-07-01
关良 小放牛 立轴	68×45cm	230,000	中贸圣佳	2018-06-20
关良 1961年作 十三妹 镜心	51×36.5cm	322,000	中国嘉德	2018-11-20
关良 新石门洞图 立轴	53×38.5cm	299,000	西泠拍卖	2018-07-08
关良 夜读西厢图 镜片	32×32cm	195,500	西泠拍卖	2018-07-08
关良 1985年作 虞姬舞剑 镜心	131.8×69.4cm	805,000	北京诚轩	2018-06-16
关良 1945年作 打渔杀家 镜心	26×32.5cm	458,218	中国嘉德	2018-04-03
关良 游湖 立轴	23.5×30.5cm	349,846	中国嘉德	2018-10-03
关良 游龙戏凤 立轴	32×33cm	171,832	中国嘉德	2018-04-03
关良 钟馗 镜心	66×44cm	287,500	中贸圣佳	2018-06-20
关良 钟馗图 画心	95×59cm	575,000	西泠拍卖	2018-07-08
关良 钟馗图 画心	95×59cm	552,000	西泠拍卖	2018-09-28
关良 朱屺瞻 1975年作 李逵扯诏谤徽宗图 画心	128×34cm	552,000	西泠拍卖	2018-07-08
关山月 1939年作 哨兵 镜片	93.8×41.6cm	460,000	广东崇正	2018-07-04
关山月 1942年作 春耕 立轴	102×40cm	460,000	精诚所至	2018-05-12

拍品名称	物品尺寸	成交价RMB	拍卖公司	拍卖日期
关山月 1943年作 雀跃图 立轴	115×31.5cm	184,000	广东崇正	2018-07-04
关山月 1945年作 野渡无人舟自横 立轴	102×31cm	184,000	北京保利	2018-06-17
关山月 1947年作 雄鸡一鸣天下白 镜片	123×61.5cm	632,500	广东崇正	2018-07-04
关山月 1948年作 松山隐士 立轴	124.4×47cm	304,500	佳士得	2018-05-29
关山月 1948年作 渔村唱晚 镜框	94×45cm	345,000	华艺国际	2018-11-17
关山月 1949年作 雁群 镜片	101×89cm	115,000	广东崇正	2018-07-04
关山月 1956年作 归来鱼满仓 镜框	108×40.5cm	690,000	华艺国际	2018-11-16
关山月 1972年作 报春图 镜心	93.5×59cm	667,000	中国嘉德	2018-11-20
关山月 1975年作 报春图 镜片	135×67.5cm	1,150,000	广东崇正	2018-07-04
关山月 1976年作 花市归来 镜心	69×45cm	805,000	上海匡时	2018-04-30
关山月 1977年作 报春图 立轴	100.5×53.5cm	496,402	中国嘉德	2018-04-03
关山月 1978年作 梅雀图 镜框	33×46cm	126,500	华艺国际	2018-11-16
关山月 1980年作 双清图 镜心	34×107cm	362,756	保利香港	2018-04-02
关山月 1982年作 红梅 镜片	68.5×46.5cm	552,000	广东崇正	2018-07-04
关山月 1982年作 祁连春牧 镜片	93×46.5cm	690,000	广东崇正	2018-07-05
关山月 1982年作 乾坤清气 镜心	100.5×53cm	402,500	中国嘉德	2018-11-20
关山月 1982年作 铁骨幽香雪里梅 镜心	82×148cm	690,000	北京翰海	2018-05-13
关山月 1984年作 太平洋彼岸风光 镜片	54×80cm	1,552,500	广东崇正	2018-07-04
关山月 1985年作 翠竹雏鸡图 立轴	135×67cm	103,500	中国嘉德	2018-05-19
关山月 1986年作 梅花又报春消息 镜心	68×98.5cm	575,000	上海匡时	2018-04-30
关山月 1987年作 双清图 立轴	114×48cm	195,500	中国嘉德	2018-06-18
关山月 1987年作 早发白帝城 镜片	95×95cm	2,070,000	广东崇正	2018-07-04
关山月 1989年作 草书五言联 对联	136×33cm×2	115,000	中国嘉德	2018-01-13
关山月 1992年作 梅花双清 立轴	90×34cm	402,500	华艺国际	2018-11-16
关山月 1996年作 草书七言联 镜心	178×43cm×2	149,500	北京荣宝	2018-06-14
关山月 1998年作 俏也不争春 镜片	53×234cm	3,680,000	广东崇正	2018-07-04
关山月 报春图 镜心	107×35cm	575,000	荣宝斋（上海）	2018-01-21
关山月 1986年作 红梅 镜片	33×46cm	138,000	广东崇正	2018-07-04
关山月 春迅图 镜框	82×46cm	103,960	广东省拍	2018-09-20
关山月 等 1949年作 花卉 立轴	135×69cm	103,500	华艺国际	2018-05-23
关山月 泛舟图 镜框	46×60cm	345,000	华艺国际	2018-11-17
关山月 1990年作 墨梅 镜片	41.5×62cm	160,000	上海驰翰	2018-06-25
关山月 关保民 梅花牡丹 镜片	83×150cm	632,500	广东崇正	2018-07-04
关山月 行书五言联 立轴	134×32cm×2	138,000	广东崇正	2018-01-21
关山月 红梅 镜片	35×45.5cm	195,500	广东崇正	2018-01-21
关山月 红梅 镜片	43.8×33.3cm	149,500	广东崇正	2018-07-04
关山月 红梅 立轴	39×50cm	310,500	广东崇正	2018-01-21
关山月 红梅 立轴	137×68cm	126,500	荣宝斋（上海）	2018-01-21
关山月 花鸟 镜框	34×46cm	138,000	广东衡益	2018-07-01
关山月 黄君璧 赵少昂 杨善深 等 雪泥鸿爪 册页（十九开选四）	33×45.5cm×19	207,000	广东崇正	2018-07-04
关山月 黄洋界 镜框	49×67.5cm	3,507,500	华艺国际	2018-05-23
关山月 1979年作 人间春色 镜片	58×39.5cm	207,000	广东崇正	2018-07-04
关山月 江南水乡 镜片	52×69cm	920,000	广东崇正	2018-07-04
关山月 江畔人家 镜片	48×57.5cm	517,500	广东崇正	2018-07-04
关山月 梅花 镜片	直径37cm	119,328	香港诚昌	2018-04-02
关山月 梅花 镜心	137×70cm	1,380,000	荣宝斋（济南）	2018-07-01

拍品名称	物品尺寸	成交价RMB	拍卖公司	拍卖日期
关山月 梅花图 镜框	181×60cm	3,450,000	华艺国际	2018-05-23
关山月 树荫佳趣 立轴	113.5×69cm	862,500	广东崇正	2018-01-21
关山月 万山红遍 镜片	95.4×178.5cm	594,938	纽约苏富比	2018-03-23
关山月 写生（一本）册页	26.5×35cm×12	904,000	广东省拍	2018-09-20
关山月 杨善深 梅花·草书五言诗 扇面	16×52cm	195,502	中国嘉德	2018-10-03
关山月 幽香铁骨颂梅魂 镜片	52×116cm	1,035,000	广东崇正	2018-07-04
关松房 山水 镜心	26.5×39cm	115,000	荣宝斋（南京）	2018-01-05
管峻 行书毛词 镜心	68.5×137cm	115,000	中贸圣佳	2018-06-20
管峻 楷书“醉翁亭记”镜心	26×161.5cm	166,750	荣宝斋（南京）	2018-01-05
管峻 楷书苏轼文选 镜心	本幅26×344.5cm	345,000	中贸圣佳	2018-06-20
管平湖 秋虫图 立轴	255×70cm	207,000	中贸圣佳	2018-11-24
管伟邦 2017年作 君子（六幅）镜框	200×12cm×6	162,400	佳士得	2018-05-28
郭传璋 1963年作 丰沙线新貌 镜心	76.5×123.5cm	172,500	中国嘉德	2018-06-19
郭大维 齐白石 鸭戏图 镜心	48×179cm	207,000	荣宝斋（上海）	2018-01-21
郭德昌 吴山神韵	136×69cm	632,500	北京翰海	2018-06-30
郭迪康 2017年作 天山豪情 镜心	154×105.5cm	205,792	保利香港	2018-10-01
郭迪康 大唐西市 镜心	228×174cm	477,310	保利香港	2018-04-02
郭公元 2014年作 瑞气盈门	70×34cm	115,000	北京翰海	2018-06-30
郭公元 2014年作 紫藤清供图 镜心	100.5×50.5cm	172,500	北京荣宝	2018-06-14
郭关 2017年作 行书对联 镜心	136×33cm×2	115,000	北京保利	2018-12-06
郭辉 2015年作 游侠	142×89cm	103,500	中贸圣佳	2018-11-24
郭沫若 1962年作 行草书 立轴	134.5×66.5cm	805,000	北京翰海	2018-06-29
郭沫若 1962年作 行书 立轴	94.5×54cm	345,000	上海嘉禾	2018-06-25
郭沫若 1962年作 行书《登鼓山》	69.5×43cm	131,463	邦瀚斯	2018-04-03
郭沫若 1963年作 草书四言联 立轴	68×20.5cm×2	483,000	中国嘉德	2018-11-20
郭沫若 1965年作 行书毛主席诗词 立轴	91×40cm	345,000	北京荣宝	2018-06-14
郭沫若 草书 立轴	92×29.5cm	172,500	荣宝斋（南京）	2018-01-05
郭沫若 草书五言诗 镜心	66×33.5cm	172,500	北京匡时	2018-06-16
郭沫若 行书 立轴	63.5×28.5cm	115,000	荣宝斋（南京）	2018-01-05
郭沫若 行书“鸿斋”镜心	69×138cm	805,000	北京匡时	2018-06-16
郭沫若 行书《颂延安》	136×66cm	586,525	邦瀚斯	2018-04-03
郭沫若 行书格言 立轴	81×28.5cm	143,193	中国嘉德	2018-04-03
郭沫若 行书毛主席诗 立轴	92×40.5cm	287,500	荣宝斋（南京）	2018-07-15
郭沫若 行书七言诗 立轴	130.5×25.5cm	1,322,500	北京荣宝	2018-06-14
郭沫若 行书王荆公诗 立轴	95×33cm	287,500	北京荣宝	2018-12-03
郭沫若 行书五言诗 镜心	124.5×38.5cm	207,000	中国嘉德	2018-06-19
郭沫若 行书五言诗 立轴	130×57cm	138,000	荣宝斋（南京）	2018-01-05
郭沫若 行书自作诗《天安门广场》镜心	167.5×87.5cm	2,070,000	北京保利	2018-12-07
郭沫若 1944年作 行书 立轴	132×32cm	195,500	中国嘉德	2018-06-19
郭沫若 毛主席诗三十七首 手卷	引首30×40cm 书法30×1029cm	4,600,000	华艺国际	2018-11-16
郭沫若 暮色 立轴	92×41cm	517,500	凤凰拍卖	2018-01-21
郭沫若 飒爽英姿 立轴	71.5×41cm	402,500	凤凰拍卖	2018-01-21
郭沫若 书法	长110cm 宽38cm	550,000	中正拍卖	2018-05-31
郭沫若 书法	109×54cm	500,000	北京贞观	2018-07-15
郭沫若 书法 镜框	52×22cm	368,000	华艺国际	2018-11-16
郭沫若 书法 镜心	88×68cm	172,500	保利厦门	2018-01-08
郭沫若 书法 立轴	82.3×20cm	341,040	万昌斯	2018-05-30
郭沫若 树立雄心 镜心	102.5×23cm×2	172,500	凤凰拍卖	2018-01-21
郭沫若 为人民服务 镜心	27×24cm	103,500	北京诚轩	2018-06-16
郭沫若 于立群 1963年作 自作词《满江红》·东风骀荡 镜心	70×41.5cm	230,000	北京诚轩	2018-06-16
郭沫若 于立群 1965年作 行书毛泽东词四首 四体书法合卷 手卷	郭书法15×104cm 于书法165×340cm	862,500	广东崇正	2018-07-04
郭沫若 于立群 曹轶欧 行书毛主席词三首 镜心	42.5×160cm	552,000	中国嘉德	2018-11-20
郭石夫 2014年作 藤萝 镜心	138×35cm	460,000	北京荣宝	2018-06-14
郭石夫 空山知已 镜心	178×72cm	184,000	北京荣宝	2018-05-18
郭石夫 三清图 镜心	137×68cm	103,500	荣宝斋（济南）	2018-06-30
郭绶珊 张大千 1935年作 巫峡清秋 镜心	95×31cm	184,000	中国嘉德	2018-06-19
郭西元 2014年作 大福寿 镜心	69×34cm	115,000	北京保利	2018-11-19
郭显中 2003年作 同醉 镜心	68×68cm	460,000	北京荣宝	2018-06-14
郭秀仪 齐白石 1951年作 海棠秋色 立轴	102×34cm	184,000	北京保利	2018-12-07
郭秀仪 齐白石 1952年作 红梅 立轴	100×33cm	575,000	北京保利	2018-12-07
郭秀仪 齐白石 1952年作 墨虾 立轴	69×33cm	207,000	北京保利	2018-12-07
郭秀仪 齐白石 耕牛图 镜框	70×53cm	632,500	北京保利	2018-12-07
郭秀仪 齐白石 鸡雏 立轴	105×33cm	115,000	北京保利	2018-12-07
郭怡孮 2006年作 菖蒲 镜心	69×68cm	126,500	北京保利	2018-06-18
郭怡孮 2018年作 新霞 镜心	68×131cm	264,500	北京荣宝	2018-09-14
郭怡孮 彼泽之陂有荷与蒲 镜心	156.5×125.0cm	598,000	中国嘉德	2018-11-22
郭怡孮 晨光 镜心	91×69.5cm	138,000	北京保利	2018-12-06
郭怡孮 春光烂漫 镜心	96×180cm	264,500	北京保利	2018-11-19
郭怡孮 春兰幽香图 镜心	105×236cm	287,500	中国嘉德	2018-01-13
郭怡孮 富贵长春图 镜心	137×69cm	218,500	北京荣宝	2018-09-14
郭怡孮 浓春图 镜心	153×234.5cm	305,478	保利香港	2018-04-02
郭怡孮 山花烂漫 镜心	69×138cm	184,000	北京保利	2018-12-06
郭怡孮 月明风清 镜心	137×69cm	184,000	北京荣宝	2018-05-18
郭怡孮 2018年作 春风图 镜心	130.0×66.0cm	161,000	中国嘉德	2018-11-22
郭怡孮 文殊兰 镜心	67.5×66.5cm	115,000	荣宝斋（济南）	2018-06-30
郭怡孮 幽兰出深谷 镜心	97×180cm	402,500	北京翰海	2018-09-16
海防图（一卷）	32×886cm	143,750	北京保利	2018-12-07
韩必省 2017年作 不用扬鞭自奋蹄 镜心	95.5×176cm	4,600,000	北京荣宝	2018-06-14
韩必省 2017年作 行万里路 立轴	69×69cm	138,000	北京荣宝	2018-06-14
韩必省 2017年作 吉祥如意 镜心	68×134.5cm	1,840,000	北京荣宝	2018-06-14
韩必省 2017年作 君子同德 镜心	69×137cm	184,000	北京荣宝	2018-06-14
韩必省 2017年作 戊戌旺福 镜心	68×78cm	1,150,000	北京荣宝	2018-06-14
韩必省 花鸟 册页（八开）	35×18cm； 35×35cm×8	230,000	北京荣宝	2018-06-14
韩不言 花鸟 四屏镜框	130×33cm×4	138,000	未来四方	2018-01-20
韩庚男 书法 立轴	134×68cm	112,000	上海云顶	2018-11-24
韩庚男 书法 立轴	67×63cm	112,000	上海云顶	2018-11-24
韩美林 1986年作 和为贵 镜心	69×65cm	161,000	北京荣宝	2018-12-03

拍品名称	物品尺寸	成交价RMB	拍卖公司	拍卖日期
韩美林 1992年作 奔马 镜心	68×85cm	132,250	北京荣宝	2018-05-18
韩美林 1992年作 马 镜心	69×88cm	253,000	北京荣宝	2018-12-03
韩美林 1997年作 大鹏图 镜心	96×178cm	310,500	北京荣宝	2018-05-18
韩美林 1999年作 女人体 镜心	55×75cm	115,000	北京荣宝	2018-09-14
韩美林 2008年作 牛 镜心	68×136cm	138,000	北京保利	2018-06-17
韩美林 2011年作 双骏 镜心	68×249cm	1,265,000	北京荣宝	2018-09-14
韩美林 2012年作 牛 镜心	52×86cm	172,500	北京荣宝	2018-09-14
韩美林 大牛图 镜心	89×145cm	632,500	保利厦门	2018-07-15
韩美林 马 镜心	67×137cm	172,500	中国嘉德	2018-05-18
韩美林 马到成功 镜心	68×92cm	138,000	荣宝斋（济南）	2018-07-01
韩美林 孺子牛 镜心	70.0×140.0cm	253,000	中国嘉德	2018-11-22
韩美林 小鹿 镜心	35.5×38.5cm	195,500	中国嘉德	2018-11-22
韩敏 达摩 镜心	121×69cm	103,500	荣宝斋（上海）	2018-01-21
韩书力 1974年作 胸有朝阳 镜心	203×103.5cm	552,000	中国嘉德	2018-11-21
韩天衡 1997年作 莲塘小憩 手卷	32×272cm	230,000	北京荣宝	2018-05-18
韩天衡 韩天衡书画合册 册页	34×34cm×24	920,000	北京荣宝	2018-06-14
韩羽 戏剧人物 册页（十开）	28×28cm×10	517,500	中国嘉德	2018-06-20
杭世骏 梁时正 张曾太 等 扇面册页	尺寸不一	149,500	北京保利	2018-12-07
郝凤先 2016年作 惠风 镜心	50×50cm	103,500	北京翰海	2018-01-14
郝鹤君 春夏秋冬 镜片	182×72cm×4	678,000	广东省拍	2018-09-20
郝量 2011年作 猎人与地狱变	230×147cm	9,455,420	佳士得	2018-11-24
郝量 2011年作 帕洛玛尔的烟云	55×22cm 44×22cm	644,000	北京匡时	2018-12-06
郝量 城堡	44×21cm	276,000	中国嘉德	2018-11-21
郝世明 草本201502	168.2×168.2cm	230,000	北京荣宝	2018-12-03
何百里 2000年作 朱壑丹枫泉影白镜框	91.7×207.8cm	654,000	香港苏富比	2018-10-02
何百里 2005年作 秋浦雨霁 镜框	49.5×140cm	355,250	佳士得	2018-05-29
何百里 2007年作 龙脊春晓 镜框	27.2×105.5cm	162,400	佳士得	2018-05-29
何百里 2018年作 雾岭青岚 镜框	57.8×111.8cm	310,450	佳士得	2018-11-26
何百里 四季山水（四幅）镜框	23×28cm×4	133,050	佳士得	2018-11-26
何百里 曦望 镜框	72×72cm	456,750	佳士得	2018-05-28
何百明 2018年作 石榴小鸟 镜框	34×149.5cm	138,000	朵云轩	2018-06-24
何宝森 1977年作 清明悲歌图	画心 34.5×1234cm	667,000	北京匡时	2018-12-06
何宝森 1980年作 闻一多在昆明	67.5×45cm	126,500	北京匡时	2018-06-16
何国门 2011年作 白岩前65号系列·花月夜 镜心	93×53cm	115,000	北京保利	2018-05-21
何海霞 1957年作 天堑变通途 镜心	68×115cm	920,000	北京匡时	2018-06-15
何海霞 1973年作 山水清音 镜心	98×45cm	483,000	北京荣宝	2018-06-14
何海霞 1975年作 秦岭新貌 镜心	139×69cm	2,185,000	北京荣宝	2018-06-14
何海霞 1978年作 长城雄姿 立轴	95×48cm	322,000	北京保利	2018-12-08
何海霞 1980年作 香积寺 镜心	68×45cm	506,000	北京保利	2018-12-08
何海霞 1982年作 巴蜀山水 立轴	93×58cm	442,453	保利香港	2018-10-01
何海霞 1982年作 天湖清晓 镜心	135×69cm	690,000	北京保利	2018-12-08
何海霞 1985年作 村居幽赏 扇面镜心	18.5×55.5cm	207,000	北京诚轩	2018-06-16
何海霞 1985年作 华岳雨后亦奇观镜心	99×66cm	345,000	北京保利	2018-12-08
何海霞 1986年作 塞外长城 镜心	68×137cm	1,840,000	北京荣宝	2018-06-14
何海霞 1986年作 幽壑索句图 镜心	66×83cm	1,035,000	北京荣宝	2018-06-14
何海霞 1987年作 天山南北 镜心	143×367cm	9,775,000	北京荣宝	2018-12-03

拍品名称	物品尺寸	成交价RMB	拍卖公司	拍卖日期
何海霞 1989年作 华山绝顶 立轴	本幅96×72.5cm	3,220,000	北京匡时	2018-06-15
何海霞 1990年作 登山 立轴	44×69cm	230,000	北京荣宝	2018-06-14
何海霞 1991年作 行书七言联 立轴	133×32cm×2	149,500	北京荣宝	2018-12-03
何海霞 1996年作 高峡出平湖 立轴	68.5×137cm	3,680,000	北京荣宝	2018-06-14
何海霞 扁舟一棹 立轴	69×44cm	218,500	荣宝斋（南京）	2018-01-05
何海霞 1986年作 松下问童子立轴	67.2×45cm	116,928	万昌斯	2018-05-30
何海霞 赤松读书图 立轴	80×46cm	184,000	中贸圣佳	2018-11-24
何海霞 春江泛舟图 镜心	35×47cm	155,250	北京荣宝	2018-06-14
何海霞 独钓图 镜心	79×46cm	368,000	中贸圣佳	2018-06-20
何海霞 华山秋色 镜心	67×44cm	345,000	荣宝斋（济南）	2018-07-01
何海霞 黄山 镜心	137×70cm	1,380,000	中国嘉德	2018-11-21
何海霞 1994年作 西岳峥嵘 镜心	70×45cm	126,500	中国嘉德	2018-05-18
何海霞 1984年作 山水 花卉册册页	31×45cm×8	115,000	中国嘉德	2018-09-19
何海霞 江南春色 镜框	95×53cm	690,000	上海嘉禾	2018-06-25
何海霞 康巽 1961年作 隔景山水成扇 成扇	19×47cm	322,000	北京匡时	2018-06-15
何海霞 漓江山水图 镜心	60×35cm	126,500	北京荣宝	2018-06-14
何海霞 密涧深处 立轴	82×50cm	470,400	秦宝斋	2018-01-01
何海霞 烹茶图 立轴	128×57cm	943,000	北京保利	2018-06-17
何海霞 蓬莱仙境 镜心	67×66cm	322,000	北京保利	2018-11-19
何海霞 千嶂抱危楼 立轴	66.5×26.5cm	144,054	中国嘉德	2018-10-03
何海霞 清江一曲抱村流 镜片	97×60cm	425,600	秦宝斋	2018-01-01
何海霞 1982年作 华岳清秋 立轴	139×69.5cm	483,000	中国嘉德	2018-06-18
何海霞 1982年作 雨霁新秋 镜心	79.5×52.5cm	368,000	中国嘉德	2018-11-20
何海霞 三峡放舟 立轴	68×46cm	205,792	保利香港	2018-10-01
何海霞 山回路转 镜片	67.5×45.5cm	313,600	秦宝斋	2018-01-01
何海霞 山上飞泉 镜心	96×56.5cm	598,000	北京保利	2018-12-08
何海霞 山水十二景 册页	24.5×34cm×12	241,500	上海嘉禾	2018-06-25
何海霞 陕北高原处处歌 手卷	绘画33×432cm	3,360,000	秦宝斋	2018-01-01
何海霞 松涛岚气图 镜心	68×45cm	230,000	中国嘉德	2018-09-19
何海霞 松溪小艇 立轴	65×25cm	345,000	北京翰海	2018-06-29
何海霞 太行秋色 立轴	134×66cm	2,070,000	上海匡时	2018-04-30
何海霞 唐骊山避暑图 镜心	67×135.5cm	4,600,000	北京保利	2018-06-17
何海霞 唐骊山避暑图 通景四屏镜片	99.4×34.1cm	594,938	纽约苏富比	2018-03-23
何海霞 天风吹海水 扇面镜心	17.4×53.5cm	126,500	北京诚轩	2018-06-16
何海霞 王杰诗意图 镜心	150×82cm	1,725,000	北京匡时	2018-12-06
何海霞 西岳峥嵘 立轴	90×48.5cm	400,940	中国嘉德	2018-04-03
何海霞 西岳壮哉 立轴	96×59cm	230,000	北京保利	2018-12-08
何海霞 香溢满园 镜心	83×150cm	759,000	北京荣宝	2018-06-14
何海霞 1985年作 江南黄叶村 立轴	68×46cm	195,500	广东崇正	2018-07-04
何海霞 云迷卧龙 立轴	137×68cm	2,047,000	北京荣宝	2018-12-03
何海霞 郑乃珖 等 群贤藻绘新天地立轴	106×60cm	402,500	北京荣宝	2018-12-03
何怀硕《渔村》立轴	69×68cm	107,800	伦敦苏富比	2018-05-16
何怀硕 1989年作 吾土吾民之七立轴	66.5×108.5cm	223,300	佳士得	2018-05-28
何加林 2017年作 溪山归牧图 镜心	43.5×67cm	368,000	北京荣宝	2018-06-14
何加林 万仞宫墙 镜心	178×96cm	195,500	荣宝斋（济南）	2018-06-30
何家英 1994年作 红衣少女 镜心	93×68cm	1,725,000	北京荣宝	2018-05-18

拍品名称	物品尺寸	成交价RMB	拍卖公司	拍卖日期
何家英 1994年作 幻想童年 镜心	62×69cm	1,150,000	北京荣宝	2018-06-14
何家英 1995年作 藤荫清暑图 镜心	65.5×67.5cm	1,437,500	鼎天国际	2018-01-07
何家英 1996年作 读书少女 立轴	76×52cm	862,500	北京荣宝	2018-12-03
何家英 1996年作 落红无数淡春晖 镜心	104.5×64.5cm	1,322,500	北京荣宝	2018-09-14
何家英 1998年作 清愁漫漫 镜心	91×57cm	1,495,000	北京荣宝	2018-05-18
何家英 1998年作 人自朦胧月自明 镜框	28×40cm	437,000	北京荣宝	2018-09-14
何家英 1999年作 裸女 镜心	69×83cm	2,070,000	北京荣宝	2018-09-14
何家英 2000年作 梅花娟影	94×68cm	2,760,000	北京翰海	2018-06-30
何家英 2000年作 小院独坐 镜心	38.5×30cm	230,000	北京匡时	2018-06-15
何家英 2005年作 消夏图 镜心	139×70.5cm	2,760,000	北京荣宝	2018-09-14
何家英 2008年作 凝望 镜框	48×48cm	1,380,000	鼎天国际	2018-01-07
何家英 2011年作 阿坝风情 立轴	99×83cm	1,150,000	北京荣宝	2018-12-03
何家英 2017年作 人物 镜框	28×39cm	4,067,800	中正拍卖	2018-06-28
何家英 芭蕉仕女 镜心	47.5×45cm	134,400	秦宝斋	2018-01-01
何家英 1997年作 少女 镜心	29×39cm	402,500	中国嘉德	2018-01-13
何家英 冻月 镜心	97.8×60.3cm	1,322,500	北京荣宝	2018-09-14
何家英 读书图 镜心	54×45cm	322,000	中国嘉德	2018-06-20
何家英 品茗图 镜框	直径33cm	336,000	天津同方	2018-06-13
何家英 人体 镜心	30×39cm	143,750	北京翰海	2018-05-13
何家英 人物	81×91cm	1,579,050	中正拍卖	2018-01-26
何家英 人物 托片	137×70cm	2,175,000	天津同方	2018-06-13
何家英 入梦 镜心	80×92cm	1,322,500	北京荣宝	2018-09-14
何家英 书法 镜心	35×137cm	115,000	北京荣宝	2018-12-03
何家英 1998年作 女人体 行书七言诗 扇面	20×56cm×2	345,000	中国嘉德	2018-01-13
何家英 闲日 镜心	74.5×78cm	2,070,000	荣宝斋（济南）	2018-06-30
何家英 相思 镜心	97×58cm	1,610,000	荣宝斋（济南）	2018-06-30
何维朴 姜筠 盛昱 招子庸 冯文蔚 等 名人便面（二十页）册页（十开）	尺寸不一	218,500	中国嘉德	2018-11-22
何先球 梅山深处 镜心	107×87cm	149,500	中国嘉德	2018-06-20
何香凝 1945年作 墨梅图 镜片	111.5×45cm	172,500	广东崇正	2018-07-04
何香凝 1954年作 绿梅牡丹 镜片	122×42cm	126,500	广东崇正	2018-07-04
何香凝 廖承志 读书图 立轴	128×43cm	575,000	华艺国际	2018-11-16
何香凝 梅花 镜心	113×45cm	310,500	南京经典	2018-01-06
何香凝 墨梅 立轴	34×63cm	138,000	北京荣宝	2018-12-03
何香凝 四季花木图卷 手卷	画33×270cm	598,000	南京经典	2018-07-22
何应钦 顾祝同 王宠惠 薛岳 等 二十八家祝寿书法册（三十页）册页	40×29cm×30	161,000	西泠拍卖	2018-05-05
何裕 楷书毛泽东词 镜心	136×330cm	287,500	未来四方	2018-01-20
贺良朴 写经图卷 手卷	本幅33×124.5cm	299,000	中贸圣佳	2018-11-24
贺天健 1937年作 玩月图 立轴	106×58.5cm	575,000	上海匡时	2018-04-30
贺天健 1959年作 天都采耳图 立轴	148×82cm	1,127,000	北京诚轩	2018-06-16
贺天健 1960年作 浉河秋色 立轴	68.5×33cm	105,800	中国嘉德	2018-06-18
贺天健 1932年作 柳堤叱犊 立轴	109×41cm	149,500	北京诚轩	2018-06-16
贺天健 山樵图 立轴	96.5×25.5cm	121,800	佳士得	2018-05-29
贺天健 山水 镜心	130×64cm	115,000	荣宝斋（济南）	2018-07-01
贺天健 吴湖帆 美人按乐 楷书七绝诗 成扇	17×47cm	138,000	上海泓盛	2018-06-27
贺天健 1958年作 虞山拂水崖 立轴	136×68cm	172,500	中国嘉德	2018-11-21
贺天健 1931年作 观瀑图 立轴	129×53cm	345,000	中国嘉德	2018-01-13
贺天健 俞平伯 红线盗盒 楷书节录《大唐王居士砖塔铭》成扇	17×50cm	345,000	中国嘉德	2018-06-19
贺友直 1988年作 醉八仙 镜片	94×178.5cm	138,000	西泠拍卖	2018-07-08
弘四 如是我闻 镜心	68×137cm	690,000	北京保利	2018-11-19
弘四 真语者 镜心	96×101cm	805,000	北京保利	2018-12-06
弘一（款）书法片 镜心	79×35.5cm	115,000	中贸圣佳	2018-11-25
弘一 1912年作 楷书《登楼赋》立轴	144.5×39.5cm	414,000	北京匡时	2018-06-16
弘一 1915年作 魏碑《道德经》镜心	64×134cm	6,095,000	北京匡时	2018-06-16
弘一 1930年作 楷书“世间虚妄乐”横披	30×136.5cm	5,750,000	北京匡时	2018-12-06
弘一 1931年作 行书十言联 立轴	141.5×19.5cm×2	5,060,000	北京匡时	2018-12-06
弘一 1931年作 楷书十六言联 立轴	108×10cm×2	1,955,000	上海匡时	2018-04-30
弘一 1932年作 佛说五大施经（四幅）立轴 镜框	148×37.5cm×4	8,603,900	佳士得	2018-11-26
弘一 1936年作 行书 七言联 对联	84.5×13cm×2	1,955,000	西泠拍卖	2018-07-07
弘一 1936年作 楷书地藏十轮经 立轴	132×34cm	2,300,000	中国嘉德	2018-11-21
弘一 1937年作 行书四言联 立轴	49×23cm×2	1,909,240	保利香港	2018-04-02
弘一 1938年作 楷书七言联 立轴	58×12cm×2	437,000	上海匡时	2018-04-30
弘一 1939年作 行书《华严经》语 镜心	40×22cm	109,250	北京荣宝	2018-12-03
弘一 1939年作 华严经句 立轴	80×36.5cm	690,000	华艺国际	2018-11-16
弘一 1942年作 楷书华严经句 立轴	79.5×34.5cm	517,500	北京匡时	2018-06-16
弘一 1942年作 楷书五言联 立轴	63×16cm×2	667,000	北京匡时	2018-06-16
弘一 1942年作 明蕅益大师警训 镜片		237,975	纽约佳士得	2018-03-20
弘一 佛 镜框	34.2×29.2cm	384,275	香港苏富比	2018-04-02
弘一 1940年作 行书华严经句 镜心	67×31.5cm	805,000	中国嘉德	2018-06-18
弘一 1930年作 行书“净念相继”横披	21.5×80cm	3,450,000	中国嘉德	2018-06-18
弘一 1930年作 行书“无去亦无来”横披	30×135.5cm	4,715,000	中国嘉德	2018-06-18
弘一 行书 镜框	33.5×26cm	517,500	华艺国际	2018-05-23
弘一 行书“大德堂”镜心	20.5×52.5cm	2,127,500	北京匡时	2018-06-16
弘一 行书“戒定慧”	26×68.5cm	1,725,000	中国嘉德	2018-06-20
弘一 行书《华严经》集句 镜心	58×28cm	1,955,000	北京保利	2018-12-08
弘一 行书《华严经》集句五言联 镜心	68×16.5cm×2	3,220,000	北京保利	2018-12-08
弘一 行书华严经 镜心	16×62cm	1,150,000	北京匡时	2018-12-06
弘一 行书华严经句 镜心	17×31.5cm	207,000	北京匡时	2018-06-16
弘一 行书华严经句 立轴	66.5×28cm	747,500	中国嘉德	2018-06-18
弘一 行书金刚经句 立轴	103×33.5cm	2,070,000	中国嘉德	2018-06-18
弘一 行书警训 立轴	66×27cm	333,500	中国嘉德	2018-11-21
弘一 行书蕅益大师警训 镜心	62×28cm	943,000	北京匡时	2018-12-06
弘一 行书十言联 (一对) 镜片	98.4×18.1cm	317,300	纽约苏富比	2018-03-23
弘一 行书十言联句 立轴	52×15.5cm	713,000	北京匡时	2018-06-16
弘一 行书四言联 立轴	51×16cm×2	782,000	北京匡时	2018-06-16
弘一 华严经龙门对 镜心	111×51cm×2	460,000	北京保利	2018-05-21
弘一 楷书 南无阿弥陀佛 镜片	60.5×31cm	1,150,000	西泠拍卖	2018-07-07
弘一 楷书“南无阿弥陀佛”立轴	63×32cm	1,012,000	北京匡时	2018-06-16

(成交价RMB：10万元以上)

拍品名称	物品尺寸	成交价RMB	拍卖公司	拍卖日期
弘一 楷书七言诗 镜心	32.5×32.5cm	322,000	北京匡时	2018-06-16
弘一 楷书四言联 立轴	127.5×32cm×2	690,000	中国嘉德	2018-11-21
弘一 楷书四言联 立轴	56×16.5cm×2	575,000	北京匡时	2018-06-16
弘一 楷书五言联 镜心	82×33cm	690,000	中贸圣佳	2018-11-24
弘一 楷书自作《花香》词 立轴	133×32.5cm	517,500	北京匡时	2018-06-16
弘一 隶书四言句 横批	34.5×79cm	1,265,000	北京匡时	2018-06-16
弘一 南无阿弥陀佛 立轴	59×27cm	943,000	中贸圣佳	2018-11-24
弘一 1942年作 行书华严经句 立轴	63×26.5cm	345,000	上海嘉禾	2018-03-26
弘一 书法 镜心	23×20.6cm	747,500	北京荣宝	2018-06-14
弘一 书法 立轴	132×34cm	828,000	南京经典	2018-07-22
弘一 书联 镜心	96×15.5cm×2	172,500	南京经典	2018-07-22
弘一 智慧自在 立轴	68×26cm	437,000	中贸圣佳	2018-11-24
洪波 2017年作 朝霞晨风 镜心	35×138cm	115,000	北京保利	2018-06-18
洪周禄 行书李梦阳诗 立轴	158.9×48cm	253,000	北京保利	2018-12-08
洪祝安 深邃	105.5×105.5cm	144,138	佳士得	2018-11-25
侯维钧 华世奎 高凌岳 等 花鸟（四把）成扇	17×50cm×4	126,500	中国嘉德	2018-11-21
胡风 书法手卷 手卷	本幅21×254cm	1,035,000	中贸圣佳	2018-06-20
胡光玮 棣书 立轴 四屏	94×36cm×4	185,213	保利香港	2018-10-01
胡抗美 2002年作 前赤壁赋 手卷	34×1005cm	109,250	北京荣宝	2018-06-14
胡念祖 2016年作 高山雨泊 镜框	69×138.5cm	173,342	台北艺流	2018-12-01
胡念祖 神采山河 册页（二十四开）	尺寸不一	3,044,400	台北艺流	2018-06-30
胡念祖 陶冷月 1991年作 山水小品联册 册页	25×18cm×12	149,500	北京保利	2018-05-21
胡佩衡 1925年作 万壑千岩图 手卷	画心8.5×716.5cm	1,265,000	北京匡时	2018-12-05
胡佩衡 1934年作 深山读易 立轴	115×31cm	218,500	华艺国际	2018-05-23
胡佩衡 山水 四屏立轴	144.5×34cm×4	184,000	中贸圣佳	2018-11-24
胡鹏图 2017年作 胜人一筹 镜心	21×61cm	109,250	北京翰海	2018-01-14
胡若思 1944年作 拟唐人笔意 立轴	103×47cm	138,000	北京荣宝	2018-06-14
胡若思 春山幽赏 立轴	87×33cm	126,500	上海匡时	2018-04-30
胡若思 金碧烟云文殊院 立轴	110×55cm	161,000	北京诚轩	2018-06-16
胡若思 1932年作 策杖观山 立轴	129.0×36.0cm	138,000	中国嘉德	2018-06-19
胡若思 溪亭谈玄 立轴	133×67.5cm	138,000	北京诚轩	2018-06-16
胡适 1954年作 行书温庭筠词 镜心	18.5×51cm	230,000	北京匡时	2018-06-16
胡适 行书节录《论语》镜心	34×23cm	276,000	北京保利	2018-06-17
胡适 楷书 节录杜甫《月》	25.5×18cm	368,000	中国嘉德	2018-11-21
胡适 楷书孟子语 立轴	29.5×19.5cm	109,250	北京匡时	2018-12-05
胡适 楷书自作小词 镜片	58×30cm	460,000	上海驰翰	2018-06-25
胡适 1934年作 行书秘魔崖月夜诗句 册页片	32×43cm	400,000	上海驰翰	2018-06-25
胡适 书法 镜心	43×27cm	276,000	南京经典	2018-07-22
胡适 书法 立轴	70×29.5cm	421,325	佳士得	2018-11-26
胡爽庵 雄风 镜心	113×56.5cm	126,500	中贸圣佳	2018-11-25
胡爽盦 虎 横披	175.5×380.5cm	690,000	北京荣宝	2018-06-14
胡小石 1934年作 楷书 临王献之书 立轴	138.5×37.5cm	287,500	西泠拍卖	2018-07-07
胡小石 1957年作 隶书 临仓颉庙碑 镜片	135×20cm	178,250	西泠拍卖	2018-07-07
胡小石 1960年作 隶书 节临西狭颂 立轴	137×40cm	230,000	西泠拍卖	2018-07-07
胡小石 1953年作 行书七言诗 立轴	132.5×52.5cm	368,000	中国嘉德	2018-06-18
胡小石 行书 立轴	132.5×40cm	276,000	朵云轩	2018-06-24
胡小石 行书 立轴	141.5×39.5cm	184,000	朵云轩	2018-06-24
胡小石 行书陆游诗（五帧）镜心	29×21cm×5	149,500	北京保利	2018-12-08
胡小石 隶书 五言联 对联	131×31.5cm×2	172,500	西泠拍卖	2018-07-07
胡小石 隶书临荷信简 立轴	94×25cm	126,500	荣宝斋（南京）	2018-07-15
胡小石 书法 立轴	138×50cm	494,500	南京经典	2018-01-06
胡小石 书法 立轴	77×33.5cm	253,000	南京经典	2018-01-06
胡小石 书法 立轴	129×41cm	184,000	南京经典	2018-07-22
胡小石 书法 立轴	118×39cm	115,000	南京经典	2018-07-22
胡小石 书法 手卷	21×431cm	1,437,500	南京经典	2018-01-06
胡小石 书法 手卷	28×274cm	644,000	南京经典	2018-01-06
胡小石 书法 手卷	20×135cm	172,500	南京经典	2018-01-06
胡也佛 春游晚归 镜片	79.3×35cm	690,000	广东崇正	2018-07-05
胡也佛 李润 汪超 赵俊民 花卉人物四屏立轴	75.5×21cm×4	172,500	北京匡时	2018-06-15
胡也佛 张启后 马上封侯 陆游诗三首 成扇	19×51.5cm	391,000	北京诚轩	2018-06-16
胡也佛 朱梅邨 1943年作 仕女 成扇	17×54cm	425,500	华艺国际	2018-11-16
胡永凯 80年代作 神灯 连环画原稿（全）（九十四选十六）	扉页14×19cm 14×22cm×94	126,500	西泠拍卖	2018-07-08
胡泽涛 2009年作 秋野弄清香 镜心	150×82cm	115,000	北京保利	2018-12-09
胡泽涛 2014年作 大野秋声 镜心	213×180cm	322,000	保利山东	2018-11-22
花元 汪大铁 大铁编年纪事册 册页（40开）	20×13.1cm×40	276,000	中国嘉德	2018-11-20
华国锋 1989年作 行书“勤奋忍耐”镜片	67×26cm	115,000	广东崇正	2018-07-05
华三川 50年代作 火马 连环画原稿（全）（三十三选二十四）	14.5×19cm×33	172,500	西泠拍卖	2018-07-08
华三川 红楼群芳（十一帧）镜心	82×41cm×11	138,000	北京诚轩	2018-06-16
华三川 李双双 连环画原稿	15×20cm×60	460,000	西泠拍卖	2018-07-08
黄宝昌 2018年作 青绿桂林山水 镜心	74.0×70.5cm	207,000	中国嘉德	2018-11-22
黄宾虹 1926年作 冈峦平畴 镜框	82.5×32cm	1,782,500	华艺国际	2018-11-16
黄宾虹 1930年作 赠杨杏佛《舟歇》镜片	25.5×30.5cm	322,000	上海泓盛	2018-06-27
黄宾虹 1932年作 花卉妙品册（六帧）镜心	23.5×39cm×6	3,105,000	上海匡时	2018-04-30
黄宾虹 1934年作 秋山落日图 镜心	109×44.5cm	1,955,000	北京匡时	2018-06-15
黄宾虹 1934年作 山静日长 立轴	152×45.5cm	4,657,500	北京匡时	2018-12-06
黄宾虹 1934年作 松石图 立轴	137×67cm	2,300,000	华艺国际	2018-05-23
黄宾虹 1934年作 无限丹枫 镜心	133×33.5cm	2,127,500	上海匡时	2018-04-30
黄宾虹 1935年作 草书五言诗 花卉扇面	50.5×18cm	322,000	西泠拍卖	2018-07-07
黄宾虹 1938年作 论道图 手卷	18.5×149cm	2,357,500	华艺国际	2018-05-23
黄宾虹 1938年作 青山红树 立轴	89.8×27.4cm	1,962,000	香港苏富比	2018-10-02
黄宾虹 1938年作 秋林闲话并篆书七言联 立轴	画29×38.5cm 对联79×19cm×2	1,495,000	北京保利	2018-12-07
黄宾虹 1940年作 山涧幽居 立轴	74×34cm	1,552,500	北京保利	2018-06-17
黄宾虹 1940年作 玉山胜景图 立轴	165×45cm	1,610,000	西泠拍卖	2018-07-07
黄宾虹 1942年作 书法山水 成扇	18×46cm	690,000	北京保利	2018-12-08
黄宾虹 1943年作 山水 立轴	82.5×35cm	575,000	北京翰海	2018-06-29
黄宾虹 1944年作 池阁叙饮 镜心	52.5×26.5cm	4,025,000	北京保利	2018-12-07
黄宾虹 1944年作 湖滨山居 立轴	98×33cm	2,300,000	北京保利	2018-06-17
黄宾虹 1944年作 金文七言联 立轴	132×20cm×2	943,000	北京保利	2018-06-17

拍品名称	物品尺寸	成交价RMB	拍卖公司	拍卖日期
黄宾虹 1944年作 漓江小景 立轴	75×35cm	954,620	保利香港	2018-04-02
黄宾虹 1946年作 仿范宽笔意图 镜心	19.5×54cm	172,500	上海匡时	2018-04-30
黄宾虹 1946年作 齐山秋浦记游 立轴	90×31cm	2,300,000	北京保利	2018-06-17
黄宾虹 1946年作 松壑静读 镜框	画心 painting: 63.8×39cm	1,308,000	香港苏富比	2018-10-02
黄宾虹 1946年作 闲送秋光入断山 立轴	68×33cm	2,070,000	上海匡时	2018-04-30
黄宾虹 1946年作 香海烟波 手卷	9.5×151.8cm	1,624,975	纽约佳士得	2018-09-11
黄宾虹 1946年作 篆书七言联 立轴	151×26cm×2	1,322,500	上海匡时	2018-04-30
黄宾虹 1946年作 篆书七言联 立轴	148.7×25.5cm×2	872,000	香港苏富比	2018-10-02
黄宾虹 1946年作 篆书七言联 立轴	149×27.5cm×2	553,680	保利香港	2018-04-02
黄宾虹 1947年作 行书 古诗句 镜片	102×23cm	828,000	西泠拍卖	2018-07-07
黄宾虹 1947年作 青山晋寿图 立轴	128.5×61cm	26,050,205	香港苏富比	2018-04-02
黄宾虹 1948年作 湖舍清秋图 立轴	82×32cm	805,000	西泠拍卖	2018-07-08
黄宾虹 1948年作 黄山轩辕峰 立轴	67×32.5cm	1,516,875	香港苏富比	2018-04-02
黄宾虹 1948年作 流水清音 立轴	76×41.5cm	747,500	北京匡时	2018-06-15
黄宾虹 1948年作 浅濑清影图 立轴	101×43cm	3,450,000	西泠拍卖	2018-07-07
黄宾虹 1949年作 湖舍坐雨 镜心	40×30cm	1,633,000	北京保利	2018-12-08
黄宾虹 1949年作 黄山天都 立轴	105×31cm	1,380,000	北京匡时	2018-12-06
黄宾虹 1949年作 嘉陵纪游	103×33cm	3,187,460	邦瀚斯	2018-04-03
黄宾虹 1949年作 新安江练溪图 立轴	100×34cm	12,880,000	北京保利	2018-12-07
黄宾虹 1949年作 近现代 黄山游记 镜框	130×29cm	3,450,000	深圳至正国际	2018-08-25
黄宾虹 1950年作 西溪纪胜图 立轴	130×50.7cm	3,199,280	佳士得	2018-05-29
黄宾虹 1951年作 敬亭山色 立轴	89.5×36cm	2,702,500	北京匡时	2018-06-15
黄宾虹 1951年作 山色烟霭 立轴	66×31.5cm	2,875,000	上海匡时	2018-04-30
黄宾虹 1951年作 夜山图 镜心	88×31cm	2,185,000	北京保利	2018-12-07
黄宾虹 1952年作 渴笔山水 立轴	68.2×35.8cm	2,022,500	香港苏富比	2018-04-02
黄宾虹 1952年作 山林幽居 镜心	47×33cm	1,437,500	北京保利	2018-12-08
黄宾虹 1952年作 溪桥烟霭 立轴	88.3×37.5cm	2,616,000	香港苏富比	2018-10-02
黄宾虹 1953年作 溪桥春晓 立轴	57×39cm	2,760,000	北京荣宝	2018-06-14
黄宾虹 1954年作 浮峦暖翠 立轴	96×38cm	1,380,000	北京荣宝	2018-12-03
黄宾虹 1954年作 云梦楼图 立轴	80.5×27.5cm	2,427,000	香港苏富比	2018-04-02
黄宾虹 白岳纪游 立轴	104.5×34.5cm	782,000	南京经典	2018-01-06
黄宾虹 宝铁砚斋图 立轴	142×50cm	2,300,000	华艺国际	2018-05-23
黄宾虹 北高峰一角 立轴	100.5×49cm	18,400,000	中国嘉德	2018-06-18
黄宾虹 碧山读书图 扇面镜框	18.5×51cm	152,250	佳士得	2018-05-29
黄宾虹 碧霄洞书画双挖 镜心	25×20cm×2	184,000	中国嘉德	2018-06-18
黄宾虹 草书 杜甫诗（五帧）画心	35×28cm×5	690,000	西泠拍卖	2018-07-07
黄宾虹 草书七言诗 镜框	90×27cm	322,000	北京荣宝	2018-12-03
黄宾虹 草堂掩映 立轴	81.5×44.5cm	4,830,000	中国嘉德	2018-06-18
黄宾虹 策杖访友图 立轴	120×40.5cm	3,565,000	荣宝斋（南京）	2018-07-15
黄宾虹 陈后山诗意图 立轴	47×27cm	368,000	中贸圣佳	2018-06-20
黄宾虹 池阳湖舍图 镜片	75×39.5cm	437,000	西泠拍卖	2018-07-08
黄宾虹 春溪泛舟 立轴	63×30.5cm	690,000	上海嘉禾	2018-06-25
黄宾虹 1947年作 仁山智水 立轴	68×34cm	5,175,000	上海嘉禾	2018-06-25
黄宾虹 1947年作 溪畔访友·行书七言诗 成扇	19×50cm	1,610,000	中国嘉德	2018-11-20
黄宾虹 峨眉纪游 镜心	31×18cm×4	33,350,000	北京保利	2018-06-17

拍品名称	物品尺寸	成交价RMB	拍卖公司	拍卖日期
黄宾虹 峨嵋伏虎寺 立轴	67×39.5cm	8,253,480	中国嘉德	2018-10-03
黄宾虹 访友图 立轴	90×18.5cm	920,000	荣宝斋（济南）	2018-07-01
黄宾虹 1920年作 溪南掩映 立轴	134×43cm	713,000	广东崇正	2018-07-05
黄宾虹 1930年作 书画合璧扇 成扇	18×50cm	276,000	北京诚轩	2018-06-16
黄宾虹 孤舟小泊图 立轴	61×34cm	782,000	荣宝斋（南京）	2018-07-15
黄宾虹 古涧长松图 立轴	97.5×50.5cm	920,000	北京保利	2018-12-08
黄宾虹 1953年作 舟行寄兴 立轴	99×41cm	1,725,000	中国嘉德	2018-06-18
黄宾虹 桂林山水 行书粤西诗（一对）扇面 立轴	18.2×49.5cm×2	657,313	香港苏富比	2018-04-02
黄宾虹 行书蜀游诗卷 手卷	30×117cm	2,817,500	北京保利	2018-12-07
黄宾虹 胡佩衡 周元亮 吴熙曾 山水镜心 四屏	100×34cm×4	2,875,000	北京荣宝	2018-06-14
黄宾虹 湖光山色图 立轴	69×34cm	483,000	中国嘉德	2018-09-19
黄宾虹 湖畔行吟图 立轴	117×40cm	1,495,000	华艺国际	2018-05-23
黄宾虹 湖山泛舟图 镜片	74.5×41cm	230,000	西泠拍卖	2018-07-07
黄宾虹 花卉 镜片	98×35cm	126,672	万昌斯	2018-05-30
黄宾虹 花卉 镜心	122×29cm	322,000	北京翰海	2018-05-13
黄宾虹 花卉草虫 立轴	119×40cm	172,500	上海敬华	2018-09-11
黄宾虹 花卉山石 镜心	70×47cm	322,000	南京经典	2018-01-06
黄宾虹 花枝图 扇页	51.5×18cm	195,500	西泠拍卖	2018-07-07
黄宾虹 黄山纪游 立轴	118×35cm	2,012,500	北京保利	2018-12-08
黄宾虹 黄山盛夏图 镜心	99.5×33cm	2,645,000	中国嘉德	2018-06-19
黄宾虹 1949年作 山水四绝 镜心	143.5×47cm×4	78,200,000	中国嘉德	2018-11-20
黄宾虹 1949年作 墨竹牡丹 镜心	138×40cm	483,000	中国嘉德	2018-01-13
黄宾虹 1954年作 松谷白龙潭 镜片	67.7×46cm	6,210,000	上海嘉禾	2018-06-25
黄宾虹 1934年作 山居秋色 镜片	32×47cm	300,000	上海驰翰	2018-06-25
黄宾虹 1934年作 山水 立轴	92×46cm	370,272	万昌斯	2018-05-30
黄宾虹 剑门红叶 立轴	76×35cm	782,000	中贸圣佳	2018-11-24
黄宾虹 渐水纪游 镜心	76×32cm	5,520,000	北京保利	2018-12-07
黄宾虹 江行秋色 成扇	22×59cm	103,500	北京翰海	2018-05-13
黄宾虹 江行曙色 立轴	75×38.5cm	920,000	保利山东	2018-11-22
黄宾虹 江上烟雨 镜心	67×34cm	1,955,000	中贸圣佳	2018-11-24
黄宾虹 江溪渔罾 镜片	59.6×35.4cm	194,880	万昌斯	2018-05-30
黄宾虹 江棹图 立轴	18.5×27cm	345,000	北京匡时	2018-12-05
黄宾虹 金文七言联 立轴	155×25cm×2	411,584	中国嘉德	2018-10-03
黄宾虹 近现代 九十寿山水图 镜框	94×33cm	2,875,000	深圳至正国际	2018-08-25
黄宾虹 近现代 拟名人法	121×40cm	1,610,000	深圳至正国际	2018-08-25
黄宾虹 枯笔山水 立轴	89×31cm	1,725,000	中贸圣佳	2018-06-20
黄宾虹 漓水烟岚 镜心	117.5×41cm	2,530,000	北京翰海	2018-06-29
黄宾虹 李供奉诗意图 镜心	27×38cm	171,832	中国嘉德	2018-04-03
黄宾虹 林泉小隐 镜框	131×49cm	1,150,000	华艺国际	2018-11-16
黄宾虹 林屋逸士图 镜片	诗堂32.5×26.5cm 画心46×26.5cm	437,000	西泠拍卖	2018-07-07
黄宾虹 庐花翠鸟 立轴	50×27cm	286,386	保利香港	2018-04-02
黄宾虹 旅途游记 镜框		136,840	纽约苏富比	2018-09-13
黄宾虹 明人诗意山水 立轴	41.6×37.5cm	130,800	香港苏富比	2018-10-02
黄宾虹 曩游青城 轴	104×33cm	101,480	台北艺流	2018-06-30
黄宾虹 拟葛震甫山水 立轴	115×42cm	2,427,000	香港苏富比	2018-04-02
黄宾虹 沤波诗意图 镜片	115×57cm	4,600,000	西泠拍卖	2018-07-07
黄宾虹 片水静涵空 立轴	145×40cm	4,312,500	中贸圣佳	2018-11-24
黄宾虹 青城小景 立轴	75×34cm	1,840,000	南京经典	2018-01-06

拍品名称	物品尺寸	成交价RMB	拍卖公司	拍卖日期
黄宾虹 丘壑云烟 立轴	63×30cm	207,000	荣宝斋（南京）	2018-01-05
黄宾虹 秋江萧寺 立轴	128×42cm	9,890,000	中国嘉德	2018-06-18
黄宾虹 秋山策杖图、篆书七言联 书画一堂 立轴	绘画149×48cm 书法148×27cm×2	13,800,000	北京匡时	2018-06-15
黄宾虹 秋山图 立轴	66×34cm	632,500	北京匡时	2018-06-15
黄宾虹 秋山新雨 镜心	77×41cm	3,450,000	北京匡时	2018-12-06
黄宾虹 秋山烟霭 立轴	73.5×30cm	1,207,500	上海匡时	2018-04-30
黄宾虹 秋亭遣兴图并金文七言联 镜心、对联	图画139×39cm 对联 150×25.5cm×2	2,875,000	中贸圣佳	2018-06-20
黄宾虹 1952年作 挹翠图 镜心	92.5×44.5cm	28,750,000	中国嘉德	2018-11-20
黄宾虹 1952年作 北高峰图 立轴	画89.5×48cm	19,634,430	中国嘉德	2018-04-03
黄宾虹 1952年作 挹翠阁落成志庆图 立轴	127×47.5cm	33,678,670	中国嘉德	2018-04-03
黄宾虹 1942年作 九华山 立轴	98×33cm	1,725,000	中国嘉德	2018-06-18
黄宾虹 山居图 立轴	137×75cm	31,050,000	华艺国际	2018-11-16
黄宾虹 山居小景 镜框	27.4×24.5cm	720,688	佳士得	2018-11-26
黄宾虹 山水	长27cm；宽12cm	4,950,000	中正拍卖	2018-05-31
黄宾虹 山水 镜框	67×33cm	2,047,000	华艺国际	2018-11-16
黄宾虹 山水 立轴	82.4×36.5cm	584,640	万昌斯	2018-05-30
黄宾虹 山水 立轴		188,155	纽约苏富比	2018-09-13
黄宾虹 山水 立轴	94×43cm	172,500	北京翰海	2018-09-16
黄宾虹 山水 扇面	19×55cm	9,661,025	中正拍卖	2018-06-28
黄宾虹 山水册 镜心	25×24.5cm×4	172,500	八益拍卖	2018-04-28
黄宾虹 山水人家 手卷	100×14cm	218,500	北京翰海	2018-09-16
黄宾虹 山亭琴趣 立轴	117.5×40cm	7,475,000	荣宝斋（南京）	2018-07-15
黄宾虹 赏泉图 镜片	131×49cm	2,070,000	广东崇正	2018-07-04
黄宾虹 尚小云 1934年作 拟白阳花卉 孤舟夜隐 成扇	20.5×50cm	424,725	香港苏富比	2018-04-02
黄宾虹 深山幽居 立轴	66×33cm	667,000	荣宝斋（南京）	2018-01-05
黄宾虹 书法 镜心	74×35cm	368,000	南京经典	2018-01-06
黄宾虹 疏林逸趣 立轴	98.5×30cm	1,127,000	北京荣宝	2018-12-03
黄宾虹 蜀游峨眉山水十二图（共十六页）镜片	画心22×17cm×12	23,000,000	西泠拍卖	2018-07-07
黄宾虹 松涧幽泉 立轴	44.5×24.5cm	184,000	中国嘉德	2018-06-19
黄宾虹 松溪亭子 成扇	20×50cm	805,000	上海匡时	2018-04-30
黄宾虹 松下高士 立轴	79.5×36cm	2,263,712	北京匡时	2018-10-03
黄宾虹 唐肯 秋溪携杖图·书法 成扇	54×19cm	368,000	西泠拍卖	2018-07-07
黄宾虹 天池石壁图 镜心	94×32cm	1,150,000	荣宝斋（南京）	2018-01-05
黄宾虹 天都莲花峰 立轴	85×31cm	2,875,000	中国嘉德	2018-11-20
黄宾虹 天香清意图 立轴	诗堂26.5×4cm 画心26.5×22.5cm	115,000	西泠拍卖	2018-07-08
黄宾虹 天竺 立轴	99×34cm	575,000	北京匡时	2018-12-05
黄宾虹 铁色山围 镜心	111.5×34cm	4,485,000	中贸圣佳	2018-06-20
黄宾虹 汪慎生 湖光山色 草书七言诗 立轴	18×52cm	207,000	北京保利	2018-05-21
黄宾虹 慰亲祝寿图 立轴	85.5×46cm	3,105,000	上海嘉禾	2018-06-25
黄宾虹 吴山 镜心	70×34.5cm	437,000	北京匡时	2018-12-05
黄宾虹 西川纪景 镜片	116.5×40.5cm	805,000	朵云轩	2018-06-24
黄宾虹 溪桥独钓 立轴	144×39cm	805,000	北京保利	2018-12-08

拍品名称	物品尺寸	成交价RMB	拍卖公司	拍卖日期
黄宾虹 溪桥渔隐 镜心	103.5×36.5cm	690,000	荣宝斋（南京）	2018-07-15
黄宾虹 溪山泛舟 立轴	91.5×40.5cm	345,000	上海嘉禾	2018-06-25
黄宾虹 溪山云隐图 镜片	34×15cm	161,000	西泠拍卖	2018-07-07
黄宾虹 仙露明珠图 立轴	72.5×32.5cm	207,000	西泠拍卖	2018-07-07
黄宾虹 1951年作 湖舍初晴 立轴	99.5×41cm	5,750,000	中国嘉德	2018-11-20
黄宾虹 1951年作 湖上山光 立轴	132×52cm	9,200,000	中国嘉德	2018-06-18
黄宾虹 1931年作 花卉书法 立轴（十二开）	19.5×53cm×12	6,900,000	中国嘉德	2018-11-20
黄宾虹 1931年作 金文七言联 立轴	145×27.2cm×2	517,500	中国嘉德	2018-11-21
黄宾虹 雁荡山色图 立轴	125.5×40cm	3,450,000	荣宝斋（南京）	2018-01-05
黄宾虹 雁山纪游 立轴	126×40cm	4,427,500	南京经典	2018-07-22
黄宾虹 雁山山色 立轴	67×35cm	1,840,000	北京保利	2018-06-17
黄宾虹 隐居图 镜片	24.5×89cm	172,500	上海嘉禾	2018-03-26
黄宾虹 园林胜景 立轴	66×34.5cm	368,000	北京匡时	2018-12-05
黄宾虹 张大千 山居清幽 行书自书七律一首 扇面	24.5×69cm	555,275	纽约苏富比	2018-03-22
黄宾虹 诸乐三 墨梅 墨竹（二轴）立轴	尺寸不一	212,750	西泠拍卖	2018-07-07
黄宾虹 篆书六言联 立轴	112×19.5cm×2	368,000	北京匡时	2018-12-06
黄丹 湖上轻舟 镜心	59×113cm	172,500	中国嘉德	2018-06-20
黄丹 无忧	143×76cm	109,250	中贸圣佳	2018-11-24
黄丹 隐隐有光 镜心	117×59cm	172,500	北京荣宝	2018-06-14
黄河 山水 立轴	166×86.5cm	171,050	纽约苏富比	2018-09-13
黄红涛 2018年作 无名山 镜框	69×168cm	110,875	佳士得	2018-11-26
黄洪涛 无名山 镜心	66×173cm	195,500	北京荣宝	2018-12-03
黄幻吾 白马图 镜框	129×47cm	345,000	华艺国际	2018-05-23
黄幻吾 鸡冠花小鸟 镜框	96×43.5cm	223,300	佳士得	2018-05-29
黄幻吾 江峡山川 镜框	68.5×136.5cm	121,800	佳士得	2018-05-29
黄幻吾 柳塘春雨 镜框	69×136cm	223,300	佳士得	2018-05-29
黄幻吾 松岭归骑 立轴	127×57cm	345,000	广东崇正	2018-07-04
黄幻吾 松梢雪猿 立轴		359,205	纽约苏富比	2018-09-13
黄幻吾 1965年作 大吉图 立轴	135×67cm	264,500	中国嘉德	2018-01-13
黄幻吾 云海飞瀑图 立轴	132×61.5cm	156,800	上海联合	2018-07-01
黄家柏 蒋士铨 山水·书法合璧（二十四页）册页（十二开）	31×34cm×24	115,000	中国嘉德	2018-11-22
黄嘉明 2018年作 春江图二则 镜心	22×59cm×2	207,000	北京保利	2018-06-18
黄嘉明 2018年作 江南旧事 镜心	21×57cm×2	207,000	北京保利	2018-12-06
黄建南 2014年作 童年的记忆	35×35cm	368,000	北京翰海	2018-06-30
黄建南 历程 镜心	47×47cm	1,725,000	北京翰海	2018-09-16
黄均 1840年作 拟王原祁山水 立轴	120×48.5cm	126,500	北京匡时	2018-12-06
黄均 红楼十二金钗图 镜心	152.5×53.5cm	943,000	中国嘉德	2018-11-20
黄均 1939年作 摹宋人罗汉图 立轴	字27.5×67cm 画135×67cm	276,000	中国嘉德	2018-11-21
黄均 美人图 立轴	114×34cm	101,200	广东衡益	2018-07-01
黄均 邢端 拈花图 楷书《禽言》诗 成扇	18.5×51cm	115,000	中国嘉德	2018-06-19
黄君璧 陈诚 傅狷夫 梁寒操 碧峰云岩图 楷书"慎思明辨"客帆图 行书七言诗 镜心	尺寸不一	109,250	上海匡时	2018-04-30
黄君璧 1924年作 高士行吟 立轴	81×43.5cm	218,500	北京匡时	2018-06-15

拍品名称	物品尺寸	成交价RMB	拍卖公司	拍卖日期
黄君璧 1924年作 高士行吟图 立轴	81×43.5cm	218,500	北京匡时	2018-12-05
黄君璧 1926年作 四时山水 立轴	135.8×32.5cm×4	485,400	香港苏富比	2018-04-02
黄君璧 1937年作 湖畔小景 镜心	32×43cm	184,000	北京匡时	2018-06-15
黄君璧 1939年作 临泉观瀑图 画心	98×33cm	103,500	西泠拍卖	2018-07-07
黄君璧 1939年作 松泉碧落 镜框		237,600	金仕发	2018-01-28
黄君璧 1940年作 飞瀑图 镜框	134×34cm	345,000	华艺国际	2018-05-23
黄君璧 1940年作 龙门叠瀑 立轴	100.2×32.8cm	152,600	香港苏富比	2018-10-02
黄君璧 1941年作 多子图 立轴	85.5×27cm	102,896	保利香港	2018-10-01
黄君璧 1941年作 林峦飞瀑图 画心	104.5×59cm	264,500	西泠拍卖	2018-07-07
黄君璧 1941年作 云山行旅图 画心	91.5×30cm	115,000	西泠拍卖	2018-07-07
黄君璧 1942年作 红叶小鸟 轴	87×30cm	304,440	台北艺流	2018-06-30
黄君璧 1942年作 千峰云烟 镜框	122×56.3cm	404,500	香港苏富比	2018-04-02
黄君璧 1943年作 华岳崖松 镜框	83.7×42.1cm	101,125	香港苏富比	2018-04-02
黄君璧 1947年作 秋山帆影 镜框	25×30cm	115,000	华艺国际	2018-11-16
黄君璧 1948年作 松岭漫步图 画心	90.5×24.5cm	103,500	西泠拍卖	2018-07-07
黄君璧 1948年作 烟岚飞瀑图 镜片	115×49cm	172,500	西泠拍卖	2018-07-07
黄君璧 1949年作 松瀑图 横披	80.5×158cm	402,500	北京匡时	2018-06-15
黄君璧 1951年作 玉兰双栖 镜心	94×43cm	1,725,000	北京匡时	2018-06-15
黄君璧 1958年作 泛湖山色图 立轴	90×41cm	103,500	西泠拍卖	2018-05-05
黄君璧 1962年作 红树青山 镜心	91×57.5cm	517,500	北京匡时	2018-06-15
黄君璧 1962年作 溪云水色 立轴	110×46cm	437,000	北京匡时	2018-06-15
黄君璧 1964年作 岩壑丛林 镜片	51×115cm	368,000	精诚所至	2018-05-12
黄君璧 1965年作 高山仰止 立轴	120×60cm	437,000	朵云轩	2018-06-24
黄君璧 1966年作 水抱孤村里 镜框	58×29cm	172,500	北京荣宝	2018-12-03
黄君璧 1966年作 云山渡舟 镜片	60×29.8cm	128,288	纽约佳士得	2018-09-11
黄君璧 1967年作 云山幽居 镜心	50×89cm	114,554	保利香港	2018-04-02
黄君璧 1968年作 秋山红遍 镜框	119×60cm	345,000	华艺国际	2018-11-16
黄君璧 1968年作 晚秋江帆 镜框	59×119cm	184,000	华艺国际	2018-11-17
黄君璧 1968年作 夕阳归樵 立轴	78×27cm	172,500	华艺国际	2018-11-16
黄君璧 1970年作 浮云幽亭 镜心	60×121cm	154,344	保利香港	2018-10-01
黄君璧 1972年作 飞桥孤舟 镜框	61×91.5cm	177,400	佳士得	2018-11-26
黄君璧 1972年作 松鹤遐龄 镜框	52×90cm	216,960	羅芙奧	2018-12-01
黄君璧 1973年作 四季山水（四幅）镜框	67×27cm×4	406,000	佳士得	2018-05-29
黄君璧 1976年作 暗香疏影 镜框	91×33cm	101,200	华艺国际	2018-05-23
黄君璧 1976年作 秋溪幽居 镜框	59.6×119.5cm	196,200	香港苏富比	2018-10-02
黄君璧 1978年作 峡江风帆 镜框	56.5×90cm	152,250	佳士得	2018-05-29
黄君璧 1979年作 春溪垂钓 竹石平安图 镜框二屏	38×54.5cm×2	184,000	华艺国际	2018-05-23
黄君璧 1979年作 四屏山水 镜心	56×89.5cm×4	460,000	北京匡时	2018-06-15
黄君璧 1981年作 春江水暖 镜框	54.2×86.3cm	305,200	香港苏富比	2018-10-02
黄君璧 1982年作 空谷云深 镜心	60×90cm	109,250	北京保利	2018-12-08
黄君璧 1982年作 临渊忘机 立轴	119×57cm	102,896	保利香港	2018-10-01
黄君璧 1984年作 高山流水 镜心	40×119cm	494,500	北京荣宝	2018-12-03
黄君璧 1984年作 松壑漫步 镜心	54×86cm	483,000	鼎天国际	2018-01-07
黄君璧 1986年作 飞瀑幽居 镜心	65×114cm	238,655	保利香港	2018-04-02
黄君璧 1991年作 水月观音 镜心	100×31.5cm	218,500	北京匡时	2018-05-21
黄君璧 白文 镜心	23.5×26.5cm	238,655	保利香港	2018-04-02
黄君璧 1976年作 秋色霭霭 镜心	55.5×92.5cm	205,792	中国嘉德	2018-10-03
黄君璧 1957年作 王阳明诗意图 立轴	89×44cm	287,500	北京华辰	2018-11-20
黄君璧 访友图 横批	60×119.5cm	517,500	中贸圣佳	2018-06-20
黄君璧 1980年作 白云萧寺 立轴	120.5×60.5cm	305,478	中国嘉德	2018-04-03
黄君璧 1933年作 松下纳凉图 镜心	84×43cm	230,000	北京华辰	2018-11-20

拍品名称	物品尺寸	成交价RMB	拍卖公司	拍卖日期
黄君璧 1939年作 杨柳岸晓风残月 立轴	103.5×32.5cm	264,500	中国嘉德	2018-06-18
黄君璧 1969年作 飞瀑 立轴	126×62.5cm	184,000	中国嘉德	2018-06-18
黄君璧 1944年作 红树飞泉 立轴	字22.5×69cm 画97×57cm	257,240	中国嘉德	2018-10-03
黄君璧 1984年作 山高水长 立轴	103×66.5cm	207,000	上海嘉禾	2018-06-25
黄君璧 空谷观瀑 镜心	68.5×134cm	115,000	荣宝斋（南京）	2018-07-15
黄君璧 茅屋读书图 镜片	58.5×28cm	138,000	广东崇正	2018-01-21
黄君璧 彭醇士 湖庄清夏 行书七绝二首 成扇		342,100	纽约苏富比	2018-09-13
黄君璧 青山云影 镜框	140×75cm	761,250	佳士得	2018-05-29
黄君璧 秋林策马 镜片	57×90cm	195,500	广东崇正	2018-07-05
黄君璧 1942年作 此中风月异人间 镜心	113×59.5cm	149,500	北京诚轩	2018-06-16
黄君璧 1982年作 雨后溪声吼似雷 镜心	40×60cm	115,000	北京诚轩	2018-06-16
黄君璧 三峡归舟图 手卷	画心32×104cm	920,000	华艺国际	2018-11-16
黄君璧 山水（六帧）镜心	28×29cm×6	161,000	中国嘉德	2018-01-13
黄君璧 山水册 册页（九开）	32×22cm×9	575,000	中贸圣佳	2018-06-20
黄君璧 山水集锦 镜心（廿一开选十二）	28×30cm×21	305,478	中国嘉德	2018-04-03
黄君璧 深山小居 立轴	110×46.5cm	230,000	荣宝斋（济南）	2018-07-01
黄君璧 寿星 镜片	67×44cm	103,500	广东崇正	2018-07-04
黄君璧 疏林雨至图 立轴	101.5×40cm	101,500	佳士得	2018-05-29
黄君璧 四时山水 镜心 四屏	95×35cm×4	575,000	北京保利	2018-06-17
黄君璧 松林飞瀑 立轴	137.8×34.3cm	145,393	纽约佳士得	2018-09-11
黄君璧 1968年作 秋山红遍 镜片	119×60cm	460,000	广东崇正	2018-07-04
黄君璧 1968年作 飞瀑图 镜心	118×60.5cm	345,000	中国嘉德	2018-06-18
黄君璧 1938年作 江畔送别 立轴	67.3×26.3cm	115,000	北京诚轩	2018-06-16
黄君璧 溪山客往 立轴	98.2×41.6cm	262,925	香港苏富比	2018-04-02
黄君璧 溪山夕照 镜框	53×90.5cm	460,080	罗芙奥	2018-06-02
黄君璧 1981年作 泉声松韵 立轴	136.5×68cm	226,371	中国嘉德	2018-10-03
黄君璧 雪山图 镜心	87×57cm	115,000	北京匡时	2018-06-15
黄君璧 1955年作 黄山 镜心	26×38cm	113,186	中国嘉德	2018-10-03
黄君璧 1945年作 山间瀑布 镜心	26×32.5cm	105,008	中国嘉德	2018-04-03
黄君璧 云横翠黛 镜片	95×184.5cm	1,150,000	华艺国际	2018-11-17
黄君璧 云横翠黛 镜心	184.5×95cm	1,437,500	上海匡时	2018-04-30
黄君璧 云深溪壑 镜片	113×57cm	172,500	广东崇正	2018-07-04
黄君璧 赵少昂 何百里 伍彝生 等 山水花鸟册 册页（三十二开）	37.5×75cm×32	220,000	上海驰翰	2018-06-25
黄浚 1930年作 楷书 集宋词长联 对联	164×20cm×2	109,250	西泠拍卖	2018-07-07
黄侃 1905年作 篆书七言联 镜心	135×26cm×2	310,500	中国嘉德	2018-11-21
黄努卫 黄山一角	68×132cm	3,200,000	北京贞观	2018-07-15
黄秋园 1976年作 湖山佳趣图卷 手卷	画心330×33.5cm	207,000	西泠拍卖	2018-05-05
黄秋园 春宫泛舟图 镜片	84×54.5cm	138,000	上海嘉禾	2018-06-25
黄秋园 1978年作 丽人行 镜心	67.4×131cm	575,000	北京诚轩	2018-06-16
黄秋园 1974年作 江山雪霁图	146×107.5cm	713,000	上海嘉禾	2018-06-25
黄秋园 1974年作 奚谷山草堂图 立轴	214×55cm	2,875,000	中国嘉德	2018-06-18
黄秋园 秋宫览胜图 镜片	85×53cm	138,000	上海嘉禾	2018-06-25
黄秋园 山茶梅寿 立轴	85×37.5cm	109,250	上海嘉禾	2018-06-25

拍品名称	物品尺寸	成交价RMB	拍卖公司	拍卖日期
黄秋园 桐荫仕女 立轴	83×38cm	115,000	上海嘉禾	2018-06-25
黄秋园 祥照天地 镜心	49.5×132cm	195,500	荣宝斋（南京）	2018-01-05
黄秋园 夜雪图 镜心	83×51.5cm	120,750	荣宝斋（南京）	2018-07-15
黄少强 1930年作 解揽君已远 立轴	174×92.6cm	243,600	佳士得	2018-05-29
黄少强 1931年作 人物 四屏立轴	100.5×33.5cm×4	152,739	中国嘉德	2018-04-03
黄绍军 晚晴秋色 镜心	139×68cm	110,000	未来四方	2018-12-09
黄廷海 2017年作 山村幽居云作伴 镜心	69×138cm	172,500	北京保利	2018-06-18
黄廷海 碧水丹崖武夷山 镜心	138×70cm	552,000	凤凰拍卖	2018-01-21
黄兴 行书八言联 立轴	127×27cm×2	460,000	北京匡时	2018-12-06
黄炎培 行书四言联 对联	72.5×13cm×2	207,000	中贸圣佳	2018-06-20
黄养辉 1985年作 泰华雨后图 镜片	诗堂89×14cm 画心95.5×89cm	161,000	西泠拍卖	2018-05-05
黄养辉 武中奇 1986年作 春华秋实 镜心	116×236cm	138,000	北京荣宝	2018-06-14
黄逸儒 清供 四屏立轴	94×46cm×4	103,500	北京荣宝	2018-12-03
黄永玉 1976年作 水仙 镜框	63.5×63.5cm	212,363	邦瀚斯	2018-04-03
黄永玉 1985年作 晒书图 立轴	67.5×69cm	161,800	邦瀚斯	2018-04-03
黄永玉 1973年作 牛犊 镜心	68×85cm	218,500	北京荣宝	2018-12-03
黄永玉 1977年作 红荷 镜心	89×97cm	230,000	北京保利	2018-12-09
黄永玉 1978年作 荷 镜框	95×43cm	649,600	湖南逸典	2018-06-09
黄永玉 1978年作 红荷 镜框	50×51cm	172,500	北京荣宝	2018-06-14
黄永玉 1979年作 红荷 镜心	69×69cm	287,500	上海匡时	2018-04-30
黄永玉 1979年作 金秋 立轴	93×96cm	487,200	佳士得	2018-05-29
黄永玉 1980年作 荷花鹭鸶 镜框	121×68cm	977,500	北京荣宝	2018-09-14
黄永玉 1980年作 双鹤图 镜心	122×70cm	381,848	保利香港	2018-04-02
黄永玉 1980年作 迎春图 镜片	68×136cm	598,000	广东崇正	2018-07-05
黄永玉 1982年作 鸬鹚 镜心	69.5×47cm	172,500	北京匡时	2018-05-21
黄永玉 1983年作 姜太公 镜片	68×54cm	207,000	精诚所至	2018-05-12
黄永玉 1984年作 彩荷 镜框	170×48cm	1,092,500	华艺国际	2018-05-23
黄永玉 1984年作 飞越明天 画心（十六开）	70×138cm	202,960	台北艺流	2018-06-30
黄永玉 1985年作 在水之湄 镜心	96×89cm	287,500	北京荣宝	2018-05-18
黄永玉 1987年作 红莲 镜框	138×68cm	690,000	华艺国际	2018-05-23
黄永玉 1987年作 无边南塘秋 镜心	67.5×136cm	632,500	北京荣宝	2018-09-14
黄永玉 1987年作 无边南塘秋 镜心	67.5×136cm	287,500	保利山东	2018-11-22
黄永玉 1988年作 荷花满照 镜心	68.5×138cm	598,000	北京荣宝	2018-05-18
黄永玉 1988年作 长相思 镜框	52×223.5cm	3,589,040	佳士得	2018-05-29
黄永玉 1995年作 清芬世家 镜心	67.5×135.5cm	162,285	中国嘉德	2018-04-03
黄永玉 1996年作 老梅 镜框	137×67cm	1,624,000	佳士得	2018-05-29
黄永玉 1998年作 千里江陵 镜心	68×137.5cm	195,500	北京荣宝	2018-05-18
黄永玉 2000年作 故乡 镜框	69×139cm	812,000	佳士得	2018-05-29
黄永玉 2002年作 老者作画 镜心	69×69cm	437,000	北京荣宝	2018-05-18
黄永玉 2007年作 清夏图 镜心	137.5×68cm	621,000	北京荣宝	2018-05-18
黄永玉 2017年作 白兔 镜心	69×68cm	805,000	北京荣宝	2018-09-14
黄永玉 傲霜红梅 镜心	68×68cm	633,839	保利香港	2018-10-01
黄永玉 1976年作 白荷 镜心	101×35cm	402,500	中国嘉德	2018-11-21
黄永玉 彩荷图 画心	52.5×50.5cm	195,500	西泠拍卖	2018-07-08
黄永玉 春消息 镜框	95.5×88cm	532,200	佳士得	2018-11-26
黄永玉 1987年作 好荷长年 镜片	69.5×68.5cm	341,040	万昌斯	2018-05-30
黄永玉 1977年作 红荷 镜心	107×104cm	1,495,000	中国嘉德	2018-11-21
黄永玉 1980年作 李白诗意图 立轴	69.5×69.5cm	184,000	中国嘉德	2018-06-18

拍品名称	物品尺寸	成交价RMB	拍卖公司	拍卖日期
黄永玉 1983年作 贺知章骑马图 镜心	68×69cm	109,250	中国嘉德	2018-09-19
黄永玉 红荷 镜心	59×66cm	322,000	荣宝斋（济南）	2018-07-01
黄永玉 1979年作 白荷 镜片	118×55cm	230,000	上海嘉禾	2018-10-14
黄永玉 1979年作 素荷芳渚 镜片	138×68.5cm	115,000	广东崇正	2018-07-05
黄永玉 楷书七言诗 镜心	140×24cm	103,500	中国嘉德	2018-11-21
黄永玉 拟疏影词意 镜心	96×89.5cm	437,000	北京匡时	2018-06-15
黄永玉 潘金莲 镜心	68.5×34.2cm	138,000	北京诚轩	2018-06-16
黄永玉 山茶客 镜框	48×164cm	943,000	华艺国际	2018-11-16
黄永玉 水浒人物蔡福·蔡庆·朱贵·朱富·邹润·邹渊（六帧）镜心	34.5×68.5cm×4 68.5×34.5cm×2	690,000	北京诚轩	2018-06-16
黄永玉 水鸟 立轴	72×74cm	253,000	荣宝斋（济南）	2018-07-01
黄永玉 1988年作 金秋图 镜心	69×137.5cm	637,955	中国嘉德	2018-10-03
黄永玉 1978年作 “益鸟也”瓷盘瓷	直径20cm	184,000	广东崇正	2018-07-04
黄永玉 1978年作 红荷 立轴	102.3×52cm	356,500	广东崇正	2018-07-05
黄永玉 1978年作 红荷 镜心	44×96cm	195,502	中国嘉德	2018-10-03
黄永玉 1978年作 双鹊图 镜心	120×120cm	1,495,000	中国嘉德	2018-11-20
黄永玉 1998年作 彩荷 镜片	68×81.5cm	345,000	广东崇正	2018-07-05
黄永玉 仙鹤 镜心	68×68cm	460,000	荣宝斋（济南）	2018-07-01
黄永玉 1981年作 芰荷为裳 立轴	136.5×67.5cm	115,000	中国嘉德	2018-11-20
黄永玉 阳秋三绝 立轴	69×46cm	287,500	华艺国际	2018-11-16
黄永玉 1985年作 荷花 镜心	46×68cm	162,285	中国嘉德	2018-04-03
黄永玉 月光 镜心	101×102cm	230,000	北京保利	2018-11-19
黄正襄 春绿江南 镜心	69×35cm	253,000	上海匡时	2018-04-30
黄正襄 松山夕照 镜心	68×35cm	172,500	北京保利	2018-06-18
黄正襄 玉楼春 镜心	68×35cm	402,500	北京荣宝	2018-05-18
黄之 2017年作 逍遥黄山 镜心	100×50cm	138,000	北京翰海	2018-01-14
黄胄 1986年作 五驴图 立轴	69×45cm	166,313	佳士得	2018-11-26
黄胄 1988年作 澜沧江畔 镜框	93×45.5cm	166,313	佳士得	2018-11-26
黄胄 女子和驴子 镜框	68.7×45.3cm	105,331	佳士得	2018-11-26
黄胄 1942年作 溪边 镜框	68×45cm	690,000	北京荣宝	2018-12-03
黄胄 1958年作 赶驴图 镜心	68×45cm	299,000	北京荣宝	2018-06-14
黄胄 1960年作 赶集少女 镜心（片）	128×58cm	1,472,000	中鸿信	2018-01-07
黄胄 1960年作 赛马图 镜心	91×168cm	1,265,000	北京保利	2018-12-07
黄胄 1961年作 春兰 镜心	35×45cm	517,500	北京保利	2018-12-08
黄胄 1961年作 赶驴图 立轴	87×46cm	920,000	北京荣宝	2018-06-14
黄胄 1961年作 水塘牧童 镜心	17×115cm	632,500	中国嘉德	2018-11-20
黄胄 1961年作 饲驴图	66×43cm	455,063	邦瀚斯	2018-04-03
黄胄 1962年作 大漠 镜心	17.5×131.5cm	632,500	中国嘉德	2018-11-20
黄胄 1962年作 驴羣 镜框	119.5×60.2cm	406,000	佳士得	2018-05-29
黄胄 1965年作 枇杷少女 立轴	138×69cm	2,990,000	北京保利	2018-06-17
黄胄 1965年作 踏遍青山人未老 立轴	19×53cm	230,000	北京荣宝	2018-06-14
黄胄 1965年作 踏遍青山人未老 立轴	19×54cm	172,500	北京保利	2018-12-08
黄胄 1967年作 兰石睡猫 立轴	96×45cm	333,500	北京荣宝	2018-12-03
黄胄 1972年作 猫趣图 立轴	76×46cm	345,000	北京荣宝	2018-06-14
黄胄 1973年作 赤脚医生 镜框	48×34cm	690,000	北京荣宝	2018-09-14

拍品名称	物品尺寸	成交价RMB	拍卖公司	拍卖日期
黄胄 1973年作 今日宽余勤读书 木板镜框	45.6×54cm	1,116,500	佳士得	2018-05-29
黄胄 1973年作 库尔班大叔 立轴	75×43cm	2,760,000	北京荣宝	2018-12-03
黄胄 1973年作 群鸡图 镜片	67×40cm	218,500	广东崇正	2018-07-05
黄胄 1973年作 乳儿图 立轴	67.5×28.5cm	529,000	中国嘉德	2018-06-18
黄胄 1973年作 上学图 镜心	67.5×136cm	7,015,000	北京荣宝	2018-12-03
黄胄 1973年作 少女牧驴 镜心	75×40cm	402,500	中国嘉德	2018-11-20
黄胄 1973年作 少女牧牛 立轴	81×67.5cm	575,000	中国嘉德	2018-11-20
黄胄 1973年作 收获图 立轴	139.5×70cm	1,610,000	保利山东	2018-11-22
黄胄 1975年作 春牧图 镜心	70×35cm	425,500	保利山东	2018-11-22
黄胄 1975年作 赶驴图 立轴	59.5×54.5cm	828,000	上海匡时	2018-04-30
黄胄 1975年作 双驴 镜片	67×48cm	207,000	广东崇正	2018-07-05
黄胄 1975年作 饲鸡图	55×38cm	540,500	北京荣宝	2018-12-03
黄胄 1976年作 采药图 立轴	92×50cm	1,725,000	北京保利	2018-12-07
黄胄 1976年作 赶驴图 镜片	60.5×68.5cm	322,000	上海嘉禾	2018-03-26
黄胄 1976年作 赶驴图 镜心	51×81cm	172,500	北京荣宝	2018-09-14
黄胄 1976年作 库尔班大叔 立轴	153.5×95.5cm	8,740,000	中国嘉德	2018-11-20
黄胄 1976年作 少女牧驴图 立轴	68×43cm	448,500	保利山东	2018-11-22
黄胄 1977年作 草原颂歌图 镜心	123×69cm	40,825,000	北京保利	2018-12-07
黄胄 1977年作 五驴图 立轴	92×44.5cm	414,000	北京荣宝	2018-06-14
黄胄 1978年作 放牧图 立轴	67.5×67cm	874,616	保利香港	2018-10-01
黄胄 1978年作 赶驴图 立轴	89.5×49cm	575,000	北京翰海	2018-06-29
黄胄 1978年作 哈萨克少年 立轴	82×51cm	552,000	北京荣宝	2018-06-14
黄胄 1978年作 积肥图 立轴	69×48cm	575,000	北京保利	2018-12-08
黄胄 1978年作 六驴图 镜心	67×45cm	253,000	北京荣宝	2018-06-14
黄胄 1978年作 牧驴图 镜心	69×46cm	977,500	北京保利	2018-12-08
黄胄 1978年作 饲驴图 立轴	68×45cm	805,000	上海嘉禾	2018-06-25
黄胄 1978年作 延边之舞 镜心	47×35cm	230,000	北京荣宝	2018-06-14
黄胄 1979年作 赶驴图 镜框	68×45.4cm	455,063	香港苏富比	2018-04-02
黄胄 1979年作 高原之歌 镜心	51×52cm	483,000	中国嘉德	2018-09-19
黄胄 1979年作 喀什河边 立轴	67×44cm	920,000	北京荣宝	2018-06-14
黄胄 1979年作 六驴图 镜心	68×45cm	287,500	北京保利	2018-06-17
黄胄 1979年作 牧驴图 立轴	69×45cm	632,500	北京保利	2018-12-09
黄胄 1980年作 耕驴图 镜心	130×65cm	1,897,500	北京保利	2018-06-17
黄胄 1980年作 群驴图 镜心	129×65cm	1,150,000	北京荣宝	2018-12-03
黄胄 1980年作 少女赶驴 镜框	56.5×90.5cm	654,000	香港苏富比	2018-10-02
黄胄 1980年作 塔吉克民间舞 镜心	130×66cm	4,830,000	北京荣宝	2018-06-14
黄胄 1980年作 湘夫人 立轴	132×67cm	2,300,000	华艺国际	2018-11-16
黄胄 1980年作 新疆风情 镜心	90×52cm	690,000	中国嘉德	2018-09-19
黄胄 1980年作 载歌行 立轴	本幅133×52cm 诗堂30×52cm	4,830,000	中国嘉德	2018-11-20
黄胄 1981年作 驱邪纳福 立轴	136×69.5cm	1,725,000	北京匡时	2018-06-15
黄胄 1981年作 运粮图 镜心	106.5×64cm	2,530,000	北京保利	2018-06-17
黄胄 1982年作 赶猪 镜框	66×40cm	3,220,000	深圳至正国际	2018-08-25
黄胄 1982年作 驴子 镜框	47×56.8cm	324,800	佳士得	2018-05-29
黄胄 1982年作 母子图 镜心	70×45cm	138,000	北京翰海	2018-09-16
黄胄 1982年作 三驴图 镜心	68.5×45cm	207,000	北京翰海	2018-06-29
黄胄 1982年作 运粮图 立轴	68×65cm	1,552,500	北京保利	2018-12-07
黄胄 1983年作 巴扎归来 镜心	75×105cm	4,255,000	北京荣宝	2018-12-03
黄胄 1983年作 雏鸡 镜心	68×46cm	172,500	北京匡时	2018-12-05
黄胄 1983年作 赶驴图 镜心	68×50.5cm	207,000	北京匡时	2018-06-15
黄胄 1984年作 百灵天竺 镜心	35×44cm	207,000	北京保利	2018-12-08
黄胄 1984年作 枫林觅句图 镜心	52.5×42cm	138,000	北京保利	2018-12-08
黄胄 1984年作 牧驴图 立轴	90×48.5cm	1,150,000	北京荣宝	2018-06-14
黄胄 1984年作 三驼图 镜片	33.5×45cm	552,000	广东崇正	2018-07-05

拍品名称	物品尺寸	成交价RMB	拍卖公司	拍卖日期
黄胄 1984年作 笑仙 立轴	57×52cm	920,000	北京保利	2018-06-17
黄胄 1984年作 织网图 立轴	83×32cm	253,000	北京华辰	2018-11-20
黄胄 1985年作 风尘三侠 镜心	67.5×68.5cm	2,185,000	中国嘉德	2018-11-20
黄胄 1985年作 骆驼 立轴	96×89cm	1,725,000	北京保利	2018-06-17
黄胄 1985年作 石榴红了 镜心	99×66cm	1,495,000	北京保利	2018-06-17
黄胄 1985年作 育雏图	135.5×42cm	182,025	邦瀚斯	2018-04-03
黄胄 1985年作 草原姐妹 镜框	137×68cm	2,070,000	深圳 至正国际	2018-08-25
黄胄 1985年作 较力图 镜框	83×99cm	2,070,000	深圳 至正国际	2018-08-25
黄胄 1986年作 赶驴图 镜心	68×68.5cm	667,000	北京匡时	2018-12-05
黄胄 1986年作 钟馗豪饮图 立轴	78×54cm	425,500	保利山东	2018-11-22
黄胄 1986年作 竹石图 镜心	85×68cm	437,000	北京保利	2018-12-08
黄胄 1987年作 牧驴图 镜心	83×49cm	345,000	北京荣宝	2018-12-03
黄胄 1987年作 驱邪纳福 立轴	画心137×68cm 书法38×68cm	920,000	北京保利	2018-06-17
黄胄 1988年作 柳雀 立轴	99×44cm	299,000	北京翰海	2018-01-14
黄胄 1988年作 青青河畔草 镜心	44×97cm	1,380,000	北京荣宝	2018-12-03
黄胄 1988年作 群驴图 立轴	96×59.5cm	391,000	保利山东	2018-11-22
黄胄 1988年作 天山放牧 镜心	137×202cm	4,370,000	北京荣宝	2018-06-14
黄胄 1990年作 母子图 镜心	90×37cm	230,000	北京荣宝	2018-12-03
黄胄 1992年作 三驴图 镜心	60×48cm	184,000	北京荣宝	2018-06-14
黄胄 1992年作 驼队归来 镜心	145×197cm	3,450,000	北京荣宝	2018-12-03
黄胄 八驴图 镜心	46×62cm	115,000	中国嘉德	2018-05-18
黄胄 半头驴 镜架	34×46cm	224,112	香港普艺	2018-06-02
黄胄 帮助公社办好食堂 镜心	80.5×55cm	2,472,500	北京荣宝	2018-12-03
黄胄 奔马图 立轴	68.5×70cm	448,500	荣宝斋 （南京）	2018-01-05
黄胄 1976年作 送粮图 立轴	92×44.5cm	1,897,500	广东崇正	2018-07-04
黄胄 1976年作 五驴图 镜片	68×45cm	368,000	广东崇正	2018-07-05
黄胄 1976年作 采药图 屏轴	88.5×44.5cm	805,000	朵云轩	2018-06-24
黄胄 1976年作 墨竹 镜心	91.5×34.5cm	253,000	中国嘉德	2018-11-20
黄胄 1986年作 五驴图 立轴	82.5×38cm	333,500	中国嘉德	2018-06-18
黄胄 不倒翁 镜片	40×59cm	540,500	广东崇正	2018-07-04
黄胄 不倒翁 镜心	94×30cm	483,000	中国嘉德	2018-11-20
黄胄 采药图 立轴	89×47cm	1,840,000	荣宝斋 （济南）	2018-07-01
黄胄 朝鲜扇舞 立轴	69×53cm	1,955,000	荣宝斋 （济南）	2018-07-01
黄胄 池畔小景 镜心	95.5×40.5cm	897,000	中贸圣佳	2018-11-24
黄胄 雏鸡 立轴	67×44cm	345,000	荣宝斋 （济南）	2018-07-01
黄胄 春深燕子飞 立轴	67×32cm	747,500	北京保利	2018-05-21
黄胄 大吉图	60×50cm	218,500	北京东正	2018-06-17
黄胄 鹅畔读书 立轴	40.5×44cm	103,500	上海嘉禾	2018-06-25
黄胄 方济众 1982年作 永泰公主像 立轴	61.3×34.3cm	308,688	中国嘉德	2018-10-03
黄胄 风雨前线 立轴	140×68.5cm	3,220,000	北京匡时	2018-06-15
黄胄 俯首 立轴	68×43cm	517,500	北京保利	2018-06-17
黄胄 赶鹅图 镜心	63×33cm	460,000	荣宝斋 （南京）	2018-07-15
黄胄 赶驴图 镜心	95×58cm	2,070,000	荣宝斋 （济南）	2018-07-01
黄胄 赶驴图 立轴	45×68.5cm	977,500	荣宝斋 （南京）	2018-01-05

拍品名称	物品尺寸	成交价RMB	拍卖公司	拍卖日期
黄胄 赶驴图 立轴	68×54.5cm	862,500	北京荣宝	2018-06-14
黄胄 赶驴图 立轴	72×49cm	517,500	北京保利	2018-12-09
黄胄 赶驴图 立轴	90×48cm	460,000	华艺国际	2018-11-16
黄胄 赶驴图 立轴	91×34cm	425,500	荣宝斋（南京）	2018-01-05
黄胄 赶驴图 立轴	79.5×39cm	345,000	北京匡时	2018-12-05
黄胄 1980年作 育婴图 立轴	85.5×64.5cm	115,000	上海嘉禾	2018-03-26
黄胄 1980年作 牧驴图 立轴	75×48cm	324,571	中国嘉德	2018-04-03
黄胄 1980年作 英雄独立 立轴	89×68.5cm	437,000	中国嘉德	2018-06-18
黄胄 1983年作 赶驴图 镜片	63×17cm	299,000	广东崇正	2018-07-05
黄胄 1983年作 一醉方休 镜心	69×52cm	322,000	中国嘉德	2018-11-20
黄胄 瀚海之舟 镜心	69×46cm	460,000	荣宝斋（南京）	2018-07-15
黄胄 1979年作 五驴图 立轴	67.5×45.5cm	494,500	广东崇正	2018-07-05
黄胄 1979年作 双驴图 立轴	31.5×49.5cm	123,475	中国嘉德	2018-10-03
黄胄 1984年作 四驴图 镜心	48×45.5cm	164,634	中国嘉德	2018-10-03
黄胄 1984年作 携琴仕女 立轴	96.5×40.5cm	552,000	中国嘉德	2018-06-18
黄胄 金沙江畔 手卷	画心17×120cm	2,070,000	中贸圣佳	2018-06-20
黄胄 骆驼 镜心	47×70cm	437,000	北京荣宝	2018-06-14
黄胄 驴 镜心	67×67cm	862,500	荣宝斋（济南）	2018-07-01
黄胄 猫 镜心	24×42cm	575,000	中贸圣佳	2018-06-20
黄胄 猫 镜心	45×34.5cm	368,000	北京荣宝	2018-06-14
黄胄 猫 镜心	50×40cm	287,500	荣宝斋（济南）	2018-07-01
黄胄 猫 镜心	33.5×48cm	115,000	中国嘉德	2018-11-20
黄胄 猫咪 立轴	44×63cm	345,000	北京保利	2018-12-08
黄胄 猫趣 立轴	70.5×42.5cm	207,000	上海嘉禾	2018-06-25
黄胄 梅趣 镜心	31.5×43.5cm	230,000	荣宝斋（济南）	2018-07-01
黄胄 墨梅 立轴	68×66cm	101,200	南京经典	2018-01-06
黄胄 母子图 镜心	45×48cm	322,000	北京匡时	2018-12-05
黄胄 牧驴图 立轴	62×47cm	828,000	荣宝斋（济南）	2018-07-01
黄胄 牧牛图 镜框	37.5×53cm	258,750	华艺国际	2018-11-16
黄胄 牧牛图 立轴	69.5×38cm	782,000	荣宝斋（南京）	2018-01-05
黄胄 牧羊狗 镜心	41×58cm	105,800	荣宝斋（南京）	2018-01-05
黄胄 群驴 立轴	70×34cm	258,750	荣宝斋（济南）	2018-07-01
黄胄 群驴图 镜心	78.5×55cm	667,000	荣宝斋（南京）	2018-01-05
黄胄 群驴图 镜心	68×44.5cm	379,500	北京荣宝	2018-06-14
黄胄 群驴图 立轴	68×44.5cm	172,500	朵云轩	2018-06-24
黄胄 1982年作 水仙花猫 镜心	68×49cm	368,000	中国嘉德	2018-11-20
黄胄 任重道远 镜片	118×96.5cm	1,008,000	秦宝斋	2018-01-01
黄胄 三骏图 镜心	68.5×48.5cm	138,000	中国嘉德	2018-11-20
黄胄 三驴图 镜心	69×45.5cm	575,000	荣宝斋（南京）	2018-07-15
黄胄 三驴图 立轴	33×43cm	138,000	北京荣宝	2018-06-14
黄胄 少女赶驴图 镜心	69×34cm	253,000	北京荣宝	2018-06-14
黄胄 少女与牛 镜心	123×77cm	862,500	北京荣宝	2018-06-14
黄胄 涉水图 镜心	62.5×44.5cm	276,000	保利山东	2018-11-22

拍品名称	物品尺寸	成交价RMB	拍卖公司	拍卖日期
黄胄 石鲁 1959年作 赶驴图 立轴	77×44cm	402,500	北京保利	2018-12-08
黄胄 书法 立轴	137×67cm	138,000	荣宝斋（济南）	2018-07-01
黄胄 双鹿图 镜心	48×35.5cm	253,000	北京荣宝	2018-09-14
黄胄 双驴 立轴	33×33.5cm	138,000	中国嘉德	2018-06-18
黄胄 双驴人物图	60×49cm	391,000	北京东正	2018-06-17
黄胄 水牛 镜框	33.5×44cm	109,250	北京荣宝	2018-09-14
黄胄 水牛 镜片	40×59cm	276,000	广东崇正	2018-07-04
黄胄 水牛放牧图 镜框	18×99cm	322,000	北京荣宝	2018-12-03
黄胄 水仙 镜心	39×36cm	103,500	荣宝斋（济南）	2018-07-01
黄胄 饲鸡图 镜心	134×69cm	3,450,000	南京经典	2018-01-06
黄胄 饲鸡图 镜心	25.5×24cm	368,000	荣宝斋（南京）	2018-07-15
黄胄 饲鸡图 立轴	103.5×44cm	862,500	西泠拍卖	2018-07-07
黄胄 饲鸡图 立轴	103×44cm	805,000	北京保利	2018-12-08
黄胄 饲鸡图 立轴	110×56cm	616,000	上海联合	2018-11-25
黄胄 饲驴图 立轴	95.5×49cm	529,000	北京翰海	2018-06-29
黄胄 踏歌行 镜心	82.5×32cm	345,000	荣宝斋（南京）	2018-07-15
黄胄 万年景色 立轴	130×66.5cm	4,140,000	中贸圣佳	2018-11-24
黄胄 喂鸡图 立轴	99×68.5cm	920,000	荣宝斋（南京）	2018-01-05
黄胄 喂驴图 立轴	59×54.5cm	575,000	荣宝斋（南京）	2018-07-15
黄胄 五驴图 镜心	68×46cm	437,000	中国嘉德	2018-11-20
黄胄 五驴图 镜心	80×43cm	210,016	中国嘉德	2018-04-03
黄胄 五驴图 镜心	70.5×67cm	172,500	中贸圣佳	2018-11-24
黄胄 五驴图 立轴	66×44cm	414,000	中国嘉德	2018-06-18
黄胄 五驴图 立轴	68.5×45cm	356,500	荣宝斋（南京）	2018-07-15
黄胄 舞蹈人物 镜心	67.5×43.5cm	345,000	荣宝斋（济南）	2018-07-01
黄胄 1988年作 赶集图 镜片	82.5×50cm	172,500	上海嘉禾	2018-06-25
黄胄 1978年作 慈心 镜心	68×68cm	3,220,000	中国嘉德	2018-11-20
黄胄 新疆姑娘 立轴	135×68cm	920,000	荣宝斋（济南）	2018-07-01
黄胄 新疆少女 镜心	90×48cm	598,000	北京匡时	2018-12-05
黄胄 雄鸡一唱天下白 立轴	68.5×51cm	345,000	荣宝斋（南京）	2018-01-05
黄胄 徐邦达 1959年作 巡逻图 镜框	130×63cm	517,500	北京荣宝	2018-12-03
黄胄 学文化 立轴	69.5×58cm	138,000	中国嘉德	2018-06-18
黄胄 驯马图 镜心	44×69cm	1,265,000	北京荣宝	2018-06-14
黄胄 咬定青山不放松 镜心	72.5×67.5cm	862,500	北京荣宝	2018-12-03
黄胄 一苇渡江 立轴	69×35cm	253,000	北京荣宝	2018-06-14
黄胄 1985年作 大肚弥勒佛 镜心	34×45cm	437,000	中国嘉德	2018-11-20
黄胄 1985年作 麻雀 镜心	34×44.5cm	126,500	中国嘉德	2018-11-20
黄胄 1975年作 墨驴图 镜片	68.5×39.5cm	172,500	上海嘉禾	2018-06-25
黄胄 于阗歌舞 立轴	68×44cm	1,380,000	北京保利	2018-12-07
黄胄 运粮图 镜片	102.3×33.5cm	165,648	万昌斯	2018-05-30
黄胄 早春牧驴 镜心	96×59.5cm	805,000	荣宝斋（南京）	2018-01-05

拍品名称	物品尺寸	成交价RMB	拍卖公司	拍卖日期
黄胄 竹鸡图 立轴	79×27.5cm	138,000	荣宝斋(济南)	2018-07-01
黄胄 竹帘画人物 立轴	70×31.5cm	575,000	保利厦门	2018-01-08
霍春阳 1995年作 秋荷 镜心	60×164cm	184,000	北京荣宝	2018-09-14
霍春阳 1995年作 温馨高洁 镜心	120×243cm	322,000	北京荣宝	2018-06-14
霍春阳 2001年作 藕荷清韵 镜框	74×178cm	230,000	鼎天国际	2018-01-07
霍春阳 2007年作 君子交情 镜框	69.5×138cm	126,500	鼎天国际	2018-01-07
霍春阳 2015年作 梅花满枝 镜心	68×136cm	207,000	北京翰海	2018-09-16
霍春阳 2018年作 竹子小鸟 镜心	68×136cm	172,500	北京翰海	2018-09-16
霍春阳 春暖花开 镜心	67×135cm	195,500	鼎天国际	2018-01-07
霍春阳 富贵吉祥 镜片	68×138cm	261,050	天津同方	2018-06-13
霍春阳 娄师白 等 小品 册页 镜心	30×40cm×6	109,250	北京荣宝	2018-09-14
霍春阳 双清中堂 镜心 镜心	95×57cm 135×30cm×2	138,000	鼎天国际	2018-01-07
霍春阳 馨香清韵 镜片	99×69cm	264,500	天津同方	2018-06-13
霍春阳 赵上慧 2018年作 神犬(二帧)镜心	43.5×51cm×2	207,000	北京荣宝	2018-05-18
霍春阳 竹报平安 镜心	69×137cm	166,750	天津同方	2018-06-13
嵇燧 樊增祥 沈曾植 1906年作 1914年作 悬钟花 镜片	122.5×44.5cm	120,750	上海泓盛	2018-06-27
籍忠亮 2018年作 搜神图	69×69cm	184,000	北京翰海	2018-06-30
纪怀昌 2017年作 书法 镜心	68×136cm	195,500	北京翰海	2018-09-16
纪怀昌 2017年作 书法"厚德载福"镜心	36×134cm	115,000	北京保利	2018-06-18
纪连彬 春的幻象	220×128cm	276,000	北京翰海	2018-06-30
纪映欣 牡丹图 镜心	68×68cm	212,700	北京歌德	2018-08-25
纪映欣 牡丹仙子 镜心	136×68cm	872,100	北京歌德	2018-08-25
纪映欣 秀盈春光 镜心	136×68cm	367,200	北京歌德	2018-08-25
家昌 太平有象 镜心	335×190cm	4,370,000	北京保利	2018-06-17
贾传友 守望 镜心	183×100cm	184,000	北京保利	2018-11-19
贾大年 2017-2018年作 花鸟 四屏 镜心	138×33cm×4	552,000	北京翰海	2018-09-16
贾广健 2002年作 荷塘鸳鸯 镜心	69×136cm	115,000	北京保利	2018-06-18
贾广健 2010年作 风散动浮香 镜心	68×137cm	105,800	北京荣宝	2018-12-03
贾广健 荷花鸳鸯 镜心	68×137cm	138,000	荣宝斋(济南)	2018-07-01
贾广健 花卉	43×46cm	322,000	北京翰海	2018-06-30
贾广健 2015年作 春意初浓 镜心	132×67cm	1,012,000	中国嘉德	2018-06-20
贾又福 1978年作 江南渔村小景 镜框	82×50.5cm	172,500	北京荣宝	2018-12-03
贾又福 1979年作 香山秋景 镜框	70×46cm	212,750	鼎天国际	2018-01-07
贾又福 1979年作 雨后江村 立轴	96.5×50.5cm	188,488	佳士得	2018-11-26
贾又福 1995年作 夕照图 镜框	45×32cm	111,650	佳士得	2018-05-28
贾又福 1997/1995年作 金色夕阳/山中雷雨(两幅)镜框	尺寸不一	310,450	佳士得	2018-11-26
贾又福 残阳 镜心	41×61cm	230,000	中国嘉德	2018-06-20
贾又福 朝晖 镜心	66.5×37cm	1,725,000	北京荣宝	2018-06-14
贾又福 朝露 镜心	35×75cm	690,000	北京荣宝	2018-09-14
贾又福 朝霞图 镜心	35×139cm	1,150,000	中国嘉德	2018-01-13
贾又福 穿云图趣 镜心	46×70cm	172,500	北京保利	2018-11-19
贾又福 大野形云 镜心	36.5×36.5cm	920,000	北京荣宝	2018-06-14
贾又福 东坡赤壁夜游图 镜心	35×50cm	460,000	北京翰海	2018-09-16
贾又福 高原大风 牧归(两幅)镜框	尺寸不一	131,950	佳士得	2018-05-28
贾又福 高原行 镜框	34×34cm	109,250	北京华辰	2018-11-20
贾又福 观斗鸡图 镜心	35×40cm	115,000	北京荣宝	2018-09-14
贾又福 归牧 镜框	33.5×33.5cm	155,225	佳士得	2018-11-26
贾又福 归牧图 镜心	33.0×33.0cm	138,000	中国嘉德	2018-11-22
贾又福 海溪暮色 镜心	36×69cm	230,000	中国嘉德	2018-01-13
贾又福 家住高山顶 镜心	68×44cm	299,000	北京荣宝	2018-05-18
贾又福 江上清风 镜心	35×50cm	483,000	北京翰海	2018-09-16
贾又福 金秋图 立轴	91.5×30.5cm	552,000	中国嘉德	2018-06-20
贾又福 牧趣图 镜心	96×155cm	1,265,000	北京荣宝	2018-12-03
贾又福 山海之盟 镜心	61×88cm	345,000	中国嘉德	2018-06-20
贾又福 太行秋 镜心	70×50cm	109,250	上海匡时	2018-04-30
贾又福 太行之巅 镜框	67.3×39cm	162,400	佳士得	2018-05-28
贾又福 天地一行者	46.7×36.7cm	102,896	中国嘉德	2018-10-02
贾又福 童年趣事 镜心	34×139cm	1,012,000	北京荣宝	2018-09-14
贾又福 1981年作 乡山何处好 镜心	68×37cm	138,000	中国嘉德	2018-11-21
贾又福 信天游 镜心	34×33cm	172,500	北京荣宝	2018-09-14
贾又福 雨过 镜心	68×46cm	161,000	中国嘉德	2018-11-21
贾又福 雨过云开 镜心	119×61cm	966,000	保利山东	2018-11-22
贾又福 云开 镜心	61×88cm	391,000	中国嘉德	2018-06-20
江寒汀 1944年作 田园春意 立轴	107×51cm	540,500	北京匡时	2018-06-15
江寒汀 1953年作 春色烂漫 镜框	20×43cm	101,125	香港苏富比	2018-04-02
江寒汀 芭蕉树下 镜心	137×68.5cm	172,500	荣宝斋(上海)	2018-01-21
江寒汀 1936年作 翠竹蜂戏 立轴	99.2×37.5cm	287,500	北京诚轩	2018-06-16
江寒汀 富贵双吉 立轴	130×79.5cm	143,750	西泠拍卖	2018-07-07
江寒汀 1950年作 葡萄松鼠 立轴	107×46cm	230,000	上海嘉禾	2018-06-25
江寒汀 瓜棚双鸡 立轴	132.5×65.8cm	161,800	香港苏富比	2018-04-02
江寒汀 1953年作 草堂吟秋 立轴	85.5×33cm	143,750	北京诚轩	2018-06-16
江寒汀 花鸟 镜片	95×53cm	195,500	朵云轩	2018-09-09
江寒汀 1954年作 桃花双鹦 立轴	105.5×39.3cm	272,832	万昌斯	2018-05-30
江寒汀 快快布谷 立轴	131×65.5cm	322,000	荣宝斋(上海)	2018-01-21
江寒汀 芦雁图 横批	44.5×120cm	782,000	南京经典	2018-01-06
江寒汀 陆俨少 竹柏翔禽 镜心	116.5×56cm	218,500	北京荣宝	2018-06-14
江寒汀 唐云 春韵 立轴	40×56.5cm	287,500	南京经典	2018-07-22
江寒汀 桐荫飞雀 立轴	66×33cm	207,000	上海嘉禾	2018-06-25
江寒汀 吴待秋 花鸟 书法 成扇	18.5×49cm	115,000	华艺国际	2018-11-16
江寒汀 1948年作 芙蓉八哥 立轴	104.5×54.2cm	241,500	北京诚轩	2018-06-16
江寒汀 1961年作 花鸟 四屏镜片	68.5×21.5cm×4	230,000	上海嘉禾	2018-06-25
江寒汀 1941年作 翠鸟双蝶 立轴	91×39.5cm	105,800	中国嘉德	2018-11-20
江寒汀 郑午昌 荔枝幽禽 行书七言诗 成扇	17.5×49cm	184,000	中国嘉德	2018-06-19
江宏伟 1994年作 富贵牡丹图 镜心	62.5×98.5cm	172,500	保利山东	2018-11-22
江宏伟 1996年作 秋水双禽图 镜心	47.5×49cm	149,500	保利山东	2018-11-22
江宏伟 1996年作 秋水双禽图 镜心	47.5×49cm	115,000	北京荣宝	2018-09-14
江宏伟 1999年作 岭南风情 镜心	49.5×175cm	632,500	北京荣宝	2018-09-14
江宏伟 2000年作 牡丹 镜心	60.5×46.5cm	149,500	北京荣宝	2018-09-14
江宏伟 2000年作 四季花鸟 镜心	136×37cm×4	1,035,000	北京荣宝	2018-09-14
江宏伟 2001年作 栖苇图 镜心	65.5×87cm	253,000	北京荣宝	2018-09-14
江宏伟 2001年作 栖苇图 镜心	65.5×87cm	172,500	保利山东	2018-11-22
江宏伟 2001年作 秋水游鸭图 镜心	46×43cm	109,250	北京荣宝	2018-09-14
江宏伟 2001年作 秋塘红韵 镜心	46×46cm	109,250	北京荣宝	2018-09-14
江宏伟 2001年作 闲趣 镜心	69×45.5cm	161,000	保利山东	2018-11-22
江宏伟 2001年作 依偎 镜心	54×66cm	172,500	北京荣宝	2018-09-14
江宏伟 2001年作 鹦鹉 镜心	65.5×47cm	195,500	保利山东	2018-11-22

拍品名称	物品尺寸	成交价RMB	拍卖公司	拍卖日期
江宏伟 2001年作 鹦鹉 镜心	65.5×47cm	161,000	北京荣宝	2018-09-14
江宏伟 2001年作 绽放 镜心	46.6×46.6cm	138,000	北京荣宝	2018-09-14
江宏伟 2001年作 绽放 镜心	46.6×46.6cm	115,000	保利山东	2018-11-22
江宏伟 2001年作 枝头小鸟 镜心	45.5×58cm	172,500	保利山东	2018-11-22
江宏伟 2002年作 莲荷图 镜心	46.5×43cm	103,500	北京荣宝	2018-09-14
江宏伟 2002年作 梅雀图 镜心	45×66cm	149,500	保利山东	2018-11-22
江宏伟 2002年作 秋荷白禽图 镜心	65.5×43.5cm	161,000	北京荣宝	2018-09-14
江宏伟 2003年作 残荷孤鸟 镜心	65.5×44cm	264,500	北京荣宝	2018-09-14
江宏伟 2003年作 残荷孤鸟 镜心	65.5×44cm	115,000	保利山东	2018-11-22
江宏伟 2003年作 拂柳游鸭 镜心	65.5×43.5cm	172,500	北京荣宝	2018-09-14
江宏伟 2003年作 坐看池莲尽 镜心	65.5×43.5cm	149,500	北京荣宝	2018-09-14
江宏伟 2006年作 梅枝翠鸟 册页（四开）	32×32cm×4	333,500	上海匡时	2018-04-30
江宏伟 风轻云淡 镜心	66×45.5cm	138,000	北京荣宝	2018-09-14
江宏伟 2013年作 听雨图 册页（四开）	尺寸	218,500	中国嘉德	2018-06-20
江宏伟 荷塘 镜心	65×47cm	276,000	北京荣宝	2018-05-18
江宏伟 荷塘翠羽 镜心	39.2×56cm	207,000	北京诚轩	2018-06-16
江宏伟 荷塘一隅 立轴	64×37cm	115,000	北京荣宝	2018-09-14
江宏伟 荷塘一隅 立轴	64×37cm	103,500	保利山东	2018-11-22
江宏伟 梨花小鸟 镜心	65×47cm	322,000	南京经典	2018-01-06
江宏伟 芦花孤禽 镜心	66×50cm	172,500	北京荣宝	2018-09-14
江宏伟 牡丹 镜心	44.7×48cm	103,500	北京荣宝	2018-09-14
江宏伟 凝视 镜心	47.5×44cm	138,000	保利山东	2018-11-22
江宏伟 清塘 镜心	63.5×30.5cm	149,500	荣宝斋（南京）	2018-07-15
江宏伟 秋江双鹭 镜心	61.5×54.5cm	207,000	北京荣宝	2018-09-14
江宏伟 双青红羽 镜心	47×44.5cm	126,500	北京荣宝	2018-09-14
江宏伟 香韵 镜心	57×46cm	103,500	保利山东	2018-11-22
江宏伟 休憩图 镜心	46×42.5cm	103,500	北京荣宝	2018-09-14
江宏伟 烟花三月 镜心	66×64.5cm	138,000	保利山东	2018-11-22
江宏伟 鹦鹉 立轴	33×67cm	207,000	南京经典	2018-01-06
江明贤 1980年作 红叶秋风 镜心	69×136cm	105,800	中国嘉德	2018-01-13
江文湛 荷塘 镜片	95.5×178cm	156,800	秦宝斋	2018-01-01
江文湛 种瓜得瓜图 镜片	180×96cm	179,200	秦宝斋	2018-01-01
江祥明 笔指山水	76×48cm	141,680	上海云顶	2018-11-24
江友樵 梅花道人笔意 立轴	151×82cm	195,500	中国嘉德	2018-01-13
江兆申 1954年作 溥儒画像 镜片		277,638	纽约佳士得	2018-03-20
江兆申 1983年作 林隙棹舟 镜框	62×99cm	149,160	羅芙奥	2018-12-01
江兆申 1984年作 深山对话 镜框	63×99cm	113,904	羅芙奥	2018-12-01
江兆申 1986年作 小桥通幽 镜框	33×99cm	113,904	羅芙奥	2018-12-01
江兆申 汪中 杜甫诗意图 册（八对开）	每开 32.5×17.6cm	190,380	纽约苏富比	2018-03-23
江兆申 迤曲五台 立轴	63.1×54.3cm	111,055	纽约苏富比	2018-03-22
江兆申 幽趣清谈 镜框	59×96.2cm	103,123	纽约苏富比	2018-03-23
姜宝林 2016年作 种瓜得瓜 镜心	68×136cm	172,500	北京翰海	2018-09-16
姜宝林 抽象花鸟 镜心	68×136cm	172,500	北京翰海	2018-09-16
姜宝林 意象墨彩 镜心	68.5×137cm	747,500	北京荣宝	2018-06-14
姜吉安 函封疾马疾封函·之二	32×77cm 33×9cm	101,200	中国嘉德	2018-06-20
姜宁 2018年作 陆羽品茶图 镜心	97×179cm	172,500	北京翰海	2018-09-16
姜怡翔 十二生肖册 镜心	直径33cm×12	149,500	上海匡时	2018-04-30
姜迎久 镜中人	90×70cm	115,000	北京翰海	2018-09-16
姜云宗 碧海涛天	48×179cm	322,000	北京翰海	2018-06-30
姜云宗 敬畏 镜心	67×143cm	230,000	北京翰海	2018-05-13

拍品名称	物品尺寸	成交价RMB	拍卖公司	拍卖日期
蒋采苹 1978年作 孔雀之歌 镜片	96.5×66cm	149,500	广东崇正	2018-07-05
蒋介石 1970年作 挽李树兰将军匾 画心	120×56cm	172,500	西泠拍卖	2018-07-08
蒋悦 2016年作 甘地：大道之上	144.5×353.5cm	437,000	广东崇正	2018-07-05
蒋兆和 1948年作 老夫老妻 镜框	101×79cm	4,466,000	佳士得	2018-05-29
蒋兆和 1961年作 春光 镜心	76.5×51.5cm	1,150,000	北京匡时	2018-12-06
蒋兆和 1979年作 赏竹图 镜心	35×47cm	218,500	北京荣宝	2018-06-14
蒋兆和 1979年作 双鸽青松 立轴	94×48cm	920,000	北京匡时	2018-06-15
蒋兆和 1980年作 新诗改罢自长吟 立轴	77×49cm	920,000	北京匡时	2018-12-06
蒋兆和 1980年作 朱竹双鸽 立轴	69×45cm	161,000	北京荣宝	2018-12-03
蒋兆和 参天古木 立轴	102×50cm	402,500	北京荣宝	2018-12-03
蒋兆和 1979年作 童趣 镜片	75×45cm	207,000	上海嘉禾	2018-06-25
蒋兆和 老妇 镜框	63×43.6cm	1,618,000	香港苏富比	2018-04-02
蒋兆和 老叟 镜框	65×40cm	1,618,000	香港苏富比	2018-04-02
蒋兆和 猫 镜心	48×32cm	115,000	中国嘉德	2018-06-19
蒋兆和 梅花双鸽 镜框	37.5×53cm	184,000	华艺国际	2018-11-16
蒋兆和 双鸽童趣 立轴	75×47cm	1,150,000	北京保利	2018-06-17
蒋兆和 童趣图 立轴	60.5×44cm	207,000	西泠拍卖	2018-07-07
蒋兆和 新年 立轴	97×54cm	4,082,500	华艺国际	2018-05-23
蒋中正 奋门 镜片		190,380	纽约佳士得	2018-03-20
蒋中正 横扫千军 镜片		277,638	纽约佳士得	2018-03-20
金北楼 方子易 金西厓 书 画 刻 金北楼书、方子易画 金西厓刻葫芦扇骨	长33.7cm	322,000	中贸圣佳	2018-11-24
金城 1917年作 溪山远景 立轴	133.5×66cm	299,000	北京荣宝	2018-12-03
金城 1918年作 拟古山水 四屏立轴	138×38cm×4	402,500	上海匡时	2018-04-30
金城 1923年作 秋山白云图 立轴	140.3×60.5cm	1,035,500	香港苏富比	2018-10-02
金城 1924年作 葡萄翠鸟 立轴	99×36cm	138,000	北京荣宝	2018-06-14
金城 1925年作 春江水暖鸭先知 立轴	107×52cm	402,500	北京荣宝	2018-12-03
金城 1925年作 春江水暖鸭先知 立轴	107×52cm	368,000	北京荣宝	2018-06-14
金城 1925年作 拟倪云林山水 立轴	113.8×48.4cm	239,800	香港苏富比	2018-10-02
金城 1916年作 松竹梅藤 四屏立轴	361×70cm×4	2,300,000	中国嘉德	2018-11-20
金城 仿王维雪图 团扇面 立轴	22.9×22.9cm	185,300	香港苏富比	2018-10-02
金城 1923年作 秋山萧寺 立轴	106×41.5cm	230,000	北京诚轩	2018-06-16
金城 1924年作 春塘鹅戏 立轴	145.5×40.5cm	101,200	北京诚轩	2018-06-16
金城 金丝蝴蝶 立轴	72×31cm	121,350	香港苏富比	2018-04-02
金城 临轩听泉图 立轴	94.5×51.5cm	126,500	保利厦门	2018-01-08
金城 蔷薇 扇面 镜框	19×56cm	121,350	香港苏富比	2018-04-02
金城 1922年作 秋山听泉图 立轴	94×51.5cm	184,000	中国嘉德	2018-06-19
金城 1922年作 小桃双燕 立轴	96×33cm	138,000	中国嘉德	2018-05-19
金城 深林流水图 手卷	画7×117cm	138,000	南京经典	2018-01-06
金城 松云万壑图	82×36cm	101,125	邦瀚斯	2018-04-03
金城 1908年作 瑞士奇境 镜心	27.5×34.5cm	103,500	北京诚轩	2018-06-16
金城 1925年作 松庭赏幽 立轴	114×33cm	115,000	北京诚轩	2018-06-16
金城 张荫椿 平江清远 节临《谷仙赋》成扇	18.6×49.6cm	126,500	北京诚轩	2018-06-16
金鸿钧 1991年作 雪霁 镜心	126×113cm	575,000	北京荣宝	2018-09-14
金龙 行书 瘞鹤铭 镜心	233×52.5cm×6	172,500	保利厦门	2018-01-08
金威昕 2016年作 四君子	194×182cm	575,000	北京翰海	2018-06-30

拍品名称	物品尺寸	成交价RMB	拍卖公司	拍卖日期
金西厓 谢稚柳 刘旦宅 刻 书 画 金西厓刻牵牛金桂扇骨 谢稚柳书法、刘旦宅花鸟成扇	长31.5cm	690,000	中贸圣佳	2018-11-24
金晓海 2018年作 王者之香 镜心	直径33cm	207,000	北京保利	2018-12-06
金晓海 2018年作 霞裾月佩	34×66cm	172,500	北京翰海	2018-06-30
靳卫红 最是人间留不住	33×270cm	184,000	广东崇正	2018-07-05
京华名家 1982年作 绚丽篇（二十开册）	40.5×59cm×8	859,563	香港苏富比	2018-04-02
京华四家 猫蝶花石 镜框	102×33.5cm	485,400	香港苏富比	2018-04-02
经亨颐 1928年作 墨梅 立轴	128×28cm	149,500	精诚所至	2018-05-12
经亨颐 1931年作 隶书五言联 立轴	126×26cm×2	124,101	中国嘉德	2018-04-03
井上有一 1962年作 泰	120.9×194.9cm	411,584	保利香港	2018-09-30
井上有一 1965年作 放	60.8×91.5cm	123,475	保利香港	2018-09-30
井上有一 1966年作 会 镜心	146×223cm	345,000	中国嘉德	2018-06-20
井上有一 1966年作 泰 镜心	146×228cm	1,437,500	中国嘉德	2018-06-20
井上有一 1966年作 座 镜心	145.5×208cm	322,000	中国嘉德	2018-06-20
井上有一 1967年作 花	145.1×200cm	665,250	佳士得	2018-11-25
井上有一 1969 懒 镜心	91.5×122cm	667,000	中国嘉德	2018-06-20
井上有一 1969 煮 镜心	99×61cm	471,500	中国嘉德	2018-06-20
井上有一 1969年作 懒	90.9×122cm	308,688	保利香港	2018-09-30
井上有一 1970 花 镜心	44.8×60cm	253,000	中国嘉德	2018-06-20
井上有一 1970 乃 镜心	122.8×182.7cm	368,000	中国嘉德	2018-06-20
井上有一 1970年 花野	122.5×182.5cm	823,168	北京匡时	2018-10-03
井上有一 1970年作 花	124×184cm	360,136	保利香港	2018-09-30
井上有一 1972 落脱身心 镜心	127×71.5cm	1,081,000	中国嘉德	2018-06-20
井上有一 1972 鸟 镜心	46×63cm	172,500	中国嘉德	2018-06-20
井上有一 1973 梦 镜心	108.9×126.2cm	345,000	中国嘉德	2018-06-20
井上有一 1976年作 属 镜心	121×221cm	690,000	中国嘉德	2018-06-20
井上有一 1977年作 圆	182.5×178cm	411,584	中国嘉德	2018-10-02
井上有一 1977年作 月	134×166.8cm	308,688	保利香港	2018-09-30
井上有一 1980 豚鱼 镜心	63×143cm	218,500	中国嘉德	2018-06-20
井上有一 1980 现前 镜心	61×135cm	368,000	中国嘉德	2018-06-20
井上有一 1982 岚 镜心	155×127cm	529,000	中国嘉德	2018-06-20
井上有一 1983年作 舟	126×164.5cm	286,386	中国嘉德	2018-04-02
井上有一 九方皋 镜心	45×78cm	138,000	中国嘉德	2018-06-20
井上有一 鹰 镜心	116.5×119.5cm	345,000	中国嘉德	2018-06-20
井上有一 郁 镜心	122×198.5cm	345,000	中国嘉德	2018-06-20
井上有一INOUE YUICHI 1963年作 虎	121.3×187.2cm	552,000	中贸圣佳	2018-06-20
井上有一INOUE YUICHI 1982年作 舟Fune	142×141cm	575,000	中贸圣佳	2018-06-20
君寿 鹰 镜框	41×41cm	460,000	北京荣宝	2018-06-14
康宁 2003年作 鹤寿 镜心	120×240cm	345,000	北京保利	2018-06-17
康宁 2005年作 花鸟 十二屏立轴	135.5×34cm×12	402,500	北京荣宝	2018-05-18
康宁 2005年作 花鸟 十二条屏镜心	136×33cm×12	425,500	北京荣宝	2018-09-14
康生 1959年作 秋菊 立轴	93×33cm	575,000	北京保利	2018-12-09
康生 1964年作 草书 七言诗 立轴	88×29.5cm	805,000	西泠拍卖	2018-07-07
康生 曹轶欧 书画合璧 手卷	13.7×157cm	368,000	中国嘉德	2018-11-20
康生 墨荷 镜心	99.5×31.5cm	943,000	荣宝斋（南京）	2018-01-05
康生 篆书 "克己"	112.5×55.5cm	977,500	中国嘉德	2018-11-21
康生 篆书 大事不胡涂 镜片	137×69cm	690,000	西泠拍卖	2018-07-07
康生 篆书 镜片	61.5×33cm	184,000	广东崇正	2018-07-05

拍品名称	物品尺寸	成交价RMB	拍卖公司	拍卖日期
康有为 1899年作 行书七言诗 立轴	149×82cm	598,000	北京匡时	2018-06-16
康有为 1915年作 行书七言诗 镜片	40.5×17.5cm	184,000	西泠拍卖	2018-07-07
康有为 1917年作 行书七言诗 立轴	145.5×40cm	368,000	西泠拍卖	2018-07-08
康有为 1921年作 行书七言诗 立轴	101.5×50cm	207,000	上海匡时	2018-04-30
康有为 1921年作 行书四言诗 立轴	135×66.5cm	102,896	保利香港	2018-10-01
康有为 1916年作 书法 镜片	26.5×65cm	243,600	万昌斯	2018-05-30
康有为 1926年作 行书 "秋圆堂" 横幅	31×131cm	184,000	中国嘉德	2018-09-19
康有为 1926年作 行书二十言联 立轴	386×39.5cm×2	1,028,960	中国嘉德	2018-10-03
康有为 草书《西湖孤山仿李侍郎》四屏立轴	172.5×45cm×4	1,610,000	北京匡时	2018-12-06
康有为 草书杜甫诗句 立轴	163×41cm	230,000	北京匡时	2018-06-16
康有为 草书辛弃疾词 立轴	172.5×62.5cm	644,000	北京匡时	2018-06-16
康有为 隶书 立轴	173×46cm	161,000	北京翰海	2018-05-13
康有为 1899年作 行书杜甫诗 镜心	康23.5×90cm 梁23.5×15.5cm	184,000	中国嘉德	2018-06-18
康有为 1923年作 行书七言诗 立轴	174.5×93cm	448,500	中国嘉德	2018-06-19
康有为 行草书 立轴	117×37cm	149,500	北京翰海	2018-06-29
康有为 行书 七言诗 立轴	148×39.5cm	310,500	西泠拍卖	2018-07-07
康有为 行书 八言联 对联	149×39cm×2	529,000	西泠拍卖	2018-07-08
康有为 行书 古诗句 立轴	130×31cm	149,500	西泠拍卖	2018-07-08
康有为 行书 镜心	17.5×177.5cm	264,500	北京匡时	2018-12-05
康有为 行书 四言句 立轴	105×54cm	276,000	西泠拍卖	2018-05-05
康有为 行书 五言联 对联	132.5×36.5cm×2	132,250	西泠拍卖	2018-07-08
康有为 行书 "金膏水碧" 镜心	39×121cm	310,500	北京匡时	2018-06-16
康有为 行书 "润德楼" 横批	32.5×120cm	138,000	上海嘉禾	2018-06-25
康有为 行书 "忠信" 镜心	47×92.5cm	402,500	北京保利	2018-12-07
康有为 行书八言联 立轴	164×35cm×2	115,000	广东崇正	2018-07-05
康有为 行书昌黎句 立轴	131.6×31.3cm	130,800	香港苏富比	2018-10-02
康有为 行书七言诗 立轴	138.5×53cm	149,500	北京匡时	2018-06-16
康有为 行书诗册 册页	21.5×24cm×10	345,000	北京匡时	2018-06-16
康有为 行书四言句 立轴	111×52.5cm	230,000	北京匡时	2018-06-16
康有为 行书四言联 立轴	150.5×41.5cm×2	414,000	中国嘉德	2018-06-18
康有为 行书四言联 立轴	122×36cm×2	207,000	北京匡时	2018-06-16
康有为 行书四言诗 镜心	143×58cm	471,500	上海匡时	2018-04-30
康有为 行书四言诗 镜心	82×40cm	109,250	中国嘉德	2018-05-18
康有为 行书宋诗联 立轴	164.6×38.9cm×2	174,400	香港苏富比	2018-10-02
康有为 行书五言联 对联	130×32cm×2	322,000	上海嘉禾	2018-06-25
康有为 行书五言联 镜心	133×33cm×2	299,000	北京匡时	2018-12-05
康有为 行书五言联 立轴	145.3×35.1cm×2	1,035,500	香港苏富比	2018-10-02
康有为 行书五言联 立轴	172.3×45.8cm×2	404,500	香港苏富比	2018-04-02
康有为 行书五言联 立轴	128×32cm×2	402,500	北京匡时	2018-12-05
康有为 行书五言联 立轴	124×30cm×2	253,000	北京匡时	2018-06-16
康有为 行书五言联 立轴	141×37cm×2	241,500	北京匡时	2018-06-16
康有为 行书五言联 立轴	142×37cm×2	172,500	北京保利	2018-12-08
康有为 行书五言联 立轴	148.5×39cm×2	172,500	中国嘉德	2018-11-21
康有为 行书五言联 立轴	159.5×32.5cm×2	138,000	北京翰海	2018-06-29
康有为 行书五言诗 镜心	直径25cm	115,000	北京匡时	2018-06-16
康有为 行书五言诗 立轴	133×44cm	207,000	北京匡时	2018-06-16
康有为 行书自作七绝一首 立轴	161.7×67.5cm	237,975	纽约苏富比	2018-03-23
康有为 行书自作七律五首 七开册页裱成一卷		410,520	纽约苏富比	2018-09-13
康有为 行书自作诗 立轴	101×21cm	184,000	广东崇正	2018-07-04

拍品名称	物品尺寸	成交价RMB	拍卖公司	拍卖日期
康有为 隶书五言联 立轴	196×50cm×2	172,500	北京翰海	2018-05-13
康有为 1912年作 自作诗《祭戊戌六烈士》镜心	175.5×94.5cm	575,000	北京诚轩	2018-06-16
康有为 书法 立轴	143.5×77cm	437,000	华艺国际	2018-11-17
康有为 书法 长卷	20×691cm	690,000	荣宝斋（济南）	2018-07-01
康有为 易君左 行书欧阳修词 春郊牧马图 立轴 横披	康165×61.5cm 易30×92.8cm	230,000	中国嘉德	2018-06-19
康有为 至乐寄山林 立轴	135×33cm	172,500	中贸圣佳	2018-06-20
康有为 致康同薇、康同璧家书册 镜心	尺寸不一	1,840,000	北京匡时	2018-06-16
柯璜 草书 四屏立轴	148×40.5cm×4	149,500	中贸圣佳	2018-11-24
柯璜 草书 四屏立轴	129×30cm×4	115,000	中贸圣佳	2018-11-24
柯璜 红梅 镜心	135×50cm	149,500	荣宝斋（南京）	2018-07-15
柯良 2017年作 清风高节 镜心	68×205cm	241,500	北京荣宝	2018-12-03
柯良 2018年作 清气留乾坤 镜心	95×355cm	1,955,000	北京荣宝	2018-12-03
柯良 风骨劲节 镜心	68×137cm	207,000	北京荣宝	2018-12-03
孔维克 2017年作 千里情思图 镜心	69×68cm	207,000	北京荣宝	2018-06-14
孔维克 2018年作 红豆点点南国风 镜心	137×35cm	207,000	北京匡时	2018-06-15
孔维克 2018年作 松风琴韵 镜心	68×69cm	218,500	北京保利	2018-06-18
孔维克 2017年作 音绕尘外 镜心	69×68cm	184,000	中国嘉德	2018-05-18
孔维克 高山流水	136×34cm	207,000	北京翰海	2018-06-30
孔小瑜 1930年作 人物故事图 立轴	135×67cm	264,500	西泠拍卖	2018-05-05
孔小瑜 1941年作 富贵如意图 立轴	135×67.4cm	242,700	香港苏富比	2018-04-02
孔小瑜 1943年作 钟馗 立轴	110×51cm	103,500	中国嘉德	2018-06-18
孔小瑜 1944年作 玉堂富贵 镜心	135.5×68cm	264,500	北京诚轩	2018-06-16
孔小瑜 清供 四屏镜心	69×28cm×4	105,800	北京保利	2018-11-19
孔小瑜 1942年作 岁朝清供 立轴	135×65.5cm	161,000	朵云轩	2018-06-24
寇月朋 2017年作 灵化	180×97cm	517,500	北京翰海	2018-09-16
匡苑瑜 文殊师利菩萨 镜心	137×70cm	287,500	北京荣宝	2018-12-03
来楚生 1961年作 隶书毛主席词 镜心	68.5×108cm	184,000	北京匡时	2018-06-16
来楚生 隶书鲁迅《自嘲》镜心	35×135cm	115,000	北京匡时	2018-06-15
来楚生 隶书七言联 镜心	60×12cm×2	138,000	中国嘉德	2018-06-18
来楚生 隶书七言联 镜心	68×14.5cm×2	138,000	中国嘉德	2018-06-18
来楚生 说文要字 镜心	25×171cm	172,500	北京匡时	2018-06-16
赖少其 1973年作 寒梅图 镜心	76×25.5cm	322,000	上海匡时	2018-04-30
赖少其 1976年作 梅花	21×82cm	241,500	北京保利	2018-12-08
赖少其 1977年作 红梅 镜框	72×51cm	690,000	华艺国际	2018-11-16
赖少其 1978年作 陈毅水晶坡	58×34cm	218,500	北京保利	2018-12-08
赖少其 1978年作 腊梅	84×34cm	207,000	北京保利	2018-12-08
赖少其 1979年作 隶书 凭阑阁 镜片	98×21cm	166,750	西泠拍卖	2018-07-07
赖少其 1980年作 黄山	63×22cm	138,000	北京保利	2018-12-08
赖少其 1980年作 黄山散花坞 立轴	123×57cm	138,000	北京保利	2018-12-08
赖少其 1981年作 对联 立轴	95×23cm×2	126,500	华艺国际	2018-11-16
赖少其 1982年作 墨梅 镜片	35×84cm	179,200	湖南逸典	2018-06-09
赖少其 1983年作 碧云霄 镜片	37×50cm	207,000	广东崇正	2018-07-04
赖少其 1984年作 黄山烟云 镜心	40×60cm	437,000	北京荣宝	2018-06-14
赖少其 1984年作 楷书五言联 对联	94.5×19.5cm×2	120,750	上海匡时	2018-04-30
赖少其 1984年作 铁打江山 镜心	96×43cm	977,500	上海匡时	2018-04-30
赖少其 1985年作 黄山多峭壁	85×34cm	253,000	北京保利	2018-12-08
赖少其 1985年作 长铗归来	34×49cm	138,000	北京保利	2018-12-08

拍品名称	物品尺寸	成交价RMB	拍卖公司	拍卖日期
赖少其 1986年作 黄山秋色 镜心	66×127cm	253,000	北京翰海	2018-01-14
赖少其 1986年作 山水 镜框	56×106cm	862,500	华艺国际	2018-05-23
赖少其 1987年作 黄山云迷 镜心	83.5×38cm	305,478	中国嘉德	2018-04-03
赖少其 1987年作 梅花 镜框	136×34cm	207,000	华艺国际	2018-11-16
赖少其 1988年作 黄山桃花溪	96×52cm	517,500	北京保利	2018-12-08
赖少其 1988年作 七星岩	67×67cm	460,000	北京保利	2018-12-08
赖少其 1988年作 雁荡山	69×50cm	460,000	北京保利	2018-12-08
赖少其 1988年作 雁荡小龙湫 镜片	69×51cm	667,000	广东崇正	2018-07-04
赖少其 1989年作 报道人间春色	69×55cm	345,000	北京保利	2018-12-08
赖少其 1989年作 大雨落楚山	96×94cm	920,000	北京保利	2018-12-08
赖少其 1989年作 高山流水	62×58cm	368,000	北京保利	2018-12-08
赖少其 1989年作 功书定风波	64×66cm	402,500	北京保利	2018-12-08
赖少其 1989年作 江山无恙	66×63cm	345,000	北京保利	2018-12-08
赖少其 1989年作 琼台十八层	60×47cm	460,000	北京保利	2018-12-08
赖少其 1989年作 诗意图 立轴	69×55cm	161,000	北京翰海	2018-05-13
赖少其 1990年作 清凉台	68×68cm	402,500	北京保利	2018-12-08
赖少其 1990年作 石岛	68×62cm	552,000	北京保利	2018-12-08
赖少其 1990年作 携手商河梁	62×54cm	322,000	北京保利	2018-12-08
赖少其 1990年作 再登清凉台	44×60cm	345,000	北京保利	2018-12-08
赖少其 1991年作 灵芝	58×53cm	322,000	北京保利	2018-12-08
赖少其 1991年作 云横山转	46×35cm	253,000	北京保利	2018-12-08
赖少其 1991年作 朱蕉	53×47cm	207,000	北京保利	2018-12-08
赖少其 1992年作 楚水吴山	83×75cm	1,150,000	北京保利	2018-12-08
赖少其 1992年作 杭州西湖	47×72cm	345,000	北京保利	2018-12-08
赖少其 1992年作 黄山始信峰	81×150cm	1,035,000	北京保利	2018-12-08
赖少其 1992年作 杉林翠	62×59cm	368,000	北京保利	2018-12-08
赖少其 1992年作 天都峰	82×75cm	839,500	北京保利	2018-12-08
赖少其 1992年作 天涯倦客	47×74cm	345,000	北京保利	2018-12-08
赖少其 1992年作 辛弃疾青玉安元宵	73×82cm	517,500	北京保利	2018-12-08
赖少其 1992年作 一派青山	47×71cm	322,000	北京保利	2018-12-08
赖少其 1992年作 雨歇林间凉自生	47×73cm	322,000	北京保利	2018-12-08
赖少其 1993年作 黄山晨雾	42×42cm	138,000	北京保利	2018-12-08
赖少其 1994年作 池潢不敢顾	53×44cm	230,000	北京保利	2018-12-08
赖少其 1994年作 楼外楼	62×64cm	425,500	北京保利	2018-12-08
赖少其 1995年作 浩然正气	67×68cm	402,500	北京保利	2018-12-08
赖少其 崔松石 1985年作 山水（两帧）镜片	尺寸不一	287,500	广东崇正	2018-07-04
赖少其 1987年作 墨梅 立轴	107×34cm	230,000	广东崇正	2018-07-04
赖少其 对联 镜框	69.5×18cm×2	299,000	华艺国际	2018-11-16
赖少其 寒梅图 立轴	142.5×47.5cm	287,500	中鸿信	2018-01-07
赖少其 黄山	47×26cm	138,000	北京保利	2018-12-08
赖少其 梅花 立轴	107×34cm	230,000	华艺国际	2018-11-16
赖少其 漆书五言联 立轴	96×17cm×2	101,200	广东崇正	2018-01-21
赖少其 1992年作 王维诗意图 镜心	82×75cm	529,000	中国嘉德	2018-06-19
赖少其 四宝堂 镜心	50.5×122cm	172,500	中贸圣佳	2018-11-25
赖少其 松风峪 镜心	69×57.5cm	253,000	中贸圣佳	2018-11-24
赖少其 武夷山 镜框	49×94cm	1,069,500	华艺国际	2018-05-23
蓝荫鼎 1962 淡江烟暮	42×67cm	158,400	金仕发	2018-01-28
蓝荫鼎 1963年作 太鲁阁春色	184.5×95cm	1,663,125	佳士得	2018-11-26
蓝荫鼎 太鲁阁峡 镜框	136×45cm	127,800	罗芙奥	2018-06-02
郎承文 临河人家 镜心	50×57cm	161,000	北京保利	2018-12-06
郎承文 日落黄昏 镜心	66×66cm	155,250	北京保利	2018-12-06

拍品名称	物品尺寸	成交价RMB	拍卖公司	拍卖日期
郎静山 吴湖帆 1943年作 山亭论古 立轴	84×42cm	230,000	北京荣宝	2018-06-14
郎森 2017年作 红杏好时节	136×68cm	368,000	北京翰海	2018-09-16
劳澂 黄山千叠图 立轴	208×49.5cm	103,500	中国嘉德	2018-11-22
老舍 1963年作 楷书 咏石榴诗 镜片	72.5×20cm	299,000	西泠拍卖	2018-07-08
老舍 1965年作 行书毛主席诗 镜心	63×26cm	230,000	北京保利	2018-06-17
乐泉 1997年作 草书 镜心	138×69cm	402,500	北京保利	2018-06-18
乐泉 2017年作 毛泽东诗词选录 镜心	30×176cm	287,500	北京保利	2018-06-18
乐震文 2018年作 秋韵 镜框	33×68cm	138,000	朵云轩	2018-06-24
雷金霆 绘春风锦绣	136×68cm	154,560	上海云顶	2018-11-24
雷正民 2017年作 碧波万顷	69×69cm	368,000	北京翰海	2018-09-16
雷正民 2017年作 峰高江远图	69×69cm	368,000	北京翰海	2018-09-16
雷正民 2017年作 江波送行舟 镜心	69×69cm	402,500	北京翰海	2018-09-16
雷正民 2017年作 云飞欲雨时	69×69cm	368,000	北京翰海	2018-09-16
雷正民 2018年作 大河之滨 镜心	68×138cm	690,000	北京翰海	2018-09-16
雷正民 2018年作 湖光山色好 镜心	68×138cm	690,000	北京翰海	2018-09-16
雷正民 2018年作 江湾幽趣 镜心	68×138cm	713,000	北京翰海	2018-09-16
雷正民 2018年作 野山寂静泉流鸣 镜心	68×138cm	713,000	北京翰海	2018-09-16
雷正民 2018年作 玉山烟树秀色 镜心	68×138cm	690,000	北京翰海	2018-09-16
雷正民 2018年作 长河向远方 镜心	68×138cm	690,000	北京翰海	2018-09-16
雷子人 人物 立轴	73×47cm	172,500	华艺国际	2018-05-23
黎雄才 1944年作 芦苇花海渔舟 立轴	103×36cm	411,584	中国嘉德	2018-10-03
黎雄才 1945年作 劳动者之家 镜心	27.5×33cm	124,101	中国嘉德	2018-04-03
黎雄才 1948年作 崇林驰猎 立轴	145×58cm	1,495,000	广东崇正	2018-07-04
黎雄才 1949年作 雪山图 成扇	14×41cm	207,000	北京翰海	2018-06-29
黎雄才 1955年作 湖滨 镜心	25×33cm	171,832	中国嘉德	2018-04-03
黎雄才 1955年作 长沙雨后 镜心	24.5×32.5cm	162,285	中国嘉德	2018-04-03
黎雄才 1956年作 春和乡 镜心	25.5×33cm	162,285	中国嘉德	2018-04-03
黎雄才 1956年作 冬日牧牛 镜心	25.5×33cm	171,832	中国嘉德	2018-04-03
黎雄才 1956年作 筏木 镜心	24×33cm	181,378	中国嘉德	2018-04-03
黎雄才 1956年作 丰收 镜心	25×32.5cm	181,378	中国嘉德	2018-04-03
黎雄才 1956年作 汉水 镜心	25×33cm	229,109	中国嘉德	2018-04-03
黎雄才 1956年作 虎跑寺一角 镜心	25.5×32.5cm	362,756	中国嘉德	2018-04-03
黎雄才 1956年作 江心捕鱼 镜心	26×32cm	105,008	中国嘉德	2018-04-03
黎雄才 1956年作 灵隐道中 镜心	25×32cm	305,478	中国嘉德	2018-04-03
黎雄才 1956年作 山中村落 镜心	24×33cm	343,663	中国嘉德	2018-04-03
黎雄才 1956年作 山中劳作 镜心	25×32.5cm	152,739	中国嘉德	2018-04-03
黎雄才 1956年作 树林 镜心	25×32.5cm	267,294	中国嘉德	2018-04-03
黎雄才 1956年作 苏州双塔 镜心	32.5×26cm	305,478	中国嘉德	2018-04-03
黎雄才 1956年作 扬帆 镜心	26×33cm	143,193	中国嘉德	2018-04-03
黎雄才 1956年作 长江大桥 镜心	48×130cm	4,959,170	中国嘉德	2018-04-03
黎雄才 1956年作 拙政园一角 镜心	25.5×32.5cm	429,579	中国嘉德	2018-04-03
黎雄才 1957年作 摆渡 镜心	24.5×31.8cm	334,117	中国嘉德	2018-04-03
黎雄才 1957年作 北碚温泉 镜心	25×33cm	238,655	中国嘉德	2018-04-03
黎雄才 1957年作 荒矶 镜心	26×33cm	152,739	中国嘉德	2018-04-03
黎雄才 1957年作 秦淮夜月 镜心	29.5×40.5cm	1,050,082	中国嘉德	2018-04-03
黎雄才 1957年作 山村之晨 镜心	30.5×40cm	362,756	中国嘉德	2018-04-03
黎雄才 1957年作 首义公园 镜心	25.5×32.5cm	210,016	中国嘉德	2018-04-03
黎雄才 1957年作 瘦西湖 镜心	30×40.5cm	1,050,082	中国嘉德	2018-04-03
黎雄才 1957年作 雪景 镜心	26×33cm	124,101	中国嘉德	2018-04-03
黎雄才 1958年作 潮州湘子桥 镜心	29×153cm	1,527,392	中国嘉德	2018-04-03
黎雄才 1958年作 三门峡工程速写 镜心	31×40.5cm	553,680	中国嘉德	2018-04-03
黎雄才 1958年作 中流砥柱 镜心	44.8×97cm	477,310	中国嘉德	2018-04-03
黎雄才 1959年作 韶峰耸翠 镜心	30×39.5cm	286,386	中国嘉德	2018-04-03
黎雄才 1959年作 仙顶峰 镜心	30×39cm	334,117	中国嘉德	2018-04-03
黎雄才 1960年作 百里漓江图 手卷	15×1701.5cm	3,436,632	中国嘉德	2018-04-03
黎雄才 1960年作 碧莲峰之迎江阁 镜片	32.5×43cm	368,000	广东崇正	2018-07-04
黎雄才 1960年作 虎门太平 镜心	31×40cm	381,848	中国嘉德	2018-04-03
黎雄才 1960年作 江畔即景 镜心	27.5×35cm	400,940	中国嘉德	2018-04-03
黎雄才 1974年作 粤北林区 镜心	30×39cm	334,117	中国嘉德	2018-04-03
黎雄才 1975年作 行书主席诗 立轴	137×63cm	124,101	中国嘉德	2018-04-03
黎雄才 1975年作 松江放筏 镜片	36×51cm	241,500	广东崇正	2018-07-04
黎雄才 1977年作 松声泉韵 立轴	73×42cm	143,750	中国嘉德	2018-09-19
黎雄才 1978年作 绿树青山 立轴	152.1×81.5cm	1,362,500	香港苏富比	2018-10-02
黎雄才 1978年作 双松 镜心	本幅34.5×46cm	288,109	中国嘉德	2018-10-03
黎雄才 1979年作 黄山始信峰图 镜片	78.5×55.5cm	345,000	西泠拍卖	2018-07-07
黎雄才 1980年作 黄山烟云 立轴	38×19cm	267,530	中国嘉德	2018-10-03
黎雄才 1980年作 金刚山万物相 镜心	118×58cm	632,500	北京翰海	2018-01-14
黎雄才 1980年作 深山游猿 镜心	45×68cm	138,000	北京荣宝	2018-06-14
黎雄才 1980年作 松林飞瀑鸟自乐 立轴	135.8×68cm	1,213,500	香港苏富比	2018-04-02
黎雄才 1980年作 雨后 镜片	82×51cm	632,500	广东崇正	2018-07-04
黎雄才 1981年作 井冈山哨口 镜心	33×68cm	690,000	中国嘉德	2018-05-18
黎雄才 1981年作 长城之春 立轴	134×68cm	2,875,000	广东崇正	2018-07-04
黎雄才 1982年作 松瀑图 立轴	95×59cm	345,000	广东崇正	2018-07-04
黎雄才 1983年作 行书 松荫望江图 成扇	16×49cm	138,000	广东崇正	2018-07-04
黎雄才 1983年作 山里人家 立轴	34×45cm	253,000	广东崇正	2018-07-04
黎雄才 1984年作 空山鸟语图 镜框	68.8×34.3cm	152,600	香港苏富比	2018-10-02
黎雄才 1984年作 山村春雨 镜片	109.1×57cm	138,372	万昌斯	2018-11-29
黎雄才 1984年作 松涛 镜心	68.3×126cm	782,788	中国嘉德	2018-04-03
黎雄才 1984年作 雪山春水 立轴	175×82cm	4,370,000	华艺国际	2018-05-23
黎雄才 1986年作 春江烟雨图 镜心	69×137cm	632,500	北京翰海	2018-01-14
黎雄才 1987年作 崂山狮子峰 镜片	137×68.5cm	1,380,000	广东崇正	2018-07-04
黎雄才 1987年作 满林红叶 立轴	137.5×67.8cm	1,624,000	佳士得	2018-05-29
黎雄才 1987年作 云山松韵 立轴	118.5×61cm	402,500	中国嘉德	2018-11-20
黎雄才 1988年作 东篱秋色 镜心	68×137cm	230,000	北京翰海	2018-01-14
黎雄才 1988年作 门对雪满山 镜框	68×138cm	1,782,500	华艺国际	2018-05-23
黎雄才 1988年作 山水 镜框	68×44cm	230,000	华艺国际	2018-11-17
黎雄才 1988年作 松林雨后 镜片	120×240cm	2,643,260	佳士得	2018-11-26
黎雄才 1989年作 秋林鸣翠 立轴	138×68.3cm	862,750	佳士得	2018-05-29
黎雄才 1990年作 武夷胜景 立轴	69×46cm	172,500	广东崇正	2018-07-04
黎雄才 1991年作 行旅图 镜框	45.5×68cm	402,500	华艺国际	2018-05-23
黎雄才 1991年作 兰石图 镜心	67×138cm	172,500	北京翰海	2018-01-14
黎雄才 1991年作 松山行旅 镜框	135.5×68.5cm	812,000	佳士得	2018-05-29
黎雄才 1992年作 松月图 立轴	136×68.5cm	1,150,000	华艺国际	2018-11-17
黎雄才 1994年作 渡江图 镜心	209×100cm	920,000	北京荣宝	2018-12-03
黎雄才 冰天跃马图 镜片	48×73cm	184,000	广东崇正	2018-01-21
黎雄才 1986年作 松瀑图 立轴	68.4×45.4cm	257,240	中国嘉德	2018-10-03

拍品名称	物品尺寸	成交价RMB	拍卖公司	拍卖日期
黎雄才 春耕图 镜框	22.5×103cm	460,000	华艺国际	2018-05-23
黎雄才 春山飞瀑图 立轴	136×68cm	112,000	上海联合	2018-07-01
黎雄才 春溪放筏 立轴	76×41cm	805,000	广东崇正	2018-07-04
黎雄才 大明岩 镜心	24.3×31.5cm	362,756	中国嘉德	2018-04-03
黎雄才 丹水池 镜心	30.5×39cm	286,386	中国嘉德	2018-04-03
黎雄才 丹霞山 镜心	26×33cm	267,294	中国嘉德	2018-04-03
黎雄才 登高 立轴	67.5×45cm	437,000	荣宝斋（济南）	2018-07-01
黎雄才 1987年作 春江放筏 立轴	68×34.5cm	195,500	广东崇正	2018-07-04
黎雄才 1987年作 一帆风顺 镜心	96×178.5cm	1,903,576	中国嘉德	2018-10-03
黎雄才 峨嵋山天门石 镜心	25.5×32cm	286,386	中国嘉德	2018-04-03
黎雄才 赶集 镜心	26×32.5cm	114,554	中国嘉德	2018-04-03
黎雄才 赶集归来 镜心	22×26.5cm	210,016	中国嘉德	2018-04-03
黎雄才 1990年作 兰石小鸟 镜片	68×41cm	184,000	广东崇正	2018-07-04
黎雄才 1990年作 松山行旅 立轴	134×67.5cm	195,500	上海嘉禾	2018-03-26
黎雄才 关山月 赵少昂 1991年作 翰墨之珍册 册页（三开）	33.5×46.5cm×3	207,000	中国嘉德	2018-06-19
黎雄才 红树飞瀑 镜片	113.5×69cm	575,000	广东崇正	2018-01-21
黎雄才 红树双骑 镜片	62.5×86cm	667,000	广东崇正	2018-07-04
黎雄才 红叶小鸟 镜心	26×32.5cm	190,924	中国嘉德	2018-04-03
黎雄才 黄独峰 竹石小景图·鱼乐图 镜片·画心	33×25cm 58.5×48cm	201,250	西泠拍卖	2018-07-08
黎雄才 黄洋界 镜框	79×39cm	575,000	华艺国际	2018-05-23
黎雄才 1989年作 菊石图（二幅）镜心	59×42cm×2	138,000	中国嘉德	2018-09-19
黎雄才 嘉陵江景 镜心	25.5×32cm	133,647	中国嘉德	2018-04-03
黎雄才 1984年作 深谷放筏 镜心	138×70cm	161,000	中国嘉德	2018-09-19
黎雄才 江行所见 镜心	25.5×32.5cm	171,832	中国嘉德	2018-04-03
黎雄才 劳止 镜心	28×32cm	286,386	中国嘉德	2018-04-03
黎雄才 黎捷 1976年作 松下放筏 镜心	画33.5×46cm 字33.5×46cm	133,647	中国嘉德	2018-04-03
黎雄才 醴陵农村之秋 镜心	25×33cm	171,832	中国嘉德	2018-04-03
黎雄才 柳荫舟渡 镜片	45×60cm	368,000	广东崇正	2018-07-04
黎雄才 梅兰竹菊、行书五言诗 镜框	扇面22×60cm×4 书法33×65cm	805,000	北京荣宝	2018-12-03
黎雄才 南华飞锡桥 镜心	23.8×31cm	334,117	中国嘉德	2018-04-03
黎雄才 配料厂一角 镜心	31×40.5cm	477,310	中国嘉德	2018-04-03
黎雄才 清江渔艇 镜心	66×44.5cm	287,500	上海匡时	2018-04-30
黎雄才 秋江放筏 镜框	83×40.5cm	920,000	华艺国际	2018-11-17
黎雄才 秋江放筏图 立轴	47×71cm	2,004,702	中国嘉德	2018-04-03
黎雄才 秋山飞瀑图 镜框	69×45cm	293,800	广东省拍	2018-09-20
黎雄才 秋山行旅 镜框	49×68cm	136,840	纽约佳士得	2018-09-11
黎雄才 人牛斗力 镜心	26×33cm	305,478	中国嘉德	2018-04-03
黎雄才 1992年作 春涧鸣谷 镜片	88×56cm	517,500	广东崇正	2018-07-04
黎雄才 1982年作 人马图 立轴	67×43cm	368,000	广东崇正	2018-07-04
黎雄才 山洞之农家 镜心	28×33.5cm	143,193	中国嘉德	2018-04-03
黎雄才 守卫在南天门海岸线上 立轴	172×92cm	5,347,500	广东崇正	2018-07-04
黎雄才 水流花开 镜片	100×55cm	299,000	广东崇正	2018-01-21
黎雄才 松涧奔流 镜框	69×37cm	322,000	华艺国际	2018-11-16
黎雄才 松林策马 镜片	68×25cm	322,000	广东崇正	2018-07-04
黎雄才 松瀑图 镜框	111×35cm	575,000	华艺国际	2018-05-23
黎雄才 松瀑幽禽 立轴	79×48cm	402,500	广东崇正	2018-07-04
黎雄才 松树 镜片	67×34cm	138,000	广东衡益	2018-07-01
黎雄才 松树图 镜框	79×26.5cm	218,500	华艺国际	2018-05-23

拍品名称	物品尺寸	成交价RMB	拍卖公司	拍卖日期
黎雄才 1988年作 兰竹双清 镜片	68×133cm	322,000	广东崇正	2018-07-04
黎雄才 1988年作 深山红叶 镜片	136×68cm	2,012,500	广东崇正	2018-07-04
黎雄才 1998年作 岭南风光 立轴	136×68cm	517,500	中国嘉德	2018-09-19
黎雄才 西林仙山图	137×68cm	862,500	北京东正	2018-06-17
黎雄才 1991年作 唐人诗意图 镜片	69×45cm	345,000	广东崇正	2018-07-04
黎雄才 雪后牧归 镜心	26.5×33cm	105,008	中国嘉德	2018-04-03
黎雄才 延年益寿 镜片	44×56cm	101,200	广东衡益	2018-07-01
黎雄才 游牧生活 镜框	15.5×71cm	305,478	中国嘉德	2018-04-03
黎雄才 渔夫 镜心	24.5×32.5cm	133,647	中国嘉德	2018-04-03
黎雄才 雨后飞瀑 镜框	68×134cm	421,325	佳士得	2018-11-26
黎雄才 长寿多子图 镜片	68×45cm	113,000	广东省拍	2018-09-20
黎雄才 重庆北碚 镜心	25×33.5cm	267,294	中国嘉德	2018-04-03
黎元洪 福寿 立轴	126×61.5cm	414,000	保利厦门	2018-07-15
黎元洪 行书 五言联 镜片	127×31cm×2	115,000	西泠拍卖	2018-07-08
黎元洪 行书八言联 立轴	173×42cm×2	287,500	北京保利	2018-12-07
黎元洪 行书七言联 立轴	177×46cm×2	195,500	北京荣宝	2018-06-14
黎元洪 行书七言联 立轴	174×39.5cm×2	109,250	北京匡时	2018-06-16
黎湛枝 郑沅 夏同龢 朱汝珍 书法四屏 立轴	171.5×43cm×4	149,500	上海嘉禾	2018-03-26
李爱国 2017年作 日丽 镜心	68×137cm	517,500	中国嘉德	2018-06-20
李宝林 2004年作 西疆风骨图 手卷	画33.5×233cm	149,500	中国嘉德	2018-06-20
李宝瑞 1994年作 双龙 镜心	68×68cm	230,000	北京保利	2018-06-17
李宝瑞 牛气冲天 镜心	113×124cm	828,000	北京保利	2018-12-09
李宝瑞 太公望 镜心	44×41cm	117,300	北京保利	2018-12-09
李宝田 2017年作 楷书《心经》镜心	136×68cm	115,000	北京翰海	2018-01-14
李成印 2017年作 草书《毛主席诗》镜心	70×240cm	115,000	北京翰海	2018-01-14
李承孝 2018年作 草书 镜心	68×68cm	115,000	北京翰海	2018-05-13
李达 诗意图 镜心	96×34cm	253,000	北京翰海	2018-05-13
李德庄 2013年作 井山田11号一不尽	96×90cm	216,960	羅芙奥	2018-12-01
李鼎成 维吾尔族女演员 镜心	138×69cm	322,000	北京荣宝	2018-12-03
李斗山 青绿山水人物 四屏镜框	28×22cm×4	135,600	广东省拍	2018-09-20
李铎 2017年作 行书"永受嘉福"镜心	53×231cm	126,500	北京荣宝	2018-05-18
李凤公 1932年作 林下美人 立轴	88×31cm	115,000	华艺国际	2018-11-17
李福顺 楚军红 2015年作 阿尔山牧歌 镜心	68×136cm	345,000	北京保利	2018-12-06
李岗 山海关写生 镜心	41×68cm	138,000	北京保利	2018-12-06
李海剑 2018年作 草书《李白诗》镜心	131×62cm	460,000	北京翰海	2018-09-16
李行简 1991年作 漓江山水 屏风	137×207cm	138,000	北京匡时	2018-05-21
李行简 1999年作 松畔荷塘 屏风	136×182cm	115,000	北京匡时	2018-05-21
李行简 江山无尽图 屏风	136×207cm	126,500	北京匡时	2018-05-21
李行简 1981年作 黄海烟霞图 镜片	152.5×285cm	414,000	广东崇正	2018-07-05
李行简 宿舍	66×44cm	100,000	北京贞观	2018-07-15
李斛 1956年作 人物肖像	70.5×52cm	402,500	北京翰海	2018-06-30
李华生 1993年作 鹤鸣小松岗 镜心	68.5×68cm	115,000	八益拍卖	2018-04-28
李华生 依山傍水图 轴	35×137.5cm	189,750	八益拍卖	2018-04-28
李甲生 行书王维诗 镜心	15×51cm	103,500	北京匡时	2018-06-16
李津 2007年作 洗澡图	69×68cm	138,000	北京翰海	2018-06-30
李津 2016年作 叫我如何不想他 镜心	35×138cm	345,000	中国嘉德	2018-01-13

拍品名称	物品尺寸	成交价RMB	拍卖公司	拍卖日期
李津 2016年作 养怡之福 镜心	35×46cm	103,500	中国嘉德	2018-01-13
李津 2017年作 赢得浮生半日闲 镜框	48×51.5cm	182,700	佳士得	2018-05-28
李津 百宴图（三联屏）镜心	179.0×96.0cm 两侧 179.0×30.0cm×2	667,000	中国嘉德	2018-11-22
李津 菜谱图 镜框	69×138cm	287,500	北京荣宝	2018-12-03
李津 加州怀古图 镜心	38×43.5cm	126,500	中国嘉德	2018-06-20
李津 杨万里诗意	136×69cm	184,000	中贸圣佳	2018-11-24
李津 饮食男女 镜心	52×235cm	1,035,000	北京保利	2018-11-19
李劲堃 2014年作 晓雾 镜片	20×134cm	112,000	湖南逸典	2018-06-09
李劲堃 2007年作 秋夜 镜框	123×82cm	460,000	广东衡益	2018-07-01
李劲堃 山水 镜片	96×100cm	253,000	华艺国际	2018-11-17
李劲堃 山水 镜片	67×75cm	172,500	广东衡益	2018-07-01
李劲堃 2008年作 春花三月 镜片	313×130cm	920,000	广东崇正	2018-07-04
李劲堃 2008年作 四景山水 镜片	26.5×39cm×4	172,500	广东崇正	2018-07-04
李劲堃 2005年作 秋雨初晴 镜片	40×170cm	207,000	广东衡益	2018-07-01
李净弘 2017年作 古道清幽 镜心	59.5×33cm	276,000	北京匡时	2018-06-15
李净弘 2017年作 古寺青峰 镜心	60×33cm	230,000	北京保利	2018-06-18
李静芳 后苑双犬 立轴	101×35cm	161,000	荣宝斋（南京）	2018-07-15
李可染（款）1981年作 山水桥下 画心	68×44cm	146,674	台北艺流	2018-12-01
李可染（款）雨中泛舟 画心	68×45.5cm	133,340	台北艺流	2018-12-01
李可染 1941年作 客归图 镜心	100.5×60cm	1,380,000	北京匡时	2018-12-06
李可染 1956年作 兰亭图 镜框	62.5×44cm	5,824,800	香港苏富比	2018-04-02
李可染 1961年作 牧童戏鸟图 镜心	66.5×45cm	920,000	中国嘉德	2018-11-21
李可染 1962年作 人在梅花万点中 立轴	69.8×47cm	13,800,000	北京荣宝	2018-12-03
李可染 1962年作 人在梅花万点中 立轴	69.8×47cm	3,980,280	香港苏富比	2018-04-02
李可染 1962年作 蜀山春雨图 镜心	67×44cm	2,185,000	北京荣宝	2018-06-14
李可染 1963年作 春牧图 立轴	69×45.8cm	817,500	香港苏富比	2018-10-02
李可染 1963年作 漓江胜览 镜心	69×47cm	4,600,000	北京保利	2018-12-07
李可染 1963年作 秋山图 镜片	68×45cm	92,000,000	广东崇正	2018-07-04
李可染 1964年作 丹霞秋色 镜心	画67×46.5cm 诗堂26×46.5cm	20,125,000	北京保利	2018-12-07
李可染 1972年作 阳朔碧莲峰 镜片	66×43cm	14,950,000	广东崇正	2018-07-04
李可染 1973年作 花果山 立轴	70×46cm	4,830,000	北京保利	2018-06-17
李可染 1975年作 行书毛主席词 镜片	119×45cm	2,127,500	广东崇正	2018-07-04
李可染 1977年作 迎春图 镜框	68.5×45cm	1,116,500	佳士得	2018-05-29
李可染 1978年作 枫林暮晓 轴	59×37.5cm	106,672	台北艺流	2018-12-01
李可染 1978年作 江上行舟 画心	69×46cm	1,522,200	台北艺流	2018-06-30
李可染 1978年作 千岩竞秀万壑争流图 立轴	180×97cm	126,500,000	中国嘉德	2018-06-18
李可染 1979年作 行书“万紫千红春满园”镜心	168.5×48cm	862,500	北京保利	2018-12-07
李可染 1979年作 行书“万紫千红春满园”镜心	67.8×45.3cm	460,000	北京保利	2018-12-07
李可染 1979年作 牧牛图 立轴	37×47cm	273,680	纽约佳士得	2018-09-11
李可染 1980年作 秋趣图 立轴	68×47cm	920,000	北京荣宝	2018-06-14
李可染 1980年作 苇塘竞渡 立轴	68×45cm	910,125	香港苏富比	2018-04-02
李可染 1980年作 杏花春雨江南 镜心	24×30cm	713,000	中国嘉德	2018-09-19

拍品名称	物品尺寸	成交价RMB	拍卖公司	拍卖日期
李可染 1981年作 行书 镜心	134×46.5cm	207,000	中国嘉德	2018-06-18
李可染 1981年作 倚石觅句 立轴	69×46.5cm	1,495,000	上海匡时	2018-04-30
李可染 1982年作 牧牛图 镜框	32×44cm	517,500	北京荣宝	2018-12-03
李可染 1983年作 崇山烟岚图 立轴	画111×67.5cm 书法18×67.5cm	55,200,000	北京保利	2018-12-07
李可染 1984年作 行书四言联 立轴	139×34cm×2	1,207,500	北京荣宝	2018-12-03
李可染 1984年作 横山翠微 画心	83×49cm	186,676	台北艺流	2018-12-01
李可染 1984年作 雨后渔村图 立轴	86.5×52cm	8,280,000	中国嘉德	2018-06-18
李可染 1984年作 钟馗送妹图 立轴	65.5×38cm	897,000	广东崇正	2018-07-05
李可染 1986年作 雨过泉声急 镜心	102×52.5cm	18,400,000	北京诚轩	2018-06-16
李可染 1986年作 近现代 雨后夕阳图 镜框	136×68.7cm	35,075,000	深圳至正国际	2018-08-25
李可染 1987年作 高岩飞瀑图 立轴	136×68cm	1,587,000	朵云轩	2018-06-24
李可染 1987年作 行书“金石乐”镜片	68.5×34.5cm	195,500	上海嘉禾	2018-06-25
李可染 1988年作 行书“园丁喜看百花艳”镜心	68.5×45.5cm	195,500	中国嘉德	2018-06-18
李可染 1988年作 行书“愿人长寿”镜心	30×39.5cm	253,000	中国嘉德	2018-11-21
李可染 1988年作 江山胜境图 镜框	91.1×51.8cm	9,319,680	香港苏富比	2018-04-02
李可染 1988年作 牧牛童趣 立轴	68×50cm	1,646,336	保利香港	2018-10-01
李可染 1988年作 双牛图 镜心	46×59.5cm	667,000	中国嘉德	2018-06-18
李可染 春溪放艇 镜框	54×61cm	1,840,000	华艺国际	2018-05-23
李可染 淡泊明志 镜框	37.5×53cm	230,000	华艺国际	2018-11-16
李可染 1987年作 五牛图 镜心	66.5×136.7cm	4,773,100	中国嘉德	2018-04-03
李可染 冬牧图	99×50cm	1,380,000	北京贞观	2018-07-15
李可染 渡水牧童归去晚 镜心	30×44.4cm	345,000	北京诚轩	2018-06-16
李可染 访友图 镜心	33×34cm	126,500	北京保利	2018-06-17
李可染 俯首甘为孺子牛 镜心	69×34cm	690,000	荣宝斋（南京）	2018-07-15
李可染 观山图 立轴	69×46.5cm	456,750	佳士得	2018-05-29
李可染 归牧图 立轴	83×51cm	2,104,500	荣宝斋（南京）	2018-01-05
李可染 1943年作 首阳二难 立轴	63.5×37.5cm	133,765	中国嘉德	2018-10-03
李可染 桂林名胜图 镜心	67×53cm	4,370,000	荣宝斋（济南）	2018-07-01
李可染 行到烟霞里 立轴	46×37cm	690,000	北京保利	2018-12-08
李可染 行书“藏弓庐”镜心	33×100.5cm	437,000	中国嘉德	2018-06-18
李可染 行书“集粹楼”镜心	23×68cm	517,500	中国嘉德	2018-06-18
李可染 行书“金碧斋”镜心	68.5×23cm	483,000	北京保利	2018-12-07
李可染 行书“九藤书屋”镜心	33×118cm	3,450,000	上海匡时	2018-04-30
李可染 行书“快哉亭公园”镜心	34.5×121cm	172,500	中国嘉德	2018-06-18
李可染 行书“岭梅轩”镜心	20×68.5cm	713,000	中国嘉德	2018-06-18
李可染 行书“三家村”镜心	33.5×93.5cm	230,000	北京保利	2018-12-07
李可染 行书“书林斋”镜心	34×103.3cm	828,000	中国嘉德	2018-11-21
李可染 行书“它山画室”镜心	34×102cm	402,500	中国嘉德	2018-06-18
李可染 行书“桃源”镜心	32×27.5cm	287,500	中国嘉德	2018-06-18
李可染 行书“听涛室”镜心	27×70.5cm	575,000	中国嘉德	2018-06-18
李可染 行书“雄狮美术”镜心	34.5×114.5cm	138,000	中国嘉德	2018-06-18
李可染 行书“艺林撷英”镜心	84×42cm	230,000	北京保利	2018-12-07
李可染 行书“艺苑长春”镜心	100×34.5cm	126,500	中国嘉德	2018-06-18
李可染 行书“逸墨楼”镜心	34×100cm	517,500	北京荣宝	2018-06-14
李可染 行书“雨后绝凉”镜心	34×106cm	230,000	北京保利	2018-12-07
李可染 行书“中国现代名家书画展”镜心	136×34.5cm	977,500	中国嘉德	2018-06-18

拍品名称	物品尺寸	成交价RMB	拍卖公司	拍卖日期
李可染 行书贾岛诗 立轴	68×36cm	172,500	北京保利	2018-06-17
李可染 行书鲁迅句 镜心	68×20.5cm	483,000	北京保利	2018-12-07
李可染 行书毛主席诗词 镜心	82.5×41cm	345,000	中国嘉德	2018-06-18
李可染 行书题词 镜心	68×48cm	230,000	北京保利	2018-12-07
李可染 1989年作 行书"民族艺术中国精神" 镜心	24.5×138cm	1,150,000	中国嘉德	2018-06-19
李可染 看山图 镜心	70×47cm	1,782,500	北京荣宝	2018-12-03
李可染 看山图 立轴	52×39cm	943,000	华艺国际	2018-05-23
李可染 苦吟图 立轴	66.5×45.5cm	1,725,000	北京诚轩	2018-06-16
李可染 漓江雨霁 立轴	65.5×43.5cm	2,990,000	北京荣宝	2018-06-14
李可染 林间小息 镜心	31×25cm	2,300,000	北京保利	2018-06-17
李可染 柳塘牧牛图 立轴	69×46cm	1,610,000	北京荣宝	2018-06-14
李可染 柳塘牧牛图 立轴	80×47cm	1,322,500	北京荣宝	2018-12-03
李可染 墨牛图 镜心	46×60cm	1,564,000	南京经典	2018-07-22
李可染 牧牛归来	68.5×45.5cm	18,920,000	中正拍卖	2018-06-28
李可染 牧牛横笛疏影 镜心	98×34.5cm	943,000	荣宝斋（济南）	2018-07-01
李可染 牧牛图 镜框	69×47cm	1,322,500	华艺国际	2018-11-16
李可染 牧牛图 镜框	31×42cm	355,250	佳士得	2018-05-29
李可染 牧牛图 镜心	68.5×35.5cm	1,058,000	荣宝斋（南京）	2018-07-15
李可染 牧牛图 镜心	65×40cm	575,000	南京经典	2018-01-06
李可染 牧牛图 镜心	71.5×49cm	572,772	中国嘉德	2018-04-03
李可染 牧牛图 立轴	68×45cm	1,725,000	荣宝斋（南京）	2018-01-05
李可染 牧牛图 立轴	70×48cm	1,380,000	北京荣宝	2018-06-14
李可染 牧牛图 立轴	57×43cm	172,500	保利厦门	2018-07-15
李可染 牧趣图 镜心	66×43cm	356,500	北京保利	2018-05-21
李可染 牧童骑黄牛	66×43cm	180,000	北京贞观	2018-07-15
李可染 牧童骑牛	65×44cm	280,000	北京贞观	2018-07-15
李可染 暮韵图 立轴	68×45cm	2,300,000	北京匡时	2018-06-15
李可染 启功 等 名家册页 册页	尺寸不一	1,150,000	荣宝斋（济南）	2018-07-01
李可染 三峡夔门石壁、行书诸葛亮语 镜心	画44.5×49cm 书法68×23cm×2	5,750,000	北京荣宝	2018-06-14
李可染 山居 瓷盘	直径36cm	437,000	北京荣宝	2018-06-14
李可染 山居图 立轴	69×38cm	2,127,500	广东崇正	2018-07-05
李可染 沈鹏 等册页 册页（十开）	24.5×33.5cm×10	138,000	北京荣宝	2018-09-14
李可染 石涛诗意图 立轴	41×36cm	1,104,000	中贸圣佳	2018-06-20
李可染 蜀山春雨 镜心	68×45cm	3,450,000	北京保利	2018-12-07
李可染 蜀山春雨图 画心	69×45cm	114,165	台北艺流	2018-06-30
李可染 蜀中小景 镜片	66×45.5cm	6,440,000	广东崇正	2018-07-04
李可染 双童牧牛 画心	46.5×37.5cm	101,338	台北艺流	2018-12-01
李可染 它山画室 镜框	34×103cm	402,500	华艺国际	2018-11-16
李可染 五牛图 镜架	69×138cm	776,480	香港普艺	2018-07-28
李可染 五牛图 立轴	90×51cm	1,725,000	广东崇正	2018-07-04
李可染 喜迎春图 立轴	50×34cm	172,500	北京保利	2018-11-19
李可染 杏花春雨江南 立轴	67×44.5cm	2,127,500	北京荣宝	2018-12-03
李可染 1945年作 牧牛图 镜心	26×32.5cm	477,310	中国嘉德	2018-04-03
李可染 迎春图 行书四言联 立轴	画68×45cm 字68×21cm×2	3,220,000	荣宝斋（济南）	2018-07-01
李可染 迎春图 镜片	69.5×44.3cm	876,960	万昌斯	2018-05-30
李苦禅 1931年作 竹鸡图 立轴	145.5×46cm	149,500	北京翰海	2018-06-29
李苦禅 1934年作 菊禽图 镜框	103×60cm	230,000	北京荣宝	2018-12-03

拍品名称	物品尺寸	成交价RMB	拍卖公司	拍卖日期
李苦禅 1940年作 竹鹰图 横披	80×145cm	1,725,000	北京荣宝	2018-06-14
李苦禅 1942年作 平安大利 镜心	136×34cm	253,000	北京翰海	2018-06-29
李苦禅 1942年作 松鼠 镜心	136×34cm	184,000	北京翰海	2018-06-29
李苦禅 1942年作 鹰 立轴		190,380	纽约佳士得	2018-03-20
李苦禅 1956年作 绿雨集禽 立轴	109×59cm	977,500	北京荣宝	2018-12-03
李苦禅 1959年作 荷塘水禽 镜心	67×62.5cm	123,475	中国嘉德	2018-10-03
李苦禅 1962年作 荷 镜心	138×69cm	828,000	北京荣宝	2018-06-14
李苦禅 1962年作 兰石八哥 立轴	69×69cm	253,000	北京翰海	2018-06-29
李苦禅 1963年作 松鹰图 镜框	68×40cm	230,000	北京荣宝	2018-12-03
李苦禅 1964年作 青藤之意 镜心	35.5×365.5cm	460,000	北京荣宝	2018-12-03
李苦禅 1964年作 鹰梅图 镜框	46×128cm	345,000	北京荣宝	2018-12-03
李苦禅 1972年作 双鹭 立轴	135×68.5cm	221,750	佳士得	2018-11-26
李苦禅 1973年作 松鹰图 立轴	70×36cm	287,500	保利山东	2018-11-22
李苦禅 1977年作 远瞩 立轴	104×62.5cm	345,000	北京匡时	2018-06-15
李苦禅 1978年作 一击千里中 立轴	69×45cm	172,500	北京匡时	2018-12-05
李苦禅 1978年作 远瞻图 镜心	135×68cm	575,000	北京保利	2018-06-17
李苦禅 1979年作 远瞻 立轴	68×49cm	166,313	佳士得	2018-11-26
李苦禅 1981年作 赤峰远瞩 立轴	135×68cm	1,265,000	广东崇正	2018-07-04
李苦禅 1984年作 水禽图 立轴	69×45cm	126,500	北京保利	2018-12-08
李苦禅 安居乐业 镜心	135×34cm	184,000	北京翰海	2018-06-29
李苦禅 芭蕉飞雀 镜心	48×61cm	138,000	荣宝斋（济南）	2018-07-01
李苦禅 白菜蘑菇 立轴	98.5×33.5cm	109,250	北京翰海	2018-06-29
李苦禅 白梅 立轴	59.5×48cm	345,000	荣宝斋（济南）	2018-07-01
李苦禅 1976年作 远瞻河山 镜心	86×38cm	207,000	中国嘉德	2018-05-18
李苦禅 苍鹰图 立轴	142×69cm	3,565,000	南京经典	2018-01-06
李苦禅 大吉图 立轴	93.5×44.5cm	126,500	北京翰海	2018-06-29
李苦禅 丹朱落翠盘 镜心	86×47cm	161,000	北京翰海	2018-06-29
李苦禅 仿八大荷花翠鸟 镜片		145,393	纽约苏富比	2018-09-13
李苦禅 1980年作 岁寒之盟 镜心	65×130.5cm	483,000	中国嘉德	2018-11-20
李苦禅1963年作 幽谷花香鸟声清 立轴	136×69cm	120,000	上海驰翰	2018-06-25
李苦禅 果熟图 镜心	92×34cm	126,500	北京翰海	2018-06-29
李苦禅 行书七言巨联 立轴	229×52cm×2	287,500	广东崇正	2018-07-05
李苦禅 行书七言联 镜心	174×92cm×2	230,000	保利山东	2018-11-22
李苦禅 荷花 立轴	88×47.5cm	276,000	北京翰海	2018-06-29
李苦禅 荷花鸭子 立轴	93×43.5cm	138,000	北京翰海	2018-06-29
李苦禅 花鸟	68×62cm	2,135,595	中正拍卖	2018-06-28
李苦禅 花鸟（八帧）镜片	22×30cm×8	201,250	广东崇正	2018-07-05
李苦禅 花鸟 轴	99×34cm	138,000	浙江佳宝	2018-07-01
李苦禅 江渚之濆 镜心	69×34cm	207,000	北京保利	2018-05-21
李苦禅 蕉阴 镜心	68×45.5cm	152,739	中国嘉德	2018-04-03
李苦禅 锦葵双吉 立轴	138×68cm	345,000	北京保利	2018-11-19
李苦禅 兰石八哥 立轴	68.5×34.5cm	230,000	北京翰海	2018-06-29
李苦禅 荔枝松鼠 镜心	134×33cm	287,500	荣宝斋（济南）	2018-07-01
李苦禅 鹭鸶 立轴	41×43cm	103,500	北京翰海	2018-06-29
李苦禅 绿荫 镜心	130×64cm	552,000	北京匡时	2018-12-06
李苦禅 梅花白菜 立轴	96.5×45.5cm	103,500	北京保利	2018-12-08
李苦禅 梅石双鸟 立轴	174.5×47cm	402,500	中鸿信	2018-01-07
李苦禅 暮云 立轴	94×43.5cm	402,500	北京翰海	2018-06-29
李苦禅 彭泽所爱 立轴	94×44cm	149,500	北京翰海	2018-06-29
李苦禅 企立 镜框	74.4×41.3cm	101,500	佳士得	2018-05-29
李苦禅 企望图 立轴	133×67cm	300,000	上海驰翰	2018-06-25

拍品名称	物品尺寸	成交价RMB	拍卖公司	拍卖日期
李苦禅 清白图 立轴	67×44cm	115,000	北京保利	2018-05-21
李苦禅 秋葵八哥图 立轴	138×39cm	575,000	中贸圣佳	2018-06-20
李苦禅 秋味 立轴	46×67.5cm	171,913	香港苏富比	2018-04-02
李苦禅 三蟹图 立轴	65×34cm	218,500	中国嘉德	2018-05-18
李苦禅 试翼待飞 镜心	86×45cm	138,000	北京保利	2018-12-08
李苦禅 水禽图 立轴	135×65cm	134,400	上海联合	2018-07-01
李苦禅 饲雏图 立轴	94×35.2cm	151,688	香港苏富比	2018-04-02
李苦禅 松鹰瓷盘	直径41.5cm	120,750	中贸圣佳	2018-11-25
李苦禅 松鹰图 镜框	100×34cm	322,000	北京荣宝	2018-12-03
李苦禅 松鹰图 轴	126×243cm	2,070,000	浙江佳宝	2018-07-01
李苦禅 天峰鸷鸟 立轴	69×46cm	230,000	北京保利	2018-05-21
李苦禅 1978年作 天峰鹫立 立轴	104×40cm	126,672	万昌斯	2018-05-30
李苦禅 喜上梅梢 镜心	93×37cm	287,500	北京翰海	2018-06-29
李苦禅 蟹肥 立轴	69×46cm	132,250	北京保利	2018-05-21
李苦禅 1981年作 鹰 立轴	67×49cm	552,000	中国嘉德	2018-06-19
李苦禅 1981年作 兰石图 镜心	60×40cm	161,000	中国嘉德	2018-11-20
李苦禅 1981年作 螃蟹 镜心	34×45.5cm	161,000	中国嘉德	2018-11-20
李苦禅 雄鹰 立轴	68×49cm	190,924	中国嘉德	2018-04-03
李苦禅 一路荣华 立轴	76×82.5cm	287,500	上海嘉禾	2018-06-25
李苦禅 鹰石图 镜心	67.5×43.5cm	218,500	中国嘉德	2018-06-18
李苦禅 鹰石图 立轴	69.5×47cm	402,500	北京荣宝	2018-06-14
李苦禅 鹰图 镜框	68×46cm	2,645,000	未来四方	2018-01-20
李苦禅 竹石水仙 镜心	96×45cm	149,500	北京翰海	2018-06-29
李苦寒 2017年作 白猫与黑猫 镜心	105×70cm	690,000	北京翰海	2018-01-14
李老十 1985年作 荆轲刺秦王	189×246cm	2,242,500	北京匡时	2018-12-06
李老十 1987年作 行书"梦笔生花"立轴	158×54cm	345,000	北京荣宝	2018-06-14
李老十 1987年作 谭嗣同像 镜心	181×71cm	862,500	北京荣宝	2018-12-03
李老十 1989年作 降妖图 镜心	91×55.5cm	241,500	北京荣宝	2018-09-14
李老十 1989年作 依石图 镜心	89×50cm	172,500	保利山东	2018-11-22
李老十 1989年作 倚石图 镜心	89×50.5cm	172,500	北京荣宝	2018-09-14
李老十 1991年作 钟馗 镜心	179×74.5cm	2,185,000	北京荣宝	2018-06-14
李老十 1993年作 如何是好 镜心	87×47cm	149,500	北京荣宝	2018-09-14
李老十 1994年作 可有秋意 手卷	33.5×255cm	1,035,000	北京荣宝	2018-12-03
李老十 1995年作 我愿家家好 立轴	142×68cm	2,760,000	北京荣宝	2018-12-03
李老十 1996年作 风摧霜剉余香 镜心	137×88cm	897,000	北京荣宝	2018-09-14
李老十 1996年作 相揖图 立轴	50×40cm	138,000	中国嘉德	2018-05-18
李老十 残荷图 镜心	33.5×69cm	172,500	北京荣宝	2018-09-14
李老十 残荷图 镜心	48×88.5cm	172,500	北京荣宝	2018-09-14
李老十 残荷图 镜心	34.5×82cm	138,000	保利山东	2018-11-22
李老十 此生何求 镜心	61×40.5cm	195,500	保利山东	2018-11-22
李老十 达摩 镜心	133×28cm	368,000	北京荣宝	2018-12-03
李老十 达摩图 镜心	69×45.5cm	161,000	北京荣宝	2018-09-14
李老十 东坡爱砚图 镜心	89.5×66.5cm	322,000	保利山东	2018-11-22
李老十 东坡爱砚图 镜心	89.5×66.5cm	299,000	北京荣宝	2018-09-14
李老十 读书图 镜心	61×40.5cm	115,000	北京荣宝	2018-09-14
李老十 对镜图 镜心	53×61cm	138,000	保利山东	2018-11-22
李老十 梵高 镜心	134×65cm	920,000	中国嘉德	2018-06-20
李老十 风荷 镜心	22×136cm	115,000	北京荣宝	2018-09-14
李老十 1993年作 钟馗 立轴	137×34cm	172,500	中国嘉德	2018-11-22
李老十 荷花图 镜心	34.5×82cm	138,000	北京荣宝	2018-09-14
李老十 荷塘自在图 镜心	90×60cm	126,500	保利山东	2018-11-22
李老十 南瓜图 镜心	100×42.5cm	138,000	北京荣宝	2018-09-14
李老十 南瓜图 镜心	100×42.5cm	126,500	保利山东	2018-11-22
李老十 乞食图 镜心	90×67.5cm	161,000	保利山东	2018-11-22
李老十 千枝叶铸苍屏 镜心	126×62.5cm	701,500	北京荣宝	2018-09-14
李老十 秋塘所见 镜心	80×49.5cm	207,000	北京荣宝	2018-09-14
李老十 秋意自在图 镜心	82×69cm	103,500	保利山东	2018-11-22
李老十 搔背图 镜心	136×66cm	195,500	中国嘉德	2018-05-18
李老十 双眼看穿黑世界 镜心	133×67cm	483,000	北京荣宝	2018-09-14
李老十 我愿家家好 镜心	56×64.5cm	195,500	保利山东	2018-11-22
李老十 1991年作 为尔劈愁魔 镜心	134×68cm	782,000	中国嘉德	2018-11-22
李老十 鱼龙图 镜心	33×228cm	437,000	北京荣宝	2018-12-03
李老十 钟馗震妖图 镜心	138×70cm	644,000	中国嘉德	2018-06-20
李老十 自在图 镜心	67×45cm	161,000	保利山东	2018-11-22
李老十 醉归图 手卷	32×131cm	552,000	北京荣宝	2018-06-14
李灵伽 1968年作 仕女 立轴	68×53.5cm	105,008	中国嘉德	2018-04-03
李牧遥 2017年作 望遥咫尺里 立轴	95.5×59cm	126,500	北京荣宝	2018-06-14
李牧遥 又见真言 立轴	96×60cm	115,000	北京保利	2018-06-18
李能白 杜牧诗意图 立轴	178×98cm	322,000	北京匡时	2018-06-16
李强 2018年作 飞雨过时青末了 镜片	139×33cm	101,200	北京荣宝	2018-12-03
李强 掠过 镜心	170×240cm	1,196,000	凤凰拍卖	2018-01-21
李琼久 1973年作 龙门观瀑布 镜心	69×45.5cm	138,000	八益拍卖	2018-04-28
李琼久 1978年作 鹰 镜心	61×97cm	230,000	八益拍卖	2018-04-28
李琼久 1987年作 双桥清音 轴	67.5×67.5cm	207,000	八益拍卖	2018-04-28
李琼久 1987年作 雾里听流声 镜心	68.5×68cm	138,000	八益拍卖	2018-04-28
李琼久 1988年作 棋桐白鹇 轴	95×178cm	230,000	八益拍卖	2018-04-28
李琼久 阿弥陀佛 立轴	135×68cm	207,000	广东崇正	2018-07-04
李秋君 人民公社 镜心	47.5×77.5cm	161,000	中贸圣佳	2018-06-20
李瑞清 隶书六言联 镜心	238×59cm×2	253,000	中贸圣佳	2018-11-24
李瑞清 隶书五言联 立轴	174×40cm×2	161,000	荣宝斋（南京）	2018-07-15
李瑞清 书法对联 轴	198×43cm×2	345,000	浙江佳宝	2018-07-01
李瑞清 无量寿佛 立轴	101.5×49.5cm	138,000	中国嘉德	2018-06-18
李瑞清 郑孝胥 陈修榆 张祖翼 书法 四屏镜心	178×48cm×4	575,000	中贸圣佳	2018-06-20
李世南 高士图卷 手卷	33×640cm	218,500	中贸圣佳	2018-11-24
李世南 仙猴献寿图 镜片	66×135cm	115,000	广东崇正	2018-01-21
李世南 血与火的洗礼 镜心	138×139cm	460,000	中贸圣佳	2018-11-24
李叔同（弘一法师）1932年作 一百零八罗汉图 手卷	29.5×900cm	761,100	台北艺流	2018-06-30
李叔同（弘一法师）观音像 轴	65×21cm	913,320	台北艺流	2018-06-30
李树 2018年作 江南情 镜心	68×68cm	138,000	北京翰海	2018-05-13
李硕成 楷书《金刚般若波罗密经》镜心	35×137cm×7	220,000	未来四方	2018-12-09
李硕卿 黄山西海胜景图 横幅	109×246cm	230,000	保利厦门	2018-07-15
李唐（款）秋山草堂图卷 手卷	40×328cm	172,500	中国嘉德	2018-05-20
李唐 2018年作 莲心 镜心	62×41cm	368,000	北京保利	2018-06-18
李唐 2018年作 楼阁云影图 镜心	60×153cm	1,472,000	北京保利	2018-06-18
李唐 骑龙观音 镜心	128×38cm	770,500	北京荣宝	2018-06-14
李唐 自在观音 镜心	63×39cm	391,000	北京荣宝	2018-06-14
李铁夫 飞雁图 立轴	53.5×75cm	230,000	广东崇正	2018-07-04
李旺 2017年作 众生 镜心	179×96cm	345,000	北京保利	2018-06-18
李巍松 2012年作 地藏王菩萨造像 镜心	71×66cm	368,000	北京保利	2018-06-18
李翔 2010年作 野外 镜框	64×64cm	230,000	北京荣宝	2018-09-14

拍品名称	物品尺寸	成交价RMB	拍卖公司	拍卖日期
李翔 2015年作 山雨洗过翠欲流镜心	68×47cm	345,000	北京荣宝	2018-12-03
李翔 2016年作 寒川栖雀 镜心	68×47cm	345,000	北京荣宝	2018-12-03
李翔 2018年作 山无尘 镜心	45.5×177cm	782,000	北京荣宝	2018-06-14
李小白 荷风 镜心	103×66cm	103,500	南京经典	2018-07-22
李小超 故园 镜心	50×50cm	230,000	北京保利	2018-06-18
李小超 收获 镜心	39×65cm	230,000	北京保利	2018-12-06
李小可 2017年作 正月的雪 镜心	138×69cm	920,000	北京保利	2018-06-18
李小可 春日、寺院的风、雨后、圣地雪 镜框	尺寸不一	1,288,000	北京荣宝	2018-09-14
李孝萱 1995年作 万类归心 手卷	30×179cm	379,500	北京荣宝	2018-05-18
李孝萱 2005年作 荷塘 手卷	48×338cm	230,000	北京荣宝	2018-06-14
李孝萱 2014年作 花卉人物诗词（六帧）册页	30×20cm×6	149,500	上海匡时	2018-04-30
李孝萱 无日不疑 镜心	138×23cm	126,500	荣宝斋（济南）	2018-06-30
李虚白 2015-2016年 四季山水 四条屏	229×52cm×4	103,500	中国嘉德	2018-11-21
李燕 四君子伴猴图 四屏立轴	138×34.5cm×4	115,000	北京荣宝	2018-05-18
李瑶 1821年作 山水 册页十开	24×30cm	101,125	邦瀚斯	2018-04-03
李一 2018年作 行书 镜心	70×179cm	115,000	北京保利	2018-06-18
李义弘 1994年作 西园雅集 立轴	179×96cm	248,201	保利香港	2018-04-02
李义弘 2011年作 立雾溪峡壁 镜框	103×103cm	244,080	罗芙奥	2018-12-01
李毅 2017年作 菲斯陶女	94×144cm	529,000	北京翰海	2018-09-16
李毅峰 2015年作 山水 镜心	138×69cm	161,000	北京荣宝	2018-12-03
李英保 2017年作 报春图	24×50cm	138,000	北京翰海	2018-06-30
李玉双 2008年作 深秋树林 镜心	74×143cm	184,000	北京保利	2018-12-09
李玉双 2017年 倒影荷塘 镜心	98×197cm	287,500	北京保利	2018-12-09
李元佳 1960年作 无题	24×23.6cm	141,700	香港苏富比	2018-10-01
李远东 书法 镜片	136×68cm	138,000	华艺国际	2018-03-30
李远东 书法 立轴	137×68cm	115,000	华艺国际	2018-11-17
李远东 书法 立轴	137×68cm	115,000	华艺国际	2018-05-23
李璋 2016年作 草本系列 镜心	120×120cm	177,932	保利澳门	2018-11-29
李长白 玉堂富贵 镜心	66×57cm	287,500	南京经典	2018-07-22
李蒸蒸 2015-2016年作 十二生肖镜心	65×38.5cm×12	1,552,500	北京荣宝	2018-05-18
李蒸蒸 临风舞秋衣 镜心	103×68.5cm	195,500	中国嘉德	2018-06-20
李之纲 夏池清赏图 立轴	198×96.5cm	103,500	西泠拍卖	2018-05-04
李仲宣 双禽翠柳图 镜心	26×22cm	483,000	北京匡时	2018-12-06
李子强 池荷清趣 镜心	136×68cm	273,200	北京歌德	2018-08-25
厉鹗 篆书七言联 立轴	131×21cm×2	109,250	广东崇正	2018-07-05
梁宝民 2015年作 远浦归帆 镜心	129×69cm	230,000	北京荣宝	2018-12-03
梁宝民 2016年作 山静秋高 镜心	129×69cm	207,000	北京匡时	2018-12-05
梁登山 2018年作 棣书十二言联镜心	180×48cm×2	184,000	北京翰海	2018-09-16
梁登山 2018年作 行书《家和业兴》镜心	180×97cm	230,000	北京翰海	2018-09-16
梁君令 惠风和畅 紫气东来 镜片	97×180cm	113,000	广东省拍	2018-09-20
梁崎 1978年作 福禄吉祥 立轴	140×51cm	333,500	鼎天国际	2018-01-07
梁崎 1981年作 鹰风千秋 立轴	135×68cm	166,750	鼎天国际	2018-01-07
梁崎 范曾 1967年作 青天群峰书法立轴	27×18cm 36×18cm	172,500	鼎天国际	2018-01-07
梁崎 福禄绵长 立轴	91×33cm	115,000	鼎天国际	2018-01-07
梁崎 秋江垂钓图 立轴	102×35cm	345,000	天津同方	2018-06-13
梁崎 远山 镜框	39×24cm	161,000	天津同方	2018-06-13
梁崎 远山人家 镜框	39×24cm	172,500	鼎天国际	2018-01-07
梁启超 1925年作 行书蝶恋花 立轴	131×65cm	828,000	北京匡时	2018-06-16
梁启超 1925年作 隶书节临《孔谦碑》立轴	175×44cm	517,500	北京保利	2018-12-07
梁启超 1926年 楷书十一言联 立轴	196.5×33.5cm×2	828,000	北京匡时	2018-12-06
梁启超 1926年作 行书节录洛神赋镜心	24.8×132cm	667,000	北京匡时	2018-12-06
梁启超 1927年作 草书节录《围炉诗话》扇面 镜心	20×53cm	276,000	北京保利	2018-06-17
梁启超 1927年作 行书东坡诗 立轴	122×32cm	207,000	北京匡时	2018-06-16
梁启超 1926年作 楷书七言联 立轴	133×32cm×2	747,500	中国嘉德	2018-11-20
梁启超 1926年作 楷书七言联 立轴	172.5×42.2cm×2	452,742	中国嘉德	2018-10-03
梁启超 草书 四屏镜心	122×34.5cm×4	109,250	中贸圣佳	2018-11-25
梁启超 1927年作 楷书七言联 镜片	166×39cm×2	402,500	广东崇正	2018-07-05
梁启超 行书“陶然庐”镜心	20.7×82cm	920,000	北京匡时	2018-12-06
梁启超 1924年作 楷书十五言联立轴	236×27.5cm×2	3,335,000	中国嘉德	2018-06-19
梁启超 1924年作 楷书十言联 立轴	163×26.5cm×2	1,610,000	中国嘉德	2018-11-20
梁启超 姜筠 宝熙 书画合璧 立轴（三挖）	尺寸不一	138,000	北京翰海	2018-06-29
梁启超 楷书《相见欢·金陵城上西楼》立轴	81.9×39.8cm	301,435	纽约苏富比	2018-03-22
梁启超 楷书七言联 立轴	129×29.5cm×2	575,000	中国嘉德	2018-06-18
梁启超 楷书七言联 立轴	133×32cm×2	402,500	中国嘉德	2018-11-21
梁启超 楷书七言联 立轴	123×28cm×2	402,500	中国嘉德	2018-06-20
梁启超 隶书 临张迁碑	176.5×47cm	13,455,000	中国嘉德	2018-11-21
梁启超 隶书临《武梁祠阙铭》镜心	27×42.5cm×6	368,000	北京匡时	2018-12-05
梁启超 书法 立轴	131.5×31cm	115,000	荣宝斋（济南）	2018-07-01
梁启超 1925年作 行书七言联 立轴	140.5×37cm×2	621,000	中国嘉德	2018-11-21
梁启超 早年书 四屏	87×18.5cm×4	230,000	西泠拍卖	2018-07-08
梁启超 朱文钧 楷书 六君子图 成扇	20×55cm	115,000	广东崇正	2018-07-05
梁铨 2010年作 海	120×90cm	253,000	广东崇正	2018-07-05
梁实秋 1983年作 行书陆放翁诗镜片	68.8×34.5cm	270,250	广东崇正	2018-07-04
梁实秋 1979年作 行书张小山“水仙子”镜片	68×33cm	166,750	广东崇正	2018-07-04
梁树年 观瀑图 镜心	137×69.5cm	128,800	荣宝斋（济南）	2018-07-01
梁树年 黄山旭日 镜心	95×173cm	345,000	中贸圣佳	2018-11-24
梁树年 亚明 仙台秋远 镜心	96×268cm	253,000	北京保利	2018-05-21
梁漱溟 行书 立轴	66×32cm	126,500	中国嘉德	2018-01-13
梁岩 1999年作 金婚照 镜心	122×169cm	184,000	中国嘉德	2018-01-13
梁占岩 1994年作 疏林散逸图 手卷	32×409cm	172,500	北京荣宝	2018-05-18
梁占岩 古人诗意图 四屏镜心	180×48.5cm×4	172,500	北京荣宝	2018-12-03
梁占岩 蓬莱八仙图 镜心	97×180cm	218,500	北京荣宝	2018-06-14
廖文潭 2015年作 山中鸟戏一堂	书法 125×22.5cm×2 画126×35cm	115,000	北京翰海	2018-06-30
廖文潭 2015年作 云岚山谷图 镜心	100×50cm	126,500	北京荣宝	2018-12-03
廖文潭 2015年作 微雨山林一飞瀑镜心	49×110cm	115,000	中国嘉德	2018-01-13
廖文潭 2015年作 溪山清晓 镜心	50×99cm	115,000	中国嘉德	2018-05-18
林柏良 2017年作 国宝金秋相聚欢镜心	96×177cm	230,000	北京保利	2018-12-06

拍品名称	物品尺寸	成交价RMB	拍卖公司	拍卖日期
林柏良 2017年作 国宝四季 镜心	136×69cm×4	690,000	北京保利	2018-06-18
林丰俗 1985年作 湖滨春晓 镜片	69×111cm	402,500	广东崇正	2018-07-04
林丰俗 1986年作 溪山人家 镜片	136×69cm	276,000	上海嘉禾	2018-10-14
林丰俗 1990年作 粤山春晓 镜片	123×247cm	2,300,000	广东崇正	2018-07-04
林丰俗 2003年 田园早春图 镜框	68×137cm	299,000	华艺国际	2018-05-23
林丰俗 2006年作 天地英雄 镜片	97×180cm	322,000	精诚所至	2018-05-12
林丰俗 2006年作 王维诗意 镜片	69×137cm	437,000	广东崇正	2018-07-04
林丰俗 1997年作 丹霞山村 镜片	68×137cm	920,000	广东崇正	2018-07-04
林丰俗 2000年作 春暖 镜片	96×178cm	230,000	广东衡益	2018-07-01
林丰俗 山水 镜框	68×136cm	402,500	华艺国际	2018-05-23
林风眠（款）仕女图 轴	68×67.5cm	173,342	台北艺流	2018-12-01
林风眠《持镜仕女》镜框	65×65.8cm	2,768,304	伦敦苏富比	2018-05-16
林风眠《春》镜框	64×64cm	1,185,800	伦敦苏富比	2018-05-16
林风眠《芦雁图》镜框	33×33cm	183,260	伦敦苏富比	2018-05-16
林风眠《清读图》镜框	33×33cm	485,100	伦敦苏富比	2018-05-16
林风眠 1928年作 独钓西子湖畔 成扇	18.5×53.5cm	172,500	中国嘉德	2018-06-18
林风眠 1930年作 双鹤 立轴	134.5×43cm	402,500	中国嘉德	2018-06-18
林风眠 1930年作 羽禽（四帧）镜心	26×44.5cm×4	3,220,000	中国嘉德	2018-06-18
林风眠 1931年作 双鹤图 镜心	93×35.5cm	172,500	北京荣宝	2018-06-14
林风眠 1933年作 水禽图 立轴	158×41.5cm	1,853,000	香港苏富比	2018-10-02
林风眠 1938年作 负筐图 镜框	53×24cm	287,500	华艺国际	2018-11-16
林风眠 1943年作 千仞松岗 立轴	83×50cm	1,827,000	佳士得	2018-05-29
林风眠 1943年作 三清图 镜框	66×44.5cm	862,750	佳士得	2018-05-29
林风眠 1944年作 拉船 镜框	11.5×31cm	133,050	佳士得	2018-11-26
林风眠 1945年作 三鸟 镜框	96×34.5cm	487,200	佳士得	2018-05-29
林风眠 1946年作 红梅大吉图 立轴	101×44cm	1,380,000	中鸿信	2018-01-07
林风眠 1946年作 紫藤双鸟 镜框	96.5×35.5cm	1,552,250	佳士得	2018-11-26
林风眠 1950年代作 渔女	69×67.5cm	1,840,000	中国嘉德	2018-06-19
林风眠 1952年作 仙人掌、彩陶与静物	68×68.5cm	2,572,400	中国嘉德	2018-10-02
林风眠 1954年作 白衣仕女	69×69.7cm	3,601,360	中国嘉德	2018-10-02
林风眠 1957年作 紫藤瓶花	68.5×68.5cm	2,856,140	佳士得	2018-11-24
林风眠 1958年作 难忘的年代	68.2×68.2cm	3,814,100	佳士得	2018-11-24
林风眠 1960年作 莲池	68.5×68cm	1,663,125	佳士得	2018-11-24
林风眠 1960年作 鱼鹰	68.5×68cm	1,028,960	中国嘉德	2018-10-02
林风眠 1965年作 双鹭	34.5×68.5cm	1,431,930	中国嘉德	2018-04-02
林风眠 1965年作 照镜仕女	68.5×68.5cm	5,517,380	中国嘉德	2018-04-02
林风眠 1967年作 奔马 立轴	31×49cm	115,000	北京翰海	2018-05-13
林风眠 1976年作 秋叶小鸟 镜心	32×31cm	207,000	中国嘉德	2018-09-19
林风眠 1977年作 晨曲 镜片	69.5×67.9cm	1,851,360	万昌斯	2018-05-30
林风眠 1977年作 和鸣	34.5×46.2cm	1,035,000	北京匡时	2018-06-16
林风眠 1977年作 秋鹜 镜框	44×63cm	747,500	西泠拍卖	2018-07-08
林风眠 1977年作 依偎 画心	35×35cm	106,672	台北艺流	2018-12-01
林风眠 1977年作 依偎相伴 画心	33.7×42cm	659,620	台北艺流	2018-06-30
林风眠 1977年作 鱼鹰 立轴	50×67cm	713,000	中国嘉德	2018-11-21
林风眠 伴侣 立轴	33×33cm	149,500	鼎天国际	2018-01-07
林风眠 泊舟图 画心	23×17cm	149,500	西泠拍卖	2018-07-08
林风眠 持莲仕女图 镜框	68×68cm	4,945,000	上海嘉禾	2018-06-25
林风眠 船路图 镜心	67×67cm	1,472,000	保利厦门	2018-07-15
林风眠 吹笛仕女 镜框	37×32.5cm	609,813	佳士得	2018-11-26
林风眠 春江帆影 框	74×80cm	5,074,000	台北艺流	2018-06-30
林风眠 待字闺中 镜框	65×66cm	3,507,500	华艺国际	2018-05-23
林风眠 读书仕女 镜心	33×33cm	477,310	中国嘉德	2018-04-03
林风眠 繁花似锦	70×70cm	2,507,900	邦瀚斯	2018-04-03
林风眠 抚琴仕女图 立轴	89×46.5cm	123,200	上海联合	2018-07-01
林风眠 孤鹭图 镜心	34×34cm	322,000	北京匡时	2018-06-15
林风眠 归逸图 镜心	30×43.5cm	238,655	中国嘉德	2018-04-03
林风眠 海景	67.5×64cm	1,415,750	邦瀚斯	2018-04-03
林风眠 荷 镜心	47.5×48cm	740,851	中国嘉德	2018-10-03
林风眠 荷花 立轴	69×68.4cm	286,386	中国嘉德	2018-04-03
林风眠 荷塘 镜框	66×66cm	2,419,760	佳士得	2018-05-29
林风眠 荷塘 镜片	68.2×69.5cm	1,189,875	纽约苏富比	2018-03-23
林风眠 荷塘 镜心	67.5×68cm	2,300,000	保利厦门	2018-01-08
林风眠 荷塘清香图 镜片	45×34cm	1,150,000	西泠拍卖	2018-07-07
林风眠 黑松林 镜片	66×65cm	3,450,000	西泠拍卖	2018-07-07
林风眠 花间仕女	65.5×65cm	1,380,000	西泠拍卖	2018-07-07
林风眠 江畔 镜心	29.5×30cm	152,739	中国嘉德	2018-04-03
林风眠 京剧人物	68×68cm	8,603,900	佳士得	2018-11-24
林风眠 静物	36×36cm	1,782,500	西泠拍卖	2018-07-07
林风眠 静物 镜心	68×63cm	1,840,000	中国嘉德	2018-06-18
林风眠 蓝色瓶花	46×51.5cm	2,070,000	中国嘉德	2018-06-19
林风眠 揽镜梳妆 镜框	39×33cm	421,325	佳士得	2018-11-26
林风眠 劳作 镜框	128×40cm	1,884,875	佳士得	2018-11-26
林风眠 劳作 镜框	34.5×34.8cm	284,200	佳士得	2018-05-29
林风眠 梨花双宿 镜心	35×35cm	747,500	上海匡时	2018-04-30
林风眠 篱笆小鸡 立轴	97×33cm	805,000	荣宝斋（济南）	2018-07-01
林风眠 柳堤飞雁 立轴	67.3×68.6cm	3,034,560	香港苏富比	2018-10-02
林风眠 柳桥图 镜心	30×33cm	862,500	荣宝斋（济南）	2018-07-01
林风眠 芦荡 镜框	29.3×33cm	152,250	佳士得	2018-05-29
林风眠 芦塘秋鹭 镜片	66.5×130cm	1,150,000	朵云轩	2018-06-24
林风眠 芦雁图 镜片	68.5×137cm	1,380,000	朵云轩	2018-06-24
林风眠 暮色双舟 镜框	40.5×75cm	507,500	佳士得	2018-05-29
林风眠 拈花仕女图 镜片	51×44cm	918,400	上海联合	2018-07-01
林风眠 瓶花金鱼 镜框	67×65.2cm	2,180,000	香港苏富比	2018-10-02
林风眠 琴韵 镜心	30×36.5cm	287,500	上海匡时	2018-04-30
林风眠 秋景 镜心	60×70cm	3,450,000	中国嘉德	2018-11-20
林风眠 秋林景色 镜心	66×67cm	1,035,000	上海匡时	2018-04-30
林风眠 秋林小鸟 镜片	41×37cm	161,000	广东崇正	2018-07-05
林风眠 秋林野屋 镜框	66×68cm	4,025,000	华艺国际	2018-05-23
林风眠 秋日齐聚 画心	47.5×68cm	253,346	台北艺流	2018-12-01
林风眠 秋雁过野塘 镜框	66×65.3cm	1,415,750	香港苏富比	2018-04-02
林风眠 秋叶小鸟 镜心	24.5×33.5cm	277,819	中国嘉德	2018-10-03
林风眠 群鹭 镜心	70×70cm	3,680,000	北京保利	2018-12-07
林风眠 人物风景花鸟册 册页（十开）	画34×34cm×10 书法 35×35cm×11	19,550,000	上海嘉禾	2018-06-25
林风眠 三美图 镜心	67×65cm	2,300,000	北京匡时	2018-12-06
林风眠 山水 镜片	37×41cm	368,000	广东崇正	2018-07-05
林风眠 圣殇 镜框	44.1×31.5cm	3,009,480	香港苏富比	2018-04-02
林风眠 仕女 镜框	68×68cm	5,175,000	华艺国际	2018-05-23
林风眠 仕女 镜框	21.8×32.3cm	150,920	伦敦佳士得	2018-05-15
林风眠 仕女 镜心	67.5×70cm	2,645,000	北京匡时	2018-06-15
林风眠 仕女图 镜心	34×34cm	598,000	保利厦门	2018-07-15
林风眠 双鹭 镜片	34×46cm	345,000	广东崇正	2018-07-05
林风眠 松下人家 镜心	69×67cm	1,145,544	中国嘉德	2018-04-03
林风眠 藤间双禽图 画心	41×34cm	540,500	西泠拍卖	2018-07-08

拍品名称	物品尺寸	成交价RMB	拍卖公司	拍卖日期
林风眠 恬静 镜心	68×69cm	2,300,000	北京保利	2018-12-07
林风眠 晚山图 镜心	33.5×33.5cm	287,500	上海匡时	2018-04-30
林风眠 苇塘白鹭 立轴	66×75cm	617,376	北京匡时	2018-10-03
林风眠 苇塘飞雁 镜框	47.5×54.5cm	659,750	佳士得	2018-05-29
林风眠 戏剧人物 镜框	68×66cm	6,785,000	华艺国际	2018-05-23
林风眠 戏曲人物 镜心	35×22cm	552,000	北京匡时	2018-06-15
林风眠 夏 镜心	67.8×67.7cm	6,325,000	北京保利	2018-06-17
林风眠 夏沐春风 立轴	67×69cm	2,185,000	北京保利	2018-12-07
林风眠 雪景 镜框	65.5×58.8cm	763,000	香港苏富比	2018-10-02
林风眠 渔夫渔鹰 镜框		1,269,200	纽约佳士得	2018-03-20
林风眠 渔归 镜心	32×32cm	161,000	中贸圣佳	2018-06-20
林风眠 渔获 镜框	59×41.2cm	606,750	香港苏富比	2018-04-02
林风眠 渔翁图 镜心	32.5×22cm	391,000	北京匡时	2018-06-15
林风眠 渔舟 镜心	68×68cm	2,300,000	中贸圣佳	2018-06-20
林风眠 渔舟 镜心	26×34cm	288,109	中国嘉德	2018-10-03
林风眠 渔舟唱晚 镜心	67.5×67.5cm	1,610,000	北京匡时	2018-06-15
林风眠 浴罢理鬓 镜框	67×63cm	457,800	香港苏富比	2018-10-02
林风眠 鸢尾花图 镜片	67.5×67.5cm	3,450,000	西泠拍卖	2018-07-07
林风眠 约1960至1970年代作 荷塘	67×69cm	2,768,398	中国嘉德	2018-04-02
林风眠 云中龙 立轴		1,026,300	纽约苏富比	2018-09-13
林风眠 北国风光 镜心	137×67cm	172,500	八益拍卖	2018-04-28
林海钟 春风 夏雨 秋气 冬雪	44.5×19cm×4	690,000	广东崇正	2018-07-05
林海钟 玄奘西行图 手卷	画心21.0×110.0cm	345,000	中国嘉德	2018-11-22
林湖奎 梅下双犬 镜框	58×109.5cm	111,650	佳士得	2018-05-29
林湖奎 雪舞 镜框	73.5×140.5cm	210,663	佳士得	2018-11-26
林湖奎 雪舞 镜框	70×137cm	152,250	佳士得	2018-05-29
林琴南 1919年作 桃柳烟霞 立轴	35×70cm	103,500	广东崇正	2018-07-05
林容生 花开三月	70×138cm	109,250	北京翰海	2018-06-30
林容生 山居图 镜心	68×136cm	161,000	北京翰海	2018-09-16
林散之 1971年作 黄山云海图 立轴	102×26cm	517,500	华艺国际	2018-11-16
林散之 1972年作 草书 毛主席词 立轴	121.5×27cm	402,500	西泠拍卖	2018-07-07
林散之 1972年作 草书《卜算子·咏雁》镜心	22.5×137.5cm 题跋22.5×69.5cm	126,500	北京匡时	2018-06-16
林散之 1973年作 行书八言联 对联	177×32cm×2	230,000	上海嘉禾	2018-06-25
林散之 1973年作 黄山 立轴	86×23cm	322,000	中国嘉德	2018-06-18
林散之 1977年作 行书四言联 对联	165×45.5cm×2	108,100	上海嘉禾	2018-03-26
林散之 1977年作 书法 立轴	137×47cm	345,000	华艺国际	2018-11-16
林散之 1978年作 草书 自作诗卷 手卷	画心114.5×25.5cm 题跋61×25.5cm	391,000	西泠拍卖	2018-05-05
林散之 1980年作 草书七言诗 镜心	97×38cm	126,500	上海匡时	2018-04-30
林散之 1980年作 草书自作诗 立轴	139×69cm	345,000	北京保利	2018-12-07
林散之 1981年作 草书《昔游》一首 立轴	101×34cm	161,000	北京荣宝	2018-12-03
林散之 1981年作 草书曾几诗 立轴	96×29cm	126,500	北京保利	2018-12-08
林散之 1981年作 草书杜牧《山行》立轴	102×34cm	172,500	北京荣宝	2018-12-03
林散之 1987年作 行书自作诗 镜心	45×178cm	345,000	北京匡时	2018-06-15
林散之 1987年作 李益《受降城上闻笛》立轴	128×34cm	172,500	北京诚轩	2018-06-16
林散之 避震诗卷 手卷	27×97cm	437,000	南京经典	2018-01-06
林散之 卜算子咏梅 镜心	136×49cm	264,500	凤凰拍卖	2018-01-21
林散之 曹操诗句 镜心	32×88cm	172,500	南京经典	2018-01-06

拍品名称	物品尺寸	成交价RMB	拍卖公司	拍卖日期
林散之 草绿池塘花满溪 立轴	109×34cm	862,500	荣宝斋（南京）	2018-01-05
林散之 草书 镜片	104×34.5cm	212,750	广东崇正	2018-07-05
林散之 草书 镜心	96×43cm	112,700	中国嘉德	2018-09-19
林散之 草书 镜心	136×34cm	105,800	荣宝斋（上海）	2018-01-21
林散之 草书 镜心	37×138.5cm	103,500	荣宝斋（上海）	2018-01-21
林散之 草书 镜心	135×34.5cm	103,500	荣宝斋（上海）	2018-01-21
林散之 草书 毛主席词 立轴	106.5×32cm	218,500	西泠拍卖	2018-07-07
林散之 草书 毛主席词 立轴	104×30cm	138,000	西泠拍卖	2018-09-28
林散之 草书 毛主席词 立轴	96×34.5cm	138,000	西泠拍卖	2018-09-28
林散之 草书 七言诗 立轴	137.5×37cm	120,750	西泠拍卖	2018-07-07
林散之 草书 王昌龄诗 立轴	95×35.5cm	149,500	西泠拍卖	2018-07-07
林散之 草书“读书自乐”镜心	26.7×82cm	149,500	中国嘉德	2018-06-18
林散之 草书“杜牧《江南春》”立轴	101.5×33cm	126,500	荣宝斋（南京）	2018-07-15
林散之 草书“杜牧诗”镜心	85.5×25cm	103,500	荣宝斋（南京）	2018-01-05
林散之 草书“杜牧诗”立轴	95×35cm	287,500	荣宝斋（南京）	2018-01-05
林散之 草书“江南春”立轴	101.7×33.2cm	126,500	荣宝斋（南京）	2018-01-05
林散之 草书“毛主席诗”镜心	137.5×68cm	575,000	荣宝斋（南京）	2018-07-15
林散之 草书“毛主席诗《重阳》”立轴	137.5×35cm	241,500	荣宝斋（南京）	2018-07-15
林散之 草书“毛主席诗词”立轴	129×32cm	172,500	荣宝斋（南京）	2018-01-05
林散之 草书《枫桥夜泊》镜心	96.5×39cm	184,000	中国嘉德	2018-06-18
林散之 草书曾吉甫诗 镜心	99×34.5cm	120,750	上海匡时	2018-04-30
林散之 草书杜牧诗 立轴	96×34cm	149,500	中国嘉德	2018-06-19
林散之 草书李白诗 镜心	138×35cm	218,500	北京匡时	2018-06-16
林散之 草书李白诗 立轴	107×24.5cm	149,500	中国嘉德	2018-11-20
林散之 草书鲁迅诗 立轴	106×31.5cm	189,750	上海嘉禾	2018-03-26
林散之 草书毛主席词 立轴	128×32cm	264,500	北京保利	2018-12-08
林散之 草书毛主席词二首 镜心	45×24cm×27	1,035,000	中国嘉德	2018-06-19
林散之 草书毛主席诗卷 手卷	引首32×97cm 书法32×255cm	205,792	保利香港	2018-10-01
林散之 草书七言对联 镜心	139×32cm×2	126,500	荣宝斋（上海）	2018-01-21
林散之 草书七言诗 镜心	104.0×34.5cm	149,500	中国嘉德	2018-06-18
林散之 草书七言诗 镜心	82×38cm	138,000	中国嘉德	2018-01-13
林散之 草书七言诗 立轴	96×40cm	105,800	中国嘉德	2018-01-13
林散之 草书清平乐 立轴	82×43cm	138,000	中国嘉德	2018-01-13
林散之 草书书法 镜心	106.5×34.5cm	132,250	中贸圣佳	2018-11-24
林散之 草书唐诗 立轴	82.5×30cm	109,250	中国嘉德	2018-11-20
林散之 草书五言联 立轴	96×22.5cm×2	230,000	中国嘉德	2018-06-18
林散之 草书五言诗 江畔小景 镜心	书法31.5×18cm 绘画29×18cm	184,000	北京匡时	2018-12-05
林散之 草书远游诗 立轴	68×33cm	241,500	北京匡时	2018-06-16
林散之 草书自作诗 镜心	95.5×35.5cm	230,000	中国嘉德	2018-06-18
林散之 草书自作诗 立轴	151×40cm	253,000	中贸圣佳	2018-06-20
林散之 草书自作诗 立轴	100×34cm	230,000	中贸圣佳	2018-06-20

拍品名称	物品尺寸	成交价RMB	拍卖公司	拍卖日期
林散之 草书自作诗一首 立轴	96.5×34.5cm	103,500	荣宝斋（南京）	2018-07-15
林散之 曾几 衢州道中 立轴	130×32cm	195,500	南京经典	2018-01-06
林散之 陈达 书画（二帧）立轴镜心	书138×34cm 画76×42cm	207,000	南京经典	2018-01-06
林散之 登八达岭长城 镜心	32.5×138cm	207,000	南京经典	2018-01-06
林散之 登鸡鸣寺 镜心	62×20cm	414,000	南京经典	2018-01-06
林散之 1977年作 草书 镜心	230×59cm	184,000	中国嘉德	2018-05-19
林散之 1977年作 草书毛主席词 手卷	31×178cm	115,000	北京华辰	2018-11-20
林散之 杜甫客至 立轴	140×32.5cm	437,000	凤凰拍卖	2018-01-21
林散之 杜牧 江南春 立轴	97×36cm	195,500	南京经典	2018-01-06
林散之 杜牧 山行 立轴	133×31cm	230,000	南京经典	2018-07-22
林散之 杜牧 山行 立轴	111×33cm	161,000	南京经典	2018-01-06
林散之 古木幽居 立轴	89×40cm	345,000	南京经典	2018-07-22
林散之 归思 镜心	96×36cm	368,000	南京经典	2018-01-06
林散之 1973年作 草书 立轴	100×32cm	241,500	广东崇正	2018-07-05
林散之1963年作 草书东坡词 手卷	画心23×136cm	166,750	上海嘉禾	2018-03-26
林散之 寒雨连江 立轴	61×42cm	276,000	凤凰拍卖	2018-01-21
林散之 行书李白诗 立轴	103.5×33.5cm	138,000	上海嘉禾	2018-06-25
林散之 行书毛泽东诗 立轴	125×33cm	138,000	上海嘉禾	2018-03-26
林散之 行书毛主席词 立轴	178×95cm	805,000	北京匡时	2018-06-15
林散之 行书七言诗 立轴	109×34cm	164,634	中国嘉德	2018-10-03
林散之 行书自作诗 立轴	96×29cm	143,750	北京保利	2018-05-21
林散之 行书自作诗 立轴	93.5×30.5cm	138,000	上海嘉禾	2018-06-25
林散之 黄山美景 镜片	24.5×34cm	172,500	华艺国际	2018-11-16
林散之 1979年作 草书论书诗 立轴	96.5×37cm	126,500	中国嘉德	2018-06-19
林散之 1979年作 草书《论书》诗 镜心	97×30.5cm	207,000	中国嘉德	2018-06-18
林散之 1976年作 荆溪纪游 扇面	18.5×55.5cm	149,500	中国嘉德	2018-06-18
林散之 江山如画 镜心	40×84cm	109,250	南京经典	2018-07-22
林散之 李山 行书《王杰日记》抗洪图 立轴	127.5×45.5cm	460,000	上海嘉禾	2018-06-25
林散之 鲁迅 送增田涉归国 镜心	96×31cm	184,000	南京经典	2018-07-22
林散之 鲁迅 无题 镜心	68×31cm	178,250	南京经典	2018-07-22
林散之 鲁迅 无题 镜心	104×35cm	103,500	南京经典	2018-01-06
林散之 鲁迅 赠画师 立轴	106×33cm	218,500	南京经典	2018-01-06
林散之 鲁迅 赠画师 立轴	105×30cm	207,000	南京经典	2018-07-22
林散之 陆游 卜算子·咏梅 立轴	137×33cm	310,500	南京经典	2018-07-22
林散之 陆游 剑门道中遇微雨 镜心	93×34cm	218,500	南京经典	2018-07-22
林散之 毛泽东 卜算子·咏梅 镜心	94×33cm	253,000	南京经典	2018-01-06
林散之 毛泽东 卜算子·咏梅 立轴	129×32.5cm	287,500	南京经典	2018-07-22
林散之 毛泽东 卜算子·咏梅 立轴	136×33cm	264,500	南京经典	2018-07-22
林散之 毛泽东 采桑子·重阳 镜心	137.5×35cm	207,000	南京经典	2018-01-06
林散之 毛泽东 七律·答友人 立轴	153×58cm	943,000	南京经典	2018-01-06
林散之 毛泽东 清平乐·会昌 立轴	140×34cm	287,500	南京经典	2018-01-06
林散之 毛泽东 清平乐·六盘山 立轴	99×34cm	368,000	南京经典	2018-07-22
林散之 毛泽东 清平乐·六盘山 立轴	102×32cm	322,000	南京经典	2018-01-06
林散之 毛泽东 如梦令·元旦 镜心	97×32cm	149,500	南京经典	2018-01-06

拍品名称	物品尺寸	成交价RMB	拍卖公司	拍卖日期
林散之 毛泽东 忆秦娥·娄山关 立轴	136×34cm	517,500	南京经典	2018-07-22
林散之 毛泽东 忆秦娥·娄山关 立轴	123×38cm	287,500	南京经典	2018-07-22
林散之 宁静致远 镜心	30×84cm	207,000	南京经典	2018-07-22
林散之 潘天寿故居 镜心	49×142cm	253,000	南京经典	2018-07-22
林散之 秋去雁归图 横批	44.5×68.5cm	759,000	上海嘉禾	2018-06-25
林散之 日长林静 横批	32×135cm	356,500	中贸圣佳	2018-06-20
林散之 山水 立轴	128×32cm	586,500	南京经典	2018-07-22
林散之 升天成佛 镜心	77×21cm	138,000	南京经典	2018-07-22
林散之 书法 横批	33×66cm	126,500	南京经典	2018-01-06
林散之 书法 立轴	166×34cm	287,500	荣宝斋（济南）	2018-07-01
林散之 书法 立轴	132×32cm	195,500	荣宝斋（济南）	2018-07-01
林散之 书法 立轴	112×30cm	184,000	朵云轩	2018-04-22
林散之 书画（二帧）镜心	19×51cm×2	276,000	南京经典	2018-01-06
林散之 书联 立轴	136×33cm×2	437,000	南京经典	2018-07-22
林散之 书联 立轴	138×34cm×2	322,000	南京经典	2018-07-22
林散之 书联 立轴	113×20cm×2	270,250	南京经典	2018-01-06
林散之 书联 立轴	130×21cm×2	253,000	南京经典	2018-07-22
林散之 书联 立轴	137×33cm×2	218,500	南京经典	2018-07-22
林散之 四月江南 镜心	22×34cm×2	138,000	北京荣宝	2018-06-14
林散之 听松图 立轴	72×26.5cm	287,500	荣宝斋（南京）	2018-01-05
林散之 万水千山特特来 镜心	96.5×36cm	391,000	南京经典	2018-01-06
林散之 王安石诗 立轴	68.5×34cm	264,500	凤凰拍卖	2018-01-21
林散之 王昌龄 芙蓉楼送辛渐 立轴	141×31cm	287,500	南京经典	2018-07-22
林散之 王昌龄 芙蓉楼送辛渐 立轴	99×32cm	138,000	南京经典	2018-01-06
林散之 王维 相思 立轴	97×30cm	184,000	南京经典	2018-01-06
林散之 望巫山十二峰 立轴	95×33cm	201,250	南京经典	2018-01-06
林散之 为李真题梅花卷 立轴	132×59cm	747,500	南京经典	2018-07-22
林散之 乌塘 镜心	108.5×34cm	172,500	凤凰拍卖	2018-01-21
林散之 1978年作 黄山高秋 立轴	128×32cm	598,000	中国嘉德	2018-11-20
林散之 杨凝 送客入蜀 镜心	99×38cm	126,500	南京经典	2018-01-06
林散之 1975年作 草书 立轴	99.5×32cm	115,000	朵云轩	2018-06-24
林散之 1975年作 草书七言诗 镜心	145×45cm	115,000	中国嘉德	2018-11-20
林散之 1975年作 草书五言联 立轴	99.5×19.5cm×2	299,000	中国嘉德	2018-11-20
林散之 咏牡丹 立轴	94×35cm	310,500	南京经典	2018-01-06
林散之 幽居图 立轴	27×34.5cm	195,500	荣宝斋（南京）	2018-01-05
林散之 友谊室 镜心	47×119cm	460,000	南京经典	2018-01-06
林散之 张籍 凉州词 镜心	92.5×29.5cm	195,500	南京经典	2018-07-22
林散之 郑板桥 竹枝词 立轴	100×31cm	109,250	南京经典	2018-07-22
林散之 朱德 纪念“八一”立轴	119×45cm	207,000	南京经典	2018-01-06
林散之 自作诗 论书 立轴	97×32cm	184,000	南京经典	2018-07-22
林散之 自作诗 太湖纪游 镜心	21×64cm	138,000	南京经典	2018-07-22
林散之 自作诗 远游 立轴	93.5×26cm	161,000	南京经典	2018-07-22
林纾 1913年作 洞庭寻诗图 手卷	16×263cm	404,500	邦瀚斯	2018-04-03
林纾 1922年作 霜江独钓	101×49cm	2,949,155	中正拍卖	2018-06-28
林纾 临石谷仿山樵卷 手卷	32×446cm	218,500	中国嘉德	2018-11-20
林纾 山庄春色 镜心	51×100cm	207,000	中国嘉德	2018-09-20
林纾 1921年作 苇塘横云 镜心	83×197cm	253,000	北京诚轩	2018-06-16

拍品名称	物品尺寸	成交价RMB	拍卖公司	拍卖日期
林纾 云山高士 立轴	174.5×80cm	239,800	香港苏富比	2018-10-02
林淑女 2017年作 山静云初吐 镜心	95×96cm	138,000	中国嘉德	2018-05-18
林曦明 沧海朝阳 镜心	105×239cm	172,500	荣宝斋（上海）	2018-01-21
林曦明 江南胜景 镜片	90×173cm	207,000	上海嘉禾	2018-06-25
林雪岩 仕女图（四帧）镜片	77×32cm×4	195,500	西泠拍卖	2018-07-07
林墉 1977年作 蒙古舞蹈 立轴	64×42cm	101,125	香港苏富比	2018-04-02
林墉 1977年作 水粼粼 镜框	70×47cm	138,000	华艺国际	2018-11-16
林墉 1979年作 有所思 镜框	79×51cm	178,250	华艺国际	2018-05-23
林墉 1982年作 孔雀仕女 镜框	174×281.5cm	1,782,500	华艺国际	2018-11-17
林墉 1982年作 饲鸡少女 镜框	136×67.5cm	483,000	华艺国际	2018-05-23
林墉 1982年作 宋词意仕女 镜框	130×66.5cm	402,500	华艺国际	2018-05-23
林墉 1982年作 挖耳罗汉 立轴	95.5×59cm	138,000	华艺国际	2018-11-17
林墉 1982年作 元宵花灯仕女 镜框	136×68cm	759,000	华艺国际	2018-05-23
林墉 1983年作 扇舞 立轴	94.5×59cm	276,000	华艺国际	2018-11-17
林墉 1986年作 早春 镜片	95×58cm	246,400	湖南逸典	2018-06-09
林墉 1987年作 人生如歌 镜心	136×66.5cm	287,500	上海匡时	2018-04-30
林墉 1987年作 少女与羊 镜框	67×67cm	218,500	华艺国际	2018-05-23
林墉 1988年作 芭蕉少女 镜框	68×138cm	345,000	华艺国际	2018-05-23
林墉 1988年作 回眸百媚生 镜框	97×31cm	184,000	华艺国际	2018-11-17
林墉 1992年作 芭蕉仕女 镜框	138×68cm	448,500	华艺国际	2018-05-23
林墉 1992年作 风和荔红图 镜心	137×68cm	109,250	北京荣宝	2018-09-14
林墉 1992年作 秀香图 册页（十二开）	37×51.5cm×12	920,000	华艺国际	2018-05-23
林墉 1992年作 执扇仕女 镜心	136×67cm	172,500	北京荣宝	2018-09-14
林墉 1994年作 笑靥如花 立轴	64×65cm	138,000	北京保利	2018-12-06
林墉 1996年作 献花图	68×136cm	172,500	北京翰海	2018-06-30
林墉 2002年作 春风图 镜框	138×70cm	230,000	华艺国际	2018-05-23
林墉 1997年作 我与梅花是故人 镜片	38×126cm	138,000	广东崇正	2018-07-04
林墉 读书图 镜片	69×137cm	218,500	广东衡益	2018-07-01
林墉 多彩 镜框	66×45.5cm	805,000	华艺国际	2018-11-17
林墉 繁花一片锦 镜片	50×81cm	120,750	广东崇正	2018-01-21
林墉 1990年作 少女与鸡 镜片	131×68cm	402,500	广东崇正	2018-07-04
林墉 故人笑比林中叶 镜片	136×68cm	138,000	广东崇正	2018-01-21
林墉 1983年作 多事秋风 镜片	83×50cm	172,500	广东崇正	2018-07-04
林墉 1983年作 少女与鹿 镜心	113.0×67.0cm	874,000	中国嘉德	2018-11-22
林墉 和风图 镜片	69.5×137.5cm	230,000	华艺国际	2018-03-30
林墉 花间少女 镜框	69×138cm	287,500	华艺国际	2018-05-23
林墉 1989年作 独赏图 镜片	136×67cm	207,000	广东衡益	2018-07-01
林墉 梅花少女 镜片	68×135cm	253,000	华艺国际	2018-03-30
林墉 睨山图 镜片	137×68cm	172,500	华艺国际	2018-11-16
林墉 鸟语喧 立轴	68×45cm	115,000	华艺国际	2018-11-16
林墉 人物 立轴	137×70cm	287,500	华艺国际	2018-05-23
林墉 1982年作 采药图 镜片	136×68cm	805,000	广东崇正	2018-07-04
林墉 1982年作 泉水叮咚 镜片	136×68cm	621,000	广东崇正	2018-07-04
林墉 日融融	84×68cm	207,000	北京东正	2018-06-17
林墉 少女 镜框	136×68cm	230,000	华艺国际	2018-05-23
林墉 仕女图 立轴	135×68cm	230,000	华艺国际	2018-05-23
林墉 霜叶红于二月花 立轴	138×68cm	322,000	广东崇正	2018-07-04
林墉 饲鸡图 镜框	70×47cm	138,000	华艺国际	2018-11-16
林墉 苏华 和平富贵 镜片	122×244cm	230,000	广东崇正	2018-07-04
林墉 舞蹈 镜片	68×45cm	115,000	华艺国际	2018-03-30
林墉 1988年作 神女 镜片	136×67cm	230,000	广东崇正	2018-07-04

拍品名称	物品尺寸	成交价RMB	拍卖公司	拍卖日期
林墉 1998年作 春夏秋冬 镜片	60×100cm×4	782,000	广东崇正	2018-07-04
林墉 亚明 清风苦茶 镜片	123.5×247cm	287,500	华艺国际	2018-11-17
林墉 重彩少女 镜片	138×70cm	230,000	华艺国际	2018-03-30
林于思 2012年作 西出阳关无故人	185×145cm	287,500	华艺国际	2018-11-16
林语堂 1965年作 行书〈孟子〉句 立轴	101.3×25.1cm	455,063	香港苏富比	2018-04-02
林玉山 1936年作 花下孔雀 镜框		224,400	金仕发	2018-01-28
林玉山 曼陀罗 框	96×53.5cm	202,960	台北艺流	2018-06-30
林跃平 花花世界 镜心	91.5×34cm	230,000	北京匡时	2018-06-15
林跃平 天马 镜心	67×43.5cm	230,000	北京匡时	2018-12-05
林跃平 天人供养八仙图 镜心	78×12cm×4	207,000	北京保利	2018-06-18
林长民 1915年作 行书王安石诗 立轴	84×23cm×4	494,500	北京保利	2018-12-08
林长民 1915年作 行书王安石诗 立轴	65.5×31.5cm	115,000	北京保利	2018-12-08
林子平 无题	35×136cm	119,900	香港苏富比	2018-10-01
凌畹 秋卉 镜心	139.5×58cm	161,000	中国嘉德	2018-11-22
刘宝纯 山水 长卷	32.5×537.5cm	115,000	荣宝斋（济南）	2018-07-01
刘宝纯 月色 镜心	95×180cm	126,500	荣宝斋（济南）	2018-07-01
刘宝纯 月是故乡明 镜心	96×178cm	126,500	荣宝斋（济南）	2018-07-01
刘波 2018年作 清荷图 镜心	142.0×19.5cm×2	126,500	中国嘉德	2018-11-22
刘昌潮 1973年作 三友图 镜片	65×258cm	195,500	广东崇正	2018-07-04
刘昌潮 1985年作 荷花图 镜片	96×360cm	230,000	广东衡益	2018-07-01
刘大为 1995年作 唐人诗意 四屏立轴	136×42.5cm×4	690,000	北京荣宝	2018-05-18
刘大为 1995年作 唐人诗意四屏立轴	136.5×33×4	552,000	北京荣宝	2018-06-14
刘大为 1995年作 游春图 镜片	68×69cm	134,400	湖南逸典	2018-06-09
刘大为 2003年作 任重道远 镜心	68×136cm	460,000	北京荣宝	2018-05-18
刘大为 2011年作 任重道远 镜心	74.5×178cm	632,500	北京荣宝	2018-06-14
刘大为 2011年作 跃马图 镜心	69×138cm	460,000	北京荣宝	2018-06-14
刘大为 2012年作 跃马图 镜心	96×181cm	414,000	北京保利	2018-12-06
刘大为 2006年作 跃马图 镜心	69×138cm	414,000	中国嘉德	2018-05-18
刘大为 草原清韵 镜心	68×68.5cm	230,000	中贸圣佳	2018-06-20
刘大为 李乃宙 程振国 卢禹舜 等 2007年作 南国风 镜心	363.5×143cm	460,000	上海匡时	2018-04-30
刘大为 刘国辉 杜滋龄 谢志高 李乃宙 胡永凯 2013年作 吉祥草原图 镜片	362×144.5cm	1,035,000	西泠拍卖	2018-07-07
刘大为 牧歌图 镜心	121×121cm	207,000	南京经典	2018-07-22
刘大为 千里之行 镜心	68×68.5cm	230,000	中贸圣佳	2018-06-20
刘大为 唐人诗意图 镜心	68×68.5cm	172,500	中贸圣佳	2018-06-20
刘丹 1994年作 太湖石诗 镜框	43×38cm	1,314,625	香港苏富比	2018-04-02
刘丹 1998年作 如意 镜框	28.5×29.5cm	554,375	佳士得	2018-11-26
刘丹 2005年作 玉山璞	91.5×183.5cm	3,139,980	保利澳门	2018-11-29
刘丹 2014年作 湖石东头	69.9×67.8cm	1,852,128	保利香港	2018-09-30
刘丹 九华石 镜框	53×136cm	2,856,140	佳士得	2018-11-26
刘丹 罂粟画 楷书节录《宣和画谱》镜框		1,368,400	纽约苏富比	2018-09-13
刘旦宅 1955年作 玉兰双寿图 立轴	89×48cm	195,500	西泠拍卖	2018-05-05
刘旦宅 1983年作 双猿图 立轴	96.5×60cm	118,330	保利香港	2018-10-01

拍品名称	物品尺寸	成交价RMB	拍卖公司	拍卖日期
刘旦宅 1987年作 柳荫骏马 立轴	94×58.5cm	143,193	保利香港	2018-04-02
刘旦宅 1987年作 双美图	87.5×45.5cm	111,238	邦瀚斯	2018-04-03
刘旦宅 1986年作 渊明逸致 镜片	96.5×60cm	540,500	广东崇正	2018-07-05
刘旦宅 陈佩秋 1982年作 2011年作 金陵十二钗·书法 镜片	36×24cm×24	437,000	上海嘉禾	2018-03-26
刘旦宅 1997年作 母子猿 镜片	44.5×61.5cm	126,500	朵云轩	2018-06-24
刘旦宅 多寿 立轴	89×56cm	207,000	荣宝斋（济南）	2018-07-01
刘旦宅 1980年作 坡仙诗意 立轴	95.5×59.5cm	287,500	中国嘉德	2018-06-18
刘旦宅 哈巴狗 镜片	44.5×61.5cm	138,000	朵云轩	2018-06-24
刘旦宅 红楼故事 立轴	39.5×39.5cm	248,201	中国嘉德	2018-04-03
刘旦宅 1979年作 柳塘三骏 立轴	96×61cm	402,500	中国嘉德	2018-06-18
刘旦宅 泼水节 手卷	画心30.5×178cm	5,750,000	中国嘉德	2018-06-18
刘旦宅 1992年作 行书 红叶珍禽 镜片	23×26cm×2	109,250	广东崇正	2018-07-05
刘旦宅 太白醉酒 立轴	97.5×40.5cm	207,000	上海嘉禾	2018-06-25
刘旦宅 文姬归汉 镜心	100×69cm	207,000	荣宝斋（济南）	2018-07-01
刘旦宅 1978年作 濒湖采药图 镜片	80×36.5cm	195,500	上海嘉禾	2018-06-25
刘旦宅 1978年作 蕉阴仕女 立轴	95.5×58cm	345,000	朵云轩	2018-06-24
刘旦宅 1981年作 薛涛制笺图 立轴	68×45cm	264,500	中国嘉德	2018-06-18
刘旦宅 1995年作 梅妻鹤子 手卷	34×137cm	517,500	中国嘉德	2018-06-18
刘旦宅 应野平 等 花卉册页 镜心	23.5×31cm×4	103,500	荣宝斋（济南）	2018-07-01
刘二刚 观日图 手卷	34×206cm	218,500	北京荣宝	2018-05-18
刘钢 2017年作 黄山云霞 镜心	68×138cm	112,700	北京翰海	2018-09-16
刘钢 盛夏访友 镜心	65×66cm	275,000	未来四方	2018-12-09
刘广 2002年作 昼岩松鼠静 镜心	65×65cm	149,500	北京保利	2018-12-06
刘广 2008年作 春山云晓 镜心	130×66cm	460,000	北京保利	2018-12-06
刘广 2009年作 秋山晴爽 镜心	132×66cm	471,500	北京保利	2018-12-06
刘广 2009年作 秋溪放艇 镜心	130×66cm	483,000	北京保利	2018-12-06
刘广 2010年作 山居图 镜心	67×130cm	517,500	北京保利	2018-06-18
刘广 2011年作 抱琴图 镜心	130×67cm	552,000	北京保利	2018-06-18
刘广 2011年作 翅展碧空高 镜心	63×62.5cm	103,500	北京保利	2018-12-06
刘广 2011年作 松溪清韵 镜心	362×142cm	8,165,000	北京保利	2018-06-18
刘广 2012年作 春晖烂漫 镜心	80×57.5cm	172,500	北京保利	2018-12-06
刘广 2012年作 高士幽居图 镜心	67×130cm	667,000	北京保利	2018-06-18
刘广 2012年作 浩瀚茶海 镜心	68×68cm	253,000	北京保利	2018-12-06
刘广 2012年作 江山春意 镜心	75.5×149.5cm	1,955,000	北京保利	2018-06-18
刘广 2012年作 秋满群山 镜心	86×164cm	977,500	北京保利	2018-06-18
刘广 2012年作 蜀山叠嶂 镜心	66×131cm	943,000	北京保利	2018-12-06
刘广 2012年作 泰山顶 镜心	88×165cm	782,000	北京保利	2018-06-18
刘广 2012年作 溪山秋意 镜心	102.5×234cm	1,610,000	北京保利	2018-06-18
刘广 2012年作 溪山文会 镜心	70×134cm	805,000	北京保利	2018-06-18
刘广 2012年作 溪亭秋意 镜心	68×68cm	299,000	北京保利	2018-12-06
刘广 2012年作 香荷出浦 立轴	66×41cm	207,000	北京保利	2018-06-18
刘广 2012年作 香色幽雅 镜心	78.5×59.5cm	276,000	北京保利	2018-12-06
刘广 2013年作 春枝欲放 镜心	80×61.5cm	138,000	北京保利	2018-12-06
刘广 2013年作 高山流水 镜心	67×130cm	747,500	北京保利	2018-06-18
刘广 2013年作 华山秋色 镜心	88.5×165cm	862,500	北京保利	2018-06-18
刘广 2013年作 无量山景映晨晖 镜心	68×68cm	253,000	北京保利	2018-12-06
刘广 2013年作 溪山草堂 镜心	66×131cm	747,500	北京保利	2018-12-06
刘广 2013年作 溪山会友 镜心	67×130cm	460,000	北京保利	2018-06-18

拍品名称	物品尺寸	成交价RMB	拍卖公司	拍卖日期
刘广 2013年作 溪山松壑 镜心	134×67cm	632,500	北京保利	2018-12-06
刘广 2013年作 湘山春色 镜心	68×68cm	184,000	北京保利	2018-12-06
刘广 2014年作 观瀑图 镜心	130×67cm	575,000	北京保利	2018-06-18
刘广 2014年作 山水清音 镜心	130×67cm	782,000	北京保利	2018-06-18
刘广 2014年作 松溪清韵 镜心	67×130cm	437,000	北京保利	2018-06-18
刘广 2014年作 幽居消夏图 镜心	92.5×172cm	1,265,000	北京保利	2018-12-06
刘广 2015年作 华山云海 镜心	139×352cm	9,407,000	北京保利	2018-12-06
刘广 2017年作 迎春早发花满枝 镜心	132×88.5cm	920,000	北京保利	2018-12-06
刘广 2018年作 黄山云海 镜心	110×215cm	2,530,000	北京保利	2018-12-06
刘广 仿宋人青绿山水 镜心	139×324cm	2,507,000	北京保利	2018-12-06
刘广 花鸟游鱼（四则）镜心	32×42cm×2 42×32cm×2	368,000	北京保利	2018-06-18
刘广 山中即景（四则）镜心	直径43cm×4	402,500	北京保利	2018-06-18
刘国辉 碧溪流霞图 手卷	画34.0×276.0cm	207,000	中国嘉德	2018-11-22
刘国松 1963年作 脱略	58×94.5cm	720,688	佳士得	2018-11-25
刘国松 1963年作 无题	55.4×84.6cm	558,250	佳士得	2018-05-27
刘国松 1964年 乾坤之动	61.5×94cm	575,000	中国嘉德	2018-11-21
刘国松 1964年作 无题	85×55.5cm	463,032	保利香港	2018-09-30
刘国松 1965年作 山雨欲来风满楼 镜框	59.5×90.5cm	665,250	佳士得	2018-11-26
刘国松 1966年作 秋岭之东	94.6×58.2cm	872,000	香港苏富比	2018-10-01
刘国松 1967年作 寒林雪霁 镜心	60×92cm	690,000	北京保利	2018-12-06
刘国松 1967年作 山径	50.8×74cm	556,188	香港苏富比	2018-04-01
刘国松 1967年作 山林	59.2×88.3cm	606,750	香港苏富比	2018-04-01
刘国松 1967年作 阴阳	45.5×50.6cm	262,925	香港苏富比	2018-04-01
刘国松 1967年作 云的游戏		556,188	香港苏富比	2018-04-01
刘国松 1968年作 风扫过 镜框	90×60cm	710,500	佳士得	2018-05-28
刘国松 1968年作 山间飞瀑	85.5×56.3cm	715,965	保利香港	2018-03-29
刘国松 1968年作 无题	53.3×53.8cm	332,625	佳士得	2018-11-25
刘国松 1968年作 雪之垠	44.5×87.2cm	532,200	佳士得	2018-11-25
刘国松 1968年作 意外的聚流 镜框	48×88.5cm	507,500	佳士得	2018-05-28
刘国松 1969年作 地球何许之廿 立轴	127.7×76.5cm	1,219,625	佳士得	2018-11-26
刘国松 1969年作 寒江漫雪	77.6×111cm	1,145,544	保利香港	2018-03-29
刘国松 1969年作 日之蜕变之四十二 镜框	78.5×67.5cm	558,250	佳士得	2018-05-28
刘国松 1970年作 地球何许之八十二	141.9×75cm	1,440,544	保利香港	2018-09-30
刘国松 1971年作 距离的组织之十九	154×77.5cm	1,762,800	羅芙奧	2018-12-02
刘国松 1971至1972年作 月之蜕变之七十八	77cm	223,300	佳士得	2018-05-27
刘国松 1972年作 距离的组织之二十	135×68.8cm	1,718,316	保利香港	2018-03-29
刘国松 1972年作 绿色的月亮	87×87cm	617,376	保利香港	2018-09-30
刘国松 1973年作 乱石崩云	89.2×38.2cm	332,625	佳士得	2018-11-25
刘国松 1979年作 多面的山 镜框	119.5×77.8cm	1,108,750	佳士得	2018-11-26
刘国松 1993年作 风与树的对话 镜心	92×185cm	2,300,000	北京保利	2018-12-06
刘国松 2002年作 云与山的游戏 镜框	120×150cm	4,368,560	佳士得	2018-05-28
刘国松 2004年作 九寨沟系列之五十七：五彩湖底的积薪 镜框	44.2×60cm	443,500	佳士得	2018-11-26

拍品名称	物品尺寸	成交价RMB	拍卖公司	拍卖日期
刘国松 2007年 拉昂错初雪：西藏组曲之九十二	92×186.5cm	1,380,000	中国嘉德	2018-11-21
刘国松 2007年 子夜的太阳	99×181.5cm	1,610,000	中国嘉德	2018-11-21
刘国松 2008年作 阿玛达布朗峰 镜框	183×90.5cm	2,323,940	佳士得	2018-11-26
刘国松 2010年作 如来	228×45.3cm	1,575,123	保利香港	2018-03-29
刘国松 2013年作 晨雾 镜心	41.9×61.9cm	345,000	北京保利	2018-12-06
刘国松 2013年作 登山在路上	92×58.5cm	811,427	保利香港	2018-03-29
刘国松 2013年作 九寨沟系列：镜海秋意浓 镜框	80.5×147.7cm	1,218,000	佳士得	2018-05-28
刘国松 2013年作 绵绵无尽峰连白	94.3×186cm	2,300,400	罗芙奥	2018-06-03
刘国松 2014年作 融化的卓奥友峰 镜心	92×183cm	2,070,000	上海匡时	2018-04-30
刘国松 2014年作 太空系列—红日升自五花海	69×105.5cm	920,160	罗芙奥	2018-06-03
刘国松 碧波水色透	41.5×94cm	457,800	香港苏富比	2018-10-01
刘海粟 1933年作 奔马 立轴	128×64cm	460,000	华艺国际	2018-05-23
刘海粟 1938年作 秋日山居图 立轴	138×63cm	920,000	华艺国际	2018-05-23
刘海粟 1942年作 华垂明珠图 立轴	136×34cm	264,500	西泠拍卖	2018-07-08
刘海粟 1943年作 耕乐图 立轴	138.5×35cm	172,500	西泠拍卖	2018-07-08
刘海粟 1954年作 朱松 镜框	147×80cm	761,250	佳士得	2018-05-29
刘海粟 1963年作 风荷 立轴	141×75cm	1,719,125	香港苏富比	2018-04-02
刘海粟 1966年作 墨梅 立轴	105×70cm	114,554	保利香港	2018-04-02
刘海粟 1975年作 牡丹 镜心	138.5×69cm	805,000	中国嘉德	2018-06-19
刘海粟 1978年作 听雨图 立轴	116×55cm	437,000	北京匡时	2018-06-15
刘海粟 1979年作 行书 立轴	132×65cm	207,000	中国嘉德	2018-11-20
刘海粟 1980年作 劲松图 镜心	137×68.5cm	517,500	中国嘉德	2018-06-18
刘海粟 1981年作 黄山松云 立轴	182×71cm	287,500	北京翰海	2018-05-13
刘海粟 1981年作 墨荷 立轴	149×74cm	747,500	华艺国际	2018-11-16
刘海粟 1982年作 红梅 立轴	136×68cm	253,000	北京保利	2018-12-08
刘海粟 1982年作 黄山风光 镜心	68×136cm	172,500	北京翰海	2018-05-13
刘海粟 1982年作 黄山奇峰 镜心	84×142cm	2,760,000	北京保利	2018-06-17
刘海粟 1982年作 诗意图 镜心	142×71cm	207,000	北京翰海	2018-05-13
刘海粟 1983年作 忆黄山桃花溪 镜框	67.5×135.5cm	443,500	佳士得	2018-11-26
刘海粟 1984年作 红梅图 镜心	67.5×134cm	172,500	保利山东	2018-11-22
刘海粟 1985年作 苍松图 立轴	145×72cm	793,500	中鸿信	2018-01-07
刘海粟 1985年作 行书《扬州慢》镜心	66.5×112.5cm	345,000	中国嘉德	2018-06-18
刘海粟 1985年作 艳斗汉宫春 镜心	142.5×256cm	690,000	北京翰海	2018-05-13
刘海粟 1986年作 虎视群雄 镜心	78×132cm	460,000	北京荣宝	2018-12-03
刘海粟 1986年作 牡丹 立轴	137×69cm	1,150,000	北京保利	2018-06-17
刘海粟 1988年作 近现代 中秋松石图 镜 框	143.5×75cm	828,000	深圳至正国际	2018-08-25
刘海粟 1989年作 海天旭日 镜心（片）	158.5×570cm	31,050,000	中鸿信	2018-01-07
刘海粟 1956年作 富春江图 镜心	67×111cm	2,070,000	中国嘉德	2018-06-18
刘海粟 翠微山色 立轴	137×52cm	345,000	荣宝斋（济南）	2018-07-01
刘海粟 大富贵 立轴	179×47.5cm	1,725,000	广东崇正	2018-07-04
刘海粟 岱庙古柏 镜心	98×181cm	517,500	中贸圣佳	2018-11-24
刘海粟 1927年作 声震四方 镜心	68×141cm	120,750	中国嘉德	2018-09-19
刘海粟 顾坤伯 朱乐山 等 1935年作 妙造自然 册页	28.5×36cm×18	154,344	保利香港	2018-10-01
刘海粟 顾树森 1936年作 秋柳八哥图 立轴	133×64.5cm	1,150,000	西泠拍卖	2018-07-08
刘海粟 荷蜓双凫 立轴	138×69cm	184,000	南京经典	2018-01-06
刘海粟 红梅 立轴	104.5×54.5cm	253,000	中国嘉德	2018-06-19
刘海粟 黄山奇境 立轴	179×58cm	134,400	上海联合	2018-07-01
刘海粟 黄山云海 镜心	295×143cm	2,242,500	保利厦门	2018-07-15
刘海粟 黄山云海 立轴	138×69cm	138,000	荣宝斋（南京）	2018-07-15
刘海粟 1959年作 葫芦 立轴	137.5×46cm	322,000	中国嘉德	2018-06-19
刘海粟 1979年作 葡萄 立轴	137×68cm	632,500	广东崇正	2018-07-05
刘海粟 蕉菊图 立轴	145×68cm	897,000	中鸿信	2018-01-07
刘海粟 梅花 镜片	116×59cm	282,500	广东省拍	2018-09-20
刘海粟 墨荷 立轴	145×75.5cm	345,000	中国嘉德	2018-06-19
刘海粟 牧牛图 立轴	141×67cm	1,150,000	荣宝斋（上海）	2018-01-21
刘海粟 齐眉 立轴	68×68cm	414,000	上海嘉禾	2018-06-25
刘海粟 骑驴踏春 镜心	32×43cm	345,000	北京匡时	2018-06-15
刘海粟 清露澄心 立轴	141×70cm	112,500	中鸿信	2018-01-07
刘海粟 秋色图 镜心	131×33cm	149,500	中国嘉德	2018-01-13
刘海粟 1962年作 米家山水 立轴	108×49.5cm	805,000	中国嘉德	2018-06-19
刘海粟 书法《福寿》立轴	135×66.5cm	144,138	佳士得	2018-11-26
刘海粟 书法《福寿》立轴	129.5×67cm	105,331	佳士得	2018-11-26
刘海粟 锡山塔影 立轴	41×69cm	356,500	中贸圣佳	2018-06-20
刘海粟 1975年作 雪江归棹图 镜心	51.5×129cm	411,584	中国嘉德	2018-10-03
刘海粟 鹰 立轴	131×66cm	172,500	上海敬华	2018-09-11
刘海粟 张伯驹 1979年作 红了樱桃绿了芭蕉 立轴	126×68cm	172,500	中国嘉德	2018-09-19
刘海粟 诸乐三 等 1936年作 雪鹰 立轴	136×66cm	460,000	北京荣宝	2018-06-14
刘海粟 竹石熊猫 立轴	135.5×68cm	1,472,000	荣宝斋（上海）	2018-01-21
刘辉煌 宁静的边寨	124×120cm	322,000	上海云顶	2018-11-24
刘继卣 1973年作 蕉荫狸猫 立轴	78.5×32.5cm	126,500	北京保利	2018-12-08
刘继卣 1977年作 少女与兔 镜芯	107×47cm	402,500	中鸿信	2018-01-07
刘继卣 1978年作 雨霁 镜框	68.5×45cm	115,000	鼎天国际	2018-01-07
刘继卣 1979年作 松鼠 立轴	97×45cm	149,500	北京翰海	2018-06-29
刘继卣 1980年作 孔雀登梅 立轴	159×80cm	115,000	北京保利	2018-12-08
刘继卣 1981年作 丹青妙笔册	49.5×69cm each.（10）	505,625	邦瀚斯	2018-04-03
刘继卣 1981年作 熊猫 立轴	136×67.5cm	195,500	北京荣宝	2018-06-14
刘继卣 奔腾 镜心	70×46.5cm	181,378	中国嘉德	2018-04-03
刘继卣 东郭先生和狼 镜心	120×87cm	402,500	北京保利	2018-12-08
刘继卣 多福多寿 镜片		102,630	纽约苏富比	2018-09-13
刘继卣 1979年作 无限春光 立轴	139×69cm	690,000	中国嘉德	2018-09-19
刘继卣 猫戏图	134×67cm	207,000	北京东正	2018-06-17
刘继卣 秋实累累 镜心	47×41.5cm	103,500	荣宝斋（济南）	2018-07-01
刘继卣 三羊开泰 立轴	134×66.5cm	437,000	中鸿信	2018-01-07
刘继卣 少女 立轴	140×69.5cm	1,035,000	北京匡时	2018-06-15
刘继卣 双鹿图 镜心	96×60cm	149,500	北京保利	2018-05-21
刘继卣 双猿 镜心	135×68.5cm	391,000	北京翰海	2018-06-29
刘继卣 松鼠 立轴	67.5×45cm	126,500	中国嘉德	2018-06-18
刘继卣 兔 立轴	68×45cm	138,000	荣宝斋（济南）	2018-07-01

拍品名称	物品尺寸	成交价RMB	拍卖公司	拍卖日期
刘继卣 1978年作 熊猫 立轴	138×69cm	172,500	中国嘉德	2018-06-18
刘继卣 熊猫 镜心	96.5×59.5cm	115,000	中国嘉德	2018-11-20
刘剑 2018年作 金湖跃鲤 镜心	169×90cm	115,000	北京翰海	2018-09-16
刘进安 大秋图 镜心	68×136cm	138,000	北京荣宝	2018-05-18
刘进安 醉酒图 镜心	68×137cm	109,250	北京荣宝	2018-06-14
刘静云 2018年作 飞天	96×202cm	115,000	北京翰海	2018-06-30
刘巨德 2017年作 玉兰芬芳 镜心	137×34.5cm	115,000	北京荣宝	2018-06-14
刘奎龄 1927年作 秋水精神 镜框	34×45cm	155,250	鼎天国际	2018-01-07
刘奎龄 1927年作 追狐图 镜心	48×182cm	621,000	鼎天国际	2018-01-07
刘奎龄 1928年作 双吉 立轴	132×80cm	1,610,000	北京荣宝	2018-06-14
刘奎龄 1932年作 幽谷啸猿 扇面镜框	19.7×54.8cm	218,000	香港苏富比	2018-10-02
刘奎龄 1933年作 晚风马鸣 扇面镜框	19.7×54.8cm	163,500	香港苏富比	2018-10-02
刘奎龄 1943年作 嬉鸽图 立轴	102×46cm	1,782,500	北京匡时	2018-06-15
刘奎龄 富贵根基 镜心	126×64cm	805,000	保利厦门	2018-07-15
刘奎龄 黑熊 镜心	101.5×34.5cm	1,380,000	中国嘉德	2018-06-19
刘奎龄 花鸟 立轴 四屏	131.5×33cm×4	2,070,000	北京荣宝	2018-06-14
刘奎龄 华世奎 玉堂春晓 行书成扇	18×51cm	310,500	中国嘉德	2018-11-21
刘奎龄 1939年作 秋园双雀 立轴	字29.5×40cm 画67.3×40cm	299,000	中国嘉德	2018-06-19
刘奎龄 蕉石双犬 立轴	102.5×34cm	460,000	中国嘉德	2018-06-19
刘奎龄 蕉荫犬戏 立轴	102×35cm	920,000	北京荣宝	2018-12-03
刘奎龄 松鼠 立轴	135×34cm	1,081,000	鼎天国际	2018-01-07
刘奎龄 王人文 位列三公 节录《渔洋诗话》成扇	19.2×55cm	874,000	北京诚轩	2018-06-16
刘奎龄 1931年作。牡丹蛱蝶立轴	84.5×41cm	230,000	中国嘉德	2018-11-20
刘奎龄 赵元礼 群鸡图 书法 成扇	18×50cm	460,000	中贸圣佳	2018-06-20
刘凌沧 1944年作 摹宋人《折槛图》立轴	128×66cm	172,500	北京荣宝	2018-12-03
刘凌沧 1981年作 李白诗意立轴	131×66cm	333,500	北京荣宝	2018-06-14
刘凌沧 春夜宴桃李园 立轴	127.5×49.5cm	345,000	中国嘉德	2018-11-20
刘凌沧 1937年作 李清照 镜片	107×53cm	138,000	朵云轩	2018-06-24
刘凌沧 1932年作 观音 立轴	97×50cm	287,500	中国嘉德	2018-11-20
刘凌沧 仕女图 立轴	100×33cm	103,500	南京经典	2018-01-06
刘凌沧 桐荫献宝图 立轴	120.5×51cm	138,000	中国嘉德	2018-11-20
刘孟宽 2018年作 黄山前海西海图屏 双面四折屏风	125×60cm×8	288,275	佳士得	2018-11-26
刘孟宽 2018年作 新折长亭柳立轴	104×34.5cm	111,650	佳士得	2018-05-29
刘明星 2018年作 观山听泉 镜心	138×69cm	172,500	北京保利	2018-06-18
刘明星 2018年作 智者乐水	138×69cm	115,000	北京翰海	2018-06-30
刘明星 山水 镜心	134×69cm	115,000	朵云轩	2018-09-10
刘明星 山下松声 镜片	137.5×68.5cm	115,000	朵云轩	2018-06-24
刘庆和 2014年作 马	65×55cm	264,500	广东崇正	2018-07-05
刘庆和 春系列 镜心	55×55cm×4	299,000	北京荣宝	2018-06-14
刘庆和 双美图 镜心	137×69cm	115,000	中国嘉德	2018-05-18
刘泉义 2018年作 鹤望兰 镜心	45×97cm×3	575,000	北京翰海	2018-09-16
刘少白 2018年作 清气满乾坤镜心	123×253cm	149,500	北京荣宝	2018-12-03
刘赦 白崖 镜心	100×70cm	207,000	荣宝斋（南京）	2018-01-05
刘桐笙 姚华 1916年作；1917年作 彭泽高风卷并诸家题咏 手卷	刘画26×101cm 姚画 29.4×103.5cm	667,000	中国嘉德	2018-11-21
刘万鸣 杂画册 册页（十二开）	37.5×26.5cm×12 26.5×12.5cm×2	172,500	中国嘉德	2018-06-20
刘文西 1974年作 少女像 镜心	46×34cm	126,500	中国嘉德	2018-09-19
刘文西 1977年作 少女人物 立轴	诗堂22×44cm 画心32×44cm	105,800	精诚所至	2018-05-12
刘文西 1981年作 少女 镜心	50.5×34.0cm	218,500	中国嘉德	2018-11-22
刘文西 1986年作 少女 镜框	67×44cm	155,250	上海嘉禾	2018-03-26
刘文西 1998年作 黄土地的老人镜心	68×68cm	241,500	中国嘉德	2018-09-19
刘文西 2003年作 陕北姑娘 镜心	66×69cm	138,000	北京保利	2018-06-18
刘文西 2005年作 黄土地的老人镜心	135×70cm	276,000	北京保利	2018-06-18
刘文西 黄土地的老人 镜心	70×70cm	336,000	秦宝斋	2018-01-01
刘文西 陕北老农 镜心	137.5×69cm	840,000	秦宝斋	2018-01-01
刘文西 少女 镜心	83×67cm	401,373	香港普艺	2018-01-13
刘曦林 2010年作 梅兰竹菊 四屏立轴	136×34cm×4	460,000	北京翰海	2018-09-16
刘逊 1999年作 玉塔翔云 镜框	135×67.5cm	121,350	香港苏富比	2018-04-02
刘延风 枝头春意 镜心	70×40cm	115,000	北京保利	2018-12-06
刘岩 行书王维《奉和圣制重阳节宰臣及群官上寿应制》诗 立轴	230×50cm	322,000	荣宝斋（南京）	2018-07-15
刘彦水 2017年作 拟宋人山水图卷长卷	46.5×494cm	598,000	北京荣宝	2018-12-03
刘瑶 女青年 镜框	45×42cm	115,000	北京荣宝	2018-12-03
刘墉 1789年作 行书古德句 手卷	36.5×384cm	644,000	北京匡时	2018-12-06
刘墉 1982年作 春溪山涧 镜心	92.5×166cm	286,386	保利香港	2018-04-02
刘墉 1985年作 春至 镜心	55.5×36cm	152,739	保利香港	2018-04-02
刘墉 1988年作 如蔼山城 镜心	92×58cm	174,923	保利香港	2018-10-01
刘墉 2018年作 蜓立姜花 镜框	45.8×75.5cm	283,400	香港苏富比	2018-10-02
刘墉 草书节临王羲之《十月七日帖》镜框	174.5×41.8cm	103,550	香港苏富比	2018-10-01
刘墉 1793年作 行书临唐太宗书帖立轴	91.5×47cm	149,500	中国嘉德	2018-06-20
刘墉 行草前贤帖 手卷	21.5×237cm	414,000	北京匡时	2018-12-06
刘墉 行书八言联 对联	190×32cm×2	977,500	北京保利	2018-06-17
刘墉 行书蔡襄《题龙纪院僧室》立轴	172×68.4cm	690,000	北京保利	2018-12-08
刘墉 行书七言联 对联	130×30cm×2	138,000	中国嘉德	2018-01-14
刘墉 行书七言诗 镜心	81×31cm	115,000	中国嘉德	2018-05-20
刘墉 行书文语 镜心	38×193.5cm	414,000	北京匡时	2018-12-06
刘墉 1804年作 行书 镜心	93×36cm	120,750	中国嘉德	2018-05-20
刘玉国 2017年作 吉胆岛 1-6	尺寸不一	105,800	北京翰海	2018-06-30
刘振夏 1977年作 喜上心头 镜框	144×97cm	809,000	香港苏富比	2018-04-02
刘振夏 2007年作 百合花 镜框	136.3×68cm	654,000	香港苏富比	2018-10-02
刘振夏 2003年作 车坊渔妇 镜心	141.0×77.0cm	460,000	中国嘉德	2018-11-22
刘振夏 康巴牧人 镜心	96.0×59.0cm	241,500	中国嘉德	2018-11-22
刘振夏 牡丹姑娘 镜心	131×59cm	414,000	中国嘉德	2018-06-20
刘振夏 小憩 镜心	118×118cm	460,000	中国嘉德	2018-06-20
刘正宗 行书《秋日启事口号》立轴	190×51cm	552,000	北京保利	2018-12-08
刘知白 2000年作 空山新雨 镜心	135.5×69.5cm	620,503	中国嘉德	2018-04-03
刘自椟 金文十二言联 对联	175×26cm×2	230,000	中贸圣佳	2018-06-20

拍品名称	物品尺寸	成交价RMB	拍卖公司	拍卖日期
刘自椟 书法 对屏镜心	136×34cm×2	134,400	秦宝斋	2018-01-01
刘自椟 书法 镜片	98×179cm	313,600	秦宝斋	2018-01-01
刘自椟 书法 镜心	131×245cm	526,400	秦宝斋	2018-01-01
柳亚子 行书七言诗 立轴	129.5×60cm	334,117	中国嘉德	2018-04-03
柳亚子 赵经式 孙增浩 行书七言联 山水・书法 镜心 成扇	19×49cm; 91×27cm×2	103,500	北京保利	2018-12-08
柳毅 丝语-3 托片	55×75cm	283,750	天津同方	2018-06-13
龙开胜《苏东坡前赤壁赋》长卷	700cm×34cm	149,500	北京保利	2018-06-19
龙瑞 1999年作 春江水暖图 镜心	69.5×68cm	126,500	北京荣宝	2018-06-14
龙瑞 2003年作 翠微峭拔图 镜心	128×266cm	897,000	北京荣宝	2018-06-14
龙瑞 2004年作 清空一气 镜心	69×136cm	172,500	北京荣宝	2018-09-14
龙瑞 2004年作 溪山游乐图 镜心	68×68cm	115,000	北京荣宝	2018-09-14
龙瑞 2005年作 苔深不雨山常湿 镜心	68×67cm	172,500	北京荣宝	2018-05-18
龙瑞 2006年作 清夷闲旷 镜心	137×69cm	204,700	北京荣宝	2018-05-18
龙瑞 2009年作 宾虹诗意图 镜心	34×138cm	115,000	北京荣宝	2018-12-03
龙瑞 2011年作 燕郊秋趣 镜心	68×136cm	368,000	北京翰海	2018-09-16
龙瑞 2016年作 山舍清幽图 镜心	68×136cm	322,000	北京翰海	2018-09-16
龙瑞 阿尔卑斯山 镜心	136×68cm	287,500	荣宝斋（济南）	2018-06-30
龙瑞 华山之南 镜心	137×69cm	322,000	荣宝斋（济南）	2018-06-30
龙瑞 苔深不雨山常湿 镜框	68×136cm	103,500	未来四方	2018-01-20
龙瑞 霞光、行书五言联 镜心	画心97×60cm 对联97×22cm×2	316,250	北京荣宝	2018-09-14
娄师白 1987年作 大富贵 镜心	123.5×48cm	126,500	北京荣宝	2018-06-14
娄师白 春色满园 镜心	68×136cm	138,000	荣宝斋（济南）	2018-07-01
娄师白 大年 立轴	150×50cm	103,500	北京翰海	2018-06-29
娄师白 丰富多采 镜心	134.5×83cm	172,500	北京诚轩	2018-06-16
娄师白 丰富多彩 立轴	101×67cm	201,250	北京荣宝	2018-06-14
娄师白 漓江帆影 立轴	134×68cm	207,000	北京翰海	2018-06-29
娄师白 娄师白作品	135×34cm	380,000	北京贞观	2018-07-15
娄师白 蜻蜓牵牛花 立轴	126×48cm	121,963	佳士得	2018-11-26
娄师白 岁朝清供 镜片	152×83cm	207,000	上海嘉禾	2018-03-26
娄师白 岁朝图	136×68cm	138,000	北京东正	2018-06-17
娄师白 万年长青（四屏） 立轴	68×26cm×4	138,000	北京荣宝	2018-06-14
娄师白 喜报春来 镜心	83×152cm	402,500	北京保利	2018-12-08
娄师白 喜报春来 镜心	83×151.5cm	207,000	荣宝斋（济南）	2018-07-01
娄师白 长寿图 立轴	96×44cm	161,000	北京荣宝	2018-06-14
娄师白 紫藤小鸭	151×83cm	670,000	北京贞观	2018-07-15
娄正纲 书法-道 镜框	140×70cm	507,500	佳士得	2018-05-28
卢沉 1978年作 傣女图 立轴	68×45cm	101,200	广东崇正	2018-07-04
卢沉 1978年作 怀古图 镜心	69×46cm	126,500	北京匡时	2018-05-21
卢甫圣 1998年作 友麋鹿 镜心	69×45cm	184,000	北京保利	2018-06-18
卢甫圣 1999年作 春信 镜心	135×60cm	402,500	北京保利	2018-06-18
卢甫圣 2003年作 二三子 镜心	270×69cm	3,220,000	北京保利	2018-06-18
卢甫圣 2007年作 书法 镜心	45×131cm	103,500	北京保利	2018-06-18
卢甫圣 2011年作 沐 镜心	53×104cm	322,000	北京保利	2018-06-18
卢甫圣 2014年作 东方图像志・霁 镜心	180×96cm	2,530,000	北京保利	2018-06-18
卢甫圣 2015年作 东方图像志・看 镜框	105×65cm	456,750	佳士得	2018-05-28
卢辅圣 洼 镜心	99×51cm	310,500	上海匡时	2018-04-30
卢坤峰 1996年作 丛竹蝶舞图 手卷	画心297×65cm	322,000	西泠拍卖	2018-07-07
卢坤峰 1995年作 花歌叶舞 手卷	画心33×136.5cm	172,500	上海嘉禾	2018-06-25
卢清远 2000年作 玉山之鹰 镜框	60×120cm	101,500	佳士得	2018-05-29
卢星堂 江南春色 镜心	96×180cm	105,800	南京经典	2018-01-06
卢禹舜 1992年作 醉秋图 立轴	43×63cm	126,500	北京荣宝	2018-05-18
卢禹舜 2003年作 唐人诗意	136×68cm	230,000	北京翰海	2018-06-30
卢禹舜 2009年作《赠汪伦》诗意图 镜心	68.5×68.5cm	184,000	北京荣宝	2018-05-18
卢禹舜 2009年作 佳人诗意图 镜心	34×137.5cm	460,000	北京荣宝	2018-05-18
卢禹舜 2011年作 宿王昌龄隐居诗意图 镜心	69×138cm	690,000	北京荣宝	2018-05-18
卢镇寰 1962年作 春山楼阁 立轴	82×31cm	276,000	广东崇正	2018-07-04
卢子枢 1933年作 临各家山水 册页(十二开)	24.5×35cm×12	166,750	精诚所至	2018-05-12
卢子枢 1968年作 仿浙江笔意 手卷	32×172cm	230,000	华艺国际	2018-11-17
卢子枢 山水 立轴	130×63cm	138,000	华艺国际	2018-03-30
鲁双喜 冰山下的精灵 四屏镜心	78×52cm×4	1,127,000	北京翰海	2018-09-16
鲁双喜 更上高枝 镜心	68×68cm	575,000	北京翰海	2018-09-16
鲁双喜 觅 镜心	68×68cm	517,500	北京翰海	2018-09-16
陆恢 1902年作 松江山景图 手卷	27×428cm	115,000	北京保利	2018-06-17
陆恢 1912年作 枫叶秋菊 立轴	133.5×55cm	207,000	北京翰海	2018-06-29
陆恢 1920年作 北苑秋山 立轴	133.5×66cm	172,500	中国嘉德	2018-06-18
陆恢 明 陆恢山水成扇、明 紫花蜡底湘妃竹扇骨	长40cm	805,000	中贸圣佳	2018-11-24
陆恢 南山滴翠图 镜心	171×75cm	172,500	中贸圣佳	2018-06-20
陆恢 山水 八屏	181×48.5cm×8	1,127,000	西泠拍卖	2018-07-08
陆恢 双犬图 镜框	35.5×74.2cm	101,125	香港苏富比	2018-04-02
陆润痒 行书七言联 立轴	127×31cm×2	161,000	北京荣宝	2018-12-03
陆小曼 红衣仕女 立轴	63×30cm	172,500	荣宝斋（济南）	2018-07-01
陆俨少 1941年作 拟宋人笔意 立轴	诗堂28.5×38.5cm 画心82×38.5cm	345,000	上海嘉禾	2018-06-25
陆俨少 1945年作 草堂论道图 立轴	65×30cm	943,000	上海匡时	2018-04-30
陆俨少 1946年作 松溪高士图 扇页	51.5×17.5cm	517,500	西泠拍卖	2018-07-07
陆俨少 1947年作 仿古山水 立轴	101×50cm	713,000	保利山东	2018-11-22
陆俨少 1947年作 溪声林翠 镜片	93.5×32.5cm	1,150,000	华艺国际	2018-11-16
陆俨少 1957年作 唐宋诗意图 册页	23×32cm×10	5,520,000	北京保利	2018-12-07
陆俨少 1957年作 永定胜迹 镜心	47.5×44cm	632,500	上海匡时	2018-04-30
陆俨少 1958年作 写生山水册 册页（八开）	23×29.5cm×8	2,875,000	上海匡时	2018-04-30
陆俨少 1961年作 仿董其昌笔意 立轴	67×39cm	782,000	保利山东	2018-11-22
陆俨少 1963年作 筠青居图卷 手卷	18×137cm	3,680,000	上海匡时	2018-04-30
陆俨少 1963年作 梅花香雾 成扇	19×50cm	437,000	北京保利	2018-12-07
陆俨少 1965年作 峨眉耸秀图 镜片	52×33cm	345,000	西泠拍卖	2018-07-08
陆俨少 1966年作 牧牛图 软片	25×33.5cm	241,500	上海嘉禾	2018-06-25
陆俨少 1973年作 山涧高仕 立轴	67×46.5cm	920,000	北京匡时	2018-12-05
陆俨少 1975年作 归樵图 镜心	26×31cm	149,500	北京保利	2018-12-08
陆俨少 1975年作 雪 雨 雾 晨 四屏 镜心	68×34cm×4	9,200,000	北京保利	2018-12-07
陆俨少 1976年作 巴船出峡 镜心	33.5×44.5cm	460,000	北京诚轩	2018-06-16
陆俨少 1977年作 苍松泉瀑图 立轴	45×34cm	391,000	上海匡时	2018-04-30

拍品名称	物品尺寸	成交价RMB	拍卖公司	拍卖日期
陆俨少 1977年作 井冈春色 立轴	诗塘24.7×72.8cm 本幅54.6×72.8cm	920,000	北京诚轩	2018-06-16
陆俨少 1977年作 罗浮新颜 镜片	141.5×368cm	71,300,000	上海嘉禾	2018-06-25
陆俨少 1978年作 春山萧寺 立轴	34×45.5cm	414,000	中国嘉德	2018-11-21
陆俨少 1978年作 翠壁青林图 镜框	96×44cm	1,150,000	华艺国际	2018-11-16
陆俨少 1978年作 孤帆远影 立轴	41.5×61.5cm	1,840,000	北京匡时	2018-12-06
陆俨少 1978年作 梅花 镜心	94.6×35.6cm	143,193	中国嘉德	2018-04-03
陆俨少 1978年作 墨梅·书法双挖 镜心	26×30cm×2	161,000	北京保利	2018-12-08
陆俨少 1978年作 秋寒扫云留碧空 镜心	45×34cm	161,000	北京诚轩	2018-06-16
陆俨少 1978年作 秋山图 镜心	33×45cm	115,000	北京荣宝	2018-09-14
陆俨少 1978年作 巫峡秋涛 镜心	68×45cm	230,000	北京翰海	2018-05-13
陆俨少 1978年作 峡江开帆 镜片	137×68cm	3,450,000	朵云轩	2018-06-24
陆俨少 1978年作 峡江云水 立轴	96×59cm	2,070,000	保利山东	2018-11-22
陆俨少 1978年作 新安江上 立轴	82.5×50.5cm	1,380,000	上海匡时	2018-04-30
陆俨少 1978年作 烟云迭嶂图 立轴	45×34.5cm	184,000	西泠拍卖	2018-07-08
陆俨少 1978年作 雁荡雨霁 镜心	140×141cm	8,050,000	北京保利	2018-06-17
陆俨少 1979年作 巴船出峡 立轴	39.5×53cm	368,000	北京匡时	2018-12-05
陆俨少 1979年作 春风万家 镜心	68.5×34cm	126,500	中国嘉德	2018-11-20
陆俨少 1979年作 高阁危岩 立轴	84.5×37.9cm	146,160	万昌斯	2018-05-30
陆俨少 1979年作 柳州烟峦图 镜框	68×136.6cm	1,635,000	香港苏富比	2018-10-02
陆俨少 1979年作 梅石图 镜片	68.3×34.5cm	138,000	广东崇正	2018-07-05
陆俨少 1979年作 巫峡云涛 立轴	69×46cm	1,131,856	保利香港	2018-10-01
陆俨少 1979年作 细雨平滩下峡船 立轴	88.5×48.5cm	1,437,500	北京翰海	2018-06-29
陆俨少 1979年作 峡江行 镜片	68.1×45.8cm	862,500	广东崇正	2018-07-05
陆俨少 1980年作 积雨空林 立轴	96×45cm	1,552,500	北京荣宝	2018-12-03
陆俨少 1980年作 楼台壑谷 镜心	89×47cm	1,725,000	北京荣宝	2018-06-14
陆俨少 1980年作 庐山飞瀑 立轴	138×68cm	3,450,000	北京保利	2018-12-08
陆俨少 1980年作 青城晓道 立轴	96×44cm	920,000	中国嘉德	2018-06-18
陆俨少 1980年作 秋山云起 立轴	68×45cm	138,000	北京保利	2018-12-08
陆俨少 1980年作 水光岚气图 镜框	89×48cm	1,150,000	华艺国际	2018-11-16
陆俨少 1980年作 四色梅花 镜片（四开）	45×34cm×4	1,150,000	华艺国际	2018-05-23
陆俨少 1980年作 松山云起图 立轴	69.5×45cm	632,500	西泠拍卖	2018-07-08
陆俨少 1980年作 一帆风顺 镜心	27×34cm	115,000	北京荣宝	2018-09-14
陆俨少 1980年作 云岩飞瀑 镜心	134×66cm	3,680,000	北京荣宝	2018-06-14
陆俨少 1980年作 云岩飞瀑 立轴	135×66cm	3,680,000	北京保利	2018-12-08
陆俨少 1981年作 凌寒暗香图 立轴	62×23.5cm	161,000	西泠拍卖	2018-09-28
陆俨少 1982年作 古原秋色 立轴	96×44.5cm	862,750	佳士得	2018-05-29
陆俨少 1982年作 寒树幽涧图 立轴	178×95cm	2,932,500	北京保利	2018-12-08
陆俨少 1982年作 横云岭外 立轴	88×47.5cm	1,150,000	北京匡时	2018-12-06
陆俨少 1982年作 为微粼夫人寿 镜心	97×45cm	3,277,500	中国嘉德	2018-11-20
陆俨少 1982年作 一枝清远图 画心	98×34cm	218,500	西泠拍卖	2018-05-05
陆俨少 1984年作 车行千转图 镜心	96×60cm	1,955,000	北京保利	2018-12-07
陆俨少 1984年作 暮秋沾物图 立轴	96×44cm	575,000	北京荣宝	2018-12-03
陆俨少 1984年作 千里平波 手卷	29×230cm	2,875,000	华艺国际	2018-05-23
陆俨少 1984年作 峡江行旅图 镜框	96.1×180cm	6,407,280	香港苏富比	2018-04-02
陆俨少 1985年作 梅花 立轴	83.5×51.3cm	103,123	纽约佳士得	2018-03-20
陆俨少 1986年作 梅石图 镜心	74×42cm	230,000	北京荣宝	2018-09-14
陆俨少 1986年作 梅石图卷 手卷	本幅23.5×179cm	322,000	上海匡时	2018-04-30
陆俨少 1986年作 五泄湖 立轴	67.5×45cm	322,000	北京荣宝	2018-06-14
陆俨少 1986年作 新昌大佛寺 镜心	94×60cm	1,955,000	上海匡时	2018-04-30

拍品名称	物品尺寸	成交价RMB	拍卖公司	拍卖日期
陆俨少 1986年作 新昌大佛寺 镜心	94×59cm	1,840,000	北京保利	2018-12-08
陆俨少 1987年作 秋山独归图 立轴	138×69cm	6,440,000	北京荣宝	2018-06-14
陆俨少 1987年作 诗意图 手卷	27×138cm	172,500	北京翰海	2018-01-14
陆俨少 1988年作 云岩飞瀑 镜心	44×33.5cm	138,000	北京保利	2018-12-08
陆俨少 1989年作 林麓山居 镜心	68×44cm	230,000	保利山东	2018-11-22
陆俨少 1989年作 峡江图 手卷	36×366cm	2,572,400	北京匡时	2018-10-03
陆俨少 1989年作 云壑幽居 立轴	67×45cm	805,000	北京荣宝	2018-12-03
陆俨少 白龙洞 镜心	46×46cm	1,495,000	荣宝斋（南京）	2018-01-05
陆俨少 1976年作 天目山纪游 镜片	96.3×44.7cm	3,450,000	广东崇正	2018-07-04
陆俨少 春消息 立轴	68×27cm	109,250	荣宝斋（南京）	2018-01-05
陆俨少 待细把江山图画 立轴	诗堂22×45.5cm 画心67.5×45.5cm	690,000	中贸圣佳	2018-06-20
陆俨少 1987年作 秋山探幽 立轴	71×30cm	517,500	上海嘉禾	2018-06-25
陆俨少 1977年作 春山鹿鸣 镜片	73×36.5cm	2,012,500	上海嘉禾	2018-06-25
陆俨少 1977年作 黄山群峰 横幅	33.5×111cm	744,604	中国嘉德	2018-04-03
陆俨少 东风第一枝 立轴	诗堂28.5×43.5cm 本幅33.5×43.5cm	575,000	北京匡时	2018-06-15
陆俨少 杜甫诗意图 镜片	画心43×28cm；诗堂36×28cm	287,500	西泠拍卖	2018-07-08
陆俨少 仿倪瓒山水 立轴	49×31cm	224,250	北京保利	2018-12-09
陆俨少 1980年作 山水人物 四屏 立轴	46×35cm×4	1,380,000	上海嘉禾	2018-06-25
陆俨少 1990年作 为旦宅先生寿 镜心	97×45cm	2,300,000	中国嘉德	2018-11-20
陆俨少 归牧图 立轴	57×44.5cm	115,000	荣宝斋（济南）	2018-07-01
陆俨少 归樵图 立轴	24.5×48cm	212,750	上海匡时	2018-04-30
陆俨少 归樵图 立轴	24.5×48cm	149,500	上海嘉禾	2018-06-25
陆俨少 1983年作 唐宋诗意书画册 册页（十二开、二十四帧）	45×34cm×24	5,577,500	北京诚轩	2018-06-16
陆俨少 1953年作 秋风晚凉 立轴	125×55.5cm	2,127,500	朵云轩	2018-06-24
陆俨少 行书 李白诗二首 镜片	138×34cm	747,500	西泠拍卖	2018-07-07
陆俨少 行书 手卷	引首32×62cm 画心32×132cm 跋32×25cm	230,000	上海嘉禾	2018-06-25
陆俨少 行书七言联 对联	135.5×31.5cm×2	207,000	上海嘉禾	2018-06-25
陆俨少 行书七言联 镜心	140×33cm×2	126,500	北京荣宝	2018-09-14
陆俨少 行书七言联 立轴	136×33cm×2	287,500	荣宝斋（济南）	2018-07-01
陆俨少 行书七言联 立轴	121×27cm×2	207,000	荣宝斋（南京）	2018-07-15
陆俨少 行云图 镜心	32×46.5cm	115,000	荣宝斋（上海）	2018-01-21
陆俨少 横云岭外 立轴	88×47cm	920,000	中贸圣佳	2018-06-20
陆俨少 红树青山 镜片	46×26.5cm	287,500	上海嘉禾	2018-06-25
陆俨少 湖山佳胜图卷 手卷	画心31.4×90cm	2,070,000	北京诚轩	2018-06-16
陆俨少 荒江钓艇 立轴	诗堂20.5×45cm 画心94.5×44.5cm	667,000	中贸圣佳	2018-06-20
陆俨少 黄山松 立轴	58×28cm	460,000	中国嘉德	2018-06-18
陆俨少 黄山松云 镜框	89×37cm	977,500	华艺国际	2018-11-16
陆俨少 1979年作 茂林幽磵图 立轴	诗堂23.5×34cm 画心69×34cm	805,000	上海嘉禾	2018-06-25

拍品名称	物品尺寸	成交价RMB	拍卖公司	拍卖日期
陆俨少 1984年作 杜甫诗意图 立轴	100×34.5cm	667,000	上海嘉禾	2018-06-25
陆俨少 1984年作 暮秋沾物 立轴	95.5×44cm	575,000	朵云轩	2018-06-24
陆俨少 1984年作 春山图 立轴	68×45cm	744,604	中国嘉德	2018-04-03
陆俨少 江南风暖春信喜 镜心	65×25.5cm	230,000	荣宝斋（上海）	2018-01-21
陆俨少 临流独坐 镜心	45×33.5cm	184,000	中贸圣佳	2018-06-20
陆俨少 岭南胜游册（十页）册页	33.5×33cm×10	21,850,000	西泠拍卖	2018-07-07
陆俨少 毛泽东《念奴娇·昆仑》词义 手卷	17×67cm	1,725,000	荣宝斋（南京）	2018-01-05
陆俨少 毛主席词意 如梦令·元旦 镜心	17×69.5cm	1,840,000	中国嘉德	2018-06-18
陆俨少 毛主席词意 十六字令·山 镜心	17×69.5cm	1,380,000	中国嘉德	2018-06-18
陆俨少 毛主席词意图 手卷	17×82cm	1,265,000	上海嘉禾	2018-06-25
陆俨少 毛主席诗意 到韶山 镜心	17×69.5cm	1,840,000	中国嘉德	2018-06-18
陆俨少 毛主席诗意图 扇面	49.5×17.5cm	322,000	西泠拍卖	2018-07-07
陆俨少 梅石 镜片	34×46.5cm	115,000	华艺国际	2018-03-30
陆俨少 闽游纪胜 镜心	46×46cm	1,552,500	荣宝斋（南京）	2018-01-05
陆俨少 墨华图册 册页（七开）	34×34cm×7	253,000	朵云轩	2018-06-24
陆俨少 念奴娇·昆仑 镜心	17×81.7cm	1,610,000	北京保利	2018-12-07
陆俨少 青城山色 镜心	137×69cm	3,335,000	荣宝斋（南京）	2018-01-05
陆俨少 青城晓霭 镜心	24.5×32.5cm	862,500	北京匡时	2018-06-15
陆俨少 青城晓霭图 立轴	69×35cm	1,495,000	保利山东	2018-11-22
陆俨少 晴麓横云图 镜心	45×33.5cm	184,000	中贸圣佳	2018-06-20
陆俨少 秋堂话旧 立轴	37×46cm	460,000	北京诚轩	2018-06-16
陆俨少 人物 镜框	26×45cm×2	1,322,500	华艺国际	2018-05-23
陆俨少 人物山水册 册页	25×33cm×10	14,950,000	北京匡时	2018-06-15
陆俨少 1982年作 江山佳胜 手卷	12.5×133.5cm	977,500	上海嘉禾	2018-03-26
陆俨少 1962年作 唐人诗意 镜框	27×85cm	690,000	朵云轩	2018-06-24
陆俨少 1962年作 双松楼图 手卷	画18.5×181cm	6,670,000	中国嘉德	2018-06-18
陆俨少 1943年作 峨眉金顶 立轴	诗塘20×23.5cm 本幅54.3×31.4cm	575,000	北京诚轩	2018-06-16
陆俨少 三峡 立轴	68.5×40.5cm	1,035,000	中国嘉德	2018-06-19
陆俨少 山水 册页 镜框（八开）	24×33cm×8	5,175,000	北京荣宝	2018-09-14
陆俨少 山水手卷 手卷	15×104cm	241,500	北京华辰	2018-11-20
陆俨少 山水书法 成扇	18×48cm	862,500	华艺国际	2018-11-16
陆俨少 神游格子河 立轴	95.5×44cm	1,150,000	荣宝斋（济南）	2018-07-01
陆俨少 书画合璧册 册页（九开）	画13.3×16.7cm×5 书14.5×18.5cm×4	414,000	北京诚轩	2018-06-16
陆俨少 书联 立轴	95×22cm×2	322,000	南京经典	2018-01-06
陆俨少 疏影冷香 手卷	20×137cm	2,070,000	荣宝斋（南京）	2018-07-15
陆俨少 水墨山水 立轴	68×31cm	184,000	中贸圣佳	2018-06-20
陆俨少 松下高士 镜心	39.5×28cm	437,000	中贸圣佳	2018-11-24
陆俨少 太湖山水 立轴	33.5×45cm	230,000	中贸圣佳	2018-11-24
陆俨少 泰山观日出 镜框	30.1×47.9cm	707,875	香港苏富比	2018-04-02
陆俨少 唐宋诗意山水 册页 镜框（八开）	34.3×45.5cm×8	10,200,500	佳士得	2018-11-26
陆俨少 万壑树声满 成扇	18×53cm	747,500	北京保利	2018-12-07

拍品名称	物品尺寸	成交价RMB	拍卖公司	拍卖日期
陆俨少 无量寿佛 立轴	80×29cm	299,000	上海匡时	2018-04-30
陆俨少 五星红旗飘扬在西沙岛上 镜片	25.5×73.5cm	1,035,000	西泠拍卖	2018-07-08
陆俨少 雾里江船图 立轴	97×45cm	954,620	保利香港	2018-04-02
陆俨少 西天目山图 立轴	84×42.5cm	2,760,000	中贸圣佳	2018-11-24
陆俨少 峡江行 立轴	34.5×49.5cm	207,000	南京经典	2018-07-22
陆俨少 峡江险水 立轴	35×50cm	368,000	南京经典	2018-01-06
陆俨少 小山丛树 镜心	画32.2×24.7cm 字32.2×45cm	138,000	中国嘉德	2018-11-20
陆俨少 谢之光 1964年作 竹石图 禽趣图（二帧）镜片	66×25.5cm 66.5×22.5cm	126,500	西泠拍卖	2018-05-05
陆俨少 谢稚柳 等 山水 手卷	11×390cm	409,248	香港诚昌	2018-05-30
陆俨少 雁荡飞瀑 立轴		277,638	纽约佳士得	2018-03-20
陆俨少 雁荡飞瀑并行书七言联 立轴	画心96×59cm 对联136×34cm×2	3,105,000	中贸圣佳	2018-11-24
陆俨少 雁荡山图 镜心	42×152cm	6,447,730	中国嘉德	2018-04-03
陆俨少 1985年作 云壑虬松 立轴	画心68×45cm 诗堂20×45cm	1,104,000	上海嘉禾	2018-03-26
陆俨少 1985年作 柳宗元《渔翁》立轴	90.5×48cm	115,000	北京诚轩	2018-06-16
陆俨少 1985年作 雁荡百重泉 立轴	137.5×68cm	2,760,000	北京诚轩	2018-06-16
陆俨少 咏梅 镜框	26×84.5cm	230,000	华艺国际	2018-05-23
陆俨少 幽人独钓 立轴	105×36cm	1,380,000	中贸圣佳	2018-06-20
陆俨少 云海急湍 镜片	诗堂30×29.5cm 画心80×29.5cm	184,000	上海嘉禾	2018-06-25
陆俨少 云山发兴图 立轴	96×44.5cm	1,150,000	中贸圣佳	2018-11-24
陆俨少 云山图瓷盘	直径41cm	105,800	中贸圣佳	2018-11-25
陆俨少 赠张碧寒采药图 镜心	137.5×47.5cm	4,600,000	中贸圣佳	2018-06-20
陆俨少 张涤俗 右军书扇 陆游诗二首 成扇	19×51.5cm	368,000	北京诚轩	2018-06-16
陆俨少 竹荷松梅 四屏 镜框	68×34cm×4	828,000	上海嘉禾	2018-06-25
陆抑非 1938年作 策杖看山 立轴	176.5×93cm	632,500	华艺国际	2018-11-16
陆抑非 1943年作 富贵呈祥 立轴	193.8×60.4cm	1,090,000	香港苏富比	2018-10-02
陆抑非 1943年作 瑞雪珍禽 四屏 立轴	116×52cm×4	5,520,000	北京匡时	2018-06-15
陆抑非 1951年作 海棠翠鸟 行书七言诗 成扇	18×49cm	172,500	上海匡时	2018-04-30
陆抑非 1961年作 香蕊鸣禽图 立轴	89.5×48cm	138,000	西泠拍卖	2018-07-08
陆抑非 陈佩秋 海棠春禽 行书苏轼诗 成扇	19×47.5cm	126,500	上海嘉禾	2018-06-25
陆抑非 邓散木 1947年作 冰绡雾谷影红鲜 行书杜甫诗 成扇	18×52cm	126,500	中国嘉德	2018-06-19
陆抑非 1984年作 岁朝图 立轴	46.5×69.5cm	345,000	中国嘉德	2018-06-18
陆抑非 牡丹锦鸡 立轴	123.5×69cm	2,185,000	中国嘉德	2018-11-20
陆抑非 潘志云 1952年作 西厢词境 行书文徵明诗 成扇	19×46.5cm	172,500	北京匡时	2018-06-15
陆抑非 1942年作 八百延龄 立轴	105×50.5cm	345,000	上海嘉禾	2018-06-25
陆抑非 桃花鹦鹉 立轴	104×50cm	253,000	中国嘉德	2018-06-19
陆抑非 武陵溪畔双飞燕 立轴	91×34cm	149,500	北京匡时	2018-06-15
陆抑非 赵叔孺 扇片花鸟 镜片	18×52cm	138,000	浙江佳宝	2018-07-01
罗复堪 花卉 四屏立轴	131.5×32.5cm×4	207,000	中国嘉德	2018-11-20
罗建武 2013年作 玉山圆柏 镜框	139×69.5cm	332,625	佳士得	2018-11-26
罗平安 农家小院 镜片	68.5×100cm	201,600	秦宝斋	2018-01-01

拍品名称	物品尺寸	成交价RMB	拍卖公司	拍卖日期
罗振玉 1924年作 篆书“乐天安命”镜框	24.3×74.8cm	222,475	香港苏富比	2018-04-02
罗振玉 甲骨文七言联 对联	132×31cm×2	138,000	中国嘉德	2018-09-19
罗振玉 1925年作 篆书八言 对联	146×30cm×2	132,250	朵云轩	2018-06-24
罗振玉 郑孝胥 傅增湘 等 花卉（四把）成扇	18×50cm×4	253,000	中国嘉德	2018-11-21
罗振玉 篆书八言联 立轴	130×26cm×2	115,000	北京匡时	2018-06-15
罗振玉 篆书临《小子望鼎》镜心	164×84cm	287,500	北京匡时	2018-12-05
吕凤子 苍松高仕图 立轴	130×62cm	368,000	上海匡时	2018-04-30
吕凤子 陈三立 罗汉图 镜心	26×34cm	218,500	南京经典	2018-01-06
吕凤子 此情惟有落花知 立轴	96×38cm	517,500	南京经典	2018-01-06
吕凤子 灯下夜读 立轴	65×34cm	218,500	南京经典	2018-07-22
吕凤子 东坡诗意图 立轴	83×30cm	379,500	南京经典	2018-01-06
吕凤子 古梅 立轴	100×34cm	103,500	南京经典	2018-07-22
吕凤子 花外春来路 立轴	107×29.5cm	460,000	南京经典	2018-07-22
吕凤子 1934年作 丛菊古佛伴岁寒 镜心	69×34cm	201,250	北京诚轩	2018-06-16
吕凤子 稼轩词意图 立轴	85×26cm	218,500	南京经典	2018-01-06
吕凤子 隶书 五言联 对联	149×39.5cm×2	161,000	西泠拍卖	2018-07-07
吕凤子 隶书五言联 立轴	148×40cm×2	322,000	北京保利	2018-06-17
吕凤子 柳荫泛舟图 立轴	86×31cm	161,000	南京经典	2018-07-22
吕凤子 墨梅 立轴	110×33.5cm	115,000	南京经典	2018-07-22
吕凤子 千年对话 立轴	136×56cm	241,500	荣宝斋（南京）	2018-01-05
吕凤子 且作闲人 立轴	70.5×43cm	138,000	荣宝斋（济南）	2018-07-01
吕凤子 山壑双松图 立轴	132×66cm	287,500	南京经典	2018-07-22
吕凤子 松下高士 立轴	111×54.5cm	172,500	荣宝斋（南京）	2018-01-05
吕凤子 1948年作 宋词诗意 立轴	68×35cm	184,000	中国嘉德	2018-06-19
吕凤子 1948年作 天女 立轴	68×47cm	287,500	中国嘉德	2018-06-19
吕凤子 1948年作 三身罗汉 立轴	123×45cm	190,924	中国嘉德	2018-04-03
吕凤子 献粮图 镜心	67.5×137.5cm	3,450,000	上海匡时	2018-04-30
吕凤子 1935年作 隶书四言联 镜心	138.5×34.5cm×2	195,500	北京诚轩	2018-06-16
吕凤子 雍和宫打鬼 立轴	80×36.5cm	805,000	南京经典	2018-07-22
吕凤子 执杖罗汉 立轴	81×38cm	241,500	南京经典	2018-01-06
吕凤子 醉人花底 立轴	40.5×22cm	322,000	南京经典	2018-07-22
吕清华 四大名著册页（全套四十八幅）	33×33cm×48	1,166,000	上海均益	2018-01-16
吕少华 2016年作 黄河之水天上来 镜心	137×67cm	230,000	北京保利	2018-05-21
吕少华 2017年作 气势如虹 镜心	69×178cm	345,000	北京保利	2018-05-21
吕寿琨 1957年作 劫余 镜框	39.4×93cm	263,900	佳士得	2018-05-28
吕寿琨 1961年作 日落香港仔 镜框	22.5×94.7cm	283,400	香港苏富比	2018-10-02
吕寿琨 1963年作 大庙进香图 镜框	120×59cm	353,938	香港苏富比	2018-04-02
吕寿琨 1964年作 禅 镜框	94.5×44cm	166,313	佳士得	2018-11-26
吕寿琨 1964年作 禅 镜框	95×30.5cm	166,313	佳士得	2018-11-26
吕寿琨 1964年作 莲 镜框	58.8×84.2cm	243,925	佳士得	2018-11-26
吕寿琨 1969年作 山居 镜框	151.5×82cm	443,500	佳士得	2018-11-26
吕寿琨 波涛 镜框	23.2×37.8cm	324,800	佳士得	2018-05-28
吕寿琨 如来 镜框	98×38.2cm	284,200	佳士得	2018-05-28
吕寿琨 唐人诗意图 镜框	58×84cm	202,250	香港苏富比	2018-04-02
吕寿琨 渔家 镜心	94×176cm	617,376	保利香港	2018-10-01

拍品名称	物品尺寸	成交价RMB	拍卖公司	拍卖日期
吕永福 玉兰游虾 镜心	67×68cm	138,000	北京荣宝	2018-06-14
马波生 2018年作 楼阁听泉图 镜心	68×136cm	690,000	北京保利	2018-06-18
马海方 2018年作 童趣 镜心	68×69cm	138,000	北京保利	2018-11-19
马衡 1947年作 草书节临《书谱》镜心	113.0×22.5cm	161,000	中国嘉德	2018-06-19
马衡 1947年作 篆书五言联 镜心	56.5×33.5cm	253,000	中国嘉德	2018-06-19
马衡 篆书“澄风堂”镜心	32.5×90cm	299,000	中国嘉德	2018-06-19
马衡 篆书八言联 立轴	168×30.5cm×2	195,500	北京翰海	2018-06-29
马晋 1923年作 达摩渡江 立轴	93.5×30cm	230,000	北京翰海	2018-06-29
马晋 1930年作 春溪浴马图 镜心	92×52cm	368,000	北京翰海	2018-06-29
马晋 1932年作 绿卿黄耳 立轴	64.5×40cm	276,000	北京翰海	2018-06-29
马晋 1937年作 三阳开泰 立轴	115×60cm	333,500	北京匡时	2018-06-15
马晋 1938年作 花卉双鸡 立轴	105×51.5cm	133,050	佳士得	2018-11-26
马晋 1946年作 双骏图 镜心	99×35cm	138,000	北京翰海	2018-05-13
马晋 1948年作 三骏图 横幅镜心	32.5×98cm	230,000	北京翰海	2018-06-29
马晋 1962年作 神骏图 立轴	131×135cm	1,138,500	北京翰海	2018-06-29
马晋 1943年作 驯马图 镜心	120×51cm	362,756	中国嘉德	2018-04-03
马晋 临郎世宁本《八骏图》镜心	135×81cm×4	920,000	北京华辰	2018-11-20
马晋 马 立轴	53×38cm	6,101,700	中正拍卖	2018-06-28
马晋 潘龄皋 松荫双骏 行书 成扇	18×50cm	264,500	中国嘉德	2018-11-21
马晋 溥修 溥伒 溥佺 小狗蝴蝶 草书书法 拟赵孟頫人马图 行书书法（二把）成扇	18×50cm×4	345,000	中贸圣佳	2018-11-24
马晋 秋林双骏 横幅镜心	32×66cm	115,000	北京翰海	2018-06-29
马晋 1922年作 临仇英江南春图 手卷	本幅28×120cm	1,380,000	中国嘉德	2018-11-20
马晋 神骏图 立轴	65×44cm	184,000	北京保利	2018-05-21
马晋 双骏 镜心	101.5×33cm	195,500	北京翰海	2018-06-29
马晋 1938年作 虎 成扇	20×54.5cm	138,000	北京诚轩	2018-06-16
马晋 1948年作 八骏图 镜心	132×66cm	411,584	中国嘉德	2018-10-03
马骏 闲情图 镜心	25.5×144.5cm	138,000	北京荣宝	2018-12-03
马乐平 2018年作 行书“无为”镜心	58×165cm	149,500	北京保利	2018-06-18
马麟（款）四喜图 立轴	125.7×51.1cm	102,630	纽约佳士得	2018-09-11
马世俊 行书七言诗 镜心	189×47cm	517,500	中国嘉德	2018-06-20
马硕山 2017年作 晴窗	136×70cm	322,000	北京翰海	2018-09-16
马骀 五伦图 立轴	246×116cm	109,250	南京经典	2018-01-06
马天宝 唐乐图 镜心	155×70cm	103,500	北京保利	2018-11-19
马万里 1945年作 枇杷芭蕉 立轴	179×94cm	143,193	中国嘉德	2018-04-03
马相伯 行书古语格言 镜心	171.5×46.5cm	184,000	中国嘉德	2018-06-19
马欣乐 2012年作 风雪千里图 镜片	141.6×363.2cm	2,138,125	纽约佳士得	2018-09-11
马欣乐 2018年作 千里之行	68×68cm	149,500	北京翰海	2018-06-30
马一浮 1943年作 行书 七言诗 立轴	129×31cm	103,500	西泠拍卖	2018-07-07
马一浮 1945年作 篆书节录《庄子·外篇·刻意》手卷	27×148cm 首27×97cm 题27×160cm	632,500	北京保利	2018-12-08
马一浮 对联 立轴	171×30.5cm×2	460,000	华艺国际	2018-11-16
马一浮 行书 八言联 对联	125×21cm×2	155,250	西泠拍卖	2018-05-05
马一浮 行书对联（两副）立轴	202×42cm×2 166.5×35.5cm×2	5,232,500	北京匡时	2018-06-16
马一浮 行书五言联 镜心	135×34cm×2	195,500	中国嘉德	2018-11-20
马一浮 1949年作 仲长统《乐志论》四屏 镜心（四帧）	132×33.3cm×4	632,500	北京诚轩	2018-06-16

拍品名称	物品尺寸	成交价RMB	拍卖公司	拍卖日期
马中立 1793年作 品石图 立轴	95.7×43.5cm	115,000	中国嘉德	2018-11-22
马子恺 2015年作 彩墨古篆·周易锦言系列 立轴	47×43cm	138,000	北京保利	2018-06-18
马子恺 2015年作 观 镜心	69.5×49.5cm	172,500	北京保利	2018-12-06
买鸿钧 太华五千寻	142×72cm	322,000	北京翰海	2018-06-30
茆帆 2018年作 古木寒林 镜片	101.5×54.5cm	109,250	上海嘉禾	2018-06-25
茅盾 1978年作 行书书法 立轴	83.5×28.6cm	162,498	纽约佳士得	2018-09-11
茅小浪 2015年作 非宣水墨 镜框	130×150cm	345,000	北京荣宝	2018-06-14
冒鹤亭 行书十二言联 镜片	136.5×22.5cm×2	161,000	广东崇正	2018-07-04
梅兰芳 1922年作 观音 立轴	90.5×32.5cm	805,000	华艺国际	2018-11-16
梅兰芳 1947年作 双清图 立轴	95×28cm	103,500	北京翰海	2018-06-29
梅兰芳 佛像 立轴	89×32.5cm	120,750	中贸圣佳	2018-06-20
梅兰芳 观音 立轴	74×34cm	2,847,460	中正拍卖	2018-06-28
梅兰芳 1934年作 月季花 镜心	32×48cm	514,480	中国嘉德	2018-10-03
梅兰芳 松寿图 立轴	72.5×35cm	690,000	华艺国际	2018-11-16
梅兰芳绘 樊增祥题 松	89×33cm	195,500	中国嘉德	2018-06-20
蒙树培 二十四孝图 立轴	42×26cm×24	218,500	未来四方	2018-01-20
孟凡静 敬爱的毛主席 镜心	136×68cm	262,000	北京歌德	2018-08-25
孟凡静 数风流人物还看今朝 镜心	136×68cm	241,200	北京歌德	2018-08-25
孟凡静 伟大领袖 镜心	136×68cm	273,300	北京歌德	2018-08-25
孟宪琪 2014年作 燕赵深处歌大风 镜心	137×35.5cm	172,500	北京保利	2018-12-06
米南阳 行书《禅茶一味》镜心	97×161cm	402,500	北京翰海	2018-09-16
米南阳 行书《毛泽东主席词》镜心	97×179cm	345,000	北京翰海	2018-09-16
米南阳 行书《毛泽东主席词》镜心	66×132cm	230,000	北京翰海	2018-09-16
米南阳 行书《三国演义开篇词》镜心	97×179cm	345,000	北京翰海	2018-09-16
米南阳 行书《苏东坡词》镜心	66×132cm	230,000	北京翰海	2018-09-16
苗兴林 秋雨诗意	90×48cm	179,312	上海云顶	2018-11-24
苗再新 乌兹别克风情 镜心	136×68cm	575,000	北京翰海	2018-09-16
缪嘉蕙 1890年作 绿衣重拥瘦腰身 立轴	156×80cm	115,000	北京荣宝	2018-06-14
莫晓松 2006年作 荷塘清雅图 镜心	66×134cm	138,000	北京荣宝	2018-05-18
莫晓松 2005年作 花鸟（十帧）镜心	53×45cm×10	287,500	中国嘉德	2018-06-20
牟成 白山黑水图	50×50cm	161,000	北京翰海	2018-06-30
慕凌飞 1981年作 祝寿图 立轴	93×53.5cm	155,250	鼎天国际	2018-01-07
慕凌飞 1985年作 雪山虎踞 驺虞图 立轴	89×47cm×2	345,000	鼎天国际	2018-01-07
慕凌飞 番女挚宠图 镜心	96×47cm	920,000	荣宝斋（济南）	2018-07-01
穆春华 2017年作 福寿祥和图 镜心	138×69cm	104,650	北京保利	2018-11-19
穆家善 2018年作 空谷禅音 镜心	64×38cm	207,000	北京荣宝	2018-06-14
南北诸家 杂册 册（二十开）	尺寸不一	1,090,000	香港苏富比	2018-10-02
南海岩 2004年作 春眸 镜片	82×56cm	179,200	湖南逸典	2018-06-09
南海岩 2006年作 新疆女子 镜心	90×43cm	253,000	北京荣宝	2018-12-03
南海岩 藏族风情 镜心	68×68cm	184,000	北京荣宝	2018-12-03
南海岩 母女情 镜心	68×103cm	126,500	保利山东	2018-11-22
南海岩 母子情深 镜心	69×68cm	172,500	中国嘉德	2018-01-13
南海岩 祈福 镜心	136×68cm	805,000	荣宝斋（济南）	2018-06-30
南海岩 守望 立轴	82×75cm	155,250	北京荣宝	2018-09-14
南海岩 守望（2016）镜心	69×138cm	1,840,000	北京翰海	2018-09-16
南海岩 2018年作 融瑞吉祥图 镜心	68.5×68.5cm	828,000	中国嘉德	2018-06-20
南海岩 祥光母子图 镜心	56×31.5cm	195,500	北京荣宝	2018-12-03
南海岩 2015年作 金色的丰收 镜心	68.5×137.5cm	1,610,000	中国嘉德	2018-11-22
尼玛泽仁 水月观音 镜片	66×136cm	168,000	秦宝斋	2018-01-01
倪耘 1862年作 百花图卷 手卷	画心975×27cm	437,000	西泠拍卖	2018-07-07
聂鸥 1996年作 山民清晨 手卷	23×179cm	172,500	北京荣宝	2018-05-18
欧豪年 1988年作 雄鸡一鸣天下白 镜框	58×93cm	135,600	羅芙奥	2018-12-01
欧豪年 1992年作 云溪孤舟 画心	93.4×50.5cm	126,850	台北艺流	2018-06-30
欧豪年 1994年作 观瀑图 镜心	74.5×131cm	161,000	上海匡时	2018-04-30
欧豪年 2007年作 山水 镜片		211,200	金仕发	2018-01-28
欧豪年 朱慕兰 雪松双雀 立轴	98×60cm	121,963	佳士得	2018-11-26
欧阳小林 2017年作 明媚的春光 镜心	85×60cm	230,000	北京保利	2018-06-18
欧阳予倩 行书五言诗 镜心	68×37cm	115,000	中贸圣佳	2018-06-20
欧阳予倩 行书五言诗 镜心	68×37cm	115,000	中贸圣佳	2018-11-24
欧阳中石 草书《陈毅元帅诗》镜心	136×67cm	299,000	北京翰海	2018-09-16
欧阳中石 草书《韩愈诗》镜心	137×67cm	322,000	北京翰海	2018-09-16
欧阳中石 行书洪应明句 镜心	95×178cm	184,000	北京保利	2018-06-18
欧阳中石 行书七言联 立轴	138×35cm×2	101,200	荣宝斋（济南）	2018-06-30
欧阳中石 行书四言联 镜心	138×35cm×2	230,000	北京匡时	2018-12-05
欧阳中石 行书于右任句 镜心	107×299cm	115,000	北京匡时	2018-06-15
欧阳中石 行书张耒诗 镜心	96×178cm	172,500	北京保利	2018-06-18
欧阳中石 书法 镜心	70×137cm	184,000	荣宝斋（济南）	2018-06-30
欧阳中石 书法 立轴	178.5×91.5cm	437,000	荣宝斋（济南）	2018-06-30
欧阳中石 1988年作 行书七言联 镜片	138×34.5cm×2	184,000	广东崇正	2018-07-04
鸥洋 2017年作 漂泊的小虫系列之十一	50×60cm	115,000	北京翰海	2018-09-16
潘伯鹰 1952年作 草书千字文 手卷	27.5×240cm	370,426	中国嘉德	2018-10-03
潘公凯 2018年作 清香十里 镜心	136×136cm	3,795,000	北京保利	2018-12-06
潘絜兹 1973年作 长白牧笛 立轴	182×110cm	1,322,500	北京匡时	2018-06-15
潘絜兹 1977年作 飞天清音 立轴	90×111.5cm	149,500	北京匡时	2018-06-15
潘絜兹 敦煌菩萨像 镜心	90×310cm	218,500	荣宝斋（南京）	2018-07-15
潘絜兹 观音 轴	82×50cm	115,000	浙江佳宝	2018-07-01
潘焵荣（水禾田）2017年作 长高山白云飞舞在	137×69cm	140,580	罗芙奥	2018-06-02
潘龄皋 1930年作 行楷书 立轴（四屏）	142×37cm×4	230,000	北京翰海	2018-06-29
潘龄皋 行书八言联 立轴	167×27.5cm×2	184,000	北京翰海	2018-06-29
潘龄皋 行书七言联 立轴	127×28.5cm×2	138,000	北京翰海	2018-06-29
潘龄皋 楷书《治家格言》镜心	33×31.5cm×20	112,700	北京保利	2018-05-21
潘龄皋 兰亭序楷书 镜心	21.5×28cm×14	184,000	北京保利	2018-05-21
潘素 1964年作 万山红遍 立轴	183×94cm	1,667,500	北京翰海	2018-06-29
潘素 1988年作 云峰秋林 镜心	78×34.5cm	115,000	北京荣宝	2018-06-14
潘素 碧彩山水 镜片	131×65cm	103,500	上海嘉禾	2018-06-25
潘素 大岭秋色 立轴	120×68cm	322,000	中国嘉德	2018-06-19
潘素 秋山初雪 立轴	81.5×40cm	120,750	北京匡时	2018-06-15

拍品名称	物品尺寸	成交价RMB	拍卖公司	拍卖日期
潘素 云峰晴溪 立轴	66×32.5cm	195,500	中国嘉德	2018-06-19
潘天寿 1924年作 岁朝清供图 立轴	168×67.5cm	2,070,000	西泠拍卖	2018-07-07
潘天寿 1930年作 秋菊 扇面	20×54cm	218,500	北京保利	2018-06-17
潘天寿 1935年作 赏菊图 立轴	84×42cm	1,127,000	北京荣宝	2018-12-03
潘天寿 1937年作 双清图 立轴	32.5×44cm	1,725,000	北京匡时	2018-06-15
潘天寿 1937年作 双清图 立轴	32.5×43.5cm	920,000	北京匡时	2018-12-05
潘天寿 1941年作 雨后图 镜片	52×33.5cm	1,150,000	西泠拍卖	2018-07-07
潘天寿 1943年作 篆书 古诗联句 立轴	147×34cm	368,000	西泠拍卖	2018-07-07
潘天寿 1945年作 兰石图 立轴	37×42cm	385,700	佳士得	2018-05-29
潘天寿 1945年作 秋意 立轴	69×61cm	2,415,000	北京保利	2018-12-08
潘天寿 1946年作 书法 立轴	118×34.5cm	460,000	华艺国际	2018-11-16
潘天寿 1949年作 江天雁影 镜框	26×31cm	920,000	华艺国际	2018-11-16
潘天寿 1953年作 竹石双禽图 立轴	131×31cm	2,530,000	北京保利	2018-12-07
潘天寿 1961年作 荷塘 立轴	86×40cm	2,415,000	华艺国际	2018-05-23
潘天寿 1961年作 小园花图 成扇	18×52cm	1,955,000	中国嘉德	2018-06-19
潘天寿 1962年作 雨后 镜心	76×42cm	4,600,000	北京保利	2018-12-07
潘天寿 1963年作 新晴 立轴	52×60.5cm	3,203,640	香港苏富比	2018-04-02
潘天寿 1964年作 归帆图 立轴	诗堂14×37cm；本幅50.5×37cm	1,380,000	北京匡时	2018-12-06
潘天寿 1964年作 双雀危石图 立轴	96.5×45cm	6,440,000	上海匡时	2018-04-30
潘天寿 1965年作 红荷 立轴	66×55cm	4,025,000	北京荣宝	2018-06-14
潘天寿 1965年作 黄荷映日 立轴	75.5×44.5cm	4,733,216	中国嘉德	2018-10-03
潘天寿 1965年作 拟八大鹳鸽图 立轴	本幅45.5×34.5cm；诗堂21×34cm	2,263,712	中国嘉德	2018-10-03
潘天寿 1965年作 日色花光 镜心	46×69cm	2,760,000	上海匡时	2018-04-30
潘天寿 1965年作 无边南国已春酣 立轴	89×51cm	874,000	北京翰海	2018-01-14
潘天寿 1965年作 跃如图 镜片	47×33cm	1,495,000	朵云轩	2018-06-24
潘天寿 抱雏图 立轴	51×47cm	690,000	北京保利	2018-05-21
潘天寿 彩荷图 立轴	74×54cm	1,380,000	南京经典	2018-07-22
潘天寿 朝霞 镜心	37×48cm	3,220,000	荣宝斋（济南）	2018-07-01
潘天寿 1947年作 菊花图 立轴	66.5×31.5cm	632,500	中国嘉德	2018-06-19
潘天寿 1931年作 波涛动远空 镜心	28.6×35cm	345,000	北京诚轩	2018-06-16
潘天寿 关良 张振铎 吴茀之 1940年作 松竹闲禽图 镜片	137×34.5cm	1,955,000	西泠拍卖	2018-07-08
潘天寿1963年作 无限风光 立轴	358.5×150cm	287,500,000	中国嘉德	2018-11-20
潘天寿 1953年作 翠羽明珰自不群 立轴	91×62.5cm	5,692,500	北京诚轩	2018-06-16
潘天寿 行书 五言联 画心	134×33cm×2	2,070,000	西泠拍卖	2018-07-07
潘天寿 行书 古诗句 镜片	95×31.5cm	172,500	西泠拍卖	2018-07-07
潘天寿 行书书三首诗 手卷	17×140cm	2,127,500	北京保利	2018-06-17
潘天寿 行书书法 立轴	128×33.5cm	632,500	中贸圣佳	2018-06-20
潘天寿 荷花 镜心	42×32cm	437,000	北京保利	2018-06-17
潘天寿 湖畔栖翠 镜心	50×36.5cm	1,150,000	中国嘉德	2018-11-21
潘天寿 黄宾虹 行书 湖上荡舟 屏轴双挖	28×33.5cm×2	218,500	朵云轩	2018-06-24
潘天寿 黄宾虹 题 1941年作 虚亭听泉 立轴	86×30cm	345,000	北京华辰	2018-11-20
潘天寿 经亨颐 1934年作 丹枫栖禽图 立轴	144×39.5cm	345,000	西泠拍卖	2018-09-28
潘天寿 菊花 立轴	67×43cm	1,080,408	中国嘉德	2018-10-03

拍品名称	物品尺寸	成交价RMB	拍卖公司	拍卖日期
潘天寿 菊花葫芦 镜心	25×39cm	310,500	荣宝斋（上海）	2018-01-21
潘天寿 陆一飞 程十发 唐云 梅花四屏镜心	46×34.5cm×4	2,300,000	北京匡时	2018-06-15
潘天寿 拟八大笔意	126.5×52cm	540,500	北京东正	2018-06-17
潘天寿 拟个山僧笔意 立轴	67×34cm	1,610,000	北京荣宝	2018-12-03
潘天寿 泉石 立轴	79×44cm	1,150,000	南京经典	2018-07-22
潘天寿 山花烂漫 立轴	51×42cm	1,840,000	华艺国际	2018-11-16
潘天寿 松树 立轴	80×49cm	1,207,500	南京经典	2018-07-22
潘天寿 唐云 陆抑非 程十发 梅花（四帧）册页	48.5×34.5cm×4	1,150,000	北京保利	2018-12-07
潘天寿 野竹图 镜片	46.5×39cm	1,265,000	西泠拍卖	2018-07-07
潘天寿 1945年作 南湖烟雨 镜框	69×45cm	2,300,000	上海嘉禾	2018-06-25
潘天寿 游鱼图 画心	40×121cm	507,400	台北艺流	2018-06-30
潘天寿 竹石八哥 立轴	41×44cm	3,220,000	荣宝斋（济南）	2018-07-01
潘汶汛 2016年作 对荫（两幅）镜框	60×51cm×2	121,800	佳士得	2018-05-28
潘玉良 1952年作 裸女	91×65cm	11,746,680	香港苏富比	2018-03-31
潘振镛 1905年作 仕女 册（十二开）	30×36cm×12	276,000	北京翰海	2018-06-29
潘主兰 墨竹 镜框	128×33cm	3,559,325	中正拍卖	2018-06-28
庞荣年 2017年作 树荫	68×44cm	207,000	北京翰海	2018-06-30
庞熏琹 洛神 立轴	67×37cm	552,000	中国嘉德	2018-06-18
庞元济 玉树临风 立轴	170.2×45.7cm	161,000	中国嘉德	2018-06-18
裴建准 山水 四屏立轴	105×31cm×4	115,000	未来四方	2018-01-20
彭鹤俦 1963年作 柳如是小像 立轴	85×36cm	126,500	北京荣宝	2018-06-14
彭康隆 2015年作 篱外之三、篱外之四（两幅）镜框	75×35cm×2	121,800	佳士得	2018-05-28
彭连熙 仕女抚琴图 镜片	78×81cm	109,250	西泠拍卖	2018-07-08
彭书民 2018年作 龙之韵	115×35cm	230,000	北京翰海	2018-06-30
彭薇 2007年作 彩墨锦系列	85×155cm	287,500	中贸圣佳	2018-11-24
彭薇 2012年作 素园组画之二（三联作）	138.6×70.6cm×3	782,788	中国嘉德	2018-04-02
彭先诚 1986年作 丽人行 横披	23×82cm	149,500	广东崇正	2018-07-04
彭先诚 1989年作 马球图 镜心	91×83cm	241,500	北京荣宝	2018-06-14
彭先诚 1993年作 竞骑图 镜心	68×138cm	230,000	北京荣宝	2018-09-14
彭先诚 2004年作 马球图 镜心	140×34cm	115,000	中国嘉德	2018-09-19
彭先诚 盆花 轴	34×138cm	287,500	八益拍卖	2018-04-28
彭先诚 2008年作 归牧图 镜心	145×76cm	264,500	中国嘉德	2018-01-13
彭先诚 2011年作 赤壁怀古图 镜心	217×70cm	345,000	中国嘉德	2018-01-13
彭先诚 游春图 镜心	122×33cm	149,500	北京荣宝	2018-12-03
彭宗明 2018年作 炎黄之魂 镜心	138×69cm	138,000	北京翰海	2018-09-16
蒲华 1887、1888年作 山水天趣册 册（八开）	20.8×13.3cm×8	490,500	香港苏富比	2018-10-02
蒲华 1895年作 朱竹图 立轴	144×40.5cm	138,000	西泠拍卖	2018-07-08
蒲华 1897年作 楷书七言联 对联	169.5×41.5cm×2	149,500	上海泓盛	2018-06-27
蒲华 1901年作 山水 立轴	133×45cm	101,200	北京翰海	2018-06-29
蒲华 1904年作 岁朝清供图 立轴	136×69cm	506,000	上海匡时	2018-04-30
蒲华 1905年作 行书十言联 立轴	149×26cm×2	230,000	上海匡时	2018-04-30
蒲华 1906年作 梅竹双友 立轴	117×32.5cm	115,000	上海匡时	2018-04-30
蒲华 1907年作 三友图 镜片	108×53cm	218,500	西泠拍卖	2018-07-08
蒲华 1908年作 山居图 立轴	145.5×79cm	143,750	西泠拍卖	2018-09-28
蒲华 1909年作 远山清隐 镜片	78×158cm	126,500	上海泓盛	2018-06-27
蒲华 草书 画禅室随笔四则 四屏	144×39cm×4	189,750	西泠拍卖	2018-07-08

拍品名称	物品尺寸	成交价RMB	拍卖公司	拍卖日期
蒲华 草书 画禅室随笔四则 四屏	144×39.5cm×4	166,750	西泠拍卖	2018-09-28
蒲华 富贵寿考 立轴	140×48cm	218,500	北京翰海	2018-05-13
蒲华 行书节录《齐物论》立轴	181.5×46cm	207,000	中国嘉德	2018-11-21
蒲华 行书七言联 一对立轴		119,735	纽约苏富比	2018-09-13
蒲华 花卉 立轴	145.5×37.5cm	126,500	北京翰海	2018-06-29
蒲华 蒹葭图 立轴	178×47cm	207,000	北京匡时	2018-12-05
蒲华 快雪时晴 立轴	209×53.3cm	111,238	香港苏富比	2018-04-02
蒲华 梅石双清 立轴		162,498	纽约苏富比	2018-09-13
蒲华 清供 镜心	60×102.5cm	316,250	保利厦门	2018-01-08
蒲华 1892年作 松岭长年 立轴	144.5×76.5cm	322,000	上海嘉禾	2018-06-25
蒲华 1872年作 春山新色 镜片	134×66cm	345,000	广东崇正	2018-07-05
蒲华 三寿作朋 立轴	133.5×65.5cm	172,500	中贸圣佳	2018-06-20
蒲华 深山幽居 立轴		145,393	纽约苏富比	2018-09-13
蒲华 时还读我书 镜片	95×45cm	126,500	上海嘉禾	2018-06-25
蒲华 寿石 立轴		188,155	纽约苏富比	2018-09-13
蒲华 松间论道 通景四屏		427,625	纽约苏富比	2018-09-13
蒲华 溪山诗意 四屏		299,338	纽约苏富比	2018-09-13
蒲华 夏山雨意 立轴	166.4×45.7cm	230,000	中国嘉德	2018-06-18
蒲华 烟云供养 立轴		136,840	纽约苏富比	2018-09-13
蒲华 云林诗意	211×52.5cm	222,475	邦瀚斯	2018-04-03
蒲华 竹石水仙 立轴	136×33cm	109,250	中国嘉德	2018-06-19
溥伒 春柳双骏 立轴	100×32.5cm	124,101	保利香港	2018-04-02
溥伒 大痴溪山无尽画意 立轴	42×29cm；诗塘22×29cm	138,000	北京荣宝	2018-06-14
溥伒 溥僩 溥佺 溥佐 1942年作 秋景 四屏立轴	70.5×33cm×4	322,000	中国嘉德	2018-11-20
溥伒 溥僩 溥佺 溥佐 松风格景扇 成扇	18×50cm	310,500	中国嘉德	2018-11-21
溥伒 三清图 立轴	50.5×30.5cm；诗塘22.5×30.5cm	161,000	北京荣宝	2018-06-14
溥伒 听泉图·行书 成扇	18.5×52cm	184,000	中国嘉德	2018-11-21
溥佺 1987年作 气壮山河 立轴	138×67cm	218,500	北京荣宝	2018-06-14
溥佺 风驰电掣 立轴	160×81.5cm	287,500	鼎天国际	2018-01-07
溥佺 松鼠嘉鹊 镜心	130×64.5cm	161,000	北京匡时	2018-06-15
溥佺 雪景山水 镜片	30.4×477cm	203,000	佳士得	2018-05-29
溥佺 幽境论道 立轴	102×36.5cm	172,500	鼎天国际	2018-01-07
溥儒 合字吉语	27.5×20cm each（8）	505,625	邦瀚斯	2018-04-03
溥儒 秋山夕照 立轴		111,183	纽约苏富比	2018-09-15
溥儒（款）书法 迎福神 行书七言联 框	12.5×29cm；12.5×29cm；41.5×8cm×2	101,480	台北艺流	2018-06-30
溥儒 1930年作 宋人词意图 行书自作诗 成扇	18.5×52cm	460,000	北京匡时	2018-12-05
溥儒 1931年作 百兽图 镜框	6.7×138.8cm	776,125	佳士得	2018-11-26
溥儒 1932年作 虎溪三笑 立轴	99.3×33.3cm	303,375	香港苏富比	2018-04-02
溥儒 1933年作 江山秋晚 镜心	93.5×38cm	977,500	北京荣宝	2018-06-14
溥儒 1933年作 九歌 镜片		356,963	纽约佳士得	2018-03-20
溥儒 1934年作 园中菌 镜框	62×17cm	910,125	香港苏富比	2018-04-02
溥儒 1935年作 落叶诗卷 手卷	引首28×65cm；本幅27×204cm	322,000	北京匡时	2018-06-15
溥儒 1935年作 钟馗夜游 立轴	43×16cm	138,000	北京保利	2018-12-08
溥儒 1936年作 观画图 手卷	引首32×99cm；本幅32×83cm；题跋32×132cm	6,325,000	北京匡时	2018-06-15
溥儒 1938年作 秋溪钓艇 镜框		277,638	纽约佳士得	2018-03-20
溥儒 1938年作 疏柳红蜻图	99.5×41.5cm	404,500	邦瀚斯	2018-04-03
溥儒 1938年作 松阴婴戏图 立轴	87×28cm	299,000	西泠拍卖	2018-07-07
溥儒 1939年作 杞菊延龄 行书	18.5×45cm	141,575	邦瀚斯	2018-04-03
溥儒 1939年作 秋山吟诗图 立轴	84.5×32.5cm	126,500	保利山东	2018-11-22
溥儒 1941年作 江山秋晚 手卷	10×156.5cm	230,000	华艺国际	2018-11-16
溥儒 1942年作 白描观音图 配楷书七言联 镜片	49×26.5cm；57×11cm×2	1,150,000	精诚所至	2018-05-12
溥儒 1942年作 楷书八言联（两幅）镜框	62×10cm×2	263,900	佳士得	2018-05-29
溥儒 1942年作 楷书七言联 画心	67×12cm×2	101,480	台北艺流	2018-06-30
溥儒 1942年作 空谷幽寺 镜心	136×50cm	184,000	北京保利	2018-12-08
溥儒 1943年作 松猿图 立轴	59.5×33.5cm	609,813	佳士得	2018-11-26
溥儒 1943年作 钟馗 镜心	63×28.5cm	230,000	北京翰海	2018-06-29
溥儒 1944年作 节临《书谱》立轴	67×129cm	253,000	北京保利	2018-12-08
溥儒 1945年作 苍山楼阁 镜片		118,988	纽约佳士得	2018-03-20
溥儒 1945年作 绿地粉彩描金缠枝莲纹开光题诗文壶 立轴	64.5×37cm	862,750	佳士得	2018-05-29
溥儒 1945年作 书法《玄奘法师灵塔碑铭》镜框	27×77cm	554,375	佳士得	2018-11-26
溥儒 1946年作 楷书六条幅 画心	35×9cm×6	106,672	台北艺流	2018-12-01
溥儒 1946年作 绵绵瓜瓞 轴	65×29cm	152,220	台北艺流	2018-06-30
溥儒 1946年作 墨云渡江图 镜框	12.3×83.3cm	455,063	香港苏富比	2018-04-02
溥儒 1947年作 行书自写诗 镜框	32×85cm	141,575	香港苏富比	2018-04-02
溥儒 1947年作 湖上秋色 立轴	108×32cm	483,000	北京匡时	2018-06-15
溥儒 1948年作 平坡暮色 立轴	98×32cm	298,398	保利香港	2018-10-01
溥儒 1948年作 秋江迭嶂 镜框	9×106.8cm	1,719,125	香港苏富比	2018-04-02
溥儒 1948年作 秋林暮远 成扇	18×47cm	126,500	北京匡时	2018-06-15
溥儒 1949年作 高岩松风 立轴	101.2×27.3cm	348,800	香港苏富比	2018-10-02
溥儒 1949年作 绿藻游鲶 扇面 镜框	17.7×48.3cm	163,500	香港苏富比	2018-10-02
溥儒 1949年作 秋荷鹡鸰图·行书诗（二帧）扇页	49×18cm×2	105,800	西泠拍卖	2018-07-07
溥儒 1949年作 溪桥炊烟 镜心	68×29cm	288,109	保利香港	2018-10-01
溥儒 1949年作 赵昌秋塘图意 立轴	106×38cm	123,475	保利香港	2018-10-01
溥儒 1950年作 楷书十言联（两幅）镜框	120.5×16.5cm×2	177,400	佳士得	2018-11-26
溥儒 1950年作 松龄芝瑞 镜片	21×53.3cm	513,150	纽约佳士得	2018-09-11
溥儒 1951年作 澹烟横远峰 镜片	87.3×28.3cm	299,338	纽约佳士得	2018-09-11
溥儒 1951年作 孤帆遥山 立轴	57.5×22.2cm	161,800	香港苏富比	2018-04-02
溥儒 1952年作 行书对联（两幅）立轴	79.5×17cm×2	221,750	佳士得	2018-11-26
溥儒 1952年作 青山远帆 扇面 镜框	18.5×52.8cm	323,600	香港苏富比	2018-04-02
溥儒 1952年作 松溪引网 镜心	50×27cm	155,250	北京匡时	2018-06-15
溥儒 1953年作 蝶舞 镜框	32×162.5cm	5,148,080	佳士得	2018-05-29
溥儒 1954年作 行书五言诗 立轴	93×26.5cm	207,000	北京匡时	2018-06-15
溥儒 1954年作 深秋访友图 立轴	131×64.5cm	333,500	上海泓盛	2018-06-27
溥儒 1955年作 浮云赋	65.5×163.5cm	202,250	邦瀚斯	2018-04-03
溥儒 1955年作 楷书 唐王勃〈滕王阁序〉画心	60×99cm	226,678	台北艺流	2018-12-01
溥儒 1955年作 楷书九言联 框	91×13cm×2	2,537,000	台北艺流	2018-06-30
溥儒 1955年作 楷书十一言联 框	92×11cm×2	304,440	台北艺流	2018-06-30
溥儒 1956年作 八骏图	35×105cm	202,250	邦瀚斯	2018-04-03
溥儒 1956年作 金盆浴鸽图 画心	43×43cm	200,010	台北艺流	2018-12-01
溥儒 1957年作 行书书法 立轴	92×32.5cm	105,331	佳士得	2018-11-26
溥儒 1957年作 满川花 镜框	36.5×73.5cm	1,015,000	佳士得	2018-05-29
溥儒 1958年作 临赵大年松溪泛舟 镜框	70×21cm	665,250	佳士得	2018-11-26

拍品名称	物品尺寸	成交价RMB	拍卖公司	拍卖日期
溥儒 1958年作 茂林清晖 镜框	40×117cm	812,000	佳士得	2018-05-29
溥儒 1958年作 秋岭苍松 镜框	185.5×95.5cm	4,951,080	香港苏富比	2018-04-02
溥儒 1958年作 终南进士行旅图 镜心	56.5×36cm	400,940	保利香港	2018-04-02
溥儒 1959年作 花篮精品 立轴	90.5×42cm	1,219,625	佳士得	2018-11-26
溥儒 1959年作 千峰积雪 立轴	111×31cm	207,000	北京保利	2018-12-08
溥儒 1960年作 寒玉堂诗文（四幅）镜框	86.3×16.3cm×4	862,750	佳士得	2018-05-29
溥儒 1960年作 钟馗降妖 镜片	55×28cm	201,250	上海泓盛	2018-06-27
溥儒 1961年作 藏鼎补荷 立轴	90.5×41cm	131,950	佳士得	2018-05-29
溥儒 1961年作 古鼎新荷 立轴	90.8×41.3cm	115,000	北京保利	2018-12-08
溥儒 1961年作 观音大士 镜心	107×50.5cm	690,000	上海匡时	2018-04-30
溥儒 1961年作 山水 镜片	27.9×57.2cm	136,840	纽约佳士得	2018-09-11
溥儒 1961年作 小楷回文诗 镜框	34.8×33.5cm	266,100	佳士得	2018-11-26
溥儒 1961年作 钟馗驱邪图 镜心	38×20cm	264,500	北京匡时	2018-06-15
溥儒 1962年作 抚松高士 立轴	82×32cm	221,750	佳士得	2018-11-26
溥儒 1962年作 湖山渔舟图 立轴	89.5×35cm	253,000	西泠拍卖	2018-05-05
溥儒 1962年作 山光水色 镜框（十二开册）	21.3×22.3cm×12	5,436,480	香港苏富比	2018-04-02
溥儒 1963年作 行书书法 镜框	32×95cm	144,138	佳士得	2018-11-26
溥儒 1963年作 书法 镜片	76.2×43.2cm	111,183	纽约佳士得	2018-09-11
溥儒 白鹿仙人 镜心	106×37cm	253,000	北京匡时	2018-06-15
溥儒 白描罗汉、小楷对题册 册页	尺寸不一	3,450,000	北京匡时	2018-06-15
溥儒 百猿嬉戏图 手卷	16.5×238cm	1,522,500	佳士得	2018-05-29
溥儒 柏叶眉寿 立轴	60×28cm	172,500	中国嘉德	2018-06-18
溥儒 碧落千叠秋满山 镜心	118.6×27.5cm	195,500	北京保利	2018-12-08
溥儒 冰雪双清图 立轴	72×28cm	103,500	保利山东	2018-11-22
溥儒 1946年作 松风水月 立轴	94.5×47cm	448,500	朵云轩	2018-06-24
溥儒 1946年作 儿童鸢戏 立轴	95.5×31cm	149,500	中国嘉德	2018-06-18
溥儒 1936年作 五彩楼台 立轴	32.5×28.7cm	555,638	中国嘉德	2018-10-03
溥儒 波光山影 手卷	本幅3×92.5cm;	1,380,000	中国嘉德	2018-11-20
溥儒 采莲图 镜框	30.5×16cm	887,000	佳士得	2018-11-26
溥儒 采薇图 手卷	画5×135.5cm;	1,241,006	保利香港	2018-04-02
溥儒 残雪夕照 立轴	70.5×25cm	161,000	北京诚轩	2018-06-16
溥儒 苍松 镜框	104×40.7cm	609,000	佳士得	2018-05-29
溥儒 沧浪归帆 镜框	105.5×44cm	304,500	佳士得	2018-05-29
溥儒 曹汝霖 1928年作 仿米家山水 行书七言诗 成扇	18.5×49cm	126,500	北京匡时	2018-06-15
溥儒 草书七言联 立轴	129×30cm×2	115,000	上海匡时	2018-04-30
溥儒 策马归庄 镜心	102.5×42cm	552,000	中国嘉德	2018-11-21
溥儒 策杖仿友 立轴	100×48cm	161,000	荣宝斋（南京）	2018-07-15
溥儒 策杖高仕 立轴	133×52cm	552,000	上海匡时	2018-04-30
溥儒 策杖寻幽 立轴	107×33cm	230,000	荣宝斋（南京）	2018-01-05
溥儒 层峦奇观卷 手卷	本幅9×134cm	1,265,000	北京匡时	2018-06-15
溥儒 赤日石林气 镜心	67.5×22.5cm	345,000	中贸圣佳	2018-06-20
溥儒 崇冈萧寺图 立轴	98.8×37.5cm	1,417,000	香港苏富比	2018-10-02
溥儒 楚峰萧寺 手卷	本幅6×133cm;	1,380,000	北京匡时	2018-06-15
溥儒 春谷巨松图 立轴	57×36cm	109,250	保利山东	2018-11-22
溥儒 春野闲情 立轴	87×30.5cm	114,554	中国嘉德	2018-04-03
溥儒 骢骏图 立轴	117×55.5cm	2,587,500	中国嘉德	2018-11-20
溥儒 丛竹翠枝 立轴	56.7×28cm	161,000	中国嘉德	2018-06-19
溥儒 翠岭苍松 立轴	138×40cm	381,500	香港苏富比	2018-10-02
溥儒 翠柳平堤 立轴	88.5×27.5cm	517,500	北京匡时	2018-06-15

拍品名称	物品尺寸	成交价RMB	拍卖公司	拍卖日期
溥儒 翠巘秋色隐君家 立轴	94.2×35cm	747,500	北京保利	2018-12-08
溥儒 翠叶鸣蝉图 镜片	67×24.5cm	103,500	西泠拍卖	2018-07-07
溥儒 村居 镜心	30.2×56cm	102,896	中国嘉德	2018-10-03
溥儒 村居晚景 镜心	32×37cm	103,500	北京匡时	2018-06-15
溥儒 达摩面壁 镜心	60×28cm	195,500	中国嘉德	2018-06-18
溥儒 达摩骑驴 立轴	91×35.5cm	776,125	佳士得	2018-11-26
溥儒 丹枫行吟 立轴	84×26cm	115,000	中国嘉德	2018-11-20
溥儒 弹琴美人 镜框	29.5×46.2cm	465,675	佳士得	2018-11-26
溥儒 涤砚图 镜心	94×31cm	360,136	保利香港	2018-10-01
溥儒 1937年作 百兽率舞 手卷	本幅6.4×136cm	2,300,000	中国嘉德	2018-11-20
溥儒 1937年作 楷书《仙掌、虎牢关铭》手卷	本幅28×608cm	1,092,500	中国嘉德	2018-11-20
溥儒 1947年作 春山楼阁 立轴	100×32.5cm	138,000	广东崇正	2018-07-05
溥儒 1947年作 春山茅舍 成扇	18×50.5cm	218,500	中国嘉德	2018-06-19
溥儒 定力驯龙 立轴	60×28.5cm	388,063	佳士得	2018-11-26
溥儒 杜甫诗意图 立轴	89.5×23cm	184,000	中国嘉德	2018-06-18
溥儒 杜牧诗意图 立轴	120×39cm	920,000	北京保利	2018-12-08
溥儒 渡水蹇驴 镜片	29.6×15.2cm	317,300	纽约苏富比	2018-03-23
溥儒 断岸青山 镜片	56×20cm	190,000	上海驰翰	2018-06-25
溥儒 鹅戏图 镜心	59.5×28cm	190,924	保利香港	2018-04-02
溥儒 伐柯图 镜片	33×56.5cm	172,500	上海嘉禾	2018-06-25
溥儒 珐琅彩集福凝瑞太平婴戏图 立轴	98.5×46.8cm	1,552,250	佳士得	2018-11-26
溥儒 纺绩图 镜心	24.5×69cm	207,000	北京匡时	2018-06-15
溥儒 放纸鸢 镜心	97×31.5cm	575,000	中贸圣佳	2018-06-20
溥儒 风雨山村 框	44×21cm	121,776	台北艺流	2018-06-30
溥儒 枫林秋色 镜框		118,800	金仕发	2018-01-28
溥儒 枫叶山禽 镜心	57.5×26cm	149,500	北京匡时	2018-06-15
溥儒 枫叶小鸟 立轴	91×34cm	287,500	华艺国际	2018-05-23
溥儒 峯岫重阁舟横江 立轴	118×45.5cm	1,437,500	北京保利	2018-12-08
溥儒 凤眼松图 立轴	102×40cm	287,500	西泠拍卖	2018-07-07
溥儒 芙蓉翠鸟图 镜心	100×33cm	172,500	北京荣宝	2018-06-14
溥儒 福自天来 立轴	60×33cm	190,924	保利香港	2018-04-02
溥儒 福字贺岁对联 镜框	尺寸不一	138,000	鼎天国际	2018-01-07
溥儒 高阁秋思卷 手卷 画心	10.5×166.5cm	1,380,000	华艺国际	2018-05-23
溥儒 高山逸士 镜框		396,000	金仕发	2018-01-28
溥儒 高士观瀑图 立轴	100.5×49cm	230,000	上海匡时	2018-04-30
溥儒 高毓彤 人马图 檇毛公鼎铭文 成扇	20×55cm	460,000	中国嘉德	2018-06-19
溥儒 隔江帆影 镜框	84×30cm	598,000	华艺国际	2018-05-23
溥儒 1940年作 楷书十六言联 立轴	86×16cm×2	190,924	中国嘉德	2018-04-03
溥儒 1950年作 神骏 镜心	28.5×86.5cm	152,739	中国嘉德	2018-04-03
溥儒 孤云高树 镜片		324,995	纽约苏富比	2018-09-13
溥儒 古城落日、山间秋色 镜心	32×20cm×2	345,000	北京匡时	2018-06-15
溥儒 古人诗设色山水册 册页	15×7cm×12	154,344	保利香港	2018-10-01
溥儒 观梅图 行书《甫田集诗抄》成扇	18.5×50.5cm	333,500	中国嘉德	2018-06-19
溥儒 观瀑清话图 镜心	98×33cm	287,500	北京荣宝	2018-06-14
溥儒 观月图 镜框	20.5×49cm	243,925	佳士得	2018-11-26
溥儒 归庄迎财神 镜框	35.5×85cm	1,053,313	佳士得	2018-11-26
溥儒 鬼戏图 立轴	38.5×22cm	345,000	中国嘉德	2018-06-18
溥儒 1953年作 江山平远入新秋图卷 手卷	画心8×92cm	1,127,000	北京诚轩	2018-06-16
溥儒 1943年作 楷书七言联 镜心	57.5×11cm×2	138,000	中国嘉德	2018-11-21
溥儒 海石赋 题马诗（两幅）镜框	27.5×17.5cm×2	223,300	佳士得	2018-05-29

拍品名称	物品尺寸	成交价RMB	拍卖公司	拍卖日期
溥儒 寒峰秋色 镜框	38×29cm	243,925	佳士得	2018-11-26
溥儒 寒林雪景图 立轴	100×42cm	172,500	上海匡时	2018-04-30
溥儒 寒梅新篁图 镜心	98.5×54.5cm	115,000	保利山东	2018-11-22
溥儒 寒玉堂课徒册 册页	21.2×15.2cm×18	345,000	北京保利	2018-12-08
溥儒 行草蟫馆 镜框	29×58cm	115,000	上海匡时	2018-04-30
溥儒 行书 蔚文斋 镜片	119×62.5cm	138,000	西泠拍卖	2018-07-07
溥儒 行书"福"镜心	21×21cm	184,000	北京保利	2018-12-08
溥儒 行书"趋吉迁乔"镜心	38×77.5cm	126,500	中国嘉德	2018-06-18
溥儒 行书《日月潭教师馆碑》初稿 镜心	30×61cm	253,000	中国嘉德	2018-11-20
溥儒 行书《望海》立轴	91.5×45cm	115,000	荣宝斋（上海）	2018-01-21
溥儒 行书《朱柏庐先生治家格言》立轴	94.5×64.5cm	402,500	华艺国际	2018-11-16
溥儒 行书"怀枢楼"镜框	27.8×86.5cm	130,800	香港苏富比	2018-10-02
溥儒 行书八言对联 立轴	166×40cm×2	218,500	荣宝斋（上海）	2018-01-21
溥儒 行书对联（两幅）镜框	29.5×6cm×2	310,450	佳士得	2018-11-26
溥儒 行书对联（两幅）立轴	95×19.5cm×2	182,700	佳士得	2018-05-29
溥儒 行书七言联 镜框		105,600	金仕发	2018-01-28
溥儒 行书七言联 立轴	132×32cm×2	276,000	北京翰海	2018-06-29
溥儒 行书七言联 立轴	80×16cm×2	149,500	北京匡时	2018-06-15
溥儒 行书七言联 立轴	130.5×32cm×2	101,200	中国嘉德	2018-11-21
溥儒 行书善光寺诗 镜心	87×27.5cm	164,634	中国嘉德	2018-10-03
溥儒 行书十二月令 册页（廿四开）	60×12.5cm×24	7,015,000	中国嘉德	2018-11-20
溥儒 行书十言联(一对)立轴	每屏131.2×21cm	134,853	纽约苏富比	2018-03-23
溥儒 行书十一言联(一对)立轴	257.7×43.4cm	142,785	纽约苏富比	2018-03-23
溥儒 行书自作诗《感遇》镜心	38.2×95cm	161,000	北京保利	2018-12-08
溥儒 行书自作诗词 册页（五开）	38.5×33cm×5	115,000	上海泓盛	2018-06-27
溥儒 行书自作诗词手卷	27.5×222.8cm	253,840	纽约苏富比	2018-03-23
溥儒 濠濮风和日暖时 镜心	56.8×29.8cm	345,000	北京诚轩	2018-06-16
溥儒 河伯得鱼 镜心	23.5×26cm	103,500	中国嘉德	2018-06-18
溥儒 荷花 镜心	65×31.5cm	161,000	北京匡时	2018-06-15
溥儒 荷塘翠鸟 立轴	100×48cm	483,000	中国嘉德	2018-11-20
溥儒 荷香图 立轴	70×26cm	115,000	中国嘉德	2018-05-18
溥儒 鹤寿松龄 镜框	181.8×91.2cm	12,138,240	香港苏富比	2018-10-02
溥儒 红榴黄莺 镜心	73×26cm	154,344	保利香港	2018-10-01
溥儒 红叶仕女图 镜心	70×30cm	172,500	北京荣宝	2018-06-14
溥儒 花卉蜻蜓 镜框	35×7cm	465,675	佳士得	2018-11-26
溥儒 花塘双鸭 镜心	67×29cm	149,500	鼎天国际	2018-01-07
溥儒 画山水图成扇	尺寸不一	184,000	北京保利	2018-06-19
溥儒 怀枢楼礼佛图 镜框	24.5×93.4cm	457,800	香港苏富比	2018-10-02
溥儒 黄鹄 立轴	71.5×32cm	121,800	佳士得	2018-05-29
溥儒 黄君璧 1950年作 清波随意棹扁舟 立轴	95.4×32.4cm	161,000	北京保利	2018-12-08
溥儒 黄莺石榴 立轴	68×33.5cm	310,450	佳士得	2018-11-26
溥儒 绘画1952年作 书法1957年作 临古书画册 册页	书法 28.5×18.5cm×17	2,530,000	上海匡时	2018-04-30
溥儒 极目溪山 立轴		136,840	纽约苏富比	2018-09-13
溥儒 1949年作 钟馗 立轴	79×32.5cm	172,500	上海嘉禾	2018-06-25
溥儒 1949年作 钟馗 镜心	74×24cm	1,207,500	中国嘉德	2018-11-21
溥儒 1959年作 松下骏马 立轴	73.5×35cm	322,000	中国嘉德	2018-06-18
溥儒 1959年作 重岩联璐 镜心	画心12.5×94cm	977,500	中国嘉德	2018-06-18
溥儒 1929年作 西山秋色 立轴	102×30.7cm	133,765	中国嘉德	2018-10-03

拍品名称	物品尺寸	成交价RMB	拍卖公司	拍卖日期
溥儒 济公 镜心	56×28cm	322,000	中贸圣佳	2018-06-20
溥儒 1944年作 岁朝佳兆 立轴	109.5×41.5cm	1,725,000	北京诚轩	2018-06-16
溥儒 1934年作 青山碧波图 立轴	97×39cm	172,500	广东崇正	2018-07-05
溥儒 江岸行旅 横披	10×87cm	230,000	上海匡时	2018-04-30
溥儒 江帆远影 镜心	12×127.5cm	133,647	中国嘉德	2018-04-03
溥儒 江峰楼头 立轴	30.3×46cm	113,186	中国嘉德	2018-10-03
溥儒 江静庭空 镜框	68×30cm	111,650	佳士得	2018-05-29
溥儒 江头叠嶂图 镜心	62×23cm	149,500	中国嘉德	2018-09-19
溥儒 蕉林鸟啼 镜框	25.4×49.6cm	202,250	香港苏富比	2018-04-02
溥儒 蕉荫仕女 立轴	117.5×34cm	690,000	中国嘉德	2018-06-18
溥儒 揭钵图 镜心	28×32cm	109,250	北京匡时	2018-06-15
溥儒 天官赐福图 镜框	29×68cm	345,000	深圳至正国际	2018-08-25
溥儒 九馗迎福 立轴	直径40cm	115,000	荣宝斋（济南）	2018-07-01
溥儒 峻岭楼阁 立轴	132×56cm	207,000	北京保利	2018-11-19
溥儒 楷书 道德为师也 楷书 道德世家楷书 学道忘我 楷书 孔孟之道 框	11×11cm×4	320,016	台北艺流	2018-12-01
溥儒 楷书 佛号九屏 画心	15×4.5cm×9	120,006	台北艺流	2018-12-01
溥儒 楷书 天地人合一 画心	31×23cm	1,522,200	台北艺流	2018-06-30
溥儒 楷书"茶趣"镜心	25×10cm	172,500	中国嘉德	2018-06-18
溥儒 楷书〈平〉、〈等〉、〈圆〉、〈觉〉画心	29×20cm×4	213,344	台北艺流	2018-12-01
溥儒 楷书对联（两幅）立轴	80.5×20.5cm×2	221,750	佳士得	2018-11-26
溥儒 楷书对联（两幅）立轴	139.5×34cm×2	152,250	佳士得	2018-05-29
溥儒 楷书江淹《从征虏始安王道中诗》立轴	80.5×34.4cm	150,718	纽约苏富比	2018-03-23
溥儒 楷书七言联 对联	136×32cm×2	287,500	中贸圣佳	2018-06-20
溥儒 楷书七言联 镜心	64.5×13cm×2	402,500	北京匡时	2018-06-15
溥儒 楷书七言联 镜心	52.5×7cm×2	241,500	北京匡时	2018-06-15
溥儒 楷书七言联 立轴	64.6×12.6cm×2	381,500	香港苏富比	2018-10-02
溥儒 楷书七言联 立轴	84×16cm×2	138,000	北京翰海	2018-06-29
溥儒 楷书十二言联(一对)镜片	121.9×16.7cm×2	118,988	纽约苏富比	2018-03-23
溥儒 楷书十一言联 镜心	70×11.5cm×2	598,000	北京保利	2018-12-07
溥儒 楷书苏轼《老饕赋》(四件)镜框	117×28cm	793,250	纽约苏富比	2018-03-23
溥儒 楷书文天祥《正气歌》立轴		198,313	纽约苏富比	2018-03-23
溥儒 楷书五言联 画心	138×33cm×2	101,338	台北艺流	2018-12-01
溥儒 空山积雪 立轴	72.5×34.5cm	242,700	香港苏富比	2018-04-02
溥儒 空山秋雨 镜心	32×64cm	276,000	荣宝斋（南京）	2018-07-15
溥儒 空山幽境 镜心	28.2×88cm	402,500	北京诚轩	2018-06-16
溥儒 空庭拥扫图 立轴	65×33.5cm	460,000	北京翰海	2018-06-29
溥儒 空岩茅屋 立轴	111×33cm	322,000	中国嘉德	2018-06-19
溥儒 聊斋画皮 画心	29×19cm	2,029,600	台北艺流	2018-06-30
溥儒 凌霜劲松 立轴	91.5×29cm	172,500	保利山东	2018-11-22
溥儒 柳塘暮色 镜心	28×53cm	1,089,000	中正拍卖	2018-01-26
溥儒 六一图 立轴	61.1×28.6cm	172,500	中国嘉德	2018-06-18
溥儒 龙 镜框	42×20cm	388,063	佳士得	2018-11-26
溥儒 楼阁 立轴	100.5×32cm	532,200	佳士得	2018-11-26
溥儒 楼隐寒江·行书自作诗 成扇	19.5×52cm	747,500	中国嘉德	2018-11-21
溥儒 芦苇螃蟹 立轴	120.5×32cm	460,000	北京荣宝	2018-06-14
溥儒 骆驼 立轴	63×35cm	317,300	纽约苏富比	2018-03-22
溥儒 绿树飞花 镜心	66×45.5cm	103,500	北京翰海	2018-06-29
溥儒 绿叶蝉鸣 镜心	66.5×24.5cm	276,000	上海匡时	2018-04-30

拍品名称	物品尺寸	成交价RMB	拍卖公司	拍卖日期
溥儒 马上封侯	126×48cm	182,025	邦瀚斯	2018-04-03
溥儒 马踏溪边、树阴听雁 镜心	32×20cm×2	345,000	北京匡时	2018-06-15
溥儒 满文 阿弥陀佛 画心	34×16.5cm	200,010	台北艺流	2018-12-01
溥儒 茅亭积雪 镜心	68×23cm	161,000	北京匡时	2018-06-15
溥儒 梅花小鸟 镜框	30×54.5cm	162,400	佳士得	2018-05-29
溥儒 孟浩然诗意 扇面	18.5×47cm	111,055	纽约苏富比	2018-03-23
溥儒 莫高窟大士像 立轴	233×83cm	1,437,500	北京匡时	2018-06-15
溥儒 墨荷 镜片	59.2×27.9cm	206,245	纽约苏富比	2018-03-23
溥儒 墨菊 镜心	29×60cm	105,800	中国嘉德	2018-06-19
溥儒 墨蟹 立轴	118×36.5cm	1,012,000	北京匡时	2018-06-15
溥儒 牡丹 未裱		470,388	纽约苏富比	2018-09-13
溥儒 倪田 杨少谷 冯祖培 吴观岱 刘键业 雒题 六帧扇面	尺寸不一	118,988	纽约苏富比	2018-03-24
溥儒 鸟栖图 立轴	97×33cm	207,000	北京匡时	2018-06-15
溥儒 蟠桃灵芝 镜框	93.5×37.5cm	1,219,625	佳士得	2018-11-26
溥儒 盆花清供 镜框	23.9×26.9cm	185,300	香港苏富比	2018-10-02
溥儒 蓬莱山色 镜心	101×27cm	437,000	荣宝斋（上海）	2018-01-21
溥儒 片帆清秋图 楷书枯树赋 镜片	136.5×23cm	575,000	西泠拍卖	2018-07-07
溥儒 平林归牧 扇面	14.8×44cm	118,988	纽约苏富比	2018-03-23
溥儒 平沙落雁 镜框	90.7×31.8cm	599,500	香港苏富比	2018-10-02
溥儒 溥侗 樵罢闲吟图 节临书谱 成扇	18×51cm	207,000	中国嘉德	2018-11-21
溥儒 溥侗 秋阁清话图 临《七十帖》成扇	18.5×50cm	184,000	中国嘉德	2018-06-19
溥儒 溥僡 雪景山水 楷书书法 镜心	19×54cm×2	126,500	中贸圣佳	2018-11-24
溥儒 溥靖秋 楷书〈月赋〉春花蝶飞 成扇	15.2×40cm	239,800	香港苏富比	2018-10-02
溥儒 溥佺 相逢话旧 行书七言诗 镜心	20×54cm×2	172,500	中国嘉德	2018-11-21
溥儒 七言八仙诗	42×5cm each（2）	161,800	邦瀚斯	2018-04-03
溥儒 浅滃晕山 镜框	13×109cm	1,108,750	佳士得	2018-11-26
溥儒 峭壁泛舟图 镜片	88×28cm	109,250	西泠拍卖	2018-07-07
溥儒 琴韵涛声 镜心	56.5×28.5cm	100,838	中国嘉德	2018-10-03
溥儒 青冥鸟道深 立轴	91.3×27.8cm	172,500	北京保利	2018-12-08
溥儒 清溪幽谷·危冈列屋 镜心（二帧）	32.5×20.1cm×2	368,000	北京诚轩	2018-06-16
溥儒 琼楼雪霁 立轴	106×30cm	172,500	北京保利	2018-12-08
溥儒 琼楼雪霁图 镜心	71×40cm	1,035,000	北京匡时	2018-06-15
溥儒 秋泛探隐图 镜框	106.7×43.3cm	218,000	香港苏富比	2018-10-02
溥儒 秋光寥阔 立轴	27×58.5cm	172,500	中国嘉德	2018-06-18
溥儒 秋壑烟云 扇面镜框	直径25cm	131,950	佳士得	2018-05-29
溥儒 秋江待友 扇面	19.2×53.2cm	118,988	纽约苏富比	2018-03-22
溥儒 秋江帆影 青山依旧手卷	尺寸不一	1,725,000	华艺国际	2018-11-16
溥儒 秋江帆影图 立轴	99×33cm	207,000	华艺国际	2018-11-16
溥儒 秋江泛舟 镜框	29.5×61.5cm	230,000	华艺国际	2018-05-23
溥儒 秋江孤棹 立轴	95.5×29.3cm	436,288	纽约苏富比	2018-03-22
溥儒 秋景山水 立轴	80.5×39.5cm	172,500	中国嘉德	2018-06-18
溥儒 秋林精舍 立轴	100×32cm	184,000	华艺国际	2018-11-16
溥儒 秋色晴山图 立轴	131×49cm	805,000	北京匡时	2018-06-15
溥儒 秋山行旅图 镜心	11.5×109.5cm	1,035,000	北京匡时	2018-06-15
溥儒 秋山行舟 立轴	99.5×31cm	287,500	北京匡时	2018-06-15
溥儒 秋山清话图 镜心	94.5×39.0cm	172,500	中国嘉德	2018-06-19
溥儒 秋山雁痕水自鸣 镜心	99×46cm	230,000	北京保利	2018-12-08
溥儒 秋山远眺 镜片	83.8×25.7cm	427,625	纽约佳士得	2018-09-11
溥儒 秋树萧疏图 镜框	87×38cm	327,000	香港苏富比	2018-10-02
溥儒 秋塘晚色 镜框	32.8×47.6cm	103,550	香港苏富比	2018-10-02
溥儒 秋峡 手卷	4.3×64.8cm	368,000	中国嘉德	2018-06-18
溥儒 秋意飒然图 镜心	18×132cm	230,000	中国嘉德	2018-09-19
溥儒 虬松 镜心	87×32cm	184,000	北京翰海	2018-06-29
溥儒 1952年作 钟馗醉归图 立轴	60×29cm	230,000	中国嘉德	2018-06-18
溥儒 1932年作 江村晚景 手卷	4.7×100cm	862,500	中国嘉德	2018-06-18
溥儒 1962年作 行书七言联 立轴	94×21cm×2	126,500	中国嘉德	2018-06-19
溥儒 1962年作 虬起蛟腾 手卷	画心34×431cm	4,945,000	中国嘉德	2018-06-18
溥儒 如意花卉 镜框	46×87cm	1,219,625	佳士得	2018-11-26
溥儒 乳鸭临水图 镜片	67.5×29.5cm	109,250	西泠拍卖	2018-07-07
溥儒 山居读易图	132×42cm	326,700	中正拍卖	2018-01-26
溥儒 山居图 立轴	98×33.5cm	195,500	北京匡时	2018-12-05
溥儒 山水 立轴	92×26cm	230,000	荣宝斋（南京）	2018-07-15
溥儒 山水 立轴	114×33cm	201,600	湖南逸典	2018-06-09
溥儒 山水 扇面	17.7×56.2cm	134,853	纽约苏富比	2018-03-23
溥儒 山水 扇面 成扇	27.5×26cm	146,674	台北艺流	2018-12-01
溥儒 山水 书法 镜框	山水35×18cm	299,000	华艺国际	2018-11-16
溥儒 山水 四屏	135×33cm×4	483,000	北京东正	2018-06-17
溥儒 山水 四屏镜心	尺寸不一	322,000	北京匡时	2018-06-15
溥儒 山水对屏 画心	68×17cm×2	173,342	台北艺流	2018-12-01
溥儒 山水楼阁 镜片	66.4×29.9cm	237,975	纽约苏富比	2018-03-23
溥儒 山水清音 册页（10开）	19×13cm×10	2,530,000	北京匡时	2018-12-06
溥儒 山水人物 立轴	130×47cm	190,924	香港诚昌	2018-04-02
溥儒 山中高士 镜心	70×33cm	126,500	北京保利	2018-12-08
溥儒 山中寻幽 立轴	80×36cm	391,005	中国嘉德	2018-10-03
溥儒 深林秋意 立轴	90×38.5cm	199,575	佳士得	2018-11-26
溥儒 沈尹默 颐和园小景·行书书论 成扇	18.3×47cm	205,792	中国嘉德	2018-10-03
溥儒 石净泉流 镜片	105×35cm	207,000	广东崇正	2018-07-05
溥儒 事事遂愿 立轴	116×52cm	230,000	北京保利	2018-06-17
溥儒 柿 镜框	25.7×29.7cm	141,700	香港苏富比	2018-10-02
溥儒 书法（四对）镜片	32×4cm×8	190,380	纽约佳士得	2018-03-20
溥儒 书法 镜片	30.2×88.6cm	111,183	纽约佳士得	2018-09-11
溥儒 书法 镜片（六开）	95.5×27cm×6	138,000	华艺国际	2018-03-30
溥儒 书法对联（两幅）镜框	29.8×7.8cm×2	192,850	佳士得	2018-05-29
溥儒 书法对联（两幅）立轴	97×21.6cm×2	203,000	佳士得	2018-05-29
溥儒 书画合璧扇 成扇	18×50cm	103,500	北京诚轩	2018-06-16
溥儒 疏林放牧 镜心	9×33cm 16.5×33cm	299,000	凤凰拍卖	2018-01-21
溥儒 蜀山归舟 镜框	106×17cm	207,000	华艺国际	2018-05-23
溥儒 树凋窗有日 立轴	92×34.5cm	218,500	北京诚轩	2018-06-16
溥儒 树老含秋色 镜心	17.5×52.5cm×2	115,000	北京荣宝	2018-06-14
溥儒 双鸠饮玉露 立轴	107×48.5cm	1,265,000	北京翰海	2018-06-29
溥儒 双美图 立轴	88×31cm	2,875,000	北京匡时	2018-06-15
溥儒 双松图 立轴	133×33cm	103,500	上海匡时	2018-04-30
溥儒 霜倒半池莲 镜片	27.2×55.9cm	356,963	纽约苏富比	2018-03-23
溥儒 霜松幽壑 立轴	64×35.3cm	243,925	佳士得	2018-11-26
溥儒 水月观音 镜心	75×41cm	226,371	保利香港	2018-10-01
溥儒 四季风景	100×33.5cm	606,750	邦瀚斯	2018-04-03
溥儒 松柏高士 立轴	55×41cm	517,500	保利山东	2018-11-22
溥儒 松风高士 扇面	19.8×54.5cm	230,000	中国嘉德	2018-11-20
溥儒 松鹤延龄 镜框	122×39.7cm	237,975	纽约苏富比	2018-03-23

拍品名称	物品尺寸	成交价RMB	拍卖公司	拍卖日期
溥儒 松鹤延年 立轴	117.5×55.5cm	304,500	佳士得	2018-05-29
溥儒 松涧高隐图 立轴	131.5×32cm	172,500	广东崇正	2018-07-05
溥儒 松林秋山 立轴	98.5×32.5cm	354,800	佳士得	2018-11-26
溥儒 松色水声图 立轴	104.5×32cm	207,000	西泠拍卖	2018-07-07
溥儒 松山秋霜 立轴		369,600	金仕发	2018-01-28
溥儒 松寿有余 镜框	56.5×33.7cm	261,600	香港苏富比	2018-10-02
溥儒 松涛泉韵图 镜片	画心72×29.5cm	115,000	西泠拍卖	2018-07-07
溥儒 松峡观云 立轴	87.3×27.6cm	158,650	纽约苏富比	2018-03-22
溥儒 松下高士 立轴	102×33cm	414,000	保利山东	2018-11-22
溥儒 松下高士 立轴镜框	103×48.5cm	203,000	佳士得	2018-05-29
溥儒 松下高士图 立轴	100.5×33.5cm	322,000	西泠拍卖	2018-07-07
溥儒 松下高仕 立轴	102.5×34cm	322,000	上海匡时	2018-04-30
溥儒 松下观瀑 镜心	28.4×60.5cm	144,054	中国嘉德	2018-10-03
溥儒 松下论道 立轴	83.5×42.5cm	126,500	朵云轩	2018-06-24
溥儒 松崖孤舟 镜框		188,155	纽约苏富比	2018-09-13
溥儒 松岩山翠 立轴	112×45cm	310,450	佳士得	2018-11-26
溥儒 松岩云气图 镜片	54×21cm	115,000	西泠拍卖	2018-07-07
溥儒 松阴待月 镜心	80×39cm	207,000	北京保利	2018-12-08
溥儒 松阴贤侣 立轴	91×37.5cm	195,500	北京诚轩	2018-06-16
溥儒 松荫高士图 镜心	76×43cm	138,000	北京保利	2018-06-17
溥儒 松荫雅集 立轴	135×64cm	2,472,500	北京匡时	2018-06-15
溥儒 松荫游目图 立轴	75×25cm	253,000	西泠拍卖	2018-07-07
溥儒 松影还云 立轴	88.5×28cm	126,500	上海匡时	2018-04-30
溥儒 苏武牧羊 立轴	59.5×33.5cm	205,792	北京匡时	2018-10-03
溥儒 岁寒三友图 镜框	96.5×43.5cm	812,000	佳士得	2018-05-29
溥儒 台车送客 立轴	55.5×22.5cm	152,250	佳士得	2018-05-29
溥儒 太鲁阁绳桥 立轴	57.5×20cm	304,500	佳士得	2018-05-29
溥儒 太平婴戏 镜心	18.3×27.2cm	143,193	中国嘉德	2018-04-03
溥儒 天池宝驹图 镜片	44×24.5cm	105,800	西泠拍卖	2018-05-05
溥儒 听风待读 立轴	106×34.5cm	207,000	北京翰海	2018-06-29
溥儒 亭台楼阁 立轴	132×43cm	195,500	荣宝斋（南京）	2018-07-15
溥儒 桐阴仕女 镜片	79.2×25.9cm	118,988	纽约苏富比	2018-03-23
溥儒 童戏鸢丝出红尘 立轴	99×32cm	1,127,000	北京保利	2018-12-08
溥儒 屠狗 镜框	27.5×46.5cm	221,750	佳士得	2018-11-26
溥儒 纨扇仕女 立轴	64.5×33cm	414,000	中国嘉德	2018-06-18
溥儒 万壑松风 手卷	11.5×63cm	345,000	北京匡时	2018-06-15
溥儒 万壑松声 立轴	90.1×36.8cm	222,110	纽约苏富比	2018-03-22
溥儒 味笋庵种竹图 镜心	58×18cm	299,000	保利山东	2018-11-22
溥儒 夕阳渡口 立轴	85.5×27.5cm	310,450	佳士得	2018-11-26
溥儒 夕照秋水 镜框	59×29cm	1,108,750	佳士得	2018-11-26
溥儒 西山隐客 立轴	100×27cm	287,500	北京保利	2018-06-17
溥儒 西游记 册（十开）	27.6×17.4cm	475,950	纽约苏富比	2018-03-23
溥儒 溪岸垂钓 镜心	89×28.5cm	226,371	中国嘉德	2018-10-03
溥儒 溪桥暮归图 镜片	97×27.5cm	207,000	广东崇正	2018-07-05
溥儒 溪桥雪景图 立轴	98.5×31.5cm	230,000	保利厦门	2018-01-08
溥儒 溪山访友 镜片	10.9×138.7cm	555,275	纽约苏富比	2018-03-23
溥儒 溪亭幽居 立轴	131.4×42.5cm	384,863	纽约佳士得	2018-09-11
溥儒 仙山楼阁图 立轴	127×45.5cm	3,220,000	北京匡时	2018-06-15
溥儒 湘江泛舟 立轴	104.5×34cm	184,000	朵云轩	2018-06-24
溥儒 萧萧人踪 镜心	75.5×32.5cm	299,000	北京翰海	2018-06-29
溥儒 潇湘怀古 镜框	36.8×82.8cm	192,850	佳士得	2018-05-29
溥儒 小品（二帧）镜心	34×21cm×2	161,000	保利山东	2018-11-22
溥儒 斜日归舟图 镜片	128×65cm	2,070,000	西泠拍卖	2018-07-07
溥儒 斜阳扁舟 立轴	84×42.5cm	172,500	朵云轩	2018-06-24
溥儒 1941年作 草书（四幅）屏轴	128×29cm×4	230,000	朵云轩	2018-06-24
溥儒 1941年作 楷书十一言联 镜片	129×29cm×2	103,500	广东崇正	2018-07-05
溥儒 1931年作 高天寥阔 立轴	100.5×32.5cm	138,000	中国嘉德	2018-06-18
溥儒 1931年作 牧牛图 扇面	18×51cm	460,000	中国嘉德	2018-06-19
溥儒 雪霁图 镜心	99×33cm	161,000	北京翰海	2018-06-29
溥儒 雪景 镜片	87.9×27.3cm	384,863	纽约佳士得	2018-09-11
溥儒 雪景山水 立轴	71×33.5cm	218,500	北京匡时	2018-06-15
溥儒 雪满空山 立轴		237,975	纽约佳士得	2018-03-20
溥儒 雪山访友图 镜片	74.5×30cm	180,000	上海驰翰	2018-06-25
溥儒 雪山萧寺 镜心	101×32.5cm	460,000	中国嘉德	2018-11-20
溥儒 雪雁渔夫 立轴	101.5×33.5cm	152,250	佳士得	2018-05-29
溥儒 崖间泛舟 扇面镜框	20.1×54.5cm	101,500	佳士得	2018-05-29
溥儒 烟横秋水 立轴	100.5×32cm	172,500	中贸圣佳	2018-11-25
溥儒 岩边观音 画心	101×53cm	186,676	台北艺流	2018-12-01
溥儒 岩石秋壁 镜心	76×32.5cm	391,000	北京翰海	2018-06-29
溥儒 邀月图 立轴	87×36cm	161,000	北京匡时	2018-06-15
溥儒 遥峰出涧 立轴	47.5×29.5cm	195,500	中国嘉德	2018-06-18
溥儒 一路连升 镜心	98.5×34cm	333,500	荣宝斋（上海）	2018-01-21
溥儒 1935年作 松泉图·行书节临《书谱》成扇	17.5×50cm	460,000	中国嘉德	2018-11-21
溥儒 婴戏图 镜框	38.5×91.5cm	1,522,500	佳士得	2018-05-29
溥儒 幽人策蹇秋山行 镜心	66.7×38.7cm	460,000	北京保利	2018-12-08
溥儒 幽人扶醉倚琅玕 镜心	28.3×85cm	149,500	北京保利	2018-12-08
溥儒 于右任 秋塘晚色、草书五言联 镜心	尺寸不一	126,500	中国嘉德	2018-06-18
溥儒 渔舟歌夕阳 镜心	24×27cm	143,193	保利香港	2018-04-02
溥儒 御马图 镜心	40×22.5cm	322,000	上海匡时	2018-04-30
溥儒 鸢戏 立轴	78.5×18cm	207,000	中国嘉德	2018-06-18
溥儒 元人画境 镜框	60×28cm	230,000	华艺国际	2018-05-23
溥儒 猿挂岛藤间 镜框	32.1×47.3cm	218,000	香港苏富比	2018-10-02
溥儒 猿戏图 立轴	71×32cm	154,344	中国嘉德	2018-10-03
溥儒 远山斜阳 立轴	94.5×32.8cm	131,950	佳士得	2018-05-29
溥儒 云林山居 镜心	63×18.5cm	207,000	上海匡时	2018-04-30
溥儒 云山闲眺 镜心	32.5×41.5cm	184,000	北京诚轩	2018-06-16
溥儒 云山逸兴（两幅）镜心	17×13cm×2	172,500	中国嘉德	2018-11-21
溥儒 云影林光 手卷	99.2×15.5cm	698,060	纽约苏富比	2018-03-23
溥儒 云中楼观 立轴	127.5×67cm	920,000	北京荣宝	2018-06-14
溥儒 张伯英 御骏图 楷书节录《晋祠之铭并序》成扇	18.5×52cm	345,000	中国嘉德	2018-06-19
溥儒 张大千 1935年作 行书·山水成扇 成扇	17.2×50cm	402,500	北京保利	2018-12-08
溥儒 张大千 1945年作 秋林读书图 镜框	120×44.5cm	1,380,000	华艺国际	2018-11-16
溥儒 指画高士 镜框	76×27.5cm	872,000	香港苏富比	2018-10-02
溥儒 中山出游图 镜框	92.8×45cm	3,453,120	香港苏富比	2018-10-02
溥儒 钟馗 立轴	90×33cm	115,000	北京保利	2018-06-17
溥儒 钟馗持剑 立轴	35.5×13.5cm	230,000	中国嘉德	2018-06-18
溥儒 钟馗降福图 立轴	65×42cm	299,000	中国嘉德	2018-09-19
溥儒 朱槿 镜心	80×21.5cm	102,896	保利香港	2018-10-01
溥儒 朱松（四幅）镜框	102×35.5cm×4	1,827,000	佳士得	2018-05-29
溥氏一门 八骏图 四屏 镜框	100×32.9cm×4	505,625	香港苏富比	2018-04-02
溥伟 小楷临帖三种 十七开册		384,863	纽约苏富比	2018-09-13
溥僩 三骏图 立轴	128×32cm	114,554	保利香港	2018-04-02

拍品名称	物品尺寸	成交价RMB	拍卖公司	拍卖日期
溥僩 袁克文 浪暖桃香 行书书法 成扇	20×54cm	172,500	中贸圣佳	2018-11-24
溥心畬 1929年作 巴蜀泛舟图 成扇	19×50cm	460,000	北京荣宝	2018-12-03
溥心畬 1935年作 千峰万柯图 手卷	13.5×98cm；13.5×59.5cm	552,000	北京荣宝	2018-12-03
溥心畬 1938年作 夏山高隐图 镜心	85.5×28cm	230,000	北京荣宝	2018-12-03
溥心畬 1946年作 鸢戏图 立轴	93×31cm	460,000	北京荣宝	2018-12-03
溥心畬 1950年作 暮烟归棹 镜框	80×28.5cm	461,040	羅芙奧	2018-12-01
溥心畬 1950年作 秋林雁落 立轴	54×29cm	253,000	北京荣宝	2018-12-03
溥心畬 1957年作 行书七言联 立轴	116×29cm×2	138,000	北京荣宝	2018-12-03
溥心畬 1961年作 隶书《汉循吏韩仁碑》镜框	69×29cm×4	1,725,000	北京荣宝	2018-12-03
溥心畬 草书七言联 镜框	65×11.5cm×2	172,500	北京荣宝	2018-12-03
溥心畬 戴沐新 携琴访友图 成扇	19×50cm	368,000	北京荣宝	2018-12-03
溥心畬 蝶翩翩 立轴	57×23cm	460,000	北京荣宝	2018-12-03
溥心畬 狗仙洞 立轴	32×19cm	149,500	北京荣宝	2018-12-03
溥心畬 孤峰生昼寒 镜框	46×17.5cm	149,500	北京荣宝	2018-12-03
溥心畬 孤石云举 镜框	26×16.5cm×2	345,000	北京荣宝	2018-12-03
溥心畬 归隐图 镜框	117×48.5cm	1,035,000	北京荣宝	2018-12-03
溥心畬 行草明人题画诗 镜框	130×31cm×4	2,047,000	北京荣宝	2018-12-03
溥心畬 行书刘长卿诗一首 立轴	100×32.5cm	207,000	北京荣宝	2018-12-03
溥心畬 行书刘长卿诗一首 立轴	67×28.5cm	103,500	北京荣宝	2018-12-03
溥心畬 行书七言联 镜框	129×29cm×2	149,500	北京荣宝	2018-12-03
溥心畬 红叶小鸟 镜心	57×26cm	161,000	北京荣宝	2018-12-03
溥心畬 楷书对联（四对）镜心	64×12.8cm×8	897,000	北京荣宝	2018-12-03
溥心畬 空谷幽兰 镜框	29×60.5cm	241,500	北京荣宝	2018-12-03
溥心畬 磊磊奇石 立轴	60×28cm	172,500	北京荣宝	2018-12-03
溥心畬 李商隐诗意图 立轴	71×31cm	552,000	北京荣宝	2018-12-03
溥心畬 柳塘春水 镜框	28×52.5cm	264,500	北京荣宝	2018-12-03
溥心畬 密林延夕照 镜框	32×20cm×2	506,000	北京荣宝	2018-12-03
溥心畬 潘龄皋 长松溪影 成扇	19×50cm	322,000	北京荣宝	2018-12-03
溥心畬 平江楼台 镜框	48×25cm	517,500	北京荣宝	2018-12-03
溥心畬 青松危嶂 镜框	60×22.5cm	345,000	北京荣宝	2018-12-03
溥心畬 秋林逸客 镜框	49×38cm	690,000	北京荣宝	2018-12-03
溥心畬 秋山高仕图 立轴	102×51cm	552,000	北京荣宝	2018-12-03
溥心畬 双骏图 镜心	36×57cm	690,000	北京荣宝	2018-12-03
溥心畬 双鱼图 镜心	58×30cm	460,000	北京荣宝	2018-12-03
溥心畬 水月观音 镜框	120×48cm	920,000	北京荣宝	2018-12-03
溥心畬 松壑行旅 手卷	14×96cm	920,000	北京荣宝	2018-12-03
溥心畬 松下高士图 立轴	56.5×28.5cm	124,752	羅芙奧	2018-12-01
溥心畬 岁寒四友 镜心	17×51cm×4	747,500	北京荣宝	2018-12-03
溥心畬 王摩诘诗意 镜框	75×45cm	1,322,500	北京荣宝	2018-12-03
溥心畬 吴湖帆 骑牛踏秋草 成扇	20×50cm	598,000	北京荣宝	2018-12-03
溥心畬 长空流碧云 镜心	81×29.5cm	195,500	北京荣宝	2018-12-03
溥仪 永绥吉卲 镜心	58×165cm	414,000	保利厦门	2018-07-15
溥佐 1941年作 郊荫散马图 立轴	125×64cm	460,000	上海匡时	2018-04-30
溥佐 1986年作 松枫双栖 立轴	69×46cm	103,500	鼎天国际	2018-01-07
溥佐 柳荫驰马图 立轴	104×35cm	126,500	中国嘉德	2018-05-19
溥佐 三羊开泰 立轴	97×32cm	230,000	鼎天国际	2018-01-07
溥佐 松溪三骏 立轴	140×64cm	402,500	北京翰海	2018-06-29
溥佐 松溪隐士 镜框	101.5×33cm	230,000	鼎天国际	2018-01-07
漆原夏树 2017年作 风景的肖像	130×194cm	142,100	佳士得	2018-05-27
齐白石（款）菊花螃蟹 立轴	103.5×34.8cm	1,110,550	纽约苏富比	2018-03-24
齐白石（款）秋意 轴	99×28cm	146,674	台北艺流	2018-12-01
齐白石 八虾 立轴	103×45cm	409,640	伦敦苏富比	2018-05-16
齐白石 紫藤蜜蜂图 立轴	109×42cm	344,960	伦敦苏富比	2018-05-16
齐白石 1917年作 蜻蜓葡萄图 立轴	145.5×60.5cm	1,495,000	西泠拍卖	2018-07-07
齐白石 1920年作 石榴枇杷图 立轴	65×43.5cm	2,990,000	北京荣宝	2018-06-14
齐白石 1922年作 山水 册页（十开）	33×23cm×10	56,350,000	北京保利	2018-06-17
齐白石 1923年作 红梅·行书七言诗 成扇	24.5×70cm	805,000	北京保利	2018-12-07
齐白石 1924年作 雏鸡 画心	53×35cm	507,400	台北艺流	2018-06-30
齐白石 1924年作 虾戏图 立轴	101.5×34cm	1,035,000	西泠拍卖	2018-07-07
齐白石 1924年作 蟹 镜框	28×47.2cm	174,400	香港苏富比	2018-10-02
齐白石 1925年作 清白传家图 立轴	138×33.5cm	1,955,000	西泠拍卖	2018-07-07
齐白石 1926年作 蟠桃图 立轴	144×40cm	3,450,000	北京荣宝	2018-12-03
齐白石 1927年作 篱落豆 立轴	135×32.5cm	632,500	北京诚轩	2018-06-16
齐白石 1929年作 红菊老少年 镜心	66.5×33cm	977,500	北京荣宝	2018-06-14
齐白石 1929年作 紫藤蜜蜂 立轴	177×46cm	1,955,000	北京荣宝	2018-06-14
齐白石 1930年作 苇下游虾 立轴	130.9×32.7cm	1,199,000	香港苏富比	2018-10-02
齐白石 1930年作 紫藤 立轴	142×33cm	1,610,000	北京匡时	2018-06-15
齐白石 1932年作 渔翁 镜框	135×47cm	3,281,900	佳士得	2018-11-26
齐白石 1933年作 望福图 立轴	92.5×55.5cm	3,680,000	北京翰海	2018-06-29
齐白石 1934年作 群虾图 镜框	26.5×33cm	460,000	华艺国际	2018-11-16
齐白石 1934年作 松鹰图 镜心	100×33cm	3,105,000	北京保利	2018-06-17
齐白石 1934年作 长守富贵 立轴	100×33cm	9,200,000	上海匡时	2018-04-30
齐白石 1935年作 波清万里图	138×34.5cm	1,011,250	邦瀚斯	2018-04-03
齐白石 1935年作 秋意 立轴	99×32.5cm	632,500	北京荣宝	2018-12-03
齐白石 1936年作 福禄鸳鸯 立轴	100×34cm	1,955,000	中国嘉德	2018-11-20
齐白石 1936年作 芦蟹图 立轴	112×33cm	2,185,000	北京匡时	2018-12-06
齐白石 1936年作 挠背图 镜心	96×45cm	12,880,000	北京匡时	2018-06-15
齐白石 1937年作 池塘野趣 立轴	69×34cm	713,000	北京匡时	2018-12-05
齐白石 1937年作 群虾 立轴	68×34cm	874,000	北京匡时	2018-12-05
齐白石 1937年作 生机勃勃 立轴	114×51cm	4,830,000	北京保利	2018-12-07
齐白石 1938年作 水族潜翔 立轴	137.5×34cm	1,011,250	香港苏富比	2018-04-02
齐白石 1939年作 苇畔蟹行 立轴	68.2×34cm	545,000	香港苏富比	2018-10-02
齐白石 1940年作 八哥 立轴	133×33cm	2,127,500	华艺国际	2018-05-23
齐白石 1942年作 游虾 镜心	18×66cm	632,500	北京荣宝	2018-06-14
齐白石 1943年作 葫芦蜻蜓 镜心	89×33cm	1,150,000	北京荣宝	2018-06-14
齐白石 1944年作 葡萄 立轴	134×33cm	2,300,000	北京荣宝	2018-06-14
齐白石 1944年作 寿桃 立轴	69×34.5cm	2,990,000	北京荣宝	2018-06-14
齐白石 1944年作 丝瓜 立轴	21×55cm	172,500	北京荣宝	2018-12-03
齐白石 1944年作 幼雏 立轴	102×34.5cm	632,500	北京匡时	2018-12-05
齐白石 1945年作 桂花多寿 镜心	98×32cm	3,450,000	北京荣宝	2018-06-14
齐白石 1945年作 荷花 立轴	68×34cm	598,000	北京荣宝	2018-12-03
齐白石 1945年作 集锦（两幅）镜框	105.5×35cm×4	3,506,165	纽约佳士得	2018-03-20
齐白石 1945年作 益寿延年 篆书对联（两幅）镜框／立轴	136×33.3cm；131.5×22cm×2	5,942,900	佳士得	2018-11-26
齐白石 1946年作 雏鸡图 立轴	100×34cm	966,000	北京翰海	2018-06-29
齐白石 1946年作 大富贵亦坚固 立轴	105×35cm	3,680,000	北京保利	2018-12-07
齐白石 1946年作 凤仙花 镜心	18×51cm	299,000	北京荣宝	2018-12-03
齐白石 1946年作 国色天香 镜心	150×40cm	2,415,000	北京保利	2018-06-17
齐白石 1946年作 蔬果花卉册 册页	27×33cm×12	10,005,000	北京匡时	2018-06-15
齐白石 1947年作 白项乌 立轴	106×34.5cm	3,591,960	香港苏富比	2018-04-02
齐白石 1947年作 多寿 画心	104×34cm	266,680	台北艺流	2018-12-01
齐白石 1947年作 行书节录《画论》镜心	69×32.5cm	534,750	北京匡时	2018-06-15

拍品名称	物品尺寸	成交价RMB	拍卖公司	拍卖日期
齐白石 1947年作 葡萄 立轴	103.5×34cm	343,663	保利香港	2018-04-02
齐白石 1947年作 群蟹图 立轴	102.5×36cm	793,500	上海匡时	2018-04-30
齐白石 1947年作 石寿花香 立轴	99×33.5cm	747,500	朵云轩	2018-06-24
齐白石 1947年作 虾蟹图 立轴	103×33cm	1,150,000	北京荣宝	2018-12-03
齐白石 1948年作 雏鸡图 镜心	66×34.5cm	575,000	北京荣宝	2018-12-03
齐白石 1948年作 大富贵图 镜片	100×51cm	3,450,000	西泠拍卖	2018-07-07
齐白石 1948年作 灯鼠 镜心	100×48cm	345,000	北京翰海	2018-06-29
齐白石 1948年作 多寿 画心	66×33cm	126,850	台北艺流	2018-06-30
齐白石 1948年作 加官 立轴	103×34.5cm	1,218,000	佳士得	2018-05-29
齐白石 1948年作 老鼠偷油图 立轴	101×33cm	3,220,000	北京荣宝	2018-12-03
齐白石 1948年作 墨虾 立轴	70×34.5cm	1,015,000	佳士得	2018-05-29
齐白石 1948年作 螃蟹图 立轴	画67.5×35cm；诗塘18×40cm	3,450,000	北京荣宝	2018-06-14
齐白石 1948年作 牵牛花 立轴	95×35cm	276,000	北京匡时	2018-12-05
齐白石 1948年作 牵牛蜻蜓 镜框	101.1×32.5cm	298,320	羅芙奧	2018-12-01
齐白石 1948年作 寿桃 画心	64×26cm	253,346	台北艺流	2018-12-01
齐白石 1948年作 属到百岁 立轴	102×33cm	2,300,000	北京荣宝	2018-06-14
齐白石 1948年作 松寿 画心	96×35cm	2,537,000	台北艺流	2018-06-30
齐白石 1948年作 虾 立轴		555,275	纽约佳士得	2018-03-20
齐白石 1948年作 鸢尾花 立轴	101×34cm	552,000	北京匡时	2018-12-05
齐白石 1948年作 篆书“山寿天年”镜心	32×42.5cm	103,500	上海匡时	2018-04-30
齐白石 1949年作 鸬鹚夕照 立轴	92.7×32cm	311,808	万昌斯	2018-05-30
齐白石 1949年作 棕榈蚱蜢 立轴	90×43.5cm	1,150,000	保利山东	2018-11-22
齐白石 1950年作 荷间游鱼 画心	81×40cm	126,850	台北艺流	2018-06-30
齐白石 1950年作 牵牛花 立轴	96×36cm	1,725,000	北京保利	2018-06-17
齐白石 1951年作 富贵延年 画心	78×69cm	405,920	台北艺流	2018-06-30
齐白石 1951年作 老少年图 画心	138×34cm	1,522,200	台北艺流	2018-06-30
齐白石 1951年作 荔枝 镜框	105.5×34cm	862,750	佳士得	2018-05-29
齐白石 1951年作 荔枝蚱蜢 成扇	14×38cm	1,725,000	北京保利	2018-12-07
齐白石 1951年作 牡丹舞蜓 画心	58×40.5cm	160,008	台北艺流	2018-12-01
齐白石 1951年作 蜻蜓点水 画心	61×36cm	173,342	台北艺流	2018-12-01
齐白石 1952年作 朝颜 画心	90×37cm	1,268,500	台北艺流	2018-06-30
齐白石 1952年作 耕牛图 镜心	67×53cm	7,647,500	北京保利	2018-12-07
齐白石 1952年作 红梅花开 立轴	133×57cm	4,887,500	北京保利	2018-12-07
齐白石 1952年作 牡丹 镜心	104×34cm	3,335,000	北京保利	2018-12-07
齐白石 1952年作 牧牛图 立轴	102.5×34cm	3,680,000	北京荣宝	2018-06-14
齐白石 1952年作 桃花·行书 成扇	18×45cm	2,415,000	北京保利	2018-12-07
齐白石 1953年作 梅花扇面 成扇	19×49.2cm	632,500	北京荣宝	2018-12-03
齐白石 1953年作 牡丹·风竹 成扇	18×50cm	1,610,000	北京保利	2018-12-07
齐白石 1953年作 松鹤长年 立轴	135×63cm	13,570,000	北京匡时	2018-06-15
齐白石 1954年作 杏花·行书 成扇	18×48cm	2,357,500	北京保利	2018-12-07
齐白石 1956年作 喜鹊 镜心	104×35cm	1,150,000	北京荣宝	2018-06-14
齐白石 1957年作 红荔丰收 轴	69×34.5cm	240,012	台北艺流	2018-12-01
齐白石 百财 镜片	76.5×34.5cm	667,000	上海嘉禾	2018-06-25
齐白石 百卉争妍册（十页）册页	28×45cm×10	32,200,000	西泠拍卖	2018-07-07
齐白石 贝叶草虫 立轴	96.5×33.7cm	6,900,000	中国嘉德	2018-06-18
齐白石 贝叶草虫 立轴镜框	103.5×34.5cm	9,825,200	佳士得	2018-05-29
齐白石 1946年作 篆书 镜片	29.5×35cm	230,000	广东崇正	2018-07-05
齐白石 1946年作 墨蟹 立轴	105×35cm	1,150,000	中国嘉德	2018-11-20
齐白石 1946年作 双蟹图 立轴	41×31cm	172,500	中国嘉德	2018-09-19
齐白石 拨弦猎雁图 立轴	132×55cm	7,820,000	中国嘉德	2018-06-18
齐白石 曹文晔 1943年作 眼看五世芙蓉桂花（二帧）扇面 镜框	19.8×55.5cm×2	859,563	香港苏富比	2018-04-02
齐白石 茶花 立轴	101×34.3cm	1,380,000	中国嘉德	2018-06-18
齐白石 朝霞 立轴	100×33.5cm	2,856,140	佳士得	2018-11-26
齐白石 陈半丁 1943-1944年作 渭滨理钓图 立轴	108.5×49.8cm	831,563	佳士得	2018-11-26
齐白石 陈半丁 夹竹蚂蚱 立轴	93×19cm	195,500	北京匡时	2018-12-05
齐白石 陈半丁 紫藤蜜蜂 立轴	102×34cm	149,500	北京保利	2018-11-19
齐白石 陈半丁 紫藤双蜂 立轴	101×33cm	170,200	荣宝斋（济南）	2018-07-01
齐白石 陈大羽 蜀葵 立轴	137×33cm	345,000	荣宝斋（济南）	2018-07-01
齐白石 雏鸡 立轴	133×32cm	1,437,500	北京荣宝	2018-12-03
齐白石 雏鸡 立轴	96×33cm	1,322,500	荣宝斋（南京）	2018-07-15
齐白石 雏鸡 立轴	133×33cm	920,000	荣宝斋（济南）	2018-07-01
齐白石 雏鸡 立轴	136×33cm	308,688	中国嘉德	2018-10-03
齐白石 雏鸡觅食 镜心	57×32cm	264,500	北京保利	2018-06-17
齐白石 雏鸡图 横幅	34×121cm	402,500	北京翰海	2018-06-29
齐白石 雏鸡图 立轴	68×33.5cm	747,500	西泠拍卖	2018-07-07
齐白石 春声 立轴	138×37.5cm	3,450,000	广东崇正	2018-07-05
齐白石 春喜 立轴	99×33cm	563,500	上海嘉禾	2018-06-25
齐白石 达摩渡江 立轴	87×41cm	1,725,000	北京荣宝	2018-06-14
齐白石 达摩悟道 镜心	69.5×16.5cm	920,000	北京匡时	2018-12-05
齐白石 大富贵 立轴	99.5×33cm	3,680,000	上海匡时	2018-04-30
齐白石 大富贵家风 立轴	68×34.5cm	2,875,000	北京翰海	2018-06-29
齐白石 大富贵亦寿考 镜心	150×40cm	138,000	北京翰海	2018-09-16
齐白石 大吉 镜心	105×49cm	230,000	北京保利	2018-12-08
齐白石 大利盈盈 立轴	27.5×33.2cm	381,500	香港苏富比	2018-10-02
齐白石 大寿图 立轴	59×30cm	736,000	上海敬华	2018-09-11
齐白石 盗瓮图 立轴	96.5×45cm	3,680,000	北京匡时	2018-12-06
齐白石 1937年作 铁拐李 镜心	95.5×44cm	5,750,000	中国嘉德	2018-11-20
齐白石 1947年作 螃蟹 立轴	34×39.5cm	230,000	中国嘉德	2018-06-19
齐白石 东篱秋菊 镜心	100×33cm	1,955,000	荣宝斋（南京）	2018-01-05
齐白石 独傲之姿 画心	112×34cm	253,346	台北艺流	2018-12-01
齐白石 多吉图 立轴	59×34.5cm	345,000	北京荣宝	2018-06-14
齐白石 多寿 镜心	100.5×34.5cm	2,415,000	上海匡时	2018-04-30
齐白石 多寿 立轴	102.5×34cm	2,530,000	上海匡时	2018-04-30
齐白石 多寿 立轴	101.5×34cm	1,840,000	中国嘉德	2018-11-20
齐白石 多寿 立轴	135.2×32.2cm	1,635,000	香港苏富比	2018-10-02
齐白石 二虾二蟹 立轴	52.8×36.5cm	380,760	纽约苏富比	2018-03-22
齐白石 丰年 立轴	76×27.5cm	414,000	北京翰海	2018-06-29
齐白石 枫叶 立轴	101×34cm	1,265,000	北京匡时	2018-06-15
齐白石 凤仙花 镜框	94×33cm	942,438	佳士得	2018-11-26
齐白石 凤仙蜻蜓 立轴	61.5×34cm	1,150,000	北京保利	2018-06-17
齐白石 芙蓉图 立轴	99×33cm	2,012,500	华艺国际	2018-11-16
齐白石 芙蓉鸳鸯 立轴	137×34cm	4,600,000	华艺国际	2018-05-23
齐白石 福并岁朝来 画心	95×30cm	186,676	台北艺流	2018-12-01
齐白石 福禄 立轴	105×33.5cm	1,058,000	荣宝斋（南京）	2018-07-15
齐白石 福寿双余 镜心	138×35.5cm	14,950,000	北京匡时	2018-06-15
齐白石 富贵大吉 立轴	104×41cm	1,035,000	上海嘉禾	2018-06-25
齐白石 富贵长寿图 镜片	99×33.5cm	1,495,000	西泠拍卖	2018-07-07
齐白石 1920年作 福祚繁华 立轴	178×49cm×4	92,000,000	中国嘉德	2018-11-20
齐白石 瓜瓞绵绵 镜心	133×29cm	690,000	中国嘉德	2018-05-18
齐白石 贵寿 镜框	100.3×34.1cm	2,071,000	香港苏富比	2018-10-02

拍品名称	物品尺寸	成交价RMB	拍卖公司	拍卖日期
齐白石 贵寿无极 立轴	68×34cm	2,530,000	北京荣宝	2018-06-14
齐白石 果蔬图 镜心	67×33cm	632,500	南京经典	2018-07-22
齐白石 过湖渡海 立轴	148×35cm	7,820,000	上海嘉禾	2018-06-25
齐白石 海棠 立轴	89.5×34.5cm	700,700	伦敦佳士得	2018-05-15
齐白石 海棠草虫 立轴	101×34cm	2,070,000	北京保利	2018-12-08
齐白石 海棠蜻蜓 镜心	68×35cm	517,500	北京匡时	2018-06-15
齐白石 海棠蜻蜓 立轴	99×43.8cm	1,516,875	香港苏富比	2018-04-02
齐白石 行书〈忆桂林往事诗〉扇面 镜框	19.8×55.7cm	202,250	香港苏富比	2018-04-02
齐白石 行书自序 镜心	36.5×107cm	2,760,000	中国嘉德	2018-11-20
齐白石 荷花 镜心	102×34cm	598,000	中国嘉德	2018-11-20
齐白石 荷花 立轴	131×31cm	2,070,000	北京保利	2018-06-17
齐白石 荷花 立轴装裱镜框		317,300	纽约佳士得	2018-03-20
齐白石 荷花蜻蜓 立轴	96.5×41.5cm	1,380,000	荣宝斋（上海）	2018-01-21
齐白石 荷花游鱼 立轴	65.5×131cm	402,500	北京翰海	2018-06-29
齐白石 荷花鸳鸯 镜片	39×162cm	4,140,000	广东崇正	2018-07-04
齐白石 荷花鸳鸯 镜心	69×34.5cm	2,875,000	上海匡时	2018-04-30
齐白石 荷花鸳鸯 镜心	68×34cm	1,782,500	北京保利	2018-12-08
齐白石 荷花鸳鸯 立轴	102×33.5cm	1,610,000	荣宝斋（南京）	2018-01-05
齐白石 荷塘清趣 立轴	106.5×29cm	437,000	北京匡时	2018-12-05
齐白石 荷塘秋色 立轴	107×33.5cm	3,450,000	北京匡时	2018-12-06
齐白石 荷塘雅趣 立轴	150×41cm	1,667,500	北京荣宝	2018-06-14
齐白石 荷塘鸳鸯 立轴	80×34cm	2,702,500	鼎天国际	2018-01-07
齐白石 红荷 镜片	101.5×33.5cm	805,000	广东崇正	2018-07-05
齐白石 红荷 立轴	102×34cm	1,150,000	北京保利	2018-06-17
齐白石 红荷 立轴	68×34cm	575,000	荣宝斋（南京）	2018-07-15
齐白石 红荷 立轴	179.8×47.6cm	237,975	纽约苏富比	2018-03-22
齐白石 红蓼蜻蜓 立轴	103.5×34cm	887,000	佳士得	2018-11-26
齐白石 红梅 立轴	135×34cm	1,150,000	北京荣宝	2018-12-03
齐白石 红线盗盒 立轴	136.5×33.5cm	10,732,700	佳士得	2018-11-26
齐白石 红玉 立轴	66.5×34cm	747,500	北京翰海	2018-06-29
齐白石 葫芦 立轴	101.3×33.9cm	301,435	纽约苏富比	2018-03-22
齐白石 葫芦 立轴	102×34cm	190,924	中国嘉德	2018-04-03
齐白石 葫芦草虫 立轴	101×33.5cm	1,308,000	香港苏富比	2018-10-02
齐白石 葫芦小鸟 立轴	81×27cm	172,500	上海敬华	2018-09-11
齐白石 蝴蝶 镜框		317,300	纽约佳士得	2018-03-20
齐白石 蝴蝶玉兰图 镜心	24×24cm	506,000	南京经典	2018-01-06
齐白石 花果（四帧）镜心	100.5×34.5cm×3；藤萝94.5×34.5cm	4,600,000	中国嘉德	2018-11-20
齐白石 花卉册 册页（八开）	25.5×41cm×8	5,750,000	上海嘉禾	2018-06-25
齐白石 花卉对屏 立轴	52.5×16.5cm×2	1,035,000	北京匡时	2018-06-15
齐白石 花卉果蔬 册页	32.5×34cm×12	4,945,000	北京荣宝	2018-12-03
齐白石 花瓶牡丹 立轴	80.5×29.5cm	402,500	西泠拍卖	2018-09-28
齐白石 黄宾虹 等 李母秦太夫人辰册 册页（一百五十五开）	27×33.5cm×155	4,600,000	华艺国际	2018-11-16
齐白石 鸡 立轴	100×33cm	115,000	朵云轩	2018-09-09
齐白石 鸡冠花 镜心	103×33cm	3,450,000	北京荣宝	2018-12-03
齐白石 吉祥富贵 画心	136×34cm	139,535	台北艺流	2018-06-30
齐白石 1944年作 千岁之鹤 立轴	136×34cm	10,925,000	中国嘉德	2018-11-20
齐白石 教子图 立轴	99×45cm	2,070,000	北京荣宝	2018-06-14
齐白石 节节清白 立轴	68×34cm	575,000	上海匡时	2018-04-30
齐白石 借山图（二帧）镜框	34×45cm×2	2,932,500	华艺国际	2018-05-23

拍品名称	物品尺寸	成交价RMB	拍卖公司	拍卖日期
齐白石 春山图 镜框	135.5×49cm	23,000,000	深圳至正国际	2018-08-25
齐白石 九虾图 镜心	99×33cm	977,500	北京荣宝	2018-06-14
齐白石 酒坛螃蟹 立轴	87×26.5cm	2,645,000	中贸圣佳	2018-11-24
齐白石 菊花 镜心	100.5×34.5cm	287,500	中国嘉德	2018-11-20
齐白石 菊花蝴蝶 立轴	29×33cm	552,000	中国嘉德	2018-11-20
齐白石 菊酒 镜框	102×33cm	710,500	佳士得	2018-05-29
齐白石 菊酒图 立轴	102×34.5cm	1,437,500	北京荣宝	2018-06-14
齐白石 可以为龙 镜心	99×33cm	3,220,000	中国嘉德	2018-11-20
齐白石 兰花飞蛾 镜心	32.6×33cm	977,500	北京荣宝	2018-06-14
齐白石 老少都吉 镜心	55×22cm	862,500	北京保利	2018-11-19
齐白石 老少年 立轴	91.5×35.5cm	5,750,000	中贸圣佳	2018-11-24
齐白石 老鼠油灯 镜心	69×34cm	4,945,000	北京保利	2018-12-07
齐白石 蓠落虫趣图 立轴	68×33.5cm	713,000	西泠拍卖	2018-07-07
齐白石 蓼花 镜心	111×30cm	190,924	中国嘉德	2018-04-03
齐白石 临江独钓 镜心	92×33cm	3,450,000	中国嘉德	2018-11-20
齐白石 刘春霖跋 王妙如绘 花卉鸟虫册二种（二册，共二十三页）册页	尺寸不一	310,500	西泠拍卖	2018-05-05
齐白石 柳牛图 立轴	103×35cm	1,380,000	中国嘉德	2018-06-18
齐白石 柳荫牧牛 镜片	96×33cm	2,070,000	广东崇正	2018-07-04
齐白石 六虾 立轴	85.2×33.8cm	396,625	纽约苏富比	2018-03-23
齐白石 罗复堪 葫芦瓢虫 行书 成扇	18×51cm	517,500	广东崇正	2018-07-05
齐白石 麻雀竹石 立轴	101×40cm	1,955,000	北京保利	2018-12-07
齐白石 马上升官 镜心	55×22cm	862,500	北京保利	2018-11-19
齐白石 马万里 1954年作 牡丹·三友 成扇	20×54cm	920,000	北京保利	2018-12-07
齐白石 蜜蜂紫藤 镜框	103×34.5cm	812,000	佳士得	2018-05-29
齐白石 名园佳果 镜心	101×34.5cm	2,195,626	保利香港	2018-04-02
齐白石 墨蕉青蛙 立轴	68.5×34cm	345,000	中国嘉德	2018-06-19
齐白石 墨虾 镜心	96×35cm	1,150,000	北京保利	2018-06-17
齐白石 墨虾 镜心	132×32.5cm	1,092,500	北京匡时	2018-06-15
齐白石 墨虾 镜心	103×34cm	425,500	北京保利	2018-11-19
齐白石 墨虾 立轴	96×36cm	1,667,500	北京保利	2018-06-17
齐白石 墨蟹 立轴	103×34.5cm	690,000	中国嘉德	2018-06-18
齐白石 牡丹猫眠图 立轴	64×32.5cm	4,140,000	北京匡时	2018-06-15
齐白石 南瓜 镜框	135×33cm	4,370,000	华艺国际	2018-05-23
齐白石 南瓜 立轴	134.9×33.3cm	1,282,875	纽约佳士得	2018-09-11
齐白石 南瓜蜜蜂 镜心	100.5×32cm	1,322,500	中贸圣佳	2018-06-20
齐白石 南瓜小鸡 镜心	68×34cm	667,000	北京荣宝	2018-12-03
齐白石 潘龄皋 牵牛花 行书节录王士祯《池北偶谈》成扇		171,050	纽约苏富比	2018-09-13
齐白石 潘龄皋 牵牛花 书法 成扇		171,050	纽约苏富比	2018-09-13
齐白石 螃蟹 镜心	51×42cm	437,000	北京保利	2018-12-08
齐白石 螃蟹 立轴	102.5×36cm	644,000	荣宝斋（南京）	2018-01-05
齐白石 螃蟹图 立轴	98×32cm	368,000	荣宝斋（南京）	2018-07-15
齐白石 瓶梅图 立轴	67×34cm	920,000	北京匡时	2018-06-15
齐白石 菩提叶画 坐禅 画心	44.5×31cm	240,012	台北艺流	2018-12-01
齐白石 葡萄 镜心	128×48cm	828,000	荣宝斋（南京）	2018-07-15
齐白石 葡萄 立轴	44×26.5cm	517,500	北京匡时	2018-06-15
齐白石 溥修 牵牛蜜蜂·节临《书谱》镜心	17.5×52cm×2	212,750	北京诚轩	2018-06-16
齐白石 七虾 立轴	101.3×33.1cm	674,263	纽约苏富比	2018-03-22

(成交价RMB：10万元以上)

拍品名称	物品尺寸	成交价RMB	拍卖公司	拍卖日期
齐白石 七虾二蟹 立轴	106.4×33.9cm	872,575	纽约苏富比	2018-03-22
齐白石 牵牛花 画心	89.5×25cm	160,008	台北艺流	2018-12-01
齐白石 牵牛花 镜心	67.5×33.5cm	1,610,000	中贸圣佳	2018-11-24
齐白石 牵牛花 镜心	18×52cm	402,500	中贸圣佳	2018-11-24
齐白石 牵牛花 立轴	96×36cm	1,150,000	荣宝斋（济南）	2018-07-01
齐白石 牵牛花 立轴	88.4×35.3cm	457,800	香港苏富比	2018-10-02
齐白石 牵牛花蜜蜂 立轴	17×51cm	345,000	中国嘉德	2018-06-18
齐白石 清白传家 镜心	29×32cm	172,500	上海匡时	2018-04-30
齐白石 清白传家 立轴	99.5×33.5cm	920,000	上海匡时	2018-04-30
齐白石 蜻蜓 镜框	20×14cm	322,000	北京荣宝	2018-12-03
齐白石 秋菊 立轴	100×31cm	862,500	北京荣宝	2018-06-14
齐白石 秋菊 立轴	69×34.5cm	460,000	中贸圣佳	2018-06-20
齐白石 秋梨细腰蜂 书法两挖 立轴	13.5×19cm×2	3,795,000	中国嘉德	2018-11-20
齐白石 秋浓 立轴	125×31cm	287,500	上海嘉禾	2018-06-25
齐白石 秋色 立轴	100.5×33.5cm	483,000	北京翰海	2018-06-29
齐白石 秋色秋声 镜心	82×148cm	8,050,000	北京华辰	2018-11-20
齐白石 秋声 立轴	29.5×24cm	126,500	上海嘉禾	2018-03-26
齐白石 瞿宣颖 1927年作 牵牛篱蔓 行书诗 成扇	21×53cm	575,000	中国嘉德	2018-06-19
齐白石 群虾 镜框	95.5×33.7cm	710,500	佳士得	2018-05-29
齐白石 群虾 立轴	103×35cm	1,150,000	中国嘉德	2018-06-19
齐白石 群虾 立轴	137×33cm	112,000	上海联合	2018-11-25
齐白石 群虾潜泳 扇面 镜框	各22×70cm×2	327,000	香港苏富比	2018-10-02
齐白石 群虾图 镜心	104×34cm	1,092,500	中贸圣佳	2018-11-24
齐白石 群虾图 立轴	136×34cm	1,782,500	北京荣宝	2018-06-14
齐白石 群虾图 立轴	103×34.5cm	920,000	北京荣宝	2018-09-14
齐白石 群蟹图 镜心	102×34cm	690,000	中贸圣佳	2018-06-20
齐白石 群蟹图 镜心	104×34cm	483,000	北京保利	2018-12-08
齐白石 群蟹图 立轴	74.5×34.5cm	690,000	中贸圣佳	2018-11-24
齐白石 1952年作 枫树八哥 立轴	68×36cm	1,265,000	中国嘉德	2018-06-18
齐白石 1952年作 满堂吉庆图 镜心	67.5×132.5cm	40,250,000	中国嘉德	2018-06-18
齐白石 1932年作 松鹰图 镜心	177×39cm	10,350,000	中国嘉德	2018-11-20
齐白石 三秋图 立轴	132×30cm	1,337,648	保利香港	2018-10-01
齐白石 三友图 镜心	76×34cm	1,782,500	南京经典	2018-01-06
齐白石 山茶花 镜心	100×33.5cm	3,680,000	北京荣宝	2018-12-03
齐白石 山寒烟雨 立轴	65×38.2cm	1,116,500	佳士得	2018-05-29
齐白石 邵章 1935年作 紫藤蜜蜂 行书 镜片	19.5×53cm×2	287,500	广东崇正	2018-07-05
齐白石 沈尹默 富贵花开 行书 成扇	18.5×50cm	310,500	上海嘉禾	2018-06-25
齐白石 十只雏鸡 立轴	101.2×31.8cm	301,435	纽约苏富比	2018-03-22
齐白石 事事多喜 立轴	102.5×34.4cm	812,000	佳士得	2018-05-29
齐白石 事事如意 立轴	67×33cm	862,500	华艺国际	2018-11-16
齐白石 柿柿如意 立轴	133×33cm	402,500	北京翰海	2018-09-16
齐白石 寿酒 镜片	102×34.5cm	4,140,000	广东崇正	2018-07-04
齐白石 寿酒 镜心	82.5×34cm	2,300,000	北京保利	2018-06-17
齐白石 蔬果图 立轴	96×36cm	517,500	北京保利	2018-12-08
齐白石 鼠啮葡萄 立轴	画心 painting: 25.1×33.8cm	1,199,000	香港苏富比	2018-10-02
齐白石 双吉秋艳 立轴	97.5×33.5cm	1,495,000	广东崇正	2018-07-05
齐白石 双喜 立轴	130×33cm	1,437,500	北京匡时	2018-12-06
齐白石 丝瓜草虫 镜心	100.5×33.5cm	843,747	中国嘉德	2018-10-03
齐白石 四蔬图 立轴	93.5×35.5cm	1,314,625	香港苏富比	2018-04-02
齐白石 四虾二鱼三蟹 立轴	102.8×39.6cm	475,950	纽约苏富比	2018-03-22
齐白石 松窗闲话 立轴	178.5×48.5cm	10,120,000	北京荣宝	2018-06-14

拍品名称	物品尺寸	成交价RMB	拍卖公司	拍卖日期
齐白石 松鼠白菜 立轴	99.5×33.5cm	1,028,960	北京匡时	2018-10-03
齐白石 松鼠葡萄 立轴	137×34cm	1,610,000	北京匡时	2018-12-06
齐白石 松树八哥 立轴	152×35cm	2,300,000	中国嘉德	2018-09-19
齐白石 孙松年 1928年作、1929年作 海棠蟋蟀 楷书 扇面 镜框	12.7×42.3cm×2	303,375	香港苏富比	2018-04-02
齐白石 谭泽闿 蜻蜓枇杷图·行书古文 成扇	51×19cm	471,500	西泠拍卖	2018-07-07
齐白石 桃花 立轴	125×34cm	2,875,000	北京匡时	2018-06-15
齐白石 蛙趣 扇面	18.1×49.2cm	190,380	纽约苏富比	2018-03-23
齐白石 五虾 立轴	68.9×34.8cm	594,938	纽约苏富比	2018-03-22
齐白石 五子登科 镜心	26.5×33cm	437,000	荣宝斋（济南）	2018-07-01
齐白石 1938年作 石榴 立轴	90×33cm	1,150,000	朵云轩	2018-06-24
齐白石 1938年作 群虾 立轴	105×34.5cm	1,265,000	中国嘉德	2018-11-20
齐白石 1948年作 荷花游鸭 立轴	162×48cm	2,415,000	中国嘉德	2018-11-20
齐白石 1948年作 富贵家风 镜心	96×40.5cm	1,336,468	中国嘉德	2018-04-03
齐白石 1948年作 墨虾 立轴	104×34cm	897,000	中国嘉德	2018-11-20
齐白石 1948年作 牵牛花 立轴	96×33.5cm	345,000	中国嘉德	2018-11-20
齐白石 喜鹊 立轴	38×33cm	322,000	上海匡时	2018-04-30
齐白石 喜鹊登梅 立轴	102×34cm	1,308,000	香港苏富比	2018-10-02
齐白石 虾趣图	103×33cm	1,300,000	北京贞观	2018-07-15
齐白石 虾趣图 立轴	134×33cm	1,380,000	北京荣宝	2018-06-14
齐白石 虾趣图 立轴	101.5×33cm	805,000	广东崇正	2018-07-05
齐白石 虾蟹 立轴	101.5×33.5cm	1,167,250	佳士得	2018-05-29
齐白石 虾蟹 立轴装裱镜框		436,288	纽约佳士得	2018-03-20
齐白石 虾蟹图 立轴	100×33.5cm	920,000	荣宝斋（南京）	2018-07-15
齐白石 夏荷图 立轴	69×34cm	379,500	北京保利	2018-05-21
齐白石 萧俊贤 秋趣 镜心	40×33cm	155,250	南京经典	2018-01-06
齐白石 萧悉 草虫山石（四幅）镜框	26.4×34.2cm×4	266,100	佳士得	2018-11-26
齐白石 1951年作 篆书《马文忠公语》镜心	175.2×96.3cm	16,675,000	中国嘉德	2018-06-18
齐白石 1941年作 罗浮仙蝶 立轴	100.5×33.5cm	1,610,000	北京诚轩	2018-06-16
齐白石 1931年作 雏鸡图 立轴	82×34cm	1,265,000	上海嘉禾	2018-03-26
齐白石 1921年作 暗香疏影 立轴	168×41.5cm	900,000	上海驰翰	2018-06-25
齐白石 雄鹰 镜心	77×33cm	1,150,000	北京保利	2018-06-17
齐白石 徐炯 雁来红双蜂 自作诗三首 成扇	19×55.2cm	690,000	北京诚轩	2018-06-16
齐白石 雁来红 镜心	103.5×34cm	552,000	荣宝斋（南京）	2018-01-05
齐白石 雁来红 轴	102×35cm	2,029,600	台北艺流	2018-06-30
齐白石 一枝独秀 镜心	139×34cm	575,000	北京保利	2018-06-17
齐白石 1935年作 雁来红 屏轴	99×32.5cm	471,500	朵云轩	2018-06-24
齐白石 1945年作 虾蟹图 立轴	106.5×33.5cm	1,518,000	上海嘉禾	2018-06-25
齐白石 游虾 立轴	102.5×34cm	1,035,000	中国嘉德	2018-11-21
齐白石 游虾 立轴	65×32.2cm	514,480	中国嘉德	2018-10-03
齐白石 游虾 立轴	70.2×32.3cm	490,500	香港苏富比	2018-10-02
齐白石 游虾图 镜框	42×21cm	253,000	北京荣宝	2018-12-03
齐白石 游鸭 立轴	58.7×21.2cm	391,005	中国嘉德	2018-10-03
齐白石 与佛有因 镜框	131.5×33.5cm	8,603,900	佳士得	2018-11-26
齐白石 雨来 立轴	109.7×33.9cm	1,269,200	纽约苏富比	2018-03-22
齐白石 雨山图 立轴	67.5×34cm	322,000	上海嘉禾	2018-06-25
齐白石 玉簪工虫 立轴	100×34cm	483,000	中国嘉德	2018-06-18
齐白石 玉簪花 镜心	34×99cm	1,092,500	北京荣宝	2018-06-14

拍品名称	物品尺寸	成交价RMB	拍卖公司	拍卖日期
齐白石 玉簪蚂蚱 立轴	35×34cm	517,500	北京保利	2018-12-08
齐白石 芋叶群虾 镜心	133×32cm	690,000	中国嘉德	2018-05-18
齐白石 芋叶五虾 立轴	135.7×33.5cm	920,000	北京荣宝	2018-06-14
齐白石 芋叶游虾 扇面	20×54cm	207,000	中国嘉德	2018-11-20
齐白石 鸳鸯并莲 镜心	105×35cm	3,220,000	北京保利	2018-06-17
齐白石 鸳鸯荷花 立轴	93×34cm	1,322,500	中贸圣佳	2018-11-24
齐白石 云山深涧 立轴	162×92cm	37,950,000	北京保利	2018-06-17
齐白石 张伯英 1935年作 海棠蜜蜂图·行书杜甫诗 成扇	49×18.5cm	402,500	西泠拍卖	2018-07-07
齐白石 张伯英 1943年作 葡萄 行书成扇	18×51cm	402,500	广东崇正	2018-07-05
齐白石 张伯英 牵牛花 行书五言诗成扇	51×18.5cm	632,500	保利厦门	2018-07-15
齐白石 张大千 花草神仙 梅竹双清扇面	19×53cm	3,277,500	中国嘉德	2018-11-20
齐白石 张大壮 梅鹤孙 汤言 梁荷轩等 书画（四把）成扇	尺寸不一	207,000	南京经典	2018-01-06
齐白石 张志鱼 书画 成扇	19.5×56cm	747,500	荣宝斋（济南）	2018-07-01
齐白石 长年 镜心	101×41cm	1,058,000	南京经典	2018-07-22
齐白石 朱梅村 易克臬 等 1942年作 风雨楼图册 镜心 册页	尺寸不一	1,150,000	北京匡时	2018-12-05
齐白石 竹报平安 立轴	102×34cm	1,265,000	中贸圣佳	2018-11-24
齐白石 竹林隐居	142.5×45.5cm	626,975	邦瀚斯	2018-04-03
齐白石 竹笋双鸽 立轴		684,200	纽约苏富比	2018-09-13
齐白石 烛照吉寿图 镜心	107×33cm	4,140,000	南京经典	2018-07-22
齐白石 篆书家居诗 立轴	68×28cm	1,035,000	北京保利	2018-12-07
齐白石 篆书五言联 镜心	135×33.5cm×2	6,555,000	北京保利	2018-12-07
齐白石 紫藤 镜心	131×24cm	391,000	中国嘉德	2018-09-19
齐白石 紫藤 立轴	137×34cm	1,150,000	北京荣宝	2018-06-14
齐白石 紫藤 立轴	117×33cm	920,000	北京荣宝	2018-12-03
齐白石 紫藤 立轴	132.7×33.7cm	470,388	纽约佳士得	2018-09-11
齐白石 紫藤蜜蜂 立轴	186×51cm	4,370,000	上海嘉禾	2018-06-25
齐白石 紫藤蜜蜂 立轴	135×35.5cm	1,610,000	北京荣宝	2018-06-14
齐白石 紫藤蜜蜂 立轴	99×33cm	943,000	中国嘉德	2018-06-18
齐白石 紫藤蜜蜂 立轴	117×40cm	720,272	北京匡时	2018-10-03
齐白石 紫藤蜜蜂 扇面	19×54.5cm	322,000	中国嘉德	2018-11-20
齐白石 紫玉珠盘·行书七言诗成扇	17.5×50cm	805,000	中国嘉德	2018-11-21
齐白石 棕树小鸡 立轴	101×33cm	690,000	中贸圣佳	2018-11-24
齐白石 棕荫群雏 立轴	67×33cm	402,500	北京匡时	2018-12-05
齐红霞 稻花香里说丰年之二 镜心	66×65cm	149,500	北京保利	2018-06-18
齐良迟 齐子茹 齐子长 清供图 立轴	101.5×34.5cm	115,000	北京匡时	2018-06-15
齐良已 梅花 花蝶图 立轴	100×34cm×2	172,500	北京荣宝	2018-06-14
齐世军 2015年作 书法 四屏立轴	175×47cm×4	690,000	北京保利	2018-06-18
齐世军 草书 八屏立轴	148.5×41cm×8	460,000	北京荣宝	2018-06-14
齐子如 花卉草虫（四帧）镜片	29×15.5cm×4	101,200	广东崇正	2018-07-05
祁昆 1935年作 归隐高仕图 立轴	173×92cm	190,924	保利香港	2018-04-02
祁昆 1940年作 拟王蒙山水 立轴	132.1×49.8cm	196,200	香港苏富比	2018-10-02
祁崑 寿鉨 1944年作 山水书法（四幅）镜框	9×17.5cm×4	304,500	佳士得	2018-05-29
祁崑 1941年作 春夏秋冬 四条屏	128×32cm×4	230,000	中国嘉德	2018-09-19
祁崑 1942年作 秋山萧寺图 立轴	129×31cm	161,000	北京荣宝	2018-12-03
祁璐 2018年作 诗象系列 · 翔	54×54cm	172,500	北京翰海	2018-06-30
祁璐 诗象系列·炫彩荷花 镜心	66×66cm	276,000	北京保利	2018-06-18
祁璐 炫彩系列·纷华如梦 镜心	69×66cm	276,000	北京保利	2018-12-06
启功 1935年作 山水 立轴	72.5×32.5cm	874,000	北京翰海	2018-06-29
启功 1937年作 春山茅亭 行书 成扇	18×51cm	276,000	北京荣宝	2018-12-03
启功 1942年作 秋山之色 横幅	16×70cm	552,000	北京荣宝	2018-06-14
启功 1942年作 群峰雪霁图 立轴	58×22cm	345,000	北京荣宝	2018-06-14
启功 1943年作 山中高士图 立轴	78.5×27.5cm	460,000	北京荣宝	2018-06-14
启功 1945年作 仿米家山 立轴	44×31cm	172,500	北京荣宝	2018-12-03
启功 1945年作 桃源归隐 镜心	18×47.5cm	103,500	北京荣宝	2018-12-03
启功 1946年作 摹九龙山人云根蓧篠图 立轴	67×32cm	609,500	北京荣宝	2018-12-03
启功 1946年作 拟大痴道人笔意立轴	134×68cm	3,680,000	北京荣宝	2018-06-14
启功 1947年作 淇澳清风 立轴	99×56cm	713,000	北京翰海	2018-06-29
启功 1948年作 行书七言诗一首镜心	128×30cm	264,500	北京荣宝	2018-12-03
启功 1949年作 临石涛笔意 立轴	100×32cm	460,000	北京翰海	2018-06-29
启功 1972年作 行书自作诗 镜心	28.5×112.5cm	667,000	北京荣宝	2018-12-03
启功 1974年作 草书《琵琶行》手卷	33×1907cm	6,152,500	北京匡时	2018-12-06
启功 1974年作 行书毛泽东《清平乐·会昌》立轴	69.5×33.5cm	345,000	北京荣宝	2018-06-14
启功 1974年作 节临自叙帖 手卷	34×240cm	1,782,500	北京匡时	2018-06-15
启功 1976年作 行书毛泽东词 镜心	97×38cm	230,000	北京保利	2018-12-08
启功 1977年作 行书杜牧诗一首镜心	69×34cm	230,000	北京荣宝	2018-12-03
启功 1977年作 行书唐人诗 镜片	88.5×41.5cm	207,000	上海嘉禾	2018-06-25
启功 1978年作 行书〈论诗绝句〉镜框	22×104.8cm	414,200	香港苏富比	2018-10-02
启功 1978年作 行书《砚铭》立轴	102×32.5cm	322,000	北京荣宝	2018-06-14
启功 1978年作 行书李白诗 镜心	67×33cm	241,500	北京荣宝	2018-06-14
启功 1978年作 行书论词绝句一首立轴	67×33cm	184,000	北京荣宝	2018-12-03
启功 1978年作 行书自作诗 镜片	91.5×40cm	126,500	上海嘉禾	2018-06-25
启功 1979年作 行书七言诗 立轴	101×33cm	368,000	北京荣宝	2018-12-03
启功 1979年作 行书七言诗 立轴	64.5×41cm	161,000	北京荣宝	2018-09-14
启功 1979年作 行书苏轼诗一首立轴	93×41cm	230,000	北京荣宝	2018-12-03
启功 1979年作 行书叶剑英诗 镜心	138×68cm×2	667,000	北京匡时	2018-06-16
启功 1979年作 行书自作诗 镜心	70×44cm	207,000	北京匡时	2018-06-16
启功 1979年作 朱砂兰竹图 立轴	78.5×54.5cm	1,150,000	北京荣宝	2018-12-03
启功 1980年作 行书杜甫诗 立轴	137×67cm	575,000	北京荣宝	2018-06-14
启功 1980年作 行书陆龟蒙诗 立轴	104.5×33.5cm	287,500	北京荣宝	2018-06-14
启功 1980年作 行书七言诗 镜心	136×33cm	460,000	北京荣宝	2018-12-03
启功 1980年作 行书唐诗 立轴	96×34cm	126,500	中国嘉德	2018-06-19
启功 1980年作 行书王维诗一首立轴	100×33.5cm	287,500	北京荣宝	2018-09-14
启功 1981年作 行书陆游诗 立轴	97×32cm	322,000	北京荣宝	2018-06-14
启功 1981年作 行书七言律	96.5×31cm	101,125	邦瀚斯	2018-04-03
启功 1981年作 行书王羲之句 立轴	100×33cm	517,500	北京荣宝	2018-06-14
启功 1981年作 红梅 立轴	83.5×48cm	322,000	北京匡时	2018-06-15
启功 1982年作 行书苏轼诗 立轴	94×56cm	161,000	中国嘉德	2018-01-13
启功 1982年作 行书王安石诗 镜片	67.5×42.5cm	161,000	上海嘉禾	2018-06-25
启功 1982年作 竹石图 镜框	32×44cm	230,000	北京荣宝	2018-12-03
启功 1983年作 行书“业广维勤”镜心	61.5×31.5cm	126,500	上海匡时	2018-04-30

拍品名称	物品尺寸	成交价RMB	拍卖公司	拍卖日期
启功 1983年作 行书“业广维勤”立轴	67×33.5cm	276,000	北京荣宝	2018-12-03
启功 1983年作 行书七言诗 立轴	95.5×66cm	207,000	中国嘉德	2018-06-18
启功 1983年作 行书宋人诗 立轴	137.5×34.5cm	402,500	北京荣宝	2018-06-14
启功 1983年作 花卉 书法 册页（十一开）	27×36×11cm	379,500	北京翰海	2018-09-16
启功 1983年作 楷书“居敬”镜心	24×27cm	115,000	中国嘉德	2018-09-19
启功 1984年作 行书 立轴	135×66cm	368,000	广东崇正	2018-07-05
启功 1984年作 行书“怡兰轩”镜心	25×67cm	402,500	北京荣宝	2018-06-14
启功 1984年作 行书唐人诗一首立轴	99.5×49cm	379,500	北京荣宝	2018-12-03
启功 1984年作 朱竹 立轴	87×51cm	437,000	上海嘉禾	2018-03-26
启功 1985年作 行书“聚珍宫藏画”镜框	61.5×27.5cm	109,250	北京荣宝	2018-06-14
启功 1985年作 行书七言诗 立轴	66.5×34cm	103,500	北京荣宝	2018-12-03
启功 1985年作 书法 立轴	78×37cm	172,500	华艺国际	2018-11-16
启功 1985年作 朱竹 镜片	67×35cm	391,000	精诚所至	2018-05-12
启功 1985年作 朱竹 立轴	66.5×43.5cm	379,500	北京荣宝	2018-12-03
启功 1986年作 行书“正大光明”立轴	66×34cm	126,500	上海嘉禾	2018-06-25
启功 1986年作 行书杜牧诗 镜心	68.5×45cm	276,000	北京荣宝	2018-06-14
启功 1986年作 行书自作诗 镜心	133×65.5cm	747,500	北京荣宝	2018-06-14
启功 1987年作 行书“李白诗”镜心	68.5×45.5cm	164,634	保利香港	2018-10-01
启功 1987年作 行书李白诗一首立轴	45×56.5cm	103,500	北京荣宝	2018-12-03
启功 1987年作 行书欧阳修词一首立轴	133.5×65cm	805,000	北京荣宝	2018-12-03
启功 1987年作 行书七言联 镜心	130.5×31.5cm×2	667,000	中国嘉德	2018-06-18
启功 1988年作 行书 镜片	68×45cm	149,500	朵云轩	2018-06-24
启功 1988年作 行书 镜心	38×78cm	230,000	北京匡时	2018-12-05
启功 1988年作 行书白诗三首 镜心	64×261cm	2,185,000	北京荣宝	2018-06-14
启功 1988年作 行书杜甫诗 立轴	134×65.5cm	1,035,000	北京荣宝	2018-06-14
启功 1988年作 行书宋人诗 镜心	58×36.5cm	184,000	北京荣宝	2018-06-14
启功 1988年作 行书王勃诗 立轴	68×44.8cm	345,000	北京荣宝	2018-06-14
启功 1988年作 行书五言诗 镜心	68.5×45cm	161,000	中国嘉德	2018-06-18
启功 1988年作 行书五言诗 立轴	92×33.5cm	253,000	北京荣宝	2018-12-03
启功 1988年作 节录苏轼诗 镜心	68.5×45cm	166,750	北京诚轩	2018-06-16
启功 1988年作 竹石图 镜心	68×138cm	1,840,000	北京荣宝	2018-12-03
启功 1989年作 行书“聚雅斋”镜心	34×95.5cm	517,500	北京荣宝	2018-12-03
启功 1989年作 行书“协力”镜心	38×66.5cm	322,000	北京荣宝	2018-12-03
启功 1989年作 行书五言诗	68×45.5cm	252,813	邦瀚斯	2018-04-03
启功 1989年作 竹石图 镜片	90.5×45cm	253,000	上海嘉禾	2018-06-25
启功 1990年作 行书“山安岳重”立轴	65×41cm	109,250	北京荣宝	2018-12-03
启功 1990年作 行书白居易诗 立轴	134×62cm	575,000	北京荣宝	2018-06-14
启功 1990年作 行书李白诗一首镜心	69×46cm	368,000	北京荣宝	2018-12-03
启功 1990年作 行书七言诗 立轴	137×68cm	920,000	北京荣宝	2018-06-14
启功 1990年作 行书宋人句 立轴	96×34cm	218,500	北京荣宝	2018-06-14
启功 1990年作 行书五言诗 镜片	44.5×61.5cm	230,000	上海嘉禾	2018-03-26
启功 1991年作 白居易《湖上闲望》立轴	137.5×68.5cm	529,000	北京诚轩	2018-06-16

拍品名称	物品尺寸	成交价RMB	拍卖公司	拍卖日期
启功 1991年作 兰竹图 镜心	116×52cm	4,830,000	北京荣宝	2018-06-14
启功 1992年作 行书顾况诗一首镜心	69×45.5cm	195,500	北京荣宝	2018-12-03
启功 1993年作 行书王之涣诗一首镜心	69×46cm	333,500	北京荣宝	2018-12-03
启功 1994年作 行书梅壑翁句 镜心	67×43cm	345,000	北京荣宝	2018-12-03
启功 1994年作 行书自作诗一首立轴	133×63cm	345,000	北京荣宝	2018-12-03
启功 1994年作 书法 立轴	92.5×40.5cm	277,188	佳士得	2018-11-26
启功 1994年作 书法 立轴	91×40.5cm	166,313	佳士得	2018-11-26
启功 1995年作 行书“正大光明”镜片	44×62cm	138,000	北京荣宝	2018-09-14
启功 1995年作 行书《东坡念奴娇·赤壁怀古》横披	93×341cm	2,760,000	北京匡时	2018-06-15
启功 1995年作 书法 立轴	92×40.5cm	266,100	佳士得	2018-11-26
启功 1996年作 行书五言联 镜心	131×31cm×2	598,000	北京荣宝	2018-06-14
启功 1996年作 书法陆游句 镜框	65×132cm	554,375	佳士得	2018-11-26
启功 1997年作 行楷“鹤寿不知其纪也”镜心	68×46cm	322,000	北京荣宝	2018-12-03
启功 1998年作 行书“菩提”镜心	40×59.5cm	805,000	北京荣宝	2018-12-03
启功 1998年作 行书“正大光明”镜心	69×40.5cm	322,000	北京荣宝	2018-12-03
启功 1998年作 行书何绍基诗一首镜心	35×140cm	1,115,500	北京荣宝	2018-12-03
启功 1998年作 行书自作书一首立轴	105×35cm×2	920,000	北京荣宝	2018-12-03
启功 1999年作 行书“责任荣誉团队”镜心	32×130cm	230,000	北京荣宝	2018-12-03
启功 2000年作 行书苏轼诗一首镜心	40.5×133cm	184,000	北京荣宝	2018-12-03
启功 宝司斋 镜框	20×32cm	138,000	华艺国际	2018-11-16
启功 碧竹 行书 镜心	44.5×62cm	143,750	荣宝斋（上海）	2018-01-21
启功 草书节临《七月帖》立轴	99×44cm	241,500	北京匡时	2018-12-05
启功 草书王安石《即席》《悟真院》二首	96.9×31.5cm	142,785	纽约苏富比	2018-03-23
启功 草书五言诗 立轴	68×46cm	154,344	保利香港	2018-10-01
启功 岑谱琴 山林对语 楷书 成扇	18×48cm	115,000	荣宝斋（上海）	2018-01-21
启功 翠竹 立轴	68×68cm	414,000	荣宝斋（南京）	2018-01-05
启功 村渡图 镜心	20×23.5cm	109,250	北京匡时	2018-06-15
启功 村居图 镜心	23.5×20cm	138,000	北京匡时	2018-06-15
启功 等 书法 册页（八开）	32×44cm×8	172,500	华艺国际	2018-11-16
启功 1987年作 行书七言联 立轴	126.7×28cm×2	690,000	中国嘉德	2018-11-20
启功 董寿平 书画大师董寿平 精益求精（二帧）画心	100×17.5cm; 68×44.5cm	138,000	西泠拍卖	2018-07-07
启功 泛舟图 镜心	20×23.5cm	126,500	北京匡时	2018-06-15
启功 仿明人山水 镜框	52×30cm	460,000	北京荣宝	2018-06-14
启功 仿文衡山笔 镜心	18×50cm	207,000	北京荣宝	2018-06-14
启功 冯其庸 1980年作 墨葡萄图立轴	137×67.5cm	552,000	北京荣宝	2018-12-03
启功 1940年作 秋江独钓·行书临王羲之《极寒贴》成扇	18.5×50cm	345,000	中国嘉德	2018-11-21

拍品名称	物品尺寸	成交价RMB	拍卖公司	拍卖日期
启功 1983年作 行书七言诗 立轴	138×64cm	253,000	中国嘉德	2018-09-19
启功 韩愈语 立轴	64.5×40cm	253,000	北京诚轩	2018-06-16
启功 行书 "读书便佳"	26.3×70cm	437,000	中国嘉德	2018-06-20
启功 行书 节录清·查士标《题清凉寺扫叶上人壁》	69×46cm	437,000	中国嘉德	2018-11-21
启功 行书 节录宋·白玉蟾《梦中得五十六字》	102×35cm	345,000	中国嘉德	2018-11-21
启功 行书 节录宋·王安石《题西太一宫壁》	68.5×46cm	310,500	中国嘉德	2018-11-21
启功 行书 节录唐·杜甫《送李八秘书赴杜相公幕》	102×34.5cm	448,500	中国嘉德	2018-11-21
启功 行书 镜心	67×42cm	120,750	荣宝斋（南京）	2018-07-15
启功 行书 镜心	33×46.5cm	115,000	荣宝斋（上海）	2018-01-21
启功 行书 镜心	66.5×43.5cm	109,250	荣宝斋（南京）	2018-01-05
启功 行书 立轴	102×34cm	230,000	北京匡时	2018-12-05
启功 行书 立轴	67×34cm	184,000	华艺国际	2018-11-16
启功 行书 立轴	93.5×32.5cm	149,500	朵云轩	2018-06-24
启功 行书 立轴	68.5×45cm	115,000	广东崇正	2018-07-05
启功 行书 四屏 轴	尺寸不一	761,100	台北艺流	2018-06-30
启功 行书 宋·李建中《题杨少师题大字院壁后》	83×50cm	345,000	中国嘉德	2018-11-21
启功 行书 宋人纨扇五言绝句	68.5×35.5cm	253,000	中国嘉德	2018-11-21
启功 行书 唐·韦庄《题许浑诗卷》、唐·王焕之《登鹳雀楼》	68.5×138cm	897,000	中国嘉德	2018-11-21
启功 行书 唐·温庭筠《题河中紫极宫》	89.5×55.5cm	322,000	中国嘉德	2018-11-21
启功 行书 "白云胜境"	134.5×34.5cm	552,000	中国嘉德	2018-11-21
启功 行书 "鬓微苍又何妨" 立轴	67×33cm	154,344	北京匡时	2018-10-03
启功 行书 "博古斋" 镜心	10×33cm	322,000	北京荣宝	2018-06-14
启功 行书 "东坡绝句" 立轴	93×42cm	253,000	荣宝斋（南京）	2018-01-05
启功 行书 "福寿" 镜心	74×46cm	230,000	荣宝斋（南京）	2018-01-05
启功 行书 "花好月圆"	80×33.5cm	460,000	中国嘉德	2018-11-21
启功 行书 "聚雅斋" 镜心	34.5×121.5cm	575,000	北京荣宝	2018-06-14
启功 行书 "逻隐诗句" 立轴	134×31cm	299,000	荣宝斋（南京）	2018-01-05
启功 行书 "南行杂诗之一" 立轴	96×42cm	287,500	荣宝斋（南京）	2018-07-15
启功 行书 "前贤句" 立轴	98.5×32.5cm	253,000	荣宝斋（南京）	2018-01-05
启功 行书 "清心斋" 镜框	26×64cm	138,000	上海嘉禾	2018-06-25
启功 行书 "翥鹤轩" 镜心	34×137.5cm	368,000	中国嘉德	2018-06-18
启功 行书《论词》镜心	105×36cm	299,000	北京匡时	2018-06-16
启功 行书 "辛弃疾词" 立轴	136.5×67cm	617,376	保利香港	2018-10-01
启功 行书蔡沈诗句 立轴	98.5×32cm	241,500	上海匡时	2018-04-30
启功 行书词一首 立轴	102×32.5cm	322,000	北京荣宝	2018-06-14
启功 行书节录《圣教序》镜片	66×33.2cm	150,718	纽约苏富比	2018-03-23
启功 行书兰亭句 镜框	44.6×52cm	348,800	香港苏富比	2018-10-02
启功 行书临怀素《食鱼帖》立轴	129×62cm	805,000	北京荣宝	2018-06-14
启功 行书临帖 镜心 四屏	126.7×32.5cm×4	1,725,000	中国嘉德	2018-06-18

拍品名称	物品尺寸	成交价RMB	拍卖公司	拍卖日期
启功 行书罗隐诗句 立轴	133×31cm	310,500	上海匡时	2018-04-30
启功 行书评《平复帖》镜心	23×111cm	460,000	北京荣宝	2018-06-14
启功 行书七言联 对联	130×32cm×2	690,000	上海嘉禾	2018-06-25
启功 行书七言联 对联	131×32cm×2	230,000	中国嘉德	2018-09-19
启功 行书七言联 对联	127×29cm×2	207,000	上海嘉禾	2018-03-26
启功 行书七言联 镜心	131×32cm×2	713,000	北京荣宝	2018-12-03
启功 行书七言诗 镜片	96.5×35cm	195,500	上海嘉禾	2018-06-25
启功 行书七言诗 镜心	97×32cm	368,000	中贸圣佳	2018-06-20
启功 行书七言诗 镜心	93×49cm	184,000	中国嘉德	2018-01-13
启功 行书七言诗 立轴	131×35cm	667,000	上海嘉禾	2018-06-25
启功 行书七言诗 立轴	134×32cm	437,000	中国嘉德	2018-01-13
启功 行书七言诗 立轴	121×63cm	253,000	中国嘉德	2018-11-20
启功 行书七言诗 立轴	78×13.5cm	207,000	北京匡时	2018-06-16
启功 行书诗 立轴	128.5×41.5cm	188,155	纽约苏富比	2018-09-13
启功 行书水调歌头句 立轴	130×31cm	138,000	中国嘉德	2018-11-20
启功 行书四言联 立轴	55×17cm×2	218,500	中国嘉德	2018-06-19
启功 行书苏轼诗 立轴	130.5×53cm	460,000	北京荣宝	2018-06-14
启功 行书苏轼诗句 镜片	59×82cm	172,500	北京荣宝	2018-09-14
启功 行书唐人诗 镜心	68×45cm	195,500	北京保利	2018-05-21
启功 行书唐人诗一首 立轴	101×33cm	414,000	北京荣宝	2018-12-03
启功 行书题画诗 立轴	130×30.5cm	172,500	中国嘉德	2018-11-20
启功 行书题画诗一首 立轴	129×64.5cm	632,500	北京荣宝	2018-06-14
启功 行书题画诗一首 立轴	66×48cm	115,000	北京荣宝	2018-12-03
启功 行书题苏帖 立轴	130×32cm	184,000	北京保利	2018-11-19
启功 行书王安石诗 立轴	64×35cm	287,500	北京匡时	2018-06-16
启功 行书王介甫诗一首 镜心	50×68cm	207,000	北京荣宝	2018-12-03
启功 行书严参诗 立轴	66×43cm	276,000	北京荣宝	2018-06-14
启功 行书杨凝式诗一首 镜心	83×50cm	149,500	北京荣宝	2018-09-14
启功 行书杂句 镜心	67×33cm	149,500	北京荣宝	2018-06-14
启功 行书中堂 1轴	95.5×44.5cm	207,000	北京保利	2018-06-18
启功 行书周总理诗 立轴	105×34cm	414,000	北京荣宝	2018-12-03
启功 行书自作七绝一首	83.8×153cm	317,300	纽约苏富比	2018-03-23
启功 行书自作诗 镜片	137.5×29.5cm	437,000	上海嘉禾	2018-06-25
启功 行书自作诗 镜心	94×43cm	322,000	北京保利	2018-12-08
启功 行书自作诗 立轴	101×32.5cm	230,000	北京荣宝	2018-06-14
启功 行书自作诗 立轴	66×43.5cm	230,000	荣宝斋（南京）	2018-01-05
启功 鹤寿 立轴	90×50cm	322,000	南京经典	2018-01-06
启功 花卉 镜框	26×23×2cm	2,237,290	中正拍卖	2018-06-28
启功 节临《新妇地黄汤帖》镜心	54×18.5cm	115,000	北京荣宝	2018-12-03
启功 荷花图	105×40cm	552,000	深圳至正国际	2018-08-25
启功 朱竹图 镜框	60×42.5cm	1,035,000	深圳至正国际	2018-08-25
启功 九峰春霁 立轴	97×32cm	1,322,500	北京荣宝	2018-12-03
启功 楷书 立轴	68×32cm	379,500	荣宝斋（济南）	2018-07-01
启功 楷书毛主席词 立轴	178×93cm	977,500	北京匡时	2018-06-15
启功 李白 赠汪伦 镜心	68×137	598,000	南京经典	2018-07-22
启功 临《平复帖》立轴	110×53cm	207,000	北京保利	2018-06-17
启功 临王虚舟集柳书《反经箴》手卷	32.5×603cm	3,795,000	中国嘉德	2018-11-21
启功 刘俊琦 1945年作 秋菊图 行书成扇	20×51cm	402,500	北京荣宝	2018-06-14
启功 论书绝句百首简注足本	28×40cm	8,165,000	中国嘉德	2018-11-21

拍品名称	物品尺寸	成交价RMB	拍卖公司	拍卖日期
启功 毛主席词 立轴	132×64cm	460,000	荣宝斋（济南）	2018-07-01
启功 溥涧 1947年作 柳下双骏 行书 成扇	18×48cm	115,000	北京荣宝	2018-12-03
启功 溥佺 等 山居图 镜心	18×53cm	345,000	北京荣宝	2018-12-03
启功 溥佺 溥伒 八骏图 行书 成扇	18×47cm	437,000	北京荣宝	2018-06-14
启功 溥儒 等 山水 行书诗 成扇		256,575	纽约苏富比	2018-09-13
启功 溥儒 溥伒 溥佺 山水 立轴 四屏	102×33cm×4	1,495,000	北京荣宝	2018-06-14
启功 溥佐 等 山水（三帧）镜心	23×6cm×3	166,750	荣宝斋（济南）	2018-07-01
启功 青山生晓云 立轴	133×33cm	667,000	北京荣宝	2018-06-14
启功 秋山隐居图	33.5×29cm	115,000	中国嘉德	2018-11-21
启功 秋山隐市・行书临羲之法帖 成扇	18×50cm	287,500	中国嘉德	2018-11-21
启功 三叶虫化石砚	20×14cm	115,000	北京荣宝	2018-06-14
启功 山水 镜片	42.2×22.1cm	206,245	纽约苏富比	2018-03-23
启功 山水书法 镜框	26×34cm	184,000	华艺国际	2018-11-16
启功 珊瑚出网 镜片	17×48cm	230,000	华艺国际	2018-11-16
启功 书法 镜心	44×137cm	690,000	荣宝斋（济南）	2018-07-01
启功 书法 镜心	46×68cm	368,000	鼎天国际	2018-01-07
启功 书法 镜心	68×44cm	207,000	荣宝斋（济南）	2018-07-01
启功 书法 镜心	96×30cm	184,000	荣宝斋（济南）	2018-07-01
启功 书法 立轴	96.5×50cm	690,000	荣宝斋（济南）	2018-07-01
启功 书法 立轴	111.5×33cm	460,000	荣宝斋（济南）	2018-07-01
启功 书法 立轴	134×32cm	379,500	荣宝斋（济南）	2018-07-01
启功 书法 立轴	112×33cm	368,000	鼎天国际	2018-01-07
启功 书法 立轴	66×42cm	293,250	荣宝斋（济南）	2018-07-01
启功 书法 立轴	30×69cm	230,000	荣宝斋（济南）	2018-07-01
启功 书法 立轴	96×47cm	230,000	荣宝斋（济南）	2018-07-01
启功 书法 立轴	134×64cm	172,500	荣宝斋（济南）	2018-07-01
启功 书法对联 对联	126×30cm×2	390,000	上海驰翰	2018-06-25
启功 书法对联 镜片	126×33cm×2	345,000	天津同方	2018-06-13
启功 宋人小诗 立轴	70×40cm	169,500	北京歌德	2018-08-25
启功 吴熙曾 行书 山店风帘 成扇	19×50cm	115,000	上海嘉禾	2018-06-25
启功 1978年作 行书七言联 对联	126×33cm×2	287,500	中国嘉德	2018-01-13
启功 1948年作 湖石梅竹 镜心	65.0×32.5cm	552,000	中国嘉德	2018-06-19
启功 闲舟图 立轴	100×33cm	1,380,000	北京荣宝	2018-06-14
启功 1991年作 书画秘册 册页（廿四开）	11×15cm×24	5,980,000	中国嘉德	2018-11-20
启功 张元济 1944年作 仿董其昌秋山隐居 楷书《文心雕龙・比兴篇》成扇	20×52cm	178,250	上海泓盛	2018-06-27
启功 张元济 秋溪幽居 楷书 成扇	19.5×54cm	253,000	中国嘉德	2018-11-20
启功 竹石图 镜心	68.5×34cm	575,000	保利厦门	2018-07-15
钱化佛 罗汉图 立轴	63.5×32cm	132,250	保利厦门	2018-07-15
钱化佛 无量寿 立轴	100×32cm	124,101	保利香港	2018-04-02
钱穆 行书 辛弃疾词《青玉案・元夕》	69.5×35cm	230,000	中国嘉德	2018-11-21
钱瘦铁 春山幽鸣 立轴	125×55.5cm	276,000	朵云轩	2018-06-24
钱瘦铁 隶书八言联 雨后溪山图 对联 立轴	129×16.5cm×2; 137×33cm	115,000	西泠拍卖	2018-07-08
钱瘦铁 山水册（共九页）册页	画心26×20.5cm	126,500	西泠拍卖	2018-07-08
钱瘦铁 山水册（共九页）册页	画心26×20.5cm	109,250	西泠拍卖	2018-09-28
钱瘦铁 抬头见喜 立轴	81×147cm	120,750	荣宝斋（南京）	2018-07-15
钱松嵒 1972年作 梅花诗册 手卷	26×35cm×6	460,000	北京匡时	2018-12-05
钱松嵒 长江万里 立轴	82×46.6cm	199,575	佳士得	2018-11-26
钱松嵒 竹海人家 镜心	71.5×48.5cm	448,500	北京匡时	2018-12-05
钱松嵒 1939年作 柳阴渔乐图 立轴	93×37.5cm	149,500	北京荣宝	2018-12-03
钱松嵒 1940年作 高柳长林图 立轴	141×79cm	805,000	北京保利	2018-06-17
钱松嵒 1947年作 南山图 立轴	123×61cm	471,500	北京荣宝	2018-06-14
钱松嵒 1956年作 百鸽图 立轴	178.5×95.5cm	763,696	中国嘉德	2018-04-03
钱松嵒 1958年作 跃进图 立轴	19×52cm; 37×52cm	1,380,000	北京保利	2018-12-08
钱松嵒 1961年作 延安一景 镜片	32×24cm	448,500	广东崇正	2018-07-05
钱松嵒 1964年作 延安凤凰山 镜片	44.5×49cm	1,265,000	广东崇正	2018-07-05
钱松嵒 1970年作 黄洋界 镜心	53×37cm	1,265,000	北京匡时	2018-06-15
钱松嵒 1974年作 遵义 镜心	105.5×68cm	6,900,000	北京荣宝	2018-06-14
钱松嵒 1976年作 古塞新湖 立轴	70×91.5cm	3,450,000	中国嘉德	2018-06-18
钱松嵒 1979年作 蜀山蜀水逗人思 镜心	83×40cm	690,000	北京荣宝	2018-06-14
钱松嵒 1981年作 白鹭洲 镜心	74.5×49cm	2,530,000	北京匡时	2018-06-15
钱松嵒 1981年作 层峦春色 立轴	67.5×33.5cm	195,500	北京荣宝	2018-12-03
钱松嵒 1982年作 南国常丰乐 立轴	67×44cm	575,000	北京荣宝	2018-09-14
钱松嵒 1983年作 东篱寿客 镜心	31×44cm	138,000	北京荣宝	2018-12-03
钱松嵒 白云深处有人家 立轴	67.5×46.5cm	460,000	中国嘉德	2018-06-18
钱松嵒 碧岩红树 立轴	68×74cm	747,500	凤凰拍卖	2018-01-21
钱松嵒 碧岩红树映山村 立轴	67×74cm	575,000	南京经典	2018-07-22
钱松嵒 崇岭藏云 立轴	147.5×79.5cm	690,000	中贸圣佳	2018-06-20
钱松嵒 春回古塞 镜心	67×44cm	1,035,000	凤凰拍卖	2018-01-21
钱松嵒 春韵 镜心	69×44cm	517,500	南京经典	2018-01-06
钱松嵒 春早 立轴	107×46cm	310,500	广东崇正	2018-07-04
钱松嵒 歌颂劳动人家 立轴	102.5×67.5cm	1,357,000	凤凰拍卖	2018-01-21
钱松嵒 观潮图 立轴	95×51cm	207,000	上海嘉禾	2018-06-25
钱松嵒 光明亭 立轴	66×37cm	747,500	中贸圣佳	2018-06-20
钱松嵒 龟寿图 立轴	67×32.5cm	138,000	荣宝斋（济南）	2018-07-01
钱松嵒 1983年作 太湖渔乐图 镜片	178.5×95cm	598,000	上海嘉禾	2018-03-26
钱松嵒 1953年作 观瀑图 镜心	68×81.5cm	920,000	中国嘉德	2018-06-18
钱松嵒 1943年作 安居图 立轴	149×40.3cm	230,000	北京诚轩	2018-06-16
钱松嵒 过雨看松色 立轴	80×40cm	230,000	荣宝斋（南京）	2018-01-05
钱松嵒 海角人家 立轴	45×34cm	120,750	南京经典	2018-01-06
钱松嵒 海天一角 镜心	67×79.5cm	690,000	荣宝斋（南京）	2018-07-15
钱松嵒 虎邱山图 立轴	119×54cm	212,750	荣宝斋（南京）	2018-01-05
钱松嵒 画稿 册页（七开）	尺寸不一	299,000	荣宝斋（南京）	2018-01-05
钱松嵒 黄山松云 立轴	68×40cm	229,109	保利香港	2018-04-02

拍品名称	物品尺寸	成交价RMB	拍卖公司	拍卖日期
钱松喦 黄山云海 立轴	41×47cm	172,500	南京经典	2018-01-06
钱松喦 江南锦绣 镜片	43×47cm	1,725,000	广东崇正	2018-07-04
钱松喦 江天清远 立轴	57.5×28.5cm	241,500	荣宝斋（南京）	2018-07-15
钱松喦 江天远帆图 立轴	103×43cm	517,500	南京经典	2018-07-22
钱松喦 橘子洲头 镜心	41.5×34cm	172,500	荣宝斋（南京）	2018-01-05
钱松喦 具区胜境 镜心	46×34cm	138,000	中国嘉德	2018-05-18
钱松喦 隽味迎春 立轴	67.5×45cm	184,000	上海嘉禾	2018-06-25
钱松喦 崂山途中 立轴	35×28cm	402,500	凤凰拍卖	2018-01-21
钱松喦 林屋山居图 立轴	143×80cm	575,000	上海嘉禾	2018-06-25
钱松喦 柳荫渔乐图 立轴	93×37.5cm	115,000	荣宝斋（济南）	2018-07-01
钱松喦 龙潭雨 镜心	36×52cm	575,000	荣宝斋（南京）	2018-07-15
钱松喦 妈屿 镜心	52×42cm	471,500	北京荣宝	2018-12-03
钱松喦 茅山雄姿 镜心	43×56.5cm	379,500	中贸圣佳	2018-06-20
钱松喦 梅花 立轴	60×31cm	632,500	中贸圣佳	2018-06-20
钱松喦 南湖积翠 立轴	56×29.5cm	287,500	北京荣宝	2018-09-14
钱松喦 南山积翠 立轴	136×67cm	1,265,000	北京匡时	2018-06-15
钱松喦 千孙 镜片	24.5×34cm	195,500	华艺国际	2018-11-16
钱松喦 乔松春色 镜片	68×44cm	345,000	华艺国际	2018-11-16
钱松喦 山川幽趣 镜心	32×37cm	230,000	北京匡时	2018-06-15
钱松喦 山高水长 立轴	69×42cm	862,500	中贸圣佳	2018-06-20
钱松喦 石涛诗意图 镜心	46×34cm	310,500	南京经典	2018-07-22
钱松喦 蜀江秋色 立轴	67×34cm	517,500	中国嘉德	2018-01-13
钱松喦 蜀江图 镜心	64×44.5cm	483,000	南京经典	2018-01-06
钱松喦 双色菊 立轴	68×32cm	103,500	荣宝斋（南京）	2018-01-05
钱松喦 水笑山欢图 镜片	66×49.5cm	2,587,500	西泠拍卖	2018-07-07
钱松喦 松柏长青 立轴	47×33cm	161,000	中国嘉德	2018-01-13
钱松喦 岁朝图 立轴	135×67cm	805,000	凤凰拍卖	2018-01-21
钱松喦 太行飞瀑 立轴	68×45cm	632,500	南京经典	2018-07-22
钱松喦 太湖春波 立轴	67×33cm	368,000	南京经典	2018-07-22
钱松喦 太湖光明亭 镜心	66×37cm	425,500	南京经典	2018-01-06
钱松喦 太湖景色 镜心	34.5×68.5cm	782,000	北京保利	2018-12-08
钱松喦 太湖山水 立轴	68×31cm	782,000	中贸圣佳	2018-06-20
钱松喦 太湖胜境 镜心	52×37cm	575,000	荣宝斋（南京）	2018-07-15
钱松喦 太湖一角并雪景 镜框	28×18.5cm×2	207,000	上海嘉禾	2018-06-25
钱松喦 泰岱永固 立轴	97×60.5cm	483,000	中国嘉德	2018-06-18
钱松喦 泰山青松 立轴	124×72cm	286,386	中国嘉德	2018-04-03
钱松喦 唐云 应野平 野趣图 立轴	68×43cm	747,500	中贸圣佳	2018-06-20
钱松喦 桃花源里 镜心	49.5×30.5cm	276,000	中国嘉德	2018-11-20
钱松喦 天平山胜境 镜心	66×30.5cm	149,500	凤凰拍卖	2018-01-21
钱松喦 田园风味 立轴	93.8×42.6cm	257,747	中国嘉德	2018-04-03
钱松喦 万里长城 镜心	82×134cm	8,970,000	北京荣宝	2018-12-03
钱松喦 王传律 荷塘清趣 行书书法成扇	18×49cm	138,000	中贸圣佳	2018-11-24
钱松喦 魏紫熙 亚明 等 金陵八家山水 册页	22×12cm×6	322,000	北京荣宝	2018-12-03
钱松喦 溪山清秋 立轴	97.5×48.5cm	2,300,000	荣宝斋（南京）	2018-07-15
钱松喦 溪山烟雨 立轴	67.3×45.5cm	414,000	中国嘉德	2018-06-18
钱松喦 峡北江南 镜心	54×39cm	460,000	北京荣宝	2018-06-14

拍品名称	物品尺寸	成交价RMB	拍卖公司	拍卖日期
钱松喦 旭日东升	67×31.5cm	287,500	北京东正	2018-06-17
钱松喦 延安 镜片	133×93cm	4,600,000	广东崇正	2018-07-04
钱松喦 延安凤凰山 镜心	44.5×50cm	1,127,000	荣宝斋（南京）	2018-01-05
钱松喦 延安颂 镜心	36×22cm	218,500	荣宝斋（南京）	2018-01-05
钱松喦 移山种水稻 镜心	58×45cm	1,610,000	北京匡时	2018-06-15
钱松喦 益寿延年 镜心	49×28cm	189,750	南京经典	2018-01-06
钱松喦 幽居图 立轴	144.5×39cm	391,000	荣宝斋（南京）	2018-01-05
钱松喦 鱼满千舟 立轴	139.5×95cm	5,750,000	中国嘉德	2018-06-18
钱松喦 云海松涛忆黄山 镜心	51×83cm	690,000	南京经典	2018-07-22
钱松喦 云台山绝顶 立轴	53.5×35.5cm	368,000	中国嘉德	2018-11-20
钱松喦 长城春色 镜心	99.5×50.5cm	552,000	中国嘉德	2018-11-20
钱松喦 长城万里 立轴	54×41cm	115,000	北京保利	2018-12-08
钱松喦 重庆山水 镜心	46×34cm	333,500	荣宝斋（南京）	2018-07-15
钱松喦 珠江春晓 立轴	92.5×57cm	230,000	广东崇正	2018-07-05
钱松喦 紫金山 镜心	35.5×41cm	276,000	凤凰拍卖	2018-01-21
钱松喦 祖国膏腴地 镜心	67.5×136cm	1,782,500	凤凰拍卖	2018-01-21
钱玄同 1923年作 行书《科学与玄学战争的历史》横批	27.0×77.0cm	609,500	中国嘉德	2018-06-19
钱玄同 1923年作 行书节录《杜威先生与中国》横批	27.0×77.0cm	540,500	中国嘉德	2018-06-19
钱玄同 楷书八卦词 横批	21.5×51.0cm	230,000	中国嘉德	2018-06-19
乔大壮 1943年作 篆书八言联 对联	133×22cm×2	103,500	上海泓盛	2018-06-27
乔木 沈尹默 1995年作 夏日珍禽图墨竹 立轴	69×45.5cm；61.5×35cm	103,500	西泠拍卖	2018-07-07
乔延年 2016年作 王维诗意图 镜心	138×69cm	172,500	北京翰海	2018-09-16
秦艾 2007年作 东洋景西洋景	63×110cm	287,500	华艺国际	2018-11-16
秦艾 2015年作 探幽	38×318cm	552,000	中贸圣佳	2018-11-24
秦艾 2016年作 空谷足音 镜框	88×67cm	263,900	佳士得	2018-05-28
秦风 2012年作 欲望风景系列8745 镜框	152×160cm	288,275	佳士得	2018-11-26
秦古柳 1938年作 松风琴韵图 立轴	131×65cm	155,250	西泠拍卖	2018-07-08
秦修平 高逸图 镜心	138×138cm	253,000	南京经典	2018-01-06
秦英豪 芭蕉叶下 镜心	136×68cm	312,100	北京歌德	2018-08-25
秦云海 70年代作 李时珍 连环画原稿（一百零八选十九）	15×23cm×108	109,250	西泠拍卖	2018-07-08
秦仲文 毛主席诗意图 立轴	138×68cm	161,000	中贸圣佳	2018-11-24
秦仲文 竹溪图 立轴	163.5×85cm	172,500	北京翰海	2018-06-29
丘逢甲 行书 立轴	172×46cm	632,500	广东崇正	2018-07-04
丘挺 2002年作 山居图 镜心	46×46cm	101,200	北京荣宝	2018-06-14
丘志杰 2000年作 说文解字：米字部；及说文解字：女字部（共两件）	尺寸不一	102,896	保利香港	2018-09-30
屈吟庵 2018年作 盛世之春 镜心	139×34cm×6	2,714,000	北京保利	2018-05-21
曲真慧 2015年作 蔡元培先生像 镜心	137×69cm	184,000	中国嘉德	2018-05-18
饶宗颐 1974年作 寿无量 立轴	86×38cm	554,375	佳士得	2018-11-26
饶宗颐 1977年作 行书 石涛语录（四帧）画心	177×31.5cm×4	437,000	西泠拍卖	2018-07-07
饶宗颐 1979年作 行书五言联 立轴	179×47cm×2	172,500	上海匡时	2018-04-30
饶宗颐 1979年作 吉庆眉寿图、行书五言联 镜心	179×97cm	977,500	北京荣宝	2018-06-14

拍品名称	物品尺寸	成交价RMB	拍卖公司	拍卖日期
饶宗颐 1986年作 疏林亭子 立轴	138×35cm	460,000	精诚所至	2018-05-12
饶宗颐 1988年作 石湾陶艺展览 镜片	31×130cm	172,500	华艺国际	2018-05-23
饶宗颐 1990年作 行书 七言联 对联	128×31cm×2	212,750	西泠拍卖	2018-07-07
饶宗颐 1991年作 钟馗 镜片	44×119cm	920,000	华艺国际	2018-05-23
饶宗颐 1994年作 风荷图 行书七言联 镜心	180×62.5cm；182×48cm×2	253,000	北京荣宝	2018-12-03
饶宗颐 1997年作 怡古斋 镜片	51×92cm	230,000	精诚所至	2018-05-12
饶宗颐 2004年作 茅龙笔书草书七言联 立轴	134×32cm×2	184,000	精诚所至	2018-05-12
饶宗颐 2004年作 书法对联 立轴	138×34cm×2	149,500	精诚所至	2018-05-12
饶宗颐 2005年作 对联 立轴	137×34cm×2	287,500	华艺国际	2018-05-23
饶宗颐 2006年作 荷花 镜心	38×136cm	126,500	北京保利	2018-05-21
饶宗颐 2008年作 对联 镜框	233×53cm×2	460,000	华艺国际	2018-05-23
饶宗颐 2008年作 求其放心 镜片	35×139cm	138,000	华艺国际	2018-05-23
饶宗颐 2009年作 行书五言联 镜片	138×35cm×2	195,500	精诚所至	2018-05-12
饶宗颐 2010年作 对联 立轴	137×33cm×2	230,000	华艺国际	2018-05-23
饶宗颐 2011年作 对联 镜片	139×35cm×2	264,500	华艺国际	2018-05-23
饶宗颐 2011年作 清风朗月 镜片	41.5×138cm	103,500	精诚所至	2018-05-12
饶宗颐 2012年作 书法对联 立轴	137.5×34.5cm×2	195,500	精诚所至	2018-05-12
饶宗颐 2013年作 对联 镜框	139×34cm×2	230,000	华艺国际	2018-05-23
饶宗颐 2014年作 书法对联（两幅）立轴	138×32.3cm×2	121,800	佳士得	2018-05-29
饶宗颐 白山雪意 立轴	137×34cm	517,500	精诚所至	2018-05-12
饶宗颐 1986年作 山水 立轴	94.5×47cm	460,000	广东崇正	2018-07-04
饶宗颐 达摩	114.5×42cm	304,920	中正拍卖	2018-01-26
饶宗颐 大富贵亦寿考 镜片	138×33.5cm	345,000	广东崇正	2018-07-04
饶宗颐 1970年作 虞山林壑图 镜片	122×61cm	230,000	广东崇正	2018-07-04
饶宗颐 行书 七言联 立轴	137.5×33cm×2	203,400	广东省拍	2018-09-20
饶宗颐 行书五言联 镜心	233×53cm×2	368,000	荣宝斋（南京）	2018-07-15
饶宗颐 1984年作 书画合册 册页十一开（画九开、书二开）	24×32cm×11	598,000	广东崇正	2018-07-04
饶宗颐 隶书王铎诗 镜心	65.5×134.5cm	218,500	中贸圣佳	2018-06-20
饶宗颐 莲花 镜心	34×136cm	105,294	香港普艺	2018-10-06
饶宗颐 峦峰疏林图	103×42cm	230,000	北京东正	2018-06-17
饶宗颐 三鱼图 立轴	138×35cm	345,000	精诚所至	2018-05-12
饶宗颐 山水对联一堂 立轴六屏	画心 89×45cm×4	5,175,000	华艺国际	2018-05-23
饶宗颐 书法 镜框	50×150cm	230,000	华艺国际	2018-05-23
饶宗颐 书法 镜片	29×136cm	115,000	华艺国际	2018-05-23
饶宗颐 书法 四屏	137×35cm×4	322,000	北京东正	2018-06-17
饶宗颐 书法 四屏镜心	177×31.5cm×4	368,000	北京荣宝	2018-12-03
饶宗颐 书法五言联 胶卷	138×35cm×2	192,100	广东省拍	2018-09-20
饶宗颐 吴哥窟奇景 镜片	31.5×145.7cm	977,500	广东崇正	2018-07-04
饶宗颐 吴子玉 荷叶小鸟 立轴	128.5×31.2cm	284,200	佳士得	2018-05-29
饶宗颐 萧斋清供 镜心	38×58cm	138,000	保利厦门	2018-07-15
饶宗颐 怡古斋 镜框	51×92cm	207,000	华艺国际	2018-11-16
饶宗颐 张大千 黄君璧 赵少昂 杨善深 等 茹香楼画册 册页（十四开）	33×47.5cm×14	470,000	上海驰翰	2018-06-25
饶宗颐 钟馗醉酒图 镜框	44×120cm	1,150,000	华艺国际	2018-05-23
饶宗颐 篆书 八言联 立轴	179×41.5cm×2	350,300	广东省拍	2018-09-20
任惠中 2018年作 观云 镜心	136×67cm	184,000	北京翰海	2018-09-16

拍品名称	物品尺寸	成交价RMB	拍卖公司	拍卖日期
任继民 2018年作 雪域祥光普照苍生 手卷	21.5×175cm	230,000	北京翰海	2018-09-16
任堇 1924年作 对联 立轴	148×26cm×2	161,000	华艺国际	2018-05-23
任率英 1986年作 洛神图 立轴	106×55.5cm	172,500	北京荣宝	2018-12-03
任玉良 2017年作 一览众山小 镜心	138×70cm	517,500	北京保利	2018-06-18
任重 1999年作 东坡玩砚图 立轴	134×66cm	920,000	北京匡时	2018-12-05
任重 2005年作 蕉林敲句 立轴	92×34cm	253,000	北京匡时	2018-12-05
任重 2009年作 入眼荒寒一洒然 镜心	67×43cm	529,000	北京匡时	2018-12-05
任重 2010年作 诗意图 镜心	49×99cm	333,500	北京翰海	2018-09-16
任重 2011年作 桐荫抚琴 镜心	69×136cm	862,500	北京荣宝	2018-05-18
任重 2012年作 红衣达摩 镜框	142×74cm	1,092,500	北京荣宝	2018-09-14
任重 2013年作 芭蕉高仕 镜心	32×26cm	126,500	北京匡时	2018-12-05
任重 2013年作 独钓图 镜心	38×38cm	115,000	北京匡时	2018-12-05
任重 2013年作 红叶小鸟 镜心	38×38cm	103,500	北京匡时	2018-12-05
任重 2018年作 九龙闹海 镜片	138.5×357cm	17,480,000	上海匡时	2018-04-30
任重 2018年作 秋荷鹡鸰	136×34cm	1,667,500	北京翰海	2018-06-30
任重 2018年作 秋荷鹡鸰 镜心	69×46cm	575,000	北京荣宝	2018-12-03
任重 2018年作 十一面观自在菩萨	136×69cm	4,255,000	北京翰海	2018-06-30
任重 2018年作 雪竹灵禽 镜心	69×46cm	690,000	北京荣宝	2018-12-03
任重 2018年作 雪竹图 镜心	68×50cm	2,990,000	北京荣宝	2018-06-14
任重 芭蕉高士 镜心	40×100cm	253,000	中贸圣佳	2018-06-20
任重 丹枫呦鹿 镜心	136×69cm	5,462,500	中国嘉德	2018-06-20
任重 高士图 四屏镜心	92.5×35cm×4	2,415,000	保利厦门	2018-07-15
任重 红叶霜禽 镜心	93×33cm	322,000	中贸圣佳	2018-11-24
任重 猴 镜心	96×66cm	747,500	保利厦门	2018-07-15
任重 秋江泛舟 楷书冬草赋 成扇	19.2×52.2cm	258,750	保利厦门	2018-07-15
任重 释迦牟尼像 镜心	32×92.5cm	402,500	北京荣宝	2018-06-14
任重 2018年作 松溪泛舟 镜心	32.0×93.0cm	713,000	中国嘉德	2018-11-22
任重 2018年作 幽篁雪霁 镜心	32.0×93.0cm	690,000	中国嘉德	2018-11-22
任重 幽壑鸣泉 镜心	85×69cm	1,725,000	北京保利	2018-06-18
容庚 1943年作 草书临二王帖 册页	29×41.5cm×5	102,896	中国嘉德	2018-10-03
容庚 1973年作 金文 立轴	103×41cm	218,500	精诚所至	2018-05-12
容庚 黎雄才 1973年作 山水 立轴	69×33cm	356,500	精诚所至	2018-05-12
容庚 谭令嘉 等 书法 花卉 扇面	18×50cm；19×43cm	115,000	华艺国际	2018-05-23
容庚 万里长江图 手卷	25×679cm	253,000	保利厦门	2018-01-08
容绳祖 杨善深 书法 双鸡图 镜片	65×45.5cm	149,500	广东衡益	2018-07-01
僧佗 赵叔孺 青绿山水 行书书法 成扇	20×63cm	218,500	中贸圣佳	2018-11-24
沙孟海 行草书 横幅	64×131cm	345,000	北京保利	2018-12-09
沙孟海 行书 长屋相国诗句 画心	132.5×68cm	138,000	西泠拍卖	2018-07-07
沙孟海 行书 六言诗 立轴	68.5×42cm	115,000	西泠拍卖	2018-07-07
沙孟海 行书曹孟德诗 对屏镜框	232×52.5cm×2	1,380,000	保利厦门	2018-01-08
沙孟海 行书横幅 横幅	129×66cm	230,000	北京保利	2018-12-09
沙孟海 行书六言诗 镜心	69×50cm	126,500	北京保利	2018-12-09
沙孟海 行书七言句 立轴	134×63cm	207,000	北京保利	2018-12-09
沙孟海 行书七言联 镜心	137×34cm×2	414,000	北京保利	2018-12-09
沙孟海 行书七言诗 镜心	69.5×35.5cm	109,250	北京匡时	2018-12-05
沙孟海 行书孙绰句 镜心	68.5×43cm	115,000	北京匡时	2018-06-16
沙孟海 行书五言联 镜心	137×34cm×2	322,000	北京保利	2018-12-09
沙孟海 毛主席词 画心	101.5×34.5cm	149,500	西泠拍卖	2018-07-07
沙孟海 书法 轴	95×33cm	138,000	浙江佳宝	2018-07-01
沙孟海 1925年作 行书蔡邕《协和婚赋》立轴	100×45cm	241,500	上海嘉禾	2018-06-25

拍品名称	物品尺寸	成交价RMB	拍卖公司	拍卖日期
尚涛 村口 镜片	137×68.5cm	158,200	广东省拍	2018-09-20
尚涛 双鹤 镜片	178×96cm	253,000	华艺国际	2018-03-30
尚小云 1956年作 梅花 成扇	18×49cm	103,500	北京翰海	2018-06-29
邵大箴 2015年作 山水	66×130cm	287,500	华艺国际	2018-11-16
邵大箴 2018年作 山水（四幅）	34×69cm×4	230,000	华艺国际	2018-11-16
邵帆 2014年作 肖像：兔 2014年12月	249×133.7cm	859,158	保利香港	2018-03-29
邵帆（少番）2012年作 兔子 镜框	133×69.5cm	436,000	香港苏富比	2018-10-01
邵飞 1993年作 梦 镜心	78×49cm	207,000	北京荣宝	2018-05-18
邵逸轩 红蓼白鹭 立轴	89×28cm	103,500	北京翰海	2018-06-29
邵仄炯 2017年作 六朝云起（二）镜心	130×63cm	166,750	上海匡时	2018-04-30
沈曾植 1922年作 行书七言联 对联	133×32cm×2	287,500	上海匡时	2018-04-30
沈曾植 草书 立轴	139×69cm	230,000	荣宝斋（南京）	2018-07-15
沈曾植 草书 王维诗 立轴	117×48.5cm	230,000	西泠拍卖	2018-07-07
沈曾植 行书 八言联 对联	168.5×28.5cm×2	299,000	西泠拍卖	2018-07-07
沈曾植 行书 七言联 对联	176×41cm×2	195,500	西泠拍卖	2018-07-07
沈曾植 行书七言 对联	33×126.5cm×2	230,000	朵云轩	2018-06-24
沈曾植 行书七言联 对联	176×41cm×2	425,500	上海匡时	2018-04-30
沈曾植 行书七言联 立轴	142×31cm×2	368,000	中国嘉德	2018-06-19
沈曾植 行书七言联 立轴	138.5×23.5cm×2	253,000	中国嘉德	2018-06-18
沈曾植 行书七言联 立轴	169×35cm×2	195,500	北京荣宝	2018-06-14
沈曾植 行书七言联 立轴	132.5×29.5cm×2	103,500	北京匡时	2018-06-16
沈曾植 行书五言诗 立轴	145.5×39cm	172,500	中国嘉德	2018-06-18
沈曾植 1914年作 行书七言联 立轴	136.5×32cm×2	115,000	中国嘉德	2018-06-18
沈曾植 临郑文公碑 立轴六屏	82×44cm×6	517,500	华艺国际	2018-11-16
沈曾植 1922年作 隶书七言联 立轴	170×37cm×2	109,250	中国嘉德	2018-06-20
沈曾植 书法对联（两幅）立轴	134×29.5cm×2	426,300	佳士得	2018-05-29
沈从文 书法 镜框	109×19.5cm	345,000	华艺国际	2018-05-23
沈从文 咏孤台词 立轴	103×32.2cm	207,000	中国嘉德	2018-11-21
沈从文 章草书法 立轴	74×34cm	115,000	中贸圣佳	2018-11-24
沈道鸿 2002年作 对弈图 镜心	58×171cm	115,000	北京荣宝	2018-09-14
沈道鸿 2013年作 竹间抚琴图 镜心	69×46cm	241,500	北京荣宝	2018-12-03
沈道鸿 2018年作 钟馗持剑图 镜心	95×51cm	368,000	北京荣宝	2018-12-03
沈兼士 1946年作 甲骨文八言联 镜心	87.0×34.0cm	345,000	中国嘉德	2018-06-19
沈兼士 行书五言诗 镜心	33.5×87.0cm	115,000	中国嘉德	2018-06-19
沈鹏《紫气东来》镜心	90×35cm	195,500	北京翰海	2018-09-16
沈鹏 1983年作 草书六言诗 镜心	133.5×34.5cm	149,500	北京荣宝	2018-06-14
沈鹏 1986年作 草书七言联 立轴	138×33cm×2	161,000	北京荣宝	2018-12-03
沈鹏 1987年作 行书“澄怀”镜心	65×133cm	253,000	北京荣宝	2018-12-03
沈鹏 1995年作 草书 立轴	133×33cm	138,000	北京翰海	2018-09-16
沈鹏 1995年作 行草王昌龄诗一首 镜心	68×135cm	253,000	北京荣宝	2018-12-03
沈鹏 1999年作 草书张志和《渔歌子》镜心	70.5×142cm	287,500	北京荣宝	2018-09-14
沈鹏 1999年作 书法 软片	136×68cm	156,800	湖南逸典	2018-06-09
沈鹏 2000年作 行草辛弃疾词一首 镜心	136×68cm	437,000	北京荣宝	2018-12-03
沈鹏 2001年作 行书五言诗 镜心	90×68cm	138,000	北京荣宝	2018-05-18
沈鹏 2002年作 草书杜甫《春夜喜雨》立轴	68×68cm	195,500	北京荣宝	2018-09-14
沈鹏 2002年作 草书王湾句 镜心	95×180cm	253,000	保利山东	2018-11-22

拍品名称	物品尺寸	成交价RMB	拍卖公司	拍卖日期
沈鹏 2002年作 草书朱熹诗一首 镜心	138×70cm	310,500	北京荣宝	2018-05-18
沈鹏 2004年作 草书杜牧诗 镜心	68×136cm	184,000	北京保利	2018-06-18
沈鹏 2006年作 草书《黄山缆车口号》立轴	136.5×66cm	132,250	上海匡时	2018-04-30
沈鹏 2015年作 行书 立轴	95×44cm	126,500	北京荣宝	2018-05-18
沈鹏 草书 镜心	71.5×143cm	287,500	荣宝斋（南京）	2018-01-05
沈鹏 草书 镜心	90×68cm	172,500	北京翰海	2018-09-16
沈鹏 草书 镜心	87×59cm	138,000	北京翰海	2018-09-16
沈鹏 草书 镜心	67.5×45cm	112,700	荣宝斋（南京）	2018-07-15
沈鹏 草书 镜心	138×69.5cm	109,250	荣宝斋（南京）	2018-01-05
沈鹏 草书《家和万事兴》镜心	100×35cm	218,500	北京翰海	2018-09-16
沈鹏 草书《咏杜牧之》立轴	131×62cm	161,000	上海匡时	2018-04-30
沈鹏 草书杜牧诗 镜心	68.5×136cm	138,000	中贸圣佳	2018-06-20
沈鹏 草书十二言联 镜心	205×35cm×2	138,000	荣宝斋（南京）	2018-07-15
沈鹏 行书杜甫《蜀相》立轴	70×45cm	126,500	北京荣宝	2018-05-18
沈鹏 好事近 镜心	123×69cm	200,687	香港普艺	2018-01-13
沈鹏 静心	68×68cm	5,186,445	中正拍卖	2018-06-28
沈鹏 1992年作 行书七言诗 镜片	68×138cm	126,500	上海嘉禾	2018-06-25
沈鹏 书法 镜心	153×83.5cm	207,000	荣宝斋（济南）	2018-06-30
沈鹏 书法 镜心	78.5×256cm	115,000	荣宝斋（济南）	2018-06-30
沈鹏 书法对联 平轴	97×32cm×2	227,000	天津同方	2018-06-13
沈鹏 1985年作 草书十七言联 镜心	220×33cm×2	322,000	中国嘉德	2018-11-20
沈勤 2009年作 水田·皖南风景	51×65cm	126,500	华艺国际	2018-11-16
沈勤 2011年作 园-黄昏	69×83cm	207,000	华艺国际	2018-11-16
沈勤 穿过门的书 彩墨	136×68cm	138,000	北京匡时	2018-05-21
沈勤 冬雨江南 镜框	131.5×27.5cm	101,500	佳士得	2018-05-28
沈勤 山	37.5×179cm	218,500	广东崇正	2018-07-05
沈塘 拟汤雨生山水并松亭爽籁图 成扇	25.5×72cm	218,500	中贸圣佳	2018-11-24
沈塘 且园侍郎五十玉照 横披	43.5×76.5cm	218,500	中国嘉德	2018-11-22
沈威峰 2014年作 荷塘佛光 镜心	59.5×137cm	253,000	北京荣宝	2018-06-14
沈威峰 龙珠如醉 镜心	96×59cm	184,000	凤凰拍卖	2018-01-21
沈香吟 2018年作 人类命运共同体—环境危机 镜心	248×128cm	2,070,000	北京保利	2018-12-06
沈心海 1940年作 入宫图 立轴	133×66cm	195,500	北京荣宝	2018-06-14
沈心海 三星朗照	145.5×77cm	287,500	北京东正	2018-06-17
沈尹默《鸭雏》书法	131×30.5cm	195,500	北京东正	2018-06-17
沈尹默 1931年作 行书 节选珠玉词 四屏	105×14cm×4	460,000	西泠拍卖	2018-07-07
沈尹默 1941年作 服茯苓赋并叙 立轴	44×37cm	448,500	北京保利	2018-06-17
沈尹默 1941年作 书法中堂 立轴	127×58cm	1,552,500	北京保利	2018-06-17
沈尹默 1945年作 行书《西湖春日》诗 立轴	125×30cm	115,000	北京匡时	2018-06-16
沈尹默 1947年作 行书自作词 镜心	118.5×22cm	178,250	北京匡时	2018-12-05
沈尹默 1947年作 楷书十言联 镜心	74.0×33.0cm	483,000	中国嘉德	2018-06-19

拍品名称	物品尺寸	成交价RMB	拍卖公司	拍卖日期
沈尹默 1948年作 行书跋褚登善《大字阴符经》附朱家济赠涉园影印珂罗版《唐褚登善书阴符经墨迹》一册 镜心	28×270cm	2,070,000	北京保利	2018-12-08
沈尹默 1948年作 节录《世说新语》立轴		109,250	北京保利	2018-06-17
沈尹默 1948年作 墨竹 镜心	64.0×28.5cm	207,000	中国嘉德	2018-06-19
沈尹默 1949年作 行书《跋明汪西岸至庵两先生书卷尾》镜心	28×93cm	253,000	北京保利	2018-12-08
沈尹默 1949年作 行书《秦妇吟》镜心	19.0×565.0cm	5,750,000	中国嘉德	2018-06-19
沈尹默 1949年作 行书黄庭坚诗（二帧）镜心	28×106cm×2	920,000	北京保利	2018-12-08
沈尹默 1949年作 行书临《温泉铭》（四幅）镜心	43.5×59.5cm×4	713,000	中国嘉德	2018-06-19
沈尹默 1953年作 行书自作诗三首镜心	25×92cm	782,000	北京保利	2018-12-08
沈尹默 1954年作 行书《山谷题跋》镜心	58.0×33.5cm	230,000	中国嘉德	2018-06-19
沈尹默 1956年作 行书《山谷跋东坡墨迹》镜心	71.0×44.0cm	402,500	中国嘉德	2018-06-19
沈尹默 1958年作 行书大跃进之歌立轴	80×47cm	132,250	北京匡时	2018-12-05
沈尹默 1961年作 行书〈世说新语〉立轴	82.5×58cm	151,688	香港苏富比	2018-04-02
沈尹默 1963年作 行书刘克庄《水龙吟·丁巳生日》立轴	69×46cm	230,000	北京保利	2018-12-08
沈尹默 1963年作 书法 立轴	131×65cm	207,000	北京翰海	2018-09-16
沈尹默 1985年作 行书毛主席词镜心	93×177cm	1,150,000	北京匡时	2018-06-15
沈尹默 1956年作 行书《海岳画史》三则 镜心	68.5×34.5cm	322,000	中国嘉德	2018-06-19
沈尹默 草书临《神仙起居法》镜心	53.0×27.0cm	195,500	中国嘉德	2018-06-19
沈尹默 草书书论 镜心	43.0×58.0cm	184,000	中国嘉德	2018-06-19
沈尹默 褚保权 1964年作 行书咏梅词 镜心	68.0×38.0cm	195,500	中国嘉德	2018-06-19
沈尹默 褚保权 翠竹图·行书沈尹默诗 成扇	49×18.5cm	218,500	西泠拍卖	2018-07-07
沈尹默 等 1943年作 剑阁图·行书杜诗 成扇	19×51cm	333,500	北京保利	2018-06-18
沈尹默 1947年作 行书杨万里诗镜心	84.5×21cm×4	699,693	中国嘉德	2018-10-03
沈尹默 1947年作 隶书八言联语镜心	54.7×12.5cm	138,000	中国嘉德	2018-06-19
沈尹默 1947年作 隶书五言联 镜心	137.0×34.0cm×2	747,500	中国嘉德	2018-06-19
沈尹默 1947年作 篆书八言联 镜心	71.0×17.5cm	713,000	中国嘉德	2018-06-19
沈尹默 行书（三帧）镜心	尺寸不一	552,000	中国嘉德	2018-06-19
沈尹默 行书（四幅）镜片	107×54cm×4	897,000	朵云轩	2018-06-24
沈尹默 行书（四幅）镜片	145×19.5cm×4	575,000	朵云轩	2018-06-24
沈尹默 行书 立轴	131×32cm	195,500	朵云轩	2018-06-24
沈尹默 行书 临古帖 立轴	63×43cm	253,000	西泠拍卖	2018-07-07
沈尹默 行书 四屏立轴	112.0×17.0cm×4	977,500	中国嘉德	2018-06-19
沈尹默 行书“玲珑室”横批	31.3×71cm	690,000	中国嘉德	2018-06-19
沈尹默 行书“凝静致远”镜心	132.0×47.0cm	460,000	中国嘉德	2018-06-19
沈尹默 行书《呈汪旭初》诗 立轴	51×23cm	218,500	北京保利	2018-12-08
沈尹默 行书《山谷题跋》二则扇面	19×48cm	133,765	中国嘉德	2018-10-03
沈尹默 行书八言联 立轴	77.2×13.4cm×2	192,138	香港苏富比	2018-04-02
沈尹默 行书八言联 立轴	114.5×19cm×2	172,500	保利厦门	2018-01-08
沈尹默 行书杜甫诗 立轴	124×30.5cm	345,000	北京匡时	2018-12-05
沈尹默 行书杜诗 镜心	26.5×111cm	277,819	中国嘉德	2018-10-03
沈尹默 行书杜子美绝句 立轴	123×30cm	105,800	广东崇正	2018-07-05
沈尹默 行书放翁诗 镜心	32.0×75.0cm	345,000	中国嘉德	2018-06-19
沈尹默 行书旧作词 手卷	28×395cm	120,750	北京荣宝	2018-12-03
沈尹默 行书录黄庭坚《文论》一则 镜心	42×99.5cm	322,000	北京匡时	2018-06-16
沈尹默 行书毛主席诗 镜心	109×40.5cm	154,344	中国嘉德	2018-10-03
沈尹默 行书梅尧臣诗 镜心	110×37.5cm	115,000	北京匡时	2018-12-05
沈尹默 行书七言联 立轴	105.0×16.0cm×2	517,500	中国嘉德	2018-06-19
沈尹默 行书诗稿 立轴	尺寸不一	345,000	中国嘉德	2018-11-20
沈尹默 行书苏轼诗 立轴	97×31cm	253,000	中国嘉德	2018-11-20
沈尹默 行书苏轼诗 立轴	101.5×27.5cm	166,750	北京匡时	2018-12-05
沈尹默 行书苏轼诗 立轴	114×30cm	149,500	北京保利	2018-12-09
沈尹默 行书王安石诗 立轴	82.5×25.5cm	253,000	北京匡时	2018-12-05
沈尹默 行书王安石诗 立轴	147×24.5cm	138,000	中国嘉德	2018-06-19
沈尹默 行书王安石诗 立轴	146.8×24.5cm	121,350	香港苏富比	2018-04-02
沈尹默 行书王安石诗 立轴	59×25.5cm	115,000	北京匡时	2018-12-05
沈尹默 行书王荆公诗 镜心	101×35.5cm	236,661	中国嘉德	2018-10-03
沈尹默 行书杂咏诗 手卷	本幅27×144cm	1,265,000	北京匡时	2018-06-15
沈尹默 行书自作词 立轴	82×21.5cm	207,000	北京匡时	2018-12-05
沈尹默 行书自作词 扇面	19×48cm	287,500	中国嘉德	2018-06-19
沈尹默 楷书鲍照《飞白书势铭》立轴	133×32cm×8	5,865,000	中国嘉德	2018-11-20
沈尹默 临欧阳询《卜商帖》、《张翰帖》镜心	28×119cm	195,500	北京保利	2018-12-08
沈尹默 临魏崔敬邕墓志铭 手卷	本幅25.5×478cm	253,000	北京匡时	2018-06-16
沈尹默 墨竹 镜心	104.0×36.0cm	322,000	中国嘉德	2018-06-19
沈尹默 墨竹·行书《图画见闻志》章句 扇面	14.0×42.0cm	345,000	中国嘉德	2018-06-19
沈尹默 墨竹·行书《虞美人》成扇	18.0×48.0cm	276,000	中国嘉德	2018-06-19
沈尹默 墨竹·临王羲之帖成扇 成扇	23×62cm	276,000	北京保利	2018-12-08
沈尹默 钱玄同 行书（二帧）扇面	19.5×53.0cm×2	540,500	中国嘉德	2018-06-19
沈尹默 书法 立轴	133×33cm	241,500	凤凰拍卖	2018-01-21
沈尹默 书法 手卷		333,165	纽约佳士得	2018-03-20
沈尹默 苏轼《陌上花》三首 立轴	128.5×58.2cm	184,000	北京诚轩	2018-06-16
沈尹默 吴子深 1948年作 行书 楚江秋思 成扇	18×49cm	172,500	广东崇正	2018-07-04
沈尹默 1948年作 楷书七言联 镜心	81.5×16.5cm×2	460,000	中国嘉德	2018-06-19
沈尹默 1948年作 墨竹 镜心	81.0×28.0cm	161,000	中国嘉德	2018-06-19
沈尹默 1948年作 桐荫丛篁 镜心	74.0×34.0cm	368,000	中国嘉德	2018-06-19
沈尹默 致马裕藻行书（二帧）扇面	18.5×48.0cm×2	195,500	中国嘉德	2018-06-19
沈尹默 致潘伯鹰信札诗稿三通卷 手卷	尺寸不一	161,000	北京诚轩	2018-06-16
沈尹默 竹石·行书自作诗 成扇	18×50cm	299,000	中国嘉德	2018-11-20
沈尹默 竹石图 镜心	32.0×77.0cm	218,500	中国嘉德	2018-06-19
沈子丞 唐人诗意册 册页（十八开）	34×22.5cm×18	109,250	朵云轩	2018-06-24

拍品名称	物品尺寸	成交价RMB	拍卖公司	拍卖日期
沈子琪 2018年作 寒壁清风 镜心	30×69cm	414,000	北京保利	2018-12-06
师百卉 2015年作 深山古迹 镜心	69×69cm	115,000	北京保利	2018-05-21
师百卉 2016年作 芳香怡人 镜心	69×138cm	253,000	北京保利	2018-05-21
师百卉 2016年作 清香 镜心	67×68cm	138,000	北京匡时	2018-12-05
施大畏 2000年作 锻炼N0.7 镜心	123×123cm	977,500	上海匡时	2018-04-30
施南池 1955年作 临富春山居图 手卷	画心546×24.5cm	575,000	西泠拍卖	2018-07-07
石虎 2011年作 翠荫图 立轴	135×66cm	184,000	北京荣宝	2018-05-18
石虎 重彩人物	69×48cm	172,500	华艺国际	2018-11-16
石晋华 2011年作 走笔第九十九号	尺寸不一	174,923	中国嘉德	2018-10-02
石开 2005年作 楷书《千字文》 手卷	35×780cm	345,000	北京翰海	2018-09-16
石开 2018年作 新艳 镜心	31×57cm；30×179cm	299,000	北京荣宝	2018-06-14
石磊 2017年作 丛林逸事	130×330cm	207,000	广东崇正	2018-07-05
石鲁 1954年作 开天辟地 立轴	115×82.5cm	17,250,000	中国嘉德	2018-06-18
石鲁 1956年作 街头小景 镜心	37×50cm	3,450,000	中国嘉德	2018-06-19
石鲁 1961年作 葵荫道上所见 立轴	69×53cm	166,313	佳士得	2018-11-26
石鲁 1971年作 荷花 立轴	129×65cm	2,530,000	北京保利	2018-06-17
石鲁 1971年作 幽兰图 立轴	150×41cm	2,990,000	北京荣宝	2018-06-14
石鲁 1975年作 白玉荷风 立轴	143×76cm	9,200,000	北京荣宝	2018-12-03
石鲁 采桑图 镜心	58.5×53.8cm	345,000	北京保利	2018-12-07
石鲁 草书五言句 镜心	64×49cm	463,032	中国嘉德	2018-10-03
石鲁 行书 镜心	140×50cm	632,500	北京保利	2018-12-07
石鲁 行书"熟能生巧" 立轴	135.5×56cm	322,000	中鸿信	2018-01-07
石鲁 行书"艺为人民" 镜心	33.5×98.5cm	483,000	北京匡时	2018-12-06
石鲁 荷花 立轴	128×68cm	168,000	上海联合	2018-07-01
石鲁 花为露娇 立轴	93×25cm	287,500	北京翰海	2018-05-13
石鲁 华山写生册 册页（十七开）	尺寸不一	6,325,000	北京保利	2018-06-17
石鲁 黄河两岸渡春秋 立轴	116×69.5cm	4,600,000	北京荣宝	2018-06-14
石鲁 兰 立轴	69×55cm	672,000	秦宝斋	2018-01-01
石鲁 卢屋集十开 册页	30×32.5cm	7,705,000	中鸿信	2018-01-07
石鲁 暮色 立轴	69×52cm	2,185,000	中贸圣佳	2018-06-20
石鲁 泼墨荷花 镜框	88.9×46.5cm	7,876,400	佳士得	2018-05-29
石鲁 清溪茂林图 立轴	131×72.5cm	3,450,000	北京荣宝	2018-06-14
石鲁 人物写生稿 镜心	尺寸不一	1,265,000	上海匡时	2018-04-30
石鲁 三驴图 镜心	32×45cm	172,500	中国嘉德	2018-09-19
石鲁 山村写生 镜心	61×48cm	1,440,544	中国嘉德	2018-10-03
石鲁 陕北高原 立轴	135×67.5cm	9,430,000	北京保利	2018-06-17
石鲁 陕北秋色 镜框	30.5×35cm	887,000	佳士得	2018-11-26
石鲁 水墨山水 镜片	69.5×46cm	560,000	秦宝斋	2018-01-01
石鲁 松风暮色 立轴	108×48cm	1,955,000	北京荣宝	2018-12-03
石鲁 椰林 镜心	77.5×50.1cm	3,220,000	中国嘉德	2018-06-18
石鲁 终南之晨 立轴	79×53.5cm	6,160,000	秦宝斋	2018-01-01
石鲁 篆书四言联 立轴	133.5×32.5cm×2	897,000	上海匡时	2018-04-30
石齐 1978年作 白荷图 镜心	139×70cm	230,000	中国嘉德	2018-09-19
石齐 1978年作 喂马图 立轴	80.5×48cm	184,000	北京荣宝	2018-09-14
石齐 1981年作 女娲神像 镜心	106×67cm	483,000	北京荣宝	2018-12-03
石齐 1983年作 小红低唱我吹箫 镜心	134.5×68.5cm	299,000	北京荣宝	2018-05-18
石齐 1991年作 天空只有一道彩云 镜心	83.5×76cm	207,000	北京荣宝	2018-09-14
石齐 藏女 镜心	69×45cm	172,500	北京荣宝	2018-12-03
石齐 春歌 镜心	61×48cm	287,500	荣宝斋（济南）	2018-07-01
石齐 金秋时节 镜心	133×69cm	920,000	北京荣宝	2018-12-03
石齐 九歌图 镜心	137×69.5cm	977,500	北京荣宝	2018-12-03
石齐 骏马图 立轴	68×43cm	161,000	北京荣宝	2018-05-18
石齐 满天飞雪 立轴	138×67cm	276,000	北京荣宝	2018-12-03
石齐 苗女 镜心	95×178cm	805,000	北京保利	2018-12-06
石齐 闽南小女 镜心	59×43.5cm	126,500	北京荣宝	2018-12-03
石齐 牧歌图 镜心	137×68.5cm	258,750	北京荣宝	2018-09-14
石齐 骑行 立轴	69×45cm	184,000	北京荣宝	2018-12-03
石齐 乔木莺声 镜心	69×69cm	920,000	北京翰海	2018-09-16
石齐 水乡印象图 镜心	96.5×89.5cm	322,000	中国嘉德	2018-06-20
石齐 天山行 镜心	60×83cm	172,500	北京荣宝	2018-09-14
石齐 小红低唱我吹箫 立轴	133×66cm	345,000	中国嘉德	2018-05-18
石齐 阳光普照 镜心	68×68cm	483,000	中国嘉德	2018-06-20
石齐 昭君出塞图 镜心	67×66cm	437,000	北京荣宝	2018-05-18
史国良 1978年作 饲猪图	137×35cm	575,000	北京翰海	2018-06-30
史国良 1984年作 牧鸭小景 立轴	66×50cm	138,000	北京荣宝	2018-09-14
史国良 1989年作 蒲松龄先生小像	130×66cm	690,000	北京翰海	2018-06-30
史国良 1990年作 晨曲 镜心	67.0×67.0cm	161,000	中国嘉德	2018-11-22
史国良 1998年作 棋逢对手 镜心	76×54.5cm	172,500	北京荣宝	2018-09-14
史国良 1999年作 新竹 镜框	138×69cm	529,000	北京荣宝	2018-09-14
史国良 2000年作 赶集图 镜片	68×137cm	1,008,000	湖南逸典	2018-06-09
史国良 2001年作 春风暖 镜心	34×68cm	345,000	北京保利	2018-12-06
史国良 2001年作 傣家小景 镜心	34×68cm	345,000	北京保利	2018-12-06
史国良 2001年作 赶集图 立轴	135×68cm	1,207,500	北京荣宝	2018-06-14
史国良 2001年作 高原春晓 镜心	34×68cm	345,000	北京保利	2018-12-06
史国良 2001年作 牧鸭图 镜心	34×68cm	345,000	北京保利	2018-12-06
史国良 2001年作 松风乍起 镜心	34×68cm	345,000	北京保利	2018-12-06
史国良 2001年作 午餐正点 镜心	34×68cm	345,000	北京保利	2018-12-06
史国良 2001年作 学习图 镜心	68.5×68.5cm	437,000	北京荣宝	2018-05-18
史国良 2002年作 大祥图 镜心	68×68cm	460,000	北京荣宝	2018-06-14
史国良 2002年作 牧猪图 镜心	19×60cm	138,000	北京荣宝	2018-12-03
史国良 2002年作 天山舞 镜心	69×69cm	563,500	北京荣宝	2018-12-03
史国良 2002年作 学习图 镜心	19×60cm	126,500	北京荣宝	2018-12-03
史国良 2004年作 牧马图 镜心	34×138cm	540,500	北京荣宝	2018-06-14
史国良 2004年作 品茶图 镜心	13.5×96.5cm	345,000	北京荣宝	2018-05-18
史国良 2005年作 上学图 立轴	139×69.5cm	1,380,000	北京荣宝	2018-12-03
史国良 2008年作 童年 成扇	19.5×57cm	230,000	北京荣宝	2018-05-18
史国良 藏族少女 镜心	96×58.5cm	299,000	中国嘉德	2018-11-21
史国良 草原上的故事 镜心	69×138cm	1,104,000	北京荣宝	2018-12-03
史国良 傣家小景 镜心	103×34cm	575,000	荣宝斋（济南）	2018-06-30
史国良 放学图 镜片	23×95cm	329,150	天津同方	2018-06-13
史国良 放鸭女 镜心	91×64cm	287,500	中国嘉德	2018-11-21
史国良 丰收歌舞 镜片	17×68.5cm	598,000	上海嘉禾	2018-06-25
史国良 丰收歌舞图 镜框	65×31cm	287,500	北京荣宝	2018-09-14
史国良 丰收吉祥图 立轴	83.5×68cm	368,000	北京荣宝	2018-12-03
史国良 丰收图 镜心	121.5×241.5cm	2,587,500	保利山东	2018-11-22
史国良 赶鹅图 镜心	67.5×66.5cm	437,000	北京荣宝	2018-12-03
史国良 赶集 镜心	74.5×64.5cm	253,000	中国嘉德	2018-11-21
史国良 2000年作 秋风乍起 镜心	68×68cm	345,000	中国嘉德	2018-09-19
史国良 观荷图 立轴	89×48cm	161,000	北京荣宝	2018-06-14
史国良 吉祥图 立轴	65×56cm	253,000	北京荣宝	2018-06-14
史国良 汲水舞	96×44cm	575,000	北京翰海	2018-06-30
史国良 家有大福 镜心	106×24cm	368,000	北京荣宝	2018-06-14
史国良 捡土豆 镜心	121.5×241.5cm	2,760,000	北京荣宝	2018-09-14

拍品名称	物品尺寸	成交价RMB	拍卖公司	拍卖日期
史国良 库尔勒姑娘 镜心	95×51cm	747,500	荣宝斋（南京）	2018-01-05
史国良 牧猪女孩 立轴	65.5×46cm	172,500	北京荣宝	2018-06-14
史国良 牧猪图 立轴	95×27cm	172,500	北京荣宝	2018-06-14
史国良 秋趣对屏 镜心	68.5×14.5cm×2	184,000	中国嘉德	2018-11-22
史国良 少女（两帧）镜心	（一）66.5×48.5cm；（二）80×49cm	322,000	中国嘉德	2018-11-21
史国良 太平有象 镜心	68×68cm	494,500	荣宝斋（南京）	2018-07-15
史国良 桃花依旧笑春风 镜心	52.0×44.5cm	264,500	中国嘉德	2018-11-22
史国良 天山舞 镜心	82.5×42cm	552,000	上海匡时	2018-04-30
史国良 天山之舞 镜心	97×47.5cm	747,500	荣宝斋（济南）	2018-06-30
史国良 舞蹈少女 镜心	97×57cm	138,000	荣宝斋（济南）	2018-06-30
史国良 舞天山 镜心	68×137cm	1,667,500	荣宝斋（济南）	2018-06-30
史国良 新疆舞 镜心	70×51.5cm	138,000	中国嘉德	2018-11-21
史国良 新疆舞女 镜心	96×61cm	184,000	中国嘉德	2018-11-21
释迦长达徐成芳 2018年作 书法 镜心	69×138cm	138,000	北京翰海	2018-09-16
释迦长达徐成芳　2018年作 书法 镜心	137×69cm	115,000	北京翰海	2018-09-16
释珠光 2016年作 群山入画 镜心	67×200cm	241,500	北京保利	2018-05-21
释珠光 2017年作 凌雪不是寒 镜心	99×99cm	207,000	北京翰海	2018-01-14
舒同 1982年作 草书五言联 立轴	147×40cm×2	322,000	北京匡时	2018-06-15
舒同 行书 四屏镜心	137×35cm×4	287,500	荣宝斋（南京）	2018-07-15
舒同 行书七言联 立轴	135.5×33.5cm×2	184,000	荣宝斋（济南）	2018-07-01
舒同 书法 立轴 四屏	138×34cm×4	195,500	荣宝斋（济南）	2018-07-01
四大名旦等 书画扇面集锦（八帧）扇面镜心	19×55.5cm（最大）；17×50cm（最小）	115,000	北京诚轩	2018-06-16
松涛 2014年作 赤壁怀古 镜心	96×178cm	115,000	北京翰海	2018-09-16
松涛 2016年作 佛歌 镜心	96×178cm	172,500	北京翰海	2018-09-16
松涛 2018年作 行书黎元洪联 立轴	138×32cm×2.	138,000	北京荣宝	2018-12-03
松涛 2018年作 江流天地外 立轴	136×64cm	103,500	北京保利	2018-11-19
松涛 2018年作 山居秋暝 立轴	131×65.5cm	115,000	北京荣宝	2018-12-03
松涛 书法“佛”镜心	中堂98×48cm；对联 98×33cm×2	138,000	北京保利	2018-06-18
宋桂安 2016年作 身居画图中 镜心	48×130cm	264,500	北京保利	2018-05-21
宋桂安 2017年作 一抹夕阳破翠微 镜心	35×69cm	105,800	北京翰海	2018-01-14
宋桂安 2017年作 渔翁夜伴西岩宿 镜心	94×35cm	155,250	北京翰海	2018-01-14
宋陵 1993年作 无意义的选择?58号	90×68cm×6	977,500	北京匡时	2018-12-06
宋美龄 花鸟 立轴	97×32cm	5,186,445	中正拍卖	2018-06-28
宋文治 1965年作 嘉陵江畔 立轴	69×50cm	132,250	广东崇正	2018-07-04
宋文治 1965年作 峡江图 立轴	80×54cm	1,035,000	北京荣宝	2018-12-03
宋文治 1972年作 山水 镜片	52×38.5cm	207,000	上海嘉禾	2018-06-25
宋文治 1973年作 太湖春色 镜心	92×136cm	1,380,000	北京保利	2018-12-08
宋文治 1975年作 瞿塘晓色 立轴	62×36cm	280,000	湖南逸典	2018-06-09
宋文治 1975年作 太湖水乡 镜片	47×34.5cm	207,000	广东崇正	2018-07-05
宋文治 1977年作 黄山松云 立轴	66×43cm	201,250	北京荣宝	2018-06-14
宋文治 1977年作 蜀江之晨 立轴	67.5×37.5cm	161,000	中国嘉德	2018-11-21
宋文治 1978年作 白云奔泉图 立轴	81.5×38cm	218,500	中国嘉德	2018-06-18
宋文治 1979年作 黄山云起 镜心	95.5×45cm	322,000	北京荣宝	2018-12-03
宋文治 1979年作 嘉陵帆影 镜片	61.5×41.5cm	149,500	广东崇正	2018-07-05
宋文治 1979年作 嘉陵江之晨 立轴	136.5×68cm	563,500	上海匡时	2018-04-30
宋文治 1979年作 太湖之滨 立轴	48×50cm	207,000	北京荣宝	2018-06-14
宋文治 1979年作 万山雪霁图 立轴	71.5×48cm	123,475	保利香港	2018-10-01
宋文治 1980年作 黄山晴岚 镜心	96×178cm	1,955,000	北京匡时	2018-06-15
宋文治 1980年作 黄山云海图 立轴	67×45cm	132,250	西泠拍卖	2018-07-07
宋文治 1981年作 蜀江烟云 立轴	137×68cm	126,500	上海嘉禾	2018-03-26
宋文治 1981年作 松风洞泉图 立轴	76×55cm	161,000	北京荣宝	2018-06-14
宋文治 1984年作 桂林晓霭 镜框	44.1×68.2cm	303,375	香港苏富比	2018-04-02
宋文治 1987年作 运河两岸春意浓 立轴	180×98.5cm	8,050,000	北京保利	2018-06-17
宋文治 1988年作 源远流长 立轴	95×50cm	218,500	北京荣宝	2018-12-03
宋文治 1997年作 松高叶茂 镜心	67×135cm	575,000	北京荣宝	2018-12-03
宋文治 白云飞瀑 立轴	121×40cm	529,000	荣宝斋（南京）	2018-07-15
宋文治 北海云起图 镜心	67×45cm	230,000	南京经典	2018-01-06
宋文治 层岚晓云图 立轴	67.5×45cm	184,000	荣宝斋（南京）	2018-01-05
宋文治 洞庭春潮 立轴	69×39cm	575,000	中贸圣佳	2018-06-20
宋文治 洞庭帆影 立轴	100×59cm	218,500	南京经典	2018-07-22
宋文治 洞庭西山胜览 镜心	39×59cm	632,500	南京经典	2018-07-22
宋文治 1980年作 太湖之景 镜片	60×44cm	161,000	广东崇正	2018-07-05
宋文治 1980年作 轻舟已过万重山 立轴	61.7×47.5cm	149,500	北京诚轩	2018-06-16
宋文治 1980年作 轻舟已过万重山 立轴	62×48cm	115,000	中国嘉德	2018-09-19
宋文治 1980年作 晓泊 立轴	36×44cm	178,250	中国嘉德	2018-09-19
宋文治 1983年作 春风又绿江南岸 镜心	68×45.5cm	287,500	中国嘉德	2018-06-18
宋文治 1983年作 峡江图 镜心	135×370cm	2,160,816	中国嘉德	2018-10-03
宋文治 湖山清夏图 镜心	45×52cm	632,500	南京经典	2018-01-06
宋文治 湖山清夏图 镜心	44×52cm	575,000	中贸圣佳	2018-06-20
宋文治 花果之乡 立轴	37×45cm	253,000	荣宝斋（南京）	2018-01-05
宋文治 华岳参天 镜片	32×45cm	155,250	上海嘉禾	2018-06-25
宋文治 黄海清晓 镜心	27.5×37.5cm	166,750	北京诚轩	2018-06-16
宋文治 黄山晴峦图 镜心	41×115cm	517,500	中贸圣佳	2018-06-20
宋文治 黄山松云 镜框	45×68cm	230,000	华艺国际	2018-11-16
宋文治 黄山云 镜心	26×38cm	322,000	荣宝斋（济南）	2018-07-01
宋文治 黄山云起 立轴	29.5×48cm	287,500	荣宝斋（南京）	2018-01-05
宋文治 1979年作 春雨江南 镜心	40×65cm	238,655	中国嘉德	2018-04-03
宋文治 嘉陵轻舟图 立轴	66×45.5cm	207,000	荣宝斋（济南）	2018-07-01
宋文治 1984年作 蜀水晓发 立轴	67×45cm	115,000	广东崇正	2018-07-04
宋文治 江南春 镜心	44.5×52cm	333,500	中贸圣佳	2018-06-20

拍品名称	物品尺寸	成交价RMB	拍卖公司	拍卖日期
宋文治 江南春 镜心	本幅34×46cm	143,750	上海匡时	2018-04-30
宋文治 江南春意 横幅	45×68cm	230,000	北京保利	2018-06-17
宋文治 江南景 镜心	44×67.5cm	218,500	南京经典	2018-07-22
宋文治 江南三月 镜心	67×46cm	632,500	凤凰拍卖	2018-01-21
宋文治 江南三月 立轴	76×40cm	345,000	中贸圣佳	2018-06-20
宋文治 井冈山 立轴	90×48cm	483,000	南京经典	2018-01-06
宋文治 晴岚江帆 立轴	69×45cm	138,000	广东崇正	2018-07-05
宋文治 1982年作 洞庭帆影 立轴	66×45cm	178,250	广东崇正	2018-07-04
宋文治 山水（二帧）镜心	37×45cm×2	668,234	中国嘉德	2018-04-03
宋文治 山水 立轴	68×45cm	173,600	上海云顶	2018-11-24
宋文治 蜀江图 立轴	57×31cm	115,000	南京经典	2018-07-22
宋文治 蜀江雄姿 镜心	67×46cm	138,000	中贸圣佳	2018-06-20
宋文治 蜀山云 立轴	126.2×31.8cm	305,478	中国嘉德	2018-04-03
宋文治 宋玉麟 峡江云雾图 立轴	画67×38cm	184,000	南京经典	2018-07-22
宋文治 太湖帆影 镜心	35×50cm	126,500	中国嘉德	2018-11-20
宋文治 太湖帆影 镜心	35×49cm	105,800	中国嘉德	2018-01-13
宋文治 1981年作 蜀江云 立轴	67×45cm	149,500	广东崇正	2018-07-04
宋文治 1981年作 白云深处有人家 镜心	69×53cm	172,500	中国嘉德	2018-11-20
宋文治 1981年作 蜀江云 镜心	67.5×45.5cm	253,000	中国嘉德	2018-06-18
宋文治 1985年作 庐山飞瀑图 立轴	67×45cm	126,500	广东崇正	2018-07-05
宋文治 樱花春雨古鸡鸣 镜心	45×68cm	460,000	荣宝斋（南京）	2018-01-05
宋文治 云壑松风图 镜心	31×40.5cm	207,000	荣宝斋（南京）	2018-07-15
宋闻鉴 仿古山居图 镜心	136×68cm	301,200	北京歌德	2018-08-25
宋闻鉴 山高水长 镜心	136×68cm	263,600	北京歌德	2018-08-25
宋闻鉴 雨后黄山 镜心	68×68cm	132,100	北京歌德	2018-08-25
宋彦军 藏族少女 镜心	93.5×52cm	460,000	中国嘉德	2018-06-20
宋彦军 山间小憩 镜心	160×80cm	2,530,000	北京荣宝	2018-05-18
宋吟可 1987年作 迎春 镜心	51×131.5cm	115,000	北京诚轩	2018-06-16
宋雨桂 2007年作 栖雪图 镜心	69×69cm	201,250	北京荣宝	2018-09-14
宋雨桂 2007年作 舞月图 册页	画心217×27cm	862,500	北京保利	2018-05-21
宋雨桂 2010年作 霞飞图 立轴	69×138cm	253,000	北京保利	2018-12-06
宋雨桂 2014年作 寿星	68×43cm	368,000	北京翰海	2018-06-30
宋雨桂 2015年作 大喜图	69.5×49.5cm	494,500	北京翰海	2018-06-30
宋雨桂 富贵图 立轴	177×94cm	195,500	荣宝斋（南京）	2018-01-05
宋雨桂 兰蝶图 镜框	95×34cm	485,900	广东省拍	2018-09-20
宋雨桂 秋山红树图 立轴	78×85cm	184,000	中国嘉德	2018-05-18
宋玉麟 陇西秋色 立轴	87×89.5cm	138,000	中贸圣佳	2018-06-20
苏百钧 绣球花 镜片	67.5×67.5cm	207,000	广东衡益	2018-07-01
苏葆桢 1977年作 雄鹰展翅 镜心	70.5×139.5cm	230,000	八益拍卖	2018-04-28
苏葆桢 1981年作 秋艳 镜心	67×125cm	310,500	八益拍卖	2018-04-28
苏俊卿 2018年作 暮春感吟	95×58cm	149,500	北京翰海	2018-06-30
苏曼殊 寒林秋色 镜心	30×40cm	782,000	中贸圣佳	2018-11-24
苏曼殊 曼殊上人墨妙（十五开共廿二帧册）	尺寸不一	23,310,122	香港苏富比	2018-04-02
苏士澍 书法 镜片	143×313cm	172,500	天津同方	2018-06-13
苏小松 2013年作 荷花鸳鸯 镜框	134×67cm	115,000	上海匡时	2018-04-30
苏州诸家 杂册（十开册）	26.8×38.8cm×8	687,650	香港苏富比	2018-04-02
隋牟 说法图 镜心	177×97cm	517,500	北京翰海	2018-09-16
孙才祥 2017年作 双逸论道 镜心	133×68cm	155,250	北京保利	2018-05-21
孙浩 2017年作 最亮的星 镜框	125×97cm	133,050	佳士得	2018-11-26
孙浩 从头越	180×97cm	172,500	北京匡时	2018-12-06
孙浩 青春的纪念碑 镜心	280.0×227.0cm	2,070,000	中国嘉德	2018-11-22
孙家勤 渔翁图 镜心	93×44.5cm	164,634	中国嘉德	2018-10-03
孙其峰 1980年作 竹石水仙 立轴	129×66cm	368,000	北京荣宝	2018-06-14
孙其峰 1990年作 孔雀 托片	68×46cm	218,500	鼎天国际	2018-01-07
孙其峰 1992年作 封侯图 托片	52×46.5cm	149,500	鼎天国际	2018-01-07
孙其峰 1992年作 两相依 托片	70×45cm	304,750	鼎天国际	2018-01-07
孙其峰 1995年作 湖边小景 镜心	68×67cm	100,050	鼎天国际	2018-01-07
孙其峰 1997年作 白头双栖图 托片	68.5×68.5cm	230,000	鼎天国际	2018-01-07
孙其峰 2002年作 红梅八哥 立轴	66×44cm	161,000	北京荣宝	2018-05-18
孙其峰 2003年作 封侯图 托片	69×48cm	184,000	鼎天国际	2018-01-07
孙其峰 2004年作 封侯图 托片	68×45cm	253,000	鼎天国际	2018-01-07
孙其峰 2005年补题 卧牛图 托片	68×46cm	276,000	鼎天国际	2018-01-07
孙其峰 2008年作 鹂鸣翠柳 托片	69×46cm	115,000	鼎天国际	2018-01-07
孙其峰 2009年作 双喜临门 镜框	70×47cm	149,500	鼎天国际	2018-01-07
孙其峰 2010年作 伴侣 托片	68×46cm	287,500	鼎天国际	2018-01-07
孙其峰 八哥 镜心	68×45.5cm	195,500	荣宝斋（济南）	2018-07-01
孙其峰 白鹰 托片	68×44cm	402,500	鼎天国际	2018-01-07
孙其峰 春牛图 镜心	69×46cm	242,000	天津同方	2018-06-13
孙其峰 春意盎然 镜片	69×46cm	104,500	天津同方	2018-06-13
孙其峰 丁亥大吉 镜心	69×44cm	287,500	荣宝斋（济南）	2018-07-01
孙其峰 工欲善其事，必先利其器 镜片	68.5×44.5cm	181,500	天津同方	2018-06-13
孙其峰 荷塘珍禽 托片	67×46cm	161,000	鼎天国际	2018-01-07
孙其峰 红果山鸡 镜心	52.5×46cm	184,000	荣宝斋（济南）	2018-07-01
孙其峰 鸿运当头 镜心	52×46cm	195,500	荣宝斋（济南）	2018-06-30
孙其峰 猴 镜片	68×66.5cm	286,000	天津同方	2018-06-13
孙其峰 花卉 镜片	62×45cm	176,000	天津同方	2018-06-13
孙其峰 花鸟 册页 镜心	33×45cm×8	218,500	北京荣宝	2018-09-14
孙其峰 霍春阳 2009年作 喜报春信 镜框	70×47cm；34×47cm	109,250	鼎天国际	2018-01-07
孙其峰 霍春阳 草长莺飞 镜框	70×47cm；34×47cm	103,500	鼎天国际	2018-01-07
孙其峰 霍春阳 鹿 立轴	68×44cm	310,500	鼎天国际	2018-01-07
孙其峰 课徒稿（十帧选九）镜心	34×45cm×10	126,500	荣宝斋（济南）	2018-06-30
孙其峰 来财 镜心	70×46.5cm	184,000	荣宝斋（南京）	2018-01-05
孙其峰 连年有余图 镜心	69×69cm	218,500	天津同方	2018-06-13
孙其峰 灵雀 镜心	67.5×45.5cm	115,000	荣宝斋（济南）	2018-07-01
孙其峰 猫趣图 托片	70×45.5cm	115,000	鼎天国际	2018-01-07
孙其峰 猫石图 镜心	69.5×46cm	207,000	荣宝斋（济南）	2018-07-01
孙其峰 梅花白头 镜心	69×45cm	220,000	天津同方	2018-06-13
孙其峰 梅花水仙 立轴	66.5×45.5cm	115,000	荣宝斋（济南）	2018-07-01
孙其峰 鸣春 托片	70×45.5cm	218,500	鼎天国际	2018-01-07
孙其峰 年年有余图 镜片	画：82×64cm	227,000	天津同方	2018-06-13
孙其峰 秋意 镜心	68×68cm	575,000	荣宝斋（济南）	2018-06-30

拍品名称	物品尺寸	成交价RMB	拍卖公司	拍卖日期
孙其峰 雀梅图 镜心	90×48cm	253,000	荣宝斋（济南）	2018-07-01
孙其峰 生肖猪 镜心	70×47cm	212,750	荣宝斋（济南）	2018-06-30
孙其峰 书法 立轴	64×42cm	103,500	荣宝斋（济南）	2018-07-01
孙其峰 双鹤图 镜心	76×51cm	184,000	荣宝斋（济南）	2018-06-30
孙其峰 双鸡图 托片	27.5×69cm	109,250	鼎天国际	2018-01-07
孙其峰 松鼠 镜框	69×46cm	195,500	天津同方	2018-06-13
孙其峰 松鼠 立轴	65×39cm	172,500	荣宝斋（济南）	2018-07-01
孙其峰 1978年作 白鹰 立轴	65.5×43cm	276,000	广东崇正	2018-07-05
孙其峰 相爱一生 镜心	68×45cm	287,500	天津同方	2018-06-13
孙其峰 相伴 镜心	68×46cm	253,000	荣宝斋（济南）	2018-06-30
孙其峰 萧朗 溥佐 王学仲 华非 孙克纲 白庚延 山水花鸟册页 镜心	40.5×55cm×8	195,500	鼎天国际	2018-01-07
孙其峰 萧朗 孙克纲 1960年作 春江水暖 立轴	137×68cm	161,000	鼎天国际	2018-01-07
孙其峰 雄鹰展翅 镜心	131×65cm	690,000	鼎天国际	2018-01-07
孙其峰 鹰石图 镜心	67×45.5cm	287,500	荣宝斋（济南）	2018-07-01
孙其峰 玉簪 镜心	69×46cm	115,000	荣宝斋（济南）	2018-07-01
孙其峰 鸳鸯 镜框	69×45cm	195,500	天津同方	2018-06-13
孙其峰 鸳鸯 镜心	45×68cm	115,000	八益拍卖	2018-04-28
孙其峰 鸳鸯 托片	34×45cm	161,000	鼎天国际	2018-01-07
孙其峰 钟馗 镜心	68.5×45cm	287,500	荣宝斋（济南）	2018-06-30
孙文 博爱 镜心	16.5×33cm	333,500	凤凰拍卖	2018-01-21
孙文 博爱书法	34×74cm	287,500	北京东正	2018-06-17
孙文 行书 无量寿佛 轴	123×40cm	152,220	台北艺流	2018-06-30
孙文 行书“博爱” 镜框	26×42cm	345,000	上海嘉禾	2018-06-25
孙文 行书“博爱” 镜片	26.5×87cm	115,000	广东崇正	2018-07-05
孙文 行书“博爱” 立轴	129×38cm	690,000	北京保利	2018-12-07
孙文 行书“博爱” 立轴	123×38cm	218,500	上海嘉禾	2018-06-25
孙文 行书“博爱” 立轴	101.5×36cm	172,500	北京匡时	2018-12-05
孙文 行书七言句 立轴	136×33cm×2	230,000	北京保利	2018-12-07
孙文 楷书博爱 镜片	56.3×126.5cm	142,785	纽约苏富比	2018-03-23
孙文 书法《博爱》立轴	116×40.5cm	152,250	佳士得	2018-05-29
孙晓云 杜甫诗 镜心	68×136cm	103,500	荣宝斋（济南）	2018-07-01
孙晓云 徽商古训 镜心	95×52cm	109,250	荣宝斋（济南）	2018-07-01
孙晓云 李白诗 镜心	46×173cm	212,750	荣宝斋（济南）	2018-07-01
孙晓云 唐诗宋词八首 镜心	103×47cm	178,250	荣宝斋（济南）	2018-07-01
孙晓云 咏金陵诗十二首 镜心	68×70cm	161,000	荣宝斋（济南）	2018-07-01
孙云鹤 苍山魂 镜心	136×68cm	171,900	北京歌德	2018-08-25
孙云生 荷花（泼彩）	56×113.5cm	230,000	北京东正	2018-06-17
孙震生 2014年作 女青年 镜心	78×59cm	230,000	北京荣宝	2018-12-03
孙震生 2018年作 藏族少女 镜心	94.5×59cm	253,000	北京荣宝	2018-06-14

拍品名称	物品尺寸	成交价RMB	拍卖公司	拍卖日期
孙震生 那年花开系列 宫扇	尺寸不一	977,500	北京荣宝	2018-06-14
孙震生 那年花开系列12件 镜框	尺寸不一	805,000	北京荣宝	2018-09-14
孙中山 博爱 镜心	36×77cm	310,500	南京经典	2018-01-06
孙中山 博学文雅 立轴	128×41cm	345,000	上海敬华	2018-09-11
孙中山 行书 博爱 镜片	86.5×38cm	322,000	西泠拍卖	2018-05-05
孙中山 行书 天下为公 镜片	26×18cm	287,500	西泠拍卖	2018-07-08
孙中山 行书 为吴励石书博爱 画心	51.5×32.5cm	575,000	西泠拍卖	2018-07-07
孙中山 行书“博爱” 镜心	34.5×76cm	230,000	荣宝斋（南京）	2018-01-05
孙中山 楷书 博爱 镜片	104.5×41.5cm	552,000	西泠拍卖	2018-07-08
孙中山 天下为公 镜心	32×131cm	2,990,000	南京经典	2018-01-06
孙竹篱 1982年作 墨竹 轴	68×138cm	115,000	八益拍卖	2018-04-28
孙竹篱 1984年作 画梅书论 轴	41×68cm	120,750	八益拍卖	2018-04-28
孙竹篱 1985年作 布袋和尚 镜心	113×69cm	345,000	八益拍卖	2018-04-28
孙竹篱 1986年作 红梅圆月 轴	61×133cm	138,000	八益拍卖	2018-04-28
孙竹篱 葫芦公鸡 轴	46×132.5cm	138,000	八益拍卖	2018-04-28
孙卓章 梅报五福 镜心	138×69cm	115,000	北京荣宝	2018-06-14
孙宗慰 香供养菩萨 立轴	50×27.5cm	144,054	中国嘉德	2018-10-03
台静农 1961年作 寒枝缀梅 镜框	28.3×61cm	222,475	香港苏富比	2018-04-02
台静农 1974年作 墨梅图 镜框	47.5×31.5cm	124,752	羅芙奥	2018-12-01
台静农 1982年作 行书书法（四幅）立轴	132.2×33.2cm×4	166,313	佳士得	2018-11-26
台静农 行书杜甫诗 镜心	138.5×48cm	112,700	北京荣宝	2018-06-14
台静农 临东汉碑刻（四幅）立轴	114×32.5cm×4	324,800	佳士得	2018-05-29
台静农 1978年作 隶书十一言联 立轴	136×17cm×2	109,250	中国嘉德	2018-11-20
太虚 书法 立轴	135×64cm	115,000	北京翰海	2018-09-16
泰祥洲 2011年作 天瑞石 镜框	89×36.5cm	223,300	佳士得	2018-05-30
泰祥洲 2012年作 小中见大 镜框	35×249cm	761,250	佳士得	2018-05-28
泰祥洲 2013年作 太湖石	160.3×58.2cm	204,480	罗芙奥	2018-06-02
泰祥洲 2017年作 石 镜框	65×55cm	172,550	佳士得	2018-05-30
谭军 幽园 镜心	181×99.5cm×2	172,500	中国嘉德	2018-06-20
谭嗣同 行书节录《史记》横披	59.5×127cm	230,000	北京匡时	2018-12-05
谭延闿 行书 七言联 对联	132.5×33cm×2	103,500	西泠拍卖	2018-07-08
谭延闿 行书七言巨联 对联	242×67.5cm×2	230,000	上海嘉禾	2018-06-25
谭延闿 行书七言巨联 对联	242×67.5cm×2	115,000	上海嘉禾	2018-10-14
谭延闿 行书七言联 立轴	147×38cm×2	149,500	荣宝斋（济南）	2018-07-01
谭延闿 行书七言联 立轴	146×38.5cm×2	115,000	中国嘉德	2018-06-20
谭延闿 1929年作 行书 四屏 立轴	168×42cm×4	230,000	上海嘉禾	2018-03-26
谭泽闿 行书八言联 立轴	237.5×60cm×2	241,500	中贸圣佳	2018-11-24
谭泽闿 行书七言联 立轴	172.5×44.5cm×2	184,000	中国嘉德	2018-06-19
谭泽闿 楷书八言联 立轴	202.5×42.5cm×2	218,500	中国嘉德	2018-06-20
谭泽闿 楷书八言联 立轴	169×42cm×2	126,500	中国嘉德	2018-06-20
汤立 松鹰图 镜心	99×69cm	161,000	北京荣宝	2018-06-14
汤南南 遗忘之海	68×137cm	110,400	广东崇正	2018-07-05
汤世树 牡丹 长卷	32×265cm	115,000	荣宝斋（济南）	2018-07-01
汤哲明 2017年作 太行千峯 镜框	42.3×152.3cm	353,938	香港苏富比	2018-04-02
汤哲明 2013年作 秋郊牧马 镜片	69×134cm	575,000	上海嘉禾	2018-06-25
汤哲明 琼台夜雪 镜框	48.8×98.2cm	436,000	香港苏富比	2018-10-02
唐必林 2018年作 三江之源 立轴	136×68cm	184,000	北京保利	2018-12-06
唐秉耕 萧静怡 2013年作 荔香榴红 镜心	139×35cm	115,000	北京保利	2018-12-06
唐家伟 1984年作 黄山之三 镜框	135×66.5cm	101,500	佳士得	2018-05-28

拍品名称	物品尺寸	成交价RMB	拍卖公司	拍卖日期
唐勇力 1993年作 中国传统文化故事荟萃 插图原稿 镜片	25.5×28cm×21；16×26cm	2,185,000	西泠拍卖	2018-07-08
唐勇力 2010年作 筵野趣图 镜心	136×68cm	368,000	北京荣宝	2018-12-03
唐勇力 90年代作 不朽的篇章 插图原稿（五帧）	尺寸不一	862,500	西泠拍卖	2018-07-08
唐勇力 春水 镜心	65×77cm	287,500	荣宝斋（济南）	2018-06-30
唐勇力 风弦自有声 镜心	81×57cm	483,000	荣宝斋（济南）	2018-07-01
唐勇力 观音 镜心	69.5×47cm	460,000	荣宝斋（济南）	2018-06-30
唐勇力 蕉叶戏趣图 镜片	68.5×68.5cm	207,000	西泠拍卖	2018-07-08
唐勇力 金雨金曲合奏图 镜心	58.5×77cm	345,000	中国嘉德	2018-11-22
唐勇力 秋果浅尝吟诗图 镜心	35×96cm	310,500	北京荣宝	2018-09-14
唐勇力 秋果浅尝吟诗图 镜心	35×96cm	230,000	北京荣宝	2018-12-03
唐勇力 2001年作 满庭芳 立轴	136×68cm	138,000	中国嘉德	2018-05-18
唐勇力 音韵之声 镜心	135×69cm	322,000	荣宝斋（济南）	2018-06-30
唐云 1940年作 青蛙蝌蚪 立轴	103×34cm	141,700	香港苏富比	2018-10-02
唐云 1950年作 秀笔妙手册 册页（十三开）	24.3×35.5cm×13	805,000	北京诚轩	2018-06-16
唐云 1956年作 锦鸡图 立轴	108×40.5cm	299,000	西泠拍卖	2018-07-07
唐云 1958年作 踈帘青灯图 镜片	85×46cm	109,250	西泠拍卖	2018-07-07
唐云 1959年作 红白莲花开共塘 镜心	58.5×121cm	897,000	中国嘉德	2018-11-20
唐云 1960年作 莲塘新雨 镜框	138×69cm	222,475	香港苏富比	2018-04-02
唐云 1965年作 斗大草堂图 镜框	126.8×37.6cm	323,600	香港苏富比	2018-04-02
唐云 1965年作 新竹松鼠图 立轴	98.5×34cm	195,500	西泠拍卖	2018-07-07
唐云 1973年作 清风竹韵图 镜片	96.5×69cm	109,250	西泠拍卖	2018-07-08
唐云 1974年作 花香蟹肥图 镜片	68.5×34.5cm	109,250	西泠拍卖	2018-05-05
唐云 1974年作 竹雀图 立轴	149×79cm	109,250	北京翰海	2018-05-13
唐云 1975年作 竹雀图 立轴	69×45cm	109,250	西泠拍卖	2018-07-08
唐云 1977年作 梅花 镜框	96×31.5cm	105,800	华艺国际	2018-05-23
唐云 1977年作 竹雀 立轴	107×44cm	138,000	上海嘉禾	2018-06-25
唐云 1978年作 樱桃小鸡 立轴	69×35cm	126,500	中国嘉德	2018-11-20
唐云 1979年作 蓼汀过雨 立轴	115.2×55.3cm	133,647	中国嘉德	2018-04-03
唐云 1979年作 午瑞图 立轴	65.5×45.5cm	161,000	鼎天国际	2018-01-07
唐云 1985年作 金桂玉兔 立轴	94.5×59cm	276,000	上海匡时	2018-04-30
唐云 1986年作 红叶雄姿 镜心	145×367cm	1,380,000	中国嘉德	2018-11-20
唐云 1987年作　近现代 松鹰图 镜框	143.5×83cm	575,000	深圳至正国际	2018-08-25
唐云 1988年作 莲塘鱼趣图 画心	96×59.5cm	109,250	西泠拍卖	2018-07-07
唐云 1988年作 松鹰图 立轴	94×58cm	184,000	上海嘉禾	2018-06-25
唐云 白蕉 蟾戏图 · 行书诗 成扇	17.5×48cm	108,041	中国嘉德	2018-10-03
唐云 白蕉 菊香蟹肥图 · 行书七言诗 成扇	50×18.5cm	218,500	西泠拍卖	2018-07-07
唐云 翠竹小鸟 立轴	126×63cm	138,000	中贸圣佳	2018-06-20
唐云 1987年作 果熟来禽 立轴	94.5×59cm	126,500	朵云轩	2018-06-24
唐云 端午即景 立轴	65×45cm	195,500	荣宝斋（济南）	2018-07-01
唐云 富贵双禄图 立轴	135.5×67.5cm	172,500	上海匡时	2018-04-30
唐云 1953年作 归樵 立轴	125×55.5cm	345,000	朵云轩	2018-06-24
唐云 1943年作 双雀闹春 立轴	129.5×67cm	345,000	上海嘉禾	2018-06-25
唐云 海棠 镜心	59×96cm	161,000	荣宝斋（济南）	2018-07-01

拍品名称	物品尺寸	成交价RMB	拍卖公司	拍卖日期
唐云 荷花翠鸟 镜片	37.5×81.5cm	195,500	上海嘉禾	2018-06-25
唐云 荷塘翠鸟 镜心	35×26.5cm	143,750	北京诚轩	2018-06-16
唐云 红荔松鼠 立轴	83.5×50cm	195,500	荣宝斋（上海）	2018-01-21
唐云 红梅 镜心	95×35cm	126,500	荣宝斋（上海）	2018-01-21
唐云 红梅 镜心	39.5×78cm	115,000	荣宝斋（济南）	2018-07-01
唐云 花鸟（四帧）镜心	34×19cm×4	109,250	南京经典	2018-07-22
唐云 花鸟 立轴	105×52cm	575,000	荣宝斋（济南）	2018-07-01
唐云 1984年作 竹雀图 镜片	66.5×45cm	115,000	广东崇正	2018-07-05
唐云 江寒汀 等 海上名家集锦 册页（十二开）	16×19.5cm×12	287,500	北京荣宝	2018-12-03
唐云 金玉满堂 立轴	67.5×45cm	172,500	荣宝斋（济南）	2018-07-01
唐云 爵俪长寿图 立轴	86×42cm	115,000	荣宝斋（济南）	2018-07-01
唐云 莲塘清致 立轴	133×63cm	207,000	朵云轩	2018-06-24
唐云 梅瓶图 立轴	80.5×40cm	345,000	中贸圣佳	2018-06-20
唐云 母子图 立轴	95×44.5cm	138,000	荣宝斋（南京）	2018-01-05
唐云 藕塘真趣 立轴	103.5×34cm	161,000	荣宝斋（上海）	2018-01-21
唐云 瓶梅 立轴	90×47cm	184,000	中贸圣佳	2018-06-20
唐云 群鸡 镜片	100×55cm	149,500	朵云轩	2018-09-09
唐云 群鸡图 立轴	74×38cm	224,250	华艺国际	2018-11-16
唐云 饶宗颐 喜上眉梢 立轴	114×65cm	138,000	华艺国际	2018-05-23
唐云 三余图 立轴	95×43cm	207,000	荣宝斋（济南）	2018-07-01
唐云 山水 框	118×67cm	322,000	浙江佳宝	2018-07-01
唐云 寿桃 镜心	96×64cm	310,500	荣宝斋（济南）	2018-07-01
唐云 双松凌云图 镜片	137×69cm	179,200	上海联合	2018-11-25
唐云 松鹤延年 镜心	247.5×124cm	1,840,000	上海匡时	2018-04-30
唐云 松鼠葡萄 立轴	94×59cm	149,500	中国嘉德	2018-11-20
唐云 松鹰图 立轴	95×60cm	140,000	上海联合	2018-07-01
唐云 岁寒清致 镜心	90×30cm	126,500	北京保利	2018-12-08
唐云 王福厂 策杖访友图 篆书临《毛公鼎》成扇	19×50cm	115,000	上海匡时	2018-04-30
唐云 1988年作 集锦册 册页（八开）	37×49.5cm×8	425,500	朵云轩	2018-06-24
唐云 1948年作 莲塘真趣 镜心	119×54.5cm	195,500	北京诚轩	2018-06-16
唐云 蟋蟀萝卜 立轴	67×37cm	109,250	荣宝斋（南京）	2018-01-05
唐云 相见欢 立轴	94.5×58cm	149,500	荣宝斋（济南）	2018-07-01
唐云 1941年作 双楼图 立轴	106.5×40.5cm	253,000	朵云轩	2018-06-24
唐云 阳朔小景 立轴	47×34.5cm	138,000	中国嘉德	2018-11-21
唐云 一鹭大利 立轴	121×58cm	287,500	荣宝斋（济南）	2018-07-01
唐云 咏梅 镜心	95×45cm	123,475	中国嘉德	2018-10-03
唐云 杂画（四帧）镜心	30.5×44.5cm×4	138,000	中贸圣佳	2018-11-24
唐云 钟馗纳凉 立轴	105×51cm	138,000	上海嘉禾	2018-06-25
唐云 钟馗图 立轴	137×67.5cm	253,000	北京匡时	2018-06-15

拍品名称	物品尺寸	成交价RMB	拍卖公司	拍卖日期
唐云 竹雀图 立轴	100×49cm	402,500	荣宝斋（济南）	2018-07-01
唐云 竹石图 镜心	101×48.5cm	115,000	荣宝斋（济南）	2018-07-01
陶海心 衬金书法：大篆《大悲咒》镜心	220×72cm	144,900	北京保利	2018-11-19
陶海心 衬金书法：楷书《大悲咒》镜心	230×68cm	138,000	北京保利	2018-11-19
陶海心 观音菩萨与缠枝莲大篆心经 镜心	193×70cm	103,500	北京保利	2018-11-19
陶行知 行书新诗一首 横批	34.5×137cm	552,000	中贸圣佳	2018-06-20
陶冷月 1947年作 翠柏长春 立轴	65×33cm	149,500	北京匡时	2018-06-15
陶冷月 1947年作 寿石同春 镜心	75×33cm	164,634	北京匡时	2018-10-03
陶冷月 1971年作 竹林崇岭行书 成扇	12.5×37cm	151,688	香港苏富比	2018-04-02
陶冷月 池塘芦雁图 立轴	165×79.5cm	3,162,500	北京匡时	2018-06-15
陶冷月 春住楼图 镜框	27.5×65.3cm	505,625	香港苏富比	2018-04-02
陶冷月 红梅 镜心	9.8×44.5cm	149,500	中国嘉德	2018-06-18
陶冷月 王冕诗意墨梅图 镜框	81×41cm	575,000	深圳至正国际	2018-08-25
陶冷月 柳坻春晓 立轴	39.5×26cm	138,000	朵云轩	2018-06-24
陶冷月 梅花图 镜心	83.5×35cm	115,000	荣宝斋（南京）	2018-07-15
陶冷月 墨梅 四屏立轴	149×40cm×4	1,610,000	华艺国际	2018-11-16
陶冷月 石龙 秋江孤帆 梅花 成扇	18.5×47.5cm	184,000	中贸圣佳	2018-11-24
陶冷月 松月图 镜心	45×30.5cm	322,000	中贸圣佳	2018-06-20
陶冷月 天清江月白 镜框	28×66cm	552,000	朵云轩	2018-06-24
陶冷月 王福厂 1944年作 山水 隶书 成扇	18×49cm	115,000	广东崇正	2018-07-04
陶冷月 巫峡月明 镜框	12.9×66cm	283,400	香港苏富比	2018-10-02
陶冷月 1948年作 雪夜梅开 镜框	48×74cm	184,000	上海嘉禾	2018-06-25
陶一清 1972年作 红日映延安 镜心	90.5×167cm	828,000	中国嘉德	2018-06-19
陶一清 碧波万顷柳含烟 镜心	138×68.5cm	356,500	中国嘉德	2018-06-19
腾模 大旺图 镜心	244×122cm	230,000	北京翰海	2018-09-16
腾模 旺仔图 镜心	136×68cm	189,900	北京歌德	2018-08-25
腾模 旺仔图 镜心	68×68cm	101,200	北京歌德	2018-08-25
腾模 中华神犬图 镜心	136×68cm	179,200	北京歌德	2018-08-25
藤田嗣治 1932年作 绿斗篷男孩	42.9×33cm	303,375	香港苏富比	2018-04-01
藤田嗣治 跳跃的狗	50.8×37.2cm	131,463	香港苏富比	2018-04-01
藤田嗣治 鱼贝	46.5×33.5cm	138,000	西泠拍卖	2018-07-07
天风五子 1951年作 虎啸秋风 立轴	132.5×57cm	353,938	香港苏富比	2018-04-02
田黎明 晨 镜心	96×88cm	172,500	北京荣宝	2018-06-14
田黎明 出没风波里 镜框	35×138cm	138,000	北京荣宝	2018-09-14
田黎明 村姑 镜框	140×68cm	575,000	北京荣宝	2018-09-14
田黎明 村姑 镜框	139×68cm	494,500	北京荣宝	2018-09-14
田黎明 村姑 镜心	68×69.5cm	345,000	荣宝斋（济南）	2018-06-30
田黎明 村姑 镜心	69×48cm	333,500	荣宝斋（济南）	2018-06-30
田黎明 村姑 镜心	69×46.5cm	207,000	中贸圣佳	2018-11-24
田黎明 村姑 镜心	68×47cm	172,500	北京荣宝	2018-09-14
田黎明 东风颂 镜心	69.5×141cm	299,000	北京荣宝	2018-09-14
田黎明 都市人 镜心	70×48cm	460,000	北京荣宝	2018-06-14
田黎明 高士图	65×65cm	184,000	北京翰海	2018-06-30
田黎明 高士图 镜心	68×132cm	241,500	北京荣宝	2018-09-14
田黎明 高士图 镜心	92×34.5cm	126,500	荣宝斋（济南）	2018-07-01
田黎明 高仕图 立轴	65.5×68cm	109,250	荣宝斋（济南）	2018-06-30
田黎明 和风五月图 镜框	69×68cm	276,000	北京荣宝	2018-09-14
田黎明 和风五月图 镜心	68×69cm	345,000	保利山东	2018-11-22
田黎明 红衣村姑 镜心	72×45.5cm	201,250	中贸圣佳	2018-11-24
田黎明 江山如画 镜心	68×139cm	258,750	北京荣宝	2018-09-14
田黎明 江山如画 镜心	68×139cm	161,000	保利山东	2018-11-22
田黎明 浅水疏影图 镜心	68×137cm	253,000	北京荣宝	2018-09-14
田黎明 清风 镜心	37×69.5cm	172,500	北京荣宝	2018-12-03
田黎明 清清的小河 镜心	68.5×35.5cm	207,000	北京荣宝	2018-09-14
田黎明 清泉石上流 镜心	68.5×140.5cm	241,500	北京荣宝	2018-09-14
田黎明 清泉石上流 镜心	68.5×140cm	138,000	保利山东	2018-11-22
田黎明 清泉图 镜框	140×69cm	575,000	北京荣宝	2018-09-14
田黎明 秋凉图 镜心	52×71cm	132,250	荣宝斋（济南）	2018-07-01
田黎明 三月 镜心	67×48cm	333,500	北京荣宝	2018-06-14
田黎明 山山水水向月圆 镜心	68×140cm	253,000	北京荣宝	2018-09-14
田黎明 山上阳光 镜心	68×139cm	230,000	北京荣宝	2018-09-14
田黎明 山上阳光 镜心	68×139cm	161,000	保利山东	2018-11-22
田黎明 山石筑精神 镜心	68×136cm	230,000	北京荣宝	2018-09-14
田黎明 山石筑精神 镜心	68×136cm	149,500	保利山东	2018-11-22
田黎明 山水高士图 镜心	68×140cm	230,000	北京荣宝	2018-09-14
田黎明 山水高士图 镜心	68×140cm	201,250	保利山东	2018-11-22
田黎明 山水高士图 镜心	34.5×113.5cm	184,000	上海匡时	2018-04-30
田黎明 山水随处是吾家 镜心	68×136cm	230,000	北京荣宝	2018-09-14
田黎明 山水随处是吾家 镜心	68×136cm	172,500	保利山东	2018-11-22
田黎明 水边映淡日 镜心	68×140.5cm	253,000	北京荣宝	2018-09-14
田黎明 童年 镜心	70×48cm	230,000	中国嘉德	2018-11-22
田黎明 微风溪水秋山外 镜心	68×139cm	218,500	北京荣宝	2018-06-14
田黎明 五月河 镜心	69×46cm	345,000	北京荣宝	2018-06-14
田黎明 五月河 镜心	69×40cm	253,000	北京荣宝	2018-09-14
田黎明 小河清清 镜心	70×68.5cm	345,000	保利山东	2018-11-22
田黎明 心空见浮云 镜心	68×138.5cm	253,000	北京荣宝	2018-09-14
田黎明 心空见浮云 镜心	68×138.5cm	161,000	保利山东	2018-11-22
田黎明 心清物远 镜心	69×138cm	172,500	北京荣宝	2018-09-14
田黎明 心清物远 镜心	68×139cm	149,500	保利山东	2018-11-22
田黎明 阳光高士 镜心	68×136cm	230,000	中国嘉德	2018-06-20
田黎明 阳光少年 镜心	56×47cm	126,500	中国嘉德	2018-11-22
田黎明 游泳 镜心	46×46cm	105,800	中国嘉德	2018-11-22
田黎明 又回桃园中 镜心	68×136cm	264,500	北京荣宝	2018-09-14
田黎明 又回桃园中 镜心	68×136cm	189,750	保利山东	2018-11-22
田黎明 云白风清 镜心	68×139.5cm	230,000	北京荣宝	2018-09-14
田黎明 云白风清 镜心	68×139.5cm	149,500	保利山东	2018-11-22
田黎明 云淡风清 镜心	68.5×70cm	230,000	中国嘉德	2018-06-20
田黎明 云深不知寒 镜心	139×35cm	230,000	中国嘉德	2018-05-18
田黎明 伫立望浮云 镜心	68×136cm	253,000	北京荣宝	2018-09-14
田黎明 伫立望浮云 镜心	68×136cm	184,000	保利山东	2018-11-22
田林海 祥云满山河	70×45cm	103,040	上海云顶	2018-11-24
田世光 1937年作 九鹌图 手卷	46×241cm	1,207,500	北京保利	2018-06-17
田世光 1957年作 富贵白头 镜心	96×60cm	126,500	中国嘉德	2018-05-18
田世光 1962年作 四喜报春图 立轴	131×66.5cm	1,840,000	北京荣宝	2018-12-03
田世光 1962年作 桃花双侣 立轴	109×49cm	161,000	中国嘉德	2018-09-19
田世光 1986年作 梅鹊图 镜心	129.5×66.5cm	368,000	北京匡时	2018-06-15

拍品名称	物品尺寸	成交价RMB	拍卖公司	拍卖日期
田世光 1987年作 竹雀图 镜框	37.5×53cm	115,000	华艺国际	2018-11-16
田世光 白鹭 镜心	81.5×61cm	517,500	荣宝斋（济南）	2018-07-01
田世光 白猿 立轴	132×66.5cm	460,000	中国嘉德	2018-06-18
田世光 报春图 镜片	95.5×178cm	437,000	朵云轩	2018-06-24
田世光 报喜图 镜框	132×67cm	402,500	华艺国际	2018-05-23
田世光 翠竹双禽 镜心	88×62cm	195,500	中国嘉德	2018-09-19
田世光 1987年作 红叶八哥 镜心	133×67cm	172,500	中国嘉德	2018-09-19
田世光 芙蓉翠鸟 镜心	29×30cm	109,250	中国嘉德	2018-09-19
田世光 和平富贵 镜片	60×105cm	138,000	上海嘉禾	2018-06-25
田世光 荷塘清趣 立轴	101×34cm	310,500	上海嘉禾	2018-06-25
田世光 红梅 立轴	67×49cm	149,500	北京荣宝	2018-09-14
田世光 红叶八哥 镜心	85×51cm	126,500	中国嘉德	2018-01-13
田世光 红叶蓝鹊 立轴		171,050	纽约苏富比	2018-09-13
田世光 红叶小鸟 镜心	68×53cm	115,000	北京保利	2018-05-21
田世光 1979年作 紫藤锦鸡 立轴	94×58cm	172,500	中国嘉德	2018-01-13
田世光 金秋 镜片	44×62cm	138,000	北京荣宝	2018-09-14
田世光 金秋图 册页片	44×62cm	101,200	朵云轩	2018-06-24
田世光 金秋晚翠 立轴	77.5×52cm	138,000	上海嘉禾	2018-03-26
田世光 梨花双雀 立轴	67.5×34cm	207,000	中国嘉德	2018-06-19
田世光 木棉黄鹂 镜心	110×51.5cm	207,000	中国嘉德	2018-06-19
田世光 1982年作 红棉双雉 镜心	136.3×68.7cm	414,000	中国嘉德	2018-06-19
田世光 山禽锦鸡 立轴	100.5×32cm	216,082	中国嘉德	2018-10-03
田世光 寿眉 镜心	68×43.5cm	195,500	保利山东	2018-11-22
田世光 双栖图 镜心	91×46cm	207,000	北京保利	2018-06-17
田世光 桃花双鸽 立轴	106×39cm	172,500	荣宝斋（济南）	2018-07-01
田世光 谢稚柳 黄苗子 陈大羽 等 1988–1982年作 花鸟 册页（十二帧）	尺寸不一	230,000	中国嘉德	2018-01-13
田世光 绣球小鸟 镜心	117×47cm	207,000	中国嘉德	2018-06-19
田世光 玄猿高枝 手卷	31×391cm	356,500	上海敬华	2018-09-11
田世光 一路连科 镜心	98×51cm	747,500	北京荣宝	2018-06-14
田世光 月季双禽 扇面镜框	18.3×51.4cm	207,100	香港苏富比	2018-10-02
田世光 竹石双雀图 立轴	131×66cm	172,500	北京保利	2018-05-21
童心田 2018年作 行书王维诗 镜心	70×180cm	115,000	北京保利	2018-06-18
童中焘 1988年作 楚辞秋意图 镜片	画心66×45cm	218,500	西泠拍卖	2018-07-07
童中焘 山水 镜片	69×52.5cm	172,500	上海嘉禾	2018-06-25
童中焘 深林古寺图 镜片	95.5×79cm	115,000	西泠拍卖	2018-07-07
童中焘 雪江暮鸦图 镜片	画心66.5×46.5cm	172,500	西泠拍卖	2018-07-07
童中焘 卓鹤君 何水法 孔仲起 陆秀竞 1986年作 浙江潮 横披	267×89cm	230,000	西泠拍卖	2018-07-07
万代尚 行书自作祝寿诗 立轴	170×50.5cm	149,500	中国嘉德	2018-11-22
万鼎 满目青山夕照明 镜心	121×236.5cm	168,000	秦宝斋	2018-01-01
汪国真 2012年作 高洁何须多言语	68×138cm	1,012,000	北京翰海	2018-06-30
汪精卫 1924年作 自作诗二首 镜心	31.5×133.5cm	230,000	北京诚轩	2018-06-16
汪琨 秋山图 立轴	143.5×38.5cm	115,000	荣宝斋（济南）	2018-07-01
汪洛年 1919年作 井谷山房图 卷	29×96cm	483,000	北京翰海	2018-06-29
汪慎生 1927年作 十万山水 成扇	19.4×50cm	323,600	香港苏富比	2018-04-02
汪亚尘 百余图 立轴	149×80.5cm	207,000	上海嘉禾	2018-06-25
汪亚尘 1975年作 鱼藻图 镜心	68.0×141cm	115,000	中国嘉德	2018-11-21
汪兆铭 行书 立轴	113×52cm	172,500	北京翰海	2018-05-13
王成喜 1987年作 紫霞硕果 镜心	68×137cm	115,000	中国嘉德	2018-05-18
王成喜 1993年作 笔底珠光 镜心	93×58cm	101,200	北京荣宝	2018-09-14
王成喜 2002年作 硕果累累	95×245cm	276,000	北京翰海	2018-06-30
王成喜 1995年作 珠光宝气 镜心	68×136cm	138,000	中国嘉德	2018-05-18
王大为 2017年作 中国雄风 镜心	70×134cm	115,000	北京保利	2018-05-21
王大为 2018年作 万山红遍 镜心	96×179cm	195,500	北京保利	2018-11-19
王冬龄 2016年作 乱书-龚自珍《梦中作四截句之二》镜框	96×178cm	266,100	佳士得	2018-11-26
王飞飞 春夏秋冬山水 四屏镜心	37×64cm×4	103,500	荣宝斋（南京）	2018-01-05
王飞飞 云山图 镜心	60×180cm	201,250	荣宝斋（南京）	2018-07-15
王福庵 金文四屏 立轴	95×21cm×4	345,000	北京荣宝	2018-06-14
王福庵 篆书七言联 立轴	130×31cm×2	115,000	保利厦门	2018-07-15
王福厂 1930年作 无量寿佛 立轴	48.5×32cm	599,500	香港苏富比	2018-10-02
王福厂 1931年作 篆书十一言联 立轴	170×28cm×2	109,250	北京匡时	2018-12-05
王福厂 1941年作 篆书十言联 镜心	99×21cm×2	161,000	上海匡时	2018-04-30
王福厂 1945年作 篆书十一言联 镜框	131.3×20.5cm×2	130,800	香港苏富比	2018-10-02
王福厂 1946年作 隶书录宋人诗四则 镜心	130×31.5cm×4	230,000	上海匡时	2018-04-30
王福厂 1950年作 篆书十一言联 立轴	133×21cm×2	287,500	北京保利	2018-12-08
王福厂 高野侯 高振霄 等 四格锦书画成扇 成扇	18×48cm	103,500	中贸圣佳	2018-11-24
王福厂 隶书八言联 立轴	134×21cm×2	115,000	上海匡时	2018-04-30
王福厂 书法对联 轴	128×21cm×2	172,500	浙江佳宝	2018-07-01
王福厂 1941年作 1948年作 篆书（四幅）屏轴	131×21cm×4	517,500	朵云轩	2018-06-24
王福厂 篆书 四屏镜心	64×32cm×4	402,500	北京荣宝	2018-12-03
王福厂 篆书八言联 立轴	133×47cm×2	103,500	北京华辰	2018-11-20
王福厂 篆书十二言联 立轴	130×242cm×2	218,500	上海匡时	2018-04-30
王福厂 篆书 四屏镜心	77×35cm×4	138,000	北京荣宝	2018-12-03
王槩 行书 五言诗 立轴	139×47cm	230,000	西泠拍卖	2018-07-07
王赓 风入松 镜心	69×112.5cm	115,000	北京保利	2018-12-06
王国平 2016年作 色异-4	98×66cm×4	161,000	中贸圣佳	2018-11-24
王国维 书法 立轴	86×34cm	4,600,000	华艺国际	2018-05-23
王国维 1925年作 耶律楚材诗 立轴	132.2×32cm	287,500	北京诚轩	2018-06-16
王赫赫 崂山行 册页	42×55.5cm×13	517,500	北京荣宝	2018-09-14
王赫赫 长相守 镜心	100×200cm	529,000	北京翰海	2018-09-16
王宏月 2018年作 和谐 镜心	160×59cm	402,500	北京保利	2018-12-06
王宏峥 尘——猫	150×100cm	920,000	北京翰海	2018-09-16
王宏峥 认知——夜曲	80×80cm	690,000	北京翰海	2018-09-16
王宏峥 生存空间	130×130cm	575,000	北京翰海	2018-09-16
王华明 流光溢彩	100×80cm	575,000	北京翰海	2018-09-16
王怀庆 1992年作 新叶 立轴	68×57cm	115,000	北京保利	2018-06-17
王怀庆 1993年作 秋思 镜心	97×67cm	115,000	北京保利	2018-06-17
王焕波 2014年作 山水 镜心	79×179cm×20	1,725,000	北京翰海	2018-09-16
王璜生 2017年作 箴象171225	91×97cm	230,000	广东崇正	2018-07-05
王挥春 守望 镜心	67×45cm	322,000	上海匡时	2018-04-30
王挥春 雄鹰图 镜心	88×78cm	713,000	北京保利	2018-06-18
王挥春 雄鹰图 镜心	69×69cm	575,000	北京荣宝	2018-06-14
王己千 1973年作 元宵 镜框	56×71cm	284,200	佳士得	2018-05-28
王己千 1991年作 山水 立轴	47×61cm	142,100	佳士得	2018-05-28
王己千 1994年作 静物 镜框	72.5×53.9cm	166,313	佳士得	2018-11-26
王己千 1998年作 山水 立轴	86.5×60cm	253,750	佳士得	2018-05-28

拍品名称	物品尺寸	成交价RMB	拍卖公司	拍卖日期
王季迁 1966年作 雨村图 立轴	43×61.5cm	103,500	北京匡时	2018-06-15
王季迁 1992年作 摹吴湖帆江山胜览图 立轴	115.5×51.5cm	276,000	西泠拍卖	2018-07-08
王季迁 山水 镜框		171,050	纽约苏富比	2018-09-13
王季迁 松荫牧牛 立轴	80.5×43cm	115,000	上海嘉禾	2018-06-25
王建 梁萍 90年代作 王佐断臂 连环画原稿（全）（一百五十选十九）	13.5×18cm×150	230,000	西泠拍卖	2018-07-08
王劼音 云石图录<1-4>	140×69cm×4	368,000	中贸圣佳	2018-11-24
王金明 2018年作 万里长城之老龙头 镜心	245×124cm×10	3,680,000	北京翰海	2018-09-16
王金石 旷小津 2005年作 苍嶂烟云 软片	175×330cm	112,000	湖南逸典	2018-06-09
王遽常 1963年作 章草 四屏镜心	71×35cm×4	322,000	北京匡时	2018-06-16
王遽常 草书毛主席词 立轴	134×68cm	322,000	北京匡时	2018-06-16
王遽常 行书七言联 立轴	107×31.5cm×2	460,000	北京匡时	2018-06-16
王兰若 1984年作 朝霞 镜片	96×149cm	115,000	广东崇正	2018-07-04
王亮勇 2009年作 闲情野趣	170×102cm	174,800	北京翰海	2018-09-16
王亮勇 鹿	171×90cm	172,500	北京翰海	2018-09-16
王龙飞 2012年作 玉簪花 镜心	48×48cm	138,000	北京翰海	2018-01-14
王迈 2004年作 太空菩萨 镜心	180×97cm	667,000	北京保利	2018-12-06
王迈 2014年作 牡丹峰之冬藏 镜心	130×65cm	483,000	北京保利	2018-12-06
王濛莎 五月寅日	173×950cm	1,380,000	北京荣宝	2018-12-03
王明明 1978年作　牧羊图 立轴	68.5×45.5cm	184,000	中鸿信	2018-01-07
王明明 1979年作 牧牛图 立轴	66×44cm	207,000	北京荣宝	2018-05-18
王明明 1980年作 听松图	107×52.5cm	172,500	北京翰海	2018-06-30
王明明 1982年作 松下对弈 立轴	68×45cm	115,000	北京保利	2018-05-21
王明明 1982年作 月下独酌 镜心	135×67cm	287,500	上海匡时	2018-04-30
王明明 1983年作 刘禹锡诗意图 镜心	67×45cm	126,500	上海匡时	2018-04-30
王明明 1983年作 竹林七贤 镜心	162×83.5cm	1,610,000	北京荣宝	2018-05-18
王明明 1984年作 曹雪芹小像	135×67.5cm	414,000	北京翰海	2018-06-30
王明明 1984年作 莲花少女 立轴	97×61cm	126,500	保利山东	2018-11-22
王明明 1984年作 王维诗意图 立轴	67×94cm	138,000	北京荣宝	2018-12-03
王明明 1985年作 孟浩然诗意图 行书五言联 镜心	67×135cm；69.5×23cm×2	632,500	北京荣宝	2018-12-03
王明明 1985年作 月照萼林皆似霰 立轴	67×67cm	195,500	北京荣宝	2018-09-14
王明明 1986年作 节日 立轴	67×65cm	523,250	北京荣宝	2018-06-14
王明明 1986年作 香梦沉酣图 镜心	68.5×138cm	287,500	北京荣宝	2018-09-14
王明明 1986年作 香梦沉酣图 镜心	68.5×138cm	172,500	保利山东	2018-11-22
王明明 1987年作 竹林七贤 横披	52×225cm	1,380,000	北京荣宝	2018-05-18
王明明 1989年作 蒲松龄讲书图 立轴	137×34cm	132,250	北京保利	2018-05-21
王明明 1993年作 溪山清逸图 镜心	97×38cm	287,500	北京荣宝	2018-06-14
王明明 1998年作 连年有余 立轴	94×364cm	1,725,000	北京保利	2018-06-18
王明明 2001年作 苗乡三月 镜心	124.5×125cm	517,500	北京荣宝	2018-09-14
王明明 2004年作 乡情 立轴	136×68cm	920,000	北京荣宝	2018-06-14
王明明 2005年作 鸟禽幽栖 镜心	68×137cm	411,584	保利香港	2018-10-01
王明明 2007年作 溪山文会图、行书五言联 镜心	画心 123×243.5cm；对联125×34cm×2	4,370,000	北京荣宝	2018-09-14
王明明 报春图 镜心	82.5×145cm	494,500	北京荣宝	2018-06-14
王明明 报春图 镜心	82.5×145cm	437,000	北京荣宝	2018-09-14
王明明 采莲图 立轴	136×68cm	655,500	北京荣宝	2018-12-03
王明明 春消息 镜心	177.5×96cm	2,461,000	荣宝斋（济南）	2018-06-30
王明明 2017年作 绿荫清凉 镜心	98.0×99.0cm	1,725,000	中国嘉德	2018-11-22
王明明 2017年作 琵琶行 镜心	33.5×277.5cm	2,530,000	中国嘉德	2018-06-20
王明明 2017年作 桃花源寻幽图 手卷	本幅 34.5×463.5cm	4,012,944	中国嘉德	2018-10-03
王明明 2003年作 溪山清逸图 镜片	41.5×136.5cm	414,000	朵云轩	2018-06-24
王明明 1993年作 金秋客话图 镜心	68.5×136.5cm	437,000	中国嘉德	2018-11-22
王明明 郭志光 九牛欣憩图 镜心	82.5×152cm	460,000	北京荣宝	2018-06-14
王明明 荷叶蜻蜓 扇面	19×55cm	115,000	北京荣宝	2018-12-03
王明明 2004年作 溪山兴会图 镜心	48.0×137.5cm	356,500	中国嘉德	2018-11-22
王明明 连年有余 镜心	50×101cm	460,000	北京荣宝	2018-06-14
王明明 连年有余 镜心	68×68cm	195,500	中国嘉德	2018-01-13
王明明 连年有余 镜心	40×59cm	126,500	北京荣宝	2018-09-14
王明明 绿荫满塘 镜心	68×68cm	632,500	上海匡时	2018-04-30
王明明 暮春 镜框	67.5×67cm	133,050	佳士得	2018-11-26
王明明 清夏会友图 镜心	53×65cm	138,000	北京保利	2018-11-19
王明明 秋林暮色 镜心	110.5×85cm	437,000	北京荣宝	2018-12-03
王明明 屈子行吟图 镜心	67×45cm	115,000	北京荣宝	2018-05-18
王明明 人物头像	82.5×50cm	103,500	北京翰海	2018-06-30
王明明 踏歌采风集册 册页	33.5×46.5cm×18	1,431,930	保利香港	2018-04-02
王明明 溪山兴会图 镜心	97×179.5cm	2,875,000	荣宝斋（上海）	2018-01-21
王明明 溪山兴会图 镜心	96×183cm	1,380,000	荣宝斋（济南）	2018-06-30
王明明 扬青稞 镜心	54×68cm	299,000	北京荣宝	2018-09-14
王明明 1985年作 刘禹锡诗意图 立轴	127.0×62.5cm	115,000	中国嘉德	2018-11-22
王明明 2005年作 春塘会友图 镜心	68×136cm	667,000	中国嘉德	2018-06-20
王其智 2018年作 百寿 镜心	37×68cm	356,500	北京荣宝	2018-06-14
王其智 2018年作 长寿 镜心	38×70cm	287,500	上海匡时	2018-04-30
王清照 2016年作 紫铃鸣春 立轴	137×68cm	138,000	北京荣宝	2018-06-14
王蘧常 1924年作 章草五言联 立轴	145×38cm×2	138,000	北京保利	2018-06-17
王蘧常 1987年作 草书 寿 立轴	88.5×63cm	230,000	西泠拍卖	2018-07-07
王蘧常 1989年 草书七言联 立轴	172×45cm×2	943,000	上海匡时	2018-04-30
王蘧常 章草《沈寐叟先生投笔集跋》镜心	28×106cm	218,500	北京保利	2018-12-07
王荣 春回江南	42×120cm	1,380,000	北京翰海	2018-09-16
王世利 2017年作 金涛奔涌满乾坤 镜心	70×138cm	287,500	北京翰海	2018-09-16
王世襄 行书“集珍书屋”	34.5×113.5cm	207,000	中国嘉德	2018-06-20
王叔晖 群芳图 立轴	183×51cm	138,000	中贸圣佳	2018-11-24
王叔晖 深阁幽读图 立轴	112.5×51.5cm	115,000	荣宝斋（上海）	2018-01-21
王愫 夏日湖村图 立轴	94×34.5cm	230,000	西泠拍卖	2018-07-07
王天德 2014年作 后山	177×101cm	368,000	中贸圣佳	2018-11-24
王廷桢 行书八言联 立轴	236×46cm×2	138,000	荣宝斋（南京）	2018-01-05
王同愈 1930年作 书法 镜心	40×129cm	305,085	中正拍卖	2018-06-28
王同愈 1940年作 行书“耕云山馆”镜心	32.5×108.5cm	207,000	中国嘉德	2018-11-22
王卫军 2017年作 刘熙载书论数册 册页	29×19cm×10	184,000	北京保利	2018-06-18
王卫军 书法 册页	32×21.5cm×11	109,250	南京经典	2018-01-06
王文杰 草书《醉翁亭记》册页	39×26cm×16	107,800	未来四方	2018-12-09
王文杰 草书临怀素《自叙帖》册页	27.5×17.5cm×52	176,000	未来四方	2018-12-09
王无邪 1997年作 新梦 镜心	67.5×46.5cm	114,554	保利香港	2018-04-02
王西京 1987年作 醉八仙	94×176cm	230,000	北京翰海	2018-06-30

拍品名称	物品尺寸	成交价RMB	拍卖公司	拍卖日期
王西京 1997年作 寒山对弈图 镜心	75×180cm	103,500	北京翰海	2018-05-13
王西京 宾至图 镜心	180.5×90.5cm	313,600	秦宝斋	2018-01-01
王西京 观世音菩萨 镜心	134×63cm	189,750	荣宝斋（上海）	2018-01-21
王西京 李白诗意 镜片	137×70cm	145,600	秦宝斋	2018-01-01
王西京 1982年作 白居易小像 立轴	134×67.5cm	120,750	广东崇正	2018-07-05
王西京 宋人诗意 镜片	70×136.5cm	123,200	秦宝斋	2018-01-01
王西京 文姬思汉图 镜片	69.5×99cm	123,200	秦宝斋	2018-01-01
王西京 长恨歌诗意 镜心	90.5×180.5cm	448,000	秦宝斋	2018-01-01
王西京 知音图 镜心	69×137cm	253,000	荣宝斋（济南）	2018-06-30
王小古 迎春 立轴	246×113cm	115,000	荣宝斋（济南）	2018-07-01
王晓 2014年作 双松图 镜心	182×143cm	115,000	保利山东	2018-11-22
王晓卉 2014年作 二月湖水清	177×95cm	598,000	北京翰海	2018-09-16
王晓卉 花卉	180×97cm	540,500	北京翰海	2018-09-16
王晓卉 花开四季 镜心	97×180cm	572,000	未来四方	2018-12-09
王晓卉 塞北夏日 镜心	87×92cm	330,000	未来四方	2018-12-09
王晓莉 2017年作 墨系列（220）远方	200×80cm	322,000	北京翰海	2018-09-16
王星泉 双鹿图 镜片	102×103cm	101,700	广东省拍	2018-09-20
王星泉 天马图 镜片	97×97cm	113,000	广东省拍	2018-09-20
王雪涛 1934年作 群鸡 立轴	98.8×12.6cm	182,025	香港苏富比	2018-04-02
王雪涛 1938年作 桃柳双燕 立轴	103.5×43cm	161,000	北京翰海	2018-06-29
王雪涛 1939年作 花卉草虫 镜心	94×33.5cm	218,500	北京翰海	2018-06-29
王雪涛 1939年作 秋鸟满园 立轴	141×57.5cm	632,500	北京荣宝	2018-12-03
王雪涛 1939年作 鹰击图 立轴	140×57cm	402,500	北京翰海	2018-06-29
王雪涛 1940年作 春光 立轴	98×30cm	368,000	北京荣宝	2018-06-14
王雪涛 1940年作 富贵大吉图 立轴	134×32.5cm	517,500	北京荣宝	2018-06-14
王雪涛 1942年作 夏日鸣蝉 镜心	86×32cm	207,000	北京翰海	2018-06-29
王雪涛 1943年作 瓜果图 轴	77×36cm	253,700	台北艺流	2018-06-30
王雪涛 1943年作 花卉草虫 立轴	31.5×66cm	322,000	北京翰海	2018-06-29
王雪涛 1943年作 花鸟草虫 立轴	99×32.5cm	266,100	佳士得	2018-11-26
王雪涛 1944年作 紫藤鸳鸯 立轴	96×33cm	379,500	北京翰海	2018-06-29
王雪涛 1945年作 花卉草虫 成扇	18.5×47cm	115,000	北京翰海	2018-06-29
王雪涛 1945年作 秋实图 立轴	94×37cm	276,000	北京翰海	2018-06-29
王雪涛 1945年作 秋塘水禽 立轴	139×74cm	287,500	北京翰海	2018-06-29
王雪涛 1945年作 永利百合 立轴	84×29cm	345,000	北京翰海	2018-06-29
王雪涛 1948年 秋意盎然 立轴	88×33cm	109,250	北京匡时	2018-06-15
王雪涛 1962年作 富贵牡丹图 成扇	47.5×18.5cm	230,000	西泠拍卖	2018-07-07
王雪涛 1962年作 双鸽图 立轴	104×34cm	126,500	北京翰海	2018-09-16
王雪涛 1963年作 月季 镜心	43×53cm	126,500	北京荣宝	2018-06-14
王雪涛 1978年作 梅花双贵 立轴	69×45cm	310,500	上海匡时	2018-04-30
王雪涛 1979年作 清趣 镜心	68×133cm	287,500	北京保利	2018-12-08
王雪涛 1981年作 大吉图 立轴	93.5×61cm	345,000	北京荣宝	2018-12-03
王雪涛 1981年作 秋实 镜心	31×44cm	172,500	北京荣宝	2018-12-03
王雪涛 暗香粉荷 行书《渔家傲》词 成扇	19×55cm	172,500	中国嘉德	2018-06-19
王雪涛 采花图 镜心	102×33cm	218,500	北京荣宝	2018-12-03
王雪涛 菜蔬图 横幅	36.5×104cm	264,500	北京翰海	2018-06-29
王雪涛 曹克家 1947年作 猫戏对屏 镜心	直径25.5cm×2	152,739	保利香港	2018-04-02
王雪涛 曹克家 1948年作 耄耋千秋 横幅镜心	37.5×100cm	287,500	北京翰海	2018-06-29
王雪涛 曹克家 喜从天降 镜心	100×33cm	195,500	鼎天国际	2018-01-07
王雪涛 草虫豆荚 立轴	68×34cm	112,700	中国嘉德	2018-01-13
王雪涛 茶花伴侣 立轴	124×29cm	115,000	中国嘉德	2018-09-19
王雪涛 翠竹八哥 立轴	104×35cm	253,000	北京匡时	2018-12-05
王雪涛 大富贵	68.5×46cm	408,250	荣宝斋（南京）	2018-01-05
王雪涛 大吉 立轴	93.5×58.5cm	690,000	荣宝斋（济南）	2018-07-01
王雪涛 大吉 立轴	77×50cm	210,016	中国嘉德	2018-04-03
王雪涛 大吉图 镜心	65×47cm	126,500	北京保利	2018-11-19
王雪涛 大吉图 立轴	88.5×47cm	133,050	佳士得	2018-11-26
王雪涛 蝶恋花 镜心	66×32cm	172,500	荣宝斋（济南）	2018-07-01
王雪涛 蝶恋花 立轴	67×45cm	322,000	北京翰海	2018-01-14
王雪涛 蝶恋花 立轴	36×46cm	113,186	保利香港	2018-10-01
王雪涛 豆荚双鸡 立轴	97×31.5cm	287,500	北京翰海	2018-06-29
王雪涛 多子多福 立轴	98×32.5cm	161,000	中贸圣佳	2018-06-20
王雪涛 富贵白头 立轴	66×33cm	103,500	北京匡时	2018-06-15
王雪涛 富贵大喜图 立轴	101.5×34cm	345,000	北京荣宝	2018-09-14
王雪涛 富贵牡丹 镜心	35×35cm	230,000	荣宝斋（济南）	2018-07-01
王雪涛 富贵神仙 立轴	102.5×35cm	207,000	中贸圣佳	2018-06-20
王雪涛 富贵双飞 镜心	66×44cm	276,000	北京保利	2018-05-21
王雪涛 1980年作 大吉图 镜心	69×47cm	207,000	中国嘉德	2018-06-19
王雪涛 龚元凯 书画 成扇	18×52cm	138,000	荣宝斋（济南）	2018-07-01
王雪涛 古藤幽宿 立轴	104.5×33cm	230,000	荣宝斋（南京）	2018-01-05
王雪涛 瓜瓞蜜蜂 镜心	20×49cm	126,500	中国嘉德	2018-11-21
王雪涛 瓜果草虫 扇面 秋夜读卷 扇面 与佛有缘 扇面 挑灯读卷 扇面画心	26.5×26.5cm×4	133,340	台北艺流	2018-12-01
王雪涛 瓜香 镜心	28.5×17.5cm	437,000	北京荣宝	2018-12-03
王雪涛 龟寿延年 镜心	67×33cm	241,500	北京保利	2018-05-21
王雪涛 郭西河 写生草虫册 册页	30×17cm×20	402,500	北京荣宝	2018-12-03
王雪涛 荷花鸳鸯 镜片	68×41cm	207,000	广东崇正	2018-07-05
王雪涛 荷塘清趣 立轴	68.5×46cm	230,000	荣宝斋（济南）	2018-07-01
王雪涛 荷塘小鸟 镜片	67×43.5cm	138,000	西泠拍卖	2018-07-07
王雪涛 红枫双喜 立轴	68.8×45.5cm	253,000	广东崇正	2018-07-05
王雪涛 红梅 镜心	68×46cm	143,750	北京保利	2018-05-21
王雪涛 红叶双喜 立轴	46×69cm	299,000	北京荣宝	2018-12-03
王雪涛 花草虫石 成扇	18×50cm	149,500	荣宝斋（济南）	2018-07-01
王雪涛 花卉 立轴	100×32cm	276,000	华艺国际	2018-11-16
王雪涛 花卉 四屏镜心	33×47cm×4	138,000	北京保利	2018-12-08
王雪涛 花卉草虫 立轴	104×34cm	149,500	北京翰海	2018-05-13
王雪涛 花卉草虫 立轴	89×31cm	126,500	北京翰海	2018-06-29
王雪涛 花卉册页 镜心	29.5×39.5cm×8	172,500	荣宝斋（济南）	2018-07-01
王雪涛 花鸟 册页（八开）	39.5×30cm×8	230,000	荣宝斋（南京）	2018-01-05
王雪涛 花鸟 镜框	45×49cm	115,000	华艺国际	2018-11-16
王雪涛 花鸟 四屏镜心	132×30cm×4	3,105,000	中国嘉德	2018-11-20
王雪涛 1959年作 红梅喜雀 立轴	96×37cm	115,000	广东崇正	2018-07-04
王雪涛 金癞菊雀 镜心	99.5×32.5cm	172,500	北京翰海	2018-06-29
王雪涛 锦鸡图 镜心	75.5×43cm	126,500	北京匡时	2018-12-05

拍品名称	物品尺寸	成交价RMB	拍卖公司	拍卖日期
王雪涛 孔雀杜鹃 立轴	162×71cm	1,840,000	北京匡时	2018-06-15
王雪涛 临风索侣 立轴	65.5×32.5cm	133,765	保利香港	2018-10-01
王雪涛 梅花欢喜 立轴	69×45cm	391,000	上海匡时	2018-04-30
王雪涛 梅花欢喜漫天雪 立轴	147×52cm	897,000	荣宝斋（南京）	2018-07-15
王雪涛 梅花欢喜漫天雪 立轴	68.5×45cm	287,500	荣宝斋（南京）	2018-07-15
王雪涛 梅花双雀 立轴	67.5×44cm	161,000	广东崇正	2018-07-05
王雪涛 梅花双鱼 立轴	68.5×44.5cm	195,500	荣宝斋（南京）	2018-01-05
王雪涛 梅鹊图 镜框	37.5×53cm	126,500	华艺国际	2018-11-16
王雪涛 墨荷图 镜心	82×56cm	207,000	北京保利	2018-05-21
王雪涛 牡丹 立轴	135×79cm	1,380,000	北京荣宝	2018-12-03
王雪涛 牡丹 立轴	68.5×33.5cm	230,000	中国嘉德	2018-06-18
王雪涛 牡丹飞燕 镜心	136×34cm	184,000	北京保利	2018-11-19
王雪涛 牡丹双蝶 镜心	40×45cm	162,285	中国嘉德	2018-04-03
王雪涛 牡丹双燕 镜心	136×34cm	253,000	北京荣宝	2018-06-14
王雪涛 南国珍品 立轴	34.5×34.5cm	322,000	中国嘉德	2018-06-18
王雪涛 拟明人笔意 镜心	100×33cm	115,000	北京荣宝	2018-06-14
王雪涛 拟明人小品 镜心	101×34cm	253,000	北京翰海	2018-06-29
王雪涛 葡萄八哥 立轴	68.5×33cm	218,500	中国嘉德	2018-11-20
王雪涛 葡萄黄鹂 立轴	65×39cm	230,000	北京荣宝	2018-06-14
王雪涛 葡萄蜜蜂、荷花蜻蜓 立轴	34×53cm；47×67cm	264,500	北京保利	2018-12-08
王雪涛 齐白石 佛手 镜心	135×33.5cm	632,500	北京荣宝	2018-06-14
王雪涛 齐白石 赵椿年 1949年作 螳螂牵牛花、行书白居易诗 成扇	20×50cm	322,000	北京保利	2018-06-17
王雪涛 秦仲文 清供 立轴	135.5×59.5cm	230,000	北京荣宝	2018-12-03
王雪涛 清供 镜片	97.5×51.5cm	115,000	广东崇正	2018-07-05
王雪涛 清供图 立轴	104×33.5cm	253,000	荣宝斋（上海）	2018-01-21
王雪涛 清趣 镜心	96×34cm	172,500	北京荣宝	2018-12-03
王雪涛 秋瓜草虫 立轴	103×33cm	172,500	中贸圣佳	2018-11-24
王雪涛 秋瓜竹虫 立轴	188,155	纽约苏富比	2018-09-13	
王雪涛 秋菊八哥 立轴	99.5×35cm	264,500	北京匡时	2018-12-05
王雪涛 秋趣 立轴	76×45.5cm	276,000	上海嘉禾	2018-06-25
王雪涛 秋色 立轴	76×19cm	120,750	中贸圣佳	2018-06-20
王雪涛 秋色秋声 立轴	99×33cm	138,000	北京翰海	2018-06-29
王雪涛 秋实 立轴	95×34.5cm	276,000	北京荣宝	2018-12-03
王雪涛 秋塘鸳鸯 立轴	87.5×66cm	368,000	北京翰海	2018-06-29
王雪涛 山桃芦花鸡 立轴	105×35cm	264,500	华艺国际	2018-11-16
王雪涛 绶带双鹊 立轴	138×68cm	2,760,000	北京荣宝	2018-06-14
王雪涛 鼠趣松枫 立轴	98.5×32cm	598,000	鼎天国际	2018-01-07
王雪涛 双吉图 立轴	106×51cm	471,500	中贸圣佳	2018-06-20
王雪涛 四时花卉 镜框	55×16cm×4	437,000	鼎天国际	2018-01-07
王雪涛 四喜图 立轴	121×40.5cm	460,000	北京荣宝	2018-09-14
王雪涛 松鸟 立轴	65×32cm	207,000	北京荣宝	2018-06-14
王雪涛 桃花八哥 立轴	105×34cm	149,500	中国嘉德	2018-06-18
王雪涛 桃花喜鹊 立轴	81.5×47.5cm	230,000	广东崇正	2018-07-05
王雪涛 童趣 镜心	28.5×17.5cm	345,000	北京荣宝	2018-12-03
王雪涛 蛙趣 镜心	28.5×17.5cm	287,500	北京荣宝	2018-12-03
王雪涛 汪溶 报喜图 立轴	93.5×39cm	138,000	荣宝斋（济南）	2018-07-01
王雪涛 吴镜汀 等 1942年作 柳岸珍禽图 扇面立轴	24×68cm	138,000	北京翰海	2018-06-29
王雪涛 吴镜汀 等 册页 册页（十开）	18×23.5cm×10	345,000	北京荣宝	2018-12-03
王雪涛 1978年作 雪中双喜图 立轴	91.4×48.4cm	155,904	万昌斯	2018-05-30
王雪涛 1948年作 岁朝清供 立轴	102.5×33.5cm	287,500	中国嘉德	2018-11-20
王雪涛 喜鹊登梅 立轴	70×48cm	230,000	北京保利	2018-05-21
王雪涛 喜上眉梢 镜心	69×44cm	287,500	中国嘉德	2018-09-19
王雪涛 喜在眉梢 镜心	69×42cm	230,000	上海匡时	2018-04-30
王雪涛 仙鹤黄莺 立轴	97×59cm	1,840,000	中贸圣佳	2018-11-24
王雪涛 雪涛写生册 册页	33×34.5cm×22	2,300,000	保利厦门	2018-01-08
王雪涛 雅品 镜心	28.5×17.5cm	345,000	北京荣宝	2018-12-03
王雪涛 雨资娇态 立轴	66×41.5cm	184,000	荣宝斋（南京）	2018-01-05
王雪涛 鸳鸯荷花 镜心	69×138cm	690,000	北京保利	2018-12-08
王雪涛 月季花开 镜片	98×32.5cm	155,250	朵云轩	2018-06-24
王雪涛 月季双蝶 圆光	D43cm	172,500	北京保利	2018-05-21
王雪涛 芝仙寿喜 镜心	136.5×38cm	552,000	北京翰海	2018-06-29
王砚农 2016年作 梅朵	50×100cm	115,000	北京翰海	2018-06-30
王瑶卿 王凤卿 时慧宝 等 花卉（四把）成扇	18×51cm×4	126,500	中国嘉德	2018-11-21
王一亭 1918年作 富贵寿石 立轴	169×90cm	172,500	保利山东	2018-11-22
王一亭 1919年作 刘海戏蟾 立轴	150×79cm	172,500	北京保利	2018-12-08
王一亭 1924年作 红衣达摩 立轴	130×66cm	207,000	华艺国际	2018-11-16
王一亭 1926年作 松鹰图 立轴	133×67cm	138,000	华艺国际	2018-11-16
王依民 太行高秋 镜心	143×75cm	189,900	北京歌德	2018-08-25
王依民 雨逢家山秋意浓 镜心	143×75cm	190,200	北京歌德	2018-08-25
王镛 1995年作 行书七言联 立轴	152×27cm×2	149,500	北京荣宝	2018-05-18
王镛 1996年作 行书五言联 立轴	136×33cm×2	115,000	北京荣宝	2018-05-18
王镛 1997年作 千峰黛色因晴出 镜心	115×66cm	172,500	保利山东	2018-11-22
王镛 1997年作 松壑幽泉 立轴	71.5×68cm	115,000	北京匡时	2018-12-05
王镛 1999年作 行草《唐人五绝诗册》册页	61.5×83.5cm×12	1,058,000	北京荣宝	2018-09-14
王镛 1999年作 隶书七言联 镜心	219×37cm×2	402,500	北京荣宝	2018-09-14
王镛 2000年作 岭高风劲图 镜心	178×96cm	667,000	北京荣宝	2018-06-14
王镛 2000年作 溪桥春色图 镜心	69×45cm	218,500	北京荣宝	2018-12-03
王镛 2000年作 溪桥春色图 镜心	69×45cm	218,500	北京荣宝	2018-05-18
王镛 2001年作 行草《寒山诗册》册页	32.5×32.5cm×20	655,500	北京荣宝	2018-09-14
王镛 2001年作 暖冬之景 镜心	69×70cm	126,500	保利山东	2018-11-22
王镛 2002年作 行草前贤句手卷 手卷	32.5×264cm	287,500	北京荣宝	2018-09-14
王镛 2002年作 行草五言诗三首 镜心	33×132cm	115,000	保利山东	2018-11-22
王镛 2002年作 行草五言诗三首 镜心	33×132cm	103,500	北京荣宝	2018-09-14
王镛 2002年作 林泉秋气清 镜心	68×138cm	264,500	保利山东	2018-11-22
王镛 2003年作 满山秋气好 镜心	68.5×69.5cm	149,500	保利山东	2018-11-22
王镛 2004年作 幽人岩下住 镜心	74×72cm	195,500	保利山东	2018-11-22
王镛 2005年作 行书诗三首 镜心	50.5×132.5cm	195,500	北京匡时	2018-12-05
王镛 2005年作 秋山图 镜心	50.5×132cm	276,000	北京匡时	2018-12-05
王镛 2005年作 山居图四桢 镜心	37.5×45cm×4	345,000	北京荣宝	2018-06-14
王镛 2005年作 屋外青山 镜心	51×132cm	287,500	北京匡时	2018-12-05
王镛 2006年作 隶书六言联 镜心	133×22cm×2	115,000	北京荣宝	2018-12-03
王镛 2006年作 山川寄幽 镜心	138×69cm	402,500	上海匡时	2018-04-30
王镛 2006年作 书法四则 镜心	35×50cm×4	184,000	北京荣宝	2018-12-03
王镛 2009年作 行书《心经》手卷	33×231cm	506,000	中国嘉德	2018-06-20
王镛 2011年作 书法 四屏镜心	98×28cm×4	230,000	北京荣宝	2018-06-14
王镛 2012年作 唐人诗四首 镜心	123×249cm	897,000	北京荣宝	2018-06-14

拍品名称	物品尺寸	成交价RMB	拍卖公司	拍卖日期
王镛 2014年作 草书-李白《沙丘城下寄杜甫》镜框	53×234cm	665,250	佳士得	2018-11-26
王镛 2015年作 草书《李白赠卢司户》镜框	66.5×132.5cm	426,300	佳士得	2018-05-28
王镛 2018年作 书法"无事"镜心	33×130cm	195,500	北京荣宝	2018-12-03
王镛 行书"冬狩行"镜心	33×133cm	138,000	上海匡时	2018-04-30
王镛 行书董其昌题画诗 镜心	35×138.5cm	138,000	北京荣宝	2018-09-14
王镛 行书齐白石诗 手卷	33×132.5cm	172,500	荣宝斋（南京）	2018-07-15
王镛 行书五言联 镜心	134.5×33cm×2	143,750	北京荣宝	2018-09-14
王镛 行书元人诗 镜心	95×180cm	195,500	北京荣宝	2018-06-14
王镛 2009年作 行书 手卷	27.5×196.0cm	115,000	中国嘉德	2018-11-22
王镛 江上千峰 镜心	68.5×137cm	368,000	中国嘉德	2018-06-20
王镛 隶书八言联 镜心	219×25cm×2	241,500	北京荣宝	2018-05-18
王镛 墨妙亭诗 镜心	33×129cm	103,500	荣宝斋（济南）	2018-06-30
王镛 书法四屏 镜心	66×33cm×4	230,000	北京荣宝	2018-12-03
王镛 太行印象 立轴	144×83cm	333,500	荣宝斋（济南）	2018-06-30
王镛 2001年作 行书《桃源行》手卷	字33.0×391.5cm	414,000	中国嘉德	2018-11-22
王镛 2001年作 苍山秋意图 手卷	画33×270cm	483,000	中国嘉德	2018-06-20
王镛 幽壑清溪册页 镜框（八开）	28.5×40.5cm×8	575,000	北京荣宝	2018-05-18
王友石 刘大同 等 花卉 四屏立轴	229×59cm×4	204,000	未来四方	2018-06-16
王余根 幽居深山 镜心	136×69.5cm	425,500	荣宝斋（南京）	2018-07-15
王震 1913年作 菊花 横披	55.5×113cm	207,000	北京荣宝	2018-12-03
王震 1917年作 岁朝清供图 立轴	129×57cm	207,000	北京荣宝	2018-12-03
王震 1920年作 大富贵亦寿考 立轴	143.5×75cm	126,500	西泠拍卖	2018-05-05
王震 1921年作 陶渊明像 立轴	127×52.5cm	105,331	佳士得	2018-11-26
王震 1922年作 抱经达摩像 立轴	146×40.5cm	105,331	佳士得	2018-11-26
王震 1922年作 富贵延年 立轴	147.5×80.5cm	115,000	上海匡时	2018-04-30
王震 1922年作 无量寿佛 立轴	135.5×66.5cm	402,500	北京匡时	2018-12-05
王震 1925年作 麻姑献寿 立轴	150×80.5cm	172,500	北京匡时	2018-12-05
王震 1928年作 花鸟 四屏	134.5×33cm×4	230,000	西泠拍卖	2018-07-08
王震 1929年作 无量寿佛 立轴	110.2×42.3cm	121,350	香港苏富比	2018-04-02
王震 1935年作 洞天一品 立轴	175.5×93cm	114,554	保利香港	2018-04-02
王震 1935年作 洞天一品图 立轴	175.5×94.5cm	138,000	西泠拍卖	2018-07-08
王震 1937年作 龙山落帽 立轴	56×39.6cm	239,800	香港苏富比	2018-10-02
王震 1927年作 采菊图 立轴	135.5×68cm	195,500	中国嘉德	2018-06-18
王震 二人同心 立轴	133×53cm	103,500	荣宝斋（济南）	2018-07-01
王震 1934年作 和合二仙 镜片	151×83cm	180,000	上海驰翰	2018-06-25
王震 刘海戏蟾 立轴	135×67cm	303,375	香港苏富比	2018-04-02
王震 麻姑献寿 立轴	152×83cm	166,750	荣宝斋（南京）	2018-07-15
王震 1922年作 达摩面壁 立轴	129×51cm	184,000	中国嘉德	2018-06-19
王震 1922年作 无量寿佛 立轴	119×52.5cm	212,750	上海嘉禾	2018-03-26
王震 如愿为福 镜心	33×136cm	230,000	荣宝斋（济南）	2018-07-01
王震 书法"墨趣"镜心	32×98.5cm	217,800	中正拍卖	2018-01-26
王震 松树 立轴	142×75cm	299,000	凤凰拍卖	2018-01-21
王震 无量寿佛 立轴	136×67cm	138,000	北京保利	2018-05-21
王震 吴昌硕 1915年作 福禄寿 立轴	147×80cm	517,500	上海匡时	2018-04-30
王震 五鸟图 立轴	183×68.5cm	113,186	中国嘉德	2018-10-03

拍品名称	物品尺寸	成交价RMB	拍卖公司	拍卖日期
王震 郑孝胥 东篱秋艳图·行书古文 成扇	68.5×23.5cm	161,000	西泠拍卖	2018-07-07
王震 钟馗 立轴	140×57cm	299,000	北京保利	2018-12-08
王震 紫藤 立轴	150×40.5cm	126,500	中国嘉德	2018-06-18
王震画 吴昌硕 等题 1924年作 参禅图 立轴	68.3×42.1cm	483,000	北京诚轩	2018-06-16
王禔 1936年作 篆书 七言联 对联	131×21.5cm×2	172,500	西泠拍卖	2018-07-07
王禔 1941年作 篆书十二言联 镜心	65×8cm×2	195,500	北京翰海	2018-06-29
王禔 王个簃 等 1951年作 祝寿书画册（共二十一页）册页	尺寸不一	149,500	西泠拍卖	2018-05-05
王志平 2014年作 毛主席去安源 镜心	180×97cm	1,150,000	北京荣宝	2018-06-14
王志平 2018年作 张骞出塞图 镜心	158×239cm	805,000	北京荣宝	2018-12-03
王子武 1978年作 屈原临江 立轴	68.5×44cm	115,000	北京荣宝	2018-06-14
王子武 1981年作 大吉图 立轴	67.5×44.5cm	207,000	上海匡时	2018-04-30
王子武 1988年作 张大千像 立轴	155.5×88.8cm	1,618,000	香港苏富比	2018-04-02
王子武 曹雪芹像 镜心	76×101.5cm	1,265,000	中国嘉德	2018-11-21
王子武 春色永年 镜心	68.5×136cm	1,400,000	秦宝斋	2018-01-01
王子武 杜甫诗意 立轴	61.5×45cm	324,800	秦宝斋	2018-01-01
王子武 杜甫诗意图 镜心	69×46cm	368,000	中贸圣佳	2018-06-20
王子武 富贵图 镜心	85×66.5cm	345,000	中贸圣佳	2018-06-20
王子武 荷塘蛙趣 立轴	69×46cm	134,400	秦宝斋	2018-01-01
王子武 1979年作 丹顶鹤 镜心	136.5×69cm	747,500	中国嘉德	2018-11-21
王子武 金鱼 镜心	69.5×45.5cm	241,500	中国嘉德	2018-11-22
王子武 临徐悲鸿	137×48cm	207,000	北京东正	2018-06-17
王子武 梅花喜鹊 立轴	69×46cm	190,400	秦宝斋	2018-01-01
王子武 梅花仙鹤 立轴	68×46.5cm	184,000	中贸圣佳	2018-06-20
王子武 牡丹 镜心	66.5×44cm	345,000	荣宝斋（济南）	2018-07-01
王子武 人物 镜心	46×35cm	264,500	中贸圣佳	2018-06-20
王子武 蛙趣图 镜心	69×46cm	219,800	香港普艺	2018-01-13
王子武 五子登科 镜心	65×28.5cm	138,000	北京荣宝	2018-12-03
王子武 1978年作 红荷蛙趣 镜片	66×34cm	115,000	广东崇正	2018-07-05
王子武 1978年作 鸬鹚 立轴	69×46cm	126,500	中国嘉德	2018-06-20
王子武 写生少女 镜心	102.5×59cm	1,725,000	上海匡时	2018-04-30
王子武 1981年作 荷塘清趣 立轴	69×46cm	207,000	中国嘉德	2018-06-20
王子武 长春 镜心	68×68cm	345,000	上海匡时	2018-04-30
尉晓榕 2002年作 鉴古图 镜心	69.0×70.0cm	138,000	中国嘉德	2018-11-22
魏殿松 2014年作 心经 镜心	33×137cm	126,500	北京翰海	2018-09-16
魏光焘 隶书 四屏 书法	111×31cm×4	253,000	南京经典	2018-07-22
魏戫 1912年作 赠梁启超斋号"饮冰室"横批	32×101cm	621,000	中贸圣佳	2018-06-20
魏云飞 霜积秋山万树红 镜心	97×45cm	230,000	北京翰海	2018-09-16
魏镇 2017年作 峡江秋色 镜心	73×52cm	138,000	北京荣宝	2018-05-18
魏紫熙 1963年作 山区九月 镜片	95×168.8cm	389,760	万昌斯	2018-05-30
魏紫熙 1972年作 报矿 镜心	89×47cm	943,000	中国嘉德	2018-11-20
魏紫熙 1973年作 海韵图 立轴	123×69cm	2,645,000	北京荣宝	2018-06-14
魏紫熙 1977年作 太白诗意图 立轴	70×44cm	126,500	中国嘉德	2018-01-13
魏紫熙 1977年作 一山飞峙大江边 镜片	33×45cm	138,000	上海嘉禾	2018-06-25
魏紫熙 1978年作 庐山飞瀑 镜片	69.4×46.4cm	143,750	广东崇正	2018-07-05
魏紫熙 1979年作 卡拉奇小景 镜心	69×69cm	161,000	中国嘉德	2018-11-20
魏紫熙 1981年作 渡桥春色 立轴	135×68cm	1,725,000	北京荣宝	2018-12-03
魏紫熙 1981年作 黄山轻烟 立轴	66×43.5cm	207,000	北京荣宝	2018-12-03
魏紫熙 1982年作 唐人诗意图 立轴	68×46cm	126,500	上海嘉禾	2018-03-26
魏紫熙 1983年作 黄山高秋 立轴	67×44cm	862,500	中国嘉德	2018-06-18

拍品名称	物品尺寸	成交价RMB	拍卖公司	拍卖日期
魏紫熙 1988年作 闵江秀色 镜心	96×62cm	201,250	北京荣宝	2018-06-14
魏紫熙 1989年作 峡江图 镜心	33×83cm	172,500	北京荣宝	2018-09-14
魏紫熙 1998年作 山水有清音 镜心	68×45cm	287,500	北京荣宝	2018-12-03
魏紫熙 巴基斯坦 镜心	54×69.5cm	115,000	凤凰拍卖	2018-01-21
魏紫熙 苍岩积翠图 立轴	68×45cm	172,500	荣宝斋（南京）	2018-01-05
魏紫熙 2000年作 红叶飞泉 立轴	98×53cm	368,000	朵云轩	2018-06-24
魏紫熙 1990年作 黄山行云图 立轴	67.5×67.5cm	368,000	中国嘉德	2018-06-18
魏紫熙 黄山行云图 立轴	68×68cm	161,000	荣宝斋（南京）	2018-01-05
魏紫熙 黄山气象站 立轴	69×41.5cm	115,000	凤凰拍卖	2018-01-21
魏紫熙 黄山秋色 立轴	68×45.5cm	115,000	凤凰拍卖	2018-01-21
魏紫熙 1979年作 松壑鸣泉 镜心	68×43.5cm	162,285	中国嘉德	2018-04-03
魏紫熙 空谷回障 立轴	93×59cm	253,000	中贸圣佳	2018-06-20
魏紫熙 砺山 镜心	33.5×43.5cm	184,000	凤凰拍卖	2018-01-21
魏紫熙 庐山风光 镜心	44×68cm	345,000	中贸圣佳	2018-06-20
魏紫熙 鸣泉图 镜心	67×66cm	103,500	南京经典	2018-07-22
魏紫熙 秋意正浓 镜心	51.5×37cm	310,500	荣宝斋（南京）	2018-01-05
魏紫熙 群峰耸翠 立轴	67.5×45.5cm	178,250	南京经典	2018-07-22
魏紫熙 1992年作 四季山水 镜心	35×45.5cm×4	598,000	中国嘉德	2018-11-20
魏紫熙 厦门前哨 立轴	69×45cm	253,000	南京经典	2018-01-06
魏紫熙 松壑鸣泉 镜心	69×45cm	138,000	中贸圣佳	2018-06-20
魏紫熙 松瀑图 镜心	69×44.5cm	115,000	中贸圣佳	2018-06-20
魏紫熙 松山图 镜心	68×44cm	115,000	南京经典	2018-01-06
魏紫熙 太行春早 镜心	127×68cm	862,500	南京经典	2018-07-22
魏紫熙 1988年作 闽江秀色 镜心	96.5×62cm	368,000	中国嘉德	2018-11-20
魏紫熙 仙人洞 镜心	44×68cm	304,750	南京经典	2018-01-06
魏紫熙 1981年作 黄山秋色 立轴	68×44.5cm	253,000	朵云轩	2018-06-24
魏紫熙 雪山夕阳 镜心	65×132cm	230,000	北京保利	2018-11-19
魏紫熙 燕山胜迹 立轴	45.5×65.5cm	138,000	荣宝斋（济南）	2018-07-01
魏紫熙 长城 镜心	34×44.5cm	172,500	荣宝斋（济南）	2018-07-01
温永琛 1982年作 四美图 镜框四屏	95×53cm×4	132,250	华艺国际	2018-11-17
文蔚 2017年作 山水（二帧）	40×108cm×2	483,000	北京翰海	2018-06-30
文蔚 2017年作 唐人诗意山水册 镜框	23×26cm×8	276,000	北京荣宝	2018-06-14
文蔚 2017年作 执扇仕女（二帧）镜心	60×45cm×2	276,000	北京保利	2018-06-18
文蔚 2018年作 长恨歌 立轴	34.5×46.5cm	126,500	北京匡时	2018-12-05
文蔚 春江水岸 手卷	36.5×143.5cm	322,000	北京荣宝	2018-12-03
文蔚 仕女 四屏立轴	90×30cm×4	402,500	北京荣宝	2018-05-18
文蔚 溯 镜心	107×24cm	195,500	北京保利	2018-12-06
闻一多 1945年作 悠悠体育会路南旅行团全体团员题名 镜片	55×28.5cm	138,000	西泠拍卖	2018-07-08
闻一多 1945年作 致悠悠体育会匾额 劳苦功高 镜片	99×24cm	621,000	西泠拍卖	2018-07-08
吴昌硕 行书四言联 立轴	90×27.5cm×2	920,000	保利厦门	2018-01-08
吴昌硕（款）1927年作 桃李枝下 轴	136×40.5cm	101,338	台北艺流	2018-12-01
吴昌硕（款）篆书七言联 立轴	134×32.5cm×2	128,800	中贸圣佳	2018-11-25
吴昌硕 1887年作 篆书五言联 镜心	70×18cm×2	115,000	北京匡时	2018-06-15
吴昌硕 1892年作 行书沈周诗 镜心	18×52cm	115,000	北京匡时	2018-06-15
吴昌硕 1895年作 篆书临《石鼓文》六屏 立轴	129×31cm×6	782,000	上海匡时	2018-04-30
吴昌硕 1897年作 篆书 八言联 对联	172×36cm×2	437,000	西泠拍卖	2018-05-05
吴昌硕 1898年作 芝石苍松图 立轴	148×81cm	1,782,500	北京荣宝	2018-06-14
吴昌硕 1899年作 篆书临石鼓文 四屏	101×33cm×4	862,500	西泠拍卖	2018-07-08
吴昌硕 1899年作 篆书四言联 立轴	66.5×19cm×2	253,000	北京匡时	2018-06-15
吴昌硕 1900年作 天竹 立轴	165.5×40cm	1,150,000	北京荣宝	2018-12-03
吴昌硕 1902年作 花卉四屏（四帧）镜片	114×30cm×4	4,370,000	西泠拍卖	2018-07-07
吴昌硕 1902年作 节临《石鼓文》	17.5×51cm	171,913	邦瀚斯	2018-04-03
吴昌硕 1902年作 墨竹图 立轴	114×54cm	327,000	香港苏富比	2018-10-02
吴昌硕 1904年作 青白传家 立轴	180×47cm	370,426	保利香港	2018-10-01
吴昌硕 1905年作 富贵吉祥 立轴	148×79cm	690,000	北京翰海	2018-06-29
吴昌硕 1906年作 行书平山堂诗 立轴	180×47.5cm	552,000	北京匡时	2018-12-05
吴昌硕 1906年作 行书自作诗 镜框	直径22cm	149,500	北京荣宝	2018-12-03
吴昌硕 1908年作 墨笔观音 立轴	128×47cm	943,000	北京荣宝	2018-12-03
吴昌硕 1908年作 墨梅图 扇页	51×17cm	172,500	西泠拍卖	2018-07-07
吴昌硕 1908年作 石鼓文九言联 立轴	274.5×54cm×2	1,610,000	北京保利	2018-12-07
吴昌硕 1908年作 书法–石鼓文 双挖立轴	166×46.5cm×2	507,500	佳士得	2018-05-29
吴昌硕 1909年作 天香图 立轴	148.5×80.5cm	2,875,000	西泠拍卖	2018-07-07
吴昌硕 1911年作 墨竹 立轴	143×39.5cm	253,000	北京翰海	2018-06-29
吴昌硕 1911年作 庭院秋光 立轴	147×42cm	598,000	北京匡时	2018-06-15
吴昌硕 1911年作 篆书七言联 立轴	150.5×38cm×2	112,700	北京翰海	2018-06-29
吴昌硕 1912年作 酒瓮梅花 立轴	115×30.3cm	741,200	香港苏富比	2018-10-02
吴昌硕 1912年作 庐橘夏熟 立轴	152.5×48cm	632,500	北京翰海	2018-06-29
吴昌硕 1912年作 书法－石鼓文 立轴	146×40cm	266,100	佳士得	2018-11-26
吴昌硕 1913年作 节临石鼓文 立轴	28.5×36cm	161,000	上海泓盛	2018-06-27
吴昌硕 1913年作 老松 立轴	130×53.5cm	964,250	佳士得	2018-05-29
吴昌硕 1913年作 枇杷 立轴	133×33cm	207,000	北京翰海	2018-05-13
吴昌硕 1913年作 秋菊 立轴	151×46cm	287,500	北京荣宝	2018-12-03
吴昌硕 1913年作 岁朝清供 轴	138×47.5cm	186,676	台北艺流	2018-12-01
吴昌硕 1913年作 篆书 七言联 对联	150×41cm×2	575,000	西泠拍卖	2018-07-07
吴昌硕 1913年作 篆书八言联 立轴	161×41.6cm×2	455,063	香港苏富比	2018-04-02
吴昌硕 1913年作 篆书七言联 立轴	132.5×33cm×2	379,500	北京翰海	2018-06-29
吴昌硕 1913年作 篆书七言联 立轴	151×36cm×2	184,000	北京匡时	2018-06-15
吴昌硕 1914年作 福禄多寿 轴	133×43cm	202,960	台北艺流	2018-06-30
吴昌硕 1914年作 节临《石鼓文》立轴	129×32.5cm	402,500	北京匡时	2018-06-15
吴昌硕 1914年作 美意延年 立轴	180×49cm	2,185,000	华艺国际	2018-05-23
吴昌硕 1914年作 墨兰图 立轴	112.5×24.5cm	322,000	西泠拍卖	2018-07-08
吴昌硕 1914年作 松石人家 轴	105×39cm	380,550	台北艺流	2018-06-30
吴昌硕 1914年作 隐居图 立轴	147×41cm	437,000	北京保利	2018-12-08
吴昌硕 1914年作 中有云气随飞龙 立轴	143×39cm	1,840,000	华艺国际	2018-11-16
吴昌硕 1914年作 篆书临《石鼓文》立轴	128×61cm	149,500	上海匡时	2018-04-30
吴昌硕 1914年作 紫藤图 立轴	135×65.5cm	4,600,000	西泠拍卖	2018-07-07
吴昌硕 1915年作 葫芦菊花	153×42cm	1,921,375	邦瀚斯	2018-04-03
吴昌硕 1915年作 葫芦图 镜片	138.5×61.5cm	4,830,000	西泠拍卖	2018-07-07
吴昌硕 1915年作 梅花 立轴	121.5×24cm	287,500	北京荣宝	2018-12-03
吴昌硕 1915年作 墨牡丹 立轴	132×34.5cm	425,500	北京匡时	2018-06-15
吴昌硕 1915年作 鄱湖音景 轴	113×43cm	380,550	台北艺流	2018-06-30
吴昌硕 1915年作 秋泉垂钓图 镜框	150×52.5cm	747,500	华艺国际	2018-11-16
吴昌硕 1915年作 石鼓文“万岁”立轴	127×40cm	517,500	北京保利	2018-06-17
吴昌硕 1915年作 书法 立轴	177.2×96cm	311,808	万昌斯	2018-05-30

拍品名称	物品尺寸	成交价RMB	拍卖公司	拍卖日期
吴昌硕 1915年作 水仙 立轴	133.5×34cm	632,500	北京翰海	2018-06-29
吴昌硕 1915年作 松寿长春 立轴	177×95cm	1,380,000	北京保利	2018-06-17
吴昌硕 1915年作 篆书七言联 立轴	132×30cm×2	460,000	上海匡时	2018-04-30
吴昌硕 1916年作 傲霜图 立轴	151×81cm	2,530,000	北京荣宝	2018-12-03
吴昌硕 1916年作 古树苍寒 轴	131.5×39.5cm	215,645	台北艺流	2018-06-30
吴昌硕 1916年作 红梅 立轴	131.5×45cm	2,760,000	中鸿信	2018-01-07
吴昌硕 1916年作 梅石图 立轴	177.5×47cm	455,063	香港苏富比	2018-04-02
吴昌硕 1916年作 墨梅图 立轴	131×32.5cm	310,500	西泠拍卖	2018-07-08
吴昌硕 1916年作 石榴 立轴	98×32cm	138,000	北京翰海	2018-06-29
吴昌硕 1916年作 水墨牡丹 芦菊秋熟 石榴明珠 荔枝十八娘 樱桃朱门 黄花扶醉 画心	138×37cm×6	426,688	台北艺流	2018-12-01
吴昌硕 1916年作 岁朝清供 立轴	134×53cm	2,070,000	北京保利	2018-12-07
吴昌硕 1916年作 岁朝清供图 立轴	134×53cm	2,530,000	上海匡时	2018-04-30
吴昌硕 1916年作 桃寿图 立轴	148.5×80cm	5,232,500	上海匡时	2018-04-30
吴昌硕 1916年作 珠光 立轴	123×37.2cm	690,000	北京保利	2018-06-17
吴昌硕 1916年作 篆书"万岁" 立轴	130×66.5cm	977,500	北京荣宝	2018-06-14
吴昌硕 1916年作 篆书七言联 立轴	131×31.5cm×2	713,000	北京荣宝	2018-06-14
吴昌硕 1917年作 富贵花开 立轴	152×82cm	12,075,000	北京保利	2018-06-17
吴昌硕 1917年作 花卉 四屏镜心	135.5×33cm×4	4,830,000	北京保利	2018-12-07
吴昌硕 1917年作 菊石图 立轴	131×53cm	2,185,000	中鸿信	2018-01-07
吴昌硕 1917年作 山花烂漫 立轴	134×42cm	1,380,000	北京匡时	2018-06-15
吴昌硕 1917年作 石鼓文《汧殹》镜心	120×55cm	345,000	北京荣宝	2018-12-03
吴昌硕 1917年作 石鼓文七言联 对联	131×32cm×2	632,500	上海泓盛	2018-06-27
吴昌硕 1917年作 松竹梅三屏 立轴	132×33cm×3	1,782,500	北京匡时	2018-06-15
吴昌硕 1917年作 天竺图 轴	148×57.5cm	355,180	台北艺流	2018-06-30
吴昌硕 1917年作 团圆介寿图 立轴	151.5×43.5cm	1,380,000	西泠拍卖	2018-09-28
吴昌硕 1918年作 赤城霞气图 镜片	138.5×32.5cm	218,500	西泠拍卖	2018-07-08
吴昌硕 1918年作 篮拓补蔬竹图 立轴	68.5×34cm	690,000	上海匡时	2018-04-30
吴昌硕 1918年作 葫芦图 立轴	135×68cm	667,000	北京保利	2018-12-08
吴昌硕 1918年作 花垂明珠 画心	176.5×58.5cm	400,020	台北艺流	2018-12-01
吴昌硕 1918年作 节临邋碣字 镜心	36.5×146.5cm	1,000,500	北京匡时	2018-12-05
吴昌硕 1918年作 旧时月色 镜心	146×65cm	874,000	北京保利	2018-12-08
吴昌硕 1918年作 临石鼓文 立轴	132×67cm	460,000	上海泓盛	2018-06-27
吴昌硕 1918年作 罗浮香雪 立轴	138×34cm	598,000	北京保利	2018-06-17
吴昌硕 1918年作 墨松图 镜片	176.5×58.5cm	862,500	西泠拍卖	2018-07-07
吴昌硕 1918年作 神仙富贵图 轴	171.5×40.5cm	304,440	台北艺流	2018-06-30
吴昌硕 1918年作 书法 立轴	138×41cm	690,000	华艺国际	2018-11-16
吴昌硕 1918年作 四君子图 三屏立轴	147×40cm×3	2,300,000	北京保利	2018-06-17
吴昌硕 1918年作 竹石图 镜心	136×66cm	1,725,000	北京荣宝	2018-12-03
吴昌硕 1918年作 篆书 节临銮车鼓 立轴	142.5×53.5cm	862,500	西泠拍卖	2018-07-07
吴昌硕 1919年作 白梅 轴	132.5×56cm	202,960	台北艺流	2018-06-30
吴昌硕 1919年作 茶花 立轴	148.5×39.5cm	667,000	华艺国际	2018-11-16
吴昌硕 1919年作 富贵花开 镜框	89×45.5cm	1,012,000	华艺国际	2018-11-16
吴昌硕 1919年作 富贵牡丹 立轴	148×81.5cm	3,795,000	北京荣宝	2018-06-14
吴昌硕 1919年作 富贵神仙 立轴	169×69cm	2,070,000	北京荣宝	2018-12-03
吴昌硕 1919年作 节临邋碣字 镜心	36.5×146.5cm	920,000	北京匡时	2018-06-16
吴昌硕 1919年作 劲节傲霜 立轴	135×33cm	353,938	香港苏富比	2018-04-02
吴昌硕 1919年作 六清图 镜框	40.5×151.5cm	5,750,000	华艺国际	2018-05-23
吴昌硕 1919年作 梅花铁骨扇面 镜心	23×71cm	287,500	北京保利	2018-06-17
吴昌硕 1919年作 秋山向晚 轴	138×34cm	1,014,800	台北艺流	2018-06-30
吴昌硕 1919年作 石鼓文八言联 立轴	201×43cm×2	1,782,500	保利山东	2018-11-22
吴昌硕 1919年作 石鼓文扇面 镜心	23×71cm	172,500	北京保利	2018-06-17

拍品名称	物品尺寸	成交价RMB	拍卖公司	拍卖日期
吴昌硕 1919年作 寿桃 立轴	134×32cm	1,380,000	北京荣宝	2018-06-14
吴昌硕 1919年作 闲读图 镜心	38×147cm	1,782,500	北京匡时	2018-06-15
吴昌硕 1919年作 雨后新篁 立轴	117×40.3cm	609,000	佳士得	2018-05-29
吴昌硕 1919年作 云山远眺 立轴	137.5×58.5cm	507,500	佳士得	2018-05-29
吴昌硕 1919年作 篆书 镜片	34.3×135.6cm	684,200	纽约佳士得	2018-09-11
吴昌硕 1920年作 寒香雪 镜心	130×67cm	920,000	保利厦门	2018-07-15
吴昌硕 1920年作 行书 挥麈图 画心	136×32cm	552,000	西泠拍卖	2018-07-07
吴昌硕 1920年作 行书 镜框	36×78cm	448,500	华艺国际	2018-05-23
吴昌硕 1920年作 行书七言诗 立轴	131.3×33.6cm	207,000	北京荣宝	2018-12-03
吴昌硕 1920年作 行书题画诗 镜心	48×129cm	920,000	北京保利	2018-12-07
吴昌硕 1920年作 花卉 四屏 轴	137×37cm×4	3,044,400	台北艺流	2018-06-30
吴昌硕 1920年作 花卉四屏 立轴	133×34.5cm.×4	6,555,000	中鸿信	2018-01-07
吴昌硕 1920年作 花开富贵 轴	84×50cm	177,590	台北艺流	2018-06-30
吴昌硕 1920年作 兰石图 立轴	118.5×43.5cm	690,000	北京翰海	2018-06-29
吴昌硕 1920年作 林际隐居 立轴	132×32cm	690,000	北京保利	2018-06-17
吴昌硕 1920年作 曼倩移来 立轴	136.5×63cm	558,250	佳士得	2018-05-29
吴昌硕 1920年作 梅兰竹菊四屏 镜心	108×30cm×4	1,840,000	北京匡时	2018-06-15
吴昌硕 1920年作 牡丹水仙图 立轴	170×68.5cm	443,500	佳士得	2018-11-26
吴昌硕 1920年作 寿者相	178×69cm	758,438	邦瀚斯	2018-04-03
吴昌硕 1920年作 篆书"饮古醇斋"镜心	39.5×138.5cm	715,965	保利香港	2018-04-02
吴昌硕 1920年作 篆书十二言联 镜心	108×15cm×2	3,450,000	北京匡时	2018-06-16
吴昌硕 1921年作 富贵多寿 画心	134×68cm	380,550	台北艺流	2018-06-30
吴昌硕 1921年作 古藤珠光 轴	132×42cm	304,440	台北艺流	2018-06-30
吴昌硕 1921年作 贵寿无极 轴	116.5×42cm	112,006	台北艺流	2018-12-01
吴昌硕 1921年作 行书七言联 立轴	125×22cm×2	759,000	北京匡时	2018-06-16
吴昌硕 1921年作 菊石图 立轴	136×33cm	920,000	华艺国际	2018-11-16
吴昌硕 1921年作 兰石图 立轴	144×39.5cm	598,000	北京匡时	2018-06-15
吴昌硕 1921年作 寿石老少年 立轴	133×53cm	1,288,737	保利香港	2018-04-02
吴昌硕 1921年作 仙佰 立轴	132×33cm	2,415,000	北京保利	2018-12-07
吴昌硕 1921年作 雁来红 立轴	148×40.2cm	659,750	佳士得	2018-05-29
吴昌硕 1921年作 依样 立轴	138×45cm	2,070,000	北京保利	2018-12-07
吴昌硕 1921年作 篆书"器云" 横披	23.5×77.5cm	943,000	北京匡时	2018-06-16
吴昌硕 1922年作 草书"万岁" 立轴	132×33cm	253,000	北京保利	2018-12-08
吴昌硕 1922年作 行书"万岁" 立轴	131.5×33cm	460,000	北京匡时	2018-06-15
吴昌硕 1922年作 红绿梅 镜框	177.5×94cm	2,507,000	香港苏富比	2018-10-02
吴昌硕 1922年作 拙政园旧物 立轴	134.5×32.4cm	194,880	万昌斯	2018-05-30
吴昌硕 1923年作 行书 自作五言诗 画心	59×27.5cm	126,500	西泠拍卖	2018-07-07
吴昌硕 1923年作 行书《登高》立轴	135×33cm	514,480	北京匡时	2018-10-03
吴昌硕 1923年作 寿 立轴	133.5×32.5cm	253,000	华艺国际	2018-11-16
吴昌硕 1923年作 钟馗 立轴	84.5×33cm	558,250	佳士得	2018-05-29
吴昌硕 1923年作 篆书八言联 立轴	195×41cm×2	460,000	北京保利	2018-12-07
吴昌硕 1924年作 草书遗意 立轴	142.5×34cm	322,000	北京翰海	2018-06-29
吴昌硕 1924年作 红梅 镜心	140×33cm	1,495,000	北京匡时	2018-06-15
吴昌硕 1924年作 梅花图 立轴	152×40cm	920,000	西泠拍卖	2018-07-07
吴昌硕 1924年作 明月珠图 镜片	155.5×42cm	1,955,000	西泠拍卖	2018-07-07
吴昌硕 1924年作 三寿作朋 轴	141×42cm	101,480	台北艺流	2018-06-30
吴昌硕 1924年作 神仙贵寿 立轴	137×34cm	1,725,000	北京匡时	2018-06-15
吴昌硕 1924年作 神仙贵寿 立轴	137×34cm	1,610,000	北京匡时	2018-12-06
吴昌硕 1924年作 篆书 灵泉 镜片	107×58cm	2,070,000	西泠拍卖	2018-07-07
吴昌硕 1925年作 书法《有意》镜框	29.6×73cm	1,776,250	佳士得	2018-05-29
吴昌硕 1925年作 绣围锦帐 立轴	123.5×47.5cm	212,750	北京翰海	2018-06-29
吴昌硕 1925年作 雁来红 立轴	119×31cm	609,000	佳士得	2018-05-29
吴昌硕 1925年作 篆书星斗六 镜片	106×38cm	2,875,000	西泠拍卖	2018-07-07

拍品名称	物品尺寸	成交价RMB	拍卖公司	拍卖日期
吴昌硕 1925年作 篆书五言横额 画心	130×44.5cm	1,552,500	西泠拍卖	2018-07-07
吴昌硕 1925年作 篆书五言联 镜心	163×39cm×2	2,875,000	北京匡时	2018-12-06
吴昌硕 1926年作 对联 立轴	136×32.5cm×2	690,000	华艺国际	2018-11-16
吴昌硕 1926年作 富贵博古 镜心	24×67cm	828,000	北京匡时	2018-06-15
吴昌硕 1926年作 行书八言联 镜心	136×22.5cm×2	2,875,000	北京保利	2018-12-07
吴昌硕 1926年作 行书论书绝句 立轴	137.2×34cm	575,000	北京荣宝	2018-06-14
吴昌硕 1926年作 节临《石鼓文》立轴	108×53.5cm	632,500	北京匡时	2018-06-15
吴昌硕 1926年作 书法 镜框	137×43.5cm	575,000	华艺国际	2018-11-16
吴昌硕 1926年作 篆书七言联 立轴	132.5×28cm×2	632,500	上海匡时	2018-04-30
吴昌硕 1927年作 行书自作诗 立轴	149×80cm	2,070,000	上海匡时	2018-04-30
吴昌硕 1927年作 荔枝图 立轴	38.5×48.5cm	659,750	佳士得	2018-05-29
吴昌硕 芭蕉枇杷 立轴	137.5×33cm	805,000	中贸圣佳	2018-11-24
吴昌硕 芭蕉图 立轴	137×33cm	632,500	西泠拍卖	2018-07-07
吴昌硕 百财 立轴	138×34cm	1,380,000	保利山东	2018-11-22
吴昌硕 北窗风景 立轴	75.5×27cm	207,000	北京匡时	2018-06-15
吴昌硕 1916年作 云峰远抱 镜心	33×129.5cm	3,220,000	中国嘉德	2018-11-20
吴昌硕 1916年作 神仙贵寿 立轴	150×38cm	115,000	中国嘉德	2018-01-13
吴昌硕 1916年作 篆书"寿"立轴	102×39cm	253,000	中国嘉德	2018-09-19
吴昌硕 1896年作 临石鼓文 扇面	18×53cm	195,500	中国嘉德	2018-11-20
吴昌硕 1906年作 行书七言诗 立轴	26.5×34cm	172,500	中国嘉德	2018-11-21
吴昌硕 1926年作 行书自作诗 立轴	161.5×61cm	667,000	上海嘉禾	2018-06-25
吴昌硕 沧浪垂钓图 立轴	66.6×32cm	322,000	中国嘉德	2018-06-18
吴昌硕 陈摩 临石鼓文·秋泛图 成扇	50×17cm	115,000	西泠拍卖	2018-07-07
吴昌硕 春风富贵图 扇页	52×17cm	345,000	西泠拍卖	2018-07-07
吴昌硕 灯影黄花 立轴	60×27cm	402,500	上海匡时	2018-04-30
吴昌硕 1887年作 墨梅 立轴	131.5×27.5cm	195,500	中国嘉德	2018-06-19
吴昌硕 1917年作 红霞古黛 立轴	232×51.5cm	920,000	上海嘉禾	2018-06-25
吴昌硕 1917年作 菜根香 立轴	35.5×42cm	287,500	中国嘉德	2018-06-18
吴昌硕 1917年作 赤城霞气 立轴	107×41cm	552,000	朵云轩	2018-06-24
吴昌硕 1917年作 春风太平 立轴	168.6×81.2cm	16,675,000	中国嘉德	2018-06-18
吴昌硕 1917年作 岁朝清供 立轴	178×93.5cm	9,430,000	中国嘉德	2018-06-18
吴昌硕 1917年作 灼灼桃华 镜心	147.7×42.5cm	1,050,082	中国嘉德	2018-04-03
吴昌硕 1897年作 节临石鼓文 扇面	18×52cm	138,000	上海嘉禾	2018-06-25
吴昌硕 鼎盛图 画心	136×69.5cm	240,012	台北艺流	2018-12-01
吴昌硕 东篱秋菊 立轴	52×48cm	3,811,500	中正拍卖	2018-01-26
吴昌硕 多寿 立轴	116.5×59.5cm	575,000	荣宝斋（济南）	2018-07-01
吴昌硕 费念慈 1903年作 大荔图·书法 成扇	18×51cm	460,000	北京保利	2018-06-17
吴昌硕 风竹图 立轴	142×41cm	471,500	中贸圣佳	2018-06-20
吴昌硕 福禄 立轴	133×51cm	552,000	保利山东	2018-11-22
吴昌硕 富贵坚固 镜心	33×98cm	402,500	北京匡时	2018-06-15
吴昌硕 高邕 吴淦 金尔珍 书法 四屏	132×32cm×4	276,000	西泠拍卖	2018-05-05
吴昌硕 1920年作 行书七言联 对联	132×33.5cm×2	1,035,000	上海嘉禾	2018-06-25
吴昌硕 1920年作 石鼓文 立轴	135.5×34.5cm	253,000	中国嘉德	2018-06-19
吴昌硕 1920年作 篆书"饫古醇斋"横批	37.5×132cm	2,472,500	上海嘉禾	2018-06-25
吴昌硕 1920年作 富贵牡丹 立轴	133×64cm	126,500	中国嘉德	2018-05-18
吴昌硕 1920年作 卢橘夏熟 立轴	115.5×32cm	360,136	中国嘉德	2018-10-03
吴昌硕 1920年作 石鼓文七言联 立轴	135×32.5cm×2	287,500	中国嘉德	2018-11-20
吴昌硕 1923年作 钟馗 立轴	140×40cm	828,000	中国嘉德	2018-06-19
吴昌硕 1910年作 墨梅 立轴	111.5×37cm	287,500	中国嘉德	2018-06-19
吴昌硕 古春图 立轴	134×56cm	406,000	佳士得	2018-05-29
吴昌硕 古雪 立轴	153×72cm	150,718	纽约苏富比	2018-03-23

拍品名称	物品尺寸	成交价RMB	拍卖公司	拍卖日期
吴昌硕 1908年作 墨竹 立轴	131.5×64.5cm	572,772	中国嘉德	2018-04-03
吴昌硕 1913年作 篆书 立轴	153×42cm	368,000	上海嘉禾	2018-06-25
吴昌硕 1913年作 秋菊瑞石 立轴	118×51cm	460,000	中国嘉德	2018-06-18
吴昌硕 1923年作 柯如青铜根如石 立轴	134×66cm	1,092,500	上海嘉禾	2018-06-25
吴昌硕 1923年作 篆书"信"横批	33.5×137cm	4,600,000	上海嘉禾	2018-06-25
吴昌硕 1923年作 富贵寿考 立轴	142×52.5cm	3,220,000	北京诚轩	2018-06-16
吴昌硕 1923年作 书法"铁庐"镜心	19×32cm	115,000	北京华辰	2018-11-20
吴昌硕 1923年作 篆书"佛缘"镜心	31.5×90cm	690,000	中国嘉德	2018-11-21
吴昌硕 1903年作 幽兰图 扇面	18×53cm	109,250	朵云轩	2018-06-24
吴昌硕 行书 七言诗二首 扇页	52.5×18cm	138,000	西泠拍卖	2018-07-07
吴昌硕 行书七言对联 立轴	136.7×33cm×2	1,380,000	北京保利	2018-12-07
吴昌硕 行书诗两首 镜框	29.7×35.5cm	121,350	香港苏富比	2018-04-02
吴昌硕 行书五言诗 立轴	108×40.5cm	400,940	中国嘉德	2018-04-03
吴昌硕 行书楹联稿 横披	22.5×26.5cm×4	207,000	北京匡时	2018-12-05
吴昌硕 行书自作七律一首 立轴	142×48.3cm	237,975	纽约苏富比	2018-03-23
吴昌硕 红梅 扇面	19.5×56.5cm	322,000	中贸圣佳	2018-06-20
吴昌硕 红杏 立轴	67×34cm	632,500	荣宝斋（南京）	2018-01-05
吴昌硕 红杏 立轴	145.5×38cm	230,000	荣宝斋（济南）	2018-07-01
吴昌硕 葫芦 立轴	25×33cm	230,000	北京荣宝	2018-06-14
吴昌硕 花卉（二帧）镜心	尺寸不一	437,000	中国嘉德	2018-11-20
吴昌硕 花卉书法二挖 立轴	直径21.5cm×2	517,500	华艺国际	2018-11-16
吴昌硕 花开富贵 镜心	140×34cm	230,000	荣宝斋（济南）	2018-07-01
吴昌硕 花石图 立轴	126.5×50cm	805,000	华艺国际	2018-11-16
吴昌硕 1919年作 石鼓文十言联 对联	173×31cm×2	943,000	上海嘉禾	2018-06-25
吴昌硕 1919年作 邢尹妆成绝世姿 立轴	100×33.5cm	109,250	上海嘉禾	2018-06-25
吴昌硕 1919年作 墨梅 立轴	135×33.7cm	322,000	中国嘉德	2018-11-20
吴昌硕 1884年作 篆书七言 对联	124×28cm×2	138,000	朵云轩	2018-06-24
吴昌硕 1914年作 行书十一言联 对联	138×26cm×2	713,000	上海嘉禾	2018-06-25
吴昌硕 1914年作 雪景图 立轴	133×33cm	575,000	广东崇正	2018-07-05
吴昌硕 1914年作 真龙 立轴	121.5×50cm	402,500	朵云轩	2018-06-24
吴昌硕 节临《石鼓文》镜心	103×48cm	287,500	北京保利	2018-12-09
吴昌硕 节临《石鼓文》立轴	148×40cm	552,000	北京匡时	2018-06-15
吴昌硕 鞠有黄华·行书诗二首 成扇	20.5×58cm	437,000	中国嘉德	2018-11-21
吴昌硕 菊花图	125×33cm	563,500	北京东正	2018-06-17
吴昌硕 菊石图 镜片	135.5×33cm	172,500	朵云轩	2018-06-24
吴昌硕 菊石图 立轴	174×47.5cm	207,000	中国嘉德	2018-11-21
吴昌硕 菊石图 立轴	151×31cm	185,213	保利香港	2018-10-01
吴昌硕 兰蕙图·临石鼓文 成扇	52×18cm	178,250	西泠拍卖	2018-09-28
吴昌硕 老少年图 立轴	182.5×46.5cm	632,500	西泠拍卖	2018-07-07
吴昌硕 临猎碣书法 镜心	154×84cm	1,092,500	中贸圣佳	2018-11-24
吴昌硕 灵石 立轴	146.6×39.5cm	606,750	香港苏富比	2018-04-02
吴昌硕 留得芭蕉听雨声 立轴	124×25cm	207,000	北京翰海	2018-09-16
吴昌硕 芦橘夏熟 立轴	127×34cm	575,000	北京保利	2018-11-19
吴昌硕 陆恢 等 1903年作 山庄秋晓图 立轴	141.3×64.8cm	470,388	纽约佳士得	2018-09-11
吴昌硕 陆恢 等 册页 册页（十三开）	24×15cm×13	575,000	荣宝斋（南京）	2018-01-05
吴昌硕 梅花 镜心	114×35.5cm	333,500	凤凰拍卖	2018-01-21
吴昌硕 梅花 立轴	152×41cm	126,500	北京匡时	2018-12-05

拍品名称	物品尺寸	成交价RMB	拍卖公司	拍卖日期
吴昌硕 墨荷图 立轴	64×39cm	172,500	中国嘉德	2018-05-18
吴昌硕 墨菊 立轴	144.5×40cm	207,000	荣宝斋（济南）	2018-07-01
吴昌硕 墨莲 立轴	135.5×35cm	230,000	华艺国际	2018-03-30
吴昌硕 墨梅 立轴	132×33cm	575,000	荣宝斋（南京）	2018-01-05
吴昌硕 墨竹 立轴	112.5×40cm	299,000	北京匡时	2018-12-05
吴昌硕 牡丹奇石 立轴	106.5×46cm	1,150,000	中贸圣佳	2018-06-20
吴昌硕 倪田 1905年作 1908年作 石鼓文 松鼠 成扇	16.6×48.5cm	185,300	香港苏富比	2018-10-02
吴昌硕 拟李鱓笔意梅兰竹石 立轴	246.5×123cm	3,141,270	纽约苏富比	2018-03-23
吴昌硕 枇杷 立轴	166×47cm	402,500	北京荣宝	2018-12-03
吴昌硕 枇杷图 立轴	166×47cm	517,500	北京保利	2018-06-17
吴昌硕 葡萄 立轴	123×45.5cm	460,000	中国嘉德	2018-11-21
吴昌硕 蒲华 墨荷图 镜心	109×41cm	287,500	上海匡时	2018-04-30
吴昌硕 清白 立轴	139×34.5cm	1,058,000	中国嘉德	2018-06-19
吴昌硕 清供图 镜心	64×38cm	747,500	中贸圣佳	2018-06-20
吴昌硕 晴雪 镜心	93.5×43cm	632,500	中贸圣佳	2018-06-20
吴昌硕 秋菊 立轴	97×47.5cm	355,250	佳士得	2018-05-29
吴昌硕 秋色斓斑图 镜片	152×41cm	1,840,000	西泠拍卖	2018-07-07
吴昌硕 虬龙图 立轴	186×48.5cm	171,832	中国嘉德	2018-04-03
吴昌硕 1892年作 春意 立轴	73.5×27cm	483,000	上海嘉禾	2018-06-25
吴昌硕 1882年作 篆书《耦园杂诗》四屏立轴	140.5×37.5cm×4	632,500	中国嘉德	2018-11-20
吴昌硕 1922年作 篆书“岩壑夔龙”镜心	38.5×122.5cm	2,300,000	中国嘉德	2018-06-18
吴昌硕 1902年作 菊石图 立轴	114×28cm	517,500	朵云轩	2018-06-24
吴昌硕 山水条屏 立轴	147×36.5cm	805,000	荣宝斋（济南）	2018-07-01
吴昌硕 石鼓文 镜片	36×49cm	115,000	朵云轩	2018-04-23
吴昌硕 石鼓文八言联 立轴	158×32.5cm×2	322,000	中贸圣佳	2018-06-20
吴昌硕 石鼓文七言联 立轴	136×34cm×2	327,000	香港苏富比	2018-10-02
吴昌硕 石鼓文五言联 立轴	140×30.5cm×2	414,000	上海匡时	2018-04-30
吴昌硕 石榴芭蕉 立轴	131×39.6cm	634,600	纽约苏富比	2018-03-22
吴昌硕 寿桃 立轴	110×48cm	1,725,000	保利厦门	2018-01-08
吴昌硕 寿桃 立轴	110.5×48cm	1,495,000	广东崇正	2018-07-04
吴昌硕 书法 立轴	136×40.5cm	575,000	荣宝斋（济南）	2018-07-01
吴昌硕 水仙 立轴	134.5×32.5cm	184,000	中国嘉德	2018-06-18
吴昌硕 四季锦绣图 立轴	107.5×33cm	517,500	中贸圣佳	2018-11-24
吴昌硕 四时花菓 镜框	31.4×38.6cm×4	1,199,000	香港苏富比	2018-10-02
吴昌硕 松梅灵石 立轴	153.1×72.3cm	396,625	纽约苏富比	2018-03-23
吴昌硕 岁朝清供 立轴	125×38cm	690,000	北京保利	2018-06-17
吴昌硕 岁朝清供图 立轴	123.2×54.6cm	784,000	上海联合	2018-11-25
吴昌硕 万岁万岁万万岁 镜心	131.5×21.5cm	460,000	上海匡时	2018-04-30
吴昌硕 王震 1921年作 鹤寿图 立轴	125.5×40.5cm	437,000	西泠拍卖	2018-07-07
吴昌硕 王震 程璋 胡郯卿 1916年作 秋山策杖图 立轴	151×83cm	150,000	上海驰翰	2018-06-25
吴昌硕 王震1913年作 岁朝清供 立轴	132.5×50cm	299,000	上海嘉禾	2018-06-25
吴昌硕 吴征 王震 黄山寿 何煜 丛菊争艳图 立轴	148.5×69.5cm	195,500	西泠拍卖	2018-07-08
吴昌硕 1918年作 秋菊寿石 立轴	133×65.5cm	1,380,000	中国嘉德	2018-06-18
吴昌硕 1911年作 篆书六言联 对联	114×24cm×2	437,000	上海嘉禾	2018-06-25
吴昌硕 1921年作 老少年 立轴	136×33cm	943,000	中国嘉德	2018-06-19
吴昌硕 1921年作 石鼓文八言 对联	168×38cm×2	943,000	朵云轩	2018-06-24

拍品名称	物品尺寸	成交价RMB	拍卖公司	拍卖日期
吴昌硕 1921年作 赤城霞气 立轴	150.5×41cm	690,000	中国嘉德	2018-11-20
吴昌硕 1921年作 行书七言诗 镜心	19.3×52.7cm	164,634	中国嘉德	2018-10-03
吴昌硕 1921年作 葫芦、临石鼓文 镜心	19×50cm×2	575,000	中国嘉德	2018-06-18
吴昌硕 辛酉(1921年作 秋花图 立轴	138×34cm	241,500	中国嘉德	2018-09-19
吴昌硕 1921年作 杨柳远汀 立轴	136.5×37.2cm	920,000	中国嘉德	2018-06-18
吴昌硕 杏花图 立轴	122×34cm	460,000	北京匡时	2018-06-15
吴昌硕 性海无边 镜心	36×98.5cm	437,000	中贸圣佳	2018-06-20
吴昌硕 虚节傲霜 镜心	150×40cm	715,965	中国嘉德	2018-04-03
吴昌硕 依样 立轴	137.5×34.5cm	1,035,000	北京诚轩	2018-06-16
吴昌硕 1925年作 双色梅花 立轴	152.5×83cm	8,395,000	中国嘉德	2018-11-20
吴昌硕 1925年作 溪山茅亭 立轴	100.5×31cm	149,500	中国嘉德	2018-11-20
吴昌硕 1915年作 绵绵图 立轴	151×81cm	10,465,000	上海嘉禾	2018-06-25
吴昌硕 1915年作 松菊图 立轴	151×52.5cm	690,000	上海嘉禾	2018-06-25
吴昌硕 1915年作 烟波万丈图卷 手卷	画心 30.5×109.5cm	4,025,000	中国嘉德	2018-11-20
吴昌硕 1915年作 篆书十言联 立轴	215×27cm×2	5,060,000	中国嘉德	2018-11-20
吴昌硕 1915年作 西泠印社图 立轴	189.5×48.5cm	8,050,000	中国嘉德	2018-06-18
吴昌硕 1915年作 篆书“随盦”镜心	65.5×122cm	1,782,500	中国嘉德	2018-06-18
吴昌硕 1895年作 菊石图 立轴	134.5×32.5cm	322,000	中国嘉德	2018-06-18
吴昌硕 1895年作 致顾鹤逸花卉清供册 册页（十开）	22×34cm×10	3,450,000	中国嘉德	2018-06-18
吴昌硕 益寿延年 立轴	136.5×33cm	345,000	中贸圣佳	2018-11-24
吴昌硕 玉洞分春 镜心（片）	139.5×68.5cm	1,610,000	中鸿信	2018-01-07
吴昌硕 赠刘山农书画扇 成扇	20×54.5cm×2	632,500	中贸圣佳	2018-06-20
吴昌硕 郑文焯 朱孝臧 夏敬观 刘毓盘 1915年作 为陈蝶仙作蝶因图 立轴	画心 98.5×32.5cm；诗堂32.5×26cm	218,500	西泠拍卖	2018-07-08
吴昌硕 郑孝胥 1921年作 墨梅 行书 成扇	23×63.5cm	1,516,875	香港苏富比	2018-04-02
吴昌硕 竹轩 镜心	48×76.5cm	322,000	凤凰拍卖	2018-01-21
吴昌硕 篆书 立轴	178×46cm	149,500	北京翰海	2018-05-13
吴昌硕 篆书 四屏立轴	69.5×37cm×4	172,500	中国嘉德	2018-11-20
吴昌硕 篆书 四条屏	142×48cm×4	310,500	北京东正	2018-06-17
吴昌硕 篆书 五言联 对联	79.5×18cm×2	517,500	西泠拍卖	2018-07-08
吴昌硕 篆书“怀德惟明”镜心	38.5×120cm	2,300,000	北京匡时	2018-06-16
吴昌硕 篆书七言联 立轴	135.5×31cm×2	862,500	上海匡时	2018-04-30
吴昌硕 篆书七言联 立轴	133×31.5cm×2	575,000	荣宝斋（济南）	2018-07-01
吴昌硕 篆书七言联 立轴	135×33cm×2	276,000	中国嘉德	2018-06-20
吴昌硕 篆书十三言联 立轴	142×20cm	207,000	北京保利	2018-05-21
吴冬梅 2018年作 闲卧云间 镜心	69×46cm	103,500	北京荣宝	2018-05-18
吴茀之 1974年作 天竹水仙图 立轴	68×35cm	120,750	西泠拍卖	2018-07-07
吴茀之1963年作 硕果图 手卷	画心40.5×296cm	166,750	上海嘉禾	2018-03-26
吴观岱 1923年作 山水 四屏立轴	106×26cm×4	230,000	中国嘉德	2018-06-20
吴观岱 墨梅 册（八开）	每开 31.5×22.4cm	126,920	纽约苏富比	2018-03-23
吴冠中（款）庭院深深 画心	177×94cm	112,006	台北艺流	2018-12-01
吴冠中 1975／1976年作 自选集 册页（十二开）	33×33cm；29.6×34.6cm	9,881,180	佳士得	2018-11-26
吴冠中 1975年作 水乡 镜框	27×34cm	558,250	佳士得	2018-05-29
吴冠中 1975年作 苏州园林 镜心	35×35cm	793,500	北京保利	2018-06-17
吴冠中 1976年作 白桦林居	48.8×45cm	1,527,392	保利香港	2018-03-29
吴冠中 1976年作 睡莲	44×47cm	5,520,000	华艺国际	2018-11-16
吴冠中 1977年作 游园小景 镜心	43×37cm	1,207,500	上海匡时	2018-04-30

(成交价RMB：10万元以上)

拍品名称	物品尺寸	成交价RMB	拍卖公司	拍卖日期
吴冠中 1978年作 西双版纳村寨 镜框	21.1×39.3cm	1,011,250	香港苏富比	2018-04-02
吴冠中 1980年作 根·青岛中山公园 镜框	26×36cm	456,750	佳士得	2018-05-29
吴冠中 1981年作 幽亭观鱼游 镜心	68.5×46cm	1,610,000	北京匡时	2018-06-15
吴冠中 1982年作 漓江 镜心	70×140cm	10,804,080	保利香港	2018-10-01
吴冠中 1983年作 赶集	44×33.5cm	1,543,440	中国嘉德	2018-10-02
吴冠中 1985年作 江南水乡	直径25cm	284,200	佳士得	2018-05-29
吴冠中 1985年作 瑶池 镜心	68×136.5cm	9,546,200	保利香港	2018-04-02
吴冠中 1985年作 周庄水巷 镜框	35.5×25.1cm	1,853,000	香港苏富比	2018-10-02
吴冠中 1986年作 高原激流 镜框	43×62cm	1,330,500	佳士得	2018-11-26
吴冠中 1986年作 盆景海	97×180cm	10,312,400	佳士得	2018-05-26
吴冠中 1986年作 苇塘春 镜框	44.5×47.7cm	1,624,000	佳士得	2018-05-29
吴冠中 1987年作 奔流 镜心	67×67cm	2,990,000	上海匡时	2018-04-30
吴冠中 1987年作 村庄 镜框	50.7×57.2cm	1,552,250	佳士得	2018-11-26
吴冠中 1987年作 黄山石 镜心	68×91cm	2,459,651	保利澳门	2018-11-29
吴冠中 1987年作 瀑布	34.5×94.5cm	920,000	西泠拍卖	2018-07-07
吴冠中 1987年作 青城山 镜框	66.5×68.2cm	4,173,680	佳士得	2018-05-29
吴冠中 1987年作 山村小景 镜心	68×48cm	3,795,000	中国嘉德	2018-11-20
吴冠中 1987年作 树影 镜心	136.5×68cm	3,220,000	中国嘉德	2018-11-20
吴冠中 1988年作 林石 立轴	80×43.7cm	2,427,000	香港苏富比	2018-04-02
吴冠中 1988年作 闹人春色谁家院 镜心	62×69cm	3,220,000	北京匡时	2018-06-15
吴冠中 1988年作 日照华山 立轴	136×68cm	5,635,000	北京荣宝	2018-06-14
吴冠中 1988年作 双燕	69×137cm	54,050,000	北京保利	2018-12-06
吴冠中 1988年作 武夷山 镜心	67×131cm	8,050,000	中国嘉德	2018-06-18
吴冠中 1989年作 河曲速写 镜心	27×60.7cm	133,765	中国嘉德	2018-10-03
吴冠中 1989年作 黄河月 镜框	68.5×136.8cm	9,668,300	佳士得	2018-11-26
吴冠中 1989年作 黄土高原 镜心	68×96cm	2,300,000	北京保利	2018-12-07
吴冠中 1989年作 江南水乡 镜心	42.5×35cm	690,000	北京匡时	2018-12-05
吴冠中 1989年作 小鸟天堂 镜框	36.5×44cm	1,853,000	香港苏富比	2018-10-02
吴冠中 1990年作 江南 镜心	67×135cm	5,750,000	北京保利	2018-06-17
吴冠中 1990年作 江南抹尽旧画图 镜心	67×45cm	2,300,000	北京保利	2018-06-18
吴冠中 1990年作 人人尽说花布街 镜框	53.3×47.7cm	6,173,760	香港苏富比	2018-10-02
吴冠中 1990年作 香港中环 镜心	68×137.5cm	17,250,000	北京匡时	2018-06-15
吴冠中 1991年作 江南抹尽旧画图 镜心	68×46.5cm	1,667,500	中国嘉德	2018-06-19
吴冠中 1992年作 瀑 镜心	69×137.5cm	7,475,000	保利厦门	2018-01-08
吴冠中 1993年作 自家风景 镜心	68×138cm	9,355,276	保利香港	2018-04-02
吴冠中 1995年作 默林 镜心	69×138cm	9,260,640	保利香港	2018-10-01
吴冠中 2005年作 休闲居 镜框	66×48cm	3,910,000	北京荣宝	2018-12-03
吴冠中 2007年作 紫气东来 镜框	48×59cm	3,220,000	北京荣宝	2018-12-03
吴冠中 春到侗寨 镜框	82.5×82.5cm	2,856,140	佳士得	2018-11-26
吴冠中 春忆 镜心	50×45.5cm	1,883,988	保利澳门	2018-11-29
吴冠中 归帆 镜框	50×37cm	1,015,000	佳士得	2018-05-29
吴冠中 家 镜框	45.8×52.7cm	2,621,160	香港苏富比	2018-04-02
吴冠中 江南 镜框	32.5×47cm	665,250	佳士得	2018-11-26
吴冠中 江南春 立轴		2,052,600	纽约苏富比	2018-09-13
吴冠中 江南水田人家 镜框	46×45cm	897,000	北京荣宝	2018-12-03
吴冠中 林间小屋 立轴	48.5×40.5cm	809,000	香港苏富比	2018-04-02
吴冠中 鲁迅故乡 镜框	70.5×71cm	2,962,580	佳士得	2018-11-26
吴冠中 莽莽秋山 镜片	68.3×131.3cm	2,221,100	纽约苏富比	2018-03-23
吴冠中 日出	34×38cm	535,059	中国嘉德	2018-10-02
吴冠中 水乡 镜心	43.5×47cm	460,000	北京荣宝	2018-12-03

拍品名称	物品尺寸	成交价RMB	拍卖公司	拍卖日期
吴冠中 水乡 立轴	67×72cm	2,572,400	北京匡时	2018-10-03
吴冠中 松泉图（新会小鸟天堂榕树）镜心	94×74cm	3,737,500	荣宝斋（南京）	2018-07-15
吴冠中 松石相映 镜框	69×136.7cm	4,173,680	佳士得	2018-05-29
吴冠中 速写（四件）		188,155	纽约苏富比	2018-09-13
吴冠中 忆泰山高峰 镜心	67×130.5cm	4,427,500	荣宝斋（南京）	2018-07-15
吴冠中 鹦鹉 镜框	68.2×68.2cm	8,348,880	香港苏富比	2018-04-02
吴冠中 玉龙山镇 镜框	123.5×95.5cm	12,163,760	佳士得	2018-05-29
吴冠中 张家界马鬃岭 镜心	104×200cm	40,250,000	北京保利	2018-12-07
吴光甫 2017年作 惠安姐妹	139×69cm	115,000	北京翰海	2018-06-30
吴光宇 王福厂 百子 百寿 成扇	19×51cm	391,000	中国嘉德	2018-11-21
吴光宇 戏舞 立轴	143×83.5cm	109,250	中国嘉德	2018-06-19
吴浩 2017年作 喜相逢	90×90cm	124,752	罗芙奥	2018-12-01
吴灏 1987年作 拟前人法花鸟 瓜果册 册页（十二开）	25×34cm×12	120,750	精诚所至	2018-05-12
吴灏 2007年作 山水 蔬果 书法等册页（十二开）	37×34cm×12	138,000	精诚所至	2018-05-12
吴灏 1989年作 仿元赵雍挟弹游骑图 立轴	135×53.3cm	218,500	广东崇正	2018-07-04
吴灏 前人诗意图 册页（十二开）	30.4×18.6cm×12	195,500	精诚所至	2018-05-12
吴灏 1992年作 黄山瞳日 镜片	72×140.5cm	172,500	广东崇正	2018-07-04
吴灏 山水 四屏立轴	100×39cm×4	402,500	广东崇正	2018-01-21
吴灏 天都胜揽 镜片	67.5×124cm	241,500	广东崇正	2018-07-04
吴衡 吴征 夏山归隐 杨载诗三首 成扇	19×51cm	120,750	北京诚轩	2018-06-16
吴湖帆 1918年作 枯木竹石图 立轴	92.5×44.5cm	483,000	西泠拍卖	2018-07-07
吴湖帆 1921年作 梅花喜神图 立轴	51×26cm	264,500	西泠拍卖	2018-07-08
吴湖帆 1931年作 松巅飞瀑图 立轴	52.5×38cm	545,000	香港苏富比	2018-10-02
吴湖帆 1933年作 拟董其昌山水 扇页	51.5×18cm	120,750	西泠拍卖	2018-09-28
吴湖帆 1933年作 山居图 立轴	109×32cm	667,000	北京荣宝	2018-06-14
吴湖帆 1933年作 山居图 立轴	108.5×31.5cm	230,000	北京匡时	2018-12-05
吴湖帆 1934年作 枯木竹石 楷书稼轩词 成扇	17.2×42cm	384,275	香港苏富比	2018-04-02
吴湖帆 1936年作 乔柯修竹图 立轴	84.5×36.5cm	276,000	北京匡时	2018-12-05
吴湖帆 1936年作 晓云碧嶂 立轴	112.5×47cm	13,707,840	香港苏富比	2018-10-02
吴湖帆 1936年作 篆书宋人词联 立轴	130×22cm×2	356,500	北京荣宝	2018-06-14
吴湖帆 1938年作 荷塘夏意 立轴	82×34.5cm	185,213	北京匡时	2018-10-03
吴湖帆 1940年作 仿元明八家竹册 册页	23×28.5cm×8	1,035,000	北京荣宝	2018-12-03
吴湖帆 1940年作 江山无尽 手卷	31×399cm	3,450,000	北京荣宝	2018-06-14
吴湖帆 1940年作 绿遍池塘草 镜框	19.8×83.6cm	966,000	华艺国际	2018-11-16
吴湖帆 1941年作 行书七言联 立轴	131×30.5cm×2	345,000	上海匡时	2018-04-30
吴湖帆 1942年作 清风紫玉 立轴	94×45cm	517,500	北京荣宝	2018-12-03
吴湖帆 1943年作 行书 立轴	105×33cm	241,500	华艺国际	2018-11-16
吴湖帆 1944年作 荷花 镜心	94×45cm	3,450,000	北京荣宝	2018-06-14
吴湖帆 1945年作 行书画语录 立轴	101×44cm	184,000	北京匡时	2018-06-16
吴湖帆 1945年作 素梅冰心 镜框	诗堂23×26cm；画心72.4×29cm	171,913	香港苏富比	2018-04-02
吴湖帆 1945年作 题恽南田椿林水仙图诗 立轴	107×33cm	115,000	北京保利	2018-06-17
吴湖帆 1947年作 青林长松图 立轴	92.5×27cm	402,500	西泠拍卖	2018-07-07
吴湖帆 1948年作 行书十二言联 镜心	121×13.5cm×2	287,500	北京保利	2018-12-07
吴湖帆 1949年作 绿筠紫干 镜心	68×35cm	253,000	北京荣宝	2018-12-03
吴湖帆 1950年作 隶书九言联 立轴	125.3×27.7cm×2	1,314,625	香港苏富比	2018-04-02

拍品名称	物品尺寸	成交价RMB	拍卖公司	拍卖日期
吴湖帆 1953年作 行书五言联 镜框	72.5×16.6cm×2	490,500	香港苏富比	2018-10-02
吴湖帆 1953年作 松泉图 行书七绝 成扇	17.9×44.3cm	242,700	香港苏富比	2018-04-02
吴湖帆 1953年作 仙髻拥新妆 镜心	33×48cm	345,000	上海匡时	2018-04-30
吴湖帆 1954年作 崇效寺移花词 镜框	27.2×31cm	384,275	香港苏富比	2018-04-02
吴湖帆 1955年作 行书〈临江仙〉词 镜框	22.6×14.2cm	185,300	香港苏富比	2018-10-02
吴湖帆 1957年作 行书自写词 立轴	139×35.2cm	163,500	香港苏富比	2018-10-02
吴湖帆 1960年作 秋山小影 镜框	38×57.5cm	2,875,000	华艺国际	2018-11-16
吴湖帆 1960年作 群玉斋校碑图 手卷	28×126.5cm	6,670,000	华艺国际	2018-11-16
吴湖帆 1961年作 行书十言联 立轴	141×26cm×2	460,000	北京保利	2018-12-08
吴湖帆 1964年作 无限风光在险峰 立轴	166×92.5cm	2,760,000	上海匡时	2018-04-30
吴湖帆 1965年作 临苏轼木石图并黄州寒食帖 手卷	28×275cm	4,559,180	佳士得	2018-11-26
吴湖帆 芭蕉雨 恋绣衾三首 镜片	13.5×17.8cm	1,092,500	广东崇正	2018-07-04
吴湖帆 碧树繁花 行书稼轩句 扇面 镜框	17.5×52cm	606,750	香港苏富比	2018-04-02
吴湖帆 1956年）；1960年作 多景楼书画合璧卷 手卷	30.7×831.6cm	9,200,000	中国嘉德	2018-06-18
吴湖帆 1946年作 吟秋图 镜片	103×40cm	379,500	朵云轩	2018-06-24
吴湖帆 1936年作 疏影自清绝 立轴	63.3×23cm	483,000	北京诚轩	2018-06-16
吴湖帆 采桑子 减兰二阕 镜片	13.5×17.7cm	1,150,000	广东崇正	2018-07-04
吴湖帆 褚德彝 拟吴镇山水 隶书书法 成扇	17.5×50cm	103,500	中贸圣佳	2018-11-24
吴湖帆 传言玉女 侍香金童二阕 镜片	13.3×17.7cm	1,127,000	广东崇正	2018-07-04
吴湖帆 大吉祥宜富贵 立轴	115×50cm	3,105,000	中贸圣佳	2018-11-24
吴湖帆 蝶恋花二首 清平乐 镜片	13.3×17.7cm	1,127,000	广东崇正	2018-07-04
吴湖帆 蝶恋花三首 镜片	13.6×18cm	1,127,000	广东崇正	2018-07-04
吴湖帆 1947年作 古木丛篁 立轴	68×38cm	253,000	中国嘉德	2018-06-18
吴湖帆 1957年作 松涛鸣泉 镜片	18.5×51cm	575,000	广东崇正	2018-07-04
吴湖帆 1957年作 同心忆连理 镜心	69×38cm	138,000	中国嘉德	2018-09-19
吴湖帆 洞仙歌 镜片	13.5×17.8cm	1,150,000	广东崇正	2018-07-04
吴湖帆 洞仙歌 镜片	13.3×17.7cm	1,092,500	广东崇正	2018-07-04
吴湖帆 洞仙歌 镜片	13.5×17.8cm	1,012,000	广东崇正	2018-07-04
吴湖帆 仿各家山水册 册页	16×20cm×8	437,000	北京匡时	2018-06-15
吴湖帆 仿李迪秋葵图 镜心	69.5×31.5cm	4,255,000	中贸圣佳	2018-11-24
吴湖帆 仿王鉴山水扇 成扇	18×49cm	230,000	中贸圣佳	2018-06-20
吴湖帆 傅侗 清风·行书 成扇	19×50cm	113,186	保利香港	2018-10-01
吴湖帆 高阳台 镜片	13.5×17.8cm	805,000	广东崇正	2018-07-04
吴湖帆 1940年作 绿遍池塘草 镜片	19.5×83.5cm	943,000	朵云轩	2018-06-24
吴湖帆 1940年作 无根兰 镜心	19.7×46cm	333,500	北京诚轩	2018-06-16
吴湖帆 1920年作 山水 手卷	画心32×91cm	2,127,500	上海嘉禾	2018-06-25
吴湖帆 1930年作 秋山暮霭图 镜心	98.5×32.5cm	238,655	中国嘉德	2018-04-03
吴湖帆 1960年作 翠岫丹林 镜片	18.5×52.5cm	805,000	广东崇正	2018-07-04
吴湖帆 观瀑图 扇面	18×50cm	230,000	南京经典	2018-01-06
吴湖帆 1953年作 次小山韵二首 镜片	13.5×17.8cm	1,092,500	广东崇正	2018-07-04
吴湖帆 1953年作 行书十二言联 立轴	115×22cm×2	2,530,000	中国嘉德	2018-11-20
吴湖帆 1953年作 清平乐二首 镜片	13.5×18cm	1,092,500	广东崇正	2018-07-04
吴湖帆 1933年作 乔木藤篁 立轴	62×27.5cm	138,000	上海嘉禾	2018-06-25
吴湖帆 过秦楼 镜片	13.3×17.7cm	1,092,500	广东崇正	2018-07-04
吴湖帆 海棠 镜片	13.3×17.7cm	1,265,000	广东崇正	2018-07-04
吴湖帆 行书 八言联 对联	170×36cm×2	161,000	西泠拍卖	2018-07-08
吴湖帆 行书 对联	125×25cm×2	178,250	朵云轩	2018-09-10
吴湖帆 行书 七言联 对联	144.5×35.5cm×2	149,500	西泠拍卖	2018-07-08

拍品名称	物品尺寸	成交价RMB	拍卖公司	拍卖日期
吴湖帆 行书 七言联 对联	129.5×27.5cm×2	115,000	西泠拍卖	2018-07-08
吴湖帆 行书 七言联 镜片	142×35cm×2	126,500	西泠拍卖	2018-07-08
吴湖帆 行书八言联 对联	170×35cm×2	120,000	上海驰翰	2018-06-25
吴湖帆 行书八言联 镜心	141×34.5cm×2	207,000	中贸圣佳	2018-06-20
吴湖帆 行书采桑子 镜片	18.5×51.5cm	195,500	广东崇正	2018-07-04
吴湖帆 行书七言 对联	130×32cm×2	207,000	朵云轩	2018-06-24
吴湖帆 行书七言联 对联	133×31cm×2	184,000	上海嘉禾	2018-06-25
吴湖帆 行书七言联 立轴	143×36cm×2	287,500	北京诚轩	2018-06-16
吴湖帆 行书七言联 立轴	132×31.5cm×2	276,000	中国嘉德	2018-11-20
吴湖帆 行书七言联 立轴	130×25cm×2	230,000	北京匡时	2018-06-16
吴湖帆 行书七言联 立轴	132.5×32.5cm×2	161,000	北京诚轩	2018-06-16
吴湖帆 行书七言联 立轴	126.5×20cm×2	161,000	上海匡时	2018-04-30
吴湖帆 行书七言联 立轴	136.5×32.5cm×2	149,500	中国嘉德	2018-06-19
吴湖帆 行书十三言联 (一对) 镜框	129×15.3cm	158,650	纽约苏富比	2018-03-23
吴湖帆 行书书法 立轴	128×32.5cm	115,000	中贸圣佳	2018-11-24
吴湖帆 行书周炼霞雨中花令 镜片	19×51cm	253,000	广东崇正	2018-07-04
吴湖帆 行香子 镜片	13.3×17.6cm	977,500	广东崇正	2018-07-04
吴湖帆 和晏小山韵南乡子七阕两页 镜片	21.5×26cm×2	1,610,000	广东崇正	2018-07-04
吴湖帆 荷花 镜片	127.5×45.7cm	555,275	纽约苏富比	2018-03-23
吴湖帆 荷香清远 镜心	50×113cm	1,012,000	中贸圣佳	2018-11-24
吴湖帆 湖山远眺 镜心	72.5×35cm	517,500	荣宝斋（济南）	2018-07-01
吴湖帆 换巢鸾凤 钗头凤二阕 镜片	13.3×17.7cm	977,500	广东崇正	2018-07-04
吴湖帆 浣溪纱 镜片	16×20.5cm	1,127,000	广东崇正	2018-07-04
吴湖帆 1949年作 王维诗意图 立轴	105.5×47.5cm	2,127,500	中国嘉德	2018-11-21
吴湖帆 1959年作 秋山萧寺图 镜片	92×35.5cm	2,990,000	广东崇正	2018-07-04
吴湖帆 1939年作 湖山闲乐图 手卷	画心27×334cm	437,000	上海嘉禾	2018-06-25
吴湖帆 1944年作 行书七言诗 立轴	65.5×32cm	126,500	中国嘉德	2018-06-19
吴湖帆 1944年作 出水芙蓉 立轴	65×41cm	112,700	中国嘉德	2018-09-19
吴湖帆 1954年作 苍兰 镜片	58×23.5cm	3,047,500	广东崇正	2018-07-04
吴湖帆 1954年作 更漏子·和温飞卿六首全韵 镜片	21.5×26cm	1,150,000	广东崇正	2018-07-04
吴湖帆 1954年作 归国谣 更漏子 谒金门词三阕 镜片	19×23.5cm	1,092,500	广东崇正	2018-07-04
吴湖帆 1954年作 水殿风来暗香满 镜片	58×23.5cm	1,955,000	广东崇正	2018-07-04
吴湖帆 1954年作 征招 念奴娇二阕 镜片	21.5×26cm	1,092,500	广东崇正	2018-07-04
吴湖帆 1934年作 唐人词意 镜心	130.5×46cm	782,010	中国嘉德	2018-10-03
吴湖帆 江城子 扫花游 镜片	13.3×17.7cm	1,092,500	广东崇正	2018-07-04
吴湖帆 金缕曲 镜片	13.3×17.7cm	1,127,000	广东崇正	2018-07-04
吴湖帆 楷书杜甫《长吟》立轴	178×50cm	126,500	未来四方	2018-01-20
吴湖帆 楷书集宋词联 镜框	65×10.9cm×2	926,500	香港苏富比	2018-10-02
吴湖帆 临石田桑竹春蚕图 立轴	99.5×51.5cm	3,680,000	中贸圣佳	2018-11-24
吴湖帆 临吴历山水 立轴	76×33cm	115,000	西泠拍卖	2018-05-05
吴湖帆 木兰花慢 镜片	13.5×17.8cm	1,035,000	广东崇正	2018-07-04
吴湖帆 南乡子 燕归梁二阕 镜片	13.3×17.7cm	1,127,000	广东崇正	2018-07-04
吴湖帆 南乡子二阕 镜片	13.5×17.8cm	1,127,000	广东崇正	2018-07-04
吴湖帆 拟元人山水 镜心	92×45cm	1,265,000	北京荣宝	2018-12-03
吴湖帆 潘静淑 齐侯壶拓片补玉兰 立轴	111.5×49cm	11,500,000	中贸圣佳	2018-06-20
吴湖帆 庞元济 竹石图 溪亭远壁 成扇	18.5×49.5cm	109,250	荣宝斋（上海）	2018-01-21

拍品名称	物品尺寸	成交价RMB	拍卖公司	拍卖日期
吴湖帆 清平乐 浪淘沙二阕 镜片	13.3×17.7cm	1,150,000	广东崇正	2018-07-04
吴湖帆 清平乐·灯节访友 镜片	13.3×17.6cm	1,092,500	广东崇正	2018-07-04
吴湖帆 清平乐·和小山韵四首 镜片	13.3×17.7cm	1,092,500	广东崇正	2018-07-04
吴湖帆 1952年作 雁过寒汀数帆小镜心	67×27.2cm	575,000	北京诚轩	2018-06-16
吴湖帆 1942年作 君子猗猗 行书钟太傅卷跋文 成扇	19×51cm	264,500	中国嘉德	2018-06-19
吴湖帆 1962年作 月窗竹影 立轴	86.4×45cm	207,000	中国嘉德	2018-06-18
吴湖帆 瑞云峰 立轴	113×46cm	11,500,000	中贸圣佳	2018-06-20
吴湖帆 沈卫 1942年作 菡萏·楷书<惜红衣>成扇	19×47cm	226,371	保利香港	2018-10-01
吴湖帆 沈尹默 1949年作 1948年作 荒村苇岸 行书 成扇	15.4×48.5cm	545,000	香港苏富比	2018-10-02
吴湖帆 沈尹默 1949年作 晓霭图 行书 成扇	18×49cm	345,000	朵云轩	2018-06-24
吴湖帆 沈尹默 乔木新篁 行书《寄前宣州窦常侍》成扇	18.5×50cm	529,000	中国嘉德	2018-06-19
吴湖帆 沈尹默 渔隐雨窗眠 行书苏轼《哨遍》诗 扇面	17.5×51.5cm×2	356,500	中国嘉德	2018-06-19
吴湖帆 沈尹默 雨山图 行书七言诗成扇	19×50cm	598,000	上海匡时	2018-04-30
吴湖帆 书法 对联片	128×30cm×2	149,500	朵云轩	2018-04-22
吴湖帆 书法对联（两幅）立轴	134×21.5cm×2	110,875	佳士得	2018-11-26
吴湖帆 书法对联 立轴	130×21.5cm×2	184,000	鼎天国际	2018-01-07
吴湖帆 双头莲·和清真韵 镜片	13.3×17.7cm	977,500	广东崇正	2018-07-04
吴湖帆 水月观音 镜框		256,575	纽约苏富比	2018-09-13
吴湖帆 松梅双寿、行书七言联 立轴	136×58cm；131.5×28.5cm×2	2,530,000	北京匡时	2018-12-06
吴湖帆 题画二阕 镜片	13.5×17.9cm	782,000	广东崇正	2018-07-04
吴湖帆 吴玥 1944年作 天香春色 镜框	45.8×27.5cm	2,398,000	香港苏富比	2018-10-02
吴湖帆 吴子深 猗猗君子 书论一则 成扇	18×49.5cm	143,750	北京诚轩	2018-06-16
吴湖帆 1938年作 秋林观瀑 立轴	96.5×52cm	7,820,000	北京诚轩	2018-06-16
吴湖帆 西岳莲花峰绝顶 镜片	13.3×17.7cm	1,127,000	广东崇正	2018-07-04
吴湖帆 夏敬观 1931年作 楷书〈八六子〉词 秋林叠嶂 成扇	17×47cm	109,000	香港苏富比	2018-10-02
吴湖帆 谢稚柳 如此江山卷 手卷	画心18×137cm；画心18×95cm	1,495,000	中贸圣佳	2018-11-24
吴湖帆 1961年作 诉衷情 扇面	17×51cm	207,000	广东崇正	2018-07-04
吴湖帆 1941年作 拟李营丘笔意 立轴	96×46cm	520,000	上海驰翰	2018-06-25
吴湖帆 眼儿媚 镜片	13.3×17.7cm	977,500	广东崇正	2018-07-04
吴湖帆 晏同叔词 扇面	18.5×52cm	230,000	广东崇正	2018-07-04
吴湖帆 姚虞琴 成扇	20×50cm×2	113,850	北京东正	2018-06-17
吴湖帆 叶恭绰 1955年作 拟巨然〈溪山兰若图〉行书 成扇	17.5×46cm	1,090,000	香港苏富比	2018-10-02
吴湖帆 叶恭绰 金镶碧竹图 镜心	109×39cm	172,500	北京保利	2018-12-08
吴湖帆 叶恭绰 竹石. 行书七言诗成扇	19×49cm	114,554	中国嘉德	2018-04-03
吴湖帆 一斛珠 谒金门二阕 镜片	13.3×17.7cm	977,500	广东崇正	2018-07-04
吴湖帆 1925年作 湖庄清夏 立轴	70×38cm	437,000	朵云轩	2018-06-24
吴湖帆 1925年作 拟黄王笔意 镜片	140×61cm	8,970,000	上海嘉禾	2018-06-25
吴湖帆 1925年作 辋川诗意 扇轴	14.5×43cm	172,500	朵云轩	2018-06-24
吴湖帆 1935）年 作 临富春山图卷 手卷	32.3×592.5cm	20,700,000	广东崇正	2018-07-04
吴湖帆 1955年作 翠竹红蝶 立轴	85.5×35cm	2,127,500	广东崇正	2018-07-04
吴湖帆 1955年作 行书八言联 立轴	107×16.5cm×2	1,610,000	广东崇正	2018-07-04
吴湖帆 1945年作 松荫读书 镜框	31.5×31.5cm	138,000	上海嘉禾	2018-06-25
吴湖帆 玉楼春 镜片	13.3×17.7cm	920,000	广东崇正	2018-07-04
吴湖帆 喻长霖 1930年作 层岩积雪草书 立轴	31×34.5cm×2	115,000	上海嘉禾	2018-06-25
吴湖帆 湛静斋 镜框	24.5×74.5cm	897,000	华艺国际	2018-11-16
吴湖帆 鹧鸪天 镜片	13.3×17.7cm	1,092,500	广东崇正	2018-07-04
吴湖帆 周炼霞 1957年作 墨竹 画蝶镜片	69.3×33.5cm	874,000	广东崇正	2018-07-04
吴湖帆 周炼霞 1954年作 白石词意镜片	14×46.5cm	517,500	广东崇正	2018-07-04
吴湖帆 周炼霞 1954年作 荷花蜻蜓镜片	18.5×51cm	805,000	广东崇正	2018-07-04
吴湖帆 周炼霞 仕女图 立轴	107.5×44cm	1,380,000	中贸圣佳	2018-11-24
吴湖帆 周炼霞 1961年作 乌夜啼 咏荷 镜片	17×47cm	483,000	广东崇正	2018-07-04
吴湖帆 周炼霞 1955年作 红荷蜻蜓镜片	19×51cm	517,500	广东崇正	2018-07-04
吴湖帆 朱梅邨 湖石牡丹 行书七言诗 成扇	18×51cm	126,500	中国嘉德	2018-06-19
吴湖帆 竹石图	长80cm；宽36cm	2,200,000	中正拍卖	2018-05-31
吴华源 吴征 吴湖帆 冯超然 1946年作 行书四家（四幅）镜片	105×53cm×4	345,000	朵云轩	2018-06-24
吴欢 2017年作 剑客护莲图 镜心	67×67cm	276,000	北京保利	2018-12-06
吴欢 2017年作 群虾护花 镜心	67.5×67cm	230,000	北京匡时	2018-12-05
吴欢 2018年作 行书 镜心	99.5×48cm	172,500	北京保利	2018-06-18
吴欢 2018年作 行书七言句 镜心	100×48.5cm	138,000	北京匡时	2018-06-15
吴欢 2018年作 行书七言联 镜心	138×32.5cm×2	138,000	北京匡时	2018-12-05
吴欢 2018年作 行书左宗棠句 镜心	137×67.5cm	126,500	北京保利	2018-12-06
吴欢 2018年作 金毛犬 镜心	65×61cm	276,000	北京保利	2018-06-18
吴欢 2018年作 小沙皮 镜心	67×67cm	230,000	北京匡时	2018-06-15
吴敬恒 1949年作 石鼓文中堂 镜片	150×75cm	103,500	上海匡时	2018-04-30
吴镜汀 1952年作 临吴历山水 横幅	36×88.5cm	345,000	北京翰海	2018-06-29
吴镜汀 1954年作 黄山百丈泉 横幅	79×140.5cm	253,000	北京翰海	2018-06-29
吴可 2018年作 碧溪流水	138×70cm	276,000	北京翰海	2018-06-30
吴可 青山四壁相对出 镜心	137×70cm	253,000	北京匡时	2018-06-15
吴历（款）思亲楼诗画卷 手卷	35×90cm	149,500	中国嘉德	2018-05-19
吴历 山居图 立轴	79.5×33cm	920,000	中国嘉德	2018-06-20
吴笠帆 千草芳园	62×45cm	207,000	朵云轩	2018-06-25
吴梅 1933年作 行书十二言联 镜心	14.5×19.5cm×2	218,500	上海匡时	2018-04-30
吴佩孚 草书 七言联 对联	145×38cm×2	195,500	西泠拍卖	2018-07-08
吴佩孚 草书 七言联 对联	131.5×31.5cm×2	115,000	西泠拍卖	2018-07-08
吴琴木 1932年作 云山渔隐图 镜片	136×67.5cm	161,000	西泠拍卖	2018-07-08
吴琴木 1933年作 仿吴渔山笔意 立轴	51×38.5cm	102,896	北京匡时	2018-10-03
吴琴木 1946年作 云山飞瀑 立轴	135.5×67cm	161,000	北京翰海	2018-06-29
吴琴木 1934年作 秋山无尽 镜片	175×47cm	138,000	朵云轩	2018-06-24
吴琴木 1942年作 林泉清幽 立轴	175.5×93.5cm	552,000	中国嘉德	2018-11-21
吴琴木 1925年作 拟古山水 镜心 四屏	52×33.5cm×4	736,000	中国嘉德	2018-06-19
吴青霞 翠竹白凤 立轴	82×40cm	126,500	中国嘉德	2018-11-20
吴青霞 1987年作 飞跃龙门 镜片	87.5×46cm	120,750	朵云轩	2018-06-24
吴青霞 1993年作 秋山行旅 紫藤翠鸟 成扇	19×51cm	112,700	中国嘉德	2018-06-19
吴青霞 锦鲤图 镜心	89×48cm	253,000	荣宝斋（济南）	2018-07-01

拍品名称	物品尺寸	成交价RMB	拍卖公司	拍卖日期
吴青霞 鲤鱼跃龙门	78×43cm	115,000	北京东正	2018-06-17
吴青霞 圣经故实 镜框	33×59.8cm	353,938	香港苏富比	2018-04-02
吴青霞 1951年作 九馀图 镜片	127×50cm	115,000	广东崇正	2018-07-05
吴青霞 1985年作 鱼跃龙门万里程 立轴	117×57.5cm	103,500	北京诚轩	2018-06-16
吴青霞 1935年作 桃花仕女 立轴	120×51.5cm	126,500	中国嘉德	2018-11-20
吴青霞 渔村人家，行书李慈铭诗 成扇	18×49.5cm	161,000	上海匡时	2018-04-30
吴青霞 煮茶图	40×105cm	713,000	北京东正	2018-06-17
吴山明 2005年作 草原春 镜心	83×57cm	218,500	北京荣宝	2018-06-14
吴山明 2005年作 晨妆 镜心	69×138cm	230,000	北京荣宝	2018-05-18
吴山明 2010年作 海之韵 镜心	69×46cm	161,000	北京荣宝	2018-06-14
吴师曾 2018年作 老头乐 镜片	68×70cm	368,000	广东衡益	2018-07-01
吴石僊 1912年作 秋山夕照 镜框	63.1×134.2cm	121,350	香港苏富比	2018-04-02
吴石僊 1892年作 归渔图 镜心	160×85cm	126,500	中国嘉德	2018-11-21
吴同利 2017年作 仿古册 册页	直径23cm×10	207,000	上海匡时	2018-04-30
吴同利 2017年作 松下高士 镜框	40×28cm	230,000	朵云轩	2018-06-24
吴一峰 1946年作 昆明罗汉堂 轴	30×84cm	103,500	八益拍卖	2018-04-28
吴一峰 1974年作 青城常道观 轴	42×68.5cm	103,500	八益拍卖	2018-04-28
吴一峰 1979年作 峨眉山月 镜心	44×68cm	103,500	八益拍卖	2018-04-28
吴一峰 1979年作 溪山晓雾 镜心	38×54cm	126,500	八益拍卖	2018-04-28
吴一峰 1981年作 大鹏山古诗 镜心	45×68cm	138,000	八益拍卖	2018-04-28
吴一峰 1981年作 青城春色 镜心	68.5×44.5cm	149,500	北京匡时	2018-06-15
吴一峰 1931年作 结屋深山里 立轴	134×65cm	101,200	北京诚轩	2018-06-16
吴一峰 柳江铁索桥 轴	35.5×96.5cm	483,000	八益拍卖	2018-04-28
吴一峰 万县拱桥 镜心	66.5×49cm	230,000	北京匡时	2018-06-15
吴一峰 万县钟楼 镜心	48.5×66.5cm	230,000	北京匡时	2018-06-15
吴佑曾 江村系舟图 山深林密图卷 手卷	画心14×126cm	494,500	上海匡时	2018-04-30
吴玉如 书法千字文 册页	21×33cm×14	184,000	鼎天国际	2018-01-07
吴悦石 2018年作 雪竹 镜心	145×51cm	943,000	北京荣宝	2018-06-14
吴悦石 母子鸡 立轴	133.5×67cm	1,092,500	北京荣宝	2018-12-03
吴徵 1916年作 云山居隐 四屏立轴	106×36.2cm×4	130,800	香港苏富比	2018-10-02
吴徵 层峰白云图 镜框	107×38.5cm	2,530,000	深圳至正国际	2018-08-25
吴徵 书法 四屏 画心	147×40cm×4	109,250	浙江佳宝	2018-07-01
吴徵 吴穀祥 顾颐 姚钟葆 青绿山水 四屏立轴	148×38.5cm×4	218,500	中国嘉德	2018-11-20
吴作人 1961年作 高瞻 立轴	140.3×68.6cm	283,150	香港苏富比	2018-04-02
吴作人 1973年作 熊猫 镜心	68×46cm	356,500	北京保利	2018-12-09
吴作人 1976年作 金鱼 立轴	68.5×42.5cm	391,000	中国嘉德	2018-06-19
吴作人 1977年作 长空 立轴	70×52.5cm	517,500	北京荣宝	2018-06-14
吴作人 1978年作 清塘 立轴	57.5×30cm	115,000	上海嘉禾	2018-06-25
吴作人 1978年作 全家福 立轴	83×57cm	345,000	广东崇正	2018-07-05
吴作人 1978年作 鱼乐图 立轴	51×40.5cm	264,500	广东崇正	2018-07-05
吴作人 1979年作 藏原放牦 立轴	69×94cm	977,500	北京保利	2018-12-08
吴作人 1979年作 低昂 镜心	69×45.5cm	172,500	中国嘉德	2018-11-20
吴作人 1979年作 奋进 画心	82×76cm	112,006	台北艺流	2018-12-01
吴作人 1979年作 天鹅 镜框	34.9×46.4cm	136,840	纽约佳士得	2018-09-11
吴作人 1980年作 河西牧驼 镜心	63×97cm	1,265,000	北京保利	2018-12-08
吴作人 1980年作 圣山之声 立轴	44×65cm	172,500	上海嘉禾	2018-06-25
吴作人 1980年作 熊猫（二帧）镜心	直径46cm	310,500	北京保利	2018-12-08
吴作人 1981年作 漠上行 镜框	46.4×68.8cm	305,200	香港苏富比	2018-10-02
吴作人 1982年作 齐奋进 立轴	84×58.5cm	264,500	中国嘉德	2018-11-20

拍品名称	物品尺寸	成交价RMB	拍卖公司	拍卖日期
吴作人 1984年作 戈壁驼啸图 镜心	70×139.5cm	1,265,000	北京匡时	2018-06-15
吴作人 1985年作 大漠之行 立轴	95×43cm	101,200	北京华辰	2018-11-20
吴作人 1985年作 雄鹰 镜心	69×50.5cm	552,000	北京荣宝	2018-06-14
吴作人 1986年作 长空万里 镜心	139.5×69cm	1,840,000	北京匡时	2018-06-15
吴作人 1987年作 藏原犇牦 镜框	138×68cm	910,125	香港苏富比	2018-04-02
吴作人 1987年作 高原风情 镜心	69×47cm	471,500	北京保利	2018-06-17
吴作人 1987年作 天鹅 镜心	58×42.5cm	575,000	北京匡时	2018-06-15
吴作人 1987年作 天鹅 镜心	58×42.5cm	411,584	北京匡时	2018-10-03
吴作人 奔 镜心	35×46cm	310,500	中国嘉德	2018-11-20
吴作人1963年作 奔苍苍 立轴	70×41cm	149,500	中国嘉德	2018-01-13
吴作人 黄永玉 刘旦宅 黄胄 杂画册 册页（四开）	29×40.5cm×3；32×44cm	253,000	中国嘉德	2018-06-19
吴作人 1989年作 一天风雪 镜心	34.5×45.5cm	253,000	中国嘉德	2018-11-20
吴作人 金鱼 镜心	34.5×45.5cm	287,500	中国嘉德	2018-11-20
吴作人 金玉满堂 镜心	52×57cm	115,000	荣宝斋（济南）	2018-07-01
吴作人 李苦禅 萧淑芳 溥佺 孙其峰等 百花齐放册（二十四页）册页	33.5×24.5cm×24	345,000	西泠拍卖	2018-07-07
吴作人 牦犇 立轴		136,840	纽约苏富比	2018-09-13
吴作人 任重道远 镜片	64×48cm	214,368	香港诚昌	2018-05-30
吴作人 熊猫 镜心	68×46cm	257,240	北京匡时	2018-10-03
吴作人 熊猫 镜心	56.2×41cm	161,000	中国嘉德	2018-11-20
吴作人 熊猫 立轴	47.5×33cm	126,500	荣宝斋（南京）	2018-01-05
吴作人 熊猫图	38×55cm	905,086	中正拍卖	2018-06-28
吴作人 鱼乐图 镜心	36.5×34.5cm	190,924	中国嘉德	2018-04-03
吴作人 鱼戏莲叶间 立轴	52×39.5cm	253,000	中国嘉德	2018-11-20
伍德彝 临古十二页 镜框	28×37cm×12	203,400	广东省拍	2018-09-20
武中奇 1989年作 行书“祖国万岁”镜心	127×353cm	621,000	北京荣宝	2018-06-14
席德进 1980年作 水乡	55.5×75.5cm	267,294	中国嘉德	2018-04-02
夏承焘 行书论诗语 立轴	73×20.5cm	109,250	北京匡时	2018-06-16
夏天星 2013年作 四时诗意图 镜心	73×34.5cm×4	460,000	北京匡时	2018-12-05
夏天星 2018年作 青山红树 镜心	40×90cm	184,000	北京保利	2018-12-06
肖旭 2013年作 寒林奇幻记 彩墨	177.5×96cm	138,000	北京诚轩	2018-06-18
肖旭 2014年作 半界	81×176cm	230,000	中贸圣佳	2018-11-24
萧俊贤 泊园图 手卷	画心33×48cm	207,000	南京经典	2018-01-06
萧俊贤 萧谦中 胡佩衡 陈半丁 四景山水 立轴四屏	102×33cm×4	644,000	华艺国际	2018-11-16
萧朗 八百遐龄 立轴	132×68cm	322,000	天津同方	2018-06-13
萧朗 大吉大利 镜框	66×44cm	161,000	鼎天国际	2018-01-07
萧朗 荷风送香气 托片	58×84cm	112,700	天津同方	2018-06-13
萧朗 菊石草虫 镜心	68×63cm	126,500	北京荣宝	2018-06-14
萧朗 憩息 托片	67×42.5cm	138,000	天津同方	2018-06-13
萧朗 踏遍青山 镜片	137×69cm	368,000	天津同方	2018-06-13
萧平 方楚雄 朱松发 秦天柱 高云等 共325幅作品 镜心	尺寸不一	1,725,000	南京经典	2018-01-06
萧平 水覆山重扬帆航 镜心	136×34cm	155,250	南京经典	2018-07-22
萧谦中 1935年作 高士观潮图 镜框	13×45.5cm	103,500	北京荣宝	2018-12-03
萧谦中 1943年作 秋山高士 立轴	102×42.5cm	161,000	鼎天国际	2018-01-07
萧勤 1962年作 绝对之分裂	70×100cm	353,938	香港苏富比	2018-04-01
萧勤 1977年作 禅（一）	130×85cm	267,294	保利香港	2018-03-29
萧淑芳 1960年作 街道之晨 立轴	130×71cm	1,265,000	中国嘉德	2018-11-21
萧淑芳 1977年作 山花烂漫 立轴	98.5×51.5cm	138,000	中国嘉德	2018-11-20
萧淑芳 1978年作 芳菲图 画心	45×34.5cm	109,250	西泠拍卖	2018-07-08

拍品名称	物品尺寸	成交价RMB	拍卖公司	拍卖日期
萧淑芳 1981年作 多彩 镜框	68.7×34.3cm	141,700	香港苏富比	2018-10-02
萧淑芳 妇女养猪场 镜心	63.5×47cm	621,000	中国嘉德	2018-11-21
萧淑芳 妇女养猪场一角 镜心	40.5×51.5cm	391,000	中国嘉德	2018-06-19
萧淑芳 吴作人 1987年作 南天二月花 镜心	69×42cm	333,500	北京保利	2018-06-17
萧淑芳 吴作人 迎风 立轴	58×56.5cm	126,500	北京荣宝	2018-06-14
萧万庆 2007年作 地高游目远 镜心	68×135cm	115,000	北京翰海	2018-05-13
萧娴 1981年作 隶书“真、善、美”立轴 三屏	136.5×67.5cm×3	138,000	中国嘉德	2018-11-21
萧愻 1925年作 寒云高阁 立轴	238×82.5cm	101,500	佳士得	2018-05-29
萧愻 1942年作 秋山访友 立轴	116.2×52.5cm	261,600	香港苏富比	2018-10-02
萧愻 1944年作 仿清湘遗墨 立轴	144×66cm	115,000	北京翰海	2018-06-29
萧愻 冯恕 秋山图 行书 成扇	20×55cm	149,500	中国嘉德	2018-11-21
萧愻 山林隐逸四屏 立轴（四帧）	61.5×18cm×4	253,000	北京诚轩	2018-06-16
萧愻 山水 立轴	111×42.2cm	263,900	佳士得	2018-05-29
萧愻 张伯英 青山读书 行书临《群玉堂贴》成扇	20×55cm	115,000	中国嘉德	2018-11-21
谢爱 2015年作 绛须弥	180×140cm	103,500	中贸圣佳	2018-11-24
谢冰毅 2004年作 长风吹取三山去 镜心	124×246cm	172,500	北京保利	2018-06-18
谢无量 1943年作 行书柳宗元诗 立轴	176×46cm	356,500	北京匡时	2018-06-16
谢无量 1949年作 行书七言联 立轴	134.5×32.5cm×2	552,000	北京保利	2018-12-07
谢无量 行书七言联 镜心	38×6.5cm×2	109,250	北京匡时	2018-06-16
谢无量 行书七言联 镜心	26.5×6cm×2	103,500	北京匡时	2018-06-16
谢无量 行书七言联 立轴	126×30.5cm×2	437,000	中国嘉德	2018-06-19
谢无量 行书七言联 立轴	127×36cm×2	402,500	荣宝斋（济南）	2018-07-01
谢无量 行书七言联 立轴	128×31.5cm×2	322,000	上海匡时	2018-04-30
谢无量 行书七言诗 镜心	41×64cm	172,500	北京匡时	2018-06-16
谢无量 行书七言诗 立轴	126×30cm	253,000	北京匡时	2018-06-16
谢无量 行书七言诗 立轴	133×34cm	161,000	北京匡时	2018-06-16
谢无量 行书五言联 镜心	24.5×5.5cm×2	109,250	北京匡时	2018-06-16
谢无量 行书五言联 镜心	25.5×6cm×2	103,500	北京匡时	2018-06-16
谢无量 行书五言诗 立轴	133.5×33cm	161,000	北京匡时	2018-06-16
谢无量 行书祝寿词 立轴	126×63cm	133,647	中国嘉德	2018-04-03
谢无量 书法 立轴	97.5×29.5cm	149,500	荣宝斋（济南）	2018-07-01
谢振瓯 人物 四屏镜心	68.5×141cm×4	345,000	中贸圣佳	2018-06-20
谢之光 1974年作 江南之晨 镜心	83×153.5cm	126,500	北京荣宝	2018-12-03
谢之光 祖国万岁 镜片	98.5×49cm	184,000	朵云轩	2018-06-24
谢稚柳 1944年作 春阴图 立轴	105×55cm	3,450,000	保利厦门	2018-01-08
谢稚柳 1944年作 红叶双鸟 立轴	89×55.3cm	609,000	佳士得	2018-05-29
谢稚柳 1945年作 峨嵋金顶 立轴	115.5×68cm	1,820,250	香港苏富比	2018-04-02
谢稚柳 1946年作 荷塘鹡鸰图 立轴	诗堂29×58cm 绘画87×58cm	2,415,000	华艺国际	2018-11-16
谢稚柳 1947年作 山水 曲江泛舟图 轴	108×68.5cm	6,596,200	台北艺流	2018-06-30
谢稚柳 1948年作 仿范宽笔意山水 立轴	101×61cm	2,030,000	佳士得	2018-05-29
谢稚柳 1949年作 茶红竹翠 镜框	75×37.5cm	485,400	香港苏富比	2018-04-02
谢稚柳 1949年作 东坡居士 附谢稚柳赠《敦煌石室记》一册 镜心	112×34cm	1,322,500	北京保利	2018-12-08
谢稚柳 1949年作 松泉云岭 镜心	71×39cm	1,437,500	北京保利	2018-12-08
谢稚柳 1952年作 溪山秋色图 手卷	19.5×174cm	552,000	上海泓盛	2018-06-27
谢稚柳 1955年作 荷花翠鸟 立轴	76×57cm	1,610,000	北京荣宝	2018-06-14
谢稚柳 1956年作 红果珍禽 立轴	110×43.5cm	2,070,000	上海匡时	2018-04-30
谢稚柳 1962年作 李长吉诗意图 镜心	148×83cm	4,715,000	北京匡时	2018-12-06
谢稚柳 1962年作 松泉吟记图 镜框	110.5×47cm	887,000	佳士得	2018-11-26
谢稚柳 1976年作 柳荫双燕 立轴	67×35cm	172,500	北京保利	2018-12-08
谢稚柳 1976年作 山水册 镜心	画32×27cm	805,000	北京保利	2018-12-08
谢稚柳 1977年作 梅竹双帧 镜心	97×40cm×2	310,500	北京匡时	2018-06-15
谢稚柳 1978年作 梅花图 立轴	88.5×38cm	126,500	西泠拍卖	2018-07-08
谢稚柳 1978年作 青崖飞瀑图 镜片	88×44cm	103,500	西泠拍卖	2018-05-05
谢稚柳 1979年作 秋山泉石图 立轴	89×47.5cm	552,000	西泠拍卖	2018-07-07
谢稚柳 1984年作 秋园芳色图 镜心	88×47cm	345,000	北京保利	2018-06-17
谢稚柳 1987年作 竹石梅 立轴	68×33.5cm	103,500	西泠拍卖	2018-05-05
谢稚柳 1988年作 山水 立轴	96×60cm	1,207,500	华艺国际	2018-11-16
谢稚柳 白蕉 石榴小鸟 · 行书《西江月》成扇	19×47cm	185,213	中国嘉德	2018-10-03
谢稚柳 碧峰飞泉 镜框	91.5×47.8cm	3,296,720	佳士得	2018-05-29
谢稚柳 1976年作 拒霜芙蓉 镜片	67×44cm	138,000	上海嘉禾	2018-06-25
谢稚柳 1976年作 葡萄 立轴	99.5×44.5cm	230,000	广东崇正	2018-07-05
谢稚柳 1946年作 杏花小鸟 立轴	88.6×34.1cm	318,978	中国嘉德	2018-10-03
谢稚柳 1986年作 双清 横披	45×121cm	103,500	广东崇正	2018-07-04
谢稚柳 1986年作 松泉飞瀑 镜框	66×45cm	322,000	上海嘉禾	2018-06-25
谢稚柳 陈佩秋 桃花图 · 空谷幽兰图 成扇	49.5×16cm	103,500	西泠拍卖	2018-07-07
谢稚柳 春山柳堤 镜心	45×70cm	460,000	中国嘉德	2018-11-20
谢稚柳 春艳秋红册 册页（十一开）	26×34cm×11	1,380,000	中贸圣佳	2018-11-24
谢稚柳 翠竹珍禽 手卷	本幅19×216cm	862,500	北京匡时	2018-06-15
谢稚柳 1947年作 仿周文矩仕女 镜心	94.5×46cm	226,371	中国嘉德	2018-10-03
谢稚柳 1987年作 梅竹双清图 立轴	68×45cm	517,500	上海嘉禾	2018-06-25
谢稚柳 1977年作 黄鹂鸣翠 镜片	69.5×46.5cm	437,000	上海嘉禾	2018-06-25
谢稚柳 仿古花鸟图 扇面	51×17.5cm	172,500	西泠拍卖	2018-07-07
谢稚柳 飞泉 立轴	136.5×68cm	345,000	荣宝斋（济南）	2018-07-01
谢稚柳 芙蓉 镜心	69.5×46cm	100,838	中国嘉德	2018-10-03
谢稚柳 芙蓉花 立轴	75×36cm	161,000	北京荣宝	2018-12-03
谢稚柳 芙蓉小鸟 手卷	17.6×57cm	172,500	广东崇正	2018-07-05
谢稚柳 富贵牡丹图 立轴	78.5×46cm	103,500	西泠拍卖	2018-07-08
谢稚柳 富贵图 镜心	D36.5cm	195,500	北京翰海	2018-05-13
谢稚柳 1980年作 草书自书论画诗 手卷	画心32×328.5cm	230,000	上海嘉禾	2018-06-25
谢稚柳 1980年作 竹石芙蓉图 立轴	68×45cm	230,000	上海嘉禾	2018-06-25
谢稚柳 1980年作 芙蓉花 镜心	40×68cm	113,186	中国嘉德	2018-10-03
谢稚柳 1983年作 满园春色 立轴	89.5×47.2cm	368,000	北京诚轩	2018-06-16
谢稚柳1963年作 更生藤斋图 镜片	22×58cm	3,450,000	上海嘉禾	2018-06-25
谢稚柳 1943年作 秋禽图 立轴	70×34cm	540,500	上海嘉禾	2018-06-25
谢稚柳 1943年作 莲花 镜心	99×46.5cm	1,667,500	中国嘉德	2018-06-18
谢稚柳 韩天衡 1996年作 水阁夏凉 行书 成扇	18×49cm	218,500	朵云轩	2018-06-24
谢稚柳 荷塘清趣图 镜片	69×35cm	138,000	西泠拍卖	2018-07-08
谢稚柳 红叶小鸟 立轴	131.5×65cm	5,520,000	荣宝斋（上海）	2018-01-21
谢稚柳 红叶小鸟 立轴	画27×34cm；诗堂27×34cm	149,500	荣宝斋（南京）	2018-01-05
谢稚柳 红叶小鸟图 立轴	60×30cm	402,500	保利厦门	2018-01-08
谢稚柳 红叶幽禽 立轴	82.5×31cm	172,500	凤凰拍卖	2018-01-21
谢稚柳 黄岳松涛 立轴	68×136cm	1,150,000	荣宝斋（南京）	2018-07-15

拍品名称	物品尺寸	成交价RMB	拍卖公司	拍卖日期
谢稚柳 1949年作 溪风图·行书《浣溪纱》成扇	17.5×47.0cm	667,000	中国嘉德	2018-06-19
谢稚柳 1979年作 荷韵 立轴	90×48.5cm	207,000	上海嘉禾	2018-06-25
谢稚柳 1979年作 荷竹图 立轴	66×44cm	276,000	广东崇正	2018-07-04
谢稚柳 1979年作 雪景寒林 立轴	画心95.5×57cm	828,000	上海嘉禾	2018-06-25
谢稚柳 1944年作 竹石图 立轴	66×33cm	144,054	中国嘉德	2018-10-03
谢稚柳 1984年作 梅竹双清 镜片	65.5×37.5cm	126,500	上海嘉禾	2018-06-25
谢稚柳 1984年作 青山飞瀑 立轴	134×67cm	333,500	上海嘉禾	2018-06-25
谢稚柳 1984年作 红梅 镜心	70×45cm	184,000	中国嘉德	2018-11-20
谢稚柳 金碧山水 扇片	18.5×53cm	172,500	上海嘉禾	2018-03-26
谢稚柳 梨梢立鸟 立轴		726,963	纽约苏富比	2018-09-13
谢稚柳 柳荫观泉 立轴	87×49cm	1,840,000	北京保利	2018-06-17
谢稚柳 落墨花卉 镜片	69×40cm	313,600	上海联合	2018-11-25
谢稚柳 落墨牡丹 立轴	67.5×43cm	115,000	上海嘉禾	2018-03-26
谢稚柳 墨笔山水 镜心	34×24cm	115,000	北京保利	2018-06-17
谢稚柳 牡丹山鸟图 镜片	22×84cm	954,500	鼎天国际	2018-01-07
谢稚柳 千峦浮翠 立轴	66×43cm	287,500	朵云轩	2018-06-24
谢稚柳 清荷消夏图 立轴	68.2×134cm	960,688	香港苏富比	2018-04-02
谢稚柳 秋鹭霜华 立轴	85×54.7cm	2,180,000	香港苏富比	2018-10-02
谢稚柳 1942年作 山茶文禽 立轴	82×37.7cm	690,000	中国嘉德	2018-06-19
谢稚柳 1982年作 红梅 立轴	84.5×42cm	115,000	广东崇正	2018-07-05
谢稚柳 1982年作 夏山清晓 镜片	59×108cm	575,000	上海嘉禾	2018-06-25
谢稚柳 1982年作 翠竹白头 行书七言诗 成扇	19×51cm	310,500	中国嘉德	2018-06-19
谢稚柳 双清图 立轴	83×34cm	207,000	华艺国际	2018-11-16
谢稚柳 松鹰图 镜心	69×69cm	368,000	北京匡时	2018-05-21
谢稚柳 王师子 谢月眉 俞子才 等 集其滟英册 册页	25×18.3cm×14	218,500	上海嘉禾	2018-06-25
谢稚柳 吴青霞 唐云 1952年作 竹石仕女 成扇	19×53cm	230,000	广东崇正	2018-07-05
谢稚柳 1988年作 红梅 立轴	69×46cm	299,000	上海嘉禾	2018-06-25
谢稚柳 1978年作 春山松泉 镜片	130×66cm	1,150,000	朵云轩	2018-06-24
谢稚柳 1978年作 竹石芙蓉 立轴	68×45cm	103,500	中国嘉德	2018-09-19
谢稚柳 1948年作 夏日山居 镜心	131×33cm	2,070,000	朵云轩	2018-06-24
谢稚柳 溪山雨意 立轴	105×54cm	3,220,000	上海嘉禾	2018-06-25
谢稚柳 1971年作 松山四景 镜心	47.0×34.5cm×4	920,000	中国嘉德	2018-06-18
谢稚柳 1991年作 夏山清晓 立轴	179×95cm	667,000	上海嘉禾	2018-06-25
谢稚柳 1991年作 青山飞瀑 镜心	48×180cm	1,012,000	北京诚轩	2018-06-16
谢稚柳 1981年作 深山暮雪 立轴	78×51cm	552,000	上海嘉禾	2018-06-25
谢稚柳 1981年作 溪山图 行书七言诗 成扇	18.5×51cm	184,000	中国嘉德	2018-06-19
谢稚柳 1981年作 雪景寒林 立轴	101×50.5cm	437,000	中国嘉德	2018-06-18
谢稚柳 烟雨凉亭 立轴	93×45.5cm	230,000	上海匡时	2018-04-30
谢稚柳 1975年作 幽篁 镜片	25×68.5cm	105,800	上海嘉禾	2018-06-25
谢稚柳 1945年作 红叶小鸟 立轴	68×38.5cm	1,437,500	中国嘉德	2018-11-20
谢稚柳 雨竹图 镜心	48×48cm	103,500	中贸圣佳	2018-06-20
谢稚柳 早桃红 镜框	85.5×47.3cm	1,624,000	佳士得	2018-05-29
谢稚柳 赵少昂 等 年份不一 山水人物花鸟 镜片十五幅／镜框四幅	38×54.5cm×19	4,133,420	佳士得	2018-11-26
星云 行书"仁德"镜心	62×38.5cm	184,000	荣宝斋（南京）	2018-01-05
星云 行书七言联 立轴	137×28.5cm×2	270,250	荣宝斋（南京）	2018-01-05
星云 书法 镜框	87.5×39cm	103,500	天津同方	2018-06-13
熊海 2012年作 黄山清泉图 立轴	110×89.5cm	131,950	佳士得	2018-05-28
熊海 2017年作 黄山奇秀 立轴	136.3×70cm	192,138	香港苏富比	2018-04-02
熊海 2018年作 华山清音图 立轴	139.5×69cm	205,792	北京匡时	2018-10-03
熊红钢 2004年作 山居幽旷图 镜心	70×138cm	138,000	北京匡时	2018-06-15
熊红钢 2009年作 青浦渔隐 镜心	68×136cm	115,000	北京荣宝	2018-12-03
熊红钢 2011年作 密林山居图 镜片	137×68cm	897,000	西泠拍卖	2018-07-07
熊红钢 2013年作 湖山秋远 镜心	97×178cm	241,500	北京荣宝	2018-06-14
熊红钢 2015年作 松溪涧鸣 镜心	179×96cm	1,840,000	北京保利	2018-06-18
熊红钢 2016年作 山间别院 镜心	178×97cm	920,000	北京保利	2018-12-06
熊红钢 2018年作 知鱼乐系列 镜心	245.5×61.5cm×4	5,405,000	中国嘉德	2018-11-22
熊红钢 2016年作 太行盛景 镜心	141×368cm	6,900,000	中国嘉德	2018-06-20
熊红钢 山水（八帧）镜心	100×54.5cm×8	207,000	中贸圣佳	2018-11-24
熊红钢 山水（二幅）镜心	68×136cm×2	184,000	荣宝斋（济南）	2018-07-01
熊辉 2013年作 淋漓之六（三幅）镜框	179.5×95.5cm×3	406,000	佳士得	2018-05-28
熊希龄 行书 顾炎武句 立轴	127.5×62cm	230,000	西泠拍卖	2018-07-08
徐邦达 1930年作 露华云影 手卷	22.5×209cm	195,500	北京荣宝	2018-12-03
徐邦达 1948年作 拟唐人笔意 立轴	93.5×50cm	460,000	中鸿信	2018-01-07
徐邦达 1974年作 芦塘鸳鸯 立轴	89×47.5cm	333,500	中鸿信	2018-01-07
徐邦达 1982年作 松风云岚 立轴	103×53.5cm	554,375	佳士得	2018-11-26
徐邦达 1982年作 唐人诗意山水 立轴	101.5×52.5cm	665,250	佳士得	2018-11-26
徐邦达 1990年作 仿改琦仕女 立轴	100×27.5cm	276,000	中鸿信	2018-01-07
徐邦达 1940年作 松云独棹 立轴	80×34.5cm	184,000	北京诚轩	2018-06-16
徐邦达 1930年作 仿石谷子意 立轴	127×41cm	115,000	上海嘉禾	2018-06-25
徐邦达 秋山红树 立轴	79.5×34cm	161,000	上海嘉禾	2018-06-25
徐邦达 山水人物画	132×66cm	3,520,000	中正拍卖	2018-05-31
徐邦达 王季迁 朱梅邨 应野平 拟古四屏立轴	105.2×52.4cm×4	690,000	上海匡时	2018-04-30
徐邦达 1941年作 树里南湖一片明 立轴	89×35.5cm	207,000	北京诚轩	2018-06-16
徐悲鸿（款）1936年作 仰望 轴	108×41.5cm	146,674	台北艺流	2018-12-01
徐悲鸿（款）1944年作 忆江南 轴	104×41.5cm	133,340	台北艺流	2018-12-01
徐悲鸿（款）1946年作 骏马奔驰 画心	98×80cm	128,006	台北艺流	2018-12-01
徐悲鸿 1932年作 水禽图 立轴	81×66.6cm	2,643,260	佳士得	2018-11-26
徐悲鸿 1932年作 英雄独立 立轴	107×106cm	6,325,000	华艺国际	2018-05-23
徐悲鸿 1935年作 奔马 立轴	106×106cm	2,300,000	北京保利	2018-06-17
徐悲鸿 1935年作 大吉图 镜片	101.3×75.8cm	779,520	万昌斯	2018-05-30
徐悲鸿 1935年作 二湘图 立轴	80.5×37.5cm	4,370,000	北京荣宝	2018-06-14
徐悲鸿 1935年作 鸬鹚图 立轴	102×103cm	506,688	万昌斯	2018-05-30
徐悲鸿 1935年作 猫 立轴	108×35cm	747,500	北京保利	2018-12-08
徐悲鸿 1936年作 凫游双鸭 镜心	77×39cm	1,495,000	北京保利	2018-06-17
徐悲鸿 1936年作 寒雀图 立轴	103×35cm	805,000	北京保利	2018-12-08
徐悲鸿 1936年作 鸡鸣桑树颠 立轴	99.5×32.5cm	632,500	北京匡时	2018-12-05
徐悲鸿 1936年作 寿桃 镜心	109.5×32cm	851,000	中国嘉德	2018-06-18
徐悲鸿 1937年作 奔马 镜心	77×132cm	5,520,000	北京荣宝	2018-06-14
徐悲鸿 1937年作 古柏双骏 镜心	128.5×76cm	20,700,000	北京保利	2018-06-17
徐悲鸿 1937年作 行书七言联语 立轴	198×60.5cm	1,725,000	中国嘉德	2018-11-20
徐悲鸿 1937年作 四喜图 立轴	131×54cm	17,250,000	北京匡时	2018-12-06
徐悲鸿 1937年作 钟馗 镜心	69×34cm	920,000	北京荣宝	2018-06-14
徐悲鸿 1938年作 红叶双鹊	66.5×38cm	455,063	邦瀚斯	2018-04-03
徐悲鸿 1938年作 草书四言联 立轴	123×30cm×2	977,500	北京荣宝	2018-06-14
徐悲鸿 1938年作 骏马图 立轴	102×55cm	1,725,000	北京匡时	2018-06-15
徐悲鸿 1939年作 奔马图 镜心	55×70cm	2,530,000	中国嘉德	2018-11-20
徐悲鸿 1939年作 行书五言联 立轴	153.5×32cm×2	1,725,000	北京保利	2018-12-07

拍品名称	物品尺寸	成交价RMB	拍卖公司	拍卖日期
徐悲鸿 1939年作 立马图 镜心（片）		9,717,500	中鸿信	2018-01-07
徐悲鸿 1939年作 平安双吉图 立轴	91.5×34.4cm	3,243,840	香港苏富比	2018-10-02
徐悲鸿 1939年作 群马图 立轴	97×98cm	17,250,000	北京保利	2018-06-17
徐悲鸿 1939年作 天马行空 镜心	13.5×41cm	862,500	北京荣宝	2018-12-03
徐悲鸿 1939年作 五花散作云满身 镜心	76×110cm	9,200,000	中国嘉德	2018-06-18
徐悲鸿 1939年作 英雄独立 立轴	105.5×45cm	3,450,000	保利山东	2018-11-22
徐悲鸿 1939年作 战马图 镜框	130×69cm	3,450,000	华艺国际	2018-11-16
徐悲鸿 1940年作 鹅（双面画）	18×25.5cm	207,000	北京翰海	2018-06-30
徐悲鸿 1940年作 行书 游印诗 轴	58×36cm	202,960	台北艺流	2018-06-30
徐悲鸿 1940年作 三骏图 镜心	112×110cm	47,150,000	北京匡时	2018-06-15
徐悲鸿 1941年作 桐荫双猫 镜心	69×52cm	5,175,000	北京保利	2018-12-07
徐悲鸿 1941年作 雄狮 镜心	96×88cm	9,200,000	中国嘉德	2018-06-18
徐悲鸿 1941年作 鹰击长空 立轴	142×67cm	2,760,000	北京保利	2018-06-17
徐悲鸿 1942年作 奔马 立轴	52×65.5cm	1,127,000	北京荣宝	2018-12-03
徐悲鸿 1942年作 行书四言联 镜片	139×34cm×2	2,300,000	北京保利	2018-12-07
徐悲鸿 1942年作 回望 镜心	66×36cm	1,380,000	华艺国际	2018-11-16
徐悲鸿 1942年作 立马图 立轴	82×53cm	4,370,000	北京荣宝	2018-06-14
徐悲鸿 1942年作 立马图 立轴	92×62cm	3,335,000	北京保利	2018-12-07
徐悲鸿 1942年作 马 镜心	105×55cm	1,380,000	北京保利	2018-12-07
徐悲鸿 1942年作 天马六骏 镜心	94×177.5cm	89,700,000	北京保利	2018-06-17
徐悲鸿 1943年作 白梅 立轴	91.5×30cm	3,980,280	香港苏富比	2018-04-02
徐悲鸿 1943年作 平安大吉 立轴	77×43cm	3,795,000	北京荣宝	2018-06-14
徐悲鸿 1943年作 饮马图 镜心	81×30.5cm	920,000	北京匡时	2018-12-05
徐悲鸿 1944年作 1937年作 骏马图 行书四言联 镜心	绘画80×44cm；书法104×30cm×2	4,657,500	上海匡时	2018-04-30
徐悲鸿 1944年作 蜀葵竹子 镜片	80×34cm	690,000	广东崇正	2018-07-04
徐悲鸿 1944年作 梧叶双猫 镜心	99×49cm	1,840,000	北京匡时	2018-06-15
徐悲鸿 1944年作 饮马图 立轴	82×39.5cm	1,035,000	西泠拍卖	2018-07-07
徐悲鸿 1944年作　近现代 神骏图 镜框	79×68cm	8,970,000	深圳至正国际	2018-08-25
徐悲鸿 1945年作 飞鹰 画心	95×57cm	3,044,400	台北艺流	2018-06-30
徐悲鸿 1945年作 立马 对联一堂 立轴	立马125×64cm；对联130×33cm×2	18,170,000	华艺国际	2018-11-16
徐悲鸿 1945年作 松柏图 镜心	145×62cm	1,380,000	保利山东	2018-11-22
徐悲鸿 1946年作 立马 立轴	95×34cm	1,319,500	佳士得	2018-05-29
徐悲鸿 1946年作 柳梢喜鹊图 画心	65×31.5cm	1,322,500	西泠拍卖	2018-07-08
徐悲鸿 1949年作 迥立嘶鸣 镜心	85.3×40.3cm	1,667,500	北京保利	2018-12-07
徐悲鸿 1953年作 致周扬信札一通 镜心	28×187cm	3,507,500	北京匡时	2018-06-16
徐悲鸿 八哥对语 立轴	76.4×41.9cm	872,575	纽约苏富比	2018-03-22
徐悲鸿 芭蕉锦鸡 镜心	132.5×67.5cm	632,500	北京荣宝	2018-06-14
徐悲鸿 奔马 镜心	45×29.5cm	1,207,500	南京经典	2018-01-06
徐悲鸿 奔马 双挖镜框	26×32.5cm	997,875	佳士得	2018-11-26
徐悲鸿 1936年作 喜上眉梢 立轴	122×26.5cm	1,380,000	广东崇正	2018-07-05
徐悲鸿 驰骋千里 镜框	104.5×77.7cm	2,621,160	香港苏富比	2018-04-02
徐悲鸿 大吉图 镜心	84×35cm	1,380,000	南京经典	2018-07-22
徐悲鸿 对联 立轴	100×20.5cm×2	690,000	华艺国际	2018-11-16
徐悲鸿 古柏老叟 镜框	73.6×61cm	920,160	罗芙奥	2018-06-02
徐悲鸿 1943年作 鹤寿延年 立轴	107.5×61.5cm	4,830,000	中国嘉德	2018-11-20
徐悲鸿 1943年作 红叶双喜 立轴	86×28.5cm	1,322,500	中国嘉德	2018-06-19
徐悲鸿 行书七言联 立轴	171.5×45cm×2	3,105,000	中国嘉德	2018-11-20
徐悲鸿 行书七言联 立轴	129.5×31cm×2	345,000	荣宝斋（南京）	2018-07-15
徐悲鸿 行书五言联 立轴	132.5×32.5cm×2	1,081,000	北京匡时	2018-06-16
徐悲鸿 冷香 立轴	81×47cm	552,000	中国嘉德	2018-11-20
徐悲鸿 立马图 镜心	77×48cm	2,760,000	荣宝斋（南京）	2018-07-15
徐悲鸿 立马图 立轴	77×53.5cm	1,035,000	荣宝斋（上海）	2018-01-21
徐悲鸿 猫 镜片		427,625	纽约苏富比	2018-09-13
徐悲鸿 猫蝶图 镜心	29.5×23cm	621,000	北京保利	2018-06-17
徐悲鸿 猫趣图	80×40cm	600,000	北京贞观	2018-07-15
徐悲鸿 枇杷 立轴	78.8×35.6cm	793,250	纽约苏富比	2018-03-22
徐悲鸿 枇杷 立轴	111×27cm	535,059	中国嘉德	2018-10-03
徐悲鸿 青竹雄鸡 立轴	73.3×35.1cm	951,900	纽约苏富比	2018-03-22
徐悲鸿 虬枝喜鹊 立轴	80.5×48cm	1,322,500	荣宝斋（南京）	2018-01-05
徐悲鸿 1942年作 行书 镜片	95×44cm	207,000	广东崇正	2018-07-05
徐悲鸿 1942年作 大吉图 立轴	68×32.5cm	411,584	中国嘉德	2018-10-03
徐悲鸿 1942年作 喜上梅梢 立轴	84×25cm	632,500	中国嘉德	2018-09-19
徐悲鸿 三骏图 镜框	56.5×67cm	13,225,000	华艺国际	2018-11-16
徐悲鸿 神骏千里 立轴	65×68cm	1,092,500	中贸圣佳	2018-11-24
徐悲鸿 水牛图 立轴	39×51cm	8,237,295	中正拍卖	2018-06-28
徐悲鸿 倘得悠游销岁月 镜心	68×97cm	7,705,000	荣宝斋（南京）	2018-07-15
徐悲鸿 1928年作 平安 立轴	96×51.5cm	667,000	中国嘉德	2018-11-21
徐悲鸿 1928年作 全家福 镜心	91×64cm	2,300,000	中国嘉德	2018-06-18
徐悲鸿 1918年作 秋林三骏 横批	91×180.5cm	34,500,000	中国嘉德	2018-06-18
徐悲鸿 喜鹊书法 成扇	17×46cm	218,500	华艺国际	2018-11-16
徐悲鸿 相马图 立轴	74×35cm	134,400	上海联合	2018-11-25
徐悲鸿 1931年作 牛 立轴	80.5×40.5cm	632,500	中国嘉德	2018-11-20
徐悲鸿 雄鸡套册	270×60cm	406,780	中正拍卖	2018-06-28
徐悲鸿 1935年作 双雀 成扇	18.5×50cm	345,000	中国嘉德	2018-06-19
徐悲鸿 1945年作 双喜 立轴	本幅77.5×27cm	843,747	中国嘉德	2018-10-03
徐悲鸿 饮马图 镜心	113×50cm	4,600,000	上海匡时	2018-04-30
徐悲鸿 赵少昂 红叶小鸟・芦草螳螂 镜心	26×35cm×2	287,500	北京保利	2018-06-17
徐冰 1989年作 析世鉴 镜框	212×97cm	133,050	佳士得	2018-11-26
徐冰 2001年作 新英文书法（毛主席语录）	226×69.5cm×4	2,990,000	北京匡时	2018-12-06
徐冰 2003年作 新英文书法 – 没有人是一座孤岛 镜框	91.5×69cm	498,938	佳士得	2018-11-26
徐冰 2004年作 新英文书法 – 禅诗注（三）镜框	137×70cm	887,000	佳士得	2018-11-26
徐冰 2005年作 新英文书法：回到轮辋河边 镜框	69.5×136cm	545,000	香港苏富比	2018-10-01
徐冰 艺术为人民服务 镜框	160×59cm	523,200	香港苏富比	2018-10-01
徐操 1930年作 眉寿图 立轴	83.5×36.5cm	184,000	北京翰海	2018-06-29
徐操 1938年作 唐后行从图 立轴	131×51cm	920,000	北京荣宝	2018-06-14
徐操 1941年作 换马图 立轴	98.5×49cm	299,000	北京荣宝	2018-12-03
徐操 1941年作 换马图 立轴	98.5×49cm	287,500	北京荣宝	2018-06-14
徐操 打鱼杀家连环画稿（一幅）镜心	23×32cm	115,000	中国嘉德	2018-05-19
徐操 东山事业 镜心	106×40cm	299,000	荣宝斋（济南）	2018-07-01

拍品名称	物品尺寸	成交价RMB	拍卖公司	拍卖日期
徐操 东山携妓图 立轴	97.5×33.5cm	161,000	北京翰海	2018-06-29
徐操 东山携妓图 立轴	96×34cm	126,500	北京翰海	2018-06-29
徐操 风尘侠侣 立轴	86.5×32cm	414,000	中国嘉德	2018-11-20
徐操 仕女赏景图 镜框	117.5×44cm	460,000	深圳至正国际	2018-08-25
徐操 隆中三顾 立轴	170.5×45cm	460,000	中国嘉德	2018-11-20
徐操 双美图 立轴	97×33cm	149,500	北京翰海	2018-06-29
徐操 松下高士 立轴	99.5×32cm	105,800	中国嘉德	2018-11-21
徐操 孙姬试剑图	42×74cm	230,000	北京东正	2018-06-17
徐操 桐荫双美 立轴	104.5×33cm	115,000	北京翰海	2018-06-29
徐操 徐宗浩 太真上马 行书诗 成扇	20×47.5cm	154,344	中国嘉德	2018-10-03
徐凤秋 锦上添花	136×68cm	180,000	北京贞观	2018-07-15
徐钢 2018年作 溪山揽胜图册 册页（十开）	18.7×17.7cm×10	103,500	中国嘉德	2018-11-22
徐恒瑜 2011年作 春夏秋冬 镜心	34.5×70.5cm×4	103,500	八益拍卖	2018-04-28
徐华翎 2004年作 香 镜心	32×43cm	207,000	北京荣宝	2018-06-14
徐华翎 2005年作 香	159×100cm	517,500	华艺国际	2018-11-16
徐华翎 2010年作 香 镜心	52×41cm	253,000	中国嘉德	2018-01-13
徐华翎 2011年作 之·间 7	42×52cm	223,300	佳士得	2018-05-27
徐华翎 2014年作 香 综合材料	54×77.8cm	172,500	北京诚轩	2018-06-18
徐华翎 2018年作 香2018No.1 镜心	54×62cm	322,000	中国嘉德	2018-05-18
徐华翎 香 镜框	32×42cm	149,500	上海匡时	2018-04-30
徐华翎 仲夏 镜心	44.5×74cm	172,500	中国嘉德	2018-06-20
徐惠君 2011年作 梦回春波鹭影归 镜心	121×181cm	1,150,000	北京荣宝	2018-06-14
徐惠君 冰凌唤春召吾来 镜心	185.5×108cm	1,150,000	北京荣宝	2018-06-14
徐惠泉 西园曲 手卷	32×270cm	189,750	南京经典	2018-01-06
徐九龙 2018年作 花卉 四屏镜心	136×34cm×4	345,000	北京保利	2018-06-18
徐康岩 法书对联 立轴	69×12.5cm×2	161,000	北京荣宝	2018-12-03
徐乐乐 1996年作 赏梅图 镜心	44×45cm	132,250	上海匡时	2018-04-30
徐乐乐 1998年作 罗汉图 镜心	97×35cm	115,000	北京荣宝	2018-05-18
徐乐乐 2000年作 秋菊笛声 镜心	46×70cm	126,500	北京荣宝	2018-09-14
徐乐乐 2000年作 秋菊笛声 镜心	46×70cm	115,000	保利山东	2018-11-22
徐乐乐 2004年作 虎溪三笑图 镜心	45×70cm	218,500	北京荣宝	2018-09-14
徐乐乐 2006年作 乘槎探河图 镜心	90.5×28cm	126,500	保利山东	2018-11-22
徐乐乐 2006年作 村诟图 镜心	35×70cm	356,500	北京荣宝	2018-12-03
徐乐乐 2006年作 村诟图 镜心	30×69cm	287,500	北京荣宝	2018-05-18
徐乐乐 2006年作 村诟图 镜芯	69×34.5cm	322,000	中鸿信	2018-01-07
徐乐乐 2006年作 杏园煮酒图 镜心	70×34cm	115,000	保利山东	2018-11-22
徐乐乐 2006年作 自在飞花轻似梦 镜心	70×34.5cm	287,500	北京荣宝	2018-09-14
徐乐乐 2014年作 仿林风眠笔意仕女图 镜心	97×45cm	149,500	上海匡时	2018-04-30
徐乐乐 2015年作 仕女	70×34cm	115,000	中贸圣佳	2018-11-24
徐乐乐 白描“晏几道词意” 立轴	44.5×25.5cm	172,500	荣宝斋（南京）	2018-01-05
徐乐乐 东床坦腹图 镜心	34×46cm	138,000	荣宝斋（济南）	2018-06-30
徐乐乐 敦煌仕女 镜心	63×110cm	1,380,000	南京经典	2018-07-22
徐乐乐 观瀑图 立轴	108×34.5cm	149,500	中贸圣佳	2018-11-24
徐乐乐 归猎图 镜心	35×137.5cm	701,500	中贸圣佳	2018-06-20
徐乐乐 酣春乐事 镜心	35×137cm	1,207,500	南京经典	2018-01-06
徐乐乐 浣纱图 镜心	69×46cm	241,500	南京经典	2018-01-06
徐乐乐 2004年作 琴思图 手卷	35×143cm	828,000	中国嘉德	2018-06-20
徐乐乐 倦绣图 镜心	45×69cm	690,000	南京经典	2018-07-22
徐乐乐 刘伶欲醉图 镜心	37.5×44cm	109,250	中贸圣佳	2018-11-24
徐乐乐 秋庭婴戏图 镜心	34×69.5cm	460,000	荣宝斋（南京）	2018-01-05
徐乐乐 人物花果册页 册页（八开）	34×34cm×8	655,500	中贸圣佳	2018-11-24
徐乐乐 善财童子图 镜心	49×49cm	195,500	南京经典	2018-07-22
徐乐乐 寿星图 镜心	48×45cm	126,500	中贸圣佳	2018-06-20
徐乐乐 听琴图 镜心	67.5×67cm	517,500	荣宝斋（南京）	2018-01-05
徐乐乐 无声图 行书晏几道词 成扇	19×50cm	126,500	荣宝斋（南京）	2018-07-15
徐乐乐 消赏图 镜心	80.5×42.5cm	690,000	中国嘉德	2018-06-20
徐乐乐 谢鲲折齿图 镜心	37.5×49.5cm	115,000	中贸圣佳	2018-06-20
徐乐乐 2001年作 秋清古思 镜心	33×138cm	1,610,000	中国嘉德	2018-06-20
徐乐乐 1991年、1992年作 阆苑女仙图 立轴	113.5×32.5cm×12	6,440,000	中国嘉德	2018-11-22
徐乐乐 旭日罗汉 镜心	70×70cm	230,000	南京经典	2018-01-06
徐乐乐 2005年作 牧马图 镜心	70×46cm	218,500	中国嘉德	2018-11-22
徐乐乐 婴戏图 镜心	35×70cm	690,000	南京经典	2018-07-22
徐乐乐 云游图 镜心	130×41cm	483,000	南京经典	2018-07-22
徐累 1996年作 羁	65×104cm	1,431,930	保利香港	2018-03-29
徐累 1999年作 马与椅 镜框	65×50cm	554,375	佳士得	2018-11-26
徐累 1999年作 迷城 镜框	61.5×117.5cm	1,663,125	佳士得	2018-11-26
徐累 青花马 镜心	41.5×55.5cm	207,000	上海匡时	2018-04-30
徐里 2014年作 钟进士宝像图	70×45cm	172,500	北京翰海	2018-06-30
徐里 2018年作 春风绿湖山 镜心	91×68cm	402,500	北京荣宝	2018-06-14
徐里 空山笛音远 镜心	178.5×48cm	402,500	上海匡时	2018-04-30
徐里 一山未了一山迎 镜心	141×69cm	575,000	北京荣宝	2018-12-03
徐庆华 2018年作 甲骨文 镜片	199×49.5cm	166,750	朵云轩	2018-06-24
徐生翁 行书 节录古文 立轴	129×32.5cm	172,500	西泠拍卖	2018-07-07
徐生翁 行书 四屏立轴	105×31cm×4	402,500	北京匡时	2018-12-06
徐世昌 1914年作 书法对联 立轴	158×17cm×2	115,000	鼎天国际	2018-01-07
徐世昌 1922年作 草书 手卷	31×859cm	437,000	北京匡时	2018-12-05
徐世昌 行书卷 手卷	28×488cm	402,500	中贸圣佳	2018-06-20
徐世昌 行书七言 对联	238×48cm×2	316,250	朵云轩	2018-06-24
徐世昌 行书五言联 立轴	242×59cm×2	460,000	上海匡时	2018-04-30
徐世昌 贺涛 丙辰(1916年作 题跋二则 横幅	60×127cm	207,000	中国嘉德	2018-05-19
徐世昌 菊石图 立轴	129×65.5cm	184,000	中贸圣佳	2018-06-20
徐世昌 楷书五言联 立轴	237×55cm×2	230,000	中贸圣佳	2018-11-24
徐庶之 古道情长 镜片	136×67cm	106,400	秦宝斋	2018-01-01
徐庶之 踏露行 镜心	95.5×267cm	1,667,500	凤凰拍卖	2018-01-21
徐希 1980年作 江上清风图 镜框	157.5×267.5cm	263,900	佳士得	2018-05-29
徐希 江南喜雨 手卷	34×137cm	195,500	北京荣宝	2018-06-14
徐燕孙 王雪涛 汪溶 1936年作 桃花仕女图 立轴	113×44cm	138,000	中国嘉德	2018-01-13
徐尧 人物图	68×68cm	200,000	北京贞观	2018-07-15
徐义生 山水 四屏镜框	60×19cm×4	162,400	秦宝斋	2018-01-01
徐义生 山水 四屏镜心	70.5×18.5cm×4	151,200	秦宝斋	2018-01-01
徐义生 万象朝宗 镜片	35×138cm	106,400	秦宝斋	2018-01-01
徐义生 献岁发春 镜片	96×181cm	280,000	秦宝斋	2018-01-01
徐子鹤 1953年作 渔舟晚炊 立轴	78.8×42cm	130,800	香港苏富比	2018-10-02
许麟庐 大利图 镜片	96×44cm	241,500	鼎天国际	2018-01-07
许麟庐 平安富贵 镜心	100×68cm	138,000	保利山东	2018-11-22
许钦松 2014年作 风起云涌 镜片	69×137cm	672,000	湖南逸典	2018-06-09

拍品名称	物品尺寸	成交价RMB	拍卖公司	拍卖日期
许钦松 2014年作 高原霞光 镜片	69×138cm	761,600	湖南逸典	2018-06-09
许钦松 2017年作 东边日出西边雨 镜框	124×244cm	4,025,000	广东衡益	2018-07-01
许钦松 2014年作 野趣 镜片	69×137cm	747,500	广东衡益	2018-07-01
许钦松 四季山水 镜片	34×34cm×4	109,250	广东崇正	2018-01-21
许钦松 2015年作 岭上风云 镜片	69×137cm	713,000	广东衡益	2018-07-01
许昭 1940年作 松石花卉 立轴	181×93.5cm	207,000	中国嘉德	2018-11-20
许振 水韵青花之《天韵呈互》镜心	35×287cm	287,500	北京翰海	2018-09-16
许庄 美人图 立轴	121×40cm	138,000	西泠拍卖	2018-07-07
薛亮 1993年作 静夜图 镜框	68.5×67cm	253,000	北京荣宝	2018-09-14
薛亮 2004年作 山川墨意图 镜心	137×67.5cm	2,070,000	北京荣宝	2018-12-03
薛亮 2004年作 云幻峦影图 镜心	137×67.5cm	1,058,000	北京荣宝	2018-06-14
薛亮 2009年作 达摩面壁悟禅图 镜片	138×68.5cm	2,070,000	西泠拍卖	2018-07-07
薛亮 2012年作 霞映云帆 镜心	144×368cm	13,800,000	北京匡时	2018-06-15
薛亮 2006年作 湖山春碧 镜心	64×39cm	299,000	中国嘉德	2018-05-18
薛亮 2006年作 水村清暑 镜心	64×39cm	276,000	中国嘉德	2018-05-18
薛亮 2006年作 云栖之地 镜心	64×39cm	368,000	中国嘉德	2018-05-18
薛亮 达摩面壁图 镜心	38×64cm	299,000	保利厦门	2018-07-15
薛亮 达摩悟禅 镜心	50×50cm	345,000	荣宝斋（南京）	2018-01-05
薛亮 湖山清远 镜心	69×137cm	345,000	南京经典	2018-01-06
薛亮 2004年作 千峰皓色 镜心	64×39cm	299,000	中国嘉德	2018-05-18
薛亮 静夜 镜心	39×64cm	195,500	南京经典	2018-01-06
薛亮 静夜图 镜心	68.5×66.5cm	264,500	荣宝斋（南京）	2018-01-05
薛亮 漓江碧流图 镜心	69×52cm	368,000	南京经典	2018-07-22
薛亮 林泉墨意 镜心	49.5×39.5cm	471,500	南京经典	2018-07-22
薛亮 秋山云涛 镜心	64.5×38.5cm	460,000	南京经典	2018-07-22
薛亮 万壑胜境 镜心	59×96cm	287,500	南京经典	2018-07-22
薛亮 一川风物生幽情 立轴	69×68.5cm	253,000	荣宝斋（南京）	2018-07-15
薛亮 幽居图 镜心	35×35cm	115,000	南京经典	2018-01-06
薛亮 云起泰岳 镜心	72×144cm	253,000	南京经典	2018-07-22
薛亮 2003年作 春山碧透 镜心	44×48.5cm	154,344	北京匡时	2018-10-03
薛林兴 闺门玉女 镜芯	137×69cm	272,400	印千山	2018-08-05
亚明 1973年作 煤田谱新曲 立轴	118×66.5cm	920,000	中国嘉德	2018-06-18
亚明 1977年作 峡江烟云 镜心	134×225cm	1,092,500	北京保利	2018-06-17
亚明 1978年作 卡拉奇老城写生 立轴	画37×57cm；书法19×57cm	115,000	北京保利	2018-12-08
亚明 1984年作 水墨人物册（共六页）册页	45×34cm×5；54×41cm	172,500	西泠拍卖	2018-07-07
亚明 1988年作 山高恨云低 横幅	140×358cm	4,600,000	北京翰海	2018-06-29
亚明 1988年作 一峰不与众峰齐 镜心	67×135cm	115,000	北京保利	2018-12-08
亚明 乘兴踏月图 立轴	95×48cm	115,000	南京经典	2018-07-22
亚明 独钓寒江雪 镜心	136×67cm	253,000	凤凰拍卖	2018-01-21
亚明 1980年作 江南烟雨 立轴	68×44cm	218,500	上海嘉禾	2018-06-25
亚明 1980年作 太湖风光 立轴	87×48cm	109,250	广东崇正	2018-07-04
亚明 1980年作 杏花春雨江南 立轴	67.5×44.5cm	172,500	中国嘉德	2018-06-18
亚明 1983年作 虎溪图 立轴	67.5×45cm	113,186	中国嘉德	2018-10-03
亚明 湖光山色 立轴	88.5×47cm	287,500	荣宝斋（南京）	2018-07-15
亚明 黄山人字瀑 立轴	70×45cm	115,000	南京经典	2018-07-22
亚明 黄山云 立轴	137×68cm	218,500	凤凰拍卖	2018-01-21
亚明 激流勇进 镜心	37×33.5cm	172,500	中国嘉德	2018-11-21

拍品名称	物品尺寸	成交价RMB	拍卖公司	拍卖日期
亚明 1979年作 西海排云 立轴	153.8×78.3cm	146,160	万昌斯	2018-05-30
亚明 码头一角 镜心	35×46cm	126,500	北京匡时	2018-06-15
亚明 弥勒佛 镜心	137×68cm	109,250	南京经典	2018-07-22
亚明 轻舟已过万重山 立轴	83×58cm	184,000	荣宝斋（南京）	2018-01-05
亚明 人物山水小品册 册页	23×34cm×10	529,000	南京经典	2018-01-06
亚明 1982年作 春山图 立轴	68×45cm	172,500	广东崇正	2018-07-04
亚明 沙滩 镜心	37×33.5cm	149,500	中国嘉德	2018-11-21
亚明 山水图册 册页	34×46cm×8	247,250	南京经典	2018-07-22
亚明 书画图册	32×26cm×20	115,000	南京经典	2018-07-22
亚明 唐人诗意图 立轴	69×45cm	207,000	中贸圣佳	2018-06-20
亚明 唐云 宋文治 等 1981年作 荫堂园 镜心	68×44.5cm	172,500	中国嘉德	2018-11-20
亚明 巫峡烟云山水卷 手卷	28.5×138.5cm	132,250	荣宝斋（南京）	2018-07-15
亚明 巫峡一段云 立轴	69×91cm	184,000	荣宝斋（南京）	2018-07-15
亚明 1978年作 苍山暮钟 镜心	34×45.5cm	195,500	中国嘉德	2018-11-20
亚明 1978年作 江南烟云 立轴	70×34.3cm	184,000	中国嘉德	2018-06-18
亚明 梧园遗址写生 镜心	尺寸不一	138,000	北京保利	2018-06-17
亚明 峡江雪 镜心	68×45cm	105,008	中国嘉德	2018-04-03
亚明 1991年作 峡江重山 立轴	137×70cm	101,200	中国嘉德	2018-01-13
亚明 1981年作 江南可采莲 立轴	67×44cm	143,750	广东崇正	2018-07-04
亚明 1981年作 虎溪图 镜心	88×48cm	241,500	中国嘉德	2018-11-20
亚明 1981年作 望帆图 镜心	69×46cm	149,500	中国嘉德	2018-11-20
亚明 咬定青山不放松 镜心	68×40cm	230,000	中贸圣佳	2018-06-20
闫锡聪 2015年作 大富贵	53×468cm	115,000	广东崇正	2018-07-05
严修 书法对联 立轴	141×35cm×2	103,500	鼎天国际	2018-01-07
阎培棠 隶书九言联 立轴	344×55cm×2	132,250	北京保利	2018-11-19
阎锡山 行书 七言诗 立轴	172.5×44cm	115,000	西泠拍卖	2018-07-08
阎锡山 行书七言联 镜框	164×35cm×2	920,000	未来四方	2018-01-20
阎义春 2014年作 青山霞烟新如染	68×136cm	575,000	北京翰海	2018-06-30
颜伯龙 1933年作 拟华新罗花鸟 镜片	65.5×60.5cm	115,000	西泠拍卖	2018-07-07
颜伯龙 1938年作 老鼠上烛台 镜框	72.5×31.2cm	239,800	香港苏富比	2018-10-02
颜伯龙 1938年作 双寿 立轴	100×48.5cm	184,000	北京翰海	2018-06-29
颜伯龙 1938年作 双寿图 立轴	98.5×32cm	207,000	北京翰海	2018-06-29
颜伯龙 1942年作 梅雀图 镜心	102×33cm	138,000	北京翰海	2018-06-29
颜伯龙 1942年作 觅食图 镜心	99×33cm	115,000	北京荣宝	2018-12-03
颜伯龙 1942年作 近现代 花鸟图 镜框	102×35cm	460,000	深圳至正国际	2018-08-25
颜伯龙 1943年作 拟新罗山人意 立轴	117.5×50.5cm	185,213	保利香港	2018-10-01
颜伯龙 1943年作 山茶小鸟 立轴	101×33cm	172,500	北京翰海	2018-06-29
颜伯龙 1943年作 竹雀报春 成扇	19×47cm	149,500	北京翰海	2018-06-29
颜伯龙 1945年作 梅花珍禽 立轴	128.5×32cm	149,500	北京荣宝	2018-12-03
颜伯龙 1946年作 松寿延年图 镜片	38.5×34cm	103,500	西泠拍卖	2018-05-05
颜伯龙 1946年作 喜鹊虬松 立轴	133×67.5cm	345,000	北京荣宝	2018-06-14
颜伯龙 1948年作 花卉双鸽 立轴	101.5×33.5cm	195,500	北京翰海	2018-06-29
颜伯龙 1926年作 红叶栖鹰 立轴	149×39cm	207,000	中国嘉德	2018-05-19
颜伯龙 春柳鹭鸶 立轴	99.4×31cm	107,184	万昌斯	2018-05-30
颜伯龙 1950年作 草虫牵牛花 立轴	97.5×24.5cm	207,000	中国嘉德	2018-11-20
颜伯龙 1943年作 腊梅绶带 立轴	102×34cm	299,000	中国嘉德	2018-06-19
颜伯龙 花鸟 镜心 四屏	134×33.5cm×4	828,000	中国嘉德	2018-06-19
颜伯龙 1939年作 双栖图 立轴	92×32cm	132,250	中国嘉德	2018-09-19

拍品名称	物品尺寸	成交价RMB	拍卖公司	拍卖日期
颜伯龙 三月韶光 镜心	65.5×32cm	138,000	荣宝斋（济南）	2018-07-01
颜伯龙 双椒 立轴	102×33.5cm	112,700	华艺国际	2018-11-16
颜伯龙 松梢四喜 立轴		102,630	纽约苏富比	2018-09-13
颜伯龙 1928年作 龟寿图 立轴	93.5×42cm	195,500	中国嘉德	2018-06-18
颜伯龙 喜上枝头 镜框	尺寸不一	172,500	北京荣宝	2018-12-03
颜伯龙 1941年作 枝头闹春 镜片	134×67cm	218,500	上海嘉禾	2018-06-25
颜文梁 高寿恒 秋园小景 行书 成扇	18×50cm	287,500	中国嘉德	2018-06-19
燕敦俭 2017年作 小园之恋 镜心	67×67cm	253,000	北京翰海	2018-01-14
燕墩俭 2017年作 江畔斜枝红袅袅 镜心	132×32cm	230,000	北京保利	2018-06-18
杨昌刚 行书诗句（四帧）镜心	69×34.5cm×4	110,000	未来四方	2018-12-09
杨春华 2005年作 春日舒和有清香	46×34cm×9	207,000	广东崇正	2018-07-05
杨春华 2010年作 菩萨图 镜心	画心52.5×213cm	138,000	中国嘉德	2018-11-22
杨德衡 2005年作 母子图 立轴	64×64.5cm	115,000	北京保利	2018-06-18
杨佴旻 永定河畔	69×138cm	2,300,000	北京翰海	2018-06-30
杨佴旻 远方	96×90cm	1,092,500	北京翰海	2018-06-30
杨福音 宋词精绘 册页	35×34cm×8	117,600	湖南逸典	2018-06-09
杨刚 2007年作 行暗千旗出	126×247cm	207,000	北京翰海	2018-06-30
杨谷标 2013年作 沉香亭畔 镜心	138×69cm	207,000	北京翰海	2018-09-16
杨金瑞 2018年作 雪峰流云 镜心	136×68cm	230,000	北京保利	2018-05-21
杨立奇 草虫图册 册页	34.5×23cm×10	105,800	南京经典	2018-07-22
杨立奇 名声天晓 镜心	34×135cm	126,500	南京经典	2018-01-06
杨明义 2017年作 青山流水 镜片	69.5×137cm	207,000	上海嘉禾	2018-06-25
杨明义 林间 镜心	68.5×137.5cm	172,500	上海匡时	2018-04-30
杨明义 2018年作 日出东方 千帆竞发 镜片	68×136cm	161,000	上海嘉禾	2018-06-25
杨启与 桂林山水甲天下 镜片	73.5×47cm	100,000	上海驰翰	2018-06-25
杨善深 1959年作 香远益清 立轴 对屏	92.5×30cm×2	102,896	保利香港	2018-10-01
杨善深 1971年作 司晨伴侣 立轴	92.7×30.3cm	121,800	佳士得	2018-05-29
杨善深 1982年作 虎踞图 立轴	103×51cm	517,500	北京荣宝	2018-12-03
杨善深 1984年作；1997年作 竹石图 行书七言联（三幅）立轴	104.2×34.3cm；135.5×34cm	152,250	佳士得	2018-05-29
杨善深 1987年作 丽人行 镜片	246×75cm	7,935,000	华艺国际	2018-05-23
杨善深 1987年作 雄鹰图 立轴	144.5×76cm	910,125	香港苏富比	2018-04-02
杨善深 1988年作 春风玉马 镜心	46×68cm	267,294	保利香港	2018-04-02
杨善深 1988年作 夕阳无限好 对联一堂 立轴	绘画188×96cm；对联179×47cm×2	3,450,000	华艺国际	2018-11-17
杨善深 1996年作 松鹤图 镜心	178×38cm	138,000	精诚所至	2018-05-12
杨善深 2000年作 荷塘双燕 立轴	136×31cm	124,101	保利香港	2018-04-02
杨善深 2001年作 竹鸟图 镜心	135×33.5cm	126,500	北京匡时	2018-12-05
杨善深 2004年作 牡丹 立轴	103×23cm	414,000	华艺国际	2018-05-23
杨善深 大吉 对联一堂 镜框	绘画75×41cm	138,000	华艺国际	2018-11-17
杨善深 东坡先生 立轴	125×56.5cm	609,813	佳士得	2018-11-26
杨善深 1990年作 苍鹰猎鱼 镜心	96.5×179.5cm	823,168	中国嘉德	2018-10-03
杨善深 荷花 立轴	59.5×30cm	154,344	中国嘉德	2018-10-03
杨善深 荷花游鱼 立轴	82×34cm	161,000	中贸圣佳	2018-11-24
杨善深 佳会 镜心	31.5×21cm	102,896	中国嘉德	2018-10-03
杨善深 2004年作 行书六言长联 立轴	246×40cm×2	115,000	广东崇正	2018-07-05
杨善深 1994年作 书画一堂 立轴	画136×34cm；字139×33.5cm×2	149,500	广东崇正	2018-07-04
杨善深 玫瑰蜜蜂 立轴	108×30cm	155,250	北京诚轩	2018-06-16
杨善深 1952年作 双鸡图 镜框	50×52cm	138,000	广东衡益	2018-07-01

拍品名称	物品尺寸	成交价RMB	拍卖公司	拍卖日期
杨善深 山水写生册（十二开册）	尺寸不一；约32×33cm	455,063	香港苏富比	2018-04-02
杨善深 1988年作 寻诗图 镜片	72×177cm	138,000	上海嘉禾	2018-10-14
杨善深 1998年作 白鸡 立轴	92×33cm	184,000	中国嘉德	2018-11-21
杨善深 有凤来仪 立轴	125×47cm	720,688	佳士得	2018-11-26
杨善深 竹蛇图 镜心	99×41cm	154,344	中国嘉德	2018-10-03
杨世勇 2018年作 山水	45×103cm	218,500	北京翰海	2018-06-30
杨涛 草书李白诗 镜心	34×537cm	230,000	北京匡时	2018-06-15
杨涛 行书杨基诗 镜心	232×53cm	112,700	北京荣宝	2018-06-14
杨涛 书法 镜心	173.5×93.5cm	253,000	北京荣宝	2018-12-03
杨涛（书法）桃花源记 手卷	36×546cm	207,000	荣宝斋（济南）	2018-07-01
杨晓阳 2017年作 万金难买春颜色 镜心	136×68cm	195,500	北京荣宝	2018-12-03
杨延文 1993年作 清奇古怪 镜心	95×179cm	391,000	北京荣宝	2018-09-14
杨延文 1994年作 醉翁亭记 镜心	94×179cm	207,000	北京荣宝	2018-05-18
杨延文 1995年作 醉翁亭记 镜心	93.5×176.5cm	322,000	北京诚轩	2018-06-16
杨延文 2004年作 水落石出图 镜心	68×137cm	172,500	北京荣宝	2018-05-18
杨延文 2013年作 马卡略岛风光 镜心	60×90cm	690,000	北京荣宝	2018-12-03
杨延文 拾贝图 镜心	51.0×70.0cm	483,000	中国嘉德	2018-11-22
杨延文 霞光 镜心	51.0×70.0cm	460,000	中国嘉德	2018-11-22
杨延文 鲜鱼口 立轴	89×86cm	115,000	北京荣宝	2018-06-14
杨延文 依山图 镜心	60×90cm	402,500	北京荣宝	2018-12-03
杨彦 红荷 镜芯	68×138cm	317,800	印千山	2018-08-05
杨彦 山水 四屏立轴	137×34cm×4	317,800	印千山	2018-08-05
杨彦 宋人诗意图 镜芯	68×138cm	283,750	印千山	2018-08-05
杨宇 相从江海 镜心	107×72cm	207,000	北京荣宝	2018-06-14
杨长槐 2014年作 奇峰听瀑声 镜心	137×68cm	172,500	北京荣宝	2018-12-03
杨之光 1977年作 山姑娘 镜片	39×29cm	126,500	广东崇正	2018-07-04
杨之光 1983年作 亲亲 立轴	诗堂24×46cm；画心64×46cm	195,500	精诚所至	2018-05-12
杨之光 1988年作 澜沧江畔 立轴	68×43cm	230,000	华艺国际	2018-11-17
杨之光 1988年作 澜沧江畔 立轴	67.5×43.5cm	202,250	香港苏富比	2018-04-02
杨之光 1990年作 回娘家 镜框	66×77cm	287,500	华艺国际	2018-05-23
杨之光 1992年作 裸女 镜框	41×52cm	161,000	华艺国际	2018-11-17
杨之光 1994年作 母亲 镜框	68×68cm	207,000	华艺国际	2018-05-23
杨之光 1996年作 春光 镜框	68×43cm	280,000	湖南逸典	2018-06-09
杨之光 2001年作 女人体·书法 镜心	尺寸不一	172,500	北京保利	2018-06-18
杨之光 巴基斯坦民族舞 立轴	112×68cm	334,117	中国嘉德	2018-04-03
杨之光 宝贝	68×46cm	207,000	北京东正	2018-06-17
杨之光 背影姣姣 立轴	92×68cm	287,500	华艺国际	2018-11-17
杨之光 背影姣姣 立轴	92×68cm	143,193	中国嘉德	2018-04-03
杨之光 藏族新嫁娘 镜框	69.5×50.3cm	109,000	香港苏富比	2018-10-02
杨之光 草原情歌 镜框	26×78cm	161,000	华艺国际	2018-11-17
杨之光 草原情歌 镜片	46×63.5cm	115,000	广东崇正	2018-07-04
杨之光 草原情歌 镜心	45.5×64cm	109,250	荣宝斋（上海）	2018-01-21
杨之光 伏虎女郎 镜片	68.5×97cm	552,000	广东崇正	2018-07-04
杨之光 1990年作 民族舞 立轴	113.2×68cm	267,530	中国嘉德	2018-10-03
杨之光 欢庆驱鬼胜利舞 立轴	94×57cm	230,000	广东衡益	2018-07-01
杨之光 1979年作 文成公主 镜片	68×43cm	115,000	广东崇正	2018-07-04
杨之光 屈原 立轴	83×48cm	138,000	广东衡益	2018-07-01
杨之光 雀之灵 镜片	68.5×137cm	1,062,200	广东省拍	2018-09-20
杨之光 少女 立轴	69×46cm	207,000	华艺国际	2018-03-30
杨之光 神女赋 镜心	67×45cm	243,691	香港普艺	2018-01-13

(成交价RMB：10万元以上)

拍品名称	物品尺寸	成交价RMB	拍卖公司	拍卖日期
杨之光 斯里兰卡舞 镜框	85×46cm	149,500	华艺国际	2018-11-17
杨之光 天鹅湖 镜心	38×54cm	218,500	上海匡时	2018-04-30
杨之光 舞蹈 镜心	79×55cm	200,687	香港普艺	2018-01-13
杨之光 西班牙双人舞 镜框	68×68cm	207,000	广东衡益	2018-07-01
杨之光 1981年作 回娘家 镜片	97×73cm	218,500	广东崇正	2018-07-05
杨之光 1985年作 魔笛 镜片	44×60cm	149,500	广东衡益	2018-07-01
杨之光 1995年作 新疆牧羊女 立轴	176×96cm	920,000	广东崇正	2018-07-04
杨之光 印度人物 立轴	52×73cm	138,000	广东崇正	2018-01-21
姚华 1918年作 山水 横幅	41.5×204cm	207,000	北京翰海	2018-06-29
姚华 1924年作 岁朝春 立轴	90.6×45.7cm	119,900	香港苏富比	2018-10-02
姚华 1925年作 幽兰图 立轴	79×37cm	195,500	北京翰海	2018-06-29
姚华 1927年作 金玉为缘 立轴	135×22cm	103,500	北京翰海	2018-06-29
姚华 1928年作 秋山作画图 立轴	95.5×43cm	109,250	北京翰海	2018-06-29
姚华 佛手仙心 立轴	147.5×20cm	115,000	上海匡时	2018-04-30
姚华 1924年作 临金农山水 立轴	122×60cm	126,500	中国嘉德	2018-09-19
姚铁力 十二生肖四言吉语 立轴	132×33cm×12	138,000	北京保利	2018-05-21
叶恭绰 行书八言联 立轴	236×49.5cm	299,000	中贸圣佳	2018-11-24
叶恭绰 行书十三言联 对联	165×26cm×2	230,000	中贸圣佳	2018-06-20
叶恭绰 墨竹 镜片	86×42.5cm	138,000	华艺国际	2018-11-16
叶鸿平 2017年作 域界	210×145cm	517,500	中贸圣佳	2018-11-24
叶丽美 2016年作 出尘	68×68cm	207,000	北京翰海	2018-09-16
叶丽美 2017年作 草芳十里 镜心	68×68cm	184,000	北京翰海	2018-01-14
叶绿野 春酣 镜框	137×68cm	126,500	华艺国际	2018-11-17
叶绿野 竹报平安 镜框	69×139cm	101,200	华艺国际	2018-05-23
叶浅予 1946年作 人物（二帧）镜心	36×25cm×2	172,500	北京荣宝	2018-12-03
叶浅予 1964年作 顶碗图 立轴	69×46cm	172,500	北京荣宝	2018-06-14
叶浅予 1964年作 维吾尔族少女 镜心	66.5×43cm	114,554	中国嘉德	2018-04-03
叶浅予 1964年作 延边鼓声图 立轴	135×67.5cm	322,000	西泠拍卖	2018-07-07
叶浅予 1964年作 印度舞 镜心	95.5×60cm	253,000	中国嘉德	2018-06-19
叶浅予 1973年作 献花节之舞 镜心	61.5×45cm	105,008	中国嘉德	2018-04-03
叶浅予 1977年作 白蛇传 镜心	105×66cm	943,000	北京保利	2018-12-08
叶浅予 1977年作 印度舞女 镜心	47×34cm	161,000	北京保利	2018-12-08
叶浅予 1978年作 印度舞蹈 立轴	68×66cm	299,000	广东崇正	2018-07-05
叶浅予 1980年作 新疆舞姿 立轴	68×45cm	115,000	广东崇正	2018-07-05
叶浅予 1989年作 延边长鼓 镜心	46×68.5cm	115,000	中国嘉德	2018-11-21
叶浅予 1990年作 荷花少女 立轴	96×89cm	230,000	广东崇正	2018-07-05
叶浅予 1990年作 寂乡之舞 镜框	68×45cm	172,500	北京荣宝	2018-06-14
叶浅予 1993年作 西藏高原之舞 镜心	68×136cm	230,000	北京荣宝	2018-12-03
叶浅予 1994年作 妙舞如仙卷 手卷	34×772cm	575,000	北京保利	2018-12-07
叶浅予 藏族舞蹈 立轴	120×35cm	138,000	荣宝斋（南京）	2018-01-05
叶浅予 朝鲜扇子舞 镜心	69×45cm	138,000	北京保利	2018-05-21
叶浅予 拉萨舞步 镜心	67.5×45cm	115,000	荣宝斋（南京）	2018-01-05
叶浅予 于阗装 镜心	83×50.5cm	322,000	北京荣宝	2018-12-03
叶永青 1994年作 红屋 困惑 无题	112.5×28cm×3	897,000	中国嘉德	2018-06-19
叶昀 樊虚 李治厂 等 山水人物扇（十一把）成扇	尺寸不一×11	161,000	中国嘉德	2018-11-21
夜山明 2016年作 想起江南 镜心	137×137cm	805,000	北京保利	2018-06-18
夜山明 2016年作 殉情 镜心	229×156cm	1,058,000	北京保利	2018-06-18
易大厂 对联山水一堂 立轴	对联 130×32cm×2；山水89×38cm	149,500	华艺国际	2018-03-30
易大厂 隶书五言联 立轴	130×31.2cm×2	119,900	香港苏富比	2018-10-02
易顺鼎 赠于非闇七言联 立轴	127.9×30.4cm×2	109,000	香港苏富比	2018-10-02
阴澍雨 野塘 镜心	180×97cm	218,500	北京荣宝	2018-06-14
殷梓湘 1959年作 少先队活动 镜片	64×127cm	402,500	上海嘉禾	2018-06-25
印严 2018年作 开悟图 镜心	137×69cm	143,750	北京荣宝	2018-09-14
应野平 1973年作 武夷天心岩 手卷	19.8×180.5cm	609,000	佳士得	2018-05-29
应野平 1974年作 黄山春色 镜芯	143.5×272cm	2,530,000	中鸿信	2018-01-07
应野平 层峦耸翠图并隶书黄山杂诗 手卷	应野平13×68cm	179,200	上海联合	2018-07-01
应野平 吴青霞 1959年作 江南山居图 镜片	148×336cm	172,500	上海嘉禾	2018-10-14
于非闇 1936年作 桃花双雀 立轴	88×43cm	286,386	保利香港	2018-04-02
于非闇 1936年作 溪山渔乐图 立轴	126×33cm	138,000	西泠拍卖	2018-07-07
于非闇 1937年作 水仙群蜂 立轴	106×47cm	981,000	香港苏富比	2018-10-02
于非闇 1938年作 寒梅报春 镜框		951,900	纽约佳士得	2018-03-20
于非闇 1941年作 五色鹦鹉 镜框	93.5×45.5cm	4,563,440	佳士得	2018-05-29
于非闇 1942年作 封侯图 立轴	65×39.5cm	253,000	北京翰海	2018-06-29
于非闇 1942年作 玉兰鹦鹉 镜心	90×34cm	690,000	北京保利	2018-06-17
于非闇 1943年作 双喜 立轴	97×45cm	2,300,000	北京保利	2018-06-17
于非闇 1946年作 山茶群蝶 立轴	100.5×34.3cm	2,427,000	香港苏富比	2018-04-02
于非闇 1947年作 水仙蝴蝶 立轴	96.4×52cm	3,397,800	香港苏富比	2018-04-02
于非闇 1948年作 大吉 镜框	41.2×60.8cm	2,022,500	香港苏富比	2018-04-02
于非闇 1948年作 红叶双寿 立轴	134.2×40.5cm	3,786,120	香港苏富比	2018-04-02
于非闇 1948年作 秋花图 立轴	68×35cm	2,224,750	香港苏富比	2018-04-02
于非闇 1948年作 双鸽 镜框	40.4×60cm	2,427,000	香港苏富比	2018-04-02
于非闇 1952年作 鹰击图 立轴	176.5×87cm	2,357,500	北京翰海	2018-06-29
于非闇 1953年作 瘦金书法（两幅）镜框	40.5×90cm×2	210,663	佳士得	2018-11-26
于非闇 1957年作 玉兰绶带 镜框	132.2×68cm	13,707,840	香港苏富比	2018-10-02
于非闇 1958年作 双艳 立轴	43.7×61cm	1,552,500	北京诚轩	2018-06-16
于非闇 陈云诰 莲塘清趣 行书诗四首 成扇		188,155	纽约苏富比	2018-09-13
于非闇 春柳草虫 镜框	97.4×33cm	741,200	香港苏富比	2018-10-02
于非闇 萃锦图 立轴	82.5×49.5cm	3,243,840	香港苏富比	2018-10-02
于非闇 1937年作 梅花双禽 镜心	88.5×46cm	1,127,000	中国嘉德	2018-06-19
于非闇 1937年作 临黄居寀四喜图 立轴	74.5×39cm	230,000	中国嘉德	2018-06-18
于非闇 1947年作 花鸟画册 册页（八开）	30×37cm×8	14,950,000	中国嘉德	2018-06-18
于非闇 豆荚草虫 隶书八言对联 立轴	画92.5×34cm；书法 127×17.5cm×2	517,500	荣宝斋（上海）	2018-01-21
于非闇 仿宋人花蝶图并楷书书法 成扇	19×51cm	460,000	中贸圣佳	2018-11-24
于非闇 1940年作 清蔬蝈蝈 立轴	59.5×31cm	517,500	北京诚轩	2018-06-16
于非闇 瓜蝶图 镜心	67×47cm	345,000	中国嘉德	2018-09-19
于非闇 红叶螳螂并行书书法 成扇	17×49cm	782,000	中贸圣佳	2018-11-24
于非闇 花鸟 立轴	115.5×43cm	241,500	朵云轩	2018-04-23
于非闇 1944年作 蔬果草虫 镜框	26×42cm	483,000	朵云轩	2018-06-24
于非闇 1944年作 醉真图 手卷	本幅29×183cm	9,200,000	中国嘉德	2018-11-20
于非闇 1944年作 黄牡丹 立轴	33.5×33.5cm	345,000	中国嘉德	2018-06-18
于非闇 空谷幽兰 镜心	68×39cm	172,500	中贸圣佳	2018-11-24
于非闇 墨蝶绮石图，行书《论梅兰竹菊》成扇	18×49.5cm	828,000	上海匡时	2018-04-30
于非闇 溥儒 1944年作 蝶恋花 小楷五言诗 折扇		109,250	中国嘉德	2018-09-19
于非闇 牵牛花 镜框	67.5×44cm	3,662,400	香港苏富比	2018-10-02
于非闇 1932年作 草虫花卉 镜心	125×35cm	103,500	中国嘉德	2018-09-19

拍品名称	物品尺寸	成交价RMB	拍卖公司	拍卖日期
于非闇 瘦金体书宋人七绝六首 扇面		119,735	纽约苏富比	2018-09-13
于非闇 蔬果图 立轴	66.5×31.5cm	617,376	中国嘉德	2018-10-03
于非闇 水仙 镜心	57×36cm	322,000	中贸圣佳	2018-06-20
于非闇 水仙蝴蝶 立轴	74.5×54.5cm	690,000	中国嘉德	2018-11-20
于非闇 松寿 立轴		256,575	纽约苏富比	2018-09-13
于非闇 太液荷画 镜心	97.5×35cm	575,000	上海匡时	2018-04-30
于非闇王大隆翠鸟佳果·篆书成扇	18×49cm	123,475	中国嘉德	2018-10-03
于非闇 1948年作 山茶花 立轴	88.7×28.8cm	180,948	万昌斯	2018-11-29
于非闇 1941年作 兰石双蝶 立轴	95×46cm	1,610,000	中国嘉德	2018-06-18
于非闇 艳缕木兰 镜框	88×41.5cm	317,300	纽约苏富比	2018-03-23
于非闇 玉兰 立轴		150,718	纽约佳士得	2018-03-20
于非闇 张伯英 莲塘清趣 行书杜甫《陪郑广文游何将军山林》二首 成扇		273,680	纽约苏富比	2018-09-13
于非闇 众鸟欣有托 手卷	18×172cm	368,000	上海敬华	2018-09-11
于海江《八王战辽兵》连环画稿 镜心（147开）	尺寸不一	109,250	北京荣宝	2018-09-14
于亨 2017年作 高阁清逸 镜心	136×69cm	241,500	北京翰海	2018-09-16
于水 百子图 镜心	68×33.5cm×4	253,000	荣宝斋（济南）	2018-06-30
于水 金陵十二钗 册页	38×48cm×12	161,000	荣宝斋（济南）	2018-07-01
于水 游春图 镜心	139×35cm×4	230,000	荣宝斋（济南）	2018-06-30
于希宁 1973年作 梅竹双清 立轴	53×73cm	195,500	北京保利	2018-12-09
于希宁 1977年作 郭沫若《凌霄花》诗意 镜心	95×57cm	287,500	保利山东	2018-11-22
于希宁 1977年作 海天香雪报春讯 镜心	87×180cm	747,500	保利山东	2018-11-22
于希宁 1978年作 花卉 横幅	34.5×137.5cm	690,000	北京荣宝	2018-06-14
于希宁 1982年作 冰魂铁骨 立轴	66×43cm	126,500	保利山东	2018-11-22
于希宁 1982年作 铁骨幽香 镜心	91×50cm	138,000	保利山东	2018-11-22
于希宁 1983年作 墨梅 立轴	66×45cm	184,000	北京荣宝	2018-12-03
于希宁 1984年作 紫藤 立轴	82×50cm	172,500	保利山东	2018-11-22
于希宁 1983年作 梅竹双清 镜片	67×46cm	115,000	广东崇正	2018-07-04
于希宁 红梅报春 镜心	94.5×177cm	632,500	保利山东	2018-11-22
于希宁 1979年作 梅花 镜心	88.5×59cm	253,000	中国嘉德	2018-11-20
于希宁 凌霄 立轴	83×50cm	138,000	保利山东	2018-11-22
于希宁 凌霄花 镜心	76×52cm	230,000	中国嘉德	2018-11-20
于希宁 凌霄花 立轴	121×66cm	368,000	中国嘉德	2018-11-20
于希宁 水墨牡丹 镜心	65.5×44.5cm	115,000	荣宝斋（南京）	2018-01-05
于希宁 1978年作 凌霄花 镜片	93.5×58cm	155,250	广东崇正	2018-07-05
于希宁 喜雪 镜心	77×49cm	276,000	南京经典	2018-01-06
于希宁 香雪海 镜心	68×68cm	105,800	中国嘉德	2018-09-19
于希宁 1981年作 双清图 镜心	68×43.5cm	172,500	中国嘉德	2018-11-20
于希宁 紫藤 镜心	110×49cm	230,000	荣宝斋（济南）	2018-07-01
于右任1927年作 书法（两幅）镜框	72.5×40.5cm×2	1,219,625	佳士得	2018-11-26
于右任 1941年作 草书七言联 镜心	130×30.5cm×2	322,000	北京匡时	2018-06-16
于右任 1947年作 行书“振威堂”立轴	68×33.5cm	103,500	上海匡时	2018-04-30
于右任 1948年作 草书（四幅）屏轴	149×40cm×4	402,500	朵云轩	2018-06-24
于右任 1948年作 草书八言联 立轴	134.5×34cm×2	149,500	北京匡时	2018-12-05
于右任 1948年作 草书中堂 立轴	131.5×68cm	229,109	保利香港	2018-04-02

拍品名称	物品尺寸	成交价RMB	拍卖公司	拍卖日期
于右任 1948年作 行书“长乐”镜框	67.5×148cm	960,688	香港苏富比	2018-04-02
于右任 1948年作 行书八言联 立轴	145×35cm×2	287,500	北京荣宝	2018-12-03
于右任 1948年作 行书节录《民权初步》立轴	127.5×41cm	138,000	上海匡时	2018-04-30
于右任 1948年作 书法对联 立轴	135×33cm	115,000	北京保利	2018-06-17
于右任 1949年作 行书方岳诗 立轴	145.5×38.5cm	161,800	香港苏富比	2018-04-02
于右任 1950年作 草书《古柏行》镜心	92×23.5cm	190,924	中国嘉德	2018-04-03
于右任 1950年作 草书七言诗 立轴	100.6×43.8cm	152,739	中国嘉德	2018-04-03
于右任 1953年作 行草“中山堂”镜心	51×145cm	172,500	北京保利	2018-12-08
于右任 1957年作 草书十二言联 对联	175×44cm×2	276,000	中国嘉德	2018-01-13
于右任 1957年作 草书十二言联 立轴	188×22cm×2	552,000	北京匡时	2018-06-16
于右任 1959年作 草书“礼记”立轴	65×33cm×4	362,756	保利香港	2018-04-02
于右任 1959年作 蒋总统《哭母文》《王太夫人事略》册页（十六开；三十一页）	40×27.5cm×31	1,495,000	中国嘉德	2018-06-19
于右任 1960年作 行书七言联 镜心	140.5×33cm×2	154,344	中国嘉德	2018-10-03
于右任 1961年作 节录《墨子》立轴	138×35cm	138,000	北京诚轩	2018-06-16
于右任 1962年作 草书七言联 立轴	136×26cm×2	437,000	北京匡时	2018-12-05
于右任 草书（两帧）立轴	66.5×32.5cm; 127.5×32cm	105,008	保利香港	2018-04-02
于右任 草书 白居易诗 画心	94×35cm	115,000	西泠拍卖	2018-07-08
于右任 草书 镜心	67×33cm	115,000	荣宝斋（上海）	2018-01-21
于右任 草书 立轴	164.5×40cm	115,000	北京翰海	2018-06-29
于右任 草书 满江红 手卷	画心 121.5×25.5cm	920,000	西泠拍卖	2018-07-08
于右任 草书 七言诗 立轴	69×33cm	103,500	西泠拍卖	2018-07-07
于右任 草书 四十九年生日诗 立轴	102.5×34cm	109,250	西泠拍卖	2018-07-07
于右任 草书 天山杂诗 立轴	143×22cm	115,000	西泠拍卖	2018-07-08
于右任 草书 五言联 立轴	139.5×34cm×2	103,500	西泠拍卖	2018-07-08
于右任 草书“稽古庐”镜心	18×46.5cm	115,000	北京匡时	2018-06-16
于右任 草书“为万世开太平”立轴	109×34cm	339,557	中国嘉德	2018-10-03
于右任 草书《千字文》册页	36.5×23cm×66	425,500	北京匡时	2018-12-05
于右任 草书《前后出师表》二十二屏 二十二条屏	60×25cm×22	4,600,000	中贸圣佳	2018-06-20
于右任 草书《正气歌》手卷 手卷	24×346cm	310,500	北京保利	2018-12-08
于右任 草书八言联 镜心	130×23cm×2	126,500	北京匡时	2018-06-16
于右任 草书八言联 镜心	135×35cm×2	120,750	中贸圣佳	2018-06-20
于右任 草书八言联 立轴	134×33cm×2	322,000	北京荣宝	2018-12-03
于右任 草书八言联 立轴	134×33.5cm×2	230,000	上海匡时	2018-04-30
于右任 草书八言联 立轴	158×34cm×2	155,250	北京诚轩	2018-06-16
于右任 草书八言联 立轴	138×30cm×2	152,739	保利香港	2018-04-02
于右任 草书曾今可诗 立轴	67×35cm	172,500	北京荣宝	2018-06-14
于右任 草书放翁诗 立轴	145.5×56.5cm	171,832	保利香港	2018-04-02
于右任 草书集杜甫句联 立轴	198.5×46.7cm×2	381,500	香港苏富比	2018-10-02
于右任 草书李白诗 镜片	150×40cm	115,000	上海嘉禾	2018-03-26
于右任 草书李白诗四首 镜心	32×132cm	230,000	中国嘉德	2018-01-13
于右任 草书李益诗 立轴	156.5×48cm	253,000	北京匡时	2018-06-16
于右任 草书六言联 镜心	175×43.5cm×2	322,000	中国嘉德	2018-06-19
于右任 草书六言联 立轴	98×17cm×2	103,500	北京匡时	2018-06-16
于右任 草书龙门对 立轴	79×22cm×2	149,500	北京匡时	2018-06-16
于右任 草书七言联 对联	176×40cm×2	101,200	中国嘉德	2018-09-19
于右任 草书七言联 镜心	138×34cm×2	253,000	中贸圣佳	2018-11-24

拍品名称	物品尺寸	成交价RMB	拍卖公司	拍卖日期
于右任 草书七言联 立轴	146×35cm×2	253,000	上海匡时	2018-04-30
于右任 草书七言联 立轴	134×23.5cm×2	174,923	保利香港	2018-10-01
于右任 草书七言联 一对立轴		136,840	纽约苏富比	2018-09-13
于右任 草书七言诗 立轴	139×34cm×2	253,000	北京荣宝	2018-06-14
于右任 草书七言诗 立轴	134×45cm	184,000	荣宝斋（南京）	2018-01-05
于右任 草书七言诗 立轴	134.5×33cm	138,000	荣宝斋（南京）	2018-01-05
于右任 草书七言诗 立轴	134×22cm	101,200	中国嘉德	2018-06-18
于右任 草书十二言联 立轴	179.5×17.8cm×2	384,275	香港苏富比	2018-04-02
于右任 草书十二言龙门对 立轴	140×34cm×2	195,500	北京保利	2018-06-17
于右任 草书十一言联 镜心	88×15cm×2	1,035,000	中国嘉德	2018-11-20
于右任 草书十一言联 立轴	178.5×23cm（每个）	678,000	羅芙奧	2018-12-01
于右任 草书书法 立轴	95×39cm	184,000	中贸圣佳	2018-11-24
于右任 草书书法 立轴	136×69cm	138,000	中贸圣佳	2018-11-24
于右任 草书四屏 镜心	67×23cm×4	368,000	北京匡时	2018-06-16
于右任 草书陶渊明五言诗 立轴	138×33.5cm	126,500	中国嘉德	2018-06-19
于右任 草书题句 立轴	68×24cm	103,500	北京保利	2018-05-21
于右任 草书吴仲圭诗 立轴	152.5×38.5cm	126,500	北京匡时	2018-06-16
于右任 草书五言联 对联	137.5×28.5cm×2	103,500	上海嘉禾	2018-03-26
于右任 草书五言联 镜心	170×41cm×2	483,000	北京匡时	2018-06-16
于右任 草书五言联 镜心	136×34cm×2	368,000	北京匡时	2018-06-16
于右任 草书五言联 镜心	69×22.2cm×2	155,250	北京诚轩	2018-06-16
于右任 草书五言联 镜心	80×21.5cm×2	113,186	保利香港	2018-10-01
于右任 草书五言联 立轴	168×46cm×2	805,000	中国嘉德	2018-11-20
于右任 草书五言联 立轴	170×45.5cm×2	414,000	中国嘉德	2018-06-19
于右任 草书五言联 立轴	131×32cm×2	402,500	北京匡时	2018-06-16
于右任 草书五言联 立轴	148×39cm×2	368,000	中贸圣佳	2018-11-24
于右任 草书五言联 立轴	129×32cm×2	267,294	保利香港	2018-04-02
于右任 草书五言联 立轴	72×19cm×2	207,000	荣宝斋（济南）	2018-07-01
于右任 草书五言联 立轴	151×40.5cm×2	195,500	中国嘉德	2018-06-18
于右任 草书五言联 立轴	135×31.5cm×2	184,000	中国嘉德	2018-11-20
于右任 草书五言联 立轴	134×31cm×2	184,000	上海匡时	2018-04-30
于右任 草书五言联 立轴	133.5×32.5cm×2	162,285	保利香港	2018-04-02
于右任 草书五言联 立轴	148.5×38cm×2	155,250	北京匡时	2018-12-05
于右任 草书五言联 立轴	76×17cm×2	149,500	中贸圣佳	2018-11-24
于右任 草书五言联 立轴	110×30cm×2	138,000	荣宝斋（南京）	2018-01-05
于右任 草书五言联 立轴	157×37cm×2	115,000	上海匡时	2018-04-30
于右任 草书五言诗 立轴	113×36cm	126,500	中国嘉德	2018-11-21
于右任 草书辛亥纪念碑词 镜心	28.5×40cm×3	667,000	中贸圣佳	2018-06-20
于右任 草书咏怀诗 立轴	125.5×21cm	103,500	北京匡时	2018-06-16
于右任 草书张载《西铭》四屏 四屏条	67.5×34cm×4	1,495,000	中贸圣佳	2018-11-24
于右任 出师表 立轴	138×38cm	149,500	荣宝斋（南京）	2018-07-15
于右任 对联 立轴	164×40cm×2	805,000	华艺国际	2018-11-16
于右任 对联 立轴	68×17cm×2	253,000	华艺国际	2018-11-16
于右任 对联 立轴	134×33cm×2	230,000	华艺国际	2018-11-16
于右任 二十四桥 立轴	134×32.5cm	241,500	凤凰拍卖	2018-01-21
于右任 冯玉祥 邵元冲 陈树人 等 1933年作 花开大地春图 立轴	124.5×31cm	828,000	西泠拍卖	2018-07-07

拍品名称	物品尺寸	成交价RMB	拍卖公司	拍卖日期
于右任 关山月和黎雄才 草书自作《越调・天淨沙》溪桥行旅 镜片		205,260	纽约苏富比	2018-09-13
于右任 桂枝如雪 立轴	167.5×77.5cm	184,000	凤凰拍卖	2018-01-21
于右任 行草书法 立轴	164×30cm	172,500	中贸圣佳	2018-06-20
于右任 行楷书法 立轴	147×40cm	195,500	中贸圣佳	2018-11-24
于右任 行楷五言联 立轴	143×38cm×2	805,000	中贸圣佳	2018-11-24
于右任 行楷五言联 立轴	146×39.5cm×2	345,000	中贸圣佳	2018-11-24
于右任 行书 立轴	132×33cm	1,058,000	朵云轩	2018-06-24
于右任 行书 立轴	99×43.5cm	460,000	朵云轩	2018-06-24
于右任 行书 立轴	177×47cm	126,500	朵云轩	2018-09-09
于右任 行书 七言联 对联	147.5×38cm×2	161,000	西泠拍卖	2018-09-28
于右任 行书 “仁济为德” 镜心	36×89cm	253,000	中国嘉德	2018-05-18
于右任 行书 “心经” 立轴	66.5×44.5cm	253,000	荣宝斋（南京）	2018-01-05
于右任 行书《般若波罗密多心经》（六幅）立轴	137×34cm×6	609,000	佳士得	2018-05-29
于右任 行书《中流砥柱》镜框	34.5×56.5cm	101,500	佳士得	2018-05-29
于右任 行书八言联 立轴	230×48cm×2	1,035,000	荣宝斋（济南）	2018-07-01
于右任 行书稼轩词 立轴	117×31cm	189,750	上海匡时	2018-04-30
于右任 行书六言联 立轴	165.5×42cm×2	310,500	上海匡时	2018-04-30
于右任 行书倪瓒诗 立轴	130×33cm	184,000	北京匡时	2018-06-16
于右任 行书七言联（两幅）立轴	132×32.5cm×2	188,488	佳士得	2018-11-26
于右任 行书七言联 对联	132×35cm×2	149,500	中贸圣佳	2018-06-20
于右任 行书七言联 立轴	128×30.5cm×2	299,000	北京匡时	2018-06-16
于右任 行书七言诗 立轴	95×43cm	103,500	中国嘉德	2018-11-20
于右任 行书七言诗　木刻 立轴	书法78.8×46.7cm；木刻73.5×45.8cm	276,840	中国嘉德	2018-04-03
于右任 行书五言 对联	131.5×31.5cm×2	1,897,500	朵云轩	2018-06-24
于右任 行书五言 对联	146×39cm×2	460,000	朵云轩	2018-06-24
于右任 行书五言联（两幅）立轴	132×34cm×2	133,050	佳士得	2018-11-26
于右任 行书五言联 镜心	171×46cm×2	805,000	北京荣宝	2018-12-03
于右任 行书五言联 镜心	145×39.5cm×2	540,500	中国嘉德	2018-06-18
于右任 行书五言联 镜心	136.5×34.5cm×2	402,500	北京匡时	2018-06-16
于右任 行书五言联 镜心	149×41cm×2	345,000	中国嘉德	2018-11-21
于右任 行书五言联 镜心	70×17.4cm×2	152,739	中国嘉德	2018-04-03
于右任 行书五言联 立轴	183×40cm×2	1,380,000	北京荣宝	2018-12-03
于右任 行书五言联 立轴	164×42cm×2	1,035,000	北京匡时	2018-06-16
于右任 行书五言联 立轴	170×43cm×2	943,000	北京荣宝	2018-06-14
于右任 行书五言联 立轴	125×34cm×2	805,000	北京匡时	2018-06-16
于右任 行书五言联 立轴	198×42cm×2	667,000	北京荣宝	2018-12-03
于右任 行书五言联 立轴	131×32.5cm×2	575,000	中国嘉德	2018-11-21
于右任 行书五言联 立轴	141×39cm×2	575,000	北京匡时	2018-06-16
于右任 行书五言联 立轴	171.5×44.5cm×2	437,000	中国嘉德	2018-06-19
于右任 行书五言联 立轴	145×39.5cm×2	402,500	北京匡时	2018-06-16
于右任 行书五言联 立轴	134×33cm×2	345,000	北京荣宝	2018-12-03
于右任 行书五言联 立轴	150×38cm×2	293,250	北京翰海	2018-06-29
于右任 行书五言联 立轴	131×33cm×2	287,500	北京荣宝	2018-12-03
于右任 行书五言联 立轴	130×29.5cm×2	253,000	北京匡时	2018-06-16
于右任 行书五言联 立轴	128.5×29.5cm×2	218,500	北京匡时	2018-12-05
于右任 行书五言联 立轴	132×32.5cm×2	195,500	中国嘉德	2018-06-19
于右任 行书五言联 立轴	146×30.5cm×2	115,000	保利厦门	2018-01-08
于右任 行书伍子胥列传 立轴	132×24cm	155,250	北京荣宝	2018-06-14

拍品名称	物品尺寸	成交价RMB	拍卖公司	拍卖日期
于右任 行书一堂 镜心	102×16cm×2；65×32cm	149,500	北京匡时	2018-06-16
于右任 行书致居正七十寿辞 镜心	113×32cm	218,500	北京保利	2018-06-17
于右任 行书朱敦儒词 立轴	88×43cm	184,000	中国嘉德	2018-06-18
于右任 黄庭坚《从张仲谋乞腊梅》立轴	132.5×34cm	115,000	北京诚轩	2018-06-16
于右任 济世功深 镜心	34.2×136cm	264,500	北京诚轩	2018-06-16
于右任 姜白石七言诗 立轴	135×67cm	102,896	保利香港	2018-10-01
于右任 孔小瑜 孟浩然《渡浙江问舟中人》清供图 成扇	18.5×48cm	184,000	北京诚轩	2018-06-16
于右任 寿 镜片		188,155	纽约苏富比	2018-09-13
于右任 书法 镜框	69×45cm	115,000	华艺国际	2018-05-23
于右任 书法 镜心	89×33cm	138,000	荣宝斋（济南）	2018-07-01
于右任 书法 立轴	147×40cm	598,000	华艺国际	2018-11-16
于右任 书法 立轴	174×88cm	575,000	华艺国际	2018-11-16
于右任 书法 立轴	135×55cm	345,000	南京经典	2018-01-06
于右任 书法 立轴	127.5×32cm	172,500	荣宝斋（济南）	2018-07-01
于右任 书法 立轴	110×58cm	172,500	荣宝斋（济南）	2018-07-01
于右任 书法 立轴	70×24.5cm	138,000	荣宝斋（济南）	2018-07-01
于右任 书法 立轴	66.5×33cm	115,000	荣宝斋（济南）	2018-07-01
于右任 书法 立轴	136×33cm	106,400	秦宝斋	2018-01-01
于右任 书法对联（两幅）立轴	128×28.2cm×2	111,650	佳士得	2018-05-29
于右任 书法对联 镜片	131.5×31.5cm×2	151,200	秦宝斋	2018-01-01
于右任 书法对联 立轴	135×33cm×2	190,400	秦宝斋	2018-01-01
于右任 书法条幅 镜心	137×34cm	126,500	北京保利	2018-06-17
于右任 书法中堂 镜心	144×39cm	345,000	北京保利	2018-06-17
于右任 魏碑七言联 立轴	170×46cm×2	575,000	北京保利	2018-06-17
于右任 魏碑七言联 立轴	172×44cm×2	287,500	北京保利	2018-06-17
于右任 魏碑五言联 立轴	169.5×44.5cm×2	2,070,000	上海匡时	2018-04-30
于右任 魏碑五言联 立轴	148×48cm×2	460,000	北京荣宝	2018-12-03
于右任 魏碑五言联·魏碑中堂“陆游农桑诗”立轴	对联164.5×41.5cm×2；中堂165.5×41.5cm	1,050,082	保利香港	2018-04-02
于志学 1999年作 塞外风光 镜心	95×180cm	161,000	北京荣宝	2018-12-03
于志学 2001年作 北疆颂 镜心	69×126cm	115,000	北京荣宝	2018-12-03
于志学 2001年作 塞外春早 镜心	69.5×136cm	138,000	北京荣宝	2018-06-14
于志学 林海雪原 镜心	147.5×90cm	161,000	中国嘉德	2018-11-21
于志学 2002年作 冰雪山水图 手卷	画34.5×137.5cm	138,000	中国嘉德	2018-06-20
余昌宇 车篱赏菊 镜心	136×68cm	281,000	北京歌德	2018-08-25
余昌宇 野逸图 镜心	136×68cm	240,000	北京歌德	2018-08-25
余昌宇 一路连科 镜心	136×68cm	231,800	北京歌德	2018-08-25
余承尧 1984年作 大江忆写图	58×1241cm	8,603,900	佳士得	2018-11-26
余承尧 草书诗四首 未裱	45.2×395.8cm	103,123	纽约苏富比	2018-03-24
余承尧 华山忆写	118×40cm	545,000	香港苏富比	2018-10-01
余承尧 九曲溪山	119.4×44.5cm	255,600	金仕发	2018-05-20
余任天 1964年作 暮色劲松图 镜片	166×124.5cm	287,500	西泠拍卖	2018-07-08
余绍宋 清标玉立图 立轴	177×94.5cm	161,000	西泠拍卖	2018-07-08
余绍宋 箱根道中图	22.2×134cm	138,000	中国嘉德	2018-06-20
俞陛云 商衍瀛 邢端 傅增湘 书法四屏镜心	134×22cm×4	115,000	北京匡时	2018-12-05
俞剑华 黄山奇胜 立轴	134×54cm	103,500	南京经典	2018-01-06
俞剑华 梅香竹清 立轴	137×67cm	105,800	南京经典	2018-01-06
俞剑华 绣球 立轴	127×65cm	161,000	南京经典	2018-01-06
俞剑华 云梯白龙 立轴	136×67cm	103,500	南京经典	2018-01-06
俞剑华 征服世界最高峰 镜心	176×95cm	322,000	南京经典	2018-01-06
俞明 王禹襄 着经图 节临《黄庭经》成扇	18.2×48.5cm	149,500	北京诚轩	2018-06-16
俞明 雪景仕女 立轴	79.4×38cm	172,500	中国嘉德	2018-06-18
俞明 1925年作 面壁 成扇	19×50.5cm	460,000	朵云轩	2018-06-24
俞明 张启后 1932年作 无量寿佛 楷书 成扇	18.5×42cm	121,350	香港苏富比	2018-04-02
俞明 赵世骏 1925年作 文姬归汉 行书 成扇	18.5×50.3cm	222,475	香港苏富比	2018-04-02
俞平伯 1973年作 行书七言诗 镜心	30.5×69cm	138,000	中国嘉德	2018-11-21
俞平伯 1937年作 自书词卷 手卷	书法24×50cm	161,000	中国嘉德	2018-11-20
俞平伯 行书鲁迅诗 立轴	64.5×31cm	155,250	上海嘉禾	2018-06-25
俞振飞 1961年作 行书录牡丹亭词 镜片	27×76cm	155,250	广东崇正	2018-07-04
俞致贞 1956年作 幽翠鸣禽 镜心	28×96.5cm	172,500	北京诚轩	2018-06-16
俞致贞 四季花鸟 镜心	131×60cm×4	575,000	北京匡时	2018-06-15
俞子才 1948年作 万松金阙 立轴	94.4×41.3cm	163,500	香港苏富比	2018-10-02
俞子才 陆抑非 夏日山居 杜甫《草堂诗》成扇	18.6×50.1cm	115,000	北京诚轩	2018-06-16
郁达夫 行书 王安石诗	27×24cm	322,000	中国嘉德	2018-06-20
郁达夫 行书七言联 对联	160×34cm×2	460,000	中贸圣佳	2018-06-20
郁文华 1962年作 松荫雀鸣 立轴	98×52cm	103,500	上海嘉禾	2018-06-25
郁志桐 2017年作 杜牧诗 镜心	138×35cm	149,500	北京翰海	2018-09-16
郁志桐 2017年作 楷书《观书陶神》镜心	35×138cm	126,500	北京翰海	2018-09-16
郁志桐 2017年作 楷书《勿忘国耻》镜心	35×138cm	126,500	北京翰海	2018-09-16
喻慧 2013年作 曾经No.1 镜心	92.5×56.5cm	195,500	上海匡时	2018-04-30
喻慧 太湖庭院图 镜心	134×68cm	207,000	南京经典	2018-07-22
喻慧 太湖幽居图 镜心	134×68cm	195,500	南京经典	2018-07-22
喻慧 心经 白玉兰 镜心	33×123cm	115,000	荣宝斋（上海）	2018-01-21
喻慧 心经 一花一世界 镜心	33×123cm	115,000	荣宝斋（上海）	2018-01-21
喻慧 鹦鹉图 镜心	66×66cm	103,500	南京经典	2018-07-22
喻继高 2013年作 和平新春 镜心	69×70cm	109,250	北京荣宝	2018-12-03
喻继高 芳园春晖 镜心	68×136cm	402,500	南京经典	2018-01-06
喻继高 芳园春晖 镜心	70×120cm	310,500	南京经典	2018-07-22
喻继高 富贵平安 镜心	直径46.5cm	161,000	荣宝斋（南京）	2018-07-15
喻继高 富贵双寿 镜心	96×41cm	126,500	北京荣宝	2018-06-14
喻继高 和平多彩 软片	68×67cm	138,000	上海嘉禾	2018-06-25
喻继高 和平新春 镜心	69×68cm	161,000	荣宝斋（南京）	2018-01-05
喻继高 晴春 镜心	81×41.5cm	345,000	荣宝斋（南京）	2018-07-15
喻继高 喜上眉梢 立轴	105×34cm	184,000	南京经典	2018-01-06
喻仲林 1980年作 荷花 镜框		158,650	纽约佳士得	2018-03-20
喻仲林 草莓雏鸡 镜框	49×32cm	102,240	罗芙奥	2018-06-02

拍品名称	物品尺寸	成交价RMB	拍卖公司	拍卖日期
喻仲林 竹鹤图 镜框	49×74cm	191,700	罗芙奥	2018-06-02
袁克文 1927年作 楷书秋风三章 镜心	26.5×30.5cm	105,800	北京匡时	2018-06-16
袁克文 草篆五言联 立轴	146×37cm×2	402,500	中国嘉德	2018-11-21
袁克文 行书读书诗 成扇	20×52cm	149,500	北京匡时	2018-12-05
袁克文 行书五言联 立轴	130×33cm×2	667,000	北京匡时	2018-06-16
袁克文 行书五言联 立轴	128×32cm×2	287,500	中国嘉德	2018-06-20
袁克文 隶书四言联 立轴	147×40cm×2	149,500	北京匡时	2018-06-16
袁克文 隶书五言联 立轴	a136.5×33.5cm×2	368,000	中贸圣佳	2018-11-24
袁克文 书法 立轴	112×33cm	149,500	南京经典	2018-01-06
袁克文 书联 立轴	170×36.5cm×2	1,702,000	南京经典	2018-07-22
袁励准 1931年作 书法 立轴	80×40cm	149,500	华艺国际	2018-05-23
袁松年 青绿山水春夏秋冬 四屏镜框	61×23cm×4	169,500	广东省拍	2018-09-20
袁武 1987年作 孟浩然诗意图 立轴	102×52cm	207,000	北京荣宝	2018-05-18
袁武 2007年作 秦始皇 镜心	197.5×96.5cm	425,500	中国嘉德	2018-11-22
袁武 2009年作 春风送暖 镜心	68.5×69cm	103,500	北京荣宝	2018-05-18
袁武 2014年作 观鹅图 镜心	34.5×138cm	161,000	北京保利	2018-06-18
袁武 孔子 镜心	145×179.5cm	379,500	荣宝斋（济南）	2018-06-30
袁武 人物 镜片	121×260cm	616,000	湖南逸典	2018-06-09
袁武 赏菊图 立轴	102×50cm	138,000	北京荣宝	2018-05-18
袁武 听松图 镜心	68×68cm	109,250	荣宝斋（济南）	2018-06-30
袁武 听松图 镜心	68×68cm	101,200	荣宝斋（济南）	2018-06-30
袁武 文姬归汉图 镜心	136×69cm	230,000	荣宝斋（济南）	2018-06-30
袁武 羲之爱鹅图 镜心	68×68cm	115,000	北京荣宝	2018-12-03
袁武 迎福图 镜心	69×69cm	189,750	荣宝斋（济南）	2018-06-30
袁学君 2018年作 开门见山 镜心	138.5×69cm	368,000	北京荣宝	2018-12-03
袁旃 2009年 加官跳	118.5×72.5cm	402,500	中国嘉德	2018-11-21
圆霖 阿弥陀佛 立轴	75×38cm	149,500	南京经典	2018-01-06
圆霖 观音大士 镜心	116×66cm	345,000	南京经典	2018-01-06
圆霖 观音大士 立轴	179×96cm	517,500	南京经典	2018-01-06
圆霖 皆大欢喜 镜心	134×68cm	103,500	南京经典	2018-01-06
圆霖 皆大欢喜 立轴	102×66cm	655,500	南京经典	2018-01-06
圆霖 老拙图 镜心	134×34cm	138,000	南京经典	2018-01-06
圆霖 十六尊者 册页	41×28cm×16	471,500	南京经典	2018-01-06
圆霖 十六尊者 立轴	66×33cm×16	391,000	南京经典	2018-01-06
圆霖 十三祖师 立轴	91×45cm×13	7,015,000	南京经典	2018-01-06
圆霖 世尊成道 镜心	44×68cm	109,250	南京经典	2018-01-06
圆霖 双寿 镜心	74×41cm	230,000	南京经典	2018-01-06
圆霖 四大名山 立轴	90×34cm×4	184,000	南京经典	2018-01-06
圆霖 唐人诗意图 镜心	134×73cm	310,500	南京经典	2018-01-06
圆霖 西方三圣 镜心	画101×68cm；书136×23cm×2	529,000	南京经典	2018-01-06
圆霖 西方三圣 镜心	84×53cm	368,000	南京经典	2018-01-06
圆霖 西方三圣 镜心	画77×52cm；书95×17cm×2	345,000	南京经典	2018-01-06
圆霖 西方三圣 镜心	96×60cm	299,000	南京经典	2018-01-06
圆霖 西方三圣 镜心	102×69cm	253,000	南京经典	2018-01-06
圆霖 西方三圣 镜心	画68×46cm；书136×23cm×2	207,000	南京经典	2018-01-06
圆霖 相对无语 镜心	96×59cm	138,000	南京经典	2018-01-06
圆霖 云冈石窟大佛 手卷	画24×39cm	241,500	南京经典	2018-01-06
圆霖法师 达摩面壁图 立轴	106×68.5cm	322,000	南京经典	2018-07-22
圆霖法师 峨眉纪游 立轴	127×45cm	161,000	南京经典	2018-07-22
圆霖法师 仿石涛山水 镜心	120×40cm	977,500	南京经典	2018-07-22
圆霖法师 观音大士 镜心	画138×68cm；书138×22.5cm×2	103,500	南京经典	2018-07-22
圆霖法师 虎溪三笑 镜心	97×179cm	333,500	南京经典	2018-07-22
圆霖法师 皆大欢喜 立轴	画138×68cm；书138×34cm×2	218,500	南京经典	2018-07-22
圆霖法师 南无阿弥陀佛 立轴	137×68cm	253,000	南京经典	2018-07-22
圆霖法师 南无观世音菩萨 立轴	70×33.5cm	575,000	南京经典	2018-07-22
圆霖法师 南无观世音菩萨 立轴	画66×33cm；书96×13cm×2	218,500	南京经典	2018-07-22
圆霖法师 人物图册 册页	50×70cm×16	143,750	南京经典	2018-07-22
圆霖法师 山水 立轴	100×70cm	189,750	南京经典	2018-07-22
圆霖法师 十六尊者 册页	22.5×17cm×16	299,000	南京经典	2018-07-22
圆霖法师 书画图册 册页	29×40cm×21	126,500	南京经典	2018-07-22
圆霖法师 蜀山纪游 镜心	画106×68cm；书104×17cm×2	287,500	南京经典	2018-07-22
圆霖法师 四大名山 立轴	54×28cm×4	218,500	南京经典	2018-07-22
圆霖法师 太湖春 镜心	52×148cm	103,500	南京经典	2018-07-22
圆霖法师 西方三圣 镜心	88×48cm	276,000	南京经典	2018-07-22
圆霖法师 西方三圣 立轴	68×45cm	207,000	南京经典	2018-07-22
圆霖法师 西方三圣 立轴	138×69cm	207,000	南京经典	2018-07-22
圆霖法师 西方三圣 立轴	91×68cm	138,000	南京经典	2018-07-22
圆霖法师 竹林观音 镜心	62×27cm	299,000	南京经典	2018-07-22
圆瑛 行书七言诗 立轴	127.5×30cm	322,000	保利厦门	2018-07-15
岳黔山 2015年作 黔东南景色 镜心	46×69cm	138,000	北京荣宝	2018-06-14
杂家 书画纪念册册（二十开）	28×39.7cm×20	1,526,000	香港苏富比	2018-10-02
载瀛 溥伒 朱庆祺 等 山水、杂画扇面集锦（三十三帧选登九）圆光、扇面	尺寸不一	343,663	中国嘉德	2018-04-03
臧跃军 2016年作 心灵佛光五 镜心	158×91cm	460,000	北京保利	2018-06-18
乍启典 等 盛世长春 镜心	191×500cm	253,000	荣宝斋（济南）	2018-07-01
乍启典 冠上加冠 立轴	90×48cm	103,500	荣宝斋（济南）	2018-07-01
乍启典 塘趣	180×70cm	762,713	中正拍卖	2018-06-28
张安治 1941年作 万众一心 镜心	107.5×429cm	1,150,000	中国嘉德	2018-11-21
张北云 2015年作 天上人间 立轴	136×69cm	184,000	北京保利	2018-12-06
张伯驹 1979年作 梅花 行书七言联 镜心	画63×28.5cm；书法63×12.5cm×2	218,500	北京荣宝	2018-06-14
张伯驹 行书七言联 对联	56×14cm×2	195,500	中国嘉德	2018-01-13
张伯驹 行书七言联 对联	69×14cm×2	195,500	中国嘉德	2018-01-13
张伯驹 行书七言联 立轴	101.5×22cm×2	138,000	荣宝斋（南京）	2018-01-05
张伯驹 红梅 立轴	41×70.5cm	115,000	上海匡时	2018-04-30
张伯驹 潘素 书画合璧 立轴、镜心	字67×23cm；画46×23.5cm	343,663	中国嘉德	2018-04-03
张伯驹 1952年作 风蕙 立轴	55×45cm	1,646,336	中国嘉德	2018-10-03
张伯驹 四君子图 手卷	画17×128cm	115,000	中国嘉德	2018-11-21
张伯英 1928年作 楷书七言联 立轴	133.5×33cm×2	115,000	北京翰海	2018-06-29

拍品名称	物品尺寸	成交价RMB	拍卖公司	拍卖日期
张伯英 1934年作 楷书《答杨济甫》立轴	130×63cm	195,500	上海匡时	2018-04-30
张伯英 1938年作 行书七言诗 横披	83×171cm	368,000	北京匡时	2018-06-16
张伯英 1938年作 楷书八言联 立轴	229×38cm×2	460,000	北京翰海	2018-06-29
张伯英 行楷书 立轴	104×39cm	115,000	北京翰海	2018-06-29
张伯英 行楷书七言联 立轴	131×31cm×2	161,000	北京翰海	2018-06-29
张伯英 行书八言联 对联	123×24.5cm×2	103,500	中贸圣佳	2018-06-20
张伯英 行书七言联 立轴	140×36.5cm×2	126,500	北京荣宝	2018-12-03
张伯英 楷书七言联 镜心	97×21cm×2	115,000	北京翰海	2018-01-14
张伯英 楷书四言联 立轴	131×32cm×2	172,500	北京翰海	2018-01-14
张充和 1982年作 楷书辛弃疾词 镜心	34×51cm	230,000	北京保利	2018-06-17
张充和 2004年作 题凤凰沈从文墓 画心	45×36.5cm	166,750	西泠拍卖	2018-07-08
张大千（款）1946年作 暮染霜山 画心	109×42cm	146,674	台北艺流	2018-12-01
张大千（款）1947年作 彩霞山水 画心	102×33cm	133,340	台北艺流	2018-12-01
张大千（款）寒山雪色	88×31.5cm	813,560	中正拍卖	2018-06-28
张大千 "故乡风味"书法 镜框	113×60cm	207,000	华艺国际	2018-05-23
张大千 1927年作 仿唐寅山居谭道图 立轴	144.5×80.3cm	2,760,000	北京保利	2018-12-07
张大千 1928年作 行书"无华堂"镜心	35×74cm	138,000	北京荣宝	2018-06-14
张大千 1928年作 团扇仕女图 镜片	80.5×21cm	218,500	西泠拍卖	2018-05-05
张大千 1929年作 灵石 山水 镜心	38.5×27.5cm×2	345,000	上海匡时	2018-04-30
张大千 1929年作 书法 镜片		753,588	纽约佳士得	2018-03-20
张大千 1929年作 松下观瀑 镜片	361×140.5cm	13,800,000	华艺国际	2018-05-23
张大千 1931年作 行书五言联 镜心	144×39cm×2	483,000	北京保利	2018-12-07
张大千 1932年作 荷花 轴	135.5×67cm	456,660	台北艺流	2018-06-30
张大千 1933年作 极目江天 立轴	134×45.5cm	747,500	北京翰海	2018-06-29
张大千 1933年作 拟石涛山水 立轴	78×31.5cm	184,000	北京翰海	2018-06-29
张大千 1933年作 闲情赋仕女 镜片	104×40cm	1,092,500	上海泓盛	2018-06-27
张大千 1934年作 宝积寺 立轴	133×60cm	2,599,000	华艺国际	2018-11-16
张大千 1934年作 草泽风云 立轴	131×55cm	517,500	北京匡时	2018-06-15
张大千 1934年作 罗浮飞瀑 行书自作诗 成扇	17.5×47cm	218,500	上海匡时	2018-04-30
张大千 1934年作 拟吴伟仕女 镜框	130×57.5cm	1,725,000	华艺国际	2018-11-16
张大千 1934年作 秋山文会 镜心	本幅9.5×86cm	174,923	北京匡时	2018-10-03
张大千 1934年作 山静日长 立轴	95.5×40.5cm	276,000	北京翰海	2018-06-29
张大千 1934年作 仕女 立轴	136×58cm	920,000	北京荣宝	2018-12-03
张大千 1935年作 红叶双栖 立轴	111×32cm	2,300,000	北京匡时	2018-06-15
张大千 1935年作 天女散花 立轴	167×72cm	84,525,000	北京保利	2018-06-17
张大千 1935年作 无量寿佛 立轴	134.5×66cm	2,415,000	华艺国际	2018-11-16
张大千 1936年作 海棠春睡图 镜心	108×46cm	391,000	北京翰海	2018-01-14
张大千 1936年作 华山万年松 立轴	63.5×18.7cm	942,438	佳士得	2018-11-26
张大千 1936年作 天女拈花图 立轴	144×65cm	11,500,000	北京保利	2018-06-17
张大千 1936年作 天女散花图 立轴	130×53cm	34,730,000	华艺国际	2018-11-16
张大千 1936年作 纨扇仕女图 立轴	130.5×50cm	1,495,000	西泠拍卖	2018-07-07
张大千 1936年作 巫山侠影图 镜框	78×33cm	1,265,000	北京荣宝	2018-12-03
张大千 1936年作 岩壑秋高图 立轴	143×73.5cm	4,559,180	佳士得	2018-11-26
张大千 1937年作 桃花雪羽 立轴	107.5×46cm	6,440,000	北京匡时	2018-06-15
张大千 1938年作 高寻白帝问真源 立轴	98×43cm	1,725,000	北京荣宝	2018-06-14
张大千 1938年作 荷花鸳鸯 立轴	117.5×48cm	13,570,000	北京匡时	2018-12-06
张大千 1938年作 明皇安乐图 立轴	92×31cm	1,955,024	北京匡时	2018-10-03
张大千 1938年作 齐眉 立轴	126×57cm	747,500	北京匡时	2018-06-15
张大千 1938年作 秋江钓艇 镜心	105×46.5cm	782,000	北京匡时	2018-12-06
张大千 1938年作 童子拜观音 立轴	95.5×56cm	1,782,500	北京翰海	2018-06-29
张大千 1938年作 洗桐图 立轴	114×32cm	1,610,000	华艺国际	2018-11-16
张大千 1939年作 仕女图 立轴	104×32cm	575,000	保利山东	2018-11-22
张大千 1940年作 行书山水 成扇	18×42cm	190,275	台北艺流	2018-06-30
张大千 1940年作 行书山水 成扇	18×45cm	177,590	台北艺流	2018-06-30
张大千 1940年作 四川山色 镜框	146×81cm	14,659,080	香港苏富比	2018-04-02
张大千 1940年作 苏长公行吟图 立轴	152.5×40.5cm	908,500	华艺国际	2018-11-16
张大千 1941年作 独坐看松 立轴	95.5×38.5cm	507,500	佳士得	2018-05-29
张大千 1941年作 竹坪高士图 扇面	52×18cm	322,000	西泠拍卖	2018-07-07
张大千 1943年作 佳藕图 镜框	165×82cm	51,978,200	佳士得	2018-11-26
张大千 1943年作 临敦煌观音像 镜框	189×86cm	41,895,676	香港苏富比	2018-10-02
张大千 1943年作 无量得福 立轴	64×37cm	5,635,000	华艺国际	2018-11-16
张大千 1944年作 百龄图 立轴	30.5×25cm	345,000	北京匡时	2018-06-15
张大千 1944年作 春酒红梅	113×59cm	424,725	邦瀚斯	2018-04-03
张大千 1944年作 红叶双鸟 立轴	110×72cm	5,410,700	佳士得	2018-11-26
张大千 1944年作 黄山光明顶 立轴	93×39cm	460,000	上海匡时	2018-04-30
张大千 1944年作 金城玉女 立轴	109×40cm	943,000	北京匡时	2018-12-05
张大千 1944年作 金顶观云图 立轴	83.5×41cm	1,909,240	保利香港	2018-04-02
张大千 1944年作 临江高士 立轴	102.5×50cm	678,500	北京匡时	2018-12-05
张大千 1944年作 临江高士 立轴	100×33cm	575,000	北京匡时	2018-06-15
张大千 1944年作 小馨百寿图 立轴	102×33cm	1,840,000	北京匡时	2018-12-06
张大千 1945年作 苍松翠竹图 立轴	137×68.5cm	1,150,000	北京荣宝	2018-06-14
张大千 1945年作 峡江图 立轴	82×41cm	598,000	北京保利	2018-06-17
张大千 1946年作 观世音菩萨 立轴		3,734,621	纽约佳士得	2018-03-20
张大千 1946年作 鸾镜艳朝霞 立轴	115×45cm	4,025,000	北京荣宝	2018-06-14
张大千 1946年作 拟宋元山水 行书画论格锦	18.5×48cm	758,438	邦瀚斯	2018-04-03
张大千 1946年作 近代 唐人壁画观音	131×67cm	34,500,000	深圳至正国际	2018-08-25
张大千 1947年作 行吟图 成扇	19×50cm	460,000	北京保利	2018-12-08
张大千 1947年作 荷花 立轴	142×65cm	427,625	纽约佳士得	2018-09-11
张大千 1947年作 巨然晴峰图 镜心	117.5×49.5cm	2,300,000	北京匡时	2018-06-15
张大千 1947年作 李白行吟图 立轴	104×34cm	575,000	北京保利	2018-12-08
张大千 1947年作 秋林晓霭 镜心	93×40cm	1,840,000	北京保利	2018-12-07
张大千 1947年作 松壑茅亭图 立轴	133×65cm	3,220,000	北京保利	2018-12-07
张大千 1947年作 薛涛制笺图 镜心	86×47cm	230,000	北京翰海	2018-05-13
张大千 1948年作 芙蓉 立轴	70×29cm	517,500	华艺国际	2018-11-16
张大千 1948年作 行书横琴待鹤 镜片	94×31cm	264,500	西泠拍卖	2018-07-07
张大千 1948年作 行书"古道秋风"镜心	34×112.5cm	138,000	北京匡时	2018-12-05
张大千 1948年作 梨花鸠子图 镜片	103×44cm	3,450,000	精诚所至	2018-05-12
张大千 1948年作 林壑萧散 立轴	126×51.3cm	2,224,880	佳士得	2018-05-29
张大千 1948年作 山水 江堤晚景 长卷	82×405cm	71,036,000	台北艺流	2018-06-30
张大千 1948年作 天师洞 立轴	70×44cm	5,175,000	上海匡时	2018-04-30
张大千 1948年作 天师洞 立轴	70×44cm	4,630,320	北京匡时	2018-10-03
张大千 1949年作 扁舟独钓 扇面 镜框	17.3×51cm	424,725	香港苏富比	2018-04-02
张大千 1949年作 翠叶栖禽 行书纪游诗 扇面 镜框	各18.5×51.8cm×2	1,090,000	香港苏富比	2018-10-02
张大千 1949年作 观瀑图 立轴	117×53cm	2,300,000	华艺国际	2018-05-23
张大千 1949年作 摹莫高窟晚唐供养菩萨 镜心	画心74.5×51cm；诗堂27.5×51cm	13,800,000	北京保利	2018-06-17
张大千 1949年作 凝思 镜框	55×35.5cm	5,921,880	香港苏富比	2018-04-02

拍品名称	物品尺寸	成交价RMB	拍卖公司	拍卖日期
张大千 1949年作 秋思图 立轴	90.3×41.3cm	1,928,500	佳士得	2018-05-29
张大千 1950年作 高仕童子图 镜心	118×53cm	3,450,000	北京荣宝	2018-12-03
张大千 1950年作 云山寻幽 立轴	86×46cm	2,291,088	保利香港	2018-04-02
张大千 1951年作 芍药花 立轴	100×47cm	690,000	华艺国际	2018-05-23
张大千 1952年作 行吟贯酒图 镜心	90.5×45cm	2,530,000	北京荣宝	2018-12-03
张大千 1953年作 彩荷图 立轴	135×68.5cm	2,990,000	北京荣宝	2018-06-14
张大千 1953年作 东丹王人马图 立轴	60×73.5cm	13,707,840	香港苏富比	2018-10-02
张大千 1953年作 国色天香 纸板镜框	26×23cm	263,900	佳士得	2018-05-29
张大千 1953年作 荷花 立轴	131×29cm	977,500	北京荣宝	2018-06-14
张大千 1953年作 荷花 团扇	27×28cm	143,193	保利香港	2018-04-02
张大千 1953年作 峭壁听泉 立轴	49×51cm	460,000	上海匡时	2018-04-30
张大千 1953年作 听泉觅句 立轴	49×51cm	483,611	北京匡时	2018-10-03
张大千 1953年作 樱桃 镜心	直径30cm	172,500	北京保利	2018-12-09
张大千 1954年作 轻舟独钓 镜框	89.5×44.5cm	1,116,500	佳士得	2018-05-29
张大千 1954年作 秋江钓艇图 镜心	115×54.5cm	9,200,000	北京匡时	2018-06-15
张大千 1956年作 羣芳真色	27×35cm each（10）	809,000	邦瀚斯	2018-04-03
张大千 1956年作 四季图 立轴	52×35cm×4	2,185,000	北京保利	2018-06-17
张大千 1957年作 墨竹 立轴	44×51.5cm	303,375	香港苏富比	2018-04-02
张大千 1959年作 报春图 立轴	92×35cm	483,000	北京匡时	2018-05-21
张大千 1959年作 登高思远图 镜心	123.5×52cm	1,817,000	上海匡时	2018-04-30
张大千 1959年作 古松观瀑 立轴	70×48cm	667,000	北京荣宝	2018-06-14
张大千 1959年作 红荷 扇面 成扇	26.5×30.5cm	173,342	台北艺流	2018-12-01
张大千 1959年作 兰石图 镜心	29×40cm	154,344	保利香港	2018-10-01
张大千 1959年作 茅屋帆影·七言绝句 成扇	16.5×48cm	400,940	保利香港	2018-04-02
张大千 1959年作 岁寒三友 镜框	70.9×47.6cm	1,928,500	佳士得	2018-05-29
张大千 1961年作 黄山自画像 立轴	192×102cm	7,863,480	香港苏富比	2018-04-02
张大千 1961年作 秋山远帆 立轴	92×34.5cm	657,313	香港苏富比	2018-04-02
张大千 1961年作 瑞士景色 立轴		3,591,960	香港苏富比	2018-04-02
张大千 1961年作 溪江独钓图 镜框	48.2×25.7cm	352,560	羅芙奥	2018-12-01
张大千 1961年作　近现代 松下高士图 镜框	83×48cm	2,070,000	深圳至正国际	2018-08-25
张大千 1962年作 泼彩山水 纸板镜框	39×51.6cm	2,614,640	佳士得	2018-05-29
张大千 1962年作 松崖逸士 立轴	143×73cm	2,875,000	北京保利	2018-12-07
张大千 1962年作 颂橘第二图 镜心	69×134cm	7,820,000	北京匡时	2018-06-15
张大千 1962年作 悬泉图 立轴	134×67cm	2,325,875	香港苏富比	2018-04-02
张大千 1963年作 大屋山登高 立轴	184.3×95cm	5,750,000	华艺国际	2018-05-23
张大千 1963年作 风展素裳 立轴	136.9×69.9cm	4,465,680	香港苏富比	2018-04-02
张大千 1963年作 观泉图 木板镜框	134×68cm	52,150,700	佳士得	2018-05-29
张大千 1963年作 摩诘山园一角 立轴	135×54cm	2,300,000	北京保利	2018-06-17
张大千 1963年作 三十六陂秋色 镜心	91.5×42cm	391,005	保利香港	2018-10-01
张大千 1963年作 上寿图 立轴	80×46cm	1,725,000	北京荣宝	2018-06-14
张大千 1963年作 松菌 纸板镜框	43.8×36.2cm	332,625	佳士得	2018-11-26
张大千 1963年作 竹菊图 镜框	120×56.5cm	1,193,280	羅芙奥	2018-12-01
张大千 1964年作 巴蜀之游 轴	96.5×61.7cm	1,141,650	台北艺流	2018-06-30
张大千 1964年作 瑞士小景 镜心	43.5×86.5cm	2,760,000	北京保利	2018-12-07
张大千 1965年作 白荷 镜框	95.5×62.5cm	1,663,125	佳士得	2018-11-26
张大千 1965年作 独往秋山 镜框	89.5×45.7cm	1,624,000	佳士得	2018-05-29
张大千 1965年作 红树秋山 镜框	35×41.5cm	4,346,300	佳士得	2018-11-26
张大千 1965年作 云岚飞瀑 木板镜框	94×59.4cm	6,049,340	佳士得	2018-11-26
张大千 1965年作 自画像 镜框	133.2×67.3cm	1,011,250	香港苏富比	2018-04-02
张大千 1966年作 行书七言联 镜心	135.2×33.3cm×2	632,500	北京保利	2018-12-07
张大千 1966年作 蓬莱山色 镜框	72×48.5cm	1,108,750	佳士得	2018-11-26
张大千 1966年作 泼墨黄山 镜框	61×61cm	2,712,080	佳士得	2018-05-29

拍品名称	物品尺寸	成交价RMB	拍卖公司	拍卖日期
张大千 1967年作 春山瑞雪 行书七绝（一对）镜框	书67.5×185.5cm；画67.2×186.8cm	67,151,450	香港苏富比	2018-04-02
张大千 1967年作 独往秋山 立轴	93.5×42.5cm	831,563	佳士得	2018-11-26
张大千 1967年作 荷花 镜框	137×67.5cm	665,250	佳士得	2018-11-26
张大千 1967年作 利事三倍 镜框	44.3×59.7cm	859,563	香港苏富比	2018-04-02
张大千 1967年作 松间行者图 镜心	98×47cm	1,092,500	北京荣宝	2018-12-03
张大千 1967年作　近代 荷花图 镜框	109×48cm	3,565,000	深圳至正国际	2018-08-25
张大千 1968年作 乔木芳晖 镜心	45×60cm	4,715,000	北京保利	2018-06-17
张大千 1968年作 秋水长天 镜心	60×120cm	920,000	北京保利	2018-12-08
张大千 1968年作 五鱼图 镜心	33.5×44.5cm	174,923	保利香港	2018-10-01
张大千 1969年作 雪山古寺 纸板镜框	45×60cm	8,071,280	佳士得	2018-05-29
张大千 1969年作 湖山景色 镜框	53.9×106.6cm	8,057,640	香港苏富比	2018-04-02
张大千 1969年作 溪山晓蔼 镜框	53.5×75.1cm	2,224,750	香港苏富比	2018-04-02
张大千 1969年作 烟江夕照 镜框	63.5×128.3cm	12,861,500	佳士得	2018-11-26
张大千 1970年作 翠盖朱裳 镜框	136.3×69.8cm	3,397,800	香港苏富比	2018-04-02
张大千 1970年作 溪桥晚色 镜框	66×165cm	59,340,000	华艺国际	2018-05-23
张大千 1971年作 出水芙蓉 镜框	136×68.5cm	3,199,280	佳士得	2018-05-29
张大千 1971年作 翠叶蒙茸图 镜片	70×45cm	345,000	西泠拍卖	2018-07-07
张大千 1971年作 行书 节录礼记 镜片	67×39.5cm	264,500	西泠拍卖	2018-07-07
张大千 1971年作 行书七言联 立轴	120.4×29.7cm×2	424,725	香港苏富比	2018-04-02
张大千 1971年作 芍药 镜框	60.2×44.3cm	556,188	香港苏富比	2018-04-02
张大千 1972年作 西山春晓 纸板镜框	45×52.5cm	2,517,200	佳士得	2018-05-29
张大千 1972年作 烟雨姑苏 纸板镜框	39.5×78.5cm	5,197,820	佳士得	2018-11-26
张大千 1972年作 鱼乐图 立轴	36×48.5cm×2	113,186	北京匡时	2018-10-03
张大千 1973年作 高士观山 镜框	138×70cm	5,440,400	佳士得	2018-05-29
张大千 1973年作 泼墨荷花 镜心	135×69cm	3,450,000	北京保利	2018-12-07
张大千 1973年作 秋山隐居 镜框	24×27cm	1,725,500	佳士得	2018-05-29
张大千 1973年作 山寺悬泉 镜框	23.3×26.5cm	1,995,750	佳士得	2018-11-26
张大千 1973年作 松下高仕 立轴	111×51cm	1,431,930	保利香港	2018-04-02
张大千 1974年作 奇石图 镜心	41×137cm	920,000	北京保利	2018-06-17
张大千 1976年作 湖上泛舟 镜片	95.5×51.5cm	3,565,000	朵云轩	2018-06-24
张大千 1976年作 松崖高士 镜框	45×52.5cm	707,875	香港苏富比	2018-04-02
张大千 1976年作 鱼若空行无所依 镜框	90×44.7cm	599,500	香港苏富比	2018-10-02
张大千 1977年作 阔浦遥山 镜框	34.3×67.5cm	1,011,250	香港苏富比	2018-04-02
张大千 1977年作 牡丹 镜心	45.5×83cm	690,000	上海匡时	2018-04-30
张大千 1977年作 水殿暗香 立轴	106×48cm	1,725,000	北京保利	2018-12-08
张大千 1978年作 叱石成羊 镜框	60×30cm	121,350	香港苏富比	2018-04-02
张大千 1978年作 荷花 镜心	60×98.5cm	1,145,544	中国嘉德	2018-04-03
张大千 1978年作 梅花争春 镜心	69×137cm	747,500	北京匡时	2018-06-15
张大千 1978年作 耦藕图 镜片	60.5×29cm	207,000	西泠拍卖	2018-07-07
张大千 1978年作 芍药 镜框	48.5×92cm	964,250	佳士得	2018-05-29
张大千 1978年作 松风高士 镜心	65×114cm	2,415,000	北京保利	2018-12-08
张大千 1978年作 云峰 镜框	53.2×75cm	2,419,760	佳士得	2018-05-29
张大千 1979年作 富贵图 立轴	68×41cm	632,500	广东崇正	2018-07-05
张大千 1979年作 庐山鄱阳湖图 镜框	45×89.7cm	4,813,440	香港苏富比	2018-10-02
张大千 1979年作 疏池荷香 镜心	47×67.5cm	823,168	保利香港	2018-10-01
张大千 1979年作 松壑烟波 镜框	69×91cm	3,004,400	佳士得	2018-05-29
张大千 1980年作 碧塘白荷 镜框	86×84.5cm	9,668,300	佳士得	2018-11-26
张大千 1980年作 泛舟图 镜心	36.5×97cm	535,059	北京匡时	2018-10-03
张大千 1980年作 行书“知俭堂”镜心	59.5×163.5cm	432,163	保利香港	2018-10-01
张大千 1980年作 行书七言联 立轴	133.4×33.8cm×2	261,600	香港苏富比	2018-10-02
张大千 1980年作 荷塘游鱼 镜框	71.5×138cm	5,545,920	香港苏富比	2018-10-02

拍品名称	物品尺寸	成交价RMB	拍卖公司	拍卖日期
张大千 1980年作 荷塘鱼戏 立轴	137×68cm	2,702,500	鼎天国际	2018-01-07
张大千 1980年作 泼彩钩金朱荷 镜心	58×116cm	33,925,000	北京保利	2018-06-17
张大千 1980年作 清供图 镜框	58×103.5cm	887,000	佳士得	2018-11-26
张大千 1980年作 少有道气 镜心	50×94cm	1,749,232	中国嘉德	2018-10-03
张大千 1980年作 四时花卉 镜框	69.5×136.2cm	4,756,920	香港苏富比	2018-04-02
张大千 1980年作 宜富当贵 镜心	55×115cm	1,028,960	保利香港	2018-10-01
张大千 1980年作 云山飞瀑 立轴	92.7×42.5cm	1,710,500	纽约佳士得	2018-09-11
张大千 1981年作 红衣高仕 立轴	111×59cm	1,725,000	北京荣宝	2018-06-14
张大千 1981年作 水殿荷香 镜框	65×114cm	3,978,800	佳士得	2018-05-29
张大千 1981年作 松畔远眺 镜框	69.3×137cm	2,030,000	佳士得	2018-05-29
张大千 1982年作 碧荷图 立轴	96.5×51.5cm	402,500	北京匡时	2018-06-15
张大千 1982年作 彩荷图 镜心	107×53.5cm	1,667,500	北京匡时	2018-12-06
张大千 1982年作 降福驱邪 镜片	100×54.5cm	2,875,000	广东崇正	2018-07-04
张大千 1982年作 乔木芳晖 镜框	177×61cm	17,620,400	佳士得	2018-05-29
张大千 1982年作 西樵苍翠 镜框	45×71cm	1,522,500	佳士得	2018-05-29
张大千 1982年作 宜富当贵 镜框	44×52cm	443,500	佳士得	2018-11-26
张大千 1982年作 仿宋徽宗竹禽图 镜框	50.5×94cm	1,928,500	佳士得	2018-05-29
张大千 芭蕉栀子花 立轴	18×51cm	253,000	北京保利	2018-05-21
张大千 白荷 镜心	39×59.5cm	460,000	荣宝斋（上海）	2018-01-21
张大千 白荷 镜心	46×90cm	161,000	荣宝斋（上海）	2018-01-21
张大千 白描荷花 立轴		812,488	纽约苏富比	2018-09-13
张大千 1956年作 自画像 立轴	46×51cm	460,000	中国嘉德	2018-05-19
张大千 1966年作 益都纪游 立轴	本幅96×60.5cm	5,980,000	中国嘉德	2018-11-20
张大千 1966年作 墨蕉 立轴	81×44.5cm	496,402	中国嘉德	2018-04-03
张大千 1966年作 松山云霭 立轴	96×49cm	2,070,000	中国嘉德	2018-06-18
张大千 1946年作 行书七言 对联芯	127×21.5cm×2	184,000	朵云轩	2018-06-24
张大千 1946年作 拟北苑潇湘图 立轴	99×47cm	1,150,000	中国嘉德	2018-06-19
张大千 1946年作 拟石溪秋林清霭 立轴	153×49cm	13,800,000	中国嘉德	2018-11-20
张大千 1946年作 山水 立轴	139.1×43.3cm	350,784	万昌斯	2018-05-30
张大千 1946年作 剑门寄景 行书自作《题五丁》七绝 成扇	23×66cm	805,000	中国嘉德	2018-06-19
张大千 1946年作 松下高士 镜心	89.5×33.5cm	437,000	中国嘉德	2018-11-20
张大千 1946年作 潇湘图 立轴	98×47cm	920,000	中国嘉德	2018-11-21
张大千 1946年作 折柳仕女 镜心	117×40.5cm	308,688	中国嘉德	2018-10-03
张大千 擘窠书《万善缘胜会》横批	76×260.5cm	1,507,175	纽约苏富比	2018-03-22
张大千 菜单—白切鸡 葱泡鱿鱼丝（两幅）镜片	14.3×35.5cm; 26.7×38.3cm	475,950	纽约佳士得	2018-03-20
张大千 菜单—白豆腐干 水铺牛肉（两幅）镜片	25×50cm; 27.8×18cm	634,600	纽约佳士得	2018-03-20
张大千 菜单—干烧鳇翅 红煨七珍（两幅）镜片	20.4×44.5cm; 26.7×49.8cm	634,600	纽约佳士得	2018-03-20
张大千 菜单—红煨七珍 干烧明虾（两幅）镜片	26.5×58cm; 25.5×34.2cm	555,275	纽约佳士得	2018-03-20
张大千 菜单—鸡翅鸟参 葱油鸡（两幅）镜片	23×78.5cm; 29.8×59.6cm	713,925	纽约佳士得	2018-03-20
张大千 菜单—鸡油黄豆 橙皮鸡（两幅）镜片	25.2×37.2cm; 32.5×55.4cm	674,263	纽约佳士得	2018-03-20
张大千 菜单—青冈菜 姜汁鸡（两幅）镜片	23.5×74cm; 26.7×19cm	674,263	纽约佳士得	2018-03-20
张大千 菜单—小莞荳 炸鸭脑（两幅）镜片	15.4×54.5cm; 19.3×26.5cm	674,263	纽约佳士得	2018-03-20
张大千 菜单—樱桃肉 拌胡豆 干烧小包翅（三幅）镜片	19×30cm; 26.7×38.3cm; 15.8×35.7cm	594,938	纽约佳士得	2018-03-20
张大千 菜单—鱼翅 烩丝瓜（两幅）镜片	10.6×49cm; 26.7×19cm	674,263	纽约佳士得	2018-03-20
张大千 策杖行吟图 立轴	82×35cm	345,000	荣宝斋（南京）	2018-01-05
张大千 陈少梅 马晋 徐操 山水人物 四屏镜心	107×27cm×4	517,500	北京匡时	2018-06-15
张大千 赤壁泛舟图 镜心	68×34cm	230,000	南京经典	2018-01-06
张大千 赤壁夜游图 立轴	110.5×33cm	690,000	保利厦门	2018-07-15
张大千 赤壁游 镜心	97×52cm	1,207,500	荣宝斋（南京）	2018-01-05
张大千 出水芙蓉 镜心	65×42cm	287,500	中国嘉德	2018-09-19
张大千 初唐藻井 画心	49×49cm	666,700	台北艺流	2018-12-01
张大千 垂天云影遮寺桥		6,260,430	纽约苏富比	2018-09-13
张大千 春酣芍药 纸板镜框	36.2×43.8cm	443,500	佳士得	2018-11-26
张大千 春江钓艇 扇面镜心	18×51.5cm	161,000	北京诚轩	2018-06-16
张大千 春溪高士 立轴	18.5×54cm	230,000	中国嘉德	2018-06-18
张大千 黛山雾晓 镜框	56×75cm	2,141,775	纽约苏富比	2018-03-22
张大千 登崖远眺 镜心	24×27cm	253,000	上海匡时	2018-04-30
张大千 等 1940年作 扁舟载酒图 小楷七言诗 成扇		115,000	中国嘉德	2018-01-13
张大千 1947年作 青城山色 镜片	95×34cm	575,000	上海嘉禾	2018-06-25
张大千 1947年作 韩干双骥图 立轴	130×63.5cm	12,164,400	中国嘉德	2018-10-03
张大千 1947年作 荷塘秀色 镜心	32×34cm	287,500	中国嘉德	2018-01-13
张大千 1947年作 双清图 立轴	107×41cm	1,813,778	中国嘉德	2018-04-03
张大千 1977年作 香夺绮罗风 镜心	49×106.5cm	517,500	北京诚轩	2018-06-16
张大千 东山独步 镜框	120×52cm	1,725,000	华艺国际	2018-11-16
张大千 独往深幽 镜片		427,625	纽约苏富比	2018-09-13
张大千 敦煌写生菩萨像 立轴	229×96.5cm	2,070,000	中贸圣佳	2018-06-20
张大千 敦煌造像 镜片	85×34cm	168,000	上海联合	2018-11-25
张大千 多子图 镜框	31.3×40.3cm	283,150	香港苏富比	2018-04-02
张大千 峨眉三顶行书七律一首 成扇	18.5×49cm	594,938	纽约苏富比	2018-03-22
张大千 峨眉三顶 立轴	135.5×69.5cm	2,217,500	佳士得	2018-11-26
张大千 樊增祥 蜀葵 宋人诗二首 成扇	20×55cm	161,000	北京匡时	2018-06-15
张大千 仿八大山人笔意 立轴	114.5×61.5cm	920,000	北京匡时	2018-06-15
张大千 仿八大书法 立轴	85×44cm	184,000	北京保利	2018-05-21
张大千 仿石涛山水 扇框	19×56cm	126,920	纽约苏富比	2018-03-23
张大千 仿石涛山水并行书书法 成扇	20×52cm	529,000	中贸圣佳	2018-11-24
张大千 仿唐伯虎采莲图 立轴	92×49cm	690,000	中贸圣佳	2018-11-24
张大千 仿唐寅仕女 立轴	99×35cm	2,185,000	北京保利	2018-12-07
张大千 仿王蒙秋山萧寺 镜片	98.1×42.3cm	317,300	纽约苏富比	2018-03-23
张大千 仿赵孟頫《停琴听阮图》镜片		1,539,450	纽约苏富比	2018-09-13
张大千 访友图 镜心	105×40cm	345,000	北京翰海	2018-05-13
张大千 飞仙阁 立轴	78.5×38.5cm	2,070,000	荣宝斋（南京）	2018-01-05
张大千 佛	126×63cm	1,800,000	北京贞观	2018-07-15
张大千 芙蓉 立轴	112×50cm	368,000	北京保利	2018-05-21
张大千 福 镜框	65×66.5cm	2,427,000	香港苏富比	2018-04-02
张大千 福 镜框		641,438	纽约苏富比	2018-09-13
张大千 高士图 册（五开）	每开 27.5×35.4cm	1,903,800	纽约苏富比	2018-03-22

拍品名称	物品尺寸	成交价RMB	拍卖公司	拍卖日期
张大千 高士图 立轴	110×28cm	575,000	南京经典	2018-07-22
张大千 高士图 立轴	83.3×34cm	166,313	佳士得	2018-11-26
张大千 高仕（背徐国安-山水）（刊于《香港文龙轩藏书画选》No.72）成扇	18×46cm	160,448	香港普艺	2018-10-06
张大千 1940年作 隐逸图 立轴	106.5×41.5cm	1,725,000	广东崇正	2018-07-04
张大千 1980年作 行书七言联 立轴	120×34cm×2	437,000	中国嘉德	2018-06-18
张大千 1980年作 荷塘逸兴 镜心	56×89cm	322,000	中国嘉德	2018-09-19
张大千 1970年作 利市三倍 立轴	178×89.5cm	1,718,316	中国嘉德	2018-04-03
张大千 1950年作 溪亭吟思 立轴	102.5×51cm	4,485,000	广东崇正	2018-07-04
张大千 故山 镜心	96×59cm	1,380,000	北京保利	2018-06-17
张大千 观荷图 立轴	77×28.5cm	437,000	北京翰海	2018-06-29
张大千 观瀑图 镜框	27×24cm	355,250	佳士得	2018-05-29
张大千 观泉图 立轴	119×40cm	920,000	北京保利	2018-05-21
张大千1963年作 菜根香 镜心	43.5×69.5cm	391,005	中国嘉德	2018-10-03
张大千1963年作 仿王蒙青卞隐居图 立轴	116×50cm	4,115,840	中国嘉德	2018-10-03
张大千1963年作 山水 立轴	132×70cm	926,064	中国嘉德	2018-10-03
张大千 1953年作 隔岭有人家 立轴	89.5×44.0cm	3,852,500	中国嘉德	2018-06-18
张大千 1953年作 香远益清 立轴	131×29cm	172,500	中国嘉德	2018-09-19
张大千 1933年作 观瀑图 立轴	134×34cm	126,500	中国嘉德	2018-05-18
张大千 1933年作 无量寿佛 立轴	107×39cm	1,035,000	中国嘉德	2018-09-19
张大千 寒江独钓图	长66cm；宽34cm	4,620,000	中正拍卖	2018-05-31
张大千 行书“吉祥如意”镜心	27×24cm	120,750	中国嘉德	2018-05-19
张大千 行书“晴光霞影之庐”镜心	32×99cm	402,500	北京荣宝	2018-06-14
张大千 行书七言联 立轴	154.5×38cm×2	460,000	北京翰海	2018-06-29
张大千 行书七言联 立轴	135×33.3cm×2	391,005	中国嘉德	2018-10-03
张大千 行书七言联 立轴	135×33.5cm×2	205,792	中国嘉德	2018-10-03
张大千 行书七言联 立轴	168×37cm×2	172,500	北京保利	2018-12-09
张大千 行书王勃诗语 镜心	48.5×42.5cm	149,500	中国嘉德	2018-06-19
张大千 行书王蒙题画诗 立轴	139×33cm	184,000	北京保利	2018-05-21
张大千 行书先贤格言 镜心	85×43.5cm	253,000	上海匡时	2018-04-30
张大千 荷菇鱼蔬 四开镜片		1,026,300	纽约苏富比	2018-09-13
张大千 荷花 镜片	87.6×58.1cm	1,903,800	纽约苏富比	2018-03-23
张大千 荷花 镜片	110.1×63.8cm	1,110,550	纽约苏富比	2018-03-23
张大千 荷花 镜心	104×37.5cm	1,219,000	荣宝斋（南京）	2018-07-15
张大千 荷塘仕女 镜心	121.5×51cm	4,025,000	荣宝斋（南京）	2018-01-05
张大千 红梅 镜心	49×74cm	460,000	荣宝斋（南京）	2018-07-15
张大千 红柿小鸟 纸板镜框	42×30.6cm	1,663,125	佳士得	2018-11-26
张大千 花摇叶曳满塘香 镜片		2,565,750	纽约苏富比	2018-09-13
张大千 黄君璧 1977年作 天中午瑞 镜心	63×54cm	701,500	上海匡时	2018-04-30
张大千 黄山九龙潭 立轴	134×33.5cm	598,000	南京经典	2018-07-22
张大千 黄山汤口 立轴	77×29cm	287,500	上海嘉禾	2018-06-25
张大千 黄山文殊院 立轴	85×38cm	345,000	荣宝斋（南京）	2018-07-15
张大千 黄山诸峰 立轴	129×46cm	575,000	中国嘉德	2018-11-21
张大千 鸡冠墨竹图 立轴	115.5×40.5cm	322,000	保利山东	2018-11-22
张大千 1949年作 仿张风山水 镜心	110.5×33.5cm	2,300,000	中国嘉德	2018-06-18
张大千 1959年作 行书“古香斋”横披	39×85cm	668,824	中国嘉德	2018-10-03
张大千 1939年作 绝代佳人图 镜片	102.5×43.5cm	4,140,000	广东崇正	2018-07-04
张大千 1979年作 清荷飘香 镜心	69×67cm	1,495,000	中国嘉德	2018-11-20
张大千 1979年作 竹篱菊花 镜心	66.5×133cm	720,272	中国嘉德	2018-10-03
张大千 1969年作 泼彩山水 镜框	66×54.5cm	1,495,000	朵云轩	2018-06-24
张大千 季守正 秋水芦花 隶书书法 成扇	20×55cm	172,500	中贸圣佳	2018-11-24
张大千 寄根图 立轴	65×30.5cm	126,500	中国嘉德	2018-11-20
张大千 佳偶 镜心	69×134cm	920,000	北京保利	2018-12-07
张大千 1964年作 还我读书眼 立轴	134×68cm	3,105,000	中国嘉德	2018-06-18
张大千 1944年作 松下高士图 立轴	113×50cm	2,300,000	广东崇正	2018-07-05
张大千 1944年作 婴戏图 行书双挖 立轴	画18×52.5cm；字18×52.5cm	172,500	广东崇正	2018-07-05
张大千 1944年作 松下高士 立轴	105×41cm	115,000	中国嘉德	2018-05-18
张大千 1944年作 献寿图 立轴	144.8×62.5cm	2,875,000	北京诚轩	2018-06-16
张大千 1944年作 倚林高士图 行书五言诗 扇面	18×49cm；18×51cm	264,500	中国嘉德	2018-09-19
张大千 1954年作 秋水独钓 镜心	34×49.5cm	411,584	中国嘉德	2018-10-03
张大千 1934年作 洛神图 镜心	86×33cm	862,500	中国嘉德	2018-11-21
张大千 江帆图 镜心	36×42cm	1,431,930	保利香港	2018-04-02
张大千 江畔高士 扇面	18.4×53.2cm	269,705	纽约苏富比	2018-03-23
张大千 江上春山远 镜框	绘画67.5×44.5cm；诗堂32.5×44.5cm	5,750,000	华艺国际	2018-11-16
张大千 江舟远眺 扇面	18×51cm	253,000	荣宝斋（济南）	2018-07-01
张大千 蕉林高仕 立轴	86×47.5cm	460,000	荣宝斋（济南）	2018-07-01
张大千 结庐幽赏 立轴		3,879,414	纽约苏富比	2018-09-13
张大千 仿白阳花卉	85.5×43cm	2,415,000	深圳至正国际	2018-08-25
张大千 卷去青霭望水天 横批	100.5×192.3cm	41,568,838	纽约苏富比	2018-03-22
张大千 楷书七言联 立轴	135×35cm×2	460,000	中贸圣佳	2018-11-24
张大千 空山岚翠 纸板镜框	60×45cm	2,517,200	佳士得	2018-05-29
张大千 匡庐观瀑图 立轴	130×46cm	678,500	保利山东	2018-11-22
张大千 蓝云屏 芙蓉鱼乐图 行书《兰亭十三跋》之二 成扇	67.5×49cm	115,000	中国嘉德	2018-06-19
张大千 郎静山 1982年作 松石之寿图 镜片	37×30cm	138,000	西泠拍卖	2018-07-08
张大千 冷香飞上诗句 立轴	99×44.5cm	823,168	中国嘉德	2018-10-03
张大千 隶书“心远居”镜心	33.5×97cm	334,117	保利香港	2018-04-02
张大千 隶书八言联 立轴	131×21.5cm×2	230,000	北京匡时	2018-06-15
张大千 临《瘗鹤铭》册（四十八开）	33.5×20cm	515,613	纽约苏富比	2018-03-23
张大千 临敦煌西魏二八五窟龛楣离娄	63.5×107cm each（2）	202,250	邦瀚斯	2018-04-03
张大千 刘太希 陈子和 等 书画（四帧）镜心	23.5×35cm×4	143,193	保利香港	2018-04-02
张大千 柳蝉图并行书书法 横披	19×53cm×2	126,500	中贸圣佳	2018-11-24
张大千 柳荫高士图 镜片	99×56.5cm	402,500	广东衡益	2018-07-01
张大千 罗浮山寺 立轴	132.2×66.2cm	1,983,125	纽约苏富比	2018-03-22
张大千马一浮 山居图·行书诗 成扇	49×18.5cm	552,000	西泠拍卖	2018-07-07
张大千 莽莽风雨压城来 镜框		1,539,450	纽约苏富比	2018-09-13
张大千 墨荷 镜心	90×75.5cm	460,000	保利厦门	2018-01-08
张大千 墨荷 立轴		1,368,400	纽约苏富比	2018-09-13
张大千 墨荷 立轴		940,775	纽约苏富比	2018-09-13

拍品名称	物品尺寸	成交价RMB	拍卖公司	拍卖日期
张大千 墨荷 立轴		513,150	纽约苏富比	2018-09-13
张大千 墨菊 镜心	67×33cm	334,931	保利澳门	2018-11-29
张大千 墨莲图 镜心	118×50cm	632,500	南京经典	2018-01-06
张大千 墨牡丹 镜心	87×61cm	402,500	北京保利	2018-12-08
张大千 牧牛图 镜心	101×36cm	494,500	鼎天国际	2018-01-07
张大千 南国清歌 立轴	131.5×49cm	1,265,000	南京经典	2018-07-22
张大千 泥荡风景图	107×44cm	6,101,700	中正拍卖	2018-06-28
张大千 拟徐渭笔意葡菜瓜菱 立轴		598,675	纽约苏富比	2018-09-13
张大千 潘飞声 高士图 行书 成扇	18×49cm	201,250	荣宝斋（南京）	2018-01-05
张大千 辟邪纳福 镜片	39×59cm	747,500	上海嘉禾	2018-06-25
张大千 泼彩山水 镜心	12×13.5cm	126,500	北京匡时	2018-06-15
张大千 泼彩山水 镜心	12×13.5cm	126,500	北京匡时	2018-06-15
张大千 泼墨荷花 镜片	116×61cm	1,380,000	中贸圣佳	2018-06-20
张大千 泼墨山水 镜心	44.5×59cm	1,265,000	中贸圣佳	2018-06-20
张大千溥儒1934年作 松下高士 立轴	73.8×23.9cm	859,563	香港苏富比	2018-04-02
张大千 溥儒 1953年作 1956年作 花影蝶舞 扇面 羊群 扇面 成扇	25×26cm	240,012	台北艺流	2018-12-01
张大千 溥儒 观音坐莲 扇面 藏文横幅 画心	29×29cm；10×35cm	173,342	台北艺流	2018-12-01
张大千 溥儒 黄山书画合璧 镜心	字30×24cm×4；画29×22cm×4	1,909,240	中国嘉德	2018-04-03
张大千 溥儒 1941年作 柳荫策杖 立轴	106×39cm	333,500	上海嘉禾	2018-06-25
张大千 溥心畬 松下高仕图	41×57cm	565,000	广东省拍	2018-09-20
张大千 青城金鞭崖 镜心	63×146cm	5,980,000	北京保利	2018-06-17
张大千 青山独钓 立轴	55×36.5cm	507,500	佳士得	2018-05-29
张大千 清供图 镜心	90×43cm	7,130,000	中贸圣佳	2018-11-24
张大千 清溪闲棹 立轴	71.7×35cm	253,000	中国嘉德	2018-11-21
张大千 秋江钓艇 镜框	36.2×41.5cm	1,526,000	香港苏富比	2018-10-02
张大千秋江独钓临《瘗鹤铭》成扇		1,539,450	纽约苏富比	2018-09-13
张大千 秋江泛舟 行书七言联 立轴	画136×65.7cm；书法136×33cm×2	4,945,000	北京荣宝	2018-12-03
张大千 秋山图 纸板镜框	44.5×59.5cm	6,414,800	佳士得	2018-05-29
张大千 秋水图 立轴	113×43.5cm	2,472,500	荣宝斋（济南）	2018-07-01
张大千 群仙祝寿图 立轴	77×38cm	368,000	南京经典	2018-07-22
张大千 1952年作 高士图 镜心	66×38.5cm	200,470	中国嘉德	2018-04-03
张大千 1972年作 荷花 镜心	27×24cm	322,000	中国嘉德	2018-11-20
张大千 山径缓行 镜框	93.5×44cm	317,300	纽约苏富比	2018-03-22
张大千 山水（四帧）镜心	31×40cm×4	1,749,232	中国嘉德	2018-10-03
张大千 山水 册页（十开）	25.5×25.5cm×10	5,074,000	台北艺流	2018-06-30
张大千山水行书自书七绝二首成扇	18.5×49.5cm	356,963	纽约苏富比	2018-03-22
张大千 山水 立轴	79×33cm	1,322,500	华艺国际	2018-05-23
张大千 山水 书法 扇面	22×67cm	207,000	华艺国际	2018-11-16
张大千 山水画	135×69cm	5,898,310	中正拍卖	2018-06-28
张大千 赏菊图 镜框	43.8×34.2cm	207,100	香港苏富比	2018-10-02
张大千 芍药 镜框	26.6×23.9cm	490,500	香港苏富比	2018-10-02
张大千 石涛诗意图 立轴	134×33cm	920,000	凤凰拍卖	2018-01-21
张大千 世世如意 立轴	134×33cm	207,000	北京保利	2018-11-19
张大千 仕女	112×44cm	1,600,000	北京貞观	2018-07-15
张大千 仕女 镜片	43×94cm	805,000	广东崇正	2018-07-05
张大千 仕女 镜片	114×33cm	230,000	华艺国际	2018-03-30
张大千 手书菜单 镜心	27×37cm	230,000	中贸圣佳	2018-11-24

拍品名称	物品尺寸	成交价RMB	拍卖公司	拍卖日期
张大千 寿 镜框	65×66.5cm	2,427,000	香港苏富比	2018-04-02
张大千 书法 扇面	56×21cm	113,850	北京东正	2018-06-17
张大千 书法《福寿》镜框	60.6×34.5cm	385,700	佳士得	2018-05-29
张大千 蔬果 镜片	27×46cm	126,500	华艺国际	2018-03-30
张大千 蔬香图 镜片	52.5×113.3cm	1,269,200	纽约苏富比	2018-03-23
张大千 双清图 镜心	59×44cm	322,000	中国嘉德	2018-06-18
张大千 双友图 立轴	94×42cm	368,000	北京翰海	2018-05-13
张大千 水殿风来 立轴	165×82cm	5,520,000	北京保利	2018-12-07
张大千 水殿清风图 行书五言诗（双挖）扇轴	50.5×17.5cm×2	161,000	西泠拍卖	2018-05-05
张大千 水墨葡萄 立轴	122×40cm	517,500	中贸圣佳	2018-11-24
张大千 水仙清韵 扇面	19.5×53.5cm	276,000	荣宝斋（济南）	2018-07-01
张大千 水仙竹石图 镜心	32×66cm	257,240	北京匡时	2018-10-03
张大千 松壑流泉 立轴	131×33cm	575,000	荣宝斋（济南）	2018-07-01
张大千 松下高士 立轴	114×50cm	575,000	北京保利	2018-12-08
张大千 宋人山寺图 镜心	136×75cm	43,700,000	北京匡时	2018-06-15
张大千 塘坳丰神 镜片	89.6×59.2cm	1,031,225	纽约苏富比	2018-03-23
张大千 瓦浪忆旧 镜片		1,539,450	纽约苏富比	2018-09-13
张大千 汪吉麟 秋水泛舟 立轴	98×42cm	437,000	南京经典	2018-01-06
张大千汪慎生 菡萏荷香 自作词成扇	20×54cm	218,500	北京诚轩	2018-06-16
张大千 汪亚尘 等 山水花鸟册 册页（十一开选十）	30×33cm×11	241,500	中贸圣佳	2018-06-20
张大千 王福厂 辛己（1941年作 树里平桥 隶书 成扇	18×50cm	345,000	广东崇正	2018-07-05
张大千 王伟 谢玉岑 向迪琮 等 梅竹图 楷书书法 成扇	18×50cm	138,000	中贸圣佳	2018-11-24
张大千 王蓮 1935年作 游山图 行书 成扇	18.5×50cm	460,000	广东崇正	2018-07-05
张大千 王禔 听松居图 隶书陆放翁五言诗 成扇	18.5×51cm	368,000	中国嘉德	2018-06-19
张大千 忘忧 立轴	44×33cm	207,000	北京保利	2018-05-21
张大千 巍巍群峰 手卷	30×171cm	345,000	上海敬华	2018-09-11
张大千 巫峡高秋 立轴	19×51cm	218,500	北京保利	2018-05-21
张大千 梧桐山禽 立轴	69.5×34cm	238,655	中国嘉德	2018-04-03
张大千 五福 镜片	60×45cm	1,031,225	纽约苏富比	2018-03-22
张大千 1968年作 山峦霞蔚 镜心	82×95.5cm	3,450,000	保利厦门	2018-07-15
张大千 1968年作 湖水清幽图 镜心	90×53cm	402,500	中国嘉德	2018-09-19
张大千 1938年作 蜀江秋净 立轴	115.5×42cm	483,000	上海嘉禾	2018-03-26
张大千 1938年作 照夜白 行书 成扇	28.5×82cm	1,725,000	中国嘉德	2018-11-20
张大千 1938年作 翠竹仕女 扇面	19×51cm	172,500	中国嘉德	2018-06-19
张大千 1948年作 仿石涛笔意 镜片	114.5×52cm	7,015,000	广东崇正	2018-07-04
张大千 1948年作 行书七言联 对联	133×22cm×2	103,500	中国嘉德	2018-05-18
张大千 溪山二士 镜框	24×27cm	1,218,000	佳士得	2018-05-29
张大千 喜从天降 立轴	98.5×54.5cm	475,950	纽约苏富比	2018-03-23
张大千 戏曲造像 立轴	101.5×44.5cm	322,000	中贸圣佳	2018-11-24
张大千 夏山孤亵 立轴		513,150	纽约苏富比	2018-09-13
张大千 闲看春山 镜心	92×39cm	690,000	中国嘉德	2018-11-21
张大千 闲扫落花 镜框	17×65.2cm	277,638	纽约苏富比	2018-03-23
张大千 向迪琮 巫峡竞帆 行书书法 成扇	18×49cm	207,000	中贸圣佳	2018-11-24
张大千 向镛 1932年作 三清图 镜片	108.5×39.5cm	112,700	西泠拍卖	2018-09-28
张大千 谢安入东山 立轴	86×40cm	264,500	北京保利	2018-12-08

拍品名称	物品尺寸	成交价RMB	拍卖公司	拍卖日期
张大千 谢稚柳 1943年作 孤枝独鸟图 镜心	33.5×39cm	977,500	北京荣宝	2018-06-14
张大千 1971年作 阔浦遥山 镜心	51×134.2cm	2,366,608	中国嘉德	2018-10-03
张大千 1951年作 芭蕉高士 镜片	27×23.5cm	1,322,500	广东崇正	2018-07-05
张大千 1941年作 携琴访友图 立轴	96.5×42.7cm	370,272	万昌斯	2018-05-30
张大千 1941年作 仿敦煌石室唐人画壁 立轴	70×30cm	437,000	北京诚轩	2018-06-16
张大千 徐悲鸿 1979年作 耄耋图 立轴	86.5×27.5cm	747,500	上海匡时	2018-04-30
张大千 徐操 于非闇 1935年作 读书仕女图 立轴	119.5×35cm	230,000	西泠拍卖	2018-07-07
张大千 徐则隐逸图 镜心	138×48cm	2,875,000	荣宝斋（南京）	2018-07-15
张大千 雪映霞光 立轴	86×37cm	989,000	北京保利	2018-12-08
张大千 烟波独钓 镜框	79.5×40.6cm	1,269,200	纽约苏富比	2018-03-23
张大千 烟雨归棹 镜框	45×59.5cm	1,427,850	纽约苏富比	2018-03-23
张大千 严陵濑 镜框	112.1×45cm	2,988,966	纽约苏富比	2018-03-23
张大千 杨柳侍女 立轴	76.2×38.5cm	634,600	纽约苏富比	2018-03-23
张大千 叶恭绰 1949年作 霜叶秋禽 行书 扇面 镜框	18.4×51.7cm×2	657,313	香港苏富比	2018-04-02
张大千 叶恭绰 1949年作 朱樱小鸟 行书 扇面 镜框	14×43.3cm×2	859,563	香港苏富比	2018-04-02
张大千 叶恭绰 峡江图 草书书法 成扇	17.5×48.5cm	345,000	中贸圣佳	2018-06-20
张大千 一枝拗折粉墙东 镜心	24×27cm	169,778	保利香港	2018-10-01
张大千 1925年作 沧浪濯足 立轴	130×66cm	172,500	上海嘉禾	2018-06-25
张大千 1965年作 荷花 立轴	143.2×75.5cm	2,863,860	中国嘉德	2018-04-03
张大千 1945年作 峒关蒲雪图 镜片	94×46.5cm	6,727,500	上海嘉禾	2018-06-25
张大千 倚杖独行 镜框		598,675	纽约苏富比	2018-09-13
张大千 氤氲楼台望隐山 镜框		2,223,650	纽约苏富比	2018-09-13
张大千 幽云宿雨 立轴	85.5×41cm	322,000	北京翰海	2018-06-29
张大千 于非闇 溥儒 等 1937年作 玉兰绶带 立轴	90.5×27.5cm	207,000	中国嘉德	2018-06-18
张大千 鱼趣 立轴		555,913	纽约苏富比	2018-09-13
张大千 渔人罢钓归 立轴	95×58.5cm	230,000	荣宝斋（南京）	2018-07-15
张大千 雨中山林 镜框	45×74.9cm	1,330,500	佳士得	2018-11-26
张大千 渊明对菊 立轴	63.7×43cm	436,288	纽约苏富比	2018-03-22
张大千 湲岸渔樵 镜心	24×27cm	299,000	上海匡时	2018-04-30
张大千 远山含翠 镜片	45.5×44.5cm	805,000	荣宝斋（上海）	2018-01-21
张大千 云山轻霭 镜框		1,586,500	纽约佳士得	2018-03-20
张大千 杂画册 册（三开）	28.1×42.3cm	650,465	纽约苏富比	2018-03-23
张大千 泽畔行吟 镜心	126×31cm	230,000	荣宝斋（南京）	2018-07-15
张大千 张大千作品	122×62cm	700,000	北京贞观	2018-07-15
张大千 张善孖 1937年作 瀑布虎啸 立轴	130×65cm	552,000	华艺国际	2018-11-16
张大千 枝头小鸟 立轴		470,388	纽约苏富比	2018-09-13
张大千 执扇仕女 立轴	106×50.5cm	2,875,000	荣宝斋（南京）	2018-07-15
张大千 钟馗 立轴		812,488	纽约苏富比	2018-09-13
张大千 朱荷 镜框	26.6×23.9cm	490,500	香港苏富比	2018-10-02
张大千 朱雨香 江山野钓 楷书 成扇	17.5×49cm	202,960	台北艺流	2018-06-30
张大千 竹林高仕 镜心	26.5×23.5cm	429,579	保利香港	2018-04-02
张大千 竹林雅集 成扇		951,900	纽约佳士得	2018-03-20

拍品名称	物品尺寸	成交价RMB	拍卖公司	拍卖日期
张大千 竹雀图 镜片	69.5×44.5cm	368,000	西泠拍卖	2018-07-07
张大千 竹溪艇子 立轴	86.1×48cm	1,031,225	纽约苏富比	2018-03-23
张大千 拄杖登临 立轴	97.3×39.6cm	277,638	纽约苏富比	2018-03-23
张大千 自画像 镜心	63×39cm	230,000	荣宝斋（济南）	2018-07-01
张大千 自画像与黑虎 镜框	176×96cm	43,372,408	香港苏富比	2018-10-02
张大千与于非闇 杨晋 花果蔬蝶 行书七律一首 成扇		273,680	纽约苏富比	2018-09-13
张大壮 程十发 潘然 张守成 1962年作 花鸟集锦 镜片（四开）	24×34cm×4	132,250	华艺国际	2018-11-16
张大壮 大吉图 软片	97×51cm	126,500	上海嘉禾	2018-06-25
张大壮 1944年作 四时鲜果 四屏立轴	画心 45.5×27.5cm	143,750	上海嘉禾	2018-03-26
张道正 行书《逍遥游》立轴	152×40cm	103,500	北京匡时	2018-12-06
张仃 1974年作 黄河小景 镜心	46.3×49cm	287,500	北京荣宝	2018-06-14
张仃 1983年作 九寨沟飞瀑图 镜心	75.6×82.6cm	632,500	北京荣宝	2018-12-03
张仃 1983年作 泰山胜境图 镜心	95.5×66.4cm	1,035,000	北京荣宝	2018-12-03
张仃 1987年作 终南山下神禾塬 镜心	75.8×83.6cm	1,092,500	北京荣宝	2018-12-03
张仃 1989年作 灵岩山民居 镜心	68×68cm	460,000	北京荣宝	2018-12-03
张仃 1991年作 塞上清明 镜心	68×67.8cm	460,000	北京荣宝	2018-12-03
张仃 1991年作 山村小稿 镜心	68×68cm	437,000	北京保利	2018-06-17
张仃 1992年作 青山秀水小双村 镜心	95×65cm	632,500	北京保利	2018-12-09
张仃 1992年作 吐鲁番古道 镜心	68×137cm	1,610,000	北京荣宝	2018-12-03
张仃 1993年作 白云山 镜心	68×68cm	517,500	北京荣宝	2018-06-14
张仃 1994年作 冰河行旅图 镜心	56×89cm	368,000	北京荣宝	2018-06-14
张仃 1995年作 秋塘寂静 镜心	68×68cm	460,000	北京保利	2018-12-09
张仃 1996年作 冰山藏古寺 镜心	89×95cm	1,380,000	北京荣宝	2018-06-14
张仃 1996年作 今年雨水多 镜心	68×138cm	1,495,000	北京荣宝	2018-06-14
张仃 1996年作 湍水头 镜心	83×74.5cm	575,000	北京保利	2018-06-17
张仃 1996年作 幽居 镜心	83×76cm	782,000	北京荣宝	2018-12-03
张仃 2001年作 郝窑 镜心	68×45cm	345,000	北京荣宝	2018-12-03
张仃 2001年作 四里坊 镜心	67.5×46.5cm	276,000	北京荣宝	2018-12-03
张仃 2001年作 太行羊头地 镜心	68×45cm	345,000	北京保利	2018-12-09
张仃 2002年作 梧桐民居 镜心	68.1×45.6cm	230,000	北京荣宝	2018-12-03
张仃 2006年作 篆书王维《使至塞上》镜心	96×166cm	138,000	北京荣宝	2018-12-03
张仃 2008年作 篆书苏轼《水调歌头》镜心	137×274cm	414,000	北京荣宝	2018-12-03
张仃 碧涧灵檀 镜心	96.5×44cm	517,500	荣宝斋（济南）	2018-07-01
张仃 1990年作 湘西纪游 镜片	137×69cm	172,500	上海嘉禾	2018-06-25
张仃 观化 镜心	46×69cm	414,000	北京荣宝	2018-06-14
张仃 松泉 镜心	画心68×68.5cm	379,500	北京荣宝	2018-09-14
张东海 山溪花香浓	180×98cm	206,080	上海云顶	2018-11-24
张尔宾 2008年作 苍岩流泉	68×69cm	195,500	北京翰海	2018-06-30
张凤云 2015年作 唯有牡丹真国色 镜心	175×92cm	218,500	北京荣宝	2018-12-03
张富君 山水 镜片	69×137cm	310,500	华艺国际	2018-03-30
张谷雏 歌乐山图 手卷	画心26×118cm	112,700	华艺国际	2018-05-23
张广 1992年作 凉山春牧 镜心	135×69cm	126,500	北京荣宝	2018-05-18
张广 丰乐图 镜心	137×69cm	517,500	北京荣宝	2018-09-14
张广 归牧图 镜心	135×69cm	109,250	北京荣宝	2018-05-18
张广 斜风细雨 镜心	69×138cm	517,500	北京荣宝	2018-09-14

拍品名称	物品尺寸	成交价RMB	拍卖公司	拍卖日期
张海 2011年作 隶书苏轼词 镜心	96×178.5cm	575,000	北京匡时	2018-12-05
张继馨 蜂来一径春 镜心	138×70cm	109,250	凤凰拍卖	2018-01-21
张继馨 荷塘欲雨 镜心	124×246cm	322,000	凤凰拍卖	2018-01-21
张继馨 花鸟 四屏 镜心	137.5×34cm×4	109,250	凤凰拍卖	2018-01-21
张继馨 涧底百万花 镜心	180×97cm	253,000	凤凰拍卖	2018-01-21
张继馨 涧溪百万花 镜心	69.5×137.5cm	109,250	凤凰拍卖	2018-01-21
张继馨 芦雁图 镜心	83×180cm	172,500	凤凰拍卖	2018-01-21
张继馨 鸟语花香 册页	33.5×45cm×12	172,500	凤凰拍卖	2018-01-21
张继馨 书画怡情 册页（十二开）	33.5×45cm×12	172,500	凤凰拍卖	2018-01-21
张建华2017年作荷花夏送一湖水镜心	137×68cm	184,000	北京翰海	2018-09-16
张建民2017年作唯有牡丹真国色镜心	68×137cm	230,000	北京保利	2018-05-21
张捷 2014年作 清溪松风 镜心	46×69cm	195,500	上海匡时	2018-04-30
张捷 2014年作 月在上方 镜心	46×69cm	195,500	上海匡时	2018-04-30
张晋 1974年作 洞庭丰收 镜片	176×96cm	138,000	西泠拍卖	2018-07-08
张静江 行书五言 对联	170.5×41.5cm×2	103,500	朵云轩	2018-06-24
张克龢 山水 扇面	18×53cm	1,830,510	中正拍卖	2018-06-28
张坤仪 1931年作 月影清音 立轴	128×47cm	109,000	香港苏富比	2018-10-02
张坤仪 1932年作 象鼻山 立轴	44.5×66.6cm	192,138	香港苏富比	2018-04-02
张立辰 1999年作 新竹清嘉图 手卷	画32.8×166cm	105,800	中国嘉德	2018-06-20
张灵甫 1933年作 草书 镜心	114×25.5cm	402,500	北京翰海	2018-06-29
张灵甫 1946年作 行书五言联 立轴	219.5×40.5cm×2	575,000	中国嘉德	2018-11-20
张灵甫 行书四言联 立轴	165×39cm×2	632,500	中国嘉德	2018-11-20
张盘 1881年作 午荫槐夏 镜心	82×83cm	126,500	北京保利	2018-06-18
张朋 1976、1978年作 笔墨游戏 镜心	尺寸不一	230,000	中国嘉德	2018-11-21
张其翼 枫侯长寿 立轴	66×39.5cm	184,000	鼎天国际	2018-01-07
张人杰 行书五言联 立轴	169×45.5cm×2	184,000	上海匡时	2018-04-30
张若古 大千四绝 镜心	99×50cm×4	1,280,000	北京歌德	2018-08-25
张善孖 1927年作 林岩虎啸 立轴	172×94.5cm	713,000	北京匡时	2018-06-15
张善孖 1927年作 三虎 立轴	105×46.5cm	243,925	佳士得	2018-11-26
张善孖 1928年作 草泽英雄 立轴	137×55cm	913,500	佳士得	2018-05-29
张善孖 1928年作 全家福 立轴	243×120cm	805,000	保利厦门	2018-07-15
张善孖 1928年作 双虎图 立轴	131×57.5cm	287,500	北京翰海	2018-06-29
张善孖 1929年作 云起龙飞图 立轴	143×73cm	460,000	北京保利	2018-06-17
张善孖 1931年作 虎威 立轴	160×91cm	339,250	北京翰海	2018-05-13
张善孖 1931年作 猛虎饮水图 镜片	120×60cm	632,500	西泠拍卖	2018-07-08
张善孖 1934年作 护子图 立轴	105×48cm	207,000	精诚所至	2018-05-12
张善孖 1935年作 双虎图 立轴	107×41cm	345,000	华艺国际	2018-11-16
张善孖 1937年作 黄龙潭观瀑 镜框	105.5×40.5cm	163,500	香港苏富比	2018-10-02
张善孖 1938年作 福寿齐眉 立轴	121×55.5cm	184,000	北京翰海	2018-06-29
张善孖 1937年作 虎 立轴	119×56cm	286,386	中国嘉德	2018-04-03
张善孖 1927年作 双虎图 立轴	124×69cm	109,250	中国嘉德	2018-09-19
张善孖 虎 立轴	152×40cm	115,000	朵云轩	2018-09-10
张善孖 虎啸图 立轴	108×53cm	644,000	荣宝斋（济南）	2018-07-01
张善孖 虎啸图 立轴	102×25cm	126,500	荣宝斋（上海）	2018-01-21
张善孖 1929年作 双虎图 立轴	128×61cm	713,000	上海嘉禾	2018-06-25
张善孖 1934年作 春郊群马 立轴	123×48cm	207,000	朵云轩	2018-06-24
张善孖 娄尾春 立轴	132×48cm	149,500	北京保利	2018-05-21
张善孖 柳堤双马 立轴	91.5×40.5cm	184,000	荣宝斋（济南）	2018-07-01
张善孖 钱云鹤 张大千 无量寿佛 立轴	79×36.5cm	218,500	西泠拍卖	2018-05-05
张善孖 三羊开泰 镜心	101×39.5cm	299,000	北京荣宝	2018-12-03
张善孖 涉水图 立轴	121×51.5cm	276,000	北京翰海	2018-06-29
张善孖 双虎图 立轴	135×67cm	483,000	中贸圣佳	2018-06-20
张善孖 双虎图 立轴	130×64cm	345,000	中贸圣佳	2018-11-24
张善孖 松涧虎啸 立轴	134×68cm	402,500	朵云轩	2018-06-24
张善孖 1931年作 天地英雄 立轴	142×79cm	437,000	朵云轩	2018-06-24
张善孖 1931年作 爱子图 立轴	133×50cm	322,000	广东崇正	2018-07-05
张善孖 1921年作 长啸激清风 立轴	134×65cm	287,500	广东崇正	2018-07-05
张善孖 张大千 1929年作 双虎 立轴	135×32cm	115,000	保利山东	2018-11-22
张善孖 张大千 1935年作 丹山白凤 行书 成扇	28.7×77.7cm	1,199,000	香港苏富比	2018-10-02
张善孖 1929年作 丛林走兽图 四屏 镜框	107×53.3cm×4	556,188	香港苏富比	2018-04-02
张石园 1940年作 秋山图 立轴	142×66cm	184,000	北京翰海	2018-06-29
张石园 1953年作 山阴晴雪 立轴	125×55.5cm	212,750	朵云轩	2018-06-24
张石园 马公愚 1953年作 四体四时书画集锦扇 成扇	18.7×49.5cm	253,000	北京诚轩	2018-06-16
张石园 山水书法格景扇 扇头	18.5×50cm	103,500	中贸圣佳	2018-06-20
张石园 竹深小舍 立轴	105×49cm	103,500	上海敬华	2018-04-21
张士莹 2014年作 沙皮狗 镜心	68×138cm	299,000	八益拍卖	2018-04-28
张士莹 冠上加官 镜心	68.5×137.5cm	207,000	八益拍卖	2018-04-28
张书旗 1941年作 缟衣仙子 立轴	157.5×66.5cm	368,000	上海匡时	2018-04-30
张书旗 1942年作 富贵文章 镜心	70×110cm	897,000	上海匡时	2018-04-30
张书旗 1942年作 指头小鸟 立轴		174,515	纽约佳士得	2018-03-20
张书旗 1947年作 和平颂歌 立轴	127×62cm	402,500	上海匡时	2018-04-30
张书旗 1949年作 春江水暖图 立轴	75.5×49cm	115,000	西泠拍卖	2018-07-08
张书旗 1940年作 白孔雀 镜心	137×57.5cm	172,500	北京诚轩	2018-06-16
张书旗 鹰 框	104×54cm	224,250	浙江佳宝	2018-07-01
张书旗 余绍宋 周肇祥 汪采白 山水花鸟（四帧）镜心	32×43cm×4	115,000	北京匡时	2018-06-15
张松坪 行书八言联 立轴	208×41.5cm×2	149,500	荣宝斋（济南）	2018-07-01
张铁威 荷花 镜片	69×136cm	184,000	华艺国际	2018-03-30
张铁威 花鸟 立轴	96×60cm	138,000	华艺国际	2018-11-17
张铁威 暖风和煦 镜框	93×174cm	253,000	华艺国际	2018-05-23
张铁威 竹雀 镜片	174×93cm	379,500	华艺国际	2018-03-30
张文康 生肖夔纹篆（十二幅）镜片	直径21cm×12	161,000	上海嘉禾	2018-10-14
张馨 万事大吉	68×138cm	350,000	北京歌德	2018-09-29
张旭光 书法 镜心	69×136.5cm	287,500	北京荣宝	2018-12-03
张彦 山水写生集 册页(七开写生、书法八开选三开)	48×39cm×7	149,500	精诚所至	2018-05-12
张义潜 白居易与卖炭翁 镜框	94×177cm	117,600	秦宝斋	2018-01-01
张义潜 夏收图 镜心	画心81×113cm	109,250	中贸圣佳	2018-11-24
张宇 楷书李白《将进酒》镜心	136×68cm	184,000	北京荣宝	2018-06-14
张跃华 2016年作 天地开瑞祥 镜心	22.8×13.9cm	345,000	北京保利	2018-06-18
张跃华 2017年作 宇宙畅欢曲	23.3×14.4cm	368,000	北京翰海	2018-06-30
张志民 2010年作 山雨欲来	137×69cm	138,000	北京翰海	2018-06-30
张志鱼 1940年作 清白传家·行书杂记 成扇	19×54cm	230,000	中国嘉德	2018-11-21
张祖翼 节录古文（十二帧）镜片	41×32.5cm×12	138,000	西泠拍卖	2018-05-04
张祖翼 隶书 四屏镜心	146×36.5cm×4	115,000	中贸圣佳	2018-11-25
张祖翼 隶书 四屏立轴	151×40.5cm×4	126,500	荣宝斋（南京）	2018-01-05
章炳麟 1932年作 篆书 八言联 对联	170×35cm×2	218,500	西泠拍卖	2018-07-08
章炳麟 行书五言联 立轴	79×19cm×2	222,475	香港苏富比	2018-04-02
章炳麟 书法 立轴	147×39cm	172,500	荣宝斋（济南）	2018-07-01

拍品名称	物品尺寸	成交价RMB	拍卖公司	拍卖日期
章炳麟 郑孝胥 喻长霖 刘未林 书法（四帧）镜片 四屏	142×37cm×4	172,500	西泠拍卖	2018-07-08
章炳麟 篆书 七言联 镜片	131.5×32cm×2	138,000	西泠拍卖	2018-07-08
章炳麟 篆书八言联 立轴	142×36cm×2	126,500	荣宝斋（济南）	2018-07-01
章炳麟 篆书七言联 立轴	146×39cm×2	276,000	中国嘉德	2018-06-19
章炳麟 篆书七言联 立轴	147×36.5cm×2	184,000	中国嘉德	2018-11-20
章炳麟 篆书五言联（一对）立轴		102,630	纽约苏富比	2018-09-15
章炳麟 篆书五言联 立轴	137×38cm	172,500	中国嘉德	2018-06-18
章青 1994年作 竹屋围深雪 镜心	63×65cm	253,000	北京保利	2018-05-21
章青 2004年作 陈毅诗意图 镜心	99×53cm	327,750	北京翰海	2018-01-14
章士钊 1930年作 行书自作诗 镜框	30×123cm	109,250	北京荣宝	2018-12-03
章士钊 1950年作 书法 镜框	130.5×32.7cm	111,650	佳士得	2018-05-29
章士钊 1956年作 行书自书诗 镜片	27×137cm	253,000	广东崇正	2018-07-04
章士钊 1960年作 行书七言诗 镜心	64×31cm	112,700	中国嘉德	2018-11-21
章士钊 行书兰亭集序 镜心	40×162cm	172,500	中国嘉德	2018-11-21
章士钊 启功 张伯英 等 书画集锦 立轴	18×52cm 直径37cm	161,000	北京保利	2018-05-21
章太炎 行书七言偈语 立轴	141×37cm	172,500	北京保利	2018-12-08
章太炎 篆书《咏史》立轴	132×64.5cm	230,000	广东崇正	2018-07-05
赵春翔 1978年作 净洁灵秀	90×61.5cm	267,294	中国嘉德	2018-04-02
赵春翔 1989年作 灵性的觉醒	60×60cm	102,896	中国嘉德	2018-10-02
赵春翔 1990年作 父母情深	96.5×60cm	286,386	中国嘉德	2018-04-02
赵春翔 花前月下两相伴	95.5×59cm	238,655	中国嘉德	2018-04-02
赵春翔 茂盛	69.5×70cm	166,140	金仕发	2018-05-20
赵藩 邓尔雅 粤游诗册 赵藩款“石禅老人”印章 册页（十四开）	25×16.5cm×28 印章高6cm	345,000	中贸圣佳	2018-11-24
赵广发 2017年作 草书	230×51cm×4	138,000	北京翰海	2018-06-30
赵际滦 2017年作 秋山归牧图 立轴	138×70cm	276,000	北京保利	2018-06-18
赵际滦 2017年作 山中幽居 镜心	31×48.5cm×2	103,500	北京保利	2018-06-18
赵建成 2009年作 情系圣域 镜心	144×176cm	598,000	中国嘉德	2018-01-13
赵建成 2013年作 吴昌硕小像 镜心	87×68cm	195,500	北京荣宝	2018-12-03
赵建成 2007年作 少女 镜心	137.5×68.5cm	207,000	中国嘉德	2018-11-22
赵建成 2010年作 松风图 镜心	138.0×69.0cm	241,500	中国嘉德	2018-11-22
赵建成 2011年作 蒋兆和像 镜心	136×68cm	299,000	中国嘉德	2018-06-20
赵建成 张大千像 镜心	70×70cm	126,500	北京保利	2018-06-18
赵磊 2017年作 故乡情云水间 镜心	66×67cm	126,500	北京翰海	2018-01-14
赵冷月 楷书“论语”镜心	70×137cm	172,500	北京匡时	2018-12-05
赵冷月 楷书十二言联 镜心	116×15cm×2	161,000	中国嘉德	2018-11-21
赵冷月 隶书白居易诗 镜心	121×243.5cm	1,380,000	北京匡时	2018-06-15
赵冷月 隶书杜甫诗 镜心	179×96cm	276,000	北京匡时	2018-12-05
赵冷月 隶书七言联 镜心	179×48cm×2	230,000	北京匡时	2018-06-15
赵冷月 隶书苏轼《次韵回文》镜心	136.5×69cm	115,000	北京匡时	2018-06-15
赵冷月 篆书八言联 镜心	77×14cm×2	126,500	中国嘉德	2018-11-21
赵冷月 篆书陆游诗 镜心	137×67cm	103,500	北京匡时	2018-06-15
赵龙 晚安哈尔滨 水彩	100×150cm	253,000	天津同方	2018-06-13
赵朴初 1964年作 行书《国庆颂》立轴	115×32.5cm	333,500	北京匡时	2018-12-05
赵朴初 1969年作 行书“四海欢”镜心	25×76cm	124,101	保利香港	2018-04-02
赵朴初 1974年作 行书自作诗一首 镜心	34.5×85cm	287,500	北京荣宝	2018-06-14
赵朴初 1975年作 行书清平乐 横披	34.5×183.5cm	793,500	中国嘉德	2018-06-19
赵朴初 1977年作 行书偈语 镜心	57×36.5cm	109,250	北京匡时	2018-12-05
赵朴初 1979年作 行书陈毅诗 立轴	69.5×39cm	115,000	上海嘉禾	2018-06-25

拍品名称	物品尺寸	成交价RMB	拍卖公司	拍卖日期
赵朴初 1979年作 行书毛主席词二首 镜心	34.5×60.5cm	149,500	北京匡时	2018-06-16
赵朴初 1983年作 行书 自作诗 镜片	66×45cm	230,000	西泠拍卖	2018-07-07
赵朴初 1983年作 行书自作诗 立轴	69×16cm	195,500	北京匡时	2018-06-16
赵朴初 1984年作 行书临江仙 立轴	66×30.5cm	287,500	广东崇正	2018-07-05
赵朴初 1993年作 佛心 立轴	59.5×32.8cm	149,500	北京诚轩	2018-06-16
赵朴初 1996年作 行书“开心”镜框	49.5×25cm	126,500	北京荣宝	2018-12-03
赵朴初 1996年作 行书旧游杂诗 镜心	55×22cm	207,000	北京荣宝	2018-06-14
赵朴初 1996年作 行书旧游杂诗 镜心	55×22cm	195,500	北京荣宝	2018-12-03
赵朴初 董寿平 书法 墨竹 镜片 镜框	尺寸不一	218,500	朵云轩	2018-04-23
赵朴初 行书“祇陀苑”	18×28cm	345,000	中国嘉德	2018-06-20
赵朴初 行书“日本道元禅师得法灵迹碑”	98×45.5cm	126,500	中国嘉德	2018-11-21
赵朴初 行书 镜心	35.5×77cm	149,500	荣宝斋（南京）	2018-07-15
赵朴初 行书 立轴	81×33cm	207,000	荣宝斋（上海）	2018-01-21
赵朴初 行书 七言联	76.5×26.5cm	920,000	中国嘉德	2018-11-21
赵朴初 行书“佛心”立轴	59.5×33cm	218,500	中国嘉德	2018-11-20
赵朴初 行书“忍”镜心	40.5×25cm	230,000	中国嘉德	2018-11-21
赵朴初 行书“圆觉开悟”镜框	48×25cm	149,500	北京荣宝	2018-12-03
赵朴初 行书《临江仙》词 镜心	68×34cm	126,500	中国嘉德	2018-06-18
赵朴初 行书何满子 立轴	68.5×33cm	207,000	保利厦门	2018-07-15
赵朴初 行书贺词 镜框	68×33cm	115,000	北京荣宝	2018-12-03
赵朴初 行书七言联 立轴	168.5×31.5cm×2	632,500	中国嘉德	2018-11-20
赵朴初 行书自作诗 镜心	28.5×69cm	149,500	北京匡时	2018-06-16
赵朴初 旧作小令一首 立轴	67×34cm	113,000	北京歌德	2018-08-25
赵朴初 书法 镜心	65×26cm	368,000	荣宝斋（济南）	2018-07-01
赵朴初 书法 镜心	89×48.5cm	115,000	荣宝斋（济南）	2018-07-01
赵朴初 书法 立轴	78.5×40.5cm	345,000	保利厦门	2018-01-08
赵朴初 书法 立轴	45×17cm	166,750	北京荣宝	2018-06-14
赵朴初 书法“立志当存高远”镜心	70×31cm	172,500	北京华辰	2018-11-20
赵朴初 书法“万福楼”镜框	48×22cm	184,000	北京华辰	2018-11-20
赵朴初 题万松图诗 立轴	125×67cm	264,500	北京保利	2018-06-17
赵少昂 1936年作 日落归飞急 立轴	144×244cm	3,910,000	华艺国际	2018-05-23
赵少昂 1942年作 桃花春早 镜框	95×34cm	943,000	华艺国际	2018-05-23
赵少昂 1943年作 双清图 镜框	67×99cm	354,800	佳士得	2018-11-26
赵少昂 1945年作 花鸟 立轴	100×30cm	103,500	中国嘉德	2018-06-18
赵少昂 1945年作 梨花小鸟 立轴	110.7×51.8cm	545,000	香港苏富比	2018-10-02
赵少昂 1945年作 柳荫喜鹊 镜框	26×31cm	115,000	华艺国际	2018-11-16
赵少昂 1946年作 锦鳞翔泳 兰花螳螂 成扇	18×50cm	356,500	中国嘉德	2018-06-19
赵少昂 1946年作 梨花蜜蜂 立轴	97.5×32cm	161,800	香港苏富比	2018-04-02
赵少昂 1948年作 孔雀 立轴	129×59.5cm	1,150,000	华艺国际	2018-11-17
赵少昂 1951年作 富岳烟岚 立轴	104.7×47.7cm	381,500	香港苏富比	2018-10-02
赵少昂 1951年作 银杏鸣蝉 镜框	100.4×29.1cm	606,750	香港苏富比	2018-04-02
赵少昂 1954年作 树下高士 镜框	60×73.5cm	724,500	华艺国际	2018-11-17
赵少昂 1961年作 屋仑湖畔 镜框	60.8×105.3cm	1,744,000	香港苏富比	2018-10-02
赵少昂 1967年作 繁花鸣蝉 镜框	84×48cm	483,000	华艺国际	2018-11-17
赵少昂 1969年作 苍松鸣禽 镜框	86.2×139cm	523,200	香港苏富比	2018-10-02
赵少昂 1977年作 人间第一香 镜框	47.3×96.2cm	283,400	香港苏富比	2018-10-02

拍品名称	物品尺寸	成交价RMB	拍卖公司	拍卖日期
赵少昂 1978年作 春山禅意 镜心	29×36.8cm	144,054	北京匡时	2018-10-03
赵少昂 1978年作 湖光山色 镜心	29×36.8cm	144,054	北京匡时	2018-10-03
赵少昂 1980年作 荷花翠鸟 立轴	105×55cm	184,000	精诚所至	2018-05-12
赵少昂 1980年作 柳枝鸣蝉 镜心	85×40cm	171,832	保利香港	2018-04-02
赵少昂 1981年作 向日葵 镜框	66.5×137cm	659,750	佳士得	2018-05-29
赵少昂 1983年作 声扫碧霄寒 镜框	62.5×185cm	606,750	香港苏富比	2018-04-02
赵少昂 1986年作 富贵叠来 镜框	55×74cm	138,000	华艺国际	2018-05-23
赵少昂 1986年作 月夜竹禽 镜框	96×46cm	152,250	佳士得	2018-05-29
赵少昂 1987年作 秋江垂钓 镜心	46.5×97cm	154,344	保利香港	2018-10-01
赵少昂 1988年作 蝉竹图 立轴	83.5×41.4cm	133,050	佳士得	2018-11-26
赵少昂 1989年作 花鸟草虫（四十幅）散册页	30×37cm×40	720,688	佳士得	2018-11-26
赵少昂 1990年作 阳朔胜景 镜心	75.5×142cm	230,000	上海匡时	2018-04-30
赵少昂 白鹤芋 立轴	128×67cm	138,000	上海嘉禾	2018-06-25
赵少昂 百财图 立轴	150×45cm	113,186	中国嘉德	2018-10-03
赵少昂 1986年作 牡丹双禽 镜心	47×96cm	267,530	中国嘉德	2018-10-03
赵少昂 蝉月图 立轴	127×38cm	720,688	佳士得	2018-11-26
赵少昂 翠竹游蜂 行书七绝 团扇	23.8×24.6cm	171,913	香港苏富比	2018-04-02
赵少昂 大利图 镜心	103.5×32cm	207,000	中贸圣佳	2018-06-20
赵少昂 1937年作 柳蝉图 立轴	90×34.5cm	115,000	中国嘉德	2018-06-18
赵少昂 1980年作 花鸟（四帧）镜心	30×37.5cm×4	226,371	中国嘉德	2018-10-03
赵少昂 1960年作 双寿图 镜片	40.5×70.5cm	109,250	朵云轩	2018-06-24
赵少昂 红叶小鸟 镜心	46×96cm	329,267	北京匡时	2018-10-03
赵少昂 花卉 镜框（四开）	29×37cm×4	230,000	华艺国际	2018-11-17
赵少昂 花卉草虫（六帧）镜心	尺寸不一	123,475	保利香港	2018-10-01
赵少昂 花鸟集锦 镜片	30×38cm×10	437,000	华艺国际	2018-05-23
赵少昂 1934年作 花蝶 立轴	132.5×40.5cm	218,500	中国嘉德	2018-06-18
赵少昂 金鱼 镜框	93×29cm	115,000	华艺国际	2018-03-30
赵少昂 九鱼图 立轴	43×33.5cm	324,800	佳士得	2018-05-29
赵少昂 老虎 镜心	97.5×64.5cm	402,500	北京荣宝	2018-06-14
赵少昂 麻雀葵花 立轴		256,575	纽约苏富比	2018-09-13
赵少昂 梅头双喜 镜框		273,680	纽约苏富比	2018-09-13
赵少昂 墨荷 横幅	46.5×94.7cm	134,853	纽约苏富比	2018-03-23
赵少昂 牡丹 镜心	55.5×106cm	133,765	中国嘉德	2018-10-03
赵少昂 寿眉劲松 镜框		256,575	纽约苏富比	2018-09-13
赵少昂 水牛 镜片	93.1×173.2cm	1,824,475	纽约苏富比	2018-03-23
赵少昂 螳螂疏竹 行书七绝 团扇	23.8×24.6cm	131,463	香港苏富比	2018-04-02
赵少昂 1978年作 双雀 镜心	84×30cm	102,896	中国嘉德	2018-10-03
赵少昂 1975年作 竹鸟图 镜心	41×92cm	105,008	中国嘉德	2018-04-03
赵少昂 竹雀 镜框	95×40cm	115,000	华艺国际	2018-11-16
赵少昂 竹影蝉鸣 行书七绝 团扇	23.8×24.6cm	182,025	香港苏富比	2018-04-02
赵叔孺 1932年作 旭日始旦	42.5×129cm	303,375	邦瀚斯	2018-04-03
赵叔孺 1933年作 海天旭日 镜框	133.3×65cm	414,200	香港苏富比	2018-10-02
赵叔孺 1933年作 桃花桑鸤 立轴	104.8×52.5cm	101,125	香港苏富比	2018-04-02
赵叔孺 1940年作 八骏图 立轴	133×34cm	345,000	北京荣宝	2018-06-14
赵叔孺 1940年作 花卉 立轴 四屏	177.5×46.5cm×4	138,000	西泠拍卖	2018-09-28
赵叔孺 1945年作 篆书七言联 立轴	196×44cm×2	143,750	北京匡时	2018-12-05
赵叔孺 1927年作 山溪松鹤 立轴	105.4×49.9cm	115,000	中国嘉德	2018-06-18
赵叔孺 吴征 金城 汪慎生 蔡铣 花鸟竹石 镜片	171×92.2cm	206,245	纽约苏富比	2018-03-23
赵叔孺 1928年作 藤萝古柏 镜心	149×81cm	230,000	北京诚轩	2018-06-16
赵叔孺 1941年作 柳阴良骥 镜心	93.6×41cm	138,000	北京诚轩	2018-06-16
赵叔孺张善孖1930年作松阴虎憩立轴	123×52.5cm	246,950	中国嘉德	2018-10-03
赵叔孺 篆书节录《全后汉文·崔寔·政论》立轴	440×131.5cm	222,110	纽约苏富比	2018-03-23
赵望云 1941年作 山中即景图 画心	68×34cm	155,250	西泠拍卖	2018-07-08
赵望云 1943年作 汲水图 立轴	70×34.5cm	253,000	上海嘉禾	2018-06-25
赵望云 1972年作 山水册页（四帧）镜心	21×29.5cm×4	460,000	上海匡时	2018-04-30
赵望云 大地回春 立轴	69×46cm	345,000	南京经典	2018-07-22
赵望云 太华峰头玉井莲 立轴	178×98cm	560,000	秦宝斋	2018-01-01
赵无极 1951年作 无题（扬帆启航）	23.3×31.6cm	266,100	佳士得	2018-11-25
赵无极 1956年作 无题	19.6×19.4cm	763,696	保利香港	2018-03-29
赵无极 1961年作 无题	45×53.3cm	332,625	佳士得	2018-11-25
赵无极 1971年作 拉维斯 NO. 14	34×34cm	327,000	香港苏富比	2018-10-01
赵无极 1996年作 无题	32.7×41cm	362,756	保利香港	2018-03-29
赵无极 2000年作 无题	79×86cm	763,696	保利香港	2018-03-29
赵无极 2003年作 无题	40×44cm	809,000	香港苏富比	2018-04-01
赵胥 2016年作 小泗云山	49.5×151cm	161,000	中贸圣佳	2018-11-24
赵胥 并蒂莲	210×123cm	172,500	中国嘉德	2018-06-18
赵一丁 2018年作 黄土地·如荼	123.5×244cm	437,000	中贸圣佳	2018-11-24
赵永夫 2017年作 观音 镜心	126×72cm	126,500	北京保利	2018-05-21
赵永夫 贵妃出浴 镜心	118×73cm	132,250	北京翰海	2018-01-14
赵云壑 1925年作 群玉仙桃 立轴	118×52cm	101,200	上海匡时	2018-04-30
赵云壑 福禄寿 立轴	133×65.5cm	138,000	荣宝斋（济南）	2018-07-01
赵云壑 花果 四屏立轴	176×46cm×4	115,000	北京保利	2018-11-19
赵云壑 秋菊图 立轴	136.5×68cm	103,500	荣宝斋（南京）	2018-01-05
赵云壑 1941年作 花果 立轴 四屏	101.5×33.5cm×4	172,500	中国嘉德	2018-06-19
赵振川 深山幽居 镜片	96×180cm	168,000	秦宝斋	2018-01-01
赵正 2006年作 书法楹联 镜心	137×35cm×2	115,000	北京保利	2018-06-18
赵准旺 2014年作 春雨过后山间秀 镜心	124×62cm	172,500	北京保利	2018-06-18
赵准旺 2017年作 皇城苍柏图 镜心	96×78cm	172,500	北京保利	2018-12-06
郑百重 2013年作 天河从中来 镜心	68×68cm	345,000	北京保利	2018-06-18
郑百重 白云生处有人家	136×68.5cm	253,000	中国嘉德	2018-06-20
郑百重 放牧归去草木香 镜心	68×68cm	230,000	北京保利	2018-12-06
郑伯萍 郑明轩 笙歌图 镜框	121×67cm	115,000	上海匡时	2018-04-30
郑博文 玉堂富贵 镜心	192×96cm	103,500	北京荣宝	2018-06-14
郑登桥 2016年作 高山流水 立轴	144×79cm	862,500	北京荣宝	2018-12-03
郑利平 红花墨叶 镜心	63×47cm	102,896	北京匡时	2018-10-03
郑曼青 汪孔祁 杂画册 册（十六开）	每开 20.8×32.4cm	134,853	纽约苏富比	2018-03-23
郑慕康 1949年作 赏花仕女图 立轴	113.5×52.5cm	115,000	西泠拍卖	2018-09-28
郑慕康 1944年作 桐荫仕女 立轴	83×38.5cm	115,000	上海嘉禾	2018-06-25
郑慕康 汤义方 化蝶 立轴	110×57cm	437,000	上海嘉禾	2018-03-26
郑慕康 王福厂 倚窗仕女 金文书成扇	19×50cm	172,500	中贸圣佳	2018-11-24
郑慕康 周楚江 天仙配（十八帧）镜心	23.5×33cm×18	460,000	北京荣宝	2018-12-03
郑乃珧 1958年作 孔雀 镜心	172×90.5cm	747,500	北京荣宝	2018-06-14
郑乃珧 1971年作 大富贵 镜框	131×65cm	287,500	华艺国际	2018-05-23
郑乃珧 1973年作 芝寿图 镜框	131×66cm	230,000	华艺国际	2018-05-23
郑乃珧 布袋和尚 镜片	132.5×47.5cm	333,500	广东崇正	2018-07-05
郑乃珧 荷花鸳鸯 立轴	95×44.5cm	149,500	北京荣宝	2018-06-14
郑乃珧 花鸟 立轴	95.5×44.5cm	126,500	广东崇正	2018-07-05
郑乃珧 鸡鸣春晓 立轴	80.3×49.2cm	136,840	纽约佳士得	2018-09-11
郑乃珧 孔雀图 立轴	175×95cm	214,700	广东省拍	2018-09-20
郑乃珧 瑞鸡苍松 立轴	137×68cm	580,750	荣宝斋（济南）	2018-07-01

拍品名称	物品尺寸	成交价RMB	拍卖公司	拍卖日期
郑乃珖 雄鹰图 立轴	136×66cm	126,500	广东崇正	2018-07-05
郑乃珖 一家欢 立轴	95×44cm	152,739	中国嘉德	2018-04-03
郑师玄 1942年作 春苑演乐图	118.5×50.5cm	161,800	邦瀚斯	2018-04-03
郑师玄 1946年作 山水人物	78×36cm	525,850	邦瀚斯	2018-04-03
郑午昌 1939年作 踏雪寻梅图 镜框	40.5×121cm	515,738	邦瀚斯	2018-04-03
郑午昌 1924年作 双柳篠图 立轴	76.3×21.8cm	323,600	香港苏富比	2018-04-02
郑午昌 1928年作 层峦叠嶂 立轴	132×31.8cm	654,000	香港苏富比	2018-10-02
郑午昌 1930年作 品茗图 手卷	画心34×99cm	926,500	香港苏富比	2018-10-02
郑午昌 1936年作 灵岩忆游 镜框	21.5×133.5cm	586,525	香港苏富比	2018-04-02
郑午昌 1941年作 荔枝茄子 立轴	101×33.5cm	133,050	佳士得	2018-11-26
郑午昌 1944年作 层峦迭翠 立轴	103.2×25.6cm	121,800	佳士得	2018-05-29
郑午昌 1946年作 芦丛渔笛送夕阳 立轴	102.5×49.7cm	151,688	香港苏富比	2018-04-02
郑午昌 1949年作 一江秋色 立轴	95.5×33cm	138,000	上海泓盛	2018-06-27
郑午昌 1951年作 芦州夜泛图 立轴	124×60cm	305,200	香港苏富比	2018-10-02
郑午昌 1946年作 白菜 横披	31.3×130.8cm	114,554	中国嘉德	2018-04-03
郑午昌 此是人间第一花 立轴	104×45.2cm	138,000	北京诚轩	2018-06-16
郑午昌 1937年作 秋山放棹无限意 立轴	119.5×42cm	138,000	北京诚轩	2018-06-16
郑午昌 1930年作 岩月禅心 立轴	104.5×49.1cm	299,000	北京诚轩	2018-06-16
郑午昌 1933年作 柳溪觅友 立轴	105×39cm	195,500	中国嘉德	2018-06-18
郑午昌 壬午(1942年作 万木经霜图 立轴	67×31cm	230,000	中国嘉德	2018-05-19
郑午昌 沈尹默 夏日山居 行书山谷画跋 成扇	18.5×50cm	230,000	中国嘉德	2018-06-19
郑午昌 雪岭春意至 立轴	152×41.4cm	207,000	北京诚轩	2018-06-16
郑午昌 赵叔孺 荷塘晤旧 行书五言诗 成扇	20×54cm	264,500	中国嘉德	2018-06-19
郑孝胥 1929年作 文心雕龙句 立轴	151×40cm×4	114,554	保利香港	2018-04-02
郑孝胥 1930年作 行书 四屏立轴	147×37cm×4	181,378	保利香港	2018-04-02
郑孝胥 对联 立轴	248×30cm×2	575,000	华艺国际	2018-11-16
郑孝胥 1930年作 行书节录《文心雕龙》立轴 四屏	147.5×36.5cm×4	161,000	中国嘉德	2018-06-19
郑孝胥 行书 成扇	18×47cm	126,500	北京翰海	2018-06-29
郑孝胥 行书 述书赋句 立轴	136.5×66cm	184,000	西泠拍卖	2018-07-08
郑孝胥 行书"神助"镜心	31×55cm	152,739	中国嘉德	2018-04-03
郑孝胥 行书《述书赋》立轴 四屏	177.5×46cm×4	195,500	中国嘉德	2018-06-19
郑孝胥 行书八言联 对联	169×35cm×2	109,250	中国嘉德	2018-05-18
郑孝胥 行书八言联 立轴	173×43cm×2	218,500	荣宝斋（济南）	2018-07-01
郑孝胥 行书八言联 立轴	189.5×35cm×2	143,750	广东崇正	2018-07-05
郑孝胥 行书节录《跋国朝名公书》镜心	179×45.5cm×4	230,000	上海匡时	2018-04-30
郑孝胥 行书节录《述书赋》立轴	134×67cm	126,500	北京匡时	2018-06-16
郑孝胥 行书节录《文心雕龙》六屏立轴	163×39cm×6	322,000	北京保利	2018-12-08
郑孝胥 行书论书诗 立轴	130×20cm	155,250	北京荣宝	2018-06-14
郑孝胥 行书七言联 立轴	145×38cm×2	126,500	广东崇正	2018-07-05
郑孝胥 行书七言联 立轴	193×44cm×2	115,000	北京翰海	2018-06-29
郑孝胥 行书史语 镜心	57.5×310cm	126,500	北京匡时	2018-06-16
郑孝胥 行书四屏 镜心	153×40.5cm×4	253,000	北京荣宝	2018-06-14
郑孝胥 何维朴 李瑞清 高邕之 1919年作 书法 四屏	146×40cm×4	109,250	北京保利	2018-06-18
郑孝胥 1914年作 行书王荆公诗 立轴 四屏	107×32cm×4	161,000	中国嘉德	2018-06-19

拍品名称	物品尺寸	成交价RMB	拍卖公司	拍卖日期
郑孝胥 楷书斋名 镜片	55×120cm	168,000	上海联合	2018-11-25
郑孝胥 利人 立轴	172×28cm×2	414,000	凤凰拍卖	2018-01-21
郑孝胥 隶书 立轴	133×63.5cm	230,000	华艺国际	2018-11-16
郑孝胥 刘子久 余绍宋 罗惇㬊 山水（四把）成扇	18.5×50cm×4	161,000	中国嘉德	2018-11-21
郑孝胥 罗振玉 等 1934年作 镜湖聚珍册 册页	13×36cm×14	138,000	北京保利	2018-06-17
郑孝胥 1922年作 行书 四屏 立轴	144×39cm×4	115,000	上海嘉禾	2018-06-25
钟孺干 2010年作 杳冥图	180×96cm	345,000	北京翰海	2018-06-30
钟泗宾 1960年作 渔村	65×45cm	243,600	佳士得	2018-05-27
钟泗宾 1961年作 奎笼场景	93.5×45cm	284,200	佳士得	2018-05-27
钟泗宾 1961年作 无题	94×45cm	182,700	佳士得	2018-05-27
钟泗宾 1967年作 无题	93×45cm	182,700	佳士得	2018-05-27
钟泗滨 河畔村民	95×43.5cm	163,500	香港苏富比	2018-10-01
钟泗滨 码头	51.5×60cm	161,800	香港苏富比	2018-04-01
钟泗滨 无题（水牛）	94×45cm	171,913	香港苏富比	2018-04-01
钟泗滨 无题（渔村）	95×43.5cm	283,150	香港苏富比	2018-04-01
钟泗滨 渔村	90.5×55cm	327,000	香港苏富比	2018-10-01
钟增亚 1986年作 赶歌归来 镜片	138×68cm	123,200	湖南逸典	2018-06-09
钟增亚 1994年作 烂漫山花 镜片	52×50cm	168,000	湖南逸典	2018-06-09
钟增亚 1998年作 夏风 镜片	69×69cm	280,000	湖南逸典	2018-06-09
钟增亚 1998年作 钟馗嫁妹图 镜心	178×95cm	459,200	湖南逸典	2018-06-09
钟增亚 1999年作 春耕时节 镜片	97×178cm	336,000	湖南逸典	2018-06-09
钟增亚 2000年作 八仙飘海图 镜心	83×178cm	196,000	湖南逸典	2018-06-09
钟增亚 2000年作 牛市 镜心	69×137cm	134,400	湖南逸典	2018-06-09
钟增亚 2000年作 三峡出平湖 镜片	178×97cm	156,800	湖南逸典	2018-06-09
钟增亚 2001年作 清凉世界 镜片	78×177cm	358,400	湖南逸典	2018-06-09
钟增亚 春来人人争上游 镜片	93×261cm	392,000	湖南逸典	2018-06-09
钟增亚 1999年作 侗水清清 镜片	68.5×138cm	207,000	广东崇正	2018-07-05
周昌谷 采莲图 立轴	82×44cm	283,150	香港苏富比	2018-04-02
周昌谷 南国之春 镜心	52×41.5cm	149,500	中国嘉德	2018-11-20
周昌谷 人物 轴	96×40cm	287,500	浙江佳宝	2018-07-01
周澄 2009年作 梅花湖畔 镜框		184,800	金仕发	2018-01-28
周恩来 行书"百花齐放"	25.3×46.7cm	632,500	中国嘉德	2018-11-22
周逢俊 2014年作 峡谷秋声 镜心	68×136cm	276,000	北京翰海	2018-09-16
周逢俊 黄山松图 镜心	96×178cm	552,000	北京翰海	2018-09-16
周逢俊 木芙蓉写真图 镜心	96×178cm	552,000	北京翰海	2018-09-16
周行通 坡石双羊图 镜片	22.5×21cm	1,725,000	西泠拍卖	2018-07-07
周慧珺 2013年作 楷书	68×139cm	138,000	北京翰海	2018-06-30
周京新 1995年作 戏中人物图 手卷	33×273cm	172,500	北京荣宝	2018-05-18
周京新 1996年作 江湖图 手卷	33×138cm	161,000	北京荣宝	2018-06-14
周京新 2005年作 水浒 四屏	68×34cm×4	322,000	广东崇正	2018-07-05
周京新 苦肉计图卷 手卷	33×138cm	172,500	北京荣宝	2018-05-18
周京新 水浒人物 立轴	139×34cm	101,200	南京经典	2018-07-22
周炼霞 1956年作 国色秾华 立轴	88×51cm	2,070,000	华艺国际	2018-11-16
周炼霞 1961年作 消暑图 镜片	29×38cm	276,000	广东崇正	2018-07-04
周炼霞 1956年作 牡丹 镜片	40.5×51cm	287,500	广东崇正	2018-07-04
周炼霞 1979年作 紫藤 镜片	27×37cm	115,000	广东崇正	2018-07-04
周炼霞 吴湖帆 作 题 长相思词意图 成扇	18.5×49.5cm	172,500	中贸圣佳	2018-11-24
周炼霞 1965年作 蝶恋花 镜片	74×30cm	126,500	广东崇正	2018-07-04
周路石 约1951至1956年间作《生财有道》等漫画原稿（三十一帧）	尺寸不一	138,000	西泠拍卖	2018-07-08
周梦蝶 1983年作 楷书节录《逍遥游》横披	12×59cm	101,200	上海匡时	2018-04-30

拍品名称	物品尺寸	成交价RMB	拍卖公司	拍卖日期
周名德 2017年作 红花石	99×92.8cm	111,650	佳士得	2018-05-27
周韶华 1963年、1977年作 卧游（四帧）镜心	尺寸不一	172,500	中国嘉德	2018-11-21
周韶华 1977年、1978年、1979年、1981年作 山海所见 立轴、镜心	尺寸不一	264,500	中国嘉德	2018-11-21
周韶华 1979年作 忽如一夜春风来 镜心	80.5×68.5cm	109,250	中国嘉德	2018-11-21
周韶华 1981年作 黄河魂 立轴	68.5×65.5cm	276,000	中国嘉德	2018-11-21
周韶华 1991年作 大漠长天 镜心	135×67cm	126,500	中国嘉德	2018-09-19
周韶华 1997年作 江干图 镜心	69×138cm	115,000	中国嘉德	2018-09-19
周韶华 1999年作 儿时的记忆 镜心	69×68.5cm	126,500	北京荣宝	2018-09-14
周韶华 2002年作 春山初雨 镜心	67×68cm	115,000	北京荣宝	2018-09-14
周韶华 2002年作 黄金水道 镜心	96×178cm	172,500	保利山东	2018-11-22
周韶华 2002年作 旷野图 镜心	68.5×137cm	138,000	保利山东	2018-11-22
周韶华 2003年作 沧海激流 镜心	69.5×137.5cm	195,500	北京荣宝	2018-09-14
周韶华 2006年作 秋光 镜片	68×68cm	313,600	湖南逸典	2018-06-09
周韶华 初雪阿尔泰 镜心	51×56cm	402,500	北京保利	2018-11-19
周世雄 2017年作 草书"沁园春·香港金融保卫战"立轴	133×64.5cm	463,032	保利香港	2018-10-01
周思聪 1977年作 凝视 镜心	69×46.5cm	103,500	中国嘉德	2018-11-21
周思聪 1978年作 傣家少女 立轴		190,380	纽约佳士得	2018-03-20
周思聪 1978年作 读书少女 镜框	44.5×48.5cm	121,963	佳士得	2018-11-26
周思聪 1978年作 秋趣图 镜心	69×45cm	172,500	北京荣宝	2018-06-14
周思聪 1978年作 少女 镜心	69.5×55cm	1,089,000	中正拍卖	2018-01-26
周思聪 1979年作 读书图 镜框	37.5×53cm	184,000	华艺国际	2018-11-16
周思聪 1979年作 少女 立轴	68.5×46cm	138,000	保利山东	2018-11-22
周思聪 1980年作 采果图 立轴	82×54cm	172,500	北京荣宝	2018-12-03
周思聪 1980年作 曹雪芹着书图 立轴	68×55cm	115,000	西泠拍卖	2018-07-08
周思聪 1980年作 高原春迟 镜心	70×46cm	138,000	北京荣宝	2018-06-14
周思聪 1980年作 汲水图 镜心	68×68cm	368,000	北京荣宝	2018-06-14
周思聪 1980年作 消夏图 镜心	55×53cm	103,500	北京荣宝	2018-06-14
周思聪 1981年作 瓜藤清趣 镜框	68×42.5cm	203,000	佳士得	2018-05-29
周思聪 1987年作 墨荷 镜框	53×98cm	384,275	香港苏富比	2018-04-02
周思聪 1993年作 梦回池塘外 册页片	44×62cm	218,500	朵云轩	2018-06-24
周思聪 芭蕉少女 镜片	135×66cm	230,000	广东崇正	2018-07-05
周思聪 达摩像 立轴	67×48cm	667,000	中贸圣佳	2018-06-20
周思聪 读书图 镜心	46×69cm	172,500	北京荣宝	2018-06-14
周思聪 儿戏图 镜心	68×64cm	230,000	中贸圣佳	2018-11-24
周思聪 高原小屋 立轴	67.5×68cm	287,500	华艺国际	2018-11-16
周思聪 1990年作 墨荷 镜片	69×41cm	138,000	广东崇正	2018-07-05
周思聪 观音 立轴	116.5×68.7cm	1,782,500	中国嘉德	2018-06-20
周思聪 海角拾贝图 镜心	68×45cm	178,250	中国嘉德	2018-05-18
周思聪 荷 镜片	68.5×68.5cm	1,075,200	秦宝斋	2018-01-01
周思聪 荷花 镜心	52×70cm	172,500	北京荣宝	2018-06-14
周思聪 荷塘 镜心	69×45cm	195,500	北京荣宝	2018-06-14
周思聪 荷塘逸趣 镜心	49×46cm	138,000	中国嘉德	2018-05-18
周思聪 荷塘幽幽 镜框	50×51cm	138,000	北京荣宝	2018-12-03
周思聪 红荷初绽 镜心	44×53cm	690,000	北京诚轩	2018-06-16
周思聪 汲水 扇面	19×51cm	149,500	北京保利	2018-11-19
周思聪 汲水图 镜心	46×34cm	322,000	荣宝斋（济南）	2018-07-01
周思聪 汲水图 立轴	68×45cm	115,000	北京保利	2018-05-21
周思聪 1979年作 秋趣图 镜心	68×46cm	172,500	中国嘉德	2018-01-13
周思聪 1984年作 归 镜心	68.5×45.5cm	690,000	北京诚轩	2018-06-16
周思聪 卢沉 面壁图 立轴	67×68cm	115,000	北京荣宝	2018-06-14

拍品名称	物品尺寸	成交价RMB	拍卖公司	拍卖日期
周思聪 墨荷 镜片	48×56cm	161,000	广东崇正	2018-07-05
周思聪 清露图 立轴	66.5×44cm	171,832	中国嘉德	2018-04-03
周思聪 人物 镜心	67×67cm	812,303	香港普艺	2018-01-13
周思聪 人物四帧 镜芯	26×21cm	747,500	中鸿信	2018-01-07
周思聪 入学图 立轴	34.5×46cm	230,000	荣宝斋（南京）	2018-01-05
周思聪 少女 镜片	66.5×45.5cm	230,000	西泠拍卖	2018-07-08
周思聪 拾贝图 镜心	68×45cm	207,000	荣宝斋（济南）	2018-07-01
周思聪 1978年作 傣族少女 立轴	64.7×47cm	138,000	中国嘉德	2018-06-20
周思聪 小屋 镜心	37.0×54.0cm	207,000	中国嘉德	2018-11-22
周思聪 1981年作 秋趣图 立轴	61×47.5cm	126,500	中国嘉德	2018-06-20
周思聪 烟霞为伴 镜心	67.5×67.2cm	690,000	北京诚轩	2018-06-16
周思聪 雨归 立轴	68×68.5cm	287,500	华艺国际	2018-11-16
周思聪 着书图 镜心	66×67cm	572,772	中国嘉德	2018-04-03
周思聪 执篮仕女 立轴	69×46cm	276,000	北京保利	2018-05-21
周天黎 荷韵 框	68×68cm	172,500	浙江佳宝	2018-07-01
周晓东 行书《春江花月夜》六屏 镜心	137×35cm×6	198,000	未来四方	2018-12-09
周晓东 楷书《金刚般若波罗密经》手卷	33×761cm	748,000	未来四方	2018-12-09
周雪 2012年作《游·梦》系列—五月天	81×50cm	147,200	北京翰海	2018-06-30
周彦生 2005年作 牡丹 镜框	96×179cm	2,070,000	华艺国际	2018-05-23
周彦生 2008年作 荷花 镜框	98×179cm	1,840,000	华艺国际	2018-05-23
周彦生 2008年作 天香富贵 镜片	96×180cm	4,370,000	华艺国际	2018-11-17
周彦生 2012年作 四序花鸟图 四屏	164.5×34cm×4	172,500	上海泓盛	2018-06-27
周彦生 春色满园 镜片	96×180cm	4,140,000	华艺国际	2018-11-17
周彦生 花鸟 镜片	180×97cm	1,897,500	华艺国际	2018-03-30
周扬波 2017年作 揽胜崆峒千嶂奇 镜心	200×230cm	195,500	北京翰海	2018-09-16
周艺文 秋韵 镜心	68.5×68.5cm	138,000	北京匡时	2018-06-15
周元亮 太湖渔场 立轴	156×133cm	897,000	荣宝斋（南京）	2018-07-15
周之江 篆书五言 对联片	178×44cm×2	207,000	朵云轩	2018-06-24
周作人 1960年作；1965年作 书法-录大智度论一节 书法-往昔三十首其十七（两幅）扇面镜框	18.5×53cm×2	385,700	佳士得	2018-05-29
周作人 1961年作 书法-自作诗《儿童杂事诗之二》立轴	63.8×31.5cm	355,250	佳士得	2018-05-29
周作人 1964年作 书法-陆游诗《书适》立轴	47×25.3cm	284,200	佳士得	2018-05-29
周作人 等 杂书（三件）镜心	尺寸不一	138,000	北京翰海	2018-06-29
周作人 苦茶庵自作诗三首 立轴	65.8×30.4cm	456,750	佳士得	2018-05-29
周作人 书法对联 双挖立轴	66.5×15.4cm×2	324,800	佳士得	2018-05-29
周作人 书法-戊寅旧作二首 镜框	65×31.9cm	284,200	佳士得	2018-05-29
周作人 书法-挹翠楼诗话 书法-拟题狱壁诗 扇面镜框；镜框	尺寸不一	243,600	佳士得	2018-05-29
朱道平 镜湖菡萏 镜心	233×123cm	189,750	南京经典	2018-01-06
朱德群 1985年 陆游 游山西村	38.5×121.5cm	598,000	中国嘉德	2018-11-21
朱德群 1991年作 大江东去	65×100cm	606,750	香港苏富比	2018-03-31
朱德群 1995年作 归去来兮辞	80×240cm	1,719,125	香港苏富比	2018-03-31
朱零 2018年作 飞流直下三千尺 镜心	83×177cm	552,000	北京翰海	2018-09-16
朱梅邨 1955年作 霜林烟浦图 立轴	133.5×62.5cm	164,634	北京匡时	2018-10-03
朱梅邨 春愁 镜心	直径30cm	112,700	中国嘉德	2018-06-19

拍品名称	物品尺寸	成交价RMB	拍卖公司	拍卖日期
朱梅邨 1937年作 载酒浮春 扇面	18.5×51cm	149,500	中国嘉德	2018-06-19
朱梅邨 1944年作 邃谷寒涛 镜片	45×86.5cm	143,750	朵云轩	2018-06-24
朱梅邨 日暮倚竹 立轴	102.7×27.3cm	223,300	佳士得	2018-05-29
朱梅邨 谭泽闿 1941年作 渊明采菊 楷书《归去来辞》成扇	18.5×50cm	230,000	中国嘉德	2018-06-19
朱梅邨 王福厂 1945年作 闺阁春思图 隶书〈文心雕龙〉成扇	18×43cm	202,250	香港苏富比	2018-04-02
朱梅邨 1938年作 晚凉新浴 立轴	95.5×42.5cm	414,000	中国嘉德	2018-06-18
朱梅邨 溪上清风 立轴	101.3×35.2cm	233,450	佳士得	2018-05-29
朱梅邨 1941年作 春风得闲图 立轴	47×34.5cm	460,000	中国嘉德	2018-11-20
朱梅邨 1981年作 黄山八景图 册页（八开）	49×54.5cm×8	138,000	朵云轩	2018-06-24
朱梅邨 竹庭执扇图 成扇	18.5×47.5cm	103,500	中贸圣佳	2018-11-24
朱明德 习习清风	136×68cm	100,000	北京贞观	2018-07-15
朱屺瞻 1958年作 旱桥 立轴	148.5×68.5cm	977,500	中国嘉德	2018-06-18
朱屺瞻 1965年作 霏霏雾雨 立轴	140×68cm	230,000	上海匡时	2018-04-30
朱屺瞻 1978年作 金瓜盈枝 立轴	89.2×47.5cm	109,000	香港苏富比	2018-10-02
朱屺瞻 1982年作 三友图 立轴	135×67cm	230,000	北京保利	2018-06-17
朱屺瞻 1982年作 山溪古寺 镜框		118,988	纽约佳士得	2018-03-20
朱屺瞻 1984年作 春山归帆 立轴	71.5×66.5cm	166,313	佳士得	2018-11-26
朱屺瞻 1985年作 夏山图 镜框	69.5×69.5cm	121,800	佳士得	2018-05-29
朱屺瞻 1985年作 雨后春山 镜框	68×68cm	182,700	佳士得	2018-05-29
朱屺瞻 1986年作 雪藕陪红瓤 立轴	画心45.1×67.3cm	171,913	香港苏富比	2018-04-02
朱屺瞻 1988年作 山水人家图 立轴	136×67cm	126,500	西泠拍卖	2018-09-28
朱屺瞻 1988年作 雨后观山图 立轴	68×68cm	182,700	佳士得	2018-05-29
朱屺瞻 1990年作 书斋清供图 立轴	89.2×48.1cm	171,913	香港苏富比	2018-04-02
朱屺瞻 1991年作 渊明诗意 立轴	136×68cm	404,500	香港苏富比	2018-04-02
朱屺瞻 1986年作 山水 镜心	68.5×67.5cm	345,000	中国嘉德	2018-11-20
朱屺瞻 1980年作 浮天云水 镜心	139×314cm	3,450,000	中国嘉德	2018-11-20
朱屺瞻 1960年作 自玩山水扇 成扇	17.5×50cm	195,500	中国嘉德	2018-06-19
朱屺瞻 花卉 镜心	90×46cm	115,000	荣宝斋（济南）	2018-07-01
朱屺瞻 黄胄 葫芦小鸡 镜心	96×59cm	195,500	中国嘉德	2018-11-20
朱屺瞻 1984年作 满枝春色 镜心	96×176cm	391,005	中国嘉德	2018-10-03
朱屺瞻 1978年作 红梅迎春 镜片	83×154cm	253,000	上海嘉禾	2018-06-25
朱屺瞻 1991年作 江上春风 立轴	136.5×67.5cm	575,000	中国嘉德	2018-11-21
朱屺瞻 新山图 镜心	138×68cm	287,500	南京经典	2018-01-06
朱屺瞻 1985年作 清供图 立轴	89×47.5cm	115,000	中国嘉德	2018-06-18
朱屺瞻 1985年作 岩壑迭嶂 立轴	137.2×68.2cm	123,475	中国嘉德	2018-10-03
朱松发 2014年作 青山有约 镜心	68.0×68.0cm	218,500	中国嘉德	2018-11-22
朱伟 2001年作 无题1号	114×95.3cm	190,924	保利香港	2018-03-29
朱伟 2003年作 节日 第31号	197×192cm	166,313	佳士得	2018-11-25
朱文侯 1939年作 双虎 立轴	149×80cm	166,750	华艺国际	2018-11-16
朱文侯 四兽图 四屏立轴	101.5×29cm×4	109,250	北京荣宝	2018-12-03
朱新建《小野猪》连环画原稿 镜心	13.5×13.5cm×38	138,000	荣宝斋（济南）	2018-06-30
朱新建 1991年作 春色 镜心	54×53cm	115,000	中国嘉德	2018-06-20
朱新建 1994年作 侠客图 镜心	65×44cm	105,800	中国嘉德	2018-11-22
朱新建 1997年作 东坡先生写梅图 镜心	33×65cm	253,000	中国嘉德	2018-11-22
朱新建 2002年作 笑傲江湖图 立轴	68×68cm	109,250	北京荣宝	2018-12-03
朱新建 出浴图 镜心	68×34cm	126,500	南京经典	2018-07-22
朱新建 大吉图 镜心	69×44cm	105,800	南京经典	2018-07-22
朱新建 1987年作 虚空大地（三联画）镜心	128×61.5cm×3	3,680,000	中国嘉德	2018-11-22
朱新建 东坡先生玩砚图 镜心	69×45cm	109,250	南京经典	2018-07-22
朱新建 宫扇图 立轴	85×39cm	178,250	南京经典	2018-07-22
朱新建 梅花入梦 镜心	28.5×18.5cm×8	172,500	北京荣宝	2018-12-03
朱新建 美人（四帧）立轴	66×34cm×4	138,000	荣宝斋（济南）	2018-06-30
朱新建 美人图 镜心	68×68cm	126,500	南京经典	2018-01-06
朱新建 美人图 镜心	138×34cm	109,250	北京荣宝	2018-06-14
朱新建 觅句图 镜心	67×65cm	172,500	南京经典	2018-07-22
朱新建 明轩读画图 手卷	尺寸不一	345,000	南京经典	2018-07-22
朱新建 轻舟入梦 镜心	102×34cm	115,000	保利山东	2018-11-22
朱新建 人物故事册页 册页	12×8cm×40	138,000	荣宝斋（南京）	2018-01-05
朱新建 书法七言联 立轴	138.5×22.5cm×2	161,000	中国嘉德	2018-11-22
朱新建 王和平 等 相思图、行书五言联 镜心	70×29.5cm	120,750	北京荣宝	2018-06-14
朱新建 戏曲人物	80×100cm	230,000	北京翰海	2018-09-16
朱新建 一指见文殊 镜心	34.5×34.5cm	172,500	中国嘉德	2018-11-22
朱新建 渔父词 手卷	画23×138cm	143,750	南京经典	2018-07-22
朱训德 1992年作 牧羊女 镜片	78×78cm	100,800	湖南逸典	2018-06-09
朱曜奎 冰开春水	50×60cm	977,500	北京翰海	2018-09-16
朱曜奎 风吹芦苇鸣	60×80cm	1,610,000	北京翰海	2018-09-16
朱曜奎 高山云雾	50×60cm	1,265,000	北京翰海	2018-09-16
朱曜奎 海角芳菲	50×60cm	1,265,000	北京翰海	2018-09-16
朱曜奎 金沙	47×57cm	1,150,000	北京翰海	2018-09-16
朱曜奎 绿荫戏水	50×60cm	1,380,000	北京翰海	2018-09-16
朱曜奎 密林花香	50×60cm	1,150,000	北京翰海	2018-09-16
朱曜奎 青山簇簇	50×60cm	1,035,000	北京翰海	2018-09-16
朱曜奎 秋日	50×60cm	1,127,000	北京翰海	2018-09-16
朱曜奎 秋日思念	50×60cm	1,265,000	北京翰海	2018-09-16
朱曜奎 山区忙耕地	40×50cm	1,035,000	北京翰海	2018-09-16
朱曜奎 山色	60×80cm	1,725,000	北京翰海	2018-09-16
朱曜奎 天高任鸟飞	60×60cm	3,580,000	北京贞观	2018-07-15
朱曜奎 听海	50×60cm	1,012,000	北京翰海	2018-09-16
朱曜奎 雪中老树	40×50cm	747,500	北京翰海	2018-09-16
朱曜奎 遥天雨过	60×80cm	1,552,500	北京翰海	2018-09-16
朱曜奎 影松峦峥	40×60cm	920,000	北京翰海	2018-09-16
朱曜奎 映照山水	50×60cm	1,035,000	北京翰海	2018-09-16
朱曜奎 幽谷山泉	47×57cm	1,035,000	北京翰海	2018-09-16
朱曜奎 转山溪流	40×60cm	920,000	北京翰海	2018-09-16
朱曜奎 紫金重山	50×60cm	1,150,000	北京翰海	2018-09-16
朱益藩 1906年作 三体书临名家帖卷 手卷	30×420cm	299,000	北京匡时	2018-06-16
朱振庚 2012年作 欢乐颂 镜心	144×360cm	3,220,000	中国嘉德	2018-06-20
朱振庚 壁画	137.5×69.5cm	391,000	广东崇正	2018-07-05
朱振庚 无题	68×68cm	155,250	北京翰海	2018-06-30
朱祖谋1925年作 行书十三言联 立轴	173.8×30.4cm×2	151,688	香港苏富比	2018-04-02
诸乐三 1982年作 竹石寿菊图 立轴	179×48cm	143,750	西泠拍卖	2018-07-08
祝大年 1976年作 玉兰花开	112×234cm	10,350,000	北京保利	2018-06-20
祝大年 1993年作 大理菊	87×74cm	218,500	北京匡时	2018-12-06
祝大年 1993年作 兜兰	85×61cm	345,000	北京匡时	2018-06-16
祝铮鸣 百年孤独 镜框	51.5×32.5cm	109,250	上海匡时	2018-04-30
庄喆 1991年作 抽象 镜框	99.5×90cm	110,875	佳士得	2018-11-26
庄志深 2018年作 山高水长 镜心	180×97cm	207,000	北京保利	2018-06-18
宗其香 1961年作 边寨清晨 镜心	69×138cm	1,265,000	中国嘉德	2018-11-20
宗其香 1961年作 云南写生 镜片	138×69cm	161,000	上海嘉禾	2018-06-25

拍品名称	物品尺寸	成交价RMB	拍卖公司	拍卖日期
宗其香 半帆斜日一江风 镜心	43×64cm	172,500	荣宝斋（济南）	2018-07-01
宗其香 三峡夜景 镜心	68×137cm	437,000	北京保利	2018-06-17
左古山 探秘桃花源 镜心	68×136cm	184,000	北京保利	2018-06-18
作者年代不详				
凤鸣 草书五言诗 扇面	16.8×52.5cm	115,000	中国嘉德	2018-06-20
施浩 芍药初开图 镜心	97×50cm	345,000	中国嘉德	2018-05-20
无款 蝶庵居士出游图 镜框	45×159.5cm	1,495,000	华艺国际	2018-05-23
无款 斗鸡图 立轴		4,343,837	纽约佳士得	2018-03-20
无款 佛像 立轴	105×39cm	2,530,000	华艺国际	2018-05-23
无款 秘戏图 册（十开）	28.5×44.5cm	436,288	纽约苏富比	2018-03-23
无款 清 湖山待渡 立轴	160×46.2cm	203,000	佳士得	2018-05-28
无款 清 童戏图 镜框	132×298cm	203,000	佳士得	2018-05-28
无款 少数民族风俗 册（十二开）	35.6×32.5cm×12	158,650	纽约苏富比	2018-03-23
无款 十二生肖 册（十二开）	20.6×16.6cm	142,785	纽约苏富比	2018-03-23
无款 玉兔 镜框	26×38cm	920,000	华艺国际	2018-05-23
佚名 阿房宫赋 镜心	168×83cm	207,000	中国嘉德	2018-01-14
佚名 暗香 镜框	195×95cm	460,000	上海嘉禾	2018-06-25
佚名 博古图卷 手卷	37×351cm	161,000	中国嘉德	2018-01-14
佚名 采灵图 镜心	直径22cm	668,234	保利香港	2018-04-02
佚名 彩蝶图 镜心	21×22cm	276,000	北京保利	2018-06-18
佚名 春色满园 册页	30×51cm×7	286,386	保利香港	2018-04-02
佚名 蹴鞠图 镜心	44×25cm	402,500	中国嘉德	2018-05-19
佚名 翠竹图 镜心	34×32cm	126,500	中国嘉德	2018-01-14
佚名 动物（八帧）立轴	26×23cm×8	126,500	中国嘉德	2018-01-14
佚名 多尔衮像 镜心	138×98cm	161,000	中国嘉德	2018-05-19
佚名 佛像（6件）镜心	159×78cm×6	402,500	北京翰海	2018-05-13
佚名 佛像 立轴	239×129cm	1,725,000	南京经典	2018-01-06
佚名 古写经断卷合册（三十五开册选六开）	尺寸不一	161,800	香港苏富比	2018-04-01
佚名 官威图卷 手卷	50×632cm	943,000	中国嘉德	2018-01-14
佚名 寒禽图 镜心	117.5×66cm	2,300,000	保利厦门	2018-01-08
佚名 寒汀白鹭 圆光	直径23cm	161,000	中国嘉德	2018-05-19
佚名 汉宫春晓 手卷	39×325cm	368,000	中国嘉德	2018-01-14
佚名 荷塘双鸭 镜心	19×21cm	368,000	中国嘉德	2018-06-20
佚名 护法善神（增长天王）立轴	98×37.5cm	241,500	保利厦门	2018-01-08
佚名 花蝶图 镜心	23×20cm	138,000	中国嘉德	2018-05-19
佚名 花蝶图 镜心	25×22cm	115,000	中国嘉德	2018-01-14
佚名 花鸟 镜心	118×40cm	333,500	南京经典	2018-01-06
佚名 货郎图 镜心	77×73cm	218,500	中国嘉德	2018-05-20
佚名 金粟道人小像 立轴	46×21.5cm	202,250	邦瀚斯	2018-04-03
佚名 锦绣家园 立轴	228×121cm	126,500	中国嘉德	2018-01-14
佚名 罗汉渡海图 镜心	150×75cm	253,000	中国嘉德	2018-05-20
佚名 罗汉图 立轴	81×37cm	103,500	北京匡时	2018-06-16
佚名 苗疆人物 册页	25×18.5cm×58	238,655	保利香港	2018-04-02
佚名 名瓷图谱 册页	21×33cm×7	230,000	北京匡时	2018-06-16
佚名 墨荷 立轴	181×61cm	713,000	中国嘉德	2018-05-20
佚名 溥儒 作 题 花鸟 镜心	29×38cm	230,000	中贸圣佳	2018-06-20
佚名 千山雪松人家 立轴	203×97cm	138,000	北京荣宝	2018-06-14
佚名 青峦仙阁图 立轴 通景	158×49.5cm×6	345,000	北京翰海	2018-06-29
佚名 清代贵族夫人像 镜心	159×95cm	230,000	北京荣宝	2018-06-14
佚名 人马图 镜心	65×139cm	368,000	中国嘉德	2018-01-14
佚名 人骑图 立轴	35×69cm	1,011,250	邦瀚斯	2018-04-03
佚名 三顾茅庐 立轴	134×92cm	126,500	中国嘉德	2018-05-20
佚名 赏雪图 镜心	直径25cm	172,500	中国嘉德	2018-01-14

拍品名称	物品尺寸	成交价RMB	拍卖公司	拍卖日期
佚名 释迦摩尼像 镜心	276×137cm	632,500	北京匡时	2018-06-16
佚名 释迦牟尼佛 镜心	123×70cm	402,500	中国嘉德	2018-01-14
佚名 释迦牟尼说法图 镜心	141×75cm	207,000	中国嘉德	2018-01-14
佚名 释迦牟尼说法图 镜心	121×81cm	184,000	中国嘉德	2018-01-14
佚名 释迦说法图 镜心	222×40cm	690,000	北京荣宝	2018-06-14
佚名 狩猎图卷 手卷	25×184cm	172,500	北京保利	2018-06-18
佚名 双骏 立轴	176×106cm	184,000	北京翰海	2018-06-29
佚名 双兔饮水图 立轴	62×63cm	181,378	中国嘉德	2018-04-03
佚名 水阁销夏图 立轴	152×85cm	598,000	中国嘉德	2018-01-14
佚名 水陆仙人图 镜心	133×70cm	322,000	中贸圣佳	2018-06-20
佚名 松山行旅图 立轴	137×69.5cm	207,000	中国嘉德	2018-06-20
佚名 松猿图 立轴	107×48.5cm	1,035,000	北京匡时	2018-06-16
佚名 探梅图 立轴	139.5×77.5cm	184,000	北京匡时	2018-06-16
佚名 唐子图 立轴	64.5×33.4cm	1,002,351	保利香港	2018-04-02
佚名 铁拐李 立轴	135.5×92.5cm	132,250	上海嘉禾	2018-06-25
佚名 文殊菩萨 立轴	135×64cm	195,500	中国嘉德	2018-01-14
佚名 文殊菩萨 立轴	161×89cm	105,800	中国嘉德	2018-01-14
佚名 文殊菩萨 立轴	80×38cm	103,500	中国嘉德	2018-01-14
佚名 溪山泛舟图 立轴	143×77.5cm	1,035,000	北京匡时	2018-06-16
佚名 仙苑名媛图 镜心	177×130cm	1,897,500	中国嘉德	2018-06-20
佚名 携琴访友图 立轴	154×99cm	402,500	南京经典	2018-01-06
佚名 携琴访友图 立轴	153×69cm	253,000	中国嘉德	2018-01-14
佚名 雪景寒林 镜心	25×28cm	701,500	中国嘉德	2018-01-14
佚名 雪景图 立轴	173×89cm	690,000	保利厦门	2018-01-08
佚名 雪山行旅图 镜心	163×73cm	161,000	中国嘉德	2018-01-14
佚名 雪夜访戴图 立轴	128×70cm	1,380,000	南京经典	2018-01-06
佚名 寻梅图 立轴	133×90.5cm	114,554	中国嘉德	2018-04-03
佚名 养蚕图 镜心	38×31cm×14	391,000	中国嘉德	2018-01-14
佚名 夜宴图 镜心	29×78cm	195,500	中国嘉德	2018-01-14
佚名 婴戏图 圆光	27×21cm	506,000	中国嘉德	2018-01-14
佚名 雍正像 镜心	39×42cm	483,000	中国嘉德	2018-01-14
佚名元人草虫写生册册页（八开）	27×21cm×8	172,500	北京荣宝	2018-06-14
佚名 长恨歌·春游 手卷	31×288cm	668,234	保利香港	2018-04-02
佚名 竹林高士 镜片	65×30cm	310,500	北京保利	2018-06-18
佚名 竹溪高士图 立轴	99×40cm	207,000	南京经典	2018-01-06
佚名　拜佛图 镜心	93×63cm	172,500	北京翰海	2018-05-13
佚名　花鸟 镜心	126×100cm	218,500	北京翰海	2018-05-13
佚名 临刘松年紫府新秋	176×57cm	230,000	北京保利	2018-12-07
无款 宫妃会集图 立轴	124.5×65.7cm	103,550	香港苏富比	2018-10-01
无款 荷塘 镜片	26.5×107cm	897,000	广东崇正	2018-07-04
无款 鉴湖锁闸 立轴	182.5×41.5cm	102,630	纽约苏富比	2018-09-13
无款 山水楼阁 立轴		256,575	纽约苏富比	2018-09-13
无款 图文《聊斋志异》第二十四三十九六十七册（三本）册页（共七十二开）		513,150	纽约苏富比	2018-09-13
无款 月季		119,735	纽约苏富比	2018-09-13
佚名 班姬纨扇图 镜心	173×80cm	103,500	中国嘉德	2018-09-20
佚名 春江牧马图 镜心	119×38cm	105,800	中国嘉德	2018-09-20
佚名 东坡送经图 立轴	127×61.5cm	1,897,500	荣宝斋（南京）	2018-07-15
佚名 高士对弈图 镜片	21.5×19cm	2,242,500	西泠拍卖	2018-07-07
佚名 观音大士像 立轴	127×62cm	253,000	荣宝斋（南京）	2018-07-15
佚名 观音像 镜心	24×20cm	105,800	中国嘉德	2018-09-20
佚名 湖庄消夏图 镜片	15.5×12.5cm	287,500	西泠拍卖	2018-07-07

拍品名称	物品尺寸	成交价RMB	拍卖公司	拍卖日期
佚名 花间虫趣图 镜片	直径26cm	345,000	西泠拍卖	2018-07-07
佚名 楷书“妙法莲花经” 手卷	25×205cm	699,693	保利香港	2018-10-01
佚名 临戴熙《小栖云亭图》并诸家题咏 手卷	画26.7×112.7cm	1,080,408	中国嘉德	2018-10-03
佚名 漂母饭信图 立轴	104×64.3cm	360,136	中国嘉德	2018-10-03
佚名 妻棵子鹤图 立轴	110.8×55.8cm	163,500	香港苏富比	2018-10-01
佚名 清宫陈设图样 手卷	37×353cm	184,000	中国嘉德	2018-09-20
佚名 琼楼仙居图 镜片	22.5×20cm	368,000	西泠拍卖	2018-07-07
佚名 如来佛祖图 立轴	241×93cm	161,000	中国嘉德	2018-09-20
佚名 天子游园图 手卷	画心129.5×30cm	138,000	西泠拍卖	2018-07-07
佚名 童戏图 镜片	24×20cm	1,092,500	西泠拍卖	2018-07-07
佚名 文会图 镜心	123×98cm	115,000	荣宝斋（济南）	2018-07-01
佚名 五丁开山图 手卷	34×208.5cm	103,550	香港苏富比	2018-10-01
佚名 武士图 镜片	25×20cm	575,000	西泠拍卖	2018-07-07
佚名 仙人罗汉图卷 手卷	195.5×25.5cm	138,000	西泠拍卖	2018-09-29
佚名 雪景山水图卷 手卷	130×23.5cm	1,380,000	保利厦门	2018-07-15
佚名 雪梅图 立轴	54×94cm	205,792	中国嘉德	2018-10-03
佚名 野卉秋鹑图 镜片	28.5×23cm	103,500	西泠拍卖	2018-07-07
素描				
巴布罗·毕加索 1973年7月5日作《头像》	65.8×50.4cm	12,712,140	纽约苏富比	2018-05-14
亨利·摩尔 1942年作《三女子坐像》	44.6×55.2cm	1,911,600	纽约苏富比	2018-05-14
常玉 棕大衣女士	47.5×30cm	1,744,000	香港苏富比	2018-10-01
常玉 1928年作 哈蒙尼耶小姐半身像 炭笔 铅笔	49×31.5cm	1,092,500	北京诚轩	2018-06-18
奈良美智 2008年作 Untitled	65×50cm	942,438	佳士得	2018-11-25
曾梵志 1999年作 无题	15×11cm	747,500	中国嘉德	2018-06-19
曹晓阳 二十四节气之谷雨	150×100cm	713,000	华艺国际	2018-05-23
常玉 1920年代作 双裸女	45.3×28.5cm	668,824	保利香港	2018-09-30
常玉 素描中的女士	42×27cm	659,750	佳士得	2018-05-27
曹晓阳 二十四节气之惊蛰	150×100cm	632,500	华艺国际	2018-05-23
常玉 1931年作 猫与马的速写	11×14cm	623,760	羅芙奧	2018-12-02
贝斯塔·贝斯特黎萨 2018年作 #COMETOGETHER	200×150cm	609,000	佳士得	2018-05-27
安德烈·迈尔 1955年作 怡然	65×50cm	575,000	北京华辰	2018-11-19
何家英 速写精品册 册页	25×17.5cm×72	575,000	北京荣宝	2018-06-14
埃德加德加 仿佩鲁吉诺素描童贞女头像	28×20.7cm	485,400	香港苏富比	2018-04-02
常玉 水墨人体	44.5×27cm	483,000	北京保利	2018-06-20
常玉 1920–1930年代作 坐姿裸女	23.5×37cm	460,080	罗芙奥	2018-06-03
徐悲鸿 1925年作 素描人体 镜心	61×46cm	460,000	北京荣宝	2018-06-14
常玉 水墨人体	44.5×27cm	460,000	北京保利	2018-06-20
常玉 戴帽子的仕女	42×24cm	458,218	保利香港	2018-03-29
吴冠中 1984年作 乌江岸上人家	48×29cm	448,500	北京匡时	2018-12-06
常玉 翘脚裸女 炭笔 铅笔	51.2×26.7cm	437,000	北京诚轩	2018-06-18
何家英 拉提琴的女孩 镜心	88.7×61.1cm	437,000	北京荣宝	2018-06-14
奈良美智 1997年作 Hyper Enough	30×21cm	426,300	佳士得	2018-05-27
常玉 坐姿女士	45.4×28cm	384,275	香港苏富比	2018-04-01
常玉 裸女	27.5×42.5cm	379,680	羅芙奧	2018-12-02
常玉 裸女裸男（双面画）	49.5×30cm	368,000	北京保利	2018-06-20
常玉 1920–1930年代作 遮面裸女	45×28cm	357,840	罗芙奥	2018-06-03
艾轩 1993年 若尔盖草原	40×55cm	345,000	中国嘉德	2018-11-21
王沂东 2006年作 远方的来信 镜框	78×54cm	345,000	北京荣宝	2018-12-03
常玉 翘脚的裸女	44×26.5cm	345,000	西泠拍卖	2018-07-07

拍品名称	物品尺寸	成交价RMB	拍卖公司	拍卖日期
常玉 速写中的仕女	44.4×26.3cm	334,117	保利香港	2018-03-29
常玉 1920–1930年代作 无题	44×27.5cm	332,280	罗芙奥	2018-06-03
常玉 裸女	46.5×26.7cm	327,000	香港苏富比	2018-10-01
常玉 人物	43.7×26.3cm	325,440	羅芙奧	2018-12-02
常玉 无题	43×28.5cm	324,800	佳士得	2018-05-27
常玉 立姿裸女	43.7×26.3cm	298,320	羅芙奧	2018-12-02
常玉 写作中的女士	43.5×27cm	288,275	佳士得	2018-11-25
孙滋溪 1958–1973年作 黑白素描（一组十件）	尺寸不一	287,500	华艺国际	2018-05-23
常玉 背影（双面画）炭笔 铅笔	45×28cm	287,500	北京诚轩	2018-06-18
常玉 画速写的女子 水墨 炭笔	45×28cm	287,500	北京诚轩	2018-06-18
常玉 倚坐的女子	45×28cm	287,500	中国嘉德	2018-06-19
常玉 专注的女子	44×26.5cm	287,500	西泠拍卖	2018-07-07
何家英 1994年作 知音 镜心	85.9×62cm	287,500	北京荣宝	2018-06-14
常玉 1930年作 回眸	44×27.4cm	286,386	中国嘉德	2018-04-02
奈良美智 1996年作 A Puppy with Green	29×21cm	284,200	佳士得	2018-05-27
藤田嗣治 1924年作 举着烟斗的自画像	28×24.5cm	267,530	保利香港	2018-09-30
常玉 站姿裸女	46.5×33cm	267,294	中国嘉德	2018-04-02
常玉 裸女	48.5×28.5cm	264,500	北京保利	2018-12-06
常玉 裸女（双面画）	45.5×32.5cm	264,500	西泠拍卖	2018-07-07
皮耶尔·奥古斯特·雷诺阿 裸女	24×19cm	253,000	北京荣宝	2018-12-03
吴冠中 1984年作 山居	19×35cm	253,000	北京匡时	2018-12-06
常玉 两个裸女	27.3×21.2cm	243,600	佳士得	2018-05-27
王式廓 1953年作 杜埒像	36.5×26cm	230,000	北京保利	2018-06-20
藤田嗣治 1930年作 侧影	39.5×29cm	230,000	中国嘉德	2018-11-21
常玉 举臂的裸体	56×33.5cm	230,000	中国嘉德	2018-06-19
藤田嗣治 1960年作 奥德肖像画	47.7×29.8cm	226,371	保利香港	2018-09-30
藤田嗣治 1924年作 坐姿裸女	55×46.2cm	207,100	香港苏富比	2018-10-01
爱德华·马奈 剧场人物素描	17.5×28.7cm	207,000	北京荣宝	2018-12-03
保罗·高更 人物素描	19.5×24cm	207,000	北京荣宝	2018-12-03
李可染《积墨山水》手稿 镜心	17.5×15.5cm	207,000	南京经典	2018-01-06
常玉 抱臂裸女	48.5×31cm	207,000	中国嘉德	2018-06-19
常玉 站姿裸女（双面画）	55.5×33.2cm	195,502	中国嘉德	2018-10-02
常玉 阅读中的女士	43.5×27cm	188,488	佳士得	2018-11-25
法国野兽派画家安德烈·德兰《裸女》素描稿	63.5×48cm	184,000	中国嘉德	2018-06-19
常玉 站姿裸女	58×31cm	184,000	中国嘉德	2018-11-21
常玉 裸女背影	28.6×39.5cm	171,832	保利香港	2018-03-29
常玉 速写中的女士	51.3×34.1cm	163,500	香港苏富比	2018-10-01
手冢治虫 约1959至1964年作《铁臂阿童木》罕见亲笔人物设计稿	27×24.5cm	161,000	西泠拍卖	2018-07-08
常玉 约1920–1930年代作 背影裸女	44.5×26.5cm	153,360	罗芙奥	2018-06-03
曾梵志 自画像	32.5×24cm	152,739	中国嘉德	2018-04-02
藤田嗣治 1930年作 女士雕像	43.1×32.2cm	152,600	香港苏富比	2018-10-01
席德进 1978年作 顾福生像	45.5×30.3cm	151,688	香港苏富比	2018-04-01
常玉 速写中的仕女	43.5×26cm	149,500	中国嘉德	2018-06-19
常玉 站姿裸女	54×29cm	149,500	中国嘉德	2018-06-19
藤田嗣治 椅子上的女孩	38.9×27.4cm	141,700	香港苏富比	2018-10-01
法国现实主义画家米勒《挽发的浴女》素描稿	25.5×32cm	138,000	中国嘉德	2018-06-19
休伯特·罗伯特 洗衣妇人	30cm×19cm	138,000	北京保利	2018-06-19
埃米尔·查尔斯·雅克 素描《农家庭院》	38cm×25cm	138,000	北京保利	2018-12-08
帕斯卡·达仰·布弗莱 素描《贵妇》	42cm×22cm	138,000	北京保利	2018-12-08

拍品名称	物品尺寸	成交价RMB	拍卖公司	拍卖日期
威廉·维克多·克劳兹 1910年作 女子与狗	90.5×69cm	138,000	北京荣宝	2018-06-14
萨尔瓦多·达利 骑士手稿	13×13cm	126,500	北京荣宝	2018-06-14
张安治 1936年 徐悲鸿先生像	31.5×24cm	115,000	中国嘉德	2018-11-21
亨利·莱曼 人体素描	44cm×30cm	115,000	北京保利	2018-06-19
纳迪娅·芭玛德阿吉 2014年作 不，我真的很好	138×138×7cm	110,875	佳士得	2018-11-25
关良 b. 约1940年作 A. 民兵；B. 青年；C. 听书	尺寸不一	109,000	香港苏富比	2018-10-01
艾轩 1974年作 唐克草地	39.5×27.5cm	103,500	北京匡时	2018-06-16
古斯塔夫·克林姆特 女子素描	29.5×20.5cm	103,500	北京荣宝	2018-12-03
安迪·沃霍尔 1985-86年 美容术	81×60.3cm	101,200	北京匡时	2018-05-21
版 画				
安迪·沃荷 1976年作 锤子与镰刀	183.2×218.5cm	31,099,020	伦敦苏富比	2018-03-07
安迪·沃荷 非洲大象	152.4×152.4cm	13,791,510	伦敦苏富比	2018-03-07
理查德德·普林斯 1988年作 主妇与杂货店	142.2×119.4cm	11,154,510	伦敦苏富比	2018-03-07
阮嘉智 村民	99×33cm×6	5,336,640	香港苏富比	2018-09-30
歌川国芳 1847-1850年作 宫本武藏之鲸退治	sheet36×24.5cm	1,663,125	佳士得	2018-11-25
葛饰北斋 1831年末 凯风快晴	25.2×36.5cm	1,552,250	佳士得	2018-11-25
葛饰北斋 1831年末 神奈川冲浪里	25.4×37.2cm	1,552,250	佳士得	2018-11-25
草间弥生 2000年作 版画集"永远的爱"（一组共十件）	1-2: 45.5×38cm 3-10: 38×45.5cm	1,241,006	保利香港	2018-03-29
奈良美智 2002年作 1. 流鼻涕的兄弟；2. Y.N.（自画像）；3. 绿眼睛；4. 夜行者；5. 站在F单词上；6. 下雨天；7. 保持良好；8. 平整的外套；9. Spockie；10. 阴霾天；11. 世界顶端；及12. 成为思想者（共十二件）	尺寸不一	1,131,856	保利香港	2018-09-30
王绍昌 阳光港口	80×241cm	920,000	荣宝斋（济南）	2018-07-01
KAWS 2014年作 责备游戏（一套十幅）镜框	每幅 88.8×58.4cm	817,500	香港苏富比	2018-10-01
方力钧 1999年作 1999.5.1	尺寸不一	763,696	保利香港	2018-03-29
KAWS 2015年作 没回复（一套十幅）镜框	每幅 88.9×58.5cm	708,500	香港苏富比	2018-10-01
赵延年 1985年作《狂人日记》全套木刻版画（50版之第40）	29.5×19.5cm×38	667,000	西泠拍卖	2018-07-08
赵无极 1950年作 一幅水彩纸上作品；二幅黑白石版画；及一套亨利·米修对赵无极八幅石版画解读（一套共八件）	尺寸不一	659,750	佳士得	2018-05-27
珂勒惠支 织工的反抗六件一组：贫穷、死亡、商议、织工队、突击、收场	尺寸不一	575,000	北京匡时	2018-12-06
常玉 1930年作 陶潜诗集	书33×25.5×1.2cm 版画19×14.5cm	556,188	香港苏富比	2018-04-01
佚名 清十八世纪末《乾隆平定西域得胜图》版画（十五幅）	51×89.5cm	539,000	伦敦苏富比	2018-05-16
林寿宇 1971年作 五月一日；五月二日；五月三日；及五月四日（一组共四件）	51×51cm×4	463,032	保利香港	2018-09-30
KAWS〈布莱恩·唐纳利〉2011年作 海绵宝宝（三件一组）	50.8×50.8cm （每件）	433,920	羅芙奧	2018-12-02
草间弥生 1982年作 南瓜	57.7×47.7cm 65.5×51cm	421,325	佳士得	2018-11-25

拍品名称	物品尺寸	成交价RMB	拍卖公司	拍卖日期
吴冠中 紫 藤	133×262cm	408,250	华艺国际	2018-11-16
陈琦 2017年作 觉 No.1	180×180cm	402,500	华艺国际	2018-05-23
尚·米榭·巴斯基亚 2016年作 灵活	148×110.5cm	391,005	保利香港	2018-09-30
宋元佛经扉画3件	尺寸不一	391,000	北京荣宝	2018-12-03
林寿宇 1971年作 五月一日；五月二日；五月三日；及五月四日（共四件）	50.8×50.8cm×4	388,063	佳士得	2018-11-25
尚·米榭·巴斯基亚 2016年作 灵活	148×110.5cm	376,798	保利澳门	2018-11-29
草间弥生 南瓜	57.7×47.7cm	353,938	香港苏富比	2018-04-01
陈庭诗 1970年作 蛰 #2	124.5×186cm	348,800	香港苏富比	2018-10-01
陈琦 2018年作 刺破冰面的湖	120×180cm	345,000	华艺国际	2018-11-16
班克斯 2010年作 选择你的武器（亮紫色）镜框	60×60cm	327,000	香港苏富比	2018-10-01
奈良美智 2016年作 Words Mean Nothing at All	35.5×35.5cm	324,800	佳士得	2018-05-27
草间弥生 1992年作 南瓜（白Y）	60.4×72.3cm 70.8×84cm	310,450	佳士得	2018-11-25
草间弥生 1992年作 南瓜；柠檬汁；及杂草	尺寸不一	304,500	佳士得	2018-05-27
草间弥生 1999年作 南瓜 MT	44.3×36.6cm 59×50cm	299,363	佳士得	2018-11-25
歌川广重 1857年作 大桥安宅骤雨	36.4×23.7cm	288,275	佳士得	2018-11-25
关广志 20世纪40年代末~50年代初 天坛	7.5×13cm	287,500	北京荣宝	2018-12-03
凯斯·哈林 1988年作 四组流行舞II 镜框	61×76cm	283,400	香港苏富比	2018-10-01
陈庭诗 1969年作 离心—第一号	119×60cm 119×180cm	266,100	佳士得	2018-11-25
草间弥生 1989年作 黑色蜥蜴	45.5×53cm 53.5×61cm	266,100	佳士得	2018-11-25
歌川国芳 约1851年至1852年作 赞岐院眷属救为朝图	34×24cm	266,100	佳士得	2018-11-25
班克斯 2009年作 禁止球类活动（绿色）镜框	61×64cm	261,600	香港苏富比	2018-10-01
陈庭诗 1975年作 日与夜 #3	125×124cm	261,600	香港苏富比	2018-10-01
范光厚 1939年代作 北圻风光	36×13×7cm	261,600	香港苏富比	2018-10-01
常玉 陶潜诗选（共三幅）	尺寸不一	253,000	北京诚轩	2018-06-18
奈良美智 2003年作 我很孤单	66×50cm	244,080	羅芙奧	2018-12-02
草间弥生 1996年作 南瓜（RY）	22.8×29.8cm 32.5×40cm	243,925	佳士得	2018-11-25
草间弥生 1990年作 南瓜	53.5×45cm	243,600	佳士得	2018-05-27
草间弥生 1988年作 咖啡杯	91×67.3cm	239,800	香港苏富比	2018-10-01
草间弥生 1999年作 高跟鞋（2）镜框	45×54cm	239,800	香港苏富比	2018-10-01
林寿宇 1966年作 春；夏；秋；及冬（一组共四件）	52.5×60cm×4	226,371	保利香港	2018-09-30
草间弥生 南瓜	31.2×40.7	222,475	香港苏富比	2018-04-01
常玉 1930年代作 杂技演员 纸本	19×14.3cm	222,475	香港苏富比	2018-04-01
赵无极 1950年作 哈利·罗斯科伦科巴黎诗篇（一组共六件）	32.3×25.1cm×6	219,799	保利澳门	2018-11-29
草间弥生 1983年作 南瓜	58.7×48.5cm	218,000	香港苏富比	2018-10-01
吴冠中 城外风景（一组两件）	尺寸不一	216,082	中国嘉德	2018-10-02
草间弥生 2005年作 花 C	61.2×51cm 71.5×60.3cm	210,663	佳士得	2018-11-25
草间弥生 1990年作 南瓜 镜框	53.5×45cm	207,100	香港苏富比	2018-10-01

拍品名称	物品尺寸	成交价RMB	拍卖公司	拍卖日期
草间弥生 1990年作 柠檬杂饮(3) 镜框	54×45cm	207,100	香港苏富比	2018-10-01
KAWS〈布莱恩·唐纳利〉2006年作 宝贝	50×50cm	203,400	羅芙奧	2018-12-02
奈良美智 2003年作 In the Cloud	42×32cm	203,000	佳士得	2018-05-27
草间弥生 南瓜	31.2×40.7cm	202,250	香港苏富比	2018-04-01
加藤良造 2018年作 山水境	194×130.3cm	199,575	佳士得	2018-11-25
徐冰 1989年作 析世鉴 镜框	212×96.5cm	192,850	佳士得	2018-05-28
奈良美智 2014年作 Tell Me	37.1×26cm	192,850	佳士得	2018-05-27
草间弥生 南瓜	31.2×40.7cm	192,138	香港苏富比	2018-04-01
贝尔纳·毕费 1967年作 巴黎风景屏风—圣心堂、圣贾各塔、艾菲尔铁塔、煎饼磨坊（四件一组）	164×204cm	189,840	羅芙奧	2018-12-01
毕加索 贵妇	55×45.5cm	189,750	北京荣宝	2018-06-14
常玉 入浴	25.5×18.5cm	184,000	北京诚轩	2018-06-18
陈庭诗 1976年作 日与夜 #34A	104.5×136cm	178,920	罗芙奥	2018-06-03
草间弥生 2000年作 帽子（II）	38×45.5cm 50×65cm	177,400	佳士得	2018-11-25
达米恩·赫斯特 2017年作 欢兴鼓舞 镜框	120×120cm	174,400	香港苏富比	2018-10-01
奈良美智 2003年作 Beh!	49.8×40cm	172,550	佳士得	2018-05-27
草间弥生 1982年作 南瓜	31.2×40.7cm	171,913	香港苏富比	2018-04-01
伊东深水 1922年作 化妆	43.3×27.2cm	166,313	佳士得	2018-11-25
KAWS 2015年作 知我所知	94.5×81.3cm	164,634	保利香港	2018-09-30
KAWS〈布莱恩·唐纳利〉2010年作 云朵签名绘画	21.5×28cm	162,720	羅芙奧	2018-12-02
奈良美智 2014年作 Mushroom House	37.1×26cm	162,400	佳士得	2018-05-27
草间弥生 1984年作 南瓜军团	27.8×42.4cm	161,800	香港苏富比	2018-04-01
奈良美智 2010年作 S.O.S.	42×29.5cm	154,344	保利香港	2018-09-30
朱德群 2008年作 墨之风暴（版画书）（九件一组）	尺寸不一	153,360	罗芙奥	2018-06-03
草间弥生 1982年作 裙子 镜框	53×45.6cm	152,600	香港苏富比	2018-10-01
岳敏君 2006年作 无题（微笑主义之三、八、十及十二）（四件作品）	尺寸不一	151,688	香港苏富比	2018-04-01
古元 1962年作 玉带桥 镜心	28.0×31.5cm	149,500	中国嘉德	2018-11-21
安迪·沃荷 1980年作 披头四	31×92cm	149,160	羅芙奧	2018-12-02
村上隆 2013–2014年作 花球（十件一组）	71×71cm	149,160	羅芙奧	2018-12-02
草间弥生 1993年作 花 FW	72.7×60.6cm	142,100	佳士得	2018-05-27
草间弥生 2000年作 郁金香（II）	45.5×38cm	142,100	佳士得	2018-05-27
草间弥生 1953～1984年作 无限的网	40.5×31cm	141,575	香港苏富比	2018-04-01
萨尔瓦多·达利 1975年作 摩西与基督教徒E	64.5×50cm	138,000	北京荣宝	2018-12-03
毕加索 苦艾酒和水果盘	49.6×60.6cm	138,000	北京匡时	2018-05-21
毕加索 圣玛利亚修女学校世人像	33.8×27.8cm	138,000	北京匡时	2018-05-21
毕加索 格列柯的肖像模型和雪人	46.7×37.8cm	138,000	北京匡时	2018-05-21
尚·米榭·巴斯基亚 2017年作 水蛭	55.9×76.2cm	136,066	保利澳门	2018-11-29
尚·米榭·巴斯基亚 2017年作 上升	55.9×76.2cm	136,066	保利澳门	2018-11-29
歌川国贞 1833年作 两名役者夜斗	20.6×18.7cm	133,050	佳士得	2018-11-25
奈良美智 2003年作 Beh!	49.8×40cm	133,050	佳士得	2018-11-25
草间弥生 1982年作 裙子	58.6×47.8cm	131,463	香港苏富比	2018-04-01
草间弥生 1985年作 军团	27.8×42.4cm	131,463	香港苏富比	2018-04-01
奈良美智 2001年作 狗	100×153.5cm	126,500	北京匡时	2018-06-16
朱德群 2000–2001年作 雪景（三件一组）	尺寸不一	122,688	罗芙奥	2018-06-03
草间弥生 1953～1984年作 无尽	27.5×45cm	121,350	香港苏富比	2018-04-01
赵无极 1976年作 无题	画芯657×470mm	120,395	伦敦佳士得	2018-03-15

拍品名称	物品尺寸	成交价RMB	拍卖公司	拍卖日期
安迪·沃荷 1977年作 莉莉安.卡特	99.7×74.9cm	119,328	羅芙奧	2018-12-02
陈庭诗 1976年作 日与夜 #34b	105×135.5cm	117,576	罗芙奥	2018-06-03
草间弥生 2001年作 A PUMKIN SY	22×25.5cm	115,000	华艺国际	2018-11-16
草间弥生 2004年作 A PUMPKIN GB–D	24×28.5cm	115,000	华艺国际	2018-11-16
古元 1979年作 给人们甜蜜 镜心	40.5×34.5cm	115,000	中国嘉德	2018-11-21
萨尔瓦多·达利 1975年作 摩西与基督教徒A	64.5×50cm	115,000	北京荣宝	2018-12-03
萨尔瓦多·达利 1975年作 摩西与基督教徒D	64.5×50cm	115,000	北京荣宝	2018-12-03
萨尔瓦多·达利 1975年作 摩西与基督教徒H	64.5×50cm	115,000	北京荣宝	2018-12-03
奈良美智 2008年作 宇宙女孩（睁眼/闭眼）（两件一组）	68×48cm（每件）	113,904	羅芙奧	2018-12-02
村上隆 2009、2010年作 我与DOB先生与其他（六张作品）	67.5×67.5cm	111,238	香港苏富比	2018-04-01
歌川国芳 约1844年作 坛之浦战图	36.4×24.9cm	110,875	佳士得	2018-11-25
毕加索 弥诺陶洛斯	29.5×20.5cm	109,250	北京荣宝	2018-06-14
村上隆 2013年作 MR. DOB们与我 站在亡者之丘上的KAIKAI、KIKI、DOB与POM 混沌 超自然中的我 我遇上了熊猫一家 POM与我：在亡者的红丘上（六件作品）镜框	每幅:49.5×49.5cm	109,000	香港苏富比	2018-10-01
歌川广重 约1833–1834年作 蒲原夜之雪	23.5×36.3cm	105,331	佳士得	2018-11-25
奈良美智 无情/厄运	19.5×14.5cm	103,056	羅芙奧	2018-12-02
朱德群 2002年作 2003年作 2008年作 暮辉；瞻仰；田园（三件一组）	尺寸不一	103,056	羅芙奧	2018-12-02
常玉 1930年作 陶潜诗选（一组共三件）	19.5×15cm 33×25.3cm	102,896	保利香港	2018-09-30
赵无极 无题	60×39cm	101,125	香港苏富比	2018-04-01
水粉水彩				
巴布罗·毕加索 1905年作《丑角之家》	29.5×21.5cm	73,392,696	纽约苏富比	2018-05-14
巴布罗·毕加索 1907年作《头像（帷幔前的裸女习作）》	31.3×24.2cm	38,139,200	纽约佳士得	2018-05-08
费尔南·雷捷 1913–14年作《形之对比2号素描》	49×64.9cm	19,976,220	纽约苏富比	2018-05-14
巴布罗·毕加索 1919年作于圣拉斐尔 窗前静物画	49.2×31cm	18,008,513	伦敦佳士得	2018-02-27
欧诺雷·维克托杭·杜米埃 1860年代末作《律师间的交谈（两位律师）》	27.3×21.8cm	13,695,440	纽约佳士得	2018-05-08
埃贡·席勒 1911年作《穿衬衫 黑丝袜 戴红围巾的女子立像》	55.3×38.1cm	13,094,460	纽约苏富比	2018-05-14
卢齐欧·封塔纳 1966年作 空间概念，等待	65.1×54.2cm	11,681,910	伦敦苏富比	2018-03-07
艾格妮斯·马丁 1963年作 星	30.5×30.5cm	10,800,540	纽约苏富比	2018-05-16
埃贡·席勒 1910年作《头部微侧、双臂举起的裸女坐像》	44.8×31.1cm	10,523,190	纽约苏富比	2018-11-12
巴布罗·毕加索 1908年春作《二女子坐像》（正面）《献祭习作》（背面）	25×32cm	9,572,310	伦敦苏富比	2018-02-28
瓦西里·康丁斯基 1922年作《黑色线条》	32.4×47.6cm	7,359,660	纽约苏富比	2018-05-14
阮潘正 1931年作 孩童与鸟	65×50cm	5,440,400	佳士得	2018-05-27

拍品名称	物品尺寸	成交价RMB	拍卖公司	拍卖日期
黎谱 约1935–40年作 家庭	72×59.5cm	5,127,360	香港苏富比	2018–09–30
黎谱 1938年作 怀人	60×45cm	4,984,940	佳士得	2018–11–24
奥斯卡·希勒姆尔 1928年作 学校	56×43.2cm	4,296,113	伦敦佳士得	2018–02–27
黎谱 约1940年作 母爱	57×43cm	4,174,440	香港苏富比	2018–03–31
文森·梵谷 1882–83年作于海牙文森工作室窗外的冬日风景	40×59.5cm	4,087,350	伦敦苏富比	2018–02–28
武高谈 1938至39年作 浴后小憩	115×75cm	3,980,280	香港苏富比	2018–03–31
奈良美智 1997年作 无题 镜框	70×100cm	3,348,480	香港苏富比	2018–10–01
黎谱 约1938–1940年作 无花果叶中的爱侣	57.5×30cm	3,069,020	佳士得	2018–11–25
阮潘正 1931年作 洗衣女	64×43cm	3,034,560	香港苏富比	2018–09–30
阮潘正 1931年作 浣衣女	64×50cm	2,643,260	佳士得	2018–11–24
常玉 约1920至1930年代作 坐姿裸女	28×48cm	2,427,000	香港苏富比	2018–04–01
赵无极 1956年作 无题	44×37cm	2,398,000	香港苏富比	2018–10–01
赵无极 1956年作 庆典	16×31cm	2,180,000	香港苏富比	2018–09–30
阮潘正 1931年作 玩家	64×43cm	2,180,000	香港苏富比	2018–09–30
武高谈 约1935–1940年作 女子坐像	74×55cm	2,071,000	香港苏富比	2018–09–30
赵无极 1979年作 无题	58×78cm	1,995,750	佳士得	2018–11–25
米高·柯瓦卢毕亚斯 梳头仪式	57×37.5cm	1,962,000	香港苏富比	2018–09–30
常玉 1928年作 小学生	48×31.45cm	1,610,000	北京保利	2018–06–20
常玉 素描中的女士	48×32cm	1,319,500	佳士得	2018–05–27
藤田嗣治 1917年作 圣母与三女子	31×43.2cm	1,234,752	保利香港	2018–09–30
藤田嗣治 1927年作 双美	38.5×46.4cm	1,234,752	中国嘉德	2018–10–02
山姆·弗朗西斯 1961年作 无题 镜框	78.2×56.6公分 30¾×22¼公分	1,199,000	香港苏富比	2018–10–01
梅忠恕 1941年作 学习	51×37.5cm	1,116,500	佳士得	2018–05–27
萧如松 窗前静物	72×99cm	1,116,500	佳士得	2018–05–27
藤田嗣治 1917年作 十字架	67.5×43.5cm	1,035,500	香港苏富比	2018–10–01
寺冈政美 1984年作 恐龙湾系列 鲶鱼与禅僧	33×140cm	1,015,000	佳士得	2018–05–27
梅忠恕 母与子	70×34cm	910,125	香港苏富比	2018–04–01
赵无极 1976年作 春之律动	36.5×55.5cm	897,000	北京匡时	2018–12–06
黎谱 母与子	45.5×29cm	889,900	香港苏富比	2018–04–01
刘炜 一位好父亲与毛主席海报 镜框	31.5×24cm	872,000	香港苏富比	2018–10–01
梅忠恕 1942年作 一封信	41×48cm	862,750	佳士得	2018–05–27
林风眠 约1977–1979年作 莲花图	33×33cm	817,920	罗芙奥	2018–06–03
常玉 1920–1930年代作 凳上的素描女士	44.6×24.6cm	809,400	罗芙奥	2018–06–03
沈尧伊 80年代作 彭大将军 连环画原稿	30×50cm×29	770,500	西泠拍卖	2018–07–08
朱德群 1981年作 红色构图	49.5×64cm	761,250	佳士得	2018–05–27
萧如松 约1966年作 室内	90.3×64.7cm	761,250	佳士得	2018–05–27
梅忠恕 1947年作 母与子	46×54.5cm	753,950	佳士得	2018–11–25
梅忠恕 1955年作 母爱	36×22cm	720,688	佳士得	2018–11–25
金焕基 1968年作 无题–28–Ⅰ–68 Ⅰ；及无题–7–Ⅱ–68 Ⅲ（共二幅）	55×38cm×2	710,500	佳士得	2018–05–27
萧如松 1983年作 室内	72×52.7cm	659,750	佳士得	2018–05–27
常玉 1930年代作 静物与白手套 纸本	21.5×27.3cm	657,313	香港苏富比	2018–04–01
席德进 1977年作 水田	54×75.5cm	639,000	罗芙奥	2018–06–03
常玉 约1920/1930年代作 立姿裸女	46×29cm	613,440	罗芙奥	2018–06–03
黎谱 1940年代作 牡丹女子	30.5×22.5cm	609,813	佳士得	2018–11–25
梅忠恕 1943年作 女孩和鸟笼	46×35cm	609,813	佳士得	2018–11–25
朱德群 1963年作 构图 第161号	52.8×37.7cm	609,000	佳士得	2018–05–27
钟泗滨 1980年代作 乡村生活	89.5×56cm	606,750	香港苏富比	2018–04–01
藤田嗣治1928年 七宗罪（一组七件）	15.5×22cm×7	598,000	中国嘉德	2018–11–21

拍品名称	物品尺寸	成交价RMB	拍卖公司	拍卖日期
李铁夫 巫峡	32×64cm	575,000	广东崇正	2018–07–05
武高谈 约1939年作 两位年轻女子	34×26cm	558,250	佳士得	2018–05–27
朱德群 1965年作 第238号	53×25cm	558,250	佳士得	2018–05–27
草间弥生 1980年作 鸟	65.7×51.1cm	554,375	佳士得	2018–11–25
赵无极 1954年作 无题	20×27cm	554,375	佳士得	2018–11–25
严定宪 等 70至80年代作 上海美术电影制片厂供稿《哪咤闹海》连环画原稿（十帧）	尺寸不一	552,000	西泠拍卖	2018–07–08
赵无极 1952年作 相知相惜	27.9×38.1cm	514,480	中国嘉德	2018–10–02
梁春尔 三位年轻女子	38×31cm	507,500	佳士得	2018–05–27
赵无极 2005年作 无题 框	36×51cm	506,692	台北艺流	2018–12–01
朱德群 1980年作 28.12.1980	50×65cm	498,938	佳士得	2018–11–25
黎谱 母子	39.5×23.5cm	490,500	香港苏富比	2018–10–01
黎谱 1940年代作 绿袍女子	46.5×38cm	485,400	香港苏富比	2018–04–01
吴冠中 1985年作 周庄	23×27.5cm	460,000	中贸圣佳	2018–11–24
藤田嗣治 1933年 小小少年	43×31.5cm	460,000	中国嘉德	2018–11–21
关良 1944年作 高山云清	35.5×27cm	457,800	香港苏富比	2018–10–01
梅忠恕 1979年作 龙纹瓶与兰花	35.7×21.8cm	421,325	佳士得	2018–11–25
Nguyen Van Ty 无题	42×58cm	414,200	香港苏富比	2018–10–01
朱德群 1961年作 构图	56×37cm	411,584	保利香港	2018–09–30
朱德群 1964年作 构图 第198号之二	37.5×53.2cm	410,238	佳士得	2018–11–25
梅忠恕 暹罗少女	45×34.5cm	404,500	香港苏富比	2018–04–01
樊明体 1979年作 外滩黄浦江畔	33.7×105.5cm	391,000	上海泓盛	2018–01–20
黎谱 约1940年作 两姐妹	24.5×20.5cm	388,063	佳士得	2018–11–25
梅忠恕 1952年作 窗边的女子	28×21cm	388,063	佳士得	2018–11–25
梅忠恕 母与子	24×15.5cm	381,500	香港苏富比	2018–10–01
朱德群 1985年作 彩空	73.5×48cm	381,500	香港苏富比	2018–10–01
梅忠恕 1974年作 跪祷	25.6×13.5cm	355,250	佳士得	2018–05–27
席德进 1979年作 渔塭	55.7×75.2cm	349,846	中国嘉德	2018–10–02
许幸之 1957年作 旅顺街景 油画	28.3×40.4cm	345,000	北京诚轩	2018–06–18
刘野 2010年作 Matthias & Fleur	53×43cm	332,625	佳士得	2018–11–25
黎谱 约1958年作 花丛中的母子	63×90cm	310,450	佳士得	2018–11–25
黎谱 约1956年作 花园里的女子	33.5×22.5cm	310,450	佳士得	2018–11–25
赵无极 2005年作 无题	360×510mm	306,460	伦敦佳士得	2018–03–15
朱德群 1966年作 无题	35.5×26cm	304,500	佳士得	2018–05–27
梅忠恕 母与女	40×23cm	303,375	香港苏富比	2018–04–01
萧如松 1984年作 夏	52.8×72cm	288,109	保利香港	2018–09–30
符罗飞 1950年代 开垦处女地	52.5×77cm	287,500	中国嘉德	2018–11–21
周春芽 2018年作 豫园一景	44×27.5cm	287,500	北京匡时	2018–12–06
黄中羊 对比（维多利亚的镜子）	76×56cm	287,500	广东衡益	2018–07–01
关良 1943–44年作 褒城栈道	28.5×18cm	287,500	中国嘉德	2018–06–19
王角 60年代作 中华人民共和国万岁	102×73cm	287,500	西泠拍卖	2018–07–08
阿梅代奥·莫迪利亚尼 戴帽子的女人	26.5×20cm	287,500	北京荣宝	2018–12–03
马克·夏加尔 蓝色马戏团	26.5×20cm	287,500	北京荣宝	2018–12–03
赵无极 2005年作 无题	323×499mm	284,570	伦敦佳士得	2018–03–15
赵无极 2005年作 无题	360×510mm	284,570	伦敦佳士得	2018–03–15
席德进 1957年作 庙	38.3×55.2cm	284,200	佳士得	2018–05–27
关良 1945年作 陕西张良庙	37.6×26.4cm	283,400	香港苏富比	2018–10–01
草间弥生 1979年作 蝶	27.2×24.1cm	266,100	佳士得	2018–11–25
曾佑和 1961年作 檀香山大风口	88×177cm	266,100	佳士得	2018–11–25
梅忠恕 1967年作 睡眠中的女子	15×18cm	266,100	佳士得	2018–11–25
黎谱 帘后女子	31×23.5cm	262,925	香港苏富比	2018–04–01
木心 2002至2003年作 月下麦田 镜框	6.3×54cm	261,600	香港苏富比	2018–10–01
关良 1945年作 广元夕照	36.5×27.3cm	261,600	香港苏富比	2018–10–01
埃德加·德加 跳芭蕾的女孩	46×35.5cm	253,000	北京荣宝	2018–12–03

2018书画拍卖成交汇总

(成交价RMB：10万元以上)

拍品名称	物品尺寸	成交价RMB	拍卖公司	拍卖日期
关良 第一山 水彩	35×25.7cm	253,000	北京诚轩	2018-06-18
关良 牧马图	35.5×27cm	253,000	西泠拍卖	2018-07-07
关良 终南山	26.5×19.5cm	253,000	西泠拍卖	2018-07-07
黎谱 约1955-1956年作 缝纫	39×24cm	243,925	佳士得	2018-11-25
关良 1950年作 中朝友谊	24×29.5cm	239,800	香港苏富比	2018-10-01
席德进 1980年作 埔里风光	57×76.5cm	230,520	罗芙奥	2018-12-02
张晓刚 1999年作 男孩儿	68×66cm	230,000	北京保利	2018-12-06
李铁夫 1934年作 飞鸿	24×58cm	230,000	广东崇正	2018-07-05
维利·艾森施茨 普罗旺斯风景	48cm×37cm	230,000	北京保利	2018-06-19
李仲生 作品609；作品618；作品153；作品185；及作品154	尺寸不一	229,109	保利香港	2018-03-29
席德进 1980年作 水仙花	54×74cm	221,750	佳士得	2018-11-25
樊明体 1979年作 外滩苏州河畔	33.5×103.5cm	218,500	上海泓盛	2018-01-20
关良 1945年作 江北望重庆（一）	18.5×23.5cm	218,000	香港苏富比	2018-10-01
席德进 1980年作 埔里晨曦	57×76.5cm	216,960	罗芙奥	2018-12-02
张光宇 1955年作 煤渣胡同墙角之花	39×27cm	207,000	北京匡时	2018-06-16
沙耆 1945年作 爱	48.5×37.5cm	207,000	西泠拍卖	2018-07-07
乔治·鲁奥水彩画《Concarneau灯塔》	42cm×29cm	207,000	北京保利	2018-12-08
阮潘正 约1960年作 驱邪	46×62.5cm	199,575	佳士得	2018-11-25
关良 剑门关口（双面画）	尺寸不一	195,500	西泠拍卖	2018-07-07
阮康 约1940年作 女子与猫	51×47cm	188,488	佳士得	2018-11-25
梅忠恕 祈祷女子	24×18cm	185,300	香港苏富比	2018-10-01
颜文梁 虎丘剑池	23×34cm	184,000	上海泓盛	2018-01-20
阿老 50年代作 纺织女工	69×95cm	184,000	西泠拍卖	2018-07-08
路易丝·伊丽莎白·维吉·勒布伦 1792年作 贵妇肖像	60×49cm	184,000	北京荣宝	2018-12-03
周春芽 2015年作 郁金香和鸭子	29.5×21cm	184,000	北京匡时	2018-12-06
王晓明 80年代作《白雪公主》连环画全套原稿	尺寸不一	184,000	西泠拍卖	2018-07-08
TÔN THÂT DAO 理发	49.5×66.5cm	182,700	佳士得	2018-05-27
席德进 1976年作 原野秋色	75×55.5cm	176,280	罗芙奥	2018-12-02
蓝荫鼎 1972年作 淡江骤雨	41.5×57.5cm	174,923	中国嘉德	2018-10-02
古元 1991年作 西出阳关	36×51cm	172,500	中国嘉德	2018-06-19
爱德华·蒙克 户外人物研究	20.8×28cm	172,500	北京荣宝	2018-12-03
古元 1983年作 雪山	39.5×54.5cm	172,500	中国嘉德	2018-06-19
赵无极 1975年作 无题 水彩	29.7×21.4cm	172,500	北京诚轩	2018-06-18
白发一雄 作品	33.2×45.5cm	171,832	中国嘉德	2018-04-02
赵无极 1950年作 无题	136×90mm	164,175	伦敦佳士得	2018-03-15
MR. 2010年作 小小美人鱼 镜框	29.6×21cm	163,500	香港苏富比	2018-10-01
李仲生 1964年作 作品188	27.3×39.5cm	163,500	香港苏富比	2018-10-01
李仲生 1965年作 作品525	27×39cm	163,500	香港苏富比	2018-10-01
李仲生 作品386	26.5×39cm	163,500	香港苏富比	2018-10-01
梅忠恕 秀发与手	19×11cm	163,500	香港苏富比	2018-10-01
佚名 毛主席的无产阶级革命路线胜利万岁	73×101.5cm	161,000	西泠拍卖	2018-07-08
周春芽 2017年作 桃花源	29.5×21cm	161,000	北京匡时	2018-12-06
关良 水彩富春江广元 镜框	19×27cm	161,000	华艺国际	2018-05-23
关良 水彩孝子峰 镜框	19×27cm	161,000	华艺国际	2018-05-23
张光宇 1956年作 风景之十七北戴河	24×32.5cm	161,000	北京匡时	2018-06-16
赵无极 1950年作 无题	136×90mm	153,230	伦敦佳士得	2018-03-15
寺冈政美 1992年作 新海浪系列 恐龙湾的克里斯廷	57×75cm	152,250	佳士得	2018-05-27
寺冈政美 1984年作 游记系列 棕榈树与艺术家	73.5×50.5cm	152,250	佳士得	2018-05-27

拍品名称	物品尺寸	成交价RMB	拍卖公司	拍卖日期
阿尔伯特·贝纳尔 水彩画《尼斯贝兰达塔》	35cm×24cm	149,500	北京保利	2018-12-08
樊明体 1963年作 田头休息	37.5×51.2cm	149,500	上海泓盛	2018-01-20
樊明体 1982年作 桂林山水	49.5×71cm	143,750	上海泓盛	2018-01-20
席德进 1973年作 风景	49×59.5cm	143,193	保利香港	2018-03-29
曾景文 1961年作 香港避风塘	75.6×54.6cm	141,700	香港苏富比	2018-10-01
佚名 清早期 水粉画广州珠江两岸城区图		138,000	广东崇正	2018-07-05
古元 80年代 千岛湖风景	34.5×45cm	138,000	华艺国际	2018-11-16
颜文梁 枫桥夜泊	23×34cm	138,000	上海泓盛	2018-01-20
吉原治良 1970年作 无题	33×37.5cm	133,765	保利香港	2018-09-30
黄丹 2014年作 情形	46×135cm	133,050	佳士得	2018-11-25
佚名 军民爱戴毛主席（水彩）镜片	27×39cm	132,250	广东崇正	2018-07-04
李仲生 作品104	26.8×39cm	130,800	香港苏富比	2018-10-01
古元 1977年作 井岗山梯田	40.5×28cm	126,500	北京匡时	2018-06-16
古元 1955年作 树林斜影	25.4×32.2cm	126,500	北京匡时	2018-06-16
王攀元 1970年作 海的那边	66.5×55.5cm	124,752	罗芙奥	2018-12-02
THANG TRAN PHENH 约1920年作 书法课	19.5×26.5cm	121,963	佳士得	2018-11-25
Nguyen Huyen HAÏ DUONG小姐裸体像	53×68cm	121,350	香港苏富比	2018-04-01
Le Nang Hien 身穿白色越南长袄的河内少女	71×53cm	119,900	香港苏富比	2018-10-01
倪贻德 1949年作 金色的田野 水彩	24×39cm	115,000	北京诚轩	2018-06-18
冉熙 1947年作 停泊	45.5×60.5cm	115,000	上海泓盛	2018-01-20
古元 1959年 历史博物馆	25×33cm	115,000	中国嘉德	2018-11-21
梅斯达格 水彩画《海景》	24.5cm×19.5cm	115,000	北京保利	2018-12-08
樊明体 1980年作 九华山村	36.4×50.9cm	115,000	上海泓盛	2018-01-20
古元 玉渊潭	37×52cm	115,000	中贸圣佳	2018-06-20
丁乙 1996年作 十示 96-B25	51.5×68.7cm	110,875	佳士得	2018-11-25
李咏森 工厂工地 上海上钢一厂	38×58cm	105,800	上海泓盛	2018-01-20
李仲生 作品108	27.2×39cm	103,550	香港苏富比	2018-10-01
古元 1977年作 庐山远望	27×52cm	103,500	北京匡时	2018-12-06
托马斯·劳伦斯爵士 18世纪 王后肖像	23×15.5cm	103,500	北京荣宝	2018-12-03
沙耆 老虎；布鲁塞尔风景（一组二件）	49×69cm 48×63cm	103,500	中国嘉德	2018-06-19
寺冈政美 1974年作 富士山之新景观系列 拉布雷亚沥青坑	37×55cm	101,500	佳士得	2018-05-27
寺冈政美 1975年作 威尼斯天体海滩系列 自画像	36.2×54.2cm	101,500	佳士得	2018-05-27
席德进 1966年作 香港木屋	40.7×31.7cm	101,500	佳士得	2018-05-27
李咏森 1963年作 上海炼油厂	36×52.2cm	101,200	上海泓盛	2018-01-20
冉熙 1940年作 浦江夜色	47×63cm	101,200	上海泓盛	2018-01-20
油 画				
亚美迪欧·莫迪瑞安尼 1917年作《向左侧卧的裸女》	89.5×146.7cm	1,001,417,148	纽约苏富比	2018-05-14
巴布罗·毕加索 1905年作 拿着花篮的女孩	154.8×66.1cm	724,960,000	纽约佳士得	2018-05-08
克劳德·莫奈 约1914至1917年作 绽放的睡莲	160.9×180.8cm	533,870,000	纽约佳士得	2018-05-08
亨利·马蒂斯 1923年作于尼斯 侧卧的宫娥与玉兰花	60.5×81.1cm	509,048,000	纽约佳士得	2018-05-08
赵无极 1985年作 1985年6月至10月	280×1000cm	445,043,512	香港苏富比	2018-09-30

拍品名称	物品尺寸	成交价RMB	拍卖公司	拍卖日期
巴布罗·毕加索 1937年12月4日作 戴贝雷帽、穿格子裙的女子（玛莉·德雷莎·沃特）	55×46cm	437,979,330	伦敦苏富比	2018-02-28
巴布罗·毕加索 1932年作《休憩》	46×46cm	235,257,426	纽约苏富比	2018-05-14
保罗·高更 1888年8月至10月作 海浪	60.2×72.6cm	221,822,000	纽约佳士得	2018-05-08
杰克森·波拉克 第32号，1949年	78.7×57.1cm	217,272,456	纽约苏富比	2018-05-16
乔治·秀拉 1885年夏作 格朗康海港	65.4×81.2cm	214,730,000	纽约佳士得	2018-05-08
克劳德·莫奈 1877年作于巴黎 阳光下的圣拉扎尔火车站	61.3×80.7cm	207,638,000	纽约佳士得	2018-05-08
尚·米榭·巴斯基亚 1982～83年作 肉体与精神	184.2×368.3cm 368.3×368.3cm	195,690,492	纽约苏富比	2018-05-16
雷内·马格利特 1937年作《快乐原则》	73×54.5cm	186,364,653	纽约苏富比	2018-11-12
戴维·霍克尼 太平洋海岸公路与圣塔莫尼卡	198.1×304.8cm	181,302,516	纽约苏富比	2018-05-16
埃贡·席勒 1913年作《暮色之城（小城之二）》	90.5×90.1cm	170,680,585	纽约苏富比	2018-11-12
瓦西里·康丁斯基 1910年作《桃花心木上的即兴创作》	63.5×100.2cm	168,327,975	纽约苏富比	2018-11-12
恩斯特·路德维希·基希纳 1915年作《炮兵》	140×150cm	152,643,907	纽约苏富比	2018-11-12
赵无极 1956-1957年作 大地无形	200.4×162.3cm	147,966,100	保利香港	2018-03-29
巴布罗·毕加索 1970年10月23日作 斗牛士	146×114.3cm	145,223,985	伦敦苏富比	2018-02-28
赵无极 1959年作 14.12.59	130×162cm	143,500,700	佳士得	2018-05-26
瓦西里·康丁斯基 1939年4月作《红色的圆》	89×116cm	143,233,466	纽约苏富比	2018-11-12
奥斯卡·柯克西卡 1910年作《约瑟夫·德·孟德斯鸠-费藏萨克》	79.5×63.3cm	141,665,059	纽约苏富比	2018-11-12
克里·詹姆斯·马歇尔 昔日	275×398.8cm	134,541,594	纽约苏富比	2018-05-16
克劳德·莫奈 1896年作《塞纳-马恩省河清晨》	89.2×92.4cm	130,944,600	纽约苏富比	2018-05-14
彼得·多伊格 山谷的建筑师之家	200×250cm	126,368,556	伦敦苏富比	2018-03-07
胡安·米罗 1933年12月作 壁画 I-II-III	55.2×249.8cm	126,080,000	纽约佳士得	2018-05-08
保罗·高更 1886年至1887年作，1893至1895年又作 花瓶里的花	60.7×73.9cm	122,534,000	纽约佳士得	2018-05-08
巴布罗·毕加索 1967年4月11日作于穆然 火枪手与裸女	130×97cm	120,719,663	伦敦佳士得	2018-02-27
毛利斯·德·弗拉芒克 1906年作《枯木景致（拾枯木者）》	64.5×80.5cm	115,786,347	纽约苏富比	2018-11-12
吴冠中 1994年作 双燕	69×140cm	112,700,000	北京保利	2018-12-06
格哈德·里希特 抽象画	200×200cm	105,539,436	纽约苏富比	2018-05-16
赵无极 1964年作 22.07.64	161.5×199.5cm	102,869,825	佳士得	2018-11-24
克劳德·莫奈 1879年作 拉瓦古的塞纳-马恩省河风景	60.2×81.5cm	99,839,600	纽约佳士得	2018-05-08
路德维希·迈德纳 1912年作《末世》（正面），《戴草帽的年轻男子》（反面）	94×109cm	97,749,669	纽约苏富比	2018-11-12
安德烈·德安 1905年作 科利乌尔的船只	38.4×46cm	95,604,435	伦敦苏富比	2018-02-28
格哈德·里希特 黄-绿	260.5×200.5cm	95,604,435	伦敦苏富比	2018-03-07
保罗·希涅克 1888年夏作《波尔垂克伯爵夫人岛（作品编号191）》	60.3×92.1cm	87,074,000	纽约佳士得	2018-05-08

拍品名称	物品尺寸	成交价RMB	拍卖公司	拍卖日期
爱德华·马奈 1882年作 丁香与玫瑰	32.4×24.7cm	81,755,000	纽约佳士得	2018-05-08
翁贝托·波丘尼 1912年作 头部、光线与气氛	60×60cm	79,726,179	伦敦苏富比	2018-02-28
赵无极 1964年作 23.05.64	200×162cm	78,813,976	香港苏富比	2018-09-30
保罗·塞尚 约1892-93年作《水边的树木与房屋》	51.2×61cm	77,360,380	纽约苏富比	2018-11-12
赵无极 1959年作 02.11.59	130×97cm	76,815,200	佳士得	2018-05-26
克劳德·莫奈 约1870年至1871年作 坐在特鲁威维海滩上的卡米尔	46.2×38.3cm	76,436,000	纽约佳士得	2018-05-08
吴冠中 1975年作 漓江新篁	77×96cm	74,175,000	北京保利	2018-06-20
爱德华·孟克 1902年作《夏夜》	115.5×101.5cm	71,953,898	纽约苏富比	2018-05-14
乔治亚·欧姬芙 1921年作《乔治湖与白桦树》	64.7×54cm	71,953,898	纽约苏富比	2018-05-14
理查德德·迪本康 海洋公园#55	198.1×198.4cm	69,795,702	纽约苏富比	2018-05-16
赵无极 1962年作 24.04.62	97.4×194.8cm	68,978,172	香港苏富比	2018-03-31
陈逸飞 1997年作 丽人行	190×208cm	67,680,200	佳士得	2018-05-26
克劳德·莫内 1878年作《唐菖蒲、百合花与玛格丽特菊花束》	83×62.3cm	66,381,533	纽约苏富比	2018-11-12
克劳德·莫奈 1885年作 吉维尼的草原	65.2×81.1cm	66,331,538	伦敦佳士得	2018-02-27
克劳德·莫奈 1879年作 弗特伊	65×92.5cm	66,331,538	伦敦佳士得	2018-02-27
朱德群 1967-1968年作 第268号构图	150.2×300.5cm	66,015,632	香港苏富比	2018-09-30
巴奈特·纽曼 银河	61.3×51.1cm	63,485,510	纽约苏富比	2018-05-16
常玉 1940、1950年作 盆中牡丹	79.5×65cm	60,108,704	香港苏富比	2018-09-30
尚·米榭·巴斯奇亚 1982年作 无题（橘色运动人像）	152.4×122.5cm	59,458,700	佳士得	2018-05-26
华西里·康定斯基 1910年作 风景习作（Dü naberg）	33.3×44.5cm	59,409,413	伦敦佳士得	2018-02-27
巴布罗·毕加索 1956年1月3日作 梳头发的女人	81.2×65.3cm	59,409,413	伦敦佳士得	2018-02-27
赵无极 1958-1970年作 10.11.58-30.12.70	130×195cm	58,545,200	佳士得	2018-05-26
彼埃·奥古斯特·雷诺阿 约1910年作 镜中的加布里埃	81.1×64.7cm	57,287,600	纽约佳士得	2018-05-08
巴布罗·毕加索 1963年1月5日至6日作 女子头像	73.8×55cm	55,908,795	伦敦苏富比	2018-02-28
村上隆 云龙图-红色突变	1800×363cm	55,890,000	上海匡时	2018-04-30
贾斯培·琼斯 1980-81年作 平面上的舞者	75.9×60.3cm	55,407,726	纽约苏富比	2018-05-16
巴布罗·毕加索 1969年作 胜利者	116×89cm	53,217,288	香港苏富比	2018-09-30
毛利斯·德·弗拉芒克 1906年作《沙图的渔夫》	46×55cm	53,050,075	纽约苏富比	2018-11-12
保罗·希涅克 1917年12月作《昂蒂布（松树林）》	92.3×73.5cm	51,614,000	纽约佳士得	2018-05-08
巴布罗·毕加索 1954年4月15日作 帕洛玛	81.3×64.8cm	51,498,413	伦敦佳士得	2018-02-27
朱德群 1959年作 红肥绿瘦	87×116cm	49,797,591	香港苏富比	2018-03-31
琼·米切尔 1961年作 赛耳底	130×162cm	49,279,336	香港苏富比	2018-09-30
阿尔曼德·塞甘 约1892年至1893年作 生活之乐	159.8×64.1cm×4	48,777,200	纽约佳士得	2018-05-08
巴布罗·毕加索 1947年2月27日及1948年10月13日作 流血的小公鸡	81×99.9cm	48,531,788	伦敦佳士得	2018-02-27
朱沅芷 约1930-1940年代作 欢乐节庆的百老汇	121×101cm	47,583,200	佳士得	2018-05-26
斯图尔特·戴维斯 1928年作《立普大街》	80.6×99.6cm	47,560,651	纽约苏富比	2018-11-12
马克·坦西 卢河之源	165.1×205.7cm	47,494,339	纽约苏富比	2018-05-16

2018书画拍卖成交汇总

(成交价RMB：10万元以上)

拍品名称	物品尺寸	成交价RMB	拍卖公司	拍卖日期
彼得·保罗·鲁本斯爵士 威尼斯贵族肖像	59×48cm	46,342,718	伦敦苏富比	2018-07-04
保罗·席涅克 1910-11年作《马赛航道》	81.5×65.4cm	45,992,244	纽约苏富比	2018-11-12
巴布罗 · 毕加索《黄色鸢尾》	50×41.5cm	45,208,041	纽约苏富比	2018-11-12
卢齐欧·封塔纳 1963年作 空间概念，等待	73.2×60.2cm	44,000,103	伦敦苏富比	2018-03-07
周春芽 1992年作 山石图	149.5×129cm	43,700,000	中国嘉德	2018-06-19
塞西丽·布朗 忽然最后一个夏日	254×280cm	43,177,946	纽约苏富比	2018-05-16
周春芽 1993年 中国风景	194×130.5cm	42,550,000	中国嘉德	2018-11-21
赵无极 1960年作 15.12.60	130×96.5cm	42,387,920	香港苏富比	2018-09-30
皮埃·波纳尔 1914年作《室内（波纳尔巴黎的公寓）》	126×114cm	41,685,200	纽约佳士得	2018-05-08
亚力瑟·冯·亚尔伦斯基 约1912年作《蓝帽子》	65×53.5cm	41,676,000	纽约苏富比	2018-11-12
鲁道夫·斯丁格尔 无题	335.2×459.7cm	41,022,930	伦敦苏富比	2018-03-07
亨利·马蒂斯 1906年至1907年作 科利乌尔的风景	46.1×55.1cm	40,976,000	纽约佳士得	2018-05-08
华西里·康定斯基 1908年作 冬日习作：山	33×44.5cm	40,976,000	纽约佳士得	2018-05-08
张晓刚 1996年作 血缘：大家庭1号	149×189.5cm	40,250,000	中国嘉德	2018-06-19
常玉 1940年代作 仰躺的豹	65×80cm	39,750,620	香港苏富比	2018-03-31
克劳德·莫奈 1887年作 牡丹	73.7×100.3cm	39,631,913	伦敦佳士得	2018-02-27
常玉 1950年代作 睡美人	50×100cm	37,923,898	香港苏富比	2018-03-31
费尔南·雷捷 1918年11月作《黄色棋盘》	65×54cm	37,422,756	纽约苏富比	2018-05-14
鲁菲诺·塔马约 1942年作《月下吠犬》	112.4×85.7cm	37,422,756	纽约苏富比	2018-05-14
常玉 1930年代作 草原上的马群	44×80cm	36,800,000	北京保利	2018-12-06
保罗·高更 1885年作 花园一角	71.8×55.9cm	36,633,100	保利澳门	2018-11-29
赵无极 1955年作 晴空万里	73×92cm	36,097,176	香港苏富比	2018-03-31
曾梵志 1992年 肉系列之三：献血过量	179.5×167cm	35,650,000	中国嘉德	2018-11-21
赵无极 1986年作 25.06.86桃花源	195×130cm	35,490,830	中国嘉德	2018-04-02
古斯塔夫·卡勒波特 1883年作《特鲁维勒花园小径》	60×73cm	35,013,397	纽约苏富比	2018-11-12
巴布罗·毕加索 1962年10月29日作《坐着戴帽子的女子胸像》	81×64.7cm	33,825,762	纽约苏富比	2018-05-14
弗朗兹·克莱恩 1956年作 绿色十字架	177.2×269.2cm	33,106,363	纽约苏富比	2018-05-16
赵无极 1962年作 5.11.62	80.5×116cm	32,750,880	罗芙奥	2018-06-03
艾斯沃思·凯利 蓝色面板	252.7×238.8cm	32,697,281	纽约苏富比	2018-05-16
赵无极 1968年作 24.10.68	114×161.5cm	32,200,000	北京保利	2018-12-06
马克·夏加尔 蓝色村庄	78×71cm	32,091,411	伦敦苏富比	2018-02-28
朱德群 1961年作 第81号	162×130cm	31,140,200	佳士得	2018-05-26
格哈德·里希特 抽象画	225.7×200cm	30,948,167	纽约苏富比	2018-05-16
卡密尔·毕沙罗 1899年作《有白杨树的风景（埃拉尼的阴天）》	81.2×65cm	30,338,000	纽约佳士得	2018-05-08
巴布罗·毕加索 1967年4月21日作《火枪手》	116×89cm	30,228,768	纽约苏富比	2018-05-14
吴冠中 1978年作 西双版纳榕树	65.5×75cm	29,900,000	华艺国际	2018-11-16
草间弥生 2013年作 南瓜（PLOE）	130.3×162cm	29,403,840	香港苏富比	2018-09-30
亨利·马蒂斯《身披睡袍的裸女》	49.8×61.3cm	29,277,390	纽约苏富比	2018-11-12
约瑟夫·马洛德·威廉·泰纳 沃尔顿桥	92.7×123.8cm	28,833,720	伦敦苏富比	2018-07-04
草间弥生 1960年作 红色无限网 NO. 2.A.3	71.1×55.9cm	28,790,288	香港苏富比	2018-03-31
刘炜 1993年作 革命家庭系列：云游时光（双联作）	150×100cm 150×200cm	28,790,288	香港苏富比	2018-03-31
赵无极 1984年作 08.10.84	200×162cm	28,790,288	香港苏富比	2018-03-31
鲁道夫·斯丁格尔 无题（博莱戈）	38.1×52.1cm	28,789,970	纽约苏富比	2018-05-16
玛丽·卡萨特 1880年作《晚安拥抱》	42×62.8cm	28,789,970	纽约苏富比	2018-05-14
靳尚谊 1999年作 画僧髡残	150.5×114cm	28,750,000	中国嘉德	2018-06-19
吴冠中 1975年作 故宫白皮松	72.5×54cm	28,750,000	中国嘉德	2018-11-21
曾梵志 1999年作 面具	222×330cm	28,750,000	北京保利	2018-12-06
赵无极 1970年 25.05.70	150×162.5cm	28,750,000	中国嘉德	2018-11-21
周春芽 2000年作 太湖石	200×150cm	27,600,000	北京保利	2018-12-06
爱德华·马奈 约1880年作《少女侧像》	32.7×24.7cm	27,351,173	纽约苏富比	2018-05-14
乔治·莫兰迪 1940年作 静物	椭圆37.5×50cm	27,312,080	纽约佳士得	2018-05-08
乔瓦尼·安东尼奥·卡纳尔 威尼斯救主堂与圣雅各布布伯教堂 威尼斯，从露台朝西北方之监狱与叹息桥	46.7×76.8cm	27,183,468	纽约苏富比	2018-02-01
格哈德·里希特 风	150×120cm	27,129,456	伦敦苏富比	2018-03-07
克劳德·莫奈 1881年作 维图伊花园小门	60×73cm	27,129,456	伦敦苏富比	2018-02-28
赵无极 1965年作 7.8.65	89×116cm	26,729,360	保利香港	2018-03-29
周春芽 1993年作 树的系列	195×130cm	26,698,700	佳士得	2018-11-26
朱沅芷 1939年 马上舞旋（一组两件）	120×100cm 28×21cm	26,680,000	中国嘉德	2018-11-21
阿尔弗雷德·西斯利 1888年作《（八月下午）莫雷卢安河畔的白杨》	60.2×73.2cm	26,555,600	纽约佳士得	2018-05-08
迭戈·罗迪盖斯·德·席尔瓦·维拉斯盖兹 教宗英诺森十世侍臣克里斯托福罗·塞尼蒙席（1661年卒）肖像	114×92cm	26,449,166	纽约苏富比	2018-02-01
阿尔弗雷德·西斯利 1888年10月作于莫雷 十月，日落在莫雷	73.4×92.6cm	26,446,913	伦敦佳士得	2018-02-27
卡米耶·毕沙罗 1891年作《埃拉尼黄昏薄雾中的草地与牛群》	54×65.1cm	25,943,310	纽约苏富比	2018-11-12
马克·夏加尔 1926年作《玫瑰之魂》或《鲜花之上》	92.4×73.1cm	25,912,375	纽约苏富比	2018-05-14
奥迪隆·雷东 花卉	61.3×46.9cm	25,799,120	纽约佳士得	2018-05-08
汉斯·巴尔东－或称格里恩 圣家与五名天使	72×60cm	25,753,560	伦敦苏富比	2018-07-04
赵无极 1955年作 雪花飞舞	73×60cm	25,415,600	佳士得	2018-05-26
赵无极 1991年作 16.9.91	114×146cm	25,300,000	北京保利	2018-06-20
赵无极 1965年作 25.02.65	81×116cm	25,218,240	香港苏富比	2018-09-30
克劳德·莫内 1885年作《阿蒙断崖》	61×73.4cm	25,109,790	纽约苏富比	2018-11-12
胡安·格里斯 1925年4月至6月作 绿桌布	73.1×92.1cm	25,042,640	纽约佳士得	2018-05-08
草间弥生 1995年作 无限星网	290×523cm	24,820,120	保利香港	2018-03-29
艾格妮斯·马丁 无题#3	182.9×182.9cm	24,473,578	纽约苏富比	2018-05-16
艾轩 1980年作 有志者	94.5×74.5cm	24,380,000	中国嘉德	2018-06-19
阿列克榭·冯·雅佛林斯基 约1910年作 圆桌	55.8×50.8cm	24,286,160	纽约佳士得	2018-05-08
皮埃·波纳尔 约1939年作于勒卡内《陶罐里的花或室内（野花）》	80.6×41.3cm	24,286,160	纽约佳士得	2018-05-08
格哈德·里希特 1994年作 抽象画 802-3	112×102cm	24,171,840	香港苏富比	2018-09-30

拍品名称	物品尺寸	成交价RMB	拍卖公司	拍卖日期
朱沅芷 1932年作 旋转木马；日光浴者；及现代公寓	尺寸不一	23,865,500	保利香港	2018-03-29
曾梵志 2004年作 我/我们	215×330cm	23,505,500	佳士得	2018-11-24
朱德群 1960年作 第51号－万家掩映翠微间	120×100cm	23,466,800	佳士得	2018-05-26
费尔南·雷捷 1920年作 三位女子	46×65cm	23,159,892	伦敦苏富比	2018-02-28
奈良美智 2009年作 艾美莉亚·艾尔哈特肖像	80×65cm	23,125,440	香港苏富比	2018-09-30
张晓刚 1995年 血缘——大家庭：全家福	100×130cm	23,000,000	中国嘉德	2018-11-21
爱德华·马奈 1871年3月作于阿尔卡雄 落潮时的海滩	36.3×51.4cm	22,773,200	纽约佳士得	2018-05-08
荷兰南部画派，应在图尔奈 圣母生平事迹画像四幅：亚伦手杖开花之神迹 圣杰罗姆（背面）圣母的婚礼 圣安博（背面）圣母之死 圣额我略（背面）圣母升天	各幅尺寸 79×51.5cm 79.5×49.4cm 78.7×52.2cm 78.5×50cm	22,673,400	伦敦苏富比	2018-07-04
白发一雄 1962年作 地暗星锦豹子	195×130cm	22,396,761	香港苏富比	2018-03-31
潘玉良 约1958年作 海边五裸女	50×65cm	22,396,761	香港苏富比	2018-03-31
王衍成 2015年作 无题	190×190cm	21,850,000	北京保利	2018-12-06
草间弥生 1960年作 No. F. C. H.	76.2×66cm	21,518,000	佳士得	2018-05-26
朱莉·梅赫雷图 2017年作 召唤的部分（德累斯顿）	213.4×243.8cm	21,505,500	纽约苏富比	2018-05-16
巴布罗·毕加索 1900年作《小丑与舞者（蓝色舞者）》	38.4×46cm	21,505,500	纽约苏富比	2018-05-14
陈逸飞 1984年作 童年嬉戏过的地方	89×151cm	21,275,000	北京匡时	2018-06-16
草间弥生 1992年作 无限之花片（三联作）	194×390.9cm（整张）	21,032,640	香港苏富比	2018-09-30
陈逸飞 1996年作 横卧的裸体	200×200cm	20,700,000	北京保利	2018-12-06
陈逸飞 1980年代作 夜莺之声	130×202cm	20,700,000	中国嘉德	2018-06-19
徐悲鸿 1940年作 喜马拉雅山全景	37×93.5cm	20,700,000	北京保利	2018-06-20
张焰 1995年作 神舞	170×195cm	20,700,000	北京保利	2018-12-06
老卢卡斯·克拉纳赫 男子身穿斑点毛领肖像	48.3×36.5cm	20,619,960	伦敦苏富比	2018-07-04
沃尔特·史毕斯1938年作山脉与池塘	711/2×591/2cm	20,483,880	香港苏富比	2018-03-31
毛利斯·德·弗拉芒克 1905年作《躺卧的裸女》	28×42cm	20,108,670	纽约苏富比	2018-11-12
毛利斯·德·弗拉芒克 1906年作《吕埃，船屋》	54.7×65.7cm	20,108,670	纽约苏富比	2018-11-12
吴冠中 1964年作 山村晴雪 I	61.2×46cm	19,986,240	香港苏富比	2018-09-30
赵无极 1951年 蓝色夜航	80×99cm	19,780,000	中国嘉德	2018-11-21
赵无极 1999年作 24.09.99	162×130cm	19,562,560	羅芙奧	2018-12-02
王玉琦 2006年作 狗年	188×189cm	19,550,000	北京匡时	2018-12-06
徐悲鸿 1928年作 杨仲子全家福	59.5×79.5cm	19,320,000	西泠拍卖	2018-07-07
常玉 1931年 白瓷瓶中的粉红玫瑰	65×49.5cm	19,320,000	中国嘉德	2018-11-21
马丁·基本伯格 无法塞进信箱的蛋女士	180×150cm	19,065,510	伦敦苏富比	2018-03-07
林风眠 1920年代 思	109×78cm	18,975,000	北京保利	2018-06-20
常玉 1930年代作 镜前母与子	55×46cm	18,975,000	保利厦门	2018-07-15
刘野 2003年作 红三号	195×195cm	18,939,840	香港苏富比	2018-09-30
朱德群 1968年作 第269号构图	92×72cm	18,939,840	香港苏富比	2018-09-30
老卢卡斯·克拉纳赫 卢克雷蒂娅	60×47cm	18,829,080	纽约苏富比	2018-02-01
靳尚谊 1988年作 女人体	64×52cm	18,400,000	中国嘉德	2018-06-19
常玉 1940年代 双裸女、盘腿裸女（双面画）	57×68cm	18,400,000	北京保利	2018-06-20
赵无极 1963年作 05.06.63	130×90cm	18,183,500	佳士得	2018-11-24

拍品名称	物品尺寸	成交价RMB	拍卖公司	拍卖日期
勒迈耶 莲花池畔	101×120.5cm	17,893,440	香港苏富比	2018-09-30
庞熏琹 1979年作 文峰塔	80×80cm	17,825,000	中国嘉德	2018-06-19
乔治·康多 偶像日	172.7×167.6cm	17,682,300	纽约苏富比	2018-05-16
阿尔弗雷德·希斯里 1885年作《塞纳-马恩省河与鲁应河汇流》	54×73cm	17,608,110	纽约苏富比	2018-11-12
佚名 勃艮第的玛丽（1458-1482年）侧面像	47.5×35cm	17,539,800	伦敦苏富比	2018-07-04
老杨·布吕赫尔，亨德里克·凡·巴兰一世 狩猎后的女神黛安娜与仙女	55.6×94.3cm	17,539,800	伦敦苏富比	2018-07-04
尼古拉·郎克雷 冬	115×94cm	17,268,120	纽约苏富比	2018-02-01
汤垚 秋菊	190×160cm	17,250,000	广东衡益	2018-07-01
阿尔伯特·尔莱恩 无题	240.3×200.1cm	16,955,910	伦敦苏富比	2018-03-07
费尔南·雷杰 1918年作 工厂或引擎图案	35.7×25.8cm	16,953,713	伦敦佳士得	2018-02-27
克劳德·莫奈 1886年作《吉维尼的洪水》	65×81.3cm	16,917,660	纽约苏富比	2018-05-14
奈良美智 2001年作 准备去探索	177.8（直径）×25.4cm	16,847,040	香港苏富比	2018-09-30
乔治·康多 2009年作 阿兹特克宇宙学家	127×127cm	16,847,040	香港苏富比	2018-09-30
克劳德·莫奈 1868年作 圣阿德列斯的海滨	43.5×65.4cm	16,721,360	纽约佳士得	2018-05-08
吴冠中 1973年作 紫竹院儿童游乐园	58×50cm	16,675,000	北京保利	2018-06-20
格哈德·里希特 1986年作 抽象画	70.5×100.3cm	16,600,680	香港苏富比	2018-03-31
雅各布布布·奥克特维尔特 牡蛎餐	53.5×44.5cm	16,513,080	伦敦苏富比	2018-07-04
鲁道夫·斯丁格尔 无题	210×170cm	16,428,510	伦敦苏富比	2018-03-07
弗朗西斯·毕卡比亚 约1924-27年作《橄榄树下（风情万种）》	74.5×104.5cm	16,153,020	纽约苏富比	2018-05-14
马克·夏加尔 1930年作《春天的花卉》或《罐子与春天花卉》	72×60.6cm	16,153,020	纽约苏富比	2018-05-14
鲁道夫·斯丁格尔 2012年作 无题	300×242cm	16,115,280	香港苏富比	2018-03-31
岳敏君 1992年作 时代戏剧	191×200cm	16,100,000	中国嘉德	2018-06-19
周春芽 2001年作 绿狗2001A	250×200cm	16,100,000	北京匡时	2018-06-16
法兰提锡克·库普卡 1935至1938年作 C系列，三，立面图	95×102cm	15,898,913	伦敦佳士得	2018-02-27
巴布罗·毕加索 1941年6月5日作于巴黎 女人头像（多拉·玛尔）	41×33.2cm	15,898,913	伦敦佳士得	2018-02-27
安东尼·凡·戴克爵士 少年奥兰治亲王威廉二世肖像，旁为一只狗	128.3×100.4cm	15,707,160	纽约苏富比	2018-02-01
吴冠中 1994年作 老家北渠村	45×60cm	15,525,000	北京保利	2018-06-20
克劳德·莫内 1899-1901年作《查令十字桥》	65×80cm	15,524,310	纽约苏富比	2018-11-12
亨利·马蒂斯 1916年作《女子头像（洛蕾特）》	21.9×15.5cm	15,388,380	纽约苏富比	2018-05-14
安德烈·德兰 约1908年作 普罗旺斯马尔提格的风景	92.2×73.5cm	15,208,400	纽约佳士得	2018-05-08
赵无极 1968年作 06.10.68	97×105cm	15,172,800	中国嘉德	2018-10-02
拉登·萨尔·谢里夫·布斯塔曼 1871年作 梅加文登山下的邮站	72×106.5cm	14,990,300	佳士得	2018-11-24
老卢卡斯·克拉纳赫 马丁·路德（1483-1546年）肖像	40.3×26.5cm	14,926,680	纽约苏富比	2018-02-01
陈逸飞 1984年作 预言者	117×137.5cm	14,720,000	中国嘉德	2018-06-19
吴冠中 1978年作 桂林山村	29.5×39.4cm	14,659,080	香港苏富比	2018-03-31
格伦·利根 陌生人#86	243.8×182.9cm	14,623,740	纽约苏富比	2018-05-16
李曼峰 鸽子	117.5×218cm	14,458,100	佳士得	2018-11-24

拍品名称	物品尺寸	成交价RMB	拍卖公司	拍卖日期
吴冠中 1990年作 天际黄河	72.8×90.8cm	14,319,300	保利香港	2018-03-29
保罗·希涅克 1927年作 拉罗歇尔的四中士塔	46×55.2cm	14,316,713	伦敦佳士得	2018-02-27
赵无极 1991年作 05.10.91	81×100cm	14,210,000	佳士得	2018-05-26
吴冠中 1996年作 遗忘的雪	91×100cm	14,170,000	中国嘉德	2018-10-02
蒂齐亚诺·韦切利奥 圣玛加利大	198×167.5cm	14,146,200	纽约苏富比	2018-02-01
赵无极 1957年作 无题	45.5×55cm	13,925,900	佳士得	2018-11-24
赵无极 1969年作 20.01.69	115.8×81cm	13,925,900	佳士得	2018-11-26
巴克利·L·亨德里克斯 1974年作 布伦达·P	182.9×127cm	13,859,100	纽约苏富比	2018-05-16
曾梵志 1994年作 面具系列第十七号	178.5×149.5cm	13,800,000	中国嘉德	2018-06-19
周春芽 2015年作 晚樱与桃花	200×400cm	13,800,000	北京保利	2018-06-20
爱德华·蒙克 1904至1936年作 奥斯高特兰的海滩风景	69.5×100.3cm	13,789,313	伦敦佳士得	2018-02-27
巴布罗·毕加索 1959年4月16至17日作于伏维纳格斯 水壶与玻璃杯	92×72.7cm	13,789,313	伦敦佳士得	2018-02-27
马克·夏加尔 1944年作 回忆往昔	71.3×75.9cm	13,789,313	伦敦佳士得	2018-02-27
卡米耶·毕沙罗 1890-92年作《伦敦樱草花丘》	65.1×81cm	13,440,510	纽约苏富比	2018-11-12
赵无极 1956年作 岛	60×71cm	13,393,700	佳士得	2018-11-24
赵无极 1970年作 09.01.70	54×73cm	13,393,700	佳士得	2018-11-24
赵无极 1976年作 10.05.76	116×89cm	13,393,700	佳士得	2018-11-24
费德·加利齐亚 静物：石架上瓷碗内的葡萄与枸杞、榅桲、石榴及黄蜂 静物：石架上瓷篮内的李子与葡萄及梨子	27.3×38.7cm	13,365,720	纽约苏富比	2018-02-01
埃里希·赫克尔 1907年作 盛开的苹果树	64.5×76.8cm	13,261,913	伦敦佳士得	2018-02-27
乔纳斯·伍德黑色静物画与黄色兰花	156.2×127cm	13,094,460	纽约苏富比	2018-05-16
杰克森·波拉克 三人组	52.4×65.7cm	13,094,460	纽约苏富比	2018-05-16
恩斯特·路德维格·基尔希纳 1918年至1919年作 盆花与糖罐	70.8×60.5cm	12,938,960	纽约佳士得	2018-05-08
吴大羽 1980年代 黄色谐韵	54.5×39.5cm	12,880,000	中国嘉德	2018-11-21
余友涵 1988年作 抽象1988-1	160.6×132cm	12,717,480	香港苏富比	2018-03-31
阿道夫·戈特列布 1972年作 迸发II	228.6×152.4cm	12,712,140	纽约苏富比	2018-05-16
刘小东 1990年 求婚	130×97cm	12,650,000	中国嘉德	2018-11-21
曾梵志 2008年作 无题	180×280cm	12,650,000	北京匡时	2018-06-16
瓦伦坦·德·博罗奈 算命师、流亡者、鲁特琴师、酒客与小偷	145.7×187.6cm	12,585,240	纽约苏富比	2018-02-01
赵无极 1973年作 09.07.73	100×81cm	12,473,280	罗芙奥	2018-06-03
赵无极 1961年作 09.05.61	60×81cm	12,138,240	香港苏富比	2018-09-30
巴尔萨泽·凡·德·阿斯特 静物：篮子内的贝壳与碟子上的果实及昆虫	39.5×60cm	11,804,760	纽约苏富比	2018-02-01
杨·韦南茨 亚德里安·凡·德·维尔德 树林暮景，见猎人与狗，另一位骑在马上的猎人和农民交谈，路上见渔民及手持猎鹰的养猎鹰者，远眺马车与湖边的人	152×191.1cm	11,804,760	纽约苏富比	2018-02-01
朱德群 1989年作 地平在线的光和影	130.2×195.2cm	11,797,100	佳士得	2018-11-24
柯比意（或译柯布西耶）1946年作《持烛女子I》	106.7×85.7cm	11,773,470	纽约苏富比	2018-11-12
沙伊姆·苏丁 约1942年作《长椅上的红衣女子》	62×55.9cm	11,773,470	纽约苏富比	2018-11-12
乔治·莫兰迪 1939年作《静物》	44.4×53.3cm	11,773,470	纽约苏富比	2018-11-12
王怀庆 1999年作 玉壶春瓶	213×122cm	11,746,680	香港苏富比	2018-03-31
马克·夏加尔 1977年作 红驹迎阳	88.9×116.2cm	11,746,680	香港苏富比	2018-03-31
鲁道夫·斯丁格尔 无题	241.3×193cm	11,565,180	纽约苏富比	2018-05-16
刘野 2002年作 红黄蓝（一组三件）	45×60cm×3	11,500,000	中国嘉德	2018-06-19
昂利·埃德蒙德·克洛斯 1894年作 圣克莱尔的小房子	54.4×61.1cm	11,426,000	纽约佳士得	2018-05-08
利贝拉莱·达·韦罗讷 贞洁之胜利	41.2×124.5cm	11,379,480	伦敦苏富比	2018-07-04
赵无极 1967年作 28.02.67	89×116cm	11,286,800	佳士得	2018-05-26
朱德群 1960年作 构图第五十七号	127×96cm	11,285,550	中国嘉德	2018-04-02
童红生 1987年 青年朋友	120×120cm	11,270,000	中国嘉德	2018-11-21
岳敏君 1995年作 音乐	140×140cm	11,270,000	北京保利	2018-06-20
吴冠中 1963年作 桃花	45×60cm	11,264,900	佳士得	2018-11-24
朱曜奎 沧浪山水 镜框	100×220cm	11,220,000	未来四方	2018-12-09
草间弥生 无限网（OQ4）	162.5×130.8cm	11,154,510	伦敦苏富比	2018-03-07
张晓刚 1997年作 血缘：大家庭1号1997	100×130cm	11,091,840	香港苏富比	2018-09-30
赵半狄 1989年 削苹果的女孩	200×115cm	11,040,000	中国嘉德	2018-11-21
亨利克·坎彭东克 1914年作《梦》	60.2×74.5cm	10,939,950	纽约苏富比	2018-11-12
格哈德·李希特 1994年作 抽象画作	71×61cm	10,799,600	佳士得	2018-05-26
草间弥生 1998年作 无限之网	117×91cm	10,799,600	佳士得	2018-05-26
奈良美智 2000年作 Punch Me Harder	215.9×195.6cm	10,799,600	佳士得	2018-05-26
尚·杜布菲 1974年作 乡村散步	195.6×100.3cm	10,775,880	香港苏富比	2018-03-31
朱德群 1988年作 暗影光照 II	162×130cm	10,775,880	香港苏富比	2018-03-31
赵无极 1958年作 无题	54.5×64.5cm	10,775,880	香港苏富比	2018-03-31
廖继春 1968年作 窗前静物	100×81cm	10,732,700	佳士得	2018-11-24
奈良美智 1992年作 女孩与潜水艇	100×150cm	10,660,200	中国嘉德	2018-10-02
塞西丽·布朗 安慰蛇的天鹅	246.4×261.6cm	10,627,110	伦敦苏富比	2018-03-07
乔治·万顿吉罗 1930年作于巴黎与橙色、绿色和紫色和谐并由方程式组合y=-ax2+bx+18生成的构图	119.1×62.5cm	10,624,913	伦敦佳士得	2018-02-27
周春芽 2011年作 春桃	280×200cm	10,580,000	北京保利	2018-12-06
刘野 2007-2008年作 竹草图	300×220cm	10,350,000	中国嘉德	2018-06-19
陈逸飞 1999年 真爱	84×210.5cm	10,350,000	中国嘉德	2018-11-21
曾梵志 1992年作 肉	130×95cm	10,045,440	香港苏富比	2018-09-30
皮耶·博纳尔 约1916年作《裸女背影》	116×88.9cm	10,035,900	纽约苏富比	2018-05-14
（传）艾伯特·杜勒 绿色背景前的男子肖像	25.7×20.5cm	9,839,400	伦敦苏富比	2018-07-04
吴大羽 无题28	53×37.8cm	9,805,080	香港苏富比	2018-03-31
周春芽 2013年作 桃花又见一年春（双联作）	100×500cm	9,805,080	香港苏富比	2018-03-31
吴冠中 1976年作 渔家院	46×46cm	9,775,000	北京保利	2018-12-06
吴冠中 1978年作 雨后流泉	45×47cm	9,775,000	北京保利	2018-12-06
赵无极 1982年作 23.3.82	114×146cm	9,660,000	北京保利	2018-12-06
阿尼奥洛·加迪 圣母圣婴登位，旁为奏乐天使	132.1×81.3cm	9,463,320	纽约苏富比	2018-02-01
乔治·莫兰迪 1957年作 静物	30×35.4cm	9,359,153	伦敦佳士得	2018-02-27
草间弥生 1991年作 柠檬汁	162×130.3cm	9,338,000	佳士得	2018-05-26
奈良美智 2004年作 In the Pinky Lake	180×180×26cm	9,338,000	佳士得	2018-05-26
彼得·保罗·鲁本斯爵士 十字架上的基督	21.2×15.9cm	9,326,040	伦敦苏富比	2018-07-04
吴冠中 1960年作 花卉	61×46cm	9,200,000	北京保利	2018-06-20
吴冠中 1975年作 紫竹院风景	61×54.5cm	9,200,000	中国嘉德	2018-06-19
吴冠中 1974年作 高粱溪流	61×46cm	9,200,000	上海泓盛	2018-01-20
陈逸飞 1990年作 六弦琴	73×60cm	9,200,000	中国嘉德	2018-06-19
吴冠中 1960年前后作 牡丹花	51×40.5cm	9,200,000	西泠拍卖	2018-07-07
周春芽 1999年作 红色山石	150×120cm	9,200,000	北京保利	2018-06-20

拍品名称	物品尺寸	成交价RMB	拍卖公司	拍卖日期
赵无极 1993年作 5.10.93	81×65cm	9,200,000	北京荣宝	2018-12-03
爱德华·维亚尔 约1891年至1892年作 道路上的清洁工	40.9×32.5cm	9,156,560	纽约佳士得	2018-05-08
王怀庆 1997年作 1234567	116×81cm	9,156,000	中国嘉德	2018-10-02
赛耶·海达·拉扎 怀胎	101×200cm	9,136,100	佳士得	2018-11-24
赫尔文·安德森 2004年作 有些人（欢迎系列）	150×232cm	9,044,910	伦敦苏富比	2018-03-07
阿列克榭·冯·雅佛林斯基 1926年作 抽象头像：快乐的内心幻象	42.3×32.3cm	9,042,713	伦敦佳士得	2018-02-27
柴姆·苏丁 1923-1924 年作 女人与娃娃	80.8×65.1cm	9,042,713	伦敦佳士得	2018-02-27
费尔南·雷杰 1952年作 一对恋人，初版	65.2×50.5cm	9,042,713	伦敦佳士得	2018-02-27
乔治·莫兰迪 1942年作 静物	35.5×45.5cm	9,042,713	伦敦佳士得	2018-02-27
白发一雄 1961年作 兼光	89×116cm	8,999,040	香港苏富比	2018-09-30
周春芽 2010年作 冬天已经过去	210×300cm	8,970,000	北京保利	2018-06-20
埃米尔·诺尔德 1906年作《小桌旁的女子》	55×55.5cm	8,856,150	纽约苏富比	2018-11-12
周春芽2009年作格拉芙、贝克尔和TT	220×320cm	8,782,504	保利香港	2018-03-29
彼埃·奥古斯特·雷诺阿 1901年9月作于枫丹白露贝卢诺馆 若斯·贝尔内姆·多贝维尔（原名马蒂尔德·阿德勒）肖像	92.2×73cm	8,726,273	伦敦佳士得	2018-02-27
THÉO VAN RYSSELBERGHE 1892-1893年于迪德朗日作 奥古斯特·韦伯肖像	原画框画布 100×82cm 原画框 104.8×85cm	8,726,273	伦敦佳士得	2018-02-27
关良 1978年作 唐僧与悟空	47.5×54cm	8,685,120	香港苏富比	2018-09-30
王兴伟 1998年作 又不是一百分	165×240cm	8,685,120	香港苏富比	2018-09-30
余友涵 1988年作 无题	156×129cm	8,685,120	香港苏富比	2018-09-30
王怀庆 2004年作 天工开物（三）	128×200cm×2	8,655,920	佳士得	2018-05-26
吴冠中 1977年作 漓江之滨（一）	59.5×41.5cm	8,655,920	佳士得	2018-05-26
毛焰1990年作毛焰和捷尔任斯基之孙	184×120cm	8,625,000	北京保利	2018-06-20
吴作人 20世纪30年代作 坐女人体	130×90cm	8,625,000	西泠拍卖	2018-07-07
吴冠中 1960年前后 牡丹花	51×40.5cm	8,625,000	北京荣宝	2018-12-03
草间弥生 2012年作 无限之网（TWQPA）	162×130.3cm	8,603,900	佳士得	2018-11-24
林飞龙 1966年作 无题	114.5×147.5cm	8,475,840	香港苏富比	2018-09-30
皮耶·奥古斯特·雷诺阿 约1888年作《博尔迪盖拉的海》	28.1×43.4cm	8,439,390	纽约苏富比	2018-11-12
皮埃·波纳尔 约1944年作于勒卡内 勒卡内花园桌上的果篮	67.8×55cm	8,400,080	纽约佳士得	2018-05-08
吴冠中 1996年作 嘈嘈皆乡音	46×61cm	8,363,600	佳士得	2018-05-26
吴冠中 1978年作 漓江竹林	35.5×54.2cm	8,348,880	香港苏富比	2018-03-31
王沂东 2004年作 纯真年代	180×180cm	8,280,000	北京保利	2018-06-20
王玉琦 1990-1996年作 悲怆	114×147cm	8,280,000	北京保利	2018-12-06
周春芽 1994年作 红石图	150×120cm	8,050,000	北京匡时	2018-06-16
赵无极 1969年作 06.10.69	50×45.5cm	8,050,000	北京保利	2018-12-06
MAX BECKMANN 1947至1948年作 咖啡厅	70.2×50.7cm	7,987,913	伦敦佳士得	2018-02-27
劳尔·杜菲 1905年作 特鲁维尔的沙滩和码头	64.8×80.9cm	7,987,913	伦敦佳士得	2018-02-27
西奥·范里斯尔伯格 1900年作 滨海布洛涅马场	58.5×76.8cm	7,987,913	伦敦佳士得	2018-02-27
乔治·康多 1998年作 抽象人体组合	152.7×193.4cm	7,876,400	佳士得	2018-05-26
乔治·巴塞利兹 1976年作 静物 1	160.9×129.9cm	7,876,400	佳士得	2018-05-26
廖继春 1960年作 淡江风景	65.5×80.5cm	7,863,480	香港苏富比	2018-03-31
赵无极 巴黎圣母院	54.5×66cm	7,863,480	香港苏富比	2018-04-01
陈逸飞 2002年作 西藏的男人和女人	150×150cm	7,820,000	华艺国际	2018-05-23
费尔南·雷捷 1953年作《手推车与风景》	92×65cm	7,741,980	纽约苏富比	2018-05-14
朱德群 1987年作 春天的香氛	130×195cm	7,668,000	罗芙奥	2018-06-03
周春芽 1992年作 躺着的人体、黑色的石头	149.2×119.2cm	7,636,960	保利香港	2018-03-29
艾伯特·布洛克 1912年作《决斗》	100×127.6cm	7,605,870	纽约苏富比	2018-11-12
皮耶·奥古斯特·雷诺阿 1880年作《娅德拉·奥坎波·德海曼达夫人肖像》	64.7×54cm	7,605,870	纽约苏富比	2018-11-12
马克·夏加尔 1957年作 花瓶、情侣与公鸡	65×54cm	7,568,190	伦敦苏富比	2018-02-28
岳敏君 2003年作 大天鹅	200×280cm	7,539,500	佳士得	2018-11-24
格哈德·里希特 无题（19.3.86）	65×101cm	7,462,710	伦敦苏富比	2018-03-07
基思·凡·唐金 约1922年作 窗前二裸女	129.3×96.5cm	7,462,710	伦敦苏富比	2018-02-28
亨利·德·图卢兹–劳特累克 1890年作 费尔南多马戏团的杂技演员	69×46cm	7,460,513	伦敦佳士得	2018-02-27
乔治·莫兰迪 1949年作 静物	31×45.7cm	7,460,513	伦敦佳士得	2018-02-27
藤田嗣治 1935年作 春	151.5×136.5cm	7,429,440	香港苏富比	2018-09-30
尚·斯卡利 2002年作 文森	190.5×203.2cm	7,389,200	佳士得	2018-05-26
周春芽 2009年作 花飞莫遣随流水	280×200cm	7,389,200	佳士得	2018-05-26
朱德群 2006年作 无垠苍穹	130×195cm	7,389,200	佳士得	2018-05-26
上前智佑 1964年作 作品（双联作）	216×182cm	7,378,080	香港苏富比	2018-03-31
雅各布布布斯·弗雷 小镇的鹅卵石路与交谈的人	39×29.3cm	7,169,928	伦敦苏富比	2018-07-04
郭润文 聆听	150×75cm	7,130,000	中贸圣佳	2018-11-24
多纳托·克雷蒂 女预言家	72.4×58.7cm	7,121,880	纽约苏富比	2018-02-01
威廉·德罗斯特 罗马人的慈悲	148.5×104.3cm	7,121,880	纽约苏富比	2018-02-01
曾梵志 2005年作 天空系列：自画像	250×170cm	7,086,840	香港苏富比	2018-03-31
朱沅芷 1937至1939年作 公园喷泉·冬景	72.5×91.5cm	6,949,840	中国嘉德	2018-10-02
阿尔弗雷德·希斯里 1894年作 晨光下的莫雷老教堂	66×81.5cm	6,935,310	伦敦苏富比	2018-02-28
法兰提锡克·库普卡 约1934年作 白色、蓝色和红色	72.3×80cm	6,933,113	伦敦佳士得	2018-02-27
凯斯·哈林 1982年作 无题	184.5×183.5cm	6,902,000	佳士得	2018-05-26
罗中立 1991年作 劝和	160×200cm	6,900,860	佳士得	2018-11-24
刘野 1999年 喵呜	160×160cm	6,900,000	中国嘉德	2018-11-21
王怀庆 1991年 廊	145×112cm	6,900,000	中国嘉德	2018-11-21
周春芽 1994年作 石头系列——雅安上里1号	150×120cm	6,900,000	北京保利	2018-12-06
张晓刚 2008年作 绿墙：两张单人床	300×500cm	6,900,000	西泠拍卖	2018-07-07
刘炜 2010年作 苹果·沙发	143×158cm	6,785,000	北京保利	2018-12-06
詹姆斯·恩索 1896年作《芭蕾舞者（舞蹈）》	37.2×46cm	6,772,350	纽约苏富比	2018-11-12
费迪南德·伯乌 自画像	93×83.5cm	6,759,240	伦敦苏富比	2018-07-04
林寿宇 1967年作 24473	127.7×127.7cm	6,688,240	保利香港	2018-09-30
吴大羽 1980年代作 采韵-20	54.5×39cm	6,670,000	中国嘉德	2018-06-19
朱沅芷 1936至1939年作 公园漫步（巴黎索邦神学院广场）	73×92cm	6,633,800	中国嘉德	2018-04-02
奥斯卡·柯克西卡 1910年作 猫	46×70.2cm	6,616,673	伦敦佳士得	2018-02-27
莱昂内尔·费宁格 1944年作《沙丘与朦胧的黄昏》	61×104.4cm	6,595,020	纽约苏富比	2018-05-14

2018书画拍卖成交汇总

(成交价RMB：10万元以上)

拍品名称	物品尺寸	成交价RMB	拍卖公司	拍卖日期
朝戈 2005年作 蒙古史诗（三联画）	62.5×200.5cm×3	6,440,000	中国嘉德	2018-11-21
曾梵志 2003年作 肖像	250×170cm	6,414,800	佳士得	2018-05-26
赵无极 1963年作 04.03.63	100×81cm	6,414,800	佳士得	2018-05-27
巴布罗·毕加索1924年作若安乐松风景	22.2×35.7cm	6,407,280	香港苏富比	2018-03-31
朱德群 1986年作 雾淞之二	65×92cm	6,383,040	香港苏富比	2018-10-01
安东尼·凡·戴克爵士 意大利贵族肖像	120×89cm	6,341,400	纽约苏富比	2018-02-01
奥塞尔万萨教堂三联画大师，应为小萨诺·迪·彼得罗 传福音者圣约翰	21.3×23cm	6,341,400	纽约苏富比	2018-02-01
巴尔萨泽·凡·德·阿斯特 静物：石架上玻璃酒杯内的花卉、昆虫与蜥蜴	37.4×26cm	6,245,880	伦敦苏富比	2018-07-04
彼得·莱利爵士 科恩伯里子爵亨利·海德（1688－1709年，后称克拉伦登伯爵二世）与妻子西奥多西娅·卡佩尔双人肖像	143×181.5cm	6,245,880	伦敦苏富比	2018-07-04
吴冠中 1989年作 街头纪念碑	45.5×53.5cm	6,205,030	保利香港	2018-03-29
恩斯特·路德维格·基尔希纳 1920至1921年作 阿尔卑斯山的凿石者	90.2×100.3cm	6,194,753	伦敦佳士得	2018-02-27
朱德群 1978年作 秋，1978年5月1日	195.5×97cm	6,173,760	保利香港	2018-09-30
潘玉良 约1940年代作 裸女	91×64.2cm	6,147,600	中国嘉德	2018-10-02
费尔南多·波特罗 2010年作 舞者	144×100cm	6,122,480	佳士得	2018-05-26
萧勤 1964年作 冥想的能量	160×130cm	6,116,040	香港苏富比	2018-03-31
草间弥生 1983年作 柠檬茶	53×46cm	6,116,040	香港苏富比	2018-04-01
理查德德·普林斯 两人两次	226.1×190.5cm	6,091,470	伦敦苏富比	2018-03-07
何多苓 2017年作 俄罗斯森林（黄金时代）契珂夫·夜莺	200×150cm	6,070,864	保利香港	2018-09-30
村上隆 2018年作 然后（红DOB）	100×100cm	6,070,628	保利澳门	2018-11-29
华金·托雷斯·卡西亚 1931年作《黑白建筑和鱼》	70.8×36.5cm	6,059,772	纽约苏富比	2018-05-14
小彼得·布吕赫尔 基督与犯通奸罪的女子	26.8×37.7cm	6,040,536	伦敦苏富比	2018-07-04
孙滋溪 孙路 2001年作 天安门前 七十年代 天安门前七十年代草图	155×285cm 19×59cm	5,980,000	华艺国际	2018-05-23
张晓刚 1989年 山丘与生灵	91×73cm	5,980,000	中国嘉德	2018-11-21
周春芽 2008年作 桃花与绿狗	200.4×250.6cm	5,967,968	保利香港	2018-09-30
小吉利斯·凡·蒂尔博格 雅室内部，被画作及皮革墙面围着的十二位绅士，中央见西洋双陆棋	139×209.5cm	5,951,160	纽约苏富比	2018-02-01
赵无极 1982年作 16.02.82	65×81cm	5,947,040	中国嘉德	2018-10-02
阿凡迪 1959年作 男子与斗鸡	128×99cm	5,942,900	佳士得	2018-11-24
奈良美智 2008年作 Life Is Only One	169×254×9.2cm	5,927,600	佳士得	2018-05-26
艾珠·克里丝汀 左层与右层	180×200cm	5,921,880	香港苏富比	2018-03-31
曾梵志 1998年作 面具系列	100×85cm	5,921,880	香港苏富比	2018-03-31
村上隆 2015年作 无题	141×120cm	5,755,200	香港苏富比	2018-09-30
倪贻德 1960年代作 暗香	45.5×44cm	5,750,000	中国嘉德	2018-06-19
陈逸飞 2003年作 阳光情缘	140×101cm	5,750,000	北京匡时	2018-06-16
赵无极 1984年作 20.8.84	73×92cm	5,750,000	北京保利	2018-12-06
马克·夏加尔 1951年作 红色天空下的黑色村庄	75×64cm	5,561,873	伦敦佳士得	2018-02-27
约瑟夫·马里·维安 身穿古典服装的女子侍候一位妙龄新娘	100×135cm	5,560,920	纽约苏富比	2018-02-01
丁雄泉 1994年作 我爱悠长夏日	210×475cm	5,537,840	佳士得	2018-05-26
艾民有 吕恩谊 1974年作 西沙自卫反击战	180×419cm	5,520,000	中国嘉德	2018-06-19
艾轩 2007年作 荒原的黎明	110×110cm	5,520,000	华艺国际	2018-05-23
刘海粟 1934年作 圣扬乔而夫飞瀑	79.5×59.5cm	5,520,000	北京匡时	2018-06-16
尤劲东 1981年作 人到中年（一组七十三幅）	尺寸不一	5,520,000	中国嘉德	2018-11-21
村上隆2016年作 黄金年代：光琳洞声	150cm	5,442,632	保利澳门	2018-11-29
古那弯 1976年作 爪哇舞蹈	147×202cm	5,440,400	佳士得	2018-05-26
克拉拉·佩特斯 静物：玻璃瓶中的花卉、昆虫与蜗牛	16.6×13.5cm	5,424,504	伦敦苏富比	2018-07-04
廖继春 1935年作 台南公园	90.8×116.8cm	5,410,700	佳士得	2018-11-24
赵无极 1963年作 05.04.63	46×50cm	5,410,700	佳士得	2018-11-25
阿尔弗雷德·希斯里 1889年作 鲁应河畔的房屋	33×41cm	5,353,110	伦敦苏富比	2018-02-28
彼得·多伊格 边界国家	49.5×63cm	5,353,110	伦敦苏富比	2018-03-07
埃米尔·诺尔德 1941年作 向日葵与白色大理花	66×83.5cm	5,350,913	伦敦佳士得	2018-02-27
草间弥生 2014年作 无限网（POWTY）	145.5×145.5cm	5,336,640	香港苏富比	2018-09-30
苏天赐 1962年作 自有春晖满槐	66.5×55.5cm	5,290,000	中国嘉德	2018-06-19
赵无极 1965年作 蓝色构图 8.1.65	46.3×50.5cm	5,250,410	保利香港	2018-03-29
王广义 1982年作 肖像 No.1，北方艺术群体印章一方	56.5×47cm	5,175,000	北京匡时	2018-12-06
罗中立 2007年作 过河	160×199.5cm	5,144,800	保利香港	2018-09-30
马克斯·佩希斯坦 约1912年作《男子肖像：布鲁诺·斯内德瑞特》	60×40cm	5,105,310	纽约苏富比	2018-11-12
藤田嗣治 1914年作《女子立体像》	92.7×72.7cm	5,105,310	纽约苏富比	2018-11-12
刘野 2008年作 读书的女孩	75×60cm	5,091,380	佳士得	2018-11-25
朱德群 2002年 瑞雪	129×194cm	5,060,000	中国嘉德	2018-11-21
曾梵志 1999年作 面具系列	57×73cm	5,022,720	香港苏富比	2018-09-30
老彼得·库克·凡·阿尔斯特及其工作室 三联作：东方三博士来朝 圣何塞（左翼）及白扎沙（右翼）	中央画板 106.6×69.5cm 翼屏106.6×29.5cm	5,013,816	伦敦苏富比	2018-07-04
安妮塔·马赛赛·何 1975年作 西红柿收成	91.5×76cm	4,953,200	佳士得	2018-05-26
草间弥生 1989年作 午夜南瓜	45.5×38cm	4,953,200	佳士得	2018-05-27
朱德群 1990年作 清澈之光	130×96.7cm	4,953,200	佳士得	2018-05-27
乔治·康多 2006年作 绿色女子坐像	137×116.8cm	4,951,080	香港苏富比	2018-03-31
藤田嗣治 画室里的女孩		4,951,080	香港苏富比	2018-03-31
赵无极 1967年作 12.12.67	72.5×60cm	4,951,080	香港苏富比	2018-04-01
何多苓 1990-1991年作 红色天气的马	76.1×105.8cm	4,939,008	保利香港	2018-09-30
关良 1965年作 牧牛	55×67cm	4,918,080	香港苏富比	2018-09-30
李仲生 1973年作 作品040	90×64.5cm	4,918,080	香港苏富比	2018-09-30
勒迈耶·德·莫赫普赫斯 登上峇里岛祭坛敬拜	101×121cm	4,855,760	佳士得	2018-05-26
罗中立 2001年作 起夜	138×110cm	4,830,000	广东崇正	2018-07-05
吴大羽 约1980年代作 无题-2	38×26cm	4,830,000	北京翰海	2018-06-30
库尔特·施维特斯 1927年作 里乍得·弗雷塔格比尔德	85.8×69.2cm	4,823,513	伦敦佳士得	2018-02-27
刘小东 2002年作 票车	180×239cm	4,813,440	香港苏富比	2018-09-30
阿利桑德欧·阿洛里 耶稣被钉十字架，抹大拉马里亚在旁跪下	尺寸不一	4,780,440	纽约苏富比	2018-02-01
吴冠中 1962年作 微山湖晨曦	60.6×38cm	4,773,100	保利香港	2018-03-29
耿建翌 1985年作 洗头	173.5×103.5cm	4,715,000	北京匡时	2018-06-16
王兴伟 2001年作 黄油一漆黑的夜	200×420cm	4,715,000	北京匡时	2018-12-06
朱德群 1960年作 第71号构图	80.2×59.2cm	4,709,970	保利澳门	2018-11-29
草间弥生 1989年作 南瓜	53×46cm	4,708,800	香港苏富比	2018-10-01

拍品名称	物品尺寸	成交价RMB	拍卖公司	拍卖日期
彼得·克拉斯 静物：白布桌上的水壶、白镴碟上的剥皮柠檬及橄榄、面包、刀、葡萄、玻璃杯与坚果	41.2×61cm	4,705,800	伦敦苏富比	2018-07-04
弗朗西斯科·德·苏巴兰 忏悔的圣彼得	155.5×108cm	4,705,800	伦敦苏富比	2018-07-04
李奥纳多·达文西周边人士 女子侧面像	60×41cm	4,705,800	伦敦苏富比	2018-07-04
艾芙莉·辛格 2013年作 同行，火热尤物	218.4×335.3cm	4,683,420	纽约苏富比	2018-05-16
王沂东 1995年作 早春	98×78cm	4,665,620	佳士得	2018-11-25
吴冠中 1991年作 墙上秋色	30×55cm	4,660,880	佳士得	2018-05-26
朱德群 1976年作 03.11.1976	91.8×64.8cm	4,660,880	佳士得	2018-05-27
周春芽 2011年作 艳丽桃花	120×150cm	4,657,500	北京匡时	2018-06-16
草间弥生 1989年作 红南瓜	38×45.5cm	4,630,320	保利香港	2018-09-30
朱曜奎 黄山云海 镜框	60×120cm	4,620,000	未来四方	2018-12-09
乔治·秀拉 约1882年作 碎石工人	16.7×25.4cm	4,617,680	纽约佳士得	2018-05-08
黄建南 缠绵之花（1）	89×73cm	4,600,000	开禧国际	10/18/2018
刘小东 2002年 小豪 佩怡 小姚	162×130cm	4,600,000	中国嘉德	2018-11-21
尚扬 1998-1999年作 许多年的大风景-2	148.5×197.5cm	4,600,000	北京保利	2018-12-06
王广义 1986年作 后古典系列——马太福音	96×116cm	4,600,000	北京匡时	2018-12-06
黄建南 未曾去过的地方	80×103cm	4,600,000	开禧国际	5/20/2018
古那弯 1976年作 稻米收成	148×203cm	4,559,180	佳士得	2018-11-24
刘野 1998年作 飞翔的天使	40×40cm	4,527,424	保利香港	2018-09-30
萧勤 1965年作 宇宙之放射3	100×140cm	4,499,520	香港苏富比	2018-09-30
藤田嗣治 1947年作 室内	38×45.7cm	4,499,520	香港苏富比	2018-09-30
山姆·弗朗西斯 1979年作 致志水楠男的安魂曲	274.5×365.8cm	4,499,520	香港苏富比	2018-10-01
陈逸飞 水乡	99×139cm	4,485,000	北京匡时	2018-12-06
关良 1950年代作 关良戏装自画像（四郎探母）	73×61cm	4,465,680	香港苏富比	2018-03-31
雅各布布布·达·彭德－或称雅各布布布·巴萨诺 二十二岁的托尔夸托·塔索肖像	62×46cm	4,397,784	伦敦苏富比	2018-07-04
KAWS 2014年作 无题 MBFJ8	91.4×134.6cm	4,394,880	香港苏富比	2018-09-30
巴尔托洛梅奥·曼弗雷迪 基督赐福	78×59.7cm	4,390,200	纽约苏富比	2018-02-01
墨西哥无毛犬，饰以华丽项圈	81.9×105.7cm	4,390,200	纽约苏富比	2018-02-01
陈逸飞 1980年代初 翡翠色调的水乡	105×136cm	4,370,000	中国嘉德	2018-11-21
曾梵志 2007年作 无题 07-10-1	180×150cm	4,370,000	北京保利	2018-12-06
阿莫索罗 1951年作 在稻田旁	88×121.5cm	4,346,300	佳士得	2018-11-25
奈良美智 1995年作 当你所言对我已无意义	51×40cm	4,295,790	中国嘉德	2018-04-02
赵无极 1951年作 无题	38.5×60cm	4,295,790	中国嘉德	2018-04-02
奈良美智 2009年作 无题 画框	65.5×53cm	4,290,240	香港苏富比	2018-10-01
陈逸飞 水乡回望	100×80cm	4,255,000	西泠拍卖	2018-07-07
关良 繁花吐艳	71×51cm	4,185,600	香港苏富比	2018-09-30
丁雄泉 1971年作 红艳似火	177.8×228.6cm	4,174,440	香港苏富比	2018-03-31
朱德群 1985年作 抽象雪景I	50×65cm	4,174,440	香港苏富比	2018-03-31
林寿宇 1965-1968年作 绘画浮雕双联作	127×76.2cm×2	4,173,680	佳士得	2018-05-26
钟泗宾 1981年作 榴莲卖者	107×85cm	4,173,680	佳士得	2018-05-27
罗中立 1995年作 约会	180×160cm	4,140,000	北京保利	2018-12-06
陈逸飞 1989年作 苏州的黄昏	50.8×76.2cm	4,133,420	佳士得	2018-11-25
刘海粟 1954年作 黄山桃花峰	89.5×69.7cm	4,115,840	保利香港	2018-09-30

拍品名称	物品尺寸	成交价RMB	拍卖公司	拍卖日期
朱德群 1965年作 构图 No. 169	73×99.7cm	4,115,840	保利香港	2018-09-30
费尔南·雷杰 1951年作 黑色瓶子	65×53.5cm	4,085,153	伦敦佳士得	2018-02-27
陈丹青 1986年作 母与子	74.5×100.4cm	4,025,000	北京保利	2018-06-20
罗中立 浴女	100×80cm	4,025,000	北京荣宝	2018-06-14
毛焰 2004年作 托马斯	75×60cm	4,025,000	北京匡时	2018-06-16
王广义 1986年 后古典系列·降下十字架（双面画）	61×72.5cm	4,025,000	中国嘉德	2018-11-21
张晓刚 1989年 浩瀚的海	54.5×78cm	4,025,000	中国嘉德	2018-11-21
陈逸飞 1989年作 吉他手	60.5×73.5cm	4,025,000	西泠拍卖	2018-07-07
朱德群 1954年作 八仙山	83×67cm	4,025,000	北京华辰	2018-11-19
巴托洛梅乌斯·蔡特布洛姆（传）订婚夫妻双人肖像	45×55cm	3,999,960	纽约苏富比	2018-02-01
老汉斯·霍尔拜因 圣母圣婴与圣安妮	43.7×34.6cm	3,999,960	纽约苏富比	2018-02-01
藤田嗣治 约1918年作 静物与秋牡丹	33×24cm	3,980,280	香港苏富比	2018-03-31
林寿宇 1961年作；艺术家修改于1964-1966年 二月五日	100×100cm	3,978,800	佳士得	2018-05-26
奈良美智 1990年作 Untitled	180×110cm	3,978,800	佳士得	2018-05-27
朱德群 1964年作 第182号 硕果	91.5×72.8cm	3,978,800	佳士得	2018-05-26
赵无极 1949年作 马上夺魁	27.3×35.3cm	3,976,320	香港苏富比	2018-09-30
黄建南 湖边村寨	70×206cm	3,910,000	开禧国际	5/20/2018
颜文梁 1947年作 夕阳艳雪图	68×105cm	3,883,200	香港苏富比	2018-03-31
苏天赐 1996年 夏日的瓶花	72.5×49.5cm	3,852,500	中国嘉德	2018-11-21
米开朗基罗·梅里西 代达罗斯与伊卡洛斯	75.5×100.5cm	3,843,864	纽约苏富比	2018-02-01
劳拉·欧文斯 无题	274.3×213.4cm	3,823,650	伦敦苏富比	2018-03-07
丁衍庸 1965年作 交脚菩萨（双面画）	61×45.5cm	3,818,480	中国嘉德	2018-04-02
刘小东 1999年作 车	200×200cm	3,818,480	保利香港	2018-03-29
刘炜 2004年作 风景4号	300×150cm	3,795,000	中国嘉德	2018-06-19
刘韡 2015年作 无题	300×200cm×3	3,795,000	北京保利	2018-12-06
草间弥生 1990年作 无限网	91.1×73cm	3,786,120	香港苏富比	2018-04-01
朴寿根 无题	36.7×24.5cm	3,783,920	佳士得	2018-05-26
赵无极 1989年作 24.03.89	60×73cm	3,783,920	佳士得	2018-05-27
（传）胡塞佩·德·里贝拉－或称小西班牙人 圣杰罗姆与最后审判天使	206.4×145.8cm	3,781,752	伦敦苏富比	2018-07-04
阿尔伯特·尔莱恩 无题	141×201.8cm	3,770,910	伦敦苏富比	2018-03-07
草间弥生 2009年作 缀满南瓜的心象风景	130.3×162cm	3,767,040	香港苏富比	2018-09-30
席德进 1961年作 珍妮特肖像	99.5×72.5cm	3,686,480	佳士得	2018-05-26
刘小东 2011年作 还是粉凤凰	283×283cm	3,680,000	北京匡时	2018-12-06
陈逸飞 1995年作 小瞿	155×150cm	3,680,000	北京保利	2018-12-06
苏天赐 1982年作 芦笛之歌	61×73cm	3,680,000	西泠拍卖	2018-07-07
吴冠中 1978年 西双版纳河畔	32.5×38cm	3,680,000	中国嘉德	2018-11-21
皮耶罗·迪·科西莫 圣母圣婴与幼年施洗者圣约翰	直径88.3cm	3,679,080	伦敦苏富比	2018-07-04
约翰内斯·伊斯帕努斯 描绘阿基利斯早年生平的壁板装饰画两幅：忒提斯交托凯隆教育阿基利斯，忒提斯将阿基利斯带到斯基罗斯岛 被发现藏在吕科墨得斯女儿当中的阿基利斯	首幅 59.5×144.5cm	3,679,080	伦敦苏富比	2018-07-04
山姆·弗朗西斯 1984年作 束缚与无界	每幅244×122cm	3,662,400	香港苏富比	2018-10-01
营地前的土耳其马队与随行的摩尔人	115×231.8cm	3,609,720	纽约苏富比	2018-02-01
周春芽 1994年 石头	150×120cm	3,601,360	北京匡时	2018-10-03
草间弥生 1984年作 山	38×45.5cm	3,591,960	香港苏富比	2018-04-01
藤田嗣治 1930作 两只小猫	46×55.2cm	3,591,960	香港苏富比	2018-03-31
丽奈特·伊亚登·博亚基耶 安珀的助手	130.2×200cm	3,536,460	纽约苏富比	2018-05-16

2018书画拍卖成交汇总

(成交价RMB：10万元以上)

拍品名称	物品尺寸	成交价RMB	拍卖公司	拍卖日期
朱曜奎 紫气东来 镜框	50×120cm	3,520,000	未来四方	2018-12-09
草间弥生 1989年作 遥远的爱	38.5×45cm	3,498,464	保利香港	2018-09-30
刘韡 2012年作 紫气	180×300cm	3,494,880	香港苏富比	2018-03-31
罗讷德·温杜拿 条纹	183×122cm	3,494,880	香港苏富比	2018-03-31
朱沅芷 1930作 帽子静物	49.8×73.6cm	3,494,880	香港苏富比	2018-03-31
乔纳斯·伍德 2013年作 黄兰花、杯子与书	86.3×66cm	3,494,880	香港苏富比	2018-03-31
朱德群 1968年作 325号	80×80cm	3,494,880	香港苏富比	2018-04-01
李圣子 1962年作 小孩的晚上	129.7×161.7cm	3,494,780	佳士得	2018-11-24
阿凡迪 1959年作 猎鸭	128×99cm	3,494,780	佳士得	2018-11-24
张荔英 约1960年代作 静物与红毛丹，山竹果和菠萝	54×65cm	3,491,600	佳士得	2018-05-26
阿莫索罗 1929年作 失明歌者	73.5×58.5cm	3,491,600	佳士得	2018-05-26
费南度·索维尔 1956年作 马尼拉桥	61×91.5cm	3,491,600	佳士得	2018-05-26
陈逸飞 1990年作 执扇仕女	150×110cm	3,453,120	香港苏富比	2018-10-01
埃里希·赫克尔1906年作冬天港口铁路	48.3×70.3cm	3,452,273	伦敦佳士得	2018-02-27
巴布罗·毕加索 1922年作于迪纳尔 柠檬与玻璃杯	33×41.2cm	3,452,273	伦敦佳士得	2018-02-27
洪凌 2014年 天放	190×250.5cm	3,450,000	中国嘉德	2018-11-21
靳尚谊 1977年 女青年肖像	50.5×42cm	3,450,000	中国嘉德	2018-11-21
卡米耶·柯罗 乡村风景	157cm×112.5cm	3,450,000	华艺国际	2018-11-16
丁方 1993年作 悲剧的力量之八（双联画）	193.5×130cm×2	3,450,000	中国嘉德	2018-06-19
黄建南 地球密码	69×69cm	3,450,000	开禧国际	10/18/2018
约瑟夫·马洛德·威廉·泰纳 山景，据称为意大利格里沃拉山	61.5×46cm	3,371,064	伦敦苏富比	2018-07-04
居斯塔夫·库尔贝1866年作生命之泉	62×43cm	3,341,170	中国嘉德	2018-04-02
冷军 2013年作 画室中的提琴手	39×78cm	3,335,000	北京匡时	2018-12-06
周春芽 2001年作 太湖石	150×119.5cm	3,335,000	西泠拍卖	2018-07-07
草间弥生 1995年作 南瓜	24.2×33.3cm	3,322,800	罗芙奥	2018-06-03
梅忠恕 1946年作 母亲和孩子	78×62.5cm	3,281,900	佳士得	2018-11-25
阿凡迪 1970年作 博览会	97×130cm	3,281,900	佳士得	2018-11-24
瓦西里·康丁斯基 1905年作《拉帕洛：灰色一日》	24×32.7cm	3,271,566	纽约苏富比	2018-11-12
朱沅芷 1927年作 应弦起舞	90.5×42cm	3,243,840	香港苏富比	2018-09-30
彼埃·奥古斯特·雷诺阿 1887年作 朝鲜蓟及西红柿	45.8×55cm	3,241,313	伦敦佳士得	2018-02-27
艾轩 1990年作 雪山上的孩子	99.5×80.5cm	3,220,000	北京匡时	2018-06-16
倪贻德 1964年 橘乡	71×92cm	3,220,000	中国嘉德	2018-11-21
沙耆 1995年作 树林中的马群	52.5×80.5cm	3,220,000	北京匡时	2018-12-06
石冲 2003年作 物语5	138×98cm	3,220,000	北京华辰	2018-11-19
朱德群 1991年作 构成25号	80×65cm	3,220,000	北京荣宝	2018-12-03
黄建南 格调系列（6）	47×47cm	3,220,000	开禧国际	10/18/2018
圣母与圣婴	31.7×19.3cm	3,219,480	纽约苏富比	2018-02-01
阿凡迪 榕树下的市集	115×154cm	3,203,640	香港苏富比	2018-03-31
席德进 1957年作 秋林群鹿	51×63cm	3,199,280	佳士得	2018-05-27
安特卫普画师，约1515-20年及约阿希姆·帕蒂尼尔约1480年生于迪南(?)或布维涅，1524年10月5日前卒于安特卫普 三联作：耶稣被钉十字架（中央画板）圣雷欧纳德（左翼）亚古士督与阿尔布内阿（右翼）	中央画板78×56cm 翼屏（各幅）80×24cm	3,165,720	伦敦苏富比	2018-07-04
丹尼尔·里希特 2012-2013年作 俯视编年体	200×300cm	3,139,200	香港苏富比	2018-09-30
艾轩 1996年作 风雪夜归人	99.5×80cm	3,105,000	中国嘉德	2018-06-19
丁雄泉 1972年作 春天漫步	150×226cm	3,086,880	中国嘉德	2018-10-02
朱沅芷1955年作雨果·罗杰斯夫妇画像	74×91cm	3,086,880	保利香港	2018-09-30
朱曜奎 仙人指路 镜框	45×100cm	3,080,000	未来四方	2018-12-09
罗中立 1994年作 过河之一	94×120cm	3,054,784	保利香港	2018-03-29
艾轩 1992年作 那歌声带着我的心	80.5×100.5cm	3,034,560	香港苏富比	2018-10-01
洛兰佐·迪·比奇 亚历山大的圣加大肋纳与六名神德天使 上方见救世基督赐福	尺寸不一	3,011,712	伦敦苏富比	2018-07-04
朱德群 1996年作 垂直之力	92×73.5cm	3,009,480	香港苏富比	2018-04-01
赵无极 1967年作 24689	46×50cm	3,004,400	佳士得	2018-05-27
陈逸飞 1983年作 捕虾人	75×105.5cm	2,990,000	上海匡时	2018-04-30
曾梵志 2005年作 天空	80×80cm	2,990,000	西泠拍卖	2018-07-07
朱德群 2002年作 寻找	65×54cm	2,990,000	北京荣宝	2018-12-03
乔瓦尼·多梅尼科·帖波洛 蓄须男子身穿东方服装头像	61×50cm	2,907,288	纽约苏富比	2018-02-01
王功新 1985年作 七九河开	119×119cm	2,875,000	北京匡时	2018-12-06
杨飞云 2007~2008年作 青春	185×115cm	2,875,000	北京保利	2018-06-20
余本 1957年作 田间归来	76.5×64cm	2,875,000	中国嘉德	2018-06-19
黄建南 大美自然	70×70cm	2,875,000	开禧国际	5/20/2018
阿尔瓦罗·皮雷斯·德·埃沃拉 天使报喜	30.5×22cm	2,829,240	纽约苏富比	2018-02-01
克劳德·维尼翁 约瑟狱中解梦	136×188cm	2,829,240	纽约苏富比	2018-02-01
尼古拉斯·彼得斯·贝尔赫姆 亚历山大与波鲁斯之战	111×153cm	2,829,240	纽约苏富比	2018-02-01
西蒙·伍埃 绅士半身像	76.6×60.2cm	2,829,240	纽约苏富比	2018-02-01
贝尔纳·布菲 1988年作 拉博美庄园	114×195cm	2,825,280	香港苏富比	2018-09-30
关良 1963年作 浴后	82.2×72.2cm	2,825,280	香港苏富比	2018-09-30
朱德群 1971年作 第501号构图	100×81cm	2,825,280	香港苏富比	2018-10-01
朱德群1985年作 构图，1985年5月5日	92×65cm	2,825,280	香港苏富比	2018-10-01
程亚杰 春雪	直径20cm	2,817,500	鼎天国际	2018-07-01
格奥尔格·巴塞利兹 1990~1991年作 黑鼻子	250×250cm	2,815,320	香港苏富比	2018-04-01
草间弥生 1979年作 帽子赞歌	51.3×66.3cm	2,815,320	香港苏富比	2018-04-01
刘野 1994年作 无题	199×171cm	2,809,520	佳士得	2018-05-27
草间弥生 1983年作 信浓路	53.4×65.2cm	2,809,520	佳士得	2018-05-27
格蕾丝·哈蒂根 月份与月亮	139.7×180.8cm	2,771,820	纽约苏富比	2018-05-16
黄建南 2017年作 明月丽色	70×70cm	2,760,000	北京匡时	2018-12-06
保罗·韦内齐亚诺及其画室助手，应为其子乔瓦尼诺、卢卡或巴勃罗 圣母圣婴登位	86×59.5cm	2,755,032	伦敦苏富比	2018-07-04
比森特·卡杜乔 被钉十字架前沉思的基督	183×114cm	2,755,032	伦敦苏富比	2018-07-04
朱曜奎 雪沐晨曦 镜框	60×80cm	2,750,000	未来四方	2018-12-09
村上隆 2015年作 光琳：红河	直径150cm	2,749,700	佳士得	2018-11-25
张晓刚 2003年作 失忆与记忆：日记	120×150cm	2,749,700	佳士得	2018-11-25
草间弥生 1990年作 南瓜	15.8×22.7cm	2,712,000	羅芙奥	2018-12-02
巴托洛梅·埃斯特万·穆里略 忏悔的圣彼得	121×105cm	2,652,360	伦敦苏富比	2018-07-04
艾轩 1999年作 冰板	80×80cm	2,645,000	北京荣宝	2018-12-03
陈逸飞 80年代末 威尼斯水景	65×84cm	2,645,000	上海匡时	2018-04-30
李铁夫 白菜和胖头鱼	62×77.5cm	2,622,000	北京匡时	2018-12-06
刘韡 2013年作 真实维度之十	300×180cm	2,616,000	香港苏富比	2018-09-30
关良 1929年作 纨扇仕女	102×71.5cm	2,616,000	香港苏富比	2018-09-30
威廉·杰拉德·贺夫卡 乌布草寮	57×32cm	2,616,000	香港苏富比	2018-09-30
朱德群 1988年作 光之舞	81.2×65cm	2,616,000	香港苏富比	2018-10-01
朱德群 1997年作 冬日情怀	92×73cm	2,616,000	香港苏富比	2018-10-01
李圣子 1963年作 金星I	114×80.2cm	2,614,640	佳士得	2018-05-26

拍品名称	物品尺寸	成交价RMB	拍卖公司	拍卖日期
阿凡迪 1965年作 市场景象	98×130cm	2,614,640	佳士得	2018-05-26
吉原治良 约1948-1950年作 无题	130×95.5cm	2,614,640	佳士得	2018-05-27
托马斯·劳伦斯爵士，P.R.A. 约瑟夫·英奇博尔德夫人肖像	71.1×63.5cm	2,595,096	纽约苏富比	2018-02-01
乔治·马修 1963年作 向多拉尔－德索莫致敬	97×194. 5cm	2,576,400	羅芙奧	2018-12-01
赵无极 1984年作 26.05.84，孕	33×41cm	2,572,400	中国嘉德	2018-10-02
尚扬 1999年作 E地风景-15	130×162cm	2,530,000	北京保利	2018-06-20
罗中立 1991年作 故乡小院	65×81cm	2,530,000	中贸圣佳	2018-11-24
曾梵志 2004年 乱草	151×151cm	2,530,000	中国嘉德	2018-11-21
周春芽 1995年 黑根	198.5×149cm	2,530,000	中国嘉德	2018-11-21
林寿宇 1958年作 一九五八年五月	91.4×71.1cm	2,524,080	香港苏富比	2018-03-31
刘野 2005年作 小女孩与百老汇爵士乐	43×28.5cm	2,482,012	保利香港	2018-03-29
刘海粟 天坛一角 布面油画	65.5×80.5cm	2,472,500	广东崇正	2018-07-04
弗兰斯·哈尔 男子半身像，身穿白领黑斗篷	31.3×24.3cm	2,439,000	纽约苏富比	2018-02-01
老汉斯·罗腾哈默 诸神之宴	146.1×206.7cm	2,439,000	纽约苏富比	2018-02-01
老约翰·克莱弗利 伦敦德普特福德船坞	128×154.2cm	2,439,000	纽约苏富比	2018-02-01
朱德群 1971年作 第419号	65×92cm	2,430,380	佳士得	2018-11-25
艾珠·克里丝汀 2010年作 十一月初玩偶习作	150×125cm	2,427,000	香港苏富比	2018-04-01
荷西·荷雅 苔藓与白沙	61×122cm	2,427,000	香港苏富比	2018-04-01
草间弥生 1988年作 希望	41×31.8cm	2,427,000	香港苏富比	2018-04-01
草间弥生 1995年作 南瓜	22×27.3cm	2,427,000	香港苏富比	2018-04-01
草间弥生 1988年作 夕阳	53×45.5cm	2,427,000	香港苏富比	2018-04-01
李禹焕 2010年作 对话	227×182cm	2,419,760	佳士得	2018-05-26
庞均 2018年作 春满江岸千帆过	200×200cm	2,419,760	佳士得	2018-05-27
上前智佑 1970年作；1985年艺术家加笔 无题	202×139cm	2,419,760	佳士得	2018-05-26
朝戈 1996年作 吉玛	170×88cm	2,415,000	中国嘉德	2018-06-19
毛焰 1990年作 女人体	90.5×72.5cm	2,415,000	北京匡时	2018-12-06
王沂东 2018年作 碧桃图	60×50cm	2,398,000	香港苏富比	2018-10-01
亨德拉·古拿温 鸡贩	155×92cm	2,398,000	香港苏富比	2018-09-30
亨德拉·古拿温 海滩二女子	93×135cm	2,398,000	香港苏富比	2018-09-30
山姆·弗朗西斯 1981年作 无题	117.3×241.5cm	2,398,000	香港苏富比	2018-10-01
周春芽 2006年作 桃花开	150×120cm	2,398,000	香港苏富比	2018-10-01
老杨·凡·凯塞尔 垂布桌上的一篮花卉	46×67cm	2,344,344	伦敦苏富比	2018-07-04
周春芽 1992年作 太湖石	100×80cm	2,343,000	罗芙奥	2018-06-03
麦布·费达·胡珊 约1980年代作 无题（英属印度系列）	153×93cm	2,323,940	佳士得	2018-11-24
草间弥生 1997年作 南瓜	22×27.3cm	2,300,400	罗芙奥	2018-06-03
丁乙 1992年 十示92-2	140×160cm	2,300,000	中国嘉德	2018-11-21
王迈 1999年作 观众橱窗	160×100cm×2	2,300,000	北京保利	2018-12-06
让·路易·范·库克 1867年作 马厩内景	87.5cm×120.5cm	2,300,000	华艺国际	2018-11-16
罗中立 夜渡	100×80cm	2,300,000	中贸圣佳	2018-06-20
黄建南《神奇大地》系列（3）	48×48cm	2,300,000	开禧国际	5/20/2018
钟泗滨 无题	82.5×119.5cm	2,289,000	香港苏富比	2018-09-30
弗朗西斯科·古铁雷斯 建筑随想：运河上的皇家游艇与法老女儿发现摩西	168×216cm	2,276,400	纽约苏富比	2018-02-01
罗中立 1983年作 憩	94×65cm	2,242,500	北京保利	2018-12-06
古那弯 俯瞰大海悬崖的女性	75×135cm	2,224,880	佳士得	2018-05-27
费南度·索维尔 1957年作 赛塔23一赫内拉利费宫	61×127cm	2,224,880	佳士得	2018-05-26
林寿宇 1963年作 绘画浮雕	76.5×102cm	2,224,880	佳士得	2018-05-27
费南度·索培尔 SAETA 47	61×91.5cm	2,224,750	香港苏富比	2018-03-31
钟泗滨 自然	80×100cm	2,224,750	香港苏富比	2018-03-31
米斯尼亚迪 非凡的颓废人物	180×250cm	2,224,750	香港苏富比	2018-03-31
乔治·康多 2007年作 微笑女孩侧影	40×30cm	2,224,750	香港苏富比	2018-04-01
朱曜奎 锦绣山川 镜框	50×60cm	2,200,000	未来四方	2018-12-09
黄建南 田野	100×91cm	2,185,000	北京匡时	2018-06-16
吕斯百 1961年作 天竹	70×53.5cm	2,185,000	中国嘉德	2018-06-19
吴作人 1933年作 女人体	47.5×38cm	2,185,000	北京匡时	2018-06-16
刘炜 2001年作 无题	255×167cm	2,185,000	中国嘉德	2018-06-19
艾珠·克里丝汀 我们的内心世界	135×170cm	2,180,000	香港苏富比	2018-09-30
奈良美智 1998年作 腮腺炎 镜框	36×22.5cm	2,180,000	香港苏富比	2018-10-01
草间弥生 1996年作 花	18×14cm	2,169,600	羅芙奧	2018-12-02
乔治·斯德布，A.R.A. 狮子噬马	53.4×68.6cm	2,139,000	伦敦苏富比	2018-07-04
小威廉·凡·德·维尔德 微风中在沙滩上停泊的荷兰小船	31.6×39.7cm	2,139,000	伦敦苏富比	2018-07-04
雨果·凡·德·古斯之追随者 东方三博士来朝	96×205cm	2,139,000	伦敦苏富比	2018-07-04
彭常安 2017年作 父亲的果园	120×90cm	2,127,500	北京保利	2018-12-06
吴冠中 1980年作 苏州园林	27×39cm	2,127,500	北京匡时	2018-06-16
周春芽 2008年作 绿狗系列	200.2×150.5cm	2,123,625	香港苏富比	2018-04-01
路易·让·弗朗索瓦·拉格勒内 夏尔与乌瓦尔德，在前往拯救困于阿尔米达宫的雷诺途中被仙女包围	105.4×141.5cm	2,113,800	纽约苏富比	2018-02-01
费南度·索维尔 1959年作 Caesata	73.5×100.5cm	2,106,625	佳士得	2018-11-24
丁衍庸 1967年作 仕女画像	58.8×44.5cm	2,100,164	保利香港	2018-03-29
林寿宇 1969年作 平行式（褐色，黄色，铝和白色）	76×122cm	2,100,164	保利香港	2018-03-29
朱德群 1994年作 发电体	81×65cm	2,093,320	保利澳门	2018-11-29
草间弥生 2000年作 南瓜 画框	22.7×15.8cm	2,071,000	香港苏富比	2018-10-01
草间弥生 2006年作 无限的网 [HHH4] 画框	46×53cm	2,071,000	香港苏富比	2018-10-01
米巧铭 2018年作 鹿门禅话	90×67cm	2,070,000	北京保利	2018-06-20
宋步云 1950年代作 月季花开	66×54cm	2,070,000	中国嘉德	2018-06-19
孙宗慰 1945年作 画室里	66×52cm	2,070,000	北京匡时	2018-06-16
吴作人 1934年 比利时画室	66×77cm	2,070,000	中国嘉德	2018-11-21
徐里 2011年作 碧水家园	80×120cm	2,070,000	北京荣宝	2018-12-03
徐青峰 2012年作 吐鲁番的葡萄熟了	120×120cm	2,070,000	中国嘉德	2018-06-19
刘炜 2001年作 我是谁	157×157cm	2,070,000	北京保利	2018-12-06
林寿宇 1971年作 26054	63.5×63.5cm	2,057,920	保利香港	2018-09-30
乔瓦尼·德尔·比翁多 哺乳的圣母	81.3×61cm	2,032,500	纽约苏富比	2018-02-01
埃马努埃尔·德·维特 哥德式新教教堂内部	46.2×35cm	2,032,050	伦敦苏富比	2018-07-04
曾梵志 2002年作 无题 第二号	280×215cm	2,030,000	佳士得	2018-05-27
克丽丝汀·媛珠 2010年作 3→2 #05	170×200cm	2,030,000	佳士得	2018-05-26
荷西·荷雅 1956年作 无题	97×152cm	2,030,000	佳士得	2018-05-26
郑相和 1987年作 无题 87-12-17	130×130cm	2,022,500	香港苏富比	2018-03-31
丹尼尔·里希特 2004年作 杜森	269.5×350.5cm	2,022,500	香港苏富比	2018-04-01
沙耆 1990年作 春郊十七骏马图	84×156cm	2,012,500	北京匡时	2018-06-16
陈逸飞 1998年作 沉思	233×75cm	1,995,750	佳士得	2018-11-25
陈逸飞 1998年作 诱惑	233×75cm	1,995,750	佳士得	2018-11-25
阿凡迪 斗鸡	139×190cm	1,962,000	香港苏富比	2018-09-30
艾萨克·伊斯瑞奥斯 两位爪哇女子	60×50cm	1,962,000	香港苏富比	2018-10-01

2018书画拍卖成交汇总

(成交价RMB：10万元以上)

拍品名称	物品尺寸	成交价RMB	拍卖公司	拍卖日期
周春芽 1994年作 红石	72.5×61cm	1,955,000	中国嘉德	2018-06-19
戴维·罗伯茨，R.A.威尼斯大运河引道	64.8×115.6cm	1,951,200	纽约苏富比	2018-02-01
安德烈亚·德尔·萨尔托画室 圣母圣婴与圣约翰	143.7×104cm	1,925,100	伦敦苏富比	2018-07-04
勒迈耶 热娜与帕洛	73×90cm	1,921,375	香港苏富比	2018-03-31
余友涵 1995年作 卑贱者最聪明，高贵者最愚蠢	150×113.8cm	1,921,375	香港苏富比	2018-04-01
贝尔纳·毕费 1966年作 斗牛士	65×46cm	1,917,000	罗芙奥	2018-06-02
朱德群 1984年作 抽象	100×81cm	1,898,400	羅芙奧	2018-12-02
黄显之 1963年作 白地樱桃	61×46.5cm	1,897,500	北京匡时	2018-06-16
洪救国 1979年作 十字架上	142×89cm	1,884,875	佳士得	2018-11-25
黎谱 女子与小孩	130×195cm	1,853,000	香港苏富比	2018-10-01
张淑芬 A.秋梦 B.烟帛澄心 C.墨毫婆娑	尺寸不一	1,853,000	香港苏富比	2018-09-30
草间弥生 1996年作 南瓜 镜框	14×18cm	1,853,000	香港苏富比	2018-10-01
丁衍庸 1965年作 金鱼与青蛙	45.5×30.5cm	1,852,128	中国嘉德	2018-10-02
贝尔纳·布菲 1958年作 圣托贝城	89×130cm	1,852,128	中国嘉德	2018-10-02
米巧铭 禅定法印 镜框	117×86cm	1,840,000	北京荣宝	2018-05-18
颜文梁 1940年代 秋诗篇篇	23.5×32.5cm	1,840,000	北京匡时	2018-06-16
艾轩 2007年作 二月	56×56cm	1,840,000	北京荣宝	2018-12-03
陈逸飞 蔡江白 1978-2010年 只要主义真	208×96cm	1,840,000	上海匡时	2018-04-30
黄建南 2016年作 脉系列23	48×48cm	1,840,000	北京翰海	2018-06-30
艾轩 2007年作 风暴拍打的屋顶	90×90cm	1,840,000	中国嘉德	2018-06-19
曾梵志 2007年作 无题	80×100cm	1,840,000	中国嘉德	2018-06-19
张晓刚 2012年作 男孩1号	60×50cm	1,840,000	北京保利	2018-06-20
周春芽 1994年作 龙泉湖印象	72×61cm	1,840,000	华艺国际	2018-11-16
秦风 2014年作 欲望风景系列5141（三幅）立轴	330×160cm×3	1,827,000	佳士得	2018-05-28
袁远 2015年作 彼岸 3	230×180cm	1,827,000	佳士得	2018-05-26
朱德群 1962年作 第134号	53.4×80cm	1,827,000	佳士得	2018-05-27
藤田嗣治 1947年作 金发女孩	27×22cm	1,820,250	香港苏富比	2018-04-01
朱德群1979年作一九七九年六月七日	65×50cm	1,820,250	香港苏富比	2018-04-01
亚德里安·严斯·凡·沃斯塔 抽烟斗的农夫坐像	22.4×18.4cm	1,818,150	伦敦苏富比	2018-07-04
贝尔纳·毕费 1957年作 椰林帆影港湾风情	97×130cm	1,808,000	羅芙奧	2018-12-01
周春芽 1999年作 花神	100×80cm	1,789,200	罗芙奥	2018-06-03
彼得·比诺特 静物：石架上陶瓶内的花卉，旁为昆虫及一条毛虫	28.2×20.2cm	1,788,600	纽约苏富比	2018-02-01
雅克·德·鲁索 鲁特琴师与手持乐谱的老人	122×101cm	1,788,600	纽约苏富比	2018-02-01
黄显之 1943年作 嘉陵江畔	45.5×73cm	1,782,500	北京匡时	2018-12-06
尚扬 2002年作 E地风景之23	61.5×101.5cm	1,782,500	北京保利	2018-12-06
周春芽 1993年 石头与鸟	65×123cm	1,782,500	中国嘉德	2018-11-21
克丽丝汀·嫒珠 2008年作 我的独白3	135×135cm	1,774,000	佳士得	2018-11-25
安迪斯·巴里奥昆图 双臂环抱你的爱	212×152cm	1,744,000	香港苏富比	2018-10-01
上前智佑 1964年作 作品	156×82.8cm	1,744,000	香港苏富比	2018-09-30
阿凡迪 1969年作 渔夫	149×96cm	1,725,500	佳士得	2018-05-26
维参特·马南萨拉 1949年作 米图	98×86cm	1,725,500	佳士得	2018-05-26
蔡锦 1991年作 红灯记	170×170cm	1,725,000	北京匡时	2018-12-06
仇晓飞 2012年作 界河	144×166cm	1,725,000	北京匡时	2018-06-16
李贵君 2006年作 温 情	140×100cm	1,725,000	华艺国际	2018-11-16
尚扬 1998年作 E地风景之十	81×99.5cm	1,725,000	西泠拍卖	2018-07-07
苏新平 2010年作 奔波的人	150×150cm	1,725,000	北京荣宝	2018-12-03
王兴伟 2002年作 吃蛋糕	107.5×154cm	1,725,000	中国嘉德	2018-06-19
阿尔丰斯·穆夏 纹章骑士	89.5×116cm	1,725,000	北京荣宝	2018-12-03
陈逸飞 1998年作 使命	100×100cm	1,725,000	北京保利	2018-06-20
余友涵 2008年作 2008.2-3	160×130cm	1,725,000	北京保利	2018-06-20
草间弥生 2004年作 南瓜	15.8×22.7cm	1,725,000	北京保利	2018-06-20
周春芽 1996年 我与我的朋友	72×60cm	1,725,000	上海匡时	2018-04-30
周春芽 1990年作 无题	72×76.5cm	1,725,000	中国嘉德	2018-06-19
梁远苇 2008年作 生活的片断	100.5×80.3cm	1,719,125	香港苏富比	2018-04-01
埃尔南·巴斯 2011年作 愚蠢	274×244cm	1,719,125	香港苏富比	2018-04-01
林寿宇 1980至1982年作 黑绿黄（双联作）	46×26cm	1,719,125	香港苏富比	2018-04-01
草间弥生 1986年作 星星之旅	38.3×45.5cm	1,719,125	香港苏富比	2018-04-01
草间弥生 1988年作 鹿特丹海岸	53.2×45.7cm	1,719,125	香港苏富比	2018-04-01
藤田嗣治 1928年作 小雪肖像	33×24cm	1,719,125	香港苏富比	2018-03-31
洛金求爱画之画师 求爱或示爱	59.4×39cm	1,711,200	伦敦苏富比	2018-07-04
苏天赐 1992年作 少女的沉思	72×50cm	1,667,500	北京匡时	2018-12-06
赵无极 1948年作 无题（鸟）油画	25×31cm	1,667,500	北京诚轩	2018-06-18
秦琦 2008年作 蓝色雨衣	尺寸不一	1,663,125	佳士得	2018-11-25
王衍成 2011年作 无题	150×180cm	1,663,125	佳士得	2018-11-25
袁远 2015年作 黄金时代	170×200cm	1,663,125	佳士得	2018-11-24
席德进 1960年作 伊夫林肖像	98.5×71.3cm	1,663,125	佳士得	2018-11-25
草间弥生 1990年作 南瓜	22.7×15.8cm	1,663,125	佳士得	2018-11-25
朱曜奎 高山顶立 镜框	50×60cm	1,650,000	未来四方	2018-12-09
庞均 2014年作 宫墙春早	180×180cm	1,635,000	香港苏富比	2018-10-01
阿凡迪 峇里庙会	118×102cm	1,635,000	香港苏富比	2018-09-30
张晓刚2007年作失忆与记忆NO.8画框	110.5×130.5cm	1,635,000	香港苏富比	2018-10-01
草间弥生 1991年作 帽子 画框	15.8×22.7cm	1,635,000	香港苏富比	2018-10-01
亨德拉·古拿温 金鱼小贩	167.5×63.5cm	1,635,000	香港苏富比	2018-10-01
米斯尼亚迪 谎言之王	200×200cm	1,635,000	香港苏富比	2018-09-30
乔治·马修 1989年作 清气	97×130cm	1,635,000	香港苏富比	2018-10-01
安东尼奥·德恩里科 耶稣荆冠像	42×29.7cm	1,626,000	纽约苏富比	2018-02-01
贝尔纳·布菲 1963年作 盛赞芳华	100.3×81.5cm	1,622,854	中国嘉德	2018-04-02
吉原治良 约1960年代作 无题	53×45.4cm	1,618,000	香港苏富比	2018-04-01
舒群 1993年作 同一性语态系列·一种后先锋主义3号A	200×160cm	1,610,000	北京匡时	2018-12-06
徐里 2015年作 曲涧	90×120cm	1,610,000	中国嘉德	2018-06-19
古斯塔夫·库尔贝 汝拉山的牧羊人	90cm×137cm	1,610,000	华艺国际	2018-11-16
余友涵 2013年作 无题	80×60cm	1,610,000	北京匡时	2018-12-06
张晓刚 2011年作 我的红领巾	91×72.5cm	1,610,000	北京匡时	2018-12-06
关良 1950年作 北海白塔	32×26cm	1,610,000	中国嘉德	2018-06-19
曾梵志 2008年 肖像 08-7-3	48.5×40.5cm	1,610,000	中国嘉德	2018-11-21
余友涵 2006年作 无敌图	146×110cm	1,610,000	中国嘉德	2018-06-19
吉利斯·克莱桑 救世主耶稣基督，男修道院院长罗伯特·霍尔曼在旁朝拜	25.4×15.2cm	1,604,250	伦敦苏富比	2018-07-04
草间弥生 2004年作 南瓜 WTWO	22×26.5cm	1,575,123	保利香港	2018-03-29
达宛·都察尼 1964年作 僧侣	189×86cm	1,552,250	佳士得	2018-11-25
草间弥生 1989年作 泪	38×45.5cm	1,527,392	保利香港	2018-03-29
黎谱 采花	96.5×129.5cm	1,526,000	香港苏富比	2018-10-01
彼得·多伊格 2013年作 旗鱼人	131.5×60.5cm	1,522,500	佳士得	2018-05-26
钟泗滨 海边的女子	102×81.5cm	1,516,875	香港苏富比	2018-03-31
亨德拉·古拿温 妻子与我	146×69cm	1,516,875	香港苏富比	2018-03-31
艾中信 1940年作 侧影	直径45cm	1,495,000	中国嘉德	2018-06-19
郭润文 1997年作 梳妆	109×77cm	1,495,000	华艺国际	2018-05-23
艾轩 2012年作 寂寥的旷野	70×60cm	1,495,000	华艺国际	2018-11-16

拍品名称	物品尺寸	成交价RMB	拍卖公司	拍卖日期
梁远苇 2007年作 生活的片断06	140×120cm	1,465,324	保利澳门	2018-11-29
老奥夏斯·贝尔 木桌上的静物：明万历瓷碟上的果实，白镴碟上的果实、枸杞及坚果，飞蛾，两只威尼斯式酒杯内的白酒及红酒，附装饰刀柄的餐刀，青葡萄，面包与半个桃子	53.3×74.6cm	1,463,400	纽约苏富比	2018-02-01
苏笑柏 2008年作 初嫁	140×220×5cm	1,437,500	北京保利	2018-12-06
关良 1960年代 海港晨曲	32.8×45cm	1,437,500	北京匡时	2018-06-16
阿凡迪 1972年作 自画像	129.5×99cm	1,421,000	佳士得	2018-05-27
席德进 1967年作 马匹	80.6×91.5cm	1,421,000	佳士得	2018-05-27
草间弥生 1987年作 阿姆斯特丹的运河	38×45.5cm	1,421,000	佳士得	2018-05-27
费南度·索维尔 1967年作 灯笼	96.5×130cm	1,421,000	佳士得	2018-05-27
布莱恩·宇兴 女性虚荣的困境	116.5×101.5cm	1,417,000	香港苏富比	2018-10-01
草间弥生 1991年作 南瓜 镜框	18×14cm	1,417,000	香港苏富比	2018-10-01
让·保罗·里奥佩勒 1964年作 无题 画框	92×73cm	1,417,000	香港苏富比	2018-10-01
庞均 2004年作 来自农田的向日葵	170×170cm	1,415,750	香港苏富比	2018-04-01
草间弥生 1991年作 南瓜	22×16cm	1,415,750	香港苏富比	2018-04-01
奈良美智 1989年作 思乡病	90×90cm	1,415,750	香港苏富比	2018-04-01
朱金石 2012年作 无题	140×160cm	1,415,750	香港苏富比	2018-04-01
草间弥生 1982年作 富士山	15.8×22.7cm	1,410,240	羅芙奧	2018-12-01
乔治·马修 1958年作 婚约—勃艮第公爵与卢森堡女公爵	162.5×97.5cm	1,405,800	罗芙奥	2018-06-02
赫拉德·特尔·博尔奇 男子持帽肖像	27.9×22.9cm	1,390,350	伦敦苏富比	2018-07-04
米谢尔·托斯尼－或称米谢尔·迪·里铎夫·德·吉尔兰达奥 埃及妖后	92.5×73cm	1,390,350	伦敦苏富比	2018-07-04
瓜利诺佩塞利诺风格画师 圣母圣婴登位，施洗者圣约翰、圣保罗、巴里的圣尼古拉与圣佐治在旁	84.3×50.7cm	1,382,100	纽约苏富比	2018-02-01
皮耶·叙布拉 尤利西斯在吕科墨得斯的女儿当中发现阿基利斯	97.8×134cm	1,382,100	纽约苏富比	2018-02-01
于贝尔·罗贝尔 骑马者从废墟中的拱顶柱廊建筑离开	71.5×87cm	1,382,100	纽约苏富比	2018-02-01
孙多慈 蝶恋花情	54.5×70cm	1,380,000	北京匡时	2018-12-06
王海力 女演员	130×90cm	1,380,000	北京翰海	2018-05-13
谢楚余 人物	100×80cm	1,380,000	广东衡益	2018-07-01
张利 摇经纶的信徒	115×100cm	1,380,000	中贸圣佳	2018-06-20
朝戈 1989年 凝思的人物	95×140.5cm	1,380,000	中国嘉德	2018-11-21
亨利·方丹·拉图尔 维纳斯与小天使	58.5cm×54.5cm	1,380,000	华艺国际	2018-11-16
毛焰 2008年作 托马斯	109×74cm	1,380,000	中贸圣佳	2018-06-20
黄建南 秀山丽水	58×58cm	1,380,000	开禧国际	5/20/2018
玻璃油画		1,380,000	北京瀚古	2018-01-28
全光荣 1969年作 ONT-075	162×130cm	1,330,500	佳士得	2018-11-25
岳敏君 2003年作 闲云野鹤-8	140×140cm	1,330,500	佳士得	2018-11-25
阿凡迪 1969年作 牛车	97.5×138.5cm	1,330,500	佳士得	2018-11-25
朱德群 1992年作 隐藏的生命	64.8×80.7cm	1,330,500	佳士得	2018-11-25
苏天赐 太湖秋色	35×60cm	1,322,500	南京经典	2018-01-06
朱曜奎 旭日东升 镜框	30×40cm	1,320,000	未来四方	2018-12-09
汉纳·霍奇 1928年柏林作 自画像和猫	50.5×36.8cm	1,318,500	伦敦佳士得	2018-02-27
丁雄泉 1972年作 风颂歌谣	178.4×228.6cm	1,314,625	香港苏富比	2018-03-31
齐藤义重 1964年作 作品（红）	72×90.5cm	1,314,625	香港苏富比	2018-04-01
草间弥生 1988年作 无限网（前往21世纪）	65×52.5cm	1,314,625	香港苏富比	2018-04-01
关良 北京故宫	26.5×32cm	1,308,000	香港苏富比	2018-10-01
关良 1957年作 易北河畔	40×49.5cm	1,308,000	香港苏富比	2018-09-30

拍品名称	物品尺寸	成交价RMB	拍卖公司	拍卖日期
草间弥生 1996年作 蝶 镜框	14×18cm	1,308,000	香港苏富比	2018-10-01
安东尼奥·约利 佛罗伦萨，从圭恰迪尼滨河路望天主圣三桥与河流之景观	71.8×115cm	1,283,400	伦敦苏富比	2018-07-04
安东尼厄斯·马吉斯特 谦卑的圣母	131×98.5cm	1,283,400	伦敦苏富比	2018-07-04
本韦努托·蒂西－或称加罗法洛 圣家	48.8×36cm	1,283,400	伦敦苏富比	2018-07-04
关紫兰 1941年作 花样年华	60×50cm	1,265,000	中国嘉德	2018-06-19
李山 1993年作 胭脂系列：双星之一	84×103cm	1,265,000	中国嘉德	2018-06-19
罗尔纯 2007年 沙发上	135×125cm	1,265,000	中国嘉德	2018-11-21
王海力 白玉雪山	120×90cm	1,265,000	北京翰海	2018-05-13
王易罡 2015抽象作品31号	300×240cm	1,265,000	北京荣宝	2018-12-03
韦蓉 1990年作 独自伫立北京街头（双联作）	131×97.5cm×2	1,265,000	中国嘉德	2018-06-19
闫平 2008年作 春天来了	160×180cm	1,265,000	北京匡时	2018-06-16
尹朝阳 2013年作 石崖	150×260cm	1,265,000	中贸圣佳	2018-11-24
沙耆 红衣裸女	80×37cm	1,265,000	北京匡时	2018-12-06
草间弥生 1990年作 南瓜	14×18cm	1,265,000	北京匡时	2018-06-16
草间弥生 2002年作 花	32×28cm	1,265,000	北京保利	2018-06-20
草间弥生 1993年 无限的网	15.8×22.7cm	1,234,752	北京匡时	2018-10-03
朱德群 1983年作 无题	64.5×54cm	1,226,880	罗芙奥	2018-06-03
艾利·斯密特 1979年作 神庙	76.5×91.5cm	1,219,625	佳士得	2018-11-25
老亨德里克·凡·德·博尔希特 桌面上的古代硬币、玻璃器皿及陶罐与油灯	24.1×35.4cm	1,219,500	纽约苏富比	2018-02-01
钟泗宾 1981年作 峇里岛女士	91.5×61.5cm	1,218,000	佳士得	2018-05-26
古那弯 1970年作 海滩上的女士与鸟	131×80cm	1,218,000	佳士得	2018-05-27
埃尔南多·鲁伊斯·奥坎普 躯干	101.5×76cm	1,213,500	香港苏富比	2018-03-31
阿凡迪 峇里舞者	130×66cm	1,199,000	香港苏富比	2018-10-01
阿莫索罗 市集	66×51cm	1,199,000	香港苏富比	2018-10-01
关良 新安江大坝	28.5×36cm	1,199,000	香港苏富比	2018-10-01
阿凡迪 榕树墟	97.5×128cm	1,199,000	香港苏富比	2018-10-01
草间弥生 1990年作 蝶 画框	15.8×22.7cm	1,199,000	香港苏富比	2018-10-01
草间弥生 1988年作 芽（A）画框	51.5×44cm	1,199,000	香港苏富比	2018-10-01
关良 1940年作 大足石刻	36×28cm	1,199,000	香港苏富比	2018-10-01
奈良美智 1991年作 无题	65×65cm	1,199,000	香港苏富比	2018-10-01
朱德群 1984年作 苍山琼雪	55×46cm	1,193,280	羅芙奧	2018-12-02
汉斯·哈同 1971年作 T1971-E29	102.5×130cm	1,193,275	保利香港	2018-03-29
冷军 水龙头II	30.5×23.5cm	1,150,000	中国嘉德	2018-11-21
墨客 2012年作 荣誉	30×43cm	1,150,000	北京翰海	2018-06-30
宋宇 2015年作 藏地秘码	60×80cm	1,150,000	北京翰海	2018-06-30
喻红 2002年 日常生活——我在脱衣	177.5×151cm	1,150,000	中国嘉德	2018-11-21
冷军 2000年作 剪刀	32.5×26cm	1,150,000	中贸圣佳	2018-11-24
罗中立 1988年作 凉山人	50×40cm	1,150,000	北京荣宝	2018-06-14
艾轩 2008年作 藏女	55×55cm	1,150,000	北京保利	2018-06-20
李山 1993年作 胭脂系列：双星之二	84×104cm	1,150,000	中国嘉德	2018-06-19
刘韡 2007年作 徘徊者NO.7	251×180.5cm	1,150,000	中国嘉德	2018-06-19
苏天赐 1982年作 漓江风景	46×53cm	1,150,000	西泠拍卖	2018-07-07
周春芽 1993年作 谜样的女人	72×61cm	1,150,000	北京保利	2018-06-20
毛焰 2010年作 卡伦·坎贝尔	110.1×70.5cm	1,145,544	保利香港	2018-03-29
颜文梁 黄山	53×37.5cm	1,127,000	西泠拍卖	2018-07-07
王海力 2011年作 傲雪	100×120cm	1,127,000	北京保利	2018-06-20
金昌烈 1974年作 无题（水珠）	100.5×100.1cm	1,116,500	佳士得	2018-05-27
ANNIE CABIGTING 2008年作 绘画摄影，摄影绘画	183×122cm	1,116,500	佳士得	2018-05-27
黎谱 1930年作 文庙	111.5×140cm	1,116,500	佳士得	2018-05-27

(成交价RMB：10万元以上)

拍品名称	物品尺寸	成交价RMB	拍卖公司	拍卖日期
尹亨根 1979～1986年作 UMBER-BLUE	130.5×80cm	1,112,375	香港苏富比	2018-03-31
赵无极 1950年作 展翅	12×15cm	1,112,375	香港苏富比	2018-04-01
陈澄波 约1932–1933年作 上海码头	38.3×45.7cm	1,108,750	佳士得	2018-11-25
黎谱 约1970年作 夏日花园	95×125cm	1,108,750	佳士得	2018-11-25
钟泗宾 1974年作 绿色结构	120×90cm	1,108,750	佳士得	2018-11-25
沙耆 静物	73cm×61cm	1,104,000	西泠拍卖	2018-07-07
黄宇兴 2016年作 没有人是一座孤岛	150×200cm	1,092,500	北京保利	2018-06-20
谢楚余 人物	100×80cm	1,092,500	广东衡益	2018-07-01
关良 黄浦江渡口	26.7×27.8cm	1,090,000	香港苏富比	2018-10-01
奈良美智 1996年作 我感觉与自己距离很远 镜框	19.3×29.7cm	1,090,000	香港苏富比	2018-10-01
山口长男 1956年作 寸寸方序 艺术家原装画框	60×45cm	1,090,000	香港苏富比	2018-10-01
山姆·弗朗西斯 无题 镜框	91×61.2cm	1,090,000	香港苏富比	2018-10-01
上前智佑 1960年作 作品 画框	91×73cm	1,090,000	香港苏富比	2018-10-01
藤田嗣治 1929年作 红发女孩	34.5×27cm	1,090,000	香港苏富比	2018-10-01
邱亚才 1994年作 斗牛士	194×130cm	1,073,520	罗芙奥	2018-06-03
庞均 2014年作 山在虚无飘缈间	115.5×180.5cm	1,073,520	罗芙奥	2018-06-03
乔赛普·切萨里－或称卡瓦立耶·德·阿尔皮诺 格劳科斯诱拐仙女锡米	62.5×47cm	1,069,500	伦敦苏富比	2018-07-04
托马索·迪·克雷蒂 十五世纪末及十六世纪 圣母圣婴与天使	直径93.3cm	1,056,900	纽约苏富比	2018-02-01
武高谈 1966年作 母爱	80.5×65.5cm	1,053,313	佳士得	2018-11-25
庞均 2018年作 厦门鼓浪屿	150×150cm	1,053,313	佳士得	2018-11-25
丁雄泉 1970年作 夏日玫瑰的世界	96×130cm	1,035,500	香港苏富比	2018-10-01
魏东 2004年作 我的艳阳天	157×97cm	1,035,000	北京匡时	2018-12-06
杨少斌 1994年作 不爱红装爱武装	150×130cm	1,035,000	中国嘉德	2018-06-19
刘炜 1996年作 你喜欢我吗？系列25	30×40cm	1,035,000	上海匡时	2018-04-30
艾中信 1953年作 五老胡同美院宿舍	65×53.5cm	1,035,000	北京匡时	2018-06-16
刘海粟 1936年作 狮岭横云	54×73cm	1,035,000	朵云轩	2018-06-25
罗中立 1982年作 光荣之家	62.5×84cm	1,035,000	中国嘉德	2018-06-19
毛焰 1999年作 H的肖像	61×50cm	1,035,000	中国嘉德	2018-06-19
玛丽·罗兰珊1937年作 茱莉雅的画像	64.5×54cm	1,030,560	羅芙奧	2018-12-01
王广义 2006年作 大批判系列：华特·迪斯尼的艺术	300.2×199.8cm	1,028,960	保利香港	2018-09-30
关良 1957年作 柏林博物馆	24.4×33cm	1,028,960	中国嘉德	2018-10-02
赵无极 1954年作 夜	21×26cm	1,028,960	保利香港	2018-09-30
艾轩 2007年作 祈盼	60×60cm	1,023,500	北京华辰	2018-11-19
达宛·都察尼 黄包车	81.5×100.5cm	1,020,050	佳士得	2018-11-25
李山 1989年作 前胭脂帝国（一）	147.3×109cm	1,015,000	佳士得	2018-05-27
罗尔纯 1987年作 侧面坐着的女孩	99.5×119.5cm	1,012,000	中国嘉德	2018-06-19
勒迈耶 布鲁日的秋天黄昏	89.5×108.5cm	1,011,250	香港苏富比	2018-04-01
阿凡迪 1968年作 红马	98×120cm	997,875	佳士得	2018-11-25
荷西·荷雅 1957年作 无题	61×152.5cm	997,875	佳士得	2018-11-24
萧勤 1965年作 夜之浪花	94.5×130cm	994,700	佳士得	2018-05-27
约瑟夫·恩桂波提 女性聚会	73×100cm	981,000	香港苏富比	2018-10-01
孟思特 星光博物馆	230×450cm	977,500	北京荣宝	2018-12-03
孙宗慰 1941年作 书写	80×60cm	977,500	北京翰海	2018-06-30
屠洪涛 2010年作 幽深	210×270cm	977,500	北京匡时	2018-12-06
何多苓 2008年作 重返克里斯蒂娜的世界	80×100cm	977,500	北京匡时	2018-12-06
陈逸飞 纽约街景	49.5×75cm	977,500	北京匡时	2018-06-16
曹力 2006年作 音乐系列之八	140×180cm	977,500	北京荣宝	2018-12-03
苏天赐 1992年作 静憩的裸女	54×65cm	977,500	北京保利	2018-12-06

拍品名称	物品尺寸	成交价RMB	拍卖公司	拍卖日期
刘国松 2010年作 升起的太阳	153×51.3cm	976,320	羅芙奧	2018-12-02
尼古拉斯·梅斯 罗得逃离所多玛	108×95.3cm	975,600	纽约苏富比	2018-02-01
罗纳德·温杜拿 2011年作 胡闹	150×119cm	973,712	中国嘉德	2018-04-02
叶子奇 2017–2018年作 乌来瀑布	102×152.5cm	971,280	罗芙奥	2018-06-03
丁雄泉 1986年作 粉红钻石女孩	74.5×99.5cm	971,280	罗芙奥	2018-06-03
李斛 1940年代 舞蹈演员	127×75cm	966,000	北京匡时	2018-06-16
古那弯 景观与水牛	100×155 m	964,250	佳士得	2018-05-27
黎谱 园中母子	96×129cm	960,688	香港苏富比	2018-04-01
颜文梁 幽林	59.6×81.3cm	954,620	中国嘉德	2018-04-02
关良 长耕不辍	57×38cm	954,620	中国嘉德	2018-04-02
宋永红 1992年作 情人	100×80cm	943,000	北京匡时	2018-12-06
刘韡 2009年作 风潮	120.6×360cm	942,438	佳士得	2018-11-25
刘小东 2001年作 下楼梯的变性者	152×137cm	942,438	佳士得	2018-11-25
纳堤·尤塔瑞 2012年作 高估了天真	180×160cm	942,438	佳士得	2018-11-24
庞均 2008年作 甲天下	112×145.5cm	942,438	佳士得	2018-11-25
赛耶·海达·拉扎 1991年作 原质	120×120cm	942,438	佳士得	2018-11-25
钟泗宾 1980年作 峇里岛的姑娘	92.5×62cm	942,438	佳士得	2018-11-24
程竹 2016年作 公共偶像——80后计划生育	135×120cm	931,500	北京匡时	2018-12-06
黎谱 阅读	73×92cm	926,500	香港苏富比	2018-10-01
费南度·索培尔 橘色和灰色	78.5×78.5cm	926,500	香港苏富比	2018-10-01
吕斯百 雪地军人	54×71.2cm	926,064	保利香港	2018-09-30
关良 约1940年代作 滇西景	30×28.2cm	926,064	中国嘉德	2018-10-02
贺慕群 2000年作 花木系列之三十	116.5×89cm	920,000	中国嘉德	2018-06-19
黄宇兴 2015年作 宝藏	145×230cm	920,000	北京匡时	2018-06-16
刘溢 2013年作 我下飞机抽根烟	100×200cm	920,000	北京保利	2018-06-20
龙力游 放牧归来	100×120cm	920,000	北京匡时	2018-05-21
庞茂琨 2003年作 虚拟时光之二	140×180cm	920,000	北京荣宝	2018-06-14
秦宣夫 1963年作 灵隐消夏图（灵隐二）	54.5×74.5cm	920,000	西泠拍卖	2018-07-07
石立峰 渡	150×200cm	920,000	北京歌德	2018-09-29
王光乐 2009年作 寿漆091223	116×114cm	920,000	北京保利	2018-12-06
庞均 2008年 周庄双桥	182×227cm	920,000	中国嘉德	2018-11-21
吴大羽 80年代作 星星之火燎原一	37.5×58cm	920,000	北京荣宝	2018-06-14
吴作人 浦江之雾	30×20cm	920,000	上海泓盛	2018-01-20
刘韡 2005年作 浪	200×420cm	920,000	北京保利	2018-12-06
周春芽 2004年作 黑根	99×79.5cm	920,000	中国嘉德	2018-11-21
黄建南 见贤思斋（书法）	32×127cm	920,000	开禧国际	5/20/2018
张云海 江南烟花	78×54cm	920,000	开禧国际	10/18/2018
曹力 2003年作 情色花园	110×140cm	920,000	北京保利	2018-06-20
黎谱 约1970年作 攻读	65×81cm	913,500	佳士得	2018-05-27
丘亚才 1993年作 模特儿	194×130cm	906,889	保利香港	2018-03-29
丘亚才 1996年作 儒雅的青年	194×130cm	906,889	保利香港	2018-03-29
庞均 2013年作 古塔早春	110×110cm	905,485	中国嘉德	2018-10-02
王如玖 1916年作 肖像	99×63.5cm	897,000	北京匡时	2018-06-16
迪尔克·凡·德楞 虚构的教堂内部，饰楼梯、管风琴、陵墓与雅士，前景见一只狗	39.7×60.3cm	894,300	纽约苏富比	2018-02-01
赫尔曼·萨夫特勒文 莱茵河畔林荫景观，旁见驳船在码头卸货及旅馆	22.9×31.7cm	894,300	纽约苏富比	2018-02-01
李松松 2009年作 氧气面罩	尺寸不一	887,000	佳士得	2018-11-25
林寿宇 1967年作 一九六七年四月绘画	78.6×61.6cm	887,000	佳士得	2018-11-25
麦布·费达·胡珊 无题	101.6×76cm	887,000	佳士得	2018-11-25
斯里哈迪·苏达索诺 2002年作 雷贡舞者	130×200cm	887,000	佳士得	2018-11-25

拍品名称	物品尺寸	成交价RMB	拍卖公司	拍卖日期
关良 仕女	35.9×27.8cm	872,000	香港苏富比	2018-10-01
斯里哈迪·苏达索诺 舞蹈预备	145×145cm	872,000	香港苏富比	2018-10-01
古那弯 1974年作 我	88×96cm	862,750	佳士得	2018-05-27
方君璧 1942年作 娉婷	46×38.5cm	862,500	中国嘉德	2018-06-19
汤垚 城市系列之一	190×160cm	862,500	广东衡益	2018-07-01
查理·法兰斯瓦·杜比尼 河边	38.5×67.5cm	862,500	华艺国际	2018-11-16
苏天赐 1979年作 漓江	55×31cm	862,500	南京经典	2018-01-06
吴冠中 1947年作 巴黎风景	26.5×38.5cm	862,500	北京匡时	2018-06-16
阿凡迪 自画像	92×92cm	859,563	香港苏富比	2018-04-01
丘亚才 1994年作 少男	192×130cm	859,158	中国嘉德	2018-04-02
闫平 2008年作 秋天	140×160cm	851,000	北京保利	2018-06-20
周春芽 2001年作 花卉	62×68cm	851,000	北京匡时	2018-12-06
冢本智也 2018年作 不期而遇	130×162cm	831,563	佳士得	2018-11-25
阿凡迪 1984年作 向日葵	110×150cm	831,563	佳士得	2018-11-25
袁晓舫 1995年作 战隼—飞行计划	153×228cm	828,000	北京匡时	2018-12-06
朱曜奎 万山红遍 镜框	30×40cm	825,000	未来四方	2018-12-09
叶永青 2007年作 画鸟	150.3×200cm	823,168	保利香港	2018-09-30
児岛善三郎 1932年作 戴首饰的女人	161×95.3cm	823,168	保利香港	2018-09-30
纳提·尤塔瑞 持伞的公主（危机图画系列）	140×170cm	817,500	香港苏富比	2018-10-01
赵春翔 1962年作 抽象	142.5×177.8cm	812,000	佳士得	2018-05-27
黄宇兴 2015年作 宝岛	145×230cm	812,000	佳士得	2018-05-26
费南度·索维尔 1978年作 La Terraza III	100×100cm	812,000	佳士得	2018-05-27
张晓刚 1997年作 血缘系列 第28号	40.5×30.1cm	812,000	佳士得	2018-05-27
张晓刚 1997年作 血缘系列 第5号	39.8×29.7cm	812,000	佳士得	2018-05-27
庞均 2017年作 花间一渔舟	72×91.5cm	811,427	中国嘉德	2018-04-02
陈逸飞 1986年作 钢琴家小憩（弗吉尼亚·艾卜莱赫肖像）	75.2×100.6cm	811,427	保利香港	2018-03-29
罗纳德·温杜拿 2011年作 小怪兽	119×152cm	811,427	中国嘉德	2018-04-02
陈文希 1960年作 轰炸	79×99cm	809,000	香港苏富比	2018-03-31
菅井汲 1959年作 喧嚣	146×114cm	809,000	香港苏富比	2018-04-01
萧勤 2002年作 流星 A	130×160cm	809,000	香港苏富比	2018-04-01
郑相和 1974年作 无题 74-G	91×65cm	809,000	香港苏富比	2018-04-01
张恩利 2006年作 沙发	147.5×218cm	809,000	香港苏富比	2018-04-01
王广义 2005年作 大批判系列：香奈儿	120×160cm	809,000	香港苏富比	2018-04-01
康斯坦·特罗雍 风景	81cm×109cm	805,000	华艺国际	2018-11-16
王海力 民主人士	80×60cm	805,000	中贸圣佳	2018-06-20
关良 1950年代 轧钢厂	39×52cm	805,000	北京保利	2018-06-20
苏天赐 1983年作 山溪淌过村头	53.5×53.5cm	805,000	北京匡时	2018-06-16
庞均 2017年作 柳绿花红漓水清	100×200cm	802,589	中国嘉德	2018-10-02
乌兰 地平线风景二 亚麻油画	50×50cm	792,000	北京乔禧	2018-05-13
罗尔纯 1980年作 架起四海友谊桥	51×60cm	782,000	北京匡时	2018-06-16
萧勤 1964年作 无题	130.4×162cm	776,125	佳士得	2018-11-24
邵增虎 2015年作 雪山飘云	60×80cm	770,500	广东崇正	2018-07-05
苏笑柏 2009年作 胭脂	160×180cm	763,696	保利香港	2018-03-29
赵春翔 花丛中	179×96.5cm	763,696	保利香港	2018-03-29
陈逸飞 1986年作 卡洛·艾卜莱赫肖像	59.9×90.5cm	763,696	保利香港	2018-03-29
李曼峰 约1960年代作 牧牛童子	122×60cm	763,000	香港苏富比	2018-09-30
阿凡迪 苏连多的鲜花	97×129cm	763,000	香港苏富比	2018-10-01
阿凡迪 枣红马	94.5×127cm	763,000	香港苏富比	2018-10-01
阿莫索罗 河岸候船	33×46cm	763,000	香港苏富比	2018-10-01
陈逸飞 回家（苏州）	51×66cm	763,000	香港苏富比	2018-10-01
天明屋尚 2005年作 RX-78-2 倾奇者 2005版本	尺寸不一	761,250	佳士得	2018-05-27
冢本智也 2018年作 春之色	162×130.3cm	761,250	佳士得	2018-05-27

拍品名称	物品尺寸	成交价RMB	拍卖公司	拍卖日期
黎谱 约1970年作 蜀葵	99×65cm	761,250	佳士得	2018-05-27
丁衍庸 1968年作 鱼与羊	50.6×45.4cm	758,438	香港苏富比	2018-04-01
王广义 2005年作 大批判系列：卡地亚	120×150cm	758,438	香港苏富比	2018-04-01
陈文骥 1988年 椅背上的黄外套	100×80cm	747,500	中国嘉德	2018-11-21
莫大凤 2017年作 干河床	85×150cm	747,500	北京保利	2018-06-20
宋步云 1948-1953年 景山白皮松	65.5×53cm	747,500	中国嘉德	2018-11-21
尹朝阳 2017年作 风景	130×150cm	747,500	北京匡时	2018-06-16
何多苓 1993年作 抚摸马的女人	72×88cm	747,500	北京匡时	2018-06-16
尹朝阳 人物	150×130cm	747,500	南京经典	2018-07-22
罗尔纯 坡	79.5×98.5cm	747,500	西泠拍卖	2018-07-07
安德烈·布拉吉利 1999年作 瓦洛里的百合花	130.5×89cm	747,500	中国嘉德	2018-06-19
苏天赐 海景写生	25×53cm	747,500	南京经典	2018-01-06
奥托·马素斯·凡·舒力克 静物：仙客来、番红花、飞燕草及其他野花，一条蛇与蝴蝶	70.5×54.6cm	731,700	纽约苏富比	2018-02-01
李圣子 1958年作 无题	65×91.5cm	720,688	佳士得	2018-11-25
李圣子 1960年作 无题	81×60cm	720,688	佳士得	2018-11-25
钟泗宾 1967年作 风景	96.5×71.3cm	720,688	佳士得	2018-11-25
仇德树 裂变	230.5×93cm	720,272	保利香港	2018-09-30
KAWS 2015年作 无题	89.1×58.6cm	720,272	保利香港	2018-09-30
前川强 1965及2013年作 无题	162.5×132cm	719,400	香港苏富比	2018-09-30
莫依斯·奇斯林 1952年作 三朵罂粟花	41×33cm	715,680	罗芙奥	2018-06-02
常青 1994年 乔妈妈的手中光	98.5×80cm	713,000	上海匡时	2018-04-30
段正渠 2003年作 黄河船夫	130×100.5cm	713,000	中国嘉德	2018-06-19
毛焰 1990年 自画像	59×55cm	713,000	中国嘉德	2018-11-21
庞薰琹 1970年代末作 灌水渠	50×50cm	713,000	北京保利	2018-12-06
刘炜 1996年作 你喜欢我吗系列之四十一	30×40.5cm	713,000	中国嘉德	2018-06-19
苏天赐 1977年作 海景写生	25×53cm	713,000	南京经典	2018-01-06
DAMRONG WONG-UPARAJ 1961年作 回家	87.5×124.5cm	710,500	佳士得	2018-05-27
白发一雄 1954年作 文 No. 5	52.5×40.5cm	710,500	佳士得	2018-05-27
刘炜 1996年作 你喜欢我吗 系列 第15号	30×40cm	710,500	佳士得	2018-05-27
尹亨根 1990年作 无题（焦赭和深蓝）	72.8×116.7cm	710,500	佳士得	2018-05-27
MR. 2009年作 川流淙淙	116.7×80.3cm	708,500	香港苏富比	2018-10-01
Ay-o 1964至1967年作 彩虹风景B 艺术家原装画框	196×149×16cm	708,500	香港苏富比	2018-10-01
林飞龙 1972年作 兄弟	49.5×40cm	708,500	香港苏富比	2018-10-01
阿莫索罗 女子与芒果篮	50.5×39.5cm	708,500	香港苏富比	2018-10-01
安妮·凯彬汀 2015年作 美术馆	152.5×152.5cm	708,500	香港苏富比	2018-10-01
山姆·弗朗西斯 1975年作 无题 镜框	91×96cm	708,500	香港苏富比	2018-10-01
李曼峰 织女	102×60cm	707,875	香港苏富比	2018-04-01
刘野 2006年作 我的老师的记忆	40×30.2cm	707,875	香港苏富比	2018-04-01
李晓刚 躺着的女人体	68×98cm	700,000	中贸圣佳	2018-06-20
钟泗滨 1965年作 南洋市集	101.5×81.5cm	699,693	中国嘉德	2018-10-02
戴平均 2009-2011年作 他们从哪里来 画框	190×300cm	694,400	湖南逸典	2018-06-09
方力钧 2006年作 眺望	80×100cm	690,000	北京匡时	2018-06-16
郭伟 2008年作 无题 No.12	300×150cm	690,000	北京保利	2018-06-20
李宗津 1972年 毛主席像	38.5×36cm	690,000	中国嘉德	2018-11-21
卢恺 赛龙舟	149×149cm	690,000	北京匡时	2018-12-06
毛旭辉 2008年作 剪刀·圭山之梦	140×180cm	690,000	北京荣宝	2018-06-14
郑野夫 1950年作 鲁迅与青年木刻家	105×144.5cm	690,000	北京匡时	2018-12-06

2018书画拍卖成交汇总

(成交价RMB：10万元以上)

拍品名称	物品尺寸	成交价RMB	拍卖公司	拍卖日期
吕斯百 1950–60年 港口	46×62cm	690,000	中国嘉德	2018–11–21
沙耆 1988年作 女神	117×77cm	690,000	北京匡时	2018–12–06
沙耆 1940年代 静物	44.5×59.5cm	690,000	北京匡时	2018–06–16
弗朗兹·克萨韦尔·温特哈尔特 执孔雀扇的女子	98.5×74.5cm	690,000	北京荣宝	2018–12–03
何多苓 1984年 1970年彗星与火把节之夜	67.5×97.5cm	690,000	中国嘉德	2018–11–21
罗工柳 毛主席与陕北老农	89×109cm	690,000	中贸圣佳	2018–11–24
庞均 2014年 早春	88×179.5cm	690,000	中国嘉德	2018–11–21
庞薰琹 1970年代末作 回忆磁器口	50×46.5cm	690,000	北京保利	2018–12–06
王海力 飞天之志	80×100cm	690,000	中贸圣佳	2018–06–20
周春芽 1997年作 桃花	71×59cm	690,000	保利厦门	2018–07–15
乔治·马修 1967年作 丹砂	92×73cm	687,650	香港苏富比	2018–04–01
陈钧德 2004年作 教堂	90×70cm	678,500	北京匡时	2018–12–06
郑相和 1984年作 无题 84–7–7 画框	81×65cm	675,800	香港苏富比	2018–10–01
赵春翔 1984年作 慈辉普佑2	89.5×185cm	668,824	保利香港	2018–09–30
王广义 2005年作 大批判系列：XO中国	200×200cm	668,234	保利香港	2018–03–29
陈钧德 2004年作 上海南京路步行街	100×72.5cm	667,000	西泠拍卖	2018–07–07
冯钢百 1928年作 山麓中的村庄	50.9×61cm	667,000	上海泓盛	2018–01–20
伍步云 1950年 看连环画	50×90cm	667,000	上海匡时	2018–04–30
夏小万 1997年作 基督	125.5×160.5cm	667,000	中国嘉德	2018–06–19
郑慕康 人物习作（十八幅）镜片	尺寸不一	667,000	朵云轩	2018–04–22
郑慕康 人物习作（十八幅）镜片	尺寸不一	667,000	朵云轩	2018–09–09
沙耆 1940年作 吹笛女	49×32.5cm	667,000	中国嘉德	2018–06–19
苏天赐 1993年作 长白雪景	49×64cm	667,000	南京经典	2018–01–06
周春芽 2000年作 百合	100×80cm	667,000	北京匡时	2018–06–16
陈荫罴 1960年代作 书体变奏	91×71cm	665,250	佳士得	2018–11–25
陈彧君 2009年作 亚洲地境5.2平方米NO.16	200×260cm	665,250	佳士得	2018–11–25
丁雄泉 1986年作 仕女	175×47.5cm×4	664,560	罗芙奥	2018–06–03
朱曜奎 绽放 镜框	24×30cm	660,000	未来四方	2018–12–09
寺冈政美 2002–2006年作 修道院维纳斯的诞生	228×239cm	659,750	佳士得	2018–05–27
余友涵 2006年作 无题	129.5×108.8cm	659,750	佳士得	2018–05–27
余友涵 2006年作 毛主席与自由女神像	71×170cm	657,313	香港苏富比	2018–04–01
今井俊满 1963年作 旭日 画框	195×130cm	654,000	香港苏富比	2018–10–01
李曼峰 约1960年代 水牛与男孩	122×60cm	654,000	香港苏富比	2018–10–01
阿凡迪 自画像	72×60cm	654,000	香港苏富比	2018–10–01
庞均 2017年作 癸酉年八月十五日	130×130cm	654,000	香港苏富比	2018–10–01
朱德群 1979年作 一九七九年三月十五日	65×50cm	654,000	香港苏富比	2018–10–01
庞均 2018年作 春到甲天下	72.7×91cm	650,880	羅芙奥	2018–12–02
林立中 亭亭玉立	137×35cm	644,000	开禧国际	10/18/2018
杨·严斯·凡·德·费尔德 静物：牡蛎与抽烟用具	20.5×27cm	641,700	伦敦苏富比	2018–07–04
赵无极 1949–1951年作 红太阳	14.2×20.5cm	639,000	罗芙奥	2018–06–03
赵赵 2017年作 星空	200×160cm	637,955	中国嘉德	2018–10–02
龙力游 1983年作 捣奶	118×134cm	632,500	中贸圣佳	2018–11–24
王济远 巴黎蒙马特	49×63cm	632,500	上海匡时	2018–04–30
王音 2011年作 加油站No.2	130×162cm	632,500	中国嘉德	2018–06–19
夏星 1994年作 人月同喜（三联作）	尺寸不一	632,500	中国嘉德	2018–06–19
袁小楼 2017年作 奔月系列之三	100.5×80cm	632,500	中国嘉德	2018–06–19
黄宇兴 2016年作 万物生长	125×200cm	632,500	北京保利	2018–12–06
闫平 母与子	140×160cm	632,500	北京保利	2018–12–06
艾轩 2005年作 冬雪	48.5×48.5cm	632,500	北京匡时	2018–06–16

拍品名称	物品尺寸	成交价RMB	拍卖公司	拍卖日期
安德烈·布拉吉利 1967–68年作 尚塔尔的玫瑰花	70×100cm	632,500	中国嘉德	2018–06–19
朱新建 花开花落	99×79cm	621,000	南京经典	2018–07–22
仇晓飞 2003年作 放映	160×180cm	620,503	保利香港	2018–03–29
陈衍宁 1988年 故乡梦	75.5×101cm	617,376	北京匡时	2018–10–03
汉斯·哈同 1974年作 T1974–H12	88.5×115.8cm	617,376	保利香港	2018–09–30
克丽丝汀·嫒珠 2012年作 当我建构一条回家之路 03	60×79.7cm	617,376	保利香港	2018–09–30
席德进 1978年作 瑞滨海岸	56.5×76.5cm	613,440	罗芙奥	2018–06–03
丁雄泉 1977年作 我爱樱花	76×101.5cm	609,813	佳士得	2018–11–25
安妮·卡比格丁 2010年作 艺术不只是画画（根据Matthew Higgs作品所作）	182×150cm	609,813	佳士得	2018–11–25
盖德·马罕杜拉·亚萨 2018年作 关于语言	190×250cm	609,813	佳士得	2018–11–25
钟泗宾 1963年作 红抽象	91×60.5cm	609,813	佳士得	2018–11–25
阿莫索罗 1957年作 梯田	61×87cm	609,000	佳士得	2018–05–27
徐震 2014年作 天下–2232MT3151	130×180×15cm	606,750	香港苏富比	2018–04–01
李曼峰 希波达斯风景与两个人	61×81.5cm	606,750	香港苏富比	2018–04–01
刘韡 2005年作 浪4号	200×400cm	606,750	香港苏富比	2018–04–01
萧勤 1960年作 龙穴	132×207cm	599,500	香港苏富比	2018–10–01
山姆·弗朗西斯 1990年作 解脱 镜框	46×56.8cm	599,500	香港苏富比	2018–10–01
斯里哈迪·苏达索诺 风景	73×92cm	599,500	香港苏富比	2018–10–01
曹力 1994年作 金色天空	100.5×115cm	598,000	中国嘉德	2018–06–19
刘国松 2010年作 静静的屹立：西藏组曲127	95.3×61cm	596,640	羅芙奥	2018–12–02
六角彩子 2007年作 红洋装女孩	162×130.5cm	596,640	羅芙奥	2018–12–02
丁雄泉 1979年作 等待你的情书	76×102cm	596,640	羅芙奥	2018–12–02
乔治·马修 1976年作 奥勒提斯	89×116cm	596,640	羅芙奥	2018–12–01
安德里斯·凡·埃特费尔特 一艘飘扬泽兰省旗的四桅帆船与远处的另一艘船	54×70cm	588,225	伦敦苏富比	2018–07–04
科内利斯·科内利斯兹·凡·哈伦 大洪水前的人类堕落	22×27cm	588,225	伦敦苏富比	2018–07–04
程竹 玩偶	直径100cm	586,500	北京匡时	2018–06–16
村上隆 2000年作 水母眼	40×40cm	576,218	中国嘉德	2018–10–02
陈俊穆 2012年作 非洲舞蹈系列之二十四号	165.5×186.5cm	575,000	中国嘉德	2018–06–19
陈树中 2014年 野草滩，梦幻之旅	150×200cm	575,000	中国嘉德	2018–11–21
崔小冬 2011年 正月	160×135cm	575,000	上海匡时	2018–04–30
杨立光 1939年作 穿圆领衫的青年	47×38.5cm	575,000	中国嘉德	2018–06–19
周铁海 2009年作 花果图	200×120cm	575,000	中贸圣佳	2018–06–20
陈钧德 2004年作 青岛街景	81×100cm	575,000	北京华辰	2018–11–19
何多苓 2012年作 杂花	100×50cm	575,000	北京翰海	2018–06–30
谢楚余 1999年作 鸣秋	120×100cm	575,000	华艺国际	2018–05–23
尹朝阳 1998年作 郊外系列	180×100cm	575,000	北京荣宝	2018–06–14
孙宗慰 1945年作 阅读的女子	87×65cm	575,000	中国嘉德	2018–06–19
曾梵志 1993年作 行走	55×45cm	575,000	北京匡时	2018–06–16
罗中立 1990年作 故乡组画—二娃子	52×70cm	572,772	保利香港	2018–03–29
七户优 2008年作 片刻 画框	41×31.8cm	566,800	香港苏富比	2018–10–01
斯里哈迪·苏达索诺 贝多优舞—冥思一刻	150×150cm	566,800	香港苏富比	2018–10–01
吕斯百 瓶中木兰	50.5×61cm	565,928	保利香港	2018–09–30
林寿宇 1957年作 纸上作品	52.2×63.7cm	565,928	保利香港	2018–09–30
林寿宇 1957年作 纸上作品	50×62cm	565,928	保利香港	2018–09–30

拍品名称	物品尺寸	成交价RMB	拍卖公司	拍卖日期
贝尔纳·毕费 1958年作 瓶花	65×46cm	562,320	罗芙奥	2018-06-02
丁雄泉 1961年作 温暖的太阳	100×150cm	562,320	罗芙奥	2018-06-03
帕斯塔 2003年作 橙汁	243×180cm	558,250	佳士得	2018-05-27
武高谈 1961年作 白马	52×63.5cm	558,250	佳士得	2018-05-27
由金 2015年作 悄悄话	150×200cm	558,250	佳士得	2018-05-27
郑英青 2018年作 消失的风景 305	130.3×162cm	558,250	佳士得	2018-05-27
李圣子 1961年作 记忆的分支	65×54cm	558,250	佳士得	2018-05-27
武高谈 1978年作 作文	81.5×100cm	558,250	佳士得	2018-05-27
赵赵 2015年作 星空	179.3×149.6cm	558,250	佳士得	2018-05-27
阿凡迪 1947年作 巴利岛村庄	64.5×83.5cm	558,250	佳士得	2018-05-27
白发一雄 1969年作 无题	33.5×24.3cm	558,250	佳士得	2018-05-27
田中敦子 1968年作 无题	27.5×22.2cm	556,188	香港苏富比	2018-04-01
阿凡迪 斗狗	89×109cm	556,188	香港苏富比	2018-04-01
山口长男 1965年作 又	45.5×37.8cm	556,188	香港苏富比	2018-04-01
刘安民 1996年作 物质	122×152.5cm	554,375	佳士得	2018-11-25
袁远 2009年作 无题（斗兽场）	185×175cm	554,375	佳士得	2018-11-25
达宛·都察尼 约1980年代作 鲨鱼	88×107cm	554,375	佳士得	2018-11-25
王广义 2005年作 大批判系列：百事可乐	150×120cm	554,375	佳士得	2018-11-25
王劼音 2006年作 花朵	134×99cm	552,000	中国嘉德	2018-06-19
罗尔纯 1987年作 新疆姑娘	73×59.5cm	552,000	北京匡时	2018-06-16
王劼音 2005～2013年作 山花烂漫	160×120cm	552,000	北京保利	2018-06-20
拉夫连季·布鲁尼 2011年作 孤寂	120×120cm	552,000	北京保利	2018-06-20
刘野 1998年作 画室之窗 油画	35×25cm	552,000	北京诚轩	2018-06-18
阿莫索罗 市集	41×51cm	545,000	香港苏富比	2018-10-01
山姆·弗朗西斯 1973年作 无题 镜框	46×37.6cm	545,000	香港苏富比	2018-10-01
贝尔纳·毕费 1954年作 围领巾的男人	92×60cm	542,400	羅芙奥	2018-12-01
李绫瑄 2010年作 紫色忧郁 II	146×135×5cm	527,800	佳士得	2018-05-27
山田正亮 1964年作 Work C.191	117×80cm	527,800	佳士得	2018-05-27
卡尔·阿贝尔 约1960年作 无题	92×62cm	526,110	罗芙奥	2018-06-02
米斯尼亚迪 房中的观看	135×135cm	525,850	香港苏富比	2018-04-01
周春芽 1999年作 花	73×60cm	523,330	保利澳门	2018-11-29
加藤泉 2006年作 无题	190×130cm	523,200	香港苏富比	2018-10-01
丁雄泉 斜躺二裸女	95×175.5cm	523,200	香港苏富比	2018-10-01
山姆·弗朗西斯 1990年作 无题 镜框	78.2×56.6cm	523,200	香港苏富比	2018-10-01
钟泗滨 去市场	74×58.5cm	523,200	香港苏富比	2018-10-01
李晓刚 2004年作 浮云	130×90cm	517,500	北京华辰	2018-11-19
刘玖通 2011年作 千里烟波（三联画）	208×100×3	517,500	华艺国际	2018-05-23
颜磊 2006年作 彩轮	180×180cm	517,500	北京保利	2018-12-06
沙耆 1992年作 长白山森林溪流	96×216cm	517,500	上海泓盛	2018-01-20
尹朝阳 2002年作 吸烟的女孩	117×80cm	517,500	中国嘉德	2018-06-19
陈逸鸣 咏	126×74cm	514,480	北京匡时	2018-10-03
罗尔纯 1994年作 晴朗的天空	78.5×70.2cm	514,480	保利香港	2018-09-30
叶永青 2008年作 鸟（春晓）	200.3×299.8cm	514,480	保利香港	2018-09-30
陈逸飞 1986年作 娜莉·艾卜莱赫·海尔肖像	60×90cm	514,480	保利香港	2018-09-30
嶋本昭三 2006年作 起重表现：拿波里F	82×109cm	511,200	罗芙奥	2018-06-02
阿默·萨达里 1981年作 平衡白色空间装饰着黄金	99×99cm	507,500	佳士得	2018-05-27
吴进良 竹雀图报平安	D:33cm	506,000	开禧国际	5/20/2018
刘抗 法国村庄	44×54cm	505,625	香港苏富比	2018-04-01
潘德海 2005年作 劳动者	200×170cm	505,625	香港苏富比	2018-04-01
沈敬东 2010年作 力量	140×160cm	505,625	香港苏富比	2018-04-01
藤田嗣治 约1914年作 立体派人物	55.8×46.2cm	505,625	香港苏富比	2018-04-01

拍品名称	物品尺寸	成交价RMB	拍卖公司	拍卖日期
松浦浩之 2009年作 橙色牙痛	162×162cm	498,938	佳士得	2018-11-25
杨识宏 1986-1987年作 陷阱	249×197.8cm	498,938	佳士得	2018-11-25
李圣子 1963年作 在深夜里	46×54.5cm	498,938	佳士得	2018-11-25
阿莫索罗 1957年作 帆船	40×61.5cm	498,938	佳士得	2018-11-25
罗尔纯 1991年作 学步	117×99cm	496,402	保利香港	2018-03-29
吕斯百 江边风景	55×42.2cm	493,901	保利香港	2018-09-30
林寿宇 1966年作 示意素描	57×72.5cm	493,901	保利香港	2018-09-30
洪救国 桌上盆栽	61×61cm	490,500	香港苏富比	2018-10-01
王劼音 2004年作 花卉图谱 NO.232	140×50cm	490,500	香港苏富比	2018-10-01
堂本尚郎 1956年作 绘画 画框	97×130cm	490,500	香港苏富比	2018-10-01
尼古拉·迪迪埃·博盖 田园景致，牧羊人在溪边吹笛歇息，远眺山峦	55.2×76.8cm	487,800	纽约苏富比	2018-02-01
于贝尔·罗贝尔 波西利波洞穴	直径 15.5cm	487,800	纽约苏富比	2018-02-01
李元佳 1963年作 无题	130×40cm	485,400	香港苏富比	2018-03-31
田中敦子 1966年作 作品	38.5cm	485,400	香港苏富比	2018-04-01
U Ngwe Gaing 赛艇	40×73.5cm	485,400	香港苏富比	2018-04-01
阿莫索罗 市集	40×49cm	485,400	香港苏富比	2018-04-01
钟泗滨 渔村	39.5×49.5cm	485,400	香港苏富比	2018-04-01
谭华牧 1950年代 木棉	39×49.5cm	483,000	中国嘉德	2018-11-21
童雁汝南 2013年作 乔代	41×33cm×2	483,000	北京保利	2018-06-20
倪贻德 玫瑰书香	44×42.5cm	483,000	中贸圣佳	2018-11-24
夏阳 2012年作 十羊两树一人	130×100cm	483,000	中国嘉德	2018-06-19
倪贻德 1961年作 瓶花	53×39cm	483,000	中贸圣佳	2018-11-24
让·巴蒂斯特·卡米尔·柯罗 风景	15.3×20.5cm	483,000	北京荣宝	2018-12-03
约翰·戈特弗里德·史蒂芬 1897年作 湖边岩石	81cm×108.5cm	483,000	华艺国际	2018-11-16
苏天赐 1998-1999年作 春山绿水	26×37.5cm	483,000	西泠拍卖	2018-07-07
陈逸飞 1986年作 企业家（乔治·艾卜莱赫肖像）	75×100.3cm	477,310	保利香港	2018-03-29
关良 戏剧人物·挑滑车	32×41.3cm	477,310	中国嘉德	2018-04-02
李山 1994-1995年作 胭脂系列第7号	116×176.5cm	465,675	佳士得	2018-11-25
阿莫索罗 1951年作 溪边洗澡	55×45cm	465,675	佳士得	2018-11-25
帕斯塔 2002年作 蓝色	230×150cm	465,675	佳士得	2018-11-25
林寿宇 1958年作 纸上作品	62×50cm	463,032	保利香港	2018-09-30
罗中立 故乡情之浴女	54×39cm	463,032	北京匡时	2018-10-03
王劼音 2014年作 野屋	138×186cm	463,032	保利香港	2018-09-30
乌兰 蒙古夫人 亚麻油画	122×122cm	462,000	北京乔禧	2018-05-13
乌兰 地平线风景一 亚麻油画	50×50cm	462,000	北京乔禧	2018-05-13
乌兰 地平线风景四 亚麻油画	50×50cm	462,000	北京乔禧	2018-05-13
乌兰 宇宙万象组合 亚麻油画	122×244cm	462,000	北京乔禧	2018-05-13
黄铭昌 1999年作 稻田系列—白鹭之歌	112×162cm	461,040	羅芙奥	2018-12-02
方君璧 1955年 白色康乃馨	53×46cm	460,000	中国嘉德	2018-11-21
卫天霖 1965年作 荔枝	46×53cm	460,000	中国嘉德	2018-06-19
黄宇兴 2009年作 献给自由 油画	170×230cm	460,000	北京诚轩	2018-06-18
沙耆 1940年作 瓶花	43×36cm	460,000	中国嘉德	2018-06-19
罗尔纯 1999年作 夕阳	59×70cm	460,000	北京保利	2018-12-06
罗尔纯 2006年作 山村	110×90cm	460,000	中贸圣佳	2018-11-24
彭斯 无边的凝视	188×118cm	460,000	北京荣宝	2018-12-03
杨少斌 1997-1998年 无题 No. 6	230×180.5cm	460,000	中国嘉德	2018-11-21
周春芽 2018年作 个园2018	32.5×43cm	460,000	华艺国际	2018-11-16
周春芽 2018年作 大假山	32.5×43cm	460,000	华艺国际	2018-11-16
祁璐 诗象·绿竹新粉	66×131cm	460,000	开禧国际	10/18/2018
罗尔纯 2000年作 少女肖像	76×60cm	460,000	北京保利	2018-06-20
罗中立 1988年作 彝族少女	50×40cm	460,000	中国嘉德	2018-06-19
吴训木 2015年作 涅盘	157×273cm	460,000	上海泓盛	2018-01-20

2018书画拍卖成交汇总

(成交价RMB：10万元以上)

拍品名称	物品尺寸	成交价RMB	拍卖公司	拍卖日期
张晓刚 1982年作 夕歌	28.5×45cm	460,000	中国嘉德	2018-06-19
勒迈耶 冬日粉红农场	90×120cm	457,800	香港苏富比	2018-10-01
西奥·迈尔 两位峇里女子	70×60cm	457,800	香港苏富比	2018-10-01
Drago Marin Cherina 林中之舞 画心	175×252cm	456,660	台北艺流	2018-06-30
Drago Marin Cherina 裸女 画心	236×150cm	456,660	台北艺流	2018-06-30
黎谱 花卉	129.5×96.5cm	455,063	香港苏富比	2018-04-01
基齐-萨拉齐尼庆生盘画师 庆生盘，绘有分娩场景	直径59.3cm	447,150	纽约苏富比	2018-02-01
汤垚 金秋	155×150cm	445,050	广东衡益	2018-07-01
张恩利 2011年作 果盆	100×120cm	444,950	香港苏富比	2018-04-01
瑷呕 1998年作 彩虹精灵的住所 A	130.3×162.1cm	443,500	佳士得	2018-11-25
姜亨九 2007年作 林肯	194×259cm	443,500	佳士得	2018-11-25
阿凡迪 1981年作 自画像	78.5×69cm	443,500	佳士得	2018-11-25
杨识宏 2007年作 奇葩	71×161cm	443,500	佳士得	2018-11-25
钟泗宾 1980年作 两个女子	61×45.5cm	443,500	佳士得	2018-11-25
罗尔纯 1993年作 矗立	80.5×65cm	439,125	保利香港	2018-03-29
段建伟 1991年 抱玉米	109×123cm	437,000	上海匡时	2018-04-30
方世聪 1997年 专注的安妮	92×65cm	437,000	上海匡时	2018-04-30
何坚宁 2016年作 阳光No.172	80×100cm	437,000	华艺国际	2018-05-23
胡善余 1950年中期 辛夷花	49×41cm	437,000	上海匡时	2018-04-30
林永康 壬辰2012 人物	80×80cm	437,000	广东衡益	2018-07-01
王克举 2008年作 秋天的峨庄	180×200cm	437,000	北京华辰	2018-11-19
张延昭 西行漫记之三	60×60cm	437,000	广东衡益	2018-07-01
方君璧 1943年 颐和园铜狮	61×73.5cm	437,000	中国嘉德	2018-11-21
徐震 光源—菲费尔	154×238cm	437,000	北京荣宝	2018-12-03
陈钧德 2005年作 上海深秋街景	80×80cm	437,000	北京保利	2018-06-20
保罗·特鲁博尔 裸女	32.3cm×77.5cm	437,000	华艺国际	2018-11-16
何多苓 2011年作 杂花	80×60cm	437,000	北京匡时	2018-12-06
徐震 光源-荷拉斯兄弟之誓	163×128cm	437,000	北京荣宝	2018-12-03
罗尔纯 1991年作 瓶中玫瑰 油画	80×70cm	437,000	北京诚轩	2018-06-18
王海力 2017年作 城固县五门堰写生一	70×50cm	437,000	北京翰海	2018-05-13
汪建伟 1992年作 无题 画框	163×112cm	436,000	香港苏富比	2018-10-01
李曼峰 艺术家在本泽的家	69.5×95cm	436,000	香港苏富比	2018-10-01
U Ngwe Gaing 1960年代作 海滩风景	61×91.5cm	436,000	香港苏富比	2018-10-01
黎谱 女子与花	91×63.5cm	436,000	香港苏富比	2018-10-01
韦嘉 2009年作 你我各留痕Ⅲ	170×229.3cm	432,163	保利香港	2018-09-30
丘亚才 约2000年代作 绿意	161×129cm	432,163	中国嘉德	2018-10-02
曾梵志 1990年作 镜中的我	33.5×34.4cm	432,163	中国嘉德	2018-10-02
朱沅芷 1928年作 美国少女肖像	29.2×21cm	432,163	保利香港	2018-09-30
黄宇兴 2010年作 光芒	170×230cm	429,579	中国嘉德	2018-04-02
安德烈·布拉吉利 1972年作 秋日海德公园	60×81cm	429,400	羅芙奧	2018-12-01
路斯里 1986年作 地平线和鱼船	100×130cm	426,300	佳士得	2018-05-27
纳堤·尤塔瑞 2003年作 郁金香/金星的形状	140×100cm×2	426,300	佳士得	2018-05-27
阿瑞·史密特 峇里凯卡克舞者	72×96.5cm	424,725	香港苏富比	2018-04-01
张慧 2012年作 霓虹灯（无题2）	191×259.5cm	421,325	佳士得	2018-11-25
艾利·斯密特 1991年作 日出	66×59cm	421,325	佳士得	2018-11-25
安格百迪 约1938年作 越南北圻的农民	68×129cm	421,325	佳士得	2018-11-25
张向明 北京女孩--小青	180×150cm	420,000	北京歌德	2018-09-29
徐震 2014年作 天下—2808IF0146	80×100cm	418,664	保利澳门	2018-11-29
洪救国 香蕉	60×45.5cm	414,200	香港苏富比	2018-10-01
堂本尚郎 1962年作 无题 画框	84.5×210cm	414,200	香港苏富比	2018-10-01
陈丹青 1998年作 景物	40×46cm	414,000	北京保利	2018-12-06
杨识宏 2012年作 倏忽	111.7×160.8cm	411,584	保利香港	2018-09-30
丁雄泉 1986年作 夏日	77×108cm	411,584	中国嘉德	2018-10-02
丁雄泉 1982年作 三美图	175×93.5cm	411,584	中国嘉德	2018-10-02
黄宇兴 2012年作 领奖台	170.5×275.5cm	411,584	中国嘉德	2018-10-02
王劼音 2007年作 云山烟树图	110×70cm 220×70cm	411,584	保利香港	2018-09-30
杨识宏 2015年作 火山	96.1×128.5cm	406,000	佳士得	2018-05-27
黎谱 构图	90×116.5cm	406,000	佳士得	2018-05-27
菅井汲 1959年作 夏	145.5×113.5cm	404,500	香港苏富比	2018-04-01
金昌烈 1973年作 水珠	50×50cm	404,500	香港苏富比	2018-04-01
班内蒂托·雷耶斯·卡布雷拉 形状与方形	57×54.5cm	404,500	香港苏富比	2018-04-01
黎谱 花卉	115×79.5cm	404,500	香港苏富比	2018-04-01
高泉 1993年作 黄河魂	114×148cm	402,500	中国嘉德	2018-06-19
何大桥 1987年作 人体	60×80cm	402,500	北京保利	2018-06-20
李青 2011年作 互毁而同一得像·芳子与香兰	150×100cm×4	402,500	中贸圣佳	2018-11-24
林茂 2018年作 微风	50×70cm	402,500	北京保利	2018-06-20
魏巨川 中国制造·工业2.0Ⅵ	120×100cm	402,500	广东崇正	2018-07-05
忻东旺 2006年作 安逸者	100×80.5cm	402,500	中国嘉德	2018-06-19
郭润文 2010年作 沉思	40×60cm	402,500	北京荣宝	2018-12-03
毛旭辉 1986年作 红土之母 No.2	74×55cm	402,500	北京保利	2018-12-06
王光乐 2002年作 歌者	170×100cm	402,500	北京保利	2018-12-06
余本 1961年作 新会城景	55×79cm	402,500	北京匡时	2018-12-06
陈钧德 2003年作 浙江西天目山	80.5×70cm	402,500	中国嘉德	2018-06-19
李山 2006年作 童年	93×125.5cm	402,500	中国嘉德	2018-06-19
孙宗慰 1930年代 北平西郊风景	50×65cm	402,500	北京保利	2018-06-20
杨立光 1940年代作 荔枝	32×40cm	402,500	中国嘉德	2018-06-19
查尔斯·弗朗索瓦·杜比尼 玛丽桥景观	33cm×54.5cm	402,500	华艺国际	2018-11-16
佩纳·纳西斯·迪亚兹·德·拉巴比松林间	56.5cm×72.4cm	402,500	华艺国际	2018-11-16
孙宗慰 1944年 梳妆	直径45cm	402,500	中国嘉德	2018-11-21
周春芽 2018年作 桃花	32.5×43.8cm	402,500	北京华辰	2018-11-19
朱利·杜普雷 巴比松森林中的池塘	37.5cm×53.5cm	402,500	华艺国际	2018-11-16
曾梵志 2003年作 无题2003	60.5×60cm	402,500	中国嘉德	2018-09-18
庞均 2013年作 风景	102×102cm	402,500	中国嘉德	2018-06-19
沙耆 自画像	41×33cm	402,500	中国嘉德	2018-06-19
周春芽 1982年作 藏族少女	54.5×38.5cm	402,500	西泠拍卖	2018-07-07
罗尔纯 1990年作 近水人家	60×72cm	391,005	保利香港	2018-09-30
罗尔纯 1990年代作 云贵村聚	58×71.5cm	391,005	保利香港	2018-09-30
弗雷德里克·苏拉克洛瓦 执扇的贵妇	43×31cm	391,000	北京荣宝	2018-12-03
高野绫 2013年作 上升，浮动能量和鲜花	90.8×60.6cm	388,063	佳士得	2018-11-25
李山 2000年作 胭脂系列－鹅	163×132cm	385,700	佳士得	2018-05-27
威廉·杜尔华德 约1920年代作 青翠的巴利岛	85×65cm	385,700	佳士得	2018-05-27
阿凡迪 船舶与日出	63×97cm	384,275	香港苏富比	2018-04-01
丁雄泉 告诉我哪里做错了？	71×97cm	384,275	香港苏富比	2018-04-01
约瑟夫·恩桂波提 红河河堤上	47×99cm	384,275	香港苏富比	2018-04-01
六角彩子 黄洋装女孩	116.5×90.5cm	383,400	罗芙奥	2018-06-03
杨识宏 2015年作 浪	87×115cm	383,400	罗芙奥	2018-06-03
大竹伸朗 1986年作 1，2，3与帽子	226.7×181.6cm	381,500	香港苏富比	2018-10-01
李元佳 1960年作 艺术往何处去	44×420cm	381,500	香港苏富比	2018-09-30
丁雄泉 1974年作 斜躺裸女	68.5×97.5cm	379,680	羅芙奧	2018-12-02

拍品名称	物品尺寸	成交价RMB	拍卖公司	拍卖日期
汪亚尘 1930年作 巴黎河畔	36 × 53cm	368,000	中贸圣佳	2018-11-24
庞茂琨 2002年 芳华之三	80 × 100cm	368,000	上海匡时	2018-04-30
韦启美 1980年代 松冈	76 × 100cm	368,000	北京保利	2018-06-20
王克举 2017年作 朱家角—放生桥下水荡漾	140 × 160cm	368,000	中国嘉德	2018-06-19
查尔斯·约书亚·卓别林抱猫的女孩	77 × 52cm	368,000	北京荣宝	2018-12-03
庞均 2012年 红·黑·灰	71.5 × 59.5cm	368,000	中国嘉德	2018-11-21
王克举 2008年作 深秋的山野	160 × 180cm	368,000	北京匡时	2018-12-06
林立中 映月	136x34cm	368,000	开禧国际	10/18/2018
曹力 1988年作 马戏团	60 × 70cm	368,000	中国嘉德	2018-06-19
维达雅 森林花朵	49 × 51cm	364,050	香港苏富比	2018-04-01
陈飞 2006年作 小鸟	99 × 79cm	362,756	中国嘉德	2018-04-02
庄哲 2006年作 空谷清音四	127 × 167cm	362,756	中国嘉德	2018-04-02
加藤泉 2012年作 无题	193 × 130.3cm	362,756	保利香港	2018-03-29
庞均 2017年作 江山不如画	72 × 91.5cm	362,756	中国嘉德	2018-04-02
丁雄泉 约1980年代末作 五鸟花果图	97.5 × 180.5cm	360,136	中国嘉德	2018-10-02
丁雄泉 1974年作 吻我吻我	56.6 × 76cm	360,136	中国嘉德	2018-10-02
罗尔纯 1993年作 古城之晨	43 × 61.8cm	360,136	保利香港	2018-09-30
萧勤 2008年作 宇宙爱心—12	200 × 200cm	360,136	中国嘉德	2018-10-02
邱亚才 1994年作 穿花衫的女人	130 × 97cm	357,840	罗芙奥	2018-06-03
路斯里 2010年作 内在美	140 × 150cm	355,250	佳士得	2018-05-27
中西夏之 1987年作 白色楔子87-II	61 × 72.5cm	355,250	佳士得	2018-05-27
郑英青 2018年作 消失的风景（蓝）718	130.3 × 194cm	354,800	佳士得	2018-11-25
武高谈 1964年作 牡丹	46.5 × 36cm	354,800	佳士得	2018-11-25
武高谈 1971年作 神性	65.3 × 54.4cm	354,800	佳士得	2018-11-25
莱斯利·德·查韦斯 日蚀	195 × 195cm	353,938	香港苏富比	2018-04-01
黎谱 菊花	81 × 54cm	353,938	香港苏富比	2018-04-01
西奥·迈尔 峇里女子肖像	63 × 48cm	353,938	香港苏富比	2018-04-01
李元佳 1959年作 无题	67.3 × 67.3cm	348,800	香港苏富比	2018-10-01
阿莫索罗 男子与公鸡	33 × 41cm	348,800	香港苏富比	2018-10-01
纳堤·尤塔瑞 最后的老派浪漫二号	160 × 140cm	348,800	香港苏富比	2018-10-01
邱志杰 佛传 说法	180 × 180cm	345,000	北京荣宝	2018-12-03
邱志杰 洞窟中的独角兽1	180 × 180cm	345,000	北京荣宝	2018-12-03
倪贻德 1962年作 青岛疗养区 油画	40 × 53cm	345,000	北京诚轩	2018-06-18
王克举 2017年作 植物园—玉兰飘红	140 × 160cm	345,000	北京匡时	2018-06-16
颜文梁 50年代末作 中苏友好大厦落成	21.5 × 30cm	345,000	华艺国际	2018-05-23
孙路 2014年作 人物（一组两幅）	尺寸不一	345,000	华艺国际	2018-05-23
张义波 2013年作 岁月的记忆	85 × 200cm	345,000	北京保利	2018-06-20
陈彧君 2011年作 临时家庭——美式风格	180 × 260cm	345,000	北京保利	2018-06-20
宋永红 1990年作 推测	65 × 80cm	345,000	中国嘉德	2018-06-19
恩赫尼奥·赞皮吉 厨房里的演奏	73cm × 105cm	345,000	华艺国际	2018-11-16
曹力 2004年作 彩虹宝石	73 × 50cm	345,000	中国嘉德	2018-06-19
陈钧德 1996年作 海滨浴场	60 × 72cm	345,000	中国嘉德	2018-06-19
刘建国《窗外》	110 × 60cm	345,000	北京瀚古	2018-01-28
王海力 城固县五门堰写生十三	60 × 50cm	345,000	北京翰海	2018-05-13
萧勤 1973年 分割9	56 × 80cm	345,000	上海匡时	2018-04-30
周春芽 1998年作 绿色的黑根	27 × 41cm	345,000	中国嘉德	2018-06-19
他们 如是我闻 画框	80 × 100cm	336,000	湖南逸典	2018-06-09
李山 2010年作 阅读系列	80.5 × 118cm	334,117	保利香港	2018-03-29
王川 2007年作 我的丛林之二	200 × 250cm	333,500	北京匡时	2018-12-06
徐唯辛 矿工	118 × 100cm	333,500	广东崇正	2018-07-05
曹力 2006年作 五彩合声	80 × 60cm	333,500	北京荣宝	2018-12-03
曹力 1998年作 旷野萧声	50 × 73cm	333,500	北京荣宝	2018-12-03

拍品名称	物品尺寸	成交价RMB	拍卖公司	拍卖日期
庞均 2009年作 果	72.7 × 90cm	333,500	北京荣宝	2018-12-03
王克举 2009年作 秋风里的杨树	140 × 160cm	333,500	北京匡时	2018-06-16
陈建伟 2006年作 神曲	160 × 250cm	332,625	佳士得	2018-11-25
沈汉武 在水边	121.7 × 122.1cm	332,625	佳士得	2018-11-25
田名网敬一 2009年作 螺旋松树	尺寸不一	332,625	佳士得	2018-11-25
武高谈 神性	65 × 54cm	332,625	佳士得	2018-11-25
庄哲 2000年作 淡蓝之忆	127.4 × 168cm	329,267	保利香港	2018-09-30
庄哲 2000年作 清新	126.9 × 167.6cm	329,267	保利香港	2018-09-30
罗尔纯 1993年作 红砖墙的修道院	65.1 × 80.5cm	329,267	保利香港	2018-09-30
王无邪 1992年作 秋水之十	124 × 61cm	327,000	香港苏富比	2018-10-01
U San Win 佛塔节	43.5 × 57.5cm	327,000	香港苏富比	2018-10-01
丁雄泉 桂林山水	173 × 93.5cm	327,000	香港苏富比	2018-10-01
李曼峰 双鹤	122 × 60cm	327,000	香港苏富比	2018-10-01
山口长男 1970年作 接 画框	45.5 × 37.9cm	327,000	香港苏富比	2018-10-01
司徒立 2005年作 晴天下的塞纳-马恩省河谷风光	96 × 194cm	324,800	佳士得	2018-05-27
那危2016年作 竹潮江山图2016第二号	162 × 120cm	324,800	佳士得	2018-05-27
余本 1949年作 捕鱼	63 × 75.3cm	324,800	佳士得	2018-05-27
丁雄泉 1989年作 三美图	178.3 × 95.3cm	324,571	保利香港	2018-03-29
U San Win 雪德宫大金塔	62 × 42cm	323,600	香港苏富比	2018-04-01
丁雄泉 两女子与猫	118.5 × 177.5cm	323,600	香港苏富比	2018-04-01
李曼峰 白鸽	122 × 60cm	323,600	香港苏富比	2018-04-01
徐坚白 1984年作 玻璃果盘	48 × 70cm	322,000	广东崇正	2018-07-05
王式廓 1958年作 静物	40.5 × 54cm	322,000	北京保利	2018-06-20
宋琨 2003年作 肖像系列之六	91.5 × 65.5cm	322,000	中国嘉德	2018-06-19
忻东旺 2000年作 有青椒的少女像	81 × 65cm	322,000	中国嘉德	2018-06-19
安德烈·德兰 十九世纪 梨和香蕉的静物	30 × 38cm	322,000	北京华辰	2018-11-19
查理·弗朗索瓦·多比尼 诺曼底田园风光	37 × 60cm	322,000	北京华辰	2018-11-19
吕斯百 1930年作 初春之晚	25 × 35cm	322,000	北京匡时	2018-12-06
庞均 2012年作 花间渔舟	66 × 72cm	322,000	北京荣宝	2018-12-03
庞均2009年作红色背景前的黄色百合	60.6 × 72.7cm	322,000	北京荣宝	2018-12-03
沙耆 1988年作 吉林秋色	57 × 66cm	322,000	中贸圣佳	2018-11-24
王易罡 2017年作 2017R-67号作品	120 × 150cm	322,000	北京匡时	2018-12-06
曹力 1991年作 无题	56 × 68.5cm	322,000	西泠拍卖	2018-07-07
陈钧德 2005年作 中秋夕照	70 × 90cm	322,000	中国嘉德	2018-06-19
丁雄泉 1986年作 想到你	尺寸不一	322,000	保利厦门	2018-01-08
关良 无题	34 × 41cm	322,000	保利厦门	2018-07-15
毛焰 2010年作 托马斯像	93.5 × 73.5cm	322,000	南京经典	2018-01-06
苏天赐 1995年作 氤氲太湖 油画	33 × 45cm	322,000	北京诚轩	2018-06-18
沃尔特·詹姆斯·沃森 1923年 北威尔士牧牛	40.0 × 66.0cm	322,000	保利厦门	2018-01-08
颜文梁 街景	32 × 39.5cm	322,000	西泠拍卖	2018-07-07
胡宏述 2003年作 融 绷架	107 × 121.5cm	320,016	台北艺流	2018-12-01
张大力2007年作同一个世界同一个梦	180 × 105cm	310,500	北京保利	2018-06-20
陈钧德 2012年作 暖日醉春	60 × 70cm	310,500	北京匡时	2018-06-16
威廉 R.C.华森 1903年 清晨山崖边的绵羊群	35 × 45cm	310,500	保利厦门	2018-07-15
PRATUANG EMJAROEN 1988年作二号	171 × 128cm	310,450	佳士得	2018-11-25
曾灶财 2003年作 曾书	126.5 × 272cm	308,688	中国嘉德	2018-10-02
妥木斯 1981年作 月	60 × 101cm	308,688	中国嘉德	2018-10-02
六角彩子 2009年作 小红洋装	100 × 100cm	306,720	罗芙奥	2018-06-02
陈荫罴 1970-1980年代作形色缤纷-III	60 × 46cm	306,720	罗芙奥	2018-06-03
六角彩子 2009年作 花园女孩	100 × 100cm	306,720	罗芙奥	2018-06-02

拍品名称	物品尺寸	成交价RMB	拍卖公司	拍卖日期
王劼音 2003年作 山村	100×100cm	305,478	保利香港	2018-03-29
武高谈 家庭	65×50cm	305,200	香港苏富比	2018-10-01
丁雄泉 三美图	173×93.5cm	305,200	香港苏富比	2018-10-01
山口长男 1970年作 累 画框	41×41cm	305,200	香港苏富比	2018-10-01
菅井汲 1971年作 节庆 Y.	147×102cm	304,500	佳士得	2018-05-27
山田正亮 1965-1966年作 Work C.267	117×117cm	304,500	佳士得	2018-05-27
裴春派 街景	61×75.5cm	303,375	香港苏富比	2018-04-01
郑木奎 1998年作 蜿蜒河流中的水牛	122×122cm	303,375	香港苏富比	2018-04-01
MR. 2007年作 遥远的梦	91.1×116.5cm	303,375	香港苏富比	2018-04-01
袁远 2008年作 小鸭嘎嘎的乐园	150×170cm	303,375	香港苏富比	2018-04-01
阿瑞·史密特 乌布红色寺庙	59.5×48cm	303,375	香港苏富比	2018-04-01
李曼峰 老虎	106×52cm	303,375	香港苏富比	2018-04-01
玛丽娜·克鲁斯 花园	168×114.5cm	303,375	香港苏富比	2018-04-01
斯里哈迪·苏达索诺 民谣舞者	100.5×140.5cm	303,375	香港苏富比	2018-04-01
王易罡 2016年作 抽象H30号	80×100cm	299,000	北京保利	2018-06-20
阿尔弗雷德·巴斯蒂昂油画《湖畔》	54cm×36cm	299,000	北京保利	2018-12-08
黄宇兴 2003年 幻城	124×240cm	299,000	上海匡时	2018-04-30
吕斯百 陕北	21.8×31.5cm	299,000	北京匡时	2018-06-16
SAW MAUNG 1967年作 阿卡族舞者	48×61cm	288,275	佳士得	2018-11-25
U SAN WIN 1974年作 蒲甘的白色寺庙	30×40cm	288,275	佳士得	2018-11-25
阿莫索罗 1959年作 裸女	54.5×39.5cm	288,275	佳士得	2018-11-25
斯里哈迪·苏达索诺1967年作 贫穷者	130×100cm	288,275	佳士得	2018-11-25
赵要 2012年作 很有想法的绘画 III-250	135×160cm	288,275	佳士得	2018-11-25
仇德树 裂变	147.7×220cm	288,109	保利香港	2018-09-30
季大纯 2004年作 中南海0.6	139.7×110.2cm	288,109	中国嘉德	2018-10-02
闫平 1996年作 母与子	140.3×160.5cm	288,109	保利香港	2018-09-30
胡善馀 1974年作 蓝花布衬托的静物	65×54cm	287,500	上海泓盛	2018-01-20
黄显之 运矿缆车	32×40cm	287,500	北京匡时	2018-06-16
孙滋溪 1993年作 沂蒙姑娘	60×50cm	287,500	华艺国际	2018-05-23
孙滋溪 1987年作 阳朔	80×65cm	287,500	华艺国际	2018-05-23
徐坚白 1983年作 北江放筏	36×73cm	287,500	广东崇正	2018-07-05
陈丹青 2011年作 穿高跟鞋的裸女	61×76.5cm	287,500	中国嘉德	2018-06-19
段建伟 1999年作 小孩	73×60cm	287,500	中国嘉德	2018-06-19
罗丹 2015年作 离歌No.3	200×160cm	287,500	北京保利	2018-06-20
马轲 2007年作 时代英雄No.3	180.5×150cm	287,500	中国嘉德	2018-06-19
蔡锦 2015年作 风景	80×80cm	287,500	华艺国际	2018-11-16
朝戈 1998年作 雪	41×83cm	287,500	中贸圣佳	2018-11-24
罗尔纯 1998年作 刘范国像	72.5×59.5cm	287,500	北京匡时	2018-12-06
沙耆 约1942年 玫瑰与葡萄	52×35.5cm	287,500	中国嘉德	2018-11-21
尹朝阳 2001年 神话-15	149.5×130cm	287,500	中国嘉德	2018-11-21
籍忠亮 云游	138×57cm	287,500	开禧国际	10/18/2018
李青 2010年作 药殿	149.5×199cm	287,500	西泠拍卖	2018-07-07
刘建国《母子情深》	158×70cm	287,500	北京瀚古	2018-01-28
罗朗·乌多 伊莲娜·罗莎	53cm×45cm	287,500	北京保利	2018-06-19
颜文梁 1954年作 中山公园	25×17cm	287,500	中国嘉德	2018-06-19
秦琦 2010年作 蜡烛	200×250cm	286,386	保利香港	2018-03-29
叶永青 1991-1992年作 松林坡·守望者	59.7×49cm	286,386	保利香港	2018-03-29
庄哲 2006年作 自然之图腾	168×132cm	286,386	保利香港	2018-03-29
渡部满 2018年作 森林中：哀悼基督	130×194cm	284,200	佳士得	2018-05-27
U NGWE GAING 鲜花和缅甸神话中的鸟雕像	44×59cm	284,200	佳士得	2018-05-27
黎谱 静物	90×63cm	283,400	香港苏富比	2018-10-01
罗兰·史特拉瑟 男人与公鸡	99.5×54.5cm	283,400	香港苏富比	2018-10-01
武高谈 骑手	73×60cm	283,400	香港苏富比	2018-10-01
西奥·迈尔 鹰舞	100.5×76cm	283,400	香港苏富比	2018-10-01
郑相和 1969年作 无题 镜框	90.5×72.5cm	283,400	香港苏富比	2018-10-01
安东尼奥·卡尔代拉拉 1961至1963年作 光线-空间	27×27cm	283,150	香港苏富比	2018-04-01
李曼峰 女子肖像	76×58cm	283,150	香港苏富比	2018-04-01
丁雄泉 1963年作 粉红雷电	65×81cm	281,160	罗芙奥	2018-06-03
丁雄泉 约1991年作 粉红佳人	124×161cm	281,160	罗芙奥	2018-06-03
庞均 2017年作 夜漓江—月下渔夫	72.5×91cm	281,160	罗芙奥	2018-06-03
邱亚才 1991年作 完美	80×65cm	281,160	罗芙奥	2018-06-03
房奇 2015年 无题	230×150.5cm	276,000	中国嘉德	2018-11-21
姜川 2015年作 十字路口	120×80cm	276,000	北京保利	2018-12-06
夏俊娜 2003年作 盛装	150×130cm	276,000	华艺国际	2018-11-16
罗荃木 养蜂人	189×139cm	276,000	南京经典	2018-07-22
陈钧德 1981年作 石狮子	64×77cm	276,000	北京匡时	2018-12-06
刘兴 和平使者	31.5×31.5cm	276,000	开禧国际	5/20/2018
刘兴 和平颂	31.5×31.5cm	276,000	开禧国际	5/20/2018
刘抗 中国海岸的房屋与岛屿	45×53cm	272,500	香港苏富比	2018-10-01
徐震 2014年作 天下-2832BD0152	50×70×13cm	272,500	香港苏富比	2018-10-01
丁雄泉 1962年作 抽象	92×129cm	271,200	羅芙奧	2018-12-02
叶子奇 2018年作 2016农历春节·广东粉	61×61cm	271,200	羅芙奧	2018-12-02
郭燕 2010年作 菩提系列56号	150×100cm	268,800	上海联合	2018-11-25
王劼音 1997年作 素馨	80×60cm	267,530	保利香港	2018-09-30
闫平 1996年作 母与子	160×135cm	267,294	保利香港	2018-03-29
罗尔纯 1994年作 红土上的喜悦	60.5×70.5cm	267,294	保利香港	2018-03-29
秦松 1999年作 圆与半圆 绷架	97×130cm	266,680	台北艺流	2018-12-01
NGWE GAING 1967年作 芒马甘群岛海滩	44×61cm	266,100	佳士得	2018-11-25
费南度·索维尔 1974年作 La Vista XXVI	40×40cm	266,100	佳士得	2018-11-25
李山 1998年作 无题	83×167cm	266,100	佳士得	2018-11-25
刘小东 1996年作 睡眠与失眠系列第11号	33×38cm	266,100	佳士得	2018-11-25
刘小东 1996年作 睡眠与失眠系列第28号	33×38cm	266,100	佳士得	2018-11-25
莫朴 1981年作 才溪乡	54×64cm	264,500	中贸圣佳	2018-11-24
夏俊娜 2005年作 午后	131×160cm	264,500	北京华辰	2018-11-19
祁璐 寓言倒置·冷调子三	88×58cm	264,500	开禧国际	10/18/2018
李曼峰 两匹马	102×49cm	263,900	佳士得	2018-05-27
阿莫索罗 风景	30×40.5cm	262,925	香港苏富比	2018-04-01
小野里利信 1961年作 作品	45×52.9cm	262,925	香港苏富比	2018-04-01
霍刚 1968年作 省思	67×87cm	261,600	香港苏富比	2018-10-01
郑重宾 2013年作 无题 镜框	179×97cm	261,600	香港苏富比	2018-10-01
丁雄泉 花卉	177×95cm	261,600	香港苏富比	2018-10-01
六角彩子 2007年作 抽烟 镜框	38×45.5cm	261,600	香港苏富比	2018-10-01
斯里哈迪·苏达索诺 雷贡舞	100×90cm	261,600	香港苏富比	2018-10-01
翁雪松 2014年作 山石系列5号	直径90cm	257,640	羅芙奧	2018-12-02
董小蕙 2012年作 闲适—白茶花	130×97cm	257,240	中国嘉德	2018-10-02
秦琦 2009年作 轮子	188.8×300cm	257,240	保利香港	2018-09-30
维多·瓦萨雷利1989年作跳动的旋律	58×55cm	255,600	罗芙奥	2018-06-02
卫天霖 1930年代作 春日	35×43cm	253,000	北京保利	2018-12-06
徐鸣 2018年作 秋韵	80×160cm	253,000	中贸圣佳	2018-11-24
张恩利 2009年作 图案	60×60cm	253,000	中贸圣佳	2018-11-24
陆驰 有桥的风景	90×110cm	253,000	广东衡益	2018-07-01

拍品名称	物品尺寸	成交价RMB	拍卖公司	拍卖日期
聂鸥 2006年作 夏日	80×120cm	253,000	北京翰海	2018-06-30
汤集祥 余国宏 耕海 布面油画	70×90cm	253,000	广东崇正	2018-07-04
王玉平 1999年作 红鱼系列	112×146cm	253,000	北京翰海	2018-06-30
曾传兴 2014年作 纸新娘	69×78.5cm	253,000	西泠拍卖	2018-07-07
崔小冬 临萨金特拾贝壳的人们	79.5×123cm	253,000	西泠拍卖	2018-07-07
七户优 2010年作 月亮的钥匙	53×33.5cm	253,000	北京匡时	2018-12-06
宋永红 2006年 远去的树	199×149cm	253,000	中国嘉德	2018-11-21
叶永青 2009年作 涂点蓝	200×150cm	253,000	北京华辰	2018-11-19
祁璐 炫彩系列·荷风	66×66cm	253,000	开禧国际	10/18/2018
陈钧德 1978年作 新安江溪畔	70×80cm	253,000	中国嘉德	2018-06-19
刘建国《反弹琵琶》	100×80cm	253,000	北京瀚古	2018-01-28
毛焰 托马斯侧面像	73×50cm	253,000	南京经典	2018-07-22
汉斯·哈同 1973年作 P1973-Z62	52.3×75cm	252,813	香港苏富比	2018-04-01
萧勤 2000-2013年作 大鸿	100.2×130.3cm	246,950	保利香港	2018-09-30
庄哲 1974年作 风景 第30号	84.7×121.2cm	246,950	保利香港	2018-09-30
郭维国 2009年作 天鹅游泳圈	150×200cm	244,080	罗芙奥	2018-12-02
六角彩子 2013年作 女孩与紫色圆圈圈	60.5×60.5cm	244,080	罗芙奥	2018-12-01
陈可 2010年作 龙舟	直径100cm	243,925	佳士得	2018-11-25
金东阖 1998年作 双面图	112×145×6cm	243,925	佳士得	2018-11-25
苏拉吉 2002年作 生活的竞争	145×200cm	243,925	佳士得	2018-11-25
罗兰·斯托拉瑟 峇里岛舞者	97×51cm	243,925	佳士得	2018-11-25
武高谈 1978年作 母子	60×48cm	243,925	佳士得	2018-11-25
钟泗宾 1961年作 抽像景观	50×60cm	243,925	佳士得	2018-11-25
加藤泉 2001年作 Moku	145.5×89.4cm	243,600	佳士得	2018-05-27
马轲 2008年 震耳欲聋	200×150.5cm	241,500	中国嘉德	2018-11-21
普特古斯基 1940年作 北京市集	92×115cm	241,500	上海泓盛	2018-01-20
高野绫 2012年作 花舞：庆典2	130.3×80.3cm	239,800	香港苏富比	2018-10-01
苏佐佐诺 笛手	99×85cm	239,800	香港苏富比	2018-10-01
Danilo E. Dalena ALIBANGBANG I	37×61cm	239,800	香港苏富比	2018-10-01
博特·莫克塔 三仕女	79×59cm	239,800	香港苏富比	2018-10-01
吉格·克鲁斯 塞满并对齐窗框的头	150×300cm	239,800	香港苏富比	2018-10-01
拉菲伊·加尼 失乐园之舞	214×183cm	239,800	香港苏富比	2018-10-01
黎谱 母子	60×38cm	239,800	香港苏富比	2018-10-01
黎谱 花与人物	74×54cm	239,800	香港苏富比	2018-10-01
李曼峰 雄鸡	87×41cm	239,800	香港苏富比	2018-10-01
李曼峰 金鱼	122×60cm	239,800	香港苏富比	2018-10-01
胡博·华士 1923年作 案上瓷瓶	101×75cm	238,655	中国嘉德	2018-04-02
杨识宏 1989年作 一息间的回忆	126.7×96.5cm	238,655	保利香港	2018-03-29
廉学洺 2017年作 枝—树的修养	100×100cm	235,200	上海联合	2018-11-25
李自健 2012年作 风景 画框	60×90cm	235,200	湖南逸典	2018-06-09
罗展鹏 2013年作 白面者 – 蜘蛛之丝	162×97cm	230,520	罗芙奥	2018-12-02
洪凌 晓雾霜朦	80×100cm	230,000	中贸圣佳	2018-11-24
凌韵 2016年作 亨利·马蒂斯 肖像	122×92cm	230,000	北京保利	2018-12-06
岂梦光 2017年作 织一蓝色泡影	100×110cm	230,000	北京华辰	2018-11-19
谢宏军 2010年作 张瑞芳1955年	100×80cm	230,000	北京华辰	2018-11-19
何多苓 小吴的三连画之三 镜心	60×50cm	230,000	荣宝斋（济南）	2018-06-30
夏俊娜 2004年作 盛装	160×130cm	230,000	北京荣宝	2018-06-14
张思永 2016年作 时光流	80×100cm	230,000	中贸圣佳	2018-06-20
周碧初 印度尼西亚火山	47×55cm	230,000	上海匡时	2018-04-30
欧阳春 卡通女孩	230.5×180.5cm	230,000	中国嘉德	2018-06-19
戴泽 1984年作 草原上的收获	85×66cm	230,000	北京保利	2018-06-20
葛鹏仁 1982年作 新娘	120×86cm	230,000	北京保利	2018-06-20
王式廓 1955～1957年作 少女像	94×60cm	230,000	北京保利	2018-06-20
袁冬 2017年作 寒风中的旋律	145×190cm	230,000	中国嘉德	2018-06-19

拍品名称	物品尺寸	成交价RMB	拍卖公司	拍卖日期
蔡磊 2015年作 模棱4号	210×105×18cm	230,000	北京保利	2018-12-06
曹力 1989年作 村女	60×70cm	230,000	华艺国际	2018-11-16
曹力 1988年作 梦境	60×70cm	230,000	中国嘉德	2018-11-21
陈钧德 1980年作 桂林山水	38×45cm×4	230,000	北京匡时	2018-12-06
彭斯 2006年作 红觞	138×68cm	230,000	中贸圣佳	2018-11-24
沙耆 1940年 布鲁塞尔郊外风景	27×40cm	230,000	中国嘉德	2018-11-21
徐鸣 2012年作 莲	92×122cm	230,000	中贸圣佳	2018-11-24
徐渠 2013-2014年 运动	180×240cm	230,000	中国嘉德	2018-11-21
颜文梁 上海外滩	57×66cm	230,000	中贸圣佳	2018-11-24
叶永青 1990年作 心·泪水	75×55cm	230,000	华艺国际	2018-11-16
郑泽生 2014年作 呼唤沉睡之灵No.1	70×150cm	230,000	华艺国际	2018-11-16
安德烈·克罗多 1929年作 海港渔船	61.5×72.5cm	230,000	中国嘉德	2018-06-19
陈钧德 1998年作 古镇农村	60.5×72.5cm	230,000	中国嘉德	2018-06-19
刘建国《爱》	90×60cm	230,000	北京瀚古	2018-01-28
刘建国《思念》	160×80cm	230,000	北京瀚古	2018-01-28
罗中立 2007年作 掌灯人	58×43cm	230,000	北京荣宝	2018-06-14
罗中立 过河	56.5×41cm	230,000	西泠拍卖	2018-07-07
庞茂琨 1998年作 人物	61×72cm	230,000	南京经典	2018-01-06
孙滋溪 1973年作 柏坡老农	33×23cm	230,000	华艺国际	2018-05-23
王克举 三棵树	100×120cm	230,000	北京匡时	2018-06-16
吴训木 2009年作 无声野性	110×160cm	230,000	上海泓盛	2018-01-20
余本 1947年作 庙堂香火	63.6×76cm	230,000	上海匡时	2018-04-30
徐晨阳 2014年 遥远的海	130×194cm	226,371	北京匡时	2018-10-03
顾福生 1995年作 夜曲	130.6×85cm	226,371	中国嘉德	2018-10-02
庞均 2006年作 百合花	71×59cm	226,371	中国嘉德	2018-10-02
庞均 2013年作 江山无古今	60.6×72.9cm	226,371	保利香港	2018-09-30
闫平 1994年作 我们再舞之二	140×120.3cm	226,371	保利香港	2018-09-30
钟泗滨 1961年作 抽象风景	43×51.7cm	226,371	中国嘉德	2018-10-02
李圣子 1950年代作 无题	38×46cm	223,300	佳士得	2018-05-27
莫达 阿宾 1990年作 市容	160×140cm	223,300	佳士得	2018-05-27
荒川修作 1983年作 一路上	183×183cm	222,475	香港苏富比	2018-04-01
维达雅 自然生态	97.5×183.5cm	222,475	香港苏富比	2018-04-01
U San Win 雪德宫	40×50.5cm	222,475	香港苏富比	2018-04-01
阿古斯·特里延托·BR 戏剧世界的探险	195×300cm	222,475	香港苏富比	2018-04-01
阿瑞·史密特 黄色寺庙与小船	51×39.5cm	222,475	香港苏富比	2018-04-01
阿瑞·史密特 日落时分的大宅	55×55cm	222,475	香港苏富比	2018-04-01
李山 1996年作 胭脂系列	27.1×37.8cm	222,475	香港苏富比	2018-04-01
莫达·阿宾 茶叶工厂	72×95.5cm	222,475	香港苏富比	2018-04-01
武高谈 情人	72×59cm	222,475	香港苏富比	2018-04-01
邓尔昌 1999年作 午夜绽放的猩红色光彩	116×116cm	221,750	佳士得	2018-11-25
U NGWE GAING 约1950年作 小镇景色	30×40cm	221,750	佳士得	2018-11-25
布特 莫达 1976年作 无题	145×145cm	221,750	佳士得	2018-11-25
丁雄泉 蓝色的马	97×179cm	221,750	佳士得	2018-11-25
霍刚 1988年作 N.7316	100×80cm	221,750	佳士得	2018-11-25
黎谱 约1970年作 红花女子	37×45cm	221,750	佳士得	2018-11-25
刘小东 1996年作 睡眠与失眠系列第18号	33×38cm	221,750	佳士得	2018-11-25
鲁道夫·邦尼 1956年作 男子肖像	76×43cm	221,750	佳士得	2018-11-25
堂本尚郎 1958年作 无题	60×120cm	221,750	佳士得	2018-11-25
西奥·梅耶 沐浴女子	75×63cm	221,750	佳士得	2018-11-25
萧勤 1993年作 永久的花园 – 51	60×70cm	221,750	佳士得	2018-11-25
朱新建 美人图	80×100cm	218,500	南京经典	2018-01-06
陈丹青 2007年作 屏风前的人体	60×50cm	218,500	中国嘉德	2018-09-18

(成交价RMB：10万元以上)

拍品名称	物品尺寸	成交价RMB	拍卖公司	拍卖日期
沙耆 1993年作 瓶花	53×43cm	218,500	中贸圣佳	2018-11-24
武高谈 神逸	45×38.5cm	218,000	香港苏富比	2018-10-01
武高谈 两姊妹	54×31.5cm	218,000	香港苏富比	2018-10-01
萧勤 1963年作 称	60×100cm	218,000	香港苏富比	2018-10-01
安德烈·科达沃兹 约1998年作 戛纳海景	60×92cm	216,960	羅芙奧	2018-12-01
杰佩·路易·艾美 池边牛群	31×65.5cm	216,200	保利厦门	2018-07-15
陈福善 1984年作 愉快的生命	238×137cm	210,663	佳士得	2018-11-25
DAMRONG WONG-UPARAJ 1965年作 抽象	70×79cm	210,663	佳士得	2018-11-25
法兰西斯·纽顿·苏扎 1975年作 无题（风景）	41.6×58.7cm	210,663	佳士得	2018-11-25
黎谱 约1960年作 母与子	50.5×38cm	210,663	佳士得	2018-11-25
黎谱 约1970年作 构图	45×32cm	210,663	佳士得	2018-11-25
黎谱 约1970年作 妙龄女子与鲜花	45.5×54.5cm	210,663	佳士得	2018-11-25
黎谱 约1968-1970年作 少女与鲜花	40×32cm	210,663	佳士得	2018-11-25
王广义 2004年作 大批判系列：可口可乐	70×60cm	210,016	保利香港	2018-03-29
萧勤 1961年作 进焉	69.5×69.5cm	210,016	保利香港	2018-03-29
元永定正 1993年作 与红	49×60cm	209,332	保利澳门	2018-11-29
汤垚 神犬	100×80cm	209,300	广东衡益	2018-07-01
黎谱 花卉	55×65.5cm	207,100	香港苏富比	2018-10-01
崔泉溪 2015年作 绽放无痕	110×90cm	207,000	广东崇正	2018-07-05
康海涛 2003年作 十月之水 油画	153.5×106.5cm	207,000	北京诚轩	2018-06-18
李秀实 1992年作 灼	52.5×65cm	207,000	北京匡时	2018-06-16
林宪茂 2016年作 鲤漾系列 2016	122×152.5cm	207,000	华艺国际	2018-05-23
万福堂 1998年作 古瓶与水仙	45×38cm	207,000	广东崇正	2018-07-05
熊宇 2008年作 架鹰的人	80×110cm	207,000	北京荣宝	2018-06-14
李梁 2017年作 本来无一物 镜框	150×120cm	207,000	北京保利	2018-05-21
全山石 新疆风光	80×100cm	207,000	西泠拍卖	2018-07-07
伍泽枢 洛波特内港	66×40.5cm	207,000	西泠拍卖	2018-07-07
萧进 2005年作 430人生之一：昔日校园·远方	180×120cm	207,000	中国嘉德	2018-06-19
谢东明 2006年作 饮茶的马夫	130×190.5cm	207,000	中国嘉德	2018-06-19
博尔斯瓦夫·冯·桑科夫斯基 年轻女子	84×72cm	207,000	北京荣宝	2018-12-03
杰佩.路易.艾美 1886年作 牧羊女和羊群	66cm×81cm	207,000	华艺国际	2018-11-16
罗荃木 2015年作 养蜂人	150×110cm	207,000	中贸圣佳	2018-11-24
纳西斯·迪亚兹·德拉潘 油画《枫丹白露森林》	29cm×18cm	207,000	北京保利	2018-12-08
庞茂琨 1992年作 那家的俏姑娘	60.5×50cm	207,000	北京华辰	2018-11-19
王海力 2018年 终南山寨之三	35.5×45cm	207,000	中国嘉德	2018-11-21
王劲松 1993年 浴室	100.5×81cm	207,000	中国嘉德	2018-11-21
尤金·伊沙贝 满载而归	65cm×92cm	207,000	华艺国际	2018-11-16
约翰·布兰顿·史密斯 1869年作 曲径通幽	51cm×38.5cm	207,000	华艺国际	2018-11-16
朱新建 美人图	80×100cm	207,000	中贸圣佳	2018-11-24
籍忠亮 养志清修	53×104cm	207,000	开禧国际	10/18/2018
阿尔伯特·贝纳尔 马	45cm×36cm	207,000	北京保利	2018-06-19
陈钧德 2002年作 皖南太原	50×60cm	207,000	中国嘉德	2018-06-19
陈钧德 1987年作 小桥	59×69cm	207,000	西泠拍卖	2018-07-07
黄显之 1958年作 南山矿场一角	26×34cm	207,000	北京匡时	2018-06-16
刘建国《情思》	100×70cm	207,000	北京瀚古	2018-01-28
罗中立 父与子	53×39cm	207,000	北京荣宝	2018-06-14

拍品名称	物品尺寸	成交价RMB	拍卖公司	拍卖日期
孙良 1999年 迷幻	80×80cm	207,000	上海匡时	2018-04-30
孙滋溪 1996年作 晚炊	40×50cm	207,000	华艺国际	2018-05-23
傅庆豊 2008年作 揽镜自照	161.9×130.3cm	205,792	保利香港	2018-09-30
周珠旺 2016年至2017年作 石屿	96.5×162cm	205,792	中国嘉德	2018-10-02
罗尔纯 1990年代作 无云天低吟牛	60×72cm	205,792	保利香港	2018-09-30
陈彧君 2013年作 临时家庭 No.131216	180×120cm	203,000	佳士得	2018-05-27
魏立刚 2018年作 檀香炉 涧舫 烟霞村 镜框	114×114cm	203,000	佳士得	2018-05-28
鹫见康夫 2008年作 Magi 913	160×130cm	203,000	佳士得	2018-05-27
萧勤 1995年作 永恒的花园	60×100cm	203,000	佳士得	2018-05-27
尤尼扎 2006年作 字母表	150×200cm	203,000	佳士得	2018-05-27
安迪斯·巴里奥昆图 现代的爱	213×213cm	202,250	香港苏富比	2018-04-01
布莱恩·宇兴 无题	44×34.5cm	202,250	香港苏富比	2018-04-01
王广义 2004年作 信徒	50×40cm	202,250	香港苏富比	2018-04-01
陈澄波 红毯上的裸女	7.2×11cm	199,575	佳士得	2018-11-25
金·麦尔逊 2018年作 感知进化	90×120cm	199,575	佳士得	2018-11-25
亚维纳舒·真德罗 无题（风景）	74.9×100.3cm	199,575	佳士得	2018-11-25
沈敬东 2010年作 在草地上的午餐画框	119×209cm	196,200	香港苏富比	2018-10-01
谢景兰 1974年作 月亮	38×55cm	196,200	香港苏富比	2018-10-01
艾萨克·伊斯瑞奥斯《咨里舞者》	42.5×44.5cm	196,200	香港苏富比	2018-10-01
李继开 2005年作 指尖之上	110×80cm	195,500	南京经典	2018-01-06
孙洛 2017年作 花轻似梦03	128×108cm	195,500	华艺国际	2018-05-23
王亚彬 2016年作 洛阳春	110×150cm	195,500	中国嘉德	2018-06-19
忻东旺 2004年作 慈母	59.5×50.5cm	195,500	中国嘉德	2018-09-18
车建全 2018年作 松 NO.10	48×87cm	195,500	华艺国际	2018-11-16
边建 事事如意	48×56cm	195,500	开禧国际	5/20/2018
沙耆 1992年作 乡村风光	68×47cm	195,500	上海泓盛	2018-01-20
洪凌 2008年作 悦雪	80×100cm	192,850	佳士得	2018-05-27
傅庆豊 1993-1994年作 蓝珊瑚	130.8×130.8cm	192,850	佳士得	2018-05-27
黎谱 花卉	90.5×58.5cm	192,138	香港苏富比	2018-04-01
苏兹立·易卜拉欣 墙壁系列；杰作II	152×236.5cm	192,138	香港苏富比	2018-04-01
武高谈 梦境	71.5×58.5cm	192,138	香港苏富比	2018-04-01
萧勤 2009年作 紫源	75×90cm	191,700	罗芙奥	2018-06-03
陈钧德 1991年作 海上行舟	70×79.5cm	190,924	中国嘉德	2018-04-02
萧勤 1994年作 永久的花园-75	49.5×69cm	190,924	保利香港	2018-03-29
戴平均 2014年作 火烧云 画框	80×100cm	190,400	湖南逸典	2018-06-09
六角彩子 2012年作 无题	124.5×66cm	189,840	羅芙奧	2018-12-02
七户优 2003年作 两面都一样	44.5×32cm	189,840	羅芙奧	2018-12-01
叶子奇 1996年作 独树	66×40cm	189,840	羅芙奧	2018-12-02
张义雄 1982年作 车厢	61×50cm	189,840	羅芙奧	2018-12-02
平贺敬 1984年作 昨日庵?茶会—与蝉丸氏	38×45.5cm	188,488	佳士得	2018-11-25
山洋平 2018年作 宇宙光 #12	119.5×149.5cm	188,488	佳士得	2018-11-25
阿古斯·特里延托·BR 希望之旅	180×250cm	185,300	香港苏富比	2018-10-01
季大纯 2004年作 梯子上的毛主席	110×110cm	185,300	香港苏富比	2018-10-01
勒迈耶 纽波特街景	36×55cm	185,300	香港苏富比	2018-10-01
罗兰·史特拉瑟 舞者	100.5×56cm	185,300	香港苏富比	2018-10-01
若兰多·（奥兰）·温杜拿 塑料现实	213×152.5cm	185,300	香港苏富比	2018-10-01
武高谈 双人像	61.5×50cm	185,300	香港苏富比	2018-10-01
董小蕙 2017年作 花间对语—金蒜花II	100×80cm	185,213	中国嘉德	2018-10-02
黄锐 1980年作 女肖像、重回古典（双面画）	75×64cm	184,000	北京匡时	2018-12-06
车建全 2016年作 六朝松	90×70cm	184,000	华艺国际	2018-05-23

拍品名称	物品尺寸	成交价RMB	拍卖公司	拍卖日期
邓箭今 2012年作 剧中人物B女人	80×60cm	184,000	华艺国际	2018-05-23
康海涛 2003年作 岁月有多长 油画	100.7×160.7cm	184,000	北京诚轩	2018-06-18
李爽 2006年作 好景良辰	130×160cm	184,000	北京匡时	2018-06-16
邵增虎 村落	80×99cm	184,000	广东崇正	2018-07-05
展侨 2017年作 遇见未知的自己	150×150cm	184,000	中贸圣佳	2018-06-20
王华祥 1993-1994年作 彗星划过	73×61cm	184,000	中国嘉德	2018-06-19
齐鹏 2011年作 色系-6	170×130cm	184,000	华艺国际	2018-11-16
查尔斯·卡瓦比勒 Bizy的露台	40cm×31cm	184,000	北京保利	2018-06-19
段建伟 1996年作 大工小工	125×70cm	184,000	西泠拍卖	2018-07-07
佚名 革命建设工地 布面油画	70×90cm	184,000	广东崇正	2018-07-04
陈建伟2011年作所有动物都是平等的	180×320cm	182,700	佳士得	2018-05-27
黄用烨 1999年作 人间一金刚山	130.3×162.2cm	182,700	佳士得	2018-05-27
洪亚弟 牛车水宝塔街	80×80cm	182,025	香港苏富比	2018-04-01
黎谱 母女	50×50cm	182,025	香港苏富比	2018-04-01
斯里哈迪·苏达索诺 两位舞者	73×91cm	182,025	香港苏富比	2018-04-01
武高谈 约会	58.5×71.5cm	182,025	香港苏富比	2018-04-01
钟泗滨 1965年作 奎笼（棚屋）	75×60cm	182,025	香港苏富比	2018-04-01
罗尔纯 1990年作 静物（花瓶）	53.8×46.1cm	181,378	保利香港	2018-03-29
张嘉颖 2012年作 2015年作 换头系列-鞋猫与未知的恋人 小狐仙与躲猫猫的小丑	121.5×72.5cm×2	178,920	罗芙奥	2018-06-03
萧勤 1985年作 宇宙漩涡之十六	113×132cm	177,400	佳士得	2018-11-25
保罗·艾斯比利 花（2）	55×46cm	176,280	羅芙奧	2018-12-01
杨识宏 2012年作 云游	91×179.5cm	176,280	羅芙奧	2018-12-02
S·杜威·斯特亚·阿纲 流星花园	180×250cm	174,400	香港苏富比	2018-10-01
坂本善三 1982年作 红色空间	163×163cm	174,400	香港苏富比	2018-10-01
黎谱 花卉	45×31cm	174,400	香港苏富比	2018-10-01
刘抗 河景	40×48.5cm	174,400	香港苏富比	2018-10-01
沈汉武 红卫兵 2	91×121.5cm	172,550	佳士得	2018-05-27
艾利·斯密特 1962年作 在前门发光的绿化	75.5×60.5cm	172,550	佳士得	2018-05-27
金昌烈 1992年作 S.A.9200	72.5×59.5cm	172,550	佳士得	2018-05-27
黎谱 约1958年作 蜀葵	48×63.5cm	172,550	佳士得	2018-05-27
谢景兰 1968-1969年作 玫瑰花	50×65cm	172,550	佳士得	2018-05-27
董春凤 2017年作 夜来风语声	160×160cm	172,500	北京匡时	2018-06-16
李光林 2016年作 祈福系列·晨光一	直径80cm	172,500	北京翰海	2018-06-30
李智华 剑气	115×140cm	172,500	广东衡益	2018-07-01
刘玖通 2010年作 斑斓水乡	130×208cm	172,500	北京荣宝	2018-06-14
齐鹏 2010年作 无题-11	70×110cm	172,500	华艺国际	2018-05-23
杨尧 高原牧歌	80×100cm	172,500	广东衡益	2018-07-01
冯国栋 写生27	38×54cm	172,500	北京保利	2018-06-20
林风眠 油画仕女	90.5×76.7cm	172,500	北京保利	2018-04-29
喻红 1990年作 女人体	91×73cm	172,500	中国嘉德	2018-06-19
章剑 2006年作 天安门系列	199.5×150cm	172,500	中国嘉德	2018-06-19
曹力 村童的梦	39.5×45.5cm	172,500	中国嘉德	2018-11-21
弗朗西斯科·瓜尔迪18世纪战斗场景	16.5×21.5cm	172,500	北京荣宝	2018-12-03
亨利·约瑟夫·哈比尼 欧芒边缘山地河岸景色	38.5cm×55cm	172,500	华艺国际	2018-11-16
卡雷尔·范贝尔 1921年作 天使	149×97cm	172,500	北京荣宝	2018-12-03
雷内·阿维戈 穿绿裙的年轻美女	64×53cm	172,500	北京荣宝	2018-12-03
李山 2001年 阅读系列：无题	46.5×84.5cm	172,500	中国嘉德	2018-11-21
彭斯 2006年作 MR.洋	50×40cm	172,500	华艺国际	2018-11-16
乔治·布拉克 无题	27.5×35cm	172,500	北京荣宝	2018-12-03
王岩 2005年作 坠落的精灵	240×200cm	172,500	北京华辰	2018-11-19
薛广陈 2016年 宁宁	35×30cm	172,500	中国嘉德	2018-11-21

拍品名称	物品尺寸	成交价RMB	拍卖公司	拍卖日期
余本 1951年作 渔民生活	40.5×51cm	172,500	北京匡时	2018-12-06
张哲溢 2008年作 护花	200×140cm	172,500	北京荣宝	2018-12-03
赵洋 2014年作 夜幕降临	200×150cm	172,500	中国嘉德	2018-11-21
钟飙 2006年作 情殇	200×150cm	172,500	华艺国际	2018-11-16
边建 熊猫	64×80cm	172,500	开禧国际	5/20/2018
丁设 2017年作 抽象	160×160cm	172,500	中国嘉德	2018-06-19
胡善馀 1979年作 金顶	46×37.5cm	172,500	北京匡时	2018-06-16
胡善馀 1950年代 舟山渔家	37.5×53cm	172,500	北京匡时	2018-06-16
胡善馀 1989年作 女人体 油画	59×43cm	172,500	北京诚轩	2018-06-18
李继开 2006年作 站在高台上的孩子	100×150cm	172,500	北京匡时	2018-06-16
罗尔纯 江南小景 油画	37.5×47.5cm	172,500	北京诚轩	2018-06-18
罗尔纯 1987年作 静物	48×40cm	172,500	北京翰海	2018-06-30
森内敬子 2008年作 昆仑山上的桃	90×76cm	172,500	中贸圣佳	2018-06-20
苏天赐 小院	14×27cm	172,500	西泠拍卖	2018-07-07
王劼音 2000年作 古城	60×80cm	172,500	西泠拍卖	2018-07-07
王亚彬 2008年作 无题	200×120cm	172,500	北京保利	2018-06-20
王亚彬 2016年作 玉玲珑	156×136cm	172,500	西泠拍卖	2018-07-07
忻东旺 1993年作 画室窗前着短衫的女孩	80.5×65cm	172,500	中国嘉德	2018-06-19
闫平 2004年作 快乐小天使	60.5×50.5cm	172,500	中国嘉德	2018-06-19
拉菲伊·加尼 英雄之海	154×213.5cm	171,913	香港苏富比	2018-04-01
沙耆 供品（一）	48.2×57cm	171,832	保利香港	2018-03-29
王劼音 2000年作 秋林	80×80cm	171,832	保利香港	2018-03-29
袁远 2012年作 美术馆III	102×135cm	171,832	中国嘉德	2018-04-02
戴平均 2016年作 亦如夏花 画框	120×150cm	168,000	湖南逸典	2018-06-09
埃玛·博隆根 1995年作 Kadang Kadang	76×61cm	166,313	佳士得	2018-11-25
艾利·斯密特 1960年作 榕树下	35.5×48cm	166,313	佳士得	2018-11-25
罗中立 巴山伐木者	53×37cm	166,313	佳士得	2018-11-25
瑞铎·塔帕亚2011年作变成鱼的女孩	192×152cm	166,313	佳士得	2018-11-25
钟泗宾 场景	39.5×76cm	166,313	佳士得	2018-11-25
王劼音 2002年作 花卉方阵之一	80×80cm	164,634	保利香港	2018-09-30
叶永青 1995年作 无题	88×88cm	164,634	保利香港	2018-09-30
谢墨凛 2010年作 迭5	120×90cm	163,500	香港苏富比	2018-10-01
霍刚 1967年作 生生不息	50×60cm	163,500	香港苏富比	2018-10-01
吉格·克鲁斯 缺席	80×65cm	163,500	香港苏富比	2018-10-01
武高谈 会面	35.5×27cm	163,500	香港苏富比	2018-10-01
庞均 2006年作 常熟家居	61×73cm	162,720	羅芙奧	2018-12-02
薛松 2000年作 接见	150×120cm	162,720	羅芙奧	2018-12-02
苏拉吉 2008年作 寻找绿色的土地	150×250cm	162,400	佳士得	2018-05-27
董小蕙 2017年作 丰秋·芭蕉	80×65cm	162,285	中国嘉德	2018-04-02
张伟 2016年作 Z-AC1603	200×150cm	161,800	香港苏富比	2018-04-01
黎谱 花卉	72×52.5cm	161,800	香港苏富比	2018-04-01
董春凤 2018年作 遇见你	160×200cm	161,000	北京匡时	2018-12-06
曹力 1998年 小提琴手	38.5×45.5cm	161,000	中国嘉德	2018-11-21
季大纯 2006年作 雏鸡	110×110cm	161,000	中贸圣佳	2018-11-24
尹朝阳 风景	73×73cm	161,000	中贸圣佳	2018-11-24
张紫玙 苏州耦园	80×100cm	161,000	北京匡时	2018-12-06
洪凌 2005年作 茂榖秋声	60×71.5cm	161,000	上海匡时	2018-04-30
罗尔纯 西双版纳 油画	37×48cm	161,000	北京诚轩	2018-06-18
小亨德里克·凡·斯滕韦克 室内的仕女与绅士	直径5.4cm	160,425	伦敦苏富比	2018-07-04
杨丙亮 2015年作 乐园	110×150cm	156,800	上海联合	2018-11-25
萧勤 Tandra-2	60×80cm	154,344	中国嘉德	2018-10-02
安德烈·科达沃兹 约2002年作 白瓶玫瑰花束	33×41cm	153,360	罗芙奥	2018-06-02

2018书画拍卖成交汇总
(成交价RMB：10万元以上)

拍品名称	物品尺寸	成交价RMB	拍卖公司	拍卖日期
陈曦 2001年作 自娱自乐	165×180cm	152,739	中国嘉德	2018-04-02
叶子奇 1997至2013年作 粉红小猪	25.4×30.5cm	152,739	中国嘉德	2018-04-02
丘亚才 斯文男子	78.5×63cm	152,739	中国嘉德	2018-04-02
武高谈 母爱	44.5×36.5cm	152,600	香港苏富比	2018-10-01
山田正亮 1963年作 Work C.p 167	90×60cm	152,250	佳士得	2018-05-27
堂本尚郎 1957年作 张力	65×100.5cm	152,250	佳士得	2018-05-27
游守中 稻草人的童话故事 框	120×162cm	152,220	台北艺流	2018-06-30
元永定正 1973年作 无题	50×70cm	151,688	香港苏富比	2018-04-01
Basuki Abdullah 舞者	120×100cm	151,688	香港苏富比	2018-04-01
艾可·努谷厚 沉默的代价高昂	150×100cm	151,688	香港苏富比	2018-04-01
霍刚 2009年作 未完成之宇宙转运站	130×98cm	151,688	香港苏富比	2018-04-01
徐震 2014年作 天下—2801AC0143	40.2×60.5cm	151,688	香港苏富比	2018-04-01
李德方 海浪系列之二		149,500	北京荣宝	2018-12-03
陈亮浩 2017年作 雨后阳台	120×150cm	149,500	中国嘉德	2018-06-19
段正渠 1995年作 待嫁新娘	54×45.5cm	149,500	西泠拍卖	2018-07-07
广军 1988年作 饥饿	144×144cm	149,500	北京匡时	2018-12-06
罗中立 故乡情-磨刀1	54×39cm	149,500	中贸圣佳	2018-11-24
王劼音 1992年作 天心月圆	49.5×36.5cm	149,500	中贸圣佳	2018-11-24
叶永青 2005年作 黑色树干	62×62cm	149,500	北京匡时	2018-12-06
曾传兴 百合花	110×130cm	149,500	北京匡时	2018-05-21
丁立人 2015年作 天台胜景之四	60×60cm	149,500	北京匡时	2018-06-16
苏旺伸 1997年作 假山假水	80×80cm	149,160	羅芙奧	2018-12-02
萧勤 1995-2008年作 初始	50×70cm	149,160	羅芙奧	2018-12-02
杜泳樵 1998年作 沙发上的女孩	60×73cm	147,550	上海泓盛	2018-01-20
戴平均 2016年作 迷失花季 画框	150×110cm	145,600	湖南逸典	2018-06-09
李庆美 2018年作 桌上的香港上海街	尺寸不一	144,138	佳士得	2018-11-25
贝斯塔·贝斯特黎萨 2017年作 无法遏制的福祉	200×200cm	144,138	佳士得	2018-11-25
冯钟睿 1998年作 九八之十九	91×75.5cm	144,138	佳士得	2018-11-25
沈敬东 2007年作 军人家庭	150×200cm	144,138	佳士得	2018-11-25
今井俊满 1967年作 盛放	65×50cm	144,054	中国嘉德	2018-10-02
刘溢 2001年作 静思	91.5×65.5cm	143,193	中国嘉德	2018-04-02
赖九岑 2011年作 两人同行的穿越太空之旅	140×179.5cm	143,193	中国嘉德	2018-04-02
王劼音 2001年作 远古	100×100cm	143,193	保利香港	2018-03-29
U LUN GYWE 1994年作 缅甸舞者	74×58cm	142,100	佳士得	2018-05-27
山崎鹤子 2009年作 作品	162×130cm	142,100	佳士得	2018-05-27
谢玉谦《槟城寺庙》	51×75cm	141,700	香港苏富比	2018-10-01
莫达·阿宾 无题	50×60cm	141,700	香港苏富比	2018-10-01
王音 1999年作 人物（两张作品）	55×59.8cm	141,575	香港苏富比	2018-04-01
欧奇·莱·蒙塔 大人物	300×200cm	141,575	香港苏富比	2018-04-01
市霸奇奇 2007年作 水果棒冰，舔我	160×110cm	140,580	罗芙奥	2018-06-02
何工 2012年作 问方舟	180×600cm	138,000	北京华辰	2018-11-19
李斛 1950年代作 前门旧景（双面画）	14.5×19.5cm	138,000	北京翰海	2018-06-30
刘正兴 2007年作 风景	69×89cm	138,000	北京匡时	2018-06-16
罗工柳 纯净的目光	56×43cm	138,000	华艺国际	2018-05-23
赵梦歌 2014年作 起舞	60×55cm	138,000	北京翰海	2018-06-30
周作俊 2017年作 蓝色的梦想	直径40cm×6	138,000	广东崇正	2018-07-05
林达川 桔园	53×72cm	138,000	北京荣宝	2018-12-03
林宪茂 2018年作 鲤漾系列 2018	116×90cm	138,000	华艺国际	2018-11-16
颜文樑 约1943年作 夕阳	30×40cm	138,000	华艺国际	2018-11-16
周长江 互补2000.6	150×120cm	138,000	中贸圣佳	2018-11-24
洪凌 2009年作 夏	69×89cm	138,000	北京荣宝	2018-06-14
季大纯 2005年作 两个国王	60×50cm	138,000	中国嘉德	2018-06-19
季大纯 好女孩	105.5×106cm	138,000	西泠拍卖	2018-07-07
沙耆 布鲁塞尔风景	29×31cm	138,000	中国嘉德	2018-06-19
汤垚 花卉	80×80cm	138,000	广东衡益	2018-07-01
藤田嗣治 1951年作 街景	40×48cm	138,000	北京保利	2018-06-20
闫平 2009年作 山居风景	60×70cm	138,000	北京保利	2018-06-20
闫平 2008年作 海边风景	60×70cm	138,000	北京保利	2018-06-20
陈荫罴 华丽抽象	61×46cm	135,600	羅芙奧	2018-12-02
丁雄泉 1963年作 炮弹	100×81cm	135,600	羅芙奧	2018-12-02
叶子奇 1991-1992年作 艺术家的椅子	50×40cm	135,600	羅芙奧	2018-12-02
七户优 2002年作 从箱子上跳下	30×30cm	133,765	保利香港	2018-09-30
黄宇兴 2014年作 河流／漩涡	60×80cm	133,765	保利香港	2018-09-30
U LUN GYWE 2002年作 休憩美女	68.5×69cm	133,050	佳士得	2018-11-25
日野之彦 2008年作 蓝色织布	130.3×97cm	133,050	佳士得	2018-11-25
U SAW MAUNG 1966年作 粉红衣饰男子赶牛	47×60cm	131,950	佳士得	2018-05-27
阿默·萨达里 1987年作 灰色，绿色和金色组成	75×50cm	131,950	佳士得	2018-05-27
朴庄年 1974年作 H-79（反应）	54.9×47.5cm	131,950	佳士得	2018-05-27
苏佐佐诺 1969年作 花桶	60×51cm	131,950	佳士得	2018-05-27
崔明永 1975年作 等式 75-7	107×80cm	131,463	香港苏富比	2018-04-01
Ismail Awi 快醒来，贪睡鬼！	183×153cm	130,800	香港苏富比	2018-10-01
丁雄泉 蝶恋花	88×87cm	130,800	香港苏富比	2018-10-01
拉杜安·曼 心与心之间	183×214cm	130,800	香港苏富比	2018-10-01
鲁迪·曼度凡尼 等待黎明	145.5×145.5cm	130,800	香港苏富比	2018-10-01
王广义 1998年作 2003年作 信仰（两件作品）	每幅50×40公分 19⅝×15¾英寸	130,800	香港苏富比	2018-10-01
西奥·迈尔 吹笛的男孩	56×42cm	130,800	香港苏富比	2018-10-01
强·约翰逊 1968年作 舞者坐姿	92.5×73cm	130,176	羅芙奧	2018-12-01
萧勤 1963年作 抽象	80×80cm	130,176	羅芙奧	2018-12-02
车建全 2008年作 犹在镜中	100×75cm	126,500	广东崇正	2018-07-05
陈承卫 2015年作 大民国-红盖头	60×50cm	126,500	北京保利	2018-06-20
彼得·罗德维·弗朗西斯科·克莱弗 援助稚手	78cm×65cm	126,500	华艺国际	2018-11-16
胡善馀 1980年作 西湖春景	45×38cm	126,500	北京匡时	2018-12-06
凯撒 蒙蒂 1950年作 白色的花卉	70×50cm	126,500	北京匡时	2018-12-06
王克举 2017年作 陆安大裂谷之九	80×100cm	126,500	北京匡时	2018-12-06
吴翦 2010年作 根	170×84cm	126,500	中贸圣佳	2018-11-24
许宏翔 2015年作 流动风景NO.3	150×200cm	126,500	北京荣宝	2018-12-03
赵娜 盲爱	70×120cm	126,500	北京荣宝	2018-12-03
洪凌 2009年 夏日	40×50cm	126,500	上海匡时	2018-04-30
沙耆 猛兽	38×59.5cm	126,500	中国嘉德	2018-06-19
今井俊满 1978年作 无题	104×69cm	125,599	保利澳门	2018-11-29
邱亚才 青年	80×65cm	124,752	羅芙奧	2018-12-02
董小蕙 2017年作 绮窗·红茶花	72.5×60.5cm	124,101	中国嘉德	2018-04-02
霍刚 1991年作；及1985年作 91-16；及No. 6（共两件）	尺寸不一	124,101	保利香港	2018-03-29
王劼音 1997年作 彼岸	60×80cm	124,101	保利香港	2018-03-29
邱世华 海	80×103cm	123,475	北京匡时	2018-10-03
李山 2005年作 胭脂系列：双面毛泽东	50×43.6cm	123,475	保利香港	2018-09-30
欧阳春 2006年作 疯狗	65×81cm×2	123,475	保利香港	2018-09-30
夏阳 2003年作 鸟吃螳螂	55×75cm	123,475	中国嘉德	2018-10-02
YEOH CHOO KUAN 2014年作 实际上我讨厌暴力	90×75cm	121,963	佳士得	2018-11-25
平贺敬 1971年作 无题	64.5×54cm	121,963	佳士得	2018-11-25
平贺敬 1967年作 无题	55×46cm	121,963	佳士得	2018-11-25
西奥·梅耶 湄平河边屋宇的景观	60×70cm	121,963	佳士得	2018-11-25

拍品名称	物品尺寸	成交价RMB	拍卖公司	拍卖日期
萧勤 1975年作 深沉之静观	88×88cm	121,963	佳士得	2018-11-25
赵博 2013年作 荒原——强者与弱者	140×190cm	121,963	佳士得	2018-11-25
王济远 静物（水果）	63×76cm	121,800	佳士得	2018-05-27
伊凡 2016年作 到现在为止还挺好	200×250cm	121,800	佳士得	2018-05-27
赵博 2017年作 无题	90×120cm	121,800	佳士得	2018-05-27
吉原治良 1935年作 作品	33.3×24.2cm	121,800	佳士得	2018-05-27
山田正亮 1960年作 Work C.p 57	79×53.5cm	121,800	佳士得	2018-05-27
维达雅 1981年作 Flora & Fauna	126×148cm	121,800	佳士得	2018-05-27
陈楚智 水果摊档	60.5×72.5cm	121,350	香港苏富比	2018-04-01
吴大羽 约80年代作 无题	15×10cm	120,750	中贸圣佳	2018-11-24
艾中信 1976年作 海鸥	23.5×36.5cm	120,750	西泠拍卖	2018-07-07
亨利·美治 1950年代作 顺化乡郊的春日早晨	36.5×59.5cm	119,900	香港苏富比	2018-10-01
山洋平 2016年作 风（微笑）	132×158cm	119,900	香港苏富比	2018-10-01
尹朝阳 2005年作 神话 画框	35.5×30cm	119,900	香港苏富比	2018-10-01
常陵 2007年作 五花肉系列-肉花鸟-野放兰	112×145.5cm	119,328	羅芙奥	2018-12-02
张嘉颖 2008-2009年作 头花花之猫小姐与松鼠先生	130×194cm	119,328	羅芙奥	2018-12-02
贝尔纳·夏洛瓦 2009年作 夏洛特之梦	60×73cm	117,576	罗芙奥	2018-06-02
高瑀 熊猫小学堂	100×100cm	117,300	北京匡时	2018-05-21
姜国宁 2018年作 小憩中的安琪儿之一	97×100cm	115,000	北京华辰	2018-11-19
常青 2008年作 欧洲记忆-有坡度的街道	73×60cm	115,000	南京经典	2018-01-06
钱佳华 2015年作 妄念一弧	200×160cm	115,000	北京匡时	2018-06-16
韦尔申 2008年作 男孩	100×80cm	115,000	北京荣宝	2018-06-14
李江峰 2017年作 芳韵十三	100×100cm	115,000	中国嘉德	2018-06-19
刘小彦 红衣女郎	50×40cm	115,000	北京保利	2018-10-28
杨飞云 2004年作 北京姑娘	46×34cm	115,000	中国嘉德	2018-06-19
阿尔伯特·德·贝罗切 19世纪 半身裸女像	64×49cm	115,000	北京荣宝	2018-12-03
白冰洋 2013年 秋雨霏霏	170×100cm	115,000	中国嘉德	2018-11-21
曹力 2004年 完美家庭之二	61×41.5cm	115,000	中国嘉德	2018-11-21
陈承卫 2014年作 大民国—眸含秋水 镜框	80×60cm	115,000	北京荣宝	2018-12-03
戴泽 1979年作 新疆天地	42×49cm	115,000	北京荣宝	2018-12-03
黄礼攸 2018年作 夕照桃源	60×100cm	115,000	北京保利	2018-12-06
康海涛 2006年作 山坡下的房子	76×105cm	115,000	华艺国际	2018-11-16
林达川 1980年作 人物	60×48cm	115,000	北京荣宝	2018-12-03
邵飞 爱荷	67×86cm	115,000	北京荣宝	2018-12-03
王瑜 2015年作 云系列·创世纪	115×150cm	115,000	北京匡时	2018-12-06
熊宇 2009年作 宁静的时光	110×80cm	115,000	华艺国际	2018-11-16
张飞 2018年作 静 物（盛宴）	50×105cm	115,000	华艺国际	2018-11-16
张青 2013年作 甜蜜蜜	59.5×40cm	115,000	中贸圣佳	2018-11-24
张文新 2007年作 带有粉色玫瑰的静物	50×41cm	115,000	北京荣宝	2018-12-03
周连华 城市	80×100cm	115,000	北京荣宝	2018-12-03
周长江 1999年作 互补系列	65×100cm	115,000	中贸圣佳	2018-11-24
朱春林 1995年作 蓝宝石	72×60cm	115,000	中贸圣佳	2018-11-24
邓箭今 1998年作 梦境	80×61cm	115,000	北京荣宝	2018-06-14
罗尔纯 1991年作 桃花	38×30cm	115,000	北京翰海	2018-06-30
迈克尔·卡 咒语	101.5×75.5cm	115,000	北京匡时	2018-06-16
维克多·杜普雷 池塘	26cm×20cm	115,000	北京保利	2018-06-19
杨尧 光孝寺的菩提树	80×100cm	115,000	广东衡益	2018-07-01
朱新建 美人图	80×60cm	115,000	北京荣宝	2018-06-14
郑木奎 1990年作 水牛	97×117.5cm	114,554	保利香港	2018-03-29

拍品名称	物品尺寸	成交价RMB	拍卖公司	拍卖日期
贝尔纳·夏洛瓦 1999年作 巴黎的露易丝	60×73cm	113,904	羅芙奥	2018-12-01
六角彩子 2008年作 粉红洋装与圆珠项练	92×37cm	113,904	羅芙奥	2018-12-01
萧勤 1999年作 自性之一	60.4×72.5cm	113,186	保利香港	2018-09-30
欧阳春 空中楼阁	89×116cm	112,700	北京匡时	2018-05-21
戴平均 2016年作 茫 画框	100×100cm	112,000	湖南逸典	2018-06-09
朴经律 2011年作 他的世界里	145×145cm	111,650	佳士得	2018-05-27
山田正亮 1961年作 Work C.p 71	79×54cm	111,650	佳士得	2018-05-27
山洋平 2016年作 宇宙光#2	185×125cm	111,650	佳士得	2018-05-27
陈楚智 小艇与店屋	50×65cm	111,238	香港苏富比	2018-04-01
名和晃平 2014年作 方向129号	100.2×180cm	111,238	香港苏富比	2018-04-01
MACARIO VITALIS 1953年作 无题	55.5×43cm	110,875	佳士得	2018-11-25
陈福善 1986年作 午夜魔法	130.5×80.5cm	110,875	佳士得	2018-11-25
管勇 2006年作 往事如云	130×160cm	110,875	佳士得	2018-11-25
金南杓 2008年作 实时风景	194×130cm	110,875	佳士得	2018-11-25
李杰 2012年作 Lip Therapy with Vaseline	24×30×4cm	110,875	佳士得	2018-11-25
莫达 阿宾 1985年作 景观与折纸	130×155cm	110,875	佳士得	2018-11-25
庞均 2008年作 罗密欧与朱丽叶的阳台	60.5×72.5cm	110,875	佳士得	2018-11-25
萧勤 1966年作 平衡	47×65cm	110,875	佳士得	2018-11-25
周铁海 2006年作 亨利·怀特夫人	150×100cm	110,875	佳士得	2018-11-25
杨得聆 正午	90×180cm	109,250	广东衡益	2018-07-01
胡善馀 西泠印社	60×49.5cm	109,250	北京匡时	2018-12-06
余友涵 人物	180×100cm	109,250	北京华辰	2018-11-19
欧阳春 2005年作 王冠围绕松子（三联画）	100×81cm×3	109,250	北京匡时	2018-06-16
王亚彬 2006年作 虎的王	60×110cm	109,250	南京经典	2018-01-06
周碧初 1961年作 中山公园深秋	21×27cm	109,250	西泠拍卖	2018-07-07
丁雄泉 执扇双美	45×61cm	109,000	香港苏富比	2018-10-01
裴春派 河内街景	12×17.5cm	109,000	香港苏富比	2018-10-01
丁雄泉 闪耀猫	44×61.5cm	108,480	羅芙奥	2018-12-02
傅庆豊 1996年作 蝴蝶与人	130×130cm	108,480	羅芙奥	2018-12-02
连建兴 1999年作 林涧隐叟	80×117cm	108,480	羅芙奥	2018-12-02
六角彩子 2008年作 碎花小洋装	94.5×73.5cm	108,480	羅芙奥	2018-12-01
詹金水 2006年作 秋水连天	145×111.5cm	107,352	罗芙奥	2018-06-03
庄喆 柏岩变奏曲之II	44.5×119.6cm	107,352	罗芙奥	2018-06-03
贝尔纳·夏洛瓦 2012年作 卡门	65×54cm	107,352	罗芙奥	2018-06-02
山本麻友香 2008年作 雪	146×112cm	107,352	罗芙奥	2018-06-03
萧勤 1981年作 禅之一二七	60×90cm	105,008	中国嘉德	2018-04-02
李山 2005年作 无题（毛）	53.5×43.3cm	104,666	保利澳门	2018-11-29
Do Quang Em 肖像	80×65cm	103,550	香港苏富比	2018-10-01
方干民 1962年 农场	35×58cm	103,500	上海匡时	2018-04-30
林达川 1970年作 富春帆影	38×54.5cm	103,500	朵云轩	2018-06-25
徐唯辛 2004年作 打工人之八	120×100.5cm	103,500	中国嘉德	2018-06-19
马轲 2000年作 天安门	59×72cm	103,500	北京华辰	2018-11-19
王龙生 2006年作 桃花盛开的地方	130×97cm	103,500	北京华辰	2018-11-19
查尔斯·沃兰 19至20世纪 公园美景	高138cm 宽188cm	103,500	西泠拍卖	2018-07-09
欧仁·布丹 19世纪作 沙滩	37.5×45.5cm	103,500	北京荣宝	2018-06-14
齐鹏 2012年作 静物-19	100×150cm	103,500	华艺国际	2018-05-23
薛保瑕 2013年作 延展（双联作）	40×40cm×2	103,500	中国嘉德	2018-06-19
赵梦歌 2004年作 情人	120×80cm	103,500	北京翰海	2018-06-30
六角彩子 2008年作 高领洋装与蝴蝶结	59×49cm	103,056	羅芙奥	2018-12-01
于彭 1994年作 戏子	111.5×76.5cm	103,056	羅芙奥	2018-12-02

拍品名称	物品尺寸	成交价RMB	拍卖公司	拍卖日期
霍刚 1964–1965年作 无题	89.4×69.3cm	102,896	保利香港	2018-09-30
陈承卫 2016年作 大民国–新娘	50×60cm	102,240	罗芙奥	2018-06-03
六角彩子 2008年作 红洋装女孩	73×81cm	102,240	罗芙奥	2018-06-02
庞均 1993年作 草莓与菠萝	53×65cm	102,240	罗芙奥	2018-06-03
陈福善 1984年作 太阳下的变幻–晨、中午、夕阳	236.5×137cm	101,500	佳士得	2018-05-27
平贺敬 1972年作 无题	53×45.5cm	101,500	佳士得	2018-05-27
黄用烨 1975年作 人间	60.6×50cm	101,500	佳士得	2018-05-27
霍刚 1994年作 94–02	50×70cm	101,500	佳士得	2018-05-27
山田正亮 1960年作 Work C.p 36	72.5×54.5cm	101,500	佳士得	2018-05-27
山田正亮 1961年作 Work C.p 96	79.5×54cm	101,500	佳士得	2018-05-27
上田熏 1978年作 汤匙和樱桃B	116.7×91cm	101,500	佳士得	2018-05-27
庄喆 1992年作 无题 镜框	92×105cm	101,500	佳士得	2018-05-28
陈道明 2010年作 无题	116.5×91cm	101,125	香港苏富比	2018-04-01
顾福生 1960年作 无题	90×72.5cm	101,125	香港苏富比	2018-04-01
秦松 1996年作 无题	87.8×112cm	101,125	香港苏富比	2018-04-01
雕塑				
阿尔伯托·贾柯梅蒂 女子、男子及小鸟吊灯	直径125cm 高（分支）60.4cm	66,825,096	伦敦苏富比	2018-02-28
刘开渠 1958年作 人民英雄纪念碑浮雕（一组八件）	尺寸不一	31,050,000	北京保利	2018-06-20
安东尼·葛姆雷 1997年作 北方天使	96.5×262.9×20.3cm	25,144,674	伦敦苏富比	2018-03-07
林恩·乍得维克 行走人像一对–欢庆日1977	女子人像高200cm 男子人像高198cm	22,167,501	伦敦苏富比	2018-02-28
芭芭拉·赫普沃斯《庭园雕塑（子午线模型）》	高162.6cm	19,275,150	纽约苏富比	2018-11-12
芭芭拉·赫普沃斯《人类家庭：青春》	高203.8cm	16,917,660	纽约苏富比	2018-05-14
阿里斯蒂德·马约尔 克劳德·德彪西纪念碑	高91.3cm 长74.5cm 宽38.6cm	16,721,360	纽约佳士得	2018-05-08
让·阿尔普《躯干》	高97.1cm（连底座）	15,941,070	纽约苏富比	2018-11-12
卢齐欧·封塔纳 1948年作 持花女子像	242×116.5×90cm	15,901,110	伦敦苏富比	2018-03-07
阿尔伯托·贾柯梅蒂 底座上的男子头像	高54.5cm	15,901,110	伦敦苏富比	2018-02-28
安东尼·葛姆雷 2015年作 横筑6–10		15,800,640	香港苏富比	2018-09-30
让·阿尔普《托勒密二世》	高101cm	14,241,420	纽约苏富比	2018-05-14
奥古斯特·罗丹《吻，第一缩小版》	71.4cm	13,440,510	纽约苏富比	2018-11-12
罗伊·李奇登斯坦 1984年作 对话	123.2×104.1×29.8cm	13,202,880	香港苏富比	2018-03-31
林布兰·布加迪《两只长颈鹿》	高60cm	12,606,990	纽约苏富比	2018-11-12
朱铭 1999年作 太极系列：单鞭下势	185.5×94×123cm	11,746,680	香港苏富比	2018-03-31
唐纳德·贾德 1973年作 无题（DSS 319）	25.7×183.2×67.3cm	11,326,230	纽约苏富比	2018-05-16
亨利·摩尔《躺卧人像连底座》	高127.9cm	9,689,670	纽约苏富比	2018-11-12
林恩·乍得维克《行走人像一对–欢庆日1977》	女子人像高200cm 男子人像198cm	8,506,620	纽约苏富比	2018-05-14
李真 2005年作 黄金雨	157×84×87cm	8,071,280	佳士得	2018-05-26
草间弥生 2009年作 午夜盛放的花朵	175×190×310cm	7,952,640	香港苏富比	2018-09-30
安托万·佩夫斯纳 约1939年作孤品 平面上的两个圆锥体	39.9×63.5×37.5cm	6,933,113	伦敦佳士得	2018-02-27
亨利·摩尔 1975年构思无臂侧卧塑像	铜绿长61cm	6,933,113	伦敦佳士得	2018-02-27

拍品名称	物品尺寸	成交价RMB	拍卖公司	拍卖日期
板尾新次郎 明治时代 铁自在鹰连座屏	长49.2cm	5,942,900	佳士得	2018-11-27
胡安·米罗《人像》	206.3cm	5,938,830	纽约苏富比	2018-11-12
KAWS 2013年作 同伴（安息之地）	153.6×160×203cm	5,859,840	香港苏富比	2018-09-30
让·阿尔普《躯干》	高76.5cm	5,830,380	纽约苏富比	2018-05-14
草间弥生 1982年作 南瓜	54.5×27.7×25.4cm	5,732,720	佳士得	2018-05-27
亚历山大·亚齐宾克《行走》	高71.5cm	5,105,310	纽约苏富比	2018-11-12
雅各布·理普希茨《小丑与手风琴》	高65.4cm	4,688,550	纽约苏富比	2018-11-12
雪莉·勒文 2006年作 驯鹿头骨	160×88.9×59.8cm	4,298,310	伦敦苏富比	2018-03-07
白南准 1993年作 亚历山大大帝	280×135×230cm	3,686,480	佳士得	2018-05-26
托马斯·舒特 1995年作 小鬼魂	尺寸不一	3,559,950	伦敦苏富比	2018-03-07
KAWS 2011～2016年作 同伴（穿越）	122×48×76cm	3,494,880	香港苏富比	2018-04-01
朱铭 1992年作 太极系列—起势	50×32×48.2cm	3,009,480	香港苏富比	2018-04-01
东尼·克雷格 2007年作 麦可马克	75×117×130cm	2,811,600	罗芙奥	2018-06-02
雅各布布布·理普希茨 半立人像	高47.6cm	2,716,110	伦敦苏富比	2018-02-28
李真 2000–2007年作 经典套组作品：雪峰仙踪、乘云气、黄金雨、天界山水、烟云供养（一组共六件）	158.5×40×57cm	2,434,281	保利香港	2018-03-29
安东尼·葛姆雷 2005年作 居	24×208.5×60cm	2,427,000	香港苏富比	2018-03-31
展望 2008年作 假山石 第四十三号	237×140.5×396cm	1,956,971	保利香港	2018-03-29
奈良美智 1997年作 Upset Kitty	48×50.8×29cm	1,940,313	佳士得	2018-11-25
朱铭 1980年作 太极系列–单鞭下势	69×41×36cm	1,853,000	香港苏富比	2018-10-01
江户时代 铁自在龙	长94.9cm	1,774,000	佳士得	2018-11-27
李真 2007年作 御风游	90×120×70cm	1,624,000	佳士得	2018-05-27
李真 2001年作 大士骑龙	90×64×77cm	1,594,888	中国嘉德	2018-10-02
李真 2003年作 三生石	69×50×120cm	1,569,990	保利澳门	2018-11-29
展望 2006年作 假山石 第94号	尺寸不一	1,552,250	佳士得	2018-11-26
奈良美智 2002年作 The Little Pilgrim（Night Walking）（共两件）	26×18×16cm×2	1,330,500	佳士得	2018-11-25
草间弥生 1988年作 蕾	39.5×27.5×12.3cm	1,319,500	佳士得	2018-05-27
KAWS 2007；及2009年作 同伴（黑）（共两件）	尺寸不一	1,255,992	保利澳门	2018-11-29
李真 2007年作 天阙轻舟	30.5×21.5×67.5cm	1,234,752	保利香港	2018-09-30
奈良美智 2003年作 I Think, Therefore I Am... A Dog	尺寸不一	1,218,000	佳士得	2018-05-27
任哲 2017年作 云端	201×50×105cm	1,199,000	香港苏富比	2018-10-01
展望 2007年 假山石No.A34	186×60×60cm	1,035,000	中国嘉德	2018-11-21
明珍胜治 江户时代 铁自在蛇	长140cm	997,875	佳士得	2018-11-27
李真 2013年作 烟花	82.5×31×25cm	942,438	佳士得	2018-11-25
李真 2010年作 追烛	84×32×41cm	867,840	羅芙奧	2018-12-02
李真 2010年作 大罗金掌	65.5×31×80cm	813,600	羅芙奧	2018-12-02
朱铭 2000年作 太极系列	50×56×51cm	812,000	佳士得	2018-05-27
皮耶·奥古斯特·雷诺阿 维纳斯胸像	33×53×57.5cm	798,750	罗芙奥	2018-06-02
草间弥生 1998年作 南瓜	27.5(高)×29.9×28.4cm	784,800	香港苏富比	2018-10-01
李真 2002年作 观	29×23×76cm	771,720	保利香港	2018-09-30
李真 2005年作 若水	45×46×79cm	766,800	罗芙奥	2018-06-03
朱铭 1988年作 太极系列	72×89×66cm	761,250	佳士得	2018-05-27
奈良美智 2002年作 The Little Pilgrim（Night Walking）	26×18×16cm	710,500	佳士得	2018-05-27
朱铭 1995年作 太极系列–以柔克刚（共二件）	尺寸不一	709,600	佳士得	2018-11-25
草间弥生 1998年作 南瓜	27×27×28cm	705,120	羅芙奧	2018-12-02

拍品名称	物品尺寸	成交价RMB	拍卖公司	拍卖日期
向京 2007年作 彩虹I	58×46×80cm	690,000	北京匡时	2018-06-16
李真 2013年作 牡丹	44.5×40×46cm	665,250	佳士得	2018-11-25
伊夫·克莱因 蓝色维纳斯	69.5(高)×30×20cm	657,313	香港苏富比	2018-04-01
草间弥生 1998年作 南瓜	28×27×28cm	609,813	佳士得	2018-11-25
熊秉明 2001年作 小归途	50×9.5×42cm	572,772	保利香港	2018-03-29
朱铭 1997年作 太极系列—单鞭下势	38×23×26cm	572,772	保利香港	2018-03-29
朱铭 1981年作 太极系列－十字手	23×26.5×10.5cm	556,188	香港苏富比	2018-04-01
江户时代 铁自在鲤	长21.9cm	554,375	佳士得	2018-11-27
熊秉明 1965年作 直立牛	26×44×21cm	535,059	中国嘉德	2018-10-02
草间弥生 1998年作 南瓜	27×27×28cm	525,041	保利香港	2018-03-29
李真 2001年作 文殊与普贤（两件一组）	尺寸不一	511,200	罗芙奥	2018-06-03
西尾康之 2004年作 明斯克号	175×125×586cm	507,500	佳士得	2018-05-27
周春芽 2008年作 绿狗	116×46×95cm	498,938	佳士得	2018-11-25
朱铭 1998年作 太极系列——转身蹬腿	22×24×20cm	496,402	中国嘉德	2018-04-02
杨英风 1962年作 梅花鹿	132.5×73×73cm	493,901	中国嘉德	2018-10-02
草间弥生 1998年作；2012年铸铜南瓜	26×27.5×25.5cm	463,032	保利香港	2018-09-30
朱铭 1995年作 太极系列	56.5×43×36.5cm	463,032	中国嘉德	2018-10-02
李真 2007年作 入世	23.5×23.5×50cm	458,218	保利香港	2018-03-29
李真 1998年作 南海	53(高)×33×51cm	457,800	香港苏富比	2018-10-01
展望 2002年作 假山石77号	123 (高)×60×35cm	455,063	香港苏富比	2018-04-01
明珍清春 江户时代 铁自在龙虾	长28.6cm	443,500	佳士得	2018-11-27
明治时代 铜自在龙虾	长37.9cm	443,500	佳士得	2018-11-27
奈良美智 2007年作 Sleepless Night（Sitting）	28×17×15cm	443,500	佳士得	2018-11-25
展望 2006年作 假山石 第75号	尺寸不一	443,500	佳士得	2018-11-25
草间弥生 2005年作 宇宙的尽头	26.7×23.4×9.5cm	388,063	佳士得	2018-11-25
周春芽 2006年作 绿狗	117.5×47.5×66.5cm	355,250	佳士得	2018-05-27
草间弥生 1984年作 南瓜	8×9.5×8.7cm	354,800	佳士得	2018-11-25
江户时代 铁自在蜘蛛	长12.1cm	354,800	佳士得	2018-11-27
洪易 2015年作 马上发财	100×50×111cm	352,560	羅芙奧	2018-12-02
高松次郎 1976年作 复合体705号	20(高)×35×33cm	348,800	香港苏富比	2018-10-01
奥古斯特·罗丹 夏娃	高38cm	345,000	北京荣宝	2018-12-03
萨尔瓦多·达利 太空像	高94cm	345,000	北京荣宝	2018-12-03
朱铭 1995年作 太极系列－十字手	32×19×37cm	323,600	香港苏富比	2018-04-01
萨尔瓦多·达利 爱丽丝梦游仙境	高90.5cm	322,000	北京荣宝	2018-12-03
萨尔瓦多·达利 胜利之象	高53cm	310,500	北京荣宝	2018-12-03
许东荣 2014年作 英雄	76×54×48cm	305,478	中国嘉德	2018-04-02
任哲 2009年作 气吞山河	135.5(高)×126.5×67cm	305,200	香港苏富比	2018-10-01
阿默德·欧斯尼·佩仪 2005年作 Cordova	50×50×40cm	304,500	佳士得	2018-05-27
李真 2003年作 山行旅	34×35×37cm	298,320	羅芙奧	2018-12-02
熊秉明 1966–1997年作 线形猫	18×80×21.5cm	288,109	保利香港	2018-09-30
朱铭 1995年作 太极系列—十字手	22×24×20cm	288,109	中国嘉德	2018-10-02
周铁海 岳敏君 KAWS 周春芽 金钕 刘野 2008年作 大艺术（五件：谁害怕L老师、骆驼女士、大笑的同伴、绿狗、美人鱼）	谁害怕L老师高30cm 骆驼女士高30cm 大笑的同伴高30cm 绿狗高30cm 美人鱼高21cm	287,500	保利厦门	2018-01-08
艾未未 2009年作 大理石盘（第一号）	50×27.5×27.5cm	286,386	保利香港	2018-03-29
洪易 2015年作 福龙	120×55×76cm	284,760	羅芙奧	2018-12-02
许东荣 2016年作 飞天女神	75×52×45cm	284,200	佳士得	2018-05-27
萨尔瓦多·达利 蜗牛与天使	高44cm	276,000	北京荣宝	2018-12-03
萨尔瓦多·达利 天使的幻象	高44cm	276,000	北京荣宝	2018-12-03
朱铭 观音	53×37×29cm	268,975	佳士得	2018-05-27
江户时代 铁自在寄居蟹	长14cm	266,100	佳士得	2018-11-27
江户时代 铁自在寄居蟹	长10.2cm	266,100	佳士得	2018-11-27
许东荣 2017年作 摇逸莲华	76×45×30cm	266,100	佳士得	2018-11-25
奈良美智 2012年作 Mori Girl	30×18×14.5cm	263,900	佳士得	2018-05-27
熊秉明 1957年作 背手裸女	12.5×12.5×49cm	257,240	保利香港	2018-09-30
许通海 2017年作 梅兰竹菊	尺寸不一	253,000	保利厦门	2018-01-08
朱铭 2006年作 人间系列—裙的故事	45.2×67.6×68.6cm	253,000	北京华辰	2018-11-19
许鸿飞 2004年作 快乐时光	41×46×29.5cm	253,000	西泠拍卖	2018-07-07
明治时代 镀银铜鹰	高50.2cm	243,925	佳士得	2018-11-27
向京 2002年作 伫立女子	15×23×93cm	241,500	北京保利	2018-06-20
松浦浩之 2007年作 风中的兔子	56×52×150cm	230,520	羅芙奧	2018-12-02
黄柏仁 2006年作 暖冬	24×26×62cm	230,040	罗芙奥	2018-06-03
魏小明 无题	99.5×30.5×126cm	230,000	北京匡时	2018-06-16
陈文令 2010年作 红人	37×36×147cm	230,000	保利厦门	2018-01-08
田世信 2003年作 春之歌	28×50×163cm	230,000	中国嘉德	2018-06-19
任哲 2014年 寻白羽	58×43×85cm	230,000	中贸圣佳	2018-11-24
弥勒佛	高10cm	230,000	保利厦门	2018-07-15
田跃民 2017年作 狗	52×16×50cm	230,000	北京荣宝	2018-06-14
向京 2002年作 打哈欠之一	15×23×93cm	230,000	北京保利	2018-06-20
大岛如云 明治时代 银制荷叶蟾蜍	长37.1cm	221,750	佳士得	2018-11-27
蔡志松 故国颂	30×60×100cm	220,000	北京匡时	2018-06-16
王梁益 2011年作 涩点	185×175×62cm×2	218,500	华艺国际	2018-05-23
布莱恩·唐纳利 2009年 解剖同伴（黑色）	125×33×50cm	218,500	上海匡时	2018-04-30
黄柏仁 2008年作 狗札记—世界那么大	33×46×54cm	216,960	羅芙奧	2018-12-02
名和晃平 2014年作 PixCell-Tabasco 第5号	15.4×5×5.2cm	210,663	佳士得	2018-11-25
布莱恩·唐纳利 2009年 解剖同伴（棕色）	125×33×50cm	207,000	上海匡时	2018-04-30
周铁海 岳敏君 KAWS 周春芽 刘野 金钕 2008年作 1. 摩登骆驼；2. 露齿大笑；3. 绿狗；4. 美丽卡通；及5. 美人鱼（一组共五件）	尺寸不一	205,792	保利香港	2018-09-30
勅使河原苍风 1968年作 无题	111×20×18.5cm	202,250	香港苏富比	2018-04-01
加藤泉 2005年作 无题（女孩）	10.2×38.1×12.1cm	202,250	香港苏富比	2018-04-01
阿梅黛奥·莫蒂里阿尼 女子头像	43×16×14cm	195,500	北京荣宝	2018-06-14
纳堤·尤塔瑞 2006年作 外皮和空虚（戴维）	56×61.5×50.5cm	192,850	佳士得	2018-05-27
爱德华多·卡斯特里略 燃烧的热情	93×60.5×41.5cm	192,138	香港苏富比	2018-04-01
名和晃平 2007年作 PixCell：玩具机关枪	31.3×86.3×10.6cm	188,488	佳士得	2018-11-25
朱伟 中国 中国	62×35.5×68.3cm	188,488	佳士得	2018-11-25
杰夫·昆斯 2017年作 气球兔	14.8×19×27.5cm	185,213	保利香港	2018-09-30
潘鹤 客家女	高39cm	184,000	华艺国际	2018-05-23
蒋晟 2017年作 脱胎大漆贴金佛陀坐像	34×46×84cm	184,000	保利厦门	2018-01-08

2018书画拍卖成交汇总

(成交价RMB：10万元以上)

拍品名称	物品尺寸	成交价RMB	拍卖公司	拍卖日期
阿尔贝托·贾科梅蒂 直立的人	高49.5cm	184,000	北京荣宝	2018-12-03
布莱恩·唐纳利2007年同伴（灰色）	125×33×50cm	184,000	上海匡时	2018-04-30
布莱恩·唐纳利 2009年 解剖同伴（灰色）	125×33×50cm	184,000	上海匡时	2018-04-30
布莱恩·唐纳利2007年同伴（棕色）	125×33×50cm	184,000	上海匡时	2018-04-30
草间弥生 2002年作 南瓜（一组共五件）	10.5×9×8cm	181,378	保利香港	2018-03-29
草间弥生 2002年作 南瓜（一组共五件）	7.3×7.3×8.8cm	181,378	保利香港	2018-03-29
布莱恩·唐纳利2007年同伴（黑色）	125×33×50cm	172,500	上海匡时	2018-04-30
皮埃尔·朱尔斯·梅尼 19世纪 阿拉伯训鹰人	高80cm 底部长85cm 宽38cm	172,500	西泠拍卖	2018-07-09
亚历山大·约瑟夫 约19世纪 斗鸡的胜利者	高110cm 底部长70cm 宽45cm	172,500	西泠拍卖	2018-07-09
詹波隆那 19世纪 强掳萨宾妇女	高103cm 底部长37cm 宽31cm	172,500	西泠拍卖	2018-07-09
加藤泉 2005年作 无题（男孩）	10.2(高)×38.1×12.1cm	171,913	香港苏富比	2018-04-01
任哲 2006年作 灵魂	78.5(高)×69×34.5cm	171,913	香港苏富比	2018-04-01
王克平 无题	40(高)×40×15cm	161,800	香港苏富比	2018-04-01
路易·埃尔奈斯·巴里亚斯 约1899年 自然在科学面前揭开面纱	高58.5cm 底座长20cm 宽14cm	149,500	西泠拍卖	2018-07-09
毛锎 2017年作 高等动物之鹿智者	62×40×103cm	149,500	北京翰海	2018-06-30
潘鹤 南海观音	66×48×110cm	149,500	华艺国际	2018-05-23
周春芽 2006年作 呐喊的黑根	32×24.8×47cm	149,160	羅芙奧	2018-12-02
瞿广慈 2007年作 东方不败	190×89×48cm	143,193	中国嘉德	2018-04-02
李光裕 2013年作 禄	40×30×24cm	142,100	佳士得	2018-05-27
周春芽 2006年作 绿狗	33×32×41cm	138,000	北京华辰	2018-11-19
陈文令 2010年作 自在	80×37×136.5cm	138,000	保利厦门	2018-01-08
潘鹤 1986年作 幸福生活	高29cm	138,000	广东崇正	2018-07-05
KAWS 空山基 2008年作 没有未来的同伴（一组两件）	32×21×20cm×2	124,101	中国嘉德	2018-04-02
李真 1998年作 无忧国土	48×14×27.5cm	123,475	保利香港	2018-09-30
加百利·巴雷多 生命之树	226×55×122cm	121,350	香港苏富比	2018-04-01
约1930年作 法国二十世纪初装饰艺术铜雕塑 SECUNDO 作品	96cm×42cm×24cm	120,750	华艺国际	2018-11-16
黄本蕊 2015年作 粉尼尼	28×35×65.5cm	116,179	保利澳门	2018-11-29
曹云 2018年 见山	22×150.5×30.5cm	115,000	中国嘉德	2018-11-21
马蒂兰·莫罗 约19世纪 缪斯女神	高79cm 底部直径26.2cm	115,000	西泠拍卖	2018-07-09
向京 2002年作 打哈欠之二	15×23×93cm	115,000	北京保利	2018-06-20
伊曼纽尔·弗雷米特 约19世纪 乔治屠龙	高52cm 底部长52cm 宽20cm	115,000	西泠拍卖	2018-07-09
潘鹤 珠海渔女	20×21×45cm	112,700	华艺国际	2018-11-16
杨学军 2016年作 降龙罗汉	60×45×85cm	112,700	华艺国际	2018-05-23

拍品名称	物品尺寸	成交价RMB	拍卖公司	拍卖日期
杨学军 2016年作 伏虎罗汉	80×45×65cm	112,700	华艺国际	2018-05-23
欧偲 2018年 桃花马系列（1）	107×61×85cm	112,000	湖南逸典	2018-06-09
梅拉·奥本海姆 1972年作 轨道	68×53×65cm	111,238	香港苏富比	2018-04-01
陈箫汀 月光下的西拉沐沦伦河	98×22×40cm	109,250	中贸圣佳	2018-11-24
李万秋 2018年作 岁月（雕塑）	95×58×55cm	109,250	北京荣宝	2018-12-03
孔景才 2016年作 大好河山 No.1	115×28×38cm	103,500	华艺国际	2018-05-23
KAWS 2013年作 阿童木伴侣（原版）；及阿童木伴侣（灰版）（一组共二件）	15×12×39cm×2	102,896	保利香港	2018-09-30
KAWS 空山基 2008年作 没有未来的伴侣（银铬）	19.5×20.5×30.5cm	102,896	保利香港	2018-09-30
欧偲 2017年 大唐马系列（3）	86×26×80cm	100,800	湖南逸典	2018-06-09
田中圭介 2007年作 天道	291×62×53cm	99,788	佳士得	2018-11-25
罗杰·潘当 约20世纪 老鹰	高95cm 底部直径60cm	97,750	西泠拍卖	2018-07-09
任哲 2006年作 跃马扬鞭	85×80×88cm	97,632	羅芙奧	2018-12-02
黄柏仁2008年作 狗札记—世界那么大	31×22×36cm	97,128	罗芙奥	2018-06-03
KAWS 空山基 2008年作 没有未来的伴侣（黑铬）	32×20×20cm	96,069	香港苏富比	2018-04-01
王晋 2006年作 中国梦—龙袍	153×206×38cm	95,462	保利香港	2018-03-29
欧偲 2017年 烟云骓	73×28×57cm	95,200	湖南逸典	2018-06-09
赖锡康 2014年作 湿地系列——鸟	130×30×25cm	94,300	华艺国际	2018-11-16
巴勃罗·毕加索 女人体	高48cm	92,000	北京荣宝	2018-12-03
钱绍武 观音	高99cm	92,000	中贸圣佳	2018-11-24
杨茂源 2008年作 面孔	48×20×23cm	92,000	北京华辰	2018-11-19
杨学军 2016年作 梦不醒的季节	65×40×40cm	92,000	华艺国际	2018-11-16
魏小明 无题	55×56×139cm	92,000	北京匡时	2018-06-16
杨学军 李雄 2017年作 朝朝暮暮	80×45×65cm	89,700	华艺国际	2018-11-16
玛莉娜·克鲁斯 2007年作 劳拉缺席 II	75×38×23cm	88,700	佳士得	2018-11-25
田中唯吉 明治/大正时代 银自在螳螂	长12.1cm	88,700	佳士得	2018-11-27
陈庭诗 2001年作 无题	29×22×67cm	86,904	罗芙奥	2018-06-03
欧偲 2018年 大唐马系列（1）	81×47×72cm	84,000	湖南逸典	2018-06-09
KAWS 空山基 2008年作 没有未来的同伴（银铬）	19×19×31.5cm	83,733	保利澳门	2018-11-29
沈敬东 2015年作 小王子	93.5×51×41cm	82,317	中国嘉德	2018-10-02
博特·莫克塔 母与子	118×19.5×24.5cm	80,900	香港苏富比	2018-04-01
巴勃罗·毕加索 弥诺陶洛斯	高33cm	80,500	北京荣宝	2018-12-03
王梁益 2018年作 梦中家园	43.5×23×78.5cm	80,500	华艺国际	2018-11-16
约19世纪 那耳喀索斯（Narcissus）	高63cm 底部直径25cm	80,500	西泠拍卖	2018-07-09
欧偲 2018年 大唐马系列（2）	81×36×65cm	78,400	湖南逸典	2018-06-09
孔景才 2016年作 山水洞	60×33×63cm	78,200	华艺国际	2018-11-16
方澄 2018年作 太极格	高164cm 高155cm 高147cm	78,200	广东崇正	2018-07-05
奈良美智 2011年作 小狗收音机×Rimowa旅行箱	33×22×42cm 36×50×24cm	76,370	中国嘉德	2018-04-02
李光裕 1990年作 幽兰	尺寸不一	75,936	羅芙奧	2018-12-02
隋建国 盲人肖像	16.5×15.5×37cm	74,750	华艺国际	2018-05-23
任哲 2007年作 威风凛凛	30×28×60cm	71,568	罗芙奥	2018-06-03
约1875年作 法国十九世纪青铜雕塑 戏弄“TEASING” E.F REMIET 作品	53cm×33cm×22cm	71,300	华艺国际	2018-11-16
吾妻兼治郎 1978年作 MU-786	32.5×47.5×31cm	70,788	香港苏富比	2018-04-01

拍品名称	物品尺寸	成交价RMB	拍卖公司	拍卖日期
欧偲 2018年 五花驹	52×22×50cm	69,440	湖南逸典	2018-06-09
巴勃罗·毕加索 牛头	高26cm	69,000	北京荣宝	2018-12-03
巴勃罗·毕加索 男子头像	高24.5cm	69,000	北京荣宝	2018-12-03
加藤泉 2014年作 无题（两件一组）	21.5×10×9cm 21.5×11.5×11cm	69,000	北京匡时	2018-12-06
孔景才 2016年作 城系列——蒸蒸日上	62×26×105cm	69,000	华艺国际	2018-11-16
王梁益 2018年作 倚 风	19×16×64.5cm	69,000	华艺国际	2018-11-16
安东尼奥·卡诺瓦 19世纪 赫拉克勒斯	高42cm 底部长26cm 宽20.5cm	69,000	西泠拍卖	2018-07-09
蒋晟 2017年作 三不猴	30×20×31cm	69,000	保利厦门	2018-01-08
蒋晟 2017年作 药师佛	15×13×44cm	69,000	保利厦门	2018-07-15
王梁益 2016年作 云上·依靠	58×70×45cm	69,000	广东崇正	2018-07-05
约1880年 法国巴黎青铜雕塑《大卫与歌利亚》	高74cm	69,000	北京东正	2018-06-17
欧偲 2018年 海棠驹	81×36×65cm	67,200	湖南逸典	2018-06-09
欧偲 2017年 如意驹	51×19×50cm	67,200	湖南逸典	2018-06-09
欧偲 2018年 渡	106×34.5×41.5cm	67,200	湖南逸典	2018-06-09
内田望 2018年作 嗥叫之犬	113×22×89cm	65,975	佳士得	2018-05-27
胡安·米罗 儿童	高33cm	63,250	北京荣宝	2018-12-03
陈松涛 2015年作 春的畅想	53×38×115cm	63,250	华艺国际	2018-05-23
王晓琳 2018年作 锦婉·守	39×27×75cm	63,250	北京翰海	2018-06-30
欧偲 2018年 马上封侯	38×16×54cm	61,600	湖南逸典	2018-06-09
杨英风 1991年作 龙啸太虚	57×26×57cm	61,344	罗芙奥	2018-06-03
朱铭 1981年作 水牛	16.3×10.7×20.5cm	61,344	罗芙奥	2018-06-03
高伟刚 2013年作 一口气2号	120×115cm	60,675	香港苏富比	2018-04-01
王梁益 2017年作 蜜意	12.5×13×62cm	59,800	华艺国际	2018-05-23
巴勃罗·毕加索 站立的女人	高32cm	57,500	北京荣宝	2018-12-03
阿尔贝托·鲍尼 19世纪 跃	高27.5cm 底部长75cm 宽13cm	57,500	西泠拍卖	2018-07-09
阿福俊拿度·高利 19世纪 乐	高65cm 底部长21.7cm 宽19cm	57,500	西泠拍卖	2018-07-09
保罗·西尔维斯特 19世纪 圣童	高50cm 底部长32cm 宽28cm	57,500	西泠拍卖	2018-07-09
卡尔·斯泰雷 19世纪 打猎归来	高71cm 底部长17.7cm 宽17.7cm	57,500	西泠拍卖	2018-07-09
路德维希·格雷布纳 19世纪 托鹰之士	高60cm 底部长21cm 宽30cm	57,500	西泠拍卖	2018-07-09
弥尼皮埃尔·朱尔斯 约19世纪 绅士与猎狗	高44cm 底部长37cm 宽22cm	57,500	西泠拍卖	2018-07-09
欧仁·马里奥东 约19世纪 维护	高80cm 底部长27cm 宽25cm	57,500	西泠拍卖	2018-07-09
维莱特·拉乌尔·查尔斯 约19世纪 双犬	高36.5cm 底部长56cm 宽27cm	57,500	西泠拍卖	2018-07-09
许通海 2017年作 开眼	高4.5cm	57,500	保利厦门	2018-01-08
KAWS2016年作伙伴（一组共六件）	尺寸不一	56,593	保利香港	2018-09-30
KAWS 2017年作 1. 小谎言；及 2. 永远最好的朋友（两组共六件）	尺寸不一	56,593	保利香港	2018-09-30
村上隆 2016年作 MURAKAMI X COMPLEXCON MR. DOB（共两件）	尺寸不一	56,593	保利香港	2018-09-30
朱达诚 无题	高23cm 高9.1in	56,593	北京匡时	2018-10-03
彭光均2006年作蜜（左）；伸（右）	尺寸不一	56,232	罗芙奥	2018-06-03
朱铭 太极系列—单鞭下势	28.5×14.4×18.2cm	56,232	罗芙奥	2018-06-03
欧偲 2018年 悟	37×29×70cm	56,000	湖南逸典	2018-06-09
欧偲 2018年 鹿系列（4）	51×17×78cm	56,000	湖南逸典	2018-06-09
王晓琳 2018年作 锦婉·瑞	34×25×75cm	55,200	华艺国际	2018-05-23
村上隆 2016年作 MURAKAMI X COMPLEXCON MR. DOB (两件作品)	每件23.5(高)×27.5×27.5cm	54,500	香港苏富比	2018-10-01
欧偲 2017年 仕女骑马俑	45×16×46cm	53,760	湖南逸典	2018-06-09
阿尔弗雷德·杜巴克 约19世纪 对鹿	高44cm 宽45cm	51,750	西泠拍卖	2018-07-09
亨利·莫尔 侧卧女人体	20.5×38×10cm	51,750	北京荣宝	2018-06-14
罗湘科 雕塑	高100cm	50,400	湖南逸典	2018-06-09
装置				
谷文达 2017年作 天象·芒种	80×50×70cm 重0.5吨	1,058,000	中国嘉德	2018-06-19
李绫瑄 2011年作 归属系列1－A部分（共五十二件）	尺寸不一	421,325	佳士得	2018-11-25
宋明筱 2017年 冲啊!	153.6×115.2cm	59,800	中国嘉德	2018-11-21
摄影				
理查德德·普林斯 1999年作 无题（牛仔）	尺寸不一	9,044,910	伦敦苏富比	2018-03-07
辛迪·雪曼 1980年作 无题，电影剧照#57	69.2×102.2cm	1,977,750	伦敦苏富比	2018-03-07
布莱恩·唐纳利 人类最忠诚的朋友	58.5×89cm×10	356,500	上海匡时	2018-04-30
张洹 1998年作 泡沫系列（共十五件）	101.5×68.5cm×15	288,275	佳士得	2018-11-25
杨福东 2006年作 断桥无雪-1	120×180cm	276,000	北京匡时	2018-12-06
张洹 2002年作 汉堡种子（共十二件）	50.5×40.5cm×12	221,750	佳士得	2018-11-25
草间弥生 2005年作 花 A	尺寸不一	184,000	保利厦门	2018-07-15
张大力 2017年作 竹	108×88cm	172,500	中国嘉德	2018-06-19
刘韡 2004年作 山水系列	158×308cm	166,313	佳士得	2018-11-25
杨福东 2007年作 竹林七贤之五	139×198cm	151,688	香港苏富比	2018-04-01
郎静山 1934年 春树奇峰（附对联）	60×46cm	149,500	北京华辰	2018-11-20
王劲松 2001年作 过去 现在 未来（共三件）	尺寸不一	133,050	佳士得	2018-11-25
邱志杰 2006年作 二十四节气（二十四张一组）	100×133.1cm	121,350	香港苏富比	2018-04-01
杨福东 2007年作 竹林七贤 第五部分	120×180cm	111,650	佳士得	2018-05-27
郎静山 大禹岭	35.5×27.5cm	109,250	中贸圣佳	2018-06-20
村上隆 500罗汉	66.5×66.5cm×9	103,500	上海匡时	2018-04-30
草间弥生 1985年作 蝶	尺寸不一	103,500	保利厦门	2018-07-15
苍鑫 为无名山增高一米	尺寸不一	101,500	佳士得	2018-05-27
综合媒材				
瓦西里·康丁斯基 1913年作《最后审判论题》	47×52cm	158,917,534	纽约苏富比	2018-11-12
马克·布拉福德 2018年作 开口吧，鸟人	151.1×179.1×6.4cm	43,177,946	纽约苏富比	2018-05-16
罗伯特·劳森伯格 1962年作 卡通	182.9×91.4×14cm	31,530,371	香港苏富比	2018-03-31

2018书画拍卖成交汇总

(成交价RMB：10万元以上)

拍品名称	物品尺寸	成交价RMB	拍卖公司	拍卖日期
马克·布拉福德 看得见的巨人	214×275cm	29,509,369	纽约苏富比	2018-05-16
弗朗西斯·毕卡比亚 约1924至1925年作《无题》（盆栽）	65.2×54cm	26,446,913	伦敦佳士得	2018-02-27
理查德·普林斯 1989-90年作 无题	151.1×132.1cm	18,010,710	伦敦苏富比	2018-03-07
麦克·凯利 记忆器皿墙#29	178.4×118.1×10.2cm	14,846,310	伦敦苏富比	2018-03-07
吴大羽 无题	64×45cm	11,615,040	香港苏富比	2018-09-30
林寿宇 1963年作 绘画浮雕 12.12.63	116.8×137.2cm	7,952,640	香港苏富比	2018-09-30
弗朗西斯·毕卡比亚 1914年作《滑稽力量》	64.7×53.7cm	7,130,268	纽约苏富比	2018-05-14
阿美迪奥·莫迪里亚尼 1916-1917年作 女人画像—芮妮	51×30cm	5,495,400	罗芙奥	2018-06-02
尚扬 2007年作 董其昌计划-9	130×400cm	5,290,000	北京保利	2018-06-20
奈良美智 2001年作 旋转	54.6×54.6×9.5cm	5,144,800	中国嘉德	2018-10-02
林寿宇 1966-1968年作 66-68	101.5×101.5cm	5,091,380	佳士得	2018-11-24
常玉 1930代作 小鹿	尺寸不一	4,951,080	香港苏富比	2018-03-31
草间弥生 1998年作 南瓜	30.5(高)×27×20.5cm	4,756,920	香港苏富比	2018-04-01
常玉 1930代作 椅子上的北京犬	尺寸不一	4,756,920	香港苏富比	2018-03-31
彼得·哈雷 黄色区域与三条信道	195.6×195.6cm	4,509,270	伦敦苏富比	2018-03-07
扬·托洛普 1902年作 信仰和赏赐	102×95cm	4,085,153	伦敦佳士得	2018-02-27
阿美迪奥·莫迪里亚尼 1917-1918年作 少女的画像	33×21cm	4,068,000	羅芙奥	2018-12-01
达米恩·赫斯特 2008年作 爱、钱、墨西哥（三张一组）	尺寸不一	3,494,880	香港苏富比	2018-03-31
草间弥生 1986年作 春盛	100(高)×60×30cm	3,009,480	香港苏富比	2018-04-01
白南准 2001年作 Baby Buddha	192×146.5×50.2cm	2,962,580	佳士得	2018-11-24
谢景兰 1970年作 无题	245.5×152.5cm	2,825,280	香港苏富比	2018-09-30
今井俊满 1961年作 升之太阳（五联作）	尺寸不一	2,621,160	香港苏富比	2018-03-31
李禹焕 1999年作 对应	146×112cm	2,323,940	佳士得	2018-11-24
尚扬 2008年作 册页 08-2	100×150cm	2,185,000	北京匡时	2018-12-06
钟泗滨（I）无题（华裔女子）（II）无题	尺寸不一	1,921,375	香港苏富比	2018-03-31
徐道获 2007年作 因果效应	高285cm 直径200cm	1,884,875	佳士得	2018-11-24
草间弥生 1996年 南瓜及手表	17×17×6cm 23×3cm	1,852,128	北京匡时	2018-10-03
草间弥生 1998年作 蝴蝶	57×36×36cm	1,725,000	中国嘉德	2018-06-19
奈良美智 2009年作 无题	33.7×24.4cm	1,627,200	羅芙奥	2018-12-02
阿曼德·萨达利 无题《橙与金》	85.5×80cm	1,516,875	香港苏富比	2018-03-31
森田子龙 1969年作 寒山（屏风）	尺寸不一	1,415,750	香港苏富比	2018-03-31
沙耆 1930年代作 鹿	64×49cm	1,380,000	中国嘉德	2018-06-19
乐氏琉 采花小童	64.5×54.5cm	1,314,625	香港苏富比	2018-04-01
丁乙 2008年作 十示2008-25	140×120cm	1,265,000	北京匡时	2018-06-16
大竹伸朗 1984年作 记忆的形状	108.5×91.5cm	1,112,375	香港苏富比	2018-04-01
吴大羽 1950年代 无题—178	39.4×27.8cm	1,012,000	北京匡时	2018-06-16
李绫瑄 2015年作 在你，在我	220×326.5×23cm	1,011,250	香港苏富比	2018-03-31
藤田嗣治 1922年作 静物	27.8×24.6cm	878,250	中国嘉德	2018-04-02
松谷武判 1964年作 作品-64-2-A	53×65cm	859,563	香港苏富比	2018-04-01
法比恩·维迪尔 2013年作 苦行-群青	183×135cm	859,563	香港苏富比	2018-04-01
叶永青 1994年作 无题	160×140cm	828,000	中国嘉德	2018-06-19

拍品名称	物品尺寸	成交价RMB	拍卖公司	拍卖日期
黄积铸 1959年作 越南北圻的风景	65×80cm 19×28cm	776,125	佳士得	2018-11-25
草间弥生 1985年作 无题（南瓜）	10.5×10.5×10.5cm	747,500	保利厦门	2018-07-15
全光荣 2011年作 集合 11-FE010	163×131cm	720,688	佳士得	2018-11-25
郑文 1943年作 北越中部地区的狩猎场景	115.5×159.5cm	720,688	佳士得	2018-11-25
草间弥生 1966年 无题	21.5×33×28cm	720,272	北京匡时	2018-10-03
草间弥生 1988年作 沉睡的雄蕊	39.5×42×16cm	720,272	中国嘉德	2018-10-02
草间弥生 1991年作 南瓜	7(高)×9×8.5cm	708,500	香港苏富比	2018-10-01
克丽丝汀·嫒珠 2009年作 对称的避难所#6	72×140cm	690,200	佳士得	2018-05-27
薛松 2005年作 有符号的山水	150×120cm×3	690,000	北京保利	2018-06-20
全光荣 2009年作 集合 09-JU031 蓝	98×146cm	687,425	佳士得	2018-11-25
季大纯 1999年作 偶像（双联作）	111×111cm×2	667,000	中国嘉德	2018-06-19
刘国松 1970年作 地球何许？之八十	86×55.5cm	654,000	香港苏富比	2018-10-01
嶋本昭三 2008年作 总督宫第三十五号	122×177cm	620,503	中国嘉德	2018-04-02
钟泗宾 1972年作 视力	74×53.5cm	609,000	佳士得	2018-05-27
秦松 女体 画心	180×94cm	558,140	台北艺流	2018-06-30
苏笑柏 2005年作 山脉II	95×113cm	554,375	佳士得	2018-11-25
黄冠余 2007年作 私语	138×200.5cm	545,000	香港苏富比	2018-10-01
陈可 2007年作 和你在一起，永远不孤单（一组两件）	尺寸不一	514,480	中国嘉德	2018-10-02
魏乐唐 2001年作 抽象	162×112cm×2	507,500	佳士得	2018-05-27
奈良美智 2007年作 失眠夜（坐着）	28×15×17cm	475,288	香港苏富比	2018-04-01
KAWS 2007年作 同伴（灰色）	128×58×37cm	463,032	中国嘉德	2018-10-02
梁铨 2013年作 祖先的海	160×121cm	460,000	北京荣宝	2018-06-14
奈良美智 1995年作 Singing in the Deepest Puddle	27×20cm	443,500	佳士得	2018-11-25
刘炜 2000年作 禁止吸烟	80×49cm	437,000	中国嘉德	2018-06-19
蔡国强 1990年作 胎动：为外星人做的计划第五号	50×60cm	424,725	香港苏富比	2018-04-01
黎谱 约1956年作 书香之中	64×49cm	421,325	佳士得	2018-11-25
田中敦子 1971年作 无题	27.5×22cm	421,325	佳士得	2018-11-25
松谷武判 1962年作 作品 62-5 镜框	24×33.4cm	414,200	香港苏富比	2018-10-01
钟泗滨 休息	66×91cm	414,200	香港苏富比	2018-10-01
钟泗滨 姊妹	91×66cm	392,400	香港苏富比	2018-10-01
阮嘉治 约1968年作 女子与孩童	100×79cm	388,063	佳士得	2018-11-25
武高谈 约1950-1952年作 少女肖像	45×28cm	388,063	佳士得	2018-11-25
钟泗宾 1972年作 姐妹	93×67cm	388,063	佳士得	2018-11-25
蔡国强 2004年作 鹰 镜框	45.5×60cm	381,500	香港苏富比	2018-10-01
艾珠·克里丝汀 2002年作 飞翔结构	120×60cm	381,500	香港苏富比	2018-10-01
胡宏述 2002年作 逸 绷架	112×122cm	380,550	台北艺流	2018-06-30
谷文达 1992年作 创作手稿（十一帧）	56×66cm×11	368,000	西泠拍卖	2018-07-07
阿默·萨达里 Bongkah-Bongkah Emas	100×100cm	354,800	佳士得	2018-11-25
刘安民 水	122×91.5cm	353,938	香港苏富比	2018-04-01
臧跃军 2012年作 心灵佛光五六	134×95cm	345,000	北京保利	2018-06-20
奈良美智 2007年作 失眠的夜坐着	15×25cm	345,000	北京匡时	2018-12-06
刘炜 1999年作 花	74×45.5cm	334,117	中国嘉德	2018-04-02
吉米尼·莱伊 无题（花）	76×35cm	332,625	佳士得	2018-11-25
洪通 迎神庙会	138.5×43.5cm	327,000	香港苏富比	2018-10-01
彼得·莱兹伯斯 2016年作 教训恶人	120×160cm	325,440	羅芙奥	2018-12-01

拍品名称	物品尺寸	成交价RMB	拍卖公司	拍卖日期
张修竹 2017年作 五零叙事·重生	100×80cm	322,000	北京保利	2018-12-06
艾林·迪维哈坦托 2015年作 黑刺李	179×154cm	310,450	佳士得	2018-11-25
黄本蕊 2014年作 尼尼	65.5×28×35cm	308,688	中国嘉德	2018-10-02
奈良美智 2012年作 森子	18×14.5×30cm	306,720	罗芙奥	2018-06-03
庄喆 1967年作 火地 II	99×122cm	305,200	香港苏富比	2018-10-01
草间弥生 1983年作 南瓜	6×6×5.3cm	257,640	羅芙奧	2018-12-02
刘炜 1990年作 高宗纯皇帝朝服像	43×47cm	253,000	北京匡时	2018-12-06
谷文达 2000年作 丝绸之路（形式A：a-2）	273.7×172.8cm	243,925	佳士得	2018-11-25
苏纳尔约 1986年作 两个舞者	100×100cm	243,925	佳士得	2018-11-25
苏笑柏 2005年作 朱砂书法，2005	86×91cm	243,925	佳士得	2018-11-25
庄喆 1972年作 窗	85×129cm	242,700	香港苏富比	2018-04-01
庄喆 1971年作 构图	120×84cm	239,800	香港苏富比	2018-10-01
徐震2014年作哇！这次做爱真爽！	94.9×124.7cm	238,655	保利香港	2018-03-29
邱世华 1990年代初 湖	102.5×104cm	230,000	北京匡时	2018-12-06
王亚彬 2014年作 斜阳	132×120cm	230,000	中贸圣佳	2018-11-24
丁乙 1998年作 十示系列：98-B13	53×72.5cm	226,371	中国嘉德	2018-10-02
大卷伸嗣 2018年作 回响：水晶计画—新陈代谢	145×145cm	226,371	中国嘉德	2018-10-02
庄喆 1969年作 无题	87×122.5cm	222,475	香港苏富比	2018-04-01
艾利·斯密特 庙宇景色	58×68.5cm	221,750	佳士得	2018-11-25
何翔宇 2007年作 海的幻梦	75×200cm	218,500	北京匡时	2018-12-06
陈福善 1976年作 长洲	58×76cm	218,000	香港苏富比	2018-10-01
让·米歇尔·巴斯奎特 无题	28×19.5cm	212,750	北京荣宝	2018-06-14
陈彧君 2012年作 摇摆的信仰 No.20120611	200×110cm	207,000	北京保利	2018-12-06
梁铨 1986年 财神	64×59cm	207,000	中国嘉德	2018-11-21
季大纯 2004年作 爱情是忧郁的 综合材料	150×110cm	207,000	北京诚轩	2018-06-18
毛焰 2006年作 托马斯之二	53×77.5cm	205,792	保利香港	2018-09-30
李杰 2010年作 琼森（牛奶沐浴乳）	83.5×108cm	192,138	香港苏富比	2018-04-01
刘炜 2009年作 风景	76×100cm	190,924	中国嘉德	2018-04-02
袁金塔 2011年作 希望	112.5×88.5cm	186,676	台北艺流	2018-12-01
曹力 2004年作 天籁	33×59.5cm	184,000	中国嘉德	2018-06-19
ROMULO OLAZO 1983年作 无题（1897）	45.6×61cm	177,400	佳士得	2018-11-25
林天苗 2007年作 聚焦系列	127×102cm	172,500	北京翰海	2018-06-30
季大纯 2000年作 红嫂	110×110cm	172,500	北京保利	2018-06-20
李元佳 1958年作 无题	40.5×23.5cm	171,913	香港苏富比	2018-04-01
顾福生 1986年作 繁花浴河	128×80cm	171,832	中国嘉德	2018-04-02
叶永青 1990年作 无题	55×39cm	171,832	中国嘉德	2018-04-02
ANDRES BARRIOQUINTO 2014年作 永恒的凝视	122×122cm	166,313	佳士得	2018-11-25
阮忠 1996年作 顺化市的优雅女子	120×80cm	166,313	佳士得	2018-11-25
庄喆 1972年作 风景十	130×85cm	163,500	香港苏富比	2018-10-01
索菲普·皮奇 2011年作 无题（地面与行走）	82×61.5×7cm	162,400	佳士得	2018-05-27
毛栗子 1990年作 敦煌壁画上的涂鸦	92.2×73cm	162,285	保利香港	2018-03-29
加藤良造 2016年作 山水境	91×73cm	162,285	中国嘉德	2018-04-02
村上隆 2013年作 水母看世界	163.5×147×74.5cm	161,800	香港苏富比	2018-04-01
邱世华 1990年代初 树林	78×103cm	161,000	北京匡时	2018-12-06
ROMULO OLAZO 1983年作 无题（1896）	45.8×60.8cm	155,225	佳士得	2018-11-25
金康容 2017年作 现实+图像 1706-1596	120×120cm	152,250	佳士得	2018-05-27

拍品名称	物品尺寸	成交价RMB	拍卖公司	拍卖日期
薛松 梅竹图	100×80cm	149,500	中贸圣佳	2018-11-24
周名德 2018年作 九天·二	99×140.5cm	144,138	佳士得	2018-11-25
任惠 2018年 存在系列6	200×150cm	138,000	中国嘉德	2018-11-21
刘刚 2017年作 107102	90×120cm	138,000	中国嘉德	2018-06-19
刘刚 2017年 2117102	69×139cm	138,000	中国嘉德	2018-11-21
王天德 山水 镜心	184.0×36.0cm	138,000	中国嘉德	2018-11-22
叶永青 1990年作 逃逸的幻象	77.1×52.6cm	133,647	保利香港	2018-03-29
顾福生 1995年作 波特兰日子	116.0×37.3cm	131,463	香港苏富比	2018-04-01
李元佳 1950年代作 无题	85×65cm	131,463	香港苏富比	2018-04-01
叶永青 1991年作 禁果	77.2×53.4cm	124,101	保利香港	2018-03-29
刘时栋 2011年作 夏天的风	112×145cm	121,800	佳士得	2018-05-27
班内蒂托·雷耶斯·卡布雷拉 桌上的布幔	38.5×34cm	121,350	香港苏富比	2018-04-01
奥古斯特 2014年作 梦露 vs 钢铁人	100×100cm	119,328	羅芙奧	2018-12-01
刘庆和 2000年作 临界	120×140cm	115,000	北京华辰	2018-11-19
瓦西里·康定斯基 1939年作 蓝色	33.5×27.5cm	115,000	北京荣宝	2018-12-03
TRUONG TAN 2010年作 安静的时光	120×90cm	111,650	佳士得	2018-05-27
蔡国强2005年作金圆券—招财平安符	37.3×28cm	111,238	香港苏富比	2018-04-01
菅木志雄 1992年作 中间的另一侧	45×40.5×10.2cm	105,331	佳士得	2018-11-25
索菲普·皮奇 2010年作 Naw	54×61×14cm	105,331	佳士得	2018-11-25
To Ngoc Van 泰国女孩	74×32.5cm	103,550	香港苏富比	2018-10-01
冯放 2017年作 惊蛰	60×120cm	103,500	中国嘉德	2018-06-19
奈良美智 2001年作 爱与和平	100×153.5cm	102,896	中国嘉德	2018-10-02
李元佳 1960年代作 无题	72×17cm	101,125	香港苏富比	2018-04-01
李元佳 1963年作 无题	尺寸不一	101,125	香港苏富比	2018-04-01
亚旺·达米·阿麦德 巴雅拉玛“蓝带”	93×93cm	101,125	香港苏富比	2018-04-01
当代艺术				
戴维·霍克尼 纸泳池30	182.9×217.2cm	74,831,494	纽约苏富比	2018-05-16
格哈德·里希特 1025色	120.7×123.8cm	64,840,314	伦敦苏富比	2018-03-07
胡安·米罗 1934年10月作《人像》	107.9×72.7cm	50,697,465	纽约苏富比	2018-11-12
克里斯托弗·坞尔 无题	109.2×76.2cm	50,371,934	纽约苏富比	2018-05-16
约翰·张伯伦 1958年作 胡桃夹子	115.6×110.5×81.3cm	35,264,560	纽约苏富比	2018-05-16
鲁菲诺·塔马约 1947年作《帕里库廷火山风景（火山喷发）》	76.5×102cm	28,443,870	纽约苏富比	2018-11-12
尚·米榭·巴斯基亚 1984年作 LOGO	153×122cm	25,741,440	香港苏富比	2018-09-30
卢齐欧·封塔纳 1965年作 空间概念，等待	72×60cm	23,310,122	香港苏富比	2018-03-31
米开朗基罗·皮斯特莱托 1962-66年作 恋人	230.5×120cm	23,159,892	伦敦苏富比	2018-03-07
尚·米榭·巴斯基亚 1982年作 无题（人像JMB #1）	100×70.7cm	23,159,892	伦敦苏富比	2018-03-07
尼基卡·奥库尼里·克罗斯比 2017年作 叶丛宝宝	182.9×152.4cm	21,505,500	纽约苏富比	2018-05-16
尚·米榭·巴斯基亚 1984年作 我曾经	218.5×249cm	21,175,110	伦敦苏富比	2018-03-07
安迪·沃荷 1967年作 玛莉莲·梦露（玛莉莲）	91.4×91.4cm	20,647,710	伦敦苏富比	2018-03-07
安迪·沃荷 二元美金（背面）（40张绿色二元美金）	210.8×48.3cm	19,211,580	纽约苏富比	2018-05-16
西格马·波尔克 1967年作 车祸或三姊妹	49×58cm	19,065,510	伦敦苏富比	2018-03-07
亚历山大·考尔德 1951年作 各种形状、颜色、平面	89.5×141.6×26.7cm	14,623,740	纽约苏富比	2018-05-16

(成交价RMB：10万元以上)

拍品名称	物品尺寸	成交价RMB	拍卖公司	拍卖日期
朴栖甫 1975～1976年作 描法 NO. 37-75-76	195×300cm	13,202,880	香港苏富比	2018-03-31
郝量 2010-2011年作 壳	145.5×92cm	12,661,440	香港苏富比	2018-09-30
阿希尔·戈尔基 1947年作 "订婚" 习作	126.4×102cm	10,800,540	纽约苏富比	2018-05-16
达米恩·赫斯特 1994-95年作 爱你	213.4×213.4cm	8,728,470	伦敦苏富比	2018-03-07
草间弥生 2006年作 南瓜	115.6×115.6×115.6cm	8,655,920	佳士得	2018-05-26
唐纳德·贾德 1989年作 无题	30.5×30.5×180.3cm	8,506,620	纽约苏富比	2018-05-16
草间弥生 1981年作 衣架	130.3×162cm	7,952,640	香港苏富比	2018-09-30
嶋本昭三 1962年作 无题－爆瓶	162×130cm	7,863,480	香港苏富比	2018-03-31
亚历山大·考尔德 约1932年作，此作已于纽约考尔德基金会档案中注册，编号A03743。双弧形与球体	81.3×30.2×29.5cm	7,741,980	纽约苏富比	2018-05-16
安迪·沃荷 金宝汤罐头与罐头刀	60.3×45.7cm	7,741,980	纽约苏富比	2018-05-16
村上隆 粉红马戏团：拥抱你心中的平静与黑暗	199.4×153cm	7,462,710	伦敦苏富比	2018-03-07
李禹焕 1988年作 与风	218×291cm	7,378,080	香港苏富比	2018-03-31
朴栖甫 1980年作 描法 NO. 5-80	162×194.6cm	7,378,080	香港苏富比	2018-03-31
露易丝·布尔乔亚 紧握的手	70.5×59.7×54.6cm	6,977,340	纽约苏富比	2018-05-16
河原温 32820	66.2×91.4cm	6,935,310	伦敦苏富比	2018-03-07
乔纳斯·伍德 2014年作 粉色植物及阴影二号	218.4×177.8cm	6,906,240	香港苏富比	2018-09-30
君特·于克 沙洲	150×150cm	6,618,870	伦敦苏富比	2018-03-07
西格马·波尔克 事事不同	130.2×149.8cm	6,618,870	伦敦苏富比	2018-03-07
赫苏斯·拉斐尔·索托 1959年作 白色振动	100×100cm	6,595,020	纽约苏富比	2018-05-16
克里斯托弗·坞尔 无题	167.6×119.1cm	6,407,910	伦敦苏富比	2018-03-07
戴维·海蒙 1994年作 母爱	104.1×41.9cm	6,212,700	纽约苏富比	2018-05-16
班克斯 2009年作 海边酒神	230.5×206cm	5,880,510	伦敦苏富比	2018-03-07
亚历山大·考尔德 约1968年作 无题	43.8×68.6×40.6cm	5,830,380	纽约苏富比	2018-05-16
米开朗基罗·皮斯特莱托 蓝色布帘	120.3×150.5cm	5,458,590	伦敦苏富比	2018-03-07
佛兰兹·韦斯特 2002年作 西西弗斯	170.2×152.4×106.7cm	5,448,060	纽约苏富比	2018-05-16
卢西亚诺·法布罗 1969年作 常春藤	153×87×8.9cm	5,353,110	伦敦苏富比	2018-03-07
罗讷德·温杜拿 2005年作 人体习作	245×365cm	5,127,360	香港苏富比	2018-09-30
安尼施·卡普尔 2016年作 镜子（有机绿到东方蓝）	99.1×99.1×16.2cm	4,758,320	佳士得	2018-05-26
田中敦子 1964年作 三圆构造	130×97cm	4,499,520	香港苏富比	2018-09-30
田中敦子 1983年作 83E	194×129.9cm	4,465,680	香港苏富比	2018-03-31
罗斯玛丽·特罗克尔 1990年作 O.T.（死神头颅）	200×150cm	4,087,350	伦敦苏富比	2018-03-07
露易丝·布尔乔亚 1998年作 无题	尺寸不一	4,080,960	香港苏富比	2018-09-30
约瑟夫·埃布尔斯 向方形致敬习作：证据	76.3×76.3cm	3,770,910	伦敦苏富比	2018-03-07
奈良美智 2002年作 去你的烂世界！	14.9×10.5cm	3,494,880	香港苏富比	2018-04-01
亚力格鲁·伯尔提 1988年作 无题（1988年7月23日）	112.3×115.8cm	3,348,990	伦敦苏富比	2018-03-07
奈良美智 2003年作 溶月	直径180.3cm 深55cm	3,034,560	香港苏富比	2018-10-01
杰森·罗兹 2003年作 DOWN UNDER	220×133×55cm	3,032,550	伦敦苏富比	2018-03-07
亚力格鲁·伯尔提 1982年作 相遇与相争	102.9×72.4cm	3,032,550	伦敦苏富比	2018-03-07
元永定正 1965年作 作品	91.5×116.8cm	3,009,480	香港苏富比	2018-03-31
草间弥生 1954年作 无题	24.7×35cm	3,009,480	香港苏富比	2018-04-01
蔡国强 2003年作 人类、老鹰与天空之眼：老鹰	230×310cm	2,990,000	北京匡时	2018-12-06
班克斯 2002年作 猴子雷管	含框105×105cm	2,929,920	香港苏富比	2018-10-01
奈良美智 1998年作 腮腺炎	48.3×40.6cm	2,912,400	香港苏富比	2018-04-01
奈良美智 1993年作 小猴仔加油	85.2×55cm	2,811,600	罗芙奥	2018-06-03
达米恩·赫斯特 2008年作 有时生活真的、真的、真的很黑暗	215×215cm	2,716,110	伦敦苏富比	2018-03-07
弗朗契斯科·罗·萨维奥 1959年作 无题	66.2×125.1×17.1cm	2,716,110	伦敦苏富比	2018-03-07
安东尼·葛姆雷 2014年作 小规格III	109×24×16cm	2,616,000	香港苏富比	2018-10-01
草间弥生 2014年作 小爱	80.5×102×47cm	2,616,000	香港苏富比	2018-10-01
沃尔夫冈·提尔曼斯2013年作 有形40	连框 180.7×236cm	2,610,630	伦敦苏富比	2018-03-07
田中敦子 1997年作 97D	146×112cm	2,427,000	香港苏富比	2018-04-01
村上隆 2013年作 POM与我（金）	45×37.7×31.7cm	2,180,000	香港苏富比	2018-10-01
汉迪威曼·苏普塔拉 无根，无芽9号		2,022,500	香港苏富比	2018-03-31
郎静山 郎静山摄像 书法 海报（一组五十一件）	尺寸不一（依比例）	2,022,500	香港苏富比	2018-03-31
奈良美智 2007年作 大头狗	150×123×125cm	2,022,500	香港苏富比	2018-04-01
傅丹 2011年作 字母（A）	102×165cm	1,921,375	香港苏富比	2018-03-31
草间弥生 1965年作 无题	24.1×41.9×41.9cm	1,853,000	香港苏富比	2018-10-01
山姆·吉利安 微W之后#2	114.3×172.7×22.9cm	1,758,000	伦敦苏富比	2018-03-07
戴维·阿尔法罗·西凯洛斯 1954年作《火山岩》	100×122.2cm	1,736,500	纽约苏富比	2018-11-12
五木田智央 2015年作 突尼斯的夜晚	162.6×129.5cm	1,719,125	香港苏富比	2018-04-01
戴维·霍克尼 2011年作 优胜美地I，2011年10月16日	197×176.5cm	1,417,000	香港苏富比	2018-10-01
安迪·沃荷 1980年作 钻石星尘鞋	102×151cm	1,415,750	香港苏富比	2018-04-01
傅丹 2011年作 165OW	91×173cm	1,319,500	佳士得	2018-05-26
乔治·康多 1993年作 伊特拉斯坎人像习作II 镜框	203×112cm	1,308,000	香港苏富比	2018-10-01
草间弥生 2005年作 永恒的爱	44×38（直径）cm	1,278,000	罗芙奥	2018-06-03
徐冰 2017年作 陆游:鹧鸪天	60×180cm	1,011,250	香港苏富比	2018-04-01
KAWS 2009年作 ORIGINALFAKE 同伴（黑色）	127(高)×55.9×35.6cm	872,000	香港苏富比	2018-10-01
奈良美智 1997年作 无题 镜框	29.5×21cm	872,000	香港苏富比	2018-10-01
草间弥生 1978年作 在日落的鲭鱼天空	50×65cm	862,750	佳士得	2018-05-27
萧勤 1992-2015年作 往永久的花园－15	120×80×3cm	817,500	香港苏富比	2018-10-01
奈良美智 1997年作 飘飘欲仙 镜框	22.8×15cm	817,500	香港苏富比	2018-10-01
曾梵志 约1998年作 无题	16×20cm	809,000	香港苏富比	2018-04-01
苏笑柏 2011年作 大瓦·红色	148×160cm	805,000	北京保利	2018-06-20
草间弥生 1980年作 都会	65.5×50.7cm	788,775	香港苏富比	2018-04-01
高瑀 2011年作 最坚强的泡沫，惯看秋月春风（三联作）	172.5×92.8cm×3	782,000	北京匡时	2018-12-06
赫苏斯·拉斐尔·索托 1990年作 震动的方形	62×62×17cm	758,438	香港苏富比	2018-04-01
草间弥生 1979年作 南瓜 镜框	24.1×27.3cm	708,500	香港苏富比	2018-10-01
吴埜山 1929年作 象耕图	77.5×101.5cm	667,000	中贸圣佳	2018-11-24
李禹焕 1990年作 无题	尺寸不一	657,313	香港苏富比	2018-04-01
徐累 1998年作《游离的青花》镜框	63×53.5cm	654,000	香港苏富比	2018-10-01
草间弥生 1998年作 南瓜	27×27×28cm	613,440	罗芙奥	2018-06-03

拍品名称	物品尺寸	成交价RMB	拍卖公司	拍卖日期
名坂有子 1966年作 作品	91×91cm	606,750	香港苏富比	2018-04-01
罗伯特·隆戈 2014年作 南斯习作	40.6×33.5cm	599,500	香港苏富比	2018-10-01
井上有一 1963年作 虎	121.3×187.2cm	563,500	北京匡时	2018-12-06
井上有一 1982年作 舟	142×141cm	529,000	北京匡时	2018-12-06
井上有一 1971年作 宁	123.5×178.5cm	517,500	北京匡时	2018-12-06
井上有一 1964年作 孝	136.5×179cm	517,500	北京匡时	2018-12-06
井上有一 1963年作 悲	158×114cm	517,500	北京匡时	2018-12-06
常玉 1930年作 陶潜诗集	15×9.2cm	511,200	罗芙奥	2018-06-03
洪易 2013年作 旺狗	150×50×120cm	511,200	罗芙奥	2018-06-03
井上有一 1960年作 龙	130.9×180cm	507,500	佳士得	2018-05-26
奈良美智 2002年作 无题（雨云）	30.3×22.3cm	505,625	香港苏富比	2018-04-01
村上隆 2004年作 菱角	28.4×14.7×14.9cm	490,500	香港苏富比	2018-10-01
奈良美智 1998年作 世界和平	29.5×21cm	485,640	罗芙奥	2018-06-03
草间弥生 南瓜	68.6×55cm	485,400	香港苏富比	2018-04-01
奈良美智 2002年作 无题（2002来自家的光年）	30.3×22.3cm	485,400	香港苏富比	2018-04-01
韦尔申 1991年作 天边的云 坦培拉	128×95cm	483,000	北京诚轩	2018-06-18
奈良美智 1999年作 OTO!!	23×23cm	460,080	罗芙奥	2018-06-03
崔素荣 2012年作 横道	91×91cm	456,750	佳士得	2018-05-27
奈良美智 1998年作 The Head	10×12×7cm	456,750	佳士得	2018-05-27
奈良美智 2003年作 我是画家	27×25cm	455,063	香港苏富比	2018-04-01
蔡国强 1990年作 PROJECT FOR E.T.No.3—人类案，自己的星球所做的陨石坑	49×65cm	437,000	华艺国际	2018-11-16
草间弥生 1998年作 南瓜（黄、红、绿）（一组三件）	9.5×9×8.5cm	433,920	羅芙奧	2018-12-02
安东尼·葛姆雷 2011年作 模型 I 镜框	110.5×76cm	414,200	香港苏富比	2018-10-01
没顶公司 2012年作 蔓延系列	198×280cm	404,500	香港苏富比	2018-04-01
傅丹 2013年作 我们人民（元素#A6）	95.7×82cm	404,500	香港苏富比	2018-04-01
松谷武判 1993年作 波动 93-3-1	97×70.7cm	385,700	佳士得	2018-05-27
草间弥生 2002年作南瓜（五件一组）	10.5×9×8.5cm	383,400	罗芙奥	2018-06-03
元永定正 1966年作 无题	32.2×24.3cm	353,938	香港苏富比	2018-04-01
村上隆 2004年作 麻糬（黑）	尺寸不一	348,800	香港苏富比	2018-10-01
奈良美智 1997年作 无题 镜框	18×24.4cm	327,000	香港苏富比	2018-10-01
郑相和 1979年作 拓本 P.10	98.2×130.5cm	323,600	香港苏富比	2018-04-01
夏阳 1961年作 作品 6136-AZ	160×73cm	305,200	香港苏富比	2018-10-01
奈良美智 1996年作 无题 镜框	29.6×21cm	305,200	香港苏富比	2018-10-01
松谷武判 1999年作 沿线	81×65cm	304,500	佳士得	2018-05-27
奈良美智 2003年作 寂寞WESTERN	33.4×27cm	303,375	香港苏富比	2018-04-01
奈良美智 1999-2000年作 女孩 小狗	21×15cm	299,000	北京匡时	2018-06-16
奈良美智 2011年作 小狗收音机 x RIMOWA旅行箱	尺寸不一	298,320	羅芙奧	2018-12-02
郑相和 1978年作 拓本 P.5	161.9×96cm	283,150	香港苏富比	2018-04-01
草间弥生 1984年作 柠檬杂饮	尺寸不一	283,150	香港苏富比	2018-04-01
李秀恒 2018年作 (原照片摄于2015年) 香港太平山 艺术家原装画框	尺寸不一	272,500	香港苏富比	2018-10-01
奈良美智 1999年作 无题	29×22cm	271,200	羅芙奧	2018-12-02
艾林·迪维哈坦托·苏纳里奥 180155-铁锈系列	180×154.5cm	262,925	香港苏富比	2018-04-01
草间弥生 果物	45.4×53cm	262,925	香港苏富比	2018-04-01
草间弥生 1984年作 鞋	45.5×53cm	262,925	香港苏富比	2018-04-01
敕使河原苍风 约1970年作 龙（六联屏）	173×378cm	262,925	香港苏富比	2018-04-01

拍品名称	物品尺寸	成交价RMB	拍卖公司	拍卖日期
青岛千穗 2005年作 大厦上的RINKO	203×135×135cm	261,600	香港苏富比	2018-10-01
奈良美智 2001年作 无题	14.3×12.5cm	255,600	罗芙奥	2018-06-03
徐震 2014年作 别指望那些愚蠢的人类了，我们只能靠自己！	90×120×3cm	251,198	保利澳门	2018-11-29
常玉 1930年代作 入浴	尺寸不一	242,700	香港苏富比	2018-04-01
汉斯·瓦格纳 1953年设计 大熊椅型号 PP198	90×95×101cm	230,000	保利厦门	2018-01-08
吴大羽 无题 I -564 蜡笔	14×10cm	218,500	北京诚轩	2018-06-18
大森晓生 2007年作 旋转蝙蝠	194×101×281cm	217,260	罗芙奥	2018-06-03
艾林·迪维哈坦托·苏纳里奥 火山灰系列	168×168cm	207,100	香港苏富比	2018-10-01
格哈德·里希特 2016年作 P15 流动	100×200cm	202,250	香港苏富比	2018-04-01
郑相和 1979年作 拓本 P.13	77.4×74.8cm	192,138	香港苏富比	2018-04-01
KAWS〈布莱恩·唐纳利〉2008年作（左）2007年作（中）2013年作（右）帝国风暴兵同伴；黑武士同伴；赏金猎人同伴（三件一组）	尺寸不一	189,840	羅芙奧	2018-12-02
周铁海 岳敏君 KAWS〈布莱恩·唐纳利〉周春芽 金钕 刘野 2008年作 为大众的艺术—艺术玩具（摩登骆驼：露齿大笑：绿狗：美丽卡通：美人鱼）（五件一组）	尺寸不一	189,840	羅芙奧	2018-12-02
吴大羽 约1980年作 无题II-505	14.7×10.2cm	185,300	香港苏富比	2018-10-01
梁铨 无题	90×120cm	184,000	中贸圣佳	2018-11-24
草间弥生 1986年作 鱼儿	尺寸不一	182,025	香港苏富比	2018-04-01
草间弥生 1979年作 茸	24.2×27.3cm	178,920	罗芙奥	2018-06-03
草间弥生 1978年作 绿荫的花	27.2×24.2cm	178,920	罗芙奥	2018-06-03
草间弥生 1979年 星云	27×24cm	174,923	北京匡时	2018-10-03
吴大羽 约1980年作 无题II-593	14.7×10.2cm	174,400	香港苏富比	2018-10-01
名和晃平 2012年作 方向 第30号	250×200cm	172,550	佳士得	2018-05-27
吴大羽 约1950-1980年作 无题 I-484	14.8×10.4cm	166,750	北京匡时	2018-12-06
草间弥生 1951年作 无题	12.6×8.6cm	163,500	香港苏富比	2018-10-01
凯斯·哈林 1982年作 无题 镜框	23×22cm	163,500	香港苏富比	2018-10-01
吴大羽 约1980年作 无题I-405	14.7×10.2cm	163,500	香港苏富比	2018-10-01
弗朗西斯·培根 1966年作、2015年印制 骑脚踏车的乔治·戴尔	198×147cm	161,800	香港苏富比	2018-04-01
吴大羽 无题 II -313 蜡笔	14.7×10.2cm	161,000	北京诚轩	2018-06-18
吴大羽 约1950-1980年作 无题II-498	14.8×10.4cm	155,250	北京匡时	2018-12-06
KAWS x 空山基 2008年作 没有未来的伴侣（黑铬）	32×20×20cm	152,600	香港苏富比	2018-10-01
草间弥生 1991年作 月出 镜框	27.2×24cm	152,600	香港苏富比	2018-10-01
赵赵 2013年作 星座捆		152,600	香港苏富比	2018-10-01
常玉 1930年代作 曲腿马	尺寸不一	151,688	香港苏富比	2018-04-01
草间弥生 2004年作 南瓜 YB-A	33×38.5cm	140,580	罗芙奥	2018-06-03
井上裕起 2016年作 山椒鱼形兜	65×34×60cm	140,580	罗芙奥	2018-06-03
吴大羽 无题 II -549 蜡笔	14.6×10.3cm	138,000	北京诚轩	2018-06-18
常玉 1930年代作 豹	尺寸不一	131,463	香港苏富比	2018-04-01
管伟邦 2015年作 有斐君子 画框	每屏25×25cm	130,800	香港苏富比	2018-10-01
郑重宾 2013年作 线条的领域	68.5×268.6cm	130,800	香港苏富比	2018-10-01
KAWS〈布莱恩·唐纳利〉2008年作 2010年作 解剖同伴：积木熊1000%（棕、黑、灰）（三件一组）	34.5×23.5×72cm	130,176	羅芙奧	2018-12-02
吴大羽 无题II-623	10.2×14.7cm	126,500	北京保利	2018-06-20

拍品名称	物品尺寸	成交价RMB	拍卖公司	拍卖日期
吴大羽 无题I-286	14.8×10.4cm	126,500	北京保利	2018-06-20
吴大羽 无题II-173	20.5×12.5cm	126,500	北京保利	2018-06-20
独立游击队 流氓国家	49.5×127.5×6cm	126,406	香港苏富比	2018-04-01
草间弥生 2000年作 无限的网	31.8×25.5cm	122,688	罗芙奥	2018-06-03
常玉 1930年代作 瓶中荷花	尺寸不一	121,350	香港苏富比	2018-04-01
吴大羽 无题I-526	14×10cm	115,000	北京保利	2018-06-20
KAWS〈布莱恩·唐纳利〉2012年作 原子小金刚（灰、红）（两件一组）	16.5×12×37cm	113,904	羅芙奧	2018-12-02
草间弥生 1978年作 洋梨	24.3×27.3cm	113,000	羅芙奧	2018-12-02
常玉 1930年代作 班马	尺寸不一	111,238	香港苏富比	2018-04-01
乔纳斯·伍德 2013年作 黑静物画围巾	91×91cm	111,238	香港苏富比	2018-04-01
蔡国强 1994年作 为外星人作的计划第十号:万里长城延长一万米计划 镜框	15×21.5cm	109,000	香港苏富比	2018-10-01
陈福善 1980年作 无题（两件作品）镜框	每张84×34cm	109,000	香港苏富比	2018-10-01
KAWS〈布莱恩·唐纳利〉2003年作 2002年作 蓝色大牙积木熊1000%；积木熊 1000%（灰色）（两件一组）	34.5×23.5×72cm	108,480	羅芙奧	2018-12-02
KAWS〈布莱恩·唐纳利〉1999年作 2001年作 同伴 × Bounty Hunter（棕、灰、黑）（三件一组）与书	10.8×5.7×19.7cm	108,480	羅芙奧	2018-12-02
达米恩·赫斯特 2016年作 米妮	86.5×69.5cm	103,550	香港苏富比	2018-10-01
艾可·努谷厚 面具系列三号，二〇一二	142×243cm	101,125	香港苏富比	2018-04-01
草间弥生 1982年作 帽子	尺寸不一	101,125	香港苏富比	2018-04-01
索菲普·皮奇 2011年作 浮雕（绿色条纹）	62×81×8cm	101,125	香港苏富比	2018-04-01
西画雕塑其它				
艾德加·德加 约1882至1885年作 幕后	66.7×37.5cm	79,055,063	伦敦佳士得	2018-02-27
爱德华·维亚尔 1909至1910年作《巴黎街道（为亨利·伯恩斯坦而作的挂屏：第二组，文蒂米利亚广场）》《文蒂米利亚广场（VII-516.3）》《文蒂米利亚广场（VII-516.4）》	尺寸不一	24,286,160	纽约佳士得	2018-05-08
爱德华·维亚尔 1908年5月至7月作《巴黎街道（为亨利·伯恩斯坦而作的挂屏：第一组，帕西区）》	尺寸不一	22,773,200	纽约佳士得	2018-05-08
文森特·梵高 1885年6月作于纽南 种红菜头的农妇	46.2×52.8cm	22,773,200	纽约佳士得	2018-05-08
弗兰克·史蒂拉 阿加迪尔I	195.6×195.6cm	22,270,140	纽约苏富比	2018-05-16
安迪·沃荷 1978年作 氧化画	193×132.1cm	21,505,500	纽约苏富比	2018-05-16
巴尔蒂斯 1975至1978年作于罗马及罗西尼耶尔 日出	170.2×160cm	20,118,113	伦敦佳士得	2018-02-27
奥迪隆·雷东 花卉	62×47.7cm	18,234,320	纽约佳士得	2018-05-08
阿尼什·卡普尔 2013年作 无题	直径158cm	6,906,240	香港苏富比	2018-09-30
埃贡·席勒 1918年作 仰卧裸像	28.6×45cm	4,823,513	伦敦佳士得	2018-02-27
田中敦子 1993年作’93E	117×91cm	4,186,640	保利澳门	2018-11-29
名和晃平 2012年作 PIXCELL系列-鹿27号	171.7×142×162cm	3,767,040	香港苏富比	2018-09-30
何塞-玛丽亚·卡诺 2016年作 WS100 — 史蒂夫·乔布斯 II	211.5×150cm	2,621,160	香港苏富比	2018-03-31
奈良美智 2006年作 Live for Moment	41.9×29.5cm	2,030,000	佳士得	2018-05-27

拍品名称	物品尺寸	成交价RMB	拍卖公司	拍卖日期
徐震 徐震超市		1,744,000	香港苏富比	2018-09-30
范光厚 1940-1950年作 风景	59.5×46cm	1,199,000	香港苏富比	2018-10-01
范光厚 无题	126×59cm×2	959,200	香港苏富比	2018-10-01
奈良美智 2003年作 Untitled	37×24cm	942,438	佳士得	2018-11-25
奈良美智 1997年作 Standing on the Drum	29.7×21cm	942,438	佳士得	2018-11-25
李超士 1964年 大明湖风景（七曲亭）	43.5×66cm	920,000	中国嘉德	2018-11-21
Ichwan Noor 甲壳虫球体	180×180×180cm	872,000	香港苏富比	2018-10-01
奈良美智 2005年作 Untitled	31.5×32cm	862,750	佳士得	2018-05-27
丁乙 2008年作 十示 2008-13	120×100cm	859,158	保利香港	2018-03-29
雅丽克丝·艾美 1935-1940年作 园中个人	63×48cm	763,000	香港苏富比	2018-10-01
奈良美智 2007年作 Untitled	23×16.2cm	761,250	佳士得	2018-05-27
Ngo Manh Quynh 林中鹿群	99.5×200cm	654,000	香港苏富比	2018-10-01
艾林·迪维哈坦托·苏纳里奥 QERRAMATH	180×155×4cm×3	654,000	香港苏富比	2018-10-01
奈良美智 2008年作 Untitled	22.7×11.5cm	507,500	佳士得	2018-05-27
奈良美智 2004年作 Island Girl	24×37cm	465,675	佳士得	2018-11-25
李超士 1960年 君子兰	66×43.5cm	460,000	中国嘉德	2018-11-21
关根伸夫 1990年作 光之原	162.5×228cm	456,750	佳士得	2018-05-27
奈良美智 1998年作 Es ist egal ob Rock einige Power hat	22.5×15cm	456,750	佳士得	2018-05-27
权奇秀 2009年作 层层相叠	99×100cm×3	334,931	保利澳门	2018-11-29
冯法祀 1965年作 大寨风情组画（一组六件）	尺寸不一	322,000	中国嘉德	2018-06-19
蔡国强 2008年作 黑牡丹	66.3×36.5×8cm	308,688	保利香港	2018-09-30
梅忠恕 1959年作 静物与菠萝和橘子	29×29cm	304,500	佳士得	2018-05-27
藤田嗣治 1941年作 河内姑娘肖像	27×24cm	284,200	佳士得	2018-05-27
奈良美智 1997年作 Performance with Garbage Bag	29.7×21cm	221,750	佳士得	2018-11-25
田中敦子 2004年作 无题；无题；无题；无题；及无题（共五件）	36×26.2cm×5	172,550	佳士得	2018-05-27
草间弥生 1979年作 春之鞋	24×27cm	164,634	保利香港	2018-09-30
丁乙 1996年作 十示 96-B41	51×66cm	162,400	佳士得	2018-05-27
吴大羽 约1970至1980年代作 无题 I-654	14.8×10cm	124,101	中国嘉德	2018-04-02
吴大羽 约1970至1980年代作 无题 II-309	14.8×10cm	124,101	中国嘉德	2018-04-02
1940年代作 土龙木市应用美术学院 越南乡村一景	62.5×126.5cm	119,900	香港苏富比	2018-10-01
吴大羽 无题II-200	14.7×10.2cm	115,000	北京保利	2018-12-06
Nguyen Tu Ngheim 漆盘（一组四个）	尺寸不一	103,550	香港苏富比	2018-10-01